CORRESPONDANCE COMPLÈTE

DE LA

MARQUISE DU DEFFAND

TOME SECOND

L'auteur et l'éditeur déclarent réserver leurs droits de reproduction à l'étranger. — Ce volume a été déposé au ministère de l'intérieur (direction de la librairie), en janvier 1865.

PARIS. TYPOGRAPHIE DE HENRI PLON, IMPRIMEUR DE L'EMPEREUR,
8, Rue Garancière.

CORRESPONDANCE COMPLÈTE
DE LA
MARQUISE DU DEFFAND

AVEC SES AMIS

LE PRÉSIDENT HÉNAULT—MONTESQUIEU—D'ALEMBERT—VOLTAIRE
HORACE WALPOLE

CLASSÉE DANS L'ORDRE CHRONOLOGIQUE
ET SANS SUPPRESSIONS

AUGMENTÉE DES LETTRES INÉDITES AU CHEVALIER DE L'ISLE

PRÉCÉDÉE D'UNE
HISTOIRE DE SA VIE, DE SON SALON, DE SES AMIS

SUIVIE DE SES
ŒUVRES DIVERSES
ET ÉCLAIRÉE DE NOMBREUSES NOTES

PAR
M. DE LESCURE

OUVRAGE ORNÉ DE DEUX PORTRAITS GRAVÉS PAR ADRIEN NARGEOT
ET DE PLUSIEURS FAC-SIMILE

TOME SECOND

PARIS
HENRI PLON, IMPRIMEUR-ÉDITEUR
8, RUE GARANCIÈRE

1865

Tous droits réservés.

CORRESPONDANCE COMPLÈTE

DE MADAME

LA MARQUISE DU DEFFAND

LETTRE 303.

MADAME LA MARQUISE DU DEFFAND A M. DE VOLTAIRE.

Paris, 20 septembre 1769.

Vous avez beau dire, monsieur, vous ne me persuaderez jamais que ce qui produit de si mauvais ouvrages, et qui introduit un si détestable goût, soit un établissement bon et utile. Pourquoi inciter les gens à parler quand ils n'ont rien à dire? et a-t-on quelque chose à dire quand on n'a ni pensées ni idées? Que l'Académie se borne à traiter de la grammaire, à enseigner les règles, mais qu'elle ne donne point de sujets à traiter; qu'elle ne donne point d'entraves au génie; que les prix qu'elle a à distribuer soient pour les auteurs de bons ouvrages donnés au public; qu'on suive en cela la méthode des Anglais. Enfin, monsieur, je ne puis souffrir qu'on encourage les gens sans talents; ayez la sévérité et la fermeté de Despréaux; elles vous conviennent encore mieux qu'à lui. Réformez votre maison, vous y avez trop de bouches et de langues inutiles; votre livrée est trop nombreuse, contentez-vous d'être magnifique, et dédaignez le faste.

Quoi! pensez-vous sérieusement que ma voix puisse se faire entendre, et que je puisse vous être utile pour faire représenter vos *Guèbres*? Jamais le gouvernement n'y consentira; contentez-vous de l'impression. Vos *Guèbres* sont dans les mains de tout le monde, et si vous connaissiez vos acteurs, vous verriez combien ils vous sont inutiles; ils n'ajoutent aucun prestige à ce qu'ils représentent, tout au contraire, ils font voir le derrière des coulisses, et sentir tous les défauts. Vous ne pouvez être retenu par cette considération, j'en conviens; mais, monsieur, vous voulez établir la tolérance, vous avez raison, je voudrais que vous fussiez le premier à en ressentir les effets. Pour y parvenir, prêchez-la d'exemple; contentez-vous d'avoir montré la vérité; et laissez-y tourner le dos à ceux qui ne la veulent point voir. Vous avez tout dit, tenez-vous-en à ne pas vous dédire, et ne mettez point de nouveaux obstacles à la chose du monde que je désire le plus, et sur laquelle j'ai eu une conversation avec madame Denis, dont elle vous rendra compte.

Votre correspondance avec la grand'maman Gargantua me ravit; elle vous répond à ce qu'il y a de solide, c'est ce qui doit lui appartenir : pour moi, je ne suis que pour le frivole; je ne vois point dans l'histoire des Soukirs l'établissement des manufactures, je n'y vois qu'un très-beau sujet de conte de fées, qui pourrait surpasser *Cendrillon*. Voilà, monsieur, les progrès de mon esprit et de ma raison, qui au bout de soixante et mille ans que j'ai vécu, me mettent à côté des enfants de quatre ans. Ah! je ne suis qu'une petite fille; mais j'ai une charmante grand'maman; il faut l'adorer, monsieur, et moi, m'amuser et m'aimer toujours.

LETTRE 304.

MADAME LA MARQUISE DU DEFFAND A M. HORACE WALPOLE.

Vendredi, 6 octobre, à sept heures du matin, lendemain de votre départ.

N'exigez point de gaieté, contentez-vous de ne pas trouver de tristesse; je n'envoyai point chez vous hier matin, j'ignore à quelle heure vous partîtes; tout ce que je sais, c'est que vous n'êtes plus ici.

Lundi 9, à 8 heures du matin.

Je ne respirerai à mon aise qu'après une lettre de Douvres. Ah! je me hais bien de tout le mal que je vous cause; trois journées de route, autant de nuits détestables, un embarquement, un passage, le risque de mille accidents, voilà le bien que je vous procure. Ah! c'est bien vous qui pouvez dire en pensant à moi : *Qu'allais-je faire dans cette galère?* Eh! mon Dieu, qui suis-je? Oh! le centenier de l'Évangile ne se rendait pas plus de justice que moi; plus je suis contente de vous, moins je le suis de moi; mais pour le présent je n'épluche point de certaines choses. Vous êtes à Douvres, vous serez, j'espère, ce soir à Londres, voilà ce que j'ai impatience d'apprendre, après quoi je causerai plus à mon aise avec vous.

LETTRE 305.
LA MÊME AU MÊME.

Paris, 17 octobre 1769.

Enfin vous voilà passé; mais quatorze heures et demie sur mer, c'est bien long, et me fait faire de tristes réflexions. Vous vous portez bien; la lettre que j'attends demain me le confirmera, à ce que j'espère.

Les oiseaux de Steinkerque [1] sont revenus, ils arrivèrent avant-hier et restèrent si tard, qu'ils me firent manquer mon souper chez le président. Votre nièce avait pris médecine, je ne l'avais point vue de la journée; ces dames voulurent la voir, je les accompagnai, et tout d'un coup nous primes la résolution de souper chez elle. Vous jugez de la bonne chère, mais nous fûmes fort gais. Nous nous sommes engagées pour jeudi chez la marquise; nous aurons le prince de Beaufremont de plus; nous feuilletterons tous les manuscrits et je ramasserai tous les vers du chevalier [2], je vous les enverrai, vous en serez l'éditeur si vous voulez. La marquise nous dit quatre vers qui sont pour le moins aussi vieux que moi; les voici :

> Broussin dès l'âge le plus tendre
> Posséda la sauce à Robert,
> Sans que son précepteur lui pût jamais apprendre
> Ni son *Credo* ni son *Pater*.

Ce Broussin était un débauché, ami de Chapelle; il était Brulart, de même famille et de même nom que ma mère [3].

Ces oiseaux de Steinkerque souperont dimanche chez moi, il y aurait de l'affectation à ne les jamais inviter; il paraîtra peut-être à madame de Forcalquier que j'en mets dans ma conduite avec elle, cependant le hasard en décide plus que l'intention.

---

1 La marquise de Boufflers et sa nièce, la vicomtesse de Cambis, que madame du Deffand désignait de la sorte, d'après quelques plaisanteries reçues dans la société dans laquelle elles vivaient. (A. N.)

2 De Boufflers. (A. N.)

3 Anne Brulart, fille du premier président du parlement de Bourgogne. (A. N.)

Jeudi.

Voilà votre première lettre numérotée; si je l'avais reçue hier, celle-ci serait partie aujourd'hui, mais je vois que le calme et le trouble nous sont également contraires. Le calme vous fait rester quatorze heures et demie sur mer, et met du retardement dans notre commerce; et le trouble dérange votre tête et abrége vos lettres : mais enfin vous voilà arrivé, et j'ai presque autant de joie de vous savoir à Strawberry-Hill, que j'en aurais à vous avoir auprès de mon tonneau; je dis presque, car cela n'est pas tout à fait de même.

Je sais peu de nouvelles. Le gouvernement d'Amiens est donné à M. de la Ferrière, sous-gouverneur du Dauphin; celui de Landrecies à M. du Sauçay, major des gardes, qui est un peu de mes amis. M. de Monclar [1], avec qui vous avez soupé, fut l'autre jour chez M. le duc de Choiseul, qui lui dit : Je vous fais mon compliment sur la pension de cinq mille francs que le roi vous donne sur les affaires étrangères. Ensuite il alla chez M. le chancelier, qui lui dit : Je vous fais mon compliment sur la gratification annuelle que le roi vous donne sur les états de Provence. Puis il alla chez M. de Saint-Florentin, qui lui dit : Je vous fais mon compliment sur le remboursement que le roi vous fait de votre charge. Il voulait aller chez l'évêque d'Orléans, espérant un compliment sur le don de quelques bénéfices; c'est de madame de la Vallière que je tiens ce fait, qui le tenait de M. d'Entragues [2].

Je crois que les Choiseul nos parents ne sont pas contents;

---

[1] Rippert de Monclar, procureur général au parlement d'Aix. C'était un homme d'un mérite distingué, profondément versé dans le droit public : il donna la preuve de ses connaissances dans une foule de mémoires et de réquisitoires sur des objets d'une haute importance. Ce fut surtout contre les Jésuites qu'il déploya toute l'énergie de son caractère et toute l'activité de son zèle. Son *Compte rendu des Constitutions* de cette société, les réquisitoires où il l'attaquait, sont plus substantiels et aussi forts que les philippiques de la Chalotais. Louis XV ayant, par suite d'une mésintelligence avec la cour de Rome, fait occuper Avignon et le Comtat, en 1768, Monclar, l'année suivante, publia un mémoire pour établir les droits du roi sur cette enclave. Ce fut sans doute en récompense de ce travail qu'il reçut les bienfaits dont parle madame du Deffand. Monclar mourut à l'âge de soixante-sept ans, dans sa terre de Saint-Savournin, en 1773, pendant la disgrâce des parlements. (A. N.)

[2] Le marquis d'Entragues, courtisan assidu de Louis XV, dont il était le favori : il mourut célibataire, de la petite vérole, à l'âge de trente ou quarante ans. (A. N.)

j'ai reçu un billet du baron de Gleichen qui me fait juger qu'ils ne sont pas de bonne humeur.

LETTRE 306.

LA MÊME AU MÊME.

Paris, lundi 23 octobre 1769.

Lé petit Craufurd part mercredi, je ne veux pas perdre cette occasion. Vous direz, si vous voulez, que j'aime à écrire, je conviendrai que cela est vrai quand c'est à vous; pour tout autre c'est une corvée.

Je n'ai pas grand'chose à vous dire sur la politique. Le roi soupa jeudi 19, pour la première fois, chez madame du Barry. Les convives étaient mesdames de Mirepoix, de Flavacourt, de l'Hôpital. Les hommes, MM. de Condé, de Lusace, de Soubise, de Richelieu, d'Aiguillon, d'Estissac, de Croissy, de Chauvelin, de Noailles et de Saint-Florentin. M. de Beauvau, qui me l'avait mandé, me marquait qu'on était en peine de savoir si M. de Gontault [1] avait été invité; il pouvait n'avoir pas reçu l'invitation, parce qu'il pouvait n'être pas rentré chez lui depuis qu'elle y serait arrivée; doute qui met du problématique dans cette affaire, et que je n'ai point éclairci.

Je reçus hier au soir une très-longue lettre de la grand'-maman [2]; elle me rend un compte très-détaillé de sept ou huit petites commissions dont elle s'était chargée : la principale était le payement de ma pension; elle ne me dit pas un mot de sa santé; elle s'excuse de ne m'avoir pas écrit plus tôt, parce qu'elle n'a pas un moment à elle, et qu'il faut qu'elle prenne sur son sommeil pour écrire.

Je crains que cette grand'maman ne soit très-malade; son mari voudrait qu'elle revînt à Paris; peut-être a-t-on fait venir l'abbé pour l'y déterminer : indépendamment de sa délicatesse et de son rhume, elle a certainement beaucoup de chagrin. Vous devriez lui écrire, je ne puis douter qu'elle n'ait véritablement de l'amitié pour vous, une parfaite estime, un véritable goût. Ne vous en faites point une tâche, ne mettez pas

---

[1] Le duc de Gontault était le frère du maréchal duc de Biron, et père du duc de Lauzun. Il avait épousé une sœur de la duchesse de Choiseul. (A. N.)

[2] La duchesse de Choiseul se trouvait alors à Fontainebleau avec la cour. (A. N.)

plus de recherche que quand vous m'écrivez, et laissez-vous aller à votre sensibilité naturelle; elle n'a pas plus de répugnance que moi pour tout ce qui part du sentiment. Sentiment! ce mot vous semble ridicule; eh bien, moi je vous soutiens que sans le sentiment l'esprit n'est rien qu'une vapeur, qu'une fumée; j'en eus la preuve hier. Je soupai chez les oiseaux, nous feuilletâmes leurs manuscrits, on lut une douzaine de lettres du chevalier[1], il y en avait de toutes sortes; elles me parurent insupportables. Beaucoup de traits, je l'avoue, parfois naturels, mais le plus souvent recherchés, enfin fort semblables à ceux de Voiture, si ce n'est que le chevalier a plus d'esprit. Je n'ai rien emporté parce que je n'ai rien trouvé digne de vous. Tenez, mon ami, vous avez beau déclamer contre le sentiment, il y en a plus dans vos invectives que dans tous les semblants du chevalier.

Les empressements de la Bellissima ont la fièvre continue avec des redoublements; vous vous souvenez de la chanson des oiseaux sur mon tonneau [2]. Voici ce que je reçus par la petite poste sur le même air, qui est celui de l'*Ambassade* :

> Ce n'est pas quand on voyage
> Que l'on trouve le plaisir;
> Ce n'est que près du rivage
> Qu'il remplit notre désir.
> On a beau voguer sur l'onde,
> Parcourir dans un vaisseau
> Les quatre coins de ce monde,
> Rien ne vaut votre tonneau.

Quelques jours après, étant avec les oiseaux, je fis le couplet sur l'air : *Du haut en bas.*

> Dans son tonneau,
> On voit une vieille sibylle,
> Dans son tonneau,
> Qui n'a sur les os que la peau,
> Qui jamais ne jeûna vigile,
> Qui rarement lit l'Évangile,
> Dans son tonneau.

Le lendemain autre billet par la petite poste, où était mon couplet, suivi de celui-ci :

---

[1] Le chevalier de Boufflers.
[2] Quelques vers qui avaient été faits pendant le séjour de M. Walpole à Paris, et qui ne se trouvent pas dans ces lettres. (A. N.)

> Dans ce tonneau
> Venez puiser la vraie sagesse,
> Dans ce tonneau;
> Il aurait enchanté Boileau;
> Car vous trouverez la justesse,
> Le goût et la délicatesse
> Dans ce tonneau.

Quoique ces couplets soient anonymes, je ne doute pas qu'ils ne soient de la Bellissima.

LETTRE 307.

M. DE VOLTAIRE A MADAME LA MARQUISE DU DEFFAND.

Ferney, 1er novembre 1769.

Si je suis en vie ce printemps, madame, je compte venir passer dix ou douze jours auprès de vous avec madame Denis. J'aurais besoin d'une opération aux yeux, que je n'ose hasarder au commencement de l'hiver. Vous me direz que je suis bien insolent de vouloir encore avoir des yeux à mon âge, quand vous n'en avez plus depuis si longtemps.

Madame Denis me dit que vous êtes accoutumée à cette privation, je ne me sens pas le même courage. Ma consolation est dans la lecture, dans la vue des arbres que j'ai plantés et du blé que j'ai semé. Si cela m'échappe, il sera temps de finir ma vie, qui a été assez longue.

J'ai ouï parler d'un jeune homme fort aimable, d'une jolie figure, ayant de l'esprit, des connaissances, un bien honnête, qui, après avoir fait un calcul du bien et du mal, s'est tué à Paris d'un coup de pistolet. Il avait tort, puisqu'il était jeune, et que par conséquent la boîte de Pandore lui appartenait de droit. Un prédicant de Genève, qui n'avait que quarante-cinq ans, vient d'en faire autant; c'était une maladie de famille: son grand-père, son père et son frère lui avaient tous donné cet exemple. Cela est unique et mérite une grande considération. Gardez-vous bien d'en faire jamais autant, car vous courez, vous soupez, vous conversez, et surtout vous pensez. Ainsi, madame, vivez; je vous enverrai bientôt quelque chose d'honnête, ainsi qu'à votre grand'maman. Je n'ai guère le temps d'écrire des lettres, car je passe ma vie à tâcher de faire quelque chose qui puisse vous plaire à toutes deux; j'en ai pour l'hiver.

J'aime passionnément le mari de votre grand'maman, c'est une belle âme. Croyez-moi, il vaut mieux que tout le reste; il se ruinera; mais il n'y a pas grand mal, il n'a point d'enfants. Mais surtout qu'il ne haïsse point les philosophes parce qu'il a plus d'esprit qu'eux tous; c'est une fort mauvaise raison pour haïr les gens.

Je vois qu'on me regarde comme un homme mort; les uns s'emparent de mes sottises, les autres m'attribuent les leurs.

Dieu soit béni!

Comment se porte le président Hénault? Je m'intéresse toujours bien tendrement à lui. Il a vécu quatre-vingt-deux ans; ce n'est qu'un jour. On aime la vie, mais le néant ne laisse pas d'avoir du bon.

Adieu, madame, je suis à vous jusqu'au premier moment du néant. Madame Denis vous en dit autant.

LETTRE 308.

MADAME LA MARQUISE DU DEFFAND A M. HORACE WALPOLE.

Paris, jeudi 2 novembre 1769.

Je vous ai menacé de vous écrire par M. Chamier[1]; il faut tenir ma parole, sans quoi vous vous moqueriez de mes menaces. Je pensais avoir beaucoup de choses à vous dire, et aujourd'hui je ne trouve presque rien.

Le duc de Richmond m'a parlé avec beaucoup de confiance, d'abord de son duché[2]; les difficultés qu'il trouve, ou plutôt l'impossibilité de faire enregistrer au parlement ses lettres ou patentes de pairie à cause de sa religion; le parti qu'il prend de se contenter qu'il soit héréditaire, la consultation de M. Gerbier, la conversation qu'il a eue avec le grand-papa, dont il m'a dit être très-content. Il m'avait recommandé de lui en parler, ce que j'ai fait; je n'ai pas été extrêmement contente de ce que m'a répondu le grand-papa, il m'a paru peu au fait de l'affaire, mais ses dispositions ne m'ont pas paru défavorables; je lui dis que le duc était très-satisfait de lui, qu'il m'en avait dit mille biens. « Il me semble, a-t-il répondu, qu'il ne pensait pas de

---

[1] M. Chamier était d'une famille d'origine française, mais établie depuis longtemps en Angleterre. Il s'était rendu à Paris pour les affaires de la Compagnie des Indes orientales. (A. N.)

[2] D'Aubigny.

même étant ambassadeur; » mais il n'avait point le ton d'aigreur ni d'ennui; je suis persuadée que s'il n'arrive aucun changement, c'est-à-dire s'il reste dans sa situation présente, il rendra service à votre ami; mais ce que je trouvai plaisant, c'est que la grand'maman entendait mieux cette affaire que lui; je crois qu'il fera bien de la poursuivre, et qu'elle réussira. Ensuite, votre ami me parla de ses chagrins et du parti que sa sœur [1] allait prendre de revenir pour vivre avec lui; je fus édifiée et touchée de l'honnêteté, de la bonté, de la tendresse de ses sentiments, je trouve que c'est un homme excellent. Ah! je ne suis pas étonnée qu'il vous plaise, je sens que si je vivais avec lui je l'aimerais de tout mon cœur, et sa femme aussi, qui est d'un naturel et d'une simplicité charmante. J'avais une double satisfaction avec eux, leur mérite personnel, et d'être avec vos meilleurs amis. Ne me laissez point oublier d'eux, et répondez-leur qu'ils peuvent m'employer à tout ce qu'ils jugeront à propos.

Le grand-papa paraît de très-bonne humeur, cependant il n'est pas sans inquiétude; la dame [2] ne dissimule plus sa haine pour lui, et cette conversation qu'il eut avec elle, pendant que vous étiez ici, a été une fausse démarche de sa part, puisqu'elle n'a produit aucun bon effet; il reçoit journellement de petits dégoûts, comme de n'être pas nommé ou appelé pour les soupers des cabinets, et chez elle; des grimaces, quand au whist il est son partenaire; des moqueries, des haussements d'épaules, enfin des petites vengeances de pensionnaire, mais qui ne laissent pas d'écarter une sorte de gens, des sots à la vérité; mais c'est une petite brèche à la considération; jusqu'à présent, il n'y a encore rien eu qui attaque le crédit dans ce qui regarde ses départements. Le nombre des soupeuses et des voyageuses n'augmente pas [3]; la dame Valentinois est comme hors de combat; on dit qu'elle redevient folle; elle n'a point été à Fontainebleau; elle ne dort point; il y a dix ou douze jours que je ne l'ai vue.

La princesse de Montmorency est une soupeuse, parce que

---

[1] Lady Sarah Bunbury, dont M. de Lauzun parle dans ses *Mémoires*. (A. N.)

[2] Madame du Barry.

[3] Elle entend par là les dames que l'on engagea à être des soupers de madame du Barry, et des petites excursions qu'elle fit avec le roi dans les différents châteaux de plaisance. (A. N.)

son mari veut être menin du Dauphin. M. de Gontault n'est plus d'aucun souper, et c'est sur lui que s'exerce la vengeance contre le grand-papa; c'est son *hussard;* je ne sais pas si vous entendez cela : le roi dans son enfance avait un petit hussard qu'on fouettait quand le roi n'avait pas bien dit sa leçon.

La grand'maman est beaucoup moins triste qu'elle n'était. Vous souvenez-vous de cette lettre qu'on prétend qu'elle avait écrite de Chanteloup? Le fait ou la croyance qu'on a de ce fait l'a chagrinée mortellement; c'est la maréchale de Mirepoix qui en a répandu le bruit, et c'est la cause de la haine qu'on a pour elle; mais on observe de ne parler à la grand'maman de rien qui ait rapport à toutes ces sortes de tracasseries; elle est des nôtres, elle a une tête qui se trouble et qui la rend malade. Son mari se conduit avec elle dans la plus grande perfection; s'il n'était pas le plus léger de tous les hommes, il en serait le meilleur : il est noble, généreux, gai, franc, mais il est gouverné par des personnes qui ne consultent que leurs intérêts personnels; il aurait bien fait, selon mon avis, de ne se point brouiller avec la maréchale [1]; mais madame de Beauvau a voulu qu'ils fussent aux couteaux tirés, et elle lui a persuadé qu'il perdrait toute estime et toute considération s'il avait la moindre intelligence avec elle, et elle a entraîné son mari à agir de même.

Vendredi.

J'oubliai hier, à l'article des Richmond, de vous dire que le duc se contenterait, pour le présent, de l'héréditaire, mais sans renoncer à la prétention de la pairie, que par la suite des circonstances différentes pourraient mettre en valeur. J'oubliai aussi de vous dire que je parlai à la grand'maman de sa parenté avec eux, qu'elle savait parfaitement bien, et dont elle est mieux instruite que le duc; il y avait déjà de l'alliance entre les Querouailles et les Gouffier avant que la sœur de la duchesse de Portsmouth épousât un Gouffier. Je suis très-convaincue qu'elle rendra tous les services qui dépendront d'elle.

Ah! mon ami, je passai hier une belle journée. La Bellissima m'avait envoyé demander du thé pour quatre heures; elle arriva à trois et resta jusqu'à six; nous eûmes la moitié du temps pour

---

[1] La maréchale de Mirepoix, qui protégea madame du Barry, et qui était de la société intime de Louis XV. (A. N.)

tiers la Sanadona [1]; je me trouvais dans un désert, je ne voyais pas d'horizon, pas un arbre, pas une plante, pas une herbe, rien que du sable et de la poussière qui augmenta par l'arrivée de mademoiselle Bédé. Eh bien, cela n'est-il pas honteux? j'aimais encore mieux cela que d'être seule. Vous pouvez bien m'appeler *ma Petite*, car je suis bien petite en effet, mais pas assez cependant pour m'amuser des poupées. Je suis excédée d'une commission dont je me suis chargée pour la grand'maman, qui en veut donner une à la petite de Stainville [2]; son trousseau est immense; j'ai mis madame de Narbonne à la tête de cette affaire, c'est elle qui fait toutes les emplettes; cela sera étalé lundi sur une grande table, la poupée au milieu assise dans son fauteuil. C'est un spectacle qu'on donnera au grand-papa qui doit arriver ce jour-là : il a donné une montre d'or émaillée qui va jusqu'au genou de la poupée, mais qui sera proportionnée à la petite fille; il a cru faire plaisir à la grand'maman, il ne manque à aucune attention. Nous porterons la poupée mardi ou mercredi à Panthemont [3]; nous entrerons dans le couvent, je ne m'en promets pas un grand divertissement; c'est toujours tuer le temps; qu'importe la manière!

Le président se porte toujours bien, mais sa tête s'affaiblit de jour en jour. Quel malheur de vieillir! Qu'est-ce qui peut espérer de trouver une madame de Jonsac? Sa patience, sa douceur me comblent d'admiration. Ah! mon Dieu, la grande et estimable vertu que la bonté! Je fais tous les jours la résolution d'être bonne, je ne sais si j'y fais des progrès. Je vous envoie une chanson dont j'ignore l'auteur; mais il n'a pas eu en la faisant le même désir que moi de devenir bon; je vois que les ennemis lèvent la crête; je ne sais ce qui arrivera de tout ceci, mais je croirai toujours qu'on a eu tort d'aliéner la maréchale [4], et qu'il était très-facile de se la concilier.

Adieu. Je compte que vous direz à M. Chamier que vous savez combien je le regrette.

---

[1] Nom que M. Walpole avait donné à mademoiselle Sanadon, qui était demoiselle de compagnie de madame du Deffand. (A. N.)

[2] Nièce de la duchesse de Choiseul, et fille de madame de Choiseul-Stainville. (A. N.)

[3] Couvent de Paris, où on élevait un grand nombre de jeunes demoiselles de la première distinction. (A. N.)

[4] La maréchale de Mirepoix.

C'est le duc de Choiseul qui parle.

Sur l'air : *Vive le vin, vive l'amour.*

>   Vive le roi !
>   Foin de l'amour ;
>   Le drôle m'a joué d'un tour,
>   Qui peut confondre mon audace.
>   La du Barry, pour moi de glace,
>   Va, dit-on, changer mes destins ;
>   Jadis je dus ma fortune aux catins[1],
>   Je leur devrai donc ma disgrâce.

Écoutez, écoutez[2]. J'ai fait hier une chanson chez la grand'-maman, avec l'aide de l'abbé, pendant son whist, dont les partenaires étaient M. de Gontault et le petit oncle[3] ; il n'y avait de plus que le Castellane, l'abbé et moi.

>   Bellissima[4],
>   Vous êtes la dixième Muse ;
>   Doctissima,
>   Vos écrits sont sublissima :
>   A vous louer qui se refuse,
>   Ne saurait être qu'une buse,
>   Bêtissima.

Cette chanson me charme. La grand'maman comble d'amitié votre nièce ; si vous saviez votre Quinault, je vous dirais :

>   C'est Jupiter qu'elle aime en elle.

Réellement cette grand'maman vous aime tendrement. Adieu. Ne vous flattez pas que ma lettre soit finie, et dites, si vous voulez : O la grande et ennuyeuse parleuse !

LETTRE 309.

LA MÊME AU MÊME.

Paris, dimanche 10 décembre.

Je reçois votre lettre du 5 ; mais comme je vous ai récrit le 7, et qu'il faut observer la règle des sept jours, celle-ci ne sera remise à la poste que jeudi 14.

Vos dernières lettres ressemblent à la queue d'un orage, le

---

[1] Madame de Pompadour. (A. N.)
[2] Phrase dont se servait souvent M. Walpole, quand il parlait français. (A. N.)
[3] Le comte de Liers. (A. N.)
[4] La comtesse de Forcalquier. (A. N.)

tonnerre gronde encore; mais il s'éloigne, le bruit diminue, nous aurons bientôt le beau temps. J'ai bien envie d'apprendre que notre Henri soit arrivé à bon port et de savoir quelle sera la place qu'il occupera ¹. J'ai ri du présent que vous me conseillez de faire à milady Rochford ², il n'y aurait pas assez de différence entre le masque et le visage. Vous êtes fort gai, et votre style a un *délibéré* qui doit vous rendre fort difficile sur celui des autres. Si vous saviez parfaitement notre langue, je ne balancerais pas (flatterie et amitié à part) à vous dire que vos lettres valent mieux que celles de votre sainte. N'allez pas prendre cela pour une douceur, je ne vous en dirai de ma vie; mais je vous prie de ne vous pas fâcher quand vous trouverez de la tristesse ou de l'ennui dans mes lettres. Je suis tout par moments. J'accepterais très-volontiers la proposition que vous me faites de n'écrire que quand on en a envie, mais vous n'y gagneriez rien, tout au contraire; pour une fois que je ne vous écrirais pas selon notre règle, je vous écrirais peut-être vingt postes de suite : ainsi restons comme nous sommes, ayez assez de justice pour convenir que je suis bien corrigée. Parlons du petit C*** : c'est un être bien malheureux; il a une mauvaise santé, mais sa tête est encore bien plus mauvaise. Je ne sais pas ce qu'il fera, rien ne ressemble à son incertitude : l'ennui le ronge, je le plains. Oh! sa société ne vous convient nullement; il perdit hier au *vingt et un* une centaine de louis; c'était votre nièce ³ qui donnait à souper dans mon appartement; j'étais engagée chez la grand'maman; je ne rentrai qu'à une heure; je trouvai toute la compagnie autour de la table de jeu, excepté votre cousin ⁴, qui, très-prudemment, s'était allé coucher : il y avait les trois oiseaux ⁵, votre nièce, la Sanadon, le petit Fox ⁶, le petit Craufurd, et M. de Lisle. Le Fox gagna

---

¹ Petit groupe de biscuit représentant la réconciliation de Henri IV et de Sully, que madame du Deffand avait envoyé à M. Walpole, pour être placé à Strawberry-Hill. (A. N.)

² Madame du Deffand ayant consulté M. Walpole sur ce qu'elle enverrait à lady Rochford, en retour du présent qu'elle en avait reçu de fiches et de jetons émaillés, pour le jeu de whist, il lui avait conseillé de lui donner un masque de la même matière. (A. N.)

³ Madame de Cholmondeley. (A. N.)

⁴ M. Robert Walpole. (A. N.)

⁵ La marquise de Boufflers, sa fille la comtesse de Boisgelin, et sa nièce la vicomtesse de Cambis. (A. N.)

⁶ Feu M. Charles-Jacques Fox. (A. N.)

trois cents louis; mais la veille il en avait perdu deux cents soixante contre madame de Boisgelin.

Ce matin j'ai été payée de ma pension, j'en étais très-pressée, parce que le plus petit délai pouvait le faire devenir infini. Tel événement dont on parle beaucoup peut m'être fort contraire; je vais payer mes dettes, et dans le courant de la semaine je ne devrai pas un écu. J'aime l'ordre, j'aime la raison; si je m'écarte quelquefois, ce n'est pas sans remords; enfin, si je m'égare, je reviens bientôt au gîte. Je ne saurais aimer ni la folie ni les fous. Je voudrais qu'une fois en votre vie vous me donnassiez cette louange : *ma Petite est raisonnable.* Ah! oui, je le suis, et mille fois plus que vous ne le croyez. Ce n'est pas à la manière de ceux qui sont sans âme, car je suis aussi vivante que si je n'avais que vingt ans, mais ma conduite en a soixante-treize. Je vous vois rire et vous moquer de moi à cause de l'heure où je me couche, qui est quelquefois un peu indue; mais qu'est-ce que cela fait, quand on ne saurait dormir, d'être dans un fauteuil plutôt que dans un lit? Quand cela nuira à ma santé, ou que cela ne s'accordera pas avec le régime des gens avec qui j'aime à vivre, je me coucherai à minuit, s'il le faut.

Je soupe ce soir chez la grand'maman, avec votre nièce. Voilà mademoiselle de Bédé qui m'interrompt.

Mercredi 13, à sept heures du matin.

Votre nièce n'a point soupé hier chez la grand'maman; elle fut contremandée, parce qu'il y avait trop de monde : c'était les la Rochefoucauld. Le duc a toutes les qualités qui s'acquièrent; il ne doit à la nature que le désir qu'elle lui a donné de s'instruire et de bien faire. Sa mère a la même volonté. La grand'maman se porte mieux; voilà deux jours qu'elle est plus forte et plus gaie; elle a réellement un goût véritable pour vous; elle ne souffre pas que rien vous soit comparé. Je lui parle de temps en temps du duc de Richmond; je la dispose à lui rendre service quand l'occasion arrivera; je lui dis que c'est le plus grand plaisir qu'elle puisse vous faire, et rien n'est plus capable de la faire bien agir. Je ne la verrai ni aujourd'hui ni demain : elle donne à souper tour à tour à toutes les amies et tous les amis de son mari; son appartement est fort petit; elle n'y peut rassembler beaucoup de monde; ce monde nuirait, et de plus, je me souviens du conseil que vous m'avez donné de ne me pas mettre à tous les jours. Vous avez bien du bon sens, et la comparaison que je fais de vous avec mes compatriotes et avec ce que je connais des vôtres, est fort à votre avantage : votre morale est un peu sévère, et je ne la suivrai pas au pied de la lettre, mais je ne la veux enfreindre que pour vous.

M. de Lisle m'a donné la copie des vers sur *la Dispute ;* je lui ai promis de lui en garder le secret ; je serai parjure pour vous : vous la recevrez par le petit Craufurd, qui ne saura pas ce qu'il porte : je n'ai rien à vous prescrire sur le secret ; vous ne pouvez jamais que bien faire. Vous ne serez pas fort content de cet ouvrage ; à la première lecture il m'avait plu, à la seconde je l'ai trouvé médiocre, et à la troisième assez mauvais : c'est du même homme qui a fait la relation de la révolution de Russie [1], qu'on dit être un chef-d'œuvre : on en disait autant de ce que je vous envoie ; je n'ai pas grande foi aux jugements qu'on porte ; le goût est perdu.

LETTRE 310.

M. DE VOLTAIRE A MADAME LA MARQUISE DU DEFFAND.

11 décembre 1769.

J'ai envoyé, madame, à votre grand'maman ce que vous demandez, et ce que j'ai enfin trouvé. Puissiez-vous aussi trouver de quoi vous amuser quand vous êtes seule ! C'est un point bien important.

Il y a une hymne de Santeuil, qu'on chante dans l'Église welche, qui dit que Dieu est occupé continuellement à se contenter et à s'admirer tout seul, et qu'il dit, comme dans *le Joueur :* « *Allons, saute, marquis !* » Mais il faut quelque chose de plus aux faibles humains. Rien n'est si triste que d'être avec soi-même sans occupation. Les tyrans savent bien cela, car ils vous mettent un homme entre quatre murailles, sans livres ; et ce supplice est pire que la question, qui ne dure qu'une heure.

Je vous avertis qu'il n'y a rien que de très-vrai dans ce que votre grand'maman doit vous donner. Reste à savoir si ces vérités-là vous attacheront un peu ; elles ne seront certainement pas du goût des dames welches qui ne veulent que l'histoire du

---

[1] M. de Rulhière. Les vers dont il est question ont été publiés depuis. (A. N.)

jour : encore leur histoire du jour roule-t-elle sur deux ou trois
tracasseries. Mon histoire du jour, à moi, c'est celle du genre
humain : les Turcs chassés de la Moldavie, de la Bessarabie,
d'Azof, d'Erzeroum, et d'une partie du pays de Médie; en un
mot, toutes ces grandes révolutions, que vous ignorez peut-
être à Paris, ne sont qu'un point sur la carte de l'univers.

Si ce que je vous envoie vous fatigue et vous ennuie, vous
aurez autre chose, mais pas si tôt. Je travaille jour et nuit;
la raison en est que j'ai peu de temps à vivre, et que je ne veux
pas perdre de temps; mais je voudrais bien aussi ne pas vous
faire perdre le vôtre.

Je suis confondu des bontés de votre grand'maman; je vous
les dois, madame, je vous en remercie du fond de mon cœur.
C'est un petit ange que madame Gargantua. Il y a une chose
qui m'embarrasse; je voudrais que votre grand-papa fût aussi
heureux qu'il mérite de l'être. Je voudrais que vous eussiez la
bonté de m'en instruire quand vous n'aurez rien à faire. Dites,
je vous prie, à M. le président Hénault que je lui serai toujours
très-attaché.

LETTRE 311.

MADAME LA MARQUISE DU DEFFAND A M. DE VOLTAIRE.

Mercredi, 20 décembre 1796.

J'ai mille raisons pour vous aimer; d'abord vous êtes mon
contemporain, qualité dont je fais grand cas, et que je trouve
aujourd'hui dans bien peu de personnes. Ensuite vous avez des
attentions infinies, vous me procurez de l'amusement, du plaisir; sans vous mes nuits seraient insupportables, je les passe à
me faire lire ce que vous m'envoyez. Vos correspondants en
Hollande vous servent bien, communiquez-moi toujours tout
ce qu'ils vous envoient. La grand'maman est bien contente de
vous; je reçois d'elle les mêmes remercîments que vous me
faites, et je vous en dois, à l'un et à l'autre, de m'admettre en
un si aimable commerce.

M. Craufurd, dont je vous ai parlé il y a quelques années,
est ici depuis quelques jours; il s'en ira bientôt, j'en suis très-
fâchée; il a beaucoup d'esprit, beaucoup de goût et de justesse;
il a un peu d'amitié pour moi et de l'adoration pour vous; il
m'a priée de vous parler de lui, de vous faire souvenir du

temps qu'il a passé avec vous; il a un ami dont la réputation ne vous est pas inconnue, c'est M. Robertson; vous savez qu'il a fait l'*Histoire d'Écosse* et la *Vie de Charles V*. Cet auteur voudrait vous faire hommage de ses ouvrages, je me suis chargée de vous en demander la permission; j'ai assuré que je n'aurais pas de peine à l'obtenir. Je désire qu'il puisse voir votre réponse, ainsi, je vous supplie qu'elle soit de façon à le satisfaire; son respect, sa vénération pour vous sont extrêmes, ce qui me fait juger de son esprit et de son mérite.

Vous voulez que je vous mande des nouvelles. Le grand-papa se porte toujours fort bien, il est aussi charmant que jamais; il n'y a plus que lui en qui l'on trouve de la grâce, de l'agrément et de la gaieté; hors lui, tout est sot, extravagant ou pédant.

M. d'Invault donna, hier matin, sa démission [1]; j'attendrai à demain à fermer cette lettre, afin de vous pouvoir nommer son successeur. Si on est dans l'embarras du choix, je ferai partir ma lettre. Adieu, mon cher et ancien ami, je vous aime de tout mon cœur.

Le président se porte bien, mais il ne me fait pas désirer de parvenir à son âge. Mille compliments à madame Denis et à M. et madame Dupuis.

Jeudi 21.

Le contrôleur n'est point nommé; je voudrais que vous le fussiez, mais ce serait à condition que vous interdiriez les écrits sur l'agriculture, les projets économiques, etc., etc.

J'attends avec grande impatience ce que vous me promettez à la fin de l'hiver : cela sera-t-il gai? Nous n'avons besoin, à nos âges, que de nous amuser. Vous avez assez instruit le genre humain, ne songez plus qu'à vous divertir et à divertir vos amis.

LETTRE 312.

MADAME LA MARQUISE DU DEFFAND A M. HORACE WALPOLE.

Paris, mardi, 26 décembre 1769.

Contre toute règle, en ne gardant aucune mesure, je vous écris aujourd'hui; quoique je vous aie écrit dimanche. Vous

---

[1] De la place de contrôleur général des finances. (A. N.)

tolérerez cet excès d'écriture en considération de l'occasion du départ de vos Anglais et du compte que j'ai à vous rendre de vos commissions..... Le petit C*** se porte beaucoup mieux; nous sommes assez bien ensemble : c'est bien malheureux qu'il soit fou; mais de tous ses maux c'est le plus véritable et le plus incurable. Je ne suis point dans l'admiration de son compagnon de voyage.[1]; il a plus d'esprit que de jugement, et je ne sens pas que ce soit à la jeunesse qu'on doive l'attribuer. Je fus dimanche prendre du thé avec son père : je vois bien que c'est un homme d'esprit; sa femme est simple et bonne; on la verrait volontiers et l'on s'en passerait sans peine.

Je pense comme vous sur les oiseaux; je ne leur trouve nul attrait : c'est une société dangereuse pour...... Leur fureur pour le jeu est contagieuse : je ne veux pas pénétrer ce qui en est arrivé; je me borne à prévenir autant que je peux les inconvénients à venir. On joua chez moi dimanche jusqu'à cinq heures du matin; le Fox y perdit quatre cent cinquante louis. Ne paraissez point instruit de ce que je vous dis : je crois que ce jeune homme ne sera pas quitte de son séjour ici pour deux ou trois mille louis; le Craufurd, jusqu'aujourd'hui, n'a pas fait de grandes pertes, mais il y a encore deux jours d'ici à jeudi.

Vous savez que nous avons un nouveau contrôleur général, l'abbé Terray : cet homme, à soixante et tant d'années, est conseiller de grand'chambre, a de la réputation dans le Parlement, est chef du conseil de M. le prince de Condé. Il a cinquante mille écus de rente. Concevez-vous qu'il ait pris cette place, s'il n'est pas bien sûr de s'en acquitter? C'est le chancelier[2] qui l'a fait choisir. Ce magistrat paraît avoir un crédit prépondérant : il n'est pas encore démontré si c'est tant pis ou tant mieux pour ceux qui nous intéressent[3]. Quand M. d'Invault[4] eut donné sa démission, le roi ordonna un comité chez le chancelier, avec les quatre secrétaires d'État, MM. de Choiseul et de Praslin, Bertin et Saint-Florentin, pour qu'ils avisassent le choix qu'il fallait faire. On nomma plusieurs personnes, entre autres l'archevêque de Toulouse; chacun se tint sur la réserve, pour être en état d'être le très-humble serviteur

---

[1] Feu M. Charles-Jacques Fox. (A. N.)
[2] Maupeou. (A. N.)
[3] Le duc de Choiseul et son parti. (A. N.)
[4] Le précédent contrôleur général. (A. N.)

de celui qui serait nommé. Ce fut le mardi 19 que se tint ce comité, et le mercredi matin l'abbé Terray fut nommé. Je soupai le mardi chez le grand-papa : il est toujours de la plus grande gaieté; il sera comme Charles VII, à qui on disait : « On ne peut perdre un royaume plus gaiement. » Ah! mon ami, il y a bien peu de bonnes têtes, et quand on voit le derrière des coulisses, on n'admire guère la décoration.

On parle beaucoup du nouvel assassinat du roi de Portugal, et de votre écrit de Junius [1]. Adieu, demain je continuerai.

Jeudi.

Ces messieurs ont changé d'avis, ils ne partent que demain : la cause est un dîner qu'ils font aujourd'hui chez M. de Lauzun, où se trouveront les oiseaux. Un milord [2] dont je ne me souviens pas du nom, mais qui est le cousin germain de M. Fox, le chevalier de Beauvau, le chevalier de Boufflers, etc., doivent être de la partie. Je soupçonne qu'une partie de la compagnie passera la soirée ensemble, car je demandai hier à votre nièce si elle souperait chez le président, et elle me dit que non; je ne voulus point pousser plus loin mes questions, je ne veux ni l'embarrasser ni l'engager à me confier ce que je ne saurais approuver. Vraisemblablement elle ne sera pas du dîner, parce qu'il y a des personnes dont elle est peu connue, madame de Lauzun, madame de Poix, peut-être madame d'Hénin; mais le soir, il n'y aura sans doute que les oiseaux et les joueurs; peut-être aussi me trompé-je, et qu'elle soupera ailleurs : je consens volontiers à ignorer ce qu'elle fait; elle est extrêmement contente de la grand'maman, qui parla beaucoup d'elle avant-hier au dîner des ambassadeurs, où il y avait beaucoup d'Anglais. Votre cousin et elle sont très-froidement ensemble, j'en ignore la cause; il veut cependant donner des étrennes à ses filles : il m'a consultée, et ce sera environ cinquante volumes de nos théâtres, que leur mère n'a pas. Je crois que vous approuveriez ma conduite, si vous en étiez témoin.

Mercredi.

J'ai eu une attention que personne n'a eue que moi, j'ai écrit un mot de compliment à M. de Souza [3] sur l'assassinat de son

---

[1] Les lettres justement célèbres publiées sous le nom de *Junius*. On n'a jusqu'à présent que des hypothèses plus ou moins probables sur le véritable nom de l'auteur. (A. N.) Le plus probable est sir Philip Francis. (L.)

[2] Le lord Ilchester. (A. N.)

[3] Ministre de Portugal à Paris. (A. N.)

roi. Il m'a envoyé le récit qu'il venait d'en recevoir dans une lettre de M. d'Oeyras [1] ; le voici :

« Dimanche, 8 décembre, le roi, suivi de sa cour, sortit du
» château de Villa-Viciosa pour chasser dans le parc. A l'extré-
» mité de la place est une porte qu'on nomme la porte du *No*,
» laquelle est si étroite qu'à peine une voiture peut y passer.
» Sa Majesté ne fut pas plutôt de l'autre côté, qu'elle aperçut
» collé contre le mur un homme qui avait l'air d'un mendiant,
» armé d'une grosse massue, avec laquelle il lui porta dans
» l'instant un coup dirigé à la tête, qui eût été très-dangereux
» sans la présence d'esprit de Sa Majesté, qui, au lieu de s'éloi-
» gner, comme il était naturel, poussa son cheval contre l'as-
» sassin, diminuant tellement le coup, qu'elle ne reçut qu'une
» légère contusion sur la main qui tenait les rênes. Ce scélérat
» lui porta un second coup qui heureusement n'a touché que le
» cheval.

» La suite du roi se jetant immédiatement sur l'assassin, il eut
» la hardiesse de se défendre, et d'en blesser même quelques-
» uns. Sa Majesté, avec un sang-froid admirable, ordonna
» expressément qu'on ne lui fît aucun mal, et continua comme
» à l'ordinaire l'amusement de la chasse jusqu'au soir. Ce
» monstre a été arrêté et conduit en prison. »

Peut-être savez-vous déjà ces circonstances par votre ministre de Portugal.

Pour ce qui concerne ce qui nous regarde, je n'ai vu personne qui m'ait pu instruire ; j'ignore si le contrôleur général est agréable à nos parents ; peut-être en saurai-je davantage dans quelques jours ; je vous écrirai par le duc de Devonshire.

Je fermerai cette lettre ce soir, et je la remettrai entre les mains de M. Craufurd. Dieu veuille qu'il n'oublie pas de vous la remettre !

---

[1] Sébastien-Joseph Carvalho, comte d'Oeyras, marquis de Pombal, premier ministre de Joseph Ier, roi de Portugal.

Une tentative contre la vie de ce souverain ayant déjà eu lieu en 1758, plusieurs personnages de la cour, le duc d'Aveiro, le marquis et la marquise de Tavora, le comte d'Atonguia, accusés d'y avoir pris part, subirent la peine capitale. A la suite de cet attentat, Pombal réussit à faire rendre contre les jésuites portugais un édit qui les déclara complices de l'assassinat. En conséquence de cet édit, ils furent enfermés, puis déportés par mer en Italie, et leurs biens séquestrés. La France suivit l'exemple de l'expulsion des Jésuites en 1764 ; l'Espagne en 1767 ; enfin, une bulle du pape Clément XIV supprima cet ordre en 1773 dans tous les États de la chrétienté. (A. N.)

LETTRE 313.

MADAME LA MARQUISE DU DEFFAND A M. HORACE WALPOLE.

Paris, lundi 15 janvier 1770.

Le Devonshire [1] enfin part mercredi, et je vais commencer ma gazette; Dieu sait comment je m'en tirerai. Je ne vous réponds pas d'être fort claire, parce qu'il y a bien des choses dont je vous parlerai, lesquelles je n'entends pas bien moi-même.

Il faut commencer par la maréchale de Mirepoix; je ne suis ni bien ni mal avec elle, et sa position présente ne m'a rien fait changer à ma conduite. Vous croyez bien qu'elle ne me parle pas avec confiance, et je ne tâche pas à l'y induire. Elle vient rarement à Paris; je ne la vois pas toutes les fois qu'elle y vient; elle y est actuellement. Je fus la voir avant-hier à l'heure de son thé. Je ne lui fis point compliment sur ses grandes entrées; personne n'ose lui en parler; cette grâce lui donne beaucoup plus de ridicule que de considération [2]. *Grandes entrées!* Ces mots n'ont rien de magnifique que le son. M. Chauvelin les a, mesdames de Maillebois et de Souvré les ont eues par les charges de maître de la garde-robe qu'avaient leurs maris; il valait bien mieux avoir les boutiques de Nantes [3]. La dame du Barry avait sollicité pour qu'on les donnât à la maréchale, mais le roi les lui donna à elle-même. Le grand-papa ne s'est point mêlé de tout cela; il ne se raccommodera point avec la maréchale. La dame du Barry ne prend nul crédit, et il n'y a pas d'apparence qu'elle en prenne jamais: elle n'a ni d'affection ni de haine pour personne; elle pourra dire ce qu'on lui fera dire comme un perroquet, mais sans vue, sans intérêt, sans passion: ce n'est pas avec un pareil caractère que l'on parvient à gouverner. Le triumvirat Broglie, d'Aiguillon et Maillebois [4], qui voudraient s'en faire un appui, sont ennemis

---

[1] Le père du duc actuel de Devonshire (1827), par qui cette lettre devait être portée. Il était fort intimement lié avec Charles Fox, qui est mort dans l'une de ses terres. (A. N.)

[2] Elle les obtint parce qu'elle fut la première femme de la cour à voir madame du Barry, ainsi que nous l'avons dit dans une note précédente. (L.)

[3] Quartier particulier de la ville de Nantes qui appartenait au domaine royal, et dont le revenu était d'environ 30,000 francs, à la disposition du roi. (A. N.)

[4] Yves-Marie Desmarets, comte de Maillebois, lieutenant général, fils du

les uns des autres. Ce dernier est si décrié, que personne ne se rallie à lui. Les deux premiers ont une sorte d'intelligence entre eux; mais le d'Aiguillon est craint; ses amis sont des sots; sa conduite en Bretagne a donné mauvaise opinion de son caractère; pour s'établir et s'impatroniser à la cour, il lui a fallu payer douze cent cinquante mille livres les chevau-légers, qui n'avaient jamais été vendus que cinq à six cent mille livres. Le petit comte de Broglie, qui sans contredit est celui qui a le plus d'esprit et de talent, ne tient à personne; il blâme, il fronde, il ne lui importe avec qui; je passai hier la soirée avec lui chez la Bellissima, il eut une conversation d'une heure avec le C....., qui est, comme vous savez, un vrai automate; il croit tirer parti de la grosse duchesse, de la Bellissima; enfin, ses moyens me paraissent pitoyables; il est confondu de ce qu'on vient de faire pour M. de Castries [1], et c'est là le plus grand trait de politique du G. P. : Dieu veuille qu'il ne se soit pas trompé. Pour parler de cette affaire, il faut reprendre les choses bien plus haut. Feu le maréchal de Belle-Isle avait fait M. de Castries lieutenant général hors de son rang, par une promotion particulière. M. de Beauvau, qui était son ancien, jeta feu et flammes; on était dans une crainte perpétuelle qu'il ne se battît contre M. de Castries; tous les parents et amis communs s'employèrent pour empêcher cet incident : quand le G. P. devint ministre, on obtint de lui qu'il réparerait les torts de M. de Belle-Isle, en faisant M. de Beauvau lieutenant général, en lui

---

maréchal de Maillebois, né en 1715. Il se signala sous Richelieu à la prise de Port-Mahon, fit la guerre de sept ans sous d'Estrées et Richelieu. En 1789, il se prononça fortement contre tous les plans de réforme, fut dénoncé en 1790 au comité de recherches de l'Assemblée nationale, et décrété d'accusation, pour avoir rédigé un plan de contre-révolution qui devait être appuyé par la cour de Turin : il s'enfuit dans les Pays-Bas, et mourut d'une goutte remontée à Liége à la fin de 1791. (A. N.)

[1] Charles-Eugène-Gabriel de la Croix, maréchal de Castries, né en 1727, commandant en Corse en 1756, et employé à l'armée d'Allemagne pendant la guerre de sept ans. Il se mit sur les rangs pour être ministre de la guerre, après la mort du maréchal de Muy, en 1775, mais, en 1780, il obtint le ministère de la marine. Ayant émigré au commencement de la révolution, il commanda une division de l'armée des princes lors de l'expédition de Champagne, en 1792. Il est mort dans l'émigration à Wolfenbuttel, en 1801. — Son fils le duc de Castries, aujourd'hui pair de France, fut nommé en 1789 député de la noblesse aux états généraux, et s'y montra défenseur zélé des institutions de la vieille monarchie. Rentré en France à la Restauration, il fut nommé gouverneur général de la division militaire de Rouen (1827). (A. N.)

rendant son rang d'ancienneté. Suivant la morale, cela n'était point injuste, mais cela était contre toute règle et sans exemple ; c'était un affront fait à M. de Castries ; son ressentiment fut extrême ; il fit alors un serment authentique de ne jamais se réconcilier avec le grand-papa. Tout le monde blâma le G. P. de ce qu'il avait fait pour M. de Beauvau, et M. de Beauvau m'avoua lui-même que si le G. P. avait été à sa place, et lui à la sienne, il n'aurait pas fait la même chose pour lui. Le G. P. ne tarda pas à sentir qu'il avait mal fait, et il avait un grand désir de se réconcilier, mais cela était impossible. Enfin, madame du Barry est arrivée. La conduite de M. de Castries a été sage et honnête, il n'a eu ni empressement ni froideur ; il n'a point formé de nouvelles liaisons. Il était ami de M. de Soubise [1] et de madame de Brionne [2]. On soupçonne cette dame (qu'on dit être bien avec le G. P.) d'avoir travaillé à sa réunion avec M. de Castries. Ce qui est de certain, c'est que le grand-papa proteste qu'il y a six mois qu'il travaille au projet qu'il vient d'exécuter et qu'ils n'étaient que trois qui en eussent connaissance ; le roi, lui et M. de Castries. Il en donne pour preuve que jamais secret n'a été si bien gardé, c'est ce que je lui ai entendu dire ; et il ajouta qu'il y avait bien longtemps qu'il cherchait une occasion de réparer ses torts avec M. de Castries, et qu'il avait saisi avec joie la nécessité où on était de faire des changements dans la gendarmerie ; qu'il fallait en former un corps comme celui des carabiniers et y nommer un commandant ; que personne ne lui avait paru plus digne de cet emploi que M. de Castries ; qu'il n'avait point eu d'autre objet, en le choisissant, que le bien du service ; qu'il n'avait point eu en vue sa réconciliation. Voilà le langage que je lui ai entendu tenir. M. de Castries déclare de son côté qu'il n'a point reçu cet emploi à la condition que cela le rendrait ami du G. P., qu'il ne pouvait jamais le devenir, mais qu'il ne serait plus son ennemi, et qu'il serait toujours d'accord avec lui et dans une parfaite intelligence dans toutes les choses de son devoir et de son ser-

[1] Charles de Rohan, prince de Soubise. (A. N.)
[2] Madame de Brionne, née Rohan-Rochefort. Elle épousa M. de Brionne, de la maison de Lorraine. Le prince de Lambesc, connu par l'énergique conduite qu'il tint à la tête de son régiment au jardin des Tuileries, au commencement de la révolution, était son fils. Le prince de Lambesc était grand écuyer de France ; il est encore vivant, il habite l'Autriche. (1827.) C'est pour cela que le Roi n'a donné à personne la charge de grand écuyer ; que l'on regarde comme encore occupée. (A. N.)

vice. En conséquence, il n'a point été ni chez la grand'maman, ni chez sa belle-sœur. Je doute un peu, je vous l'avoue, malgré ce que j'ai entendu dire au G. P., qu'il n'eût espéré une meilleure issue de cette affaire quand il a commencé à l'entreprendre ; mais ce qui est de certain, c'est que la cabale du Barry n'a eu aucune part dans cette affaire. Enfin, quoi qu'il en arrive, cela ne peut pas être regardé comme un pas de clerc, parce que le choix est bon et que les amis de M. de Castries, qui sont en grand nombre, doivent être apaisés ; tout ce qui peut arriver de pis, c'est de faire soupçonner le grand-papa d'un peu de légèreté et de faiblesse.

Les Beauvau, qui étaient en Languedoc aux états, arrivent à la fin de la semaine ; je suis curieuse de savoir ce que dira le prince.

Le grand-papa ne me paraît dans aucun danger pressant ; mais tout ceci n'a point pris couleur. Pour la du Barry, elle n'est point à craindre, mais le chancelier [1] joint au contrôleur général [2], voilà ce qui est un peu suspect.

A l'égard de moi, mon ami, je suis fort tranquille ; je ne crois pas que l'on m'ôte ma pension, et en vérité ce n'est pas ce qui m'occupe. La paix, la paix, voilà ce qui m'intéresse ; et s'il fallait tout bouleverser, perdre ma pension, et encore davantage, pour nous assurer que nous ne serons jamais en guerre, j'y consentirais sans balancer.

Vous ne serez pas trop content du récit que je viens de vous faire. Je n'ai point la chaleur nécessaire pour rendre les récits intéressants, je vois tout ce qui se passe avec assez d'indifférence ; nulle confidence particulière ne me met en jeu ; l'abbé et le marquis [3] sont les Sénèque et les Burrhus [4] de la grand'maman ; quand je suis seule avec elle, et qu'elle a quelque ouverture avec moi, ses secrets lui échappent, mais elle ne les confie pas. Convenez que cela diminue beaucoup de l'intérêt. Je vous ai dit que je vous parlerais de l'abbé ; je pense qu'il est Provençal, un peu jaloux, un peu valet et peut-être un peu amoureux. Le marquis est précepteur, misanthrope et

[1] M. de Maupeou.
[2] L'abbé Terray.
[3] Le marquis de Castellane.
[4] Elle fait allusion à la tragédie de *Britannicus* et à ce vers qu'Agrippine adresse à Burrhus :

Prétendez-vous longtemps me cacher l'empereur ? (L.)

fort indifférent. Le grand-papa est plus franc que tous ces gens-là, et j'en apprends plus dans une soirée avec lui, qu'en quinze jours avec tous les autres. Mon intention est de vous tout dire, mais ma mémoire ne me sert pas bien; si j'étais à portée de vous voir, je vous dirais mille choses qui sans doute m'échappent : mais laissons la politique.

Le président depuis trois jours a la fièvre et la tête entièrement parties. Vernage[1] cependant n'en est point inquiet; moi je le suis et je doute qu'il passe l'hiver. Sa perte apportera du changement dans ma vie; mais je ne veux point anticiper les choses désagréables, c'est bien assez de les supporter quand elles sont arrivées.

Je suis bien avec vous, vous êtes content de moi, voilà ce qui me console de tout.

LETTRE 314.
LA MÊME AU MÊME.

Paris, mercredi 24 janvier 1770,
à dix heures du matin.

Qui m'aurait dit que la gazette deviendrait un jour pour moi la lecture la plus intéressante? Je n'aurais jamais pu le croire; cependant cela est arrivé; je la parcours, j'arrive à l'article de Londres, et j'ai de la joie ou de l'inquiétude. La première

---

[1] Médecin de Louis XV qui jouissait d'une grande célébrité. Étant déjà très-âgé, il épousa la jolie mademoiselle de Quincmont dont il fit la fortune, sa famille étant très-noble et très-pauvre. On raconte à l'occasion de son mariage une anecdote que nous croyons peu connue. Vernage avait soigné pendant une longue maladie M. de la Porte, père de l'intendant de Lorraine, mort à Meslay près de Vendôme, il y a trois ou quatre ans. Pendant sa convalescence, M. de la Porte voulait toujours manger plus que Vernage ne le lui permettait, et Vernage lui disait sans cesse : Fausse faim! fausse faim! A quelque temps de là, il vint annoncer à M. de la Porte son mariage avec une jeune personne : « Ah! s'écria M. de la Porte, fausse faim! docteur, fausse faim! » Madame de Vernage avait conservé sa beauté dans un âge très-avancé. Elle est morte à Ranay près Montoire, il y a cinq ans, regrettée comme jamais peut-être femme ne l'a été. (1827.) C'est pour mettre sur le collier d'un chien qui appartenait à madame de Vernage que furent faits les quatre jolis vers suivants :

    Fidèle à ma maîtresse, en tous lieux, sur ses pas,
      Touché des soins qu'elle me donne,
    Prêt à mordre tous ceux qui ne l'aimeraient pas,
    Je n'ai pu mordre encor personne. (A. N.)

séance de votre parlement [1] m'avait fort réjouie, ce qui a suivi me trouble; mais je voudrais que cette gazette s'expliquât plus clairement. Ce M. Yorke [2] qui est chancelier, m'a-t-il pas été otage en France avec un milord Cathecart? J'estropie peut-être son nom. Que font tous vos amis dans ce moment-ci? J'ai ouï dire que le duc de Richmond avait parlé assez vivement dans la première assemblée. M. Chamier, que vous m'annoncez, répondra peut-être à toutes mes questions. Je suis fort aise de son retour : j'avais impatience du départ du Devonshire, aujourd'hui je trouve qu'il est parti trop tôt; j'aurais voulu qu'il retardât de huit jours, mais toutes choses vont de travers.

Je vis hier la grand'maman, après dix jours d'absence; je souperai demain avec le grand-papa. Ce soir j'aurai chez moi les Bellissima, les Grossissima, les Bêtissima et tous les Ennuyeusissima; je suis Tristissima. Je ne sais pas pourquoi Diogène cherchait un homme, il ne pouvait lui rien arriver de mieux que de ne pas le trouver; s'il avait été forcé de s'en séparer, cet homme unique lui aurait fait prendre tous les autres en aversion. Il n'y a de bien et de mal que par la comparaison; mais vous n'aimez pas les *traités;* brisons-là et venons à des faits.

Le baron de Gleichen est de mes connaissances celle dont je fais le plus d'usage. Il me voit souvent; son esprit n'est pas à mon unisson, mais il en a; son cœur est bon. Il me marque du goût et de l'amitié : eh bien! eh bien! il est rappelé; j'en suis fâchée. Je le trouverai à redire; je disputais avec lui : enfin il valait mieux pour moi qu'aucun des gens qui me restent; il est franc, il est sincère, il n'est ni Italien, ni Gascon, ni Provençal. Il me semble que tous nos Septentrionaux ne prennent

---

[1] Le 9 janvier 1770. (A. N.)

[2] M. Charles Yorke, second fils du lord chancelier Hardwicke, et père du comte actuel d'Hardwicke. Lors de la démission du lord Camden, en 1770, il accepta le grand sceau. Le 17 janvier il fut créé pair avec le titre de baron de Morden. Son frère le comte Hardwicke, auteur des *Lettres athéniennes,* lui fit à ce sujet de si graves reproches qu'il se brûla la cervelle deux jours après.

Les otages, après la paix d'Aix-la-Chapelle, furent le comte de Sussex et le lord Cathcart; mais le colonel, depuis sir Joseph Yorke, troisième fils du lord chancelier Hardwicke et frère de M. Yorke ci-dessus nommé, n'a pas été du nombre des otages; il a été nommé secrétaire d'ambassade à Paris, immédiatement après cette paix; il y est resté jusqu'en 1753, époque à laquelle il fut nommé ministre plénipotentiaire en Hollande. (A. N.)

pas racine ici. Cela me déplaît beaucoup : ai-je tort, ai-je raison ¹ ?

La grand'maman se porte bien, et le grand-papa pour le moins aussi bien que jamais; vous m'en félicitez et vous faites bien.

Mais dites-moi si je dois être sans inquiétude. Je ne saurais m'expliquer plus clairement; devinez ma pensée, si vous pouvez, et répondez-y, si cela est possible.

Nous avons eu ici un milord Stormont ², qui, je ne sais pourquoi, a voulu faire connaissance avec moi; je n'en vois pas la raison, si ce n'est de me manquer de politesse. Il soupa chez moi, il y a aujourd'hui huit jours; il partit hier sans m'être venu dire adieu. Cette conduite a été pour la plus grande gloire de la Bellissima et de la Grossissima, de qui il était un courtisan assidu.

Voilà les événements de mon petit tourbillon, jugez de sa petitesse par les misères qu'on y observe; l'esprit en est rétréci. Comme cette lettre vous arrivera peu après celle que vous porte le Devonshire, je ne vous fatiguerai pas en la rendant plus longue; adieu, mon ami; ne vous lassez point de m'écrire; des sept jours de la semaine, il n'y en a pour moi qu'un seul qui soit heureux.

1 M. Walpole lui répondit à ce sujet : « Je trouverais votre baron une perte bien légère. Son cœur peut être droit, mais son esprit ne l'est guère. De ce que Voltaire s'est mis en tête d'être philosophe, lui qui de tous les hommes l'est le moins, on se croit de l'esprit dès qu'on a affiché la philosophie, sans songer que la philosophie affichée cesse de l'être. Les charlatans de la Grèce et ceux de Paris sont également ridicules. Quand tout le monde était dans l'aveuglement, il fallait peut-être un effort pour se mettre au-dessus des préjugés; mais quel mérite y a-t-il à n'en point avoir, quand c'est ridicule que d'en avoir? On sait si peu, qu'il ne demande pas beaucoup de génie pour avouer qu'on ignore de tout; et voilà le sublime des philosophes modernes, dont, sauf votre permission, était votre triste baron. » (A. N.)

2 William Murray, comte de Mansfield, mort en 1793. Nommé en 1742 membre du parlement, il obtint successivement la place d'avocat général et de procureur général; il fut élevé en 1756 au poste important de grand juge du banc du roi, et présida cette cour pendant trente-deux ans. Lord Mansfield était ennemi sincère de la liberté de la presse, aussi l'auteur des *Lettres de Junius* a répandu dans son ouvrage les sarcasmes les plus amers contre sa conduite publique. (A. N.)

LETTRE 315.

M. DE VOLTAIRE A MADAME LA MARQUISE DU DEFFAND.

A Ferney, 28 janvier 1770.

Qui? moi, madame, que je n'aie point répondu à une de vos lettres? que je n'aie pas obéi aux ordres de celle qui m'honore depuis si longtemps de son amitié! de celle pour qui je travaille jour et nuit, malgré tous mes maux! Vous sentez bien que je ne suis pas capable d'une pareille làcheté. Tout ours que je suis, soyez persuadée que je suis un très-honnête ours.

Je n'ai point du tout entendu parler de M. Craufurd: si j'avais su qu'il fût à Paris, je vous aurais suppliée très-instamment de me protéger un peu auprès de lui, et de faire valoir les sentiments d'estime et de reconnaissance que je lui dois.

Vous m'annoncez, madame, que M. Robertson veut bien m'envoyer sa belle *Histoire de Charles-Quint*, qui a un très-grand succès dans toute l'Europe, et que vous avez la bonté de me la faire parvenir. Je l'attends avec la plus grande impatience; je vous supplie d'ordonner qu'on la fasse partir par la guimbarde de Lyon. C'était autrefois un bien vilain mot que celui de guimbarde; mais vous savez que les mots et les idées changent souvent chez les Français, et vous vous en apercevez tous les jours.

Vous avez la bonté, madame, de m'annoncer une nouvelle cent fois plus agréable pour moi que tous les ouvrages de Robertson. Vous me dites que votre grand-papa, le mari de votre grand'maman, se porte mieux que jamais; j'étais très-inquiet de sa santé.

Vous savez que je l'aime comme M. l'archevêque de Cambrai aimait Dieu, pour lui-même. Votre grand'maman est adorable, je m'imagine l'entendre parler quand elle écrit; elle me mande qu'elle est fort prudente; de là je juge qu'elle n'a montré qu'à vous les petits versiculets de M. Guillemet.

Si je retrouve un peu de santé dans le triste état où je suis, je vais me remettre à travailler pour vous. Je ne vous écrirai point de lettres inutiles; mais je tâcherai de faire des choses utiles qui puissent vous amuser. C'est à vous que je veux plaire, vous êtes mon public. Je voudrais pouvoir vous désennuyer quelques quarts d'heure, quand vous ne dormez pas, quand vous ne courez pas, quand vous n'êtes pas livrée au monde.

Vous faites très-bien de chercher la dissipation; elle vous est nécessaire comme à moi la retraite.

Adieu, madame; jouissez de la vie autant qu'il est possible, et soyez bien sûre que je suis à vous, que je vous appartiens jusqu'au dernier moment de la mienne.

LETTRE 316.

MADAME LA MARQUISE DU DEFFAND A M. HORACE WALPOLE.

Jeudi, 1er février 1770.

J'attendais de vos nouvelles par le courrier d'hier, ne doutant pas que le Devonshire ne fût arrivé à Londres le vendredi 26.

Je n'ai point voulu faire partir cette lettre-ci, elle ne contient rien qui puisse vous intéresser. Elle ne partira que lundi; j'aurai sûrement de vos nouvelles dimanche, et je vous apprendrai d'ici à ce temps-là les nouvelles opérations de notre contrôleur général. Ma journée d'hier se passa sans rien de remarquable; je ne sortis point, parce que je devais souper chez moi, et je ne sors point ces jours-là. J'eus à souper mesdames de la Vallière, d'Aiguillon, de Forcalquier et de Crussol; MM. de Broglie, Pont-de-Veyle, Walpole, Chamier; de Creutz, votre nièce [1], la Sanadon, et moi. Au milieu du souper arriva la marquise de Boufflers, qui n'avait pas voulu rester chez madame la comtesse de la Marche [2], parce que tout le Palais-Royal [3] y était venu. Sur les une heure, le chevalier son fils vint nous trouver; il y a eu un whist et un vingt et un.

On ne parla que de la guérison de madame la duchesse de Luynes : elle avait eu le bras démis il y a trois ou quatre mois, les chirurgiens le lui avaient remis tout de travers, elle était restée estropiée; il fallait que son bras fût soutenu par une écharpe, et elle ne pouvait pas remuer les doigts; les chirurgiens prétendaient qu'elle avait un os fêlé, et disaient tous qu'il faudrait en venir à lui couper le bras. Il y a en Lorraine une famille qu'on appelle les Valdageoux, parce qu'ils habitent le village de ce nom, qui ont un talent singulier et infaillible pour remettre les membres cassés ou démis; on a fait venir un de

---

[1] Madame Cholmondeley. (A. N.)
[2] Princesse de Modène, mariée au fils unique du prince de Conti. (A. N.)
[3] Toute la maison d'Orléans. (L.)

cette famille qui, après avoir examiné le bras de madame de Luynes, a affirmé qu'elle n'avait point d'os fêlés, et qu'il répondait de sa guérison ; mais que, comme le bras avait été mal remis, il s'était formé une espèce de calus qu'il fallait commencer par dissoudre ; c'est ce qu'il a fait : il n'y a que quatre jours, qu'après des douleurs inouïes qui ont duré très-longtemps, et où il a fallu employer la force de plusieurs hommes, il lui a remis si parfaitement le bras qu'elle s'en est servie sur-le-champ, et qu'elle s'en sert actuellement tout comme de l'autre. Ce pauvre homme logeait chez un de ses amis, et il y a dix ou douze jours qu'étant à une porte où il voulait entrer, il fut attaqué par deux hommes ; il reçut un coup d'épée qui heureusement n'a pas été dangereux. Actuellement, il loge à l'hôtel de Luynes. La rage des chirurgiens contre ces bonnes gens qu'on appelle les Valdageoux est si grande, qu'ils ont obtenu dans leur pays d'être toujours accompagnés d'un homme de la maréchaussée, quand ils vont d'un lieu à un autre.

Adieu, à demain.

Vendredi, 2 février.

Les édits ont paru ; toutes les pensions perdent selon leur valeur, celles au-dessous de six cents francs ne payent que ce qu'elles payaient depuis longtemps, un dixième ; celles de mille deux cents francs, un dixième et demi ; ainsi par gradation jusqu'à deux mille écus, qui est ma classe ; et celle-là et toutes celles qui sont par delà sont taxées aux trois dixièmes ; ce qui, comme vous voyez, avec la retenue de deux vingtièmes, fait un tiers de diminution ; ainsi, de deux mille écus que j'avais, je perds deux mille francs, et mille francs sur les papiers royaux font mille écus ; c'est un malheur, mais qui m'affecte médiocrement. Je voudrais n'avoir pas à en craindre d'autres. Il y en a qui me seraient bien plus sensibles. Je n'ai nulle raison qui me les fasse prévoir, mais je ne puis m'empêcher de le craindre. Revenons aux pensions. A l'instant que l'arrêt a paru, Tourville [1], que vous connaissez, et qui est l'ami de l'abbé Terray, a couru chez lui et lui a dit qu'il ne venait pas lui parler pour lui, quoiqu'il perdît cinq cents écus sur sa pension ; mais qu'il venait le solliciter pour moi ; que mon âge,

---

[1] M. de Tourville était officier aux gardes-françaises, et s'était distingué dans toutes les occasions par la conduite la plus honorable ; il épousa mademoiselle de Sommery. (A. N.)

mes malheurs, et le genre de ma gratification, qui était sur l'état de la maison de feu la reine, me mettaient dans le cas d'une exception ; qu'il ne pouvait jamais donner à lui Tourville une marque d'amitié à laquelle il fût plus sensible. Le contrôleur général a répondu qu'il me connaissait, qu'il serait fort aise de m'obliger, mais qu'il s'était imposé la loi de ne faire aucune exception ; que tout ce qu'il pouvait faire, c'était de lui indiquer le moyen de réparer ma perte ; qu'il fallait que je tâchasse d'obtenir une grâce nouvelle ; que si M. de Choiseul ou quelque autre la demandait pour moi, loin de s'y opposer, il concourrait de tout son pouvoir à me la faire obtenir. Voici ce que j'ai écrit ce matin, que je compte donner au grand-papa. S'il fait difficulté de se mêler de cette affaire, je m'adresserai à M. de Saint-Florentin [1], d'autant plus qu'elle est de son département ; je me ferai accompagner chez lui par le prince de Beaufremont, son ami intime.

MÉMOIRE.

« Le roi accorda à madame du Deffand, en 1763, à la sollicitation de la reine, une gratification annuelle de six mille livres. Cette princesse l'honorait de sa protection, en considération de feu sa tante la duchesse de Luynes, dont les services assidus, le respectueux attachement, l'absolu dévouement, avaient mérité de Sa Majesté ses bontés, son amitié et sa reconnaissance.

» Aujourd'hui madame du Deffand, âgée de soixante-treize ans, privée de la vue, dont les infirmités augmentent les besoins, est contrainte à faire des retranchements sur les choses les plus nécessaires. Elle perd trois mille livres de rente par les nouveaux arrangements ; elle a représenté sa situation à M. le contrôleur général ; mais comme il s'est fait une loi de ne faire aucune exception, elle n'en a rien obtenu. C'est à la bonté du roi qu'elle a recours. M. le contrôleur général ne fera aucune difficulté contre une nouvelle grâce que le roi voudrait bien lui accorder. Elle sait bien qu'elle ne mérite rien par elle-même ; mais la reine l'honorait de ses bontés ; Sa Majesté avait cherché à reconnaître l'attachement et les services de madame de Luynes par la protection qu'elle accordait à sa nièce : et la compassion de la reine avait ajouté un motif de plus.

---

[1] Le comte de Saint-Florentin, ministre d'État.

» Voilà les seuls titres de madame du Deffand pour implorer la bonté du roi; elle n'oserait parler de son respectueux attachement, quoique aucun de ses sujets n'en ait un plus véritable. »

Dimanche à midi.

Par bien des choses qu'on m'a dites hier, je doute que le grand-papa se charge de mon mémoire; je verrai ce que je ferai, peut-être resterai-je tranquille; je me rappelle ces vers de Rousseau :

> . . . Le plus petit vaurien.
> En fera plus que tous vos gens de bien;
> Son zèle actif peut vous rendre service,
> La vigilance est la vertu du vice.

Je ne connais point de ces petits vauriens vigilants. La grand'maman vient demain à Paris. J'eus hier la visite de l'abbé, qui ne me dit rien de sa part; je crus que la politique devait m'interdire toute question. J'ai peine à croire que je n'entende pas parler d'elle : mais quoi qu'il en soit, je donne à souper demain, lundi, et mercredi. La Fontaine dit dans un de ses contes :

> . . . Le Florentin
> Montre à la fin ce qu'il sait faire.
>
> La Fontaine, Épigr. *contre Lully.*

Je suis bien tentée de penser la même chose du Provençal [1]; mais je me tais, et j'observe.

M. Chamier nous apprit hier une grande nouvelle, la démission de M. le duc de Grafton [2]; je compte dans deux heures en avoir la confirmation dans votre réponse à ma lettre du

---

[1] L'abbé Barthélemy.
[2] Auguste-Henri Fitz-Roy, duc de Grafton, né en 1736, fut secrétaire d'État en 1765, quitta cette place et devint peu après premier lord de la trésorerie. Il donna ensuite sa démission, comme le dit ici madame du Deffand. Pendant son administration, le duc de Grafton fut attaqué si violemment dans les *Lettres de Junius*, qu'on ne douta pas que l'auteur n'eût contre lui une inimitié personnelle. Peu de temps après qu'il eut quitté la place de premier lord de la trésorerie, il accepta celle de garde des sceaux, qu'il conserva jusqu'en 1775. A cette époque, s'étant hautement prononcé contre les projets de lord North qui voulait imposer de nouvelles taxes à l'Amérique anglaise, il reçut l'ordre de résigner sa charge, qu'il reprit encore depuis. En 1803, il se fit distinguer par son opposition à la guerre contre la France. Le duc de Grafton poussait jusqu'à la manie l'amour des livres rares et curieux, et embrassa la croyance des sociniens. Il est mort le 11 mars 1811. (A. N.)

Devonshire : je sais qu'il n'est arrivé à Londres que le samedi 27.

Vous serez effrayé de l'énormité de cette lettre : mais remarquez que j'ai passé un ordinaire sans vous écrire. Mes lettres vous ruinent ; vous les payez sûrement plus qu'elles ne valent, mais punissez-moi selon la loi du talion, et vous verrez que je ne m'en plaindrai pas.

A deux heures après midi.

Voilà votre lettre qui arrive : je suis parfaitement contente de ce que vous êtes content ; mais je n'aime pas que vous me croyiez inégale, que je m'enthousiasme et que je me dégoûte : tout au contraire, je suis l'habitude ; mais je m'aperçois des changements qui arrivent. Je pourrai bien vous écrire ces jours-ci, si j'en trouve l'occasion.

Il y a ici de grandes clameurs contre le nouveau contrôleur général [1] (*l'abbé Terray*). Un nommé Billard, caissier des fermes des postes, fit, il y a trois semaines ou un mois, une banqueroute de quatre à cinq millions ; on a mis au-dessus de la porte de l'abbé Terray : *Ici on joue le noble jeu de billard.* On nous promet encore des édits une fois la semaine pendant quelque temps, mais je n'ai plus rien à craindre, et je crois que je pourrais ajouter : rien à espérer.

Je croyais hier, quand j'ai appris la démission du duc de Grafton, que ce serait M. de Grenville qui le remplacerait.

---

[1] Voici comment Grimm parle de cette affaire dans sa *Correspondance* (mars 1770) :

« Saint-Billard, caissier général de la poste, a été mis à la Bastille, et on lui fait actuellement son procès ; mais quoique ce Billard ait volé les fermiers généraux des postes et le public d'une manière très-scandaleuse, on doute qu'il soit pendu. Billard se piquait de la plus haute dévotion. Il avait des liaisons intimes avec l'abbé Grisel, sous-pénitencier de l'Église de Paris, confesseur de Mgr l'archevêque, directeur de plusieurs dévotes illustres, connu d'ailleurs par son goût décidé pour la garde des dépôts : il était gardien d'autant plus exact qu'il ne rendait jamais. En sa qualité de confesseur de Billard, il s'était aussi fait directeur de la caisse des postes. Suivant les registres de Billard, l'entretien de son confesseur allait, année commune, à plus de cent mille écus. On prétend que c'est pour avoir quelques éclaircissements sur l'objet de cette énorme dépense que Grisel a été arrêté, et l'on s'attend à trouver les Jésuites au fond du sac. »

Deux ans après Billard fut condamné au carcan et à la marque comme *banqueroutier frauduleux* et *commis infidèle*. Il subit sa peine en place de Grève. (A. N.)

LETTRE 317.

MADAME LA MARQUISE DU DEFFAND A M. DE VOLTAIRE.

Paris, samedi 24 février 1770.

Mercredi prochain, 7 de ce mois, il partira, par les guimbardes de Lyon, l'*Histoire de Charles V*. Ce mot : guimbardes de Lyon, pour avoir acquis une nouvelle signification, n'a pas perdu l'ancienne, je puis vous en assurer.

Je vous ai, je crois, déjà mandé que je trouvais charmants les vers de M. Guillemet ; la modestie, ou plutôt l'humilité de la grand'maman, ne lui permet pas de les montrer à beaucoup de monde, mais le petit nombre de ceux qui les ont vus en ont été charmés, et le grand-papa, qui n'aime point la louange, n'a pu se défendre de paraître très-satisfait de la grâce, de la délicatesse de celle que vous lui donnez. Je voudrais que vous pussiez juger par vous-même de quelle vérité sont vos éloges.

Je suis bien fâchée que le petit Craufurd ne soit plus ici, mais je lui enverrai un extrait de votre lettre.

Je ne veux point abuser de votre complaisance, en vous priant de m'écrire souvent. Vous avez de bien meilleurs emplois à faire de votre temps, et moi, par la raison contraire, n'ayant rien à faire, je n'ai aussi rien à dire. Mes lettres ne seraient remplies que de traités sur l'ennui, sur le dégoût du monde, sur le malheur de vieillir ; cela ne serait-il pas bien amusant ? Oh ! non, monsieur de Voltaire, je me fais justice ; je serai parfaitement contente si vous me conservez votre amitié, votre souvenir, et si vous m'en donnez des marques, en m'envoyant exactement tout ce que vous ferez. Quel est donc l'ouvrage qui est actuellement sur le tapis ? Il doit m'amuser beaucoup. C'est donc quelque chose de gai et de frivole ? Et ce ne sera pas sur une certaine matière, sur laquelle il ne reste plus rien à dire ; ce ne sera pas non plus un traité économique, ni des préceptes sur l'agriculture. Vous sentez bien que, quand on habite un tonneau dans le coin de son feu, on s'intéresse fort peu à ces parties de l'administration. On lit les édits malgré qu'on en ait. Ma curiosité n'a pas été fort satisfaite par les derniers ; ils m'ont appris que je perdais mille écus de rente. Je suis plus philosophe que je ne croyais, car je suis presque insensible à cette perte ; je trouve dans ce qui afflige tout le monde ma consolation, la vieillesse ; ce n'est pas la peine de s'affliger de rien, quand on a si peu de temps à souffrir. Cette réflexion est commune; elle a été dite et écrite par tout le monde, mais sans le sentir; et moi, je ne le dis que parce que je le sens.

Ne croyez point que je coure le monde, je ne sors que pour souper, et je ne soupe que chez mes connaissances les plus particulières. Je ne dis pas chez mes amis : Ah! monsieur de Voltaire, y en a-t-il dans le monde? Vous avez des adorateurs et en grand nombre; mais croyez-vous avoir beaucoup d'amis? Ne faites point usage de ceci contre moi; je dois être exceptée de la thèse générale, et par vous plus que par qui que ce soit.

LETTRE 318.

M. DE VOLTAIRE A MADAME LA MARQUISE DU DEFFAND.

21 février 1770.

J'ai reçu, madame, le *Charles-Quint* anglais; je n'en ai pu lire que quelques pages; mes yeux me refusent le service, tant que la neige est sur la terre. Il est bien étrange que je m'obstine à rester dans ma solitude pour y être aveuglé pendant quatre mois; mais la difficulté de se transplanter à mon âge est si grande et si désagréable, que je n'ai pu encore me résoudre à passer mon hiver dans des climats plus chauds. Je me suis consolé en me regardant comme votre confrère, et puisque vous souffrez une privation totale, j'ai cru qu'il y aurait de la pusillanimité à n'en pas supporter une passagère.

Je voulais vous remercier plus tôt; les éclaboussures de Genève m'ont dérangé pendant quelques jours. On s'est mis à tirer sur les passants dans la sainte cité de maître Jean Calvin. On a tué tout roides quatre ou cinq personnes en robe de chambre, et moi, qui passe ma vie en robe de chambre comme Jean-Jacques, je trouve fort mauvais qu'on respecte si peu les bonnets de nuit. On a tué un vieillard de quatre-vingts ans, et cela me fâche encore; vous savez que j'approche plus de quatre-vingts que de soixante-dix, et vous n'ignorez pas combien la réputation d'octogénaire me flatte et m'est nécessaire. Vous êtes très-coupable envers moi d'avoir étriqué mon âge, au lieu de lui donner de l'ampleur. Vous m'avez réduit malignement à soixante-quinze ans et trois mois, cela est infame; donnez-moi soixante-dix-sept ans pour réparer votre faute.

On a encore appuyé la baïonnette sur le ventre ou dans le ventre d'une femme grosse; je crois qu'elle en mourra; tout cela est abominable; mais les prédicants disent que c'est pour avoir la paix. Il a fallu avoir quelques soins des battus qui se sont enfuis; car, quoique je sois capucin, je ne laisse pas d'avoir pitié des huguenots.

Mais, mon Dieu, madame, saviez-vous que j'étais capucin? C'est une dignité que je dois à madame la duchesse de Choiseul et à *Saint Cucufin*. Voyez comme Dieu a soin de ses élus, et comme la grâce fait des tours de passe-passe avant que d'arriver au but. Le général m'a envoyé de Rome ma patente. Je suis capucin au spirituel et au temporel, étant d'ailleurs père temporel des capucins de Gex.

Tant de dignités ne m'ont point tourné la tête; les honneurs chez moi ne changent point les mœurs. Vous pouvez toujours compter, madame, sur mon attachement, comme si je n'étais qu'un homme du monde. Il est vrai que je n'ai pas les bonnes fortunes du capucin de madame de Forcalquier; mais on ne peut pas tout avoir. Recevez ma bénédiction.

† Frère V., *capucin indigne*.

LETTRE 319.

MADAME LA MARQUISE DU DEFFAND A M. HORACE WALPOLE.

Paris, samedi 24 février 1770.

Enfin, nous voilà débredouillés, vous avez reçu mes lettres, et je reçois les vôtres du 9 et du 16. Si je n'avais pas perdu le don des larmes, elles m'en feraient bien répandre; elles me causent un attendrissement délicieux, quoique triste. Ah! mon ami, pourquoi ne vous ai-je pas connu plus tôt? Que ma vie aurait été différente! Mais oublions le passé pour parler du présent : vous me faites éprouver ce que Voltaire a dit de l'amitié :

« Change en bien tous les maux où le ciel m'a soumis. »

Je n'en ai pas encore d'assez grands à mon avis, puisque je ne suis pas dans le cas d'accepter vos offres [1]; croyez-moi, je

---

[1] On a vu par la lettre de madame du Deffand, du 1er février, qu'elle

vous supplie, je les accepterais, non-seulement sans rougir, mais avec joie, mais avec délices, mais avec orgueil; soyez-en sûr, mon ami, vous savez que je suis sincère; je vais chercher une occasion pour vous écrire à cœur ouvert sans aucune réserve; votre cousin me la fournira. Vous aurez vu nos derniers édits, vous pourrez apprendre par notre ambassadrice [1] la conduite qu'a tenue le grand'papa; on lui dresserait des

avait perdu trois mille livres de revenu, par la réduction que l'abbé Terray fit sur les pensions des différentes classes, lorsqu'il fut nommé contrôleur général.

Nous ne saurions mieux faire connaître les offres qu'à cette occasion M. Walpole fit à madame du Deffand, qu'en donnant l'extrait de sa lettre en réponse à celle de madame du Deffand, en date du 1er février, par laquelle elle lui annonçait cette diminution de son revenu, et les dispositions qu'elle avait faites en conséquence. « Je ne saurais souffrir une telle diminution de votre bien. Où voulez-vous faire des retranchements? Où est-il possible que vous en fassiez? Excepté votre générosité, qu'avez-vous de superflu? Je suis indigné contre vos *parents*; je les nomme tels, car ils ne sont plus vos *amis*, s'ils vous laissent manquer un dédommagement. Je sens bien qu'ils peuvent avoir de la répugnance à solliciter le contrôleur général, mais tout dépend-il de lui? J'aime aussi peu que vous les sollicitations. Je m'abaisserais à solliciter un inconnu plutôt qu'un ami qui n'aurait pas pensé à mes intérêts. Vous savez que je dis vrai. Bon Dieu! quelle différence entre les *parents* et l'excellent cœur de M. de Tourville! Dites-lui, je vous en prie, qu'au bout du monde il y a un homme qui l'adore; et ne me dites point que je suis votre unique ami : pourrais-je en approcher! Comment! un ami qui cède ses prétentions en faveur des vôtres! Non, non, ma petite, c'est un homme unique, et je suis transporté de joie que vous ayez un tel ami. Moquez-vous des faux amis, et rendez toute la justice qui est due à la vertu de M. de Tourville. C'est là le vrai *philosophe sans le savoir*. Ayant un tel ami, et encore un autre qui, quoique fort inférieur, ne laisse pas de s'intéresser à vous, ne daignez pas faire un pas, s'il n'est pas fait, pour remplacer vos trois mille livres. Ayez assez d'amitié pour moi pour les accepter de ma part. Je voudrais que la somme ne me fût pas aussi indifférente qu'elle l'est, mais je vous jure qu'elle ne retranchera rien, pas même sur mes amusements. La prendriez-vous de la main de la grandeur, et la refuseriez-vous de moi? Vous me connaissez; faites ce sacrifice à mon orgueil, qui serait enchanté de vous avoir empêchée de vous abaisser jusqu'à la sollicitation. Votre mémoire me blesse. Quoi! vous! vous, réduite à représenter vos malheurs! Accordez-moi, je vous conjure, la grâce que je vous demande à genoux, et jouissez de la satisfaction de vous dire : J'ai un ami qui ne permettra jamais que je me jette aux pieds des grands. Ma petite, j'insiste. Voyez si vous aimez mieux me faire le plaisir le plus sensible, ou de devoir une grâce qui, ayant été sollicitée, arrivera toujours trop tard pour contenter l'amitié. Laissez-moi goûter la joie la plus pure, de vous avoir mise à votre aise, et que cette joie soit un secret profond entre nous deux. (A. N.)

[1] La marquise du Châtelet, belle-fille de la célèbre amie de Voltaire. (L.)

autels; il a éteint l'incendie. Je souperai demain avec lui; mais ce ne sera pas dans un petit comité, dont je suis très-fâchée; il a véritablement de la franchise quand il est à son aise.

Dimanche 25.

J'ai envoyé hier la chaîne à la grand'maman par le prince de Beaufremont; j'en saurai le succès ce soir; tout ce qui vint chez moi hier la trouva charmante. Je vis Tourville, je lui fis faire la lecture de votre lettre; il vous adore. L'estime que vous marquez avoir pour lui et qu'il doit au récit que je vous ai fait de son procédé, le paye au centuple, à ce qu'il dit, de ce qu'il croit avoir mérité. Je suis bien déterminée à ne plus parler à mes parents [1]; j'ai lieu de croire qu'ils se conduiront bien; mais, quoi qu'il puisse arriver, n'ayez, je vous prie, nulle inquiétude; je ne serai forcée à aucune réforme. La seule différence qui sera dans mon état, c'est que je ne pourrai rien mettre en réserve, ce qui n'est pas un inconvénient aujourd'hui, ayant placé des rentes viagères pour mes gens. C'est avec vérité, mon ami, que je vous promets d'user de tout ce qui vous appartient avec la même liberté et confiance que si c'était mon propre bien; n'insistez plus, je vous conjure, à exiger d'autres marques de ma soumission. Je n'aime point à vous résister, et cependant je le ferais très-certainement. Vous avez des moyens bien sûrs de m'obliger; vous les connaissez bien, mais je ne vous en parle point; je ne veux que ce que vous voulez, et votre cœur m'est trop connu, pour avoir rien à lui dicter. Sachez-moi gré de la bride que je mets à ma reconnaissance; si je m'y laissais aller, je gâterais tout. J'aime bien que M. Montagu [2] me fasse faire des compliments. Ils me sont d'autant plus agréables, que je vous les dois entièrement; mettez-le à portée de m'en faire souvent : mais pourquoi ne ferait-il pas un tour à Paris?

L'ambassadeur de Naples [3] mourut mercredi, en présence de madame de Chimay et de M. de Fitz-James qui étaient chez lui; il parlait sur le temps où il quitterait le deuil de sa sœur : ce sera, dit-il, le 15; il se tut, pencha la tête, et mourut sans aucune convulsion, sans faire le moindre mouvement. Il était

---

[1] Les Choiseul. (L.)
[2] Feu M. Frédéric Montagu. (A. N.)
[3] Le ministre de Naples, à qui le marquis Caraccioli a succédé. (A. N.)

sorti le matin, avait eu du monde à dîner, et il demandait ses chevaux pour aller chez l'ambassadeur d'Espagne : on croyait bien qu'il ne vivrait pas plus de six mois, parce qu'il était hydropique, mais il se portait beaucoup mieux ; on lui a trouvé de l'eau dans le cervelet, c'est une mort qu'on peut dire être fort agréable. Il avait été trois jours auparavant chez son notaire, où il avait déchiré un testament qu'il avait fait, il y avait quelques années ; il ne trouvait pas ses gens assez bien récompensés, il songeait à en faire un autre pour les mieux traiter, et ils n'auront rien du tout.

Adieu, mon bon et parfait ami.

LETTRE 320.

LA MÊME AU MÊME.

Paris, samedi 3 mars 1770.

Voilà une occasion dont il faut profiter ; j'aurais bien voulu qu'elle eût tardé de quelques jours, j'aurais peut-être eu plus de choses à vous mander ; mais milady Dunmore n'est pas d'avis de retarder son départ ; je vous envoie par elle la suite du *Théâtre espagnol* (par *Linguet*), dont vous aurez reçu la première partie par le courrier de l'ambassadeur.

Que vous dirai-je de nos nouvelles? Rien de trop bon. Je suis persuadée que le contrôleur général (*l'abbé Terray*) prend l'ascendant. S'il réussit dans son projet de mettre la recette et la dépense au même niveau, que les particuliers soient bien payés de ce qu'il leur aura laissé, que les impôts soient diminués, on criera *Domine, Deus, Sabaoth*. Il est aux pieds de madame du Barry et n'en rougit point ; il suit, dit-il, l'exemple de tous les ministres qui ont voulu se faire écouter des rois, et même leur être utiles. Jusqu'à présent notre ami (*le duc de Choiseul*) a bonne contenance ; mais je doute que l'année se passe sans une grande révolution. Ce sera demain qu'il portera au conseil les états de ses différentes administrations, de la guerre et de toutes ses dépendances, fortifications, artillerie, etc.; des affaires étrangères, etc. : pour cette partie-ci, on trouvera une grande diminution : depuis plusieurs années elles n'ont monté qu'à sept millions, et sous le cardinal de Bernis elles ont été jusqu'à cinquante-huit millions, ce qui est exorbitant, mais qui dépend souvent des circonstances. Nous ne payons plus, dit-on, aujourd'hui de subsides. A l'égard de la guerre, ce n'en est pas de même; jamais en temps de paix M. d'Argenson n'a passé cinquante millions. Il est vrai que l'artillerie en était séparée, et, je crois, les fortifications. Il y a, dit-on, aujourd'hui moins de troupes, c'est-à-dire moins de soldats; mais M. de Choiseul a augmenté le nombre des bas officiers, a presque doublé leur paye; a réparé toutes les fortifications; a remonté l'artillerie qui manquait de tout; enfin a remis les troupes dans un état de splendeur où elles n'ont jamais été. Il y a des magasins de tout, quatre-vingt mille habits en réserve; tout cela est d'une bonne administration, et n'a pu se faire qu'à grands frais; aussi cela a-t-il prodigieusement coûté. Vraisemblablement le contrôleur général proposera de grands retranchements; il y consentira sans difficulté, parce qu'il en fera de grands dans la dépense, soit en réformant des troupes, en laissant les fortifications et l'artillerie sans entretien et sans augmentation. Il faut savoir si tout cela se passera sans humeur. Comme vous voilà au fait de ce que nous attendons, vous pourrez m'entendre à demi-mot dans mes lettres suivantes. La du Barry n'est rien par elle-même; c'est un bâton dont on peut faire son soutien, ou son arme offensive ou défensive. Il n'a tenu qu'au grand-papa d'en faire ce qu'il aurait voulu; je ne puis croire que sa conduite ait été bonne et que sa fierté ait été bien entendue. Je crois que mesdames de Beauvau et de Gramont l'ont mal conseillé. Il a aujourd'hui une nouvelle amie qui n'est pas d'accord avec ces dames, mais qui ne diminue pas l'ascendant qu'elles ont pris. C'est madame de Brionne : il lui doit son raccommodement avec M. de Castries, ce qui a été bon; mais je crois qu'elle lui coûte beaucoup d'argent. Dans tout cela, le rôle de la grand'maman, c'est d'étaler de grands sentiments, de grandes maximes, de laisser échapper ce qu'elle pense, et d'en demander pardon à l'abbé, qui fait des soupirs, et couvre ce que la grand'maman a dit d'indiscret par des aveux de ce qu'il pense, de ce qu'il prévoit, qui ne sont que platitude et fausseté.

Le d'Aiguillon [1], dit-on, est bien avec la du Barry. Ce mot *bien* a toute l'extension possible, mais cela ne signifie rien pour le crédit. Le contrôleur général mangera les marrons que les autres tireront du feu. Je ne sais pas quelles sont ses vues;

---

[1] Le duc d'Aiguillon. (A. N.)

il n'est peut-être pas impossible qu'il n'ait pour but que le rétablissement des finances, et qu'il ne se contente de la gloire qui lui en reviendra. Il a toute la dureté et la fermeté de M. Colbert; reste à savoir s'il en a la capacité et les lumières, et si son intention n'est pas de pousser notre ami, et d'en faire un second Fouquet.

Je voulais vous envoyer tous nos édits; mais Wiart prétend que vous les avez tous par les gazettes; l'un des derniers, qui est sur les rescriptions, a fait ici un tintamarre horrible. La Balue[1] avait fermé son bureau, c'était mercredi 21. M. de Choiseul, ce jour-là, tenait une cloche et dînait chez le curé de Saint-Eustache; il apprit cet événement, dont, si l'on n'y avait remédié sur-le-champ, il pouvait s'ensuivre une banqueroute générale; il courut chez le contrôleur, lui fit sentir tout le danger; l'on fit porter trois millions chez la Balue, qui rouvrit son bureau, recommença ses payements, et tout a été réparé ou du moins pallié. Une moitié du public croit que le contrôleur a fait une grande cascade qui a montré son ignorance et sa mauvaise foi. D'autres disent qu'il y a été forcé par les intrigues de M. de Choiseul, qui, d'intelligence avec la Borde et la Balue, leur avait fait refuser de faire le prêt pour l'année, à moins d'une augmentation d'intérêt exorbitante.

Votre cousin, qui était comme un fou, parce que son frère[2] y est intéressé pour seize millions, assure qu'il n'en est rien, et les deux papiers que je vous envoie confirment ce qu'il dit. Reste à savoir si dans l'espace d'un jour ou deux qu'il y a eu entre les propos des banquiers, de ces écrits et de l'édit, il ne s'est pas passé des choses que nous ignorons.

Voilà à peu près tout ce que je puis vous dire. J'ajoute que le roi est toujours fort épris de sa dame, mais sans lui marquer beaucoup de considération; il la traite assez comme une fille; enfin elle ne sera bonne ou mauvaise que suivant celui qui la gouvernera; son propre caractère n'influera en rien. Elle pourra servir les passions des autres, mais jamais avec la chaleur et la suite que l'on a quand on les partage; elle répétera sa leçon; mais, dans les circonstances où elle n'aura pas été soufflée, son génie n'y suppléera pas.

Votre cousin s'est attiré l'indignation du petit comte de

---

[1] M. de la Balue, célèbre banquier qui, comme M. de la Borde, était fort attaché aux intérêts du duc de Choiseul. (A. N.)

[2] Feu Thomas Walpole. (A. N.)

Broglie, par ses déclamations contre le contrôleur général; ce petit comte est un des plus animés dans notre opposition. Depuis que je vous ai parlé de Tourville, je ne l'ai point revu. C'est l'homme le plus craintif qu'il y ait au monde. Quand je lui lus votre lettre, il fut confondu de toutes les louanges que vous lui donniez, et je crus démêler en effet, malgré sa bonne conduite, que ces louanges ne convenaient qu'à un cœur comme le vôtre, et non à nul autre. Soyez-en sûr, mon ami, il n'y a personne au monde de fait comme vous, et puisqu'il est de toute impossibilité que je passe ma vie avec vous, je n'ai nul chagrin de prévoir sa fin prochaine. Tout ce que je vois, tout ce que j'entends, ne m'inspire qu'ennui, dégoût ou indignation. Tous les hommes, disait le feu Régent, sont sots ou fripons : mais cela n'est-il pas vrai?

Adieu, mon ami; vous ne me reprocherez pas d'être romanesque, j'imite plus les gazetiers que les Scudéry.

Je pourrai vous écrire demain, si je reçois une lettre de vous.

LETTRE 321.

LA MÊME AU MÊME.

Paris, mercredi 7 mars 1770.

Votre lettre du 2 me plaît beaucoup, quoiqu'elle ne me promette pas plus de beurre que de pain; mais j'ai tant et tant de confiance dans votre amitié, que je veux non-seulement lui tout devoir, mais je ne veux me permettre aucun désir qui ne soit conforme à vos volontés et intentions.

Je dois aller à six heures chez la grand'maman entendre une tragédie de Sedaine[1]. Il est trois heures, et je suis encore dans mon lit; je n'ai que le temps de vous dire que le grand-papa est plus ferme que jamais; il parla dimanche au conseil pour représenter l'importance dont il était de tenir les engagements pris avec la Balue; que le crédit était perdu dans toute l'Europe, et l'honneur du roi compromis, si l'on ne lui fournissait pas l'argent nécessaire. Son discours dura trois quarts d'heure. Il le finit en priant le roi de prendre des avis. Le roi se leva, et dit : Les avis ne sont point nécessaires, il faut suivre le vôtre, il n'y a pas d'autre parti à prendre; les opinions ne sont

---

[1] *Les Maillotins*, tragédie en prose, qui fut jouée sur le théâtre de madame de Montesson. (A. N.)

pas de l'argent, et c'est de l'argent qu'il faut; chacun doit se cotiser, et j'en veux le premier donner l'exemple; j'ai *deux mille louis* que je suis prêt à donner : M. de Choiseul dit qu'il avait deux cent vingt-cinq mille francs à toucher, qu'il ferait porter chez la Balue. M. de Soubise dit qu'il n'avait point d'argent, mais du crédit; qu'il offrait d'en faire usage dans cette occasion. Les *deux mille louis* vous surprendront; mais l'idée de l'argent comptant est peut-être ce qui a produit cette offre, qui peut paraître une plaisanterie, et qui aurait gâté le reste du propos; il n'a pensé qu'au moment présent, et il n'avait peut-être que cette somme en argent, quoiqu'il en ait d'immenses en différents effets. Ce qui est de certain, c'est que le grand-papa est dans ce moment-ci au comble de la gloire dans sa nation et dans les étrangères. Il y eut hier une assemblée du Parlement pour l'enregistrement de cinq édits nouveaux dont l'objet est de donner des moyens pour subvenir aux besoins présents et urgents; le parlement fera des remontrances, ce qui tirera cette affaire en longueur, et peut causer de grands embarras. On ne peut pas plus mal s'expliquer, je vous en demande pardon; je deviens plus bête de jour en jour.

Samedi 10.

Je ne me souviens plus si je vous ai rendu compte, dans ma lettre du jeudi 8, de la conversation que j'avais eue la veille au soir avec le grand-papa; en tout cas je vais vous la redire. Je le remerciai de ma pension. Il me dit : Cela n'est pas suffisant, je veux aller chez vous, causer avec vous, me mettre au fait de votre état et aviser aux moyens de le rendre solide. Nouveaux remerciments de ma part, mais succincts; je me hâtai de lui parler de lui et de tous ses succès. Il nous fit le détail de ce qu'il avait dit au conseil, de ce qu'il pensait sur le contrôleur général, avec franchise, simplicité et clarté. Si cet homme avait autant de solidité que de lumière et de bonté, il serait accompli; mais il est léger. Je ne doute pas qu'il n'oublie ses bonnes intentions pour moi; mais en cas qu'il les effectue, je vous demande vos conseils. J'aurai bien le temps de les recevoir avant l'occasion. Dois-je lui donner le petit mémoire que voici? Le détail de mon revenu n'est pas fidèle; j'ai cru pouvoir, sans blesser la bonne foi, supprimer cinq ou six mille livres de rente qui sont ignorées et qui font que j'ai aujourd'hui trente-cinq mille livres de rente. Si vous pensez que cela ne soit pas bien, dites-le-moi; j'en ai bien un peu de scrupule; mais lisez la fable de la Motte intitulée *la Pie*.

Avec vous, mon ami, je n'ai ni la volonté ni le pouvoir de vous rien cacher; jugez par le détail que je fais, si je suis dans le cas d'accepter vos offres. Je serais charmée de tenir tout de vous; la reconnaissance pour vous ne sera jamais pour moi un sentiment pénible; bien loin de m'humilier, j'en ferais gloire et serais tentée de m'en vanter; mais vous voyez dans le fond que je n'ai besoin de rien. Mais on peut recevoir d'un ministre; ce qu'il ne me donnerait pas, il le donnerait à d'autres; ce ne sont pas proprement des bienfaits qu'on reçoit d'eux; ce qu'ils donnent ne leur coûte rien. Enfin conduisez-moi, faites-moi agir en me considérant comme un autre vous-même; je le suis en effet par mes sentiments pour vous; mais quand il faut que je me détermine sur ce qui n'a point de rapport à vous, je me méfie de moi-même et j'ai toujours peur de mal faire.

Je soupai hier chez les Caraman [1] en petite compagnie : on parla des ambassades : je ne crois pas qu'il y eût personne bien au fait; mais on dit que M. d'Ossun revenait d'Espagne et M. de Durfort de Vienne; cela me déplut parce que cela m'a fait penser qu'en cas que cela fût vrai, et que l'état du grand-papa ne fût pas bien solide, on destinerait le d'Ossun aux affaires étrangères; et pour la guerre il y en a deux ou trois à choisir, pitoyables à la vérité, mais dignes de celle qui choisirait : le Paulmy, le Maillebois, peut-être M. de Castries : enfin tout me fait peur. La grand'maman reviendra mardi de Versailles. Je traiterai cet article, ainsi que celui des ambassadeurs. On dit aussi que nous allons vous envoyer le baron de Breteuil. Je ferai parler le grand-papa, si je le vois. Je ne tiens pas ce grand-papa, malgré toute la gloire qu'il s'est acquise, aussi affermi que je le voudrais; la du Barry le hait plus que jamais, et on ne cesse de le harceler pour lui nuire. Adieu, je crois ma lettre finie; cependant, comme elle ne partira que lundi, vous n'êtes peut-être pas encore quitte de moi.

J'avais raison, vous n'êtes point quitte de moi : ma toilette est faite, il est cinq heures, je suis seule, et pour me désennuyer je vais causer avec vous. J'ai envie de vous conter une réponse de madame la maréchale de Mirepoix, qui m'a paru

---

[1] Le comte de Caraman, marié à une sœur du prince de Chimay, est mort lieutenant général; il jouissait d'une grande considération. C'était le père des Caraman actuels. 1827. (A. N.)

très-jolie. Madame du Barry, pour lui plaire, ne cesse de lui parler de sa haine pour le grand-papa : « Comprenez-vous, lui dit-elle il y a quelque temps, qu'on puisse haïr M. de Choiseul, ne le connaissant pas? » — « Ah ! je le comprends bien mieux, répondit la maréchale, que si vous le connaissiez. » C'est bien dommage que le cœur et le caractère de cette femme ne répondent pas à son esprit et à ses grâces. Elle est sans contredit la plus aimable de toutes les femmes qu'on rencontre; je lui trouve beaucoup plus d'esprit qu'aux oiseaux, et ces oiseaux valent pour le moral encore moins qu'elle. Vous ai-je dit que les dames B*** et C*** sont brouillées? Il y a une petite aventure de jeu qui rend la première de ces dames un peu suspecte : un certain valet de cœur que celui qui tenait la main au vingt et un lui donna, et lequel ne se trouva point avec ses autres cartes, mais avec celles de M. de B*** qui était à côté d'elle, et sur lesquelles cartes elle avait mis beaucoup d'argent et fort peu sur les siennes. Ce valet fit avoir vingt et un à M. de B***; celui qui tenait la main se récria, et demanda raison de l'échange; on le lui nia. Tout le monde baissa les yeux, se proposant sans doute de raconter l'aventure, dont on s'est fort bien acquitté. La scène était à l'hôtel de Luxembourg; heureusement je n'y étais pas et je peux avoir l'air de l'ignorer.

Dimanche 11, 7 heures du matin.

Me revoilà encore. Je soupai hier chez le président. Je préférai d'y rester à aller à l'hôtel de Luxembourg; une des raisons qui m'y détermina fut l'arrivée de madame de Forcalquier; je crus faire plaisir à madame de Jonsac. Il n'y avait que madame de Verdelin et un provincial de ses parents. L'avant-soupée se passa à merveille. Excuses réciproques de ne s'être point vus, projets de se voir plus souvent. On se met à table; jusqu'au fruit tout va bien : on vient par malheur à parler des édits; d'abord cela fut fort doux; petit à petit on s'échauffa. La Bellissima fit des raisonnements absurdes, loua tous les édits, attribua au contrôleur général une complète victoire; soutint que tout ce qu'on avait raconté du conseil du dimanche 4 était de toute fausseté, qu'on en savait la vérité par M. Bertin [1]; je ne pus

[1] Il avait été ministre des finances avant Laverdy et Dinvau, prédécesseur de l'abbé Terray. Sous son ministère, les finances étaient déjà dans un état si déplorable que le prêt des troupes en Allemagne se trouva sur le point de manquer. M. Bertin avait dépêché un courrier à Strasbourg pour emprunter de l'argent aux juifs, même à quatre pour cent par mois, s'il était nécessaire.

soutenir tranquillement une telle imposture; elle passa à des déclamations de dernière impertinence; je perdis patience et je lui dis avec assez d'emportement : « Toutes vos colères, madame, viennent de ce que M. de Canisy [1] n'a pas été fait brigadier. » Alors elle devint furieuse, me dit cent sottises; qu'il n'était pas étonnant que je fusse scandalisée qu'on ne respectât pas des gens à qui je faisais servilement la cour, à qui je baisais les mains. « Ah! pour baiser les mains, madame, cela peut être; c'est une caresse que je fais volontiers aux gens que j'aime, ne voulant pas leur faire baiser mon visage. » Nous entrâmes dans la chambre. « Je voudrais bien savoir, me dit-elle, pourquoi vous m'avez apostrophée sur M. de Canisy. C'est un homme de mon nom, qui a vingt-sept ans de service. Il n'était pas besoin de ce mécontentement-là de plus, pour penser de ces gens-là ce que j'en pense. » « Vous avez poussé ma patience à bout, madame, lui dis-je; dans toute occasion vous faites des déclamations contre eux; depuis longtemps je me fais violence pour n'y pas répondre. Jamais je n'ai parlé de vos amis d'une façon qui ait pu vous déplaire; vous me deviez bien la pareille. » « Si vous n'en parlez pas devant moi, dit-elle, vous ne vous contraignez pas en mon absence; vous ramassez tous les écrits contre eux, vous les distribuez partout, et aujourd'hui vous finissez par m'insulter : on pardonne à cause de l'âge. » « Cela est un peu fort, madame; mais je vous remercie de m'apprendre que je radote; j'en ferai mon profit. » Nous étions alors seules, la compagnie rentra; nous restâmes environ une heure. Quand on se leva pour sortir, je lui dis : « Madame, après ce qui vient de se passer

---

A peine son courrier était-il parti, qu'il reçut la nouvelle du malheur arrivé à l'escadre de M. de Conflans et des vaisseaux échoués dans la Vilaine : comme il y avait sur ces vaisseaux une somme considérable destinée au service de cette escadre, il s'en servit pour pourvoir aux besoins du moment et contremanda l'emprunt.

M. Bertin était un fort honnête homme, et dans un autre moment de détresse du trésor, le prince de Conti lui prêta à lui et non à l'État une somme de cinq cent mille livres. Il résista souvent avec fermeté aux prétentions du duc de Choiseul, qui voulait prendre un ton de supériorité, et même aux volontés de madame de Pompadour quand il les jugea contraires au bien de l'État. Elle disait de lui : « C'est un petit homme qu'il est impossible de maîtriser : lorsqu'on veut le contrarier, il n'a qu'un mot : *Cela ne vous convient-il pas? Je m'en vais.* »

Le mot de M. Bertin mérite d'être médité par tous les ministres. (A. N.)

[1] Il était parent de madame de Forcalquier, dont le nom de famille était Canisy. (A. N.)

et sur ce que vous m'avez dit de ma vieillesse, vous jugez bien que je ne souperai pas demain chez vous. » Elle marmotta quelques paroles et alla se coucher. Ainsi finit une liaison qui était bien mal assortie, et à laquelle je n'ai nul regret; je ne m'en plaindrai ni n'en parlerai à personne. Je vous prie très-fort de n'en être nullement fâché, c'est la plus petite perte que je pouvais jamais faire.

Je ne m'attends pas à avoir aujourd'hui de vos nouvelles; mais je ne fermerai cependant ma lettre que quand le facteur sera passé.

LETTRE 322.
LA MÊME AU MÊME.
Paris, mercredi 21 mars 1770.

Je suis étonnée en vérité qu'on vous laisse la clef de votre chambre; rien n'est si extravagant (permettez-moi de vous le dire) que vos deux dernières lettres. Je m'attends que la première que je recevrai sera dans le même goût; mais je me promets bien que ce sera la dernière, parce qu'en ne vous écrivant plus tout ce qui me passe par la tête, vous n'aurez plus à vous plaindre de mon indiscrétion. Oui, oui, je suis discrète, et pour le moins autant que vous; je ne suis pas plus variable que vous; mais ce qui est bien pis, c'est que ma tête ne vaut pas mieux que la vôtre; un rien la trouble, la dérange; j'ai la sottise de vous le confier, et ne vous parlant plus de vous pour plusieurs raisons dont la principale est que je n'ai pas à m'en plaindre, je vous fais mes plaintes sur les autres, où, pour parler plus juste, je vous dis avec franchise ce que je pense de tout le monde. Vous prenez mes lettres pour des feuilles volantes imprimées, et vous croyez que le public les lit ainsi que vous. Mais venons à ma justification.

La question que je vous ai faite n'est nullement imprudente[1]; quand je vous écris, je crois être tête à tête avec vous au coin de mon feu; mais il faut que vous me grondiez, et telle est mon étoile, qu'il faut que je n'aie jamais un contentement parfait. Est-ce ma faute si M. Hervey[2] fait une mauvaise plaisan-

---
[1] C'était relativement à quelque travail littéraire dont M. Walpole lui avait dit être occupé. (A. N.)

[2] M. Felton Hervey. Il avait dit qu'il était amoureux de madame du Deffand, et qu'elle était éprise d'amour pour M. Walpole. (A. N.)

terie et exprime ce qu'il croit que je pense pour vous, comme il exprimait ce qu'il disait penser pour moi? Votre nièce m'a dit cent fois qu'il était amoureux de moi, en présence de tout le monde : si moi et tout le monde s'en étaient scandalisés, ç'aurait été un grand ridicule ou une grande bêtise; mais vous n'avez pas le talent d'entendre la plaisanterie, ou vous croyez que mon estime et mon amitié vous déshonorent. Il faut donc que je m'engage à faire l'impossible pour que l'on ne vous profère jamais mon nom; nous verrons alors quelle sera la nouvelle querelle que vous me chercherez. Venons au reste. Où prenez-vous que je suis mécontente de Tourville, et que je me plains de lui? il y a douze ou quinze ans qu'il est de mes amis sans aucune variation; je vous ai dit simplement que ce qu'il avait fait pour moi (quoique très-honnête) était un peu exagéré par vous.

La grand'maman est à Paris; elle y restera jusqu'à samedi; je crois que je souperai avec le grand-papa demain; il doit être content de l'estime du public. Je ne puis en dire davantage.

Je ne sais si vous avez reçu ma dernière lettre de douze pages : mais vraiment non, c'est la réponse que vous y ferez que je prévois qui sera terrible : je m'arme de courage pour en soutenir la lecture sans chagrin et sans colère; mais je me promets bien de ne me plus exposer à telle aventure. Malgré tout cela, mon ami, je suis fort contente de vous. Vous voulez avoir de l'amitié pour moi parce que vous ne doutez pas que je n'en aie pour vous. Je ne veux point vous savoir mauvais gré de la mauvaise opinion que vous avez de mon caractère; puisqu'elle ne vous empêche pas d'être de mes amis, je ne dois pas m'en affliger : je serais cependant bien aise que vous ne me crussiez pas *si vaine, si tyrannique* et *si imprudente*; ces trois défauts sont un peu contraires à une liaison intime [1]. Que puis-je faire pour vous ôter cette opinion? C'est de ne vous plus parler de moi, de ne rien désirer de vous, et de ne vous rien raconter de

---

[1] M. Walpole avait dit dans une des lettres dont elle se plaint : « Vous mesurez l'amitié, la probité, l'esprit, enfin tout, sur le plus ou le moins d'hommages qu'on vous rend. Voilà ce qui détermine vos suffrages et vos jugements, qui varient d'un ordinaire à l'autre. Défaites-vous ou au moins faites semblant de vous défaire de cette toise personnelle, et croyez qu'on peut avoir un bon cœur sans être toujours dans votre cabinet. Je vous l'ai souvent dit : vous êtes exigeante au delà de toute croyance; vous voudriez qu'on n'existât que pour vous; vous empoisonnez vos jours par des soupçons et des défiances, et vous rebutez vos amis en leur faisant éprouver l'impossibilité de vous contenter. (A. N.)

personne; moyennant cela, vous serez à l'abri des lettres de douze pages, je ne troublerai plus votre tête, et vous ne pourrez pas me dire que je vous ferme les portes de Paris.

Ah! mon ami, que conclurai-je de tout ceci? c'est que je ne suis pas digne d'avoir un ami tel que vous; que vous croyez me devoir de l'amitié, et que ne trouvant pas ce sentiment dans votre cœur, vous vous en prenez à mes défauts. Il est tout simple que vous soyez ennuyé d'un commerce qui vous cause peu de plaisir, mais de la contrainte, de la fatigue et du dégoût. Je ne me crois ni vaine ni tyrannique; j'ai été souvent imprudente, j'en conviens; mais je m'en crois fort corrigée. Je suis bien éloignée de me croire sans défauts; j'en suis toute pleine, et mon plus grand malheur, c'est d'en être bien persuadée. Je suis plus dégoûtée de moi-même que ni vous ni qui que ce soit ne peut l'être, et je ne supporte la vie que parce qu'il m'est bien démontré qu'elle ne saurait être encore bien longue.

LETTRE 323.

M. DE VOLTAIRE A MADAME LA MARQUISE DU DEFFAND.

26 mars 1770.

Je ne vous ai point écrit, madame, depuis que j'ai obtenu ma dignité de capucin : ce n'est pas que les honneurs changent mes mœurs; mais c'est que j'ai été entouré de massacres, et que les Genevois qui n'ont pas voulu être tués et qui se sont réfugiés chez moi n'ont pas laissé que de m'occuper.

Je crains bien de ne pas vous tenir parole sur les rogatons que je vous avais promis pour vos Pâques. De deux frères libraires qui avaient longtemps imprimé mes sottises, l'un est devenu magistrat et est actuellement ambassadeur de la république à la cour, où il fera, dit-on, beaucoup d'impression. L'autre monte la garde soir et matin, et ne marche qu'au son du tambour. Ainsi, vous courez grand risque de vous passer de ma petite *Encyclopédie*. D'ailleurs, vous n'aimez guère que le plaisant. Mon *Encyclopédie* est rarement plaisante; je la crois sage et honnête, et puis c'est tout. Elle ne sera bonne que pour les pays étrangers, où l'on ne rit pas tant qu'en France, quoiqu'à présent nous n'ayons pas trop de quoi rire.

Si M. l'abbé Terray vous a rogné un peu les ongles, il me les a coupés jusqu'au vif. J'avais en rescription tout le bien dont je pouvais disposer, toutes mes ressources sans exception. Vous verrez par les petits quatrains que je vous envoie qu'il veut que je m'occupe uniquement de mon salut. J'y suis bien résolu, et je sens plus que jamais les vanités des choses de ce monde, d'autant plus que je suis malade depuis six semaines, et si malade que je n'ai pas consulté M. Tronchin. L'estomac, l'estomac, madame, est la vie éternelle. Je ne suis pas mal, heureusement, avec frère Ganganelli ; c'est une petite consolation.

C'en est une fort grande que l'aventure de l'abbé Grisel. On dit que les dévots se trémoussent prodigieusement à Paris et à Versailles. Je m'intéresse passionnément à ce saint homme, et s'il est pendu, je veux avoir de ses reliques. Il y a quelques années qu'on fit cette cérémonie à un nommé l'abbé Fleury, bachelier de Sorbonne, qui, dit-on, ne prêchait pas mal.

Si les quatrains sur mon capuchon ne vous déplaisent pas absolument, il y en a d'autres encore plus mauvais qui sont entre les mains de votre grand'maman, et qu'elle pourra vous montrer. Elle a eu pour moi des bontés dont je suis confus ; c'est à vous, madame, que je dois toutes les grâces dont elle m'a comblé. Je n'ai nulle idée de sa jolie figure, je ne la connais que par son soulier. Jouissez pendant quarante ans, madame, d'une société si délicieuse. Je vous serai entièrement attaché tant que ma vie durera, mais elle ne tient à rien.

LETTRE 324.

MADAME LA MARQUISE DU DEFFAND A M. HORACE WALPOLE.

Paris, 4 avril 1770.

Mon ami, mon unique ami, au nom de Dieu, faisons la paix ; j'aimais mieux vous croire fou qu'injuste, ne soyez ni l'un ni l'autre ; rendez-moi toute votre amitié. Si j'avais tort, je vous l'avouerais, et vous me le pardonneriez ; mais, en vérité, je ne suis point coupable, je ne parle jamais de vous ; vos Anglais, qui ont été contents de moi, croient me marquer de la reconnaissance en vous parlant de mon estime pour vous ; ceux qui vous aiment croient vous faire plaisir ; ceux qui ne vous aiment pas cherchent à vous fâcher, s'ils se sont aperçus que cela vous déplaisait ; mais je suis sûre que le bon Hervey a cru faire des merveilles ; je lui pardonne, malgré le mal qu'il m'a fait.

A l'égard de ma question indiscrète, elle ne pouvait être

comprise ni par les lecteurs ni par l'imprimeur; de plus, ce n'était point par la poste, c'était dans une de ces deux lettres de douze pages que vous reçûtes par des occasions sûres. Ayez meilleure opinion de moi, mon ami. Vous m'avez corrigée de bien des défauts; je n'ai qu'une pensée, qu'une volonté, qu'un désir, c'est d'être, jusqu'à mon dernier soupir, votre meilleure amie. Ne craignez pas que j'abuse jamais de votre amitié ni de votre complaisance. Jamais je ne vous presserai de me venir voir; eh! mon Dieu! je ne sens que trop de quelle difficulté sont pour vous de tels voyages, tous les inconvénients qu'ils entraînent. Je pensais à remédier à celui qui est le plus insupportable, le bruit des auberges. Rien ne paraîtrait ici plus simple et plus raisonnable que cet arrangement; je me proposais bien de ne vous pas laisser apercevoir que nous habitions la même maison; eh bien, il n'y faut plus penser[1].

Disons un mot de la Bellissima; c'est une affaire oubliée[2], il n'est point question *de dits et redits;* cela n'a point formé deux partis; ses amis sont les miens, les miens sont les siens, nous nous verrons en maisons tierces, en attendant que nous nous voyions l'une chez l'autre; enfin cela ne fait rien à personne, pas même à elle ni à moi.

Pour votre nièce[3], nous sommes parfaitement ensemble, et nous y serons toujours; personne ne s'est jamais aperçu de nos petits différends. Vous ne me soupçonnerez pas de pouvoir manquer d'égards pour votre nièce; la connaissance que j'ai de son caractère, jointe à vos conseils, répondent d'une paix imperturbable. J'espère, mon ami, qu'il en sera de même entre vous et moi, et qu'après cet éclaircissement-ci, nous ne troublerons plus nos pauvres têtes. Nous voulons l'un et l'autre nous rendre heureux; je vais pour cet effet redoubler de prudence; de votre côté, tâchez d'avoir un peu d'indulgence, et ne me dites jamais que nous ne nous convenons point. Songez à la distance qui nous sépare; que quand je reçois une lettre sévère, pleine de reproches, de soupçons, de froideur, je suis huit jours malheureuse, et quand au bout de ce terme j'en reçois

---

[1] Elle lui avait proposé de venir occuper un appartement à côté du sien dans l'enceinte du couvent de Saint-Joseph, durant son prochain séjour à Paris. (A. N.)

[2] Sa discussion avec madame de Forcalquier, dont elle lui avait fait le récit dans sa lettre du 7 mars. (A. N.)

[3] Lady Cholmondeley. (A. N.)

encore une plus fâcheuse, la tête me tourne tout à fait. Je n'aime pas le sentiment de la compassion : cependant rappelez-vous quelquefois mon âge et mes malheurs, et dites-vous en même temps qu'il ne tient qu'à vous malgré tout cela de me rendre très-heureuse.

Vous ne me parlez plus de votre chose publique. Je suppose que vous ne vous souciez pas que je vous parle de la nôtre; ainsi je finis.

Avez-vous reçu les deux premiers volumes du *Théâtre espagnol?*

LETTRE 325.

MADAME LA MARQUISE DU DEFFAND A M. DE VOLTAIRE.

Paris, 9 avril 1770.

C'est donc à un révérend père capucin à qui j'ai affaire aujourd'hui? Vous avez choisi une étrange métempsycose. Savez-vous ce que je ferais si je choisissais la mienne? Je deviendrais taupe. Je suis si ennuyée de ce qui se passe sur terre, que j'aimerais mieux ce qui se passe dessous; je n'y verrais pas ce qu'on appelle le dessous des cartes; j'ignorerais toutes les tricheries, et tant mieux; je serais avec mes semblables, et je me dirais : Ces gens-là du moins ne me trompent pas, ils ne m'en font pas accroire. Mon Dieu! mon cher Voltaire, que j'aimerais à causer avec votre Révérence! vous nous avez envoyé des vers qui ne sentent pas trop la capucinerie, surtout ceux à la grand'maman, que vous m'aviez dit être les moins bons : ils sont charmants, ils ont un succès infini.

La *Mélanie* de la Harpe est fort tombée depuis l'impression; j'aime beaucoup mieux sa *Lettre du Solitaire de la Trappe* à l'abbé de Rancé. Saint Grisel et saint Billard sont toujours enfermés. Mais nous avons bien d'autres affaires qui nous occupent, les opérations de finance : elles m'ont rogné les ongles, qui, comme vous savez, n'étaient pas trop longs; je perds plus de mille écus de rente, et je me flatte, pour l'amour de vous, toute proportion gardée, que vous en perdez cinq ou six fois autant. Plus la somme que l'on perd est petite, plus le dommage est grand, parce qu'il est bien près du nécessaire.

Nous avons aussi le procès de M. d'Aiguillon qui fait grand bruit; vous ne vous attendez pas que je vous raconte aucun détail; c'est au-dessus de ma capacité.

Vous êtes extrêmement bien avec la grand'maman, nous ne cessons de parler de vous. Quand il arrive une de vos lettres, soit à elle ou à moi, c'est une grande joie pour le petit comité. Le capucin Voltaire serait admis dans ce comité et deviendrait notre directeur.

Qu'est-ce que c'est donc que votre *Encyclopédie?* Vous ne m'en jugez pas digne; est-ce qu'elle ressemblerait à l'autre?

Dites-moi aussi, je vous prie, pourquoi vous n'avez pas engagé M. Cramer à me venir voir? Ses impressions ne sont-elles que pour la cour? Vous comptez pour bien peu vos amis.

J'entends dire qu'on vous érige une statue, qu'elle sera placée dans la Bibliothèque; je l'aime mieux là qu'à l'Académie. Votre empire est universel, vous n'êtes point fait pour un petit État; mais revenons à votre capucinerie.

« Vous ne fûtes jamais des Cotins le héros; »

et l'on ne dira point :

« Et maintenant le soutien des dévots. »

Ces vers sont assez jolis, et j'achèterais bien cher certain ouvrage dont on n'a que des fragments.

Il est vrai, je ne m'en défends pas, j'aime mieux le plaisant que le sérieux; cependant je serais bien aise d'avoir votre *Encyclopédie;* c'est le seul moyen de me faire rechercher et mériter le beau titre d'encyclopédiste.

Adieu, mon révérend père, faites tous les jours mention de moi dans votre *Memento.*

LETTRE 326.

MADAME LA MARQUISE DU DEFFAND A M. HORACE WALPOLE.

Paris, samedi 14 avril 1770.

Je suis aussi contente de la lettre que je reçois, qu'un pendu le serait d'obtenir sa grâce; mais la corde m'a fait mal au cou, et si je n'avais été promptement secourue, c'était fait de moi. Oublions le passé; j'aime mieux me laisser croire coupable, que de risquer de troubler de nouveau la paix; je suis bien avec tout le monde.

La grand'maman arriva hier; elle passera toute la semaine prochaine à Paris; je la verrai souvent : enfin, enfin, je ne suis mal avec personne, car quoique je ne sois point encore raccommodée avec madame de Forcalquier, cela ne saurait s'appeler être brouillée.

Le grand événement d'aujourd'hui est la retraite de Madame Louise [1]. Il y avait dix-huit ans qu'elle voulait être religieuse, dix qu'elle s'était déterminée à être carmélite; elle n'avait dans sa confidence que le roi et l'archevêque, qui combattaient son dessein. Apparemment qu'après qu'elle les y eut fait consentir, elle détermina le jour avec eux; ce fut le mercredi saint. La veille, le roi dit à M. de Croismare, écuyer, d'aller prendre les ordres de Madame Louise, et qu'on eût à obéir à tout ce qu'elle ordonnerait. Elle demanda un carrosse pour le lendemain, sept heures du matin, sans gardes du corps, sans pages; elle ordonna à madame de Ghistel, l'une de ses dames, d'être à sept heures chez elle tout habillée. Elle ne dit rien à ses sœurs, qui n'avaient pas le moindre soupçon de sa résolution. Le mercredi, elle monta dans son carrosse à sept heures précises; elle changea de relais à Sèvres, et dit : *A Saint-Denis*. Entrant à Saint-Denis, elle dit : *Aux Carmélites*. La porte ouverte, elle embrassa madame de Ghistel : Adieu, madame, lui dit-elle, nous ne nous reverrons jamais. Elle lui donna une lettre pour le roi, et une pour ses sœurs; elle n'avait pas apporté une chemise ni un bonnet de nuit. Elle devait prendre le voile blanc en arrivant. Le jeudi, on lui apporta des nippes dont elle ne prit que deux chemises et une camisole; elle se fait appeler la sœur Thérèse-Augustin. C'est ainsi qu'elle signe la seconde lettre qu'elle a écrite au roi, avec la permission de *notre révérende mère*. Elle le supplie de vouloir bien payer *douze mille francs pour sa dot. C'est le double des dots ordinaires, mais ce que payent pourtant les personnes contrefaites, qui sont plus délicates et peuvent avoir besoin de quelques douceurs;* elle lui demande aussi *de continuer ses pensions jusqu'à sa profession, pour avoir le moyen de faire quelque gratification à ceux et à celles qui l'ont servie.* Cela ne vous fait-il pas pitié? Notre espèce est étrange! Quand on n'est pas malheureux ni par les passions ni par la fortune, on se le rend par des chimères. Voilà tout ce que vous aurez de moi aujourd'hui; il me faut quelque temps pour rétablir le calme dans mon âme : je suis ravie d'être bien avec vous, et ce ne sera certainement pas par ma faute à l'avenir si j'y suis jamais mal.

[1] La troisième fille de Louis XV, alors âgée de trente-trois ans. Elle mourut dans la retraite qu'elle s'était choisie et dont elle devint la supérieure en 1787. (A. N.)

Jour de Pâques.

Il n'y avait que deux mois que le roi était au fait des projets de Madame Louise; elle avait laissé faire tous ses habits pour les fêtes du mariage; elle n'a point pris le voile blanc; ce ne sera que dans six mois. Cette aventure n'a pas fait une grande sensation; on hausse les épaules, on plaint la faiblesse d'esprit, et l'on parle d'autre chose.

Vous avez beau temps à votre campagne; je vous en félicite.

LETTRE 327.

M. DE VOLTAIRE A MADAME LA MARQUISE DU DEFFAND.

25 avril 1770.

Vous voulez être taupe, madame; savez-vous bien qu'il y a un proverbe qui dit que les taupes servent d'exemple? *Exemplum ut talpa*. Il est vrai que nous avons, vous et moi, quelque ressemblance avec ces animaux qui passent pour aveugles. Je suis toujours de la confrérie, tant que les neiges couvrent nos montagnes : je ne vois guère plus qu'une taupe; et d'ailleurs j'irai bientôt dans leur royaume, en regrettant fort peu celui-ci, mais en vous regrettant beaucoup.

Vous avez deviné très-juste, madame, en devinant que M. l'abbé Terray m'a pris six fois plus qu'à vous; mais c'est à ma famille qu'il a fait cette galanterie : car il m'a pris tout le bien libre dont je pouvais disposer, et je ferai probablement, en mourant, banqueroute comme un évêque.

Vous voulez avoir cette prétendue *Encyclopédie* qui n'en est point une : c'est un ouvrage malheureusement fort sage (à ce que je crois), mais fort ennuyeux (à ce que j'affirme). Je serai mort avant qu'il soit imprimé, attendu que de mes deux libraires l'un est devenu magistrat et ambassadeur; l'autre monte la garde continuellement, en qualité de major, dans le tripot de Genève, qu'on appelle république.

Cependant, madame, afin que vous ne m'accusiez pas de négligence, voici trois feuilles qui me tombent sous la main. Faites-vous lire seulement les articles *Adam* et *Adultère*. Notre premier père est toujours intéressant, et adultère est toujours quelque chose de piquant. Vous pourriez aussi vous faire lire l'article *Adorer*, parce qu'il y a réellement une chanson composée par Jésus-Christ, qui est fort curieuse. Ce n'est point une plaisanterie, la chose est très-vraie. Vous verrez même que c'est une chanson à danser, et qu'on dansait alors dans toutes les cérémonies religieuses.

Quand vous vous serez amusée ou ennuyée de ces trois rogatons, n'oubliez pas, je vous prie, de gronder horriblement votre grand'maman. Elle m'a comblé de grâces : elle m'a fait capucin; elle a fait capitaine d'artillerie un homme que j'ai pris la liberté de lui recommander, sans le connaître; elle a donné une pension à un médecin que je ne connais pas davantage, et que je ne consulte jamais, et, ce qui est le plus essentiel, elle m'a écrit des lettres charmantes : mais elle est devenue une cruelle, une perfide qui m'abandonne dans ma plus grande détresse, dans une affaire très-importante, dans une manufacture que j'ai établie et que j'ai mise sous sa protection.

C'est la plus belle entreprise qu'on ait faite dans le mont Jura, depuis qu'il existe : cela est bien au-dessus de ma manufacture de soie. Je sers l'État, je donne au roi de nouveaux sujets, je fournis de l'argent même à M. l'abbé Terray; et on ne me fait pas le moindre remerciment; on ne répond point à mes lettres, on se moque de moi, et le mari de madame *Gargantua* s'en moque tout le premier : voilà comme sont faites les puissances de ce monde. Je sais bien qu'elles ont d'autres affaires que celles du mont Jura; mais on peut faire écrire un mot, consoler, encourager un pauvre homme.

Enfin, madame, grondez votre grand'maman, si vous pouvez; mais on dit qu'il est impossible d'en avoir le courage. Portez-vous bien, madame; ayez du moins cette consolation. Qu'importent mon attachement inviolable et mon respect du mont Jura, à Saint-Joseph? L'éloignement entre les gens qui pensent est horrible.

Frère FRANÇOIS.

LETTRE 328.

M. DE VOLTAIRE A MADAME LA MARQUISE DU DEFFAND.

A Ferney, 5 mai 1770.

Je suis un ingrat, madame, indigne de vous et de votre grand'maman. Je ne mérite pas de voir le jour : aussi je ne le vois guère; car il tombe encore de la neige chez moi au 5 de mai.

> Oui, j'ai tort si je vous ai dit
> Qu'elle n'était qu'une volage,
> Fière du brillant avantage
> De sa beauté, de son esprit,
> Et se moquant de l'esclavage
> De tous ceux qu'elle assujettit.
> Cette image est trop révoltante ;
> Je crois qu'on peut la définir :
> Une adorable indifférente,
> Faisant du bien pour son plaisir.

Figurez-vous, madame, que lorsque j'appelais votre grand'maman inconstante, volage, cruelle, elle me comblait tout doucement de bontés; elle les a poussées non-seulement jusqu'à protéger mes horlogers, mais jusqu'à protéger aussi mon sculpteur. Je ne puis vous dire ce que c'est que cette nouvelle faveur ; car s'il faut se livrer à la reconnaissance, il ne faut pas se livrer à la vanité. Je ne sais si elle a dans le moment présent beaucoup de temps à elle; mais en avez-vous, madame, vous qui, malgré votre état de recueillement, passez votre vie à courir?

Je vous envoie l'article *Ame*, que vous pourrez jeter dans le feu s'il ne vous plait pas. Votre grand'maman vous dira, si elle veut, ce que c'est que sa jolie âme ; pour moi, je n'ai jamais su comment cet être-là était fait, et vous verrez que je le sais moins que jamais. Si vous voulez apprendre à ignorer, je suis votre homme. Je n'écris qu'à vous, et point à votre grand'maman, car je suis honteux devant elle.

J'aurai pourtant, je crois, dans quelques jours, une grâce à lui demander; mais il me sera impossible d'avoir cette hardiesse, après mes injustices. Voici le fait :

Avant que les Jésuites fussent devenus gens du monde, ils avaient un établissement à ma porte pour convertir les huguenots. Ils venaient d'arrondir leur domaine, en achetant à vil prix le bien de neuf gentilshommes, sept frères et deux sœurs ; sept étaient mineurs, et tous étaient ruinés. Tous les frères étaient au service du roi : le plus jeune avait treize ans, et le plus vieux en avait vingt-cinq. Le procureur des Jésuites, le plus grand fripon que j'aie jamais connu, obtint une pancarte du Conseil pour s'emparer à jamais du bien de ces pauvres enfants. Ils vinrent me trouver : je me fis leur *don Quichotte*; ils rentrèrent dans leur bien, et j'eus le plaisir d'attraper les Jésuites avant qu'ils fussent chassés. Je n'ai jamais eu en ma vie autant de satisfaction.

L'aîné des sept frères a une grâce à demander, et il va même à Versailles dans le temps des fêtes. Ce n'est point à M. l'abbé Terray qu'il demandera cette grâce; car il ne s'agit point d'argent, et M. l'abbé le jette par les fenêtres; en un mot, je ne sais ce que c'est que cette grâce, et je ne prendrai certainement pas la liberté de la demander à votre grand'maman. Vous lui en parlerez si vous voulez, madame; mais pour moi, Dieu m'en garde, j'ai trop abusé de ses extrêmes bontés. Elle a encore, en dernier lieu, honoré de nouvelles faveurs mon gendre Dupuits. Il faut que je m'aille cacher quand je pense à tout cela. C'est à vous, madame, que je dois tous ces agréments qui se répandent sur les derniers jours de ma vie; c'est vous qui m'avez présenté à votre grand'maman, que je n'ai jamais eu le bonheur de contempler; c'est à vous que je dois son soulier et ses lettres, elle m'a fait capucin : je lui dois tout. Puissiez-vous jouir longtemps des charmes de son amitié et de sa conversation.

Quand il y aura quelques articles de *belles-lettres*, moins ennuyeux que ceux de *métaphysique*, j'aurai l'honneur de vous les envoyer. Il ne s'agit dans ce monde que d'attraper la fin de la journée sans douleur et sans ennui, et encore la chose est-elle difficile. Je suis à vous, madame, jusqu'à mon dernier souffle, avec le plus tendre respect et la plus inutile envie de vous faire la cour. Frère FRANÇOIS.

LETTRE 329.

MADAME LA MARQUISE DU DEFFAND A M. DE VOLTAIRE.

Paris, 8 mai 1770.

Vous reconnaissez vos torts avec la grand'maman et vous les réparez bien; vous ne pourriez sans ingratitude être mécontent d'elle. Si elle ne vous écrit pas souvent, c'est qu'elle n'a pas un moment à elle; elle fait usage de ceux qu'elle passe avec vos amis, pour dire de vous toutes les choses que je voudrais que vous entendissiez. Vous ne sauriez nous envoyer trop souvent de vos œuvres; de quelque genre qu'elles soient, elles plaisent et réveillent. Vos derniers vers sont les plus jolis du monde : *faisant le bien pour son plaisir*, m'a charmée [1].

On ne parle ici que de votre statue : le siècle s'honore en vous rendant cet hommage; vous en devez être flatté; mais cependant n'oubliez jamais, mon cher contemporain, que vous êtes du siècle de Louis XIV. Vous êtes la plus parfaite et la plus singulière des sept merveilles qu'il a produites; je voudrais vous faire le pendant de saint Michel, terrassant les erreurs et le fanatisme; mais que d'attributs il faudrait rassembler, si l'on y mettait tous ceux qui vous désignent! Si vous ne voyez pas mon nom dans la liste des souscripteurs, croyez que c'est par humilité; il y aurait trop de vanité à se placer parmi les gens de lettres et les beaux-esprits. J'en use avec vous comme avec la Divinité, qui se contente d'être adorée en esprit et en vérité.

Je vais perdre tout à l'heure la grand'maman : elle part jeudi pour Chanteloup; elle va tondre ses moutons, en faire carder et filer la laine, dont on fera de beaux draps et toutes sortes d'étoffes. Amboise est une nouvelle Salente, mais dont les lois ne seront pas dictées par un pédant.

Soyez son émule dans votre ville de Versoy, et faites à qui mieux mieux le bonheur de tout ce qui vous environne; faites le mien en particulier, en m'aimant toujours.

LETTRE 330.

MADAME LA MARQUISE DU DEFFAND A M. HORACE WALPOLE.

Paris, samedi 19 mai 1770.

Vos lettres sont toujours les bien venues : qu'elles soient longues ou courtes, cela est égal; il me suffit qu'elles me soient une preuve de votre complaisance et de votre souvenir, et qu'elles m'instruisent de votre santé. Je ne prétends ni ne désire

---

[1] Les vers suivants, adressés à madame du Deffand :

> Oui, j'ai tort si je vous ai dit
> Qu'elle n'était qu'une volage,
> Fière du brillant avantage
> De sa beauté, de son esprit,
> Et se moquant de l'esclavage
> De tous ceux qu'elle assujettit.
> Cette image est trop révoltante;
> Je crois qu'on la peut définir :
> Une adorable indifférente,
> Faisant du bien pour son plaisir!

rien de plus. C'est à moi de craindre pour les miennes; je ne puis les remplir que de choses qui vous soient très-indifférentes, et qui, par le peu d'intérêt que j'y prends moi-même, deviennent très-ennuyeuses sous ma plume; le ciel ne m'a point favorisée du talent de madame de Sévigné. Indépendamment de son esprit, l'intérêt qu'elle prenait à tout rendait ses narrations très-intéressantes. Cela dit, il faut pourtant vous conter des nouvelles. Vous avez deviné très-juste; il y a des tracasseries sans nombre [1]; le menuet que doit danser aujourd'hui mademoiselle de Lorraine [2] a troublé bien des têtes; les pairs joints à la noblesse ont présenté au roi une requête contre les prétentions des princes lorrains; ce fut hier que le roi y répondit, et voici sa réponse. Il y a un certain doute sur la demande de M. de Mercy [3], qui pourra bien faire que beaucoup de dames se dispenseront d'aller à son souper et à son bal.

Rien n'a été plus beau que la chapelle, que l'appartement, et par-dessus tout le banquet royal [4]; mais l'ambassadrice [5] aura sans doute des relations plus circonstanciées et plus exactes que celles que je pourrais faire. L'opéra qu'on donna jeudi fut trouvé déplorable. Le feu ne fut point tiré mercredi, jour du mariage, à cause de la pluie, mais il le sera aujourd'hui après le bal paré; il fait le plus beau temps du monde.

Dimanche, à 2 heures.

J'attendais des nouvelles pour continuer; les voici :

Le jeudi au soir, après la réponse du roi, il y eut une assemblée, chez le duc de Duras, des pairs et de la noblesse; on y conclut que personne ne danserait. Tout le vendredi on crut qu'il n'y aurait point de bal; le samedi matin le roi dit qu'il y en aurait, et qu'il remarquerait ceux qui n'y viendraient pas. Cependant, à cinq heures, il n'y avait de danseuses dans la salle que mademoiselle de Lorraine, mademoiselle de Rohan et madame la princesse de Bouillon. Les autres danseuses étaient

---

[1] Sur la préséance aux fêtes qui eurent lieu à l'occasion du mariage du Dauphin, depuis Louis XVI, avec l'archiduchesse Marie-Antoinette d'Autriche, le 16 mai 1770. (A. N.)

[2] Fille de madame de Brionne, et sœur du prince de Lambesc. (A. N.)

[3] Ambassadeur d'Autriche à Paris. Cette demande est expliquée dans la réponse du roi aux remontrances qui lui furent présentées par la noblesse, et qu'on trouvera à la suite de cette lettre. (A. N.)

[4] A l'occasion du mariage susmentionné. (A. N.)

[5] La marquise du Châtelet, ambassadrice de France à Londres. (A. N.)

restées chez elles avec le projet de ne pas venir au bal; le roi, qui en fut averti, envoya ordre à plusieurs de se rendre dans la salle du bal, et de danser; à près de sept heures, plusieurs danseuses arrivèrent, huit ou neuf, ce qui, avec les trois princesses étrangères, fit onze ou douze danseuses. Voici l'ordre qui fut observé. D'abord, M. le Dauphin et madame la Dauphine; puis Madame et le comte de Provence; M. le comte d'Artois et madame la duchesse de Chartres; M. le duc de Chartres et madame la duchesse de Bourbon; M. le prince de Condé et madame la princesse de Lamballe; M. le duc de Bourbon et mademoiselle de Lorraine. Après ce menuet, le roi fit signe à M. le comte d'Artois de lui venir parler, et M. le comte d'Artois fut prendre madame la maréchale de Duras pour le septième menuet; M. le prince de Condé et la vicomtesse de Laval; le prince de Lambesc et mademoiselle de Rohan; le duc de Coigny et la princesse de Bouillon; le marquis de Fitz-James et madame de Mailly; M. de Blagnac et madame d'Onissan; M. de Belzunce et la comtesse Jules (*de Polignac*); M. de Vaudreuil et madame Dillon; M. de Staremberg et madame de Trans; M. de Tonnerre et madame de Pujet; et puis, madame de Duras et M. de Lambesc dansèrent la mariée. On servit la collation; ensuite il y eut des contredanses jusqu'à dix heures qu'on tira le feu; il n'a pas été trouvé aussi beau qu'on l'espérait, parce que la fumée a empêché d'en voir tout l'effet. L'illumination, ainsi que le spectacle du bal, ont été de la plus grande et de la plus superbe magnificence.

Vous remarquerez que madame de Lauzun n'est point du nombre des danseuses. Si j'apprends quelques nouveaux détails avant le départ de la poste, je l'ajouterai. Dans ce moment je vous quitte pour lire une lettre que je reçois de Chanteloup.

Je reprends; c'est une lettre de la grand'maman toute pleine de tendresse; elle me mande que Voltaire a écrit à sa femme de chambre en lui envoyant six montres fabriquées par les émigrants de Genève. Il veut que le grand-papa les fasse acheter au roi pour des présents qu'on fait aux subalternes; la grand'maman les lui a envoyées en lui mandant que s'il ne réussissait pas à cette négociation, elle prendrait les montres sur son compte. Il n'y a point d'exemple d'une aussi grande activité que celle de Voltaire; il écrit continuellement à la grand'maman; il met à son adresse les lettres qui sont pour moi, parce qu'elles sont en grande partie pour elle. Le voilà qui écrit aujourd'hui à sa femme de chambre. J'ai déjà reçu six cahiers de son *Encyclopédie*. Certainement il ne s'ennuie pas, parce qu'il trouve mille objets pour exercer son activité.

Je serai fort aise de revoir M. et madame de Richmond, et de faire connaissance avec votre petite-cousine[1], si elle veut me faire cet honneur-là. Je prévois bien que ma société ne lui saurait convenir; mais étant avec madame sa sœur, elle n'aura besoin de personne.

Dans ce moment-ci Paris est un désert. Excepté Pont-de-Veyle, qui ne se porte pas bien, le prince de Beaufremont, qui est sur son départ pour Chanteloup, un grand vicaire de Mâcon[2], homme d'esprit que j'ai connu en province, et que le ciel a envoyé à mon secours; sans ces trois personnes, je serais réduite à la Sanadona, et je n'ai pas le bonheur de vous ressembler. Je n'aime pas la solitude; j'y suis moins heureuse que cet homme qui, vivant seul, se vantait d'être heureux : *Oui, je suis heureux,* disait-il, *et aussi heureux que si j'étais mort.* Eh bien, moi, je le suis beaucoup moins que si j'étais morte, parce que toutes mes pensées m'attristent. Vous cesserez de trouver cela bizarre, quand vous vous souviendrez que je suis vieille et aveugle.

J'ai joint à la réponse du roi une lettre de l'impératrice au Dauphin, que je trouve assez touchante.

Copie de la réponse du roi au mémoire qui lui a été présenté.

« L'ambassadeur de l'Empereur et de l'impératrice-reine,
» dans une audience qu'il a eue de moi, m'a demandé, de la
» part de ses maîtres (et je suis obligé d'ajouter foi à tout ce
» qu'il me dit), de vouloir marquer quelque distinction à made-
» moiselle de Lorraine, à l'occasion présente du mariage de
» mon petit-fils avec l'archiduchesse Antoinette. La danse au
» bal étant la seule chose qui ne puisse tirer à conséquence,
» puisque le choix des danseurs et danseuses ne dépend que
» de ma volonté, sans distinction de place, rang ou dignités,
» exceptant les princes et princesses de mon sang, qui ne peu-

---

[1] Madame Damer, qui devait accompagner la duchesse de Richmond à Paris. Ce voyage n'eut pas lieu.(A. N.)

[2] Pierre de Sigorgne, docteur de Sorbonne, vicaire général de Mâcon, né en Lorraine au mois d'octobre 1719. Il eut le mérite d'introduire le premier dans l'enseignement public de l'université de Paris le système de Newton. Il mourut à Mâcon en 1809. (A. N.)

» vent être comparés, ni mis au rang avec aucun autre Fran-
» çais; et ne voulant d'ailleurs rien innover à ce qui se pratique
» à ma cour, je compte que les grands et la noblesse de mon
» royaume, vu la fidélité, soumission, attachement et même
» amitié qu'ils m'ont toujours marqués et à mes prédécesseurs,
» n'occasionneront jamais rien qui puisse me déplaire, surtout
» dans cette occurrence-ci, où je désire marquer à l'impératrice
» ma reconnaissance du présent qu'elle m'a fait, qui, j'espère
» ainsi que vous, fera le bonheur du reste de mes jours.
» Bon pour copie.
» SAINT-FLORENTIN. »

Copie de la lettre de l'impératrice-reine à monseigneur le Dauphin[1].

« Votre épouse, mon cher Dauphin, vient de se séparer de
» moi. Comme elle faisait mes délices, j'espère qu'elle fera votre
» bonheur. Je l'ai élevée en conséquence, parce que depuis
» longtemps je prévoyois qu'elle devait partager vos destinées;
» je lui ai inspiré l'amour de ses devoirs envers vous, un tendre
» attachement, l'attention à imaginer et à mettre en pratique
» les moyens de vous plaire. Je lui ai toujours recommandé
» avec beaucoup de soin une tendre dévotion envers le maître
» des rois, persuadée qu'on fait mal le bonheur des peuples qui
» nous sont confiés, quand on manque envers celui qui brise les
» sceptres et renverse les trônes comme il lui plaît.

» Aimez donc vos devoirs envers Dieu; je vous le dis, mon
» cher Dauphin, et je le dis à ma fille; aimez le bien des peuples
» sur lesquels vous régnerez toujours trop tôt. Aimez le roi
» votre aïeul, inspirez ou renouvelez cet attachement à ma fille;
» soyez bon comme lui; rendez-vous accessible aux malheu-
» reux. Il est impossible qu'en vous conduisant ainsi, vous
» n'ayez le bonheur en partage. Ma fille vous aimera, j'en suis
» sûre, parce que je la connais; mais, plus je vous réponds de

---

[1] Le baron de Grimm rapporte cette lettre dans sa correspondance, et la fait précéder des réflexions suivantes : « Un bel esprit s'est amusé à composer une lettre de l'impératrice-reine à M. le Dauphin, à l'occasion de son mariage. Cette lettre passa pour authentique pendant quelques jours, et eut beaucoup de succès; lorsqu'on sut qu'elle ne l'était pas, elle fut oubliée. »

« C'est, dit-il après l'avoir citée, tout ce qu'il y a à conserver de l'énorme fatras poétique et prosaïque que les muses françaises ont offert au couple auguste, à l'occasion du mariage. » (A. N.)

» son amour et de ses soins, plus je vous demande de lui vouer
» le plus tendre attachement.

» Adieu, mon cher Dauphin; soyez heureux. Je suis baignée
» de larmes. »

LETTRE 331.
MADAME LA MARQUISE DU DEFFAND A M. DE VOLTAIRE.
24 mai 1770.

Votre dernière lettre est du 5, ma dernière est du 8; j'en attendais une nouvelle de vous, pour éviter que nos lettres se croisassent; elle n'arrive point; je m'ennuie de ce long silence. J'ai du scrupule de n'avoir pas encore obéi à la grand'maman, qui m'avait chargée de vous dire beaucoup de choses. Peut-être vous les aura-t-elle écrites elle-même; mais elle dit si bien, qu'il n'y a pas d'inconvénient à la répéter : je vais la transcrire.

« Je vous envoie, ma chère petite-fille, une requête que M. de
» Voltaire m'a envoyée; vous verrez qu'elle est adressée au roi,
» et qu'il dit en note que l'instance est au conseil. Le sujet en
» est très-intéressant; la cause qu'il défend est certainement
» bonne en soi, mais je crains bien que la manière un peu trop
» philosophique dont elle est traitée, et le nom de M. de Vol-
» taire n'y nuisent beaucoup. Comme votre commerce avec lui
» est plus régulier que le mien, je vous prie, la première fois
» que vous lui écrirez, de lui accuser pour moi la réception de
» cette requête, et de l'en remercier. Dites-lui en même temps,
» vous qui êtes en droit de lui tout dire, que vous ne lui con-
» seillez pas de badiner avec le roi; que les oreilles des rois ne
» sont pas faites comme celles des autres hommes, et qu'il faut
» leur parler un langage plus mesuré. Je vous prie aussi d'en-
» voyer la requête au grand-papa, dès que vous l'aurez lue : je
» la lui annonce. »

Dans une seconde lettre, elle me mande que vous lui avez écrit sous l'adresse de sa femme de chambre, en lui envoyant six montres; qu'elle les a envoyées sur-le-champ à son mari; qu'elle le menace de les prendre toutes six sur son compte, s'il ne les fait pas acheter par le roi.

Voilà, je crois, toutes les commissions dont je suis chargée; mais après m'en être acquittée, je n'ai pas tout dit, il faut que je parle pour moi à mon tour.

Votre requête m'a paru le modèle du style des avocats; peut-être voudrais-je en retrancher le ton philosophique, qui n'est pas nécessaire pour combattre l'injustice.

Vos derniers cahiers m'ont ravie; l'article *Ame* me déterminerait seul à me rendre votre écolière. Il y a longtemps que je pense que la seule chose qu'on puisse bien savoir, c'est que nous sommes faits pour ignorer tout. Le doute me paraît si naturel et si sage, que je n'ose m'élever contre les affirmations, de peur de me laisser entraîner à affirmer moi-même. Tout ce que nous ne pouvons pas comprendre nous doit être aussi inutile qu'impossible à croire; un aveugle-né peut-il se soumettre à croire les couleurs? Qu'est-ce que ce serait que sa soumission? Qui pourrait-elle satisfaire? Il n'y a que des fous qui pourraient l'exiger. Ma philosophie est terre à terre. Voyez si vous voulez d'une telle écolière. Mais, soit instinct, sentiment ou raison, je n'aurai jamais d'autre maître que vous.

J'aime beaucoup votre triomphe sur le fripon jésuite. Je vous promets la vie éternelle, mon cher Voltaire; si vous n'en jouissez pas dans le ciel, vous en jouirez dans tous les cœurs de ceux qui resteront sur terre. Je voudrais bien passer avec vous le peu de temps qui me reste à l'habiter; vous fortifieriez en moi ce qu'on appelle âme, qui de jour en jour s'affaiblit et s'attriste. Ah! vous avez raison, on serait heureux, si l'on passait ses vingt-quatre heures sans douleur et sans ennui! Si on me donnait un souhait à faire, avec la certitude qu'il serait exaucé, j'aurais bientôt dit : Ce n'est ni la fortune, ni les honneurs, ni même une parfaite santé que je désire, c'est le don de ne me jamais ennuyer. Vous pouvez, mon cher contemporain, remplir mon souhait en m'envoyant tout ce que vous faites; ne retranchez rien, excepté les articles *sciences*, où je ne pourrais rien comprendre.

Je ne sais point encore ce que le grand-papa aura répondu à la grand'maman sur vos montres; dès que je le saurai, je vous le manderai. Adieu.

LETTRE 332.

M. DE VOLTAIRE A MADAME LA MARQUISE DU DEFFAND.

1er juin 1770.

Vous avez dû voir, madame, que je consume ma pauvre vie dans mes déserts de neige pour vous récréer un quart d'heure, vous et votre grand'maman. Il y a des insectes qui sont trois ans à se former pour vivre quelques minutes : c'est le sort de la plupart des ouvrages en plus d'un genre. Je vous prie, toutes deux, de prêter un peu d'attention à l'article *Anciens et modernes*. C'est une affaire de goût; vous êtes juges en dernier ressort.

Quant aux choses scientifiques, je ne crois pas que tout ce qu'on ne peut comprendre soit inutile. Personne ne sait comment une médecine purge, et comment le sang circule vingt fois par heure dans les veines; cependant il est très-souvent utile d'être purgé et saigné.

Il est fort utile d'être défait de certains abominables préjugés, sans qu'on ait quelque chose de bien satisfaisant à la place. C'est assez qu'on sache certainement ce qui n'est pas. On n'est pas obligé de savoir ce qui est. Je suis grand démolisseur, et je ne bâtis guère que des maisons pour les émigrants de Genève. La protection de madame la duchesse de Choiseul leur a fait plus de bien que leurs compatriotes ne leur ont fait de mal. Qui m'aurait dit que je lui devrais tout et qu'un jour je fonderais au mont Jura une colonie qui ne prospérerait que par ses bontés? Et puis, qu'on dise qu'il n'y a point de destinée! C'est vous, madame, qui m'avez valu cette destinée-là; c'est à vous que je dois votre grand'maman.

Je lui ai envoyé le *Mémoire des communautés de Franche-Comté*, d'accord, mais il est signé des syndics et non pas de moi. Je ne suis point avocat : le fond du Mémoire est de M. Christin, avocat de Besançon; je l'ai un peu retouché. Il n'y a rien que de très-vrai. L'avocat au conseil chargé de l'affaire l'a approuvé, l'a donné à plusieurs juges. S'il n'est pas permis de soutenir le droit le plus évident, où fuir? Je tiens qu'il faut le soutenir très-fortement, ou l'abandonner.

Ce n'est point ici une grâce qu'on demande, les communautés sont précisément sur la route que M. le duc de Choiseul veut ouvrir de sa colonie en Franche-Comté. Ces gens-là seraient fort aises d'être les serfs du mari de votre grand'maman, mais ils ne veulent point du tout l'être des moines de Saint-Benoît, devenus chanoines. La prétention de Saint Claude est absurde. Saint Claude est un grand saint, mais il est aussi ridicule qu'injuste; du moins il me paraît tel. J'ai cru qu'il fallait faire sentir cette absurdité avant qu'on discutât des fatras de copies que les ministres n'ont jamais le temps de lire.

J'avoue que mon nom est fatal en matière ecclésiastique ; mais je n'ai jamais prétendu que mon nom parût; Dieu m'en préserve! et d'ailleurs, ceci est matière féodale. Le roi ne lit point ces factums préparatoires, on ne les met point sous ses yeux. Le rapporteur seul est écouté ; et comme tout dépend ordinairement de lui, il nous a paru essentiel que les juges fussent bien au fait. Ils jettent souvent un coup d'œil égaré sur ces pièces ennuyeuses ; j'ai voulu les intéresser par la tournure ; j'ai voulu les amuser, eux et non pas le roi qui a d'autres affaires, et qui très-communément laisse décider ces procès sous main sans y assister, comme il arriva dans le procès de Sirven, où M. le duc de Choiseul fut net contre moi, et avec raison.

Enfin, si j'ai tort, on perdra de bons sujets, et j'en suis fâché ; mais je me résigne, car il faut toujours se résigner, et je ne suis pas capucin pour rien.

Résignez-vous, madame, à la fatalité qui gouverne ce monde. Horace recommandait cette philosophie il y a quelque dix-huit cents ans ; il recommandait aussi l'amitié, et la vôtre fait le charme de ma vie.

LETTRE 333.

MADAME LA MARQUISE DU DEFFAND A M. HORACE WALPOLE.

Mercredi 6 juin, à six heures du matin.

Wiart n'est point éveillé, et moi, suivant ma louable coutume, je ne dors point ; et pour charmer mon ennui, je vais me parjurer, en vous écrivant, malgré l'engagement que j'avais pris de ne jamais vous écrire que pour répondre à vos lettres ; et vous savez que le dernier courrier ne m'en a point apporté : je puis, sans me flatter, n'en prendre point d'inquiétude pour votre santé ; votre silence peut avoir mille autres causes, dont une seule vous aura paru suffisante. N'avoir rien à dire ! Eh bien, je ne suis pas de même ; j'ai bien des choses à vous dire, mais je crains bien fort de me mal expliquer.

J'eus avant-hier la visite de M. le duc de Choiseul ; je n'avais avec moi qu'une personne que je renvoyai, et je fis fermer ma porte. Il entra dans ma chambre avec toute la grâce et la gaieté que vous lui connaissez. « Eh bien, ma petite-fille, me voilà ; je ne devais jamais vous venir voir, mandiez-vous à M. de Beauvau ; je viens pour vous parler de M. le duc de Richmond. Je veux vous bien instruire de l'affaire, pour que vous en puissiez rendre compte à M. Walpole; je serais ravi de pouvoir l'entretenir un quart d'heure; je lui ferais connaître le désir que j'ai de l'obliger, et je le ferais juge de ce que je puis faire; mais écoutez-moi bien, et mandez-lui tout ce que je vais vous dire :

« Louis XIV accorda à feu la duchesse de Portsmouth le titre de duchesse, en érigeant sa terre d'Aubigny en duché-pairie, pour elle et pour toute sa postérité. Son fils, son petit-fils en ont joui; son arrière-petit-fils en jouit présentement; ses enfants en jouiront après lui, et s'il n'en a point, le duché passera au comte de Lennox, son frère, et à ses enfants; enfin le duché et le titre seront à tout jamais aux descendants de la duchesse de Portsmouth. C'est ainsi, dit-il, que je m'en suis expliqué au duc de Richmond, et je n'ai dû ni pu lui faire d'autres promesses. L'enregistrement au parlement est impossible, à cause de la catholicité, qui en ferme l'entrée au parlement. » — A ces mots, je lui demandai la permission de lui faire lire ce que vous m'aviez écrit : Wiart lui en fit la lecture. Il fut fort content de ce qu'il y avait d'obligeant pour lui; puis il dit : « M. le duc de Richmond ignore qu'il faut le même enregistrement au parlement pour un duché héréditaire que pour un duché-pairie; que gagnerait-il à changer la pairie en héréditaire? La nouvelle qualification, inférieure à la première, n'ajouterait rien à la solidité de la grâce accordée par Louis XIV à sa trisaïeule, et je ne comprends pas (dit-il encore) d'où naissent ses inquiétudes; sa femme et lui ont joui à notre cour de toutes les prérogatives de son titre, et ils en jouiront à l'avenir quand ils s'y présenteront. » — « Mais n'y aurait-il point d'événements, repartis-je, qui pourraient apporter du changement? » — « Non, » repartit-il. Je n'eus plus rien à répliquer, et je finis par le beaucoup remercier de la grâce et de l'amitié qu'il mettait dans cette affaire.

Mais voici à présent ce que je pense : l'envie d'obliger la grand'maman l'a très-bien disposé pour cette affaire, qu'il n'aurait pas sans cela fort à cœur, par des raisons que vous pouvez imaginer, et dans lesquelles vous n'avez rien de commun, parce qu'il est très-bien informé (comme vous n'en pouvez pas douter) de tout ce qui se passe chez vous. Le conseil que je vous donne, c'est de lire la patente donnée à la trisaïeule, et de lire avec attention l'édit de la révocation de l'édit de Nantes; et si cette lecture peut former des doutes et des inquiétudes à M. le duc de Richmond, qu'il fasse un petit mémoire ; je me chargerai de le présenter et de faire agir la grand'maman.

Avez-vous appris les horribles désastres arrivés au feu de la ville ? Le nombre des morts et des blessés est de cinq ou six cents[1]. Vous aurez lu la lettre du Dauphin au lieutenant de police ; madame la Dauphine et Mesdames ont suivi son exemple ; le roi a donné cent mille francs, beaucoup de particuliers ont envoyé des aumônes, et M. de Sartine a actuellement une somme assez considérable.

Le roi vient d'acheter de M. le prince de Conti le duché de Mercœur et la terre de Senonges, qui valent deux cent cinquante mille livres de rente, sur le pied de trois pour cent ; dont il placera en rentes viagères une partie pour se faire le même revenu ; du surplus, il payera ses dettes, et il jouira de onze cent mille livres de rente, et d'une fistule qu'il a depuis quelques mois, et dont il va se faire traiter.

Adieu, il est temps de tâcher de dormir. Cette lettre a été un vrai travail.

L'acquisition que le roi fait de ces deux terres est pour faire partie de l'apanage de l'un de nos princes.

Est-il vrai que M. Hume est marié à une dévote ?

LETTRE 334.

LA MÊME AU MÊME.

Paris, mercredi 13 juin 1770.

Il fait un vent affreux, j'ai une fenêtre qui ne fait que ballotter, et qui me désole et me trouble l'imagination : attendez-vous à une sotte lettre. Je ne sais d'où vient que vous vous obstinez à dire tant de mal des vôtres ; si je ne vous connaissais pas bien, je croirais que c'est des éloges que vous recherchez ; mais vous n'avez pas cette petitesse, et je croirais pouvoir vous dire que vous écrivez mal, avec la même simplicité que je vous affirme que vous écrivez très-bien. Je ne dis pas que vos lettres soient également agréables. Ah ! il s'en faut bien ; mais on ne peut mieux exprimer ses pensées ; la franchise, l'énergie, rien n'y manque ; je suis fort aise que vous soyez attaché à la règle

[1] Voyez le détail de cet horrible désastre dans le *Tableau de Paris*, de M. Mercier. (A. N.)

des huit jours, et tant qu'il vous conviendra d'y être exact, j'en aurai beaucoup de plaisir.

Oui, Dieu merci! nos fêtes sont passées. Ce n'est pas à cause du monde qu'elles pouvaient m'enlever, mais, au pied de la lettre, par l'ennui d'en entendre parler; c'était positivement réaliser le proverbe, *parler aux aveugles des couleurs;* des lampions, des bombes, des girandes, des guirlandes, etc., etc. Cependant cela valait mieux que les massacres, les étouffades du feu de la ville.

Vous voulez que je remplace notre ambassadrice; je veux bien y tâcher, mais vous en serez bientôt las. Ce sont les nouvelles de cour qui vous plaisent le plus; je ne suis pas souvent à portée de les savoir, et puis facilement je les oublie; l'ennui et les insomnies nuisent extrêmement à la mémoire, du moins à la mienne, qui s'en va grand train; je n'en ai pas grand regret; je ne gagnerais rien en me souvenant du passé; il augmenterait le goût du présent, et pour le présent il ne me fait rien connaître ni entendre que je me soucie de retenir. Oui, je vois toujours les oiseaux, la mère[1] presque tous les jours, la fille[2] souvent, et la nièce très-rarement[3]; je mène ma vie ordinaire. Le baron de Gleichen est parti, et c'est une perte pour moi.

Je m'occupe actuellement à faire obtenir un bénéfice ou une pension à un certain abbé Sigorgne, dont je crois vous avoir parlé : je voudrais qu'il se fixât ici, c'est un homme de bon sens, même d'esprit; il a cinquante et quelques années; il a été professeur à l'Université; il n'est ni agréable ni pédant; il est tout simple, nullement flatteur, poli sans recherche : il ne vous déplairait pas; ce serait un bonheur pour moi de l'attacher ici. Cela vaudrait mieux que toutes les dames et les demoiselles passées, présentes et à venir.

Pourquoi ne vous expliquez-vous pas plus clairement sur le départ de la grande dame[4]? tient-il aux mœurs, à la morale ou à la politique? A propos de grande dame, madame de Gramont

---

[1] La marquise de Boufflers. (A. N.)

[2] La comtesse de Boisgelin. (A. N.)

[3] La vicomtesse de Cambis. Elle a résidé en Angleterre depuis le commencement de la révolution, et est morte à Richmond en janvier 1809. (A. N.)

[4] M. Walpole avait dit dans une lettre du 7 juin 1770 : « Il part demain une autre dame dont le voyage fait et fera beaucoup plus de bruit : c'est madame la princesse de Galles. Les commentaires sont aussi larges que le texte en est obscur. Pour moi, je ne prétends pas l'éclaircir, et ne me mêlant pas de la méchanceté de la ville, je ne la répéterai pas. Elle va voir sa fille de

part samedi pour Baréges; elle ne sera, dit-on, de retour qu'au mois d'octobre; peut-être en son absence le grand-papa soupera-t-il chez moi; cela sera, si madame de Beauvau le juge à propos; il est, sans qu'il s'en doute, soumis à toutes ses volontés; elle a l'ascendant sur tout ce qui l'environne, et sa place dans le paradis sera à la tête des Dominations. Pour la grand'maman, on la trouvera à la tête des Vertus. Je suppose que vous savez la hiérarchie des anges; si vous l'ignorez, instruisez-vous, si vous voulez m'entendre; mais je ne vous le conseille pas, cela n'en vaut pas la peine. Je ne sais quand la grand'maman reviendra; je désire son retour, mais je supporte son absence; ma patience est à toute épreuve; j'ai trouvé qu'il fallait tant de choses pour être heureuse, que j'ai abandonné le projet d'y parvenir [1]; je laisse tout aller comme il peut et comme il veut; je bâille dans mon tonneau, et je ne m'embarrasse pas de ce qui l'entoure; les ridicules me choquent, les menteries m'indignent; mais je me tais, et je pense que tout cela ne peut être autrement.

Hier je traînai le président à un concert chez madame de Sauvigny [2], intendante de Paris. Mademoiselle le Maure y chantait; il ne l'entendit point, non plus que les instruments qui l'accompagnaient; il me demandait à tout moment si j'entendais quelque chose; il me suppose aussi sourde qu'aveugle et

---

Brunswick, son frère à Saxe-Gotha, et sa fille de Danemark, je ne sais où. Il y a trente-quatre ans qu'elle est ici, et depuis dix ans elle ne sort quasi plus de son palais. Elle reviendra, dit-on, au mois d'octobre. » (A. N.)

[1] M. Walpole dit en réponse : « Vous renoncez, dites-vous, au projet d'être heureuse. Ma petite! ma petite! comment un tel projet vous a-t-il pu rester si longtemps? C'est un projet de jeunesse, et dont la jeunesse seule peut profiter : n'était-ce que parce que la jeunesse seule est capable d'avoir une telle idée? Toute expérience mondaine prouve qu'on ne peut arriver qu'à la tranquillité, à moins d'être sot. Voilà les gens heureux. La félicité est une chimère, et qui, existant, se détruirait elle-même, parce qu'on serait au désespoir de la certitude qu'il faudrait qu'elle finît. Les dévots, qui sont des usuriers, mettent leur bonheur dans les fonds du paradis, et se refusent le nécessaire pour avoir des millions dans l'autre monde. Pour mesurer notre bonheur ou malheur, il faut se comparer avec les autres. Vous et moi, ne sommes-nous pas mille fois plus heureux que les gueux, les prisonniers, les malades? et sommes-nous beaucoup plus malheureux que les princes, les riches et tout ce qui s'appelle des gens fortunés? Voilà une réflexion qui me donne de la véritable dévotion. Je rends grâce à la Providence de mon sort, et je n'envie personne. » (A. N.)

[2] Femme de M. Berthier de Sauvigny, l'une des premières victimes de la révolution. (A. N.)

aussi vieille que lui; sur ce dernier point, il ne se trompe guère.

Adieu; mes fenêtres me tournent la tête. Il n'y a pas de sorte de bruit que le vent ne leur fasse faire.

LETTRE 335.

M. DE VOLTAIRE A MADAME LA MARQUISE DU DEFFAND.

A Ferney, 18 juin 1770.

On fait ce qu'on peut, madame, dans nos déserts, pour vous faire passer quelques minutes à Saint-Joseph; et, malgré la crainte de vous ennuyer, on vous envoie ces deux feuilles détachées. Imposez silence à votre lecteur sitôt que vous sentirez la moindre envie de bâiller.

J'ignore tout ce qui se fait à présent sur la terre. Je ne sais pas même si Lacédémone appartient à Catherine II ou à Moustapha. Je ne sais où est votre grand'maman, et c'est ce qui m'intéresse davantage. Si elle est dans son palais à Chanteloup, occupée de sa florissante colonie, je la déclare philosophe. J'entends surtout par ce mot, philosophe pratique; car ce n'est pas assez de penser avec justesse, de s'exprimer avec agrément, de fouler aux pieds les préjugés de tant de pauvres femmes et même de tant de sots hommes, de connaître bien le monde, et par conséquent de le mépriser; mais se retirer de la foule pour faire du bien, encourager les arts nécessaires, être supérieure à son rang par les actions comme par son esprit, n'est-ce pas là la véritable philosophie?

Je vous plains toutes deux de ne pouvoir aller ensemble dans le paradis terrestre de Chanteloup. Il faut toujours, madame, que je vous remercie de toutes les bontés dont elle m'a comblé; car sans vous elle m'aurait peut-être ignoré. Elle protége, du haut de la colonie de Carthage[1], la colonie de mon hameau; elle me fait goûter chaque jour le plaisir de la reconnaissance. Je me flatte qu'elle était dans son royaume dans le temps que les badauds de Paris se tuaient au milieu des fêtes assez près de son hôtel; elle aurait été trop sensiblement frappée de ce désastre. Est-il possible qu'on s'égorge pour aller voir des lampions?

---

[1] La petite ville de Versoix, qui s'élevait sur les bords du lac de Genève, sous la protection de M. de Choiseul et sous le nom de Choiseul-Bourg. (A. N.)

Adieu, madame; conservez du moins votre santé : la mienne est désespérée. Mille tendres respects.

LETTRE 336.

MADAME LA MARQUISE DU DEFFAND A M. DE VOLTAIRE.

24 juin 1770.

Si je ne vous ai pas écrit plus tôt, c'est que j'attendais toujours que la grand'maman me dictât quelque chose pour vous; je l'en ai pressée, mais elle est d'une paresse d'esprit dont on ne peut la tirer. Elle s'en rapporte à moi pour vous dire tout ce qu'elle pense pour vous; je serai donc son indigne interprète, mais j'aurai le mérite de vous dire la vérité en vous assurant que ses sentiments ne se bornent point à l'admiration et à l'estime, qu'elle y joint une très-véritable amitié. Elle voudrait vous satisfaire sur toutes les choses que vous désirez, et nommément sur votre affaire de Saint-Claude. Elle trouve la cause que vous défendez très-juste, mais elle ne peut vous seconder que par ses représentations et ses sollicitations; elle est aussi reconnaissante et aussi contente que moi des cahiers que vous nous envoyez, et nous vous prions de continuer. Je serai encore du temps sans revoir cette grand'maman; elle ne reviendra que le 17 ou le 18 de juillet, et peu de jours après elle partira pour Compiègne. La vie se passe en absences, on est toujours entre le souvenir et l'espérance; on ne jouit jamais; si du moins on pouvait dormir, ce ne serait que demi-mal. Dormez-vous, mon cher Voltaire? Ce serait pour vous un temps bien mal employé; il n'y faut donner que le pur nécessaire pour votre santé; employez tout le reste à instruire, à éclairer, et surtout à amuser la grand'maman et sa petite-fille. Pour moi, qui ne dors point, je m'occupe souvent les nuits à repasser tous les vers que j'ai retenus; vos épîtres au roi de Prusse, à madame de Villars, au président, etc., ont souvent la préférence. Pourquoi ne feriez-vous pas une jolie épître pour la grand'maman? Le sujet ne vous laisserait pas manquer d'idées.

M. de Saint-Lambert fut reçu hier à l'Académie; il récita le second chant d'un poëme qu'il fait sur le génie : il faut en avoir beaucoup pour rendre ce sujet piquant.

Votre article des *Anciens et des modernes* me fait très-grand plaisir. Vous êtes judicieux, vous avez toujours raison;

et jamais, non, jamais, vous n'êtes ni faux, ni fatigant, ni froid. Vous savez que le grand-papa a acheté toutes vos montres; vous êtes très-bien avec lui. Il ira le 9 du mois prochain chercher la grand'maman, pour la ramener le 17 ou le 18. Je voudrais bien qu'il y eût un terme où j'aurais l'assurance de vous revoir; mais j'ai bien peur, mon cher Voltaire, que nous n'ayons d'autre rendez-vous qu'aux Champs-Élysées. Nous n'aurons rien à changer à nos figures : elles se trouveront, en les conservant telles qu'elles sont, à l'unisson des ombres; mais j'espère que la mienne verra la vôtre; ainsi, loin de rien perdre, je compte gagner beaucoup. Bonjour, adieu; donnez-moi de vos nouvelles. Je vous envoie une lettre, je ne sais pas de qui; je crois cependant que c'est d'un homme qui vous estime beaucoup, et qui désire que vous l'estimiez; il en sera ce qu'il vous plaira, mais il vous prie de m'adresser la réponse que vous lui ferez : il l'enverra chercher chez moi.

LETTRE 337.

MADAME LA MARQUISE DU DEFFAND A M. HORACE WALPOLE.

Mercredi, 27 juin 1770.

Vous voyez bien qu'il est très-facile d'écrire, quoiqu'en s'y mettant on n'ait rien à dire. La lettre que je reçois, qui est du 20, est une vraie causerie, et par conséquent est fort agréable. Je pense absolument comme vous sur les lectures; ce qui fait que je ne trouve presque point de livres qui m'amusent, et qu'ayant plus de deux mille volumes, je n'en ai pas lu quatre ou cinq cents, et que je relis toujours les mêmes. Je n'aime que les mémoires, les lettres, les contes, de certains romans; j'aime assez les recueils, les anecdotes, les voyages qui peignent les mœurs et les usages; mais pour les grandes histoires, la morale, la métaphysique, je déteste tout cela.

Avez-vous donc quitté ou fini M. de Thou [1]? Jamais je n'ai pu me résoudre à le lire, quoiqu'on m'en ait pressée. A peine me soucié-je de ce qui se passe de mon temps, quand mes amis ou moi n'y sont point intéressés; comment pourrais-je m'intéresser à tous les événements passés? D'ailleurs je n'aime les narrations qu'autant qu'elles ont l'air de causeries. Enfin,

---

[1] La grande histoire de M. de Thou, de 1545 à 1607. Madame du Deffand l'aurait lue dans la traduction française, 1734, seize volumes in-4°. (L.)

enfin, parmi les morts ainsi que parmi les vivants, on trouve peu de gens de bonne compagnie. Je perds un homme que je regrette fort, c'est M. Chamier; il est parti ce matin assez mécontent de n'avoir pu terminer ses affaires[1]; je le voyais tous les jours. Il ne s'ennuyait pas auprès de mon tonneau, et même il paraissait se plaire chez moi; il ne sera à Londres que mercredi ou jeudi de la semaine prochaine.

Il vous porte les *Mémoires* de M. d'Aiguillon. Je suis curieuse de savoir ce que vous en penserez; ils ont produit un assez grand effet dans le public, et ont assez disposé les esprits à l'événement qui vraisemblablement est arrivé ce matin, et dont je vous dirai ce que je saurai, aussitôt que je l'apprendrai. Le Parlement, les pairs, furent mandés hier pour un lit de justice qui a été tenu ce matin. L'on ne doute point que ce ne soit pour supprimer toutes les recherches et les procédures contre M. d'Aiguillon. On déclarera qu'il n'a rien fait que suivant les ordres souverains; que, loin d'être répréhensible, il mérite des récompenses, et on prétend qu'il ne tardera pas à les recevoir, et qu'il aura incessamment une place dans le conseil d'État. Je suis bien aise du contentement qu'en aura la grande-duchesse, dont la conduite dans tout ceci a été d'une grande sagesse et d'une grande honnêteté.

La grand'maman ne revient pas si tôt de Chanteloup que je l'espérais; elle ne sera ici que dans trois semaines, et partira tout de suite pour Compiègne. Le grand-papa soupa chez moi vendredi dernier; il fut très-aimable. Je lui dis encore un mot de M. de Richmond, et réellement je crois qu'il a raison quand il prétend que ce duc doit se contenter de jouir des honneurs qui lui sont assurés et à sa postérité, et qu'il est de toute impossibilité d'enregistrer ses patentes, sa religion étant un obstacle invincible.

A 9 heures du soir.

Voilà les nouvelles du lit de justice; elles rendront les mémoires que M. Chamier vous porte, *de la moutarde après dîner*. Les amis de M. d'Aiguillon publient qu'il est très-mécontent de ce qu'il ne peut plus être jugé juridiquement; il faudra, pour le consoler, le faire ministre d'État, et l'on ne doute point que dimanche il n'entre au conseil.

---

[1] Il était attaché au service de la Compagnie des Indes orientales, et fut envoyé par elle à Paris pour y traiter de quelques affaires. (A. N.)

Je crois devoir un compliment à la grosse duchesse; l'embarras est de savoir s'il sera *allegro* ou *tristitio*; je me déterminerai à *adagio*.

Je vous trouve heureux autant que vous vous le trouvez vous-même en vous comparant à tous ceux qui le sont moins que vous; excepté le président et un très-petit nombre de gens qui éprouvent de grands malheurs, je n'en connais guère qui soient plus malheureux que moi; mais je sais que l'on ajoute à ses maux en les racontant à ses amis; on les ennuie, et l'ennui est le tombeau de tous les sentiments. Adieu, portez-vous bien, trouvez tous les jours de nouveaux amusements, continuez à être heureux, c'est le seul bonheur que je puisse avoir.

Extrait du discours de M. le chancelier, et des lettres patentes.

« Le roi, occupé du soin de lever tout obstacle à la tran-
» quillité de sa province de Bretagne, n'avait pas cru dé-
» voir permettre à M. le duc d'Aiguillon de rendre publique
» la requête qu'il avait présentée l'année dernière; mais lors-
» qu'il a été compris dans l'information de Bretagne, Sa Ma-
» jesté a désiré connaître de quelle nature était l'accusation
» intentée contre lui; la plainte a été reçue avec tout l'appareil
» des formes judiciaires. Sa Majesté a été étonnée de voir que,
» dans l'information, plusieurs témoins avaient déposé des faits
» étrangers à la plainte, avaient annexé à leurs dispositions
» des arrêts du conseil; enfin que les secrets de l'administra-
» tion y pouvaient être compromis. Considérant que ceux que
» Sa Majesté charge de ses ordres ne sont comptables qu'à elle
» seule de leur exécution; que Sa Majesté n'a vu dans la con-
» duite de M. d'Aiguillon que de la fidélité et du zèle; qu'elle
» regarde sa conduite comme irréprochable et conforme aux
» ordres qu'elle lui avait donnés, dont il ne doit compte qu'à
» elle seule; que si elle lui doit de se justifier, elle se doit à
» elle-même de ne point laisser pénétrer dans les secrets de
» l'administration, et de ne point éterniser, par une instruction
» criminelle, les troubles qui agitent la Bretagne.

» A ces causes, Sa Majesté annule toutes les procédures et
» les requêtes de l'affaire; ordonne que toutes poursuites soient
» interrompues, et impose au procureur général et à tous autres
» le silence le plus absolu. »

LETTRE 338.

M. DE VOLTAIRE A MADAME LA MARQUISE DU DEFFAND.

12 juillet 1770.

Je vous ai parlé plus d'une fois à cœur ouvert, madame; il est actuellement fendu en deux, et je vous envoie les deux moitiés dans cette lettre. L'*Envie* et la *Médisance* sont deux nymphes immortelles. Ces demoiselles ont répandu que certains philosophes que vous n'aimez pas avaient imaginé de me dresser une statue, comme à leur député; que ce n'étaient pas les belles-lettres qu'on voulait encourager, mais qu'on voulait se servir de mon nom et de mon visage pour ériger un monument à la liberté de penser. Cette idée, dans laquelle il y a du plaisant, peut me faire tort auprès du roi. On m'assure même que vous avez pensé comme moi, et que vous l'avez dit à une de vos amies. Cette pauvre philosophie est un peu persécutée. Vous savez que le gros recueil de l'*Encyclopédie* est prisonnier d'État à la Bastille avec saint Billard et saint Grisel; cela est de fort mauvais augure.

Je me trouve actuellement dans une situation où j'ai le plus grand besoin des bontés du roi. Je ne sais si vous savez que j'ai recueilli chez moi une centaine d'émigrants de Genève, que je leur bâtis des maisons, que j'établis une manufacture de montres; et si le roi ne nous accorde pas des priviléges qui nous sont absolument nécessaires, je cours risque d'être entièrement ruiné, surtout après les distinctions dont M. l'abbé Terray m'a honoré.

Il est donc très-expédient qu'on n'aille point dire au roi en plaisantant à souper : Les encyclopédistes font sculpter leur patriarche. Cette raillerie, qui pourrait être trop bien reçue, me porterait un grand préjudice. Je pourrais offrir ma protection en Sibérie et au Kamtschatka; mais, en France, j'ai besoin de la protection de bien des gens et même de celle du roi. Il ne faut donc pas que ma statue de marbre m'écrase. Je me flatte que les noms de M. et de madame de Choiseul seront ma sauvegarde.

J'aurai l'honneur de vous envoyer, madame, les articles de la petite *Encyclopédie* que je croirai pouvoir vous amuser; car il ne s'agit à nos âges que de passer le temps et de glisser sur la surface des choses. On doit avoir fait ses provisions un peu avant l'hiver; et quand il est venu, il faut se chauffer doucement au coin du feu qu'on a préparé.

Adieu, madame; jouissez du peu que la nature vous laisse. Soumettez-vous à la nécessité, qui gouverne toutes choses. Homère avoue que Jupiter obéissait au Destin; il faut bien que nos imaginations lui obéissent aussi. Mon destin est de vous être bien tendrement attaché, jusqu'à ce que mon faible corps soit changé en chou ou en carotte.

LETTRE 339.

MADAME LA MARQUISE DU DEFFAND A M. HORACE WALPOLE.

Paris, dimanche 15 juillet 1770.

Je ne sais pas ce qui m'arrive depuis quelque temps, je perds la faculté d'écrire, je n'ai que des idées confuses. Quand je reçois des lettres que je trouve bonnes, je tombe dans le découragement, par l'impossibilité que je trouve à y répondre. Votre dernière lettre me fait cette impression; vous avez des pensées; vous les rendez avec une netteté, une énergie singulières. Moi, je ne pense point; il faudrait que j'eusse recours à des phrases pour dire quelque chose; je raconte mal, et tout ce que je vois et que j'entends me fait si peu d'impression, qu'il me semble que je n'ai point d'esprit, et que quand mon âme n'est occupée ni remuée, je suis comme un chat, comme un chien, mais beaucoup moins heureuse qu'eux, parce qu'ils sont contents de leur état et que je ne le suis point du mien. Il n'entre point de système dans ma tête sur ce qui pourrait faire mon bonheur; je voudrais m'amuser à faire des châteaux de cartes et que cela pût me suffire pour me délivrer de l'ennui; j'y emploierais tous mes moments. Il est très-vrai que j'ai quelquefois des instants de gaieté : mais ce sont des éclairs qui ne dissipent point l'obscurité ni les nuages. Je n'ai point le projet de n'être heureuse que par telles ou telles choses; je laisse toutes les portes de mon âme ouvertes pour y recevoir le plaisir; je désirerais de barricader celles par où entrent le regret, l'ennui et la tristesse; mais mon âme est une chambre dont le destin ou le sort ne m'ont pas laissé la clef. Ce qui est de certain, c'est que je n'ai point d'affiches, et que, si j'en avais, elles seraient toujours réelles et n'en imposeraient à personne.

Je suis ravie que vous ne vous souciiez plus de l'affaire de

M. d'Aiguillon; j'en suis excédée. Ce sont des députations, des remontrances, etc., qui ne vous font rien ni à moi non plus : votre embarras est très-juste, et vous le peignez fort bien en me chargeant de faire vos compliments à la grosse duchesse[1] du *je ne sais pas quoi de monsieur son fils, et de ne trouver aucun mot honorable qu'on puisse y appliquer.* C'est tout ce qui a jamais été dit de mieux à ce sujet[2].

Vous avez un singulier esprit; prenez-le en louange si vous voulez. Je ne vous en prie pas, mais je ne m'y oppose pas.

Nous avons ici Jean-Jacques. Si je me délectais à écrire, j'aurais de quoi remplir deux feuilles sur son compte. Mais je ne saurais parler longtemps de ce qui ne m'intéresse pas; il prétend qu'il ne veut pas toucher sa pension d'Angleterre. Je voudrais savoir si cela est vrai; il veut gagner sa vie à copier de la musique, il ne veut point voir les Idoles, ni leurs amis, ni leurs courtisans. Le prince de Ligne, qui est un assez bon garçon et me paraissait assez simple, vient de lui écrire pour lui offrir un asile chez lui en Flandre; son intention, ce me semble, a été de faire quelque chose d'aussi bon que la lettre du roi de Prusse, avec un sentiment différent; il veut marquer un bon cœur, de la compassion, de la générosité, et il ménage toutes les faiblesses de cet homme en lui montrant qu'il les connaît toutes.

Jean-Jacques lui a répondu qu'il n'acceptait ni ne refusait; le spectacle que cet homme donne ici est au rang de ceux de Nicolet[3]. C'est actuellement la populace des beaux esprits qui s'en occupe.

Je ne vous parlerai point de M. de Richmond puisque vous ne vous en souciez plus; mais j'ai bien de la peine à croire qu'il ne soit plus en jouissance de la chose qu'il demande.

Quand vous verrez M. Chamier, il vous mettra au fait de ce qui me regarde autant que vous voudrez l'être; car il me voyait tous les jours. Sa société me convenait et me plaisait fort. Il y

---

[1] La mère du duc d'Aiguillon. (A. N.)

[2] M. Walpole avait dit : Faites, je vous prie, mon compliment à la grosse duchesse du je ne sais pas quoi de monsieur son fils: je ne trouve, moi, aucun mot honorable qu'on puisse y appliquer. Enfin, je suis bien aise, pour l'amour d'elle, et un peu pour l'amour de moi, de n'être pas obligé de lire sa défense. » (A. N.)

[3] Théâtre des boulevards de Paris sur lequel on représentait des pantomimes et des farces. C'est aujourd'hui le *théâtre de la Gaîté.* (A. N.)

a peu de gens ici qui me soient aussi agréables. Il vous parlera d'un abbé Sigorgne dont je voudrais fixer le séjour ici; je crois vous en avoir déjà dit quelque chose. Je l'ai connu en province. C'est un homme d'esprit, sans beaucoup d'agrément; mais il a de la justesse, des connaissances, du goût, de la franchise et de la simplicité.

Vous avez grand tort de ne m'avoir pas envoyé vos vers à la princesse Amélie. La description de votre voyage m'a fort amusée, rien n'est plus singulier que d'écrire aussi bien dans une langue étrangère [1].

---

[1] Le lecteur sera sans doute curieux de voir la relation de ce voyage. M. Walpôle était allé trouver la princesse Amélie, d'abord chez le général Conway, à Park-Place, et ensuite chez le lord Temple à Stow; c'est de cette dernière visite qu'il donne le récit suivant :

Strawberry-Hill, dimanche.

« C'est avec beaucoup de satisfaction que je me retrouve chez moi. Ah! qu'il est incompréhensible qu'on aime à être faux, soumis et flatteur! Je préférerais une chaumière et du pain bis à tous les honneurs dont on pourrait décorer la dépendance. Malgré cette aversion pour le métier, j'ai fort bien joué mon rôle de courtisan; mais c'est que le terme était assez court. Nous nous sommes assemblés chez milord Temple le lundi au matin, nous nous sommes séparés le samedi avant midi. C'était toujours une partie de huit personnes, le maître et la maîtresse du logis au lieu de M. Conway et madame sa femme; un autre seigneur qui remplaçait milord Hertford, la princesse, ses deux dames, milady, M. Coke et moi. Voilà tout notre monde. La maison est vaste, les jardins ont quatre milles de circonférence outre la forêt; des temples, des pyramides, des obélisques, des ponts, des eaux, des grottes, des statues, des cascades, voilà ce qui ne finit point. On dirait que deux ou trois empereurs romains y eussent dépensé des trésors. Tout cela ne m'était pas nouveau; mais un ciel fort beau, une verdure éclatante et là présence de la princesse donnaient un air de grandeur à ce séjour, que je ne lui avais jamais vu. Milord Temple venait de faire bâtir un fort bel arc de pierre, et de le dédier à la princesse. Cet arc est placé dans une orangerie, au sommet d'un endroit qu'on nomme les *Champs-Élysées*, et qui domine un très-riche paysage, au milieu duquel se voit un magnifique pont à colonnes, et plus haut la représentation d'un château à l'antique. La princesse était dans des extases; et visitait son arc quatre ou cinq fois par jour. Je m'avisai d'un petit compliment qui réussit à merveille. Autour de l'arc sont les statues d'Apollon et des Muses. Un jour la princesse trouva dans la main du dieu des vers à sa louange. Je ne les envoie pas, parce que ces sortes de choses ne valent rien que dans l'instant, et se perdent tout à fait dans une traduction. On nous donna aussi un très-joli amusement le soir. C'était un petit souper froid dans une grotte au bout des Champs-Élysées, qui étaient éclairés par mille lampions dans des bosquets; et sur la rivière, deux petits vaisseaux, également ornés de lampions en pyramide, faisaient le spectacle le plus agréable. Mais en voilà assez : il ne faut pas vous ennuyer de nos promenades en cabriolet, de notre pharaon le soir, et de

Nous avons ici les enfants de M. Elliot[1]; ils sont infiniment aimables, ils savent parfaitement le français, ils sont gais, doux et polis, et plaisent à tout le monde; je les vois souvent; j'ai pour eux toutes les attentions possibles; mais ils n'ont besoin de personne pour les faire valoir. On leur trouve une fort jolie figure; vous ne pouvez pas dire tout cela à leur père, car il est en Écosse.

Adieu. La grand'maman vient le 20 avec son mari, qui l'est allé chercher.

LETTRE 340.

MADAME LA MARQUISE DU DEFFAND A M. DE VOLTAIRE.

29 juillet 1770.

Ne craignez rien, monsieur, pour vous ni pour votre statue; vous êtes l'un et l'autre à l'abri de toute atteinte. Le temps pourra endommager la statue; mais pour vous, qui est-ce qui peut vous nuire? Votre gloire irait toujours en augmentant, si cela était possible; bannissez toute terreur panique; nous ne sommes plus dans le siècle des bons mots, et il aurait été difficile, dans aucun siècle, d'en dire contre vous. Les plaisanteries des sots sont bien peu redoutables. Je voudrais qu'il vous fût aussi aisé d'obtenir des priviléges pour vos émigrants, qu'il vous l'est de terrasser tous vos envieux.

La grand'maman a le plus sincère désir de vous obliger en tout ce que vous désirez; et quoique accablée de sollicitations, aucune des vôtres ne la fatigue; elle est de retour de sa Salente depuis le 20 de ce mois : elle part aujourd'hui pour Compiègne, dont elle ne reviendra que le 27 d'août. Comment est-il possible que vous ne fassiez pas quelques vers pour elle? Et pourquoi vous occupez-vous éternellement d'une philosophie sur laquelle tout est dit et tout parfaitement bien dit, puisque vous en avez

tous ces petits riens qui remplissent les moments à la campagne. Il suffit de dire que tout s'est passé sans nuages, et que nos hôtes se sont conduits avec infiniment de politesse et de bonne humeur, que nous avons beaucoup ri; que la princesse était fort gracieuse et familière, et que si de telles vertus ont peu de charmes, il serait difficile d'en composer une pareille qui n'eût mille fois plus de désagréments. Mais avec tout cela, *Signora mia*, je suis ravi qu'elle soit finie. »

[1] Le lord Minto actuel et son frère Hugh Elliot, fils de feu sir Gilbert Elliot, baron de Minto. (1827.) (A. N.)

traité toutes les parties? Divertissez-nous, égayez-nous, nous en avons grand besoin, et moi en particulier, qui m'ennuie à la mort. L'horrible aventure que celle de Saint-Domingue! Il faut de pareils événements pour qu'on se trouve heureux : celui-ci laisse l'abbé Terray bien en arrière.

Nous avons une princesse de M... qui s'est jetée dans un couvent, non pas pour prendre le voile comme Madame Louise, mais pour se séparer de son mari. Voilà une nouvelle aventure qui fera longtemps le sujet des conversations, et fera une grande diversion à l'affaire de M. d'Aiguillon.

Ce n'est pas une chose gaie, mon cher Voltaire, que de vieillir, surtout quand on n'a point fait les provisions dont vous me parlez. Si je ne me chauffais qu'au feu que j'ai préparé, je serais toute de glace; mais par ma correspondance avec vous, je me trouve au coin de votre feu, et m'en trouve très-bien; je n'en cherche point d'autre, parce qu'il n'y en a point d'autre.

Vous avez beau me reprocher de ne point aimer les philosophes, je n'en croirai pas moins qu'ils ne sont nullement de votre goût. Quoi qu'il en soit, vous serez parfaitement du mien jusqu'à la fin de ma vie.

LETTRE 341.

MADAME LA MARQUISE DU DEFFAND A M. HORACE WALPOLE.

Paris, lundi 6 août 1770.

Je viens de sauter une poste; je n'eus pas le temps hier d'écrire, mais vous n'y gagnerez rien : cette lettre à la vérité arrivera plus tard, mais elle sera plus longue; j'en ai bien quelques scrupules, mais je suis dans l'habitude avec vous de les étouffer. Vos lettres, par exemple, m'en donnent d'infinis; vous m'avouez très-ingénument combien elles vous causent de gêne et d'ennui; ma conscience me dit alors ce que je devrais faire, mais je n'ai pas le courage de la croire, ni même de l'écouter; votre mauvaise étoile vous a fait faire connaissance avec moi, la même m'a fait prendre de l'amitié pour vous; c'est une sorte de boîte de Pandore d'où sont sortis la métaphysique, les spéculations, les styles de Scudéri. Les jérémiades, les élégies, voilà ma part : les épigrammes, les mépris, les dédains, et le pis de tout, l'indifférence, voilà la vôtre. Mais, ainsi que dans la boîte de Pandore, il y reste l'espérance, et chacun se la figure selon son goût. Vous voilà quitte de ce que je vous dirai de nous; passons aux nouvelles.

C'est la comtesse et non la duchesse ¹. La comtesse est belle-sœur de la duchesse; elle est veuve du comte, frère cadet du duc (*de Gramont*); elle s'appelait de Faux, demoiselle de Normandie, qui a eu beaucoup de bien; elle n'est amie de nos parents ² que par *bricole*; le terme est juste, car elle est l'intime du frère prélat³. Madame du Châtelet mène un grand deuil de cette aventure, c'est sa meilleure amie; elle n'est pas même de ma connaissance; je ne l'ai rencontrée que deux ou trois fois; elle me parut sotte, hardie et bavarde.

J'ai dit, et j'ai eu raison, que j'étais bien aise que cette aventure fût arrivée en l'absence des miens, parce qu'on n'était pas à portée de leur imputer des propos imprudents. Ils se conduisent à merveille; ils sont environnés d'armes et d'ennemis; mais ils ont, pour résister aux attaques, leur bonne administration, leur attachement pour le maître, l'intérêt véritable qu'ils prennent à sa gloire. — Je ne sais ce qu'il arrivera d'eux, mais quoi qu'il en soit, ils conserveront l'estime des étrangers et de tous leurs compatriotes qui ne seront pas coquins avérés.

Pour moi, mon ami, je suis fort tranquille, je me prépare à tout événement, parce que je suis intimement persuadée qu'ils conserveront toujours leur réputation, et ce sera leur gloire; et leurs ennemis dans leur triomphe, s'ils l'obtiennent, ne perdront point la leur, et c'est ce qui peut leur arriver de pis.

Il y a eu deux nouvelles dames admises à Compiègne aux soupers du petit château, la duchesse et la vicomtesse de Laval; leurs maris sont gouverneur et survivancier de ce lieu. La comtesse de Valentinois a été nommée dame d'atour de la comtesse de Provence.

M. de Rosières, frère de l'abbé Terray, est déclaré chancelier du comte de Provence; le marquis de Lévis capitaine de ses gardes : on travaille à faire leur maison. Mais la nouvelle

---

¹ De Gramont. La duchesse, dont il a déjà été parlé, était la sœur du duc de Choiseul. La comtesse de Gramont était la mère du duc de Gramont; elle avait été exilée à quinze lieues de la cour et de Paris, pour quelque manque supposé d'attention ou de complaisance envers madame du Barry, dont plusieurs autres dames de la cour s'étaient également rendues coupables. Elle fut choisie pour donner un exemple de punition qu'on jugeait nécessaire. (A. N.)

² Le duc et la duchesse de Choiseul. (A. N.)

³ L'archevêque de Cambrai, frère du duc de Choiseul. (A. N.)

la plus surprenante, et que je gardais pour la dernière, c'est que M. le Prêtre de Château-Giron, extrêmement fameux dans les affaires de Bretagne, a été nommé survivancier de la charge du président Hénault, surintendant de la maison de la feue reine, et présentement de celle de madame la Dauphine. Elle avait été donnée au président Augier; mais on trouva des prétextes pour différer son remerciment, et M. le Prêtre n'a pas perdu de temps pour faire les siens; ainsi c'est pour lui une affaire conclue. On fait aussi une sorte de maison à Madame Victoire et à Madame Sophie[1]. Le marquis de Durfort et le chevalier de Talleyrand sont leurs chevaliers d'honneur; les autres officiers ne sont point encore nommés.

J'ai peine à me persuader que toutes ces nouvelles vous intéressent; mais si vous avez la patience de lire les gazettes, cette lettre en sera une de plus.

Au lieu de continuer ce journal, je suis bien tentée de le brûler; je me figure l'indifférence avec laquelle vous le lirez. En effet, qu'importe de savoir ce qui se passe dans un lieu et parmi des gens dont on ne se soucie guère? Après ces considérations, je vais cependant le continuer.

On avait ôté toutes les entrées chez M. le Dauphin à ses anciens menins; on ne les avait pas données aux nouveaux; tout cela partait de la politique du gouverneur[2]. Ces jours passés on les rendit; le lendemain on les retira, et le surlendemain on les redonna : on ne savait pas bien encore si ce serait le dernier mot. On les a accordées à plusieurs qui ne les avaient jamais eues, à MM. de Soubise, le maréchal de Biron, duc de Gontault, duc d'Aiguillon, et deux ou trois autres dont je ne me souviens pas. En conséquence de la grande amitié que la maréchale de Luxembourg affiche pour M. le Dauphin, le gouverneur lui a écrit qu'il lui donnait les entrées chez lui. Il me passe par la tête une polissonnerie que je n'ose dire; c'est sur toutes les entrées que le Dauphin donne, et sur celle qu'il n'a pas.

Mes parents se conduisent dans la plus grande perfection; ils ne prennent part à aucune tracasserie; ils s'occupent de leur besogne, et laissent faire et dire tout ce qu'on veut sans paraître s'en soucier, et ne s'en soucient guère en effet. Le maître se

---

[1] Filles de Louis XV. (A. N.)
[2] Le duc de la Vauguyon. (A. N.)

porte bien, et si nous le conservons, comme je l'espère, je ne doute pas que tout ne rentre dans l'ordre accoutumé, d'autant plus qu'il n'y a rien d'entamé sur ce qui regarde leur ministère, et que leurs ennemis sont de si sots coquins, qu'ils se perdront eux-mêmes.

Je fus hier avec la maréchale de Boufflers, la maréchale de Luxembourg, la duchesse de Lauzun, et plusieurs hommes, à Gonesse, à une représentation de *la Religieuse* de la Harpe; elle fut aussi bien jouée pour le moins qu'elle le serait à la Comédie; mais cette pièce est traînante; il y a peut-être une vingtaine de vers assez bons : à tout prendre elle ne vaut rien, et elle m'ennuya.

Mardi 21.

La grand'maman arriva hier à cinq heures du matin : je ne la vis point à cause d'une partie à Montrouge[1]; elle a été très-agréable; nous eûmes une musique charmante, une dame qui joue de la harpe à merveille; elle me fit tant de plaisir que j'eus du regret que vous ne l'entendissiez pas; c'est un instrument admirable. Nous eûmes aussi un clavecin. Mais quoiqu'il fût touché avec une grande perfection, ce n'est rien en comparaison de la harpe. Je fus fort triste toute la soirée; j'avais appris en partant que madame de Luxembourg, qui était allée samedi à Montmorency pour y passer quinze jours, s'était trouvée si mal, qu'on avait fait venir Tronchin, et qu'on l'avait ramenée le dimanche à huit heures du soir, qu'on lui croyait de l'eau dans la poitrine. L'ancienneté de la connaissance, une habitude qui a l'air de l'amitié; voir disparaître ceux avec qui l'on vit; un retour sur soi-même; sentir que l'on ne tient à rien, que tout fuit, que tout échappe, qu'on reste seule dans l'univers, et que malgré cela on craint de le quitter; voilà ce qui m'occupa pendant la musique. Ce matin j'ai appris que la maréchale était beaucoup mieux; elle m'a fait dire qu'elle me verrait.

Jeudi 23.

Presque tout le monde reviendra dimanche de Compiègne; le roi ira le mardi à Chantilly avec madame la Dauphine, Mesdames et les dames de leur suite, madame du Barry et sa suite. Il en pourra résulter quelque événement, c'est-à-dire quelque lettre de cachet. On dit que madame de Mirepoix ne veut point

---

[1] Chez son frère l'abbé de Chamrond. (A. N.)

être de ce voyage; le prétexte est que M. de Beauvau est brouillé avec M. le prince de Condé. On s'en moque, parce qu'elle est brouillée elle-même avec son frère, et qu'elle passe sa vie avec M. de Soubise, qui est bien plus mal avec M. de Beauvau que n'est le prince de Condé.

Je lis l'*Histoire de Louis XIII*, de le Vassor; je n'en suis qu'au commencement de la régence. Toutes les intrigues de ce temps-là ont beaucoup de rapport à ce qui se passe aujourd'hui. Je ne sais par où tout ceci finira; il est impossible qu'il n'y ait pas quelqu'un qui succombe; savoir qui ce sera, voilà ce que je ne peux deviner; mais je ne suis pas sans crainte. La maîtresse (madame du Barry) est bien animée contre nos amis, on ne cesse de l'irriter; les bons mots et les épigrammes pleuvent contre elle. L'autre jour, chez elle, on parlait de la rage. L'on disait que le plus sûr remède était le mercure; elle demanda ce que c'était que le mercure : *Ze* ne sais, dit-elle, ce que c'est, *ze* voudrais qu'on me le dît. Cette affectation fit rire; on la raconta à quelqu'un qui dit : *Ah! il est heureux qu'elle ait son innocence mercurielle :* ce quelqu'un est la maréchale de Luxembourg; ne la citez pas.

Je ne prévois pas avoir beaucoup de choses à ajouter à ce volume. Je compte qu'il pourra partir les premiers jours de la semaine prochaine.

Lundi 27.

Ce volume est à sa dernière feuille. Il faut qu'il soit fermé demain pour partir mercredi; l'on me répond que c'est une occasion sûre; je ne laisserai pas d'être inquiète jusqu'au moment que j'apprendrai que vous l'aurez reçu. Ce n'est que par excès de prudence que je serai inquiète; la plupart du monde se donne bien plus de licence que je n'en ai pris; mais je crains si fort d'avoir des tracasseries et d'en faire avoir aux autres, que je porte la discrétion jusqu'à un excès ridicule. Mais, comme je me crois aujourd'hui en sûreté, je vous dirai nettement qu'il est impossible que la situation présente subsiste; il faut qu'avant l'espace de neuf ou dix mois il arrive un changement. Il y a une fermentation générale; tous les parlements se donnent la main [1], tous marquent leur mépris et leur indignation contre le

---

[1] Après le lit de justice du 27 juin, mentionné dans la lettre de cette date, et le discours du chancelier Maupeou, sur l'enregistrement forcé des lettres patentes, lesquelles, par la seule volonté du roi, arrêtaient toute la procédure pendante au parlement contre le duc d'Aiguillon; après ce lit de justice, tous les

chancelier; le contrôleur général rendra bientôt sa banqueroute complète. Le crédit est absolument perdu; il n'y a, disent ses émissaires, d'autre recette pour relever le crédit, que de faire la banqueroute totale; alors le roi ne devant plus rien, tous les particuliers qui renferment aujourd'hui leur argent s'empresseront à le placer sur lui, parce qu'alors il sera en état d'en payer les intérêts. Je ne sais comment vous trouvez le raisonnement, il me paraît à moi fort mauvais. Nous sommes accablés de remontrances, de représentations, de réquisitoires, d'arrêts, de lettres patentes, etc., etc. Je ne saurais croire que le détail de toutes ces choses vous fût agréable. Elles m'ennuient si fort que c'est tout ce que je peux faire que d'en entendre parler. Je me garde bien de les lire. D'ailleurs, mon ami, je trouve très-ridicule, à l'âge que j'ai, de me passionner pour tout ce qui se passe et pour tout ce qui peut arriver. J'aime fort mes parents, je le leur prouve par ma conduite, et si je pouvais leur être utile, je m'y mettrais jusqu'au cou; mais dans tout ceci, je ne puis être que spectatrice; je prétends que leurs ennemis les servent mieux que leurs amis; ceux-ci poussent leur zèle un peu trop loin; leur imprudence, leur fierté ressemble trop à l'insolence, et ne peut manquer de déplaire et d'envenimer les esprits. Les autres ont tant d'infamies, de bassesses, de fourberies, et sont si fort à découvert, qu'ils sont en horreur au public, et qu'ils n'ont de partisans que leurs complices. Il y a un M. Séguier, avocat général, qui vient de recevoir des affronts de sa compagnie[1]. Dans les arrangements que le public ima-

parlements du royaume prirent part à la résistance faite par celui de Paris à cet acte d'autorité. Un arrêt succéda à un autre de la part des parlements de Toulouse et de Bordeaux, par lesquels le duché d'Aiguillon fut dépouillé de tous les droits et priviléges de la pairie, jusqu'à ce que le duc fût acquitté par la loi des charges portées contre lui. Le parlement de Rennes, celui de la province où les malversations du duc d'Aiguillon avaient eu lieu, renvoya, sans les ouvrir, les lettres patentes du roi, tendantes à annuler un de ses arrêts; une députation de dix-neuf de ses membres qui avait obtenu la permission de se présenter devant le roi à Compiègne, le 20 août, reçut défense expresse de passer par Paris en venant et en retournant. On lui interdit de même la faculté de dire un seul mot au roi, qui lui observa que ses lettres patentes auraient dû imposer un silence absolu au parlement, que sa conduite était d'une nature trop grave pour ne pas être punie; mais que Sa Majesté se contenterait de châtier deux d'entre eux, espérant que leur exemple retiendrait les autres dans le devoir. Deux de ces membres furent en conséquence envoyés au château de Vincennes. (A. N.)

[1] M. Séguier, avocat général du parlement de Paris, était, par sa charge,

gine, on dit qu'il aura le département des affaires étrangères, M. de Paulmy celui de la guerre, et M. d'Aiguillon la marine. Tout cela n'arrivera pas, à ce que j'espère; mais qui est-ce qui oserait en répondre? Rien n'est impossible à l'Amour; on le peint aveugle; cette idée des poëtes se réalise bien aujourd'hui.

La grand'maman est à Gennevilliers [1] avec son abbé; elle a quitté Paris pour éviter l'ennui; elle l'a retrouvé à Gennevilliers. Quand le cœur n'est pas satisfait, l'ennui s'en empare, et il est impossible de s'en débarrasser. Son époux vit fort bien avec elle; et si l'absence de la belle-sœur pouvait être éternelle, elle se trouverait bien partout; mais cette belle-sœur sera de retour dans un mois.

Il y a bien des détails que je pourrais vous conter, et qui vous amuseraient, mais que je ne puis écrire. Enfin je suis sûre que j'aurais pour plusieurs jours des détails à vous raconter, qui vous intéresseraient autant que les anecdotes du règne de Louis XIV.

Adieu; vous n'êtes pas encore quitte de moi, j'ajouterai quelques lignes avant de fermer cette lettre.

Mardi 28.

Voici la fin; mandez-moi avec votre franchise ordinaire si ce journal ne vous a point excédé, et si vous seriez content d'en recevoir de temps en temps.

Adieu : voici des vers sur notre chancelier.

> Le grand vizir qui dans la France
> Pour régner seul met tout en feu,
> Méritait le cordon, je pense,
> Mais était-ce le cordon bleu?

obligé de dresser les réquisitoires contre les livres condamnés à être brûlés pour cause des doctrines erronées qu'ils pouvaient contenir. Mais on soupçonna M. Séguier d'avoir négligé les intérêts du parlement lorsqu'il fut député comme avocat général vers le roi à Versailles, en ne remettant point au roi lui-même son message, et en consentant de recevoir une réponse du chancelier. Le parlement, pour marquer son mécontentement, ne permit point la publication du réquisitoire, et fit paraître son arrêt sans cette pièce. Cela fut considéré comme un si grand affront par son auteur, qu'il eut recours à l'autorité, et le réquisitoire fut imprimé au Louvre par ordre du roi. (A. N.)

[1] Maison de campagne près Paris, que la duchesse de Choiseul avait héritée de son père, le comte du Châtel. M. de Vaudreuil, qui l'a possédée le dernier, y donna des fêtes magnifiques. (A. N.)

LETTRE 342.

M. DE VOLTAIRE A MADAME LA MARQUISE DU DEFFAND.

8 auguste 1770.

Eh bien, madame, je ne peux en faire d'autres, je ne peux louer les gens sérieusement en face. Vous vous doutez bien que les six vers qui commencent par *Étudiez leur goût* sont pour la petite-fille, et tout le reste pour la grand'maman. J'ai été bien aise de finir par la Harpe, parce que le mari de la grand'maman lui fait du bien et lui en pourra faire encore.

Il faut un tant soit peu de satire pour égayer la louange. La satire est fort juste et tombe sur le plus détestable fou que j'aie jamais lu. Son *Héloïse* me paraît écrite moitié dans un mauvais lieu, et moitié aux Petites-Maisons. Une des infamies de ce siècle est d'avoir applaudi quelque temps à ce monstrueux ouvrage. Les dames qu'il outrage sont assurément d'une autre nature que lui. La *Zaïde* de madame de Lafayette vaut un peu mieux que la *Suissesse* de Jean-Jacques, qui accouche d'un faux germe pour se marier. Ce polisson m'ennuie et m'indigne, et ses partisans me mettent en colère. Cependant il faut être véritablement philosophe, et calmer ses passions, surtout à nos âges.

Votre homme, qui ne s'intéressait qu'à ce qui le regardait, doit vous raccommoder avec la philosophie. Tout ce qui regarde le genre humain doit nous intéresser essentiellement, parce que nous sommes du genre humain. N'avez-vous pas une âme? n'est-elle pas toute remplie d'idées ingénieuses et d'imagination? S'il y a un Dieu qui prend soin des hommes et des femmes, n'êtes-vous pas femme? S'il y a une Providence, n'est-elle pas pour vous comme pour les plus sottes bégueules de Paris? Si la moitié de Saint-Domingue vient d'être abîmée, si Lisbonne l'a été la même chose, ne peut-elle pas arriver à votre appartement de Saint-Joseph? Un diable d'homme inspiré par Belzébuth vient de publier un livre intitulé *Système de la nature*, dans lequel il croit démontrer à chaque page qu'il n'y a point de Dieu. Ce livre effraye tout le monde, et tout le monde le veut lire. Il est plein de longueurs, de répétitions, d'incorrections; et malgré tout cela, on le dévore. Il y a beaucoup de choses qui peuvent séduire; il y a de l'éloquence, et quoiqu'il se trompe grossièrement en quelques endroits, il est fort au-dessus de Spinosa.

Au reste, croyez que la chose vaut bien la peine d'être examinée. Les nouvelles du jour n'en approchent pas, quoiqu'elles soient bien intéressantes.

Ceux qui disent que les pairs du royaume ne peuvent être jugés par les pairs et par le roi sans le parlement de Paris, me semblent ignorer l'histoire de France. Il semble qu'à force de livres on est devenu ignorant. Je ne me mêle point de ces querelles; je songe à celle que nous avons avec la nature. J'en ai d'ailleurs une assez grande avec Genève. Je lui ai volé une partie de ses habitants, et je fonde une petite colonie que le mari de votre grand'maman protége de tout son cœur.

Il n'y a maintenant qu'un tremblement de terre qui puisse ruiner mon établissement; mais je veux que celui à qui j'ai tant d'obligations donne son denier à la statue, et je veux surtout qu'il donne très-peu, 1° parce qu'on n'en a point du tout besoin, 2° parce qu'il donne trop de tous les côtés. C'est une affaire très-sérieuse; je casserais à la statue les bras et les jambes, si son nom ne se trouvait pas sur la liste.

Adieu, madame, faites comme vous pourrez; vivez, portez-vous bien, digérez, cherchez le plaisir s'il y en a. Luttez contre cette fatale nature dont je parle sans cesse, et où j'entends si peu de chose. Ayez de l'imagination jusqu'à la fin, et aimez votre très-ancien serviteur, qui vous est plus attaché que tous vos serviteurs nouveaux.

LETTRE 343.

MADAME LA MARQUISE DU DEFFAND A M. DE VOLTAIRE.

Paris, 22 août 1770.

Grand-papa, grand'maman, petite-fille, secrétaire, amis, connaissances, tous sont charmés de vos vers[1], mais on ne vous quitte point de la prose. J'entends parler d'une réfutation d'un certain livre; je voudrais l'avoir. Je m'en tiens à connaître ce livre par vous[2]. Toutes réfutations de systèmes doivent être bonnes, surtout quand c'est vous qui les faites. Mais, mon cher Voltaire, ne vous ennuyez-vous pas de tous les raisonnements

---

[1] *Épître à madame la duchesse de Choiseul.* Voy. OEuvres de Voltaire, t. XIII, p. 216. (L.)

[2] *Système de la nature* ou *des Lois du monde physique et du monde moral.* (L.)

métaphysiques sur les matières inintelligibles? Ils sont, à mon avis, ce que le clavecin du père Castel était pour les sourds. Peut-on donner des idées et peut-on en admettre d'autres que celles que nous recevons par nos sens? Un sourd, un aveugle de naissance, peuvent regretter de ne pas voir, de ne pas entendre; mais cependant ils ne savent ce que c'est que voir et qu'entendre, ce que c'est que ces facultés qui leur manquent; ils ne nient pas ce qu'on leur en dit, mais ils s'ennuient de tout ce qu'on leur dit pour leur en donner la connaissance. De tout ce qu'on a écrit sur ces matières, c'est le *Philosophe ignorant* et la *Religion naturelle* que je lis avec le plus de plaisir. Je ne me tourmente point à chercher à connaître ce qu'il est impossible de concevoir. L'éternité, le commencement, le plein, le vide; quel choix peut-on faire?

Je n'irai point d'un vol présomptueux, etc., etc.

Voilà où je m'en tiens; faire autant de bien que je peux, le moins de mal qu'il m'est possible, laisser à chacun sa façon de penser, ne troubler le bonheur ni la paix de personne, éviter l'ennui et les indigestions, les supporter patiemment quand on ne peut faire autrement; aimer, estimer mon très-bon ami Voltaire, souhaiter qu'il me survive, parler sans cesse de lui avec la grand'maman, recevoir souvent de ses lettres et de ses ouvrages, voilà ce que je désire pour le peu de jours qui me restent.

LETTRE 344.

M. DE VOLTAIRE A MADAME LA MARQUISE DU DEFFAND.

2 septembre 1770.

Je vous envoie, madame, par votre grand'maman, la petite drôlerie en faveur de la Divinité, contre le volume du *Système de la nature*, que sûrement vous n'avez pas lu; car la matière a beau être intéressante, je vous connais, vous ne voulez pas vous ennuyer pour rien au monde; et ce terrible livre est trop plein de longueurs et de répétitions pour que vous puissiez en soutenir la lecture. Le goût chez vous marche avant tout : celui qui vous amusera le plus, en quelque genre que ce soit, aura toujours raison avec vous. Si je ne vous amuse pas, du moins je ne vous ennuierai guère, car je réponds en vingt pages à deux gros volumes.

Je me flatte que votre grand'maman s'est enfin réconciliée avec Catherine II. Tant de sang ottoman doit effacer celui d'un ivrogne qui l'aurait mise dans un couvent; et après tout, ma Catau vaut beaucoup mieux que Mustapha. Avouez, madame, que dans le fond du cœur vous êtes pour elle.

Des lettres de Vienne disent que la canaille musulmane a tué l'ambassadeur de France et presque toute sa suite, que l'ambassadeur d'Angleterre s'est sauvé en matelot, et que Mustapha a donné une garde de mille janissaires au bailli de Venise. Je ne veux point croire ces étranges nouvelles; mais si malheureusement elles étaient vraies, votre grand'maman elle-même ferait des vœux pour que Catherine fût couronnée à Constantinople.

Le roi de Prusse est allé en Moravie rendre à l'Empereur sa visite familière. Il y a actuellement entre les souverains chrétiens une cordialité qui ne se trouve pas entre les ministres.

Voilà, madame, tout ce que sait un vieux solitaire, qui voit avec horreur les jours s'accourcir et l'hiver s'approcher. Conservez votre santé, votre gaieté, votre imagination et votre bonté pour votre très-vieux et très-malingre serviteur, qui vous est bien tendrement attaché pour le reste de ses jours.

LETTRE 345.

MADAME LA MARQUISE DU DEFFAND A M. HORACE WALPOLE.

Paris, lundi 3 septembre 1770.

Il faut de nécessité que je vous écrive aujourd'hui; ma lettre ne partira que jeudi, mais je ne puis me refuser de vous raconter le trouble où j'ai été ce matin. J'avais soupé hier au soir à Gennevilliers avec votre nièce, j'avais soupé le samedi avec le grand'papa et mesdames du Châtelet et de Damas : rien n'annonçait l'orage; le grand-papa était gai, il était arrivé le matin à Gennevilliers pour chasser; il devait y coucher, le lendemain dimanche aller au conseil à Versailles, et le lundi partir pour la Ferté, chez la Borde [1], d'où il devait revenir le mercredi 5. Ce matin à dix heures j'entends tirer le canon, je suis étonnée, je dis : Le roi est à Versailles depuis vendredi qu'il est de retour de

[1] Le banquier de la cour. Il a péri sur l'échafaud, en 1793. (A. N.)

Chantilly. Serait-ce madame la Dauphine qui viendrait à Notre-Dame? Je sonne mes gens, on me dit : La place Louis XV est pleine de mousquetaires, le roi vient d'arriver au parlement. Voilà que je me figure que tout est perdu, que l'on va faire main basse pour le moins sur une partie du parlement, que peut-être...... Enfin, la tête me tourne. Chez qui enverrai-je? Chez madame de Mirepoix, avec qui, par parenthèse, je suis le mieux du monde : on y va; elle n'est point éveillée. J'envoie dans tout mon voisinage chez les personnes de ma connaissance, je finis par chez la grosse duchesse; chacun est étonné et ne sait rien. Je suis prête à me lever, je demande mes chevaux, je veux aller chez madame de Beauvau et peut-être tout de suite à Gennevilliers. Ces premiers mouvements passés, je me calme et je me dis qu'il n'en résultera qu'une curiosité satisfaite, que la fatigue que je me donnerai ne sera utile à personne; je reste dans mon lit et je m'endors après avoir entendu de nouveau le canon, le roi n'étant pas resté plus d'une demi-heure ou trois quarts d'heure au parlement. On m'éveille sur les deux heures et l'on m'apporte un bulletin de la part de la grosse duchesse, que je joindrai à cette lettre, que je reprendrai quand je saurai quelque chose de plus.

Mercredi 5.

Voilà votre lettre qui arrive et qui ne me met point en train de continuer mon récit. Votre goutte fait un peu de diversion à ce sujet; je voudrais que vous vous contentassiez de savoir qu'il ne s'est agi que de l'affaire de M. d'Aiguillon. Le roi a réprimandé son parlement, a fait enlever les minutes, les grosses et toutes les pièces de la procédure, a défendu qu'il fût jamais plus question de cette affaire, et a ajouté à cette défense les plus sévères menaces, si l'on y contrevenait. Personne n'était averti de la résolution qu'avait prise le roi, et ce ne fut que le dimanche à dix heures et demie du soir, au sortir du conseil, que le roi déclara ce qu'il devait faire le lendemain matin. Il le dit à tout le monde et particulièrement au grand-papa, qui lui dit que, comme il ne lui était pas nécessaire dans cette occasion, il lui demandait s'il ne pouvait pas faire son petit voyage. Le roi y consentit de bonne grâce. Le grand-papa partit le lendemain à six heures; il arriva ce soir à neuf ou dix; la grand'maman revient aujourd'hui de Gennevilliers pour l'attendre : je souperai avec eux ce soir; il y aura mesdames de Beauvau et de Poix, et madame de Choiseul qu'on appelle la petite sainte; le prince de

Beaufremont et le grand abbé. Je recommencerai un journal où je mettrai des particularités qui m'échappent aujourd'hui ; dans ce moment ci, je ne puis entrer dans des détails, votre goutte me trouble un peu la tête ; j'attends de votre amitié que vous me donnerez de vos nouvelles plus souvent qu'à l'ordinaire, et que vous me direz exactement la vérité.

Adieu. Je ne vous envoie point le bulletin de madame d'Aiguillon ; il n'est pas exactement fidèle. Il y a un imprimé de tout ce qui s'est passé. Je vous l'enverrais si cela ne rendait pas mon paquet très-gros. Je verrai avec votre cousin s'il y a quelque moyen de vous le faire parvenir.

P. S. à six heures.

Je vous envoie l'imprimé du Parlement.

Séance du roi en son Parlement de Paris, du lundi trois septembre mil sept cent soixante-dix, du matin [1]. . . . .
. . . .

M. le chancelier étant monté vers le roi, agenouillé à ses pieds pour recevoir ses ordres ; descendu, remis en sa place ; le roi ayant ôté et remis son chapeau, a dit :

« Messieurs, mon chancelier va vous expliquer mes inten-
» tions. »

Sur quoi M. le chancelier a dit :

« Messieurs,

» Le roi, après vous avoir fait connaître, par une loi enre-
» gistrée en sa présence, qu'il importait au secret de l'exercice
» de son administration, ainsi qu'à la tranquillité de sa province
» de Bretagne, que l'affaire intentée contre M. d'Aiguillon,
» honoré de sa confiance et chargé de ses ordres, demeurât
» ensevelie dans l'oubli, devait penser que, soumis à ses vo-
» lontés, vous cesseriez de vous occuper de cette affaire.

» Néanmoins, dès le 2 juillet dernier, sur une information
» anéantie, vous avez rendu un arrêt par lequel, sans autre
» instruction préalable, sans preuves acquises, et au mépris des
» règles et des formes judiciaires, vous avez tenté de priver des
» principales prérogatives de son état un pair du royaume, dont
» la conduite a été déclarée irréprochable par Sa Majesté elle-
» même.

---

[1] Les noms des pairs, présidents et conseillers présents ont été omis ici. (L.)

» Cet arrêt, que Sa Majesté a cassé par celui de son
» conseil du 3 juillet, qui vous a été signifié en la personne de
» votre greffier en chef, de l'ordre exprès de Sa Majesté, a été
» suivi de vos arrêts des 11 juillet et 1er août, par lesquels vous
» avez persisté dans l'arrêt du 2 juillet.

» Le roi a écouté vos représentations; il y a reconnu l'esprit
» de chaleur et d'animosité qui les a dictées.

» Vous avez depuis multiplié les actes contraires aux volontés
» de Sa Majesté.

» Votre exemple a été le principe et la cause d'actes encore
» plus irréguliers, émanés de quelques autres parlements.

» Sa Majesté veut enfin vous rappeler à l'obéissance qui lui
» est due; elle vient vous faire connaître ses intentions, et vous
» imposer de nouveau le silence le plus absolu.

» Elle veut bien effacer jusqu'aux traces de votre conduite
» passée, et vous ôter les moyens de lui désobéir à l'avenir.

» Le roi ordonne que :

» Les pièces envoyées au parlement de Paris, en conséquence des arrêts du parlement de Bretagne, des 21, 18 mars et 26 juillet derniers;

» La minute et les grosses de l'arrêt du 7 avril, qui déclarent nulles les informations faites en Bretagne;

» La plainte rendue par le procureur général du parlement de Paris;

» Celles rendues par M. le duc d'Aiguillon, MM. de la Chalotais et le nommé Audouard;

» La minute et les grosses de l'information faite à Paris;

» Les conclusions du procureur général;

» Les arrêtés des 9, 26 mai, 26 et 28 juin;

» Les deux arrêtés du 2 juillet;

» L'arrêt dudit jour;

» La signification qui en a été faite à M. le duc d'Aiguillon;

» Les représentations arrêtées ledit jour;

» Les arrêtés des 11 et 31 juillet;

» Les deux arrêtés du 1er août;

» Ceux des 3, 8, 9 et 21 août dernier,

» lui soient remis par les greffiers et ceux qui en sont les déposi-
» taires. »

Sur quoi M. le chancelier ayant appelé successivement Ysabeau, Dufranc, Fremyn et le Ber, ils se sont approchés, et ont remis les pièces ci-dessus mentionnées.

Ensuite, M. le chancelier, monté vers le roi, s'est agenouillé à ses pieds pour recevoir ses ordres. Redescendu, remis à sa place, assis et couvert, a dit :

« Le roi ordonne que lesdits actes et procédures, arrêts et
» arrêtés, soient supprimés de vos registres.

» Sa Majesté vous fait défense de tenter de les rétablir en
» votre greffe par copies ou expéditions, si aucunes existent
» desdits actes, pièces et procédures, ou par procès-verbaux
» de réminiscence du contenu desdits actes, pièces et procé-
» dures, ou par telle autre manière et forme que ce puisse être.

» Sa Majesté ordonne, sous peine de désobéissance, à son
» premier président et à tout autre président ou officier qui
» présiderait en son absence, de rompre toute assemblée où il
» pourrait être question de rétablir, en tout ou en partie, les
» actes, pièces ou procédures supprimés.

» Elle leur défend, sous les mêmes peines, d'assister aux
» délibérations que vous pourriez tenter de prendre, malgré
» eux, à ce sujet, et d'en signer les procès-verbaux.

» A l'égard de vos représentations, Sa Majesté a vu avec
» étonnement que vous tentiez d'établir des rapports entre les
» événements de son règne et des événements malheureux qui
» devraient être effacés du souvenir de tout bon Français, et
» auxquels son parlement ne prit alors que trop de part : elle
» veut croire qu'il n'y a que de l'imprudence dans vos expres-
» sions.

» Sa Majesté persiste dans sa réponse au sujet des défenses
» qu'elle a faites aux princes et aux pairs ; et quoique ce qui se
» passe en Bretagne vous soit étranger, elle veut bien vous dire
» qu'elle ne souffrira jamais qu'on renouvelle une procédure
» que des vues de sagesse et de bien public lui ont fait une loi
» d'éteindre ; que les deux magistrats n'ont été arrêtés que parce
» qu'elle a été offensée de leur conduite ; et elle vous avertit
» que ceux qui se conduiront comme eux ressentiront les effets
» de son indignation.

» Sa Majesté vous défend, sous peine de désobéissance,
» toutes délibérations sur ces objets.

» Elle vous défend pareillement de vous occuper de tout ce
» qui n'intéressera pas votre ressort.

» Elle vous prévient qu'elle regardera toute correspondance
» avec les autres parlements comme une confédération crimi-
» nelle contre son autorité et contre sa personne.

» Elle donne ordre à son premier président, et à tout autre
» président ou officier de son parlement, qui présiderait en son
» absence, de rompre toute assemblée où il serait fait aucune

» proposition tendante à délibérer sur les objets sur lesquels
» elle vous a imposé silence, ainsi que sur tout envoi qui vous
» serait fait par les autres parlements. »

M. le chancelier est ensuite monté vers le roi, agenouillé à ses pieds pour recevoir ses ordres. Descendu, remis à sa place, assis et couvert, a dit :

« Le roi ordonne aux présidents et conseillers des enquêtes
» et requêtes de se retirer dans leurs chambres, pour y vaquer
» à l'expédition des affaires des particuliers. »

Sur quoi les présidents et conseillers des enquêtes et requêtes se sont retirés.

M. le chancelier étant ensuite remonté vers le roi et redescendu, le roi s'est levé et est sorti dans le même ordre qu'il était entré.

LETTRE 346.

MADAME LA MARQUISE DU DEFFAND A M. LE CHEVALIER DE L'ISLE [1] (INÉDITE).

Paris, le 30 septembre (1770?) [2]

Savez-vous, monsieur, l'effet que me font les jolies lettres? D'abord un extrême plaisir, et puis un violent chagrin; voilà ce que la vôtre me fait éprouver. Aux charmes de la lecture succède l'embarras de la honte d'y répondre; mais il faut se mettre à son aise en n'ayant aucune prétention. Je vous dirai donc tout bêtement que je n'ai jamais rien vu de si parfaitement joli que votre lettre; l'article du Réquisitoire [3] m'a enchantée; je n'ai pas pu me tenir de le faire lire à ceux que j'en ai crus dignes. Vous me tournez la tête en me flattant que je n'ai pas déplu aux deux sœurs [4]; je les trouve infiniment aimables, et elles ont parfaitement soutenu l'opinion que m'en avait donnée M. Walpole. Il est bien malade de sa goutte, et j'en suis fort

[1] La suscription est : A Monsieur, Monsieur de l'Isle, chez madame la marquise du Châtelet, aux eaux de Bourbonne. (L.)

[2] Je suppose et je suis presque sûr que cette lettre est de 1770. 1° Le chevalier était à Bourbonne au mois de septembre 1770 : ma lettre à son cousin le comte de Riocourt confirme ce que je dis (20 octobre); 2° Le duc de Choiseul faisait tout ce qu'il pouvait pour faire déclarer la guerre à l'Angleterre. Or, madame du Deffand parle de la guerre. (H. de l'Isle.)

[3] Quel réquisitoire? (H. de l'Isle.)

[4] Peut-être madame de Cholmondeley? (H. de l'Isle.)

inquiète. Quand il se portera mieux, je me promets bien de lui donner le plaisir de lui faire lire votre lettre. J'espère qu'il ne deviendra point notre ennemi, et que le ministre de la guerre le deviendra de la paix[1].

Quand reviendrez-vous, monsieur? Je vous attends, je vous désire, je m'applaudis beaucoup de l'honneur de votre souvenir, que je mérite par les sentiments que j'ai pour vous.

LETTRE 347.

MADAME LA MARQUISE DU DEFFAND A M. DE VOLTAIRE.

Paris, 5 octobre 1770.

Savez-vous, mon cher Voltaire, que j'avais résolu de ne vous plus écrire? Je croyais n'avoir plus rien à dire, et il me paraissait injuste de vous donner de l'ennui pour obtenir en échange du plaisir. Mais, toutes réflexions faites, l'intérêt a prévalu. L'arrivée de M. Craufurd a fort contribué à me faire changer de résolution. Il m'a dit que vous disiez du bien de moi, que vous m'aimiez; et quoique je sois devenue fort défiante, je n'ai pu me défendre d'en croire quelque chose. Si vous m'aimez, vous avez raison, car en vérité, je crois être la personne qui vous aime le plus. Je n'ai encore causé qu'un moment de vous avec M. Craufurd, mais je me propose bien de le beaucoup interroger. Je voudrais savoir si vous êtes à peu près heureux, et si la gloire vous tient lieu de tout. J'ignore quel est le charme de cette jouissance, c'est sans doute celle du paradis, et c'est peut-être pour cela qu'on appelle ses habitants bienheureux. Cependant tout ce qui les environne jouit du même bonheur, et dans ce monde-ci la gloire consiste dans la prééminence.

Pour moi, mon cher Voltaire, je fais consister le bonheur dans l'exemption de deux maux, les douleurs du corps et l'ennui de l'âme. Je n'aspire point à une parfaite santé ni à aucun plaisir; je supporterais patiemment mon état actuel, qui aux yeux de tout le monde paraît bien malheureux, si j'avais un ami véritable. L'amitié est la seule passion que l'âge n'amortit point. Je ne crois pas que celle que vous avez pour la czarine soit d'un genre à satisfaire votre cœur; cette czarine est une

---

[1] Il me semble que cette phrase est embrouillée? (*H. de l'Isle.*) Nous sommes plus indulgent et pensons que cela s'entend fort bien. (L.)

héroïne de gazette; ses succès sont brillants, elle a certainement un grand courage, rien ne la détourne de ses projets; mais souffrez que je donne la préférence à votre Sémiramis, dont les remords me forcent à l'aimer, à la plaindre et à oublier ses forfaits.

Vous me trouverez bien impertinente, mais pourquoi voulez-vous savoir ce que je pense? J'ai fait vœu de dire toujours la vérité; je ne serais point flattée d'être approuvée par vous, si je surprenais votre approbation.

Est-il vrai que vous comptez passer l'hiver dans les provinces méridionales? Que ne venez-vous plutôt à Paris? J'aurais une grande satisfaction de causer avec vous, et de vous dire, mon cher Voltaire, que vous êtes la seule personne que j'admire, et dont l'estime et l'amitié me flatteraient le plus.

LETTRE 348.

MADAME LA MARQUISE DU DEFFAND A M. HORACE WALPOLE.

Mercredi, 21 novembre, à huit heures du matin.

Rien n'est si irrégulier que la poste. Elle n'arrive souvent que le lundi; alors il n'est plus temps de répondre; c'est la dernière aventure. Vous m'annoncez dans votre dernière lettre, de mardi 13, que vous m'écrirez le vendredi 16; c'est ce que je ne saurai qu'à trois heures après midi, et comme alors je ne serai pas seule, je me détermine à vous écrire actuellement, et à ne répondre à cette lettre du 16 (si en effet je la reçois) que par un nommé M. Liston[1], qui doit retourner à Londres jeudi ou vendredi. Je vous enverrai par lui une nouvelle traduction de Suétone, faite par l'ordre du grand-papa[2]; vous serez content de l'épitre dédicatoire, médiocrement du discours prélimi-

---

[1] Robert Liston, qui fut employé ensuite à différentes missions diplomatiques. (A. N.)

[2] La traduction de Suétone, par M. de la Harpe. M. Walpole n'était pas parfaitement d'accord avec madame du Deffand sur cet ouvrage; car il dit dans sa réponse : « J'ai lu l'épitre dédicatoire, le discours préliminaire et les observations sur chaque César. Pardonnez si, excepté la dernière phrase, je trouve la dédicace assez commune. Le discours me plaît comme ça, ses jugements me paraissent assez justes. Pour les observations, elles valent peu et ne contiennent que des critiques d'un M. Linguet, qui, malgré M. de la Harpe, me paraît, par les citations mêmes (car je ne l'ai jamais lu), n'avoir pas toujours tort. »

naire; mais pour le reste, je n'en sais rien, n'en ayant lu que cinq ou six pages. Je ne peux pas lire présentement l'*Histoire de Malte ;* je me suis enfoncée depuis deux mois dans la *Vie de Louis XIII,* par le Vassor, dont il y a vingt-trois volumes : j'en suis au quinzième, et j'aurai la persévérance d'aller jusqu'à la fin: Comme il y a des sommaires marginaux qui m'avertissent de quoi il va être question, je passe tout ce qui ne m'intéresserait pas, et je ne lis guère que les intrigues et les manéges de la cour, qui m'amusent infiniment. Cet auteur me plaît; il dit ce qu'il pense avec franchise et audace; son style est dans le goût des *Mémoires de Mademoiselle,* et j'aime mieux cette manière que celle des beaux diseurs. De plus, nous faisons une lecture l'après-dînée : les *Mémoires* de M. de Saint-Simon [1], où il m'est impossible de ne vous pas regretter : vous auriez des plaisirs indicibles; ajoutez les gazettes, des traductions de vos papiers anglais que je reçois une ou deux fois la semaine, le *Journal encyclopédique;* voyez si je puis entreprendre d'autres lectures! Je résiste avec peine à celle que vous me conseillez; j'ai beaucoup de respect pour votre goût; mais n'y a-t-il point bien des guerres dans l'*Histoire de Malte* [2]? y démêle-t-on les intrigues, les manéges? C'est ce que j'aime dans les histoires, et ce qui est charmant dans le Vassor, et qui me fait voir que dans les choses qui se passent journellement on n'en démêle point la vérité, on ne voit point le dessous des cartes, et bien moins chez nous que chez vous. C'est à vous à m'apprendre

[1] Madame du Deffand ne pouvait lire les *Mémoires* de Saint-Simon, alors inédits, que sur une des copies du ministère des affaires étrangères, ou même sur le manuscrit à elle confié par M. de Choiseul. (L.)

[2] L'*Histoire des Chevaliers de Malte,* par l'abbé de Vertot, dont M. Walpole lui recommande la lecture en ces termes : « Vous cherchez souvent des lectures amusantes, j'en fais une actuellement qui me plaît extraordinairement, mais que peut-être vous avez faite : c'est l'*Histoire des Chevaliers de Malte,* par l'abbé de Vertot. J'avais lu ses *Révolutions* (excepté celles de Rome); il y a longtemps que les Grecs et les Romains m'ennuient à la mort; mais je ne sais pas pourquoi j'avais mauvaise opinion de son *Histoire de Malte,* comme ne devant contenir qu'un mélange de dévotion et de guerres barbares. Pendant la goutte, je voulais la lire, m'attendant à y trouver quelque sujet de tragédie. J'en fus frappé. C'est le livre du monde le plus amusant: des histoires qui se succèdent rapidement, des anecdotes, une revue de tous les événements du dernier siècle qui se trouvent liés avec cette histoire; et le tout conté dans le style le plus clair, le plus facile et le plus coulant, et, ce qui est encore plus surprenant, nulle superstition, point de bigoterie, et, du romanesque guère. Enfin, j'en suis charmé, et si vous ne l'avez point lue, ou si vous l'avez oubliée, je vous prie de la lire. »

s'il y aura guerre ou non; nous sommes très-contents de la réponse d'Espagne. Reste à savoir si vous le serez[1] : tout ce que je puis vous dire, c'est que M. de Guines[2] est parti cette nuit; je le trouvai hier au soir chez la grand'maman, et il écrivit de sa main le nom des personnes à qui nous voulons qu'il distribue nos compliments; je le connais fort peu; mais il me paraît assez aimable.

Adieu. Ah! j'oubliais de vous parler de votre princesse russe[3]; j'ai, ainsi que vous, curiosité de la voir. Je voudrais que la grand'maman lui donnât à souper; le grand-papa l'y a exhortée; et comme elle est brouillée avec sa souveraine, c'est une raison pour qu'elle n'ait pas d'éloignement à faire connaissance avec mes parents, qui ne sont pas ses amis intimes.

A sept heures du soir.

Il n'y a point de courrier, ainsi point de lettres.

LETTRE 349.

MADAME LA MARQUISE DU DEFFAND A M. DE VOLTAIRE.

23 novembre 1770.

Comment, monsieur, c'est vous qui m'accusez d'inégalité et de caprice! Vous écrivez à la grand'maman[4], en lui envoyant votre épître, que, par parenthèse, j'avais déjà lue quand elle l'a reçue :

« Si cette épître trouvait grâce devant vos yeux, je vous
» dirais : Envoyez-en copie pour amuser votre petite-fille, sup-
» posez qu'elle soit amusable, et qu'elle ne soit pas dans ses
» moments de dégoût. Pour réussir chez elle il faut prendre
» son temps. »

---

[1] Relativement à la querelle avec l'Espagne, au sujet de l'île de Falkland. (A. N.)

[2] Le comte, depuis duc de Guines, qui succéda au marquis du Châtelet, nommé ambassadeur de France en Angleterre. (A. N.)

[3] La princesse d'Aschkoff, qui avait été en Angleterre, et qui se trouvait alors à Paris. (A. N.) — Les *Mémoires* de cette virile et spirituelle Amazone, amie et quelque peu rivale de Catherine II, qui, par une ironie toute féminine, récompensa ses services en la plaçant avec le grade de général à la tête de son académie, ont été publiés dans la *Bibliothèque russe-polonaise*, dirigée par le prince Galitzin. (Paris, *Franck*.) (L.)

[4] Voyez une lettre de Voltaire à la duchesse de Choiseul, du 16 novembre, tome LXI, page 394. (L.)

Je conviens que je suis peu amusable, que l'on me procure souvent des moments de dégoût : c'est un inconvénient qui ne m'arrivera jamais par vous ; mais que vous ayez besoin de prendre votre temps avec moi pour réussir, vous devez savoir que ce temps dure depuis quelque temps ; il y a un peu plus de cinquante ans que vous en faites l'épreuve. Rougissez donc, monsieur, de recevoir des impressions par vos nouvelles connaissances contre la plus ancienne et la meilleure de vos amies. Votre livrée [1] me hait, je sais bien pourquoi.

>   Je n'ai point devant eux pu fléchir les genoux,
> Ni leur rendre un honneur que je ne rends qu'à vous.

Ne les écoutez plus, et ne donnez point à la grand'maman occasion de croire que vous êtes ingrat et injuste : elle est témoin de mon amitié et de mon admiration pour vous ; repentez-vous, et vous obtiendrez votre pardon.

Votre épître est charmante. Vous ne m'avez point envoyé votre article *Dramatique*, qu'on dit être parfait. Il paraît depuis peu un *Testament* dont on ne peut deviner l'auteur : il est de la main d'un diable forcé à honorer les saints. Quand vous l'aurez lu, je voudrais que vous me dissiez de qui vous le croyez : c'est peut-être lui faire trop d'honneur que d'avoir cette curiosité [2].

Ne croyez pas, je vous prie, que je bâille toujours dans mon tonneau ; j'ai encore quelquefois des moments de gaieté ; mais je n'en ai pas, comme vous, un fonds inépuisable en moi-même ; je ne la produis pas, mais je la reçois facilement, et surtout quand elle me vient de vous. Vous devriez vous reprocher de m'en donner si rarement, et ce que vous ne devez jamais vous pardonner, ce sont vos injustices.

LETTRE 350.

MADAME LA MARQUISE DU DEFFAND A M. HORACE WALPOLE.

Paris, dimanche 25 novembre 1770.

Ce que je vous annonçais dans ma dernière lettre (qu'un M. Liston a dû vous rendre) [3] est arrivé. Le président mourut

---

[1] Les philosophes. (A. N.)
[2] *Testament de Voltaire*, par M. Marchand. (L.)
[3] On n'a point cette lettre. (A. N.)

hier à sept heures du matin[1]. Je l'avais jugé à l'agonie dès le mercredi; il n'avait ce jour-là, il n'a eu depuis ni souffrance ni connaissance; jamais fin n'a été plus douce. Il s'est éteint. Madame de Jonsac en a paru d'une douleur extrême; la mienne est plus modérée. J'avais tant de preuves de son peu d'amitié, que je crois n'avoir perdu qu'une connaissance; cependant, comme cette connaissance était fort ancienne et que tout le monde nous croyait intimes (excepté quelques personnes qui savent quelques-uns des sujets dont j'avais à me plaindre), je reçois des compliments de toutes parts. Il ne tient qu'à moi de croire qu'on m'aime beaucoup; mais j'ai renoncé aux pompes et aux vanités de ce monde, et vous avez fait de moi une prosélyte parfaite; j'ai tout votre scepticisme sur l'amitié, cependant j'ai peine à l'étendre sur la grand'maman. Il serait difficile de vous faire entendre quels sont ses procédés pour moi; et quelque disposée que je sois à la méfiance, j'ai peine à la soupçonner d'indifférence, et j'aurais bien plus de peine encore à en avoir pour elle. Je ne verrai pendant plusieurs jours que les personnes qui seraient scandalisées si je ne les recevais pas, et jusqu'à jeudi, que la grand'maman va à Versailles, je ne souperai que chez elle. M. de Jonsac vint hier chez moi très-poliment; il me rendit compte du testament : il n'y a que des legs pour ses parents, pour ses domestiques; il ne dit pas un mot d'aucun de ses amis. Je savais que madame de Jonsac avait absolument exigé de lui de ne lui faire aucun legs particulier, ne voulant pas, m'avait-elle dit, qu'on pût avoir le moindre soupçon que les soins qu'elle lui avait rendus eussent pour objet l'intérêt; il lui laisse seulement tous ses manuscrits, en

---

[1] La mort du président Hénault se trouve annoncée de la manière suivante dans la *Gazette* de ce jour : « Le 24 novembre 1770, le président Hénault, surintendant de la maison de madame la Dauphine, membre de l'Académie française et de celle des inscriptions, vient de mourir ce soir, après avoir lutté contre la mort depuis plusieurs années, âgé de plus de quatre-vingt-six ans. Tout le monde connaît son *Abrégé chronologique de l'histoire de France*, qui lui a fait tant de réputation, loué tour à tour et dénigré outre mesure par M. de Voltaire, et qui ne méritait ni tant de célébrité, ni une critique si amère. Il était fort riche; sa table était ouverte à tous les gens de lettres ses confrères, et surtout aux académiciens. Il n'était pas moins fameux par son cuisinier que par ses ouvrages. Il passait pour le plus grand Apicius de Paris, et tout le monde connaît la singulière épître du philosophe de Ferney à ce Lucullus moderne, qui débute ainsi :

« Hénault, fameux par vos soupers
« Et par votre Chronologie, etc. » (A. N.)

parlant de sa reconnaissance et en faisant son éloge. Elle est aux Filles Sainte-Marie de Chaillot pour quelques jours; elle y avait loué un appartement depuis six mois. Cette femme a beaucoup de conduite, parce qu'elle a beaucoup de raison et de courage. Elle a un mari affreux, elle prévoit tout ce qu'elle peut en avoir à craindre, et depuis six ans qu'elle vivait avec le président, elle a eu pour objet de s'assurer un état tranquille après sa mort. Ce couvent lui deviendra un asile contre les humeurs de son mari, et lui sauvera toutes sortes d'éclats; elle s'y retirera sous prétexte de retraite, quand elle aura à en craindre; elle est séparée de biens, et elle jouira d'un revenu assez honnête. Elle est la première créancière de son mari; ainsi toutes les avances qu'elle a faites pour lui lui vont être rendues; elle est fort contente de mes procédés, et je compte que nous serons toujours très-bien ensemble.

Quand vous recevrez cette lettre, vous en aurez reçu deux ou trois autres tout de suite, et j'ai bien plus à craindre que vous ne vous plaigniez de mon exactitude que de mes négligences. Je vous manderai toutes les nouvelles qui pourront vous amuser. Je vous viens de faire un détail qui vous paraîtra peut-être bien long et bien ennuyeux, mais c'est ce qui m'occupe présentement; d'autres objets y succéderont.

LETTRE 351.

MADAME LA MARQUISE DU DEFFAND[1] A M. LE CHEVALIER DE L'ISLE[2]
(INÉDITE[3]).

Ce 29 novembre 1770.

Vous ne savez point, monsieur, la perte que j'ai faite du plus ancien de mes amis[4]; vous partagerez certainement mon affliction: je vous prie d'avance de me donner les jours que vous lui destiniez. Madame de Jonsac[5] est aux Filles Sainte-Marie de

[1] La suscription est : A Monsieur, Monsieur de l'Isle, chez madame la comtesse du Châtelet, à Cirey, par Bar-sur-Aube. (L.)

[2] Lettre de madame du Deffand. (*Note du chevalier de l'Isle.*)

[3] Nous devons la communication de ces *Lettres au chevalier de l'Isle*, à M. de l'Isle, lieutenant au 9e régiment de cuirassiers, digne descendant du chevalier, et qui emploie à des recherches pieuses et à des études élevées les loisirs de la vie militaire. (L.)

[4] M. le président Hénault, mort le 24 novembre 1770. (*Note du chevalier.*)

[5] Nièce de M. le président Hénault. (*Note du chevalier.*) L'éditeur de la

Chaillot, où elle avoit loué un petit logement depuis six ou sept mois; elle en reviendra samedi ou dimanche, et elle restera dans la même maison jusqu'à ce qu'elle puisse habiter la sienne, et ce ne sera que dans deux ans. M. d'Aubeterre[1] l'occupe présentement, il faut qu'elle attende que son bail soit fini.

Vous me ferez un très-grand plaisir de m'envoyer les *Observations critiques*[2]; il faut les adresser à madame la duchesse de Choiseul. Vous me faites beaucoup trop d'honneur en voulant savoir quel sera mon jugement; il n'est digne d'aucune considération : je blâme ou je loue, selon qu'un ouvrage m'amuse ou m'ennuie, mais moins je mérite la prévention que vous avez pour mon goût, plus j'en suis flattée, c'est une preuve de votre amitié. Je crains que ce ne soit pour me faire plaisir que vous me dites des choses si flatteuses de la part de vos deux dames[3]. J'ai un grand désir de leur plaire, mais le peu d'espérance que j'ai d'y réussir suspend les marques de mon empressement; c'est à vous, monsieur, à être mon interprète; vous savez ce que je pense, et vous pouvez leur faire telle avance que vous voudrez sans crainte d'être désavoué (si vous jugez qu'elles sont bien reçues).

Vous ne me parlez point de votre retour, je l'attends avec

---

correspondance de 1824 (*Madame du Deffand à H. Walpole*) donne madame la comtesse de Jonsac comme sœur du président Hénault; tome Ier. Il est facile de s'assurer du contraire en lisant les *Mémoires* du président Hénault. (L.)

[1] C'est peut-être Joseph-Henri Bouchard d'Esparbez d'Aubeterre, qui naquit à Paris, en 1714, le 24 janvier. Il devint maréchal de France et mourut à Paris en 1788, le 28 août. Il doit être question de M. d'Aubeterre dans la correspondance précitée. (L.)

[2] De M. Clément contre M. de Saint-Lambert et autres. (*Note du chevalier.*)

[3] Madame la marquise du Châtelet, né de Rochechouart, et madame la comtesse de Coigny. (*Note de M. H. de l'Isle.*)

Voici un passage d'une lettre du chevalier de l'Isle au comte de Riocourt qui confirme ce que j'avance[*]:

« Je devais retourner à Paris le 15 avec M. le comte de Coigny, les dames ont pris tout d'un coup la résolution de rester ici jusque vers la Saint-Martin, et n'ayant rien de pressé là-bas, je me suis rendu facilement aux ordres qu'elles m'ont donnés de partager leur solitude : je regrette seulement de n'avoir pas été témoin du prodigieux succès du régiment du Roi à Fontainebleau; on nous en mande toute sorte de merveilles. » *Lettre datée de Cirey, du 20 octobre* 1770.

Le régiment du Roi était commandé par M. du Châtelet. (*M. H. de l'Isle.*)

[*] Le comte de Riocourt était premier président de la Chambre des comptes de la Lorraine et du Barrois.

impatience, et vous n'en pouvez pas douter, si vous rendez justice à l'estime et à l'amitié que j'ai pour vous.

LETTRE 352.

MADAME LA MARQUISE DU DEFFAND A M. HORACE WALPOLE.

Dimanche 2 décembre 1770.

Apparemment vous n'aviez pas encore reçu la nouvelle de la mort du président, le 27, qui est la dernière date de votre lettre, car sans doute vous m'en auriez dit un mot.

On parle ici de guerre tout autant qu'à Londres; mais nous prétendons que ce ne sera ni notre faute ni celle d'Espagne, qui consent, dit-on, à tout ce qu'on exige. Vous êtes fort heureux d'avoir acquis une si belle indifférence; c'est effectivement un très-grand bonheur.

Il n'y aura point cet hiver de spectacles à la cour, il y aura seulement de petits bals tous les lundis chez madame la dauphine; il n'y a qu'une voix sur elle; elle grandit, elle embellit, elle est charmante. La grand'maman est actuellement à Versailles; j'espérais qu'elle reviendrait demain, mais on m'a dit qu'elle pourrait bien y passer la semaine. Cela me fâche; j'aime à passer les soirées chez elle. Hier je soupai chez moi avec mesdames de Mirepoix, d'Aiguillon et de Boufflers. Je vois assez de monde. Mes connaissances ont assez d'attentions. Je suis rarement seule.

Je continue la lecture de le Vassor; j'en suis toujours contente; je voudrais qu'on pût le rédiger, et que des vingt-trois volumes on le réduisît à six ou sept. Je ne me soucie pas de Louis XIII, mais je m'intéresse aux événements de son règne; on y voit le dessous des cartes de tout ce qui se passait, et le style de l'auteur me plaît infiniment; il doit paraître trop simple et trop ingénu aux beaux esprits; mais il est tel que le peuvent désirer les amateurs de la vérité. On l'accuse d'être partial, et c'est ce que je ne trouve point; il l'est certainement entre le vice et la vertu; il loue les honnêtes gens, et tombe à cartouche sur les fripons et les scélérats; en un mot, il dit ce qu'il pense, et n'écrit point pour se faire admirer. La vérité est une chose si charmante, qu'elle ne cesse point de plaire, quand bien même elle offense.

J'ai envoyé au petit Craufurd une épître de Voltaire au roi de la Chine; je lui ai recommandé de vous la montrer.

Nous avons ici force chansons et épigrammes; il y en a d'assez jolies; mais ce n'est pas gibier de poste; si je trouve quelque occasion, vous les aurez.

Les *Mémoires de Saint-Simon* m'amusent toujours, et comme j'aime à les lire en compagnie, cette lecture durera longtemps. Elle vous amuserait, quoique le style en soit abominable[1], les portraits mal faits; l'auteur n'était point un homme d'esprit; mais comme il était au fait de tout, les choses qu'il raconte sont curieuses et intéressantes; je voudrais fort pouvoir vous procurer cette lecture.

Nous avons deux places vacantes à l'Académie, il ne m'importe par qui elles seront remplies. Je ne sais rien de plus. Adieu.

LETTRE 353.

M. DE VOLTAIRE A MADAME LA MARQUISE DU DEFFAND.

5 décembre 1770.

Vous avez vu, madame, finir votre ami que vous aviez déjà perdu. C'est un spectacle bien triste; vous l'avez supporté pendant plus de deux années. Le dernier acte de cette fatale pièce fait toujours de douloureuses impressions. Je suis actuellement, sans contredit, le premier en date de vos anciens serviteurs. Cette idée redouble mon chagrin de ne vous point voir et de me dire que peut-être je ne vous reverrai jamais.

---

[1] M. Walpole répond à ce sujet comme il suit : « Je me rapporte à votre goût quant au style de M. de Saint-Simon, que M. Durand m'avait extrêmement vanté. Cela rabattrait beaucoup de mon approbation, sans diminuer ma curiosité; non qu'un homme sans esprit puisse donner le véritable intérêt, même à des anecdotes qu'il doit avoir envisagées grossièrement, et sans démêler les caractères. Un fait, un événement raconté crûment par un homme sans génie, n'est jamais exactement vrai. Il ne saisit pas les nuances essentielles; les petites circonstances qu'il aura ramassées ne sont point celles qui auraient donné le coloris à ce qui vient d'arriver. Il peut être minutieux sans être exact. C'est le choix des riens qui marque l'entendement. Si le roi de Prusse dit des riens à un conseiller de la diète, c'est parce qu'il n'a pas d'autre chose à lui dire. S'il dit la même chose à un ambassadeur de France, c'est qu'il ne *veut* pas lui dire autre chose. On peut relever le dernier cas, mais non pas le premier. Voilà pourquoi je n'aime point Tite-Live. Qu'apprend-on à des centaines de harangues qui ne se sont jamais prononcées, et frappées toutes au même coin? Des généraux sauvages, dans des siècles barbares, ont-ils parlé *tutti quanti* comme Cicéron? Tous ont-ils eu le même style? Ce sont de grandes puérilités que tous ces essais-là. La conséquence est que tous ces consuls et ces dictateurs se ressemblent. » (A. N.)

Je regrette jusqu'au fond de mon cœur le président Hénault. Je le rejoindrai bientôt. Mais où et comment? On chantait à Rome et sur le théâtre public, devant quarante mille auditeurs : « Où va-t-on après la mort? où l'on était avant de naître. »

On voudrait cuire aujourd'hui devant quarante mille hommes celui qui répéterait ce passage de Sénèque. Nous sommes encore des polissons et des barbares. Il y a des gens d'un très-grand mérite chez les Welches; mais le gros de la nation est ridicule et détestable. Je suis bien aise de vous le dire avec autant de franchise que je vous dis combien je vous aime, combien j'estime votre façon de penser, à quel point je regrette d'être loin de vous.

Je voudrais bien savoir s'il y a quelques particularités intéressantes dans le testament du président. Je serais bien fâché qu'il y eût quelque trait qui sentît encore le père de l'Oratoire. Je voudrais que dans un testament on ne parlât jamais que de ses parents et de ses amis.

Adieu, madame, conservez votre santé, et quelquefois même de la gaieté; mais n'est pas gai qui veut, et ce monde en général ne réjouit pas les esprits-bien faits. Mille tendres respects.

LETTRE 354.

MADAME LA MARQUISE DU DEFFAND A M. DE VOLTAIRE.

9 décembre 1770.

Il y avait longtemps, monsieur, que je n'avais reçu de vos nouvelles; j'en espérais tous les jours, et j'étais arrêtée à vous en demander, pour éviter que nos lettres se croisassent, surtout depuis la mort du président. Je ne doute pas de vos regrets, c'était un homme bien aimable; mais depuis deux ans il ne restait plus de lui que sa représentation. Vous savez qu'il était devenu dévot, ou plutôt qu'il en avait embrassé l'état : son esprit n'était pas convaincu, ni son cœur n'était pas touché; mais il remplaçait les plaisirs et les amusements auxquels son âge le forçait de renoncer, par de certaines pratiques. La messe, le bréviaire, etc., toutes ces choses étaient pour lui comme la question; elles lui faisaient passer une heure ou deux. Son testament est de 1766 : il avait alors son bon sens. Il laisse à des paroisses, à des couvents, des legs peu considérables; il traite fort bien ses domestiques; il donne ses manuscrits à madame de Jonsac[1], fait des legs à ses petits-neveux, et le reste de son bien partagé selon la coutume. De ses amis il n'en parle point. L'état où il était depuis longtemps ne m'a pas donné le désir de vieillir. Il n'y a que vous, monsieur, à qui il appartient de ne le pas craindre; votre âme userait trois ou quatre corps. Pour la mienne, elle n'est pas de même; je me figure que si je vis encore quelques années, je deviendrai comme le président, et certainement il vaut mieux finir que d'exister de cette sorte.

Savez-vous, monsieur, que je suis un peu en colère contre vous; j'ai lu votre lettre à la grand'maman, comme je vous l'ai déjà mandé. Vous ne me croyez donc plus aimable, et vous dites qu'il faut prendre son temps avec moi? C'est bien à vous de parler ainsi, vous qui êtes (comme vous me l'écrivez) le plus ancien de mes amis! On ne m'accuse point d'être inconstante, et si on me faisait cette injustice, vous me serviriez à la réfuter; je suis très-*amusable*; et je le suis toujours par ce qui me vient de vous. Votre épître au roi de la Chine me plait infiniment[2].

Vous ne devineriez jamais combien j'ai de volumes de vous; j'en ai cent neuf, et je crains de n'avoir pas tout, il y en a une grande quantité de doubles; j'aurai ces jours-ci un libraire pour vous compléter, et pour plus grande sûreté je vous en enverrai après le catalogue, pour que vous me disiez ce qui me manque.

J'ai le malheur, je l'avoue, de n'être pas *amusable* par les beaux génies de notre siècle, ou si vous voulez, de ceux qui ont succédé à Fontenelle et à Lamotte, qu'ils ont fort dénigrés, et qu'ils sont bien loin d'égaler. Oh! monsieur, vous en direz ce qu'il vous plaira, ils n'ont de mérite que d'avoir pris votre livrée, et je trouverai toujours entre eux et vous la différence du maître au valet; mais laissons-les là, et n'en parlons plus.

Je vais vous faire une proposition, la plus ridicule du monde, et que vous trouverez peut-être la plus impertinente. Je suis dans l'habitude de donner des étrennes à madame de Luxembourg; celles de cette année seront la *Bibliothèque bleue*[3], dont on vient de faire une nouvelle édition en beau langage; je

---

[1] Née Colbert de Seignelay, nièce du président Hénault, et mariée au comte de Jonsac, frère du maréchal d'Aubeterre. (A. N.)

[2] Voyez OEuvres de Voltaire, tome XIII, page 244. (A. N.)

[3] Recueil de contes, de romans, etc., en vieux langage, auquel on avait donné le nom de *Bibliothèque bleue*, parce que ces morceaux avaient d'abord été publiés en forme de brochures couvertes d'un papier bleu. (A. N.)

serais charmée si vous aviez la complaisance de me faire un joli envoi, sérieux ou comique, tout comme il vous plaira. Si vous m'accordez cette grâce, il n'y faut pas perdre un moment. Je prierai Dieu pour vous, et vous aimerai encore plus que je ne vous aime, s'il est possible. Voilà le libraire, M. Merlin, que j'attendais; je vous quitte pour travailler avec lui. Adieu.

Qu'est-ce que c'est que *Nicodème* et *Jeannot*[1]? La grand'-maman et la petite-fille n'ont-elles pas sujet de se plaindre de n'en pas entendre parler?

LETTRE 355.

MADAME LA MARQUISE DU DEFFAND A M. HORACE WALPOLE.

Paris, 14 décembre 1770.

Je profite d'une occasion sûre pour vous apprendre tout ce qui nous regarde; vous en savez sans doute une partie par les gazettes. L'édit du roi, le refus de l'enregistrement, le lit de justice à Versailles, les protestations que le parlement arrêta contre tout ce qui s'y passerait. Vous verrez tout ce qui s'y est passé par le procès-verbal que je vous envoie; il n'y eut rien le samedi et le dimanche à cause des fêtes. Lundi matin 10, assemblée, arrêté que le premier président partirait sur-le-champ, porterait au roi les représentations pour qu'il retirât son édit[2], ou du moins le préambule; que, s'il refusait, le parlement d'une voix unanime se démettrait de leurs charges et offrirait leurs têtes. Le roi lui fit cette réponse : *Rien ne prouve mieux la nécessité de ma loi, que la résistance que vous apportez à son exécution; reprenez vos fonctions, je vous l'ordonne.*

Ceci se passa mercredi, 12 de ce mois. Le soir, nouvelle assemblée, nouveau message du premier président[3] vers le roi, même réponse et ordre au premier président de ne plus paraître, et au parlement d'obéir. Voilà où nous en sommes; ce qui s'ensuivra, je l'ignore. Il me semble difficile que tous nos ministres se maintiennent. La division est trop forte et trop déclarée : quel est celui qui sera la victime? dites-le-moi, si vous le savez. On n'a point encore envoyé cet édit aux autres

---

[1] Voyez *OEuvres de Voltaire*, tome XIV, p. 213. (A. N.)
[2] L'édit du lit de justice du 3 septembre. (A. N.)
[3] M. d'Aligre. (A. N.)

parlements. La Bretagne est plus troublée que jamais, depuis l'emprisonnement d'un nommé le marquis Duzel, accusé d'avoir fait un libelle contre le pacha d'Aiguillon [1], et du libraire qui l'a imprimé. Joignez à tout cela les bruits de guerre qui se soutiennent. Mais voici comme nous nous en dépiquons, par des chansons, par des épigrammes; ne les montrez qu'à vos amis particuliers, parce qu'on soupçonnerait avec vraisemblance que vous les avez par moi [2].

Ceci n'est point une lettre. Accusez-moi la réception de ce paquet.

J'ai toujours oublié de vous dire que M. d'Eon est une femme [3]. Cela passe pour constant.

---

[1] C'était un pamphlet en réponse au mémoire de Linguet, publié en défense de la conduite du duc d'Aiguillon; il avait pour titre : *Réponse au grand Mémoire de M. le duc d'Aiguillon*. Il fut supprimé par un ordre du conseil. (A. N.)

[2] Comme toutes ces chansons, etc., ont été publiées plusieurs fois depuis, nous avons pensé qu'il n'était pas nécessaire de les réimprimer ici. Il y en avait fort peu qui eussent d'autre mérite que celui de l'à-propos du moment. (A. N.)

[3] Il y aurait tout un *Mémoire* à faire sur cette question d'un mystère irritant. Les historiens sont fort divisés. Les uns sont pour le sexe masculin, d'autres pour le sexe féminin, quelques-uns enfin pour tous les deux. Ceux-là voient une sorte d'hermaphrodite dans *le* et *la* hard*i* et hard*ie* aventuri*er*-aventur*ière*. Ce qui ajoute à l'incertitude et prête à la controverse, ce sont des lettres signées de prénoms féminins et le costume du sexe faible, que le plus étrange personnage de notre diplomatie au dix-huitième siècle porta constamment dans la seconde moitié de sa vie, il est vrai avec toutes les allures du sexe fort. La cause de ce déguisement officiel n'est pas moins discutée. Nous allons donner sur ces divers points notre humble opinion, fondée sur une étude exacte et passionnée de cette comédie d'État. Pour nous, le sexe d'Éon de Beaumont n'est pas contestable. Ce fut un homme, un homme brave, spirituel et galant, c'est-à-dire homme dans toute la force du terme. Cette décision est fondée sur son acte de naissance et sur le procès-verbal de sa mort et de son autopsie, dressé par le père Élysée, premier chirurgien de Louis XVIII, le 20 mai 1810. Quant aux motifs de ce déguisement féminin, qui avait fort servi à ses succès diplomatiques en Russie, les plus plausibles sont ceux que donne madame Campan, qui a connu le chevalier, et dont le père, M. Genest, était premier commis au ministère des affaires étrangères. (Édit. Barrière, p. 152, 153.) Ce costume de femme rendait inviolable un homme qui avait accumulé sur sa tête tout un orage redoutable d'inimitiés et de vengeances. Il rappelait ses services, arrêtait le bras de ses ennemis et justifiait l'indulgence du roi. Il flattait aussi son amour-propre. Enfin, il lui assurait une sécurité qui eût été fort compromise sous ses habits de capitaine de dragons. C'était aussi au besoin un moyen de le faire passer pour fou, s'il bavardait trop, ou de le faire enfermer, s'il devenait importun. Véritable moyen diplo-

LETTRE 356.

LA MÊME AU MÊME.

Lundi 17 décembre 1770.

Je ne vous ai point écrit par la poste d'aujourd'hui, parce que je ne veux point vous accabler de lettres; vous en recevrez une de jeudi 13, et puis un petit billet qui accompagne le Testament de Voltaire [1]. Malgré les assurances que vous me donnez que mes lettres vous font plaisir, je ne perdrai plus jamais la retenue et la réserve qu'il me convient d'avoir. On dit qu'il faut juger des autres par soi-même, et moi je dis qu'il n'y a point de règle qui n'ait son exception; on courrait souvent le risque d'être fort indiscret et fort importun, si l'on en usait avec les autres comme on serait bien aise qu'ils en usassent avec nous.

Oui, j'ai reçu des nouvelles de madame votre nièce [2]; elle écrit à merveille, c'est-à-dire sans prétention et d'un naturel parfait. Je ne sais ce que vous voulez dire de mes *magnificences dont elle m'aurait dispensée;* je n'ai à me reprocher dans aucun genre (et moins dans celui-là que dans tout autre) d'avoir pu blesser sa vanité; elle m'a fait des présents considérables, je n'ai fait nulle difficulté de les recevoir, je n'en ai point été ni fâchée ni humiliée; n'était-il pas convenable qu'il en fût de même d'elle? Mais on éprouve à tous moments la vérité d'un très-beau vers de ma façon :

Le monde, chère Agnès, est une étrange chose!

Il est singulier qu'à mon âge il y ait tant de choses qui me paraissent nouvelles et qui me causent tant de surprise. C'est en vérité dommage qu'il me reste si peu de temps pour en tirer du profit; peut-être n'en tirerai-je pas l'utilité que j'imagine, et

---

matique que celui qui était à la fois un brevet de protection et un contrat de discrétion. — Du reste, ni le sexe véritable du chevalier d'Éon, ni les motifs de son déguisement, ne firent question aux yeux des contemporains. (Voyez les *Mémoires* de madame de la Rochejacquelin.)

Ce n'est que de nos jours que l'amour du merveilleux, qui nous a valu de si belles histoires, a profité avidement de quelques prétextes pour douter, au milieu de tant de raisons de croire. L'hermaphrodisme surtout offrait une thèse piquante, et les historiens romanciers, M. L. Jourdan par exemple, n'ont eu garde de la négliger. (L.)

[1] *Testament politique de Voltaire,* par M. Marchand. (A. N.)
[2] Madame Cholmondeley.

si je n'étais pas dupe à certains égards, je le serais à d'autres ;
je l'ai été jusqu'à présent par trop de confiance, je le deviendrais par trop de méfiance; mais ce qui est sûr, c'est que j'ai
acquis un fonds très-profond de mépris pour les hommes; je
n'en excepte pas les dames, tout au contraire, je les trouve
bien pis que les hommes. Il serait bien doux d'avoir un ami à
qui l'on pût confier toutes ses observations, toutes ses remarques, mais il est impossible.

Vous aurez vu par mon billet que nous ne sommes pas dans
un état tranquille; je ne sais ce que tout ceci deviendra, mais
je ne prévois rien de bon; vous êtes accoutumés chez vous aux
divisions, aux factions; vous en êtes quittes pour des changements de décorations : il n'en est pas de même chez nous. La
scène est plus tragique. Elle se termine toujours par quelque
catastrophe.

Mercredi 19.

Je ne sais que penser de la paix ou de la guerre; je tâche
d'être comme le sage, préparée à tout événement. Le mois prochain ne se passera pas sans qu'il en arrive d'assez importants
pour moi [1]. On serait bien heureux si on pouvait s'abandonner
soi-même comme on peut abandonner les autres; mais on est
forcément avec soi, et fort peu d'accord avec soi; la faiblesse
apprécie la valeur des choses, et la raison en rend indépendante.
Si l'on se soumettait à la raison, on se mettrait au-dessus de
tout événement, on se détacherait de tout, on se passerait de
tout : mais il faudrait avoir du courage. C'est un don qu'on
reçoit de la nature et qu'elle ne m'a pas accordé. J'éprouve
tous les jours qu'on avait grand tort d'être étonné de l'aveu que
faisait madame la duchesse du Maine : *Je ne suis point assez
heureuse,* disait-elle, *pour pouvoir me passer des choses dont je
ne me soucie pas.* J'enchérirais sur elle, et j'ajouterais : de celles
que je méprise. Ah! oui, il y a bien des choses que je méprise,
et que la crainte de l'ennui me rend nécessaires. C'est un terrible malheur que d'être née sujette à l'ennui, et de ne connaître qu'une seule arme pour le vaincre; quand cette arme
manque, on est perdu sans ressource, on ne sait que devenir,
on a recours à la dissipation, à la lecture, on ne trouve dans
l'une ni dans l'autre rien qui satisfasse ni intéresse. Il y a long-

---

[1] Elle entend parler de la disgrâce du duc de Choiseul, sur laquelle elle ne
se trompa point. Cet événement eut lieu le 24 du mois dans lequel elle écrivait ceci. (A. N.)

temps que j'ai senti que, pour supporter le malheur d'être née, il faudrait partager les vingt-quatre heures en en donnant vingt-deux au sommeil et deux autres à manger; c'est à peu près ce que font la plupart des animaux.

Avouez que tout ceci vous déplaît beaucoup; mais il faut que vous me permettiez de me laisser aller à vous dire tout ce qui me passe par la tête, sans quoi je ne saurais écrire, ce serait pour moi une gêne d'observer toutes mes paroles.

N'ayez point d'inquiétude sur ce que je crains *d'important* pour moi le mois prochain; ce n'est point un malheur particulier. Bien des gens le partageront; j'y serai plus sensible qu'un autre, parce qu'il influera beaucoup sur l'arrangement de ma vie; je ne crois point tomber dans la fatuité en voulant vous rassurer sur ce qui me regarde. Je me flatte que vous vous y intéressez. Adieu.

LETTRE 357.

MADAME LA MARQUISE DU DEFFAND A M. DE VOLTAIRE.

Paris, 28 décembre 1770[1].

Vous savez déjà tous nos malheurs[2]. Vous ne doutez pas de mon affliction. J'ai tout perdu, mon cher Voltaire, et il ne me reste plus à perdre que la vie. Il n'y a que vous pour qui la vieillesse soit supportable; vous avez passé, pour ainsi dire, de cette vie-ci, sans mourir, à l'éternité. Vous vous êtes séparé du présent, vous tenez à tout l'univers sans tenir à personne; vous voyez, vous jugez les événements sans intérêt particulier, vous vous suffisez à vous-même. Mais moi, mon cher Voltaire, condamnée à un cachot perpétuel, je n'avais de ressource que la société, que l'amitié de la plus charmante personne[3] qui ait jamais existé. Je ne vous ferai point de détail sur ce triste événement, il me faudrait plus de liberté d'esprit. Tout ce que je puis vous dire, c'est que jamais séparation ne fut plus touchante et plus douloureuse. Au milieu des pleurs et des cris de ses amis, cette grand'maman a montré un courage, une fermeté,

---

[1] Cette lettre est une réponse à celle de Voltaire, du 10 décembre 1770, qui ne se trouve point dans l'édition de ses OEuvres publiée par Beaumarchais; ce qui a déterminé l'éditeur à la donner ici. (A. N.)

[2] La disgrâce et l'exil du duc de Choiseul, qui eurent lieu le 24 de ce même mois. (A. N.)

[3] La duchesse de Choiseul. (A. N.)

une douceur, une tranquillité inouïes. Ce fut le lundi 24 que M. de Choiseul reçut sa lettre de cachet, avec ordre de partir le mardi avant midi; ils sont arrivés le mercredi à Chanteloup. Madame de Gramont[1] est partie ce jour-là pour les aller trouver. L'archevêque de Cambrai part demain, et M. de Stainville partira dimanche[2]. M. de Praslin[3] partira demain pour Praslin. On n'a point encore disposé de leurs places. On a proposé celle de la guerre à M. de Muy qui l'a refusée.

Parmi toutes les raisons que j'ai d'être affligée, vous y entrez pour beaucoup, mon cher Voltaire; notre correspondance en souffrira, à moins que vous ne trouviez quelque expédient.

Je ne suis point contente du mal que vous me dites de notre ancien ami[4]. Je conviens qu'il était faible, mais il avait eu l'esprit bien agréable, et le meilleur ton du monde; il avait fait son testament dans un temps où il s'était fort entêté d'une fille[5] que j'avais auprès de moi, et qui était devenue mon ennemie.

Je vous remercie de votre complaisance; vos petits vers sont fort jolis, et j'en ferai usage. Adieu, mon cher Voltaire, conservez-moi votre amitié.

LETTRE 358.

M. DE VOLTAIRE A MADAME LA MARQUISE DU DEFFAND.

16 décembre 1770.

Je m'en étais douté; il y a trente ans que son âme n'était que molle, et point du tout sensible; qu'il concentrait tout dans sa petite vanité; qu'il avait l'esprit faible et le cœur dur; qu'il était content, pourvu que la reine trouvât son style meilleur que celui de Moncrif, et que deux femmes se le disputassent; mais je ne le disais à personne. Je ne disais pas même que ses *Étrennes mignonnes* ont été commencées par du

---

[1] La sœur du duc de Choiseul. (A. N.)
[2] Ses deux frères. (A. N.)
[3] Le duc de Praslin, qui était d'une autre branche de la famille de Choiseul. Il avait été un des secrétaires d'état durant l'administration du duc de Choiseul. (A. N.)
[4] Le président Hénault. Voyez la lettre suivante.
[5] Mademoiselle de Lespinasse.

8.

Mollard, et faites par l'abbé Boudot. Je reprends toutes les louanges que je lui ai données :

>Je chante la palinodie,
>Sage du Deffand, je renie
>Votre président et le mien.
>A tout le monde il voulait plaire,
>Mais ce charlatan n'aimait rien ;
>De plus il disait son bréviaire.

Je voudrais, madame, que vous sussiez ce que c'est que ce bréviaire, ce ramas d'antiennes et de répons en latin de cuisine ! — apparemment que le pauvre homme voulait faire sa cour à Dieu, comme à la reine, par de mauvais vers.

Je suis dans la plus grande colère; je suis si indigné, que je pardonne presque au misérable la Beaumelle d'avoir si maltraité les *Étrennes mignonnes* du président. — Quoi ! ne pas vous laisser la moindre marque d'amitié dans son testament, après vous avoir dit pendant quarante ans qu'il vous aimait !

Sa petite âme ne voulait qu'une réputation viagère. Je suis très-persuadé que l'âme noble de votre grand'maman trouvera cela bien infâme.

Vous voulez des vers pour la *Bibliothèque bleue ;* vous vous adressez très-bien, en voici qui sont dignes d'elle :

>La *Belle Maguelonne* avec *Robert le Diable*
>Valaient peut-être au moins les romans de nos jours;
>Ils parlaient de combats, de plaisirs et d'amours.
>Mais tout ce papier bleu, quoique très-estimable,
>N'est plus regardé qu'en pitié;
>Mon cœur en a senti la cause véritable :
>On n'y parle point d'amitié.

N'est-il point vrai, madame, que nous n'aurons point la guerre? C'est une obligation que la France aura encore au mari de votre grand'maman.

Je veux que vous m'écriviez dorénavant à cœur ouvert; nous n'avons rien à dissimuler ensemble; mais quelque chose que vous ayez la bonté de m'écrire, faites contre-signer par votre grand'maman, ou envoyez votre lettre chez M. Marin, secrétaire général de la librairie, rue des Filles-Saint-Thomas, qui me la fera tenir très-sûrement; le tout pour cause.

LETTRE 359.

MADAME LA MARQUISE DU DEFFAND A M. HORACE WALPOLE.

Paris, mercredi 2 janvier 1771.

Vous aurez trouvé ma dernière lettre d'une énorme longueur[1], et vous aurez dû juger qu'elle l'aurait été encore davantage, si je n'avais été interrompue avant l'article de M. de Muy; quand je voulus le continuer, elle était partie.

M. de Muy[2] n'a point accepté; nulle place n'est encore donnée; tout n'est encore qu'en conjectures. Cela ne me fait rien, cela ne m'intéresse point, et je suppose que vous vous contenterez facilement d'apprendre toutes ces nouvelles par la gazette. Tout ce que je puis vous dire, c'est que madame de Beauvau, qui comptait partir dimanche dernier pour Chanteloup, n'y est point allée; que l'abbé (*Barthélemy*) n'est point encore parti, et qu'il ne sait point quand il partira.

J'ai eu des nouvelles de la grand'maman, son mari et elle se portent bien; la paix de la bonne conscience fait toute leur tranquillité. Je suis toujours bien triste et je sens de plus en plus la rigueur des séparations. Si nous avons la guerre, notre correspondance ne sera pourtant point interrompue; j'ai déjà passé par là en cinquante-six[3], et j'écrivais et recevais des lettres par la Hollande.

Je vais incessamment avoir une occupation assez sérieuse; mais il m'est nécessaire, avant de m'y mettre, que vous répondiez avec amitié à la demande que je vais vous faire. Je veux avoir votre consentement avant que de rien commencer. Je désire de vous confier tous mes manuscrits; je suis décidée à ne pas vouloir qu'ils soient en d'autres mains que les vôtres. Il n'y a certainement rien de précieux, et si vous ne les acceptez pas, je les jetterai tous au feu sans aucun regret. Vous comprenez bien dans quelle occasion ils vous seront remis. Ne craignez point que la façon dont j'énoncerai ma volonté puisse

---

[1] Il est fâcheux qu'on n'ait pu découvrir nulle part la lettre dont il est question ici. Elle avait été écrite le 27 décembre, trois jours après la disgrâce du duc de Choiseul, qui eut lieu le 24, et dans laquelle madame du Deffand parlait, sans doute, de toutes les particularités relatives à cet événement. (A. N.)

[2] Le chevalier, depuis maréchal du Muy. La place offerte était celle de ministre de la guerre, qu'il occupa ensuite au commencement du règne de Louis XVI. (A. N.)

[3] Lorsque la France et l'Angleterre étaient en guerre. (A. N.)

jeter sur vous le plus petit ridicule. Je sais trop combien vous êtes délicat sur cet article, pour vouloir continuer par delà ma vie à vous tourmenter et vous déplaire; deux mots suffisent pour m'apprendre ce que je dois faire; écrivez-les, je vous supplie, et c'est la dernière grâce que je vous demande; ces mots sont : *J'y consens.* Commencez par là votre réponse, et qu'il n'en soit plus question dans le courant de la lettre.

Voilà tout ce que vous aurez de moi aujourd'hui : j'ai tort.

J'oubliais de vous dire que j'ai vu M. Fox[1], que nous avons déjà soupé trois fois ensemble; il m'a amené M. Fitz-Patrick[2]; j'étais très-accablée ce jour-là. Je ne doute pas qu'il n'ait été fort peu satisfait de cette visite; je ne sais que dire aux jeunes gens.

LETTRE 360.

M. DE VOLTAIRE A MADAME LA MARQUISE DU DEFFAND.

6 janvier 1771.

Madame, je suis enterré tout vivant; c'est là différence qui est entre le président Hénault et moi; il n'a été enterré que lorsqu'il a été tout à fait mort. Mais je ne suis occupé actuellement que de votre grand'maman et de son mari. Puis-je me flatter que vous aurez la bonté de lui mander que dans le nombre très-grand de ses serviteurs, je suis le plus inutile et le plus triste, et que si je pouvais quitter mon lit, je viendrais lui demander la permission de me mettre au chevet du sien, pour lui faire la lecture; mais je commencerais d'abord par vous, madame. Ce serait vraiment un joli voyage à faire que de venir passer quinze jours auprès de vous, et de là quinze jours auprès d'elle. On dit qu'elle ne se portait pas bien à son départ. Je tremble toujours pour sa petite santé.

On dit tant de sottises que je n'en crois aucune. Il faut pourtant que le coup ait été porté assez inopinément, puisqu'on n'avait encore pris aucune mesure pour les places à donner. On parle de M. de Monteynard de Grenoble qu'on regarde comme un homme sage. Je ne sais pas encore s'il est bien vrai que M. le comte de la Marche ait les Suisses.

J'ai vu des *Questions sur le droit public* à l'occasion de l'af-

---

[1] M. Charles-Jacques Fox. (A. N.)
[2] Le général Richard Fitz-Patrick. (A. N.)

faire de M. le duc d'Aiguillon. Cet ouvrage me paraît fort instructif. Je doute pourtant que vous le lisiez. Il me semble que vous donnez la préférence à ceux qui vous plaisent sur ceux qui vous instruisent. D'ailleurs, cet ouvrage roule sur des formes juridiques qui ne sont point du tout agréables. C'est bien assez de savoir que la mauvaise humeur du Parlement de Paris contre M. le duc d'Aiguillon est aussi ridicule que tout ce qu'il a fait du temps de la Fronde, mais non pas si dangereux. Je m'intéresse plus à la guerre des Russes contre les Ottomans qu'à la guerre de plume du Parlement. Cependant, madame, je vous avoue que vous me feriez grand plaisir de dicter à quoi on en est, ce qu'on fait, et ce qu'on dit que l'on fera. Pour moi, je crois que dans six semaines on n'en parlera plus, et que tout rentrera dans l'ordre accoutumé.

Si, à vos moments perdus, vous voulez m'écrire tout ce que vous avez sur le cœur, et tout ce qui se débite, vous le pouvez en toute sûreté en envoyant la lettre à M. Marin, secrétaire général de la librairie. Il m'envoie mes lettres sous un contre-seing très-respecté; et d'ailleurs, quand on ne garantit point toutes les sottises qu'on entend dire, on n'en est point responsable.

On m'a envoyé un tome de *Lettres à une illustre morte;* elles m'auraient fait mourir d'ennui si je ne l'étais déjà de chagrin. On nous a dit que M. le marquis d'Ossun, ambassadeur en Espagne, a les affaires étrangères, et que monsieur l'évêque d'Orléans n'a plus celles de l'Église.

J'ai beaucoup de relations avec l'Espagne pour la vente des montres de ma colonie; ainsi je m'intéresse fort à M. le marquis d'Ossun qui la protége; mais pour les affaires de l'Église, vous savez que je ne m'en mêle pas.

Portez-vous bien, madame; conservez-moi une amitié qui fait ma plus chère consolation. Écrivez-moi tout ce que vous pouvez m'écrire, et envoyez, encore une fois, votre lettre chez M. Marin.

LETTRE 361.

MADAME LA MARQUISE DU DEFFAND A M. HORACE WALPOLE.

Mercredi, 9 janvier 1771.

Rien n'est plus obligeant, plus généreux, plus rempli d'amitié, et certainement plus sincère, que tout ce que vous me dites dans votre dernière lettre, que je ne reçus qu'hier, et que j'aurais dû recevoir dimanche; mais dans les premiers jours de l'année, il y a toujours du retardement; la quantité de lettres fait que les facteurs ne les distribuent que le lendemain; et puis vous vous doutez bien que les circonstances présentes leur font faire quelque séjour dans les bureaux; c'est une précaution bien en pure perte pour nos lettres, mais je suis bien sûre cependant qu'elles sont lues, et je n'en suis nullement inquiète : je ne vous en dirai pas moins tout ce que je sais et tout ce que je pense. Je commencerai d'abord par ma reconnaissance. Elle est extrême, mais elle est réfléchie, et ne me cause point de ces premiers mouvements qui vous ont tant déplu et que vous avez si mal interprétés. Vous m'avez amenée au point que vous désiriez; il serait bien à souhaiter qu'il y eût d'aussi bons médecins pour le corps que vous l'êtes pour l'âme. Vous n'avez point diminué mon estime ni même mon attachement, mais vous en avez calmé la vivacité et peut-être ôté la douceur. Je sais que j'ai un ami en vous, et je n'en doute point, mais un ami qui ne me connaît point telle que je suis. Si vous avez conservé les deux lettres que je vous ai renvoyées, relisez-les, elles m'ont fait une telle impression, que je ne peux jamais les oublier. J'ai depuis ce temps-là une sorte de terreur quand je vous écris, et c'est une grande gêne dans l'amitié de ne pouvoir pas dire ce que l'on pense, ce que l'on sent; enfin, de ne pouvoir pas aimer à sa manière et d'être obligé de s'en tenir, avec la seule personne qu'on aime, aux expressions dont on use avec ceux qu'on traite d'amis, sans rien sentir pour eux. Ce que je vous dis ne peut point vous fâcher; je ne prétends point acquérir le droit de reprendre mon ancien style. Je m'y sens autant de répugnance que vous pouvez en avoir; soyez tranquille à tout jamais. Je serai certainement toute ma vie votre meilleure amie; je désire de vous revoir; le plus grand malheur qui puisse m'arriver, c'est la guerre; mais si elle arrive, et si je ne dois plus espérer de vous revoir, je ne vous fatiguerai point de mes lamentations; aux malheurs sans remède, j'ai le courage de me soumettre. Les événements présents me causent beaucoup de chagrin, mais ils ne sont pas si sensibles ni ne m'affectent pas autant que ce qui m'est venu par vous. Me voilà soulagée : je vous ai dit ce que j'avais sur le cœur; je ne vous en parlerai plus.

C'est votre cousin [1] qui vous fera tenir cette lettre. Ainsi il

---

[1] M. Robert Walpole. (A. N.)

n'y a point à craindre qu'elle passe par les bureaux; je puis donc vous dire en toute liberté que rien n'est plus étrange que la disgrâce de mes amis, et qu'il n'y a point d'exemple, depuis qu'on renvoie des ministres, que le public ait marqué autant de regret et même d'indignation. La cabale ennemie est en horreur. Les chefs du parti sont divisés entre eux. On n'a encore remplacé que le département de la guerre par un homme (M. de Monteynard) dont on dit peu de bien; c'est le prince de Condé qui l'a placé; on ne doute point que M. d'Aiguillon n'ait les affaires étrangères : l'on croit qu'on attend la fin des négociations pour le nommer; cependant il y en a qui prétendent que le prince de Condé ne l'aime pas. L'abbé Terray se mêle de la marine, mais par intérim. L'affaire du parlement se négocie; on se relâchera de part et d'autre. Le chancelier est dans une exécration générale. Voilà l'état des choses pour le moment présent. Il m'est de la dernière indifférence que ce soit celui-ci ou celui-là qu'on mette en place.

Je suis fort bien avec mesdames d'Aiguillon et de Mirepoix; mais elles ne me seront utiles à rien et je n'ai rien à leur demander; ma fortune est médiocre; j'y réglerai ma dépense, et je vais éprouver ce mois-ci ce que je serai en état de faire. J'ai assez d'amis, ou pour parler plus juste, de connaissances; j'en ai reçu dans cette occasion-ci[1] beaucoup de marques d'attention et d'empressement. Je donne à souper tous les samedis; j'ai de fondation, ce jour-là, mesdames d'Aiguillon, de Mirepoix, la marquise de Boufflers, de Crussol; MM. de Beaufremont, de Pont-de-Veyle, l'envoyé palatin et votre cousin, qui me marque beaucoup d'amitié; je lui trouve de l'esprit, un bon cœur et beaucoup de sincérité.

Les autres jours, je soupe de temps en temps chez madame de Caraman, madame d'Enville, madame de Jonsac, chez les Trudaine, chez les Brienne, et puis chez moi, avec deux ou trois personnes; toujours la Sanadona[2], qui est bien plate et qui me copie à faire mal au cœur. Elle a pour amie la vicomtesse de Choiseul, qui a suivi M. de Praslin, son beau-père, dans son exil[3]; ainsi c'est un rapport parfait de sa situation à la mienne; les autres personnes, un des oiseaux, un diploma-

---

[1] La disgrâce du duc de Choiseul. (A. N.)
[2] Mademoiselle Sanadon, à qui M. Walpole avait donné ce nom. (A. N.)
[3] Le vicomte de Choiseul, fils du duc de Praslin, enveloppé dans la disgrâce de son cousin germain, le duc de Choiseul. (A. N.)

tique, un compatriote; enfin ce que le hasard me donne. Il m'arrive ces jours-ci un évêque à qui je prête le logement qu'occupait votre nièce; il me paraissait, il y a deux ans, un homme de bon sens et d'assez bonne compagnie. J'en ai presque perdu le souvenir; je vous dirai comment je le trouverai; c'est l'évêque de Mirepoix [1], vous l'avez dû voir chez moi.

J'ai presque entièrement perdu les idoles et je n'y ai nul regret. Je vois assez souvent la princesse de Beauvau; voilà son mari qui va arriver et qui est fort mon ami. Je me suis fait une loi de ne point souper chez madame de Luxembourg avec vingt ou vingt-cinq personnes; je veux mener la vie qui convient à mon âge. Je ne sors jamais avant neuf heures du soir; il ne me convient point de faire des visites; je m'établis à quatre heures dans mon tonneau et je reste rarement seule. Ce qui me désespère, c'est que je ne trouve aucune lecture qui m'amuse. Par déférence pour vous, j'ai entrepris l'*Histoire de Malte*; mais je ne puis la continuer. C'est un recueil de gazettes, ce sont des fous, des brigands, des scélérats, des dévots; j'en suis restée à Louis le Jeune; je ne puis me résoudre d'aller plus loin. Les croisades me paraissent aussi extravagantes que le roman d'Amadis, et cette passion pour recouvrer les lieux saints, la plus sotte, la plus plate entreprise qui pût jamais passer par la tête. Le style en est fort coulant, j'en conviens; mais je voudrais que l'auteur eût fait un autre usage de son talent; je vous en demande pardon; je me sais mauvais gré de n'être pas de votre avis [2].

Je suis désespérée de ne pouvoir pas vous faire lire les *Mémoires* de Saint-Simon : le dernier volume, que je ne fais qu'achever, m'a causé des plaisirs infinis; il vous mettrait hors de vous. Je ne saurais faire des projets pour l'avenir; mais cependant je veux me persuader qu'il n'est pas impossible que

[1] L'abbé de Cambon, conseiller au parlement de Toulouse, évêque de Mirepoix. (A. N.)

[2] M. Walpole lui répondit : « Je suis fâché que les *Chevaliers de Malte* ne vous amusent point; ce sont des gazettes, dites-vous; ce sont des fous, des brigands, des scélérats, des dévots. Eh! mon Dieu, n'est-ce pas là l'histoire? Ne venez-vous pas d'être charmée de le Vassor et de M. de Saint-Simon? Qu'était donc le règne de Louis XIII ou de son fils? La Terre sainte ne valait-elle pas le quiétisme et la bulle *Unigenitus*? Et les folies des jésuites et des jansénistes, qu'en diriez-vous, si ce n'étaient des absurdités inintelligibles et plus tristes et moins amusantes que la conquête de Jérusalem? » (A. N.)

vous les lisiez un jour; ils sont actuellement à Chanteloup, ils en reviendront peut-être.

J'ai souvent des nouvelles de ce pays-là; le grand abbé[1] a enfin obtenu la permission d'y aller; il partit lundi. La grand'-maman m'écrit des lettres charmantes, pleines d'amitié et de confiance; elle se conduit comme un ange; elle est environnée de ses belles-sœurs et beaux-frères, ce qui, avec l'abbé, avec Gatti, la petite sainte[2] et une autre dame de Choiseul et son mari, et M. et madame de Lauzun[3] qui iront samedi, fait, comme vous le voyez, assez de monde : le maître et la maîtresse de la maison se portent bien.

Il me reste à vous parler sur toutes les offres que vous me faites[4]; j'en suis très-flattée, non par vanité, mais par sensibilité; je ne serai point dans le cas d'en faire usage; croyez que ce ne sera pas par fierté ni manque de confiance, mais je ne suis pas dans le cas d'en avoir besoin.

Ne trouvez-vous pas cette lettre assez longue? Je n'y ai rien omis.

Adieu. Je compte trouver pour commencement dans votre première ou seconde lettre les mots que je vous ai demandés: *j'y consens.*

Voici des vers que je trouve fort jolis :

> Comme tout autre dans sa place,
> Il dut avoir des ennemis;
> Comme nul autre, en sa disgrâce,
> Il acquit de nouveaux amis[5].

Ils sont d'autant meilleurs, qu'ils sont très-vrais; il n'y a jamais eu d'exemple de regrets aussi généraux, il n'y a peut-être pas vingt personnes qui osent marquer de la joie. Des vers à son honneur pleuvent de toutes parts, ainsi que les épigrammes contre les ennemis; tous les ministres étrangers sont consternés. Ils furent hier à Paris chez M. de La Vrillière, le roi étant à Marly jusqu'à demain au soir; on verra mardi prochain chez

---

[1] L'abbé Barthélemy. (A. N.)

[2] Madame de Choiseul-Betz. (A. N.)

[3] Le duc et la duchesse de Lauzun; le duc était le neveu maternel de la duchesse de Choiseul. (A. N.)

[4] Ces offres consistaient, de la part de M. Walpole, à remplir la lacune que la disgrâce de M. de Choiseul, ainsi que le non-payement de sa pension, devait avoir produite dans les revenus de madame du Deffand. (A. N.)

[5] Le duc de Choiseul. (A. N.)

qui ils iront à Versailles, c'est-à-dire où ils dîneront; l'avant-dernier mardi, au sortir de chez le roi, ils s'en revinrent à Paris avant dîner.

Je trouve que ceci ressemble à l'assassinat de César : on n'avait rien prévu de ce qu'on ferait après.

LETTRE 362.

LA MÊME AU MÊME.

Paris, samedi 10 janvier 1771.

Je reçois votre lettre du 4; il est inconcevable que vous n'eussiez pas encore reçu ce jour-là une lettre de dix pages du 26 et du 27 de décembre [1]; votre cousin s'en était chargé; je le verrai cette après-dînée, et je lui demanderai raison de ce retardement; j'en suis inquiète; je compte bien que, dès que cette lettre du 27 vous sera parvenue, vous ne tarderez pas un instant à me l'apprendre.

Votre amitié, vos attentions, sont un puissant spécifique contre mes chagrins. On n'est point isolé quand on a un véritable ami, fût-il à mille lieues, dût-on ne le jamais revoir. Vous me faites espérer que, s'il n'y a point de guerre, vous viendrez ici; vous serez bien étonné si je vous exhorte à n'en rien faire; c'est cependant le conseil que je vous donne. C'est pour vous une grande fatigue; vous craignez le passage, les mauvais gîtes de la route, le logement des hôtels garnis, l'ennui du séjour. C'est acheter bien cher le plaisir d'un moment; je ne veux point que vous mettiez en compte celui que vous me ferez, et puis ne sera-t-il pas suivi d'une bien grande douleur, quand il faudra se séparer pour toujours? car je ne me flatte pas qu'il puisse être suivi d'un autre; deux ans d'intervalle est tout ce qu'il peut y avoir entre ma vie et le dernier de tous les voyages. Voilà ce que la raison me dit, je veux l'écouter et la croire; mais cependant quel bien cette raison nous fait-elle? Elle éteint ou amortit tous les sentiments naturels, et met à la place des idées qui nous sont toujours étrangères, qui ne s'insinuent jamais véritablement dans notre âme, qui nous font dire en bâillant que nous sommes heureux. J'honore la raison puisqu'il le faut, mais elle ne fait pas tant de bien qu'on s'imagine; je ne sais si elle rend estimable, mais je sais bien que quand elle est domi-

---

[1] C'est là la lettre dont l'éditeur regrette la perte. (A. N.).

nante, elle ne rend pas aimable. Voilà une dissertation des plus fastidieuses ; c'est la suite et l'effet des froides réflexions que la raison me fait faire ; j'ai envie de la laisser là, de changer de note et de vous dire tout naturellement : Venez, venez me voir, mon cher ami, tout le plus tôt que vous pourrez ; choisissez le plus beau temps et le moment où vous vous porterez le mieux.

Cette lettre sera écrite à diverses reprises, puisqu'elle ne partira que lundi.

Vendredi 11.

Votre cousin m'a rassurée sur ma lettre du 27 ; il prétend qu'il est impossible qu'elle soit perdue ; il l'a fait partir par son courrier ; je compte bien que vous y répondrez sur-le-champ. Mais je ne recevrai cette réponse que lundi, quand la poste sera partie, parce que dans ce temps-ci on nous délivre les lettres un jour plus tard.

Je n'ai rien appris hier ; tout ceci n'a point encore pris couleur. Qu'est-ce que cela me fait? quel intérêt y puis-je prendre? il n'y a plus qu'un point important pour moi, c'est de m'ennuyer le moins qu'il sera possible ; le pire de tous les états c'est l'indifférence ; vous seul pouvez m'en garantir. Quand je pense à tous les gens que je connais, même avec lesquels je vis journellement, qu'on appelle *mes amis*, il n'y en a aucun, hommes et femmes, qui aient la plus légère velléité de sentiments pour moi, ni moi pour eux ; il y en a même, dans ceux que je vois le plus souvent, en qui je démêle une jalousie, une envie, dont je suis occupée sans cesse à arrêter les effets et les progrès ; la vanité, les prétentions, rendent la plupart des gens insociables. Ai-je tort de trouver qu'il est malheureux d'être né? Vous suffisez cependant pour m'empêcher d'être malheureuse ; mais voyez de quel genre est le bonheur que vous me procurez, et de combien de traverses il est accompagné. Il n'y en aura plus à l'avenir, du moins je l'espère, que celle de l'absence ; mais n'est-elle pas bien grande?

Je vous demande pardon de vous parler de vous et de moi : mais n'est-on pas entraîné malgré soi à parler de la seule chose qui intéresse? Hélas! il n'est que trop vrai que tout le reste ne saurait ni m'amuser ni m'occuper. Adieu pour aujourd'hui, peut-être reviendrai-je à vous demain.

Dimanche 13, à deux heures.

Je me persuade que je n'aurai point de lettres aujourd'hui,

et que notre poste partira avant qu'il m'en arrive; ainsi je vais conclure celle-ci.

Je crois vous avoir mandé, dans une de mes dernières lettres, que je donnais à souper pour la dernière fois à douze personnes, et que je ne voulais plus à l'avenir avoir tant de monde; eh bien! en conséquence nous étions hier seize, dont j'enrageais; je ne me mis point à table; je restai avec le comte de Broglie, votre ambassadeur et votre cousin. On établit un vingt-un, où je ne jouai pas; je m'ennuyai beaucoup. Vos trois jeunes gens restèrent les derniers, Fox, Spencer, et Fitz-Patrick; c'est ce dernier qui, je crois, me plaît le plus: il a de la douceur, de la souplesse, mais je le connais trop peu pour en bien juger; pour le Fox, il est dur, hardi, l'esprit prompt; il a la confiance de son mérite; il ne se donne pas le temps de l'examen, il voit tout du premier coup d'œil, et il voit tout à vue d'oiseau, et je doute fort qu'il fasse la distinction d'un homme à un autre. Ce n'est point par suffisance. Il n'a point l'air méprisant ni vain; mais on ne communique point avec lui, et je suis persuadée qu'il ne peut former aucune liaison que celle qu'entraîne le jeu, et peut-être la politique; mais de celle-ci je n'en sais rien.

Il arriva avant-hier matin un courrier d'Espagne; on ignore quelle nouvelle il a apportée; on juge sur les physionomies; mais les uns les voient tristes et les autres gaies. On dit qu'on ne tardera pas à savoir à quoi s'en tenir. Je tremble de l'apprendre. Si nous avons la guerre, je ne sais ce que je deviendrai; je ne veux point vous attrister, ainsi je me tais.

LETTRE 363.

M. DE VOLTAIRE A MADAME LA MARQUISE DU DEFFAND.

19 janvier 1770.

Votre grand'maman, madame, me fait l'honneur de m'appeler son confrère. Je prends la liberté de me dire plus que jamais votre confrère aussi, car il y a quatre jours que je suis absolument aveugle. Nous sommes enterrés sous la neige. En voilà pour un grand mois au moins.

Votre grand'maman, Dieu merci, est moins à plaindre. Elle est dans le plus beau climat de la terre. Elle sera honorée partout; elle sera plus chère à son mari; elle possède un petit royaume où elle fera du bien.

Mais j'ai un scrupule. On dit que son mari a autant de dettes qu'il a fait de belles actions. On les porte à plus de deux millions. On ajoute qu'un homme de quelque considération lui a mandé que, sans sa femme, il aurait été ailleurs que chez lui. Voilà de ces choses que vous pouvez savoir et que vous pouvez me dire.

Cette petite Vénus en abrégé me paraît un Caton pour les sentiments, et son catonisme est plein de grâces. Vous ne sauriez croire combien je suis fâché de mourir sans vous avoir revues l'une et l'autre.

Un jeune homme, qui me paraît promettre quelque chose, est venu me montrer cette lettre traduite de l'arabe, que je vous envoie. Je pense que votre grand'maman l'a reçue. Je vous conjure de n'en point laisser prendre de copie.

Adieu, madame, je souffre beaucoup; je ne pourrai rien écrire qui pût vous amuser. Je suis forcé de finir en vous disant que je vous serai attaché jusqu'au dernier moment de ma vie.

LETTRE 364.

MADAME LA MARQUISE DU DEFFAND A M. HORACE WALPOLE.

Paris, samedi 19 janvier 1771.

Je n'ai reçu qu'hier vos lettres du 8 et du 12. Ce retardement m'a bien déplu; j'avais grand besoin d'être tirée d'un redoublement de mélancolie qui se tournait en vapeurs. Votre amitié m'est un grand spécifique, et sans ce maudit océan, qui est si mal placé, puisqu'il nous sépare, je serais, malgré mon âge et tant d'autres circonstances, la plus heureuse du monde. Vous me faites espérer une visite; je n'ai pas assez de générosité pour vous en détourner; je sens que je le devrais; c'est une complaisance qui vous coûte trop cher; le voyage est terrible, l'habitation détestable. Puis-je raisonnablement me flatter de vous dédommager de ces inconvénients? Je sais bien que vous ne me laisserez voir aucun ennui, et que je me laisserai aller à croire que vous n'en avez point. Mais actuellement que je ne suis point avec vous, et que je réfléchis sur tout ce qui se passe entre nous, je ne suis pas sans crainte. Voilà ce que ma conscience m'oblige de vous dire.

Si en effet vous venez ici, je mènerai la vie qui vous conviendra; vous déciderez entre le dîner et le souper. Présentement je soupe, mais j'ai quelques velléités pour le dîner; c'est la société qui m'arrête; mon plan est de toujours manger chez moi, sans cependant m'astreindre à ne pas souper ailleurs : jusqu'à présent je n'ai guère soupé chez moi plus de deux fois la semaine, parce que j'ai été invitée ailleurs. Les jeudis, je vais chez madame de Jonsac, où il y a un cavagnol[1]; je soupe ordinairement une fois dans la semaine chez les Caraman; j'ai la maison des Brienne[2], où je vais tant que je veux; madame d'Anville me prie quelquefois, et quand madame de Mirepoix est à Paris, je peux presque toujours passer les soirées avec elle, soit chez elle, chez moi, ou chez madame de Caraman. Comme madame d'Aiguillon loge avec son fils, elle n'ose guère m'inviter; mais elle vient chez moi de fort bonne grâce. Mon souper du samedi est fondé pour elle et pour madame de Mirepoix; je vais en établir un autre dans la semaine pour les Luxembourg et les Beauvau; les oiseaux sont la troupe légère qui sont admis indifféremment dans les deux camps. Les jours où je suis seule, j'ai la Sanadona, votre cousin qui ne soupe point, et j'aurai incessamment de plus l'évêque de Mirepoix, qui occupera le logement de votre nièce. Les hommes que je vois journellement sont votre ambassadeur[3], qui est le meilleur homme du monde, plusieurs diplomatiques, Pont-de-Veyle, le prince de Beaufremont, et plusieurs autres qu'il serait trop long de nommer; l'évêque de Rhodez et l'abbé de Cicé; il a de l'esprit, de la gaieté, est au fait de tout. Je ne sais cependant s'il vous plaira.

Je vois souvent de Lisle; il m'annonce toujours madame du Châtelet; il me dit les plus belles choses de sa part; mais je m'obstine à me laisser chercher, par un sentiment d'humilité qui a l'apparence de la fierté.

Voilà un compte exact de la vie que je mène; je préférerais bien l'habitation d'un château, avec le très-petit nombre de gens

---

[1] Sorte de jeu de hasard. (A. N.)

[2] Le comte de Brienne, son petit-neveu, était frère de M. de Loménie de Brienne, archevêque de Toulouse, et ensuite cardinal de Loménie. Le comte de Brienne avait épousé une femme fort riche, et tenait un grand état à Paris. Au règne suivant, il fut, pendant peu de temps, ministre de la guerre. Lui-même, et plusieurs de ses parents, périrent pendant la Révolution. Son frère, le cardinal archevêque, fut trouvé mort dans son lit le jour qui précéda celui où l'on vint se saisir de sa personne pour le conduire à Paris, et le faire juger par le tribunal révolutionnaire. (A. N.)

[3] Georges Simon, comte d'Harcourt, père du comte actuel, 1827. (A. N.)

que j'aime, *à la solitude du grand monde,* comme dit M. Craufurd.

Ah! il a raison; on est bien seule par l'indifférence que l'on a pour ceux qu'on voit, et celle que l'on a pour nous.

Nos affaires vous occupent beaucoup en Angleterre, jugez de ce qu'elles font ici. Tout n'est que conjectures; les exilés doivent être flattés de tout ce qui se passe, et leur courage est bien étayé; eux et leurs amis se conduisent très-prudemment.

Nous aurons de grands événements ces jours-ci; le parlement persiste à ne point remplir ses fonctions, ce qui est d'un grand inconvénient pour le public. Il les reprit, il y a trois ou quatre jours, parce qu'ils comprirent mal la lettre de jussion; ils crurent qu'on retirerait le préambule de l'édit de la Chambre de justice, et qu'il y aurait des modifications pour le troisième article[1]; sur cela ils se remirent à juger, et prononcèrent la sentence de séparation de M. et de madame de Monaco. Voilà le seul acte qu'ils firent[2]; le lendemain ils apprirent, par de nouvelles lettres de jussion, que l'édit et le préambule n'étaient point supprimés, et ne le seraient jamais. Nouvel arrêté de leur part, où ils confirment tout ce qu'ils ont dit et fait précédemment; si bien qu'il n'y a que madame de Monaco qui ait profité du moment.

Nous croyons ici à la paix, et on se persuade qu'on attend qu'elle soit assurée pour faire les arrangements du ministère; chacun nomme les ministres à sa fantaisie. Pour moi, je ne change point d'opinion, mais je pourrais bien me tromper. Ce qui est de certain, c'est que cela m'est fort indifférent.

Mes projets sont très-conformes à vos conseils; je ne pense point aller à Chanteloup avant cinq ou six mois d'ici. On s'y porte bien, la bonne intelligence subsiste. M. de Stainville en est arrivé mercredi au soir; il distribua le jeudi les lettres à tout le monde, excepté à moi; j'en étais furieuse. J'envoyai hier matin chez lui pour savoir si en effet il n'avait point de lettres pour moi; il me fit dire qu'il en avait une, et qu'il me l'apporterait lui-même l'après-dîner; il n'est point venu, et ne m'a point envoyé de lettre. Je m'imagine qu'il l'a perdue.

---

[1] Par lequel le parlement était obligé de reconnaître, comme une loi de l'État, l'obligation indispensable de toutes les cours souveraines, d'enregistrer tous les édits que le roi pourrait leur adresser, quand même ils seraient contraires à leurs propres remontrances. (A. N.)

[2] Que les plaisants du jour appelèrent *la paix de Monaco.* (A. N.)

Je vous ai mandé que vous n'aviez qu'à m'envoyer votre lettre pour la grand'maman, et que je la lui ferais tenir; ne faites nul effort, et imaginez que c'est à moi que vous écrivez.

Il y a longtemps que j'ai pris mes mesures pour avoir, tout des premières, le catalogue qu'on fait pour la vente des tableaux de M. de Thiers, et vous devez compter que vous l'aurez sur-le-champ. Adieu, s'il y a quelque chose de nouveau, j'ajouterai une page.

A neuf heures du soir.

L'ambassadeur me fournit une occasion pour vous faire tenir cette lettre; je n'ai qu'un moment pour vous écrire. Tout est en combustion ici. On ne doute pas que demain ou après-demain il n'y ait une inondation de lettres de cachet pour le parlement [1]. Le prince de Condé est allé à Chantilly; on le croyait exilé, mais on dit qu'il ne l'est pas; il est pour le moins dans la disgrâce. On est plus en doute que jamais sur le choix du ministre des affaires étrangères. Le roi dit l'autre jour à M. de Monteynard : Vous êtes des ennemis de M. de Choiseul?—Sire, il m'a toujours refusé ce que je lui ai demandé; mais je ne suis point son ennemi; il a trop bien servi Votre Majesté. Un quidam dit à ce même Monteynard : Prenez garde à vous, car vous êtes environné des amis de M. de Choiseul. — Ah! dit-il, je crains bien moins ses amis que ses ennemis.

Enfin, M. de Stainville m'a apporté deux lettres de Chanteloup, l'une de cinq pages, de la grand'maman, que je n'ai pas encore eu le temps de lire; l'autre de quatre pages, de l'abbé, que j'ai lue; il me dit ce qu'il y a de plus obligeant sur l'empressement qu'on a de m'avoir à Chanteloup.

Je suis contente au delà de toute expression de ces deux mots : *j'y consens;* je ne vous en parlerai plus jamais.

Adieu, ma chambre est pleine de monde; je vous quitte à regret.

---

[1] La même nuit que madame du Deffand écrivait cette lettre, une troupe de mousquetaires fut détachée chez la plupart des membres du parlement, pour leur remettre des lettres de cachet, avec injonction de déclarer s'ils voulaient reprendre leurs fonctions ordinaires; en conséquence de quoi ils devaient signer oui ou non. Environ quarante, qui n'avaient pas reçu de lettres de cachet, se rendirent au palais deux jours après, avec le premier président à leur tête, et dressèrent un acte contre les procédés qui avaient eu lieu, dans la seule intention de se mettre dans la même catégorie que leurs confrères qui avaient reçu des lettres de cachet. (A. N.)

LETTRE 365.

LA MÊME AU MÊME.

Dimanche 27, à deux heures après midi.

La poste est si ridicule, qu'elle n'a plus de jours marqués; je souhaite que le facteur interrompe cette lettre; mais je ne l'espère pas.

Je suis transportée de joie : j'appris hier à midi que nous avions la paix, qu'elle avait été signée chez vous mardi 22, dans la matinée. Si vous en avez été aussi aise que moi, vous m'aurez écrit avant le départ du courrier. Celui de l'ambassadeur arriva hier, et il est de toute probabilité que celui du public doit arriver aujourd'hui. S'il ne m'apporte point de lettres, j'en serai étonnée. En attendant que je sache ce qu'il en sera, je vais répondre à votre lettre du 18.

C'est une antipathie naturelle que j'ai pour les croisades, et cela dès mon enfance. Je hais don Quichotte, et les histoires de fous; je n'aime point les romans de chevalerie, ni ceux qui sont métaphysiques; j'aime les histoires et les romans qui me peignent les passions, les crimes et les vertus dans leur naturel et leur vérité; j'aime surtout les détails des intrigues, et c'est ce qui fait que je préfère infiniment les *Mémoires* et les *Vies* particulières aux histoires générales. Mais je ne vous ai point dit mon dernier mot sur celle de Malte. Le siége de Rhodes m'a fait plaisir et m'a fort intéressée. Il faut vous faire un aveu; mon esprit s'affaiblit, se fatigue, se lasse; je n'ai plus de mémoire; je ne suis plus capable d'application; il n'y a presque plus rien qui m'intéresse; je suis dégoûtée de tout; il me semble qu'on n'est point née pour vieillir; c'est une cruauté de la nature de nous y condamner; je commence à trouver mon état insupportable. J'ai eu des chats, des chiens qui sont morts de vieillesse, et se cachaient dans les trous; ils avaient raison. On n'aime point à se produire, à se laisser voir, quand on est un objet triste et désagréable. Cependant il faut de la dissipation; et je peux m'en passer moins qu'un autre; mais comme je ne veux point traîner dans le monde et fatiguer les autres, j'ai pris le parti de ne jamais faire de visites. Je reste dans mon tonneau (c'est l'équivalent des coins et des trous de mes chiens et chats); jusqu'à présent, il n'est pas de mauvais air de m'y venir chercher; le temps arrivera qu'il n'y aura que les désœuvrés qui prendront cette peine. Pour prévenir cette honte, je rassemble autant que je puis ce que nous appelons la bonne compagnie, que le plus souvent j'appellerais la sotte compagnie. De temps en temps, il me prend des dégoûts pour celui-ci, pour celle-là, mais je me contrains, et je me dis : Qui sont ceux qui valent mieux? Les seuls que j'excepterais sont bien loin de moi, et vraisemblablement pour toute ma vie. Voilà des idées tristes qui vous désolent, et ne vous invitent pas à sortir de chez vous. Je tombe toujours dans l'inconvénient de vous parler de moi, et j'ai d'autant plus tort que je n'ignore pas combien cela vous ennuie.

Si vous vous souciiez de nos nouvelles, j'aurais bien à raconter; un ancien, un nouveau parlement, cent quarante ou cent soixante personnes exilées, toutes éparpillées; des magistrats de nouvelle ordonnance [1], qui s'assemblent tous les jours, et sont comme le cuisinier dans l'*Andrienne* de Térence. On nous annonce pour demain la nomination du ministre des affaires étrangères; peut-être est-il déclaré présentement; je n'ai encore vu personne, la curiosité ne me tourmente point. Si c'est le fils [2], et que vous écriviez à la mère, en lui parlant de moi, ne faites mention que de mon amitié pour elle; je ne puis jamais être dans le cas d'avoir besoin de son fils.

J'ai oublié de vous dire que j'avais mandé à la grand'maman les choses obligeantes que vous m'aviez écrites sur elle, et que vous étiez dans l'intention de lui dire à elle-même; elle m'a répondu avec beaucoup d'amitié pour vous, mais en même temps de vous détourner de lui écrire parce qu'elle serait embarrassée de la réponse; elle s'est fait une loi de ne point écrire par la poste. Cependant je crois que vous feriez bien de m'envoyer une petite lettre pour elle.

[1] Après le renvoi et l'exil de tous les membres du parlement qui avaient refusé de reprendre leurs fonctions, on forma un tribunal temporaire pour remplir leurs places. Plusieurs membres du parlement avaient pris la fuite, pour éviter de se voir forcés d'entrer dans ce nouveau corps; mais ils furent contraints de revenir sous peine d'être mis en prison et de perdre leurs charges. Les gens du roi avaient demandé la permission de résigner leurs places; mais ils furent refusés, et obligés de figurer dans le nouveau tribunal. Ce nouveau parlement fut si mal vu par le peuple, qu'il fallut donner aux conseillers qui y siégeaient des soldats pour les garder, ce qui ne les empêcha pas même d'être sifflés et molestés, quand ils se rendaient aux cours de justice, avec le chancelier à leur tête. (A. N.)

[2] Le duc d'Aiguillon. (A. N.)

A quatre heures.

Il y a un courrier qui ne m'apporte rien; pourquoi m'en étonner? Bonsoir.

LETTRE 366.

M. DE VOLTAIRE A MADAME LA MARQUISE DU DEFFAND.

A Ferney, 11 février 1771.

Votre camarade le Quinze-Vingt, madame, affligé de la goutte et de la fièvre, ramasse le peu de force qui lui reste pour vous écrire et pour vous supplier de faire passer à votre grand'maman la feuille ci-jointe.

Je n'ai depuis huit jours aucune nouvelle de Paris dans mon enceinte de neige. Enfermé dans ce sépulcre blanc, j'ignore où vous en êtes, si vous allez trouver votre amie à la campagne, si la personne que vous me disiez devoir être nommée lundi a été en effet nommée et déclarée, si les avocats se sont remis à plaider, si le Châtelet continue à faire ses fonctions, si l'Opéra-Comique attire tout Paris. Je suis mort au monde; ce serait un état assez doux, si je ne souffrais pas horriblement.

Vous faites cas de la nation anglaise. Vous avez raison de l'estimer. Elle a trouvé un très-beau secret. C'est qu'aucun particulier chez elle ne va à la campagne que quand il lui en prend envie.

On m'a mandé que M. et madame Barmécide sont endettés de près de trois millions; en ce cas, ils ont besoin d'une nouvelle vertu, la seule peut-être qui leur manquât, et qu'on appelle l'économie.

Mais vous, madame, comment vous êtes-vous tirée d'affaire dans les réductions qu'on a faites sur votre revenu? Vous n'êtes pas une personne à devoir des trois millions.

Comment vous portez-vous, madame? Comment passez-vous vos vingt-quatre heures? Comment supportez-vous la vie? La mienne est à vous, mais très-inutilement; et probablement je ne vous reverrai jamais, ce dont je suis beaucoup plus affligé que de ma goutte et de ma fièvre. Vous ne savez pas combien le vieil ermite vous regrette.

LETTRE 367.

M. DE VOLTAIRE A MADAME LA MARQUISE DU DEFFAND.

A Ferney, 15 février 1771.

Je vous demande en grâce, madame, de me faire écrire sur-le-champ s'il est vrai que la grand'maman ait reçu une lettre du patron et si cette lettre est aussi agréable qu'on le dit. Les petits versiculets barmécidiens ont couru. Je peux en être fâché pour eux, qui ne valent pas grand'chose; mais je ne saurais en être fâché pour moi, qui ne rougis point d'un sentiment honnête. J'aurais trop à rougir, si je craignais de montrer mon attachement pour mes bienfaiteurs; je ne leur ai jamais demandé de grâce qu'ils ne me l'aient accordée sur-le-champ. Il est vrai que ces grâces étaient pour d'autres, mais c'est ce qui me rend plus reconnaissant encore. Je leur serai dévoué jusqu'à mon dernier soupir.

Je voudrais vous accompagner, madame, dans votre voyage, mais mon triste état ne me permet pas de me remuer, et d'ailleurs je n'ai pas le bonheur d'être de ce pays que vous aimez et où l'on va coucher chez qui l'on veut. Tout ce que je puis faire c'est de vous être dévoué comme à vos amis; on ne s'est point encore avisé de nous défendre ce sentiment-là.

Portez-vous bien; écrivez-moi tout ce qu'il vous plaira, et conservez-moi un peu d'amitié.

LETTRE 368.

MADAME LA MARQUISE DU DEFFAND A M. HORACE WALPOLE.

Paris, vendredi 15 février 1771.

Vous faites beaucoup valoir votre amitié, et vous ne surfaites point votre marchandise; elle m'est d'un prix inestimable; et quoique celle que j'ai pour vous puisse avoir quelque petite valeur, elle ne peut m'acquitter, ni être du même prix que la vôtre. Parmi les qualités que je puis avoir, il en est une qui, par sa propre nature, est tantôt bonne et tantôt mauvaise; c'est une chose difficile à vous expliquer; j'aurais l'air de me donner une louange. Je vous dirai seulement le résultat de cette qualité; c'est de sentir et démêler parfaitement tout ce qu'on pense de moi, et d'en recevoir une impression si vive, que je n'ai pas le pouvoir de modérer mon mécontentement ou ma satisfaction; mais comment, avec toute l'amitié dont vous êtes capable, avez-vous aussi peu d'indulgence? Vous êtes comme le Grand Turc d'un de nos opéras; il dit à la sultane, qu'il vient de quitter pour une autre :

> Dissimulez vos peines,
> Et respectez mes plaisirs.

Je ne dois donc pas, quand je suis triste, vous le laisser voir : vous devriez m'envoyer un modèle de lettre. Si je vous parle des uns, des autres, nouvelle matière à réprimande. Je suis *variable, difficile à vivre, épineuse, indiscrète;* enfin, en épluchant vos lettres, que dis-je, éplucher? vraiment, vous vous expliquez très-clairement et très-continûment, et vous ne me laissez aucun doute sur toutes vos préventions contre moi. Savez-vous l'effet que cela me fait? C'est que je ne vous en aime pas moins, et que je n'en compte pas moins sur votre amitié. Je conviens que nos caractères ne se ressemblent point : vous avez du pouvoir sur vous-même, ou plutôt vous êtes né heureusement; vous êtes gai, vous avez des talents, vous vous passez de tout, vous vous suffisez à vous-même. Je suis diamétralement tout le contraire; et je vais vous faire un aveu très-vrai, et qui vous surprendra peut-être; c'est que j'ai tous les défauts que vous me reprochez, ce qui fait que je ne peux pas me souffrir moi-même, et que je me supporte avec beaucoup plus de peine que les autres ne peuvent me supporter. Je me demande souvent comment il est possible que vous soyez devenu mon ami, puisque même mon amitié, qui pourrait me tenir lieu de mérite, est ce qui vous déplaît le plus. *O altitudo!* Je n'y comprends rien. Mais enfin il n'est pas nécessaire que je le comprenne; il me suffit que cela soit.

Samedi 16 à huit heures du matin.

Assurément vous donnez bien le démenti à saint Augustin. Il a dit : Aimez et faites tout ce qu'il vous plaira[1]. Je ne fais et ne dis rien qui ne vous déplaise. Je viens de relire vos lettres, celles du 4 et du 7; je ne les ai reçues qu'hier, les deux derniers courriers ayant manqué. Je ne nie pas que les réprimandes ne soient fondées. J'ai encore bien des défauts, je fais encore bien des fautes; mais n'êtes-vous pas injuste de ne me pas

---

[1] *Ama et fac quod vis.* (A. N.)

trouver corrigée sur bien des articles? Vous n'aimez pas le style *larmoyant*. Ce terme n'est-il pas dur, et votre amitié ne vous rend-elle sensible qu'aux malheurs où vous désirez d'apporter du remède? Vous m'interdisez de vous parler des autres : *je ne veux des amis que pour les rendre dépositaires de mes peines.* Je ne nie pas que ce soit une grande consolation d'en pouvoir faire cet usage. Croyez-vous que je ne voulusse pas aussi qu'ils en usassent de même avec moi? et que si vous aviez du chagrin, que si vous m'en faisiez confidence, vous ne trouvassiez pas en moi de la sensibilité, et que je n'essayasse de vous consoler en vous excitant à me confier toutes vos peines? Je ne penserais pas que vous ne me voulussiez faire jouer que le rôle d'une *complaisante* au lieu de celui d'une amie. Ah! que vous me connaissez mal, quand vous croyez que je veux vous *dompter!* Mon ambition serait bien satisfaite si je pouvais me flatter de vous avoir *apprivoisé.*

Il ne me reste plus qu'un mot à dire, et puis je ne vous parlerai plus de moi. Je désire passionnément de vous revoir; je crains presque également que vous vous donniez cet ennui et cette fatigue. A l'égard de l'ennui, je vous épargnerai très-certainement celui que vous craignez le plus; comme vous aimez les détails, je vais vous raconter tout ce que je fais et tout ce que je sais.

Le mardi gras, je donnai à souper à toute la société du feu président, ce qui m'amusa médiocrement. Le lendemain, mercredi, je soupai encore chez moi avec très-peu de monde; j'avais madame et mademoiselle Churchill [1]. Le lendemain, jeudi, j'eus une belle visite : on m'annonça le comte de Scheffer, qui, en entrant, me dit qu'il m'amenait deux jeunes gentilshommes qui désiraient de m'être présentés et faire connaissance avec moi; c'étaient les princes de Suède [2]. L'aîné me parut le plus aimable du monde, d'une politesse aisée et facile, beaucoup de gaieté. Ils restèrent une demi-heure chez moi; ils y doivent revenir et me demander à souper, à ce que m'a dit M. de Creutz [3]. Hier matin, M. de Beaufremont fut les voir;

---

[1] Feu lady Marie Churchill, belle-sœur de M. Walpole, et sa fille aînée, qui fut mariée ensuite à feu lord Cadogan. (A. N.)

[2] Le feu roi de Suède, Gustave III, et son frère le duc de Sudermanie, qui devint roi de Suède après l'abdication de Gustave IV. (A. N.)

[3] Le ministre de Suède à Paris; il avait succédé au comte de Scheffer, qui avait longtemps habité Paris en la même qualité. (A. N.)

ils lui parlèrent beaucoup de moi d'une façon très-obligeante. Je soupai vendredi chez les Brienne avec vos parentes, et je soupai encore hier avec elles chez la marquise de Boufflers, où était madame de Mirepoix, qui doit donner un bal à votre nièce de demain en huit. On la trouve jolie, et on dit qu'elle ressemble en beau à notre Dauphine. Ce soir c'est mon samedi, et ma compagnie ordinaire. Demain, chez madame de Mirepoix, avec la maréchale de Luxembourg sa petite-fille (la duchesse de Lauzun), la marquise de Boufflers, etc. Mardi je donnerai à souper aux Beauvau, à l'archevêque de Toulouse et au comte de Broglie.

La princesse de Poix[1] accoucha mercredi d'un garçon, ce qui a causé une grande joie.

L'on n'a encore disposé d'aucune charge ni d'aucune place, tout n'est ici que conjectures ; j'en fais une qui me déplaît fort, c'est que notre paix avec vous ne sera pas durable.

J'espère que M. Churchill[2] m'apportera les éventails et la soie de la grand'maman. Adieu. Cette lettre est sans chaleur et sans âme ; mais je n'ai pas bien passé la nuit et j'ai la tête fort faible.

Dimanche 17.

J'eus hier au soir mesdames de Mirepoix et d'Aiguillon ; cette dernière est d'une gaieté ravissante et d'une impartialité parfaite. La pauvre maréchale est triste ; je la plains ; elle m'intéresse. Je lui rends tous les bons offices que je peux. Je vous assure que, si vous venez ici, vous ne vous ennuierez pas autant que vous vous l'imaginez ; nous aurons bien matière à conversation. J'ai la plus grande frayeur de mourir avant ce voyage, et cette crainte me fait user d'un grand régime. Je suis inquiète aujourd'hui de mon ami Pont-de-Veyle, il avait la fièvre hier : Il est aussi vieux que moi, et se persuade être beaucoup plus jeune. Il mène la vie d'un homme de trente ans ; ce serait pour moi une grande perte : c'est à tout prendre mon meilleur ami ; il y a cinquante-trois ou quatre ans que nous nous connaissons. Je

---

[1] La fille du prince de Beauvau, mariée au prince de Poix, le fils aîné du maréchal de Mouchy. Il a demeuré longtemps en Angleterre au commencement de la Révolution, ainsi que le fils dont la naissance est annoncée ici, le comte Charles de Noailles, aujourd'hui duc de Mouchy, qui épousa mademoiselle La Borde, fille du banquier de ce nom, dont il est souvent parlé dans ces lettres. 1827. (A. N.)

[2] Charles Churchill, mari de lady Marie Churchill. (A. N.)

le vois presque tous les jours ; il a l'esprit raisonnable ; il juge les hommes tels qu'ils sont ; il se conduit selon vos principes et sans se faire d'efforts ; il vit uniquement pour lui, et c'est peut-être ce qui le rend plus sociable, parce qu'il ne fait dépendre son bonheur de qui que ce soit ; il n'exige rien de personne, et ne s'assujettit à aucune contrainte. Il n'est pas raisonneur ; mais il est philosophe dans la pratique ; à tout prendre, c'est l'homme qui me convient le mieux, et je serais très-fâchée de le perdre.

J'oubliais de vous dire que mercredi dernier, jour des Cendres, je fis usage de votre *j'y consens*[1]. Ce fut une scène assez comique ; j'étais avec deux messieurs qui étaient les acteurs, et j'avais Pont-de-Veyle pour spectateur. La scène, qui naturellement devait être sérieuse, fut fort gaie ; les deux messieurs sont des personnages de comédie. Ils furent fort embarrassés à désigner le siège que j'occupais : ce n'était point, disaient-ils, une chaise, ni un fauteuil, ni un canapé, ni une bergère, ni une duchesse ; un tonneau ou une ravaudeuse les auraient trop surpris ; ils n'auraient pas voulu se servir de ces mots ; enfin ils écrivirent *fauteuil*.

J'ai une vraie satisfaction que cette affaire soit terminée, et jamais vous ne m'avez fait un plus véritable plaisir qu'en prononçant ces deux mots. J'en attends trois autres qui me rendraient bien contente ; devinez-les.

Avant de finir, il faut que je vous dise que je suis très-contente de vous ; je vois que vous voulez m'aimer, et que comme vous vous connaissez bien et que vous me connaissez bien aussi, vous me dites avec franchise tout ce qui pourrait me refroidir, et tout ce qui pourra me conserver, et peut-être augmenter votre amitié ; je vous en suis obligée, et j'aime bien mieux cette manière que des protestations où l'on se trompe soi-même autant qu'on trompe les autres.

LETTRE 369.

MADAME LA MARQUISE DU DEFFAND A M. DE VOLTAIRE.

Paris, 19 février 1771.

Votre lettre sera portée à la grand'maman[2] après-demain jeudi, par M. de Lauzun, son neveu, qui va la trouver. Son

[1] Elle avait fait son testament, et avait légué tous ses manuscrits à M. Walpole. (A. N.)

[2] Voyez *OEuvres de Voltaire*, tome LXI, page 439. (L.)

mari et elle jouissent de la gloire et du repos, ils paraissent pafaitement contents. Si l'ennui ne survient pas, je les tiens infiniment heureux. L'état de leurs affaires y pourrait apporter quelques obstacles, mais ils n'ont point d'enfants, ils ne sont plus engagés à la même dépense, ils peuvent s'acquitter petit à petit sur leurs épargnes ; enfin ils jouissent de la paix et de la bonne conscience. Mon plus grand désir est de les aller trouver, mais il en faut obtenir la permission, et ce n'est pas encore le moment de la demander.

Nous avons ici les princes de Suède[1], qui sont très-aimables. Ils ne veulent aucun cérémonial ; on les reçoit et on leur donne à souper en petite compagnie comme à des particuliers ; ils sont au fait de tout. Le prince royal est d'une très-bonne conversation, poli, gai, facile ; ils resteront ici jusqu'après Pâques ; le roi les traite fort bien. Le comte Scheffer[2], que vous connaissez, est avec eux, et j'ai été ravie de le revoir. Ce sera avec M. de la Vrillière qu'il travaillera sur les affaires. Ce ministre supplée à tout, il fait les fonctions de tous les emplois vacants ; on dit qu'il le seront encore longtemps. On nous annonce un nouveau parlement pour la semaine prochaine. Les remontrances, les arrêtés, les lettres pleuvent à verse ; il n'y a jamais eu de temps semblable à celui-ci : quelques chansons, des épigrammes, des bons mots égaient la scène. Heureusement nous avons la paix ; on dit qu'elle ne sera pas durable, mais c'est toujours beaucoup de gagner un an ou deux. Si jamais je puis me trouver à Chanteloup, je m'embarrasserai bien peu de tout ce qui arrivera.

Donnez-moi toujours de vos nouvelles, mon cher Voltaire. La disgrâce de mes parents ne vous refroidira pas pour eux, ni pour moi, à ce que j'espère.

LETTRE 370.

MADAME LA MARQUISE DU DEFFAND A M. HORACE WALPOLE.

Paris, jeudi 21 février 1771.

C'est par votre cousin[3] que vous recevrez cette lettre ;

---

[1] Le prince royal, depuis Gustave III, et son frère le prince Frédéric, duc d'Ostrogothie. (A. N.)

[2] Le comte de Scheffer avait été longtemps ambassadeur de Suède en France, où il eut pour successeur M. le comte de Creutz ; il avait accompagné le prince royal son frère dans leur voyage à Paris. (A. N.)

[3] M. Robert Walpole. (A. N.)

j'aimerais mieux que ce fût par un autre : je le vois partir avec regret. Il avait mille attentions pour moi ; sa société m'était fort agréable ; il aime mes parents, il en est fort aimé ; nous étions d'accord dans presque toutes nos façons de voir et de juger ; il n'est point cérémonieux, mais il est poli par caractère ; je l'ai toujours trouvé obligeant et empressé pour tout ce qui pouvait me faire plaisir. Quoique fort prudent, il a de la franchise ; il a beaucoup d'esprit ; le grand-papa en pensait beaucoup de bien ; je suis bien persuadée que s'il était resté en place, il ne nous aurait pas quittés ; mais il a prévu avec raison que les successeurs du grand-papa ne lui ressembleraient pas, et qu'il ferait difficilement de bonne besogne avec eux, surtout si c'est les deux qu'on nomme, si c'est le d'Aiguillon et le Broglie.

Je crois que les éléments sont dérangés, comme les têtes. La mer est donc impraticable ? point de courrier hier, point aujourd'hui, point de vos nouvelles ! Je ne devrais peut-être pas avoir tant d'impatience d'en recevoir ; je prévois que votre première lettre sera encore un peu sévère ; je meurs d'envie d'être quitte de celle-là, parce que j'espère, et je suis même sûre, que celles qui suivront seront fort douces. Que cela soit, mon ami, je vous en prie. Vos lettres me font beaucoup d'effet, soit en bien soit en mal ; et si vous saviez combien je suis faible, combien j'ai besoin de soutien et de consolation, jamais, non jamais, vous ne m'attristeriez.

Je vous dirai pour nouvelle, que j'ai touché ce matin la demi-année de ma pension échue le 1ᵉʳ octobre. Il y en a de moins bien traités que moi ; mais j'avais écrit à M. le Clerc, qui est celui qui paye, un billet très-pathétique qui a eu son effet. Votre cousin vous dira toutes nos nouvelles ; il est émerveillé, ainsi que tous les citoyens et les étrangers, de tout ce qui se passe. Rien n'est plus ineffable, c'est la Tour de Babel, c'est le chaos, c'est la fin du monde, personne ne s'entend, tout le monde se hait, se craint, cherche à se détruire. La guenon[1] qui nous gouverne est aussi insolente que bête. La pauvre madame de Mirepoix joue un rôle pitoyable. Je ne crois point que ses cent mille livres de rente soient aussi solides qu'elle veut se le persuader ; elle n'a ni contrat, ni brevet : elle a un bon sur je ne sais pas quoi, qui peut changer selon la volonté

---

[1] Madame du Barry. (A. N.)

du contrôleur. Je pense qu'on veut la tenir par la crainte; elle n'a pas le crédit de rien faire pour son frère le chevalier [1], ni pour son neveu d'Hénin [2], ni même pour se faire payer ce qui lui est dû; elle ne fait de recrue d'aucune femme pour partager son service, et quand madame de Valentinois partira pour aller au-devant de la princesse de Savoie [3], elle n'aura plus que madame de Montmorency pour compagne. Rien n'est plus digne de compassion. Une grande dame, une très-bonne conduite, beaucoup d'esprit, beaucoup d'agrément, toutes ces choses réunies, ce qui en résulte, c'est d'être l'esclave d'un infame.

Madame d'Aiguillon joue un rôle bien différent; sa gaieté naturelle, son peu de sensibilité et une honnêteté naturelle lui font avoir la meilleure conduite et la meilleure contenance.

Si vous êtes curieux des détails, interrogez votre cousin, je suis persuadée qu'il en sait plus que moi sur tout ce qui regarde le parlement [4]. Il vous dira que les ministres étrangers travaillent avec M. de la Vrillière; c'est à peu près comme quand M. de Mazarin faisait de son palefrenier son intendant [5].

On est présentement bien seul à Chanteloup; il n'y a plus que madame de Gramont et madame de Stainville; la con-

---

[1] Le chevalier de Beauvau, frère cadet du prince de Beauvau, fut connu ensuite sous le nom de prince de Craon; et épousa madame Bonnet, née d'Archiac, de laquelle il eut un fils qui, après la mort de son oncle, devint prince de Beauvau. (A. N.)

[2] Le prince d'Hénin, frère cadet du prince de Chimay, dont la mère était la sœur de madame de Mirepoix. Le prince d'Hénin est mort à Paris, condamné par le tribunal révolutionnaire. (A. N.)

[3] La comtesse de Valentinois fut nommée première dame d'honneur de la fille du roi de Sardaigne, mariée au comte de Provence, aujourd'hui S. M. Louis XVIII. 1827. (A. N.)

[4] Dans un lit de justice tenu le 23 de ce mois, le roi passa un édit par lequel il déclarait que, comme la juridiction du parlement de Paris était trop étendue, allant de Lyon jusqu'à Arras, il avait jugé nécessaire de la partager en six différentes cours, sous la dénomination de *Conseils supérieurs*. Toutes ces cours devaient avoir une égale juridiction, et se tenir à Arras, Blois, Clermont, Lyon, Poitiers et Paris. (A. N.)

[5] On disait que le duc de Mazarin s'amusait à faire une loterie des emplois que les gens qui composaient sa maison devaient remplir la semaine ou le mois suivant; de manière que souvent il arrivait que son palefrenier devenait son intendant, et son cocher son chef de cuisine. Voyez les vers de Voltaire :

    On conte que l'époux de la célèbre Hortense
    Signala plaisamment sa sainte extravagance, etc... (A. N.)

corde règne toujours, mais est-elle au fond du cœur? j'en doute. M. de Beauvau demandera bientôt la permission pour lui, sa femme et le marquis de Boufflers ; j'attends avec impatience la réponse qu'on lui fera, j'en tirerai des conséquences pour moi. J'aurai après cela encore bien des réflexions à faire et des conseils à prendre, mais je n'en veux recevoir que de vous ; j'espère, mon ami, que vous ne me les refuserez pas, et que quand vos affaires et surtout votre santé vous le permettront, vous me ferez une petite visite. Je ne sauterai point à pieds joints par-dessus la félicité, pour me jeter dans la douleur ; je jouirai du plaisir d'être avec vous, et, tant qu'il durera, je ne penserai point à la séparation. Je ne vous promets pas de chercher à vous plaire, il faudra que ce bonheur m'arrive de votre pure grâce. Je n'entends rien à l'art qu'on met dans la conduite, je sens bien qu'il est souvent nécessaire ; mais si j'y avais recours, je rappellerais la fable de l'âne et du petit chien. J'ai un million de défauts, je le sais bien, et je serais bien fâchée que vous ne les connussiez pas tous ; ce ne serait pas moi que vous aimeriez, et je craindrais toujours que vous ne vinssiez à me connaître ; je ne serais point à mon aise avec vous. Ce n'est pas que je ne veuille me corriger, mais je ne veux pas me contrefaire.

Ma liaison avec madame votre sœur est fort honnête, mais pas fort vive. Tout le monde la trouve fort aimable, et elle l'est en effet beaucoup. Adieu, je ne sais quand j'aurai de vos nouvelles. La mer est impertinente.

LETTRE 371.

MADAME LA MARQUISE DU DEFFAND A M. DE VOLTAIRE.

Paris, 27 février 1771.

Non, monsieur, la grand'maman n'a reçu de lettre d'aucun patron, si ce n'est de ceux qu'elle a en paradis, et dont elle ne m'a pas fait part ; car pour ceux de l'enfer de ce monde, elle n'en entend point parler. Elle est tranquille dans sa solitude, qui n'avait été fréquentée que par ses plus proches parents, jusqu'à dimanche dernier que deux officiers suisses ont obtenu la permission d'aller trouver le maître de la maison, avec qui ils avaient un travail à faire. M. le prince de Tingry, pour une semblable raison, a obtenu aussi la même permission, et de plus celle d'y mener sa femme, qui a sollicité vivement cette grâce, en disant qu'elle avait beaucoup d'obligation à la grand'maman, qu'elle désirait passionnément de lui donner cette marque de sa reconnaissance.

M. de Beauvau est allé aujourd'hui à la cour pour solliciter la même permission; on lui avait fait espérer qu'on la lui accorderait au bout d'un certain temps. Il a pour raison la parenté proche et de grandes obligations.

Mon tour viendra, à ce que j'espère, mais je ne ferai point de démarches avant la belle saison. C'est un grand voyage pour quelqu'un de mon âge, le séjour ne pourra être que fort long, et peut-être ne reverrai-je plus mes pénates; je les quitterai sans regret, et ceux de mes parents deviendront les miens.

Vous sentez bien, monsieur, combien j'approuve les sentiments que vous professez pour nos amis; vous êtes non-seulement dans la classe de tous les honnêtes gens, mais de tous ceux qui veulent passer pour l'être. Jamais disgrâce n'a été accompagnée de tant de gloire; il n'y en a point d'exemple dans les histoires anciennes et modernes. Le regret est général, et l'embarras de trouver des successeurs est une circonstance assez flatteuse.

Vous savez sans doute tous les changements auxquels on travaille : c'est le temps des prodiges, c'est un nouveau chaos; nous attendons qu'on le débrouille. On est accablé de remontrances, d'arrêtés, de lettres, de discours. Hors ceux qui nous viennent de Rouen, tous me semblent détestables, surtout ceux de notre bonne ville, qui sont pleins de belles phrases, et qu'on dirait être faits pour concourir aux prix de l'Académie. A propos d'Académie, vous savez que le prince de Beauvau y va être reçu. Il me lut hier son discours, qui me parut fort bien : il est de lui, excepté les deux premières phrases, qui ne sont pas ce que j'aime le mieux.

Votre Barmécide [1] vous a fait honneur à toute sorte d'égards, à votre cœur, à votre esprit; rien n'est si heureux que ce refrain : *c'est Barmécide.*

J'aurais voulu que les étrangers qui se rencontrent sur le bord de l'Euphrate eussent articulé quelques faits; mais leur rencontre, qui marque leur intelligence, en est un qui suffit pour l'honneur de celui qui les rassemble.

---

[1] *Lettre en vers, de Benaldaqui à Caramouftée, femme de Giaffar le Barmécide.* Voy. *Œuvres de Voltaire,* tome XIII, page 265.

Adieu, mon cher Voltaire. Je ne sais pas si vous trouvez que ce soit un bon lot que de parvenir à la vieillesse; pour moi, je le trouve détestable, et je suis toujours indignée de l'injustice qu'on a eue de nous faire naître sans notre consentement, et de nous faire vieillir malgré nous. Ne voilà-t-il pas un beau présent que la vie, quand on l'accompagne de chagrins et de souffrances!

N'avez-vous rien fait de nouveau, et ne m'enverrez-vous plus rien, parce que la grand'maman n'est plus ici? Je ne manque pas de moyens de lui faire tenir tout ce que je veux.

LETTRE 372.

MADAME LA MARQUISE DU DEFFAND A M. HORACE WALPOLE.

Jeudi 7 mars 1771, à six heures du matin.

Nous n'eûmes point hier de courrier, je crois qu'il arrivera aujourd'hui. Peut-être m'apportera-t-il des lettres; mais si je l'attendais pour y répondre, vous n'en recevriez de moi que de demain ou d'après-demain en huit, et je ne veux pas vous accoutumer à être si longtemps sans entendre parler de moi; d'ailleurs j'ai besoin de m'occuper de ce qui m'intéresse, pour faire diversion à un ennui qui ne fait qu'augmenter, et je crains bien qu'il ne devienne insupportable; n'ayez pas peur, voilà le seul mot que je dirai de moi.

Vous savez que le prince royal que nous avions chez nous est changé en roi [1]; ce changement arriva le premier de ce mois, à huit heures et demie du soir; le comte de Scheffer partit sur-le-champ pour Versailles, n'espérant pas voir le roi plus tôt que le lendemain matin. Le roi ayant appris, par M. de Duras, que M. de Scheffer était arrivé, lui fit dire de venir et lui donna audience quoiqu'il fût déjà couché; grâce si singulière qu'elle n'avait encore été accordée à personne. Il s'informa comment le roi de Suède voudrait être traité; que si c'était en roi, il irait demain le visiter; et que, lorsqu'il viendrait à la cour, il lui donnerait la droite. M. de Scheffer dit qu'il garderait le même incognito. Le roi de Suède fut mardi à Versailles, il eut une longue conférence tête à tête avec le roi, après laquelle on fit entrer le prince Charles et M. de Scheffer. Ce nouveau roi est enchanté du nôtre; il a bien raison; il en a reçu toutes les

---

[1] Par la mort de son père, Frédéric-Adolphe. (L.)

marques d'amitié et de considération possibles; il n'a pas eu lieu d'être aussi satisfait de nos princes du sang, qui ont un peu manqué de civilité envers lui. Ce roi fut hier à l'Académie des sciences; il ne fut point harangué, mais d'Alembert fit un discours rempli de son éloge; l'on dit qu'il est admirable : il revint après chez lui, et il reçut des visites de plusieurs dames. Aujourd'hui il va à l'Académie française, où il entendra encore son panégyrique directement ou indirectement, et toujours par d'Alembert; sans doute qu'après être rentré chez lui, il recevra encore des dames; mon tour viendra; M. de Scheffer m'a dit qu'il voulait m'admettre à cet honneur; je ne l'ai point recherché, mais j'ai cru ne devoir pas le refuser. Je n'ai dit à personne que je devais faire cette visite; si elle n'avait pas lieu, on se moquerait de moi, et si elle a lieu, on ne pourra pas dire que je m'en sois vantée d'avance; c'est un honneur dont je me passerais fort bien, mais que je ne suis pas fâchée de recevoir, parce que quelques marques de considération sont du moins de petites armes défensives contre l'orgueil et l'insolence. Tous les Suédois partiront lundi, et laisseront ici une très-bonne odeur; je suis bien fâchée de ce qu'ils n'iront point en Angleterre; ils comptaient y passer deux mois au moins. Ce roi vous plairait beaucoup; il aurait bien voulu rester encore longtemps prince royal; il avait beaucoup d'objets de curiosité qu'il aurait bien voulu satisfaire; mais il faut qu'il retourne dans son triste pays : en voilà bien assez sur cet article. Je pourrais en traiter un autre qui serait bien plus long; mais ce n'est pas matière à raconter par la poste; tout ce que je puis vous dire, c'est que je ne suis point frondeuse, et que je suis fort éloignée d'approuver tout ce qui se passe. M. et madame de Beauvau partirent avant-hier pour Chanteloup. Ils en reviendront le 18; et le 21, M. de Beauvau sera reçu à l'Académie [1]; vous me ferez savoir si vous êtes curieux de son discours. Je ne le suis guère de tous les écrits qui paraissent aujourd'hui; on en est inondé; à quoi cela servira-t-il? A faire des papillotes.

[1] A la place du président Hénault. (A. N.)

LETTRE 373.

LA MÊME AU MÊME.

Paris, dimanche 10 mars 1771.

En vérité, mon ami, la lettre que M. Churchill m'a apportée m'a causé la plus étonnante surprise; je ne me souviens plus de ce que ma lettre du 15 contenait; mais il faut que je me sois bien mal exprimée, puisqu'elle vous a tant déplu. Je répondrai aux endroits que vous en citez. Je vous ai dit que je n'entendais rien à l'art qu'on met dans la conduite; hélas! mon Dieu, cela n'est que trop vrai. J'ajoute que je suis bien aise que vous connaissiez tous mes défauts. Y a-t-il du mal à cela? Est-ce dire que je ne veux pas m'en corriger? Je voudrais n'en avoir aucun, et vous ne pouvez pas me soupçonner d'un dessein formé de vous déplaire; ah! j'en suis bien loin, et je suis bien décidée, non pas à mettre de l'art dans ma conduite, mais à la régler suivant vos avis et vos conseils, tant que vous voudrez bien m'en donner. Je vous ai dit encore : *Je sais que je vous déplais, je sais que je vous ennuie.* Pouvez-vous me faire un crime de ces expressions? Mais enfin j'ai tort, puisque je vous ai fâché, et je pèserai à l'avenir toutes mes paroles au poids du sanctuaire. Si, après m'être bien observée, vous m'apprenez que je continue à vous ennuyer et vous déplaire, j'irai m'enterrer à Chanteloup pour le reste de ma vie, et je serai bien persuadée que j'ai couru après une chimère, en cherchant un ami véritable.

Il y a bien longtemps que je suis persuadée qu'on ouvre les lettres aux bureaux; on aura vu dans les miennes beaucoup d'estime et d'attachement pour vous; vous savez ce qu'on peut avoir lu dans les vôtres, et si mon amour-propre a pu en être flatté.

Je me proposais de vous faire le récit du souper que j'ai fait avec le roi de Suède; mais je m'en acquitterai bien maussadement aujourd'hui; n'importe, vous aimez les faits, voici donc comment cela s'est passé.

Je comptais, jeudi dernier, souper chez les Brienne; M. de Creutz vint chez moi l'après-dînée, et me dit que son roi me priait de passer la soirée et de souper chez lui. Je n'hésitai point à l'accepter; je lui demandai quelle serait la compagnie : mesdames d'Aiguillon, et nulle autre. J'eus du monde dans le

courant de la journée, et entre autres madame votre sœur,
qui m'avait amené une dame de ses amies; elles restèrent chez
moi jusqu'à neuf heures avec d'autres personnes; je leur demandai la permission de sortir, et je dis tout bas à madame
Churchill où j'allais, en la priant de n'en point parler. Je trouvai chez le roi les deux duchesses [1] et MM. de Sestain et de
Creutz. Le roi s'occupa de me faire donner un bon fauteuil,
me fit changer de celui où on m'avait placée d'abord, pour me
mettre dans un plus commode; il aurait voulu avoir un tonneau. La grosse duchesse se mit à chanter la chanson que
j'avais faite sur mon tonneau, disant au roi qu'elle était de ma
façon. Le petit prince et M. de Scheffer arrivèrent, et ce fut là
toute la compagnie. Avant le souper, on lut le discours que
d'Alembert avait prononcé à l'Académie des sciences en présence du roi qui y avait été la veille; c'était sur la philosophie
et les philosophes, les persécutions, les triomphes que la vérité
a toujours éprouvés, l'éloge de tous les princes qui l'ont protégée, et particulièrement celui des princes qui sont venus nous
visiter; le prince héréditaire, le roi de Danemark. A cet éloge,
le roi fit un mouvement, dit un oh! qui vous ressemblait comme
deux gouttes d'eau. On passe ensuite à lui, roi de Suède; on
loue feu son père, sa mère, son second frère, son petit frère,
le roi de Prusse, et ensuite le roi de France. Ce discours est
bien écrit, mais un peu froid et un peu long. Il me parut que le
roi en jugeait fort bien; il ne disserte point, mais ses premiers
mouvements expriment ce qu'il approuve ou ce qu'il blâme; je
lui trouve plusieurs choses de vous, et j'aurais voulu que vous
l'eussiez pu connaître. Nous soupâmes; après le souper on parla
du chevalier de Boufflers; on me fit chanter l'*Ambassade* [2], et
puis madame d'Aiguillon dit au roi de me demander la chanson des *Philosophes*, après laquelle elle dit tout bas qu'elle
était de moi; et le roi, elle et toute la compagnie crièrent
comme on fait à la fin des nouvelles comédies, *l'auteur, l'auteur, l'auteur!* On se retira à minuit. Je ne puis vous dire à quel
point madame d'Aiguillon fut aimable, et tout le soin qu'elle

---

[1] La duchesse d'Aiguillon mère, et la duchesse d'Aiguillon épouse du ministre. (A. N.)

[2] Chanson fort connue, du chevalier de Boufflers, qui commence par ces
mots :

        Enivré du brillant poste
        Que j'occupe récemment, etc., etc. (A. N.)

se donna pour me faire valoir. Le roi, son petit frère, MM. de Scheffer, de Sestain et de Creutz, furent hier souper à Ruel, où il ne devait se trouver que les deux duchesses, MM. d'Aiguillon, de Richelieu et de Maurepas; on dit que cette cour suédoise partira demain; le roi a beaucoup de regret à son voyage d'Angleterre. Je suis persuadée qu'il vous aurait plu; on ne peut avoir plus de gaieté, de facilité, de politesse et de franchise.

Voilà un long récit. Ah! si je vous disais tout ce qui se passe ici, il faudrait bien changer de ton : c'est selon moi des choses épouvantables. Il y a une lettre anonyme qu'on porte à toute la noblesse, pour l'exciter à écrire à M. le duc d'Orléans, pour le prier de demander au roi le rappel du parlement; on envoie le modèle de la lettre qu'il faut écrire; il est vraisemblable qu'aucune personne sensée ne se rendra à cette invitation.

Toutes les places et les charges sont toujours vacantes. Il y a un homme ici au comble du malheur, M. de Maillebois [1]; on l'avait nommé directeur des troupes avec MM. d'Hérouville et de Mailly. Les maréchaux de France ont fait des représentations au roi contre lui; on lui a ôté son emploi, et on l'a donné au comte de Muy; sa femme me fait une pitié extrême; il n'y a pas d'exemple d'une personne aussi complétement malheureuse [2].

Si jamais je vous revois, mon ami, j'aurai tant de choses à vous raconter que les journées ne seront pas assez longues; je m'engage par serment à ne vous rappeler le souvenir d'aucun de nos différends, ni de traiter aucun des sujets qui vous déplaisent.

---

[1] M. de Maillebois était fils du maréchal de Maillebois, et a été regardé comme un jeune homme de mérite, et comme un officier qui donnait de grandes espérances. Il commença par servir sous son père, en Italie, et fut ensuite beaucoup employé par le maréchal de Richelieu, au siége de Mahon. La même année, il fut nommé maréchal général des logis de l'armée du maréchal d'Estrées; mais après la bataille d'Hastenbeck, on fit courir des bruits si désavantageux sur sa conduite pendant cet engagement, qu'il jugea à propos d'écrire un mémoire pour sa justification, dans lequel il représenta le maréchal comme un général inepte et absolument fou. Il fut sévèrement puni de cette démarche imprudente (comme on l'appelait alors), par la perte de tous ses emplois militaires, et fut renfermé au château de Dourlens. Il ne se releva jamais de cette disgrâce; et malgré les différentes tentatives qu'on fit en sa faveur, les maréchaux de France s'opposèrent toujours aux sollicitations de ses amis pour le faire réintégrer dans le service. (A. N.)

[2] Madame de Maillebois était fille du marquis d'Argenson, et sœur du marquis de Paulmy. (A. N.)

LETTRE 374.

LA MÊME AU MÊME.

Mercredi 13 mars 1771.

J'aurais bonne grâce de répondre avec humeur à une lettre toute pleine d'amitié, tandis que je réponds avec la plus grande douceur à celles qui ne sont pas de même. Je suis on ne peut pas plus reconnaissante de l'intérêt que vous me marquez. J'aurais fort désiré que vous eussiez suivi votre premier projet, et que vous eussiez placé votre voyage en mars ou avril. Vous dites que c'est ma faute si vous avez changé d'avis. Je m'examine en vain, et je ne puis trouver quels sont mes torts. J'abandonne cette recherche; vous prétendez que j'en ai, cela suffit.

LETTRE 375.

M. DE VOLTAIRE A MADAME LA MARQUISE DU DEFFAND.

16 mars 1771.

Je vous trouve très-heureuse, madame, de n'être qu'aveugle; pour moi, qui le suis entièrement depuis quinze jours, avec des douleurs horribles dans les yeux, moi qui ai la goutte et la fièvre, je me tiens un petit Job sur mon fumier. Il est vrai que Job n'avait point perdu les deux yeux, et n'avait point surtout perdu la langue; car c'était un terrible bavard; le diable, à la vérité, lui avait ôté tout son bien, et il ne m'a pris qu'une grande partie du mien; mais Dieu rendit tout à Job, et il n'a pas la mine de me rien rendre.

Votre grand'maman a de la santé et de la bonne compagnie; sa philosophie et la trempe de son âme doivent encore contribuer à son bonheur dans le plus beau lieu de la nature; elle doit être plus chère que jamais à son mari; enfin, elle jouira des agréments de votre société. Joignez à tout cela l'acclamation de la voix publique; son lot me paraît un des meilleurs de ce monde. Il me semble que quand on a tous les cœurs pour soi, on est le premier personnage de la terre.

Ma Catherine joue un autre rôle. Il y a à parier qu'elle sera dans Constantinople avant la fin de l'année, à moins qu'Ali-Bey ne la prévienne et ne devienne son ennemi; ce qui pourrait très-bien arriver. Voilà des événements, cela! Nos tracasseries parlementaires sont des sottises de pédants, des pauvretés méprisables en comparaison de ces belles révolutions. Vous pourriez bien aussi cet été voir des querelles sur mer entre les Espagnols et les Anglais; mais ce sont de petites fusées en comparaison des grands feux de ma Catherine.

Les princes de Suède devaient venir dans mon pays barbare; mais ils ont un voyage plus pressé à faire.

Adieu, madame, portez-vous bien. Allez voir votre amie; faites toutes deux le bonheur l'une de l'autre, si le mot de bonheur peut se prononcer. Conservez-moi des bontés qui me consolent.

LETTRE 376.

MADAME LA MARQUISE DU DEFFAND A M. HORACE WALPOLE.

Dimanche 17.

J'ai voulu attendre une occasion pour cette lettre; votre ambassadeur m'a fait espérer qu'il en aurait une demain; si elle manque, elle partira mercredi par son courrier; j'imagine que les lettres qu'il porte ne sont point visitées aux bureaux. Je vais donc, dans cette confiance, vous parler *à cœur ouvert*. Ces mots vous font peur; rassurez-vous, vous ne lirez rien qui vous fâche.

Je suis dans une grande perplexité pour mon voyage; je ne me porte point bien. Mes meilleures nuits sont de trois ou quatre heures de sommeil, et presque toujours de deux; je m'affaiblis beaucoup; le plus léger exercice me semble impossible. Je me lève fort tard; de mon lit, je passe à mon tonneau; je ne sors point, ou quand je sors, ce n'est qu'à neuf heures du soir, pour aller dans des maisons où je trouve peu de monde, et où je suis fort à mon aise. Comment pourrai-je soutenir pendant trois jours de suite d'être en voiture huit ou dix heures, et de coucher deux ou trois nuits dans des cabarets? J'arriverai à Chanteloup morte de fatigue; les embrassades, les compliments achèveront de m'épuiser. Voilà l'arrivée, voyons le séjour. Je serai certainement fort bien reçue, avec tendresse par la grand'maman, avec joie par le grand-papa, avec beaucoup de politesse de madame de Gramont, avec beaucoup de plaisir par le grand abbé. Je serai fort contente de les voir; ils auront le plus grand désir de me bien traiter, de me mettre à mon aise; je voudrai y être, je me dirai que je le dois, mais machinalement je ferai des efforts; je craindrai de les ennuyer, je chercherai à leur plaire; je serai désolée si je me trouve affaissée, comme il m'arrive souvent dans mon tonneau. Je suis quelque fois dans l'impossibilité de parler, de penser et d'écouter ce qu'on dit. Voilà l'état où je suis. Doit-on sortir de chez soi? Je ne crains point de tomber malade; je finirai comme le président; il semble qu'il ait tracé ma route, je le suis pas à pas. Cet aveu *dépouillé d'artifice* vous surprendra; je n'en ai pas pris la copie dans l'*Essai des moyens de plaire* de Moncrif, ni dans Quinault, ni dans Scudéry; mais quand on parle à son ami, quand on veut se conduire par ses conseils, il faut lui faire un exposé fidèle. Il faut ajouter à tout ceci la difficulté des mesures qu'il faut prendre. La grand'maman, le grand-papa, et tout ce qui est avec eux, disent qu'il faut que je parte sans demander permission, et que deux jours après mon départ, je fasse rendre une petite lettre à M. de la Vrillière, dont la grand'maman m'a envoyé le modèle. Plusieurs personnes ne sont point de cet avis, et nommément madame de Mirepoix, qui se chargera d'obtenir ma permission; elle en a déjà parlé à madame du Barry, qui lui a répondu qu'elle ne le voulait pas, et que si j'y allais, elle me ferait ôter ma pension. La maréchale s'est moquée d'elle, a tourné ses menaces en plaisanterie, et en effet je n'en ai pas peur; ce n'est pas ce qui m'arrêtera. Ce malheur-là n'arrivera point, et s'il arrivait, je m'en consolerais. Ma santé est donc le plus grand obstacle que je trouve. Mais peut-être me porterai-je mieux d'ici au mois de mai.

Je n'ai point la crainte de paraître ridicule à madame de Gramont et au grand-papa; de m'attirer le mépris de l'une et d'ennuyer l'autre en traitant le système de l'amitié; vous avez eu le privilége exclusif d'en être importuné, et si vous interrogiez tous les gens de ma connaissance et de mes amis, ils vous diraient que personne n'est plus éloigné que moi des dissertations sur toutes matières, et surtout sur celle-là.

Lundi 18.

Comme cette lettre vous sera rendue par un particulier, et qu'elle ne passera pas par les bureaux, je puis hasarder des nouvelles.

La dame du Barry prend plus de crédit que jamais, et cependant elle ne peut venir à bout de placer le d'Aiguillon; toutes les places restent vacantes, tous les prétendants ont chacun leur protecteur; ces protecteurs ont le pouvoir de nuire, et non pas celui de pouvoir servir leurs protégés. Je vois que la maréchale[1] n'est admise à aucune confidence; elle voit les choses de plus près, mais elle en est réduite aux conjectures qui peuvent être plus vraisemblables que les autres, mais sur lesquelles on ne peut rien tabler. Le prince de Condé nuit à beaucoup de gens; c'est lui qui s'oppose à M. d'Aiguillon; cependant le patron ne l'aime point. On croit que le Monteynard ne restera point; que le Terray sera chassé; que le chancelier périra. On ne prévoit que des chutes, des disgrâces; on ne sait ce que tout cela deviendra. Vous me demanderez pourquoi donc je prétends que madame du Barry a tant de pouvoir, puisqu'elle ne peut déterminer à rien; c'est qu'elle ne se soucie de rien, qu'elle ne veut du bien à personne, qu'elle change d'avis et de sentiment à tout moment. Nous verrons comment M. de Beauvau sera reçu à son retour de Chanteloup. On lui avait accordé sa permission de très-mauvaise grâce; il y a passé dix ou douze jours; il en revient aujourd'hui. Le prince que vous croyez y en avoir passé trois est apparemment le prince de Beaufremont; il n'y a point encore été, il n'a pu obtenir sa permission; mais la grand'-maman croit que c'est par la mauvaise volonté de M. de la Vrillière, à qui il s'est adressé pour l'avoir; et cela pourrait bien être, puisque M. et madame de Tingri[2] l'ont obtenue en s'adressant directement au maître; ils y ont passé quinze jours, et reviennent aujourd'hui. Madame de Brionne, M. d'Ayen et madame de Tessé, qui demandèrent la permission au commencement de ce mois, ne l'ont obtenue que pour le mois prochain. J'aurai le temps, d'ici au mois de mai, de voir ce qui arrivera; je me conduirai en conséquence.

Le petit prince de Suède est très malade d'une dyssenterie, ce qui retarde le départ du roi son frère.

Je m'aperçois que je vous promettais des nouvelles, et que je ne vous tiens pas parole; c'est qu'on croit savoir ce qui se passe, et qu'en voulant s'en rendre compte à soi-même, on trouve que l'on ne sait rien; ce qu'on a su la veille est détruit par ce qu'on apprend le lendemain.

Qu'il n'en soit pas de même entre nous, mon ami, et que le

---

[1] La maréchale de Mirepoix. (A. N.)

[2] Le prince et la princesse de Tingri. Le prince de Tingri sortait d'une branche de la maison de Montmorency; il était un des quatre capitaines des gardes du corps. (A. N.)

plaisir que m'a fait votre dernière lettre ne soit point diminué par celles qui la suivront.

Je n'ai point eu de lettres du petit Craufurd.

LETTRE 377.
MADAME LA MARQUISE DU DEFFAND A M. HORACE WALPOLE.

Paris, dimanche 24.

Vous n'aurez qu'un mot aujourd'hui; je compte avoir cette semaine une occasion par laquelle je vous enverrai les discours de l'Académie, dont l'un est de M. de Beauvau, l'autre de M. Gaillard, et les réponses de l'abbé de Voisenon.

Le roi de Suède part demain. La maladie de son frère l'a retenu plus longtemps qu'il ne voulait. On a nommé pour ambassadeur auprès de lui M. de Vergennes [1].

L'évêque d'Orléans [2] est exilé dans une de ses abbayes, qui est dans le faubourg du Mans.

Vous m'avez annoncé une lettre de M. Craufurd, je n'ai pas entendu parler de lui.

Je lis la *Vie de Charles-Quint,* de Robertson; l'article de Luther m'a fait plaisir; mais ce qui m'en a fait infiniment, c'est *Gil Blas,* que j'avais déjà lu plus d'une fois; mais, grâce à mon peu de mémoire, il a eu pour moi presque l'agrément de la nouveauté; ce qui me confirme bien que la facilité du style est ce qui fait le charme de tout ouvrage, et le fait passer à la postérité; il n'y a que les livres facilement écrits qu'on peut relire plus d'une fois, et même sans cesse. Témoin les *Lettres de madame de Sévigné;* les *Mémoires de Grammont;* je dirais presque les *Mémoires de mademoiselle de Montpensier;* encore quelques autres, mais pas en grand nombre.

Adieu, jusqu'à un des jours de cette semaine, je ne sais pas lequel ce sera.

LETTRE 378.
MADAME LA MARQUISE DU DEFFAND A M. DE VOLTAIRE.

25 mars 1771.

J'étais étonnée de ne point avoir de vos nouvelles, et j'allais

---

[1] Le même qui fut ensuite ministre des affaires étrangères. (A. N.)

[2] L'abbé de Jarente. Il fut pendant plusieurs années, durant le ministère du duc de Choiseul, chargé de la *feuille des bénéfices.* (A. N.)

vous en demander la raison quand j'ai reçu votre lettre du 16. Vous êtes donc mon confrère en aveuglement?

Vous verrez incessamment tous les discours; il y en eut un de M. Duclos, qui est ineffable; c'est dommage qu'il ne soit pas imprimé, il ne s'en est jamais, je crois, prononcé en public de ce genre. En qualité d'historiographe, il fit l'histoire de l'Académie; il voulut être aussi plaisant et aussi épigrammatique que l'abbé de Voisenon[1], mais ce fut l'âne qui imitait le petit chien; il en rappela parfaitement la fable, ce qui tint lieu de celle de M. de Nivernois, qui, contre son ordinaire, n'en récita point.

Voilà les nouvelles que vous aurez de moi; pour les autres, je ne les apprends que dans les gazettes; on n'est pas assez pressé de les savoir, pour qu'on ne puisse pas les attendre quatre ou cinq jours.

Quand vos neiges fondront, votre vue reviendra; il n'en est pas ainsi de moi.

Adieu, mon cher Voltaire, mettez-moi au fait de ce que je dois croire et de ce que je dois nier ou affirmer en sûreté de conscience.

LETTRE 379.

MADAME LA MARQUISE DU DEFFAND A M. HORACE WALPOLE.

Paris, 26 mars 1771.

Voilà l'occasion que j'attendais; je puis vous parler librement. Nous sommes dans des craintes mortelles : on dit que tout le monde va être exilé; tous les princes du sang, excepté le comte de la Marche, parce qu'il n'a pas signé la lettre au roi dans laquelle les princes demandaient le rappel du parlement; quatorze ducs, pour s'être joints aux princes; et plusieurs autres grands seigneurs, entre autres M. de Beauvau : c'est peut-être celui qui est dans le plus grand danger. Son sort sera bientôt éclairci, il entre en quartier[2] lundi; il est allé aujourd'hui à la chasse avec le roi, il doit souper ce soir chez moi; je saurai quelle mine on lui aura faite. Les griefs qu'on a contre

---

[1] C'est à l'abbé de Voisenon, se plaignant à quelques-uns des académiciens ses collègues, que le public lui prêtait des ridicules, que d'Alembert répondit : « Monsieur l'abbé, on ne prête qu'aux riches. » (A. N.)

[2] Comme un des quatre capitaines des gardes du corps du roi. (A. N.)

lui sont toutes les imprudences de sa femme, dont la hauteur, et, soit dit entre nous, l'insolence, est un peu forte; nul ménagement dans ses propos. On leur avait refusé la permission d'aller à Chanteloup; elle lui a fait écrire une lettre au roi si pressante, qu'il arracha la permission. Ils ont donc passé dix jours à Chanteloup. Avant qu'il partît, il était bruit d'une lettre à M. le duc d'Orléans pour l'inviter à se mettre à la tête de la noblesse; on prétend qu'il y a eu une vingtaine de personnes qui en ont écrit. La dame du Barry a déclaré qu'elle voulait qu'on éloignât de la cour tous les amis de M. de Choiseul, qu'on leur ôtât toutes les places et emplois qu'il leur avait donnés. M. d'Usson, qui devait aller en Suède, a été révoqué; M. de Vergennes est à sa place. Le baron de Breteuil court grand risque; on sollicite beaucoup la dame pour lui, on espère l'adoucir. M. de Malesherbes, M. de Sartines, l'archevêque de Toulouse, peut-être M. de Trudaine, etc., etc., auront des lettres de cachet, ils s'y attendent. M. d'Aiguillon partit dimanche pour Veret, qui est sa terre. Il en revient vendredi ou samedi. Il veut, à ce qu'on dit, qu'on porte tous les grands coups en son absence; on ne doute point qu'il n'ait les affaires étrangères, et que la dame ne surmonte la répugnance que le roi paraît y avoir. Le roi de Suède a rendu de grands services à M. d'Aiguillon; le roi partit hier; toutes les apparences de regrets et d'amitié pour l'absence du grand-papa ont été de pures comédies. La dame est plus souveraine que ne l'était sa devancière[1] et même le cardinal Fleury; elle est irritée au dernier point, et ce qui me fait trembler, c'est la peur qu'on ne laisse point mes parents où ils sont, et qu'on ne les envoie bien plus loin, qu'on ne les dépouille de leurs places et de leurs charges, enfin qu'on ne mette le comble à leurs malheurs. Ce temps-ci est affreux; on ne peut prévoir par où il finira.

Je me flatte que cette lettre vous parviendra sans inconvénient; vous ne tarderez pas, je vous prie, à m'en mander la réception; je serai fort inquiète jusqu'à ce que j'aie reçu votre réponse.

Je vous envoie les discours de l'Académie[2], et la lettre anonyme adressée à la noblesse, en conséquence de laquelle cette

---

[1] Madame de Pompadour. (A. N.)

[2] A la réception du prince de Beauvau à l'Académie française, à la place du président Hénault. (A. N.)

vingtaine de personnes dont je vous ai parlé ont écrit à M. le duc d'Orléans.

Vous jugez bien que tous mes projets sont à vau-l'eau; j'ajouterai ce soir ou demain matin ce que j'aurai appris.

Je vous avoue que je désapprouve fort leur conduite; je trouve qu'ils s'attirent tout leur malheur.

Je tâche de me bien conduire. Adieu, à tantôt ou à demain matin.

Depuis cette lettre, je reçois un billet de la princesse de Beauvau, qui me mande qu'elle est incommodée et qu'elle me prie que le souper de ce soir soit chez elle; j'y consens.

Je soupai hier chez la maréchale de Mirepoix avec le prince de Conti, l'Idole et la maréchale de Luxembourg, etc., etc. Je restai seule avec la maréchale de Mirepoix; elle a une entorse, je crois vous l'avoir mandé; elle est depuis dix jours à Paris; elle ne saurait marcher; mais elle ne laissera pas d'aller demain à Versailles; elle agira pour son frère [1] avec une grande vivacité; et si, malgré cela, il y arrive malheur, elle se retirera. Ses sentiments sont nobles, tendres et généreux.

Pour moi, mon ami, je suis tout abasourdie; je ne sais où j'en suis; je ne prévois que les plus grands malheurs; je ne sais ce que je deviendrai; je ne tiens plus à rien; il ne me reste plus qu'à végéter. Vous êtes bien heureux de pouvoir vous passer de tout, de vous suffire à vous-même. Il n'y a que ce bonheur-là dans le monde; on ne peut s'appuyer ni compter sur rien. Fait-on des imprudences, on en est puni; a-t-on une bonne conduite, elle est déconcertée par les événements; a-t-on eu du discernement dans le choix de ses amis, les accidents, les circonstances vous en séparent, on se trouve seule dans l'univers; peut-on compter pour quelque chose la société des sots ou des indifférents? On est tout en vie, et on éprouve le néant. Je demande pardon de ces lamentations, mais peut-on toujours souffrir sans se plaindre? Si mes parents sont maltraités, si on les fait sortir de leur demeure, j'en serai touchée jusqu'au fond du cœur. J'aime tendrement la grand'maman; je suis persuadée de son amitié; elle mérite si peu son malheur; elle a tant de vertus, tant de courage, que les plus indifférents s'intéressent à elle. J'aime aussi le grand-papa; il est aimable, doux et bon. Le grand abbé m'intéresse aussi beaucoup; il est capable d'une

---

[1] Le prince de Beauvau. (A. N.)

véritable amitié; il était heureux, sa fortune sera renversée. Le malheur de la grand'maman lui tournera la tête. Je ne perds point de vue tous ces objets; ils affaissent mon âme plus qu'ils ne l'irritent. J'espère que je deviendrai imbécile; tant mieux, si je perds tout sentiment.

Il est à propos de vous dire quels sont les gens que je vous ai nommés. M. de Malesherbes est premier président de la cour des aides; il est fils de l'ancien chancelier M. de Blancmesnil; il a fait des remontrances et un arrêté d'une grande force, et qui ont fort déplu[1]. M. de Sartine est notre lieutenant de police[2]. Le tort qu'on lui trouve, c'est de n'être pas délateur.

Ce qu'on sollicite pour M. le baron de Breteuil, c'est qu'il ne soit point révoqué de son ambassade à Vienne; on rappellera, à ce qu'on dit, M. de Guignes.

Mercredi 27.

La journée d'hier n'a rien produit; je soupai chez les Beauvau; le mari revenait de la cour; il avait chassé, avait été traité comme à l'ordinaire; ils ne paraissaient pas trop inquiets, et puis la femme a un courage indomptable. La gloire est sa passion, rien ne lui fait peur; l'exil, la perte du commandement, sont des bagatelles, en comparaison de l'honneur qui résulte d'assurer la liberté, de se garantir du pouvoir arbitraire, etc., etc.

Les Idoles partent aujourd'hui pour l'Isle-Adam, avec la maréchale de Luxembourg et Pont-de-Veyle; j'ai eu tort de ne vous pas mander qu'il se porte fort bien; je lui ai dit que vous me demandiez de ses nouvelles; il en est très-reconnaissant, et m'a bien recommandé de vous dire mille choses de sa part.

---

[1] La suppression de la cour des aides formait une partie du plan du chancelier Maupeou pour la réforme de la judicature en France, qui eut lieu dans ce temps-là. Lamoignon de Malesherbes se distingua toujours comme magistrat, à la tête de sa cour, et ensuite comme ministre d'État sous le règne de Louis XVI, et s'opposa avec énergie aux taxes nouvelles et aux lettres de cachet. Après la démission de son ami, le sage, l'éclairé Turgot, en 1776, il demanda également à se retirer des affaires. Mais en 1793, à l'âge de soixante-dix ans passés, il se présenta à la barre de la Convention pour y prendre la défense de Louis XVI, en disant : « J'ai été deux fois appelé au conseil de celui que vous allez juger, dans le temps où cette fonction était ambitionnée de tout le monde; je lui dois le même service, lorsque bien des gens trouvent cette fonction dangereuse. »

Il fut victime de son généreux dévouement, et périt sur l'échafaud peu de mois après, avec sa fille, madame de Rosambo, et sa petite-fille, madame de Châteaubriant. (A. N.)

[2] Le même qui, sous le règne suivant, fut ministre de la marine. (A. N.)

C'est mon ami sans doute ; M. de Beauvau l'est aussi ; et puis en second ordre, j'en ai trois ou quatre autres. Oh ! sans doute, je suis bien en amis. C'est ma faute si je ne suis pas contente ; on a raison de le penser, de me le dire : eh bien ! malgré cela, j'ai le travers de ne me pas trouver heureuse.

Vous me direz ce que vous pensez des harangues. Je lis *Charles V*, de Robertson, qui ne m'amuse guère ; c'est un de mes malheurs de ne plus trouver de lecture qui me fasse plaisir. Je ne puis souffrir l'histoire où l'on s'attache à démêler les causes morales des événements et les réflexions philosophiques ; c'est pour cela que je préfère les anecdotes aux mémoires, et les mémoires aux histoires. J'ai le projet de vous faire lire Saint-Simon ; j'annonce à la grand'maman que j'ai une grâce à lui demander, qui me comblera de plaisir, mais dont je ne lui parlerai que quand il sera temps ; elle me persécute dans toutes ses lettres pour me faire dire ce que c'est ; je n'y réponds point, et je ne m'expliquerai que quand ce pourra être à bonne enseigne ; mais comme il me faudra peut-être quelque temps pour déterminer à m'envoyer ces livres, il faudra s'y prendre un peu d'avance pour les demander.

Je finis en vous priant instamment de ne pas tarder un moment à me répondre.

Vraisemblablement le baron de Breteuil n'ira point à Vienne ; la dame du Barry ne le voulut point voir lundi dernier, où elle lui avait promis une audience ; elle ne lui a point donné d'autre rendez-vous. La maréchale de Mirepoix ne va point aujourd'hui à Versailles ; elle me dit hier qu'il n'en était pas besoin. Je souperai ce soir chez elle avec le comte de Broglie en tiers. C'est lui qu'elle protége ; je ne sais si elle réussira, j'en doute.

Si par hasard vous voyez votre cousin, vous lui direz ce que vous voudrez des choses que je vous mande, ou rien du tout si vous l'aimez mieux. Il y a quelques jours que je n'ai vu M. et madame Churchill ; je les trouve fort aimables. M. Churchill a de la gaieté ; madame, de la douceur et de la politesse ; mademoiselle, de la grâce, de l'agrément ; elle plaît infiniment.

M. de Beauvau porta dimanche son discours au roi, qui ne lui en dit pas un seul mot hier ; cela me paraîtrait un mauvais signe ; mais on prétend que cela ne signifie rien.

Comme j'ai encore de la marge, voici quatre méchants vers :

> La cour royale est accouchée
> De six petits parlementaux[1],
> Tous composés de coquinaux ;
> Le diable emporte la couvée !

Avouez que je vous ennuie à la mort, et que vous me trouvez une grande bavarde ; je suis toujours hors de propos ; je vous accable de mes écritures, et l'on se plaint ailleurs de ce que je n'écris point. Je renonce à bien faire ; on se passe de l'approbation, en n'ayant point à tâche de l'obtenir.

Je n'ai point abandonné mes projets de voyage, mais j'attendrai que tout ceci ait pris couleur ; tous les temps sont égaux, et j'aime pour le moins autant la campagne l'hiver que l'été ; je ne puis pas me promener : ainsi qu'est-ce que me fait le beau temps ?

Lettre anonyme envoyée avec le projet de la lettre à M. le duc d'Orléans.

27 mars 1771.

J'ai l'honneur de vous envoyer, monsieur, le projet d'une lettre que je crois qu'il est convenable d'écrire dans les circonstances présentes à M. le duc d'Orléans ; ce moyen étant le seul qui nous reste pour porter au roi nos réclamations, puisqu'il nous est défendu de nous assembler.

J'ai l'honneur de vous avertir que tous les maréchaux de France qui ne sont pas pairs, M. le marquis de Poyanne, M. le duc de Gontault, M. le marquis de Ségur, M. le prince de Beauvau, M. le marquis de Castries, M. le comte de Jarnac, M. le duc de Liancourt, MM. de Coigny, ainsi qu'un très-grand nombre de gentilshommes, reçoivent en même temps semblables projets, et vous pouvez en conférer avec eux ; car je crois qu'il est important de ne pas perdre de temps.

Je vous demande pardon, monsieur, de ne point signer ; mais le but de cette démarche doit vous servir de preuve que je suis digne d'être membre d'un corps dont j'ai les droits autant à cœur.

Je suis bien loin de croire, monsieur, que le style de la lettre que j'ai l'honneur de vous proposer soit le meilleur que vous puissiez prendre, et je suis persuadé que les changements que vous y ferez, si vous jugez à propos d'en faire, seront à l'avantage de la démarche que j'ai l'honneur de vous proposer.

---

[1] Ceci fait allusion à la division qui venait de se faire de la juridiction du parlement de Paris. (A. N.)

Projet de la lettre à M. le duc d'Orléans.

MONSEIGNEUR,

La noblesse, soumise depuis longtemps au malheur de n'avoir point de chef, de représentant, et de ne pouvoir s'assembler, remet avec confiance ses intérêts dans les mains de Votre Altesse Sérénissime, dans une conjoncture où le renversement des lois et des formes observées jusqu'à présent dans l'État, cause les plus vives alarmes à tous les ordres qui le composent.

Tout gentilhomme vraiment conduit par l'honneur ne peut voir sans une mortelle peine qu'on déshonore pour ainsi dire la nation, en rendant arbitraire, par conséquent tyrannique, un gouvernement doux et réglé qui subsiste avec tant d'éclat depuis tant de siècles.

L'édit du mois de décembre dernier, en attaquant d'abord la magistrature, et en l'anéantissant bientôt après, annonce assez ce que les mauvaises intentions d'un seul peuvent faire éprouver à des sujets qui vivent actuellement sous le meilleur des maîtres, et ce que la postérité doit craindre du despotisme qu'on cherche à établir, et dont le parlement qu'on se propose de substituer à l'ancien serait l'instrument le plus dangereux, en abusant du nom des lois et des formes.

C'est à vous, monseigneur, que votre rang et vos sentiments approchent si naturellement du trône, de faire valoir les justes réclamations d'un ordre si distingué dans l'État, que Henri IV a daigné se dire le premier gentilhomme de son royaume. Que par vous le roi soit éclairé sur ses vrais intérêts, et que la noblesse vous doive d'avoir fait entendre une voix qui ne s'élève jamais que pour publier son respect pour le roi, son attachement aux vrais intérêts de l'État, et sa reconnaissance pour Son Altesse Sérénissime.

Je suis avec, etc.

LETTRE 380.

LA MÊME AU MÊME.

Paris, mardi 3 avril 1771.

Oh! pour cette fois-ci il n'y a pas à se plaindre du retardement de la poste; la lettre que je reçus hier est datée du 30; cette diligence est impossible, c'est une méprise de date.

Votre aventure¹ fait tenir ici toutes sortes de propos; les uns disent que c'est à votre cousin² qu'elle est arrivée, qu'on voulait lui enlever ses dépêches; les autres disent que c'est à vous, que l'on vous soupçonnait d'avoir une correspondance secrète avec M. de Choiseul; mais bientôt on n'en parlera plus. Nous avons ici, ainsi que vous à Londres, d'autre fil à retordre. La prudence me défendait de vous en entretenir; mais je n'ai pas besoin de ces défenses, mon aversion naturelle pour la politique, et encore plus pour l'intrigue, me fait ignorer presque tout ce qui se passe. Nous sommes inondés de papiers et de paperasses; le peu que j'en ai lu m'a tellement ennuyée, que j'ai pris une ferme résolution de n'en pas lire davantage. Tout ce qui me fâche ce sont les imprudences des mauvaises têtes qui peuvent nuire à des gens sensés et malheureux, qui, bien loin de les approuver, les condamnent et s'en affligent. Vous devez m'entendre et concevoir qu'il en résulte pour moi beaucoup d'incertitudes dans mes projets.

Je serais fort affectée de vos troubles³ si vous jouiez quelque rôle; mais je connais trop votre façon de penser pour avoir la moindre inquiétude.

La maréchale de Mirepoix est toujours retenue ici par son entorse; elle ne peut pas encore mettre le pied à terre; j'en suis fâchée pour elle, mais il en résulte un bien pour moi; je passe les soirées avec elle, et j'y trouve des personnes que vous savez qui me plaisent beaucoup; la grosse duchesse, le petit comte de Broglie, et d'autres que vous ne connaissez pas et qui sont aimables, et dont vous vous accommoderiez fort bien.

Je soupai hier chez madame de Jonsac, j'y jouai au cavagnol; elle ira le mois prochain à Jonsac; car telle est la volonté de son mari, et elle est son esclave. Je pense souvent que, quand on se trouve malheureuse, on doit songer qu'on n'est pas sa femme, ni celle de M. de Maillebois. S'il n'y avait pas une autre

---

1 L'hôtel de M. Walpole, dans Harlington-street, fut forcé, sans que ses domestiques s'en aperçussent; toutes les serrures furent ouvertes, et les effets que contenaient les armoires, les secrétaires, etc., éparpillés dans les appartements, sans que rien se trouvât enlevé. (A. N.)

2 M. Robert Walpole, qui avait été secrétaire d'ambassade à Paris. (A. N.)

3 Les troubles qui eurent lieu à l'élection de Middlesex, et l'expulsion de Wilkes de la chambre des communes qui en fut la suite. Toute cette histoire de Wilkes, si caractéristiquement anglaise, est racontée à merveille dans l'*Angleterre au dix-huitième siècle*, de M. de Rémusat. Tome II, page 131 et suiv. (L.)

vie, et qu'on n'eût pas le paradis pour expectative, le sort serait bien injuste de rendre aussi malheureuses les deux plus parfaitement honnêtes femmes que je connaisse. Je pourrais parler d'une troisième[1], vous comprenez bien quelle elle est, mais ses malheurs ne sont pas du même genre; ils n'affaissent pas l'âme, ils ne lui ôtent pas le ressort, ils ne l'humilient pas, ils donnent de l'éclat à ses vertus.

Voilà tout ce que vous aurez de moi aujourd'hui; je vous ai accablé de lettres depuis quelque temps. N'allez pas croire, je vous prie, que c'est par le goût que j'ai pour bavarder; vous êtes la seule personne à qui j'aime à écrire.

LETTRE 381.

M. DE VOLTAIRE A MADAME LA MARQUISE DU DEFFAND.

A Ferney, 5 avril 1771.

Eh bien, madame, vous aurez l'*Épître au roi de Danemark*. Je ne vous l'ai point envoyée, parce que j'ai craint que quelque Welche ne s'en fâchât. Depuis ma correspondance avec l'empereur de la Chine, je me suis beaucoup familiarisé avec les rois; mais je crains un certain public de Paris qu'il est plus difficile d'apprivoiser.

D'ailleurs, non-seulement je suis dans les ténèbres extérieures, mais tous les maux sont venus à la fois fondre sur moi. Il y a un avocat nommé Marchand qui s'est avisé de faire mon testament; il peut compter que je ne lui ferai pas plus de legs que le président Hénault ne vous en a fait.

M. le prince de Beauvau m'a fait l'honneur de m'envoyer son discours à l'Académie. Il est noble, décent, écrit en style convenable; j'en suis extrêmement content. Je ne le suis point du tout qu'on m'impute des ouvrages où l'on dit que les parlements sont maltraités. Il y en a un d'un jésuite qui est l'auteur d'un livre intitulé : *Tout se dira*, et d'un autre, intitulé : *Il est temps de parler*. Pour moi, je ne me mêle point du tout des affaires d'État; je me contente de dire hautement que je serai attaché à M. le duc et à madame la duchesse de Choiseul jusqu'au dernier moment de ma vie.

Je l'ai dit à la terre, au ciel, à Gusman même.

Ce qui m'a paru le plus beau dans le discours de M. le prince

---

[1] De la duchesse de Choiseul. (A. N.)

de Beauvau, c'est le secret qu'il a trouvé de relever tous les services que M. le duc de Choiseul a rendus à l'État, et qu'en faisant l'éloge du roi, il a fait celui de M. le duc de Choiseul sans que le roi en puisse prendre le moindre ombrage; il y a bien de la générosité et de la finesse dans ce tour, qui n'est pas assurément commun.

Je n'ai pas approuvé de même quelques remontrances qui m'ont paru trop dures. Il me semble qu'on doit parler à son souverain d'une manière un peu plus honnête. J'ai écrit ce que j'en pensais à un homme qui a montré ma lettre.

J'ajoutais que j'étais enchanté de l'établissement des six conseils nouveaux qui rendent la justice gratuitement. Je trouvais très-bon que le roi payât les frais de justice dans mon village. On a montré ma lettre au roi, qui ne s'est pas fâché; il aime les sentiments honnêtes, et il devrait être encore plus content, s'il voyait que je parle, dans le peu de lettres que j'écris, de la reconnaissance que je dois au mari de votre grand'maman.

Adieu, madame; soupez, digérez, conversez; et quand vous écrirez à votre grand'maman, qui ne m'écrit point, mettez-moi tout de mon long à ses pieds.

LETTRE 382.

MADAME LA MARQUISE DU DEFFAND A M. HORACE WALPOLE.

Paris, mercredi 1er mai 1771.

De votre lettre du 24, l'article qui me plait davantage c'est le désarmement de vos vaisseaux; j'ignorais le risque que je courais[1], heureusement je ne l'apprends que lorsqu'il est passé.

Soyez persuadé que si vous venez ici, comme vous le faites espérer, vous serez content sur tous les points que vous désirez de moi; ni bouderies, ni importunité d'aucun genre, rien ne troublera votre tranquillité et n'entreprendra sur votre liberté. Par un bonheur extrême, vous trouverez ici votre famille[2], circonstance très-avantageuse pour moi; je ne serai point inquiète de votre amusement, ce que je serais indubitablement, si vous n'aviez que moi pour compagnie et pour ressource.

Vous me faites une peinture bien pathétique du bonheur dont on peut jouir dans la vieillesse, quand on conforme les

---

[1] Par une rupture entre la France et l'Angleterre. (A. N.)
[2] La sœur de M. Walpole, lady Marie Churchill, et sa famille. (A. N.)

occupations de sa vie à cet état [1]; un chien, un chat, un apothicaire, un directeur, des voisines médisantes; hors ce dernier article, tous les autres me manquent; j'aurai bientôt un chat, je voudrais avoir un chien, mais pour les deux autres je ne saurais les désirer.

Je vous félicite, autant que vous vous en applaudissez, de l'heureuse situation de votre âme; vous êtes vraiment philosophe. Je ne sais auquel vous devez plus de reconnaissance, de la nature ou de l'expérience. Pour moi, qui ne dois rien ni à l'une ni à l'autre, je suis dispensée, et même il m'est interdit de m'applaudir de rien; je passerai ma vie à faire des fautes, à m'en repentir, à les réparer et puis à recommencer. J'ai perdu toute espérance, toute idée du bonheur; ce qui me console, c'est que je ne vois pas que les autres soient plus heureux que moi. Excepté vous, tout le monde s'ennuie, personne ne suffit à soi-même, et c'est ce détestable ennui dont chacun est poursuivi, et que chacun veut éviter, qui met tout en mouvement.

Notre chancelier s'est mis dans une situation qui l'en mettra à l'abri pour longtemps. Il rendra le dernier soupir avant d'avoir eu le temps de bâiller; ce n'est pas un homme, c'est un diable : tout est ici dans un bouleversement dont on ne peut pas prévoir quelle sera la fin. Je ne saurais entreprendre de vous faire des détails. Il y en aurait d'immenses à raconter; les faits principaux, vous les aurez lus dans le procès-verbal du lit de justice [2]; on en annonce un autre dans le courant de ce

---

[1] M. Walpole l'avait faite de la manière suivante : « Quand je vois une vieille femme sans enfants, sans parents, sans amis, sans esprit, qui ne s'occupe que de sa partie de jeu pour la soirée, je me dis : Voilà une personne heureuse! Elle croit assez à ce que lui dit son directeur pour avoir de l'espérance; l'on ne saurait guère craindre une éternité de tourments pour avoir pesté contre son chat ou sa femme de chambre. Son apothicaire, ses petits comptes, sa marchande, son dîner, et quelque dévote qui lui confie des mensonges scandaleux, l'amusent, et elle se croit pieuse en damnant sa voisine; elle n'aime personne et se croit pétrie de tendresse pour le genre humain, en donnant quelques sous aux pauvres, les dimanches. Mon amie, vous vous moquerez de moi, mais voilà ce que j'appelle le bonheur. Rien n'afflige cette bonne personne. C'est le pendant d'un philosophe. Son libraire, c'est l'apothicaire de la dévote; ses rivaux, ses voisines; son cercle chez le baron d'Holbach, la partie de jeu. Le dîner tient la même place chez l'un et l'autre; et la renommée est le paradis de l'encyclopédiste. J'aimerais mieux cependant être la dévote; il y a moins d'affectation à son fait. » (A. N.)

[2] Tenu le 13 avril pour l'établissement final des nouveaux tribunaux créés à la place du parlement. (A. N.)

mois, il sera suivi de nouveaux exils, d'édits bursaux qui achèveront la ruine de tout le monde. On ne nomme point de ministre des affaires étrangères; on dit continuellement : C'est dans deux jours que M. d'Aiguillon sera nommé : il s'en passe quinze sans qu'il en soit question; alors on dit : Ce ne sera pas lui, ce sera celui-ci, ce sera celui-là; aujourd'hui on pense que ce sera le chancelier : enfin; on en dit de toute façon, et ce qu'on a dit la veille est démenti parce qu'on dit le lendemain.

Comme cette lettre vous sera rendue par le courrier de l'ambassadeur, je puis risquer une chanson assez plaisante sur l'air de la *Fée Urgèle*. Cependant je tremble en l'écrivant. Wiart, qui est encore plus prudent que moi, ne veut pas l'écrire [1]...

Il m'arrive une bonne fortune après laquelle je soupirais depuis longtemps, c'est un livre qui me plaît infiniment; il est de M. Gaillard. Il a pour titre : *Rivalité de la France et de l'Angleterre*; il est par chapitres, et chaque chapitre est les événements du règne d'un roi de France et d'un roi d'Angleterre contemporains; Louis le Jeune et Henri II, Philippe-Auguste et Richard Cœur-de-lion, etc. Ledit Gaillard est fort partial; je trouve qu'il a raison, je suis de son avis; devinez par là pour quelle nation il est.

Je soupai hier chez la grosse duchesse avec la maréchale de Mirepoix, le maréchal de Richelieu, le petit comte de Broglie. Vous voyez que j'étais tout au travers de l'armée ennemie; on m'y traite fort bien, quoique l'on n'ignore pas que je sois bien fidèle à mon parti.

Ah! je comprends la répugnance que vous avez à écrire. Je l'éprouve souvent; depuis douze ou quinze jours, je ne peux pas tirer de mon génie une page entière; c'est un malheur qui vous est réservé, qui n'est uniquement que pour vous, que cette facilité que j'ai, quand je vous écris, à remplir quatre pages; cependant aujourd'hui il n'y en aura que trois; je ne puis mettre à l'épreuve ni votre patience ni la mienne, à vous raconter tout ce que je fais, tout ce que j'entends, tout ce que je dis. Tout cela est ennuyeux à la mort. Adieu.

[1] Voyez la lettre 384. (A. N.)

LETTRE 383.

M. DE VOLTAIRE A MADAME LA MARQUISE DU DEFFAND.

5 mai 1771.

Ma sœur, vous êtes dénaturée : vous abandonnez votre frère le Quinze-Vingt, comme votre grand'maman abandonne son frère le campagnard. Si je n'étais qu'aveugle et sourd, je prendrais la chose en patience ; si à ces disgrâces de la nature la fortune se contentait d'ajouter la ruine de ma colonie, je me consolerais encore ; mais on m'a calomnié, et je ne me console point. Je serai fidèle à votre grand'maman et à monsieur son mari, tant que j'aurai un souffle de vie ; cela est bien certain.

Je ne crois point du tout leur manquer en détestant des pédants absurdes et sanguinaires. J'ai abhorré, avec l'Europe entière, les assassins du chevalier de la Barre, les assassins de Calas, les assassins de Sirven, les assassins du comte de Lally. Je les trouve, dans la grande affaire dont il s'agit aujourd'hui, tout aussi ridicules que du temps de la Fronde. Ils n'ont fait que du mal, et ils n'ont produit que du mal.

Vous savez probablement que, d'ailleurs, je n'étais point leur ami. Je suis fidèle à toutes mes passions. Vous haïssez les philosophes, et moi je hais les tyrans bourgeois. Je vous ai pardonné toujours votre fureur contre la philosophie, pardonnez-moi la mienne contre la cohue des Enquêtes.

J'ai d'ailleurs pour moi le grand Condé, qui disait que la guerre de la Fronde n'était bonne qu'à être chantée en vers burlesques.

Je ne sais rien dans mes déserts de ce qui s'est passé derrière les coulisses de ce théâtre de Polichinelle. Je me borne à dire hautement que je regarde le mari de votre grand'maman comme un des hommes les plus respectables de l'Europe, comme mon bienfaiteur, mon protecteur, et que je partage mon encens entre votre grand'maman et lui. J'ai soixante-dix sept ans, quoiqu'on dise. Je mets entre vos mains mes dernières volontés, pour la décharge de ma conscience. Je vous prie même avec instance de communiquer ce testament à votre grand'maman, après quoi je me fais enterrer.

Soyez très-sûre, madame, que je mourrai en regrettant de n'avoir pu passer auprès de vous quelques dernières heures de ma vie. Vous savez que vous étiez selon mon cœur, et que je suis le doyen de tous ceux qui vous ont été attachés; je suis même le seul qui vous reste de vos anciens serviteurs; je dois hériter d'eux; je réclame mes droits pour le moment qui me reste.

LETTRE 384.

MADAME LA MARQUISE DU DEFFAND A M. HORACE WALPOLE.

Mercredi 8 mai 1771.

Je suis fort contente d'être bien avec vous, mais je ne le suis pas de votre santé. Si je vous en marquais trop d'inquiétude, vous vous mettriez en colère, et je ne veux plus vous fâcher. Si cette maudite goutte vous revient, toutes mes espérances seront détruites, et mes projets changés.

Vous ne me dites point quand votre cousin reviendra. Je compte que ce cera ces jours-ci. Votre ambassadeur [1] est le meilleur homme du monde, je l'aime beaucoup, mais à la manière dont on aime son chien. Il vient chez moi, se campe dans un fauteuil, nous nous faisons des amitiés, nous ne nous disons rien, nous restons ensemble, et nous sommes contents l'un et l'autre; il me donne la facilité de vous écrire et de vous envoyer tout ce que je veux.

Voilà la protestation de nos princes [2], vous jugerez par là si nos affaires sont en train d'accommodement; on ne comprend rien à ce qui regarde M. d'Aiguillon; la dame ne peut parvenir à le faire ministre. Tout ce qui se passe est ineffable; on ne peut prévoir quelle en sera la fin. La petite maréchale [3] est à sa campagne; j'y vais souper ce soir avec mon évêque de Mirepoix; c'est un homme qui me convient fort, mais je ne répond pas qu'il vous plaise; nous n'avons pas toujours les mêmes goûts, mais c'est surtout en fait de lecture. Je lis actuellement un livre qui a pour titre: *la Rivalité de la France et de l'Angleterre*, par M. Gaillard; il me fait beaucoup de plaisir. Quand vous serez ici, vous m'en direz votre sentiment;

---

[1] Le comte d'Harcourt. (A. N.)
[2] Contre le lit de justice tenu le 13 avril. Les princes du sang ayant été mandés pour y assister, refusèrent tous, excepté le comte de la Marche, fils du prince de Conti. Ils avaient tous écrit au roi que ne pouvant donner leur suffrage à ce qu'on se proposait de faire, ils ne croyaient pas convenable d'assister au lit de justice. (A. N.)
[3] La maréchale de Mirepoix. (A. N.)

je ne hasarderai point de vous l'envoyer, d'autant plus qu'il est bien loin d'être fini ; il n'en est qu'à Philippe de Valois et Édouard III. Il n'y a que trois volumes ; il y en aura peut-être douze ou quinze.

J'eus hier à souper milady Mary Coke, avec mesdames de Luxembourg, de Lauzun, l'Idole, sa belle-fille, que j'appelle *le Trognon*, et puis des évêques et des archevêques.

Malgré la prudence de Wiart, je vais le forcer d'écrire la chanson dont je vous ai parlé ; il n'y a point de risque, à ce que l'on m'a dit, parce qu'on n'ouvre point le paquet des ambassadeurs.

Air de *la Fée Urgèle*.

L'avez-vous vue, ma du Barry,
 Elle a ravi mon âme,
Pour elle j'ai perdu l'esprit,
 Des Français j'ai le blâme :
Charmants enfants de la Gourdan,
Est-elle chez vous maintenant?
 Rendez-la-moi

. . . . .

Soulagez mon martyre ;
 Rendez-la-moi,
 Elle est à moi,

. . . . .

L'avez-vous vue, etc.

Je sais qu'autrefois les laquais
Ont fêté ses jeunes attraits :
 Que les cochers
 Les perruquiers
L'aimaient, l'aimaient d'amour extrême,
Mais pas autant que je l'aime :
L'avez-vous vue, etc.

Je ne sais si je vous ai envoyé la lettre aux princes [1] sur l'air de *l'Allure, mon cousin* ; en tout cas, la voici :

Ne venez point ici, mon cousin,
C'est mon ordre suprême,
Et dites à mes autres cousins
Qu'ils en fassent de même, mon cousin ;
Sur ce, je prie Dieu qu'il vous ait, mon cousin,
En sa sainte et digne garde.

---

[1] Le roi fut si irrité de la conduite des princes du sang qui ne s'étaient pas rendus au lit de justice du 13 avril, que le jour suivant ils reçurent tous des

Adieu, je vais me lever. Je n'ai point encore eu de nouvelles de madame Churchill.

On a retranché une grande partie des fêtes qu'on devait donner au mariage, toutes celles qui *devaient* être à Marly; un opéra, le bal masqué, une tragédie; on a changé la table du banquet royal, parce que les princes n'y seront point; les princesses y sont invitées; elles y iront ainsi qu'à la célébration, mais elles n'iront point au bal paré, ni à aucun spectacle.

Notre comtesse de Provence arrive dimanche à Fontainebleau; le roi et toute la famille royale y vont samedi l'attendre; toute la cour ira lundi à Choisy, le mardi matin à Versailles; le mariage se fera à midi.

LETTRE 385.

MADAME LA MARQUISE DU DEFFAND A M. DE VOLTAIRE.

Paris, 15 mai 1771.

Non, non, je ne hais point la philosophie, mais j'estime peu ceux qui n'en ont que le masque, sous lequel ils cachent l'orgueil et l'insolence. Vous n'aimez pas plus que moi les paradoxes, les raisonnements ennuyeux, le style froid, fade ou déclamatoire. Prenez-vous-en à vous si je suis devenue difficile.

Me soupçonnez-vous de lire tous les écrits dont nous sommes inondés? Pour me forcer à les lire, on me dit qu'il y en a de vous : je les parcours; je ne vous reconnais dans aucun; je les jette tous au feu.

Je bénis le ciel de mon incapacité; elle me dispense de m'occuper de tout ce qui se passe. Je suis sourde et muette, ce qui, joint à l'aveuglement, me rend, comme vous pouvez juger, d'une agréable société.

Ah! c'est bien moi, mon cher Voltaire, qui regrette de ne vous pas voir; mais si vous étiez ici, je n'y gagnerais rien; vous me préféreriez vos nouvelles connaissances. Vous avez beau dire, Dieu fait tout pour le mieux. La fable de Jupiter et du métayer est une de mes favorites. A propos de fables, connaissez-vous celles de M. de Nivernois? J'en ai entendu qui

---

lettres de la propre main de Sa Majesté, par lesquelles elle leur défendit de paraître en sa présence, de voir aucune personne de la famille royale, ni de se trouver dans aucun lieu où la cour pourrait se rendre. C'est la formule de ces lettres qui était tournée en ridicule. (A. N.)

m'ont paru jolies. Vous a-t-on envoyé *la Rivalité de la France et de l'Angleterre*, par M. Gaillard? Dites-m'en votre avis. Adieu, je vous quitte pour écrire à la grand'maman; je lui envoie votre lettre; elle lui confirmera la continuation de vos sentiments pour elle et pour son mari. Ils méritent l'un et l'autre l'estime et l'attachement du public, et surtout de vous et de moi; c'est là ce qui fonde le plus notre fraternité.

LETTRE 386.

M. DE VOLTAIRE A MADAME LA MARQUISE DU DEFFAND.

1er juin 1771.

Vous avez brûlé, madame, tout ce qu'on a écrit sur le parlement. Eh bien, brûlez donc encore une fois cette troisième édition d'un écrit composé à Lyon, mais ne brûlez pas la page 7, qui contient les justes éloges du mari de votre grand'maman.

Je vous répète que je ne serai jamais ingrat, mais que je n'oublierai jamais le chevalier de la Barre, et mon ami, le fils du président d'Etallonde, qui fut condamné au supplice des parricides pour une très-légère faute de jeunesse. Il se déroba par la fuite à cette boucherie de cannibales; je le recommandai au roi de Prusse, qui lui a donné, en dernier lieu, une compagnie de cavalerie.

A peine se souvient-on, dans Paris, de cette horreur abominable. La légèreté française danse sur le tombeau des malheureux. Pour moi, je n'ai jamais mis ma légèreté à oublier ce qui fait frémir la nature. Je déteste les barbares et j'aime mes bienfaiteurs.

Vous aimez les Anglais; n'ayez donc point d'indifférence pour un homme qui est tout aussi Anglais qu'eux. Songez d'ailleurs que je vis dans un désert où je veux mourir, à moins que je n'aille mourir en Suisse. Songez que je ne dis jamais que ce que je pense, et qu'il y a soixante ans que je fais ce métier. Songez qu'ayant fondé une colonie dans ma Sibérie, je dois approuver infiniment la grâce que fait le roi à tous les seigneurs des terres, de payer les frais de leur justice.

Je sais bien, encore une fois, qu'à Paris on ne fait pas la moindre attention à ce qui peut faire le bonheur des provinces; je sais qu'on ne s'occupe que de souper, et de dire son avis au hasard sur les nouvelles du jour. Il faut d'autres occupations à un homme moitié cultivateur et moitié philosophe. Je me suis ruiné à faire du bien, je ne demande aucune grâce à personne, et je ne veux rien de personne. Si jamais je vais à Paris, pour une opération qu'on dit qu'il faut faire à mes yeux et qui ne réussira pas, ce sera beaucoup plus pour avoir la consolation de m'entretenir avec vous que pour recouvrer la vue et pour prolonger ma vie.

Un hasard assez heureux m'amena en France, il y a près de vingt ans. Je ne devais pas y être, parce que je ne pense pas à la Française; mais quand je serais autre, comptez, madame, que je vous serai attaché jusqu'à mon dernier moment, avec des sentiments aussi inaltérables que ma façon de penser.

LETTRE 387.

MADAME LA MARQUISE DU DEFFAND A M. HORACE WALPOLE.

Paris, mercredi 12 juin.

Au nom de Dieu, ne me marquez plus de craintes, ayez la plus entière certitude que, si nous nous brouillons jamais, ce ne sera pas pour les mêmes sujets. Je sens l'excès de votre complaisance, j'en suis si reconnaissante, j'ai tant de joie de l'espérance de vous revoir, qu'il me semble que rien ne peut plus m'affliger ni m'attrister. Je venais de recevoir une lettre de M. de Beauvau qui annonce les projets les plus ruineux; j'y suis insensible; je ne sens que le plaisir que j'aurai de vous voir. Vous trouverez les *Mémoires* de Saint-Simon; l'abbé me mande qu'il en a fait le paquet, et qu'ils partiront à la première occasion : me voilà un peu rassurée sur votre ennui. Ne me faites point de procès sur mon inégalité; c'est le défaut de tous les gens naturels, il est plus ou moins grand selon les caractères; il tient aussi à la santé, et surtout aux digestions. Les fraises et la crème me rendent triste, et me causent des impressions différentes; aussi j'observe de m'abstenir des choses qui me donnent des vapeurs; enfin, enfin, je serai bien trompée, si vous n'êtes pas extrêmement content de ma raison et de ma conduite.

Je n'entends point parler de madame votre sœur; mais, selon ses anciens projets, elle doit arriver en même temps que vous.

Vous ne trouverez personne de votre connaissance ici ; Compiègne, Chantilly, Villers-Cotterets enlèvent tout le monde ; vous n'aurez que Saint-Simon ; vos parents, la Sanadona et moi pour toute compagnie ; nous ferons tant que vous le voudrez des voyages à Ruel et à Roissy [1] ; j'aurai cent mille et mille choses à vous raconter, autant de conseils à vous demander. Pour moi, je crois que le temps sera très-bien employé ; j'espère, et même je crois que vous ne vous ennuierez pas. Vous trouverez la scène changée : M. d'Aiguillon en place [2], d'autres nouveaux ministres ; vous entendrez crier des édits qui nous couperont bras et jambes ; nous parlerons de Strawberry-Hill ; je renouvellerai connaissance avec Rosette ; je serai bien trompée, si les journées me paraissent longues.

Adieu ; d'ici là écrivez-moi, ne m'écrivez pas, vous êtes le maître. Je trouverai tout bon.

LETTRE 388.

MADAME LA MARQUISE DU DEFFAND A M. DE VOLTAIRE.

Paris, 15 juin 1771.

Je ne vous écris plus si exactement ; voici pourquoi : tant que j'étais avec mes parents, mon commerce devait vous être agréable ; à présent, que puis-je vous dire qui vous intéresse ? Je ne suis au fait de rien, je ne m'intéresse à rien ; je n'apprends les nouvelles que par les gazettes. Je reçois des lettres de Chanteloup ; voilà ma seule correspondance ; et comme on sait que je conserve vos lettres, on m'envoie toutes celles qu'on reçoit de vous.

L'on me charge de vous dire qu'on est très-content de votre reconnaissance, qu'on n'a nulle raison d'en douter, et que si on ne vous le dit pas soi-même, c'est qu'on s'est interdit d'écrire à personne. Ce n'est point une fausse défaite ; c'est la pure vérité. On s'y porte fort bien ; on n'a de chagrins que ceux qui viennent de l'attachement et de l'amitié ; mais c'est beaucoup trop, j'en conviens ; je l'éprouve par moi-même.

Je n'ai point envoyé la septième page, dont vous me parlez ;

---

[1] Les châteaux de plaisance de la duchesse d'Aiguillon douairière, et de M. de Caraman. (A. N.)

[2] Comme secrétaire d'État pour les affaires étrangères. (A. N.)

toutes ces sortes d'écrits sont entre leurs mains; mais j'ai recommandé d'y faire attention.

Vous me donnez une lueur d'espérance de vous revoir, je voudrais bien qu'elle se réalisât. Indépendamment du plaisir que j'aurais de vous embrasser et de vous entretenir, je serais bien aise de savoir comment vous trouvez le bel esprit aujourd'hui? Ce n'est pas le vôtre ni aucun de vos contemporains, c'est un genre tout neuf, et qui me renvoie à ne lire que le *Siècle de Louis XIV*, et à ce qu'on a écrit il y a quarante ou cinquante ans. J'en excepte le dernier ouvrage de M. Gaillard, qui m'a fait beaucoup de plaisir. Mon pauvre Formont appelait ce siècle-ci : pédant et frivole, j'y ajouterais : froid, sec et ennuyeux. Vous me trouveriez digne d'y tenir ma place, si je vous écrivais plus longtemps. Ainsi donc, adieu, mon cher Voltaire; je vous aime et je vous aimerai toujours.

LETTRE 389.

MADAME LA MARQUISE DU DEFFAND A M. HORACE WALPOLE.

Paris, dimanche 23 juin 1771.

Vous aurez votre même logement au Parc-Royal, et nous nous en sommes assurés fort à propos; quelques jours plus tard, il n'aurait plus été temps. Me voilà donc sûre que vous vous mettrez en route le 7; ma joie est bien troublée par la connaissance que j'ai de la fatigue que vous aurez, du sacrifice que vous faites de vos occupations, de vos amusements. Comment vous dédommager de tout cela? Mérité-je ce que vous faites pour moi?, l'estime et l'amitié que j'ai pour vous ne sont-elles pas des sentiments très-naturels? exigent-elles de si grandes marques de reconnaissance? C'est à moi à vous donner toutes sortes de marques de la mienne; ne doutez pas que la première de toutes ne soit de bannir de mes discours tout ce qui pourrait troubler votre tranquillité; nous ne rappellerons point le passé, j'aime mieux convenir d'avoir été assez ridicule pour que vous vous soyez mépris à ce que je pensais, que de vous ennuyer par des explications qui seraient pour le moins aussi fatigantes qu'inutiles. Je ne vous ferai point veiller, vous déciderez de l'heure du repas et vous réglerez totalement ma conduite pendant tous les jours que vous voudrez bien me donner. De votre côté, je vous demande avec instance de ne me laisser voir aucune crainte ni aucune défiance, et qu'il n'y ait entre nous ni plaintes, ni reproches, ni gêne, ni embarras; enfin que je puisse pendant quelques semaines être heureuse et goûter le plaisir. Préparez-vous à me trouver bien vieillie; ce n'est pas de l'extérieur que je parle, il n'importe guère; c'est de l'âme. Elle est bien affaissée; si vous la ranimez, vous ferez un beau miracle.

Vous trouverez les *Mémoires* de Saint-Simon, ils rempliront quelques-unes de vos heures; nous ferons des promenades tant qu'il vous plaira. La grosse duchesse se fait un grand plaisir de vous revoir, madame de Mirepoix vous fêtera beaucoup. Vous trouverez, à ce que j'espère, l'ami Pont-de-Veyle en fort bonne santé, sa fièvre n'est presque plus rien. Vous ferez connaissance avec un homme dont je fais cas; il est parfaitement raisonnable, presque autant que vous, mais pas à la vérité tout à fait aussi aimable : l'évêque de Mirepoix.

Vous verrez aussi l'ami Tourville, mais rarement, et puis les oiseaux avec leur cortége, le prince de Beaufremont, le prince de Monaco; vous verriez aussi plusieurs étrangers, si l'on n'allait pas à Compiègne le 16. Voilà mes alentours. Mais sur quoi je fonde votre plaisir et le mien, ce sont les Churchill, dont je n'ai point de nouvelles; ils arriveront sans doute à peu près dans le même temps que vous.

Adieu; ma joie est mêlée de crainte. Le voyage m'inquiète; je ne me consolerais point, s'il vous causait la plus légère incommodité.

LETTRE 390.

LA MÊME AU MÊME.

Paris, 26 juin 1771.

Mon premier mouvement, en ouvrant votre lettre, a été la terreur; mais, Dieu merci, vous vous portez bien, vous êtes content de moi, rien ne dérange vos projets; il ne me reste plus d'autre crainte que la fatigue du voyage, et un peu de l'ennui du séjour. Les du Châtelet sont arrivés cette nuit de Chanteloup. On a dû les charger des *Mémoires* de Saint-Simon; ils n'ont point encore envoyé chez moi, mais apparemment ils y enverront avant le départ de la poste; ainsi je pourrai vous mander si je les ai reçus.

Est-il possible que je ne vous aie pas mandé la nomination de M. d'Aiguillon, qui a été le 5 de ce mois? Il donna hier son premier dîner; il y eut cinquante-cinq personnes. Madame d'Aiguillon, la mère, en fit les honneurs ainsi que sa belle-fille. Tous les diplomatiques sont enchantés de notre grosse duchesse; en effet, elle est charmante : sa joie est si naturelle, si simple, si exempte de hauteur, de fausse gloire, et elle est si éloignée d'être avantageuse, que tous les différents partis sont contents d'elle, l'estiment, l'aiment et lui veulent du bien. Vous faites très-bien de lui écrire : elle compte que vous ferez de fréquents voyages à Ruel.

Il est plaisant que vous ayez ignoré la nouvelle destination de votre cousin[1], et qu'ici nous sachions mieux que vous ce qui se passe à Londres. Nous le regrettons beaucoup; tous ceux qui le connaissent et qui ne jugent pas par les manières extérieures, l'estiment et l'aiment. Comme il va être absent pour bien des années, il ne m'importe plus de ce que vous pensez pour lui; mais s'il était resté parmi nous, j'aurais désiré que vous l'eussiez aimé. Il retourne à Londres lundi; je vous écrirai par lui pour la dernière fois, et ce sera pour vous souhaiter un bon voyage. Suivant mon calcul, je vous embrasserai de vendredi en quinze, ce sera le 12; je souperai cependant chez moi le 11, avec quelque espérance que vous pourriez bien arriver. Je crois que votre présence me sera fort utile pour toutes sortes de santés; celle de l'âme sans doute, et même celle du corps, qui depuis quelque temps n'est pas des meilleures.

Pont-de-Veyle se porte mieux, mais il a cependant toujours de petits ressentiments de sa fièvre; mais il ne veut ni vieillir ni être malade. Il se fait un grand plaisir de vous revoir, non-seulement par l'amitié qu'il a pour moi, mais c'est qu'il en a pour vous.

Point de nouvelles des Churchill, j'en suis extrêmement étonnée.

Je donne demain à souper à milord Grantham, à M. Robinson[2], à votre ambassadeur, à votre cousin, à madame de Mirepoix, peut-être à madame d'Aiguillon et à plusieurs autres; ce sera, j'espère, le dernier souper dans ce genre, car je suis infiniment dégoûtée de la nombreuse compagnie. Adieu.

---

[1] Comme ministre plénipotentiaire à la cour de Lisbonne. (A. N.)

[2] Le feu lord Grantham et son frère. Le lord Grantham était alors ambassadeur extraordinaire à la cour de Madrid. (A. N.)

LETTRE 391.

M. DE VOLTAIRE A MADAME LA MARQUISE DU DEFFAND.

30 juin 1771.

Croyez-moi, madame, si quelque chose dépend de nous, tâchons tous deux de ne point prendre d'humeur. C'est ce que nous pouvons faire de mieux à notre âge, et dans le triste état où nous sommes.

Vous me laissez deviner tout ce que vous pensez; mais pardonnez-moi aussi mes idées. Trouvez bon que je condamne des gens que j'ai toujours condamnés, et qui se sont souillés en cannibales du sang de l'innocent et du faible. Tout mon étonnement est que la nation ait oublié les atrocités de ces barbares. Comme j'ai été un peu persécuté par eux, je suis en droit de les détester; mais il me suffit de leur rendre justice. Rendez-la-moi, madame, après cinquante années de connaissance ou d'amitié.

J'avais infiniment à cœur que votre grand'maman et son mari fussent persuadés de mes sentiments. Je ne vois pas pourquoi vous ne leur avez pas envoyé cette septième page, et il est très-triste pour moi qu'elle leur vienne par d'autres.

Votre dernière lettre me laisse dans la persuasion que vous êtes fâchée, et dans la crainte que votre grand'maman ne le soit; mais je vous avertis toutes deux que je m'enveloppe dans mon innocence; je n'ai écouté que les mouvements de mon cœur; n'ayant rien à me reprocher, je ne me justifierai pas. Il y a d'ailleurs tant de sujets de s'affliger, qu'il ne s'en faut pas faire de nouveaux.

Je n'aurai pas la cruauté d'être en colère contre vous. Je vous plains, je vous pardonne, et je vous souhaite tout ce que la nature et la destinée vous refusent aussi bien qu'à moi.

Pardonnez-moi, de même, l'affliction que je vous témoigne, en faveur de l'attachement qui ne finira qu'avec ma vie, laquelle finira bientôt.

LETTRE 392.

MADAME LA MARQUISE DU DEFFAND A M. DE VOLTAIRE.

Paris, 8 juillet 1771.

Quelle vision! pourquoi me supposer fâchée contre vous? quel sujet m'en avez-vous donné? quelle raison puis-je avoir eue de ne pas envoyer cette septième page? Vous avez vous-même envoyé l'ouvrage : je recommandais de votre part qu'on lût cette septième page. Je me suis toujours acquittée fidèlement de vos commissions. On m'envoie toutes vos lettres; on me charge d'y répondre, et je vais vous transcrire, mot à mot, ce que l'on m'écrit en m'envoyant la dernière.

« Voici une lettre de M. de Voltaire; je ne lui réponds pas,
» et je vous prie de lui répondre. Dites-lui que je suis très-sen-
» sible à l'intérêt qu'il prend à ma santé, que je me porte fort
» bien, que je suis fâchée de ne pouvoir pas lui répondre, mais
» que, pour de très-bonnes raisons, j'ai pris le parti de ne plus
» écrire du tout; que quand on est parvenu à un certain âge, il
» faut se reposer sur ses enfants d'une foule de devoirs qu'on
» ne peut pas rendre, et que je vois avec plaisir que je ne peux
» pas choisir une main plus agréable à M. de Voltaire que celle
» de ma petite-fille. »

Voilà ses propres termes. Je m'offre, mon cher Voltaire, à être l'entrepôt de votre correspondance. Pour moi, je serais bien fâchée de renoncer directement à la vôtre; le rôle que j'ai à jouer sur le théâtre de la chose publique me dispense d'avoir un sentiment, une opinion, ou du moins d'en entretenir les autres. Je ne puis pas m'empêcher de m'intéresser aux édits, surtout à ceux qui regardent les rentes viagères; j'y avais converti tout mon bien, et M. l'abbé Terray m'apprend que j'ai assez vécu; il dit à moi, et à tous ceux qui n'ont que de ces effets-là, et qui lui représentent qu'il faut bien qu'ils vivent : *Qu'il n'en voit pas la nécessité.* Vous vous souvenez que ce fut la réponse de M. d'Argenson[1] à feu l'abbé Desfontaines.

D'ailleurs, je ne m'intéresse à rien; je ne blâme ni n'approuve; je ne dis point, avec Pope, que *tout ce qui est, est bien;* mais je dirais avec un autre auteur : *sottises de toutes parts.*

---

[1] M. d'Argenson était alors lieutenant général de police à Paris; l'abbé Desfontaines écrivait un journal dans lequel il s'exprimait souvent de manière à se faire censurer par le gouvernement. (A. N.)

Comment pouvez-vous croire que je cesse de vous aimer, vous qui êtes unique en votre espèce, que j'ai constamment et uniquement admiré; vous qui m'avez toujours si bien traitée, et qui me traiterez encore bien à l'avenir, à ce que j'espère, en reprenant l'habitude de m'envoyer toutes vos productions, excepté celles qui regardent la chose publique, à laquelle je ne pense que pour faire des vœux pour qu'elle aille bien.

Je souffre de l'absence de mes parents; on ne s'opposera point à ce que je leur rende une petite visite; j'en ferai demander la permission le mois prochain. Je ne puis pas m'éloigner de chez moi dans ce moment-ci, j'attends M. Horace Walpole; madame sa sœur loge chez moi, mais dès que l'un et l'autre seront retournés en Angleterre, je compte aller à Chanteloup. C'est un grand voyage pour quelqu'un de mon âge, mais l'amitié est la fontaine de Jouvence; je ne désire de la santé et des forces que pour jouir du bonheur de vivre avec mes amis; jugez quel plaisir j'aurais de vous revoir. Ne me parlez plus, mon cher Voltaire, sur le ton de votre dernière lettre; ayez toute confiance en mon attachement, il durera autant que ma vie. Je voudrais bien que ce fût par delà, et que le paradis fût de retrouver ses amis, et d'être uni à eux pour toute l'éternité.

LETTRE 393.

MADAME LA MARQUISE DU DEFFAND A M. DE VOLTAIRE.

28 juillet 1771.

Il vous est commode, mon cher Voltaire, de vous persuader que je n'aime pas les encyclopédies; cela vous dispense de m'envoyer la vôtre[1], que j'aurais indépendamment de vous, si on la trouvait ici. Je n'aime point la science, la morale, la métaphysique *in-folio;* je ne saurais admirer ni me soumettre à l'autorité et à l'importance de certains auteurs; si j'ai tort, est-ce à vous à m'en punir, quand c'est vous à qui il faut s'en prendre du peu de respect que j'ai pour ces messieurs; c'est vous qui m'avez formé le goût; leurs opinions peuvent être semblables aux vôtres, et je les adopte volontiers; mais dans la forme et la manière, ils ne vous ressemblent assurément pas.

M. Walpole, qui est un de vos grands admirateurs, veut

---

[1] *Questions sur l'Encyclopédie.* La lettre suivante, datée du 29, doit l'être du 11. (L.)

que je vous dise qu'il est infiniment flatté de l'honneur que vous lui faites; qu'il ne se serait jamais attendu à être cité par vous, et que les louanges que vous lui donnez, c'est vous qui les lui faites mériter. Ce sont vos ouvrages qu'il lit sans cesse, c'est l'admiration qu'il a de votre style qui forme le sien; mais il n'a pas, cependant, la présomption de le croire encore assez bon pour oser vous faire lui-même ses remercîments. Il veut qu'ils passent par moi : j'y souscris en enfant perdu, sans craindre la critique, parce que je suis fort au-dessous de la prétention : c'est votre amitié que je veux, mon cher Voltaire, et, pour nouvelle preuve, votre *Encyclopédie*. Vous ne devez pas écrire un mot sans m'en faire part; envoyez-moi donc incessamment cette *Encyclopédie*, afin de pouvoir la porter à Chanteloup, où j'espère aller au commencement de septembre. Vous n'aurez ni rime ni raison de moi que vous ne m'ayez accordé ma demande. Il me semble que vous m'aviez donné l'espérance de venir faire un tour ici; il n'y a point de temps où je ne vous désire, mais dans ce moment-ci, je vous désirerais plus que dans tout autre; vous feriez connaissance avec M. Walpole, et je suis persuadée que vous seriez fort contents l'un de l'autre, et moi je le serais infiniment de me trouver entre vous deux : mais, vanité des vanités, tout n'est que vanité! J'en excepte l'amitié, que je crois (quoi qu'on en dise) le plus grand bien de la vie.

LETTRE 394.

M. DE VOLTAIRE A MADAME LA MARQUISE DU DEFFAND.

29 juillet 1771.

Dieu soit béni, madame, votre grand'maman me rend justice et vous me la rendez. Je ne crains plus de déplaire à une âme aimable, juste et bienfaisante, pour avoir élevé ma voix contre des êtres malfaisants et injustes, qui, dans la société, ont toujours été insupportables, et dans l'exercice de leur charge, tantôt des assassins et tantôt des séditieux.

Je suis dans un âge et dans une situation où je puis dire la vérité. Je l'ai dite sans rien attendre de personne au monde, et soyez sûre que je ne demanderai jamais rien à personne, du moins pour moi, car je n'ai jusqu'ici demandé que pour les autres.

Si M. Walpole est à Paris, je vous prie de lui donner à lire la page 76 de la feuille que je vous envoie; il est dit un petit mot de lui. J'ai regardé son sentiment comme une autorité, et ses expressions comme un modèle. Cette feuille est détachée du septième tome des *Questions sur l'Encyclopédie,* que vous ne connaissez ni ne voulez connaître. On a déjà fait quatre éditions des six premiers volumes, comme on a fait quatre éditions de ce grand dictionnaire qui est à la Bastille. Il est en prison dans sa patrie; mais l'Europe est encyclopédiste. Vous me répondrez comme une héroïne de Corneille à Flaminius :

> Le monde sous vos lois! ah, vous me feriez peur,
> S'il ne s'en fallait pas l'Arménie et mon cœur!

Ne confondez, pas je vous prie, l'or faux avec le véritable. Je vous abandonne tout l'alliage qu'on a mêlé à la bonne philosophie. Nous rendons justice à ceux qui nous ont donné du vrai et de l'utile; soyons ce que le parlement devrait être, équitable et sans esprit de parti; réunissons-nous dans cette sainte religion qui consiste à vouloir être juste, et à ne voir, autant qu'on le peut, les choses que comme elles sont.

Si vous daignez vous faire lire la feuille que je vous envoie (laquelle n'est qu'une épreuve d'imprimeur), vous verrez qu'on y foule aux pieds tous les préjugés historiques.

Il y a d'autres articles sur le *Goût,* tout remplis de traductions en vers des meilleurs morceaux de la poésie italienne et anglaise. Cela aurait pu vous amuser autrefois; mais vous avez traité tout ce qui regarde l'*Encyclopédie* comme vous avez traité mon impératrice Catherine. Vous êtes devenue Turque pour n'être pas de mon avis.

Avouez du moins qu'on lit l'*Encyclopédie* à Moscou, et que les flottes d'Archangel sont dans les mers de la Grèce. Avouez que Catherine a humilié l'empire le plus formidable, sans mettre aucun impôt sur ses sujets; tandis qu'après neuf ans de paix, on nous prend nos rescriptions sans nous rembourser, et qu'on accable d'un dixième le revenu de la veuve et de l'orphelin.

A propos de justice, madame, vous souvenez-vous des quatre *Épîtres* sur la loi naturelle? Je vous en parle, parce qu'un prélat étranger, étant venu chez moi, m'a dit que non-seulement il les avait traduites, mais qu'il les prêchait. Je lui ai répondu que M. Pasquier, l'oracle du parlement, les avait fait brûler par le bourreau de son parlement. Il m'a promis de faire brûler Pasquier, si jamais il passe par ses terres.

LETTRE. 395.

M. DE VOLTAIRE A MADAME LA MARQUISE DU DEFFAND.

De ma maison des Quinze-Vingts à la vôtre,
9 auguste (1771).

« Envoyez-moi des pâtés d'abricot de Genève. »
Cela est bientôt dit, madame, mais cela n'est pas si aisé à faire. Vos confiseurs de Paris s'opposent à ce commerce. Il n'a jamais été si difficile d'envoyer un pot de marmelade dans votre pays lorsque toute l'Europe en mange. Si M. Walpole demeurait encore quelquefois en France, on pourrait lui en envoyer; car je ne crois pas qu'on soit assez hardi chez vous pour saisir les confitures d'un ministre anglais.

Quand vous verrez votre grand'maman, je vous prie de me mettre à ses pieds. Elle m'a pardonné mon goût pour Catherine; elle me pardonnera bien la juste horreur que j'ai eue de tout temps pour les pédants qui firent la guerre des pots de chambre au grand Condé, et qui ont assassiné un pauvre chevalier de ma connaissance.

Passez-moi l'émétique, madame, et je vous passerai la saignée. Je vous sacrifierai une demi-douzaine de *philosophes;* abandonnez-moi autant de pédants barbares, vous ferez encore un très-bon marché.

Ne m'aviez-vous pas mandé, dans une de vos dernières lettres, que les nouveaux règlements de finance vous avaient fait quelque tort? Ils m'en ont fait beaucoup, et j'ai bien peur que cela ne dérange la pauvre petite colonie que j'avais établie au pied des Alpes. Je crois que la France est le pays où il doit y avoir le plus d'amis; car, après tout, l'amitié est une consolation, et on a toujours besoin en France de se consoler.

Ma plus grande consolation, madame, a toujours été la bonté dont vous m'avez honoré dans tous les temps. Vous savez si je vous suis attaché, et si je ne compterais pas parmi les plus beaux moments de ma vie le plaisir de vous entendre; car, grâce à nos yeux, nous ne pouvons guère nous voir.

Je ne peux vous dire, madame, que je vous aime comme mes yeux; mais je vous aime comme mon âme, car je me suis toujours aperçu qu'au fond mon âme pensait comme la vôtre.

LETTRE 396.

MADAME LA MARQUISE DU DEFFAND A M. HORACE WALPOLE.

Mardi 3 septembre, à six heures du matin, 1771.

Toutes réflexions faites, la meilleure tournure que je puisse donner à mes lettres est celle d'un journal; je vous écrirai donc tous les jours l'histoire de la veille; vous y trouverez rarement des faits intéressants, mais il y aura quantité de noms propres, quelquefois des faits, toutes les nouvelles que j'apprendrai; et jamais, non jamais, des pensées ni des réflexions.

Pour commencer, hier quand vous fûtes parti[1] on ferma ma porte; on l'ouvrit une demi-heure après, et l'on m'apporta un billet de la princesse de Beauvau, et deux lettres de la poste; le billet disait qu'il ne fallait prier personne pour ce soir, qu'on pouvait bien quelquefois souper en particulier. Les lettres étaient de deux prélats, l'une de mon neveu[2], fort triste, fort tendre et fort naturelle; l'autre de mon ami, qui a le bonheur de vous plaire[3]; la date était du 28; il ne savait rien de l'événement[4]; il me disait ses conjectures; il ne savait rien non plus du changement de mes projets; il me croyait partie, ou même arrivée; il m'exhortait à être fidèle à la résolution de ne pas excéder un mois; il est dans tous vos principes, ses conseils ressemblent aux vôtres; c'est la pierre de touche à laquelle je reconnais le bon sens et l'amitié.

Mercredi, à sept heures du matin.

Ma journée d'hier fut bien insipide; je vis l'évêque d'Arras[5], je sentis du plaisir à être dégagée d'avec lui; je vis aussi votre cousin[6], il viendra me tenir compagnie ce soir. Il rit plus qu'il ne parle; je suis si sérieuse, qu'il est impossible que je ne l'ennuie; je ne sais de quoi lui parler; j'eus hier à souper M. et madame de Beauvau, la princesse de Poix, l'archevêque d'Aix[7]

---

[1] M. Walpole arriva à Paris le 10 juillet, et quitta cette ville le 2 septembre suivant. (A. N.)

[2] L'archevêque de Toulouse. (L.)

[3] L'évêque de Mirepoix (L.)

[4] La disgrâce du prince de Beauvau, et sa retraite du gouvernement de Languedoc. (A. N.)

[5] M. de Conzié, évêque d'Arras. (A. N.)

[6] M. Thomas Walpole. (A. N.)

[7] L'abbé de Cicé. (A. N.)

et l'ami Pont-de-Veyle; je mis toutes vos leçons en pratique; elles me deviendront chaque jour plus aisées à suivre; je m'intéresse si peu à tous les sujets qu'on traite, j'y prête si peu d'attention, qu'il me sera facile de ne choquer personne par mes contradictions; dans le temps que la conversation fut le plus animée, je pensais à Arras, à Calais, au passage à Douvres, et à Londres; j'aurais préféré des nouvelles de ces lieux-là à toutes celles de la cour et de la ville.

LETTRE 397.

LA MÊME AU MÊME.

Mardi 3 septembre 1774, à six heures du soir.

M. Blackier[1] passa hier la soirée chez moi; voici ce qu'il m'a raconté. Le 25 du mois passé, qui était un vendredi, il fut dîner chez M. d'Aiguillon; on ne se mit à table qu'à trois heures, le conseil ayant duré jusqu'à cette heure-là. C'était le propre jour de la *Gazette* où est l'article de milady Waldegrave. M. d'Aiguillon, en rentrant chez lui, prit M. Blackier en particulier, et lui dit : Monsieur, je viens de porter au roi la *Gazette*, et je lui ai fait lire l'article d'Angleterre. Sa Majesté est très en colère contre les gazetiers, de leurs insolences; il est bien éloigné de vouloir manquer de considération au roi d'Angleterre, il m'a ordonné de les punir, et on leur a ôté la *Gazette*. M. Blackier marqua beaucoup de surprise, et assura M. d'Aiguillon que le roi d'Angleterre ne serait nullement fâché de l'article, mais beaucoup de la punition qu'on voulait faire aux auteurs; que souffrant dans son propre pays tout ce que les papiers publics contenaient contre lui, il était bien éloigné de trouver mauvais les écrits des autres pays, et qu'il ne ferait certainement nulle attention à cette *Gazette*[2]. Le même jour, M. d'Aiguillon tint le même propos à milord Harcourt, qui lui fit la même réponse, et ne se contentant pas de lui avoir parlé, il lui donna par écrit le désaveu de cette *Gazette*, en le priant de le notifier au roi d'Angleterre.

[1] Le colonel *Blackier*, ensuite sir John, et maintenant lord Blackier, 1827. Il était secrétaire d'ambassade auprès de lord Harcourt. (A. N.)

[2] Dans la *Gazette de France* on avait parlé de la comtesse douairière de Waldegrave comme femme du duc de Glocester, avant que leur mariage fût rendu public et avoué par la cour de Londres. (A. N.)

Le Blackier ne doute point que l'on cherchait un prétexte pour ôter la *Gazette* à MM. Arnauld et Suard; milord Harcourt a sollicité pour eux ainsi que M. Blackier, mais on croit qu'on ne leur pardonnera pas, et l'on me dit hier qu'il était question de la donner à M. Marin.

M. de Guignes a été bien reçu; le soir le roi lui donna le bougeoir; on ne doute cependant pas que vous n'ayez le baron de Breteuil : mais rien n'est encore déclaré.

Adieu, mon cher ami, votre laquais attend ma lettre, il part demain matin; il compte n'arriver que mardi ou mercredi, ainsi je ne doute pas que vous ne receviez ma lettre par la poste un jour plus tôt que celle-ci.

LETTRE 398.

LA MÊME AU MÊME.

Paris, lundi 23 septembre 1771.

Oui, je désire d'être raisonnable; mais que faut-il donc faire pour y parvenir? Je croyais que vous étiez charmé de ma conduite, que vous y aviez trouvé du changement, et que vous vous en applaudissiez; et point du tout! Vous me donnez des louanges que je ne mérite pas, pour faire passer à leur faveur un blâme que je ne mérite peut-être pas davantage. Je ne peux pas, dites-vous, souffrir la contradiction : quand on me donne des raisons, je suis toujours prête à m'y soumettre; mais je ne saurais supporter le manque de justesse, l'opiniâtreté et l'aigreur. Je pourrais avoir le ton plus doux et plus poli, j'en conviens, mais je ne suis point avantageuse, et je suis toujours prête à me rendre aux avis des autres, quand ils sont raisonnables. Voulez-vous que je ne dispute plus? voulez-vous que je change de caractère? Non, vous ne le voulez pas. Il vaut mieux être un méchant original qu'une bonne copie; il faut se rechercher dans son naturel, il faut le régler, le conduire, mais jamais le perdre. Je peux être née imprudente; il faut m'en corriger et me contenter d'être franche, et ne point me donner pour être mystérieuse et réservée; rappelez-vous, mon ami, les personnes qui sont toutes parfaites, qui s'observent sans cesse, qui passent les vingt-quatre heures sans faire une faute, et mettez-moi à côté, moi qui en fais bien plus que Dieu n'en pardonne aux justes, et dites franchement laquelle vous plait le plus. Soyez raisonnable à votre tour, mon ami, contentez-vous des progrès que vous avez trouvés à votre dernier voyage, espérez d'en faire encore davantage dans ceux qui le suivront. Dites-moi pourtant toujours la vérité, mais n'affectez plus une sévérité dont il n'est plus besoin. Ne pensez plus de moi ce qu'on dit aux enfants : *Quand on vous donne un pied, vous en prenez quatre.* Oh! non, non, vous n'avez plus rien à craindre; hélas! hélas! c'est tout au contraire; je suis bien éloignée de me flatter et d'abuser; je suis toujours prête à tomber dans les plus excessives défiances. Mais voilà-t-il pas que vous bâillez? Venons aux nouvelles, aux noms propres, etc.

Votre cousin arrivera à Londres, chargé de toutes sortes d'écrits; je lui ai recommandé de vous prêter ceux dont vous seriez curieux. La fin de la seconde partie de la *Correspondance* pourra vous divertir : les *Lettres d'un homme à un autre homme* m'ont paru ce qu'il y a de plus raisonnable; mais dans le fond, tout cela ne vous fait rien. Ce qui me décourage à vous mander des nouvelles, c'est qu'il me semble qu'elles vous doivent bien peu intéresser. Vous vous affectez cependant de celles de la cour de Louis XIV. Voyons l'effet que vous feront celles de la cour de Louis XV. Vous étiez ici quand on a ôté au prince [1] son commandement. Vous avez vu la lettre du roi et sa réponse. Le jour de votre départ il eut une audience du roi. Il lui donna le mémoire de l'état de ses affaires, de ses dettes, qui sont sept cent mille francs qui portent intérêt, et quatre cent soixante mille livres de dettes criardes; il demande des secours d'argent et de continuer à être employé lieutenant général, ce qui vaut trente-sept mille francs d'appointements. La première demande a été refusée tout net. On n'a point encore répondu à la seconde. Vous trouverez comme moi qu'on a grand tort de contracter autant de dettes, quand on n'a pas des fonds pour en répondre, et qu'il ne faut pas être si glorieux et avoir tant de hauteur, quand on a besoin d'avoir recours aux grâces. Tout cela n'est que trop vrai, mais j'en plains davantage ce pauvre prince, qui a été entraîné dans le malheur, ainsi que notre premier père, par l'instigation de sa femme, qui fut séduite par l'instigation de Lucifer, ou de son orgueil.

La sœur [2] affecte beaucoup de chagrin; elle dit à moi et à

---

[1] De Beauvau. (L.)
[2] La maréchale de Mirepoix. (A. N.)

d'autres qu'elle rend tous les services qui dépendent d'elle; je ne sais si cela est sincère et si la haine qu'on a pour la belle-sœur ne l'emporte pas sur l'amour qu'on a pour le frère. Je marche sur des œufs entre ces deux partis, et ne voulant m'attirer l'inimitié d'aucun, je n'ai l'amitié véritable ni de l'un ni de l'autre. Tous les deux me parlent très-librement et sans défiance, mais c'est par le besoin et le plaisir qu'ils ont à répandre leur fiel. Toute la part que j'y prends, c'est d'observer le cœur humain; je n'en connais qu'un dont je puisse penser du bien; souffrez cette douceur en passant.

J'eus avant-hier le prince, la princesse [1], les archevêques d'Aix et de Toulouse. Ce dernier est bien triste; il croyait n'être qu'aux premiers échelons, et il pourrait bien ne jamais monter plus haut; son esprit s'en ressentira. Le mouvement lui était nécessaire pour s'accroître, le repos l'affaiblira.

Le chancelier poursuit son ouvrage. Les parlements de Bordeaux et de Toulouse sont cassés et rétablis, celui de Rouen sera détruit, je crois, le 26; on y substituera un conseil supérieur. Celui d'Aix viendra après. Il sera cassé et rétabli. Celui de Bretagne est réservé pour la bonne bouche. On ôtera le commandement de cette province à M. de Duras; le comte de Broglie espérait l'avoir, il est presque sûr qu'il ne l'aura pas, et qu'il sera donné à M. de Fitz-James.

La duchesse de Boufflers [2], qui avait donné sa démission de sa place chez madame la Dauphine, vient d'être remplacée par la duchesse de Luxembourg [3].

Adieu, à demain ou à un autre jour. Je prévois que votre cousin ne partira pas sitôt.

Mercredi 25.

Depuis lundi, il n'est pas survenu de grands événements; les gazettes, si vous les lisez, vous auront appris la mort de la duchesse de Villars, et que sa place est donnée à madame la duchesse de Cossé, fille de M. de Nivernois [4]. Elle l'aurait refusée

---

[1] De Beauvau. (L.)

[2] Veuve du duc de Boufflers, fils de la maréchale de Luxembourg, de son premier mariage, et mère de la duchesse de Lauzun. (A. N.)

[3] Le mari de cette dame n'était pas un fils du maréchal de Luxembourg, mais du duc de Bouteville, branche de la maison de Luxembourg. Durant la vie de son père, on le nommait M. de Poyanne. Il épousa une fille du marquis de Paulmy, et prit, après son mariage, le titre de duc de Luxembourg. (A. N.)

[4] Il était difficile d'avoir plus d'esprit et de l'avoir plus cultivé que la duchesse de Cossé. (A. N.)

de grand cœur; mais son mari, qui est favori de la Sultane [1], l'avait demandée à son insu et l'a obligée de l'accepter; mais comme elle nourrit sa petite fille, on lui permet de n'entrer en exercice qu'après qu'elle l'aura sevrée. Madame la Dauphine n'a pas d'éloignement pour elle; mais elle est fâchée qu'on n'ait pas choisi pour cette place une de ses dames de compagnie. On parle tous les jours du renvoi de l'abbé Terray : mais au moment qu'on le croit noyé, il reparaît sur l'eau. Sa dame de la Garde [2], qui est une infâme, vient d'être renvoyée : il y a été forcé; ce sacrifice le soutiendra peut-être quelques semaines, mais il périra à la fin. J'ai quelque soupçon que votre cousin en sera fâché; il a, dit-on, d'assez fâcheuses affaires avec les fermiers généraux sur les fournitures de tabac, et le Terray lui est favorable.

Je trouve que vous avez raison quand vous dites qu'il y a des *esprits marchands,* qui se moquent et méprisent tout ce qui n'a pas directement l'intérêt pour but. Je pensais l'autre jour que bien des gens faisaient une grande dépense d'esprit sans en avoir la propriété; tout ce qu'ils ont est d'emprunt, ou de hasard, comme l'argent du jeu. Je dis cela hier à la maréchale de Luxembourg : je fus bien surprise de ce que non-seulement elle trouva que j'avais raison, mais elle dit qu'elle allait me le prouver par un exemple dont elle me demandait un grand secret; elle me nomma tout bas l'Idole. Ah! mon Dieu, lui dis-je, vous ne vous souvenez donc pas que c'était la femme du monde que vous prétendiez qui avait le plus d'esprit? Ah! oui, dit-elle, je le pensais alors, et je ne le pense plus aujourd'hui. Et moi, madame la maréchale, je ne l'ai jamais pensé.

Il me resterait à vous parler des ambassades. Tout est encore problématique; mais votre cousin, qui vous rendra cette lettre, est très-instruit sur cet article, qui sera plus éclairci quand il partira, qu'il ne l'est à présent. Pour moi, je crois toujours que ce sera le baron de Breteuil; il vous dira aussi que tout le corps diplomatique donne l'un après l'autre des dîners au *bacha* d'Aiguillon. *Bacha :* souvenez-vous que c'est ainsi que je l'ap-

---

[1] Madame du Barry. (A. N.)

[2] La maîtresse de l'abbé Terray, qui de concert (comme on le supposa) avec l'abbé, recevait de l'argent, non-seulement pour chaque faveur, mais pour chaque acte de justice ou d'injustice qu'on sollicitait dans le département du contrôleur général des finances. (A. N.)

pellerai. L'ambassadeur d'Espagne se distingue singulièrement; il ne va à aucun de ces diners. Il a refusé celui de madame de Valentinois où était la sultane; la sultane en doit donner un lundi, où tous nos mandarins et tous les diplomatiques sont invités.

J'ai eu une seconde visite de Caraccioli; il parle facilement, abondamment, et communément. Cela vaut autant et même un peu mieux que Saint-Chrysostome [1].

Y a-t-il exemple d'une pareille bavarderie? Ah! je vous en crois bien ennuyé. Cependant elle pourrait n'être pas finie, cela dépend du départ de votre cousin.

Lundi 30.

La lettre que je reçus hier, datée du 23, devrait bien me couper la parole; j'y ai cependant répondu hier par la poste; je ne vous en dirai donc rien aujourd'hui, si ce n'est que je vous prie de bannir vos craintes, ou du moins de ne m'en plus parler; attendez mon manque de parole pour m'en dire de dures et de désobligeantes; je les mériterai alors, comme étant la plus basse, la plus sotte, la plus folle, en un mot la plus ridicule du monde.

Je ne sais plus du tout quand votre cousin partira; je suis bien tentée de vous envoyer ce volume par le Blackier; il prétend qu'il n'y aura nul inconvénient. Si je vois que votre cousin ne se détermine pas à partir, je pourrai bien prendre ce parti.

Je vais vous surprendre, en vous apprenant que la grosse duchesse dîne aujourd'hui à Luciennes chez la sultane; le pacha, son fils, a exigé d'elle cette complaisance; il y a huit jours qu'elle s'en défend; mais il a fallu céder ou se brouiller avec lui. La petite maréchale [1] est fort aise de l'avoir pour compagne. Les autres femmes qui sont à ce dîner sont mesdames de Valentinois, de Montmorency et de Choiseul; ce dernier nom vous surprend; mais c'est celle qui est jeune et belle, et dont le mari est le grand ennemi du grandpapa [2]. Les autres convives sont M. le chancelier, tous les ministres d'État et tout le corps diplomatique, excepté les ambas-

---

[1] Nom que par plaisanterie de société on avait donné, on ne sait trop pourquoi, à mademoiselle Sanadon. (A. N.)

[2] De Mirepoix.

[3] Un M. de Choiseul, qui était au service de la marine, de la même famille que le duc de Choiseul, mais principalement connu par son inimitié contre son parent. (A. N.)

sadeurs d'Espagne et de Naples; ce sont les seuls qui ne vont point chez elle; apparemment qu'ils suivent leurs instructions.

Je ne veux point tarder à vous donner du plaisir; l'affaire de l'armure [1] est en très-bon train; mais après l'aventure des *Mémoires* de M. de Saint-Simon [2], je n'ose plus compter que sur ce que je tiens. Dites-moi, si votre prudence vous le permet, s'il n'y a point quelque sujet d'inquiétude sur la guerre. Nos confédérés [3] d'ici, qui ne demanderaient que plaies et bosses, en murmurent quelque chose; le prétendant a quitté Rome. On dit qu'il va se mettre à la tête des confédérés de Pologne; le marquis de Fitz-James est parti avec une commission de notre cour. On dit que c'est pour le joindre; cela ferait-il quelque sensation chez vous? Cette nouvelle ne me parait qu'une peau d'âne, c'est-à-dire un conte.

LETTRE 399.

LA MÊME AU MÊME.

Paris, mercredi 9 octobre 1771.

J'attendais constamment le départ de votre cousin pour faire partir mon volume; il est énorme; mais ce sont des rapsodies de trois semaines, de vieilles nouvelles, des réponses à quelques-unes de vos lettres dont vous ne vous souviendrez plus; enfin de vrais galimatias. Pourquoi me l'envoyer, me direz-vous? Je n'en sais rien, si ce n'est par le regret du temps que j'aurais perdu. Vous voilà prévenu; si vous craignez l'ennui à un certain point, tenez-vous-en à la lettre d'aujourd'hui, et jetez le volume au feu.

J'ai de bien mauvaises nouvelles à vous donner sur l'armure; voilà le billet que je viens de recevoir de madame de la Vallière, qui vous mettra parfaitement au fait. Vous jugez bien que j'attendrai votre réponse pour terminer cette affaire; l'armure restera chez madame de la Vallière jusqu'à ce que je l'aie reçue. Ce bijou me paraît un peu cher [4], et ressemble beau-

[1] L'armure de François Ier, maintenant à Strawberry-Hill. 1827. (A. N.)
[2] Le manuscrit des *Mémoires du duc de Saint-Simon* publiés depuis, que madame du Deffand croyait entre les mains du duc de Choiseul, tandis qu'il était déposé aux archives des affaires étrangères. (A. N.)
[3] C'est de la sorte qu'elle indique le parti du duc de Choiseul. (A. N.)
[4] On l'avait d'abord estimé mille écus; mais il fut acheté pour cinquante louis. (A. N.)

coup au casque du château d'Otrante. Si vous persistez à le désirer, je le payerai, je le ferai encaisser et partir sur-le-champ. C'est certainement une pièce très-belle et très-rare; mais, comme vous voyez, infiniment chère, et pour laquelle il faudra peut-être faire bâtir un château de Madrid, comme nous en avons dans le bois de Boulogne.

A l'égard de votre lit, de ses circonstances et dépendances, et des deux fauteuils, je n'enverrai chercher le marchand de la rue de la Huchette que lorsque M. d'Aiguillon se sera décidé à nommer un ambassadeur [1]. Votre cousin vous racontera tout ce qu'il fait. Il est très-bien instruit, et il vous mettra au courant, mieux que je ne pourrais faire, de l'état des choses et du jugement qu'on en peut porter; il a de l'esprit, de la chaleur et beaucoup de franchise; je devrais peut-être dire d'indiscrétion: vous ne serez pas étonné si ces deux mots me paraissent synonymes.

Nos confédérés sont étrangement scandalisés du dîner que la grosse duchesse d'Aiguillon a fait à Luciennes; la grand'-maman dit qu'elle s'est *souillée*. La crainte qu'elle me paraît avoir de le céder en chaleur et en animosité aux *dominations* (c'est ainsi que je nomme les dames de Beauvau et de Gramont), la fait tomber dans des exagérations ridicules et risibles. Vous ne le croirez jamais, mais je me conduis avec une prudence ineffable; j'en suis moi-même étonnée, et je cherche quelle est la cause de ce grand changement; je n'aurai point la fadeur de vous dire : *C'est le désir de vous plaire;* non, ce n'en est point le motif, il me semble plutôt la vanité de jouer dans tout cela une espèce de petit rôle; et puis, ajoutez l'excessive indifférence que j'ai pour les deux partis. Je vous sais bien bon gré de m'avoir détournée de mon voyage; c'était une entreprise, par rapport à mes forces et à mes sentiments, beaucoup plus grande que nature. Je me trouve très-bien de l'habitation de mon tonneau. Je crains moins l'ennui, je m'accoutume à mon âge; je sens que mon bonheur dépend de supporter patiemment les privations, et d'arriver par degrés à pouvoir me passer de tout.

On est d'avant-hier à Fontainebleau; Paris sera pour moi comme Londres l'est pour vous; mais je n'ai point de Strawberry-Hill, je ne puis avoir les mêmes occupations que vous

---

[1] Pour Londres. C'est avec le bagage de cet ambassadeur qu'on devait envoyer le lit de M. Walpole. (A. N.)

avez. D'abord je n'ai point d'yeux, ni de talent; je n'ai ni chien, ni chat, ni goût, ni fantaisies, et je suis pour ainsi dire réduite à moi-même, à mademoiselle Saint-Chrysostome et quelquefois à la fièvre et à la continuelle toux de l'ami Pont-de-Veyle : oui, à sa toux et à sa fièvre; car dès qu'il a du relâche, il abandonne le coin de mon feu pour l'opéra-comique, et ma soupe et mon poulet pour aller souper ailleurs. Eh bien, en vérité, je trouve tout cela fort bon.

Je vois beaucoup Caraccioli; c'est comme si je l'avais vu toute ma vie; on est pour lui, dès la première fois qu'on le voit, ce qu'on pourrait être pendant toute une éternité. Il m'amena hier Goldoni, pour me lire une comédie qu'on appelle *le Bourru bienfaisant;* on m'en avait dit tant de bien, que je désirais de l'entendre. Je fus bien attrapée, c'est la pièce la plus froide, la plus plate qui ait paru de nos jours [1]. Mais j'aurai plus de plaisir ce soir : mesdames de Mirepoix, de Boufflers et de Boisgelin souperont chez moi; elles réciteront des scènes du *Misanthrope.* Elles en récitèrent avant-hier des *Femmes savantes,* mais si parfaitement bien, qu'il y avait longtemps que je n'avais entendu rien qui me fît autant de plaisir. Mais je m'avise que je ne vous en fais guère en écrivant si longuement; j'espère du moins que le style ne vous déplaira pas, c'est celui dont je me sers avec tous mes autres amis.

Ne tardez pas à me répondre et à vous décider pour l'armure; si vous persistez à la vouloir, vous l'aurez au plus tard dans le courant du mois prochain.

---

[1] Cette pièce est excellente, quoi qu'en dise madame du Deffand, mais on ne peut la juger qu'à la représentation. Lue par Goldoni, qui parlait mal notre langue et la prononçait encore plus mal, elle dut paraître ennuyeuse. (A. N.) Il est certain qu'elle avait eu le plus grand succès. « Pièce fortunée, dit Goldoni en parlant d'elle dans ses *Mémoires,* qui a couronné mes travaux et a mis le sceau à ma réputation. Elle a été donnée pour la première fois à Paris, le 4 novembre 1771, et le lendemain à Fontainebleau; elle eut le même succès à la cour et à la ville. J'eus du roi une gratification de cent cinquante louis; le droit d'auteur me valut beaucoup à Paris, mon libraire me traita fort honnêtement. Je me vis comblé d'honneur, de plaisir et de joie. » (L.)

LETTRE 400.

MADAME LA MARQUISE DU DEFFAND A M. LE CHEVALIER DE L'ISLE [1]
(INÉDITE).

Ce mercredi, 16 octobre 1771 [2].

J'allais répondre à votre première lettre quand j'ai reçu la seconde du 13; elle m'a fait transir de peur [3]. Vous avez mis dans votre récit tout l'art de la tragédie; j'étouffais ainsi que le pâtissier dans sa cheminée, et je n'ai respiré que quand j'ai su qu'il n'y avait ni plaies ni bosses.

Je vous dois bien des remercîments, et je n'aurais jamais cru pouvoir me réjouir de votre absence; c'est cependant ce qui arrive aujourd'hui. Oui, mon cher monsieur, je suis ravie que vous soyez à Chanteloup, et pour mes parents, et pour vous, et pour moi-même; vous avez trop bien débuté pour ne pas continuer. Vous ne me laisserez rien ignorer de ce qui m'intéresse le plus au monde; cependant vous pouvez encore faire mieux que vous n'avez fait, et entrant dans de plus grands détails sur ce qui regarde la grand'maman. N'a-t-elle pas été troublée au point d'en être malade? Ses nerfs (qui sont les seuls en qui je crois) ne s'en sont-ils pas ressentis? Voilà ce que je vous prie de me mander. Si elle se porte bien, je n'aurai plus d'autres peines que le dommage et les dépenses qu'il occasionnera; mais il en résultera cependant une sorte d'avantage : mes parents n'accorderont plus si facilement leur consentement pour les aller trouver, je doute que l'affluence soit de leur goût. On juge des autres par soi-même, et quelque plaisir que j'eusse d'être à Chanteloup, je n'ai point de regret, je l'avoue, de ne m'y pas trouver au milieu de la foule. On est bien éloigné à Paris d'y être exposé. Fontainebleau a enlevé tout le monde. Je n'y ai pas grand regret en général, il y a cependant des exceptions : je suis fâchée de l'absence de M. de Beauvau, et je suis inquiète de n'avoir point encore eu de ses nouvelles. Il me dit, samedi, en partant, qu'il comptait que dans trois ou quatre

---

[1] Le chevalier était alors à Chanteloup. (L.)
[2] La lettre n'est point datée, mais, d'après la correspondance, il faut ajouter octobre 1771. (*H. de l'Isle*.)
[3] Il est ici question de la chute d'une aile du château de Chanteloup, en 1772. (*Note du chevalier.*) Ici le chevalier se trompe d'une année. (*H. de l'Isle*.)

jours il en aurait à m'apprendre. Vous vous attendez bien que ce n'est pas par moi que vous pouvez être instruit de ce qui se passe, pour plusieurs raisons, et vous vous contenterez de la première : c'est que je ne sais jamais rien. Si vous en voulez une seconde, c'est que je crois qu'il n'y a rien à savoir. Cela ne m'empêche pas d'avoir beaucoup de choses à vous dire. Il y a une certaine fable[1] qui m'a fait un fort grand plaisir[2]. J'en ai eu beaucoup aussi à la dispute théologique que vous m'avez racontée. Qui est-ce qui a pu croire qu'on pouvait désunir trois choses qui n'en font qu'une, et s'il y avait une distinction, une prédilection pour une des trois, ce serait sans doute (comme vous le dites très-bien) en faveur de celle qu'on peut mettre à toute sauce[3]. Votre danseuse m'a beaucoup réjouie aussi. C'est un emblème parfait, il n'y manque rien[4].

Dites à l'abbé que je ne lui écris point parce que je n'ai rien à lui dire. Il me parle dans sa dernière lettre de gageure, de revenge (sic); vraiment, vraiment, il est bien question de tout cela, quand on a son château par terre.

Mes profonds respects à mes parents, mes plus tendres amitiés à l'abbé, et à vous mille et mille remercîments et l'assurance de ma reconnaissance.

LETTRE 401.

MADAME LA MARQUISE DU DEFFAND A M. HORACE WALPOLE.

Mercredi 30 octobre 1771.

Nous voilà donc en paix! le ciel en soit béni; il nous y maintiendra, j'en suis sûre, et nous n'aurons plus à l'avenir de querelles; *nos disputes ne rouleront que sur des larcins d'idées.* Comment trouvez-vous cette phrase? La croyez-vous de moi? J'espère que non : elle est de Marmontel, dans le conte des *Trois Sultanes.* Ah! mon Dieu, quel auteur! Qu'il a de peine,

---

[1] *La Jeune Fille et les Oiseaux.* Voyez le tome Ier de la *Correspondance de madame du Deffand, de la duchesse de Choiseul,* etc., publiée par M. de Saint-Aulaire; page 426. (H. de l'Isle.)

[2] « Il y a une certaine fable, » jusqu'à : « Dites à l'abbé », a été copié dans la collection de Cayrol, qui se trouve aux manuscrits de la Bibliothèque impériale. *Correspondance de Voltaire,* t. VI, p. 402. (H. de l'Isle.)

[3] Cette dispute théologique concerne sans doute Voltaire, car M. de Cayrol a mis au-dessus du folio 402 le nom de Voltaire.

[4] Quelle danseuse? Une pièce de vers à chercher? (H. de l'Isle.)

qu'il se donne de tourments pour avoir de l'esprit! Il n'est qu'un gueux revêtu de guenilles.

Vous saurez que j'ai passé une nuit blanche, mais si blanche, que depuis deux heures après minuit que je me suis couchée, jusqu'à trois heures après midi que je vous écris, je n'ai pas exactement fermé la paupière; c'est la plus forte insomnie que j'aie jamais eue; mais depuis quinze jours, je ne dors que quatre ou cinq heures par nuit, séparées par des lacunes de six, sept ou huit heures; je ne souffre point, j'ai rarement de l'agitation, je ne sais à quoi attribuer cette incommodité; j'imagine toujours que ce sont les digestions; cependant je mange fort peu; et tous les jours je fais quelque retranchement; je me porte bien dans la journée, j'ai la tête libre, et le seul inconvénient que j'éprouve, c'est un peu de faiblesse, et surtout dans les jambes. Suivez mon exemple, non pas en ne dormant point, mais en me rendant un compte aussi fidèle de votre santé, et c'est de quoi vous ne me parlez jamais.

Je suis parfaitement satisfaite que vous soyez content de mes lettres; les louanges que vous leur donnez me font beaucoup de plaisir; la vanité sans doute peut y avoir part, mais en vérité moins que vous ne croyez. J'ai beaucoup de correspondances actuellement, et même j'en suis fort fatiguée. Quelquefois j'écris des lettres dont je ne suis pas mécontente; eh bien! alors je regrette qu'elles ne soient pas pour vous, et puis je m'en console, parce que vous seriez bien importuné d'en tant recevoir.

Je viens d'écrire à la grosse duchesse qui est à Pontchartrain; je la prie de s'informer du petit paquet que vous m'annoncez et que je n'ai point reçu. Madame de Mirepoix a fait un voyage ici de deux jours, nous avons soupé ensemble chez les Caraman. Son frère est toujours dans la détresse; s'il n'obtient aucun secours, je ne sais ce qu'il deviendra.

Madame de Luxembourg partit lundi dernier pour Chanteloup; elle y restera huit jours; rien n'est plus comique et plus singulier que cette visite. C'est pour qu'elle soit placée dans ses fastes; ce n'est pas assurément l'amitié qui en est le motif.

Oui, vous avez raison, mon voyage, quoique pour le printemps prochain, n'est pas cependant fort prochain, et sûrement vous serez appelé au conseil; je me trouve trop bien de ceux que vous voulez bien me donner.

Souffrez qu'aujourd'hui je ne vous mande point de nouvelles; j'ai la tête un peu étourdie.

Je n'ai plus rien à vous dire de votre armure, elle est payée, et je ne crois pas qu'elle le soit plus qu'elle ne vaut; peut-être aurait-elle été au-dessus de cinquante louis à l'inventaire; mais il y a grande apparence qu'elle aurait été par delà.

J'ai vos deux fauteuils chez moi; je ne sais ce qui adviendra de votre lit. Les ambassades ne se nomment point; j'en suis fâchée et fort inquiète; j'ai peur que cela ne signifie rien de bon.

Je ne vous ai point parlé de la chute de la moitié d'une aile du château de Chanteloup; cet accident arriva le 12 de ce mois, à huit heures et demie du soir, comme on était à table; un quart d'heure plus tôt, il y aurait eu plusieurs personnes d'écrasées; et si ç'avait été la nuit, il y en aurait eu plus de trente; heureusement tout le monde en était sorti; le dommage sera réparé pour douze ou quinze mille francs.

LETTRE 402.

LA MÊME AU MÊME.

Paris, mercredi 13 novembre 1771.

Oh! pour cette fois-ci, votre lettre est *forte de choses;* j'attends avec impatience que vous me confirmiez la résurrection du duc de Glocester[1], mais je ne m'y attends pas. Que je plains madame votre nièce! Convenez que la vie est abominable, que les malheurs sont réels et le bonheur une illusion. J'en suis si fortement persuadée, que la vieillesse m'est moins insupportable que naturellement elle le doit être. Je dis sur toutes les choses qui me fâchent (et qui sont continuelles): Cela ne durera pas longtemps; cependant la mort me fait peur; je ne saurais y fixer ma pensée, mais je déteste la vie. Mes insomnies me feront perdre l'esprit; ce n'est pas assurément de me coucher trop tard qui en est la cause: je suis presque tous les jours couchée entre une et deux heures.

Vous me reprochez d'écrire des nouvelles à d'autres qu'à vous, ce reproche est injuste; à qui donc ai-je écrit? Vous êtes ma seule correspondance en Angleterre. Je suis comme les petits chiens qui ne *sautent que pour le roi;* ce n'est que pour vous que je fais l'effort de raconter. Ce que je peux vous dire

---

[1] Le duc de Glocester, qui se trouvait alors en Italie, avait été dangereusement malade et abandonné des médecins. (A. N.)

aujourd'hui, c'est que le baron de Breteuil ne vous portera point votre lit, à moins que vous ne vouliez aller coucher à Naples où il est nommé ambassadeur; on ne doute point que M. de Guignes ne retourne chez vous. On prétend que milord Harcourt ne reviendra ici que les premiers jours de janvier, et vous ne reverrez apparemment M. de Guignes que dans le même temps.

Voilà tout le monde qui va arriver de Fontainebleau; je ne m'en soucie point du tout; j'ai le bonheur d'acquérir de la paresse, qui a beaucoup de ressemblance à l'indifférence; je ne trouve point cet état fâcheux; il y a longtemps que je pense que c'est celui qui convient à mon âge. Il est heureux de pouvoir se passer de ce dont on ne peut jouir.

Je suis charmée de tout ce que vous dites sur le sens commun; tout esprit qui ne l'a pas pour base est fatigant, et ennuyeux à la longue. Je suis absolument de même avis que vous [1]. Croyez fermement qu'il y a plus de rapport entre vous et moi que vous ne pensez : vous avez plus de force d'esprit et beaucoup plus d'esprit, vous êtes un meilleur observateur, vous avez par conséquent beaucoup plus d'expérience; vous n'avez point besoin d'appui, je ne saurais m'en passer; vous vous suffisez à vous-même, et je ne puis supporter d'être à moi-même; enfin je suis une femmelette, et vous êtes un homme; il faut que dans notre commerce chacun y mette son contingent : vous de la raison, moi, de la confiance et de la docilité.

L'Idole est au comble de la gloire; elle avait écrit au roi de Suède; sa lettre n'était point parvenue au roi, mais, comme on la lui avait annoncée, il l'a prévenue et lui a écrit des choses charmantes et admirables; je crois vous avoir mandé que madame de Luxembourg lui avait aussi écrit; j'ai vu la réponse qu'il lui a faite, qui est fort bien. Cette maréchale, qui est partie pour Chanteloup le 28 du mois passé, n'est point encore de retour. On dit qu'elle arrive ce soir. Est-ce à vous que j'ai

---

[1] M. Walpole avait dit : « En tout, qu'on pense ce qu'on veut, il n'y a de sûr que le sens commun. Il me semble que toute autre sorte d'esprit n'est qu'un écart, une manière de déraisonner agréable pour le moment, mais suivie de regrets. Notre route est crayonnée, bornée, limitée. Il faut y marcher aussi doucement qu'il est possible; il ne tient pas à nous d'en tracer une nouvelle, sans rendre la seule que nous ayons plus difficile et quelquefois dangereuse. Si j'avais un enfant à élever, je serais tenté de ne lui dire que ce peu de mots : Ne prenez de guide à votre conduite que le sens commun, qu'il soit votre confesseur, votre médecin et votre avocat. » (A. N.)

mandé que les voyages de Chanteloup ne signifiaient plus rien? On ne sait plus quel sentiment y conduit.

Je suis si charmée de ce que vous dites que vous diriez à l'enfant que vous éléveriez, que je me fais votre enfant; je vous prends pour mon confesseur, mon avocat, mon médecin, enfin pour mon sens commun. Adieu. Je suis fâchée que vous n'ayez point vu votre cousin Thomas. Je voudrais que vous causassiez avec lui.

LETTRE 403.

LA MÊME AU MÊME.

Vendredi 15 novembre 1771.

Cette lettre-ci est un hors-d'œuvre, je vous prie de n'en être point fâché; je pourrais lui trouver une raison, mais je veux bien l'avouer, ce n'est qu'un prétexte. Milord Spencer m'a dit qu'il partait dimanche; je vous l'annonce pour que vous puissiez prévoir son arrivée, et envoyer chez lui chercher trois paquets.

J'ai relu bien des fois votre dernière lettre; je ne puis vous dire à quel point j'en suis charmée. Il n'y a point de meilleure consolation pour moi que l'intérêt que vous me marquez; je ne puis douter qu'il ne soit sincère; indépendamment de tout ce qui peut me le prouver, le style seul m'en peut convaincre : votre philosophie est si simple, si naturelle, qu'elle fait sur moi une grande impression; mais je voudrais qu'il pût suffire de se soumettre à tous les malheurs inévitables, pour les pouvoir supporter patiemment; j'y fais tout mon possible; soyez sûr que je bannis tous les raisonnements, et que je suis aussi persuadée que vous qu'il faut s'en tenir au sens commun. Je ne m'afflige point d'être vieille et aveugle, parce qu'il est impossible que cela soit autrement; mais il est des malheurs qu'on croit qui pourraient cesser, où l'on se flatte qu'il y aurait du remède; on ne peut s'empêcher de le chercher, de le désirer; mais bien loin de le trouver, on accroît ses peines par les difficultés qu'on rencontre, on ne peut compter sur la bienveillance de personne; ou l'on vous blâme, ou l'on vous envie; on ne trouve que de l'indifférence ou de la haine, de l'insipidité ou de la malignité, et souvent toutes les deux rassemblées dans les mêmes personnes. Ne l'avez-vous pas éprouvé, et n'est-ce pas par cette même raison que vous aimez tant la solitude? Je n'ai qu'un seul bonheur dans ma vie, c'est d'avoir fait un ami tel que vous; mais voyez et jugez à quelle condition j'en jouis. Ne craignez rien, je n'en dirai pas davantage, je passe à ce qui peut vous amuser.

Je vis hier madame de Luxembourg qui m'apporta une lettre de la grand'maman. Elle n'était de retour que la veille au soir; elle se loue beaucoup des gens qu'elle a vus; je fus très-contente de tout ce qu'elle me dit; je crois qu'elle s'est très-bien conduite, et qu'on a été très-content d'elle.

L'abbé Barthélemy arrive ces jours-ci, j'aurai du plaisir à le revoir; il me fera passer quelques moments agréables.

Voilà tout le monde qui, à la file, arrive de Fontainebleau : M. et madame de Beauvau, aujourd'hui; madame de Mirepoix, dimanche; et tous les étrangers successivement.

Le Blackier a du Stanley [1] dans sa façon de parler; il n'a pas le même accent, mais il a la même manière. Il est lent, il est froid, n'a point de premier mouvement, il pèse tout ce qu'il dit, et tout ce qu'il dit me paraît pesant sans avoir de poids. J'aimais bien mieux Robert [2], *lequel est un grand ennemi des inutilités.* J'en suis une pour lui, aussi je n'en entends plus parler. Thomas [3] prétend qu'il reviendra ici ce printemps; et je le crois, parce que ses affaires l'y rappelleront : j'aurais voulu que vous eussiez pu causer avec lui à son arrivée; j'en étais convenue avec lui, il devait vous dire tout ce que je ne pouvais pas vous écrire; je m'étais flattée que même, par rapport à moi, vous auriez été bien aise de l'entretenir.

Mon petit présent à la grosse duchesse (*d'Aiguillon*) a parfaitement réussi : je suis fort bien avec elle; elle est extrêmement occupée. Madame de Maurepas [4] est très-mal, il n'y a pas d'apparence qu'elle en revienne; son mari sera au désespoir, et c'est ce qui afflige la duchesse; elle retourne aujourd'hui à Pontchartrain; je devais souper avec elle ce soir, et je souperai entre l'ami Pont-de-Veyle et Saint-Chrysostome; je suis fort contente de cette dernière. Je lui pardonne l'ennui qu'elle

---

[1] M. Hans Stanley, qui se trouvait comme ministre plénipotentiaire à Paris, en 1762, et avait signé les préliminaires de la paix connue par la dénomination de *paix de Paris*. (A. N.)

[2] M. Robert Walpole. (A. N.)

[3] Frère de celui qu'on vient de nommer. (A. N.)

[4] Elle était sœur de la duchesse douairière d'Aiguillon. (A. N.)

me donne : ce n'est pas de sa faute. Je voudrais seulement qu'elle s'en tînt à son insipidité naturelle et qu'elle ne voulût point avoir l'éloquence de son patron. Mais n'ayez point peur; je ne dis cela qu'à vous. J'en dis du bien à tout le monde; non-seulement je tolère, mais je flatte sa petite vanité autant qu'il m'est possible.

Ma conduite avec la mère Oiseau [1] est un peu plus difficile et scabreuse. Je veux n'y être ni bien ni mal. La nièce [2], qui chante si bien : *Sans dépit, sans légèreté,* me plairait beaucoup davantage ; mais j'ai peur de n'en pas tirer grand parti ; elle a beaucoup d'humeur et d'inégalité. Elle a de la vérité, et c'est par où elle me retient, car de toutes les bonnes qualités, c'est celle-là, sans nulle comparaison, dont je fais le plus de cas, et sans laquelle toutes les autres me choquent ou m'ennuient.

Comme cette lettre ne partira que dimanche, je la reprendrai sans doute plus d'une fois.

Samedi.

La grosse duchesse n'a point été à Pontchartrain ; je soupai hier chez elle avec l'ami Pont-de-Veyle, la Saint-Chrysostome, un évêque, le chevalier de Redmont et madame de Chabrillant ; on fit un whist pendant lequel je causai avec la duchesse ; c'est une honnête et bonne personne, et qui me traite toujours de mieux en mieux. J'eus l'après-dînée le Caraccioli ; je perds les trois quarts de ce qu'il dit ; mais comme il en dit beaucoup, on peut supporter cette perte. Je vis aussi le prince de Beauvau ; il est profondément triste : je le tiens aussi malheureux que notre premier père. Il est peut-être encore plus triste : mais ce qui est ineffable, il n'a aucun repentir ; il mangera, je vous jure, toutes les pommes que son Ève voudra ; j'ai des instants où j'en suis affligée, mais soudain je me console par l'extrême contentement qu'ils ont de leur gloire prétendue. Ils sont dépouillés, ils sont presque nus, ils n'ont nulle ressource, mais ils sont des héros. Leurs créanciers ne partagent pas leur gloire ; tout le monde est fou.

[1] La marquise de Boufflers. (A. N.)
[2] La vicomtesse de Cambis. (A. N.)

LETTRE 404.

LA MÊME AU MÊME.

Lundi 2 décembre 1771.

Il y a aujourd'hui trois mois que [1].... devinez quoi? mais il n'est pas question de cela.

J'ai encore l'abbé Barthélemy ici, nous souperons demain tête à tête pour la dernière fois. Aujourd'hui j'ai les Beauvau.

Madame de Cambis, oiseau de ma volière, s'est envolée. Je ne cours point après. Elle reviendra quand il lui plaira ; je ne me fais point honneur de cette philosophie ; je suis assez d'avis que l'on n'en a que pour ce qui est indifférent.

Mardi.

J'eus hier à souper les Beauvau, la marquise de Boufflers, la Saint-Chrysostome, la princesse de Monaco, Pont-de-Veyle, et M. de Stainville. La princesse[2] resta la dernière et ne m'a quittée qu'à trois heures. Il n'y a point d'exemple d'une éloquence aussi forte et aussi abondante en paroles ; je pourrais être flattée de sa confiance si le résultat de tout ce qu'elle m'a dit n'avait été à sa plus grande gloire. Sa politique, sa conduite partent de sentiments d'une élévation peu commune, d'une prudence consommée, d'une justice, d'une équité irréprochables ; il n'y a qu'elle et ses amis qui aient de l'honneur et de la probité ; tous les autres ont des âmes basses, intéressées, et ne sont dignes que du mépris. Je crois m'être tirée de cette conversation avec retenue et sagesse. Il faut avouer que cette femme a beaucoup d'esprit, du caractère, et même des vertus ; j'en connais peu qui aient autant de vérité et de loyauté, mais elle a tant soit peu d'orgueil, et beaucoup de vanité, ce qui arrête le penchant qu'on pourrait avoir à l'aimer[3]. J'aurais du plaisir, je l'avoue, à observer dans chacun les nuances de leurs amours-propres ; mais il me reste si peu de temps à vivre, que je prends tout en passant sans m'occuper à en tirer du profit ; je me livre tout entière à la paresse, à l'indifférence. Il en résulte une impartialité qui me fait regarder la société comme une lecture ; je cause avec un parti, et

---

[1] M. Walpole avait quitté Paris ce jour-là. (A. N.)
[2] De Beauvau. (L.)
[3] Voyez un autre et différent portrait de la princesse de Beauvau dans les *Mémoires de Marmontel*, tome III, page 156. (A. N.)

puis tout de suite avec celui qui lui est contraire, comme je passe d'un alinéa à un autre ; et comme je n'ai plus de mémoire, j'oublie tout ce qu'on me dit, aussi promptement que j'oublie ce que je lis. Je n'ai point, comme vous, la ressource de mille goûts différents ; la privation du sens qui en produit le plus me réduit à n'en avoir point d'autre que celui de la société, je m'y rends le moins difficile qu'il m'est possible : mais il m'est impossible de ne pas être intimement persuadée que tout est vent et néant dans ce monde, excepté le sentiment de l'âme pour lequel vous avez tant d'horreur, et pour lequel vous êtes si propre.

J'ai mal dormi cette nuit ; sans être malade ni même sans aucune incommodité particulière, je ne me porte point bien ; j'ai le sentiment de ma destruction ; je m'aperçois chaque jour de quelque faculté que je perds. Ceux qui doivent être longtemps sans me revoir ne s'apercevront que trop de ce dépérissement.

Ce détail n'est pas gai, mais,

A raconter ses maux souvent on les soulage.

Peut-être que la lettre que j'attends demain dissipera tous mes nuages.

Mercredi 4.

J'avais pris une terrible résolution que je n'aurais peut-être pas tenue. Je m'étais dit : Si je trouve dans la lettre que j'attends des lamentations sur la peine qu'on a à écrire, sur la disette de nouvelles, etc, etc., je n'ajouterai rien à ce que j'ai écrit, et je ne ferai partir ma lettre que par la poste de lundi.

Mais je suis bien éloignée de ce procédé ; votre lettre est charmante, la plus gaie, la plus délibérée, enfin telle que vous êtes quand vous êtes de votre mieux. Il faut que je me tienne à quatre pour ne vous pas dire en bon français ce que je pense ; je vous le dirai donc en italien : un *t*, un *i*, un *a*, un *m*, et un *o*. Votre esprit me plaît infiniment, toutes vos idées, toutes vos définitions sont vives et justes ; eh, mon Dieu ! mon Dieu ! que je hais la mer et ses poissons ! Mais ne parlons pas de cela.

J'ai beaucoup joui du grand abbé ; nous avons soupé trois fois tête à tête. Vous rappelez-vous la lettre que vous m'écrivîtes quand vous apprîtes, par votre cousin Robert, mes projets de voyage et de séjour? Tout ce que vous aviez prévu, tout ce que vous aviez jugé est de la plus grande justesse. Mon Dieu! que j'aurais de choses à vous dire! car je suis persuadée que ce qui m'intéresse ne vous est point indifférent; j'en ai trop de preuves pour en douter.

Vous avez raison de ne vous point alarmer de mes insomnies; elles ne me tueront point, mais elles accéléreront la décrépitude, et il est assez triste de vivre quand on n'est plus que la moitié de soi-même.

J'ai ce soir un grand cavagnol composé d'oiseaux et d'oisons. Demain j'aurai la maréchale de Luxembourg, sa petite-fille, la princesse de Beauvau et sa belle-fille [1], et puis des hommes. Quelque goût que vous ayez pour les noms propres, je ne saurais croire que vous aimiez les litanies. Je me dispense de vous en faire.

Le maréchal de Biron, après trente et un ans de mariage, vient de mettre à la porte madame sa femme [2] par raison d'incompatibilité; il lui rend tout son bien, et comme il est fort considérable, on lui donne à lui une gratification annuelle de quarante mille francs, en attendant un grand gouvernement. Mon pauvre prince [3] n'est pas spectateur bénévole de ce procédé.

Dites-moi, je vous prie, si vous avez la grande *Histoire* de M. de Thou, et si vous en faites cas.

LETTRE 405.

LA MÊME AU MÊME.

Paris, vendredi 12 décembre 1771.

La Saint-Chrysostome vient de partir pour l'Opéra; j'ai au moins une heure et demie, deux heures, avant qu'il m'arrive du monde.

Dimanche, à deux heures.

Je fus interrompue. J'attends actuellement le facteur; qu'il m'apporte une lettre ou non, et quoique je ne sois pas à terme,

---

[1] Madame de Poix. Voir la délicate *Étude sur la princesse de Poix et son salon*, que nous avons déjà indiquée, chef-d'œuvre de madame la vicomtesse de Noailles. (L.)

[2] Née Montmorency. (A. N.)

[3] Le prince de Beauvau, à qui la cour avait refusé toute indemnité pécuniaire, lorsqu'on lui ôta le gouvernement de la province de Languedoc. (A. N.)

je ne vous en écrirai pas moins. J'ai trop de choses à vous dire.

Enfin, le malheur tant craint et tant prévu vient d'arriver : M. de Choiseul n'a plus les Suisses[1]. Sa démission lui a été demandée, et il l'a envoyée sur-le-champ; je ne suis pas assez sûre de toutes les circonstances pour vous les dire. Chacun les raconte différemment. Tout ce que je sais certainement, c'est que sa soumission a été prompte et parfaite, sans parler d'aucune capitulation. Ceux qui peuvent être les mieux instruits croient qu'on lui a accordé ou qu'on lui accordera deux cent mille francs d'argent comptant et cinquante mille francs de pension sur la charge, réversible à la grand'maman. Mais le pauvre abbé est bien à plaindre, s'il perd sa place de secrétaire[2]. Jusqu'à présent le changement de général n'a point entraîné celui de secrétaire; M. Malézieux Détournelle, qui l'était sous M. le prince de Dombes et le comte d'Eu, a conservé sa place sous M. de Choiseul, et ce n'a été qu'à sa mort qu'elle fut donnée à l'abbé Barthélemy; personne ne doute que ce ne soit M. le comte de Provence à qui le roi donnera les Suisses[3].

Quittons les grands sujets, pour venir à nos petites affaires. Je suis désolée, désespérée, de vous avoir donné le conseil d'envoyer des oiseaux au Carrousel[4]; on m'a fait comprendre que cela vous coûtera des sommes immenses; il me reste l'espérance que vous n'aurez pas trouvé le moyen de les faire partir; je tremble d'apprendre qu'ils soient en chemin; au nom de Dieu, s'il en est encore temps, désistez-vous de cette idée; je vous en ferai tout l'honneur, vous en aurez tout le mérite; mais enfin, s'ils sont partis, je vous prie de me faire savoir ce qu'il vous en coûte.

Trois heures sonnent, point de facteur; s'il n'arrive point, je vous dis adieu, et je fais partir ma lettre.

---

[1] Le duc de Choiseul était colonel général des gardes suisses. (A. N.)

[2] L'abbé Barthélemy était secrétaire général des Suisses au service de France. (A. N.)

[3] Ils furent donnés à S. A. R. monseigneur comte d'Artois. (A. N.)

[4] A la duchesse de la Vallière, qui avait pris beaucoup de soin pour faire avoir l'armure de François Ier à M. Walpole, lequel désirait lui envoyer quelques oiseaux étrangers pour sa volière. (A. N.)

LETTRE 406.

LA MÊME AU MÊME.

Mardi 17 décembre 1771.

Ai-je tort de vous écrire aussi souvent? Dois-je renfermer en moi tout ce que je pense, et n'êtes-vous pas assez mon ami pour que je puisse espérer de trouver en vous quelque consolation, ne fût-ce que celle de vous parler avec confiance? Je n'exige point que vous répondiez à chacune de mes lettres; mais quand je suis bien noire, que je ne sais plus que devenir, il ne me vient point d'autre idée que celle de vous écrire. Je sens cependant une sorte de crainte; je me dis : A quoi cela sera-t-il bon? A le fatiguer, à l'importuner; il me répondra avec sécheresse, avec humeur, je serai plus malheureuse qu'auparavant; ne dois-je pas être contente qu'il entretienne une correspondance avec moi, sans abuser de cette complaisance? Oui, je me dis tout cela, mais après ces sages réflexions, je ne sais plus que devenir. Je ne saurais me suffire à moi-même; je n'ai de goût ni d'amitié pour personne, ni personne n'en a pour moi; je me tourmente pour avoir du monde à souper. J'ai mille peines à rassembler une fastidieuse compagnie qui m'ennuie à la mort. Si dans ce nombre il y a quelques personnes qui valent mieux que les autres, je suis piquée du peu de cas qu'elles font de moi, de leur orgueil, de leur importance, etc. Je suis tentée quelquefois de partir pour Chanteloup; s'il n'y avait que la grand'maman, je n'hésiterais pas, malgré les soixante-quatre lieues; mais la belle-sœur et tous ses adhérents me repoussent et me font changer d'avis. Je me représente l'état où je serais si je venais à m'en repentir, et alors je conclus qu'il vaut encore mieux supporter le malheur présent et actuel que d'en aller chercher un bien loin, qui serait peut-être encore plus grand. Je reçus hier un petit billet de l'abbé. Il me mande qu'il arrivera à Paris aujourd'hui ou demain; ce pauvre homme est bien à plaindre; j'attends que je l'aie vu pour continuer cette lettre. Comme il y aura dans la continuation des noms et des faits, elle m'obtiendra le pardon du triste préambule.

Samedi 21.

Depuis trois jours, j'ai eu table ouverte, c'est-à-dire douze ou treize personnes chaque fois. Le jour le plus brillant fut hier; c'étaient les Beauvau, la Cambis, le Stainville, le Toulouse, trois étrangers, Caraccioli, *Mora*[1] et Creutz. Cela ne se passa pas mal. Le Caraccioli est commode : on est à son aise avec lui, on n'a aucun embarras pour l'entretenir.

Je compte mardi donner la messe de minuit[2] aux Beauvau, aux Luxembourg, etc. N'allez-vous pas conclure que je me divertis fort bien? Ah! mon Dieu! que j'en suis loin!

Le petit Sorbe[3] mourut hier d'apoplexie; il dînait chez madame de la Vallière, et en rendant son verre à son laquais il rendit l'esprit; il n'a pas souffert une minute; ce soir tout son corps était violet de la tête aux pieds. Il n'avait pas un sou de bien. Il laisse soixante mille francs de dettes et deux sœurs, honnêtes filles, très-dévotes, dont il avait grand soin, et qui ne sauront plus que devenir. Il y a des gens si malheureux qu'on est honteux de se le croire quand on se compare à eux. Mais à quoi sert de penser, de réfléchir? On est nécessairement gouverné, entraîné par ce qu'on sent. Je suis un peu trop moraliste, n'est-ce pas?

Les Suisses ne sont point encore donnés, cela est assez étrange. Le traitement de M. de Choiseul est cent mille écus en argent et soixante mille francs de pension sur la charge : on la disait réversible à la grand'maman : on prétendait hier que ce n'en serait que la moitié; le brevet n'est point encore signé.

Il est certain que vous reverrez M. de Guignes avant le 15 ou 20 du mois prochain; vous aurez par lui de mes nouvelles; je pourrais en recevoir des vôtres par milord Harcourt.

Je suis actuellement en pleine jouissance du grand abbé; sa fortune reçoit un grand échec, mais on supporte tout quand on n'est pas frappé par l'endroit sensible.

Je voudrais bien que vous eussiez reçu ma dernière lettre assez à temps pour n'avoir pas conclu votre marché d'oiseaux; je suis réellement désolée de vous avoir donné ce maudit conseil, qui, si vous l'avez suivi, doit vous coûter des sommes immenses.

Au nom de Dieu, ne me parlez plus des avances que j'ai faites,

---

[1] C'est le héros d'une partie des lettres de mademoiselle de Lespinasse (A. N.)

[2] Madame du Deffand avait dans une de ses chambres une tribune qui donnait dans l'église du couvent de Saint-Joseph; et c'est là que communément elle rassemblait quelques amis pour entendre la messe de minuit à Noël, après laquelle elle donnait un souper nommé le *réveillon*. (A. N.)

[3] M. de Sorbe, envoyé de la république de Gênes en France. Il était fort aimable en société. (A. N.)

et ne vous ingéniez point pour me rembourser; je suis bien pauvre, mais pas assez pour que cette bagatelle m'incommode le moins du monde, et si je comptais jusqu'à un certain point sur votre amitié, j'exigerais de vous que vous ne m'en parlassiez jamais; rien ne serait plus honnête, rien ne me prouverait plus l'intimité de notre amitié. Ah! mon Dieu! quel mot m'est échappé? Pardonnez-le-moi, je vous prie.

J'ai écrit à M. Trudaine, pour le prier d'écrire à M. Caffieri, directeur de la douane de Calais, de ne pas tarder un moment à faire partir les deux caisses qui sont à son adresse. J'ai, je vous l'avoue, grande impatience de les recevoir; j'aurai beaucoup de plaisir à tirer tout ce qu'elles contiennent et à en faire la distribution. Vous moquez-vous en me faisant des excuses des soins que vous me donnez? Je dirai comme madame Remy dans le *Paysan parvenu*, à qui on reprochait l'usage qu'elle faisait de sa maison : *Ne voilà-t-il pas un beau taudis que le mien, pour en être chiche?* Il en est du loisir de votre sibylle comme du taudis de madame Remy.

Adieu, je crois cette lettre éternelle; cependant, si j'en reçois une de vous demain, j'ajouterai à son éternité.

C'est M. le comte d'Artois qui a les Suisses; rien n'est plus sûr.

LETTRE 407.

LA MÊME AU MÊME.

Paris, lundi 6 janvier 1772.

Tout ce que je crois infaillible manque toujours; j'étais sûre d'une lettre ce matin, il n'y a point eu de courrier; voilà ce qui arrivera souvent cet hiver. Je vous ai promis, ou pour mieux dire, menacé d'un volume. Il faut le commencer.

Le 6 du mois passé, M. du Châtelet [1] étant à Chanteloup, jouant au pharaon, sur les dix heures du soir, on vint lui dire qu'on le demandait. Rentrant un moment après, il se mit au jeu, et dit à la compagnie que c'était un soldat de son régiment, qu'il aurait beaucoup à écrire la nuit, ou, ce qui serait encore mieux, qu'il partirait le lendemain. Il se leva, et M. de Choiseul, se doutant de quelque chose, sortit avec lui. Ce

---

[1] Le comte du Châtelet, qui avait été ambassadeur en Angleterre. Il était alors colonel du régiment du Roi, infanterie. (A. N.)

soldat était un courrier de M. d'Aiguillon, qui apportait une lettre à M. du Châtelet. Il lui mandait que le roi voulait la démission de M. de Choiseul de sa charge des Suisses, qu'il sût de lui quel dédommagement il désirait, et qu'il rendît promptement réponse. M. de Choiseul rentra sans rien dire, continua à jouer jusqu'à l'heure ordinaire, et puis il écrivit au roi ; et M. du Châtelet, chargé de sa lettre, partit le 7 de grand matin. Arrivé à Versailles, il fut chez M. d'Aiguillon, à qui il ne voulut point remettre la lettre ; mais il lui dit les propositions qu'elle contenait : 1° sa liberté ; 2° le payement de ses dettes dont il faisait l'énumération ; trois ou quatre millions qu'il avait mangés du bien de sa femme, et deux autres à différents créanciers ; il rappelait le souvenir d'une grâce qui lui avait été accordée et signée sept ou huit mois avant sa disgrâce, et qui n'avait pas été consommée, parce qu'on y avait omis une formalité qu'on devait réparer et qui avait été négligée. Je ne me ressouviens pas bien en quoi cette grâce consistait, mais c'était sur le bailliage d'Haguenau, auquel on devait joindre une forêt et différents droits. Cette grâce aurait suffi pour le parfait arrangement de ses affaires. Après cette visite au ministre, M. du Châtelet fut chez le roi, lui présenta la lettre. — Est-ce la démission ? lui dit le roi. — Non, mais les propositions qu'il fait à Votre Majesté. — Je ne veux point la lettre, je veux la démission. — Tout de suite, M. du Châtelet envoya un courrier à Chanteloup, qui rapporta la démission, sans aucune condition. Le roi alors reçut la lettre qui l'accompagnait, et la mit dans sa poche sans la lire, et dit qu'il donnerait deux cent mille francs d'argent comptant et cinquante mille francs de pension sur la charge, qui seraient réversibles à la grand'maman. Autre courrier à Chanteloup pour apprendre cet arrangement ; sur-le-champ, la grand'maman écrivit par la poste à M. du Châtelet qu'elle ne voulait point qu'il fût question d'aucune grâce pour elle, qu'elle lui recommandait de le déclarer, et qu'absolument elle ne voulait entrer pour rien dans le traitement qu'on ferait à son mari. M. du Châtelet était bien résolu de ne point obéir à cet ordre, et se garda en effet d'en parler ; mais cette lettre avait été lue, et heureusement elle ne mit point d'obstacle à la négociation. M. du Châtelet insista sur une augmentation, et ne trouvant point de facilité auprès de M. d'Aiguillon, il se détermina à parler à madame du Barry, en qui il trouva plus de douceur et de facilité ; il obtint cent mille francs de plus, ce qui en fit trois cents, et dix mille francs de plus pour la pension, ce qui en fit soixante, et toujours les cinquante réversibles à la grand'maman. Cette affaire consommée, il s'en est suivi une brouillerie dans toutes les formes entre M. d'Aiguillon et M. du Châtelet. Le premier avait écrit à l'autre, dans sa lettre du 6, en annonçant la demande de la démission, qu'il avait parlé au roi conséquemment à une conversation qu'il avait eue avec lui, il y avait six ou sept mois, dans laquelle il lui avait confié que M. de Choiseul consentirait très-volontiers à se démettre de sa charge, si on lui en faisait un bon parti. M. du Châtelet lui en a donné le démenti, et affirme que ce fut lui qui lui dit qu'on ne laisserait certainement pas la charge à M. de Choiseul, et qu'il s'agissait de savoir ce qu'il pourrait désirer pour dédommagement ; qu'alors il lui avait répondu, que comme il avait des dettes immenses, il imaginait que si on les acquittait, il consentirait volontiers à perdre sa charge ; mais qu'il parlait de lui-même et qu'il ne savait point ce que pensait M. de Choiseul, ne l'ayant jamais entretenu sur ce sujet ; et qu'ainsi il avait grand tort de dire que c'était en conséquence de sa conversation avec lui qu'il avait parlé au roi. Je ne sais lequel des deux a menti ; j'ai quelques notions qui me forceraient à croire que M. du Châtelet a parlé le premier ; quoi qu'il en soit, M. du Châtelet, en dernier lieu, s'est parfaitement bien conduit ; M. de Choiseul et tous ses amis disent qu'ils sont extrêmement contents de lui.

Mais, mon ami, l'on ne fait que mentir ; il ne se dit rien aujourd'hui qu'on puisse croire ; tout ce qu'on affirme le plus affirmativement se trouve faux ou du moins très-douteux. On dit, par exemple, que ce qui avait déterminé le roi à lui ôter les Suisses, est une lettre qu'il avait reçue du comte de Provence qui les demandait pour lui, et que cette lettre était l'ouvrage de M. de la Vauguyon, de M. d'Aiguillon et de madame de Marsan [1].

L'autre parti assure que M. le comte de Provence n'a point écrit, ce qui paraît vraisemblable, puisqu'on a donné les

---

[1] La princesse de Marsan, née Rohan-Rochefort. Elle était la veuve du prince de Marsan, de la maison de Lorraine, et possédait à la cour l'espèce de crédit que donnent une haute naissance, un rang distingué, une grande habileté et une bonne conduite, accompagnés d'un caractère naturellement porté aux intrigues politiques. (A. N.).

Suisses à M. le comte d'Artois. La seule chose dont on ne puisse douter, c'est que M. de Choiseul ne les a plus. Il a pris la résolution d'acquitter ses dettes, non ce qu'il doit à sa femme, car cela est impossible, mais à ses autres créanciers : ils vendent leurs tableaux, leurs diamants, une grande partie de leur vaisselle ; il est même question de leur hôtel et de deux maisons qui y tiennent ; le tout pourrait faire la somme de seize ou dix-sept cent mille francs, y compris les cent mille écus de sa charge [1].

Si vous pensez que tout ceci diminue la gaieté de M. de Choiseul, vous vous trompez ; sa bonne humeur n'en souffre pas la plus légère altération. On a eu bien de la peine à contenir la grand'maman et à l'empêcher de faire un refus formel de l'article qui la regarde.

Pour le grand abbé, son affaire n'est point encore finie ; c'est M. d'Affry qui s'en mêle, c'est son ami intime ; c'est lui qui aura le travail avec le roi, du moins on le croit. L'abbé, vraisemblablement, ne gardera point sa place [2] ; on dit qu'elle pourra être supprimée, on croit qu'on lui assurera la moitié du revenu sur la place même, si elle est donnée à d'autres, ou sur les fonds destinés pour les Suisses ; tout ce qu'il craint, c'est une pension sur le trésor royal, ou une abbaye. Son sort ne peut pas différer encore longtemps à être décidé ; dès qu'il le sera, il repartira pour Chanteloup ; en attendant, je le vois tous les jours.

Mardi 7.

Je viens de relire ce que je vous ai écrit hier ; vous n'y comprendrez rien, on ne peut pas être moins clair : je n'ai pas le talent des détails ; d'ailleurs pourquoi en faire ? que vous importe ? Madame de Sévigné les rendait intéressants, il est impertinent de suivre son exemple, quand on ne peut pas l'imiter. Vous allez penser que je quête des louanges, puisque vous croyez que je n'irai à Chanteloup que pour chercher des *cajoleries* ; je ne dis pas que je ne les aime, mais cependant je sens bien quand elles sont sincères, et ce n'est que quand elles le

---

[1] Malgré toutes ces dispositions, le duc de Choiseul mourut à Paris en 1785, endetté, à ce qu'on dit alors, de trois millions de livres. (A. N.)

[2] La place de secrétaire des gardes suisses. On trouva fort mauvais, dans le temps, qu'elle eût été donnée à un ecclésiastique. Immédiatement après cette nomination, on vit paraître au bal de l'Opéra un masque habillé moitié en abbé et moitié en uniforme des gardes suisses. (A. N.)

sont qu'elles me font véritablement plaisir ; enfin il n'y a que la vérité qui me plaise, je ne la trouve véritablement qu'en vous.

M. de Stainville nous dit hier que l'affaire de l'abbé était finie, qu'il avait dix mille francs de pension sur la place de secrétaire, que son successeur n'était point encore nommé, et qu'on croyait que cette place serait supprimée et ses fonctions réunies à celui qui a le bureau des Suisses. M. d'Affry est nommé administrateur de tout le corps [1]. Il travaillera avec le roi, et il a vingt mille francs de pension. Il a mérité ce traitement par sa bonne conduite : il a rempli parfaitement ses devoirs envers le grand-papa sans déplaire au roi ; il aime fort l'abbé, et il l'a bien servi.

Le prince de Beauvau, conduit par sa femme, n'a fait que des sottises ; il a bravé le roi, et finit par lui demander l'aumône. Je crains bien qu'on ne la lui fasse pas ; ils doivent aller l'un et l'autre le mois prochain à Chanteloup. Ils y resteront jusque vers la fin de mars ; le quartier [2] sera le 1ᵉʳ avril. Jugez de la bonne mine que lui fera le roi, et ce qu'il en obtiendra. Rien n'a été si ridicule que le voyage de madame de Luxembourg à Chanteloup ; elle était l'ennemie des Choiseul, et comme il est du bel air actuellement d'être dans ce que nous appelons aussi l'*opposition*, elle a employé toutes sortes de manéges pour se réconcilier avec eux ; elle a été très-bien reçue, parce que c'était pour eux un nouveau rayon de gloire et qu'ils en sont ivres. La pauvre grand'maman, à qui on n'en laisse que des bluettes, fait sacrifice sur sacrifice et parvient à peine à l'ombre de la considération ; la sœur engloutit tout, et sous l'apparence de quelque politesse pour cette grand'-maman, on écrase son amour-propre. Les visites qu'on reçoit, toutes les attentions sont pour cette belle-sœur ; excepté madame de Brionne qui n'a d'objet que le maître du logis, et les Tingri, Château-Renaud, Petite Sainte, qui ont été pour la grand'maman, elle n'a de part dans les visites des autres que des civilités apparentes. Le seul grand abbé est parfaitement à elle.

[1] Il fut nommé colonel des gardes suisses en 1780, et conserva cette place jusqu'en 1792, où il fut arrêté à Paris lors des événements du 10 août. Il échappa néanmoins aux massacres de septembre. Un de ses fils périt aux Tuileries le 10 août. (A. N.)

[2] Le quartier de service du prince de Beauvau, comme un des quatre capitaines de la garde du roi. (A. N.)

En voilà assez sur les Choiseul.

Vous ne garderez pas le Guignes bien longtemps, ou je suis trompée; j'ignore qui lui succédera : on dit le marquis de Noailles [1]. On n'apprend rien par la maréchale de Mirepoix, parce qu'en effet elle n'est au fait de rien. Elle n'a aucun crédit. On la satisfait avec de l'argent, pour lequel elle a une grande avidité, non pour arranger ses affaires, mais pour le dissiper en niaiseries. Le roi lui a fait présent d'un tapis de la Savonnerie pour le salon de sa nouvelle maison qui est dans un quartier abominable, à mille lieues de tous ses parents et amis. Le prétexte qui la lui a fait prendre était le projet de marier son frère le chevalier; le mariage dont il s'agissait est rompu; il n'en fera jamais d'autre : personne, comme de raison, ne voudra de lui.

Cette lettre est immense et ne vous fera certainement nul plaisir. Je ne vous ai dit que des choses inutiles, et j'omets peut-être toutes celles qui auraient pu vous amuser : mais, mon ami, on n'est pas vieille impunément; on perd la mémoire, l'imagination. Il ne reste que l'amitié, et c'est sur quoi il faut se taire. Adieu.

LETTRE 408.

LA MÊME AU MÊME.

Vendredi, 7 février 1772.

Les courriers, presque toujours, arrivent présentement un jour plus tard, ce qui rend les réponses plus tardives; je n'ai reçu votre lettre qu'hier, et celle-ci ne partira que lundi.

Combien vous faudrait-il donc de matériaux pour faire une lettre? Une révolution dans un royaume ne vous suffit-elle pas [2]? Cette aventure ne m'intéresse guère plus que le siége de Jérusalem, la prison de Bajazet, etc., etc. Quand les événements publics n'influent ni sur moi ni sur mes amis, je n'y prends aucun intérêt, et je les écoute avec une distraction scandaleuse.

---

[1] Le marquis de Noailles, second fils du maréchal duc de Noailles et frère du duc d'Ayen. Il remplaça le comte de Guignes dans l'ambassade d'Angleterre, mais ce ne fut qu'en 1776. (A. N.)

[2] L'arrestation des comtes de Brandt et de Struensée, et l'emprisonnement de la reine alors régnante de Danemark, et de plusieurs personnes de la cour, soupçonnées d'avoir conçu le projet de faire signer au roi une renonciation à la couronne, pour se saisir elles-mêmes du gouvernement du pays. (A. N.)

J'ai l'air d'une imbécile. Vous ne me parlez point dans vos dernières lettres du duc de Glocester; est-ce bon signe? Je le voudrais bien.

Vous m'inquiétez sur l'état du duc de Richmond. Le changement d'air lui serait peut-être bon. Je lui conseille d'en essayer, et de venir en France. Ce conseil n'est pas tout intérêt à part, car j'avoue que je serais ravie de le revoir; vous le lui direz si vous le jugez à propos.

Je commence à être rassurée sur mon pauvre ami Pont-de-Veyle. Il n'a presque plus de fièvre; il l'a eue double-tierce pendant vingt jours. Nous avons fait une grande perte en M. de la Vauguyon : vous sentez bien que c'est une contre-vérité; excepté l'archevêque et les jésuites défroqués, tout le monde a marqué une joie immodérée. On croit qu'on ne nommera pas un autre gouverneur : c'est l'opinion publique; le prince a quatorze ans quelques mois; ce qui pouvait arriver de mieux pour son éducation, c'est d'être délivré d'un tel gouverneur[1].

On s'attendait dimanche dernier à une promotion de six cordons bleus, MM. de Tresme, de Villeroy, de Lévy, de Sourche, de Montmorin, de Croissy. Ce ne fut qu'à dix heures du matin que l'on sut qu'il n'y en aurait point. Le soir il y eut un bal à l'Opéra : il y arriva six masques, avec des nez de papier bleu longs d'un pied, avec un écriteau : *Promotion de* 1772. Cette folie est assez plaisante.

Madame du Barry a eu ces jours passés un fort gros rhume. Elle fut saignée deux fois dans le même jour. Elle se porte bien présentement, et le roi se porte à merveille, dont je suis fort aise.

Je continuerai cette lettre, s'il survient quelque événement. J'en oubliais un bien important, c'est que la chatte de madame de Luxembourg, la fameuse *madame Brillant*, est morte, âgée de quinze ans, et ce qui est bien remarquable, c'est que cela est arrivé un vendredi, jour toujours funeste à la maréchale.

Dimanche 9.

Je ne sais rien de nouveau; je n'ai pas assez de gaieté pour vous dire des riens; j'appelle ainsi le détail de ce que je fais.

---

[1] Le duc de la Vauguyon avait été gouverneur du Dauphin, depuis Louis XVI, et de ses deux frères, dont le plus jeune, le comte d'Artois, était encore sous sa conduite. (A. N.)

Je n'ai plus de contenance en vous écrivant, je ne suis point ferme sur mes pieds, j'ai toujours peur de tomber à droite ou à gauche. Je ris quand vous louez mon esprit, je vois que c'est pour ne pas écraser tout à fait ma vanité ; vous êtes trop bon juge pour que je puisse croire vos louanges sincères ; ce sont vos blâmes qui m'ont persuadée de votre vérité, et vous leur devez toutes les importunités dont vous vous plaignez. Si vous n'étiez pas aussi vrai que vous me le paraissez, je ne penserais pas pour vous de la manière que je fais.

Je vais pourtant vous rendre quelque compte de ce que je fais. Pour fuir l'ennui, je me dissipe autant que je peux, je soupe rarement chez moi ; je vais de côté et d'autre, je lis toutes sortes de livres, je n'en trouve presque point qui me plaisent ; celui qui me fait le plus de plaisir actuellement, ce sont les *Lettres* de Bussy (*Rabutin*) ; vous allez vous récrier : tout le monde s'en est dégoûté et n'en a porté de jugement que sur celles qu'il écrit au roi. Je ne lis point celles-là, et je hausse les épaules en lisant celles de madame de Scudéri ; je m'imagine que vous trouvez que les miennes leur ressemblent, et ce qui me le persuade le plus, c'est que les réponses de Bussy ressemblent beaucoup à celles que vous me faites. Pour vous le prouver, vous n'avez qu'à lire la cent quatre-vingt-neuvième du tome cinquième, page deux cent soixante-dix-neuf, je veux mourir si vous ne trouvez pas une parfaite ressemblance ! Je conviens que cette madame de Scudéri est insupportable, et qu'elle quête de l'amitié comme on demande l'aumône. Quoiqu'elle ait de l'esprit, son style est si fade, si ennuyeux, si languissant, que j'admire la patience de Bussy d'avoir entretenu une telle correspondance : belle matière à réflexion ! Mais presque toutes les autres lettres sont charmantes. Dans les deux premiers volumes, il n'y a que sa correspondance avec madame de Sévigné, et je conviens que les lettres de celle-ci sont encore plus agréables que celles de son cousin. Dans les cinq autres volumes, celles de madame de Montmorency sont très-agréables, celles du père Rapin, de Benserade et de beaucoup d'autres me paraissent très-bonnes, et les réponses de Bussy encore meilleures ; les jugements qu'il porte de tous les ouvrages qui paraissaient me semblent excellents. Je vous prie encore d'avoir la complaisance de lire une lettre de madame de Sévigné : c'est la quarante-troisième du second tome, page cent quatre. Le commencement n'est rien ; c'est vers la fin qu'elle fait l'éloge d'un évêque d'Autun. Je ne crois pas qu'il y ait rien de plus agréable[1]. Si vous avez des moments perdus, relisez ce recueil de lettres, passez celles au roi et celles de madame de Scudéri, et si l'on peut se bien juger soi-même, vous conviendrez que vous avez beaucoup du style de Bussy. Vous en avez la vérité, le délibéré, le bon goût, mais vous n'en avez pas la vanité, que je lui pardonne en faveur de cette vérité que j'aime tant, et à qui la modestie donne quelques petites entorses.

Peut-être vous moquerez-vous de cette analyse; en ce cas, je n'en ferai plus à l'avenir. Je serais fâchée d'être réduite à ne faire que des gazettes, ou à ne parler que de la pluie et du beau temps. Je ne sais jamais le temps qu'il fait, je sais peu ce qui se passe; peut-être conclurez-vous qu'il ne me reste qu'un parti à prendre, celui de ne point écrire; si c'est votre avis, il faut le dire.

Mes inquiétudes ne sont point calmées sur mon pauvre ami Pont-de-Veyle. La fièvre ne l'a point encore quitté. Elle est moins forte, mais c'est peut-être parce qu'il s'affaiblit lui-même.

Pour moi, je suis absolument brouillée avec le sommeil. Je suis cinq heures de la nuit livrée à mes belles réflexions; j'épuise tous les livres pendant quatre ou cinq heures, et je dors après deux ou trois heures sur les onze heures ou midi; je me lève fort tard. Sur les six heures les visites arrivent, je sors sur les neuf, je rentre à minuit ou une heure, et je me dis : Pourquoi suis-je née? Pourquoi craindrais-je de finir?

LETTRE 409.

LA MÊME AU MÊME.

Mercredi 12 février 1772.

Je ne suis point trop mécontente de la lettre que je reçois, excepté les *racines profondes*. Voilà tout ce que je vous dirai;

---

[1] Voici ce passage : « Vous avez présentement votre aimable évêque. Je vous plains, si vous n'êtes pas en état de profiter du séjour qu'il doit faire à Autun. Il m'avait priée de lui écrire; mais je vous déclare que je n'en ferai rien : je suis étourdie et accablée de la beauté de son esprit. Je vis par hasard, au moment qu'il partait, deux pièces toutes divines qu'il a faites, et à mesure que je les lisais, et que j'en étais charmée, je prenais ma résolution de n'écrire jamais à un tel homme. Qu'il revienne donc, s'il veut savoir ce que je pense. La douceur et la facilité de son esprit s'accommodent mieux à ma faiblesse; l'éclat en est caché par sa modestie et par sa bonté. Voilà l'état où je suis pour votre prélat. » (A. N.)

et à propos de racines, je n'ai reçu qu'avant-hier celles que vous m'avez envoyées[1]; elles embaument; je vous en remercie, vos sachets en seront meilleurs.

Je me hâte de vous apprendre que Pont-de-Veyle n'a plus de fièvre; voilà trois jours de suite qu'il vient chez moi, ce qui me plait extrêmement, premièrement parce qu'il est guéri, et secondement parce que j'allais chez lui tous les jours, et qu'il me déplait beaucoup de sortir avant neuf heures. Il sera très-sensible à l'intérêt que vous prenez à lui.

Vous faites fort bien de ne point écrire à madame d'Aiguillon. Ne suivez jamais mes conseils; il ne me convient nullement d'en donner. Je m'en repens toujours l'instant d'après. Suivez votre instinct, il vaut mieux que toutes mes lumières. J'ai ri de ce que vous êtes *une bête féroce à demi apprivoisée*. Je pense que cela est un peu vrai, mais je ne suis pas comme vous, je ne hais point tout ce que je crains; tout au contraire, je crains toujours un peu ce que j'aime beaucoup.

Je ne sais pas si vous vous souvenez que M. de Gontault[2] ne m'aimait guère et que de sa vie il n'était venu chez moi; il y vint il y a trois jours, et il y soupera lundi prochain. Ma chambre est un petit théâtre, il y a des changements de décoration; aux Beauvau, aux Stainville, aux Praslin, etc., succèdent les Mirepoix, les d'Aiguillon, les Chabrillant, les Bédé, etc.; tout cela se rencontre quelquefois, sans se combattre et sans se fuir. Pour moi, je pense que rien n'est si absurde que d'être fanatique, et rien de si malavisé que d'attiser les haines.

Je ne doute pas que l'on n'apprenne la mort de votre princesse[3] l'ordinaire prochain. Je suis bien persuadée que sa fille[4] est très-innocente de tous les projets qu'on lui impute, et sans être grande politique, j'ai un système sur tout cela qui, je suis persuadée, est fort juste; la dame qui envoie une boîte *ornée*

---

[1] Des racines d'iris. (A. N.)

[2] Le duc de Gontault, frère du maréchal duc de Biron, et père du duc de Lauzun. Il avait épousé la sœur de la duchesse de Choiseul. (A. N.)

[3] La princesse douairière de Galles, mère de Georges III. Elle décéda le 8 février 1772. (A. N.)

[4] Caroline-Mathilde, reine de Danemark, arrêtée le 17 janvier 1772, le lendemain matin d'un bal masqué donné à la cour par ordre de la reine douairière, avec le consentement du roi. Elle fut renfermée dans le château de Cronenbourg, comme coupable d'avoir voulu forcer le roi à renoncer à la couronne, pour établir une régence qui concentrerait tout le pouvoir entre les mains de la reine régente et de ses favoris. (A. N.)

de son portrait[1], a, je crois, plus de part à ce qui est arrivé que celle qui est enfermée. Les médecins jouent de grands rôles à Copenhague[2]; on les tient dans les cachots, tandis que les nôtres courent les champs et abandonnent leurs malades. Gatti est à Naples, et a laissé là la grand'maman; Pomme[3], qui a été malade pendant la maladie de Pont-de-Veyle, partit il y a quatre ou cinq jours pour la Provence sans dire adieu, et sans avertir personne. Bouvard dit qu'il faut s'en consoler parce qu'il a laissé son secret, l'eau de veau et les bains. La petite sainte[4] est toujours assez malade, elle ira à Baréges au mois de mai; son dernier voyage à Chanteloup lui a fait grand mal.

Madame de Croissy[5] vient de mourir; son mari est dans le dernier désespoir; elle était âgée de soixante et onze ans, il en a soixante-dix. Il y en avait cinquante qu'ils étaient mariés, et vivaient dans la plus grande union; que devient-on après une telle perte?

Je lis des voyages de Groënland qui m'ennuient à la mort; il vaut bien mieux dans ce pays-là être né ours que d'y naître homme; c'est M. de Creutz qui m'a forcé à faire cette lecture.

Votre Caraccioli me voit souvent, mais je n'augmente pas de goût pour lui. Il a une abondance de paroles qui ne sont qu'un amas de feuilles sans aucun fruit. Un des grands inconvénients de la vieillesse, c'est que l'on devient difficile; je ne sais pas si c'est que le goût se perfectionne, mais je sais que presque rien ne plaît; il n'y a plus rien d'agréable pour moi que les anciennes connaissances, parce qu'elles sont d'anciennes habitudes.

[1] La reine douairière de Danemark, dont la conduite paraît bien plus dictée par un esprit d'intrigue politique et par des vues ambitieuses, que celle d'une jeune princesse étourdie, dissipée, âgée de vingt et un ans. C'était l'âge de la reine Caroline-Mathilde lors de sa catastrophe. (A. N.)

[2] Les comtes de Struensée et de Brandt, favoris de la reine de Danemark, et fauteurs du projet dont il a été parlé, avaient tous les deux étudié la médecine, avant leur rapide élévation à la cour de Copenhague. (A. N.)

[3] Médecin célèbre pour le traitement des maladies vaporeuses. (A. N.)

[4] Madame de Choiseul-Betz. (A. N.)

[5] La fille du maréchal de Coigny. Elle avait épousé le marquis de Croissy, fils du marquis de Torcy, ministre des affaires étrangères vers la fin du règne de Louis XIV. On se réjouit de trouver en France, à la date de cette lettre, un exemple de parfaite union domestique dans la classe élevée. (A. N.)

LETTRE 410.

LA MÊME AU MÊME.

Paris, vendredi 21 février 1772.

Je ne saurais être de votre avis sur les *Lettres* de Bussy[1], si ce n'est dans la préférence que vous donnez à madame de Sévigné sur lui; celle-ci avait infiniment plus d'âme et de vivacité; tout son esprit n'était que passion, imagination et sentiment; elle ne voyait rien avec indifférence et peignait les amours de sa jardinière avec la même chaleur qu'elle aurait peint celles de Cléopâtre et de madame de Clèves. Ce n'est pas qu'elle fût romanesque, elle en était bien loin; le ton du roman est à la passion ce que le cuivre est à l'or. Bussy avait l'âme froide. Il avait la vanité d'une provinciale et toutes les bassesses d'un courtisan. Je ne regrette point qu'il soit mort; il m'aurait souverainement déplu; sa vanité était insoutenable. Cependant la vanité tout à découvert n'est pas ce que je hais le plus; on peut la repousser, la combattre; celle que je déteste est celle qui prend le voile de la modestie, et qui, avec les dehors de la politesse, force à s'y soumettre ou du moins à la souffrir. Bussy ne disait de lui que le bien qu'il en pensait. Il croyait avoir infiniment de courage, parce qu'apparemment ce qu'il en avait eu en faisant la guerre lui avait beaucoup coûté. C'est comme quand je me vante avec vous d'être extrêmement prudente; nous croyons toujours plus valoir par les qualités que nous acquérons que par celles qui nous sont naturelles, et nous leur donnons du prix à proportion de ce qu'elles nous coûtent. Voilà

---

[1] M. Walpole avait écrit : « Comment! je ne vous reconnais plus : quoi donc! vous, vous qui ne vous souciez pas du style, qui n'aimez que les exhalaisons de l'âme et le naturel, vous trouvez belles les lettres de Bussy, où il n'y a que des riens en beau langage, et la plus fade vanité du monde! Il est pétri de prétentions, jusqu'à son amour pour sa fille, où il n'était que le singe de madame de Sévigné, et vous trouvez que je lui ressemble! Me voilà bien humilié. Tout modeste que je suis, et je le suis par excès d'ambition, je me trouve si inférieur à ce que je voudrais être, que je ne vois rien en moi que de fort médiocre; au lieu que Bussy, qui au fond de son cœur se rendait justice, s'imposait l'air de se croire un génie; encore renforçait-il ce faux mérite par l'orgueil de la naissance. *Un homme comme moi*, voilà le précis de tout ce qu'il a fait, bien qu'on est toujours fort peu de chose quand on n'est *qu'un homme comme moi*; ses *Mémoires* sont la platitude même; ses lettres, sauf votre respect, du dernier froid. Enfin, il n'y a que son *Histoire des Gaules* qui vaille quelque chose, mais celle-là me plaît beaucoup. » (A. N.)

ce qui excuse les vanteries de Bussy sur sa valeur. Il avait beaucoup d'esprit, très-cultivé, le goût très-juste, beaucoup de discernement sur les hommes et sur les ouvrages, raisonnait très-conséquemment ; le style excellent, sans recherche, sans tortillage, sans prétention ; jamais de phrases, jamais de longueurs, rendant toutes ses pensées avec une vérité infinie ; tous ses portraits sont très-ressemblants et bien frappés. Vous n'avez point eu la complaisance de lire la lettre que je vous ai indiquée ; au nom de Dieu, lisez-la ; et si vous ne vous y reconnaissez pas, je consens à être traitée par vous d'imbécile : c'est dans le cinquième volume, page 279, lettre CLXXXIX, à madame de Scudéry, du 5 septembre 1672. Cette madame de Scudéry était veuve de ce M. de Scudéry du *Voyage* de Bachaumont, gouverneur du château de Lagarde, qui avait fait la critique du *Cid*, et frère de mademoiselle de Scudéry qui avait fait les romans de *Cyrus* et de *Clélie*. Cette femme était extrêmement pauvre, sa noblesse était des plus minces, et elle voulait être femme de qualité. Elle avait cultivé son esprit, qui était médiocre. Elle prétendait à la célébrité, et avait tous les ridicules que les prétentions peuvent donner. Ses lettres sont insupportables, et j'avoue, à ma honte, que je crois vous en avoir écrit quelquefois qui peuvent leur ressembler. Quand je suis dans mes grandes vapeurs, mes grands ennuis, je fais des efforts pour en sortir ; je ne suis plus naturelle, je cherche mon âme, et je n'en ai que la réminiscence. Quelqu'un qui aurait une certaine dose de bonté, supporterait cela patiemment, et verrait bien que ce n'est point un état permanent, que ce n'est qu'une situation accidentelle, et ne se mettrait point en fureur, et ne taxerait pas de romanesque la personne qui toute sa vie a été la plus éloignée de l'être. J'ajouterai à ceci que chacun aime à sa guise : que je n'ai qu'une façon d'aimer, c'est-à-dire infiniment ou point du tout. N'allez pas trouver mauvais ce que je vous dis ; voilà où m'a amenée insensiblement ce que je voulais vous dire sur Bussy. J'ajoute qu'il n'a pas compté imiter madame de Sévigné ; il était amoureux de sa fille, et couchait avec elle. C'est ce que j'ai su par feu la duchesse de Choiseul, ma véritable grand'mère [1], qui avait beaucoup vécu avec lui. Il y a dans le recueil de ses lettres plusieurs de celles de mon grand-père, qui était M. Brûlard, premier président de Dijon.

[1] Marie Boutillier de Chavigny. (A. N.)

Samedi 22.

Avouez que vous trouvez que je n'ai pas le sens commun, que je change de goût à tout moment. Non, je n'en change point. Je hais ce qu'on appelle aujourd'hui bien écrire, et c'est peut-être parce que je le déteste, que j'ai été contente des *Lettres* de Bussy. Je suis de votre avis sur ses *Mémoires,* ce n'est rien du tout, j'aime autant les gazettes. Nous avons une *Pélopide*[1] de Voltaire, qui nous annonce qu'il a rendu l'esprit, c'est-à-dire avant que de l'avoir faite; je n'ai pas trouvé qu'elle valût la peine de vous l'envoyer.

La mort de votre princesse de Galles m'a touchée. Elle ne devait pas aimer la vie; les malheurs sont bons à quelque chose, ils nous donnent du courage pour les derniers moments : cependant qui peut s'assurer d'en avoir?

J'ai trouvé dans les *Mémoires* de Bussy (tout mauvais qu'ils sont) un trait qui peint parfaitement ce que je pense. Il fut malade à la Bastille, et ce fut une diversion à son ennui. La maladie lui tint lieu d'occupations. Je comprends cela, parce que, quand je me porte bien, je ne sais que faire de moi, j'ai besoin de parler, d'agir, ce qui est fâcheux quand on a peu de moyens pour l'un et pour l'autre; mais laissons là Bussy et moi pour n'y jamais revenir.

Aimez-vous la lecture des voyages? je n'en saurais lire; j'ai commencé ceux de Sibérie et ceux de Groënland sans pouvoir les achever. Je lis actuellement les *Mille et un quarts d'heure.* Je vais relire la *Vie de madame de Maintenon.* Mon malheur, c'est que je suis obligée de lire cinq ou six heures par jour, je commence à six heures du matin, et cela dure souvent jusqu'à onze heures ou midi; les insomnies allongent mes jours et abrégent ma vie. On en pourrait faire une énigme.

Je ne puis vous mander des nouvelles, si ce n'est l'exécution de la sentence rendue contre le fameux banqueroutier Billard; il a été au pilori à la Grève une seule fois pendant deux heures, avec un écriteau : *Banqueroutier frauduleux, commis infidèle.* Il était en bas de soie, en habit noir, bien frisé, bien poudré; quand le bourreau vint le chercher à la Conciergerie, il voulut l'embrasser, l'appela son frère, le remercia de ce qu'il lui ouvrait la porte du ciel, bénit Dieu de cette humiliation, et récita des psaumes le temps qu'il fut au carcan. Il fut conduit après hors de Paris, et comme sa sentence porte le bannissement, on

---

[1] *Les Pélopides, ou Atrée et Thyeste*, tragédie de Voltaire. (A. N.)

ne doute pas qu'il n'aille à Rome auprès du général des jésuites, et comme sa banqueroute est de cinq millions, il aura eu la précaution de faire passer des fonds dans les pays étrangers : il aurait été juste de le condamner aux galères.

Dimanche.

Cette lettre pourrait partir demain, mais ce serait enfreindre le protocole des huit jours, et comme il n'y a point de protocole pour l'étendue que doivent avoir les lettres, je n'aurai point scrupule de rendre celle-ci un volume; il y a dans votre dernière encore des articles où je veux répondre.

Le pape peut être fort aise du renvoi de M. de Choiseul, mais s'il s'en applaudit comme étant son ouvrage, soyez sûr qu'il est la mouche du coche, et que chez nous ce sont les intrigues de cour qui embourbent nos voitures; la bonne ou mauvaise administration n'y entrent pour rien : on a vu cela de tous les temps.

Il n'y a pas beaucoup de nouvelles ici; de petits événements, comme par exemple que madame de Mazarin[1] est admise aux petits voyages; qu'il y a eu dix-neuf personnes d'empoisonnées chez madame de Marsan par de la mort-aux-rats, dont on avait fait une pâte qu'on avait placée sur une planche et qui a été confondue avec des tranches de pain dont on a fait la soupe des gens; tous ont été fort malades, aucuns ne sont morts. Gerbier l'avocat a été mieux empoisonné par une médecine d'un empirique qui l'a brûlé vif; il n'est pas encore mort, mais on croit qu'il n'en peut pas revenir. J'attendrai demain l'arrivée du facteur pour fermer cette lettre; avouez que j'abuse de la permission, et que mes lettres sont éternelles; je parie que vous croyez que j'aime à écrire, eh bien, vous vous trompez, je suis en arrière avec tous ceux qui m'écrivent, et quand je me mets à dicter, Wiart pourrait vous dire que presque toujours il ne me vient rien.

Mercredi 26.

Le facteur est arrivé si tard, que j'ai cru que je n'aurais votre lettre que demain, et je balançais si je ferais partir la mienne; je vais donc commencer par un troisième volume.

Je regarde comme un très-grand malheur d'avoir un compatriote du caractère de Charles Fox; je n'aime point sa sorte d'esprit et j'ai bien mauvaise opinion de son caractère. Pour le Selwyn, je ne m'en suis jamais beaucoup souciée. Son esprit

---

[1] La duchesse de Mazarin, fille du duc d'Aumont. (A. N.)

est à bâtons rompus ; il ne peut briller que dans son pays, qui lui fournit, bien plus que ne ferait tout autre, des occasions de dire des traits et de bons mots. Le nôtre, où règnent la monotonie et l'uniformité, ne lui inspirerait rien ; vous m'avez une fois défini son esprit par un seul mot, je l'ai oublié. Était-ce *inspiration?* Il me semble que c'était encore mieux que cela ; si vous vous en souvenez, dites-le-moi. On dit que c'est tant mieux pour nous quand il y a bien des factions chez vous ; je ne saurais vous en souhaiter ; je hais le trouble et la fronde, je ne suis point fanatique de la liberté ; je crois que c'est une erreur de prétendre qu'elle existe dans la démocratie. On a mille tyrans au lieu d'un. Enfin j'aime la paix, et comme mon désir pour moi en particulier est d'être gouvernée, je n'ai point de répugnance pour l'autorité. Cela vous paraîtra bien absurde. Vous vous moquerez de moi ; mais j'y suis accoutumée.

Votre duchesse, chez qui vous alliez dîner, n'est-ce pas la sœur de feu milord Hyde ? N'est-elle pas folle à lier ¹ ? Je comprends que vous craigniez le retour de M. de Richmond, d'abord à cause de sa santé ; mais ne craignez-vous pas aussi qu'il ne se joigne à Charles Fox ? Tout cela se joindra-t-il à milord Chatham ? Toutes réflexions faites, j'aime mieux *nous;* nous sommes de vrais moutons, nous paissons tranquillement : il est vrai qu'on nous tond un peu trop près en attendant qu'on nous égorge ; mais que gagne-t-on à se révolter ?

LETTRE 411.

LA MÊME AU MÊME.

Paris, jeudi 27 février 1772.

Cette lettre-ci sera un journal ; il me paraît que cette forme vous plaît assez, et elle me convient aussi. Je vais reprendre les choses de plus loin.

Lundi, votre ambassadeur donna un grand souper à M. le duc d'Aiguillon et à tous ses adhérents. Il y avait vingt et une ou vingt-deux personnes ; la grosse duchesse a dit que le choix était scientifique, parce que c'étaient des amis assez obscurs, et qu'il fallait être bien instruit pour les connaître et les trouver ; les dames étaient au nombre de neuf, d'abord les trois généra-

---

¹ Feu la duchesse de Queensberry. Madame du Deffand avait raison dans la première conjecture, et ne se trompait pas beaucoup dans la seconde. (A. N.)

tions¹, et puis mesdames de Forcalquier, de Valbelle, de Nesle, d'Avaray, de l'Aigle, de Flamarens; les hommes, MM. le maréchal de Richelieu, de Maurepas, l'ambassadeur de Sardaigne. Comme je ne suis pas aussi savante que milord Harcourt, je ne puis vous dire le nom des autres. Ce milord veut me donner à souper. Il craint que je ne sois jalouse, et il a tort; je lui ai dit qu'il fallait qu'il priât madame de Mirepoix et madame d'Aiguillon, et qu'il leur laissât nommer la compagnie; je soupai hier chez le comte de Broglie avec les deux maréchales. Il n'y avait de femmes que la maîtresse du logis², sa sœur, duchesse de Boufflers³ et moi; il y avait dix ou douze hommes. Ce soir et les deux jours suivants, je souperai chez moi; aujourd'hui j'aurai la mère Oiseau, une madame de Polignac⁴, non pas celle que vous connaissez, mais celle du Palais-Royal, qui vous divertirait; je l'ai raccrochée depuis peu, mais on ne la garde pas longtemps. En voilà assez sur ce qui me regarde, je viens aux questions.

Vous ne me parlez plus de notre danseuse⁵; on dit qu'elle va revenir, et qu'elle est en dispute avec les directeurs de votre théâtre sur l'argent qu'on lui a promis.

Est-il vrai que vous faites un livre sur le jardinage? Si cela est, d'où vient ne m'en avez-vous rien dit? Il paraît ici depuis quelques jours une épître en vers, qui a pour titre : *Despréaux à Voltaire;* elle est d'un nommé Clément⁶, celui qui a écrit contre Saint-Lambert; je l'ai lue; elle ne vaut rien; ainsi je ne vous l'enverrai pas. Il dit beaucoup de mal de tous nos beaux esprits; il y a beaucoup de noms propres; tout ce qu'il dit est vrai, mais est grossier, plat et lâche; personne présentement n'écrit bien. Indiquez-moi ce que je dois lire; car, je vous le jure, excepté vos lettres (dont le style me plaît indépendamment de la main) tout m'ennuie.

Vendredi 28.

Je reprends ma lettre où je l'ai laissée; oui, vos lettres sont excellentes, et fussent-elles d'un inconnu, elles me plairaient

---

¹ Les trois générations de la famille du duc d'Aiguillon, sa mère, sa femme et sa bru, la comtesse d'Agenois. (A. N.)

² La comtesse de Broglie, née Montmorency. (A. N.)

³ Mère de la duchesse de Lauzun. (A. N.)

⁴ Madame de Polignac, née du Rumain. (A. N.)

⁵ Mademoiselle Heinel, depuis madame Vestris. (A. N.)

⁶ Critique célèbre qui commença par flagorner Voltaire et finit par le déchirer. (A. N.)

infiniment. Vous rendez vos pensées à merveille, et vous pensez beaucoup; je n'y trouve rien à redire, si ce n'est deux mots que vous en avez supprimés qui y faisaient fort bien; apparemment que vous les croyiez contraires à mon régime.

Je vis assez de monde hier, mais des ennuyeux. Il faut apprendre à s'ennuyer, dit-on; on veut dire apparemment qu'il faut apprendre à ne pas s'ennuyer; si quelqu'un a cette recette, qu'il me la communique; je lui aurai plus d'obligation que s'il me donnait deux yeux et qu'il m'ôtât quarante ans. Je vis hier M. de Praslin [1]; les hommes sont bien différents des statues; la distance de celles-ci les rapetisse, et c'est l'approche des autres qui les réduit presque à rien. Oh! que les places font d'illusions!

Samedi 29.

La journée d'hier fut peu de chose. Je vis la maréchale de Luxembourg, mon neveu, l'archevêque, le reste ne vaut pas la peine d'être nommé. J'eus à souper madame de Cambis, Pont-de-Veyle et la Saint-Chrysostome. Cette Cambis me plaît, elle a un caractère à la vérité froid et sec, mais elle a du tact, du discernement, de la vérité, de la fierté. J'ai un certain désir de lui plaire qui m'anime. Ce ne sera jamais une amie, mais je la trouve piquante; c'est de toutes les femmes d'ici celle qui vous conviendrait le mieux.

L'on me donna hier des vers de Voltaire pour le chancelier: on les a parodiés [2]; je voudrais pouvoir vous les envoyer: mais

---

[1] Le duc de Praslin, qui avait été l'un des secrétaires d'État durant l'administration de son cousin, le duc de Choiseul. (A. N.)

[2] Les vers de Voltaire se trouvent dans ses *OEuvres*. En voici la parodie:

> Je veux bien croire à tous ces crimes
> Que la fable vient nous conter;
> A ces monstres, à leurs victimes
> Qu'on ne cesse de nous vanter.
> Je veux bien croire aux fureurs de Médée,
>   A ses meurtres, à ses poisons,
> A l'horrible banquet de Thyeste et d'Atrée,
> A la barbare faim des cruels Lestrigons :
> Ces contes cependant ne sont crus de personne.
> Mais que Maupeou tout seul ait renversé les lois,
>   Et qu'en usurpant la couronne,
> Par ses forfaits il règne au palais de nos rois,
> Voilà ce que j'ai vu; voilà ce qui m'étonne.
>   J'avoue avec l'antiquité,
>   Que ces monstres sont détestables;
>   Aussi ce ne sont que des fables,
>   Et c'est ici la vérité. (A. N.)

cela ne se peut pas. J'ai voulu relire *Clarisse*, elle m'ennuie à la mort, Je la laisserai bientôt là. Adieu jusqu'à demain.

Lundi 2 mars.

Le lendemain n'a rien produit, le surlendemain guère davantage; je soupai le samedi avec deux prélats qui se ressemblent comme deux gouttes d'eau, pour la taille, le son de voix, le même esprit, les mêmes sentiments, les mêmes idées, les évêques d'Arras et de Saint-Omer [1]; ils ne sont ni plaisants ni badins : ce sont gens solides, occupés d'affaires d'administration; ils sont adorés dans l'Artois. Ils y font des biens infinis; c'est, à ce que je crois, où ils bornent leur ambition; ils en ont l'air, ils le disent, mais ils seraient, je pense, très-propres à des places plus importantes : enfin ce sont de bonnes têtes. Hier je passai la soirée au Carrousel; c'est un autre genre; je serais embarrassée de dire lequel. J'y retournerai encore ce soir pour mon lundi gras; et demain, pour le mardi gras, j'irai chez madame de Jonsac, où il n'y aura que sa nièce d'Andlezy, la Saint-Chrysostome et moi. Vous conviendrez qu'il n'y a point de plaisirs plus innocents.

Dans ce moment le facteur arrive; la lettre que je reçois répond à plusieurs articles de celle-ci. C'est comme si vous l'aviez lue. Je suis de votre avis sur l'ambition [2], j'en reconnais le creux, le faux, le vide, mieux que personne; mais je la préférerais cependant à l'ennui, que j'ai peur qu'on ne confonde avec la tranquillité; quoi qu'il en soit, je ne m'ennuie pas au moment que je reçois vos lettres. J'en suis contente. Peut-être ferai-je encore un journal; ce qui pourra m'en empêcher, c'est le manque de faits; je n'ose hasarder les réflexions, je ne sais jamais où elles peuvent me mener, et il est assez facile de vous déplaire. Il n'est pas besoin de vous dire que je suis fort éloignée d'en avoir l'intention. Avez-vous les *Pélopides* de Voltaire? De tous les genres il ne lui manquait que l'ennuyeux; il ne lui manque plus rien.

[1] MM. de Conzié, qui étaient frères. L'évêque de Saint-Omer devint depuis archevêque de Tours, et mourut en Allemagne pendant la révolution. (A. N.)

[2] M. Walpole avait dit : « Qu'est-ce que la grandeur externe? Un hommage qu'on rend aux rangs dans tous les pays, dans tous les âges, aux sots bien nés, à leurs femmes bien ou mal nées, bassesse du peuple en présence des ducs, bassesse des ducs en présence des rois, adulation d'historiens, et menteries de généalogistes! Voilà contre quoi on troque le bonheur! Le bonheur, ce moment de tranquillité qu'on laisse toujours s'échapper, et qu'on ne retrouve plus! » (A. N.)

LETTRE 412.

LA MÊME AU MÊME.

Paris, 11 mars 1772.

Vous me donnez un conseil que je ne puis suivre ; je n'ai ni le goût ni le talent d'écrire. Ce ne peut être un amusement pour moi [1], il faut que j'y sois déterminée par une raison quelconque ; je ne saurais écrire à froid ; le passé est presque effacé de mon souvenir ; à moins qu'on ne me questionne, jamais je ne me le rappelle, et pour ce que je vois journellement, il ne m'intéresse pas assez pour chercher à en conserver le souvenir.

Je suis bien de votre avis, nous sommes fort monotones [2] ; mais si vous n'êtes pas un original dans votre pays, c'est que tout y est outré et dépravé, et que vous n'êtes que naturel ; mais vous seriez un original chez nous, parce que nous ne sommes rien par nous-mêmes, et que voulant être quelque chose, nous nous faisons copie de tels et tels, qui le sont peut-être de ce qu'ils l'ont lu, ou entendu raconter ; enfin la simplicité, la vérité ne se trouvent pas chez nous ; j'en conviens.

Madame d'Aiguillon m'a chargée de vous demander si vous voulez *l'Histoire de la ville de Bordeaux*. Elle prétend qu'elle vous ferait plaisir.

[1] M. Walpole avait conseillé à madame du Deffand, dans les termes suivants, de s'amuser en écrivant : « Mais pourquoi toujours lire ? pourquoi ne pas écrire ? cela intéresse davantage. Écrivez ce que vous avez vu. Si vous n'êtes pas contente de ce que vous écrivez, vous n'avez qu'à le brûler. Mon ami M. Gray disait que si l'on se contentait d'écrire exactement ce qu'on avait vu, sans apprêt, sans ornement, sans chercher à briller, on aurait plus de lecteurs que les meilleurs auteurs. » (A. N.)

[2] M. Walpole avait dit : « Vous aimerez mieux *vous* tant qu'il vous plaira, mais soyez sûre que *vous* êtes bien insipides auprès de *nous*. Vous êtes bien monotones, vos petits-maîtres savent-ils se faire tour à tour, beaux garçons, jockeys, législateurs, joueurs ? Perdent-ils des millions, et se vendent-ils pour des pensions qui ne suffisent pas pour payer leurs bouquets journaliers ? Oui, nous avons des cadets qui donnent un louis par jour pour des roses, et des fleurs d'oranger au mois de janvier. Ils entrent dans une assemblée derrière un buisson, comme nos anciens Anglais qui allaient à la rencontre de Guillaume le Conquérant en portant chacun une branche d'arbre. Lauraguais le Visigoth s'en formalise. Enfin nous avons des Perses et des Spartiates ; nos damoiseaux sont couverts de guirlandes, et nos femmes écrivent sur la république. Après, pas un individu qui ressemble à un autre : des originaux partout. Il serait impossible de faire un portrait qui ne serait reconnu d'abord. Je gage que vous m'avez trouvé assez original, moi ; eh bien, je ne fais pas sensation ; on me trouve assez plat et raisonnable. » (A. N.)

Je n'ai rien à vous demander de nouveau. La chose publique ne produit rien; je mène toujours la même vie, et mes pensées sont toujours les mêmes.

Je trouve votre lettre charmante, mais d'un ton que je ne puis prendre; il me faudrait plus de force et d'énergie que je n'en ai pour y pouvoir répondre. Quoique je ne sois plus votre *Petite*, je suis cependant bien petite, bien sotte, bien puérile; je n'ai qu'un petit cercle d'idées sur lesquelles je redis toujours les mêmes choses; si je veux m'élever, je sens toute ma faiblesse.

Adieu. Peut-être ferai-je un journal pour l'ordinaire prochain; dans ce moment-ci je ne trouve rien à dire.

LETTRE 413.

LA MÊME AU MÊME.

Paris, mardi 17 mars 1772.

Savez-vous qu'en faisant le portrait de Lindor[1], qui est parfaitement ressemblant, vous avez, sans intention, des mêmes traits, fait le mien. Je ne sais pas si j'ai des *inspirations*, je ne le crois pas, *mais j'ai la faculté de sentir et non celle de comprendre. Ce qui frappe mon imagination n'arrive point, ou du moins très-difficilement et très-rarement à mon entendement.* Mais en quoi je ne ressemble point du tout à Lindor, c'est par le sommeil. Je ne demanderais pas mieux que de suivre votre conseil; j'écrirais volontiers, si j'avais des yeux; mais je crois qu'il me serait impossible de dicter des faits; à peine puis-je dicter mes pensées. Je n'ai point le talent de raconter; ma mémoire, qui est très-courte, est à la glace; j'estropie tous les bons mots que je répète; mon esprit n'est point dans ma tête; je suis le contraire de Fontenelle, de qui on disait qu'il avait deux cerveaux et point de cœur. Madame de Sévigné avait l'un et l'autre, et vous aussi; mais gardez-vous bien de me placer dans cette classe. J'en suis parfaitement indigne.

La grosse duchesse ne veut point attendre que vous consentiez qu'elle vous envoie l'*Histoire de Bordeaux*, elle veut vous en faire présent; on m'en lut hier quelques morceaux, je vous garantis que vous ne la lirez pas. Je viens de lire un ouvrage de

---

[1] Nom donné par plaisanterie à M. Selwyn. (A. N.)

M. Thomas, l'*Éloge des femmes des différents siècles;* il s'est surpassé lui-même. Nous avions autrefois un charlatan qu'on appelait le Gros Thomas; il distribuait son orviétan sur le pont Neuf. C'était l'idole du peuple. Je prétends que M. Thomas est le Gros Thomas du peuple bel-esprit; voilà une de ses phrases, à propos de la distance que les rangs mettent entre les hommes : *L'orgueil ne se mêle pas, et fait signe que l'on recule.* Tout est du même style.

D'où vient [1] brûlez-vous tout ce que vous écrivez? Me trouvez-vous indigne de rien lire? Manquez-vous de complaisance pour m'en faire quelque traduction? Vous pensez beaucoup et vous rendez très-clairement vos pensées; que sait-on? peut-être me feriez-vous penser à mon tour? Ne serait-ce pas une très-bonne œuvre que de me tirer de l'ennui? Je n'entends que des riens, et je ne suis pas même aussi heureuse que madame de Sévigné, qui se plaignait, quand elle était aux États de Bretagne, de dépenser tout son esprit en pièces de quatre sous; la monnaie que je reçois et que je distribue est encore au-dessous de cette valeur. Je ne regrette point de ne plus aller aux spectacles. Tout ce qu'on y donne est pitoyable; en vérité, en vérité, on ne sait pas pourquoi on est sur terre, et cependant on n'a point envie de la quitter; toujours quelques rayons d'espérance aident à soutenir l'instant présent; mais elle est au fond de la boîte, et elle est terriblement couverte de contradictions, de chagrins et d'ennui.

Vous aimeriez mieux des nouvelles que tous ces beaux discours-là; mais il n'y en a point; ce sont des conjectures, des spéculations qui n'ont de consistance que par l'intérêt qu'on y apporte. Nous n'envoyons point d'escadre pour assiéger des châteaux et délivrer des princesses prisonnières [2]; ceci vous regarde, y a-t-il quelque fondement?

Mercredi 18.

Le facteur est passé, il n'y a point de lettres, j'en suis fâchée; j'attends avec impatience que vous m'appreniez comment vous aurez trouvé la lettre de Bussy. Je serais assez tentée de vous

---

[1] Tournure familière à madame du Deffand (L.)

[2] Ceci a trait à la reine de Danemark. On sait que le commodore Macbridge, depuis amiral, fut envoyé dans le Sund avec trois frégates, pour conduire la reine de sa prison de Cronenbourg à Stade, d'où elle fut envoyée au château de Zell, résidence qui lui fut assignée d'après un arrangement convenu entre les cours d'Angleterre et de Danemark. Elle y mourut en 1774. (A. N.)

envoyer l'arrêt du parlement et le réquisitoire ¹ contre les dernières brochures qui ont paru, et qui ont pour titre : la *Troisième partie de la Correspondance*, et le *Supplément à la Gazette*. Je n'ai point lu ces deux brochures ; on dit qu'elles sont de la dernière insolence. Le réquisitoire me paraît admirablement bien écrit ; je ne sais d'où vient que je ne vous l'envoie pas ; deux raisons m'en empêchent : l'une que cela rendrait mon paquet trop gros, et l'autre, qui est la plus forte, c'est que cela vous serait fort indifférent.

Adieu donc ; n'ayant point reçu de lettre, il faut bien que je finisse celle-ci.

LETTRE 414.

LA MÊME AU MÊME.

Vendredi 20 mars.

Les lettres ont été bien retardées, elles ne sont arrivées qu'aujourd'hui. Non, vous vous trompez, *il ne faut pas toujours que j'en revienne là*. C'est où je ne retournerai jamais, soyez-en sûr ; ç'aurait été un plaisant chemin pour y retourner que de vous faire lire cette lettre de Bussy ² ; c'est la conformité des expressions qui me surprit, et qui, jointe à la critique que vous faisiez de son style, me fit naître l'envie de vous faire lire cette lettre. Ah ! je n'ai pas besoin d'être rabrouée. Ma tête s'affaiblit tous les jours, je deviens comme les enfants, j'ai besoin d'être caressée, qu'on me donne du bonbon ; je crains qu'on ne me frappe, je trouve tout amer ; je ne prétends pas avoir raison, mais on est comme on est : on n'est point maître

---

¹ Sur le réquisitoire écrit par M. Jacques Vergès, avocat général du nouveau tribunal créé pour remplacer le parlement, cette assemblée condamna les deux brochures en question « à être lacérées et brûlées comme impies, blasphématoires et séditieuses, attentatoires à l'autorité du roi, injurieuses à la famille royale et aux princes du sang, tendantes à soulever les peuples contre le gouvernement, et détourner les sujets de l'obéissance qu'ils doivent au souverain, et du respect dû aux ministres et aux magistrats, » etc., etc. (A. N.)

² M. Walpole avait dit : « Enfin, j'ai lu cette lettre de Bussy, et je m'étonne que vous ayez eu envie de la citer. Que dit-elle d'abord ? Sinon que quand madame de Scudéry avait des vapeurs, elle persécutait Bussy, et lui reprochait le manque d'amitié sans rime ni raison. Il s'ennuya de ses fantaisies, voilà par où je lui ressemble. Il valait bien la peine de rappeler le passé pour citer ce beau morceau ! Mais, de façon ou d'autre, il faut toujours en revenir là. » (A. N.)

de ses sensations. Madame de Beauvau me disait l'autre jour (apparemment pour me flatter) que ma manière de vieillir était surprenante, qu'on ne s'apercevait d'aucun changement. Ah! mon Dieu, mon Dieu! que cette louange est peu méritée! Je ne sais pas si je suis supportable pour les autres, mais je suis insupportable à moi-même. Vous avez raison, j'ai choisi un mauvais antidote contre la tristesse en lisant *Clarisse;* le traducteur [1] a été bien malhabile, il pouvait retrancher hardiment un tiers du livre, sans supprimer aucun événement, sans altérer aucune situation; l'ouvrage aurait été bien meilleur. Il n'aurait pas été moins triste, mais infiniment moins ennuyeux.

J'aurais tort de décider que mes évêques [2] ne sont point ambitieux. Ils ont l'esprit ferme, appliqué; ils ne sont ni dévots, ni galants, ni intrigants; et comme il faut bien être quelque chose et que rarement on fait le bien pour le bien, il se peut qu'ils soient ambitieux; mais les moyens dont ils se servent sont honnêtes. Je ne vois personne dont je croie que l'esprit vous conviendrait. Pour votre famille anglaise [3], je vous avoue qu'elle ne m'a point plu du tout; cette belle-mère est une jaboteuse singulièrement importune; son début avec moi fut sur la haute métaphysique; je me reproche de l'avoir brusquée; je lui ai paru sans doute une vieille de très-mauvaise humeur et fort bornée: elle m'aura bien jugée, et je ne m'en plains pas.

On dit ici que le chevalier Lambert est amoureux à la folie de notre danseuse [4] et qu'il veut l'épouser; il est depuis près de deux mois à Londres, et il n'y est allé que dans cette intention.

Il y a un homme qui s'est tué, il y a quatre jours, dans l'église de Saint-Eustache, sur le tombeau de sa maîtresse; cela n'est-il pas édifiant? Il ne se passe guère de semaine qu'on n'apprenne un suicide; les banqueroutes en produisent plus que l'amour.

Je serai fort aise de revoir Lindor; la faculté qu'il a de s'endormir lorsqu'il s'ennuie, rend sa société très-commode. Je

---

[1] C'est l'abbé Prévost. Depuis lui, le Tourneur a retraduit *Clarisse* et rétabli tout ce que Prévost avait supprimé. (A. N.)

[2] Les évêques de Saint-Omer et d'Arras. M. Walpole avait dit à leur sujet: « Vos deux évêques ne me donnent point l'idée d'hommes sans ambition. Il faut se contenter, si les ambitieux montent aux grandeurs par l'échelle de la bienfaisance. » (A. N.)

[3] La famille de feu sir John Millar de Batheaston, composée de sir John et lady Millar, et sa mère madame Riggs. (A. N.)

[4] Mademoiselle Heinel. (A. N.)

voudrais que tous les gens que je vois fussent de même; et ce que je voudrais plus que toutes choses, ce serait d'en pouvoir faire autant.

LETTRE 415.

M. DE VOLTAIRE A MADAME LA MARQUISE DU DEFFAND.

A Ferney, 24 mars 1772.

Je vous écris, madame, malgré le pitoyable état où mon grand âge, ma mauvaise santé et le climat dur où je me suis confiné ont réduit mon corps et mon âme. Un officier suisse, qui part dans le moment, veut bien se charger de ma lettre. Songez que vous m'aviez mandé que vous alliez chez votre grand'maman, il y a près de six mois; j'ai cru toujours que vous y étiez. J'apprends que vous êtes à Paris. Vous m'aviez promis de me mettre aux pieds de votre grand'maman et de son mari.

Je vous dis très-sincèrement que je mourrai bientôt, mais je mourrais de douleur si votre grand'maman et son très-respectable mari pouvaient soupçonner un moment que mon cœur n'est pas entièrement à eux. Je l'ai déclaré très-nettement à un homme considérable qui ne passe pas pour être de leurs amis. Je ne demande rien à personne. Je n'attends rien de personne. Je repasse dans ma mémoire toutes les bontés dont votre grand'maman et son mari m'ont comblé; j'en parle tous les jours; elles font encore la consolation de ma vie.

J'ai autant d'horreur pour l'ingratitude que pour les assassins du chevalier de la Barre, et pour les bourgeois insolents qui voulaient être nos tyrans. J'ai manifesté hautement tous les sentiments; je ne me suis démenti en rien, et je ne me démentirai certainement pas. Je n'ai d'autre prétention dans ce monde que de satisfaire mon cœur. Je suis votre plus ancien ami; vous vous êtes souvenue de moi dans ma retraite; votre commerce de lettres, la franchise de votre caractère, la beauté de votre esprit et de votre imagination m'ont enchanté. Mon amitié n'est point exigeante, mais vous lui devez quelque chose; vous lui devez de me faire connaître aux deux personnes respectables qui ne me connaissent pas. Je ne leur écris point, parce qu'on m'a dit qu'ils ne voulaient pas qu'on leur écrivît, et que d'ailleurs je ne sais comment m'y prendre; mais vous avez des moyens, et vous pouvez vous en servir pour leur faire passer le contenu de ma lettre. Je vous en conjure, madame, par tout ce qu'il y a de plus sacré dans le monde, par l'amitié; il m'est aussi impossible de les oublier que de ne pas vous aimer.

Je vous souhaite toutes les consolations qui peuvent vous rendre la vie supportable. Je voudrais être avec vous à Saint-Joseph, dans l'appartement de Formont. J'y viendrais, si je pouvais m'arracher à mes travaux de toute espèce et à une partie de ma famille, qui est avec moi. Consolez-moi d'être loin de vous, en faisant hardiment ce que je vous demande. Soyez bien persuadée, madame, que vous n'avez pas dans ce monde un homme plus attaché que moi, plus sensible à votre mérite, plus enthousiaste de vous, de votre grand'maman et de son mari.

LETTRE 416.

MADAME LA MARQUISE DU DEFFAND A M. DE VOLTAIRE.

Avril 1772.

Non, non, vous ne m'avez point vue à Chanteloup. Vous n'êtes pas ingénieux en excuses; mais si vous êtes sincère en repentir, je ferai très-volontiers la paix avec vous. J'eus la visite de M. Dupuis, il y a environ deux mois; je me laissai persuader qu'il venait de votre part. Apparemment qu'il n'en était rien, puisque vous ne répondîtes point à tout ce que je le chargeai de vous dire; et par votre lettre d'aujourd'hui, je juge que vous n'avez peut-être pas su qu'il m'eût vue. Enfin, enfin, oublions le passé et reprenons notre correspondance.

J'ai toujours rendu compte à mes amis de ce que vous me mandez pour eux; et de peur d'affaiblir vos expressions et de faire tort à votre style, je leur ai presque toujours envoyé vos lettres; je vous ai toujours dit fidèlement ce que contenaient leurs réponses : je n'ai point ajouté de réflexions ni de commentaires sur le texte. Vous avez tort de vous croire mal avec eux, puisque vous n'avez point à vous reprocher d'avoir manqué à tous les sentiments que vous leur devez. Je leur enverrai votre dernière lettre, et toutes celles où vous me parlerez d'eux; car j'espère que vous m'écrirez souvent, et que vous vous ferez un devoir de me dédommager avec usure de votre long silence. J'ai plus besoin que jamais de votre secours;

je n'ai plus de ressources contre l'ennui; j'éprouve le malheur d'une éducation négligée : l'ignorance rend la vieillesse bien plus pesante, son poids me paraît insupportable. Je ne regrette point les agréments de la jeunesse, et encore moins l'emploi que mes semblables en font et que j'en ai fait moi-même; je regarde tout cela aujourd'hui comme un temps perdu. Je voudrais avoir acquis des goûts, des connaissances, de la curiosité, en un mot quelques ressources pour m'occuper, m'intéresser ou m'amuser.

Mais, mon cher Voltaire, je ne me soucie plus de rien; il n'y a de différence d'un automate à moi que la possibilité de parler, la nécessité de manger et de dormir, qui sont pour moi la cause de mille incommodités. Je voudrais savoir pourquoi la nature n'est composée que d'êtres malheureux; car je suis persuadée qu'il n'y en a pas un seul de véritablement heureux, et j'en suis si convaincue, que je n'envie le sort ni l'état de personne, ni d'aucune espèce d'individu, quel qu'il puisse être, depuis l'huître jusqu'à l'ange. Mais bientôt nous serons l'un et l'autre... Quoi? Que serons-nous? Vous ne serez plus *vous*, vous y perdrez beaucoup; je ne serai plus *moi*, je n'y peux que gagner; mais encore une fois, que serons-nous? Si vous le savez, dites-le-moi; et si vous ne le savez pas, n'y pensons plus.

Vous aurez appris la mort de Duclos. Voilà deux places vacantes à l'Académie, et quatre mauvais discours à attendre.

Ne sachant plus que lire, je relis l'*Iliade;* ce tintamarre des dieux, des hommes, des chariots, des chevaux, m'étourdit; mais j'aime encore mieux cela que la fade et languissante éloquence, la boursouflée et emphatique métaphysique de nos sots écrivains.

Gardez-vous bien de répondre à M. Clément, vous lui feriez trop d'honneur. Cet homme n'a pas l'idée du goût; ses critiques sur vous devraient lui valoir des oreilles d'âne. Quinault est pour lui le cocher de M. de Vertamont. Eh bien, mon cher Voltaire, il y a des gens qui osent louer et admirer son livre!

Vous savez que Marmontel a la place d'historiographe, et ce n'est pas le duc de Mazarin, mari de la belle Hortense, qui a fait ce choix. Adieu [1].

---

[1] Elle veut parler ici du duc de Mazarin, qui, à ce qu'on prétend, faisait tirer ses domestiques au sort, pour savoir quelle fonction chacun remplirait chez lui la semaine suivante. (L.)

LETTRE 417.

MADAME LA MARQUISE DU DEFFAND A M. HORACE WALPOLE.
Paris, vendredi 3 avril 1772.

Milord Carlisle me fait dire qu'il partira demain; je comptais que ce ne serait que lundi, et que j'avais du temps devant moi pour vous écrire, et voilà qu'il faut que je me dépêche : c'est peut-être tant mieux pour vous. Vous ne vous souciez guère de nos nouvelles; je ne vous en sais pas mauvais gré. A peine m'intéressent-elles; mais je vous ai annoncé que je vous en apprendrais, il faut tenir sa parole.

Notre ministère est en guerre presque ouverte; le chancelier tout seul, M. d'Aiguillon à la tête des autres. Le chancelier a pour lui le clergé, c'est-à-dire le clergé dévot, l'archevêque de Paris[1], le cardinal de la Roche-Aymon, et ce qu'on regardait comme très-important, Madame Louise[2]. On commence à en avoir moins de peur, parce que le parlement vient d'enregistrer une déclaration qui restreint l'autorité du pape, malgré la volonté du chancelier. On regarde son crédit comme fort diminué, et M. d'Aiguillon, qui jusqu'à présent avait été protecteur des jésuites et des dévots, a changé de système; et c'est à ce qu'il paraît, les ambassadeurs d'Espagne et de Naples qui ont le plus contribué à ce changement. Vous ne comprendrez rien à tout ceci : je ne l'entends pas moi-même assez bien pour pouvoir vous l'expliquer. Il s'agissait de suspendre l'exécution d'un arrêt de 1762, donné à l'occasion de l'excommunication de Parme, qui ordonnait que tout ce qui viendrait de Rome serait examiné et enregistré au parlement avant d'avoir force de loi. Le chancelier avait obtenu une déclaration qui détruisait cet édit; il comptait sur la docilité de son parlement pour enregistrer cette déclaration; il a été fort surpris de ce que son parlement a fait des remontrances. Ces remontrances ont été appuyées par le d'Aiguillon, et par des représentations et sollicitations très-vives des deux ambassadeurs, comme étant contraires au pacte de famille. L'arrêt de 1762 a donc été confirmé, et tout ce qui viendra de Rome, excepté ce qu'on appelle le pénitentiel, sera enregistré au parlement, ce qui sauve la nation de la servitude de Rome, où le chancelier, pour gagner le clergé, voulait la soumettre. Tout ceci vous paraîtra un gali-

---
[1] L'abbé de Beaumont. (A. N.)
[2] La fille de Louis XV, qui s'était retirée aux Carmélites. (A. N.)

matias, mais vous pouvez en conclure que le crédit du chancelier reçoit une brèche considérable[1]. On dit qu'il est question d'une négociation pour la réconciliation des princes, et que le d'Aiguillon et les autres ministres sont à la tête, et veulent en enlever l'honneur au chancelier. Il va y avoir une assemblée extraordinaire du clergé; l'ordinaire est qu'il n'y en ait que tous les cinq ans, celle-ci sera au bout de trois ans. On demande un don gratuit de douze millions, on en accordera dix; l'usage que l'on fait de tout cet argent est incompréhensible. On me dit hier qu'il y avait toute apparence que l'on ne continuerait point à payer au trésor royal, comme on a fait depuis le commencement de l'année; enfin, tout ceci paraît si incertain, si chancelant, qu'il semble impossible que l'état présent subsiste. Si vous voulez que je vous dise ce que j'imagine qui arrivera, c'est que le chancelier sera disgracié, que l'on donnera les sceaux à M. de Boynes[2], que l'on fera quelques changements aux opérations du chancelier qui faciliteront aux princes les moyens de se désister avec honneur de leurs protestations, qu'ils retourneront à la cour, qu'ils deviendront les valets de madame du Barry, et qu'il ne restera que quelques victimes de l'héroïsme. Je vois avec regret que M. de Beauvau sera une des principales. Cependant je soupçonne qu'il a trouvé quelques ressources; mais je n'en suis pas assez sûre pour hasarder de le dire.

Vous devez sentir combien il m'est important que vous ne tardiez pas un moment à m'accuser la réception de cette lettre.

Je n'ai point absolument renoncé au projet d'aller à Chanteloup. Je ne veux point m'ôter cette ressource, en cas d'un ennui insupportable[3]; mais ce ne sera qu'à toute extrémité que

[1] Le clergé et les parlements ont toujours été jaloux les uns des autres. Le chancelier Maupeou, qui n'ignorait pas que cette jalousie subsistait entre l'Église et la robe, encourageait et appuyait les prétentions du clergé, qui voyait avec indifférence la destruction des parlements, sans songer que le pouvoir arbitraire qui anéantissait ses rivaux pourrait, dans quelque autre occasion, lui être également redoutable à lui-même. Le nouveau tribunal de Maupeou ne fut pas plutôt établi, que l'esprit de corps, un des plus puissants et des plus invariables moteurs des actions humaines, se trouva si parfaitement établi parmi ses membres, qu'ils insistèrent sur la nécessité d'enregistrer les déclarations du clergé, pour leur donner la validité d'une loi. Cependant c'était en faisant renoncer le parlement à cette prétention, que le chancelier avait obtenu l'adhésion du clergé à son nouveau système. (A. N.)

[2] Alors ministre de la marine. (A. N.)

[3] M. Walpole répondit : « Milord Carlisle me remit votre lettre hier; si vous saviez à quel point vous contez bien, vous ne feriez autre chose, et vous

je quitterai mon tonneau. Toutes les raisons pour rester chez moi sont si fortes, qu'il faudra une espèce de désespoir pour me faire partir, et alors on pourra m'appliquer le proverbe : *Fin comme Gribouille, qui se jette dans l'eau de peur de la pluie.*

LETTRE 418.

M. DE VOLTAIRE A MADAME LA MARQUISE DU DEFFAND.

A Ferney, 10 avril 1772.

Il est très-certain, madame, ou que vous m'avez trompé, ou que vous vous êtes trompée. On dit que les dames y sont sujettes, et nous aussi; mais le fait est que vous m'écrivîtes que vous alliez à la campagne, et que j'ignore encore si vous y avez été ou non. M. Dupuis prétend que vous n'avez jamais fait ce voyage. Si vous ne l'avez pas fait, vous deviez donc avoir la bonté de m'en instruire. Vous me dites : Je pars, et vous restez un an sans m'écrire. Qui, de vous ou de moi, a tort en amitié? Tout ce que je puis vous dire, c'est que je n'ai pas changé un seul de mes sentiments.

Je vous répète que j'ai détesté et que je détesterai toujours les assassins en robe et les pédants insolents.

Je n'ai rien su de ce qui se passe depuis un an dans aucun des tripots de Paris; j'ai conservé, j'ai affiché hautement la reconnaissance que je dois à vos amis, et je l'ai surtout signifiée à M. le maréchal de Richelieu, que vous voyez peut-être quelquefois.

Du reste, je sais beaucoup plus de nouvelles du Nord que de Paris.

vous ennuieriez bien moins. Quelle folie que de vouloir aller à Chanteloup pour vous désennuyer! C'est absolument une manie que la manière dont vous parlez de l'ennui; on dirait que vous êtes une fille de seize ans qui est au désespoir qu'on ne lui permette pas de se divertir tant qu'elle veut. Qu'est-ce donc que vous cherchez? Vous voyez beaucoup de monde, et ne savez-vous pas encore que tout le monde n'est pas parfait? qu'il y a des sots, des ennuyeux, des traîtres? Vous vous lamentez tout comme si vous étiez à votre première découverte de la fausseté ou de la frivolité. Je vous parle actuellement sans humeur; je vous prie et vous conseille de quitter cette folie. Rendez-vous à la raison, prenez le monde comme il est; n'attendez pas à le refaire à votre gré, et ne ressemblez pas à ce prince dans les contes persans, qui courait le monde pour trouver une princesse qui ressemblât à certain portrait qu'il avait vu au trésor de son père, et qui se trouva avoir été la maîtresse de Salomon. Vous ne découvrirez pas la maîtresse de Salomon à Chanteloup. (A. N.)

Je suis fort aise que vous vous soyez remise à lire Homère; vous y trouverez du moins un monde entièrement différent du nôtre. C'est un plaisir de voir que nos guerres sur le Rhin et sur le Danube, notre religion, notre galanterie, nos usages, nos préjugés, n'ont rien de ces temps qu'on appelle héroïques. Vous verrez que l'immortalité de l'âme, ou du moins d'une petite figure aérienne qu'on appelait âme, était reçue dans ce temps-là chez toutes les grandes nations. Cette opinion était ignorée des Juifs et n'y a été en vogue que très-tard, du temps d'Hérode.

Vous êtes bien persuadée que ni les Pharisiens ni Homère ne nous apprendront ce que nous devons être un jour. J'ai connu un homme qui était très-fermement persuadé qu'après la mort d'une abeille, son bourdonnement ne subsistait plus. Il croyait, avec Épicure et Lucrèce, que rien n'était plus ridicule que de supposer un être inétendu gouvernant un être étendu et le gouvernant très-mal. Il ajoutait qu'il était très-impertinent de joindre le mortel à l'immortel. Il disait que nos sensations sont aussi difficiles à concevoir que nos pensées, qu'il n'est pas plus difficile à la nature, ou à l'Auteur de la nature, de donner des idées à un animal à deux pieds appelé homme, que du sentiment à un ver de terre. Il disait que la nature a tellement arrangé les choses, que nous pensons par la tête comme nous marchons par les pieds. Il nous comparait à un instrument de musique, qui ne rend plus de sons quand il est brisé. Il prétendait qu'il est de la dernière évidence que l'homme est comme tous les autres animaux, et tous les végétaux, et peut-être comme toutes les autres choses de l'univers, fait pour être et pour n'être plus.

Son opinion était que cette idée console de tous les chagrins de la vie, parce que tous ces prétendus chagrins ont été inévitables; aussi cet homme, parvenu à l'âge de Démocrite, riait tout comme lui. Voyez, madame, si vous êtes pour Démocrite ou pour Héraclite.

Si vous aviez voulu vous faire lire les *Questions sur l'Encyclopédie*, vous y auriez pu voir quelque chose de cette philosophie, quoique un peu enveloppé. Vous auriez passé les articles qui ne vous auraient pas plu, et vous en auriez peut-être trouvé quelques-uns qui vous auraient amusée. A peine cet ouvrage a-t-il été imprimé, qu'il s'en est fait quatre éditions, quoiqu'il soit peu connu en France. Vous y trouveriez aisément sous la main toutes les choses dont vous regrettez quelquefois de n'avoir pas eu connaissance. Vous passeriez sans peine et sans regret le peu d'articles qui ont exigé des figures de géométrie. Vous y trouveriez un *Précis de la philosophie de Descartes* et du Poëme de l'Aristote. Vous y verriez quelques morceaux d'Homère et de Virgile traduits en vers français. Tout cela est par ordre alphabétique. Cette lecture pourrait vous amuser autant que celle des feuilles de Fréron.

Il y a une dame avec qui vous soupez, ce me semble, quelquefois, et qui est la mère d'un contre-seing. Mais je ne sais plus ni ce que vous faites, ni ce que vous pensez. Pour moi, je pense à vous, madame, plus que vous ne croyez, et je vous aime sans doute plus que vous ne m'aimez.

LETTRE 419.

MADAME LA MARQUISE DU DEFFAND A M. HORACE WALPOLE.

Mardi 14 avril 1772.

Vous êtes obéi. On a corrigé les fautes d'orthographe, et fait quelques petits changements qui me donnent du scrupule; nous avons affaibli votre style : le vôtre a une certaine vivacité qui vous est unique, et qui vaut mille fois mieux que la lenteur et la froideur du correct [1]. J'ai mis *difficultés* à la place de la *dépense;* j'ai peut-être tort. Venons à l'honneur que vous voulez me faire : il n'est pas douteux que je n'y sois bien sensible; mais mon amour-propre ne m'aveugle pas au point de consentir que vous me nommiez, il suffit qu'on me devine, en voilà assez pour ma gloire; je ne veux point nuire à la vôtre; vous vous exposeriez à un ridicule, et vous augmenteriez beaucoup la jalousie et la haine que tous les sots petits beaux esprits ont pour moi. Je ne m'oppose point aux éloges que vous voulez bien me donner; j'y vois votre amitié, si je n'y trouve pas la vérité. La tournure que vous aviez prise est, dit Pont-de-Veyle, du style lapidaire; il aime mieux l'autre forme, c'est celle qu'il a prise dans la dédicace du *Siége de Calais* et des *Malheurs de l'Amour.* Ce bon ami Pont-de-Veyle vous aime infiniment. Je l'ai détourné de vous le dire lui-même; j'ai cru

---

[1] Ceci a rapport à la dédicace et à la préface de l'édition des *Mémoires du comte de Gramont,* par M. Walpole. (A. N.)

bien faire de vous épargner à l'un et à l'autre le petit embarras d'une lettre.

Il est très-vrai que le Prétendant a épousé cette princesse [1], qui est la sœur aînée de madame de la Jamaïque; sa mère et elle sont venues à Paris, je ne sais pourquoi; le prince n'y était point, elles l'ont été trouver; j'ignore le lieu où il était, et celui qu'ils prétendent habiter à l'avenir. On dit que le prince a six cent mille livres de rente; pour elle, elle n'a rien. Sa fortune me paraît bien peu digne d'envie; n'est-ce pas un des plus grands malheurs que d'avoir des prétentions sans espérances? elles ne causeront, je crois, à votre nation, aucune inquiétude.

Vous aurez malgré moi *l'Histoire de Bordeaux*; j'ai fait encore hier au soir de vains efforts pour détourner la grosse duchesse de vous l'envoyer; mais elle est sûre qu'elle vous fera un plaisir infini. Il y est fort question du prince Noir, et ce sera pour vous une grande satisfaction; je ne saurais me persuader que cela soit, ni que vous en ayez beaucoup à apprendre de nos nouvelles. Cependant je vais faire comme la grosse duchesse, et vous dire, non ce qui est arrivé, mais ce qu'on dit qui arrivera avant que vous ayez reçu cette lettre.

Le vicomte du Barry [2] aura la place de premier écuyer du roi; il en a, dit-on, le brevet depuis quinze jours. MM. de Coigny et de Polignac, qui espéraient l'avoir, en seront dédommagés, le premier par la charge de premier gentilhomme de la chambre de M. le comte d'Artois, et le second, par celle de son premier écuyer. M. de Beauvau obtiendra aussi quelque dédommagement.

La vente des tableaux de M. de Choiseul a été portée à un prix inouï; elle monte à quatre cent cinquante mille livres. Je n'irai point à Chanteloup, ma santé ne me le permet pas. Je ne vous parlerai plus de mes ennuis, vous démentez trop bien ce vers de Corneille ou de Racine :

A raconter ses maux souvent on les soulage.

Ah! bon Dieu! c'est tout le contraire.

Croyez que je vois bien tout ce que vous pensez, et ce que

---

[1] Une princesse de Stolberg. Sa sœur cadette avait épousé le comte de la Jamaïque, fils cadet du duc de Berwick. Sur l'épouse du Prétendant, connue depuis sous le nom de comtesse d'Albany, voir le livre que lui a consacré M. Saint-René Taillandier. Michel Lévy, 1862. (L.)

[2] Neveu du mari de la comtesse du Barri. Il avait épousé mademoiselle de Tournon. (A. N.)

vous supposez que je pense; vous vous trompez, je n'attends rien, je n'espère rien; je vous surprendrais et vous ne me croiriez pas si j'ajoutais : Je ne désire rien. Cependant je me trompe fort moi-même, si cela n'est pas vrai.

Pour ne pas grossir mon paquet, je vais copier tout de suite les corrections de l'orthographe, et ce que nous avons changé dans le style, que je crois que nous avons gâté. — (Il n'y a rien à changer au titre) [1].

Avis de l'éditeur sur cette nouvelle édition.

« On ne prétend donner qu'une édition des *Mémoires du
» comte de Gramont* plus correcte que les précédentes. Ce
» livre unique n'a pas besoin d'éloge. Il est pour ainsi dire
» devenu classique dans tous les pays de l'Europe. Le fond de
» l'histoire est véritable, l'agrément du style l'a fort embelli.
» Les premiers éditeurs avaient estropié plusieurs noms pro-
» pres, on les a corrigés dans cette édition. On a encore rec-
» tifié la confusion qui s'était introduite dans l'histoire des
» deux Hamilton, l'auteur et son frère; on n'a pas touché au
» texte.

» L'éditeur aurait voulu ajouter les portraits des principaux
» personnages; mais il a trouvé trop de difficultés. Il s'est
» borné à ne donner que ceux de mademoiselle d'Hamilton,
» de l'auteur le comte Antoine d'Hamilton, et de son héros le
» comte de Gramont. Malheureusement il n'a pu donner les
» deux derniers que d'après des tableaux faits dans leur vieillesse;
» il n'existe de portrait du comte de Gramont que dans la
» salle des chevaliers du Saint-Esprit, aux Grands-Augustins, à
» Paris. L'éditeur a eu la permission de M. le marquis de
» Marigny d'en faire tirer une copie.

» Celui d'Hamilton est d'après son estampe, faite aussi dans
» ses dernières années. On a refusé à l'éditeur de faire tirer des
» copies des portraits des deux frères Antoine et George, et de
» la belle Jennings, qui se conservent dans une branche de la
» famille de cette dernière. »

A Madame ***.

» L'éditeur vous consacre cette édition, comme un monu-
» ment de son amitié, de son admiration et de son respect, à

---

[1] Le titre de son édition des *Mémoires du comte de Gramont*. (A. N.)

» vous dont les grâces, l'esprit et le goût retracent au siècle
» présent le siècle de Louis XIV et les agréments de l'auteur
» de ces *Mémoires*. »

Je suis honteuse en faisant copier ceci; je sens combien peu je mérite de tels éloges, et je ne comprends pas comment ils peuvent sortir de votre plume.

D'Alembert fut élu jeudi dernier secrétaire de l'Académie française, place vacante par la mort de Duclos[1]; de vingt-sept qu'ils étaient à l'Académie, il eut dix-sept voix pour lui, et l'abbé le Batteux en eut dix. Il y a un logement au Louvre attaché à cette place. Sans doute il ne l'occupera pas; il y a aussi douze cents francs d'appointements, sur lesquels il doit entretenir le feu de l'Académie; je ménagerais le bois en y jetant tous leurs beaux ouvrages.

LETTRE 420.
LA MÊME AU MÊME.

Paris, mercredi 22 avril 1772.

Je suis un monstre, une folle, une insensée; si vous m'envoyez promener, si vous ne voulez pas entendre parler de moi, vous aurez raison, je ne serai point en droit de m'en plaindre, mais je serai dans le dernier désespoir. Oui, j'en conviens, ma lettre du mercredi 15[2] est le comble de la folie et de l'impertinence; je ne prétends point l'excuser. Cependant, si quelque chose pouvait le faire, c'est que je ne me portais point bien. J'étais pleine de vapeurs, et votre lettre du 10, que je reçus ce jour-là, me parut dure, et d'une grande sévérité. Vous attribuiez mes ennuis à mon caractère, vous étiez fatigué de mes plaintes, vous trembliez en recevant mes lettres, enfin je n'y crus voir que sécheresse et dégoût : l'humeur me prit, et je vous écrivis des impertinences. A tout péché miséricorde, par-

---

[1] Duclos avait succédé à Voltaire comme historiographe de France, lorsque ce dernier s'expatria, et renonça au titre et aux honneurs de sa place, dont il chercha néanmoins, à ce qu'on dit, à conserver la pension. A la mort de Duclos, elle fut donnée à Marmontel.

Duclos ne voulut jamais rien publier pendant sa vie en sa qualité d'historiographe; mais il laissa à sa mort trois volumes curieux et authentiques de mémoires sur la régence et sur les premières années du règne de Louis XV, écrits avec une franchise qui n'a permis de les publier que quelque temps après le commencement de la Révolution. (A. N.)

[2] Cette lettre n'a pas été publiée. (L.)

donnez-moi, mon ami, suivez l'exemple du Seigneur avec la Madeleine; dites comme lui : *Beaucoup de péchés lui sont remis, parce qu'elle a...* Ah! je n'achève pas, je gâterais mes affaires, au lieu de les raccommoder. Au nom de Dieu, ne me grondez pas, ou, ce qui serait bien pis, ne me boudez pas; nous étions si bien ensemble! J'ai fait une grande faute, je l'avoue. Il faut me la pardonner; vous devez voir que je ne suis pas incorrigible. Je vais faire comme si j'avais obtenu mon pardon, et causer avec vous en toute liberté.

Le lendemain de cette lettre, jour du jeudi saint, je reçus vos deux petites caisses. Je les ouvris avec grand empressement; la bouilloire fut trouvée charmante. Sur-le-champ je la plaçai au milieu de ma table, les porcelaines furent rangées autour; il manquait une jatte pour le parfait assortiment, et vite, vite, j'en envoyai chercher chez madame Poirier. Madame de Mirepoix, qui était prévenue de l'arrivée de la bouilloire, arriva sur les six heures pour me demander du thé; depuis ce jour-là je tiens thé ouvert, et tout le monde admire la bouilloire. Oh! si vous la voyiez en place, je n'aurais rien à désirer. Ma joie cependant était troublée par mes remords; pour me soulager, je vous écrivis une longue lettre pleine de repentir, pleine de reconnaissance; je me satisfis en l'écrivant. Mais comme elle ne devait partir que le lundi, j'eus tout le temps de la réflexion. Je crus que cette lettre pourrait vous déplaire plus que celle qui causait mes remords. Je la jetai au feu, et je résolus d'attendre à aujourd'hui. Celle que je reçois me plaît infiniment. Vous voilà occupé dans votre petit château. Comment pourrez-vous raccommoder vos apôtres, et comment pourront-ils redevenir entiers de fracassés qu'ils ont été [1]? Ce ne sera pas le moindre de leurs miracles.

Voilà donc ces oiseaux [2] en chemin; j'en suis désolée, ils n'arriveront pas en vie. Nous venons d'avoir trois jours de froid qui les auront tués. Au nom de Dieu, ne suivez jamais mes conseils; je suis bien résolue de ne plus vous en donner; mais que sait-on! J'ai des premiers mouvements dont je ne suis jamais maîtresse. Ah! mon Dieu, j'ai bien des défauts; il est bien tard pour se corriger.

---

[1] Les vitrages peints de M. Walpole à Strawberry-Hill. Ils avaient été cassés par l'explosion des magasins à poudre de la bruyère de Hounslaw. (A. N.)

[2] Les oiseaux étrangers que M. Walpole envoyait à la duchesse de la Vallière. (A. N.)

Je prévois beaucoup d'ennuis. La demoiselle Saint-Chrysostome n'a pas le talent de les écarter. M. le prince de Conti m'enlèvera Pont-de-Veyle, pendant un mois qu'il passera à Pougues. La grosse duchesse sera à Ruel, les Caraman à Roissy, madame de Jonsac à Jonsac, les Broglie à Ruffec; il ne me restera que la mère Oiseau; encore ira-t-elle peut-être en Lorraine, et son prince avec elle, ou en Franche-Comté; j'aurai donc pour toute ressource le Caraccioli, le Creutz et quelque virevousse de madame de Mirepoix, mais rien que jusqu'à Compiègne. Alors je n'aurai plus personne. Les Beauvau font leur quartier, qui ne finira qu'au 1er juillet, et tout de suite ils iront à Chanteloup. A propos d'eux, le prince vient d'obtenir une gratification annuelle de vingt-cinq mille francs, en attendant le premier gouvernement qu'on lui promet. De toutes les nouvelles que je vous annonçais, c'est la seule qui se soit encore réalisée. Il y aura une infinité de mariages la semaine prochaine : M. de Canillac avec mademoiselle de Roncherolle; M. de Matignon, fils de madame de la Vaupallière, avec la fille du baron de Breteuil; M. d'Albon, neveu de ma belle-sœur [1], avec mademoiselle de Castellane. Ce dernier m'intéresse un peu, mais fort peu.

Vous savez que je destine le très-bel éventail que vous m'avez envoyé, pour la fête de madame de Luxembourg qui est le 22 juillet; dans mes insomnies, j'ai imaginé d'y joindre un bouquet de marjolaine et de muguet, et sa mauvaise humeur qui était assez grande ces jours passés m'a inspiré le couplet que je vais vous dire, et qui ne sera point envoyé.

*Sur l'*AIR *: Vive le vin, vive l'amour.*

C'est le même air où j'en ai fait un que vous connaissez, qui commence : *Malgré la fuite des amours.*

> J'ai préféré dans ce bouquet,
> La marjolaine et le muguet,
> A la fleur dont on craint l'épine :
> L'emblème aisément se devine :
> On ne veut point craindre en aimant;
> On veut qu'Amour devienne un bon enfant,
> Qui, sans blesser, toujours badine.

Voici un autre couplet de madame de Boufflers sur un autre air du *Déserteur :*

---

[1] La marquise de Vichy. (A. N.)

Air : *Tous les hommes sont bons.*

> J'ai trouvé le moyen,
> En ne dépensant rien,
> De manger tout mon bien.
> J'ai joué,
> J'ai perdu;
> Pour payer,
> J'ai vendu
> Ma chemise,
> Et chez moi l'on ne voit pas,
> Même aux heures des repas,
> Nappe mise.

Ne trouvez-vous pas ce couplet plaisant?

Madame de Cambis est favorissime de madame de Luxembourg et de l'Idole; elle revient aujourd'hui avec tout le paganisme de l'Isle-Adam [1], où ils étaient depuis le mercredi saint.

Voilà bien des riens que je vous conte. Vous serez bientôt las de tels récits, vous pourrez me l'avouer sans me fâcher; j'en fais serment, jamais, non, jamais je ne me fâcherai plus contre vous.

Et le pauvre Selwyn! je suis bien fâchée de son état, ce serait une perte pour vous; malgré le respect que j'ai pour votre philosophie, je vous crois très-sensible à la perte de vos amis; vous avez beau dire, la société est nécessaire, on ne peut pas toujours vivre sur son propre fonds, et les dissipations qu'on a par les choses inanimées ne suffisent pas.

LETTRE 421.

MADAME LA MARQUISE DU DEFFAND A M. DE VOLTAIRE.

Paris, 26 avril 1772.

Pouvez-vous croire que je ne lise point votre *Encyclopédie?* J'ai été toute des premières à l'avoir. Rien de ce que vous donnez au public ne me manque; il n'y a que ce que vous confiez à vos plus confidents et plus intimes amis, dont il faut bien que je me passe, soit dit en passant, mon cher Voltaire.

Il y a longtemps que nous avons parlé dans nos lettres du sujet que vous traitez dans votre dernière; mon instinct m'a toujours menée à penser tout ce que vous dites; si nous nous

---

[1] La société du prince de Conti. L'Isle-Adam était sa maison de plaisance. (A. N.)

trompons, ce n'est pas notre faute : nous n'avons pour guide que nos sens; s'ils nous égarent, je n'y vois point de remède.

Vraiment, mon cher Voltaire, mon petit logement est bien à votre service; prenez-moi au mot, hâtez-vous de le venir occuper; mais bon! si vous veniez ici, vous me dédaigneriez bientôt; vous vous enivreriez du faste de votre nombreuse livrée, et vous savez qu'elle ne m'aime pas.

J'ai envoyé votre première lettre à la grand'maman; je vais vous copier, mot pour mot, ce qu'elle m'a écrit.

« Dites à M. de Voltaire, ma chère petite-fille, que comme
» la disgrâce n'ôte pas le goût, nous avons conservé la même
» admiration pour lui; mais que la circonspection que notre
» position exige ne nous permet pas d'être en commerce avec
» un homme aussi célèbre, et qu'elle nous fait désirer qu'il ne
» parle de nous ni en bien ni en mal, dans aucun de ses écrits
» publics ou qui peuvent le devenir; que son silence est le plus
» grand égard qu'il puisse marquer à notre situation, et la marque
» d'amitié qu'il puisse nous donner à laquelle nous serons le
» plus sensibles. »

Adieu, mon cher Voltaire, il y a plus de cinquante ans que je vous aime; j'en ai peut-être encore quatre ou cinq à vous aimer. C'est ma sentence que je prononce, et non pas la vôtre.

LETTRE 422.

MADAME LA MARQUISE DU DEFFAND A M. HORACE WALPOLE.

Paris, mercredi 29 avril 1772.

Ah! je n'y comprends rien. Je m'attendais à une lettre terrible, et jamais je n'en ai reçu de plus douce; mais comme je vous sais incapable de feindre, je crois que vous n'avez point été choqué de ma mauvaise humeur, que vous avez jugé que j'étais plus digne de pitié que de colère, et que vous avez cru qu'il y aurait de l'inhumanité à augmenter mes peines. Tout ce qui me déplaît un peu de votre lettre, c'est qu'elle a eu *de l'intention;* mais ne dois-je pas vous en avoir de l'obligation? Et ne serait-ce pas d'un esprit bien de travers d'y trouver quelque chose à redire? Ce serait faire du poison de tout. On se plaint pour être plaint, et quand on s'aperçoit qu'on inspire de la compassion, on en est fâché; l'amour-propre n'a pas le sens commun.

D'où vient, mon ami, me prodiguez-vous tant de louanges? est-ce cela que je désire de vous? Vos blâmes, vos critiques, vos réprimandes me flattent bien davantage; je trouve qu'elles prouvent plus votre amitié. Enfin, je ne veux point vous communiquer toutes mes pensées, vous êtes trop pénétrant pour ne les pas deviner.

Vous serez bien étonné de la lettre qui a précédé celle-ci; elle est l'amende honorable de celle dont vous paraissez content, et qui effectivement ne devait pas vous irriter, en démêlant mon état et mon intention; mais ce que j'espère, c'est que cette lettre, qui est du 22, doit vous prouver combien je crains d'être mal avec vous, que je regarde votre amitié comme le plus grand bonheur de ma vie, et que je sacrifierais toutes choses au monde pour la conserver.

Sans être plus modeste qu'un autre, je ne pourrais pas souffrir que mon nom fût à la tête d'un de vos ouvrages; il suffirait auprès de bien des gens pour vous attirer leur critique; mais je vous sais un gré infini de votre intention, parce que je suppose qu'elle a été en vous un premier mouvement, et non pas une marque de reconnaissance réfléchie, et que vous me connaissez assez pour savoir que ce ne sont pas des éloges que je désire et que j'attends de mes amis; c'est, pour l'ordinaire, de la fausse monnaie, et comme ce n'est pas celle que je distribue, je désire de n'en point recevoir.

Je m'attendais à quelque nouvelle plus particulière de votre flotte; tous ces jours passés on disait qu'elle était partie, et qu'elle allait à Copenhague; mais hier on changea de langage, et l'on dit qu'elle ne partirait pas. Mais ce qui est de certain, c'est que madame la maréchale de Luxembourg partit hier pour Chanteloup; rien n'est plus étonnant, mais rien ne doit étonner d'elle.

Adieu, mon ami, je suis contente, je craignais d'être mal avec vous; heureusement cela n'est pas, voilà tout ce qu'il me faut.

LETTRE 423.

M. DE VOLTAIRE A MADAME LA MARQUISE DU DEFFAND.
4 mai 1772.

Les quatre ou cinq ans dont vous me parlez, madame, supposeraient pour mon compte quatre-vingt-deux ou quatre-vingt-trois ans, ce qui n'est pas dans l'ordre des probabilités. Il est certain qu'en général votre espèce féminine va plus loin que la nôtre; mais la différence en est si médiocre que cela ne vaut pas la peine d'en parler. Un philosophe, nommé Timée, a dit, il y a plus de deux mille cinq cents ans, que notre existence est un moment entre deux éternités; et les jansénistes ayant trouvé ce mot dans les paperasses de Pascal, ont cru qu'il était de lui. Les individus ne sont rien, et les espèces sont éternelles.

Je ne crois pas que vous ayez lu les *Lettres de Memmius à Cicéron*, dont la traduction se trouve à la fin du neuvième tome des *Questions*, que je ne vous ai pas envoyé. Non-seulement je n'envoie le livre à personne et je n'écris presque à personne, mais je pense que la moitié de ces *Questions* au moins n'est faite que pour les gens du métier, et doit furieusement ennuyer quiconque ne veut que s'amuser. J'ignore si vous avez le temps et la volonté de vous faire lire bien posément ces *Lettres de Memmius;* les idées m'en paraissent très-plausibles, et c'est à quoi je me tiens.

Le petit conte de *la Bégueule* est d'un genre tout différent : c'est la farce après la tragédie. J'avoue que je n'ai pas osé vous l'envoyer, parce que j'ai supposé que vous n'aviez nulle envie de rire. Le voilà pourtant; vous pouvez le jeter dans le feu, si bon vous semble.

Quand je vous dis, madame, que je voudrais habiter la chambre de Formont, je ne vous dis que la vérité; mais l'état de ma santé ne me permettrait pas même de vous voir ce qu'on appelle en visite. La vie de Paris serait non-seulement affreuse, mais impossible à soutenir pour moi. Je ne sais plus ce que c'est que de mettre un habit, et lorsque le printemps et l'été me délivrent de mes fluxions sur les yeux, mes journées entières sont consacrées à lire. Si je vois quelques étrangers, ce n'est que pour un moment.

Voyez si cette vie est compatible avec le séjour d'une ville où il faut promener la moitié du temps son corps dans une voiture, et où l'âme est toujours hors de chez elle. Les conversations générales ne sont qu'une perte irréparable de temps.

Vous êtes dans une situation bien différente. Il vous faut de la dissipation : elle vous est aussi nécessaire que le manger et le dormir. Votre triste état vous met dans la nécessité d'être consolée par la société; et cette société, qu'il me faudrait chercher d'un bout de la ville à l'autre, me serait insupportable. Elle est surtout empoisonnée par l'esprit de parti, de cabale, d'aigreur, de haine, qui tourmente tous vos pauvres Parisiens, et le tout en pure perte. J'aimerais autant vivre parmi des guêpes, que d'aller à Paris par le temps qui court.

Tout ce que je puis faire pour le présent, c'est de vous aimer de tout mon cœur, comme j'ai fait pendant environ cinquante années. Comment ne vous aimerais-je pas? Votre âme cherche toujours le vrai; c'est une qualité aussi rare que le vrai même. J'ose dire qu'en cela je vous ressemble : mon cœur et mon esprit ont toujours tout sacrifié à ce que j'ai cru la vérité.

C'est en conséquence de mes principes, que je vous prie très-instamment de faire passer à votre grand'maman ce petit billet de ma main, que je joins à ma lettre.

Vous m'avez boudé pendant près d'un an, vous avez eu très-grand tort, assurément. Vous m'avez fait une véritable peine, mais mon cœur n'en est pas moins à vous. Il faut que vous le soulagiez du fardeau qui l'accable. J'ai été désolé de l'idée qu'on a eue que j'ai pu changer de sentiments. Vous me devez justice auprès de votre grand'maman. Puisque vous m'envoyez ce qu'elle vous écrit pour moi, envoyez-lui donc ce que je lui écris pour elle; et songez que, vous et votre grand'maman, vous êtes mes deux passions, si vous n'êtes pas mes deux jouissances.

LETTRE 424.

MADAME LA MARQUISE DU DEFFAND A M. HORACE WALPOLE.

Paris, lundi 11 mai 1772.

Je commence aujourd'hui ma lettre, parce que j'ai plusieurs bagatelles à vous dire, et que peut-être mercredi je ne trouverai pas de moments favorables pour écrire; je donnerai ce jour-là le thé à mesdames de Caraman et de Cambis. La première part jeudi pour Roissy. Cela me fâche un peu; je ne la vois pas bien souvent, mais c'est une des maisons où je me plais le plus. Je soupai hier au Carrousel, avec madame de Senneterre[1], le maréchal d'Armentières, sa femme et le petit Senneterre, l'ambassadeur de Sardaigne, le Craufurd, l'abbé Pernetty[2] (qui est

---

[1] La marquise de Senneterre, née Crussol de Saint-Sulpice, et mère de la maréchale d'Armentières. (A. N.)

[2] L'abbé Pernetty était un vieil ecclésiastique qui avait été longtemps

une nouvelle connaissance que j'ai faite), et puis la jeune duchesse (*de Châtillon*) et madame Berthelot. Vos oiseaux furent admirés, la duchesse but à votre santé; vous êtes dans cette cour-là tout au mieux, et par bricole j'y suis fort bien aussi; peut-être y irai-je encore demain, parce qu'après cela je pourrai être quelque temps sans y retourner. L'abbé Barthélemy est parti ce matin, où il partira demain; il ne reviendra pas sitôt; madame de Gramont partira jeudi, pour rendre visite à l'évêque d'Orléans, et ensuite à M. de la Borde; elle sera de retour le 28. Madame de Luxembourg, sans doute, reviendra bientôt. Madame de Brionne part aujourd'hui; l'évêque d'Arras partira jeudi avec une dame de ses amies. Il n'y sera que quinze jours au plus.

Il s'est passé de grands événements à l'Académie; on fit jeudi les deux élections aux places vacantes; l'abbé de Lille à celle de M. Bignon[1] et Suard à celle de Duclos. La règle est d'envoyer au roi l'élection pour qu'il l'approuve, et il a fait le contraire. M. de Beauvau, protecteur de Suard, prit la liberté de lui faire des représentations sur ce qu'il flétrissait deux honnêtes gens qui étaient irréprochables par leurs mœurs, et qui n'avaient jamais écrit contre la religion. La réponse fut que le premier était trop jeune, qu'il pourrait se présenter dans quelques années, et que pour l'autre, il n'en voulait point; et comme le prince insista, il dit qu'ayant écrit, il ne pouvait pas se dédire. Le prince dit que cela n'était pas impossible et sans exemple, que Louis XIV avait une fois exclu la Fontaine, et puis qu'il l'avait admis. Le roi dit que cela était fait, et qu'il ne le changerait pas. Et sur Suard, il a dit que ses liaisons lui déplaisaient. Le prince de Beauvau est porté jusqu'aux nues pour le courage avec lequel il a soutenu les opprimés; sa vérité, sa justice, sont exaltées. Pour moi, je voudrais qu'il les eût réservées pour quelques sujets plus importants. C'est un mince honneur que de se faire protecteur de pédants ou de polissons; mais je me tais, parce que tout cela ne me fait rien[2].

---

jésuite. C'était un grand admirateur et amateur de curiosités. Il avait, entre autres, une dent de la célèbre Héloïse, montée en or, et pendue à sa montre. Il disait l'avoir prise lui-même dans son tombeau au Paraclet, lorsqu'on l'ouvrit vers le milieu du dernier siècle. (A. N.)

[1] Bibliothécaire du roi. (A. N.)

[2] Cette phrase malencontreuse, échappée à la mauvaise humeur d'une femme ennuyée, est celle devant laquelle ont le plus reculé les scrupules de l'éditeur français de **1811**. (L.)

Voltaire m'écrit continuellement. J'en ai reçu deux lettres à la fois ces jours-ci, dont l'une était pour que je l'envoyasse à Chanteloup. Il m'a envoyé aussi son conte de *la Bégueule*. Il a l'air de n'en pas faire grand cas; si c'est de bonne foi, il a bien raison.

LETTRE 425.

M. DE VOLTAIRE A MADAME LA MARQUISE DU DEFFAND.

Ferney, 18 mai 1772.

Vraiment, madame, je me suis souvenu que je connaissais votre Danois. Je l'avais vu, il y a longtemps, chez madame de Bareuth; mais ce n'était qu'en passant. Je ne savais pas combien il était aimable. Il m'a semblé que M. de Bernstorff, qui se connaissait en hommes, l'avait placé à Paris, et que ce pauvre Struensée, qui ne se connaissait qu'en reines, l'avait placé à Naples. Je ne crois pas qu'il ait beaucoup à attendre actuellement du Danemark ni du reste du monde. Sa santé est dans un état déplorable. Il voyage avec deux malades qu'il a trouvés en chemin. Je me suis mis en quatrième, et leur ai fait servir un plat de pilules à souper; après quoi je les ai envoyés chez Tissot, qui n'a jamais guéri personne, et qui est plus malade qu'eux tous, en faisant de petits livres de médecine.

Ce monde-ci est plein, comme vous le savez, de charlatans en médecine, en morale, en théologie, en politique, en philosophie. Ce que j'ai toujours aimé en vous, madame, parmi plusieurs autres genres de mérite, c'est que vous n'êtes point charlatane. Vous avez de la bonne foi dans vos goûts et dans vos dégoûts, dans vos opinions et dans vos doutes. Vous aimez la vérité, mais l'attrape qui peut. Je l'ai cherchée toute ma vie sans pouvoir la rencontrer. Je n'ai aperçu que quelques lueurs qu'on prenait pour elle; c'est ce qui fait que j'ai toujours donné la préférence au sentiment sur la raison.

A propos de sentiment, je ne cesserai jamais de vous répéter ma profession de foi pour votre grand'maman. Je vous dirai toujours qu'indépendamment de ma reconnaissance, qui ne finira qu'avec moi, elle et son mari sont entièrement selon mon cœur.

N'avez-vous jamais vu la carte du *Tendre* dans *Clélie?* Je suis pour eux à *Tendre-sur-Enthousiasme*. J'y resterai. Vous savez aussi, madame, que je suis pour vous, depuis vingt ans, à *Tendre-sur-Regrets*. Vous savez quelle serait ma passion : de causer avec vous; mais j'ai mis ma gloire à ne pas bouger; et voilà ce que vous devriez dire à votre grand'maman.

Adieu, madame; mes misères saluent les vôtres avec tout l'attachement et toute l'amitié imaginables.

LETTRE 426.

MADAME LA MARQUISE DU DEFFAND A M. HORACE WALPOLE.

Mercredi 20 mai 1772.

Je n'ai reçu qu'hier 19 votre lettre du 7; le courrier ne l'a apportée que le 17. Je vous dirai pourquoi je l'ai reçue deux jours après son arrivée, quand j'aurai satisfait ma colère.

Il est indigne à vous de me quereller sans cesse, de répéter des menaces; il faut que quelques magiciens vous fascinent les yeux en vous faisant trouver dans mes lettres ce qui est bien éloigné d'y être, et qui, je vous jure, n'y sera jamais; non, vous n'y trouverez plus de sentiments d'aucune espèce, si ce n'est ceux d'estime, que vos accès d'humeur pourraient peut-être diminuer.

Je vais actuellement vous dire des choses qui vous surprendront. Devinez d'où je vous écris; d'un lieu où vous ne m'avez jamais vue, où je n'avais jamais été, où je ne devais jamais aller, où l'on ne m'attendait point, où je me trouve fort bien, où j'ai été admirablement, singulièrement reçue; devinez-vous? Ah! oui; cela est bien difficile. C'est de Chanteloup. Eh bien, oui, cela est vrai. Vous aimez les détails, je ne vous en épargnerai aucun.

Depuis trois semaines, je me portais beaucoup mieux; mais je n'avais point le dessein de faire une telle entreprise. J'avais écrit à la grand'maman, ainsi qu'à vous, que j'étais trop vieille, que je ne pourrais pas soutenir la fatigue d'un voyage, que je ne pourrais causer que de l'embarras, que tout le monde se moquerait de moi, que chacun dirait : Peut-on se flatter à son âge d'être désirée? Ne devrait-elle pas voir qu'elle ne doit l'empressement qu'on lui marque qu'à la politesse et à une sorte de reconnaissance qu'on lui doit? Ne se trouvera-t-elle pas déplacée au milieu de gens qu'elle ne connaît pas, et dont les attentions qu'ils auront pour elle, par égard pour les maîtres de la maison, leur seront à charge? Et ils s'en dédommageront en lui cherchant des ridicules qu'ils n'auront pas de peine à trouver. Voilà ce que je pensais, ce que je me disais, et ce qui m'a fait vous écrire plusieurs fois que je ne sortirais pas de chez moi. Voici ce qui a produit le changement.

Dimanche, 10 de ce mois, madame de Mirepoix vint prendre du thé chez moi. Nous étions tête à tête, quand, une ou deux heures après, on annonça M. l'évêque d'Arras. Ah! vous voilà à Paris, monseigneur, et depuis quand? — D'hier au soir, madame la marquise. — Y resterez-vous du temps? — Selon que vous l'ordonnerez. — Comment cela? — C'est que je viens vous proposer d'exécuter notre ancien projet. — Ah! je l'ai abandonné. — Pourquoi donc? — J'étale alors toutes les raisons ci-dessus. — Ah! mon Dieu, quelle folie! vous vous portez fort bien, ainsi votre santé n'est point un obstacle; vous aurez assez de force pour soutenir le voyage, vous coucherez trois nuits, quatre nuits, cinq nuits, s'il le faut, en chemin. Si vous vous trouvez incommodée, vous ne continuerez point votre route; je vous ramènerai chez vous, nous aurons deux voitures : la mienne, qui est très-grande, sera pour vos deux femmes, votre valet de chambre et le mien, et pour tous vos paquets. Nous ne resterons que le temps que vous jugerez à propos. Loin que ce voyage vous incommode, je suis bien persuadé qu'il vous fera du bien; d'ailleurs, pour vos autres craintes, elles sont ridicules, rapportez-vous-en à madame la maréchale. La maréchale, loin de me détourner, me presse de me rendre à ces propositions. Enfin, je me laissai persuader, et nous arrêtâmes de partir à la fin de la semaine, et nous prîmes la résolution de n'en parler à personne. Je ne voulais pas même confier ce secret à l'abbé Barthélemy, qui était à Paris, et qui devait partir le lendemain. La maréchale ne fut point de cet avis, parce que, dit-elle, il fallait qu'il eût soin que je trouvasse à mon arrivée un logement tel qu'il me le fallait, ce qu'il pouvait faire sans qu'on s'en aperçût; tout cela décidé, la compagnie survint. L'abbé venant me faire ses adieux, je le fis passer dans mon cabinet pour lui apprendre cette étonnante nouvelle; il en fut dans la plus grande surprise, et les premiers mouvements (qui sont rarement trompeurs) furent de la plus grande joie; je lui fis faire serment qu'il ne m'annoncerait point, et qu'il laisserait au grand-papa et à la grand'maman toute la surprise. Je ne devais point trouver madame de Gramont. Elle était prête à partir pour aller rendre visite à l'évêque d'Orléans et à M. de la Borde; il n'y avait d'habitants que madame de Brionne, mademoiselle de Lorraine, MM. de Castellane, de Boufflers, de Bezenval[1] et quelques Suisses, mesdames de Luxembourg et de Lauzun qui étaient sur leur départ, et que je rencontrerais vraisemblablement en chemin.

Toutes ces circonstances, jointes au beau temps, me convenaient infiniment; me voilà décidée, et dans la plus grande impatience de partir. Je n'en dis mot à mes gens de toute la journée; le lendemain, jeudi, je leur appris qu'il fallait qu'ils fissent leurs paquets et les miens, que je partirais pour Chanteloup le jeudi ou le vendredi au plus tard; ils furent fort étonnés, et ajoutèrent peu de foi à ce projet; je leur recommandai le secret; il fut bien gardé ce jour-là. L'après-dînée, je vis Pont-de-Veyle, à qui je ne dis mot, non plus qu'à mademoiselle Sanadon. Le mardi, même silence. Le soir, j'allai souper au Carrousel; je crus honnête d'informer madame de la Vallière. Je lui écrivis un petit billet que je lui donnai, qui la mettait au fait de tous mes arrangements; elle le lut, le jeta au feu et ne dit mot. Le mercredi, tous les domestiques de la cour voyant des ouvriers travailler à ma berline, des valises, des portemanteaux que l'on portait, pénétrèrent ce grand secret. Mademoiselle Sanadon et Pont-de-Veyle me firent des reproches; je leur dis que j'avais voulu éviter toutes représentations, contradictions et critiques, que je ne voulais pas encore en parler à tout le monde, que je partais vendredi, et que le lendemain, jeudi, j'en instruirais les gens de ma connaissance, ce que je fis en effet à tous ceux qui vinrent chez moi. J'écrivis à mesdames de Jonsac, de Beauvau, de Boufflers, d'Aiguillon, à l'archevêque de Toulouse, etc. Je soupai encore ce même jour chez madame de la Vallière : je lui fis tout haut mes adieux, ainsi qu'à tout ce qui était chez elle.

En voilà assez pour aujourd'hui. Demain ou cette après-dînée, je commencerai la relation du voyage. J'y joindrai celle de la réception, du séjour, et je me propose de vous écrire tous les jours tant que je resterai ici.

Jeudi 21, à dix heures du matin.

Je reprends mon récit. Le vendredi je me portais fort bien, je me sentis beaucoup de courage; j'attendis jusqu'à trois heures (heure indiquée pour le départ) monseigneur l'évêque.

---

[1] Le baron de Bezenval était lieutenant-colonel du régiment des gardes suisses, et très-aimé du duc de Choiseul. (A. N.)

Il arriva, nous nous établîmes tous les deux dans ma berline, nos gens dans la sienne, et nous voilà en marche. Nous arrivâmes à Étampes à huit heures, moi assez fatiguée; je fis un très-méchant souper, je me couchai tout de suite, je dormis assez mal. Nous partîmes le samedi, à onze heures; pendant la route, une assez bonne conversation, la lecture de quelques articles de l'*Encyclopédie* de Voltaire, et nous arrivâmes à Orléans entre six et sept heures; j'étais plus fatiguée que la veille, et je n'eus rien de plus pressé que de me coucher.

Nous avions délibéré en chemin si nous n'irions pas débarquer chez l'évêque d'Orléans, qui était à Meun, sa maison de campagne, à quatre lieues d'Orléans; j'en perdis bien promptement toute idée. Nous apprîmes que mesdames de Gramont et du Châtelet y étaient arrivées ce jour-là; mon évêque me dit qu'il avait envie d'y aller souper et coucher, et qu'il viendrait me retrouver le lendemain matin de bonne heure. J'y consentis très-volontiers, et je lui recommandai de ne point parler de moi. Après deux bonnes heures de sommeil, je m'éveillai entre huit et neuf heures, je fis encore un nouveau souper, je dormis mal le reste de la nuit, je me levai entre dix et onze heures; l'évêque arriva à midi. J'oublie de vous dire qu'à mon réveil Wiart me dit que la princesse de Ligne avait passé la veille au soir par Orléans, pour aller à Meun, et qu'un de ses gens lui avait remis une lettre; c'était de la grand'maman. Colman, qui l'avait reçue depuis mon départ, ayant su celui de madame de Ligne par un de ses gens, lui avait donné cette lettre; elle était datée du 13, elle prouvait clairement que l'abbé avait fidèlement gardé mon secret; elle m'envoyait un fromage. L'évêque, de retour de Meun, me dit qu'il n'avait pas dit un mot de moi, mais madame de Ligne, à son arrivée, débuta par lui demander où j'étais, qu'elle m'avait apporté une lettre. Alors madame de Gramont lui demanda ce que cela voulait dire. — Madame du Deffand, lui dit-il, est à Orléans. Comment, dit madame de Gramont, cela est vrai? pourquoi ne l'avez-vous pas amenée ici? M. d'Orléans et moi nous allons la chercher. Mon évêque dit que j'étais trop fatiguée, et que je m'étais couchée. — Eh bien, nous irons lui rendre une visite. Mon évêque s'y opposa. — Mais, dit madame de Gramont, est-elle attendue à Chanteloup? — Non, madame, elle se fait un plaisir de les surprendre. — Je vais faire partir un courrier tout à l'heure pour les prévenir; madame de Choiseul serait furieuse de ne pas avoir été avertie. L'abbé était-il instruit de son dessein? — Il le savait, madame, mais il lui avait promis le secret. — Cela est infâme à lui de l'avoir gardé; madame de Choiseul, mon frère et moi ne lui pardonnerons jamais. Pourquoi a-t-elle pris le temps où je partais? Combien y restera-t-elle? — Je l'ignore, mais ce ne peut pas être bien longtemps. — Ah! elle ne peut pas y rester moins de deux ou trois mois; on ne fait pas un tel voyage à son âge pour peu de jours : je serais excessivement fâchée si je ne la trouvais pas; je suis dans l'admiration de cette marque d'amitié. J'en suis touchée jusqu'aux larmes; je vais faire partir mon courrier. — Au nom de Dieu, n'en faites rien et n'ôtez pas à madame du Deffand le plaisir de les surprendre. Elle le promit. L'évêque d'Orléans se plaignit de ce que je n'avais point voulu venir chez lui, et fit promettre à mon évêque qu'il m'y amènerait à mon retour.

Je pars à une heure d'Orléans, j'arrive à Blois vers les huit heures; je débarque à l'évêché, j'y fus bien couchée, je dormis fort bien; j'en pars à deux heures et j'arrive à Chanteloup à six. Je trouve dans la cour la grand'maman, madame de Luxembourg et le grand abbé. On arrête le carrosse, on ouvre la portière, on fait descendre l'évêque, la grand'maman monte à sa place, se précipite dans mes bras. Nous nous étouffons mutuellement à force de baisers et de caresses, on me trouve belle comme le jour, le meilleur visage du monde, enfin des cris de joie, des transports très-naturels, très-vrais, très-sincères : la grand'maman jouait la surprise; mais la feinte dura peu. Elle avoua qu'ils avaient reçu un courrier de madame de Gramont (elle n'aurait pu nous le cacher, car nous l'avions rencontré qui retournait à Orléans); elle en avait reçu une lettre, et le grand-papa aussi, toute remplie d'éloges de mon procédé; elle m'aurait, dit-elle, chargée sur ses épaules pour m'emmener; elle les excitait à ne me point laisser partir jamais, et surtout à lui donner entière assurance que rien ne les ferait consentir à me laisser partir avant son arrivée. Le lendemain, en partant d'Orléans, elle a encore écrit sur le même ton, et a de plus prié la grand'maman de me donner l'appartement qu'elle occupe (et qu'elle ne veut point qu'on donne à personne), si elle juge que j'y serai plus commodément. Elle dit des horreurs de l'abbé, elle veut qu'on le châtie de sa fausseté; je crois en effet qu'il n'avait point parlé; il n'était pas, m'a-t-il dit, bien sûr que j'exécutasse mon projet. Vous êtes étonné que je ne vous dise rien du grand-papa; il était à la chasse avec tout le reste de la compagnie. Il n'arriva qu'une heure après; j'étais à la toilette de la grand'maman; il se jette à mon cou, se récrie : Enfin vous voilà donc! je ne l'espérais plus, etc., etc. Il me quitta pour aller voir madame du Châtelet, qui était arrivée avec son mari une demi-heure après moi ; il ne faut pas que j'oublie madame de Luxembourg; elle devait partir le lundi; mais dès qu'elle sut que j'arrivais ce jour-là, elle retarda son départ jusqu'au mercredi.

En voilà assez pour aujourd'hui, il faut que je me repose.

L'après-dînée.

Je viens de relire ce que je vous ai écrit ce matin. Oh! l'ennuyeuse relation! quels misérables détails! me voilà bien corrigée de raconter.

Il faut pourtant que j'ajoute que je suis contente de tout le monde; que pour plaire à la grand'maman on me fête, on me caresse; mais cela ne m'empêche pas de me trouver étonnée d'être si loin de chez moi. Mon évêque, qui n'a pas fait le voyage pour un seul objet, est actuellement à Marmoutier, abbaye auprès de Tours, pour exécuter une commission dont il est chargé; il en reviendra samedi, il y retournera lundi; il y fera plusieurs voyages, et sitôt que ses affaires seront terminées nous partirons, ce qui ne peut pas être plus tard que le 15 de juin. Cette lettre-ci partira lundi 24, vous la recevrez lundi 29. Que votre réponse, je vous en conjure, ne soit point sévère; ne condamnez point mon voyage. J'ai suivi ce que vous dictiez pour l'année passée; je suis partie dans la belle saison; mon séjour sera court : j'aurai donné une marque d'affection; plus mon âge me donnait de dispense, plus on me sait gré de l'effort que j'ai fait. Je n'en serai point incommodée, et j'aurai la satisfaction d'avoir marqué mon amitié. Enfin, n'empoisonnez pas une action que j'ai crue honnête, et qui ne me causera que du contentement, si vous ne la désapprouvez pas. J'entends la grand'maman qui arrive, il faut que je vous quitte.

Vendredi 22, à huit heures du matin.

Cette visite était une attention, elle craignait que je ne fusse malade, parce que j'avais paru plus tôt les jours précédents; une heure après, le grand-papa vint chez moi : je fus très-contente de tout ce qu'il me dit; et ce qui me contenta bien davantage, c'est qu'un quart d'heure après être descendue, je reçus votre lettre du 15. Je ne l'aurais reçue qu'un jour plus tôt si j'avais été à Paris. Je vais répondre à cette lettre.

Il faut que vous me grondiez toujours, et que, me voulant toutes sortes de bien, vous ne discontinuiez pas de me faire du mal. N'est-il pas bien injuste de vous fâcher de ce que je vous demande plus souvent de vos nouvelles, si vous êtes incommodé, et n'y a-t-il pas de la férocité à me déclarer que si vous êtes malade, je n'en saurai rien? Voilà ce que vous avez d'insupportable; quand votre imagination est une fois frappée, vous n'en revenez plus, vous ne vous apercevez pas qu'on soit corrigé, vous ne vous embarrassez pas de causer de vrais chagrins, vous ne savez pas qu'une lettre qui m'afflige est un chagrin qui dure quinze jours; cependant, faites comme vous le jugerez à propos.

Mesdames de Luxembourg et de Lauzun partirent mercredi matin. Nous n'avons ici que les du Châtelet, mesdames de Brionne et de Ligne [1]; le baron de Bezenval s'en va demain, et je ne vois pas qu'on attende sitôt personne. La vie qu'on mène me convient fort; on déjeune à une heure, y va qui veut; on reste après dans le salon tant et si peu qu'on veut; sur les cinq ou six heures, chasse ou promenade; on soupe à huit heures, et l'on se couche à toutes sortes d'heures, aussi tard et d'aussi bonne heure qu'on veut; on joue à toutes sortes de jeux, on jouit d'une grande liberté, on fait très-bonne chère; je suis logée le plus commodément du monde. Mon appartement est au premier, il est très-beau; mes femmes, Wiart et mes deux laquais sont tous auprès de moi. Enfin rien ne me manque que votre approbation. Elle n'arrivera qu'au moment que je serai bien près de mon départ; car je ne pourrai recevoir de réponse à cette lettre que le 4 ou le 5 de juin; qu'elle soit douce, je vous en supplie; ayez égard à ma faiblesse, pardonnez-la-moi, et ne me menacez plus à l'avenir.

La grand'maman m'a bien recommandé de vous parler d'elle. Elle serait enchantée que vous fussiez ici; il est fâcheux qu'elle soit un ange, j'aimerais mieux qu'elle fût une femme, mais elle

---

[1] La princesse de Ligne, dont il est ici question, était la fille du marquis de Mézières. Sa mère était Anglaise, mademoiselle Oglethorpe, sœur du vieux général Oglethorpe. La princesse de Ligne était la tante maternelle de madame de Brionne, et mère du prince de Ligne. (A. N.)

n'a que des vertus, pas une faiblesse, pas un défaut. Je suis parfaitement contente du grand-papa. On ne peut être plus aimable, plus doux, plus facile ; il s'amuse de tout, ce séjour-ci est délicieux. L'abbé est charmant ; il m'a bien recommandé de vous parler de lui. Le marquis de Castellane veut aussi que je le nomme. Madame de Brionne est très-douce, très-polie ; madame de Ligne loge à côté de moi ; comme elle ne descend point pour le déjeuner, nous avons le projet de prendre notre thé souvent ensemble. Voilà une assez longue lettre.

Vous serez sans doute surpris que, dans ma lettre du 13, je ne vous aie point parlé de mon voyage. J'avais beaucoup de répugnance à vous l'apprendre, et j'avais presque pris la résolution de ne vous en parler qu'à mon retour ; mais je n'ai pu me résoudre à cette dissimulation, et je me suis permis seulement de ne vous l'avouer que quand, par mon calcul, l'annonce de mon retour toucherait presque à la nouvelle de mon départ.

LETTRE 427.

MADAME LA MARQUISE DU DEFFAND A M. DE VOLTAIRE.

Chanteloup, 26 mai 1772.

Prenez garde à la date de cette lettre, et faites-moi compliment du bonheur dont je jouis. Je voudrais que vous le partageassiez avec moi : vous verriez ce que c'est que la philosophie pratique, et vous laisseriez toute spéculation ; vous vous en tiendriez à croire que le vrai bonheur est dans la paix de l'âme.

Je suis ici depuis le 18 de ce mois, je compte y rester jusqu'au 15 ou 20 juin. J'y ai reçu la lettre où vous me dites avoir vu M. de Gleichen[1] ; je compte que j'aurai le plaisir de parler souvent de vous avec lui ; c'est un homme que j'aime beaucoup. Il y a ici un de vos amis, M. de Schomberg, qui est en grande relation avec vous, à ce qu'il m'a dit. Nous nous sommes secondés l'un et l'autre pour rendre témoignage de vos sentiments pour les maîtres de la maison, mais ils prétendent qu'ils n'en ont jamais douté ; en vérité, je le crois. Soyez donc tranquille, bannissez toute inquiétude ; ils ne se permettent aucune correspondance, mais je m'entremettrai toujours avec plaisir entre vous et eux. Je pourrai recevoir encore ici de vos lettres. Si vous avez quelque nouvel ouvrage, adressez-le-moi à

[1] Le baron de Gleichen, ministre de Danemark en France.

Paris, on me l'enverra ici, on a continuellement des occasions. La grand'maman se porte à merveille ; elle est aussi charmante que jamais, et plus heureuse qu'elle ne l'a jamais été. Si j'étais moins vieille, je ne voudrais pas sortir d'ici ; mais, à mon âge, il faut être chez soi, on se trouve déplacé partout ailleurs ; il faut bien que cela soit, puisque je résiste aux instances que l'on me fait pour me retenir, et au plaisir que je ressens d'être avec ce que j'estime et aime le plus au monde. Je suis bien sûre des regrets que j'aurai en les quittant. J'aurai peu d'espérance de les revoir, je ne vivrai pas assez pour compter sur leur retour, et il ne sera plus question de voyage pour moi. Promettez-moi la consolation de m'écrire souvent. Ne traitons plus les grands sujets, ne cherchons plus les vérités introuvables, tenons-nous-en à celles de nos sentiments ; aimez-moi comme je vous aime, voilà tout ce que je désire.

LETTRE 428.

M. DE VOLTAIRE A MADAME LA MARQUISE DU DEFFAND.

A Ferney, 5 juin 1772.

Vous me parlez, madame, de philosophie pratique ; parlez-moi de santé pratique. La disposition des organes fait tout ; et malgré le sot orgueil humain, malgré les petites vanités qui se jouent de notre vie, malgré les opinions passagères qui entrent dans notre cervelle, et qui en sortent sans savoir ni pourquoi ni comment, la manière dont on digère décide presque toujours de notre manière de penser, témoin *Jean qui pleure et Jean qui rit,* qui a couru tout Paris, et que vous n'avez probablement point lu.

M. de Gleichen m'a paru digérer fort mal. Je crois qu'il n'approuve guère le style du théâtre danois. J'étais très-malade quand il vint dans mon ermitage. J'ai peur qu'en qualité de ministre accoutumé aux cérémonies, il n'ait été un peu choqué de ma rusticité. Je laisse faire aux dames les honneurs de ma retraite champêtre ; c'est à elles à voir si les lits sont bons et si on a bien fait mousser le chocolat de *messieurs* à leur déjeuner.

M. de Schomberg a paru pardonner à mes mœurs agrestes. Je souhaite que les Danois soient aussi indulgents que lui. De tous ceux qui ont passé par Ferney, c'est la sœur de M. de Cucé dont j'ai été le plus content; car c'est à elle que je dois de n'avoir pas perdu entièrement les yeux. Elle me donna d'une drogue qui ne m'a pas guéri, mais qui m'a beaucoup soulagé. Je voudrais bien qu'il y eût des recéttes pour votre mal comme pour le mien. Nous avons à Genève un physicien qui électrise parfaitement le tonnerre; il a voulu aussi électriser un homme qui a une goutte sereine, mais il n'y a pas réussi. A l'égard du tonnerre, c'est une bagatelle; on l'inocule comme la petite-vérole. Nous nous familiarisons fort dans notre siècle avec tout ce qui faisait trembler dans les siècles passés. Il est prouvé même, généralement parlant, que chez les nations policées on vit un peu plus longtemps que l'on ne vivait autrefois. Je vous en fais mon compliment, si c'en est un à faire. Je vois bien qu'il est si doux de vivre avec votre grand'maman, que vous aimez encore la vie, malgré tout le mal que vous en dites souvent avec tant de raison. C'est un rossignol que vous êtes allée entendre dans sa belle cage. Je conçois très-bien qu'on soit heureux quand on a, comme dit le Guarini:

Lieto nido, esca dolce, aura cortese.

Mais lorsque avec ces avantages on est aimé, respecté de l'Europe, et qu'on possède un génie supérieur, on doit être content. Le moyen de n'être pas au-dessus de la fortune, quand on est si fort au-dessus des autres!

J'ai un peu besoin, moi chétif, de cette philosophie dont vous me parlez. De tous les établissements que j'ai faits dans mon désert, il ne me restera bientôt plus que mes vers à soie. On a chicané mes artistes, qui envoyaient des montres en Amérique, à Constantinople et à Pétersbourg. Le commerce qu'ils entreprenaient était immense, et faisait entrer en France beaucoup d'argent. C'était un plaisir de voir mon abominable village changé en une jolie petite ville, et de nombreux artistes étrangers, devenus Français, bien logés et faisant bonne chère avec leurs familles dans de jolies maisons de pierre de taille que je leur avais bâties. La protection d'un grand homme avait fait ce miracle, qui va se détruire. Il faudra que je dise comme le bonhomme Job : Je suis sorti tout nu du sein de la terre et j'y retournerai tout nu; mais remarquez que Job disait cela en s'arrachant les cheveux et en déchirant ses habits. Moi, je ne m'arrache pas les cheveux parce que je n'en ai point, et je ne déchire point mes habits parce que, par le temps qui court, il faut être économe.

Adieu, madame; faisons tous deux comme nous pourrons. Vogue la pauvre galère! Pensez fortement et uniformément, et conservez-moi vos bontés; vous savez combien elles me sont chères.

LETTRE 429.

MADAME LA MARQUISE DU DEFFAND A M. HORACE WALPOLE.

Chanteloup, jeudi 11 juin 1772.

Je ne sais en vérité quel parti prendre. Rien n'égale votre sévérité; avec vous les punitions surpassent de beaucoup les crimes. Je ne vous répéterai point ce que je vous ai dit dans les deux lettres que vous avez reçues de moi depuis que je suis ici; à quoi cela servirait-il? à vous fatiguer, et à m'attirer de nouveaux dégoûts. Si je n'étais pas convaincue de votre sincérité, de votre vérité, oserai-je ajouter de votre amitié, je croirais que votre colère, votre silence me prouvent aujourd'hui que vous ne cherchiez qu'un prétexte pour rompre avec moi. Qu'est-ce qui vous faisait exiger que je ne vinsse point ici? Apparemment la crainte des inconvénients qui en pouvaient être la suite. Qu'est-ce qui m'avait fait faire le serment de n'y point venir? La même crainte, et celle de vous déplaire, qui était la plus forte de toutes. Je vous ai dit comment j'avais changé de résolution. Ce qui me reste à vous dire aujourd'hui, c'est que mon séjour s'est aussi bien passé et a aussi bien tourné que je pouvais le désirer; mais on ne se permet des détails que lorsqu'on est persuadé de l'intérêt; votre conduite m'annonce la plus parfaite indifférence; cependant vous avez écrit un billet à mademoiselle Sanadon. C'est laisser entrevoir quelque lueur; elle s'est contentée de me mander ce qu'il contenait, elle ne me l'a pas envoyé; je lui ai demandé si vous le lui aviez défendu, ou bien si elle jugeait qu'il me chagrinerait trop, elle m'a répondu : Je n'ai point eu de défense, mais vous avez deviné.

Je ne sais ce que tout ceci deviendra, si je ne suis point effacée de votre souvenir : vous pouvez juger de la situation où je suis. Vous m'avez quelquefois entendue dire que, pour que j'aimasse véritablement, il fallait que j'eusse quelque crainte de ce que j'aimais. Je trouve qu'aujourd'hui la dose est un peu trop forte; je n'ose ni parler ni me taire : il me semble que quelque parti que je puisse prendre, il me tournera à mal. Je crains de ne plus entendre parler de vous. Si je reçois une de vos lettres, je l'ouvrirai en tremblant; si vous y exercez toute votre sévérité, vous me ferez bien de la peine. En arrivant à Paris, je n'y trouverai qu'un désert; je ne puis rien trouver d'agréable que le rétablissement de notre correspondance. C'est cette seule espérance qui me détermine à quitter ce lieu-ci, où l'on m'accable de soins, d'attentions, et où l'on voudrait me retenir toujours, ou du moins jusqu'au mois d'octobre. Je n'ai pas été ébranlée un moment, et sans les affaires que l'évêque a dans ce pays-ci, et qui l'ont retenu bien plus longtemps que je ne l'aurais voulu, je ne serais restée ici que quinze jours. Ces affaires seront terminées samedi. Je l'attends ce jour-là, et comme il n'a vu qu'en passant les maîtres de cette maison, il a exigé que je consentisse qu'il restât avec eux deux jours; je n'ai pu le refuser. Nous partirons donc décidément, sans que rien puisse y mettre obstacle, mardi prochain, 16 de ce mois; je coucherai ce jour-là à Blois, le mercredi à Orléans, le jeudi à Étampes et le vendredi à Saint-Joseph. J'ai tout lieu d'espérer que je soutiendrai aussi bien la fatigue de ce second voyage que du premier; mais ce que je ne soutiendrai point, c'est votre colère, ou, ce qui serait cent fois pis, votre indifférence.

Cette lettre n'aura pas le même sort de quelques autres. Elle ne sera pas déchirée; elle partira; je prie Dieu qu'il l'accompagne de sa grâce, et qu'elle en trouve en vous.

Adieu, mon ami, que je ne vous donne point ce nom en vain, je vous prie. Comment peut-on hésiter quand il dépend de soi de causer le bonheur ou le malheur?

LETTRE 430.

LA MÊME AU MÊME.

Chanteloup, samedi 13 juin 1772.

Vous avez dû juger, par ma dernière lettre, que je n'en avais point reçu de vous quand je vous l'ai écrite; c'est hier seulement que m'est parvenue celle du 2 juin. Je dis parvenue, car ce n'est pas sans peine qu'on s'est déterminé à me l'envoyer; il y a eu un combat entre la demoiselle Sanadon et Colman; celui-ci, guidé par son attachement, voulait me la faire tenir; l'autre, glorieuse de l'honneur de votre confiance, voulait de plus en plus la mériter, en exécutant vos ordres à la rigueur, qui étaient, prétendait-elle, de retenir jusqu'à mon retour tout ce qui pourrait venir de vous pour moi. Heureusement Colman a été le plus fort, et cette lettre m'a bien surprise; je ne savais plus si j'en recevrais de ma vie.

Je conviens que vous avez dû être fâché de mon voyage; le succès me justifie, et je ne puis le défendre par aucune autre raison; j'ai tout lieu d'espérer que je soutiendrai le voyage qui me reste à faire. Quant au séjour, il s'est passé au delà de mes souhaits. Je ne suis point en train aujourd'hui d'entrer dans aucun détail; je vous dirai seulement que je crois m'être parfaitement bien conduite, que tout le monde a été content de moi, et que je suis contente de tout le monde. La foule commence à arriver, c'est le véritable moment pour mon départ; je quitterai le tonneau de Chanteloup pour celui de Saint-Joseph, que je retrouverai avec autant de plaisir que si je n'en avais pas eu dans celui de Chanteloup.

Je voudrais que vous pussiez avoir une assez bonne lunette pour voir ce qui se passe ici; je ne reviens point d'étonnement de la paix qui y règne; elle est dans tous les propos, dans toutes les actions, et certainement dans l'âme; tout le monde est d'accord, chacun fait ce qu'il veut, chacun dit ce qu'il pense; on ne s'observe point, on ne se contraint point, et tout est dans le plus parfait unisson : le grand-papa est étonnant; il a trouvé en lui tous les goûts qui pouvaient remplacer les occupations. Il semble qu'il n'ait jamais fait d'autre étude que de faire valoir sa terre; il fait bâtir des fermes, il défriche des terrains, il achète des troupeaux dans cette saison, pour les revendre au commencement de l'hiver, quand ils auront engraissé les terres, et qu'il aura vendu leurs laines. Je suis intimement persuadée qu'il ne regrette rien, et qu'il est parfaitement heureux; je suis ravie d'en avoir jugé par moi-même, je n'aurais jamais cru tout ce qu'on m'en aurait dit. Ne croyez point que dans ce récit il y ait de l'engouement ni de l'enthousiasme, c'est la pure vérité. Je me suis fort plu ici. J'y ai mené une vie fort douce; mais cela n'a pas empêché qu'il n'y ait eu bien des moments où je ne me sois trouvée très-déplacée, et que votre silence ne m'ait causé bien du chagrin; mais tout prend fin. Adieu.

LETTRE 431.

LA MÊME AU MÊME.

Chanteloup, mardi 16 juin 1772.

Je ne pars point aujourd'hui, un contre-temps insupportable a tout dérangé. L'évêque, après avoir terminé toutes ses affaires, revint samedi ici; il se plaignit d'un très-grand mal de tête : quelques moments après, il lui survint un frisson, qui fut suivi d'une très-violente fièvre qui lui dura la nuit et toute la journée du lendemain; par bonheur, elle fut accompagnée d'une abondante sueur; on fit venir un médecin d'Amboise, qui ne porta d'abord aucun jugement sur son état; il voulut attendre au lendemain : hier matin, le trouvant sans fièvre, il lui fit prendre trois grains d'émétique qui réussirent fort bien; le soir il était sans fièvre. Je viens dans le moment d'envoyer savoir de ses nouvelles; il a très-bien passé la nuit; il a pris, il y a une heure, une médecine de rhubarbe : il descendra cette après-dînée dans le salon, et vraisemblablement rien ne nous empêchera de partir vendredi. J'ai une impatience extrême de me trouver chez moi; vous savez que je n'ai pas le talent de dissimuler, ainsi je n'ai pas pu le cacher : on m'en fait des reproches, on prétend que je m'ennuie. J'ai été obligée de confier à la grand'maman la véritable raison de cette impatience; elle ne se contentait point de celle que je lui donnais, la crainte d'être importune n'étant bonne à rien, celle de tomber malade, d'être déplacée au milieu d'un monde que je ne connaissais guère, et à qui je devais paraître un personnage bien hétéroclite : elle détruisait tout cela par la manière dont j'étais traitée, et par les empressements et les attentions qu'on avait pour moi; elle n'a pas voulu combattre l'autre raison que je lui ai confiée, de peur de me faire de la peine. J'ai bien vu qu'elle ne la trouvait pas solide; mais, comme son cœur est excellent, elle sent qu'il y a telles espérances, fussent-elles vaines, qu'on préfère à des réalités, quelque agréables qu'elles puissent être. J'espère donc partir vendredi, et pour que vous soyez absolument sûr de ma marche, je ne fermerai cette lettre que ce jour-là. La grand'maman m'a demandé si je vous parlais d'elle, et si je vous avais rendu compte de ce que son mari m'avait dit pour vous, du plaisir qu'il aurait de vous revoir ici; je lui ai dit que je n'y avais pas manqué. — Eh bien, pourquoi ne viendrait-il pas? — Je ne doute pas, ai-je répondu, que vous n'en fussiez fort aise; que je connaissais votre estime pour le grand-papa, et votre tendre attachement pour elle. En vérité, il faut les voir ici pour connaître parfaitement tout ce qu'ils valent; je dis l'un et l'autre, car le mari est aussi excellent dans son genre qu'elle l'est dans le sien. Je suis parfaitement contente de la belle-sœur; j'aurais des sujets d'entretien avec vous pour une année. J'aurai passé ici cinq semaines, et je puis vous dire, avec la plus grande vérité, que je n'y ai pas eu un moment d'ennui, pas éprouvé le plus petit dégoût, la plus légère contradiction. L'abbé, le marquis de Castellane ont eu de moi des soins infinis; j'ai joui de la plus grande liberté; c'est le ton de la maison. Point de compliments; on ne se lève pour personne, on reste chez soi, on va dans le salon, on cause avec qui l'on veut; les uns vont à la promenade, les autres restent dans la maison; on est dix-huit ou vingt à table; les premiers arrivés s'y placent : on y arrive à l'heure qu'on veut, on n'attend personne. Au sortir de table, on reçoit les lettres de la poste, chacun lit les siennes en particulier; on se dit les nouvelles qu'on apprend, on s'arrange ensuite pour le jeu; on joue, ou on ne joue pas, cela est égal; après le jeu, va se coucher qui veut; ceux qui restent font la conversation, qui est très-gaie, très-agréable, parce qu'il y a beaucoup de gens d'esprit et de très-bonne compagnie; le grand-papa, la grand'maman et la sœur restent toujours les derniers; je ne les ai pas fait veiller une minute de plus qu'ils ne le voulaient, et qu'ils n'ont coutume. Vous voyez que cette vie est assez agréable, et qu'il serait assez naturel de la quitter avec regret; cependant rien n'est si vrai que j'ai la plus grande impatience d'être chez moi. Je trouverai encore Pont-de-Veyle à mon retour; mais peu de jours après il suivra son ennuyeux prince aux eaux de Pougues, où il restera un mois. Sans le Carrousel, je serais totalement privée de toute compagnie; et dans ce Carrousel je n'y trouverai pas la fille : elle est aux eaux de Bourbonne pour deux mois.

Les Beauvau, immédiatement après leur quartier, qui finit le 1ᵉʳ juillet, viendront ici, où ils resteront deux mois aussi; et puis le 6 de juillet on ira à Compiègne, ce qui achèvera de m'ôter quelques étrangers, et les apparitions de la maréchale de Mirepoix. Les Broglie vont dans leurs terres pour jusqu'au mois de janvier. Vous voyez que, pour quelqu'un qui craint l'ennui, le parti que je prends est courageux, et qu'il faut que je sois bien sensible au plaisir que je reçois de la poste une fois la semaine.

Mercredi 17.

La princesse de Tingri arriva hier à neuf heures du soir; elle nous apprit une nouvelle qui vous fâchera et qui m'afflige infiniment, la mort de madame d'Aiguillon : elle n'en savait aucune circonstance, sinon que c'était d'apoplexie, et qu'elle était à Ruel. Les lettres du soir n'en dirent rien : apparemment qu'il n'y avait pas encore eu le temps. Madame de Tingri l'avait apprise le lundi, à onze heures du soir, et c'est ce même jour-là qu'elle était morte. C'est une perte pour moi; mais je ne veux vous rien dire de triste, je détourne toute réflexion.

Mon évêque se porte bien; nous partons toujours vendredi; la chaleur est diminuée, il pleut; j'espère que notre voyage se passera bien, que je trouverai de vos nouvelles en arrivant.

Jeudi 18, à huit heures du matin.

Rien de changé pour mon départ. Point de confirmation de la mort de madame d'Aiguillon; je ne la crois pas moins véritable : il n'y eut point hier de lettres de Paris. Je me fais un grand plaisir de me retrouver chez moi. Je ne me repens point d'être venue ici, mais je ne ferai plus de semblables escapades; je vais conformer ma conduite à mon âge, et mériter, si je puis, l'estime et la considération; on m'en a beaucoup marqué ici, et je pars remplie de reconnaissance et de satisfaction.

Si quelque accident imprévu apportait quelque changement, je l'ajouterais à cette lettre; je ne la ferai mettre à la poste que quelques heures avant son départ, qui sera quelques heures avant le mien; si je n'ajoute rien, c'est que je serai partie.

Vendredi, à huit heures du matin.

Enfin, rien n'est si sûr, je pars aujourd'hui à six heures du soir. Je ne comprends pas qu'on puisse joindre tant de plaisir à tant de regret; jamais je ne pourrai vous peindre, vous faire comprendre la manière dont j'ai été traitée ici; le cœur le plus sensible et le plus tendre aurait été satisfait de l'amitié qu'on m'a marquée; l'orgueil, la vanité, l'amour-propre n'auraient rien eu à désirer, en attentions, en égards, en politesses, en préférences. Ah! je croirai avoir rêvé; les souvenirs, pendant quelque temps, me tiendront lieu de compagnie. J'aime la grand'maman plus que jamais; le grand-papa est étonnant : enfin, ce sera matière à lettres pour longtemps, d'autant plus que ce que je vais trouver ne fournira pas grand'chose à dire.

Je crains un peu la chaleur que j'aurai pendant le voyage; voilà quatre jours qui seront assez pénibles. Je n'arriverai que lundi 22, jour auquel cette lettre sera mise à la poste : vous ne la recevrez que le 26; mais tout va rentrer dans l'ordre accoutumé, et c'est ce qui vous rend raison de la joie que j'ai de partir.

Hélas! hélas! rien n'est si vrai que notre grosse duchesse mourut lundi dernier, d'apoplexie, en une demi-heure de temps; elle était à Ruel et dans son bain. C'est une très-grande perte pour moi; il m'en reste bien peu à faire. Je tremble pour Pont-de-Veyle, quoiqu'il se porte bien présentement.

Je croirai, en me retrouvant à Saint-Joseph, m'être rapprochée de vous. Si, par impossible, je pouvais m'en trouver encore plus près, j'aurais de quoi vous amuser longtemps, non-seulement par des récits, mais par des lectures. J'ai rencontré ici un ancien ami qu'il y avait trente ans que je n'avais vu, avec qui j'ai renoué, et qui me prêtera des manuscrits bien curieux, dans le goût de ceux qui m'ont été refusés, mais d'une bien meilleure plume, et d'une personne qui a joué un grand rôle.

Si je ne trouve pas de vos nouvelles en arrivant, cela sera bien triste.

LETTRE 432.

LA MÊME AU MÊME.

Paris, mardi 23 juin 1772.

Votre plume est de fer trempé dans le fiel. Bon Dieu! quelle lettre! Jamais il n'y en eut de plus piquante, de plus sèche et de plus rude; j'ai été bien payée de l'impatience que j'avais de la recevoir.

J'arrivai hier à cinq heures du soir, me portant à merveille, sans être fatiguée du voyage, dans la plus grande joie de me retrouver chez moi, dans le plus grand contentement de mon séjour à Chanteloup, dans l'espérance de trouver de vos nouvelles, et que votre lettre mettrait le comble à ma satisfaction. Ah!

mon Dieu, que j'ai été surprise! Elle a produit un effet tout contraire. Tout mon bonheur a été détruit, un instant m'a fait plus de mal que les cinq semaines ne m'avaient fait de bien.

Mercredi 24.

Madame de Mirepoix revint de Versailles hier pour souper avec moi; elle a vu madame votre cousine [1]; elle la trouve belle et bien faite, bon air, bonne grâce; elle en est charmée. Je n'ai point encore entendu parler d'elle, on ne m'a point dit qu'elle eût envoyé chez moi.

Le courrier d'aujourd'hui ne m'a point apporté de lettre; si je n'en dois plus recevoir (comme vous me le faites entendre), je voudrais savoir quelle en est la raison; je croyais qu'il n'y avait que le tribunal de l'inquisition où l'on punissait les gens sans leur dire pourquoi.

J'allais fermer ma lettre, mais je ne puis me résoudre à la laisser partir sans vous parler naturellement. Vous me rendez par trop malheureuse. Est-ce votre intention? Vous me dites que vous m'avez beaucoup d'obligations; quelles sont-elles, si ce n'est mon amitié pour vous? Est-ce la reconnaître que de refuser de me donner de vos nouvelles? Si vous avez jamais éprouvé de l'inquiétude, vous devez savoir que c'est un mal insupportable; je vous demande en grâce, mais avec la dernière instance, de ne m'y pas condamner. Je ne sais pas quel sujet de plainte (excepté mon voyage) je vous ai donné. J'ai une tête qui se trouble encore plus facilement que la vôtre. Ne m'exposez point à rien faire qui puisse vous déplaire.

P. S. A six heures du soir.

Ma lettre a été interrompue par l'arrivée de madame Damer; Pont-de-Veyle était chez moi, qui la trouve infiniment jolie, et moi je la trouve infiniment aimable. Je lui ai dit qu'elle serait la maîtresse de me voir aussi souvent qu'elle voudrait; je me flatte que vous ne doutez pas de mes attentions; elle soupera chez moi samedi, et peut-être vendredi, si je puis avoir madame de Mirepoix.

[1] Madame Damer, qui se trouvait alors à Paris avec son mari. (A. N.)

LETTRE 433.

MADAME LA MARQUISE DU DEFFAND A M. DE VOLTAIRE.

Paris, 27 juin 1772.

J'attendais d'être à Paris pour vous écrire : je mettais ce plaisir en réserve pour me distraire du chagrin de quitter tout ce que j'aime le plus au monde. A ces mots seuls vous devriez reconnaître le grand-papa et la grand'maman, quand vous n'auriez pas su la visite que je leur ai rendue. Elle a été de cinq semaines, et je puis dire avec vérité qu'elle a été le temps le plus agréable de ma vie. Jamais je ne les ai si bien connus, jamais leurs excellentes qualités n'ont été si à découvert. Le grand-papa est, sans le savoir et même sans s'en douter, le plus parfait philosophe; il a trouvé en lui tous les goûts et tous les talents qui peuvent rendre sa situation supportable et même fort agréable. Tous les soins de la campagne l'intéressent, l'occupent et lui plaisent. La chasse, l'agriculture, les troupeaux, la pêche, tout se succède alternativement; voilà les occupations du dehors. Dans le château, il s'amuse de toutes sortes de jeux, quelques lectures, d'excellentes conversations; enfin il n'a pas un moment d'ennui. Pour la grand'maman, on ne peut en faire l'éloge : tout ce qu'on en dirait serait fort au-dessous de la vérité, et fort au delà de la vraisemblance. Ajoutez à toutes les vertus possibles un cœur sensible et tendre. Vous me demanderez comment j'ai pu me séparer de telles personnes : j'en ai eu le courage, mon cher Voltaire, parce que quand on est vieille il faut être chez soi, et ne pas s'enivrer du plaisir présent, au point de perdre toute prévoyance de l'avenir. Si j'étais tombée malade, si j'y étais morte, quel embarras, je puis même dire quel chagrin pour eux! Enfin j'ai eu le courage de quitter ce lieu charmant, pour me retrouver dans le triste et ennuyeux désert de Paris.

Je vous ai l'obligation des bons moments que j'y ai eus jusqu'à présent, mais cependant ce sont de nouveaux sujets de plaintes à vous faire. Que dois-je penser de vos protestations d'amitié, quand vous vous en tenez aux simples assurances, sans y joindre aucun effet? Vous ne m'envoyez plus rien; je ne recevrai point l'excuse que vous ne savez comment me rien adresser. Eh! comment vous y prenez-vous avec tant d'autres? En vous faisant ces reproches, mon chagrin contre vous s'augmente. Vous n'avez d'autre moyen de l'apaiser qu'en changeant de conduite, et en m'assurant promptement de votre repentir, en réparant vos torts et en me donnant de vos nouvelles. Les miennes sont fort bonnes; le voyage ne m'a point fatiguée, et le séjour m'avait rajeunie.

Je suis fort en peine du baron de Gleichen; je n'ai pas entendu parler de lui depuis la lettre où il m'en demandait une pour vous. Si vous savez où il est et ce qu'il devient, vous me ferez plaisir de me l'apprendre.

LETTRE 434.

M. DE VOLTAIRE A MADAME LA MARQUISE DU DEFFAND.

6 juillet 1772.

Je fais depuis vingt ans, madame, en petit dans ma chaumière, ce que votre grand'maman fait avec tant d'éclat dans son palais délicieux. Je vous imite aussi en parlant d'elle et de son respectable mari, et en leur étant tendrement attaché, quoi qu'ils en disent; et une preuve que je ne change point, c'est que je suis chez moi. Madame de Saint-Julien, qui a désiré faire cent trente lieues pour me venir voir dans mon ermitage, pourrait vous en dire des nouvelles. Je finirai par m'en tenir à ma bonne conscience, et à souffrir en paix qu'on ne me croie pas.

Savez-vous qu'il paraît deux petits volumes de *Lettres de madame de Pompadour*? Elles sont écrites d'un style léger et naturel qui semble imiter celui de madame de Sévigné. Plusieurs faits sont vrais, quelques-uns sont faux, peu d'expressions de mauvais ton. Tous ceux qui n'auront pas connu cette femme croiront que ces lettres sont d'elle. On les dévore dans les pays étrangers. On ne saura qu'avec le temps que ce recueil n'est que la friponnerie d'un homme d'esprit qui s'est amusé à faire un de ces livres que nous appelons, nous autres pédants, *pseudonymes*. Il y a bien des gens de votre connaissance qui ne seront pas contents de ce recueil; ils y sont extrêmement maltraités, à commencer par son frère; mais dans un mois on n'en parlera plus. Tout cela s'engloutit dans le torrent de sottises dont on est inondé.

Vous voulez que je vous envoie les miennes; vous en aurez. On a imprimé à Paris: *les Cabales, la Bégueule, Jean qui pleure et Jean qui rit*. On les a cruellement défigurés. Je vous en ferai tenir, dans quelques semaines, une petite édition avec des notes très-instructives pour la jeunesse qui veut être philosophe.

Je crois votre M. de Gleichen à Spa, où il y a grande compagnie. Sa santé est bien mauvaise, et les révolutions du Danemark ne la rétabliront pas. Il faisait un peu le mystérieux à Ferney, mais son mystère était qu'il ne savait rien. Toute cette aventure est bien horrible et bien honteuse. Gardez-vous d'ailleurs d'aimer trop les étrangers ; leurs amitiés sont comme eux, des oiseaux de passage. Formont valait mieux. Il n'y a que les gens peu répandus qui sachent aimer. Adieu, madame, je suis très-répandu.

LETTRE 435.

MADAME LA MARQUISE DU DEFFAND A M. HORACE WALPOLE.

Paris, 8 juillet 1772.

Ma dernière lettre, monsieur, vous aura fait connaître que vous auriez pu vous dispenser de m'écrire celle-ci ; elle doit vous rassurer à tout jamais sur la crainte que je ne vous attire des ridicules. Comme vous ne doutez point que tout ce que nous nous écrivons fait d'abord l'amusement des bureaux, et parvient ensuite à la cour, je veux m'expliquer ainsi que vous, et ne leur pas laisser l'impression que vous leur donnez de moi.

Voici donc, monsieur, la déclaration que je leur fais. Je vous ai sincèrement aimé. J'ai cru l'être de vous, jamais mes sentiments n'ont été par delà l'amitié ; et si on compare mes lettres à celles de madame de Sévigné, et si on lit celles que j'écris à madame la duchesse de Choiseul, on n'y trouvera aucune expression plus vive et plus tendre que celle d'une mère pour une fille, et d'une amie pour une amie. De plus, mon âge me devait mettre si fort à l'abri de tout soupçon, que je ne devais pas craindre les interprétations ridicules. Mais enfin tout est fini ; il y a longtemps que je devais connaître que notre liaison vous était à charge. Tout m'annonçait votre changement ; je ne m'en plains pas, monsieur, rien n'est si libre ; mais ce dont je me plains, et dont je suis extrêmement offensée, c'est de votre procédé ; on ne traite point une femme de mon âge, et qui a quelque considération dans la société, d'une manière aussi méprisante. Beaucoup de vos lettres m'ont fort désobligée, ainsi que celle-ci : mais celle d'avant celle-ci m'a mortellement blessée ; je vous la renvoie, vous jugerez vous-même si j'y pouvais répondre autrement que j'ai fait[1]. Celle que je reçois aujourd'hui ne change rien aux dispositions où j'étais. Tous vos griefs sont si puérils qu'on n'y peut répondre. *Être inquiète de votre santé ; vous demander trois fois consécutivement si vous avez entendu un article de ma lettre* (dont je n'ai actuellement aucun souvenir), *ce sont*, dites-vous, *les façons d'une coquette.* L'énumération de mes crimes aura apprêté à rire à messieurs des bureaux.

Je ne veux, dites-vous encore, *que faire des esclaves, je n'aime que moi, et comme aussi vous n'aimez que vous, nous ne pouvons jamais nous accorder.*

Eh bien, monsieur, ne nous accordons pas, et terminons une correspondance qui n'est pour vous depuis longtemps qu'une *persécution.*

Le reproche que vous me faites d'aimer le *romanesque* fait rire tous ceux qui me connaissent ; jamais personne n'en a été moins soupçonnée ; je trouve assez singulier d'être si peu connue de vous ; je ne me serais jamais attendue que vous seriez la personne du monde qui me connaîtrait le moins, et qui aurait pour moi le moins d'estime ; toute *coquette* que je suis, monsieur, je me souviens quelquefois de mon âge ; il me console des dégoûts et des chagrins de la vie, parce qu'il me reste peu de temps à les supporter.

Je finis en vous rassurant sur la crainte de recevoir souvent de mes lettres. Vous n'en aurez jamais qu'en réponse aux vôtres.

Madame votre cousine[2] a beaucoup de succès ; sa figure, son maintien, son esprit, ses agréments plaisent à tout le monde, et en particulier à madame de Mirepoix, qui a pour elle des attentions infinies. Vous y entrez pour beaucoup, monsieur ; elle est ravie qu'une occasion aussi agréable la mette à portée de vous prouver la continuation de ses sentiments.

J'ai chez moi depuis deux mois un paquet de M. Mariette pour vous ; il est trop considérable pour qu'on puisse le donner à aucun particulier. Voulez-vous qu'on vous l'envoie par les voitures publiques, ou qu'on le fasse partir avec les bagages de milord Harcourt ? Wiart attendra vos ordres : vous pourrez

---

[1] Cette lettre n'a pas été retrouvée. (A. N.)
[2] Madame Damer. (A. N.)

toujours l'employer à tout ce qui vous conviendra, il exécutera vos commissions avec le même zèle.

LETTRE 436.

MADAME LA MARQUISE DU DEFFAND A M. DE VOLTAIRE.

Samedi 1er août 1772.

J'attendais ce que vous m'aviez promis, monsieur, pour répondre à votre dernière lettre, ne voulant pas vous donner l'ennui de multiplier les miennes; mais ne voilà-t-il pas que vous me forcez à vous écrire pour vous accabler de plaintes et de reproches! Plusieurs personnes ont reçu la dernière édition de vos quatre derniers ouvrages; nommément M. de Beauvau. C'est M. Marin qui les distribue, et il n'y a rien pour moi. D'où vient faut-il que je sois la moins bien traitée de vos amis? c'est de toute injustice.

J'ai fait connaissance depuis peu avec un nommé M. Hubert, de Genève; je lui ai déjà beaucoup parlé de vous : vous serez le sujet éternel de toutes nos conversations. Sur les rapports qu'il m'a faits, je juge que vous n'êtes changé en rien de ce que vous étiez il y a quarante ou cinquante ans. Pour l'esprit, j'en étais sûre, mais, suivant ce qu'il dit, pour la figure aussi. Pourquoi n'en est-il pas de même de votre cœur? Je n'en peux rien apprendre que par vous; prouvez-moi donc qu'il n'est pas changé, en me traitant mieux que vous ne faites; mon amitié sincère et constante me met en droit d'exiger de vous toutes sortes d'attentions et de préférences.

LETTRE 437.

M. DE VOLTAIRE A MADAME LA MARQUISE DU DEFFAND.

Le 10 auguste 1772.

J'ai tort, madame, j'ai très-tort; mais je n'ai pas pourtant si grand tort que vous le pensez; car en premier lieu, je croyais que vous n'aviez plus du tout de goût pour les vers et surtout pour les miens; et secondement, je n'étais pas content de l'édition dont vous avez la bonté de me parler; je vous en envoie une meilleure.

Pour peu que vous vouliez connaître le système de Spinosa, vous le verrez assez proprement exposé dans les notes. Si vous aimez à vous moquer des systèmes de nos rêveurs, il y aura encore de quoi vous amuser.

Vous verrez de plus, dans les notes des *Cabales*, si j'ai eu si grand tort de me réjouir de la chute et de la dispersion de *Messieurs*. La plupart sont, comme moi, à la campagne; je leur souhaite d'en tirer le parti que j'en tire.

Je me suis mis à établir une colonie; rien n'est plus amusant; ma colonie serait bien plus nombreuse et plus brillante, si M. l'abbé Terray ne m'avait pas réduit à une extrême modestie.

Puisque vous avez vu M. Hubert, il fera votre portrait : il vous peindra au pastel, à l'huile, en *mezzo-tinto;* il vous dessinera sur une carte avec des ciseaux, le tout en caricature. C'est ainsi qu'il m'a rendu ridicule d'un bout de l'Europe à l'autre. Mon ami Fréron ne me caractérise pas mieux, pour réjouir ceux qui achètent ses feuilles.

Nous voici bientôt, madame, à l'anniversaire centenaire de la Saint-Barthélemy. J'ai envie de faire un banquet pour le jour de cette belle fête. En ce cas, vous avez raison de dire que je n'ai point changé depuis cinquante ans, car il y a cinquante ans que j'ai fait la *Henriade*. Mon corps n'a pas plus changé que mon esprit. Je suis toujours malade comme je l'étais. Je passe mon temps à faire des gambades sur le bord de mon tombeau, et c'est en vérité ce que font tous les hommes. Ils sont tous *Jean qui pleure et Jean qui rit;* mais combien y en a-t-il malheureusement qui sont Jean qui mord, Jean qui vole, Jean qui calomnie, Jean qui tue!

Eh bien, madame, n'avouerez-vous pas à la fin que Catherine II n'est pas Catherine qui file? Ne conviendrez-vous pas qu'il n'y a rien de plus étonnant? Au bout de quatre ans de guerre, au lieu de mettre des impôts, elle augmente d'un cinquième la paye de toutes ses troupes; voilà un bel exemple pour nos Colbert.

Adieu, madame; quoi qu'en dise M. Hubert, je n'ai pas longtemps à vivre; et quoi que vous en disiez, j'ai la plus grande envie de vous faire ma cour. Comptez que je vous suis attaché avec le plus tendre respect.

LETTRE 438.

MADAME LA MARQUISE DU DEFFAND A M. DE VOLTAIRE.

Paris, 24 août 1772.

Oh! pour le coup, je suis fort contente de vous! Voilà comme je veux que vous me traitiez; mais je ne veux pas que vous me disiez que c'est *au hasard de m'ennuyer ou de me révolter*. Pour le premier, il est impossible; et pour le second, j'ai profité de vos sermons sur la tolérance; je la pratique et la professe.

Vos *Systèmes*[1] sont divins, je les connaissais ainsi que vos *Cabales*[2]. Vos notes sont excellentes et très-utiles à des lecteurs aussi ignorants que moi.

Votre bouquet[3] me plaît beaucoup. Tout ce que vous dites est vrai. Il est fâcheux qu'on ne puisse être heureux que quand on est vain et frivole. Je ne me pique pas d'être fort solide, mais je ne le suis que trop, puisque je ne suis pas heureuse, et que le souvenir du passé m'en fait prévoir de plus grands à l'avenir. Je ne rebâtis point avec les décombres de mes bâtiments renversés. Il n'y a que vous, mon cher Voltaire, qui sachiez tirer parti de tout, pour qui tous les lieux, tous les temps, tous les âges, ne dérangent point votre bonheur. Vous êtes l'enfant gâté de la nature, c'est-à-dire le seul qu'elle a aussi singulièrement bien traité. Pour moi, elle m'a déshéritée, ainsi qu'ont fait tous mes parents. Elle m'avait donné cinq sens, elle s'est repentie de m'avoir si bien traitée : elle m'a ôté celui qui me serait le plus utile, et pour mieux faire sentir sa malice, elle me donne de longs jours que je ne désirais point, et dont je ne sais que faire. Elle m'a laissé des oreilles qui sont rarement satisfaites de ce qu'elles entendent; elle ne m'a pas privée du goût, mais d'un bon estomac; elle est une marâtre pour moi, et vous êtes son enfant bien-aimé. Soyez assez généreux pour réparer ses torts, ayez soin de votre malheureuse sœur, et rendez-la heureuse, en dépit de notre partiale mère.

Je ne saurais admirer votre Catherine : elle est tout ostentation; elle achète des tableaux, des diamants, des bibliothèques pour éblouir l'univers de ses richesses. Elle ne met point d'impôts, mais vous savez qu'où il n'y a rien, le roi perd ses droits;

---

[1] Voyez OEuvres de Voltaire, tome XIV, page 218. (L.)
[2] Tome XIV, page 230. (L.)
[3] *Bouquet pour le 24 août 1772*, anniversaire de la Saint-Barthélemy. (L.)

elle augmente la paye de ses troupes, mais elle ne leur donne que du papier. Vous lui savez trop de gré de l'admiration qu'elle a pour vous; qui est-ce qui n'en a pas? Il est bruit ici d'une révolte qui a pensé arriver, et qui a fait exiler un grand nombre de gens en Sibérie. Mettriez-vous à fonds perdu sur la tête du Ninyas? Je vous demande pardon de mon impertinence, mais vous savez de qui je tiens le jour.

Oui, vous me ferez plaisir de m'envoyer toutes vos observations sur l'affaire de M. de Morangiés; mon avis, jusqu'à présent, c'est que lui et sa partie sont tous fripons.

Que je m'estimerais heureuse de vous revoir, mon cher Voltaire! Que n'y a-t-il des Champs-Élysées? Je vous y donnerais rendez-vous, et j'irais bien volontiers vous y attendre.

LETTRE 439.

MADAME LA MARQUISE DU DEFFAND A M. HORACE WALPOLE.

Paris, 30 août 1772.

Est-ce que je n'aurai plus de vos nouvelles? Je commence à le croire. Est-ce ainsi qu'on finit avec une amie? Les fautes que vous me reprochez sont-elles d'un genre à autoriser cette conduite? Je vous propose la paix; oublions de part et d'autre le passé. Donnez-moi de vos nouvelles; souvenez-vous que vous m'avez dit mille fois que vous seriez toujours mon ami. Malgré toutes les apparences, je ne puis croire que vous ne le soyez plus.

LETTRE 440.

M. DE VOLTAIRE A MADAME LA MARQUISE DU DEFFAND.

4 octobre 1772.

J'ai bien des remords, madame, d'avoir été si longtemps sans vous écrire; mais j'ai été malade : il m'a fallu mener Le Kain tous les jours à deux lieues, pour jouer la comédie auprès de Genève, et n'ayant rien à faire du tout, j'ai été accablé des détails les plus inquiétants.

J'ai été sur le point de voir ma colonie détruite. Dès qu'on veut faire quelque bien, on est sûr de trouver des ennemis. Qu'on rende service, dans quelque genre que ce puisse être, on peut compter qu'on trouvera des gens qui chercheront à vous écraser. Faites de la prose ou des vers, bâtissez des villes, cela est égal : l'envie vous persécutera infailliblement. Il n'y a d'autre secret, pour échapper à cette harpie, que de ne jamais faire d'autre ouvrage que son épitaphe, de ne bâtir que son tombeau, et de se mettre dedans au plus vite.

Quand je vous dis, madame, que j'ai bâti une petite ville assez jolie, cela est très-ridicule, mais cela est très-vrai. Cette ville même faisait un commerce assez considérable ; mais si l'on continue à me chicaner, tout périra. Pour me dépiquer, j'ai fait une *Épître à Horace*. Je ne vous l'envoie pas, parce que je ne sais pas si vous aimez Horace, si vous souffrez encore les vers, si vous avez envie de lire les miens. Vous n'aurez cette *Épître* que quand vous m'aurez dit : Envoyez-la-moi. Ce n'est pas assez de prier quelqu'un à souper ; il faut avoir de l'appétit.

J'ai toujours mon ancien chagrin que vous connaissez. Ce chagrin m'empêchera de revoir jamais Paris. Je ne saurais souffrir les tracasseries et les factions, aussi ridicules qu'acharnées, qui règnent dans cette Babylone, où tout le monde parle sans s'entendre. Je m'en tiens à mes Alpes et à votre souvenir. Je vous souhaite toute la santé, tous les amusements, toute la bonne compagnie, tous les bons soupers, qu'on peut mettre à la place de deux yeux qui vous manquent.

Voici le temps où je vais perdre les miens, dès que les neiges arrivent ; et cependant, je ne cherche point à revenir à Paris, parce que j'aime mieux souffrir chez moi, que d'essuyer des tracasseries dans votre grande ville. Il est vrai que les hommes ne se mangent pas les uns les autres, dans Paris comme dans la Nouvelle-Zélande, qui est habitée par des anthropophages, dans huit cents lieues de circonférence ; mais on se mange dans Paris le blanc des yeux fort mal à propos. On dit même quelquefois que le ministère nous mange et nous gruge ; mais je n'en veux rien croire.

Adieu, madame ; vivons l'un et l'autre le moins malheureusement que nous pourrons ; c'est toujours là mon refrain ; car puisque nous ne nous tuons pas, il est clair que nous aimons la vie.

Je vous aime, madame ; je vous aimerai toujours ; je vous serai inviolablement attaché, aussi bien qu'à votre grand'maman : mais de quoi cela servira-t-il ?

LETTRE 441.

MADAME LA MARQUISE DU DEFFAND A M. DE VOLTAIRE.

Paris, 12 octobre 1772.

Jamais lettre n'est arrivée si à propos que votre dernière. J'étais dans la plus grande inquiétude; le bruit courait ici que vous étiez extrêmement malade. Cette inquiétude avait succédé à une autre; n'ayant plus de vos nouvelles, je craignais que ma dernière lettre ne vous eût fâché. Mais tout va bien, Dieu merci; votre santé, votre amitié, deux choses très-nécessaires à ma tranquillité et à mon bonheur.

Je ne sais pas, mon cher Voltaire, de quel œil vous envisagez la mort; je m'en détourne la vue autant qu'il m'est possible; j'en ferais de même pour la vie, si cela se pouvait. Je ne sais en vérité pas laquelle des deux mérite la préférence; je crains l'une, je hais l'autre. Ah! si on avait un véritable ami, on ne serait pas dans cette indécision; mais c'est la pierre philosophale; on se ruine dans cette recherche : au lieu de remèdes universels, on ne trouve que des poisons. Vous êtes mille et mille fois plus heureux que moi. Mon état de Quinze-Vingt n'est pas mon plus grand malheur : je me console de ne rien voir, mais je m'afflige de ce que j'entends et de ce que je n'entends pas. Le goût est perdu ainsi que le bon sens. Ceci paraîtra propos de vieille; mais non, en vérité, mon âme n'a point vieilli. Je suis touchée du bon et de l'agréable autant et plus que je l'étais dans ma jeunesse; cela est vrai. Ne me répétez donc plus que vous ne savez pas si tels et tels de vos ouvrages me feront plaisir; je vous ai dit mille et mille fois, et je vous le dis aujourd'hui pour la dernière, qu'il n'y a que vous que je peux lire. Envoyez-moi donc généralement tout ce que vous faites. Je ne sais pas si j'aime Horace; mais je sais que je vous aime sous quelque forme que vous puissiez prendre, sur quelque sujet que vous puissiez traiter. Pourquoi n'ai-je pas les *Lois de Minos?* Il en court des extraits qui m'ont fait grand plaisir.

Moquez-vous de vos envieux, leur rage ne vous fait point de tort, et vous savez la leur faire tourner contre eux-mêmes; vous en avez déjà tué trois ou quatre.

Venez ici, mon cher Voltaire; que j'aurais de plaisir à vous embrasser! Mais, mon Dieu! pourquoi n'y-a-t-il pas de Champs-Élysées? Pourquoi avons-nous perdu cette chimère? Adieu.

LETTRE 442.

MADAME LA MARQUISE DU DEFFAND A M. HORACE WALPOLE.

Paris, 14 octobre 1772.

Je m'en étais doutée, et j'aurais cru en être sûre dans tout autre temps ; mais j'avais pris pour une continuation de la pénitence que vous m'aviez imposée pour mes forfaits, votre long silence. Voilà donc ce silence expliqué, et dans le moment même où, en attendant et en espérant une lettre, je faisais le projet de celle que je vous écrirais en réponse, je me préparais à vous dire, en cas que vous vous moquassiez de moi, ou que vous me traitassiez de Turc à More, que comme les gens avec qui je vis étaient beaucoup moins éclairés que vous, je vous priais de ne leur point faire remarquer ceux de mes défauts qui leur étaient échappés ; l'esprit romanesque, par exemple, parce que jusqu'à présent ils avaient cru que le peu d'esprit que j'avais était simple et sans recherche, et surtout éloigné de toute emphase et affectation ; j'aurais ajouté que votre silence ne me faisait point de peine, parce que je ne voulais de vous aucune complaisance, et qu'il fallait que vous eussiez autant de besoin de m'écrire et de recevoir de mes lettres, que je peux en avoir moi-même.

De plus, je vous aurais encore dit que j'avais une grâce à vous demander, qui était de me donner votre parole d'honneur que si vous étiez malade, ou même incommodé, vous me le manderiez, afin que dans les temps où je n'entendrais point parler de vous, je fusse sûre que vous vous portiez bien, et que je n'eusse pas deux inquiétudes à la fois, l'une de votre santé, et l'autre de ce mot exécrable.

Je voudrais pouvoir vous égayer et avoir un caractère aussi heureux que le vôtre ; mais on a, comme vous savez, celui qu'on a reçu de la nature, qui ne nous a pas consultés en nous donnant le jour ; j'aurais rejeté tous ses dons si j'en avais été la maîtresse.

Je vous envoie des vers de Voltaire que l'on a extraits de sa tragédie des *Lois de Minos*[1], que l'on représentera cet hiver ; et j'y joins des vers qu'il a faits pour mademoiselle Clairon, à l'occasion d'une ode que Marmontel avait faite pour lui, pour

---

[1] On regardait ces vers comme faisant allusion à la conduite du parlement, et à la punition qu'on venait de lui infliger. (A. N.)

l'inauguration de sa statue, et qu'elle récita chez elle, habillée en prêtresse, ayant mis le buste qu'elle a de lui sur une table, en posant sur sa tête une couronne de lauriers[1].

La duchesse de Sully, fille de M. de Poyanne, à l'âge de vingt ans, est morte cette nuit, après une maladie de quinze jours d'une suite de couches. Madame de Poix a passé ces quinze jours entiers auprès de son lit, sans se coucher que deux ou trois heures dans les vingt-quatre heures, prenant le temps où son amie paraissait plus tranquille. Les Beauvau devaient souper ce soir chez moi, mais ils n'y viendront pas. Ils ne sauraient la quitter. Elle est dans une affliction qui ressemble au désespoir : où placerez-vous ce sentiment? Il ne vous paraîtra pas vraisemblable; oserez-vous dire qu'il est romanesque? Il ne paraît ainsi à personne, et moins à moi, je l'avoue, qu'à qui que ce soit. Adieu.

ACTE III.

Du ciel qui conduit tout la sagesse infinie
Réserve, je le vois, pour de plus heureux temps
Le jour trop différé de ses grands changements :
Le monde avec lenteur marche vers la sagesse,
Et la nuit des erreurs est encor sur la Grèce.
Que je vous porte envie, ô rois trop fortunés!
Vous qui faites le bien dès que vous l'ordonnez;
Rien ne peut arrêter votre main bienfaisante;
Vous n'avez qu'à parler, et la terre est contente.

ACTE IV.

Allez : dites-leur bien que dans leur arrogance,
Trop longtemps pour faiblesse ils ont pris ma clémence;
Que de leurs attentats mon courage est lassé;
Que cet autel affreux, par mes mains renversé,
Est mon plus digne exploit et mon plus grand trophée;
Que de leurs factions enfin l'hydre étouffée
Ne distillera plus les flots de son poison
Sur moi, sur mon État, sur ma triste maison.
Je suis roi, je suis père, et veux agir en maître;
Et vous, qui ne savez ce que vous devez être,
Vous, qui toujours douteux entre Pharès et moi,
Vous êtes cru trop grand pour servir votre roi,
Prétendez-vous encore, orgueilleux Mérione,
Que vous pouvez abattre ou soutenir mon trône?

---

[1] Voyez ces vers et la relation de cette fête dans les *Mémoires* de Marmontel. (A. N.)

Ce roi dont vous osez vous montrer si jaloux,
Pour vaincre et pour régner n'a pas besoin de vous.
Votre audace aujourd'hui doit être détrompée.
Ou pour ou contre moi tirez enfin l'épée :
Il faut dans ce moment, les armes à la main,
Me combattre ou marcher sous votre souverain.

Vers adressés à mademoiselle Clairon.

Les talents, l'esprit, le génie
Chez Clairon sont très-assidus ;
Car chacun aime sa patrie.
Chez elle ils se sont tous rendus,
Pour célébrer certaine orgie
Dont je suis encor tout confus.
Les plus beaux moments de ma vie
Sont tous ceux que je n'ai point vus.
Vous avez orné mon image
Des lauriers qui croissent chez vous ;
Ma gloire, en dépit des jaloux,
Fut en tous les temps votre ouvrage.

LETTRE 443.

M. DE VOLTAIRE A MADAME LA MARQUISE DU DEFFAND.

23 octobre 1772.

Je me vante, madame, d'avoir les oreilles aussi dures que vous, et le cœur encore davantage ; car je vous assure que je n'ai pas entendu un seul mot de presque tous les ouvrages en vers et en prose qu'on m'envoie depuis dix ans. La plupart m'ont mis dans une extrême colère. J'ai été indigné que le siècle soit tombé de si haut. Je ne reconnais plus la France en aucun genre, excepté dans celui des finances.

J'ai voulu, dans la tragédie des *Lois de Minos*, faire des vers comme on en faisait il y a environ cent ans. Je voudrais que vous en jugeassiez. Il faudrait que je vous procurasse, du moins, ce petit amusement. Vous diriez au lecteur de cesser quand l'ennui vous prendrait ; avec cette précaution, on ne risque rien. Mon idée serait que vous priassiez Le Kain de venir souper chez vous en très-petite et très-bonne compagnie. J'entends, par petite et bonne compagnie, quatre ou cinq personnes tout au plus, qui aiment les vers qui disent quelque chose, et qui ne sont pas tout à fait Allobroges.

J'exige encore que vos convives aiment le roi de Suède, et

même un peu le roi de Pologne. Je veux qu'ils soient persuadés qu'on a immolé des hommes à Dieu, depuis Iphigénie jusqu'au chevalier de la Barré.

Je veux, outre cela, que vos convives, hommes et femmes, soient un peu indulgents, puisque la sottise est faite et qu'il n'y a plus moyen de rien réparer.

J'exige encore que la chose soit secrète, et que vos amis aient au moins le plaisir d'y mettre du mystère, si le mystère est un plaisir.

Si vous acceptez toutes ces conditions, voici un petit billet pour Le Kain que je mets dans ma lettre. Lisez ce billet, ou plutôt faites-vous-le lire, puis faites-le cacheter.

Je ne vous parlerai point, cette fois-ci, de l'*Épître à Horace*. Ce que je vous propose a l'air plus agréable. Cette *Épître à Horace* n'est pas finie : elle est d'ailleurs fort scabreuse, et elle demanderait un secret bien plus profond que le souper des *Lois de Minos*.

Je vous avouerai, madame, que j'aimerais mieux vous lire cette tragédie crétoise que de la faire lire par un autre; mais j'ai fait vœu de ne point aller à Paris tant qu'on me soupçonnera d'avoir manqué à votre grand'maman. Je suis toujours très-ulcéré, et ma blessure ne se fermera jamais. Ne vous fâchez pas si je suis constant dans tous mes sentiments.

LETTRE 444.

MADAME LA MARQUISE DU DEFFAND A M. DE VOLTAIRE.
28 octobre 1772.

N'allez pas croire que je vous suis fort obligée, ne vous attendez pas à des remercîments : loin de vous en devoir, si nous étions dans le temps des Actes des apôtres, vous mourriez subitement; les pauvres gens qui subirent ce châtiment étaient moins coupables que vous.

Je vous nommerai dix personnes qui ont votre *Épître à Horace*[1]; vous m'en parlez, vous me l'offrez, vous n'attendez que mon consentement pour me l'envoyer; je me hâte de vous marquer mon empressement; votre réponse se fait attendre mille ans, et finit par être un refus; c'est là comme vous traitez vos amis! C'est à ceux qui vous déchirent les oreilles,

---

[1] Voyez *OEuvres de Voltaire*, tome XIII, p. 357. (L.).

c'est à ceux à qui vous devriez les tirer, que vous communiquez ce que vous avez de plus précieux, que vous confiez vos secrets, dont ils donnent des copies à tous leurs bons amis, dont je n'ai pas l'honneur d'être. Pour dédommagement, vous voulez bien me procurer d'entendre les *Lois de Minos*. J'accepte cette faveur, mais elle ne répare point vos torts; et si vous vous souciez d'être bien avec moi, si vous voulez que je ne vous croie pas un donneur de galbanum, vous m'enverrez, sans tarder un moment, votre *Épître à Horace*.

Je compte admettre à la lecture de vos *Lois de Minos* M. et madame de Beauvau, MM. Craufurd et Pont-de-Veyle, ce dernier sera le porteur de votre billet : je n'en ferai usage que vers le 10 ou le 12 du mois prochain; les Beauvau ne reviendront de Fontainebleau que dans ce temps-là. Vous voyez bien qu'il y a tout l'intervalle qu'il faut pour réparer vos torts, ce qui est fort important pour me rendre auditeur bénévole.

Nous traiterons l'article de la grand'maman une autre fois; mais, pour le présent, point de paix ni de trêve que je n'aie votre Épître : voilà quelles sont mes lois; quand vous les aurez exécutées, je recevrai celles de Minos avec le respect et la soumission qu'elles méritent.

LETTRE 445.

M. DE VOLTAIRE A MADAME LA MARQUISE DU DEFFAND.

4 novembre 1772.

L'*Épître à Horace*, encore une fois, n'est pas achevée, madame, et cependant je vous l'envoie, et qui plus est, je vous l'envoie avec des notes. Soyez très-sûre que ce n'est pas de moi que madame la comtesse de Brionne la tient; mais voici le fait.

Mon âge et mes maux me mettent très-souvent hors d'état d'écrire. J'ai dicté ce croquis à M. du Rey, beau-frère de M. le premier président du parlement de Paris, qui a été huit mois chez moi. On ne se fait nul scrupule d'une infidélité en vers; pour celles qu'on fait en prose dans votre pays, je ne vous en parle pas. Un fils de madame de Brionne est à Lausanne, où l'on envoie beaucoup de vos jeunes seigneurs, pour dérober leur éducation aux horreurs de la capitale. M. du Rey a eu la faiblesse de donner cet ouvrage informe au jeune M. de Brionne, qui l'a envoyé à madame sa mère. J'en suis très-fâché, mais qu'y faire? Il faut dévorer cette petite mortification; j'en ai essuyé d'autres en assez grand nombre. Le roi de Prusse sera peut-être mécontent que j'aie dit un mot à Horace de mes tracasseries de Berlin, dans le temps où il m'a fait mille agaceries et mille galanteries.

Les dévots feront semblant d'être en colère de la manière honnête dont je parle de la mort. L'abbé Mably sera fâché. Vous voyez que de tribulations pour avoir fait copier une méchante lettre par un frère de madame de Sauvigny. Voilà ce que c'est que d'avoir des fluxions sur les yeux. Je suis persuadé que votre état vous a exposée à de pareilles aventures.

Je vous avertis que je fais beaucoup plus de cas des *Lois de Minos* que de mon commerce secret avec Horace. Cette tragédie aura au moins un avantage auprès de vous, ce sera d'être lue par le plus grand acteur que nous ayons. A l'égard de l'*Épître*, il est impossible de la bien lire sans être au fait. Vous n'aurez nul plaisir, mais vous l'avez voulu; je surmonte toutes mes répugnances; et quand je fais tout pour vous, c'est vous qui me grondez. Vous êtes aussi injuste que votre grand'maman et son mari. Ce qu'il y a de pis, c'est que madame de Beauvau est tout aussi injuste que vous; elle s'est imaginé que j'étais instruit des tracasseries qu'on avait faites au mari de votre grand'maman, et qu'au milieu de mes montagnes, je devais être au fait de tout, comme dans Paris. Vous m'avez cru toutes deux ingrat, et vous vous êtes toutes deux étrangement trompées. C'est l'horreur d'une telle injustice, encore plus que ma vieillesse, qui me détermine à rester chez moi et à y mourir. Vivez, madame, le moins malheureusement que vous pourrez; je vous aime, malgré tous vos torts, bien respectueusement et bien tendrement; ces deux adverbes joints font admirablement.

LETTRE 446.

MADAME LA MARQUISE DU DEFFAND A M. HORACE WALPOLE.

Dimanche 15 novembre 1772.

Vous m'avez crue folle, je vous le pardonne; vous croyez que la sensibilité et la tendresse ne doivent point être dans l'amitié, qu'elles supposent d'autres sentiments; vous vous trompez, mais j'abandonne cette matière. Tout ce que vous pourrez penser du passé ne me fait plus rien. Vous n'aurez pas de sujets à l'avenir de porter des jugements aussi faux.

M. Craufurd vous rendra plusieurs rogatons que j'hésite un peu à vous envoyer. Mais je suppose que dans vos heures de loisir vous pourrez les parcourir.

L'affaire de M. de la Borde pourra vous surprendre; j'en fis la proposition à M. de Beauvau, sans trop imaginer qu'elle fût acceptable; mais mon âge, et la facilité que ces personnes ont à se défaire de ces sortes d'effets sans risquer d'y perdre, m'y détermina [1].

Les autres papiers sont des plaisanteries que vous trouverez peut-être bien fades, mais que puis-je vous dire de plus piquant? M. Craufurd vous racontera la vie que je mène; il vous dira, s'il veut parler franchement, qu'il me trouve excessivement vieillie et de corps et d'esprit; que le nombre de mes connaissances est assez étendu, mais que je n'ai pas un ami, excepté Pont-de-Veyle, qui les trois quarts du temps m'impatiente à mourir; que la Sanadona est d'une platitude extrême, que je vis cependant fort bien avec elle, qu'elle me fait faire une étude de la patience et de l'ennui; qu'enfin je suis assez raisonnable, mais pas infiniment heureuse, étant fort peu contente de tout ce qui m'environne, et moins de moi que de personne. Ma santé est médiocre, mais je n'en désire pas une meilleure, je serais fâchée d'avoir plus de forces et d'activité; mais ce que je voudrais, ce serait d'être dévote, d'avoir de la foi, non pas pour transporter des montagnes, *ni pour passer les mers à pied sec*, mais pour aller de mon tonneau à ma tribune, et remplir mes journées de pratiques qui, par un nouveau tour d'imagination, vaudraient pour le moins autant que toutes mes occupations présentes. Je lirais des sermons au lieu de romans, la *Bible* au lieu de fables, la *Vie des Saints* au lieu de l'histoire, et je m'ennuierais moins ou pas plus de ces lectures que de toutes celles que je fais à présent; je supporterais plus patiemment les défauts et les vices de tout le monde, je serais moins choquée, moins révoltée des ridicules, de la fausseté, des menteries que l'on entend, et qu'on trouve sans cesse; enfin j'aurais un objet à qui j'offrirais toutes mes peines, et à qui je ferais le sacrifice de tous mes désirs. Voilà les châteaux en Espagne

---

[1] Madame du Deffand avait fait proposer à M. de la Borde, par son ami le prince de Beauvau, de convertir quelque capital qu'elle avait dans les fonds publics, en une rente viagère, dans l'idée d'augmenter par là ses revenus. (A.N.)

que je fais dans mes insomnies. Quand je vous en parle, ce n'est pas pour m'en plaindre, c'est souvent, dans les vingt-quatre heures, le temps où je m'ennuie le moins.

Demain j'aurai une grande assemblée chez moi. Le Kain viendra lire les *Lois de Minos* que l'on donnera le mois prochain; Voltaire l'en a prié par un billet qu'il m'a envoyé pour lui, en même temps que son *Épître à Horace* que je vous envoie, et qui vous fera convenir, si je ne me trompe, que vous n'êtes pas le seul Horace qui reçoive d'ennuyeuses épîtres. Je continuerai celle-ci jusqu'au départ de M. Craufurd.

Samedi 21, à onze heures du matin.

J'ai, depuis le mois de juillet, trois in-folio et deux in-quarto des lettres de madame de Maintenon au cardinal et au maréchal de Noailles; un de ces in-quarto est des lettres de madame des Ursins [1] à madame de Maintenon [2]; je fais copier celles-ci, et je chercherai quelque occasion de vous les envoyer; elles sont assez curieuses, elles contiennent tout ce qui s'est passé depuis la fin de 1706 jusqu'à la fin de 1709. Il est plaisant qu'on me laisse ces manuscrits! J'attends qu'on me les redemande, peut-être les a-t-on oubliés : ils ne valent pas les *Mémoires* de Saint-Simon, il s'en faut bien.

Je suis un peu honteuse de toutes les rapsodies que je vous envoie, ce sont les événements importants de la vie que je mène.

P. S. A trois heures d'après-midi.

Comment donc! c'est un prodige, il m'arrive ce que je désirais. Je reçois une lettre que je n'espérais que mardi ou mercredi, et le commencement de cette lettre est ravissant! Mais ce qui suit n'est pas de même, et ce pied douloureux, et cette main qui s'enfle, me font craindre que ce ne soit pas une affaire finie.

Vous me demandez de quoi fournir à la conversation; vous recevrez une grande abondance de pauvretés dont vous ne pourrez pas faire usage, si ce n'est du paquet de Voltaire.

Je ne me souviens plus si je vous ai envoyé les *Systèmes* et les *Cabales*. Wiart prétend que oui; si vous ne les avez pas, je vous les enverrai par quelque autre occasion; notre littérature

---

[1] La princesse de Chalais, devenue madame des Ursins, avait connu madame de Maintenon longtemps avant l'élévation de celle-ci. (A. N.)

[2] Ces lettres ont été publiées depuis. (A. N.)

ne nous produit que des platitudes abominables; c'est un de mes plus grands malheurs de ne savoir plus que lire : je rabâche tous les anciens livres. Je voudrais de tout mon cœur pouvoir vous amuser, mais je ne sais plus ce que c'est qu'amusements.

Mon paquet de Chanteloup était fermé; je ne l'ouvrirai pas, mais je vous envoie des chansons qui furent faites pendant que j'y étais. Vous savez que la mode est le parfilage; tous les présents qu'on fait sont de fil d'or à qui l'on donne toutes sortes de formes, chapeau, perruque, puits, souricière, chien, chat, oiseau : c'est la folie présente, et qui fait briller le faste et la magnificence, parce qu'on réduit à rien ce qui est fort cher. Je n'ai point donné dans ce travers, et je m'en tiens à faire de rien quelque petite chose. J'ai déjà fait de mon effilage soixante-dix aunes de tricot. Bon! il n'est pas vrai que vous ayez trouvé votre habit joli? Oserez-vous le porter? J'ai pensé que sa destination serait d'être donné à Philippe, et je m'en serais contentée; jugez de ma gloire, si vous daignez le porter.

Notre chose publique va toujours de même. Le chancelier et le d'Aiguillon sont toujours à couteaux tirés; tous les ministres sont réunis avec ce dernier, il n'y a que le Monteynard qui soit du parti de l'autre. La dame (*madame du Barry*) est toujours triomphante; plusieurs dames se présentent pour grossir sa cour. On les essaye, et on en rejette la plupart.

Madame la duchesse de Mazarin est à demi admise, c'est-à-dire qu'elle est comme sont les doubles au théâtre. La princesse de Kinski[1] a été rejetée; la princesse de Montmorency[2] s'est retirée depuis qu'on a reçu madame de Mazarin. Ce qu'il y a de bien plaisant, c'est que toutes les dames ne veulent point aller au spectacle avec celles qui sont admises.

Voilà tout ce que vous aurez pour le présent; si le Craufurd ne part pas demain, je pourrai ajouter à cette lettre.

---

[1] La princesse de Kinski, née Palfy. (A. N.)

[2] La princesse de Montmorency, née Montmorency, d'une branche de cette illustre maison établie en Flandre. Elle fut mariée au prince de Montmorency, fils aîné du prince de Tingri. (A. N.)

LETTRE 447.

LA MÊME AU MÊME.

Lundi 16 novembre 1772.

La poste cette fois-ci n'a retardé que d'un jour. Je n'ai jamais songé à vous faire des reproches, je n'ai qu'à me louer de votre exactitude; je ne m'en suis prise qu'aux vents, qui me faisaient recevoir de vos nouvelles de trop ancienne date.

Celles que vous me donnez aujourd'hui de votre goutte m'affligent extrêmement. Deux mois de souffrances! rien n'est si terrible; est-ce que les bottines n'ont plus aucun succès? Vous devez être d'une étrange faiblesse. Je comprends que tout doit être fatigue pour vous, que vous ne pouvez pas parler, et que même vous ne pourriez pas entendre lire; je sens, comme je le dois, l'effort que vous vous faites pour m'écrire.

Mardi 17.

Hier au soir j'eus assez de monde à souper; Le Kain, à la prière de Voltaire, vint nous faire la lecture des *Lois de Minos*. Ah! je fus bien confirmée que la vieillesse ne fait que des efforts impuissants; le temps de produire est passé, il ne faut plus penser à augmenter sa réputation, et pour ne la point diminuer, il ne faut plus faire parler de soi. Je suis bien trompée si cette pièce a le moindre succès; il y a cependant quelques beaux vers. Dès qu'elle sera imprimée, je vous l'enverrai. On ne peut refuser à Voltaire la curiosité de le lire; tant pis pour lui s'il s'expose à la critique. Son exemple doit servir de leçon non-seulement aux gens à talents, mais à tout le monde en général. On ne doit plus dans la vieillesse prétendre à aucun applaudissement; il faut consentir à l'oubli, et le consentement qu'on y donne de bonne grâce peut du moins mettre à l'abri du mépris. Le petit Craufurd a assisté à cette lecture, il vous en rendra compte, mais il ne vous confiera pas combien les belles dames sont empressées pour lui; il soupe ce soir chez l'Idole, qui voudrait bien qu'il lui trouvât plus d'esprit qu'à personne; demain ce sera chez madame de Bussy [1]; celle-là voudrait être trouvée la plus belle. Madame de Cambis a aussi ses prétentions d'être jugée la plus piquante; enfin il est si

---

[1] Madame de Bussy, née Messey, sœur de l'évêque de Valence, et mariée à M. de Bussy, qui a commandé dans l'Inde. (A. N.)

occupé par les empressements qu'on a pour lui, qu'il l'est beaucoup moins de sa santé. Je crois qu'il partira dimanche; il soupera chez moi vendredi avec le duc et la duchesse de Manchester, et samedi avec sa bonne amie madame de Roncherolle; elle et moi nous sommes d'anciennes connaissances, des amies solides; les petits soins ne sont pas pour nous, mais nous possédons une certaine confiance dont, en mon particulier, je suis fort satisfaite. Je vous répète encore qu'il vous portera de vrais rogatons, et qu'il m'a bien promis de ne vous les remettre que quand vous les lui demanderez.

Je viens de relire ma lettre, je la trouve ennuyeuse à la mort, mais elle passera telle qu'elle est; quand je raisonne, je ne sais ce que je dis.

LETTRE 448.

MADAME LA MARQUISE DU DEFFAND A M. DE VOLTAIRE.

Paris, 18 novembre 1772 [1].

J'ai tout entendu, mon cher Voltaire, et je vous en dois des remerciments infinis. Je doute que les morts soient aussi contents de vous que le sont les vivants. Horace rougira (si tant est que les ombres rougissent) de se voir surpassé, et Minos de se voir si bien jugé, et d'être forcé d'avouer qu'il devrait subir les punitions auxquelles il condamne des gens moins coupables que lui. Astérie est très-intéressante. Le roi représente très-bien Gustave II; c'est en faire un grand éloge. Sans doute j'aime ce Gustave; j'ai eu le bonheur de le connaître pendant son séjour ici. Je puis vous assurer qu'il est aussi aimable dans la société, qu'il est grand et respectable à la tête de la chose publique. C'est le héros que vous devez célébrer et peindre, il n'y aura point d'ombre au tableau.

J'ai eu un vrai plaisir à faire les applications que vous avez eues en vue en composant votre pièce. En vérité, mon cher Voltaire, vous n'avez que trente ans. Si c'est grâce à qui vous savez que vous ne vieillissez pas, vous vérifiez bien le proverbe : *Oignez vilain*, etc., etc.

J'ai été très-contente de Le Kain, il a lu à merveille; mais je

---

[1] Cette lettre est une réponse à une lettre de Voltaire; celle-ci ne se trouvant point dans l'édition de Beaumarchais, on a cru devoir la donner ci-avant, p. 282. (L.)

ne suis point contente de la distribution des rôles, je voudrais qu'il fît le roi; il dit que cela ne se peut pas; je n'entends pas les dignités théâtrales; il y en a pourtant bien de cette sorte à la cour et à la ville.

D'où vient ne voulez-vous pas connaître tout cela par vous-même? Cessez donc d'écrire, si vous voulez nous persuader que c'est votre âge qui vous empêche de venir. Vous avez quarante ans moins que moi, et j'ai bien été cette année à Chanteloup. Quand l'âme est aussi jeune que l'est la vôtre, le corps s'en ressent; vous n'avez aucune incommodité positive.

Je serais ravie de vous embrasser, de causer avec vous, et de vous trouver d'accord avec ce que je pense sur le mauvais goût, le mauvais ton qui règne dans tout ce qu'on fait, dans tout ce qu'on dit, et dans tout ce qu'on écrit. Donnez-moi de vos nouvelles, envoyez-moi toutes vos productions; ce sont des armes que vous me donnerez pour défendre la bonne cause.

Adieu, aimez-moi toujours un peu, et je vous aimerai toujours infiniment.

LETTRE 449.

MADAME LA MARQUISE DU DEFFAND A M. LE CHEVALIER DE L'ISLE (INÉDITE).

Ce 1er décembre 1772.

Si le grand abbé avait toujours un aussi bon supplément que vous, monsieur, on pourrait attendre plus patiemment qu'il fût en état d'écrire [1]. Votre lettre est charmante. Je vous fais mon compliment sur vos succès dans votre nouvel emploi de négociateur. Aucun talent ne vous manque, et je suis très-flattée que vos occupations, vos amusements, ne m'effacent point de votre souvenir. Rappelez-moi, je vous prie, à celui de madame la comtesse de Brionne et de mademoiselle de Lorraine. Je n'ose pas leur dire moi-même toute la part que je prends aux nouvelles que j'entends dire; mais il est impossible, quand on a l'honneur de les connaître, de ne pas prendre un très-vif intérêt à tout ce qui les regarde.

Je compte passer la soirée jeudi prochain avec madame la maréchale de Luxembourg, je l'accablerai de questions, j'es-

---

[1] Il me semble avoir lu que l'abbé Barthélemy s'était cassé le bras droit. C'est peut-être une allusion à cette position. Néanmoins, le 7 du même mois l'abbé écrit ou fait écrire à madame du Deffand. (*H. de l'Isle.*)

père qu'elle m'apprendra que tout le monde se porte bien; que cela ne vous dispense pas, monsieur, si vous avez quelque moment de loisir, d'en faire usage pour m'informer de tout ce qui se passe à Chanteloup; j'y suis toujours en esprit, mais je n'en ai pas moins besoin d'en être instruite.

Vous ne vous attendez pas que je vous mande rien de ce pays-ci, je crois qu'il n'y a rien de nouveau, j'entendis hier la réponse de la Harpe à l'*Épître de Voltaire à Horace*; elle sera imprimée mercredi, sans doute qu'on vous l'enverra. Je préfère votre correspondance à celle de ces grands poëtes.

Voilà une chanson que j'ai apprise ces jours-ci; je vous en dirai l'auteur quand vous l'aurez lue; il y a, dit-on, vingt-cinq ou trente ans qu'elle est faite.

> M..... d...... m.... d. S......,
> P..... p.... m. p...... p.......,
> Q.. n'.. j...... p. c......,
>   Eh bien?
> U. m... d. v..... h........;
>   Vous m'entendez bien [1].

La mienne est d'aimer tout ce qui est à Chanteloup, et vous en particulier, monsieur. Vous reverra-t-on bientôt?

LETTRE 450.

MADAME LA MARQUISE DU DEFFAND A M. HORACE WALPOLE.

Paris, dimanche 13 décembre 1772.

Ce dont je suis le plus pressée en ouvrant vos lettres, c'est d'en savoir la date; toujours Strawberry-Hill! Ne verrai-je donc

---

[1] Je ne comprends pas cette chanson. (*H. de l'Isle.*) On trouve le mot de cette énigme impie dans le couplet imprimé, avec quelques variantes, dans les *Contes théologiques*, t. Ier, in-8°, 1783.

IMPROMPTU DE VOLTAIRE A DES DAMES QUI LUI DEMANDAIENT UN HYMNE A LA VIERGE.

Air : *Vous m'entendez bien.*

> Divine Mère du Sauveur,
> Priez pour moi, pauvre pécheur,
> Qui n'ai jamais pu croire,
>   Eh bien!
> Un mot de votre histoire;
> Vous m'entendez bien.

Voir l'*Intermédiaire*, excellent petit recueil; n° 12, 31 août 1864, p. 183. (L.)

jamais : de Londres? Quelle abominable goutte! il y a trois mois qu'elle dure. Je crois que notre ami Craufurd vous trouvera terriblement changé; j'exige de lui un récit fidèle. Qu'y a-t-il à gagner d'être trompé? Je crois que vous ne m'avez rien caché de vos souffrances; de tout ce que vous valez, c'est votre vérité que j'estime et que j'aime le plus; elle ne m'est pas souvent favorable, mais j'ai la satisfaction de ne point traiter avec un masque, de ne point recevoir de fausse monnaie; je sens parfaitement à qui j'ai affaire, et si je suis trompée, je ne peux m'en prendre qu'à moi. Je me suis plu quelquefois, je l'avoue, à me tromper; c'était une faiblesse d'enfant, mais j'en suis bien revenue.

J'ai peu de choses à vous dire aujourd'hui qui me soient personnelles. Madame de Mirepoix doit m'amener cette après-dînée mademoiselle Pitt[1]; elle prétend qu'elle a demandé à me voir, et qu'elle aurait très-mauvais air à son retour en Angleterre, si on savait qu'elle ne m'a point vue. C'est apparemment à vous que je dois cette célébrité; si elle était vraie, j'en serais très-flattée, mais je sais trop ce qu'il en faut rabattre.

Les Beauvau, qui ont fait un voyage en Lorraine, sont de retour de jeudi au soir; j'ai vu hier et avant-hier le prince et non la princesse, mais elle soupera chez moi demain : elle est venue fort à propos; on espère beaucoup en elle pour empêcher M. le duc d'Orléans de suivre l'exemple que vient de lui donner le prince de Condé, en se réconciliant avec le roi, malgré la protestation qu'il avait signée avec les autres princes, par laquelle ils faisaient serment de ne jamais reconnaître le nouveau parlement, et protestaient contre ce que la force ou la faiblesse pourrait leur faire faire. C'est M. le comte de la Marche[2] (qui était le seul qui n'eût point signé la protestation) et M. de Soubise qui ont été les négociateurs; il y en a qui disent aussi l'abbé Terray; mais on affirme que ni le chancelier, ni le d'Aiguillon, ni la dame[3] n'y ont eu la moindre part. Personne ne doute que le duc d'Orléans n'ait le plus grand désir de faire comme son cousin : il n'y a que son fils qui le

[1] Mademoiselle Anne Pitt, sœur unique du premier comte de Chatham. (A.N.)

[2] Fils du prince de Conti, le seul des princes du sang qui se soit constamment tenu du côté de la cour dans ses discussions avec le parlement de Paris. (A. N.)

Madame du Barry. (A. N.)

retienne; c'est un jeune homme très-entêté; et qui croit, ainsi que son oncle le prince de Conti, jouer un grand rôle en étant à la tête d'une prétendue faction, qui n'a produit ni ne produira jamais d'autre effet que de n'être bonne à rien, et de ne pouvoir procurer du bien à leurs amis, à leurs domestiques, à la chose publique et à leurs propres affaires. Ce n'est pas ici comme chez vous : il faut être ici à la tête d'une armée quand on veut faire des remontrances. Ces grands princes, depuis leurs protestations, sont devenus des bourgeois de la rue Saint-Denis; on ne s'aperçoit point à la cour de leur absence, ni à la ville de leur présence.

On nommera incessamment la maison du comte d'Artois; quand la liste paraîtra, je vous l'enverrai, et vous saurez ce qu'on peut écrire par la poste. Quand je trouverai des occasions sûres, je vous dirai tout ce qui viendra à ma connaissance; j'ai préféré cette fois-ci de vous écrire par Couty[1], à M. de Lauzun qui a dû partir cette nuit pour aller passer six semaines chez vous. Qu'y va-t-il faire? C'est ce qu'il ne sait pas, je crois, mieux que moi. Je vous envoie la réponse de la Harpe[2], une chanson et de petits vers sur M. le prince de Condé : il y en aura sans doute une infinité d'autres; je recueillerai ceux qui en vaudront la peine, et vous les aurez quand j'en trouverai l'occasion.

M. de Choiseul a eu un très-gros rhume; il s'est cru de l'eau dans la poitrine, et, pour la première fois de sa vie, il était devenu fort triste et fort inquiet : vous devez juger de l'état de la grand'maman. Dans ce même temps arriva la clavicule de l'abbé[3], et une compagnie de vingt personnes dont elle n'était l'objet d'aucune. Cette femme, pas plus grosse qu'une petite poupée, a un courage de lion; tout le monde devrait l'adorer et l'aimer, mais elle ne produit point cet effet; on l'estime, mais elle ennuie, parce que les vertus, quoique supérieures aux sentiments, ne sont pas si agréables : on est forcé à les admirer, mais cette admiration est une sorte d'effort qui fatigue. Voilà un raisonnement tout à fait de son goût; n'allez pas vous révolter contre : songez que je vous parle à l'oreille, et

---

[1] Le frère d'une femme de chambre de madame du Deffand, qui était domestique en Angleterre. (A. N.)

[2] Cette pièce avait pour titre : *Réponse d'Horace à M. de Voltaire*, en réponse à son *Épître à Horace*. (A. N.)

[3] L'abbé Barthélemy s'était, par une chute, cassé la clavicule. (A. N.)

qu'excepté Wiart, qui est une sorte de muraille, personne ne m'entend.

Voici la chanson, sur l'air : *Réveillez-vous, belle endormie.*

> Pour faire une fausse démarche
> Condé se montre le premier ;
> Crainte que son cousin la Marche
> Des hommes ne soit le dernier.

Vers adressés à madame de Monaco.

> Quand le prince est à vos genoux,
> Vous sentez que le prince est roux ;
> Et lorsque le prince vous lorgne,
> Je vois que Son Altesse est borgne.

Je donne à madame de Luxembourg, pour ses étrennes, un coffre de parfilage, c'est-à-dire couvert de fil d'or ; c'est la mode : ce coffre sera rempli de diablotins ; elle les aime à la folie. J'ai prié vainement Pont-de-Veyle de me faire des couplets ; il ne l'a pas voulu, je les ai faits moi-même ; ils sont détestables, qu'importe ? les voici. Air : *Réveillez-vous, belle endormie.*

> Je désirais que cette étrenne
> Fût *accompagnée* d'un couplet ;
> Je n'ai pu tirer de ma veine
> Un seul vers qui m'ait satisfait.
>
> Je me suis adressée aux diables,
> A leurs ministres les lutins,
> Mais les trouvant peu secourables,
> Mon recours est les diablotins.

LETTRE 451.

MADAME LA MARQUISE DU DEFFAND A M. HORACE WALPOLE.

Paris, 5 janvier 1773.

Les facteurs ne rendent les lettres dans ce temps-ci que le lendemain de leur arrivée, par le grand nombre qu'ils en ont à distribuer ; ainsi, quoique je vous aie écrit dimanche, je vous écris encore aujourd'hui, pour répondre à votre lettre du 27 que je reçus hier. Je vois avec peine que vos forces reviennent bien lentement ; j'admire votre courage, et de vos vertus c'est celle que j'envie le plus et que je n'aurai jamais ; ce n'est pas à mon âge qu'on peut l'acquérir; j'en suis bien fâchée, connaissant parfaitement tous les inconvénients de la faiblesse.

J'ai reçu par madame Damer deux exemplaires des *Lettres de madame de Pompadour;* j'ai fait grand plaisir à Pont-de-Veyle en lui en donnant un. Vous pouvez lire ces lettres, elles ne sont sûrement pas de madame de Pompadour; mais elles ne sont pas ennuyeuses ni de mauvais ton; il y a du mal de beaucoup de gens. Je suis curieuse de savoir comment vous aurez trouvé celle de M. le duc d'Orléans [1]; j'avoue qu'elle me paraît très-bonne; il me semble seulement qu'elle s'est fait trop attendre; c'est le sujet de toutes les conversations et de toutes les disputes.

Je ne reçois plus de nouvelles de Voltaire. Peut-être m'a-t-on fait des tracasseries avec lui. Il a écrit à d'Alembert que le roi de Prusse lui avait envoyé une jatte de porcelaine où il y avait un Amphion, une lyre et une couronne de lauriers; Voltaire, par sa réponse, lui a demandé *s'il mettait ses armes partout.* Ce roi lui a répliqué par application de ces trois choses à sa *Henriade,* à tous ses autres ouvrages, et même à ses bâtiments, car il prétend avoir construit une ville. Voltaire a envoyé copie de cette lettre que l'on dit être charmante, et à qui par conséquent le récit que je viens de vous faire ne ressemble pas.

Le livre dont vous êtes charmé réussit parfaitement ici; mais il vient d'être défendu. Tout le monde dit qu'il est de l'abbé Raynal [2] : on en doit être étonné, car les ouvrages qu'il a faits précédemment ne donnaient pas lieu de penser qu'il en pût faire un aussi bon que le dernier; je ne l'ai point lu, je n'ai pas l'esprit assez solide pour faire de telles lectures, elles demanderaient une application dont je suis incapable, et un désir de s'instruire que je n'ai pas; je ne cherche qu'à tuer le temps, faute de trouver les moyens de le bien employer. Je ne veux pas vous faire perdre le vôtre par une plus longue lettre. Adieu.

Que vous dirai-je de mademoiselle Pitt? Elle m'a rendu deux visites; elle doit m'en rendre encore une avant que de partir,

---

[1] Une lettre du duc d'Orléans au roi. Le duc, à ce qu'il paraît, ne tarda pas à suivre l'exemple de son cousin, le prince de Condé, en se réconciliant avec la cour. Le motif de cette soumission, et la récompense qui en fut le prix, étaient la permission du roi d'épouser avec certaines restrictions madame de Montesson. (A. N.)

[2] *L'Histoire philosophique et politique des deux Indes.* (A. N.)

à ce qu'elle m'a fait dire. Je crois qu'elle a beaucoup d'esprit, qu'elle a du goût, qu'elle juge bien des ouvrages. Je ne sais si elle juge aussi bien les hommes, elle les voit peut-être à vue d'oiseau, et se croit fort supérieure à tous; elle parle bien, mais pesamment; je lui trouve quelques rapports avec feu madame de Sandwich[1]. Ne serait-elle pas un peu envieuse et jalouse? Mais, à dire le vrai, je ne la connais pas assez pour la pouvoir juger; je pense qu'elle ne manque pas d'agrément quand elle est à son aise, mais moi je ne le suis pas en vous parlant d'elle, car je ne suis pas en état de la définir.

LETTRE 452.

MADAME LA MARQUISE DU DEFFAND A M. HORACE WALPOLE.

Paris, 11 janvier 1773.

Vous avez vu, par ma dernière lettre, pourquoi j'ai été quelque temps sans vous écrire. Vous me demandez si l'on est content de vos Gramont; on trouve le papier fort beau, les gravures mauvaises; le caractère pourrait être plus net, on voudrait plus d'intervalle entre les lignes, et le format trop carré; voilà toutes les critiques que j'ai recueillies. Pour l'*Épitre dédicatoire*, personne ne l'a remarquée; du moins on ne m'en a pas parlé, et j'en ai été fort aise. Je suis si fatiguée de la vanité des autres, que j'évite les occasions d'en avoir moi-même.

Depuis les deux visites dont je vous ai parlé, de mademoiselle Pitt, je ne l'ai point revue; on dit qu'elle ne se porte point bien, et qu'elle restera encore ici quelque temps. Je lui crois une sorte d'importance qu'elle ne veut pas commettre en s'abaissant à me rechercher; en effet, elle me ferait trop d'honneur. Je donnerai à souper jeudi aux Manchester et à votre ambassadeur[2], qui ne me plaît point du tout; j'aime mieux son secrétaire[3], qui me paraît bon homme et fort officieux.

Le Caraccioli me visite fort assidûment; il adore madame de

---

[1] La comtesse de Sandwich, mère du feu comte de ce nom. Elle était fille de Wilmot, comte de Rochester, et vécut longtemps à Paris, où elle mourut dans un âge fort avancé. C'est à cette dame que Ninon de Lenclos donna son portrait, qui se trouve actuellement dans la collection de Strawberry-Hill. (A. N.)

[2] Le comte de Mansfield, alors vicomte de Stormont. (A. N.)

[3] M. Saint-Paul. (A. N.)

Beauvau, son éloquence l'a subjugué : cet homme est un peu braillard, mais il est doux, et a de la franchise et de la candeur; sa santé n'est point bonne. Pour moi, je sors rarement de mon tonneau, et jamais avant neuf heures; je retranche tous les jours sur mon manger, et je me porte bien, aux insomnies près; mais depuis huit ou dix jours, je ne dors pas plus de trois ou quatre heures par nuit, quoique j'en reste douze ou treize dans mon lit; mais comme je ne souffre point, je prendrais le mal en patience, si j'avais des livres qui pussent m'amuser; mais tout ce qu'on nous donne de nouveau est détestable; le style d'aujourd'hui est horrible, lâche, recherché, de la philosophie partout, une morale rebattue, sèche. Il y a un roman de M. Dorat, dont le titre est : *les Malheurs de l'inconstance;* il est par lettres, il est rempli de toutes les pensées, les idées, les réflexions qui lui ont passé par la tête depuis qu'il est né. Les événements ne cheminent point : j'ai eu la patience de lire le premier tome; pour le second, je n'ai lu que la fin de chaque lettre. Ah! vous avez raison, les lettres pleines de raisonnements sont bien ennuyeuses; il vaut bien mieux qu'elles soient à bâtons rompus.

Nous avons une actrice nouvelle[1], je crois vous en avoir parlé; les uns la trouvent divine, les autres qu'elle le deviendra, et moi je pense qu'elle sera médiocre, c'est-à-dire peut-être un peu au-dessus de mademoiselle Vestris, mais qu'elle n'aura jamais une manière à elle, et qu'elle sera au-dessous de mademoiselle Clairon et de mademoiselle Dumesnil, quand elle a été bonne. Je continuerai cette lettre, s'il me survient quelque chose à vous dire.

Mardi 2.

La journée d'hier n'a rien fourni. Je ne sortis qu'à neuf heures pour aller chez les Caraman; la compagnie était madame de Cambis, le comte de Broglie, son frère l'évêque et l'évêque de Mirepoix; la conversation fut douce et facile, et c'est sans comparaison la maison où je me plais le plus. Ma liaison avec eux se fortifie tous les jours, mais il y a de nécessité tous les ans une absence de six mois qu'ils passent à Roissy; je peux y aller tant que je veux, mais je ne saurais découcher; et faire dix lieues pour un souper me devient chaque année une corvée plus difficile; je n'ai de ressource fixe pour les étés que le

---

[1] Mademoiselle Raucourt. (A. N.)

Carrousel, mais à chaque jour suffit son mal, et jusqu'au mois de mai je ne manque pas de compagnie.

Par grand extraordinaire j'ai dormi cette nuit; je me trouve un peu réparée. Hier j'étais si fatiguée, que je m'endormis dans mon tonneau et que je reçus des visites tout d'un somme; la duchesse de Boufflers entra et sortit de chez moi sans que je m'en doutasse; je ne l'appris qu'à mon réveil.

A 5 heures du soir.

Je suis seule, je n'ai rien à faire et vous ne haïssez pas les longues lettres quand elles sont en style de gazette. Je vous dirai donc que je viens de recevoir une lettre de la grand'-maman : voici ce qu'elle me mande après m'avoir parlé de votre santé.

« Remerciez-le bien pour moi, je vous prie, du présent qu'il
» me fait[1], et ayez la bonté de me faire relier ce livre en beau
» maroquin rouge, parce qu'il sera placé dans mon petit cabinet
» particulier avec l'estampe de notre Horace. Il me ferait un
» présent bien plus précieux encore, s'il voulait bien me donner
» ses Œuvres; je goûterais le prix de l'ouvrage et je sentirais
» celui de l'amitié qui m'en aurait gratifiée. »

Il paraît depuis quelques semaines un livre qui a pour titre : *Les trois siècles de notre littérature*, ou *Tableau de l'esprit de nos écrivains, depuis François Ier jusqu'en 1772, par ordre alphabétique*[2].

J'ai été contente des deux premières pages de la *Préface*, elles annoncent un bon ouvrage; mais la suite en est si ennuyeuse, que je n'ai pu la continuer. Après vous avoir écrit ce matin, je me suis fait lire l'article de *Voltaire*, qui contient quarante-trois pages in-octavo; je parierais qu'il n'est pas de la même main que le reste de l'ouvrage; je m'imagine qu'à peu de chose près, vous en seriez fort content. Si ce livre n'est point chez vous, et que je puisse l'avoir, je vous l'enverrai.

Vous aurez les *Lettres de madame des Ursins*, par la première occasion que je trouverai.

Je vous dirai que je soupçonne d'avoir fait l'article de *Voltaire*, M. de Pompignan; il respire la vengeance, et parmi les gens qu'il reproche à Voltaire d'avoir outragés, dont la liste est fort grande, il n'est point nommé. Je vais chercher l'article

---

[1] L'édition des *Mémoires* du chevalier de Gramont, par M. Walpole. (A. N.)
[2] Par M. l'abbé Sabatier de Castres. (A. N.)

Pompignan, et je vous dirai demain s'il me confirme mes soupçons.

Mercredi 13.

Je lus l'article *Pompignan* hier, je me confirmai dans l'idée que celui de Voltaire était de lui, et qu'il était aussi l'auteur du sien. J'ai relu ce matin l'un et l'autre; mais soit qu'ils m'aient été plus mal lus, ou que je varie dans mes jugements, je n'ai plus d'opinion; ce peut être de Palissot, de Fréron, enfin de qui on voudra. Je n'y ai point trouvé l'énergie que j'avais hier cru y trouver; ce n'est pas la peine de vous l'envoyer.

Les gens qui avaient critiqué le format de Gramont s'en dédisent; ainsi, si vous faites une nouvelle édition, croyez-moi, n'y changez rien, cela vous coûterait de la peine et des frais; si vous voulez toujours que l'*Épître* soit à la tête, gardez-vous bien d'y mettre mon nom. Je suis très-touchée et reconnaissante des marques de votre considération, et je ne prétends pas en tirer aucun autre avantage, et de plus, je ne veux point exciter de jalousie et donner occasion de parler de moi.

Je vous envoie un petit écrit sur les jésuites.

Trouvez-vous cette lettre un peu longue? Elle vous déplairait moins à Strawberry-Hill; elle est déplacée à Londres, où vous avez mieux à faire.

LA PASSION DES JÉSUITES.

Le Pape présente à divers souverains de l'Europe le général des jésuites, en leur disant : ECCE HOMO; *à quoi répondent ces princes, savoir :*

Le roi de Portugal	*Tolle, tolle, crucifige.*
Le roi d'Espagne	*Reus est mortis.*
Le roi de France	*Vos dicitis :*
La reine de Hongrie	*Quid mali fecit?*
L'empereur.	*Non invenio in eo causam.*
Le roi de Prusse	*Quid ad me?*
La république de Venise	*Non in die festo, ne forte tumultus fiat in populo.*
La république de Lucques	*Virum non novi.*
Le roi de Naples et l'infant duc de Parme.	*Nos legem habemus, et secundum legem debet mori.*
Le roi de Sardaigne.	*Innocens sum a sanguine ejus.*
Le pape réplique	*Corripiam et emendatum vobis eum tradam.*
Le général des jésuites	*Post tres dies resurgam.*

Tous les ordres religieux disent au Pape :

> Jube ergo custodiri sepulchrum
> usque in diem tertium, ne forte
> veniant discipuli ejus, et
> furentur eum, et dicant plebi :

SURREXIT A MORTUIS, et erit novissimus error pejor priore.

Le pape réplique . . . . *Ite, custodite, sicut scitis.*

LETTRE 453.

MADAME LA MARQUISE DU DEFFAND A M. HORACE WALPOLE.

Paris, lundi 25 janvier 1773.

Je suis on ne peut pas plus affligée de ce retour de goutte ; mais vous auriez eu grand tort de me le laisser ignorer : je me repose sur la confiance que j'ai que vous m'informerez toujours exactement de votre santé ; je compte que sur cet article vous me parlerez avec autant de vérité que vous avez fait tant de fois sur d'autres, c'est-à-dire sans aucun ménagement.

Vous enverrez, dites-vous, à la grand'maman, non-seulement tout ce que vous avez fait, mais tout ce que vous avez imprimé[1]. Je vous dirai naturellement que je ne vous le conseille pas : elle n'entend point l'anglais ; la demande qu'elle vous a faite est une politesse et un mouvement d'amitié pour vous et pour moi : elle ne s'en souvient peut-être déjà plus ; attendez qu'elle vous renouvelle sa demande. Ignorez-vous que dans notre pays on a une civilité banale qui ne signifie rien ? La grand'maman a mieux que cela, j'en conviens ; elle a de la bonté, elle veut obliger, elle veut qu'on soit content d'elle ; mais excepté son

---

[1] M. Walpole avait dit : « J'obéirai aux ordres de la grand'maman comme imprimeur, non comme auteur. Elle aura tous les livres de ma presse, dont quelques-uns sont de moi. Ils se vendront en futur comme des raretés, pas comme de bons écrits ; mais voilà le seul titre sous lequel j'aurai la hardiesse de les offrir à madame de Choiseul. Ce n'est pas que je la soupçonnerais d'être capable de me traiter comme a fait Voltaire, qui me demanda mon *Richard III*, et puis m'accusa de lui avoir envoyé mes ouvrages sans qu'il me les eût demandés. Je ne savais pas que la grand'maman lût l'anglais ; si elle ne le sait point, j'aurai le plaisir de lui marquer mon attachement. Je craindrai l'abbé, si pour rendre complète la suite de mes impressions, j'y mets ma tragédie ; j'ai moins de répugnance pour mon *Château d'Otrante*, qui peut passer pour une plaisanterie ; mais une tragédie dont le sujet est révoltant, voilà qui est curieux. (A. N.)

mari, soyez sûre qu'elle n'aime rien; gardez vos livres, croyez-moi.

Comment avez-vous pu croire que Voltaire fût à Paris, et que je ne vous l'eusse pas mandé? Il n'est pas assez fou pour y venir, et je suis bien éloignée de le désirer. Je n'entends plus parler de lui; il n'a pas répondu à la lettre où je le remerciais de la lecture que Le Kain m'était venu faire de ses *Lois de Minos* : si je n'avais pas conservé cette lettre, je croirais qu'il y avait quelque chose qui aurait pu lui déplaire; je l'ai relue, et je n'ai pas cette crainte.

Vous et M. Selwyn, vous êtes de mauvais puristes dans notre langue[1]; j'ai consulté un très-grand grammairien, M. de Beauvau, pour savoir si j'avais fait une faute en écrivant : *par un grand extraordinaire, j'ai dormi*, etc. C'est une expression, m'a-t-il dit, fort usitée dans la conversation, dans les lettres et dans les discours familiers. Ce n'est pas que je prétende au beau langage; je ne sais pas un mot de grammaire, ma manière de m'exprimer est toujours l'effet du hasard indépendant de toute règle et de tout art; aussi je ne suis point flattée quand on me dit que j'écris bien, car je n'en crois rien.

Si vous faites une seconde édition de Grammont, il y faudra observer bien des choses; que les caractères soient plus nets, l'encre plus noire et moins grasse, les lignes moins pressées et l'orthographe mieux observée; surtout substituez le mot *aimable* à la place d'*amiable*, ce dernier n'est point en usage. Voilà ce qui regarde le public. Pour ce qui me regarde en particulier, et que j'ai fort à cœur, c'est que mon nom ne soit jamais imprimé; j'ai craint qu'il ne le fût dans votre première édition, je crains bien plus qu'il ne le soit dans la seconde; on croirait que, mécontente de ce que l'on ne m'a pas devinée, j'ai obtenu que vous me fissiez connaître; je suis bien éloignée de chercher la célébrité, je crains la considération qu'on n'exprime que par la jalousie et l'envie; trouvez bon que je me contente d'être considérée par vous; je recevrai toujours avec reconnaissance et

---

[1] Voici la manière dont M. Walpole s'était exprimé : « M. Selwyn et moi nous trouvons que votre commerce avec nous autres Anglais vient d'influer sur la pureté de votre style. Avons-nous raison de nous formaliser d'une expression dans votre dernière lettre où vous vous servez de cette phrase, *par extraordinaire;—j'ai dormi cette nuit par grand extraordinaire*, nous a l'air extrêmement anglais. Nous voilà puristes! Ce que je trouve quasi crime dans des lettres familières dont les négligences sont des beautés. » (A. N.)

plaisir toutes les marques d'estime que vous voudrez bien me donner, mais de vous à moi[1].

LETTRE 454.

MADAME LA MARQUISE DU DEFFAND A M. HORACE WALPOLE.

Paris, lundi 1er février 1773.

Si mes inspirations vous font rire, vos appréhensions me font le même effet. Est-il possible que vous en ayez encore? Je vous croyais le tact plus fin; mais laissons cela. Ce qui est bien éloigné de me faire rire, c'est l'obstination de cette maudite goutte; mais c'est encore sur quoi il faut me taire.

J'eus bien envie de vous écrire l'ordinaire d'avant celui-ci, pour vous apprendre la nouvelle du jour; c'est que madame de Forcalquier avait été à Choisy, le mardi 26. Il y eut comédie ce jour-là; la nouvelle actrice y jouait le rôle d'*Hermione;* la dame soupa avec le roi; la voilà admise aux voyages. J'en suis fort aise par rapport à madame de Mirepoix : tandis que tout le monde s'en étonne, moi je ne suis étonnée que de ce que cela n'a pas été plus tôt.

On ne parle ici que de bals d'après-dînées; il y en a trois ou quatre par semaine. Les Brienne, les du Châtelet, M. de Monaco, M. de Bouzolles, etc., etc., sont ceux qui en donnent le plus souvent. Je soupe ce soir chez madame de Luxembourg, pour entendre réciter par la Harpe sa tragédie des *Barmécides* tout entière : car nous n'en entendîmes que trois actes, il y a aujourd'hui quinze jours.

J'attends votre réponse sur les *Trois siècles de notre littérature* et sur l'*Almanach royal;* j'y joindrai les *Lois de Minos,* et si vous voulez tout cela, je vous l'enverrai par les Manchester, qui partiront dans le courant de ce mois; ils souperont jeudi chez moi.

---

[1] M. Walpole lui dit en réponse : « Les critiques de mon Gramont ne me choquent point, elles sont bien légères. Je trouve votre éloignement pour y voir votre nom très-déplacé. On en aura dit tout ce qu'on en pourrait dire, et qu'importe? — La jalousie des envieux doit-elle être un obstacle à la déclaration de mon amitié et de ma reconnaissance? Il me semble que l'omission me donne mauvaise grâce, et a l'air de partir de ma timidité plutôt que de la vôtre. C'est pourquoi j'insiste, et vous supplie de m'accorder la permission. » (A. N.)

Mardi 2.

J'ai entendu les *Barmécides*, j'ai eu du plaisir; il y a de très-beaux vers; je crois qu'il y a beaucoup à critiquer, et que la chaleur avec laquelle l'auteur l'a lue a pu faire illusion; si elle est bien jouée, je crois qu'elle aura du succès; il n'y a pas de comparaison aux *Lois de Minos*.

Mercredi 3.

J'eus hier à souper les Beauvau, madame de Luxembourg, l'évêque de Mirepoix, M. de Stainville, le comte de Broglie, Pont-de-Veyle et l'ambassadeur de Naples; jamais je ne me suis plus ennuyée. Nous débutâmes par lire un long écrit de Voltaire que l'ambassadeur avait apporté, et nous annonça comme devant nous faire mourir de plaisir; c'est l'éloge des philosophes et de la philosophie. Il prouve, par cent exemples, qu'il n'y a point eu d'États heureux et bien gouvernés, que lorsque les philosophes ont dominé; cet écrit a trente ou quarante pages. Nous eûmes après, quantité de petites histoires, de petits récits que nous fit la princesse, et tous étaient à sa plus grande gloire : je me contins avec une fermeté héroïque et une prudence consommée pour ne point laisser entrevoir ce que je pensais. Je m'aperçois avec plaisir que les efforts que je fais me sont très-utiles, non-seulement pour éviter l'écueil présent, mais pour me faciliter de me garantir de ceux à venir; je me dis souvent : Si M. Walpole était témoin de ma conduite, il en serait content.

LETTRE 455.

MADAME LA MARQUISE DU DEFFAND A M. HORACE WALPOLE.

Dimanche 7 février 1773.

Ceci est un hors-d'œuvre; mais vous ne vous en apercevrez que par la date; je suis toute seule et de très-mauvaise humeur. Il n'y a point eu de courrier aujourd'hui et je l'attendais avec impatience, étant (s'il m'est permis de le dire) fort inquiète de votre santé; être dix jours sans recevoir de nouvelles me semble un peu long : j'espère en apprendre demain, et que vous aurez été en état d'écrire. Si votre main était entreprise, M. Craufurd, je me flatte, prendrait la peine d'y suppléer.

Il n'y a rien ici de nouveau; il devait y avoir un bal mercredi, chez M. d'Aiguillon, une espèce de fête qu'il devait donner à madame la comtesse[1] ; mais le roi fait un voyage ce jour-là, je ne sais pas si c'est partie remise ou rompue.

Les Manchester partent dans le courant de cette semaine; je compte que votre première lettre m'apprendra si vous voulez les *Trois siècles de notre littérature;* vous les avez peut-être chez vous, mais si vous ne m'en parlez point, je vous les enverrai toujours avec les *Lois de Minos* qui vous surprendront. Comment, quand on a fait de si bonnes choses, peut-on se résoudre à en faire de si médiocres? pourquoi ne se pas taire quand on n'a rien à dire? Il n'y a que les fous et les bêtes à qui il est permis de parler toujours, parce qu'ils n'ont pas plus d'idées dans un temps que dans un autre. M. Francés croit m'avoir trouvé un traducteur. Je n'abandonne point le projet de faire traduire votre tragédie; je ne l'exposerai point à la critique; je devrais supposer qu'elle n'en est point susceptible, mais nous sommes des gens fort difficiles; ce qui est hardi nous parait extravagant, et ce qui n'est pas fade nous parait grossier : oh! nous avons le goût bien délicat. Quand je dis nous, j'ai tort, je dois m'en excepter; je ne saurais lire les ouvrages d'aucun de nos beaux esprits; ils n'apprennent rien, c'est toujours l'éloge de la philosophie, ou plutôt celui des philosophes; ils ne veulent pas qu'on croie en celui-ci, qu'on obéisse à celui-là; ce sont de sottes gens; ils ont un grand nombre de partisans aussi sots qu'eux.

Je pensais ce matin que j'étais bien vieille, et je m'examinais pour savoir si je serais bien aise de revenir à trente ans. En vérité, en vérité, j'ai senti que non. De quoi remplirais-je le temps que j'ai à vivre? Il faudrait toujours en venir au terme où je suis; je suis quitte actuellement des malheurs que j'ai éprouvés; je ne serais pas bien aise d'avoir à recommencer; ce n'est pas que je ne craigne la mort; mais comme on ne peut l'éviter, je ne m'afflige point du peu d'espace qu'il y a entre ce moment-là et celui où je suis. Tout ce que je désirerais, ce serait d'avoir un caractère semblable au vôtre, de ne pas connaître l'ennui; c'est un mal dont on ne peut se délivrer, c'est une maladie de l'âme dont nous afflige la nature en nous donnant l'existence; c'est le ver solitaire qui absorbe tout, et qui fait que rien ne nous profite. Ne renvoyez point à la raison : à quoi est-elle bonne? Tout ce qu'elle nous apprend, c'est de

---

[1] Du Barry. (A. N.)

souffrir sans se plaindre; mais elle n'empêche pas de souffrir; elle enseigne encore, je l'avoue, à avoir des égards, à ménager les gens avec qui l'on vit, à supporter leurs ridicules, à conserver ses sociétés, à n'écarter personne de soi, je conviens de cela : eh bien! je n'en suis pas moins toute seule aujourd'hui, jusqu'à ma chère compagne la Sanadona, qui m'a quittée pour aller à l'Opéra avec monseigneur le duc de Praslin, dont elle est grande favorite. C'est à son absence que vous devez vous en prendre, si mon bavardage vous ennuie.

LETTRE 456.

MADAME LA MARQUISE DU DEFFAND A M. HORACE WALPOLE.

Jeudi 10 février 1773.

Ce sont les Manchester [1] qui se chargent de vous remettre ce paquet. Si vous les voyez, ne manquez pas, je vous prie, de leur dire tout le bien que je vous ai mandé d'eux. Rien n'est plus aimable que la duchesse [2], et si vous la connaissiez, elle vous plairait infiniment; elle a réussi auprès de tout le monde; on dit sa figure très-agréable; et pour ses manières, je m'en rapporte à moi-même; personne n'est plus doux, plus poli, et n'a le désir de plaire d'une façon plus agréable; elle est prévenante sans être empressée, et a infiniment l'usage du monde, et de cet usage fait pour tous les pays. Vous m'en croirez engouée; non, je l'ai vue peu souvent, je n'ai pas désiré de la voir davantage, je n'aurais su de quoi l'entretenir, et j'aurais craint de l'ennuyer.

Je vis hier le fameux M. Burke [3]; il parle notre langue avec la plus grande difficulté, mais il n'a pas besoin de sa réputation pour se faire juger homme de beaucoup d'esprit; il trouva assez de monde chez moi et bonne compagnie, entre autres le comte de Broglie, l'évêque de Mirepoix et le Caraccioli; il me fut amené par un M. Warte, qui me paraît le mâle de feu madame Hesse; vous ne connaissez peut-être pas l'un, et vous n'avez peut-être jamais vu l'autre; je leur donnerai à souper mercredi.

Le courrier du mercredi a manqué; je n'attendais pas absolument de vos nouvelles, mais je trouvais qu'il n'était pas im-

[1] Le feu duc de Manchester et sa famille. (A. N.)
[2] Élisabeth d'Ashwood, duchesse douairière de Manchester. (A. N.)
[3] Le célèbre Edmond Burke. (A. N.)

possible que j'en reçusse. Me voilà remise à dimanche. J'attends avec impatience d'apprendre quel est votre état et celui de monsieur votre neveu.

Peut-être ne vous soucierez-vous guère de tout ce que je vous envoie.

LETTRE 457.

MADAME LA MARQUISE DU DEFFAND A M. HORACE WALPOLE.

Mercredi 17 février.

Ce que vous me mandez de votre état m'afflige infiniment, et surtout l'idée que vous avez de ne jamais guérir. Je suis bien éloignée de penser de même; le retour du beau temps vous guérira, je le crois, je l'espère. Je sais bien qu'il n'y a point de conseil à vous donner sur votre régime; vous avez toujours observé le plus sévère, et vous ne vous êtes point attiré les maux que vous souffrez. Est-ce une consolation de n'avoir point de reproches à se faire? Si c'en est une, elle est bien faible. Est-ce un bonheur d'être né? dites, le pensez-vous? Mais je me tais; il ne faut pas ajouter la tristesse et l'ennui à tous vos autres maux.

Je prévoyais bien que les *Lettres de madame des Ursins* ne vous amuseraient guère; celles de madame de Maintenon ne vous auraient pas été beaucoup plus agréables; on y trouve plus la femme d'esprit, mais il y règne une réserve, une contrainte qui ôtent tout le plaisir. On aura incessamment les nouvelles *Lettres de madame de Sévigné*. J'ai remis à les lire quand elles seraient imprimées; je doute qu'elles soient aussi agréables que celles à sa fille; toute lettre où l'on ne parle pas à cœur ouvert, où l'on ne dit pas tout ce qu'on pense, tout ce qu'on voit, tout ce qu'on fait, où l'on n'écrit que pour écrire, où l'on démêle de la réserve, de la contrainte, devient une lecture bien fade. Celles que je reçois du grand abbé ne sont pas dans ce goût-là; elles sont gaies et naturelles, et s'il n'y dit pas tout, il le laisse deviner. Il m'annonce un petit voyage ici dans le courant du mois prochain; j'en aurais du plaisir, si je pouvais en avoir.

La Bellissima en est restée à sa première sortie; elle n'a été suivie d'aucun autre voyage, elle n'est invitée à aucune fête, elle essaye de faire passer tout cela pour de la dignité; elle s'est rendue, dit-elle, à une invitation que personne n'oserait refuser. Cette raison serait bonne, si à cette soumission nécessaire elle n'avait pas ajouté une visite d'une heure qui ne l'était nullement; mais l'obscurité dans laquelle elle vit couvre tout; comme on pense peu à elle, on ne la blâme qu'en passant.

Il y a un monde énorme chez mes parents. C'est un bruit, un tintamarre qui accable la grand'maman; pour le grand-papa, il en est ravi. Ils auront une bien plus belle visite les premiers jours de carême, de M. le duc de Chartres : cela surprend tout le monde. L'archevêque de Toulouse et son frère y arrivent aujourd'hui. Enfin, qu'est-ce qui n'y va pas? il n'y a que ceux qui ne cherchent pas la considération.

Je donne ce soir à souper à votre M. Burke; il y a des gens ici qui l'appellent *Junius*[1]; il me parait avoir infiniment d'esprit. Il parle très-difficilement notre langue; je lui donne une compagnie que j'ai tâché de lui assortir; un M. Dubucq qui est aussi un grand esprit[2]; le comte de Broglie, l'évêque de Mirepoix, madame de Cambis, les Caraman, etc. Adieu.

LETTRE 458.

MADAME LA MARQUISE DU DEFFAND A M. HORACE WALPOLE.

Paris, mercredi 24 février 1773.

Ah! je le vois bien, il est impossible que vous soyez jamais content de moi; tantôt c'est une chose, tantôt c'est une autre qui vous choque ou qui vous déplaît. Mais je ne sais d'où vient vous vous êtes fait de moi une idée dont il ne vous convient pas de revenir; gardez-la, si cela vous fait plaisir; pourvu que vous n'ayez plus de goutte, ni de fièvre, tout m'est égal; je désirerais seulement n'être pas obligée à m'observer quand je vous écris; on est quelquefois entraîné à parler de soi, à dire ce qu'on désire, enfin tout ce qui passe par la tête; mais cela ne vous convient pas, je m'en abstiendrai, mes lettres seront plus courtes et même moins fréquentes, si vous le voulez; je

---

[1] Beaucoup de monde soupçonnait alors que M. Burke était l'auteur des célèbres *Lettres de Junius*. (A. N.)

[2] Dans les *Mélanges de madame Necker* il est fait mention de ses opinions sur différents sujets et de ses traits d'esprit. Il avait été premier commis de la marine sous le duc de Praslin, durant l'administration du duc de Choiseul, et jouissait de la réputation d'un homme à grands talents et d'une rigoureuse probité. (A. N.)

suis résignée à tout, excepté à faire des gazettes. Quel intérêt prend-on à Londres à ce qui se passe à Paris? Qu'importe à milords et messieurs de savoir les fêtes que l'on donne à la cour, les succès d'une nouvelle actrice, les tracasseries des bals? Il faut être sur les lieux pour que cela intéresse; et quand on a l'Océan entre le pays qu'on habite et celui dont on reçoit des nouvelles, c'est à peu près comme si on en recevait de la Chine ou de l'autre monde. Je vous dirai pourtant que M. le duc de Chartres voulait aller à Chanteloup, qu'il en avait eu la permission, c'est-à-dire qu'on lui avait dit, comme on dit à tout le monde : « Faites ce que vous voudrez. » Il écrivit, le 18 de ce mois, au grand-papa qu'il irait lui rendre visite les premiers jours de mars; le grand-papa a refusé cet honneur par une lettre très-respectueuse et très-raisonnable, et telle qu'il convient à sa situation. Un homme qui est dans la disgrâce ne peut ni ne doit point recevoir des marques de bonté distinguées de ceux qui appartiennent au maître. Mais qu'est-ce que cela vous fait? Rien, et à moi pas grand'chose.

Adieu, guérissez-vous, et portez de moi tels jugements que bon vous semblera; j'ai renoncé aux vanités de ce monde; vous me donnez une commission que je doute de pouvoir exécuter[1]. Quel ouvrage faites-vous donc qui vous rend cette connaissance nécessaire? Une bâtarde de Jacques II, le nom de sa mère, etc. Je ne connais point de vieux catholique anglais : je ne connais que des Anglais hérétiques et modernes; enfin j'y tâcherai, mais ne comptez pas sur le succès.

Cette histoire de M. Blackier est-elle nouvelle? Il me semble que je l'ai lue dans des livres d'anecdotes anciennes[2].

Il me paraît que milord Stormont a assez d'indifférence pour

---

[1] Cette commission était conçue en ces termes : « On m'a conté une anecdote dont je suis très-curieux d'apprendre les détails. C'est qu'il mourut, il y a cinq ou six ans, à Saint-Germain en Laye, une vieille femme qui s'appelait madame Ward; après sa mort on vérifia sur ses papiers qu'elle était fille naturelle de notre roi Jacques II. Je tiens cette histoire de bonne main, et je vous serais très-obligé si vous vouliez vous donner la peine de vous informer de tout ce qui la regarde, comme le nom de la mère, son propre âge, etc.; vous savez combien j'aime les particularités historiques. » (A. N.)

[2] M. Walpole avait écrit à madame du Deffand que le colonel Blackier s'était battu en duel avec un Irlandais, qui se prétendait offensé de ce que le colonel Blackier était secrétaire d'ambassade avec le lord d'Harcourt à Paris, et avait refusé de le présenter à Versailles parce qu'il n'avait jamais été présenté à Saint-James. (A. N.)

ce que je pense de lui; il a raison. Nous avons encore ici un Anglais que vous ne connaissez, je crois, pas, c'est-à-dire que vous ne voyez pas, car vous en entendez bien parler, c'est M. Burke; il est très-aimable; il vous portera un livre dont il fait grand cas; on ne l'a point encore en Angleterre, et je juge par le plaisir qu'il lui a fait, qu'il vous en fera aussi [1]. Si vous voyez ce M. Burke, il pourra vous parler de moi. Je me flatte qu'il s'en louera; j'ai eu pour lui toutes les attentions possibles; tous mes amis et mes connaissances m'ont secondée, il partira content de notre nation.

LETTRE 459.

MADAME LA MARQUISE DU DEFFAND A M. HORACE WALPOLE.

Paris, 26 février 1773.

Je vous écris d'avance, je ne sais quand vous recevrez cette lettre, ce sera M. Burke qui vous la portera. Si ce livre [2] que je vous envoie ne vous plaît pas, prenez-vous-en à lui; il me l'a tant vanté, que je me suis imaginé qu'il vous ferait plaisir. On a quelques difficultés à l'avoir, on en a fait une seconde édition, à laquelle on a mis des cartons, celle-ci n'en a point; c'est le discours préliminaire qui charme tout le monde; il pourra bien ne vous pas faire le même effet; mais vous me saurez gré de l'intention.

Je vous envoie la lettre de M. le duc de Chartres au grand-papa avec la réponse. On a fait beaucoup de couplets sur les princes, sur les ministres; ils sont très-méchants et très-mauvais. Je les ai envoyés à Chanteloup sans en garder de copie; si je puis les ravoir, je vous les enverrai.

Je ne puis bien entendre ce que vous me dites à l'occasion de votre tragédie, avant de l'avoir lue; tout ce que je sais, c'est que je comprends mieux, je l'avoue, les sentiments, que la grossièreté des passions. Je ne suis nullement attachée à la pureté ni même à la politesse du style; je déteste les phrases et j'aime l'énergie, et c'est ce qui me fait aimer vos lettres, même celles dont les jugements ne me paraissent pas justes.

[1] *La Tactique* de M. le comte de Guibert, le même à qui sont adressées les *Lettres* de mademoiselle de Lespinasse. (A. N.)

[2] *La Tactique* du comte de Guibert, qui ne pouvait plaire à Burke que par sa préface. (A. N.)

Mais vous y dites toujours vos pensées avec force et vérité. J'entends par vérité ce que vous croyez vrai, quoique très-souvent il me paraisse le contraire.

Je me flatte que cette explication ne vous déplaira pas, je l'ai crue nécessaire pour qu'elle nous sauvât à l'avenir toute méprise, toute fausse interprétation, et toute manière indirecte.

Vous m'avez donné une commission que j'ai crue d'abord impossible à exécuter. Cependant le désir de vous obliger m'en a fait chercher les moyens. J'ai écrit à madame de la Marck qui connaît tout Saint-Germain et qui y règne, ainsi que M. de Noailles son frère; elle m'a fait une réponse très-polie dans laquelle elle me marque qu'elle va prendre toutes les informations que je désire; je souhaite qu'elle réussisse à satisfaire votre curiosité.

M. Burke ne partira que lundi; je pourrai reprendre cette lettre, s'il me survient quelque chose à vous dire.

Samedi 27.

Nous apprîmes hier la mort du roi de Sardaigne [1]. Le mariage du comte d'Artois avec la sœur de la comtesse de Provence était déjà arrêté, mais aujourd'hui il y aura double alliance; Madame, sœur de M. le Dauphin, épousera le duc de Savoie [2]; l'échange se fera, dit-on, dans le mois de novembre; on dit qu'il est très-certain que madame de Forcalquier sera dame d'honneur de la comtesse d'Artois; rien n'est plus surprenant. Je voulais parier que cela ne serait pas, mais on m'a bien conseillé le contraire.

J'ai reçu ce matin des nouvelles de Chanteloup. La grand'-maman ne se porte pas trop bien; elle est maigre; elle est faible, son pauvre petit corps n'a pas autant de force que son âme a de courage. Le grand-papa se conduit parfaitement avec elle, d'une manière simple, naturelle, même affectueuse. La belle-sœur ne manque à rien; mais malgré tout cela, excepté l'abbé qui ne vit que pour elle, elle est tout isolée, et son amour-propre doit beaucoup souffrir. Vous pouvez remarquer que dans la lettre de M. le duc de Chartres elle n'y est pas nommée [3]. Les séjours de madame de Beauvau sont rudes à passer.

---

[1] Victor-Amédée. (A. N.)

[2] Après la mort de son grand-père, il devint prince de Piémont. (A. N.)

[3] Voici ce que M. Walpole remarqua sur cette omission : « L'omission du nom de la grand'maman est d'une malhonnêteté outrageante. Le grand-papa l'a rétabli à son honneur. Il devrait faire rougir ce prince. » (A. N.)

Que dites-vous des troupes que nous rassemblons à Dunkerque, à Calais, à Cambrai? Ce ne sont encore que des régiments étrangers; les enverra-t-on à Stockholm? En ce cas, seront-ce nos vaisseaux qui les conduiront? Seront-ce les vôtres? En vous payant quarante-cinq francs par homme, y consentirez-vous? Voilà ce qu'on ignore. L'ambassadeur Creutz paraît content; il est le seul ministre étranger qui ait été admis à la fête de M. d'Aiguillon et à celle de madame du Barry.

On me dit hier que Voltaire avait écrit à M. d'Alembert une lettre charmante, et lui avait envoyé une *Épître* qu'il a écrite au roi de Prusse, plus gaie et plus jolie que tout ce qu'il a jamais écrit; si je parviens à l'avoir, je vous l'enverrai; je n'entends plus parler de lui. Apparemment que les Encyclopédistes m'ont fait quelque tracasserie; je ne m'en soucie guère, et je perds sans regret cette correspondance.

Je compte que M. Burke partira lundi; peut-être soupera-t-il chez moi ce soir, mais je souperai certainement avec lui demain chez madame de Luxembourg, où je l'ai fait inviter; il y entendra les *Barmécides* de la Harpe; je serai fort aise si vous le voyez; il se propose de vous rendre lui-même ma lettre, et ce livre de M. Guibert : vous me direz après avoir lu le discours préliminaire, si vous en êtes content [1]; je n'en ai lu que cela; si vous n'en êtes pas content, vous pourrez laisser le livre à M. Burke, qui en est si charmé.

Dans cet instant même l'ambassadeur de Naples m'envoie cette épître de Voltaire qu'il m'avait dit si parfaitement gaie et jolie; vous n'en porterez pas le même jugement, à ce que je crois.

Ce Thiriot, dont l'épître fait mention, est mort il y a quelques mois; il avait été ami, confident, colporteur de Voltaire; il était devenu le correspondant du roi de Prusse, qui lui donnait une médiocre pension pour cet emploi. Jadis on avait fait cette épigramme sur Voltaire ;

> Malgré les gens qui me détestent,
> Je suis satisfait de mon lot;
> Deux illustres amis me restent,
> Le roi de Prusse et Thiriot.

Madame la comtesse de la Marck a fait faire toutes les perquisitions possibles touchant l'origine, l'état et la résidence de

---

[1] M. Walpole répondit : « Je viens de lire le discours de M. Guibert, j'en

madame Ward. Les plus anciens Irlandais qui demeurent au château de Saint-Germain ont été interrogés ; aucun ne se rappelle d'avoir jamais entendu parler de ce nom, aucun ne sait si cette âme existe ; on a de plus feuilleté les registres mortuaires depuis 1750 jusqu'à présent ; il ne s'y trouve aucun nom qui approche de celui que l'on cherche ; il est cependant une ancienne femme de chambre de madame de Chambon, nommée Ward, âgée de cinquante ans environ, dont on connaît parfaitement l'origine, qui n'est rien moins qu'illustre : ainsi elle ne peut être la personne dont il est question, puisqu'on la suppose d'ailleurs morte depuis cinq ou six ans ; voilà tout ce qu'on a pu découvrir, et le résultat des informations qu'on a faites.

Copie de la lettre de M. le duc de Chartres à M. le duc de Choiseul, du 13 février 1773.

Je suis au comble de ma joie, Monsieur le duc ; je n'ai pas cru devoir demander plus tôt au roi la permission d'aller vous voir ; je viens de la lui demander, et il m'a laissé le maître de faire ce que je voudrais sur cela. Vous connaissez trop, j'espère, mon amitié pour vous et madame de Gramont, et la reconnaissance que j'ai de celle que vous avez toujours eue pour moi l'un et l'autre, et dont vous m'avez donné tant de preuves, pour n'être pas sûr qu'il ne pouvait pas me faire un plus grand plaisir. Je profiterai de cette permission, si vous le trouvez bon, dans la première semaine de carême.

Oserais-je vous prier de dire à madame de Gramont combien je suis aise de penser que je vais la revoir, et que je pourrai jouir de son amitié que, j'espère, elle a bien voulu me conserver.

Réponse de M. le duc de Choiseul, 20 février.

Monseigneur,

Mon premier mouvement et mon premier sentiment, en recevant hier au soir la lettre dont Votre Altesse Sérénissime m'a honoré, a été de lui exprimer ma respectueuse reconnaissance de son souvenir, et de l'honneur qu'elle veut bien me faire. Je n'ai

suis bien médiocrement frappé. Le sujet demande de la profondeur, et ce monsieur n'est pas profond. Les comparaisons sont puériles, et sentent l'esprit d'Ovide. J'aime mieux la seconde partie, apparemment parce que je l'entends moins. » (A. N.)

vu d'abord, ainsi que madame de Choiseul et madame de Gramont, que l'avantage que nous aurions de vous faire notre cour; mais en réfléchissant sur l'éclat qui est la suite de toutes les démarches de Votre Altesse Sérénissime et sur la réserve qu'exige de moi ma position, j'ai craint que la marque de bonté dont vous voulez m'honorer ne produisît des inconvénients pour vous-même, Monseigneur, et plus certainement pour moi.

Dans le moment où le roi a laissé à Votre Altesse Sérénissime la liberté de venir ici, il n'a pas pensé qu'il était contre le respect qui lui est dû, qu'un prince de son sang eût aucune communication avec un de ses sujets dans sa disgrâce; et entre les autres preuves de disgrâce que j'ai éprouvées successivement depuis deux ans, je ne puis pas me dissimuler que l'exil n'en soit une très-positive. Il pourrait arriver qu'on représentât au roi que Votre Altesse Sérénissime ne devait pas lui demander une permission interdite aux princes du sang et aux disgraciés; que l'on parvint à vous faire un démérite de vos bontés, Monseigneur, et que l'on regardât comme un tort pour moi d'en avoir profité.

J'ai cru devoir mettre sous vos yeux ces réflexions; c'est, je vous assure, avec autant de regret que de peine. Ma sœur partage mes sentiments à cet égard, et nous espérons, Monseigneur, que dans des temps plus heureux, nous pourrons jouir sans inconvénient de vos bontés, vous marquer notre reconnaissance et les sentiments d'attachement que nous vous devons, ainsi que le profond respect avec lequel j'ai l'honneur d'être, etc.

LETTRE 460.

MADAME LA MARQUISE DU DEFFAND A M. HORACE WALPOLE.

Jeudi 18 mars, à six heures du matin.

Le roi déclara aux ambassadeurs, mardi dernier, le mariage du comte d'Artois avec la princesse Thérèse de Savoie; leur maison n'est point encore nommée; on ne doute point que madame de Forcalquier ne soit la dame d'honneur; on cherche, dit-on, un mari à madame Boucault[1] pour qu'elle soit dame d'atour. De quatre à qui on l'avait proposée, aucun n'a accepté.

---

[1] Madame de Boucault, née Biron. M. de Boucault avait été dans la finance. (A. N.)

Madame de la Ferrière[1] était hier au soir à la dernière extrémité. Beaucoup des oiseaux de madame de la Vallière sont morts, les vôtres et plusieurs perroquets. M. de Souza, ambassadeur de Portugal, doit épouser mademoiselle de Canillac[2], qui a dix-sept ou dix-huit ans, qui est belle et bien faite, mais qui n'a pas un sou. L'abbé Barthélemy arrive, au plus tard, les premiers jours de la semaine prochaine. S'il était permis de parler de soi, je dirais : J'en suis fort aise. Il est extraordinaire que M. Burke vous ayant parlé du *Connétable*[3], ne vous ait pas dit un mot des *Barmécides*[4].

Comme il faut que cette lettre soit à la boîte avant huit heures, je finis ma gazette; le reste à l'ordinaire prochain.

LETTRE 461.

MADAME LA MARQUISE DU DEFFAND A M. DE VOLTAIRE.

Paris, 19 mars 1773.

Quoique j'aie tout lieu de croire, monsieur, que vous ne m'aimez plus, je serais très-fâchée que vous me soupçonnassiez de la même indifférence. J'ai été très-alarmée d'entendre dire que vous étiez fort malade; je n'ai point passé de jour sans m'informer de vos nouvelles; les dernières me rassurent beaucoup, j'espère qu'elles me seront confirmées par vous-même.

Vous ne m'avez point écrit depuis ma dernière lettre, qui était du mois de novembre : d'où vient ce silence? Je vous remerciais de la lecture que vous m'aviez procurée des *Lois de Minos;* je vous disais tout le bien que j'en pensais.

Je ne veux point croire que l'on puisse jamais réussir à vous refroidir pour moi; vous avez sans doute des amis plus éclairés que moi, et dont les approbations et les louanges doivent vous flatter davantage; mais souvenez-vous que vous n'en avez pas de plus anciens, et dont l'attachement soit plus constant, plus tendre et plus sincère.

---

[1] Madame de la Ferrière, née Parent, était la mère de madame de Malesherbes, épouse du président Lamoignon de Malesherbes. (A. N.)

[2] Mademoiselle de Canillac était d'une famille illustre d'Auvergne. Elle mourut à Paris fort regrettée, en 1791. (A. N.)

[3] Le *Connétable de Bourbon*, tragédie de M. le comte de Guibert. (A. N.)

[4] Tragédie de la Harpe. (L.)

LETTRE 462.

M. DE VOLTAIRE A MADAME LA MARQUISE DU DEFFAND.

29 mars 1773.

Savez-vous bien, madame, pourquoi j'ai été si longtemps sans vous écrire? C'est que j'ai été mort pendant près de trois mois, grâce à une complication de maladies qui me persécutent encore. Non-seulement j'ai été mort, mais j'ai eu des chagrins et des embarras : ce qui est bien pire.

Puisque vous avez lu les *Lois de Minos*, il est juste que je vous envoie les notes qu'une bonne âme a mises à la fin de cette pièce. Je pourrais même vous dire que cette tragédie n'a été faite que pour amener ces notes, qui paraîtront peut-être trop hardies à quelques fanatiques, mais qui sont toutes d'une vérité incontestable. Faites-vous-les lire; elles vous amuseront au moins autant qu'une feuille de Fréron.

Quelques personnes seront peut-être étonnées qu'on parle dans ces notes du chevalier de la Barre et de ses exécrables assassins; mais je tiens qu'il en faut parler cent fois, et faire détester, si l'on peut, la mémoire de ces monstres appelés juges, à la dernière postérité. Je sais bien que l'intérêt personnel d'un très-grand nombre de familles, l'esprit de parti, la crainte des impôts et du pouvoir arbitraire, ont fait regretter dans Paris l'ancien Parlement; mais pour moi, madame, j'avoue que je ne pouvais qu'avoir en horreur des bourgeois, tyrans de tous les citoyens, qui étaient à la fois ridicules et sanguinaires. Je me suis déclaré hautement contre eux, avant que leur insolence ait forcé le roi à nous défaire de cette cohue. Je regardais la vénalité des charges comme l'opprobre de la France, et j'ai béni le jour où nous avons été délivrés de cette infamie. Je n'ai pas cru assurément m'écarter de la reconnaissance que je dois et que je conserve à un bienfaiteur, en m'élevant contre des persécuteurs qui n'ont rien de commun avec lui. Je n'ai fait ma cour à personne; je n'ai demandé aucune grâce à personne. La satisfaction de manifester mes sentiments et de dire la vérité m'a tenu lieu de tout. Un temps viendra où les haines et les factions seront éteintes, et alors la vérité restera seule.

Il y a quelque chose d'aussi sacré pour moi que cette vérité; c'est l'ancienne amitié. Je compte sur la vôtre en vous répondant de la mienne; c'est ce qui fait ma consolation dans mes neiges et dans mes souffrances. Ma gaieté n'est pas revenue; mais elle reviendra avec les beaux jours, si mes maladies diminuent. Si je n'ai plus de gaieté, j'aurai du moins de la résignation et de la fermeté, un profond mépris pour toute superstition, et un attachement inviolable pour vous.

LETTRE 463.

MADAME LA MARQUISE DU DEFFAND A M. HORACE WALPOLE.

Paris, 31 mars 1773.

Depuis votre lettre du 12, vous ne m'avez point écrit, et je ne vous ai point écrit depuis le 18; c'est aujourd'hui le quinzième jour que je n'ai eu de vos nouvelles. Je ne saurais croire que ce soit que vous soyez malade, vous n'auriez pas la dureté de me le laisser apprendre par d'autres; vous n'avez jamais eu ce mauvais procédé; ce n'est pas non plus que vous soyez fâché contre moi, parce vous n'avez pas sujet de l'être; souffrez qu'en deux mots je vous rappelle nos dernières lettres.

Je vous ai extrêmement ennuyé en vous parlant de mes ennuis; vous m'écrivîtes, le 5 mars, *que vous étiez excédé de mes lettres, que vous les haïssiez à la mort, que vous aimeriez mieux être une connaissance que mon ami*. Je fus si blessée de cet aveu, que je vous écrivis quatre lignes dont je me souviens très-bien. Je vous disais que je vous avais cru mon ami, parce que vous m'aviez dit que vous l'étiez; que ne voulant plus être que ma connaissance, il fallait bien y consentir. Depuis je reçus votre lettre du 12, beaucoup plus douce que celle du 5, mais où vous me marquiez encore du mécontentement. Je crus de la meilleure foi du monde que je ferais bien de vous écrire en forme de gazette, que vous ririez et seriez content de cette idée; mais il faut que tout me tourne mal; cependant je ne croirai jamais que vous vouliez rompre avec moi. Voici les conditions auxquelles je m'engage pour l'avenir : de ne point abuser de votre complaisance en exigeant que vous vous assujettissiez à aucune règle pour m'écrire, que ce ne soit que quand cela vous sera agréable; de ne vous jamais entretenir de mes ennuis, ni de mon dégoût de la vie; de ne me plaindre de personne en particulier, ni en général; de n'avoir plus *d'épanchement*, comme vous l'appelez, c'est-à-dire de ne vous plus communiquer ni pensées ni réflexions. Je consens, si je manque à une de ces quatre conditions, à éprouver le plus grand malheur qui puisse m'arriver jamais, à être mal avec vous. Vous avez dû voir mon attention à éviter tout ce que vous traitiez de romanesque; et vous devez en conclure que je serai fidèle à tenir l'engagement que je prends aujourd'hui; mes lettres pourront n'être pas si amusantes, mais elles ne vous attristeront pas.

Les conversations d'aujourd'hui ne roulent que sur la politique. Les mouvements du Nord inquiètent beaucoup. On dit que nous n'entrerons point en danse, mais que nous pourrions bien payer quelques violons, ce qui fera que nous autres serons très-mal payés.

On commence à moins parler du mari de madame Boucault; il y en a qui prétendent que son mari est trouvé, que c'est M. de Bourbon-Busset, et qu'elle l'épousera le lendemain de la Quasimodo. Il y aura, dit-on, quarante-deux mariages dans cette semaine-là.

Le quartier de M. de Beauvau commence demain, à mon grand déplaisir; il ne finira qu'au 1er juillet, qu'il ira tout de suite à Chanteloup passer un mois ou six semaines, autant en Lorraine, et c'est le temps où il n'y a personne à Paris.

Je ne me porte point bien. Mes insomnies sont pires que jamais, et je ne comprends pas ce qui les cause, je diminue tous les jours ma nourriture.

On me dit hier que milord Stormont était de retour et qu'il avait eu en arrivant une conférence de trois heures avec M. d'Aiguillon; j'espère que vous ne rentrerez pas plus en danse que nous; je souhaite passionnément que nous restions en paix. Si je désire qu'elle soit entre nos nations, jugez si je désire bien vivement qu'elle soit entièrement, parfaitement et solidement rétablie entre vous et moi; songez quelquefois que vous avez toujours été constant pour tous vos amis et amies, et que ce ne doit pas être moi qui vous fasse changer de caractère.

Je vous prie de considérer que si je ne reçois de vos lettres qu'en réponse à celle-ci, je serai encore quinze jours sans recevoir de vos nouvelles. M. Craufurd n'est pas capable d'avoir l'attention de m'en donner.

LETTRE 464.

MADAME LA MARQUISE DU DEFFAND A M. HORACE WALPOLE.

Paris, mercredi 21 avril 1773.

Une fois pour toutes, en vous rappelant vos fâcheries, rappelez-vous quels en ont été les sujets; et quand vous serez de bonne humeur, vous verrez que je n'ai pas été fort coupable; mais laissons tout cela et ne querellons plus.

Je crois aisément que vos forces ne sont point revenues, les changements de temps doivent vous être fort contraires, l'été pourra vous rétablir. Pour moi je fais de grandes enjambées vers ce que vous savez. Mes nuits sont épouvantables, j'épuise toutes les lectures. Je viens de lire les *Mémoires* de madame de Staal. Ils sont plus agréables pour moi que pour tout autre; elle était mon amie, je passais ma vie avec elle, je connaissais tous les gens dont elle parle. Actuellement je lis Shakspeare.

On a nommé les officiers de la maison de M. le comte d'Artois; on ne fera la maison de la princesse qu'il doit épouser qu'après le mariage de madame de Boucault; on croit qu'il se fera demain avec M. de Bourbon-Busset. Rien n'est si glorieux pour madame de Forcalquier que ce retardement; je crois vous avoir dit qu'elle ne voulait accepter d'être dame d'honneur qu'à condition que son amie serait dame d'atour.

D'où vient que vous ne me parlez plus de Rosette? Est-ce qu'elle est morte?

LETTRE 465.

LA MÊME AU MÊME.

Paris, 12 mai 1773.

Je sens, comme je le dois, vos attentions pour le baron [1]; je suis étonnée de la confiance qui l'a conduit chez vous; je ne la lui avais pas inspirée; j'avais évité de prononcer votre nom

[1] Le baron de Gleichen, envoyé extraordinaire de la cour de Copenhague en France, et qui à cette époque voyageait en Angleterre pour sa santé. M. Walpole a dit de lui : « Votre baron est allé voir des courses *de chevaux*. Il s'y ennuiera, mais nos folies pourraient lui faire du bien. Il a véritablement du bon sens, mais il a trop donné dans celui de gens qui l'affichent sans en avoir. Il se perd en définitions de choses qui n'en demandent point, et se noie dans une cuillerée d'eau, à force de vouloir aller au fond. S'il s'efforce de nous connaître comme une grande nation, on lui bouleversera toutes ses

devant lui; je craignais qu'il ne me demandât une lettre, je la lui aurais refusée; il a plus d'audace que moi, et nous nous en trouvons fort bien l'un et l'autre. Il m'a écrit à son arrivée à Londres; il ne vous avait point encore vu, et n'avait vu personne; il se désespérait d'ennui. Ma crainte est qu'il ne vous soit à charge. Quoique je lui trouve de l'esprit, je conviens qu'on peut le trouver ennuyeux.

Nous avons toujours ici milady Spencer; elle réussit parfaitement; c'est à qui lui donnera à souper; j'eus cet honneur vendredi passé, et je le répéterai une fois avant son départ pour Spa, qui sera à la fin du mois; ce sera à peu près le temps, à ce que je crois, du départ de madame Greville, soit qu'elle retourne à Londres, ou qu'elle aille à Spa.

Pont-de-Veyle se porte mieux; et comme il y a peu de monde à Paris et que ce qui y reste sont nos amis communs, nous soupons presque tous les jours ensemble, plus souvent chez moi qu'ailleurs.

La maison de la comtesse d'Artois n'est point encore nommée, ce qui surprend tout le monde; mais apprenez ce qui m'a bien troublée avant-hier. M. Francés me dit qu'il avait reçu une lettre de chez vous, où l'on lui mandait que vous ne désarmiez pas, et tout de suite M. de Presle me vint dire tout bas que M. Chamier lui avait écrit que nous allions avoir la guerre avec vous, et que c'était notre faute; tous mes diplomatiques m'ont assuré que la nouvelle était fausse; je ne puis être cependant parfaitement rassurée que par ce que vous me direz.

La comtesse de Choiseul, que la grand'maman appelle la *Petite Sainte*, s'est embarquée dimanche dernier sur la Seine, et ira par eau à Chanteloup, où elle restera quinze jours, et puis continuera sa route pour se rendre à Baréges; c'est une fort jolie femme avec qui je suis assez liée.

---

idées; car ne parlant pas notre langue, il prendra ses informations des ministres étrangers, qui sont des gens bien malhabiles, et qui raisonnent sur les gazettes. Il nous mesurera à la toise de ce qu'il a lu, ou sur ce qu'il a entendu dire en France. Il cherchera de la philosophie et n'en trouvera point; il croira donc que nous n'agissons que par politique, et il s'y trompera davantage. Nous ne sommes que les restes d'un grand peuple, et ce ne sera que le siècle futur qui décidera de ce que nous sommes, et de ce que nous serons; actuellement nous n'avons que ce qu'on peut appeler une routine. Le luxe est l'objet, et l'intérêt personnel le moyen. Tout le monde veut être riche, parce que nous n'avons ni principe, ni point d'honneur; tout le monde veut se ruiner parce que c'est la mode. On n'est pas avare, on n'est que corrompu. (A. N.)

Madame de Luxembourg est à Chanteloup depuis dix jours ; elle en reviendra à la fin du mois et ira tout de suite à Montmorency ; je suis dans la plus haute faveur auprès d'elle. Il n'en est pas de même de l'autre maréchale [1] ; elle me traite avec froideur, sans qu'elle puisse en avoir d'autre raison que de ce que je vois souvent sa belle-sœur, ce qui ne peut être autrement, aimant et devant aimer autant son frère.

Voilà bien des riens que je vous écris ; il me reste à vous parler de mes lectures ; je suis tout au travers des Tudor de M. Hume ; je n'y trouve pas un grand plaisir, mais cela ne m'ennuie pas extrêmement ; conseillez-moi quelques lectures [2].

Comme il me reste une page, je vais la remplir par une chanson de la marquise de Boufflers, sur l'air : *Ton humeur est, Catherine.*

>Dimanche, j'étais aimable ;
>Lundi, je fus autrement ;
>Mardi, je pris l'air capable ;
>Mercredi, je fis l'enfant ;
>Jeudi, je fus raisonnable ;
>Vendredi, j'eus un amant ;
>Samedi, je fus coupable ;
>Dimanche il fut inconstant.

Une autre, du chevalier de Boufflers sur M. de Beauvau, qui dînait chez la marquise de Boufflers, sur l'air : *Si le roi m'avait donné Paris sa grand'ville.*

>Sans plaisirs, vous écoutez
>A la comédie ;
>Sans raison, vous disputez
>A l'Académie ;
>A mon bureau vous jugez,
>A ma table vous grugez ;
>Mais qui vous en prie, ô gué !
>Mais qui vous en prie ?

---

[1] La maréchale de Mirepoix.

[2] M. Walpole répondit : « Je ne sais quelles lectures vous conseiller. Quand on a épuisé tous les sujets, une manière nouvelle de les redire ne les rend pas nouveaux, quoi qu'on en dise. Encore cet avantage tombe-t-il en partage à bien peu de gens. On a tout dit, on a contredit tout. Peut-être recommencera-t-on à rebâtir ce qu'on vient de détruire, et l'on n'y gagnera rien. On a dit que le soleil s'est usé, moi je crois que c'est l'esprit humain. Il est possible qu'avec le temps on voie quelque nouveauté dans l'Amérique. Mais à moins d'un *déluge* (je ne sais si c'est le mot français), l'Europe fournira aussi peu que la Tartarie. Les jésuites tombent ; faute d'être méchants. Nos méthodistes ne

Autre sur la statue de Voltaire, faite par Pigal.

Air : *O filii.*

Voici l'auteur de l'*Ingénu* ;
Monsieur Pigal l'a fait tout nu ;
Monsieur Fréron le drapera,
Alleluia.

LETTRE 466.

MADAME LA MARQUISE DU DEFFAND A M. HORACE WALPOLE.

Paris, dimanche 23 mai 1773.

Est-ce que je ne vous ai jamais parlé de l'amour effréné de M. le duc d'Orléans pour madame de Montesson [1] ? Il y a je ne sais combien d'années qu'il dure. L'honnêteté des mœurs de la dame, la pureté de ses sentiments, ou, si vous l'aimez mieux, son ambition, lui ont fait faire une résistance qui a déterminé le duc à l'épouser. Le chef de la famille a refusé son consentement ; ainsi, selon nos usages, le mariage ne peut être qu'illégal ; la femme ne saurait prendre ni le nom, ni les titres du

conservent pas l'Église établie, faute d'absurdités nouvelles ; et vos philosophes se trompent en s'attendant à renverser des trônes comme Luther et Calvin, quand les livres ne sont plus une mode nouvelle. » (A. N.)

[1] Madame de Montesson était une demoiselle de la Haye ; sa naissance, sans être illustre, était distinguée, et sa figure, sans être jolie, était agréable. A l'âge de seize ou dix-sept ans, elle captiva le cœur du vieux et riche marquis de Montesson, du pays du Maine, qui la voyait souvent au jardin du Luxembourg, où elle avait coutume de se promener avec sa mère. M. de Montesson était à la fois fort laid et singulièrement dégoûtant. Après quatre ou cinq ans de mariage il mourut, et laissa sa veuve, fort jeune encore, avec une honnête fortune, qui bientôt s'accrut par la mort de son frère unique, M. de la Haye. Sa conduite était exempte de reproches ; son aimable caractère et ses talents la firent rechercher dans le monde. Elle était une des quatre femmes à la mode, à qui Champfort (juge difficile) accordait le mérite d'être des actrices accomplies. Elle ne fut pas également heureuse comme auteur dramatique : une de ses pièces, *la Comtesse de Chazelles*, jouée au Théâtre-Français à Paris, malgré toute la prévention favorable qu'on en avait, et tous les efforts qu'on fit pour la faire réussir, fut froidement reçue par le public. Son mariage avec le duc d'Orléans eut lieu dans le temps et dans les circonstances dont parle ici madame du Deffand, et avec le consentement verbal du roi, à condition qu'elle ne prendrait jamais le nom de duchesse d'Orléans, ni ses armes. Le duc mourut en 1786. Le caractère réservé et les manières affables de madame de Montesson la sauvèrent des dangers de la Révolution. Elle mourut à Paris en 1809. (A. N.)

mari sans le consentement authentique dudit chef. Mais un mariage clandestin, visiblement caché, se peut faire, et se fera sans doute, mais n'est point encore fait. La dame voyage à Spa, en Hollande, et ne sera de retour qu'au mois de juillet, et ce sera dans cedit mois que se fera la célébration, où il n'assistera que le nombre de témoins nécessaire. On prétend que le duc promit à son fils de ne conclure cette affaire que dans deux ans du jour qu'il lui parlait, et ce terme expire au mois de juillet prochain. Sa passion, loin de se refroidir, n'a pris que de nouvelles forces. Si cette femme fait mal ou bien de consentir à un tel hymen, c'est un problème; les avis sont différents. Je suis de l'avis de ceux qui l'approuvent; sa réputation demeure intacte. Si elle était d'une naissance illustre, elle aurait tort, parce que plusieurs exemples lui donneraient le droit d'être reconnue publiquement; mais une très-petite demoiselle, veuve d'un petit gentilhomme, ne peut sans extravagance prétendre à un état qui pourrait par la suite la mettre au-dessus de tout le monde. Le sort des enfants, s'il en survient, est ce qu'il y a de plus embarrassant; ils ne seront point bâtards, puisqu'il y aurait un mariage en face d'Église; ils seraient inhabiles à succéder, puisque le mariage serait illégal; il faudrait leur donner des rangs intermédiaires, mais alors comme alors. Je ne sais ce que l'Idole pense de cette aventure, et comment sa vanité se retournera. Celle de madame de Forcalquier vient de faire un grand pas de clerc en acceptant une place qui la met dans la servitude et l'exposera à de grands brocards. Il n'y a pas quatre mois qu'elle disait à qui voulait l'entendre qu'il faudrait qu'elle fût bien extravagante pour qu'elle pût consentir jamais à prendre une place qui n'ajouterait rien aux honneurs dont elle jouissait; qu'étant une très-grande dame, jouissant d'une assez grande fortune, jamais elle ne s'assujettirait à aucune servitude. Eh bien! elle a accepté. Madame de Bourbon-Busset, autrement madame Boucault, est dame d'atour, et elles sont aujourd'hui à Versailles pour faire leurs remerciments. Le comte de Broglie ira recevoir la princesse.

Vous savez que M. de la Marmora, qui est rappelé, est nommé vice-roi du royaume de Sardaigne; il fait semblant d'en être fort content; mais on prétend que cette place est aussi agréable que si c'était d'être vice-roi de Sibérie; il faut résider pendant trois ans; l'air y est détestable et la compagnie affreuse; nous aurons à sa place le comte de Viri, que vous avez eu chez vous¹ : nous ne nous apercevrons point du changement. Sans doute que mon baron² est du nombre des philosophes modernes et des plus entichés de cette manie; je m'impatiente bien souvent contre lui; je suis étonnée qu'il ne m'ait pas écrit depuis qu'il vous a vu; il s'accrochera à quelque métaphysicien; il est impossible qu'il n'y en ait pas quelques-uns chez vous; mais votre genre d'esprit ne lui convient nullement. Notre M. Thomas est bien mieux son fait, il vient de donner un livre qui a pour titre : *Essai sur les Éloges*, ou *Histoire de la littérature et de l'éloquence*. Le baron en sera charmé. Le Caraccioli s'en extasie; il m'a prêté le premier volume, j'en ai lu ce matin trois chapitres, ils m'ont impatientée et ennuyée; tout est à l'alambic, rien n'y est sous sa face naturelle, c'est une abondance d'idées fausses, rendues brillantes par des recherches de mots et d'expressions; ce n'est pas l'ouvrage d'un sot inspiré, mais d'un petit esprit qui se croit un génie.

Votre lettre vaut bien mieux que toutes les lectures que je fais depuis longtemps; elle est remplie de traits vifs et sensés : je n'entreprendrai pas d'y répondre; je connais trop le degré de mes forces, ou pour mieux dire, l'excès de ma faiblesse.

LETTRE 467.

MADAME LA MARQUISE DU DEFFAND A M. HORACE WALPOLE.

Mardi 1ᵉʳ juin 1773.

Le vent a été favorable, les lettres sont arrivées aujourd'hui; je prévois que j'aurai de quoi remplir celle-ci, et qu'elle pourra bien être l'ouvrage de deux jours.

Je soupai avant-hier dimanche au Carrousel; en rentrant chez moi, j'appris que madame Crewe³ était arrivée : tout mon

---

¹ Fils unique du comte de Viri, qui pendant plusieurs années fut ministre de Sardaigne à Londres. Sous le nom de baron de Perrier, il épousa en Angleterre mademoiselle Speed, jeune dame élevée par la vicomtesse Cobham, qui lui légua quarante-cinq mille livres sterling. Mademoiselle Speed se faisait beaucoup admirer par son esprit et la vivacité de son caractère. Elle est une des héroïnes d'une pièce de poésie de Gray, intitulée : *Long-Story*. A la mort de son père, le baron de Perrier prit le titre de comte de Viri, et depuis fut nommé ambassadeur en France et en Espagne. (A. N.)

² Le baron de Gleichen. (A. N.)

³ La fille de feu Fulke Greville et femme de John Crewe, de Crewe-Hall dans le Cheshire, depuis créé baron Crewe. La mère de madame Crewe, madame Greville, avait passé plusieurs mois à Paris, où elle occupait dans le

domestique était occupé à préparer un gîte pour elle et sa suite.

Le lendemain, à peine furent-elles levées, et bien avant que je fusse visible, la mère et la fille allèrent s'établir au Parc-Royal; l'après-dînée elles allèrent à l'Opéra-Comique avec mesdames de Bussy[1] et de Roncé[2], et revinrent ensuite souper chez moi.

Mercredi.

Hier je fus interrompue; je reprends ma narration. Je devais souper au Carrousel; la duchesse ayant appris l'arrivée de madame Crewe, envoya prier la mère et la fille; elles furent à la Comédie française; au retour elles vinrent chez moi et nous fûmes toutes les trois chez la duchesse, où nous ne trouvâmes que sa fille, M. d'Entragues et M. de Rose. Jusqu'à présent, tous ceux que j'ai vus, et qui ont vu madame Crewe, la trouvent parfaitement belle : mais c'est ce soir qu'elle subira un grand examen, et que ses succès seront décidés; l'on fera le parallèle d'elle et de milady Georgine[3]; elles passeront toutes deux la soirée chez moi; j'aurai quinze ou seize personnes à souper, et plusieurs autres qui, sous prétexte de me rendre visite, viendront les voir. Vous ne saurez qu'à la fin du mois laquelle aura eu le plus de suffrages, car par notre nouvel arrangement je n'aurai de vos nouvelles que le 13 et vous ne recevrez les miennes que le 18. Vous supporterez patiemment cette attente. Madame Greville et moi nous sommes parfaitement bien ensemble, sans engouement l'une pour l'autre; j'ignore l'impression que je lui ai faite, j'ai reçu d'elle des attentions, des politesses; j'y ai répondu de mon mieux par des prévenances, et par lui laisser en même temps la plus grande liberté; j'ai souvent passé des journées entières sans la voir. Elle est fort liée avec milady Spencer, elles ne se quittent presque point; elles ont plusieurs connaissances communes, mesdames de Mirepoix, de Caraman, de Bussy, du Châtelet, de

---

couvent de Saint-Joseph un appartement qui faisait partie de celui de madame du Deffand. (A. N.)

[1] Madame de Bussy, née Messey, épouse de M. de Bussy, qui avait servi longtemps dans l'Inde. (A. N.)

[2] Madame de Roncé, née Vibray. Elle s'était séparée de son mari, M. de Roncé, peu de temps après leur mariage, à cause de quelques mauvais traitements qu'elle éprouva, et qui amenèrent un dérangement d'esprit. Elle fut ensuite nommée dame d'honneur de la princesse de Condé. (A. N.)

[3] Lady Georgina Spencer, feu la duchesse de Devonshire. (A. N.)

Roncé, etc., etc. Madame Greville n'a presque pas rencontré la marquise de Boufflers, et elle a très-peu vu la comtesse.

Vous avez bien jugé milord Dalrymple [1] ; il est doux, poli, raisonnable : s'il avait tant soit peu d'âme, il serait aimable. Votre ambassadeur me plaît assez ; on le trouve, quand on le connaît, moins froid, moins pédant et moins pincé qu'il n'en a l'air. Pour monsieur son secrétaire, c'est un très-bon homme, très-obligeant, mais voilà tout.

M. le duc de Bouillon a gagné son procès contre M. de la Tour d'Auvergne ; le testament de monsieur son père est cassé [2].

M. de Morangiès [3] fut jugé jeudi dernier au bailliage du Palais. Voilà l'extrait de la sentence ; il va en appeler au Parlement, par qui il sera condamné, dit-on, beaucoup plus sévèrement.

Sentence de M. de Morangiès.

« Le comte de Morangiès est déchargé de l'accusation de subornation ; mais, sur l'autre chef, il est admonesté et aumôné, condamné par corps à payer deux cent quatre-vingt-dix-neuf mille quatre cents livres, suivant le montant de ses billets, déduction faite des vingt-sept mille livres d'intérêts et des vingt-cinq louis donnés à du Jonquai ; et en vingt mille livres de dommages-intérêts envers du Jonquai et sa mère. Desbrugnières blâmé, Dupuis admonesté et aumôné ; tous deux condamnés solidairement avec le comte de Morangiès à quinze

---

[1] Le lord Stair actuel. 1827. (A. N.)

[2] Procès entre les héritiers du duc de Bouillon et M. de la Tour d'Auvergne (d'une branche collatérale de cette famille), pour une partie de la succession léguée par le duc de Bouillon (père du prince de Turenne) à M. de la Tour d'Auvergne. (A. N.)

[3] Le comte de Morangiès, homme de famille et officier général, mais accablé de dettes, fut accusé de nier et de refuser de payer une dette de cent mille écus, qu'il avait reçus d'un jeune homme appelé Véron. Ce procès fit grand bruit dans le temps, et donna lieu, suivant l'usage, à des mémoires et à des exposés sans fin de part et d'autre. Tous les jeunes libertins de la noblesse se rangèrent du côté du comte de Morangiès, dont ils tâchèrent de soutenir la réputation et de justifier la conduite, tandis que les gens honnêtes et sensés n'y voyaient que les basses manœuvres d'un homme exercé depuis longtemps dans la chicane, par laquelle il avait trouvé moyen d'échapper aux poursuites de ses nombreux créanciers, et qui cherchait maintenant à faire charger de faux et d'escroquerie un jeune homme sans expérience et sans protection, d'une classe inférieure de la société, dans la seule vue d'éviter le payement d'une forte dette, reconnue par un billet de sa propre main. (A. N.)

cents livres de dommages et intérêts envers du Jonquai et sa mère. Gilbert déchargé de l'accusation, le comte de Morangiès en trois mille livres de dommages et intérêts envers lui : tous ces dommages et intérêts par forme de réparation civile. »

Il y a beaucoup d'autres dispositions dans la sentence, qui est fort longue. Dericé bannie pour trois ans, après neuf ans d'hôpital, pour s'être rétractée dans sa déposition; son père banni pour trois ans.

Le comte, Dupuis et Desbrugnières condamnés solidairement pour les dépens. Le mémoire du comte supprimé avec affiche de la sentence; permis d'écrouer le comte.

LETTRE 468.
LA MÊME AU MÊME.

Samedi 12 juin 1773.

Je ne veux pas attendre à demain à vous écrire, j'ai trop de choses à vous mander; premièrement, voilà un paquet que j'aime mieux vous envoyer que d'entreprendre de vous rendre compte de ce qu'il contient. Vous me ferez savoir ce que je dois mander à madame de Jonsac.

Les Spencer partent demain, ils vont coucher à Roissy; madame Greville et sa fille les y accompagneront, et y resteront trois ou quatre jours après le départ des Spencer. Les Spencer iront le lundi ou le mardi à Haute-Fontaine chez l'archevêque de Narbonne, ensuite à Liancourt, et puis à Bruxelles chez madame d'Aremberg [1], et n'arriveront à Spa que les premiers jours de juillet; madame Greville dans ce temps s'y rendra, et sa fille prendra la route de Londres; ainsi finira l'histoire.

Il n'est pas douteux que si l'on n'avait vu ici qu'en peinture milady Georgine et madame Crewe, celle-ci aurait eu toute préférence; mais la première l'a généralement obtenue; sa taille, sa physionomie, sa gaieté, son maintien, sa bonne grâce ont charmé tout le monde. L'autre est peu animée, sa taille est médiocre, et elle demande d'être examinée pour être trouvée

[1] La duchesse douairière d'Aremberg, née de la Marck, mère du duc actuel d'Aremberg. Une de ses filles, la princesse de Stahremberg, resta longtemps en Angleterre avec son époux, ambassadeur de la cour de Vienne. Son départ a causé de vifs regrets à tous ceux qui l'avaient connue. 1827. (A. N.)

belle; je crois qu'elle a de l'esprit, mais elle parle peu; elle sait bien notre langue. Voilà tout ce que je peux vous en dire; sa mère l'adore. Depuis qu'elle ne loge plus chez moi, je ne l'ai pas beaucoup vue; je me flatte d'être bien avec elle, mais nous n'avons pas formé une grande liaison. Jadis on me reprochait d'être sujette à l'engouement; aujourd'hui j'en suis bien corrigée, je me borne à éviter de me faire des ennemis, et je n'ai plus la pensée d'acquérir des amis; je désire de conserver ceux que j'ai, qui sont en bien petit nombre, mais je m'en contente et n'en désire pas davantage.

Il faut vous parler à présent de madame de Gramont. Elle vint chez moi le même jour que je vous écrivis ma dernière lettre; mais comme il y avait des ambassadeurs chez moi, elle se fit conduire dans mon cabinet; je l'y allai trouver, l'accueil fut des plus obligeants; le lendemain elle me rendit une seconde visite où elle fut encore plus agréable; elle me dit qu'elle désirait souper chez moi. Par ses arrangements, ce ne devait être qu'un des jours de la semaine où nous allons entrer, et je devais souper demain dimanche chez madame de Lauzun avec elle, et le lundi chez madame de Luxembourg. Quelques dérangements survenus dans ses projets lui firent me demander à souper chez moi jeudi dernier; elle savait que j'avais ce jour-là madame de Beauvau et l'archevêque de Toulouse. J'y consentis volontiers; nous fûmes sept, mesdames de Beauvau, de Poix et de Gramont, l'archevêque de Toulouse, le Caraccioli et Pont-de-Veyle.

Dimanche, à sept heures du matin.

Cette seconde date est la cause de la nouvelle main.

J'ai fait mes réflexions sur les soupers d'aujourd'hui et de demain; je viens de m'excuser du souper de chez madame de Lauzun : je trouve que j'y figurerais comme les momies aux repas des anciens. Je pourrai bien aller demain chez madame de Luxembourg; cela est différent, l'ancienneté de la connaissance, plus de rapport des âges, et puis la liberté de ne me point mettre à table, et peut-être n'arriverais-je qu'après souper; enfin j'évite le ridicule autant qu'il m'est possible; je le crains presque autant que l'ennui. J'ai changé le souper de madame de Lauzun contre celui de madame de la Vallière, quoique j'y aie soupé hier; vous serez étonné d'apprendre avec qui : avec la Bellissima; la duchesse l'avait exigé, non avec l'intention d'un raccommodement, mais pour la facilité du commerce;

il y avait beaucoup de monde, cela se passa bien, sans affectation, sans embarras; on n'observera plus de s'éviter, et on se rencontrera par hasard, sans qu'il en résulte jamais ni inconvénient ni conséquence.

Milady Spencer a eu le plus grand succès : on n'a jamais eu pour aucune étrangère autant d'empressement et rendu autant d'honneurs; elle les a mérités; on ne peut en effet être plus aimable. Je crois que vous ne la connaissez pas, et que vous connaissez peu madame Greville.

Je m'imagine que vous ne voyez guère mon baron. Depuis la lettre qu'il m'écrivit, le surlendemain de son arrivée à Londres, il ne m'a pas donné signe de vie. Je n'ai rien su de lui que par vous; vous voyez que l'amitié n'est pas bien vive. Peut-être a-t-il été choqué de ce que je lui dis dans ma réponse que votre nation ne lui convenait pas; que le caractère des Italiens lui convenait bien mieux.

A deux heures après midi.

En attendant le facteur, je vais vous dire les nouvelles que j'avais oubliées. La mort de la présidente de Gourgues [1]; c'est une espèce d'événement : c'était une femme importante, qui avait des amis considérables; notre ambassadeur, je crois, était du nombre; madame de Montesson l'aimait passionnément. Sur la nouvelle de sa maladie, elle est partie sur-le-champ de Spa, et est justement arrivée ici le jour de sa mort. Sa douleur est extrême; elle est allée trouver M. le duc d'Orléans au Raincy, et quelques-unes des plus intimes de la défunte s'y sont rendues auprès d'elle. Cette dame a fait son légataire universel le président de Lamoignon, son frère; elle laisse cent mille francs à M. de Malesherbes son cousin, et à madame de Montesson ses pierreries, qui sont de peu de valeur.

Je loue mon petit logement à une madame la marquise de Beausset [2], sœur de madame de la Reynière; c'est une femme établie en province, fort belle, fort jeune, qui veut passer quelque temps à Paris. Je ne me propose point de faire une grande connaissance avec elle; je n'aime point la société des jeunes personnes.

J'attends à cinq heures mesdames de Mirepoix, de Boufflers et de Boisgelin qui doivent venir prendre du thé avec moi. La

---

1 Elle avait été longtemps attaquée d'une maladie incurable. (A. N.)

2 Née Jarente. Son mari était le neveu de l'évêque de Béziers. Elle était non-seulement fort jolie, mais aussi fort spirituelle. (A. N.)

maréchale, jusque vers la fin du mois prochain, habitera souvent sa petite maison de campagne, le Port à l'Anglais; j'irai y souper quelquefois. Je compte aller aussi une fois la semaine à Courbevoie, chez madame de Valbelle [1]; la compagnie y est détestable, mais on y joue au cavagnol. J'irai très-rarement à Roissy, chez les Caraman, c'est trop loin. Il est bien malheureux pour moi que Chanteloup soit à une si grande distance; si ce n'était qu'à vingt lieues, j'aurais bien du plaisir à rendre visite à la grand'maman, et à passer avec elle les temps où il y a peu de monde. Sa santé n'est point bonne; elle est maigre, elle est faible, elle tousse, elle dort peu, elle digère mal, j'en suis fort inquiète. Il n'y a pas grand monde présentement à Chanteloup; madame de Gramont y retournera dimanche ou lundi.

Voilà le facteur : une de vos lettres et une du baron [2]; le baron me mande qu'il part pour les eaux de Harrowgate, et me donne une adresse, en cas, dit-il, que dans son apostille il ne la change pas, et dans l'apostille il la change, et c'est à Bruxelles qu'il faut lui écrire. Certainement il est fou.

LETTRE 469.

MADAME LA MARQUISE DU DEFFAND A M. HORACE WALPOLE.

Mercredi 14 juillet 1773.

Je ne suis point en train d'écrire; je n'ai, ce me semble, rien d'intéressant ni d'amusant à vous dire. Cependant je puis vous parler de la pluie et du beau temps; la pluie que vous avez dû avoir à Strawberry-Hill m'a fort fâchée, mais elle n'aura pas continué tout le temps de votre séjour; ce qui me le fait espérer, c'est que depuis cinq ou six jours il fait le plus beau temps du monde.

Les dames du Carrousel vous aiment toujours et me demandent souvent de vos nouvelles. L'ami Pont-de-Veyle, M. de Tourville et la Sanadona me prient souvent de les rappeler à votre souvenir; la dernière est à Praslin depuis vendredi; elle en reviendra samedi; je serai bien aise de son retour, elle m'épargne des soins en me garantissant de l'ennui de passer des soirées seule. Cette crainte de la solitude vous surprend, vous

---

[1] La comtesse de Valbelle, mère du comte de Valbelle, l'amant de la célèbre Clairon. (A. N.)
[2] Le baron de Gleichen. (A. N.)

qui la chérissez tant; mais pensez que vous avez des yeux, des goûts, des talents, ajoutez beaucoup d'affaires, qui, quoiqu'elles vous fatiguent et vous fâchent, vous préservent de l'ennui.

On se divertit beaucoup à Chanteloup; on y joue des comédies où la grand'maman a le plus grand succès; il y a une trentaine de personnes, tant de la cour que de la ville, toutes des plus brillantes et des plus agréables; ce n'est pas cependant en vérité le temps où je regrette de n'y pas être, tout au contraire, c'est celui qui me fait chérir mon tonneau.

Dans cet instant j'entends le canon qu'on tire pour l'entrée de madame la comtesse de Provence [1]; elle fera les mêmes choses qu'a faites madame la Dauphine; vous me dispensez bien de vous en faire le détail.

Le mariage de M. du Barry avec mademoiselle de Tournon n'est point encore fait; il se fera incessamment, et au sortir de l'église ils partiront pour Compiègne.

Madame de Luxembourg part aujourd'hui pour Villers-Cotterets; elle n'y sera que huit jours, et le 22, jour de la Madeleine, qui est sa patronne, elle soupera chez moi; je lui donnerai pour bouquet de sa fête une tresse de fil d'or faite comme les tresses de cheveux, avec ce couplet, sur l'air des *Folies d'Espagne* :

> Ces beaux cheveux qu'autrefois Madeleine
> Pour plaire à Dieu raccourcit de moitié,
> Du tendre amour furent longtemps la chaîne;
> Qu'ils soient pour nous les nœuds de l'amitié.

C'est un petit abbé Delille qui en est l'auteur [2]. Il a beaucoup d'esprit et de talent, mais je le connais fort peu : vous n'ignorez pas que le goût présent est de parfiler, et que l'on a épuisé toutes les formes pour faire des galanteries dans ce genre.

Je vous promets de ne point lire les trois volumes de voyages [3].

---

[1] Son entrée publique à Paris, qui n'avait pas encore eu lieu depuis son mariage. (A. N.)

[2] Le poète qui s'est rendu depuis si justement célèbre. Madame du Deffand a toujours été scrupuleuse à nommer les auteurs des vers faits pour elle, ou donnés en son nom. L'auteur de la *Notice sur la vie de madame du Deffand*, qui se trouve à la tête des deux volumes de sa correspondance publiée à Paris en 1809, est dans l'erreur quand il dit qu'elle s'attribuait les vers qui lui avaient été fournis par quelque homme de lettres de ses amis. (A. N.)

[3] La première édition des *Voyages* du capitaine Cook dans les mers du Sud. (A. N.)

Je viens de relire *Tom Jones*, dont le commencement et la fin m'ont charmée. Je n'aime que les romans qui peignent les caractères, bons et mauvais. C'est là où l'on trouve de vraies leçons de morale; et si on peut tirer quelque fruit de la lecture, c'est de ces livres-là; ils me font beaucoup d'impression; vos auteurs sont excellents dans ce genre, et les nôtres ne s'en doutent point. J'en sais bien la raison, c'est que nous n'avons point de caractère. Nous n'avons que plus ou moins d'éducation, et nous sommes par conséquent imitateurs et singes les uns des autres.

LETTRE 470.

LA MÊME AU MÊME.

Paris, mardi 27 juillet 1773.

La lettre dont vous aviez chargé milord Beauchamp ne m'a été rendue que tout à l'heure, quoiqu'il soit à Paris depuis samedi. Ce n'est point négligence de sa part. Un billet de lui qui l'accompagnait était daté du samedi; je ne doute pas que ce ne soit la faute de Colman [1], de qui la mémoire est très-infidèle quand il a bu.

J'ai vu vos deux cousins [2]. Ils me paraissent tels que vous me les dépeignez; je les ai priés à souper pour samedi, ils ont accepté. J'aurai ce jour-là l'Idole et sa belle-fille, une madame de Vierville, leur complaisante, la Sanadona, Pont-de-Veyle et Poissonnier [3]. Vous serez étonné de l'Idole; après avoir été plus d'une année sans souper avec elle, j'y aurai soupé trois fois dans l'espace de quinze jours. Les amitiés et les inimitiés ont la même allure dans ce monde-ci; il m'en prend souvent des dégoûts effroyables, et un très-grand désir de le quitter; ne craignez point que je vous rende compte des raisons et des réflexions qui m'amènent à penser ainsi : en faut-il d'autres que la vieillesse et l'aveuglement, et le vide que l'on trouve dans tous les objets dont on est environné?

Je ne serai d'aucune utilité à vos cousins; le peu de gens de

---

[1] Un des valets de madame du Deffand. (A. N.)

[2] Le marquis d'Hertford (alors lord Beauchamp) et son frère lord Henri Seymour Conway. (A. N.)

[3] Habile médecin français, qui avait fait depuis peu un voyage en Angleterre pour réclamer l'invention d'un appareil pour dessaler l'eau de la mer, dont un Anglais, A. Irwin, prétendait s'approprier la découverte. (A. N.)

ma connaissance, soi-disant amis, sont tous dispersés; il n'y a que quelques personnages assez tristes, et faits pour ennuyer des jeunes gens, qui me soient restés; de plus, je ne me porte point bien, je m'affaiblis extrêmement, il ne me vient rien à dire, et quand je veux parler, je ne trouve plus de termes pour m'exprimer; je puis vous assurer que si l'on me trouve le sens commun, je ne le dois qu'à la prévention que quelques personnes ont daigné donner de moi; mais qu'aujourd'hui, si l'on me juge par ma valeur intrinsèque, on perdra bientôt cette prévention. Mais c'est trop vous parler de moi, et je vous en demande pardon.

Je crois que vous pourrez recevoir cette lettre avant votre départ, et qu'avant ce moment vous pourrez m'en apprendre le jour.

Je vous suis très-obligée de tous les détails que vous me faites de vos occupations, et de toutes les petites nouvelles; je sais combien vous aimez peu à écrire, et combien je vous dois de reconnaissance de votre complaisance; ne croyez point que j'en veuille abuser, c'est très-sincèrement que je vous prie de n'avoir point égard à ma satisfaction, et de ne consulter et de n'agir que par la vôtre. Je comprends extrêmement la répugnance que l'on a à écrire, je l'éprouve. Ma correspondance avec Chanteloup se ralentit de jour en jour; je me le reproche, j'appelle Wiart, il prend l'écritoire, il ne me vient rien, et il s'en retourne sans que je lui aie rien dicté. Je n'écris plus à Voltaire, je relis actuellement le recueil de ses lettres et des miennes; cette lecture, si vous daignez jamais la faire, vous paraîtra ennuyeuse; j'ai crayonné celles que je trouve les plus passables. Je n'ai pas le même dégoût que vous aurez; j'ai la curiosité de voir dans quelle disposition j'étais lorsque je les ai écrites.

Les comédies de Chanteloup sont cessées ou vont bientôt l'être; l'accident de la main du grand-papa l'a un peu attristé[1] : il mange tout seul depuis qu'il a son bras en écharpe; il ne saurait monter à cheval. La grand'maman est au bout de ses forces; les comédies l'épuisent, mais elles la détournent de bien des choses qui seraient pour elle pires que la fatigue. Je suis bien fâchée que Chanteloup soit à une si grande distance; j'aimerais à être avec cette grand'maman : on se plaît avec les gens qui sont à notre unisson.

[1] Il avait eu un os de la main cassé en montant un cheval fougueux. (A. N.)

Le comte de Broglie fut nommé, dimanche dernier, pour aller chercher la comtesse d'Artois ; cette grâce, quoique légère, a rencontré de grands obstacles. Les gens titrés prétendaient que cet honneur n'était dû qu'à eux. La vicomtesse du Barry[1] est trouvée admirable ; on dit qu'elle ressemble en beau à madame de Châteauroux.

On prétend qu'un certain mariage (mais pourquoi ne pas nommer madame de Montesson?) se fera ces jours-ci. Elle vient d'acheter, huit cent mille francs, la terre de Saint-Port[2], qui est à huit ou dix lieues de Paris.

LETTRE 471.

M. DE VOLTAIRE A MADAME LA MARQUISE DU DEFFAND.

30 juillet 1773.

Vous avez sans doute, madame, trouvé fort mauvais que je ne vous aie point écrit, et que je ne vous aie point remercié de m'avoir fait connaître M. de l'Isle, qui, par son esprit et son attachement pour vous, méritait bien que je me hâtasse de vous faire son éloge. Ce n'est pas que la foule des princes et des princesses de Savoie et de Lorraine, ou de Lorraine et de Savoie, qui étonnent la Suisse par leur affluence, m'ait pris mon temps ; ce n'est pas que Genève, encore plus étonnée que le reste de la Suisse, m'ait vu à ses bals et à ses fêtes : vous sentez bien que tout ce fracas n'est pas fait pour moi ; mais je n'ai pas eu un instant dont je pusse disposer, et je veux vous dire de quoi il est question.

Les parents de M. de Lally, qui se trouve dans une situation très-équivoque et très-désagréable, se sont imaginé que je pourrais rendre quelques services à sa mémoire. Ils m'ont envoyé leurs papiers : il m'a fallu étudier ce procès énorme, qui a duré trois ans, et qui a fini enfin d'une manière si funeste.

J'ai trouvé qu'il n'y avait pas plus de preuves contre lui que contre les Calas, et que les assassins du chevalier de la Barre

---

[1] Née Tournon et parente du prince de Soubise. Elle avait épousé le vicomte Alphonse du Barry, qui fut tué à Bath, dans un duel avec le comte Rice, Irlandais. (A. N.)

[2] Saint-Port ou Saint-Assise, château magnifique sur les bords de la Seine, à quatre lieues de Fontainebleau. Le duc d'Orléans y mourut en 1786. La duchesse de Kingston en fit ensuite l'acquisition. (A. N.)

avaient à se reprocher le sang de Lally tout autant que celui de cet infortuné jeune homme.

Mais sachant très-bien que le public ne se soucierait point du tout aujourd'hui du procès de Lally, que tout s'oublie, qu'on ne s'intéresse ni à Louis XIV ni à Henri IV, et qu'il faut toujours piquer la curiosité de nos Welches par quelque chose de nouveau, j'ai fait un petit *Précis des révolutions de l'Inde*, à la fin duquel la catastrophe de Lally s'est trouvée naturellement.

Voilà, madame, ce qui m'a occupé jour et nuit; et quoique j'aie près de quatre-vingts ans, c'est le travail qui m'a le plus coûté dans ma vie.

Peut-être, dans l'indifférence où vous paraissez être pour les choses de ce monde, vous ne vous intéressez point du tout à ce qui s'est passé dans l'Inde et dans le Parlement. Nos sottises et nos désastres, dans Pondichéry et dans Paris, peuvent fort bien ne vous pas toucher; aussi je me garderai bien de vous envoyer cette petite histoire, que j'ai composée pourtant pour le petit nombre de personnes qui ont le sens droit comme vous, et qui aiment, comme vous, la vérité.

Je me suis mis à juger les vivants et les morts. J'ai fait un précis historique du procès de M. de Morangiès; et je ne suis pas plus de l'avis du Palais, que je n'ai été de l'avis du Parlement dans tout ce qu'il a fait depuis le temps de la Fronde, excepté quand il a renvoyé les jésuites. Mais soyez bien sûre que vous n'aurez ni Morangiès ni Lally, à moins que vous ne l'ordonniez positivement.

J'oserai mettre encore dans mon marché que je voudrais que vous pensassiez comme moi sur ces deux objets; mais ce serait trop demander. Il faut laisser une liberté tout entière aux personnes qu'on prend pour juges, et ne les point révolter par trop d'enthousiasme.

Il est bon d'avoir votre suffrage; mais je veux l'avoir par la force de la vérité; et je ne vous prierai pas même d'avoir la plus légère complaisance. Tout ce que je crains, c'est de vous ennuyer; mais après tout, les objets que je vous présente valent bien tous les rogatons de Paris, et tous les misérables journaux que vous vous faites lire pour attraper la fin de la journée.

Il me semble qu'il y a un roman intitulé: *les Journées amusantes*; ce ne peut être en effet qu'un roman. Les journées heureuses seraient une fable encore plus incroyable. Vous les méritiez, ces journées heureuses; mais on n'a que des moments. J'aurais du moins des moments consolants, si je pouvais vous faire ma cour.

LETTRE 472.
MADAME LA MARQUISE DU DEFFAND A M. HORACE WALPOLE.

Dimanche 1ᵉʳ août 1773.

Je crains que ma dernière lettre ne vous ait déplu, je vous y faisais des rabâchages sur le retardement des vôtres. Il faut être indulgent, et me laisser quelquefois parler de ce que j'ai dans la tête.

Oui, vos cousins m'ont rendu votre lettre, et vous le savez déjà, puisque vous en avez reçu la réponse.

Vous me demandez ce que je pense de vos cousins. Je les trouve (si l'on peut s'exprimer ainsi) de même acabit que vous, et cet acabit n'est pas le plus commun; j'aurais bien de la peine à en trouver un quatrième. Si vous voulez que je vous parle plus clairement, je vous dirai que je les trouve d'une politesse extrême, respirant l'honnêteté, la droiture : je suis trompée, s'ils ne sont pas de la plus grande vérité. Je ne crois pas qu'ils aient autant d'âme et de chaleur que vous, mais c'est tant mieux pour eux, et peut-être tant mieux pour leurs amis; leur âme étant plus calme, leur humeur doit être plus égale, et leurs têtes moins aisées à se troubler. Peut-être me méprends-je dans le jugement que j'en porte ; c'est plutôt deviner que juger, car je les ai très-peu vus, et n'ai point causé avec eux; ils m'ont rendu une visite; je soupai jeudi avec eux chez madame de la Vallière, et ils soupèrent chez moi hier avec les gens que je vous ai mandé; ils partent demain pour Compiègne, d'où ils iront à Reims, et puis ils reviendront ici.

Je ferai demain un souper où j'enverrais volontiers quelque autre à ma place, c'est à Saint-Ouen, chez M. et madame Necker; ils ont voulu me connaître, parce qu'on m'a donné auprès d'eux la réputation d'un bel esprit qui n'aimait point les beaux esprits. Cela leur paraît une rareté digne de curiosité. Eh bien, j'ai été assez sotte pour faire cette connaissance, et quand je m'interroge pourquoi, je rougis de découvrir que c'est la honte de l'ennui, et que je suis souvent aussi imbécile que Gribouille, *qui se jette dans l'eau de peur de la pluie* (c'est un de nos proverbes ou dictons).

Je crois que M. de Guignes vous reviendra, mais pas pour bien longtemps.

Les comédies sont finies à Chanteloup. Je me reproche la paresse que j'ai à leur écrire, je ne trouve rien à dire; dans ce moment je suis dans le même cas.

LETTRE 473.

MADAME LA MARQUISE DU DEFFAND A M. DE VOLTAIRE.

Paris, 6 août 1773.

Depuis sept ou huit jours, Monsieur, je me fais lire vos lettres. Je les ai toutes conservées; j'y ai trouvé tant de plaisir, que j'étais dans les regrets de n'en plus recevoir. Ce matin l'on m'a dit : « Voilà une lettre de M. de Voltaire. — Est-elle longue? — Oui, elle a quatre pages. — Ah! tant mieux, lisez-la promptement. »

Je commence par vous remercier de votre souvenir, de la continuation de votre amitié; j'y suis infiniment sensible, car il est certain que je vous suis tendrement attachée. Je vais, pour répondre à votre lettre, la prendre par la queue.

Vous finissez par dire que vous m'enverrez votre dernier ouvrage, si je vous le *commande*, si je vous l'*ordonne*. Voilà des paroles que je ne proférerai jamais; mais je vous *supplie*, avec la dernière instance, de ne pas différer d'un moment à me l'envoyer.

Vous attendez bien que je ne m'ingérerai pas à juger les faits; mais j'aurai un plaisir extrême à vous entendre plaider, et il me serait bien difficile de ne me pas ranger de votre avis; j'en suis déjà sur ce qui regarde M. de Lally; sans aucune estime pour lui, j'ai toujours pensé qu'il ne méritait pas un tel traitement.

A l'égard de M. de Morangiès, je n'y vois goutte; j'ai un penchant à croire que lui et les du Jonquai sont tous des fripons. On parle de la foi des Bohèmes; je ne sais pas quelle est celle des usuriers, et ce que c'est que des billets qu'on signe et qu'on n'est point obligé de payer : on dit qu'on les trafique, que c'est une chose en usage, mais dans quel temps et en quelle occasion les retire-t-on? Je m'attends que vous m'expliquerez cela.

Ne vous étonnez point si je suis si peu instruite, je n'ai point lu le *Mémoire* de Linguet; il n'y a que la clarté et le charme de votre style qui puissent me faire lire les choses dont le fond ne m'intéresse point. Je vous admire et je vous approuve du zèle que vous avez pour la chose publique, et pour les individus qui la composent. Vous avez reçu des talents de la nature qui vous rendent comptable à tout l'univers; il faut que vous répandiez partout l'abondance de ses dons. Pour moi, à qui elle n'a donné que le pur nécessaire de l'esprit, que ce qu'il en faut pour connaître et sentir celui des autres, cinq sens qu'elle n'a pas jugé à propos de me conserver jusqu'à la fin de ma vie, je ne dois ni ne peux vivre que pour moi : c'est aussi le parti que j'ai pris. Je végète dans mon tonneau; je reçois quelquefois bonne compagnie, le plus souvent médiocre; j'écoute les nouvelles, les jugements qu'on porte sur les spectacles et sur les livres nouveaux; je ne suis point tentée de voir les spectacles, et quand j'ai de la curiosité pour les livres, je suis toujours attrapée. Ne m'allez point dire : Il faut être indulgente; qu'est-ce qu'il faut faire pour cela? Soumettons-nous notre goût? En sommes-nous maîtres? C'est vous qui avez formé le mien, prenez-vous-en à vous-même si vous trouvez mauvais que je sois difficile. Je finis par vous dire, mon cher Voltaire, que si vous m'aimez encore, et si vous voulez que j'aie d'heureux moments, il faut m'écrire et m'envoyer tout ce que vous faites.

LETTRE 474.

MADAME LA MARQUISE DU DEFFAND A M. HORACE WALPOLE.

Paris, 8 août 1773.

Vous avez grand tort de me consulter[1]; vous ne savez donc pas comment je juge? Par deux sensations, ennui ou plaisir;

---

[1] M. Walpole avait dit : « Comme vous me demandez quelquefois des lectures, je vous prie de relire deux pièces que sûrement vous avez bien lues; mais lisez-les, de grâce, avec attention : c'est la *Zaïre* de Voltaire et le *Mithridate* de Racine. Ai-je tort de les trouver pitoyables? Le langage surtout de la première me paraît familier et trivial jusqu'au burlesque. A l'une et l'autre nul caractère, nulle probabilité, et dans *Mithridate* pas une pensée nouvelle, pas un seul sentiment qui fasse impression. Je viens de les relire, parce que j'ai envie de faire une autre tragédie, et j'ai été étonné de leur médiocrité. Je ne crois pas que je risquerai de faire pis, quoique je trouve que, depuis ma dernière goutte le peu d'esprit que j'avais s'est fort affaibli. Il me semble que

jamais je n'examine les causes. Vous pouvez avoir toute raison dans vos critiques. Si nos théâtres vous paraissent froids ou plats, ils ne valent rien pour vous. J'ai seulement fait une remarque, c'est que la disposition où nous nous trouvons influe beaucoup sur les impressions que nous recevons, et en conséquence sur les jugements que nous portons; je crois que vous en conviendrez. Il me semble que la comparaison que vous faites de l'effet que vous aurait fait une pendule dans trois âges différents, peut s'appliquer à ce que je viens de dire.

Je ne puis pas sentir le mérite de Shakspeare; mais comme j'ai beaucoup de déférence pour vos jugements, je crois que c'est la faute des traducteurs[1]. A l'égard de vos romans, j'y trouve des longueurs, des choses dégoûtantes, mais une vérité

---

c'est la gêne de la rime qui a été cause du peu de noblesse que Voltaire a mis dans ses expressions. Dites-moi si j'ai tort, et si je dois trouver *Mithridate* une belle pièce. Selon moi, c'est l'ouvrage d'un garçon qui sort du collége. La nature y parle-t-elle? y a-t-il rien qui surprenne à force de vérité même? n'est-ce pas l'éducation qui fait faire de telles pièces, et non pas la connaissance intime de l'âme et des passions? Je veux relire *Phèdre*, *Britannicus*, *Cinna*, *Rodogune*, *Alzire*, *Mahomet* et *Athalie* que j'ai infiniment aimés, et dont je vous dirai mes sentiments. J'en suis à l'*Iphigénie*, dont j'ai lu trois actes, et que je suis loin de trouver un chef-d'œuvre, comme l'estime Voltaire. C'est qu'il faut, pour que j'aie une satisfaction parfaite, que je sois grandement ému. Il me faut un grand choc de passions, des traits hardis et naturels, des caractères très-marqués, mais en même temps nuancés, et cette connaissance du cœur humain qui distingue les grands maîtres, et qui frappe comme un coup de lumière les esprits les plus communs. Le mécanisme d'une pièce faite pour s'assurer des suffrages, et non pas pour faire de grandes sensations, ne me frappe non plus qu'une pendule. La première pendule m'aurait causé de l'étonnement; j'aurais acheté la seconde à mon usage; je donnerais la troisième à un enfant.

» Ce sont nos auteurs tragiques que j'aime, c'est-à-dire Shakspeare, qui est mille auteurs. Je n'accorde pas, comme vous, le même mérite à nos romans. *Tom Jones* me fit un plaisir bien mince; il y a du burlesque, et ce que j'aime encore moins, les mœurs du vulgaire. Je conviens que c'est fort naturel, mais le naturel qui n'admet pas du goût me touche peu. Je trouve que c'est le goût qui assure tout, et qui fait le charme de tout ce qui regarde la société. Scarron peut être aussi naturel que madame de Sévigné, mais quelle différence! mille mères peuvent sentir autant qu'elle; c'est le goût qui la sépare du commun des mères. Nos romans sont grossiers. Dans *Gil Blas*, il s'agit très-souvent de valets et de telle engeance, mais jamais, non, jamais ils ne dégoûtent. Dans les romans de Fielding, il y a des curés de campagne qui sont de vrais cochons. — Je n'aime pas lire ce que je n'aimerais pas entendre. » (A. N.)

[1] On trouvera que, malgré les désavantages de la traduction, madame du Deffand a changé d'opinion sur ce sujet. (A. N.)

dans les caractères (quoiqu'il y en ait une variété infinie) qui me fait démêler dans moi-même mille nuances que je n'y connaissais pas. Pourquoi les sentiments naturels ne seraient-ils pas vulgaires? N'est-ce pas l'éducation qui les rend grands et relevés? Dans *Tom Jones*, Alworthy, Blifil, Square et surtout madame Miller, ne sont-ils pas d'une vérité infinie? Et Tom Jones, avec ses défauts et malgré toutes les fautes qu'ils lui font commettre, n'est-il pas estimable et aimable autant qu'on peut l'être? Enfin, quoi qu'il en soit, depuis vos romans, il m'est impossible d'en lire aucun des nôtres [1]. A l'égard de notre théâtre, je ne m'éloigne pas de votre façon de penser; mais *Athalie* me paraît une très-belle pièce, et je trouve de grandes beautés dans *Andromaque;* le style de Racine a une élégance charmante, mais qui peut-être n'est sentie que par nous. Il y a des beautés dans Corneille qui ressemblent beaucoup (à ce que j'imagine) à plusieurs traits de votre Shakspeare. Il ne me faut pas des choses aussi fortes qu'à vous : le choc des grandes passions me causerait sans doute beaucoup d'émotion, mais cela n'est pas nécessaire pour m'intéresser. Le jeu... (ce n'est point le mot propre, je n'en puis trouver d'autre) des intérêts, des goûts et des sentiments ordinaires, quand ils sont bien nuancés comme dans Richardson, suffit pour m'occuper et me plaire infiniment. Voilà ce que j'ai pu débrouiller sur ce que je pense; vous n'en serez pas satisfait; mais songez à mon âge et à la faiblesse de mon génie.

J'ai reçu ces jours-ci une grande lettre de Voltaire, et je n'en suis point bien aise, parce qu'il a fallu y répondre [2].

M. de Beauvau est revenu de Chanteloup. Il m'a donné de très-mauvaises nouvelles de l'état de la grand'maman; elle s'affaiblit, elle maigrit; je souffre beaucoup d'être séparée d'elle, et d'autant plus qu'elle me désire.

[1] M. Walpole, dans sa réponse, dit : « Nous ne sommes nullement d'accord sur nos romans; c'est le défaut du naturel qui me dégoûte, et que vous croyez y voir. Les caractères sont apprêtés, et travaillés au point d'en découvrir tout le mécanisme. Dans *Gil Blas* rien n'est forcé; un trait peint un caractère, et un certain air négligé le rend vraisemblable. Je conviendrai de tout ce que vous dites d'*Athalie*, mais *Tom Jones* ne me fait pas la moindre impression. » (A. N.)

[2] M. Walpole dit : « Voltaire reprend sa correspondance avec vous, tant mieux; il vous amusera de temps en temps, et vous vous amuserez à lui répondre; ses plus mauvaises lettres vaudront mieux que celles des autres: Je ne suis pas son enthousiaste, mais qui est-ce qui le remplacera? » (A. N.)

Le voyage de Compiègne ne m'a pas causé autant d'ennui que je le craignais; j'ai eu moins de monde, mais j'ai été rarement seule. J'ai pris une résolution que j'espère soutenir, parce que je m'en trouve assez bien : c'est de vivre au jour le jour, de ne pas penser au lendemain, de ne croire aux amitiés ni aux inimitiés, enfin de suivre la maxime de ma grand'tante, *de prendre le temps comme il vient, et les gens comme ils sont.*

J'avais beaucoup entendu parler de madame Beauclerc[1]; c'est, dit-on, la femme du monde qui a le plus d'esprit; elle a eu la gloire de vous amuser, et cela me le prouve.

J'ai reçu une lettre de madame de Crewe, fort naturelle, fort tendre, fort obligeante, et d'assez bon français. Je croirais assez qu'elle avait pris plus de goût pour moi que n'en avait sa mère, qui me paraissait craindre que j'eusse quelque part dans les attentions qu'on avait pour elle. Mon petit logement est actuellement occupé par une comtesse de Beausset (Jarente est son nom), haute de cinq pieds sept pouces, belle, bien faite, très-pauvre, très-raisonnable, parlant de tout facilement et bien, mais à qui cependant je ne trouve rien à dire; je ne sais combien elle restera ici; cela dépend des affaires qui l'y amènent.

Il me semble que je n'ai plus rien à vous dire; j'ai répondu à tous les articles de votre lettre; j'aimerais que cela vous servît d'exemple.

Il faut que je corrige un endroit de ma lettre, c'est sur le mot *vulgaire :* vous entendez par là des sentiments bas; en effet, c'est sa signification : c'est moi qui ai eu tort en le prenant pour des sentiments ordinaires; mais Richardson n'a point donné des sentiments vulgaires à Paméla, à Clarisse, à Grandisson, etc., etc. Il n'en donne jamais de plus grands que nature; et moi, malgré le goût que vous me supposez pour le romanesque, j'aime mieux les sentiments du peuple que ceux des héros de nos romans, tels que dans la Calprenède, et de je ne sais combien d'autres auteurs, comme Scudéri, etc. Mais pour Quinault, j'en ferai toute ma vie un cas infini, parce qu'il n'est jamais par delà le vrai.

---

[1] Feu lady Diane Beauclerc. (A. N.)

LETTRE 475.

M. DE VOLTAIRE A MADAME LA MARQUISE DU DEFFAND.

Ferney, 13 d'auguste 1773.

J'ai peur, madame, que vous ne vous intéressiez pas plus à nos Indiens qu'à la plupart de nos Welches. Vous m'avez mandé que vous aviez jeté votre bonnet par-dessus les moulins, mais il ne sera pas arrivé jusqu'à l'Inde. Pour moi, je vous l'avoue, je considère avec quelque curiosité un peuple à qui nous devons nos chiffres, notre trictrac, nos échecs, nos premiers principes de géométrie, et des fables qui sont devenues les nôtres, car celle sur laquelle Milton a bâti son singulier poëme est tirée d'un ancien livre indien, écrit il y a près de cinq mille ans.

Vous sentez combien cela élargit notre sphère. Il me semble que quand on rampe dans un petit coin de notre Occident, et quand on n'a que deux jours à vivre, c'est une consolation de laisser promener ses idées dans l'antiquité, et à six mille lieues de son trou.

Cependant, il se pourra très-bien que la description des pays où le colonel Clive a pénétré plus loin qu'Alexandre, ne vous amuse pas infiniment. Ce qui était si essentiel pour notre défunte Compagnie des Indes sera peut-être pour vous très-insipide. En tout cas, il ne tient qu'à vous de ne pas vous faire lire le commencement de cet ouvrage, et d'aller tout d'un coup aux aventures de ce pauvre Lally, à son procès criminel, à son arrêt et à son bâillon.

Nous donnons de temps en temps à l'Europe de ces spectacles affreux qui nous feraient passer pour la nation la plus sauvage et la plus barbare, si d'ailleurs nous n'avions pas tant de droits à la réputation de l'espèce la plus frivole et la plus comique.

J'ai un petit avertissement à vous donner sur cet envoi que je vous fais, c'est qu'il n'est pas sûr que vous le receviez. M. d'Ogny, qui a des bontés infinies pour ma colonie, et qui veut bien faire passer jusqu'à Constantinople et au Maroc les travaux de nos manufactures, m'a mandé qu'il ne voulait pas se charger d'une seule brochure pour Paris.

Mon village de Ferney envoie tous les ans pour cinq cent mille francs de marchandises au bout du monde, et ne peut pas envoyer une pensée à Paris! Le commerce des idées est de contrebande.

Je ne peux donc pas vous répondre, madame, que mes idées vous parviennent. Cependant c'est un ouvrage dans lequel il n'y a rien que de vrai et d'honnête. Le plus rude commis à la douane de l'entendement humain ne pourrait y trouver à redire. Je ne sais si nous ne devons pas cette rigueur qu'on exerce aujourd'hui contre tous les livres à messieurs les athées. Ils ont mal fait, à mon avis, de faire imprimer tant de sermons contre Dieu. Cette espèce de philosophie ne peut faire aucun bien et peut faire beaucoup de mal. Notre terre est un temple de la Divinité. J'estime fort tous ceux qui veulent nettoyer ce temple de toutes les abominables ordures dont il est infecté, mais je n'aime pas qu'on veuille renverser le temple de fond en comble.

Je languis au milieu de souffrances continuelles, dans un petit coin de ce temple, et j'attends chaque jour le moment d'en sortir pour jamais. Vous n'avez perdu qu'un de vos sens, et je perds mes cinq.

Je n'ai pu faire ma cour ni à madame de B..... ni à madame la princesse de C....., sa fille, quoiqu'elles soient toutes deux philosophes. Madame la duchesse de V... l'est aussi. Une centaine d'êtres pensants de la première volée sont venus dans nos cantons. On prétend que tous les dieux se réfugièrent autrefois en Égypte; ils se sont donné cette fois-ci rendez-vous en Suisse.

Si vous aviez pu y venir, j'aurais été consolé. Je fais mille vœux pour vous, madame, mais à quoi servent-ils? Je vous suis attaché tendrement et inutilement. Nous sommes tous condamnés aux privations suivies de la mort. Je l'attends sur mon fumier du mont Jura, et je vous souhaite du moins de la santé dans votre Saint-Joseph.

Adieu, madame; contre nature, bon cœur.

LETTRE 476.

M. DE VOLTAIRE A MADAME LA MARQUISE DU DEFFAND.

A Ferney, 10 septembre 1773.

Eh bien, madame, que dites-vous à présent de la cabale abominable qui poursuivait M. de Morangiès? que dites-vous en tout genre de ce monstre énorme qu'on appelle le public, et qui a tant d'oreilles et de langues étant privé des yeux? Si vous avez perdu la vue du corps, et si je suis à peu près dans le même état quand l'hiver approche, il me semble que nous avons conservé du moins les yeux de l'entendement. Avouez que le Parlement d'aujourd'hui répare les crimes que l'ancien a commis en assassinant juridiquement Lally et le chevalier de la Barre.

J'ignore si M. D..... vous a fait tenir les *Fragments sur l'Inde* et sur le malheureux Lally; ce petit ouvrage a quelque succès : il est fondé du moins sur la vérité. Mais il vous faut des vérités intéressantes, et je voudrais que celles-là pussent vous occuper quelques moments.

Je voudrais surtout qu'une bonne santé vous rendît la vie supportable, si mes ouvrages ne le sont pas. Ma santé est horrible; et quand j'écris, ce n'est qu'au milieu des souffrances. Soyez bien sûre, madame, que mes maux ne dérobent rien aux sentiments qui m'attachent à vous jusqu'au dernier moment de ma vie.

LETTRE 477.

MADAME LA MARQUISE DU DEFFAND A M. HORACE WALPOLE.

Lundi, 20 septembre 1773.

Qu'importe d'être fermier ou auteur? cela est égal, pourvu qu'on s'amuse; c'est de votre propre choix, sans intérêt particulier, que vous vous êtes fait fermier; votre vanité en est satisfaite; ainsi vous n'êtes point à plaindre [1].

Je n'ai jamais compris que cette lettre de madame de Sévigné [2] méritât aucune attention, et surtout l'honneur de l'im-

---

[1] M. Walpole était alors fort occupé à arranger les affaires de son neveu George, comte d'Orford, qui avait un dérangement d'esprit, et se trouvait sous surveillance. M. Walpole a donné à madame du Deffand le récit suivant de ses nouvelles occupations :

« Milord Orford ne me laissera pas le temps d'écrire. Je quitte le métier d'auteur pour celui de bailli. Mes songes ne me présenteront plus un château d'Otrante. C'est triste de troquer des visions contre des comptes. Je m'étais fait un monde qui ne ressemblait en rien à celui des affaires. Hélas! il faut apprendre des choses utiles. Mes tablettes ne contiennent que des comptes de bœufs, de moutons, de chevaux de course et de leur généalogie, des réparations à faire, des fermes à louer, des hypothèques, des greniers à bâtir, des consultations à faire, des procureurs à voir. Ah! quel chaos! je ne me connais plus. » (A. N.)

[2] Elle parle de la lettre, accompagnée d'une tabatière, qu'au nom de ma-

pression; ce n'est point par fausse modestie, vous en avez reçu de moi plusieurs que j'aurais cru valoir mieux; mais on est, à ce que je vois, mauvais juge de soi-même.

Je ne comprends pas que vous ne compreniez pas ce qui m'a fait mettre tant d'énergie à mes craintes sur madame de Gramont; heureusement qu'elle se porte bien, mais si elle était morte (je le répète encore), que serait devenu Chanteloup? la sorte d'ivresse qui soutient le grand-papa se serait dissipée, l'affluence de monde aurait cessé, l'ennui aurait succédé, et ce qui paraît l'occuper beaucoup aujourd'hui, l'agriculture, les troupeaux, enfin toutes les occupations champêtres, pour lui n'auraient plus eu de charmes. Quand le cœur n'est pas satisfait, tout cesse d'être agréable. La grand'maman s'en serait bientôt aperçue; et quel chagrin et quel ennui cela aurait-il répandu sur le reste de sa vie! Elle jouit actuellement du partage, et se flatte peut-être de quelque préférence; elle aurait bientôt cessé de se flatter. J'aurais souffert de la savoir dans cette situation, et j'aurais peut-être eu le bon cœur de l'aller trouver; me voilà à l'abri de cette tentation, et fixée dans mon tonneau pour le temps qui me reste.

Vous avez une très-fausse idée de l'*Éloge de Colbert*[1] : l'au-

---

dame de Sévigné elle avait envoyée à M. Walpole, et qu'il avait imprimée dans son catalogue de Strawberry-Hill. (A. N.)

[1] M. Walpole, dans sa lettre, avait d'avance jugé le premier succès littéraire de Necker en ces termes : « J'ai bien peu de curiosité sur l'*Éloge de Colbert*. En premier lieu, je n'aime pas de telles fadeurs apprêtées de longue main; en second, je n'ai pas le goût des discours philosophiques et académiques : des dissertations sur le commerce, par un homme qui n'y entend rien, m'ennuieront; de grandes phrases pour décorer et rendre intelligibles des choses fort communes, me paraîtront pédantesques et pleines d'affectation. On prétendra faire la critique de Louvois, et on aura le dessein de faire la satire de quelque ministre vivant. On ajoutera les éloges de la czarine, du roi de Prusse, du roi de Suède; et je n'ai pas envie de lire la flatterie dans la bouche des prétendus philosophes; qu'on les paye, cela doit leur suffire. Il n'y a que Voltaire qui se fait encore lire, malgré tout ce qu'il a fait d'indigne. Envoyez-moi son *Épître à Marmontel*. Je vous dispense de la réponse, que certainement je ne lirai point. On est venu à bout, chez vous, de rendre la raison aussi absurde que l'ancien galimatias des écoles, et la morale aussi fatigante que les controverses sur la religion. On prêche dans l'opéra-comique, et les romans parlent agriculture. On fait regretter l'ennuyeux la Calprenède. Voltaire lui-même prêche, comme chef de secte, contre le bon goût, tant son enthousiasme le rend atrabilaire, et des fois mauvais plaisant. Il ne prise, et avec grande raison, que le siècle de Louis XIV; et malgré cela, c'est lui qui a donné cours au mauvais ton d'aujourd'hui. Il a tout effleuré, et ses singes ne font qu'ef-

teur n'est point un bel esprit, il est l'antipode des encyclopédistes; il croit avoir des connaissances de l'administration et du commerce; il a déjà paru de lui un *Mémoire* en réponse à l'abbé Morellet sur la Compagnie des Indes, dans lequel il a combattu toutes les idées de cet abbé : c'est M. Necker. Il garde encore l'incognito, c'est-à-dire il ne s'est point déclaré à l'Académie pour l'auteur, et ne s'est point présenté pour recevoir le prix. Il ne parle point de Louvois dans son discours; il entre dans fort peu de détails sur la vie de Colbert; il ne loue ni ne blâme le ministère présent. Enfin il a voulu, comme bon patriote, communiquer ses idées. L'Académie avait donné pour sujet l'*Éloge de Colbert;* il a saisi cette occasion, qui lui servit de prétexte. Je suis bien loin de vouloir m'ériger en juge; je peux avoir tort, mais ce discours me plaît beaucoup. Je voudrais en retrancher quelques phrases obscures et métaphysiques, qu'il doit à la société de M. Thomas. Il est cependant bien éloigné de l'admirer; mais souvent on prend, malgré soi, et sans s'en apercevoir, les manières et l'accent des gens avec qui l'on vit. Je le lui ai reproché; il ne s'est pas fâché comme l'archevêque de Grenade contre Gil Blas, mais il s'est défendu ainsi que lui.

Je suis bien de votre avis, il n'y a que Voltaire qui ait véritablement un bon style; mais, hélas! quel usage en fait-il aujourd'hui? Il devient l'avocat de tout le monde; il m'a envoyé quatre lettres qu'il a écrites à la noblesse de Gévaudan, en faveur d'un M. le comte de Morangiès, que je crois un fripon, et qui vient de gagner son procès contre des gens aussi fripons que lui. Oui, vous avez raison, le nombre des fripons est grand, et l'estime est un sentiment dont on a peu d'occasions de faire usage. Allez, croyez-moi, les comptes de bœufs, de moutons, de chevaux, etc., valent tout autant que les contes à dormir debout dont on nous berce.

Mardi.

Je ne vous ai point dit que le grand abbé était ici. Je causai hier avec lui sur Chanteloup : il prétend que toutes mes craintes n'étaient pas fondées; qu'on aurait été affligé, mais qu'on n'en aurait pas été moins occupé de ses brebis; qu'on aurait pu voir moins de monde, mais qu'on s'en passerait facilement : ainsi me

fleurer tout. Ah! Montesquieu approfondissait tout, ne se fâchait point, ne rabaissait pas tous les grands hommes, n'ennuyait jamais. C'est là qu'a fini votre grand siècle; car le mauvais goût n'eut point de part à ses ouvrages. ».(A. N.)

voilà fort rassurée. Vous vous êtes fort trompé, si vous avez cru que j'eusse d'autres motifs que l'amitié et l'intérêt que je prends à la grand'maman. Je trouve la duchesse de Gramont aimable, mais je ne m'avise pas de l'aimer.

Voici une épigramme qu'on dit être de Voltaire[1] :

C'en est donc fait, Ignace, un moine vous condamne!
C'est le lion qui meurt du coup de pied de l'âne.

Ne la trouvez-vous pas jolie?

LETTRE 478.

MADAME LA MARQUISE DU DEFFAND A M. HORACE WALPOLE.

Paris, 26 septembre 1773.

Je viens d'écrire à mes évêques d'Artois pour qu'ils sollicitent l'intendant M. d'Agay en faveur de votre milady[2]. Je parlai hier à madame de Mirepoix; elle fut fort surprise que M. de Monteynard ne lui ait pas tenu parole; elle me demanda un nouveau mémoire; elle ne le lui donnera pas sitôt, parce qu'elle n'ira point à Versailles avant le départ pour Fontainebleau, qui sera le 4 d'octobre; elle est occupée de madame de Craon, qui vient d'accoucher d'un garçon. Elle a certainement beaucoup d'envie de vous obliger, et d'elle-même elle a imaginé d'agir auprès de M. de Crouy, qui est gouverneur de Calais, et qui pourra peut-être être plus utile que M. de Monteynard. Ce ministre dans ce moment-ci est fort occupé de ses propres affaires, et, ainsi que votre milady, il craint beaucoup un démé-

---

[1] A l'occasion de la destruction des jésuites par le pape Ganganelli, qui était moine lui-même. (A. N.)

[2] Lady Fenouillet. M. Walpole rend compte à madame du Deffand, dans sa lettre de juin 1773, de la faveur qu'il sollicitait pour sa protégée. « Un ancien ami m'a recommandé, en mourant, une sienne maîtresse et des enfants dont je suis une espèce de tuteur. Cette femme se maria à un gentilhomme, et s'en sépara l'année après. Elle s'est établie à Calais par économie, et pour élever ses filles au couvent. Elle se conduit très-sagement et très-honnêtement, voit la meilleure compagnie de la ville, en est aimée et respectée : son banquier vient de mourir. Il fallait passer à Londres pour avoir le consentement de son mari à un nouvel arrangement de ses affaires. Elle est ici. On voudrait donner son hôtel, qui est grand, beau et à bon marché, au nouveau commandant de la place. Elle en a écrit à M. de Monteynard, qui lui a fait une réponse très-honnête, mais sans démordre totalement. Elle croit que la protection pourrait la sauver. Tout ce qu'elle demande, c'est de garder sa maison jusqu'à la fin de son bail, c'est-à-dire deux ans et demi. » (A. N.)

nagement. Le comte de Broglie est obligé d'en faire un auquel il ne s'attendait pas : il était nommé pour aller recevoir la future comtesse d'Artois au Pont de Beauvoisin; il avait demandé la permission de partir un mois auparavant pour aller à Turin faire sa cour au roi de Sardaigne; les Broglie sont Piémontais. N'ayant point reçu de réponse de M. d'Aiguillon, il lui écrivit mercredi dernier pour lui en faire quelques reproches; sa lettre lui a déplu, il l'a portée au roi, et jeudi matin elle fut lue en plein conseil. Le vendredi, sur le midi, il reçut la visite de M. de la Vrillière, qui lui apporta une lettre de la propre main du roi [1], qui lui ôte sa commission, et l'exile dans sa terre de Ruffec qui est à cent vingt lieues d'ici, entre Poitiers et Angoulême; il part ce soir. Cette aventure ne m'est pas agréable.

LETTRE 479.

LA MÊME AU MÊME.

Paris, dimanche 3 octobre 1773.

Croyez-vous que je vous soupçonne de vanité, et que je puisse penser qu'elle soit le principe de vos actions? Non, en vérité, je ne le pense pas, je vous connais mieux que cela. Vous n'avez ni affectation ni ostentation; vous ne recherchez point la gloire, vous vous contentez de la considération que vous méritez; vous craignez souverainement le blâme, et plus que toute chose, le ridicule. Mais dites-moi, je vous prie, dans quel état est monsieur votre neveu. Le dérangement de sa tête n'est-il pas l'effet du dérangement de sa santé? peut-il guérir? et s'il vit longtemps, serez-vous toujours son intendant? resterez-vous toujours chargé de diriger son bien, de la recette, de la dépense et de tous les soins domestiques? Vous êtes le chat de la fable,

---

[1] La lettre finissait dans les termes suivants : « M. le comte de Broglie, vous devez bien penser que, d'après la lecture qui m'a été faite de votre lettre, non-seulement vous n'irez pas à Turin, ni au Pont de Beauvoisin, mais vous vous rendrez à Ruffec, où vous resterez jusqu'à ce que vous receviez de nouveaux ordres de ma part, ou de mes ministres, très-autorisés à cet égard. Ne répondez point à ma lettre, et partez pour Ruffec le plus tôt possible. » — C'est à l'occasion de cet exil de M. le comte de Broglie, avant qu'il eût commencé à exécuter la mission dont il était chargé, que le duc de Choiseul dit de lui : *Il prend le ministère par la queue.* Le comte de Broglie mourut en 1781 dans une espèce d'oubli, après avoir dirigé pendant longtemps le ministère secret de Louis XV. (A. N.)

et monsieur votre frère le singe : il mange ou mangera les marrons que vous lui tirerez du feu [1]; cela lui est fort commode.

La mort de M. Taaffe [2] m'a surprise; il y a quinze ans qu'elle m'aurait fâchée; sa demoiselle est, dit-on, assez malade. Madame Duplessis-Châtillon est morte ce matin; je crois que vous ne la connaissiez pas; je ne vivais pas beaucoup avec elle.

Le grand abbé s'en retourne aujourd'hui à Chanteloup; il a été trois semaines ici, ce qui m'était fort agréable; il y a presque autant de temps que Pont-de-Veyle est à l'Isle-Adam, il ne parle point encore de son retour. L'exil de M. de Broglie me fâche infiniment, je vivais beaucoup avec lui. Tout le monde va partir pour Fontainebleau, et d'ici au mois de décembre je serai presque sans compagnie. Les Caraman resteront à Roissy jusqu'à la fin de novembre. Madame de Luxembourg passera ce mois-là à Chanteloup; si je pouvais bien dormir, je me consolerais de tout; mais passer les jours dans la solitude et les nuits dans l'insomnie, c'est un peu trop.

J'ai eu la visite de madame de Viri, et pendant qu'elle me parlait, je lui trouvais une ressemblance; quand elle partit, mademoiselle Sanadon me dit qu'elle et une femme qui était auprès d'elle, lui en trouvaient une. Ne dites pas qui, m'écriai-je....., c'est mademoiselle Bagarotty; c'était la même. Voilà qui est bien mal conté; cela fut plaisant, et cela ne vous le paraîtra pas.

Je n'entends plus parler des *Lettres* de madame de Sévigné. Je compte sur la parole que m'a donnée M. de Toulouse, que j'aurai les premiers exemplaires. Les nouveaux livres ne paraissent guère qu'après la Saint-Martin.

Vous trouverez dans l'*Éloge de Colbert* quelquefois de l'affectation dans le style, des pensées obscures et trop métaphysiques : c'est un hommage que l'auteur a cru devoir à l'Acadé-

---

[1] Sir Édouard Walpole, comme frère aîné de M. Walpole, était le plus immédiat héritier du titre et des biens de lord Orford. (A. N.)

[2] M. Taaffe était Irlandais, frère du lord Taaffe, qui avait vécu longtemps en France. Il avait été un grand admirateur de mademoiselle de Lespinasse, pendant qu'elle demeurait avec madame du Deffand; et il existe encore dans les papiers de cette dernière des lettres qui lui furent écrites par M. Taaffe, exprimant à la fois les sentiments qu'il a portés à mademoiselle de Lespinasse, et sa reconnaissance pour la conduite que madame du Deffand a tenue envers elle. Ces lettres prouvent que, dans cette occasion du moins, madame du Deffand montra pour elle toute l'affection, toute la prudence et tous les soins d'une mère. (A. N.)

mie; ce n'est pas le genre de son esprit : il a beaucoup d'esprit, de naturel, d'idées et de sentiment. La plupart des encyclopédistes s'élèvent contre son discours; il a mille fois plus de bon sens qu'eux, beaucoup plus de justesse, et infiniment moins d'orgueil. Ne manquez pas, je vous prie, de faire lire ce discours à M. Burke; je voudrais savoir ce qu'il en pensera; je suis encore plus curieuse de savoir votre jugement.

Je vous dirai que j'aime assez le Caraccioli; il a de la candeur, de la franchise et de la noblesse; il est divertissant, et puis il se plaît avec moi, il me tient fidèle compagnie. Le roi le traite fort bien. L'autre jour, le roi lui parlait de Naples, et disait qu'il y avait beaucoup d'insectes et de volcans. Oui, sire, cela est vrai; et en Angleterre il n'y a ni insectes, ni volcans, ni *loups*, ni *moines;* il dit tout ce qui lui passe par la tête, et il est fort à la mode ici.

M. d'Aranda[1] n'a encore vu personne; il s'est trouvé trop petitement logé dans la maison de son prédécesseur, qui avait avec lui femme et enfants, et lui, d'Aranda, est tout seul; il prend la maison de M. de Brunoi, rue des Petits-Champs, qu'il loue vingt-deux mille livres.

Vous oubliez de me parler de la veuve de M. de Kingston[2], je serais curieuse du procès.

Milady Spencer est retournée chez vous; c'est positivement une dame du grand monde, elle en a toutes les dimensions.

LETTRE 480.

MADAME LA MARQUISE DU DEFFAND A M. DE VOLTAIRE.

Paris, 8 octobre 1773.

J'attendais, monsieur, l'événement du procès de M. de Morangiès pour joindre aux remerciments que je vous dois de votre petite brochure, mon compliment sur le gain d'un procès où vous avez beaucoup contribué. Vous devriez bien employer votre éloquence à faire abolir des usages qui confondent le vrai avec le faux et qui rendent les signatures inutiles. Je voudrais aussi que vous fissiez des factums pour ce pauvre roi de Pologne[3]; il y a tant d'injustice, de supercherie et de violence dans ce

---

[1] Ambassadeur d'Espagne en France. (A. N.)
[2] Feu la duchesse de Kingston. (A. N.)
[3] Il s'agissait alors du premier partage de la Pologne. (A. N.)

monde, qu'il faut, quand on n'a pas vos talents pour les combattre et s'y opposer, plier les épaules et se taire. Il n'y a qu'une voix comme la vôtre qui ait le droit de se faire entendre.

Vous avez lu le discours qui a remporté le prix à l'Académie, l'*Éloge de Colbert*[1]; je voudrais savoir ce que vous en pensez; j'aime à soumettre mon jugement au vôtre.

J'ai été très-contente de vos *Fragments sur l'Inde*, et charmée de votre *Épître à Marmontel*. Nos beaux esprits y trouvent la fraîcheur de votre printemps; et moi, qui n'ai pas leur éloquence, je dis que vous êtes et serez toujours modèle en tout genre. Ne négligez pas de l'être en amitié, et conservez-en pour la personne qui vous admire le plus, et qui vous aime le plus constamment et le plus tendrement; cette personne c'est moi, je ne devrais pas craindre que vous vous y méprissiez.

LETTRE 481.

MADAME LA MARQUISE DU DEFFAND A M. HORACE WALPOLE.

Paris, 9 octobre 1773.

Non, non, je ne trouve pas votre lettre trop longue *et je n'aurais pas été plus contente si elle avait été plus petite*; ah! vous le savez bien. Comme vous n'êtes point comme le Craufurd (que vous peignez parfaitement), je ne vous donnerai point de louanges; mais je ne me refuserai pas de vous dire que je m'applaudis de vous avoir toujours parfaitement bien jugé. Votre lettre confirme et augmente l'opinion que j'ai eue d'abord, et que j'ai toujours continué à avoir de votre esprit et de votre caractère. Il est impossible de mieux analyser un ouvrage[2], et

---

[1] Par M. Necker. (A. N.)

[2] L'*Éloge de Colbert*, par M. Necker, dont M. Walpole avait dit : « Je trouve l'*Éloge* l'ouvrage d'un homme d'un très-bon esprit, et d'un homme de bien, pas fort éloquent. Il y a des endroits obscurs et trop pressés; et quoique en général l'auteur se sauve du galimatias clinquant d'aujourd'hui, il donne quelquefois trop dans les phrases abstraites qui sont en usage, et qui ne se trouvent jamais dans vos bons auteurs. En général, le discours est trop long, et surtout la première partie, qu'il aurait pu rendre plus courte, sans peser tant sur ce qu'il veut établir. Excepté le *Phaéton*, les comparaisons sont belles et justes. La quatrième partie est infiniment belle, touchante, attendrissante même, bien pensée, et, à peu de chose près, claire comme les bons auteurs. Somme totale, l'auteur me paraît un bon citoyen, homme assez profond, mais pas un génie assez versé dans son métier. Il ne frappe pas, mais il développe. Il persuade plus qu'il ne charme; et à force de détails, il laisse à soupçonner

je suis bien tentée de vous lire à l'auteur, ce que je ne ferai pourtant pas sans votre permission.»

Nous aurons, à ce que j'espère, les *Lettres* de madame de Sévigné plus tôt que je ne pensais; il faudra chercher quelques moyens pour vous les envoyer. Je compte avoir bientôt un conte de Voltaire, dont le titre est *le Taureau blanc;* il n'est point imprimé, je le ferai copier et je vous l'enverrai; l'idée en est assez plaisante. Je n'approuve pas votre jugement sur les vers de Voltaire [1]; ils ont une facilité que n'ont point ceux de Marmontel.

Je dicte cette lettre étant à ma toilette; je me suis levée à six heures du soir, ce qui m'arrive fréquemment, reprenant le jour le sommeil que je ne puis avoir la nuit, et il se trouve par là que n'ayant nulle affaire, je n'ai pourtant le temps de rien. Je vous dis adieu jusqu'à dimanche, que je me propose de vous écrire une plus longue lettre.

Toute réflexion faite, je ne lirai point à l'auteur de l'*Éloge de Colbert* ce que vous m'en écrivez; tout auteur est archevêque de Grenade.

qu'il ne s'est pas trop persuadé. Il a l'air d'excuser les fautes de Colbert comme s'il demandait qu'on lui en tînt compte comme des bienfaits. La protection des arts, des modes, des inutilités, tient lieu à Colbert de mérite. Il aurait mieux valu dire la vérité, que Colbert combattait le penchant de Louis pour la guerre, en servant son goût pour la magnificence. Sully n'aimait que le bien; il osa combattre les goûts de son maître. Il est vrai que c'est Henri IV qui gagne sur Louis XIV plus que Sully sur Colbert. Sully connaissait la belle âme, le bon esprit de Henri, et se confiait aux retours du roi sur lui-même. Colbert, plus courtisan par nécessité, détournait les faiblesses de Louis plus qu'il ne les choquait, et se contentait de faire un bien médiocre pour sauver à la patrie un mal horrible. Pour les bien juger, il faudrait que Sully fût le ministre de Louis, et Colbert de Henri. Louis eût craint et haï Sully : il resterait à voir si son austère vertu se fût pliée aux manéges adroits et bien intentionnés de Colbert. Je doute que Colbert eût eu la fermeté de Sully vis-à-vis Henri IV. » (A. N.)

[1] Son *Épître à Marmontel.* M. Walpole en porte le jugement ci-après : « Les vers de Voltaire sont à faire pitié, et ne seraient pas même passables si Marmontel les avait faits. Les siens sont meilleurs, mais à bâtons rompus, et la chute fort mauvaise. » (A. N.)

LETTRE 482.

MADAME LA MARQUISE DU DEFFAND A M. LE CHEVALIER DE L'ISLE
(INÉDITE).

Paris, ce 11 octobre 1773.

Rien n'est si embarrassant que de répondre à une jolie et charmante lettre; il en coûte beaucoup à l'amour-propre, surtout quand, dans cette lettre, on y trouve des flatteries que l'on ne mérite point, et qui, malgré qu'on en ait, donneraient l'envie de les mériter. Après ce préambule, je vais vous écrire comme je pourrai.

Votre relation de Ferney[1] m'a fait grand plaisir. Vous êtes charmé de Voltaire, et je puis vous assurer qu'il l'est de vous; il m'a remerciée de lui avoir procuré une si agréable connaissance.

Je vous serai très-obligée si vous voulez bien m'envoyer le *Taureau blanc*. Je ne sache que mademoiselle de Lespinasse[2] à qui le chevalier de Châtelus en ait donné une copie. Vous voyez bien que si je n'en ai pas par vous, il faudra que j'en attende l'impression, ce qui serait bien long[3].

Vous vous êtes plu à Ferney, mais je ne doute pas que vous ne vous plaisiez mille fois davantage à Chanteloup. — La bonne santé de la grand'maman, le rétablissement de madame de Gramont, la gaieté du grand-papa, son habileté, pour ne pas dire sa subtilité, au billard (qui me donne beaucoup d'envie de me mettre de moitié avec lui), tout cela, dis-je, me rend la vieillesse insupportable.

---

[1] Voyez la lettre de madame du Deffand à Voltaire du 24 octobre 1773, tome IV, de la *Correspondance* de 1824, p. 397-398, et la lettre de Voltaire à madame du Deffand, 30 juillet 1773. (*H. de l'Isle.*)

[2] M. de Cayrol avait copié inexactement ce passage, car je trouve au folio 402, indiqué plus haut, ce qui suit : « 11 décembre 1773. Votre relation de Ferney m'a fait grand plaisir. Envoyez-moi le *Taureau blanc*, il n'est pas encore imprimé; le chevalier de Châtelus en a donné une copie à mademoiselle de Lespinasse. » (*H. de l'Isle.*)

[3] Voltaire avait remis au chevalier le *Taureau blanc*. Une lettre de Voltaire du 26 septembre 1773, adressée au comte d'Argental, contient le passage suivant : « Pour répondre à tout, je vous dirai que le *Taureau blanc* est entre les mains de M. de l'Isle, et qu'il faut le transcrire. » De l'Isle était l'ami du chevalier de Châtelus, il est probable que ce dernier avait pris chez mon cousin une copie du *Taureau blanc*. Voyez encore la lettre de Voltaire au chevalier de l'Isle, du 13 octobre 1773, qui confirme ce que j'avance. (*H. de l'Isle.*)

On vous trompe quand on vous dit que je me porte bien, que j'ai encore de la force et de la vie. Non, mon cher de l'Isle, je suis caduque, décrépite, insipide, imbécile, etc., et tout à fait indigne de me produire en bonne compagnie. Mais, pour comble de malheur, je ne saurais me plaire avec la médiocre; c'est pourtant à quoi il faut m'accoutumer. Si vous êtes généreux et compatissant, vous m'écrirez souvent, vous vous relayerez, l'abbé et vous, pour me faire des récits de tout ce qui se passe où vous êtes, et surtout pour me donner des nouvelles des maîtres de la maison et de la petite sainte [1]. Faites mes compliments à tout le monde et recevez les assurances de ma parfaite estime et de ma sincère amitié.

Mandez-moi ce qu'on pense à Chanteloup de l'*Éloge de Colbert* [2]; Voltaire l'a-t-il lu? Qu'en pense-t-il?

LETTRE 483.

MADAME LA MARQUISE DU DEFFAND A M. LE CHEVALIER DE L'ISLE
(INÉDITE).

Paris, ce dimanche 24 octobre 1774.

Je viens d'écrire à Voltaire [3], je lui raconte tout ce que vous dites de lui; il sera très-sensible à vos éloges, et il vous saura un gré infini des bons offices que vous cherchez à lui rendre auprès du grand-papa et de la grand'maman. Je suis persuadée qu'il n'est point ingrat, qu'il a pour eux beaucoup de reconnaissance, de respect et d'estime. Il faut lui passer des faiblesses et des misères; il brûle des chandelles au diable faute de saint devant qui il en puisse brûler. Il a toujours peur de tout; vous avez vu qu'il jouait l'agonisant pour qu'on le laisse en repos. — Il fait depuis quelque temps un bien plat usage de ses talents. Je ne comprends pas quel projet il a eu en composant son conte

---

[1] Madame de Choiseul-Betz. (L.)

[2] Cet ouvrage de M. Necker avait remporté le prix d'éloquence à l'Académie française. La *Correspondance* de 1824 en parle. Le 2 septembre, Voltaire dit à M. de la Harpe : « Je n'ai point lu l'ouvrage de M. Necker. S'il blâme les économistes d'avoir dit du mal du grand Colbert, il me paraît qu'il a grande raison. » Voyez aussi les lettres de Voltaire à madame du Deffand du 1er et du 16 novembre 1773. (*H. de l'Isle.*)

[3] Voyez la lettre de madame du Deffand à Voltaire du 24 octobre 1773; t. IV, p. 397-398 de la *Correspondance* de 1824, et celle du 1er novembre 1773 de Voltaire à madame du Deffand. (*H. de l'Isle.*)

du *Taureau blanc;* ce ne peut être que pour mettre au même niveau la Bible et la fable ; cela valait-il la peine d'écrire¹ ?

Comme je n'ai jamais eu de perles et de diamants de ma vie, je n'en irai pas chercher dans les quatorze cents pages de la petite brochure de M. Helvétius². Je suis si lasse de tous ces auteurs qui ne se lassent point de chercher de l'esprit, que je leur préfère de la meilleure foi du monde les *Étrennes de la Saint-Jean* et les *Écosseuses*³. Quelqu'un disait l'autre jour que leurs esprits étaient le chien de Jean de Nivelle⁴.

Vous ne devineriez pas ce que je lis actuellement, c'est *Cléopâtre;* cette lecture est fatigante et tant soit peu fastidieuse, mais il y a de l'intérêt de curiosité⁵.

Ah! qu'il y a de peine à Paris pour passer son temps! Si je n'avais pas une répugnance extrême à inspirer de la pitié, je vous raconterais la vie que je mène. C'est pour m'en distraire que je vous écris, et c'est aussi dans le dessein de vous engager à m'écrire, avec la noble générosité de ne pas toujours exiger de réponse; je suis très-fréquemment dans des imbécillités si grandes, que je ne peux pas trouver mon nom.

Dites mille choses pour moi à ces parents que j'aime tant. Dites-leur que je suis fort en peine de madame de la Vallière⁶. J'aurai encore le malheur de la perdre, et je vérifierai les vers de Saint-Lambert⁷, qui sont si tristes et si beaux. Je ne veux pas les copier, je veux chasser toutes les idées sombres. — Aidez-moi dans cette entreprise en m'écrivant gaiement et souvent.

¹ Voyez la lettre de Voltaire à M. de l'Isle du 13 octobre 1773, et celle de madame du Deffand à la duchesse de Choiseul, du 19 octobre 1773, t. II, p. 339. (*H. de l'Isle.*)

² *De l'Homme et de son éducation,* par Helvétius. Voyez la lettre de Voltaire à madame du Deffand du 1ᵉʳ novembre 1773, et celle de madame du Deffand au même du 24 octobre. (*H. de l'Isle.*)

³ Du comte de Caylus et autres. (*H. de l'Isle.*)

⁴ Ce passage est biffé dans le manuscrit. (*H. de l'Isle.*)

⁵ Est-ce la *Cléopâtre* de la Calprenède? (*H. de l'Isle.*)

⁶ Madame de la Vallière était malade. Il en est question dans la *Correspondance* de 1824. Madame du Deffand en parle à Voltaire. Voyez les lettres du 1ᵉʳ et du 16 novembre 1773 de ce dernier. (*H. de l'Isle.*)

⁷ Dans sa lettre du 1ᵉʳ novembre, Voltaire dit : « Vous me citez deux beaux vers de M. de Saint-Lambert. Ils vous ont fait plus d'impression que les autres, parce qu'ils vous rappellent votre état et celui de vos amis, etc. » (*H. de l'Isle.*)

LETTRE 484.

MADAME LA MARQUISE DU DEFFAND A M. DE VOLTAIRE.

24 octobre 1773.

Il me prend une envie à laquelle je ne puis résister, c'est de vous écrire. Je vous mets peut-être au désespoir; votre projet était peut-être de laisser tomber notre correspondance. Mais, mon cher Voltaire, je ne puis y consentir; il faut nous aimer, il faut nous le dire jusqu'à la fin de notre vie. Hélas! hélas! il n'y a plus que courage.

Savez-vous ce qui m'a réveillée pour vous? C'est M. de l'Isle[1], qui m'a écrit de Chanteloup tout l'enchantement où il est de vous, de votre santé, de votre gaieté, de votre bonne réception, de votre magnificence, de votre bienfaisance; enfin, de tant et tant de choses, que je n'en puis faire l'énumération. Mais ce qui m'a été infiniment agréable, ce sont les assurances qu'il m'a données de votre souvenir et de votre amitié; confirmez-les en reprenant une correspondance qui m'est plus nécessaire que je ne puis vous le dire; elle dissipe mes ennuis, elle me fait entendre un langage que sans vous je croirais perdu. Écrivez-moi donc, mais que ce soit avec confiance, et comme à quelqu'un sur qui vous comptez, dont le goût n'est pas entièrement perdu. Répondez aux questions que je vous fais. Je vous ai interrogé sur l'*Éloge* de Colbert; je désire savoir si mon jugement se rapporte au vôtre; faites-moi part de tout ce que vous écrivez. Je n'ai jamais eu tant de besoin des soins et des attentions de mes anciens amis. J'éprouve ce qu'a dit Saint-Lambert, et qu'il a très-bien dit, sur celui qui a le malheur de vieillir :

> Il voit autour de lui tout périr, tout changer,
> A la race nouvelle il se trouve étranger, etc.

J'ai dans ce moment la crainte de perdre madame de la Vallière, et ce serait une très-grande perte pour moi; elle est plus que mon ancienne connaissance, elle est mon amie. Ce n'est point une grande maladie qu'elle a, c'est un estomac délabré, une faiblesse extrême qui l'empêche pour le présent de voir personne; faut-il donc mourir ou tout perdre? Je suis

[1] Le chevalier de l'Isle, dont il est souvent parlé dans les lettres écrites à M. Walpole. (A. N.)

bien triste, mon cher Voltaire : le ciel ne m'a point donné le courage, et les âmes faibles sont en proie à tous les malheurs. Consolez-moi, ayez soin de moi.

On dit que vous avez trouvé des perles et des diamants dans la petite brochure de quatorze cents pages de M. Helvétius[1]. Comme ma vie ne serait pas assez longue pour une telle lecture et que même cette lecture pourrait l'abréger en me faisant mourir d'ennui, indiquez-moi les pages qui renferment ces belles pierres précieuses.

LETTRE 485.

MADAME LA MARQUISE DU DEFFAND A M. HORACE WALPOLE.

Dimanche, 25 octobre 1773.

Je me mourais de peur de n'avoir pas de vos nouvelles, et encore plus d'en avoir de mauvaises. Je ne trouve pas celles-ci trop bonnes, mais elles me calment sur de plus grandes inquiétudes ; votre faiblesse et vos souffrances m'affligent beaucoup, mais je ne veux vous en rien dire. Je suis fort touchée du soin que vous voulez bien avoir de me donner de vos nouvelles ; c'est un baume qui guérit toutes mes blessures.

Je voudrais pouvoir vous mander quelque chose qui vous amusât ; je ne sais que le testament de M. d'Ussé qui puisse vous divertir un peu. Vous rappelez-vous de l'avoir vu chez le président ou chez madame de Rochefort ? C'était un vieillard de mon âge ; distrait, ennuyeux, assez fou, et qui avait de l'esprit, grand partisan de mademoiselle de Lespinasse. Il lui laisse le *Dictionnaire* de Moreri, nouvelle édition ; à madame de Choiseul-Betz, son violon ; à madame Rondet, ses chenets, pelle et pincette ; à M. le duc d'Aumont, son pupitre ; à Pont-de-Veyle et à d'Argental, ses livres de musique, etc. Je n'en ai pas retenu davantage.

J'attends un petit ouvrage de Voltaire ; je vous l'enverrai dès que je l'aurai reçu ; c'est une *Épître à Horace* ; on dit qu'elle est fort jolie. Il y a un autre Horace qui n'en reçoit pas d'aussi bonnes, mais il doit être bien sûr de n'en jamais recevoir qui puissent le fâcher ; pour ne pas l'ennuyer, c'est une autre affaire ; je n'en répondrais pas.

Mon projet est de vous envoyer toutes sortes de rapsodies

[1] Son livre *de l'Esprit*. (A. N.)

par M. Craufurd; je ne pénètre pas ce qui le retient ici si long-temps; ce n'est certainement pas parce qu'il s'y amuse. Il s'ennuie à la mort, et prétend toujours être fort malade; il n'y a jamais eu deux êtres plus différents que vous et lui. Je le vois tous les jours; je me crois un prodige de raison en comparaison de lui.

Il y a bien peu de monde à Paris; Fontainebleau en enlève la plus grande partie; il en reste encore dans les campagnes particulières, et dans celles des princes. Je ne sors point, je soupe presque tous les jours chez moi, et sans votre maudite goutte, je serais tranquille, et assez contente; je m'en rapporte à votre amitié pour avoir de vos nouvelles, rapportez-vous-en à la mienne pour ouvrir mes lettres à tout jamais sans trouble et sans crainte.

Adieu jusqu'à mercredi.

LETTRE 486.

LA MÊME AU MÊME.

Paris, le 30 octobre 1773.

Il y a ici grande disette d'Anglais; le dernier de ma connaissance part demain pour Naples, mais on m'a dit que M. Saint-Paul venait aujourd'hui à Paris; je le ferai prier de passer chez moi, je lui donnerai le *Taureau blanc,* et il vous le fera tenir. Je serai trompée si cet ouvrage est de votre goût. Je ne hais pas non plus que vous les contes de fées, mais il faut qu'ils aient quelque suite, et non pas le décousu des rêves. On ne sait ce que celui-ci veut dire; il a la prétention de l'allégorie, et l'on n'en peut rien conclure. Tout le projet qu'on peut lui supposer, c'est de démontrer que la Bible et la fable ont une parfaite conformité. Belle découverte!

L'abbé me mande qu'on a pris à Chanteloup le diable dans un piège, qu'il est de la grandeur d'un chat, il a la peau d'un tigre, la queue d'un makie, le museau d'une fouine, qu'il pue à renverser; l'abbé l'a interrogé, et comme il n'a rien répondu, il en conclut qu'il est un sot, et se confirme dans l'opinion qu'il a toujours eue, que le diable n'a pas l'esprit qu'on lui suppose. Cet abbé est un trésor, il n'y a pas de sorte d'esprit qu'il n'ait; c'est le vrai bonheur de la grand'maman; lui seul supplée et remplace parfaitement les différentes compagnies; on n'en regrette aucune. Ils sont seuls actuellement, eh bien, ils ne désirent personne. Madame de Luxembourg y va mardi sans madame de Lauzun, qui reste pour le mariage [1]; on consentirait qu'elle l'attendît pour partir avec elle, mais l'ennui, l'ennui en ordonne autrement; elle n'aurait pas à Paris des soupers pour les sept jours de la semaine, et puis c'est du bon air de rendre des soins, quoiqu'on sache intérieurement qu'ils ne sont point désirés, et qu'on n'a point en soi le sentiment qui y entraîne.

Le monde, chère Agnès, est une étrange chose.

Il est plus instructif que tous les livres passés, présents et à venir; personne n'en a achevé ni n'en achèvera la lecture; la vie la plus longue en laisse encore bien des pages. Pour moi, qui, malgré la vieillesse, n'en suis pour ainsi dire qu'au commencement, je n'ai pas la curiosité d'aller beaucoup plus loin.

La Bellissima partit jeudi dernier pour aller au-devant de la princesse [2]. Dans le premier carrosse, elle et madame de Bourbon-Busset, ci-devant dame Boucault; dans le second, la duchesse de Quintin, ci-devant comtesse de Lorge, et madame de Creney; vingt ou vingt-cinq voitures composent la marche. Vous me dispenserez de tous les détails. La Bellissima sera, je crois, bien empêtrée dans tout ce qu'elle devra faire; mais Dieu l'assiste, je ne m'en soucie guère.

On ne résout rien à la cour, on annonce tous les jours des changements pour le lendemain, et ils n'arrivent point. On me dit hier que les diplomatiques reviendraient sept ou huit jours avant la fin du voyage. Madame de Mirepoix et les Beauvau pourront bien en faire de même; à la bonne heure; mais j'attends tout cela avec patience, je m'accoutume à la paresse, et je mets en pratique une chanson que je fis il y a trois ou quatre mois, que je ne vous ai point envoyée, 1° parce que je ne la trouve pas bonne, et puis parce que vous me soupçonnez toujours des desseins, ce qui me choque infiniment, parce que je les ai tous abdiqués, abjurés, et que rien n'est plus certain que je n'en formerai de ma vie. Après cette protestation, je puis vous dire ma chanson, sur l'air des *Trembleurs*:

> Êtes-vous sexagénaire?
> Cessez de prétendre à plaire,

---

[1] Le mariage du comte d'Artois. (A. N.)
[2] La princesse Thérèse de Savoie, comtesse d'Artois. (A. N.)

> Crainte de l'effet contraire,
> Et d'éprouver des dégoûts.
> Pour adoucir la tristesse,
> Compagne de la vieillesse,
> Livrez-vous à la paresse,
> Et ne comptez que sur vous.

LETTRE 487.

M. DE VOLTAIRE A MADAME LA MARQUISE DU DEFFAND.

A Ferney, 1er novembre 1773.

Eh bien, madame, je commence par les diamants brillants.

Page 102, tome Ier. « Pourquoi faire de Dieu un tyran oriental? Pourquoi lui faire punir des fautes légères par des châtiments éternels? Pourquoi mettre le nom de la Divinité au bas du portrait du diable? »

Page 107. « Nous sommes étonnés de l'absurdité de la religion païenne : celle de la religion papiste étonnera bien davantage la postérité. »

Page 121. « Pour être philosophe, dit Malebranche, il faut voir évidemment; et pour être fidèle, il faut croire aveuglément. Malebranche ne s'aperçoit pas que de son fidèle il en fait un sot. »

Page 321. « Pourquoi tout moine qui défend avec un emportement ridicule les faux miracles de son fondateur se moque-t-il de l'existence des vampires? C'est qu'il n'a point d'intérêt à le croire. Otez l'intérêt, reste la raison; et la raison n'est pas crédule. »

Je prends ces petits diamants au hasard, madame; il y en a mille dans ce goût dont l'éclat m'a frappé : cela n'empêche pas que le livre ne soit très-mauvais. Je passe ma vie à chercher des pierres précieuses dans du fumier; et quand j'en rencontre, je les mets à part et j'en fais mon profit : c'est par là que les mauvais livres sont quelquefois très-utiles.

J'ai lu, il n'y a pas longtemps, l'*Art d'aimer*, de Bernard. C'est un des plus ennuyeux poëmes qu'on ait jamais faits; cependant il y a dans ce long poëme une trentaine de vers admirables, dignes d'être éternels comme le sujet du poëme le sera.

Pour faire un bon livre, il faut un temps prodigieux et la patience d'un saint : pour dire d'excellentes choses dans un plat livre, il ne faut que laisser courir son imagination. Cette folle du logis a presque toujours de beaux éclairs : voilà pour Helvétius.

A l'égard de l'*Éloge de Colbert*, c'était un ouvrage qu'on ne pouvait faire qu'avec de l'arithmétique; aussi est-ce un excellent banquier qui a remporté le prix. J'avoue que je ne saurais souffrir qu'un homme qui porte un habit de drap *van Robais*, ou velours de Lyon, qui a des bas de soie à ses jambes, un diamant à son doigt et une montre à répétition dans sa poche, dise du mal de Jean-Baptiste Colbert, à qui on doit tout cela.

La mode est aujourd'hui de mépriser Colbert et Louis XIV; cette mode passera, et ces deux hommes resteront à la postérité avec Racine et Boileau.

Après vous avoir confié mes inutiles idées sur ces objets de curiosité, je viens à l'essentiel, c'est-à-dire à vous, à votre santé, à votre situation, qui m'intéressent véritablement. L'âge avance, je le sens bien, et mes quatre-vingts ans m'en avertissent rudement : notre faculté de penser s'en ira bientôt comme notre faculté de manger et de boire. Nous rendrons aux quatre éléments ce que nous tenons d'eux, après avoir souffert quelque temps par eux, et après avoir été agités de crainte et d'espérance pendant les deux minutes de notre vie. Vous êtes plus jeune que moi; ainsi, selon la règle ordinaire, je dois passer avant vous.

M. de l'Isle se moque de moi de dire qu'il m'a trouvé de la santé. Je n'en ai jamais eu, je ne sais ce que c'est que par ouï-dire, je n'ai pas passé un jour de ma vie sans souffrir beaucoup. J'ai peine même à concevoir ce que c'est qu'une personne dans une santé parfaite; car on ne peut jamais avoir de notion juste de ce qu'on n'a point éprouvé : voilà pourquoi je suis très-persuadé qu'il est impossible qu'un médecin ait la moindre connaissance de la fièvre et des autres maladies, à moins qu'il n'en ait été attaqué lui-même.

Vous me citez deux beaux vers de M. de Saint-Lambert : ils vous ont fait plus d'impression que les autres, parce qu'ils vous rappellent votre état et celui de vos amis. Le grand secret des vers, c'est qu'ils puissent s'ajuster à toutes les conditions et à toutes les situations où l'on se trouve. Ces deux vers de l'abbé de Chaulieu :

> Bonne ou mauvaise santé
> Fait notre philosophie,

resteront éternellement, parce qu'il n'y a personne qui n'en éprouve la vérité.

Ce que vous me mandez de madame de la Vallière m'étonne et m'afflige; mais si elle n'est que faible, il y a du remède. Le vin n'a été inventé que pour donner de la force. Je conçois que son état vous attriste. Vous n'avez point, dites-vous, de courage : cela veut dire que vous êtes sensible; car le courage de voir périr autour de soi, sans s'émouvoir, toutes les personnes avec lesquelles on a vécu, est la qualité d'un monstre ou d'un bloc de pierre de roche. Je fais grand cas de votre faiblesse : tant qu'on est sensible, on a de la vie. Puissiez-vous, madame, avoir longtemps cette faiblesse d'âme dont vous vous plaignez! Je mourrai sans avoir eu la satisfaction de m'entretenir avec vous : c'est là ma grande douleur et ma grande faiblesse.

Mon âme (s'il y en a une) aime tendrement la vôtre; mais à quoi cela sert-il?

LETTRE 488.

MADAME LA MARQUISE DU DEFFAND A M. HORACE WALPOLE.

Mardi 2 novembre 1773.

Je viens de relire votre lettre dans l'intention d'y répondre : c'est une entreprise, il faut marcher droit et craindre de s'égarer; je m'en tirerai comme je pourrai.

Rien n'est si bien écrit ni si bien démêlé que la peinture que vous me faites de votre caractère [1]. Ce que vous ne croirez pas, c'est que j'y aie reconnu le mien, c'est-à-dire dans ce que vous regardez comme de grands défauts, et qui le sont en effet en moi, mais qui deviennent en vous des occasions,

---

[1] « Vous louez mon courage*; ah! je n'en ai guère. Je suis colère et timide; je n'ai aucune présence d'esprit; il me faut du temps pour me calmer et pour me donner du jugement. Je suis bien petit à mes propres yeux. Je fais le fier mal à propos, le souple avec plus mauvaise grâce encore. Tantôt c'est la vengeance qui me séduit, et tantôt la finesse. Mon Dieu! quelle misère que l'âme de l'homme! Toutes réflexions faites, je rends grâce au ciel de n'avoir pas été monarque ou grand homme : la flatterie m'eût séduit; je me serais cru très-capable; j'aurais été despote par droiture, ou fripon par indignation; j'aurais méconnu les hommes ou moi-même. Hélas! c'est bien tard que je fais mon éducation! Dieu merci, j'ai un maître sévère; et c'est moi-même. » (A. N.)

* Ceci avait rapport à l'arrangement des affaires de son neveu George, comte d'Orford. (A. N.)

pour ainsi dire, d'exercer et de mettre en valeur toutes les vertus que je n'ai pas, la force et le courage. Vous vous troublez, et vous ne voyez pas dans le premier moment tout ce que la réflexion vous fait apercevoir après. Ah! je suis de même, je ne sais jamais que le lendemain ce que j'aurais dû dire et faire la veille. Les fautes que je fais en conséquence me découragent; je prends des résolutions, je n'ai pas la fermeté d'en tenir aucune; je n'estime personne, et ne puis me passer de ceux que je méprise; je ne cesse de désirer, de chercher des appuis, des soutiens, sachant bien que je n'en trouverai jamais; que tous les hommes ne sont que vains et personnels, que les meilleurs sont ceux qui ne sont pas envieux et méchants, et qui ne sont qu'indifférents.

Ne voilà-t-il pas que je parle de moi? c'est ce que j'avais résolu de ne point faire.

Vos idées sur l'ennui sont fort différentes des miennes. Vous vous imaginez n'en être pas susceptible, et je crois que vous l'êtes autant et plus que personne. Vous avez à la vérité plus de ressources qu'un autre pour l'éviter, des goûts et des talents; mais il est des moments où l'on en est pour ainsi dire abandonné et qu'on se croit dans le néant, et c'est ce qu'on n'éprouve point quand on a des occupations forcées; tous ceux qui en ont s'en plaignent, et quand ils n'en ont plus, ils ne peuvent s'accoutumer à s'en passer. Je me souviens d'avoir pensé dans ma grande jeunesse qu'il n'y avait d'heureux que les fous, les ivrognes et les amoureux. Quiconque est à soi-même, livré à la seule faculté de penser, doit être le plus malheureux des hommes. Mais laissons tout cela.

Mercredi 3.

Je reçois dans ce moment des lettres de Chanteloup; je devrais croire y être bien désirée, bien regrettée, bien aimée; mais j'ai perdu la foi, l'espérance; il ne me reste plus qu'un peu de charité; je trouve à l'employer en supportant tout ce qui me choque.

En vous parlant de votre santé, je ne vous ai point donné un conseil que je crois très-salutaire, c'est de vous faire brosser tous les jours avec une brosse un peu rude; rien ne facilite autant la transpiration; je me suis assujettie à cette pratique et je m'en trouve bien.

LETTRE 489.
LA MÊME AU MÊME.

13 novembre 1773.

Enfin voilà les *Lettres* de madame de Sévigné. Ce recueil ne fera pas honneur à l'éditeur [1]; il ne suit point l'ordre des dates, sa préface m'a paru plate. En parcourant tous les sujets de ces lettres, il ne dit rien de sa tendresse pour sa fille, c'est ce que j'en admire le plus, et ce qui (malgré ce que vous en dites) vous la fait nommer votre sainte. Les lettres de Corbinelli sont ennuyeuses et communes. Il est ineffable qu'on ait conservé les lettres de madame de Simiane, elles devaient être jetées derrière le feu à mesure qu'on les recevait [2]; ce qu'il y a de bon et d'agréable dans ce recueil, ce sont les lettres à M. de Pomponne, dont les éditions étaient épuisées, et par conséquent devenues fort rares.

Il y a une petite lettre écrite du Pont de Beauvoisin [3] qui fait grand bruit; voici ce qu'elle contient.

« Sire, j'ai vu madame la comtesse d'Artois; le premier jour » elle m'a plu, le second elle m'a intéressée, ce qui fait que je la » mène avec plaisir à Votre Majesté. »

On attendait la nomination de trois dames, pour joindre aux six déjà nommées; il devait y en avoir deux titrées : au lieu de ces trois, on en a nommé cinq non titrées. Mesdames de Ronçay, de Trans [4], de Bombelles [5], de Fougères [6],

---

[1] Toutes les lettres qui se trouvent dans le recueil dont il est question ici, ont depuis été insérées, par ordre chronologique, dans l'édition complète et soignée de la correspondance de madame de Sévigné, publiée par M. de Monmerqué. (A. N.)

[2] M. Walpole dit à ce sujet: « J'ai achevé ma Sévigné. Vous l'avez très-bien jugée. Nonobstant, je trouve que madame de Simiane ayant eu quelque chose à dire, l'eût bien dit. Il n'y a rien qui dépose qu'elle eût des entrailles. Elle ne fait que flatter un intendant pour se faire donner des places pour ceux de sa suite. Corbinelli ennuie à la mort avec sa plate jalousie prétendue.... Il y en a deux de madame de Sévigné qui sentent l'ancien style, celles sur Vardes, et sur la mort du grand Condé; mais ce qui me ravit, c'est un mot, une application la plus heureuse qui fut jamais, c'est où elle console M. de Moulceau de ce qu'il est devenu grand-père, en lui citant ce mot de la fameuse épigramme de Martial: *Pæte, non dolet.* Voilà ce qui est unique! voilà ce qui mérite la canonisation. » (A. N.)

[3] De madame de Forcalquier. (L.)

[4] Née la Suse. (A. N.)

[5] Née de Mackau. (L.)

[6] Née de Vaux, fille du maréchal de Vaux. (A. N.)

et la marquise du Barry[1], qui est mademoiselle de Fumel.

J'envoie mon paquet à M. Saint-Paul, et je le prie de vous le faire tenir comme il pourra.

LETTRE 490.

MADAME LA MARQUISE DU DEFFAND A M. LE CHEVALIER DE L'ISLE
(INÉDITE).

Ce samedi 13 novembre 1773[2].

Depuis votre lettre du 4, monsieur, à laquelle je n'ai point répondu, croyant toujours trouver quelques occasions, j'ai vu avec surprise qu'il ne s'en présentait aucune; je me suis repentie d'avoir attendu inutilement, et de m'être privée de recevoir aucune nouvelle. Il n'y a donc plus personne qui voyage d'Amboise à Paris et de Paris à Amboise? Cela ne me paraît pas naturel; mais la poste reste, et j'y ai recours aujourd'hui; ne différez point, je vous prie, à me donner des marques de souvenir; je ne puis soutenir l'abandon où je me trouve, il faut que je reçoive incessamment des nouvelles de la grand'-maman, du grand-papa, de madame la duchesse de Gramont, de madame la maréchale[3], de la petite sainte, du grand abbé, du chevalier et du marquis de Boufflers[4], de M. de Stainville s'il est encore avec vous; mais il devait revenir le 10. L'ignorance où je suis de tout ce qui se passe où vous êtes, me persuade que je suis exilée au bout du monde.

Vous recevrez ce billet demain ou ce soir. Si vous avez le bon procédé d'y répondre sur-le-champ, j'aurai au plus tard votre réponse mercredi matin; c'est encore attendre bien longtemps.

Comment a-t-on trouvé la brochure que j'ai envoyée? Si je m'étais donné le temps de la lire, elle ne serait pas partie[5]. Les *Lettres* de madame de Simiane ne sont-elles pas bien jolies? Ce petit ouvrage fait grand honneur à l'éditeur; s'il continue à

---

[1] La femme du plus jeune des trois frères du Barry, lequel prit ensuite le nom de comte d'Argicourt. (A. N.)

[2] Cette lettre est de 1773. Voyez les autres correspondances. (*H. de l'Isle.*)

[3] De Luxembourg. (L.)

[4] Frère du chevalier de Boufflers? (L.)

[5] Le livre d'Helvétius. (L.)

nous donner d'aussi beaux recueils, on aura de quoi former une ample bibliothèque [1].

Il y a une petite lettre qui fait grand bruit, et qui serait bien digne de l'impression [2].

LETTRE 491.

MADAME LA MARQUISE DU DEFFAND A M. DE VOLTAIRE.

Paris, 15 novembre 1773.

Voilà donc les diamants brillants de la petite brochure de quatorze cents pages d'Helvétius! Il y en a encore mille autres, dites-vous; mais, mon cher Voltaire, ne reconnaissez-vous pas ces beaux diamants pour des cailloux de vos jardins? Il n'y a point d'auteur qui ne s'en soit enrichi. J'admire votre patience de lire les ouvrages les plus ennuyeux du monde.

Je ne suis point contente de votre laconisme sur l'*Éloge de Colbert*; j'attendais quelques détails : l'ouvrage, il me semble, en vaut la peine. Vous ne me parlez point avec confiance. Je voudrais savoir ce que vous pensez de la pièce du *Connétable* [3] : je sais qu'on vous l'a lue; mais vous ne me le direz pas. D'où viennent ces réserves? Est-ce par méfiance? est-ce par mépris? Je vous garderai le secret, et je ne suis pas tout à fait indigne d'être éclairée; malgré vos réticences, je suis charmée de votre dernière lettre; c'est une des plus agréables que vous m'ayez jamais écrites.

Je suis bien de votre avis : *Pour dire d'excellentes choses, il faut laisser courir son imagination, cette folle du logis a presque toujours de beaux éclairs;* mais ne loge pas qui veut cette folle.

Je croirais que M. de l'Isle a raison; tout ce que vous écrivez confirme ses dépositions. Si votre corps est malade, votre esprit est bien sain. Malgré le peu d'années que j'ai de moins que vous, j'ai bien l'espérance que vous me survivrez et que

---

[1] La *Correspondance* de 1824 parle, je crois, de la brochure et des lettres de madame de Simiane. (*H. de l'Isle.*) — V. Lettre du 13 novembre.

[2] La lettre impertinente et ridicule * de madame de Forcalquier ** au roi, écrite du Pont de Beauvoisin. (*Note du chevalier de l'Isle.*)

[3] *Le Connétable de Bourbon*, tragédie du comte de Guibert.

* Le chevalier de l'Isle fit une parodie de cette lettre. Voyez la *Correspondance* publiée par M. de Saint-Aulaire, t. II, p. 249. (*H. de l'Isle.*)

** Madame de Forcalquier, née de Canisy.

vous me dédommagerez du plaisir que j'aurais à vous revoir, en m'écrivant souvent, et en laissant la folle de votre logis courir à bride abattue.

LETTRE 492.

M. DE VOLTAIRE A MADAME LA MARQUISE DU DEFFAND.

16 novembre 1773.

Vous voulez absolument, madame, que je vous dise si je suis content d'un ouvrage où il y a autant de mauvais que de bon, autant de phrases obscures que de claires, autant de mots impropres que d'expressions justes, autant d'exagérations que de vérités. Que voulez-vous que je vous réponde? Je m'imagine que vous pensez comme moi, et j'ai la vanité de croire penser comme vous. On dit que c'est le meilleur ouvrage de tous ceux qui ont été composés sur le même sujet. Je n'en suis pas surpris : ce sujet était très-difficile, et n'était pas favorable à l'éloquence.

Quant aux diamants qu'on a trouvés dans la cassette d'un homme qui n'est plus, je vous avoue qu'ils sont très-mal enchâssés ; je crois vous l'avoir dit, il faut avoir ma persévérance et la passion que j'ai de m'instruire sur la fin de ma vie, pour chercher, comme je fais, des pierres précieuses dans des tas d'ordures. C'est peut-être le seul avantage que ce siècle a sur le siècle passé, que nos plus mauvais livres soient toujours semés de quelques beautés. Du temps de Pascal, de Boileau et de Racine, les mauvais livres ne valaient rien du tout; au lieu que les plus détestables livres de nos jours brillent toujours en quelque endroit.

J'ai trouvé encore plus de génie dans la *Tactique* de M. de Guibert, que dans sa tragédie, et même encore un peu plus de hardiesse. Ce qui m'a charmé, c'est que ce docteur en l'art d'assassiner les gens m'a paru dans la société le plus poli et le plus doux des hommes.

Vous me parlez de cailloux. Eh bien, madame, je vous envoie un petit caillou de mon jardin, qui ne vaut pas assurément les pierreries de M. de Guibert. J'ai été étonné que le même homme ait pu faire des ouvrages si différents l'un de l'autre.

Les Saxe, les Turenne, n'auraient pas fait assurément de

tragédies. Je devais naturellement donner la préférence à la tragédie sur l'art de tuer les hommes : je crois même qu'en la travaillant un peu, on pourrait en faire un ouvrage régulier et intéressant dans toutes ses parties. Je déteste cordialement l'art de la guerre, et j'admire pourtant sa *Tactique*. L'admiration, dit-on, est la fille de l'ignorance : c'est ce qui fait que vous admirez peu de chose en fait d'esprit. Je ne prétends pas du tout que vous accordiez votre suffrage à mon caillou : vous serez tentée de le jeter par la fenêtre; mais songez que je n'ai voulu que vous amuser un moment, et que je vous envoie ma *Tactique* avant de l'envoyer à M. de Guibert lui-même.

Je vous prie de vouloir bien, madame, me mander des nouvelles de la santé de madame de la Vallière. Il est bien juste que la vôtre soit bonne; la nature vous a fait assez de mal pour qu'elle vous laisse en repos. Elle me persécute horriblement; mais je tiens bon.

LETTRE 493.

MADAME LA MARQUISE DU DEFFAND A M. HORACE WALPOLE.

Lundi 22 novembre 1773.

Vous êtes insupportable; quand vous manquez de prétextes pour être mécontent, vous en supposez. J'ai confié, dites-vous, au Caraccioli ce que vous me dites sur cette personne qui ne vient pas me voir [1]. Je n'en ai parlé ni à lui ni à qui que ce soit. Mon crime a été d'écrire son nom par la poste, et vous en aviez fait autant. On dirait, en vérité (et je commence à le croire), que vous voulez me trouver des torts qui puissent justifier ce que vous êtes dans le dessein de faire. Ce qui m'empêche d'en être absolument persuadée, c'est que, du caractère dont vous êtes, vous ne cherchez point les ménagements, et que quand vous prenez un parti, rien ne vous arrête. Enfin, quoi qu'il en soit, et quoi qu'il en doive arriver, je n'aurai point à me reprocher d'avoir trahi vos secrets, si tant est que vous m'en ayez jamais confié aucun. Je ne parle jamais de vous, j'y pense le moins que je peux; enfin, hors l'indifférence où vous ne m'avez point encore amenée, je me conforme à toutes vos volontés.

Pont-de-Veyle, depuis sept ou huit jours, a un peu de fièvre

---

[1] Madame de Viri, alors ambassadrice de Sardaigne à Paris. (A. N.)

toutes les nuits, et une toux à faire trembler; cela ne l'empêche pas d'aller à l'Opéra; il assiste tous les jours à mon thé, et revient encore le soir quand je soupe chez moi, ce qui est presque tous les jours; je suis son infirmerie; je ne m'aperçois pas que l'on me trouve exigeante, et qu'on juge que je veuille qu'on ne soit occupé que de moi, ni que j'ennuie personne par la métaphysique que j'ai en horreur, ni que toutes mes conversations ne soient que d'un seul genre [1]. J'ai sans doute beaucoup de défauts, je crois les connaître, et cette connaissance me rend fort malheureuse. Il faut se corriger, me direz-vous; mais vous me dites en même temps que l'on ne se corrige point, et en cela vous dites vrai; nous apportons en naissant nos vices et nos vertus, et conséquemment notre bonheur ou notre malheur; nous n'y pouvons rien changer, et c'est ce qui fait que je me console d'être aussi vieille. Je ne jouis cependant point des avantages de la vieillesse; il faut que je me rappelle mon âge pour que je me croie plus de cinquante ans; la vie paresseuse que par goût je mène m'empêche de m'apercevoir de ma faiblesse; et mon aveuglement, de voir ma difformité. Tous mes mouvements sont aussi vifs, mais il est vrai que je n'en ai point d'agréables, et qu'ils sont presque toujours produits par des dégoûts et des répugnances. Je vais éprouver s'il est vrai, comme vous le dites, qu'il n'y a de solide que l'amitié d'un chien; j'en ai un depuis cinq ou six jours qu'on dit être le plus joli du monde; il me parait disposé à m'aimer, mais j'attends à en être bien sûre pour l'aimer à mon tour.

La comtesse d'Artois n'est pas belle, tant s'en faut. Les fêtes ont été admirables; on n'a rien vu de plus beau que le bal paré. Madame de Lauzun a eu le prix de la bonne grâce, de la parure et du menuet; la vicomtesse du Barry, celui de la beauté et de la belle taille; sa tante (la comtesse) a beaucoup de par-

---

[1] M. Walpole avait dit : « Avec tout l'esprit et tous les agréments possibles, vous ne voulez vous contenter de rien. Vous voulez aller à la chasse d'un être qui ne se trouve nulle part, et dont votre usage du monde doit vous dire qu'il n'existe point : c'est-à-dire, une personne qui vous fût uniquement et totalement attachée, et qui n'aimât qu'un seul sujet de conversation. Encore n'est-ce pas un tel, ou un tel; non, c'est quelqu'un, n'importe qui. Il faudrait que ce quelqu'un eût toutes les attentions d'un amant, sans amour s'entend; toutes les qualités d'un ami, et cependant qu'il n'eût du goût pour rien, ne devant être occupé que de vos goûts et de vos amusements. Vous voudriez qu'il fût un homme d'esprit pour vous entendre, et qu'il n'en eût point en même temps, sans quoi il lui serait impossible de soutenir un tel rôle. » (A. N.)

tisans, et la plupart des hommes la préfèrent à sa nièce. Toutes ces fêtes sont le sujet des conversations, et les rendent fort monotones.

Elles se termineront demain par le bal masqué; il n'y aura plus que des opéras tous les huit jours, dont le dernier sera le 15 ou 16 du mois prochain. Voilà à peu près tout ce que je sais.

J'apprends dans ce moment la mort de M. de Chauvelin [1]; je n'en sais aucun détail; c'est une perte pour la société.

J'ai bien envie de vous envoyer les vers de Voltaire [2]; il y a longtemps qu'il n'avait rien fait d'aussi bien; si je trouve une occasion, je les ferai partir; s'il n'y en a pas, je pourrai bien les mettre à la poste.

Cette lettre est énorme, il n'y a plus rien à ménager; je vais y ajouter la copie de celle du roi de Prusse à son résident à Rome; on la donne pour vraie; pour moi, je crois qu'elle est à l'imitation de celle de Jean-Jacques; vous me direz si vous le jugez ainsi.

Copie de la lettre du roi de Prusse à l'abbé Colombini, son agent à Rome.

« Abbé Colombini, vous direz à qui voudra l'entendre, pour-
» tant sans air d'affectation ni d'ostentation, et même vous
» chercherez l'occasion de le dire naturellement au premier
» ministre, que, touchant l'affaire des jésuites, ma résolution
» est prise de les conserver dans mes États tels qu'ils ont été
» jusqu'ici, j'ai garanti au traité de Breslau le *statu quo* de la
» religion catholique, et je n'ai jamais trouvé de meilleurs prê-
» tres à tous égards : vous ajouterez que, puisque j'appartiens
» à la classe des hérétiques, le Saint-Père ne peut pas me dis-
» penser de l'obligation de tenir ma parole, ni du devoir d'un

---

[1] Le marquis de Chauvelin fut tout à coup attaqué de convulsions, et tomba mort pendant qu'il se tenait debout près de la table où Louis XV jouait au piquet. Il avait été ambassadeur de France à Turin, et commanda ensuite l'armée qui fut envoyée en Corse durant l'administration du duc de Choiseul, et dont le succès est connu. (A. N.)

[2] La *Tactique*, dont M. Walpole dit dans sa réponse : « Il y a de bien jolies vers au commencement de la *Tactique*. Je n'en saurais dire autant de la conclusion, ni de la matière, qui me paraît un peu lieu commun. Je n'aime pas non plus le nom de M. Guibert, et ces familiarités qui dégradent la poésie. » (A. N.)

» honnête homme et d'un roi: Sur ce, je prie Dieu qu'il vous
» ait en sa sainte et digne garde. *Signé,* FRÉDÉRIC. »

M. de Chauvelin est mort d'une apoplexie de sang; on en a trouvé sa tête remplie, et tous les vaisseaux de son estomac dilatés et variqueux; il mangeait énormément; tout le monde le regrette, il était positivement l'homme qu'il fallait montrer pour prouver ce que nous entendons par un Français aimable.

LETTRE 494.

MADAME LA MARQUISE DU DEFFAND A M. DE VOLTAIRE.

Paris, 28 novembre 1773.

Vous êtes le plus surprenant des mortels. Mais pourquoi mortel? Vous ne mourrez jamais. Vous n'avez que trente ans; vous êtes fixé pour toujours à cet âge.

Votre *Tactique*[1] m'a enchantée; elle a fait cet effet à tout le monde: il y en a mille copies; et la première parole que chacun dit, c'est: Avez-vous lu la *Tactique* de M. de Voltaire? Y a-t-il rien de plus charmant?

J'ai seulement trouvé une personne[2] (et cette personne est un très-bel esprit, l'amie intime de M. Thomas) qui craint que vous n'ayez offensé le roi de Prusse. Cela n'est-il pas ineffable?

Je vous fais des remercîments infinis de vos attentions; continuez-les-moi: envoyez-moi tous vos cailloux; ils sont plus précieux que tous les diamants qu'on a recueillis des temps passés, et ne peuvent entrer en comparaison avec ceux du temps présent. Oui, je le proteste, mon cher Voltaire, je n'admire que vous, et je ne puis en admirer d'autres.

J'ai dit à madame de la Vallière que vous me parliez d'elle, que vous l'aimiez toujours: elle en a été flattée au delà de toute expression; elle m'a chargée de vous le dire, et qu'elle avait deux de vos bustes sur sa cheminée: elle achète tous ceux qu'elle rencontre. Quand vous m'écrirez, qu'il y ait un article pour elle que je puisse lui montrer: elle se porte mieux. Que dites-vous de la mort de M. de Chauvelin[3]? C'est une perte pour tout le monde; *nos philosophes* diraient *pour l'humanité.*

[1] Voyez *OEuvres de Voltaire*, t. XIV, p. 242, (L.)
[2] Madame Necker. (L.)
[3] Le marquis de Chauvelin était de la société intime de Louis XV. Il fut

LETTRE 495.

MADAME LA MARQUISE DU DEFFAND A M. LE CHEVALIER DE L'ISLE
(INÉDITE).

Paris, ce 3 décembre 1773.

J'ai toutes sortes de sujets, monsieur, de me louer de vous, vos attentions sont infinies, vos productions charmantes, et votre indulgence extrême. Vous me pardonnez ma paresse, vous m'épargnez les reproches que je mérite, et vous ne me punissez pas en retranchant rien à vos attentions. Aussi je vous assure, monsieur, que je suis pénétrée de reconnaissance et que mon plus grand désir serait de pouvoir vous la prouver.

Vos petits couplets sont les plus jolis du monde [1]. J'ai eu bien de la peine à ne les pas faire courir, mais la prudence, quand elle n'est pas une vertu naturelle, on l'exagère en la voulant pratiquer, et c'est ce que j'ai fait pour les petits couplets. Il n'en sera pas de même pour l'*Avis aux Princes* [2], et je compte bien n'être pas la seule à lui donner les louanges qu'il mérite.

attaqué subitement de convulsions, en se tenant près de la table où le roi jouait au piquet, et mourut aussitôt.

[1] Il s'agit probablement de la parodie de la lettre de madame de Forcalquier. Cette lettre fut mise imprudemment à la poste, elle explique tout l'ennui dépeint par madame du Deffand, dans ses lettres à de l'Isle et à la duchesse de Choiseul. *Correspondance* publiée par M. de Saint-Aulaire, t. II, pp. 249, 255-256, 260-261, 262 et 263, puis 267. Je n'ai pas cette parodie. (H. de l'Isle.)

[2] AVIS AUX PRINCES [*].

Princes et rois, si vous savez l'histoire,
Vous avez tous présent à la mémoire
Ce grand combat, ce spectacle fameux,
Près d'Actium, lorsque l'on vit sur l'onde
Flotter l'Empire et le destin du monde;
Ce fut, je pense, en sept cent vingt et deux.
Vous savez tous comment l'habile Octave,
Toujours heureux, sans jamais être brave,
Eut la victoire et ne combattit point;
Comment Antoine, épris jusqu'au délire

[*] *Almanach des Muses* de 1774, p. 35. — *Contre les flatteurs*, dit la *Gazette et Avant-Coureur de littérature des sciences et des arts* du 1er janvier 1774, p. 3, in-8°, sans nom d'auteur. — *Les Perroquets*, conte historique, *Poésies du chevalier de l'Isle*, de l'imprimerie du prince de Ligne, 1782 (sans titre), p. 49-51; p. 33 et 34 de la réimpression de ses *OEuvres*. (H. de l'Isle.)

Vous avez dû bien vous divertir de tous les pots au noir où vous m'avez fait donner, et vous avez dû être content de tous les commentaires et les interprétations que votre *Monstre* a produits [1]. La grand'maman a tort d'être mécontente du fils de

> D'une beauté perfide au dernier point,
> Laissa pour elle et la gloire et l'Empire.
> Mais savez-vous, quand du combat d'Épire,
> Rome, avilie, attendait un tyran,
> Ce que faisait dans Rome un courtisan?
> Vous l'ignorez, et je vais vous l'apprendre* :
> « Il instruisait douze de ces oiseaux,
> Au pourpoint vert, dont la langue indiscrète,
> Comme nos sots, tant bien que mal répète
> Les mots épars qu'on jette en leurs cerveaux.
> Six pour Antoine, et l'autre moitié contre,
> Forment des vœux par le maître** dictés. »
> Octave arrive; on vole à sa rencontre,
> Et jusqu'aux cieux ses exploits sont portés
> Dès qu'il parait suivi de ses phalanges.
> Des Antonins les six cols*** sont tordus.
> Le reste dit : *Vivat Octavius!*
> Princes et rois, fiez-vous aux louanges.

Le 7 décembre 1773, le chevalier écrivait ce qui suit à son cousin le comte de Riocour :

« Je vous envoie une anecdote de la cour d'Auguste que j'ai mise en vers. »

Voyez : 1° dans la *Correspondance* publiée par M. de Sainte-Aulaire, ce qui est dit sur ce conte, t. II, pp. 259, 260, 262, 263; 2° la lettre de Voltaire au chevalier, du 15 décembre 1773; 3° la lettre de madame du Deffand à Voltaire, du 3 janvier 1774, t. IV de la *Correspondance* de 1824, p. 405.

[1] Voici un conte érotique du chevalier qui se rapporte au *Monstre* dont parle madame du Deffand.

L'INDUSTRIE ****.

CONTE.

> Près de Moret on vit un malheureux,
> Dans les rochers, courtisant une chèvre;
> De cette horreur les témoins furieux
> Vont sur le gars; lui, plus tremblant qu'un lièvre,
> Leur dit : Hélas! mon sort de vous dépend;
> Je sens mon cas, j'en suis plein de vergogne.
> Ne croyez pas pourtant que la besogne
> Que sous vos yeux je faisais à l'instant,

---

* Variante : Je vais vous le dire. (*Gazette et Avant-Coureur.*)
** Variante : Flatteurs. (*Gazette et Avant-Coureur.*)
*** Variante : Cous. (*Gazette et Avant-Coureur.*)
**** *Poésies du chevalier de l'Isle*, capitaine de dragons; de l'imprimerie du prince de Ligne (sans titre), p. 52 et 55; réimpression, p. 34 et 35. (H. de l'Isle.)

la *Petite Sainte;* si elle avait entendu les ris qu'il fit et qu'il nous fit faire, elle aurait jugé que la dose du plaisir et de l'amusement était telle qu'on pouvait la désirer; ils auraient peut-être perdu à être poussés plus loin.

Je vous sais un gré infini du détail que vous me faites de l'effet qu'a causé la mort de ce pauvre Chauvelin; j'aimais le grand'papa, je l'adore depuis cette nouvelle preuve de sensibilité. Tous ses sentiments sont naturels, ils ont la vérité de l'enfance, rien n'est exagéré, rien n'est joué, il est toujours ce qu'il paraît, et c'est pour cela qu'il plaît et qu'il plaira toujours à tout le monde, mais surtout aux honnêtes gens et aux gens de goût[1].

Dites à la grand'maman que je trouve son jugement sur la *Tactique*[2] parfaitement bon, mais qu'elle prend trop de plaisir à en critiquer la fin. Je lui écrirai incessamment. Pour M. le grand abbé, je n'ose lui reprocher sa paresse, parce que je crains qu'il ne soit malade; vous ne me dites rien de lui. Et madame la maréchale, vous ne me dites point quand elle reviendra? Je me flatte que cette lettre la trouvera partie ou qu'elle sera bien près de son départ; je l'attends avec impatience.

Je compte voir ce soir la *Petite Sainte* et lui porter vos vers; je les relirai avec elle, et puis chez madame de la Vallière, où j'irai ensuite, et je les aurai lus déjà plusieurs fois à ceux qui viendront chez moi et que je croirai dignes de les entendre.

Mes hommages à madame la duchesse de Gramont. J'espère retrouver en elle les mêmes bontés; je voudrais déjà être au mois de février.

Et vous, monsieur, quand reviendrez-vous?

> D'amour charnel provienne aucunement;
> En quatre mots voici mon aventure :
> Je suis, monsieur, gentilhomme normand,
> Gueux de fortune et vilain de nature.
> Que devenir? il faut vivre pourtant;
> Et pour voler j'aime encor trop ma gloire :
> Sans nul secours, de tous abandonné,
> Dans mon malheur j'avais imaginé
> De faire un monstre et d'aller à la Foire.

---

[1] Voyez le tome II de la *Correspondance* de M. de Sainte-Aulaire; p. 262. *La vérité de l'enfance,* expression de M. de l'Isle. (*Henri de l'Isle.*)

[2] Il s'agit de la *Tactique* de Voltaire, pièce de vers contre l'*Essai général de tactique*, de M. de Guibert, ouvrage qui fut combattu par Henri de Bousmard, cousin du chevalier de l'Isle. M. de Bousmard était un ingénieur très-distingué. (*H. de l'Isle.*)

LETTRE 496.

MADAME LA MARQUISE DU DEFFAND A M. HORACE WALPOLE.

Dimanche 11 décembre 1773.

Je préviens le facteur; dans cette saison il n'apporte souvent les lettres que vers les quatre heures, et c'est le moment de ma toilette, de mon thé et de l'arrivée des visites.

Pourquoi ne m'avez-vous point mandé le voyage que devaient faire ici vos neveux, milord Cholmondeley et un autre, le duc de Glocester? Ils n'ont vu personne, ils se sont contentés de tous les spectacles, de voir la cour sans en être vus, d'aller aux Invalides et dans quelques campagnes aux environs de Paris. Jamais incognito n'a été mieux observé; on a parlé d'une certaine dame hollandaise; si on a eu raison, vous le savez; je n'ai pas cherché à pénétrer ce qui en est.

Notre comtesse d'Artois n'est pas jolie, mais elle est mieux que sa sœur pour le visage; elle a la gorge, les bras et les mains jolis, son teint est beau, son nez extrêmement grand, et elle est extrêmement petite; elle ne parle point, parce qu'elle sait très-peu notre langue.

J'eus hier la visite de l'Idole; son prince est toujours dans la plus grande affliction de la mort de M. de Chauvelin; c'était son meilleur ami, il avait beaucoup contribué à sa fortune, et vous savez que ceux à qui l'on a fait du bien sont ceux qu'on aime le plus. La maréchale de Luxembourg soupera le premier jour de l'an chez moi; je lui prépare une petite étrenne fort jolie. Vous savez que la mode est le parfilage; quand elle me rend visite, on lui apporte toujours une petite chaise de paille pour mettre ses pieds, et poser son ouvrage; cette chaise sera couverte de réseaux d'or; je l'ai fait garnir par une marchande de modes; elle est la plus jolie du monde. Je suis dans la faveur de cette maréchale; elle est de retour de Chanteloup depuis mardi; elle m'apporta l'autre jour une douzaine de couplets extrêmement plats sur beaucoup de saints du paradis; cela m'en fit faire un sur saint Martin. Le voici :

> Salut à monsieur saint Martin,
> Qui partagea son casaquin ;
> En pareille aventure,
> Hé bien !
> J'aurais, je vous le jure,
> Donné tout ou rien.

Les opéras qu'on joue à la cour n'ont point de succès; il paraît impossible d'amuser le public, l'ennui est une épidémie générale; le seul palliatif que j'y trouve, c'est la paresse; je voudrais que vous fussiez dans le cas d'y avoir recours. Je vous plains de l'usage que vous êtes forcé de faire de votre activité [1]; je vous trouve aussi courageux que tous les héros romains; vous vous êtes dévoué comme les Curtius, les Régulus, etc. Heureusement votre santé n'en est point altérée; Dieu veuille que cela continue! Je ne vous souhaite que de la santé; que tout le reste aille comme il pourra, vous avez tant d'esprit et de courage que vous surmontez tout; j'en connais de plus misérables et que le moindre souffle renverse par terre; je crois que le plus grand des malheurs est de naître faible, il n'y a de remède à cela que le repos et le *nonchaloir;* ce mot est gaulois, mais vous l'entendrez.

J'ai fini *Cléopâtre* [2]; j'en ai sauté les deux tiers; il y a des endroits fort beaux, et l'auteur n'était pas sans génie.

J'ai commencé *Cassandre* [3], dont les trois premiers livres sont d'un ennui affreux; je le continuerai cependant, parce que je me souviens qu'autrefois il m'a fait plaisir. Je ne puis me résoudre à lire l'histoire; je n'aime pas mieux les vérités qu'elle contient (si vérité il y a) que les fables des romans; les romans et l'histoire nous peignent les hommes, et leurs portraits ne sont guère plus fidèles dans l'un que dans l'autre. Il ne s'agit que de passer le temps, et à mon âge on ne se soucie plus d'acquérir des connaissances, si ce ne sont celles qui

---

[1] Dans l'arrangement des affaires de son neveu, le lord Orford. (A. N.)

[2] Ancien roman français. (A. N.)

[3] M. Walpole dit à ce sujet: « Vous avez achevé *Cléopâtre*; voilà ce qui s'appelle du courage! Je commençai il y a quelques années *Cassandre* : apparemment que je ne passai pas les trois premiers livres, car je le trouvai l'ouvrage le plus bête, le plus plat, le plus assommant de tous les livres connus. L'auteur n'attrape point la moindre vraisemblance; bien que tous les événements soient du dernier commun, pas le moindre petit brin d'invention, et puis point de caractère. Toutes les aventures se répètent. Tous ces princes, généraux et dames, sont ennuyeux comme s'ils étaient aux grands couverts. Il est impossible que vous lisiez un tel livre par ennui, à moins que ce ne fût dans le sens de chasser un poison par un autre. Vous me permettrez de vous dire que de tels romans ne peignent pas des hommes; et si les portraits historiques sont aussi peu fidèles, au moins ont-ils de la ressemblance! Quand, croyez-vous, existait-il des hommes comme ceux de la *Cassandre?* Il est vrai, comme vous dites, qu'ils écartent toutes réflexions. Des images de carton, montées sur des brodequins, ne font pas réfléchir. » (A. N.)

nous tiennent compagnie et qui écartent toute réflexion.

Nous avons ici, depuis peu et pour peu de jours seulement, un jeune Anglais qui me paraît assez aimable, M. Fawkener[1]; vous le connaissez, ou du moins vous en avez entendu parler; il part pour l'Italie à la fin de cette semaine.

Le Caraccioli est un peu refroidi pour moi, mais il se réchauffera le mois prochain. Madame de Beauvau ira à Chanteloup, et ses absences remontent beaucoup mes actions auprès de lui.

On me dit hier que le *Taureau blanc* était imprimé; je ne comprends pas comment vous le protégez et quel mérite vous y pouvez trouver : il me semble qu'il n'y a pas le mot pour rire. Je vous quitte pour me lever; si le facteur ne vient point, on fermera cette lettre.

Le facteur arrive et m'apporte votre lettre. Je n'aime point que votre humeur devienne sombre, mais je sais, par expérience, que les dispositions changent et que l'on n'est jamais bien sûr d'avoir toujours les mêmes sensations. Ce que je crois, et ce que je comprends aisément, c'est qu'on perde le goût des spectacles et des assemblées; j'aimerais presque autant vêpres que l'opéra; mais pour la société, je ne comprends pas qu'on s'en puisse passer; il est vrai qu'un quinze-vingt en a plus besoin qu'un autre. Je suis persuadée que, tout clairvoyant que vous êtes, vous regrettez votre sourde, et que vous seriez très-affligé de perdre vos amis, c'est-à-dire ceux avec qui vous vivez. Tout le monde se ressemble jusqu'à un certain point, et il y a des choses de première nécessité pour tous également; la société est à la tête.

LETTRE 497.

LA MÊME AU MÊME.

Samedi 19 décembre, à 5 heures après-midi.

De Londres, lundi 14. Voilà ce que vous m'avez écrit de mieux de votre vie, et ce qui certainement m'a fait le plus de plaisir[2]. J'espère que vous reprendrez bientôt vos forces, que

---

[1] Guillaume Fawkener, fils de feu sir Édouard Fawkener. Il a été premier secrétaire du conseil privé. 1827. (A. N.)

[2] M. Walpole avait été retenu longtemps à Strawberry-Hill par une dangereuse attaque de goutte. (A. N.)

vous ne vous fatiguerez point à recevoir trop de monde, que vous vous observerez beaucoup sur votre manger, et que de deux ans d'ici je pourrai être sans inquiétude. Ce terme est court pour vous, il n'est pas de même pour moi, qui ne serai peut-être plus en vie.

Soyez persuadé que je ne commettrai point votre tragédie; si je puis la faire traduire, ce ne sera que pour moi, je verrai comment je m'y prendrai; je chercherai quelques petits traducteurs qui feront cette besogne en présence de Wiart; vous jugez bien qu'un ouvrier tel que je pourrai l'avoir ne sera pas fort élégant; quand l'ouvrage sera fait, vous en aurez une copie, et il y aura une marge assez grande pour que vous y puissiez faire des corrections. Voilà une occupation pour les deux années de santé que vous allez sûrement avoir, et pour celles que j'ai à vivre.

Oui, j'ai reçu votre grande lettre, et j'ai été fort fâchée de la fatigue qu'elle a dû vous coûter; il y a bien des articles auxquels il faut que je réponde. Les lettres que je vous fais copier ne sont que de madame des Ursins, il n'y a point les réponses de madame de Maintenon. Les quatre in-folio que j'ai eus de sa main n'étaient que des lettres à sa famille, peu dignes de curiosité.

Je vous écris par une occasion qu'on me dit être très-sûre; je vous envoie le dernier ouvrage de la Harpe, dont je ne suis nullement contente. Vous trouverez aussi la lettre du prince de Condé au roi, avec des épigrammes sur le père et le fils, et des fragments d'une lettre de ce prince à un de ses amis; nous fûmes trois ou quatre à retenir le récit qu'on nous en fit; je les fis écrire sur-le-champ, et comme nous fûmes interrompus, ce ne fut que la nuit suivante que je m'en rappelai la fin; il est possible que j'y aie mis beaucoup du mien; tout ce que je puis vous dire, si ce n'est pas exactement tout ce que le prince a écrit, c'est, à ce qu'il me semble, ce qu'il aurait dû écrire; et pour que vous ne vous mépreniez pas à ce qui est de moi, je fais mettre une petite croix à l'endroit où je commence.

Je joins encore à tout ceci l'extrait d'une lettre du roi de Prusse à d'Alembert.

Je vous envoie aussi *les Systèmes et les Cabales*[1]; je serai

---

[1] Par Voltaire. *Voyez* l'édition de ses OEuvres publiée par Beaumarchais, t. XIV, p. 218. (A. N.)

fâchée si vous ne trouvez pas les *Systèmes* jolis, parce qu'ils me le paraissent.

Depuis la lettre que j'ai écrite à Voltaire pour le remercier de la lecture de ses *Lois de Minos*, je n'ai pas entendu parler de lui, je ne l'attaquerai pas.

Je reçus hier trois volumes des *Lettres* de madame de Pompadour ; c'est madame Damer à qui j'en ai l'obligation ; chargez-vous, je vous prie, de mes remercîments. Je suis fort aise de les avoir, une autre fois je vous dirai ce que j'en pense. Actuellement il m'est venu compagnie, je suis forcée de vous quitter. Adieu.

De M. le prince de Condé à un de ses amis.

« Je suis fâché d'avoir autant tardé de répondre à votre lettre obligeante, mais j'ai eu tant d'affaires que je n'ai pas pu trouver le moment de vous répondre plus tôt.

» Vous avez su la démarche que j'ai faite, et qui sera, je crois, approuvée par toutes personnes raisonnables. Je n'ai fait cette démarche qu'après une mûre délibération. A Dieu ne plaise que je désapprouve la conduite des autres princes ! Ils ont suivi leur opinion, et moi la mienne, cela est tout simple, puisque nous sommes restés dans la même intelligence.

» La résistance de près de deux ans a été inutile ; personne ne regrette plus l'ancien parlement que moi, et je le regretterai toujours. Je plains ces gens qui, après avoir perdu leur état, vont perdre leur fortune, c'est une espèce de barbarie.

» Le plus grand de mes ancêtres, Louis de Bourbon, disait : Ce n'est point à moi à ébranler la couronne.

» Nous serions au désespoir d'exciter ou de soutenir une révolte dans la nation, nous devons également craindre d'être soutenus ou abandonnés par elle ; ce sont des inconséquences qui humilient l'esprit. Se mettre à la tête de la nation, c'est la soutenir ; et ce serait au prince de porter sa tête le premier sur l'échafaud.

» Les exilés refusent leur liquidation, et risquent la perte de leur fortune sur la confiance qu'ils ont en notre soutien ; ils croiraient manquer d'égards envers nous s'ils cessaient de compter sur notre appui. Ils doivent connaître aujourd'hui qu'il leur a été inutile, et peut-être contraire.

» En recevant leur liquidation, ils pourraient volontairement rentrer dans leurs charges, et le Parlement, dans peu de temps, se trouverait composé du plus grand nombre de ses anciens membres.

» Enfin nous n'avons eu d'autre intention que de contribuer au bien général. Les moyens que nous avons pris ont été inutiles, et dans la crainte qu'ils ne deviennent dangereux en donnant l'exemple d'une résistance qui pourrait paraître une révolte si elle durait davantage, je me suis déterminé à me soumettre aux volontés du roi. »

Extrait d'une lettre du roi de Prusse à M. d'Alembert, en date de Potsdam, le 8 décembre 1772, copiée fidèlement sur l'original.

« ..... Pendant toutes les agitations diverses, on va casser entièrement l'ordre des jésuites; et le pape, après avoir biaisé longtemps, cède enfin, à ce qu'il dit, aux importunités des fils aînés de son Église. J'ai reçu un ambassadeur du général des Ignatiens, qui me presse pour me déclarer ouvertement le protecteur de cet ordre. Je lui ai répondu que lorsque Louis XV avait jugé à propos de supprimer le régiment de Fitz-James, je n'avais pas cru devoir intercéder pour ce corps, et que le pape était bien le maître de faire chez lui telle réforme qu'il jugeait à propos, sans que les hérétiques s'en mélassent. »

Lettre de M. le prince de Condé et de M. le duc de Bourbon, au Roi.

« Sire,

» La seule consolation que nous puissions éprouver, mon fils et moi, de notre malheur, est celle de verser dans le sein même de Votre Majesté toute la douleur que nous cause l'ordre rigoureux qui nous prive du bonheur de l'approcher. L'amour et la fidélité dont nos cœurs sont remplis, nous rendent tous les jours plus affreuse une situation que nos sentiments connus pour Votre Majesté devaient nous faire espérer que nous n'éprouverions jamais. La force et la vérité de notre attachement pour vous nous ont déterminés à résister à l'exécution d'un projet dont le succès nous paraissait impossible. Rien ne prouve plus, Sire, l'intime persuasion où nous n'avons jamais cessé d'être, que la soumission la plus entière vous était due, que les efforts que nous avons faits pour fléchir votre persévérance, dans une volonté qui nous faisait envisager les suites les plus fâcheuses.

» Nous désirons d'autant plus vivement, Sire, de rentrer dans vos bonnes grâces, que nous ne nous consolerions pas que notre éloignement de la cour pût servir de prétexte au plus léger trouble dans votre royaume. Le maintien de votre autorité nous est essentiel; l'amour de votre personne est profondément gravé dans nos cœurs.

» Avec des sentiments aussi vrais, aussi purs, pouvons-nous craindre de nous égarer? et serait-il possible qu'on eût pû nous prêter des vues aussi contraires à nos sentiments qu'à nos intérêts? Non, Sire, votre cœur nous rend plus de justice. La droiture et la pureté de nos sentiments vous sont connues, vous nous pardonnerez de chercher à les justifier. Daignez donc, Sire, nous rendre vos bontés que nous chercherons toujours à mériter; ne voyez en nous que des sujets soumis et fidèles; le zèle le plus pur, et l'attachement le plus vrai pour votre personne nous animeront toujours. Les vœux que nous formons pour la tranquillité de l'État et le bonheur de Votre Majesté lui sont de sûrs garants de notre soumission et de notre fidélité. Pénétrés de ces sentiments, Sire, nous osons espérer que Votre Majesté, convaincue de leur sincérité, voudra bien nous rendre auprès d'elle la place que notre naissance et plus notre cœur nous y marquent. Nous sommes, etc. »

ÉPIGRAMMES.

Jadis le Roux[1] et son pauvre beau-père[2]
D'un petit choc donné chez le Germain
Se disputaient la gloire assez légère;
L'honneur entre eux est encore incertain.
Enfin le Roux brilla sans concurrence;
Si dans Versailles il trahit aujourd'hui
Sa foi, son roi, sa famille et la France,
Il agit seul, et sa honte est à lui.

Condé le Roux s'est démenti;
Eh! comment aurait-il pu faire?
Il fallait changer de parti,
Ou bien changer de caractère.

Il est roux, le petit Bourbon,
Qui pour la cour nous abandonne:
Ma foi, sa réputation
Sent aussi bon que sa personne.

---

[1] Le prince de Condé. (A. N.)
[2] Le prince de Soubise. (A. N.)

LETTRE 498.

LA MÊME AU MÊME.

Dimanche 20 décembre 1773.

Je préviens encore aujourd'hui le facteur; il en pourra résulter une longue lettre, prenez-vous-en à l'insomnie.

Plusieurs belles dames, et une entre autres de votre connaissance, et qui est pour ainsi dire ma meilleure amie (*madame de Cambis*), sont dans de grandes alarmes de la maladie du chevalier de Durfort[1]; c'est une fluxion de poitrine très-avérée, et le soupçon d'une fièvre maligne; il entre aujourd'hui dans le dix, il est très-mal, il n'est pas bien jeune, et il est fort délicat et usé; s'il meurt, je ne sais pas ce que deviendra cette dame; cette perte mettrait le comble à ses malheurs; je suis persuadée qu'elle se retirerait dans un couvent.

Le roi a très-bien traité la famille Chauvelin; il a conservé la charge de maître de la garde-robe à son fils[2] qui n'a que sept ans; il a donné à chacune de ses deux filles, qui en ont neuf ou dix, quatre mille francs de pension; la veuve quitte la maison qu'elle avait dans la rue de Bourbon, parce que le loyer est de douze mille francs, et madame de Mirepoix, qui est très-dégoûtée de celle qu'elle a dans la rue Bergère, proche la Grange-Batelière, est tentée de la prendre. Elle est si irrésolue, si incertaine, si changeante, que je ne fais plus aucune attention à ses projets.

Lundi.

Je reçois votre lettre du 14, qui aurait dû arriver hier. Vous aurez vu, par ma dernière, que nous avons su le séjour que vos neveux ont fait ici, et que le duc a très-bien gardé l'incognito.

M. Fawkener est très-aimable; il parle notre langue comme si c'était la sienne, il a de la politesse, il cherche à plaire sans affectation, il fait connaître qu'il est instruit sans empressement; il a réussi auprès de tous ceux qui l'ont vu, et il deviendrait à

---

[1] Le chevalier de Durfort était de la famille de Duras. On l'avait destiné pour l'Église; mais il prit la croix de Malte, ce qui lui donnait le droit de conserver certains bénéfices, quoique attaché à l'armée. Il est mort premier gentilhomme de M. le duc d'Orléans. 1827. (A. N.)

[2] Le marquis de Chauvelin, ambassadeur de France en Angleterre à l'époque de la mort de Louis XVI; aujourd'hui membre de la chambre des députés. 1827. (A. N.)

la mode s'il restait ici, mais il doit partir aujourd'hui ou demain. Il passera par Genève et verra Voltaire ; il parcourra toutes les villes d'Italie, et reviendra ici dans le mois d'août ou de septembre ; je l'ai beaucoup vu, je l'ai presque toujours eu à souper chez moi ; il joue à tout ce qu'on veut, c'est un jeune homme parfaitement aimable, sans nul travers, sans nul inconvénient ; dites à M. et madame Churchill le témoignage que je vous rends de lui.

Les nouvelles d'aujourd'hui du chevalier de Durfort sont meilleures ; la dame de mes amies est dans un état effroyable depuis onze jours que dure la maladie. Cette personne a un caractère bien décidé ; je l'aime, non par goût, parce qu'elle n'est pas ce qu'on appelle aimable, mais parce qu'elle a des vertus, et surtout beaucoup de noblesse et de vérité.

LETTRE 499.

M. DE VOLTAIRE A MADAME LA MARQUISE DU DEFFAND.

24 décembre 1773.

Quoique je n'aie rien d'intéressant à vous dire, madame ; quoique je n'aie aucune nouvelle à vous mander ni de la Suisse, ni de Genève, ni de l'Allemagne ; quoiqu'on m'écrive que vous vous divertissez, que vous donnez à souper la moitié de la semaine, et que vous allez souper en ville l'autre moitié ; quoique d'ordinaire je ne puisse prendre sur moi d'écrire une lettre sans avoir un sujet pressant de le faire ; quoique mes journées soient remplies par des occupations qui m'accablent et qui ne me laissent pas un moment, il faut pourtant vous écrire, dussé-je vous ennuyer.

Je ne veux pas vous conter l'aventure d'une jeune fille amoureuse d'un aveugle ; j'ai prié madame Necker de vous la dire, et elle s'en acquittera bien mieux que moi ; mais je ne peux réprimer l'impertinence que j'ai de vous envoyer un des cailloux de mon jardin, puisque vous m'avez ordonné de jeter les pierres de mon jardin dans le vôtre.

Ce caillou est fort plat, mais heureusement il est fort petit ; je l'ai jeté à la tête d'une dame qui était tout émerveillée que je fusse assez fou pour faire encore des vers dans un âge où l'on ne doit dire que son *In manus*.

Pardonnez-moi donc la liberté grande de mettre à vos pieds

cette sottise. Il y a pourtant dans cette pauvreté je ne sais quoi de philosophique et d'assez vrai ; mais ce n'est rien de dire vrai, il faut le bien dire : et puis, cela n'est bon que pour ceux qui ont lu Tibulle en latin, et vous n'avez pas cet honneur. Le marquis de la Fare a traduit assez heureusement cet endroit :

> Que je vive avec toi, que j'expire à tes yeux,
> Et puisse ma main défaillante
> Serrer encor la tienne en nos derniers adieux !

Le latin est bien plus court, plus tendre, plus énergique, plus harmonieux. M. de la Fare n'avait que soixante-quatre ans quand il faisait ces vers.

Je dois me taire en vers et en prose ; mais en me taisant, je vous serai toujours très-vivement attaché. Je ferai des vœux pour que vous viviez beaucoup plus longtemps que moi, pour qu'une santé parfaite vous console de ce que vous avez perdu, pour que vous jouissiez d'un excellent estomac, pour que vous soyez aussi heureuse qu'on peut l'être dans un monde où les douleurs et les privations sont d'une nécessité absolue.

LETTRE 500.

MADAME LA MARQUISE DU DEFFAND A M. HORACE WALPOLE.

29 décembre 1773.

Je vous annonce à mon tour que cette lettre ne sera pas longue. Les choses que j'ai à vous dire ne sont pas assez intéressantes pour que j'y sacrifie l'espérance de m'endormir ; elle sera peut-être vaine ; depuis bien longtemps j'ai perdu le sommeil ; mais madame de Talmont a perdu la vie, elle est plus avancée que moi ; elle mourut le 20 de ce mois, en héroïne de roman.

Elle avait, la veille de sa mort, ses médecins, son confesseur, et son intendant auprès de son lit ; elle dit à ses médecins : Messieurs, vous m'avez tuée, mais c'est en suivant vos principes et vos règles ; à son confesseur : Vous avez fait votre devoir en me causant une grande terreur ; à son intendant : Vous vous trouvez ici à la sollicitation de mes gens qui désirent que je fasse mon testament ; vous vous acquittez tous fort bien de votre rôle ; mais convenez aussi que je ne joue pas mal le mien. Après cela elle se confessa, communia, ajouta un codicille à un testament qu'il y avait longtemps qui était fait. Elle fait madame Adélaïde sa légataire universelle, donne ses bijoux à toutes Mesdames, ses porcelaines et une montre à M. de Maurepas, de petits legs à des anciennes amies avec qui elle était brouillée, et qui étaient sur son ancien testament, et qu'elle n'a point révoqués. L'énumération de tous ces legs serait ennuyeuse, et ne vous ferait rien. On prétend qu'elle avait fait faire une robe bleue et argent pour être enterrée, et qu'elle s'était fait coiffer avec une très-belle cornette de point. L'archevêque n'a pas approuvé ce luxe, il a fait vendre habit et cornette pour en faire des aumônes. Elle a laissé cent mille francs aux Enfants trouvés, à la charge de payer des rentes viagères à ses domestiques [1].

[1] Madame du Deffand a fait de madame la princesse de Talmont un portrait qu'on trouvera à ses *œuvres* à l'*Appendice*. (L.)

M. Walpole, dans une note jointe à ce portrait de madame de Talmont, s'exprime ainsi sur cette dame :

« Quoique la princesse de Talmont ne soit point un personnage historique, elle a cependant figuré à la cour de Louis XV. Elle était née en Pologne, et se disait alliée à la reine Marie Leczinska, avec qui elle vint en France, où elle épousa un prince de la maison de Bouillon, qui la laissa veuve. Pour plaire à la bonne reine, elle joua, dans les derniers temps de sa vie, la dévote, de galante qu'elle était dans sa jeunesse pour se satisfaire elle-même. Son dernier amant avait été le jeune Prétendant, de qui elle portait le portrait dans un bracelet dont le côté opposé portait celui de Jésus-Christ. Quelqu'un lui ayant demandé quel rapport il y avait entre ces deux portraits, la comtesse de Rochefort (ensuite duchesse de Nivernois) répondit : Celui qui résulte de ce passage de l'Évangile : *Mon royaume n'est pas de ce monde*. Lorsque je me trouvai à Paris, en 1765, et que j'eus écrit la lettre à Rousseau, sous le nom du roi de Prusse, la princesse de Talmont pria madame la duchesse douairière d'Aiguillon, de qui j'étais fort connu, de me conduire chez elle, en ajoutant que, malgré sa haine contre les Anglais (à cause du Prétendant), elle avait lu avec tant de plaisir ma lettre, qu'elle ne pouvait se passer de me voir. Je n'aimais pas trop à me voir promener partout comme une pièce curieuse (l'abbesse de Panthémont et une autre abbesse m'ayant déjà fait venir chez elles pour le même sujet, parce que Rousseau était en mauvaise odeur parmi les dévots); mais la duchesse me dit que la princesse était une parente de la reine, et qu'il fallait y aller. En conséquence, madame d'Aiguillon vint me prendre chez madame de Rochefort (laquelle logeait aussi au Luxembourg), pour me conduire chez la princesse, qui occupait les grands appartements. Nous la trouvâmes dans une vaste salle tendue d'ancien damas rouge, avec quelques vieux portraits d'anciens rois de France, et éclairée seulement par deux bougies. L'obscurité était si grande, que, lorsque je m'avançai vers la princesse, qui était assise dans un coin reculé de la salle, sur une petite couchette entourée de saints polonais, j'allai broncher contre le chien, le chat, un tabouret, un crachoir; et lorsque je fus enfin parvenu auprès d'elle, elle ne trouva pas

LETTRE 501.

MADAME LA MARQUISE DU DEFFAND A M. HORACE WALPOLE.

1er janvier 1774.

Je commence cette année comme j'ai fini l'autre; en désirant que vous soyez heureux, et avec la résolution de n'y pas apporter le moindre obstacle. Je souhaite que votre santé se fortifie, que les affaires de votre neveu s'arrangent, et que vous trouviez du plaisir à vivre. Deux soldats, le jour de Noël, en ont trouvé à mourir[1], et se sont donné la satisfaction de se tuer de compagnie. Voilà la lettre de l'un des deux, et le testament qu'ils ont signé tous deux et écrit sur la table où ils avaient bu ensemble; ils avaient auparavant porté quatorze lettres à la poste, on ne sait pas à qui. On disait hier que le plus jeune avait dissipé l'argent qui lui avait été confié pour des recrues, et que de plus il avait une maladie incurable, mais cela n'est pas prouvé. Cette mort fera plus d'impression, et elle est mille fois plus éloquente que tous les écrits de Voltaire, d'Helvétius et de tous messieurs les athées; ce sont les premiers martyrs de leurs systèmes, et il n'est pas impossible qu'elle ne fasse des prosélytes. Je ne sais pas quelle impression cette aventure vous fera. Pour moi, elle m'étonne, et je trouve leur courage supérieur à celui de Caton, et je n'admire plus autant que je le faisais la mort d'Othon; on ne parle que de cette aventure.

un mot à me dire. Enfin, après une visite de vingt minutes, elle me pria de lui procurer une levrette blanche et une autre noire, pareilles à celles qu'elle avait perdues, et que je n'avais jamais vues. Je promis tout, et pris congé, sans plus songer à elle, à ses levrettes, et à ma promesse. Trois mois après, au moment que j'allais quitter Paris, un domestique suisse qui me servait, vint m'apporter, dans mon cabinet de toilette, une mauvaise peinture d'un chien et d'un chat. Vous n'êtes sans doute pas assez fou, lui dis-je, pour penser que je voudrais acheter un aussi mauvais tableau? *Acheter, pardi! ce n'est pas à acheter, Monsieur; ça vient de la part de madame la princesse de Talmont, et voici un billet avec.* J'ouvris le billet. Elle me dit, qu'apprenant que j'étais au moment de partir pour l'Angleterre, elle me rappelait ma promesse; et qu'afin que je pusse ne me point tromper dans les marques de sa *pauvre défunte Diane*, et que je fusse en état de lui en procurer exactement une autre, elle m'envoyait son portrait, mais qu'il fallait que je lui renvoyasse le tableau, dont elle ne voudrait pas se défaire pour tout au monde. » (L.)

[1] Ce suicide fit beaucoup de bruit en France, et la lettre et le testament dont il est question furent réimprimés plusieurs fois. Ces deux hommes qui se tuèrent dans une auberge de Saint-Denis, se nommaient *Humain* et *Bordeaux*. (A. N.)

Cette journée-ci produira peut-être quelques événements qui y apporteront de la diversion; c'est ce que je vous dirai demain.

Dimanche 2.

Oui, la journée d'hier a produit des nouvelles. On reçut avant-hier au soir des lettres de M. de Breteuil qui apprenaient la mort de son gendre, le comte de Matignon [1]; c'est encore un suicide, mais involontaire. Étant à la chasse, et voulant se débarrasser de son fusil pour un moment, il essaya de le faire tenir sur une branche; le fusil partit, et le tua roide. L'embarras de l'apprendre à madame de la Vaupalière, sa mère, a été très-grand; son mari ne savait comment s'y prendre, il fut consulter le chevalier de Durfort. A peine l'avait-il quitté, que madame de la Vaupalière arriva chez lui de la meilleure humeur du monde, se réjouissant du retour de sa santé, l'entretint du plaisir qu'elle aurait de revoir son fils; le chevalier ne savait où se fourrer, ni que lui dire; elle le quitta, je ne sais pas la suite, mais elle a dû l'apprendre hier dans la journée.

Il y a bien encore un autre événement que je pourrais vous conter, et où il est encore question de pistolet, mais personne n'a été tué ni blessé; cela vous ennuierait à entendre, et moi à raconter.

Il n'y eut point hier de promotion de cordon bleu. Tout ce qui regarde le ministère est toujours dans la même position; les paris sont ouverts.

Je viens de recevoir votre lettre du 28; je ne l'attendais que lundi, parce que ces jours-ci on délivre les lettres plus tard.

J'ai une proposition à vous faire, et je vous prie de l'écouter avec amitié, et sans vous fâcher. Je vous mandai, il y a quelque temps, que j'avais un petit chien; je l'aime beaucoup et il m'aime; il est très-joli; promettez-moi que, s'il reste sans maîtresse, vous voudrez bien devenir son maître; je suis sûre que vous l'aimerez. J'ai cette idée dans la tête; ne la prenez point de travers [2].

---

[1] Le comte de Matignon était fils du comte de Gacé, et épousa la fille du baron de Breteuil. Sa mère, madame de Gacé, après la mort de son époux, avait épousé M. de la Vaupalière. En 1764, elle fit un voyage en Angleterre; et c'est une des dames à qui M. Walpole présenta des vers sortis de sa presse de Strawberry-Hill, à l'occasion d'une fête qu'il donna à un grand nombre d'étrangers qui se trouvaient alors en Angleterre. (A. N.)

[2] M. Walpole accepta cette proposition; et Tonton, le chien de madame du

J'avais hier quinze personnes à souper; c'est un souper fondé pour tous les premiers jours de l'an. La maréchale de Luxembourg et moi nous nous donnons nos étrennes : les siennes furent une tasse de l'année, et six petites terrines d'argent, les plus jolies du monde; la mienne, une chaise de paille, garnie en housse de taffetas cramoisi, couverte devant-derrière, du haut en bas, d'un très-magnifique réseau d'or, arrangé, ajusté du meilleur goût du monde, et par dessus une housse de papier blanc. Elle est dans l'habitude de demander toujours en arrivant une chaise de paille pour poser son sac à ouvrage, et mettre ses pieds sur les barres. Cette chaise fut celle qu'on lui apporta, avec des couplets que je vous envoie; l'à-propos leur donna tout le sel que vous trouvez peut-être qui leur manque.

DE M. DE PONT-DE-VEYLE,

attaché au dossier de la chaise.

Air de *Joconde*.

Je m'offre à vous sans ornements;
   Je ne suis pas bien mise;
Mais de ce mince ajustement
   Ne soyez point surprise :
Souvent, sous de simples dehors,
   La beauté se déguise;
Vous verrez peut-être un beau corps
   En ôtant ma chemise.

DE M. LE CHEVALIER DE BOUFFLERS,

posé sur le carreau de la chaise.

Air : *Réveillez-vous, belle endormie.*

Si je vous sers, je suis heureuse;
J'existe pour votre repos;
Je ne serais point dangereuse,
Quand même vous m'auriez à dos.

J'ai des secrets, mais je suis franche :
Ils seront aisés à trouver;
J'ai mis une chemise blanche
Pour engager à la lever.

Deffand, fut après la mort de sa maîtresse envoyé à Strawberry-Hill, où il mourut environ dix ans après. (A. N.)

Air de *Raoul de Créqui*.

De moi je suis assez contente;
J'ai l'air de la simplicité;
Quoique simple, je suis brillante,
Et j'y joins la solidité;
Mais sur un point qu'on me décide,
Est-ce vous ou moi que je peins?
Car simple, brillante et solide,
Ce sont vos traits plus que les miens.

LETTRE 502.

MADAME LA MARQUISE DU DEFFAND A M. DE VOLTAIRE.

Paris, 3 janvier 1774.

Votre dernier petit caillou est le plus joli du monde [1]. Vous n'en avez point dans votre jardin qui ne soient des pierres précieuses; jetez-les tous dans le mien. Quand j'en devrais être lapidée, j'en serais contente. On parle ici d'un gros diamant qu'a reçu M. de Guibert : j'ai fait des tentatives pour le voir, elles ont été inutiles. Ce M. de Guibert [2] n'a pas daigné faire connaissance avec moi, quoique j'aie donné des louanges très-sincères à son *Connétable*.

Je ne suis point favorisée des beaux esprits, mon cher Voltaire; mais il tient certainement à vous que je ne m'en aperçoive pas : envoyez-moi ce que vous leur écrivez, et je me passerai très-facilement de ce qu'ils écrivent.

Que dites-vous de l'aventure des deux soldats de Saint-Denis [3]? Cela vaut des in-folio. Il n'y a que la nature qui ait le pouvoir de leur répondre : elle saura bien arrêter les progrès que pour-

[1] Les vers qui commencent par

> Eh quoi! vous êtes étonnée
> Qu'au bout de quatre-vingts hivers, etc.

Voyez OEuvres de Voltaire, t. XIII, p. 320, où ces vers sont indiqués comme adressés à madame du Deffand, ce qu'elle trouva fort mauvais et fit démentir. (L.)

[2] Le comte de Guibert, auteur de la *Tactique* et du *Connétable de Bourbon*, etc. Les lettres de mademoiselle de Lespinasse, qu'on a publiées il y a quelque temps, peuvent servir à expliquer pourquoi il évitait de faire la connaissance de madame du Deffand. (A. N.)

[3] Les deux soldats qui s'étaient, de propos délibéré, suicidés ensemble dans une auberge à Saint-Denis. (A. N.)

rait faire leur exemple. Nous sommes dans un siècle bien singulier ; toutes les têtes sont renversées : tel qui n'a qu'une tête de linotte se croit un Socrate. Je ne mets pas de ce nombre les deux soldats, mais tous les faiseurs de brochures qui nous infectent de leurs fades et ennuyeux raisonnements. Vos lettres me font un plaisir infini ; elles me soutiennent, me consolent : la raison et l'amitié ont tout pouvoir sur moi.

Je vous serai infiniment obligée, si vous m'envoyez votre lettre à M. Guibert ; je n'en ferai que l'usage que vous me prescrirez.

N'avez-vous pas été content de l'*Avis aux princes*, de M. de l'Isle ? Je l'ai trouvé joli ; mais la fin n'est-elle pas trop écourtée ?

LETTRE 503.

MADAME LA MARQUISE DU DEFFAND A M. LE CHEVALIER DE L'ISLE.
(INÉDITE).

Ce 4 janvier 1774.

J'ai reçu votre pardon, monsieur, avec beaucoup de componction et de reconnaissance ; le trouble et la terreur que m'a causés ma faute doivent bien vous répondre de mon parfait amendement ; vous dûtes juger par cette maudite lettre, que c'était une pure étourderie, puisque je m'y applaudissais de mon extrême prudence, et que je ne me permettais pas de montrer vos couplets, et encore bien moins d'en donner des copies. Je ne sais quel démon offusqua ma mémoire, et m'empêcha d'ordonner de ne la point envoyer par la poste ; enfin il n'en a résulté aucuns inconvénients, et vous m'avez pardonné, n'en parlons plus [1].

On ne parle ici que d'horreurs, que de suicides [2], les uns volontaires, les autres par accident ; que de chutes qu'on prévoit et qui occasionnent des paris, tantôt pour, tantôt contre ; mais vous apprendrez tout cela par la bonne compagnie qui vous arrive [3]. Je me borne à vous dire que je suis ravie d'être

---

[1] C'est toujours l'histoire des couplets. (*H. de l'Isle.*)

[2] Est-ce le suicide de deux militaires ? L'un d'eux se nommait Bourdeaux. Il était dragon au régiment de Belzunce. L'autre se nommait Humain. Leur testament est dans la *Correspondance de Grimm*, du 6 janvier 1774. Voyez la lettre de Voltaire à M. de Florian, du 6 janvier 1774. Humain était, dit-il, tambour-major. (*H. de l'Isle.*)

[3] Est-ce une allusion à une maladie du roi ou à un changement du ministre de la guerre, M. de Monteynard ? (*H. de l'Isle.*)

bien avec vous; je désire que vous m'en donniez des preuves en m'écrivant aussi souvent, et avec autant de confiance et de liberté que par le passé.

Voulez-vous bien faire mes compliments à tout le monde, et en particulier aux marquis de Castellane et de Boufflers, et à M. l'abbé Belliardi[1].

Vous me feriez plaisir de me communiquer ce que vous recevrez de Voltaire, il vous traite encore mieux que moi.

LETTRE 504.

MADAME LA MARQUISE DU DEFFAND A M. HORACE WALPOLE.

Paris, samedi 26 février 1771.

C'est demain le jour de la poste; je la préviens pour n'avoir plus qu'à répondre à votre lettre, en cas que j'en reçoive, comme je l'espère.

Tous vos livres sont chez moi, excepté la petite brochure de *l'Influence de la philosophie sur les lettres*[2]. Elle ne se trouve point à Paris; il faut la faire venir de Genève : j'ai pris des mesures pour cela. On ne dit pas de bien de l'*Histoire de la maison de Bourbon;* elle est d'un M. Désormeaux, médiocre auteur; il doit y avoir une suite, je ne sais pas de combien de volumes. Tous vos livres ne sont que brochés; s'ils étaient reliés, la caisse serait beaucoup plus pesante, et les libraires ont dit qu'ils payeraient des droits. Je vous envoie le mémoire de ce qu'ils coûtent, pour que vous puissiez faire le décompte avec Couty; je ne sais quand son maître reviendra de la campagne.

Vous ne savez pas la résolution que je prends? C'est de ne plus vous écrire à l'avenir de lettres, mais de faire des gazettes comme celles que je reçois du grand abbé; cela vous sera moins ennuyeux, et à moi plus commode; je vous écrirai chaque jour tout ce que je saurai. Nous attendons aujourd'hui un grand événement, le jugement du procès de ce Beaumarchais dont je vous ai parlé, et dont je suis résolue à vous envoyer les *Mémoires;* je serai surprise s'ils ne vous amusent pas, surtout le quatrième. Cet homme a certainement beaucoup d'esprit;

[1] L'abbé Belliardi, employé par le duc de Choiseul dans les négociations du *Pacte de famille.* (L.)
[2] *Quelle est l'influence de la philosophie sur les belles-lettres?* discours inaugural, par M. Mallet (du Pan), à Cassel, 1772. (A. N.)

M. de Monaco l'a invité ce soir à souper, pour nous faire la lecture d'une comédie de sa façon, qui a pour titre : *le Barbier de Séville*. On la devait jouer il y a huit jours; madame la Dauphine y devait venir : on reçut la veille la défense de la représenter : elle aurait eu certainement un grand succès, quand même elle aurait été détestable. Le public s'est affolé de l'auteur. On le juge tandis que je vous écris. On prévoit que le jugement sera rigoureux, et il pourrait arriver qu'au lieu de souper ce soir avec nous, il fût condamné au bannissement, ou même au pilori; c'est ce que je vous dirai demain.

Madame la duchesse de Gramont est toujours ici, elle y restera encore trois ou quatre semaines; l'empressement qu'on a pour elle est extrême, rien n'a meilleur air que de la voir, que de lui donner à souper; la maréchale de Luxembourg ne la quitte pas; elle veut à toute force devenir sa favorite; je n'ai pas la même ambition; je me contente de quelques faveurs passagères; j'ai déjà donné un souper, j'en dois encore donner un autre. Le jour qu'on m'a indiqué est le 5 du mois prochain, mais comme c'est un des jours des grands soupers que la maréchale de Luxembourg donne deux fois la semaine, et qu'elle ne pourrait pas venir chez moi, je ne doute pas qu'elle ne fasse remettre mon souper à un autre jour; c'est ce que vous apprendrez par un article de la gazette que je vous annonce, et que je commencerai lundi prochain.

Le grand abbé me mande que la grand'maman s'est prise de la plus grande passion pour la comtesse de Coigny[1], qui de son côté l'aime éperdument. Son mari et elle ont quitté Paris à cause du dérangement de leurs affaires; ils s'étaient retirés dans leurs terres, mais je crois qu'ils vont se fixer à Chanteloup; j'en suis ravie pour la grand'maman, qui a le ridicule d'aimer, et de vouloir l'être.

L'abbé viendra ici vers Pâques et le marquis de Castellane doit arriver incessamment; je serai bien aise de le voir.

Le Caraccioli nous quittera dans le mois d'avril; il fera un

---

[1] Fille d'un financier nommé Boissy. La comtesse de Coigny mourut peu de temps après la date de cette lettre, et laissa une fille qui, en 1786, fut mariée au duc de Fleury. Si la comtesse de Coigny a ressemblé à sa fille par l'esprit, la beauté, l'expression d'une sensibilité exquise, et par les manières les plus gracieuses, tous ceux qui ont connu la fille ne seront pas surpris de l'attachement que madame de Choiseul avait pour la mère. Cette aimable duchesse de Fleury est morte il y a deux ans (1827). (A. N.)

séjour à Naples de sept ou huit mois, Il laissera ici beaucoup de regrets; vous ne sauriez croire à quel point il est ici à la mode; c'est le second tome de M. Hume; on se pâme de rire à tout ce qu'il dit, presque toujours sans le comprendre, ni même l'entendre. Oh! la mode est notre souveraine, et nous gouverne despotiquement.

Il ne paraît aucun livre nouveau; les anciens m'ennuient, et c'est là un des plus grands malheurs; je souhaite que vous ne l'éprouviez pas, et que vous trouviez beaucoup de plaisir à la lecture de ceux que vous recevrez. Vous êtes bien heureusement né; il est bien fâcheux que votre santé ne soit pas aussi parfaite que votre sagesse.

Dimanche.

Comme il n'est point arrivé de lettres, je ne ferai point partir celle-ci, et je vais commencer mes gazettes.

Hier, samedi 26, M. Beaumarchais et ses consorts furent jugés; madame Goetsman et lui sont condamnés à être blâmés [1]; mais comme vous n'êtes point au fait de l'affaire, il faut que vous lisiez les *Mémoires* avant d'apprendre le jugement; vous aurez le tout ensemble. Le dit Beaumarchais ne vint point souper chez M. de Monaco; le parlement resta assemblé depuis cinq heures du matin jusqu'à près de neuf heures du soir.

On a appris qu'une petite madame de Monglas, qu'on avait fait enlever pour l'enfermer dans un couvent à Montpellier, et qui était conduite par trois hommes de la maréchaussée, s'était sauvée; je ne sais si l'on court après : le prince de Nassau et un M. d'Esterhazy s'étaient battus pour elle; son mari est secrétaire des commandements de M. le comte d'Eu; ci-devant il était président à la chambre des comptes de Montpellier; M. le comte d'Eu devint amoureux d'elle l'année où il tint les États à Montpellier.

Toutes réflexions faites, ma lettre étant écrite je vous l'envoie.

---

[1] Il fut accusé d'avoir offert de l'argent à madame Goetsman, la femme de son rapporteur, dans un procès avec les héritiers Paris Duverney, à l'occasion de quelques comptes pécuniaires dont dépendait non-seulement la fortune, mais encore la réputation et l'honneur de Beaumarchais. (A. N.) — Voir l'excellent ouvrage de M. de Loménie sur Beaumarchais. Après un tel biographe il n'y a plus rien à dire, et il faut se borner à l'indiquer. (L.)

Samedi 26 février 1774, à neuf heures du soir.

Madame Goetsman blâmée, restitution des quinze louis au profit des prisonniers.

M. Goetsman, hors de cour.

Bertrand d'Airolle, admonesté.

Le Jay, admonesté.

Beaumarchais, blâmé, ses *Mémoires* brûlés par la main du bourreau, comme injurieux, calomnieux, etc.; défense de récidiver, etc.

MM. Bidault, Ader, Malbeste, défense à eux de signer à l'avenir de pareils mémoires.

Le coupable condamné au blâme a ordre de se présenter au Parlement; il se met à genoux, et le juge lui dit : « La cour te » blâme [1] et te déclare infâme, » ce qui le rend incapable de posséder aucune charge publique [2].

LETTRE 505.

LA MÊME AU MÊME.

Samedi 5 mars 1774.

Vous voilà devenu père de famille [3]; je crains que ce nouvel état ne vous cause bien de l'embarras. Ne pourriez-vous pas marier votre enfant? il faudrait lui trouver une femme qui pût le gouverner; ce serait une chose bien triste pour vous, et un terrible esclavage que d'avoir ce soin éternellement.

Comment pouvez-vous croire que ces vers de Voltaire aient été faits pour moi? Y aurait-il une familiarité plus ridicule de me nommer *Bergère*, et de m'appeler *ma chère?* et comment

---

[1] Beaumarchais reçut cette invitation du prince de Conti : « On dit que vous êtes blâmé, mon cher Beaumarchais, et je vous attends à dîner. Si vous n'étiez pas blâmé, venez toujours. » (A. N.)

[2] Malgré cette sentence diffamante, Beaumarchais, de qui toute la vie a été marquée par une conduite équivoque, et par des aventures scandaleuses, dans lesquelles un homme d'une imagination vive, sans principes, né dans la classe qu'il occupait, était alors si facilement entraîné, Beaumarchais, ouvertement protégé par le prince de Conti, fut, peu de temps après ce jugement, employé par la cour pour quelques commissions secrètes, et obtint, deux ans après, la révision de son procès, et un arrêt infirmatif de la sentence ci-dessus mentionnée. (A. N.)

[3] Par les soins que donnait M. Walpole à son neveu George, lord Orford, qui avait alors recouvré sa raison, après une aliénation d'esprit de plus d'une année. (A. N.)

pouvez-vous penser que si cela avait été, je ne vous l'eusse pas mandé, et que je ne vous eusse pas montré toute ma colère? Non, ils n'ont pas été faits pour moi, mais pour une dame de Genève; et pour que vous n'en puissiez pas douter, et que vous en puissiez convaincre tout le monde, je vous envoie la lettre originale de Voltaire; on a mis ces vers dans le *Journal encyclopédique*, et à la tête : *Vers de M. de Voltaire à madame la marquise du Deffand, âgée de quatre-vingt-deux ans.* J'ai pris des mesures pour que dans le journal suivant on mît ces propres mots : « Les vers de M. de Voltaire que l'on a insérés dans notre dernier journal ne sont point adressés à madame du Deffand, mais à une dame de Genève. »

Vous me renverrez la lettre de Voltaire; je suis bien aise de la garder pour pouvoir convaincre ceux qui auraient la volonté de me rendre ridicule. J'ai encore eu d'autres chagrins en ce genre; ce petit d'Albon, dont je vous ai envoyé les vers pour moi, les a fait mettre non-seulement dans le *Mercure*, mais dans une feuille nouvelle, intitulée *Journal des dames*; il y a joint le remercîment que je lui fis dans une très-plate lettre, qu'il a tronquée comme il lui a plu. Ce jeune homme a vingt-un ans; il m'appelle sa tante, quoique je lui aie représenté que je n'avais point cet honneur, que le neveu de la femme de mon frère ne m'était rien; cela ne l'arrête pas, il veut s'accrocher à moi, croyant que je peux contribuer à établir sa réputation de bel esprit. Je pourrai bien incessamment prendre le parti de l'éconduire.

Me voilà donc dans deux journaux! De plus dans l'*Almanach des Muses*, on m'attribue une chanson que feu M. de Chauvelin avait faite, il y a quinze ou vingt ans, pour feu madame l'Infante, duchesse de Parme. Tout cela m'a donné beaucoup d'humeur, et m'a fait prendre le bel esprit plus en aversion que jamais.

Je vous ai envoyé par le moyen de M. Saint-Paul les *Mémoires* de Beaumarchais, quoique milord Stormont m'eût assuré qu'ils étaient à Londres; ils ont une vogue ici prodigieuse; je crois que le quatrième vous fera plaisir.

Dimanche.

J'eus hier la duchesse de Gramont à souper; nous n'étions que sept à table, elle, madame de Mirepoix, M. de Toulouse, M. de Stainville, M. de Pont-de-Veyle, mademoiselle Sanadon et moi; les non soupants étaient M. et madame de Beauvau,

M. de Chabot, l'évêque d'Arras et l'ambassadeur de Naples. La duchesse et l'ambassadeur ont resté jusqu'à trois heures. Elle soupera encore une fois chez moi avant son départ, qui sera le 19 ou 20. Je crois vous avoir mandé que la maréchale de Luxembourg ne la quitte point; elles étaient avant-hier, vendredi, à l'hôtel de la Rochefoucauld; je tenais la maréchale sous le bras, qui, je ne sais si vous vous en souvenez, prend toujours la peine de me conduire à table; elle s'obstina à faire passer la duchesse avant elle; et elle me dit : C'est un vœu que j'ai fait qu'à toutes les portes où je me trouverais avec elle, elle passerait la première; oui, ce vœu est antique et solennel; je lui dis d'une voix basse et douce : Antique, non; vous pouvez vous rappeler qu'il y a trois ans elle avait autant de haine qu'elle a aujourd'hui d'amour.

Tous ces petits détails de société doivent vous paraître bien froids; il n'appartenait qu'à madame de Sévigné de les rendre intéressants; elle était toujours vivement affectée, et moi je ne le suis plus de rien.

LETTRE 506.

M. DE VOLTAIRE A MADAME LA MARQUISE DU DEFFAND.

Ferney, 26 mars 1774.

J'aurais bien envie, madame, de vous payer votre quartier, puisque vous dites que je ne vous écris qu'une fois en trois mois; mais pour payer ses dettes, il faut être en argent comptant. Tout me manque, santé, loisir, esprit, imagination. Je suis accablé, à l'âge de quatre-vingts ans, d'affaires qui dessèchent l'âme, et de maux qui mettent le corps à la torture; jugez, s'il vous plaît, si je ne suis pas en droit de vous demander du répit. Je voudrais être votre invalide, et vous faire la lecture, mais je suis bien plus qu'invalide, je suis mort. M. de Lisle, qui est tout à fait en vie, doit vous tenir lieu de tout. Je n'ai jamais vu un homme plus nécessaire à la société que lui. Les dragons de mon temps n'avaient pas l'esprit de cette tournure-là. Il ne veut pas croire que l'*Épître à Ninon* soit du jeune comte de Schouwaloff, et faite dans les glaces de la Néva; quelque aimable que soit M. de l'Isle, il se trompe. Rien n'est plus extraordinaire que cet assemblage de toutes les grâces françaises dans le pays qui n'était que celui des ours, il y a cinquante ans; mais rien n'est plus vrai. Vous avez dû voir, par vos conversations avec M. de Schouwaloff, l'oncle de l'auteur de l'*Épître*, que la patrie d'Attila n'était pas le pays des sots. On parle français à la cour de l'impératrice plus purement qu'à Versailles, parce que nos belles dames ne se piquent pas de savoir la grammaire. Diderot est tout étonné de ce qu'il a vu et entendu. C'est sans doute le style de nos arrêts du conseil et de nos édits de finance qui a porté le bon goût devers la mer Glaciale, et qui fait qu'on joue *Zaïre* en Russie et à Stockholm.

Vous souviendrait-il, madame, que vous m'écrivîtes une fois que Catherine n'était qu'une héroïne de gazettes? Ce n'est pas de nos gazettes de Paris qu'elle est l'héroïne, elles ne lui sont pas favorables. J'espère que celles de Pékin lui rendront plus de justice. Il y a un homme dans mon voisinage qui sait fort bien le chinois, et qui a envoyé des vers chinois à l'empereur Kien-long, lequel empereur passe pour le meilleur poëte de l'Asie. Pour Catherine, elle ne fait point de vers, mais elle s'y connaît fort bien, et d'ailleurs elle fait de très-bonnes plaisanteries sur le Cosaque qui s'est mis en tête de la détrôner. Vous ne vous souciez guère de tout cela, et vous faites bien. Vivez, madame, parlez, et portez-vous bien. Je suis à vos pieds.

LETTRE 507.

MADAME LA MARQUISE DU DEFFAND A M. HORACE WALPOLE.

Dimanche 27 mars 1774.

L'état de monsieur votre neveu est bien singulier, et rien ne l'est plus, si ce n'est la résolution que vous avez prise d'en faire votre principale et unique affaire; si vous ou monsieur votre frère aviez des enfants, cela serait naturel, mais vous n'avez que des collatéraux dont vous ne vous souciez point; cependant il faut bien que vous ayez raison.

Je suis fort aise que les *Mémoires* de Beaumarchais vous aient amusé. Vous n'avez donc pas encore lu l'arrêt, puisque vous me demandez quel traitement on a fait à madame de Goetsman[1]. Nous ne parlons plus de tout cela ici; je ne vous

---

[1] M. Walpole avait dit : « J'ai reçu les *Mémoires* de Beaumarchais; j'en suis au troisième, et cela m'amuse beaucoup. Cet homme est fort adroit, raisonne juste, a beaucoup d'esprit; ses plaisanteries sont quelquefois très-

dirai pas ce qui y succède, ce sont des riens. Je voudrais bien que vous eussiez pu entendre ce que j'entendis jeudi dernier; un homme qui lit, ou plutôt qui joue une comédie tout seul si parfaitement bien, qu'on croit entendre autant de personnages différents qu'il y en a dans la pièce; c'est un prodige, et rien ne m'a jamais fait autant de plaisir; on prétend que j'en aurais eu encore plus si je l'avais pu voir, mais j'en doute, l'illusion n'aurait pu être plus parfaite; la pièce qu'il nous lut s'appelle *l'Indigent*[1]; il y a huit personnages, un financier jeune et fat, son valet de chambre, un vieux paysan très-malheureux et très-honnête homme, son fils, sa fille, un notaire plein de probité, son clerc, un procureur grand coquin; dans la dernière scène, ils sont tous rassemblés, excepté le valet de chambre; chaque rôle est si parfaitement joué et avec une telle chaleur et vivacité, qu'il serait impossible que les sept meilleurs acteurs pussent faire le même plaisir; j'ai envoyé chercher cette pièce, elle est plus touchante que comique; c'est dans le genre de la Chaussée; on prétend que le lecteur y ajoute beaucoup du sien, et que cette pièce, telle qu'elle est, n'est pas bonne; elle a été refusée à la Comédie, et elle fait un effet prodigieux jouée par cet homme, qui s'appelle M. Texier[2]. Il est de Lyon, et il y est directeur des fermes; on dit que sa figure est bien, qu'il a beaucoup de physionomie et de grâce; il y a cinq ou six pièces qu'il joue aussi parfaitement; je serais fort aise de les entendre, mais je ne crois pas que cela se puisse. Quand j'aurai lu l'*Indigent*, si je la trouve bonne, voulez-vous que je vous l'envoie?

Ce n'est point parce que les vers de Voltaire sont plats, que je trouve mauvais qu'on soupçonne qu'ils aient été faits pour moi, c'est parce que je trouverais très-ridicule qu'on crût qu'il m'appelât *Bergère* et *ma chère*. Je n'ai point entendu parler de lui depuis le mois de décembre; je n'aime point assez à écrire

---

bonnes, mais il s'y complaît trop. Enfin, je comprends que, moyennant l'esprit de parti actuel chez vous, cette affaire doit faire grande sensation. J'oubliais de vous dire l'horreur qui m'a pris des procédés en justice chez vous : y a-t-il un pays au monde où l'on n'eût puni sévèrement cette madame Goetsman? Sa déposition est d'une impudence affreuse. Permet-on donc chez vous qu'on mente, qu'on se coupe, qu'on se contredise, qu'on injurie sa partie d'une manière si effrénée? Qu'est devenue cette créature et son vilain mari? Répondez, je vous prie. » (A. N.)

[1] L'*Indigent* est un drame de Mercier. (A. N.)

[2] Le même dont le talent fut si longtemps admiré à Londres. (A. N.)

pour me soucier d'entretenir cette correspondance; celle de Chanteloup me paraît plus que suffisante. Madame de Gramont y est retournée le 20 de ce mois, accablée de gloire et de fatigue; elle a été un peu malade en arrivant. Pendant quarante-huit jours qu'elle a été ici, excepté les trois soupers qu'elle a faits chez moi, elle a soupé tous les jours avec vingt-cinq ou trente personnes. A peine était-elle éveillée, que sa chambre était remplie de princes, de grands seigneurs, de grandes dames; il n'y a point de maîtresse de roi, de premier ministre, de souverain, de potentat, qui puissent jouir d'une plus grande célébrité. Il faut lui rendre justice, elle n'en avait point la tête tournée; son air est simple, naturel, facile, vous la trouveriez fort aimable; elle m'a fort bien traitée. La maréchale de Luxembourg a été la plus empressée à lui faire la cour, elle la voyait souvent trois fois le jour, et pour le moins deux; vous pouvez vous souvenir que, dans le temps de l'exil, elle était leur plus grande ennemie. L'Idole a été aussi fort empressée, et elle a enfin obtenu la permission de faire un voyage[1]. Elle y ira, pendant le séjour que la maréchale y doit faire, qui sera de quatre ou cinq semaines; elle partira environ le 15 du mois prochain. Le quartier de M. de Beauvau sera le premier, ce qui me fâche fort; il ne passe pas un jour sans me voir, et je reçois de lui plus de marques d'amitié que de qui que ce soit.

LETTRE 508.

MADAME LA MARQUISE DU DEFFAND A M. DE VOLTAIRE.

Paris, 2 avril 1774[2].

J'aimais M. de l'Isle, mais aujourd'hui je l'aime bien davantage; c'est votre dernière lettre qui a produit cet effet. Mais est-il possible, mon cher Voltaire, que j'aie eu besoin de lui pour me rappeler à votre souvenir? Vos dernières conquêtes vous paraissent toujours les plus précieuses; vous êtes aussi sujet à l'engouement, et peut-être plus que vous ne l'étiez dans votre jeunesse. Je ne suis pas de même, tout ce que je vois de nouveau me choque, me déplaît, et loin de me consoler de ce que j'ai perdu, en augmente le regret par la comparaison. Je

---

[1] A Chanteloup. (L.)
[2] En réponse à une lettre de Voltaire qu'on donne ci-après, parce qu'elle n'a pas été insérée dans ses OEuvres. (L.)

ne parle point du siècle de Louis XIV; nous avions eu quelques consolateurs; premièrement vous, hors de toute comparaison; ensuite il y avait des abbé de Bussy, des président Hénault, des Saint-Aulaire, une madame de Staal, une madame de Flamarens : on pourrait en ajouter d'autres. Il peut encore se trouver de l'esprit, mais plus de goût, et par conséquent bien peu d'agrément. Je vous ai déjà fait tant de plaintes sur ce sujet, que ce serait rabâcher que de le traiter encore. Je vous assure, mon cher Voltaire, que ce n'est pas tout ce qui m'environne, tout ce que je rencontre qui me déplaît le plus; ce que je hais le plus, ce que je voudrais pouvoir fuir, c'est moi-même. Je me dis très-sérieusement que j'ai tort; je m'interroge sur les jugements que je porte, et je me dis : C'est vous qui avez tous les défauts et tous les ridicules qui vous blessent : pouvez-vous croire avoir seule tout l'esprit et le goût en partage? Vous êtes sotte et mal avisée; vous vous faites haïr en contredisant, en blâmant. Eh! que vous fait tout cela? Vous voudriez vous faire aimer, et vous vous faites craindre.

Pénétrée de la leçon que je viens de me faire, je voudrais changer de lieu, recommencer à vivre avec des gens qui n'auraient jamais entendu parler de moi, et avec qui je n'aurais point de prévention à détruire; mais je suis trop vieille; il faut que je reste dans mon tonneau, et que je me borne à chercher les moyens de dissiper la haine. Lesquels faut-il prendre, mon cher Voltaire? Faut-il dire que nos poëtes sont aussi bons que vous, que nos philosophes valent mieux, que nos acteurs et actrices sont au-dessus des Thévenart, des Lecouvreur, etc.? Vous me direz : Non, mais il faut se taire. Je le veux bien; mais il faudrait donc aussi devenir sourde : on n'est muet en naissant que parce qu'on est sourd, et on ne peut être muet dans la société que quand on est sourd d'entendement. Ah! je voudrais vous voir ici; mais, mon Dieu, ils vous pervertiraient peut-être.

« Ils pourraient de nos rois égarer le plus sage. »

Si j'en étais témoin, j'en mourrais de honte et de douleur.

En vérité, mon cher Voltaire, je ne sais pourquoi je vous écris tout ce fatras; je ferais bien de ne le point relire, si je veux vous l'envoyer; mais j'ai toute honte bue avec vous. J'ai passé une nuit blanche; rien n'aigrit autant le sang et l'humeur.

Vous prétendez donc ne me plus rien envoyer; et M. de

l'Isle est devenu le bureau de vos confidences! Faites-m'en une, je vous conjure; je vous garderai le secret si vous l'exigez. Êtes-vous l'auteur de la lettre sur le rétablissement des jésuites? C'est un aveu ou un désaveu qui vous doit être indifférent, et qui satisferait ma curiosité.

L'*Épître* de M. Schouwaloff à Ninon a été corrigée par vous: je la crois du jeune homme, sur votre parole plus que sur celle de monsieur son oncle.

Avez-vous ouï parler de M. Texier, qui, assis dans un fauteuil, avec un livre à la main, joue des comédies où il y a sept, huit, dix, douze personnages, si parfaitement bien qu'on ne saurait croire, même en le regardant, que ce soit le même homme qui parle? Pour moi, l'illusion est parfaite, et je crois entendre autant d'acteurs différents. Il serait impossible que plusieurs comédiens pussent jouer les scènes avec la même chaleur qu'il les joue tout seul; il se coupe la parole: enfin je n'ai jamais rien entendu d'aussi singulier. Cet homme est de Lyon; quand il y retournera, invitez-le à vous venir voir; je serais trompée si vous n'en étiez pas surpris et content.

Adieu, mon cher Voltaire; en voilà assez long.

LETTRE 509.

MADAME LA MARQUISE DU DEFFAND A M. HORACE WALPOLE.

Paris, dimanche 17 avril 1774.

Je vous fais mille remercîments des offres que vous me faites pour moi et mes amis; ah! je n'en abuserai pas, je n'ai besoin de rien, je ne voudrais pas vous importuner pour moi, et je ne me soucie pas d'obliger personne. Je suis excessivement lasse du peu de retour qu'on trouve à tout ce qu'on fait pour les autres, et je déteste le monde au point que, si je croyais pouvoir trouver deux ou trois personnes dans un couvent quelconque qui eussent le sens commun, je m'y réfugierais[1]; vous

[1] M. Walpole fit cette réponse: « Un couvent serait une recette très-singulière contre l'ennui, surtout pour vous qui, par malheur, ne pouvez lire. Vous avez plus besoin de compagnie que de solitude. Est-ce parmi des sottes et des folles que vous compteriez trouver une conversation raisonnable? Vous voyez ce qu'il y a de mieux, cela ne suffit pas: des religieuses, des dévotes, des tracassières, valent-elles l'abbé Barthélemy, les Beauvau, madame de Mirepoix, que vous voyez souvent? La Sanadona ne vous contente point; une douzaine de *santa Donnas* vous amuseraient assurément davantage! Ah! mon

aurez peine à allier cette façon de penser à la vie qu'on peut vous dire que je mène. En apparence elle est agréable, mais elle est bien éloignée de me satisfaire; il n'y a personne de tous les gens avec lesquels je vis sur lesquels je puisse compter, et pour lesquels je puisse avoir le moindre goût, j'en excepte Pont-de-Veyle et mademoiselle Sanadon; leur société est sûre, et ils ont une sorte d'amitié pour moi; mais comme mon étoile a toujours été de perdre mes amis de façon ou d'autre, Pont-de-Veyle est très-malade, et si dangereusement, qu'il y a fort peu d'espérance; il ne me restera plus que mademoiselle Sanadon, c'est là tout mon trésor, vous le connaissez. Je suis fort invitée d'aller à Chanteloup, mais ce serait tomber de Charybde en Scylla. Je ne perdrai pas le seul bonheur que j'ai, qui est d'être chez moi.

Vous me donnez une grande curiosité des *Lettres* de milord Chesterfield; les jugements qu'il porte ne me donnent pas une grande idée de son discernement, cependant il y en a quelques-uns de justes. Si milord Stormont ne veut pas me prêter ce qui est en français, ne pourriez-vous pas me l'envoyer? Cela me ferait plaisir. Louer madame Dupin, cela est étrange! passe encore pour madame de Blot [1]; sa figure, son maintien en imposent; elle a beaucoup d'admirateurs: je ne la connais pas, mais je connais la plupart de ses juges. Je ne sais pas ce que c'est que madame de Caux, je n'en ai jamais entendu parler. Vous êtes très-bien instruit de ce qui regarde M. de Richelieu et madame la duchesse de Bourgogne; ce qu'en dit le milord est une fable.

Vous vous trompez sur la lecture de M. Texier, la seconde lecture de *l'Indigent* m'a fait autant de plaisir que la première; mais je lui ai entendu lire une autre pièce qui ne m'en a fait

---

amie! l'ennui vous doit bien peser, quand il vous fait déraisonner de la sorte! Le voyage de Chanteloup, que je ne conseille pas, vous dissiperait au moins. Mais que peut-on vous dire? Si votre bon esprit et votre usage du monde sont inutiles pour vous faire supporter les chagrins de la vie, est-ce en changeant de place qu'on y remédie? Une longue vie assure la perte des amis. Je sais qu'on ne console pas par des raisonnements; mais aussi, rend-on la vie plus supportable en se plaignant d'événements qui sont communs à tous? Vous cherchez des chimères, et ne faites pas usage de votre raison, qui au moins, quand on n'est plus jeune, peut servir de quelque chose. » (A. N.)

[1] Madame de Blot était sœur du comte d'Ennery, qui mourut à Saint-Domingue, où il commandait en chef. Elle épousa M. Chavigny de Blot, qui occupait une charge chez le duc d'Orléans. (A. N.)

aucun; demain je lui en entendrai lire une troisième; mais dans *l'Indigent*, soyez sûr que lui tout seul est la meilleure troupe que nous ayons.

L'Idole est plus idole que jamais, elle va à Chanteloup les premiers jours du mois prochain, ne connaissant point du tout la grand'maman; mais elle est fort dévouée à la sœur, à qui elle a fait une cour très-assidue. Cette sœur, soupant chez moi, fit de grands éloges de son esprit, et surtout sur ce qu'il était *naturel*. Je ne dis mot, mais quand je fus en particulier, je lui dis qu'elle s'était méprise, et que sûrement elle avait voulu dire *surnaturel*.

Je soupe ce soir avec la maréchale de Mirepoix; elle n'est point encore décidée pour une maison, mais je ne crois pas qu'elle en prenne dans le faubourg.

Ne sachant plus que lire, j'ai repris Corneille; *Cinna* m'a enlevée, et *Polyeucte* m'a fait plaisir; nos auteurs sont des mirmidons en comparaison, et je préfère Corneille, malgré ses défauts, à nos tragiques les plus corrects[1]. Nous comptâmes hier, l'abbé Barthélemy et moi, combien il y avait aujourd'hui d'auteurs de tragédie vivants : vous ne le croirez pas, il y en a soixante-trois, dont plus des trois quarts des pièces ont été jouées, et toutes imprimées.

Quand vous aurez lu l'*Épître* du neveu de M. Schouwaloff[2] à Ninon, vous me manderez si vous voulez que je vous envoie la réponse de Ninon par M. Dorat. Il lut, jeudi dernier, chez moi, sa nouvelle comédie, *le Célibataire*.

Les pièces des soixante-trois auteurs ne sont que des tragédies, dont il y en a tels qui en ont fait plusieurs; les comédies

---

[1] M. Walpole répondit : « J'admire aussi Corneille, mais j'aime mieux *Phèdre*, *Britannicus* et *Athalie*. Je vous ai dit que *Mithridate* et *Iphigénie* ne me plaisaient point, ni *Zaïre*. J'aime *Mahomet*, et *Alzire*, et *Sémiramis*. Pour vos auteurs tragiques actuels, si l'on doit juger sur tous ceux que j'ai lus, je les crois au-dessous de la plus mauvaise pièce de Corneille. Molière me charme; j'aime infiniment aussi *l'Enfant prodigue*, et le *Préjugé à la mode*, et *l'Homme du jour*. Mais je vous avoue que je préfère infiniment à tous, les bonnes parties de Shakespeare. Il possédait également la nature et le merveilleux. Racine savait tout ce que l'art peut faire, Corneille ce que l'éducation et les mœurs d'un siècle outré peuvent faire faire aux hommes. Voltaire a plus de génie que d'art, mais me parait moins original que Corneille, moins élégant que Racine. Shakespeare était également grand tragique et grand comique. Il envisageait tout ce que les grandes passions sont capables de faire, ou de sentir, et toutes les nuances des plus petites dans la vie privée. » (A. N.)

[2] C'est-à-dire le comte André Schouwaloff, neveu de Jean. (L.)

n'y sont point comprises. Jamais, non, jamais il n'y a eu tant d'esprit, et, vous pouvez en conclure, si peu de goût : oh! pour le coup, en voilà assez.

LETTRE 510.

MADAME LA MARQUISE DU DEFFAND A M. HORACE WALPOLE.

Samedi 30 avril 1774.

Votre dernière lettre est très-consolante, je vous en dois bien des remercîments, mais je dois vous demander en même temps bien des pardons de vous avoir forcé à l'écrire.

Nous sommes ici dans de grandes alarmes ; le roi a la petite vérole ; cette nouvelle est peu intéressante pour vous, mais vous devez comprendre qu'elle l'est infiniment pour bien des gens.

Dimanche matin.

J'avais quelque envie d'attendre le départ de Couty [1] pour faire partir cette lettre. J'ai relu la vôtre dans le dessein d'ajouter à la mienne, mais j'abandonne ce projet ; je vous dirai seulement que je n'ai pas celui de changer de place, et que toutes mes pensées sont très-conformes aux vôtres ; que je ne balancerais pas d'aller à Chanteloup, où je suis désirée, si je croyais m'y plaire ; que je sais très-bien qu'à mon âge je devrais être indifférente, insensible, et même dure, et ne pas chercher dans les autres ce qui n'est qu'une vraie chimère, comme vous le dites fort bien. Je suis encore d'accord avec vous, qu'on augmente ses malheurs en s'imaginant de trouver de la consolation à s'en plaindre ; vous me le faites éprouver, ainsi soyez sûr qu'à l'avenir je vous épargnerai cet ennui.

L'état du roi est toujours fort inquiétant, mais les anecdotes de notre cour ne vous amuseraient pas autant que celles de Louis XIV.

Je ne vous réponds point sur les jugements que vous portez de nos auteurs ; je n'en juge que par sentiment, et vous par raisonnement, d'où il ne peut pas résulter une grande conformité.

Ne me faites plus de remercîments, ne me parlez plus de reconnaissance, c'est moi qui vous en dois ; quand vous me

---

[1] Frère de sa femme de chambre. Il était alors à Paris, quoique en service en Angleterre. (A. N.)

donnez une occasion de vous rendre service, c'est une marque de confiance que vous m'accordez, et c'est la seule faveur à laquelle je prétends.

LETTRE 511.

LA MÊME AU MÊME.

Dimanche 8 mai, à deux heures.

Je n'attends point l'arrivée du facteur pour vous écrire : quand je ne devrais point recevoir de vos nouvelles, je ne pense pas devoir ne vous pas mander des nôtres. Celles qui nous occupent aujourd'hui sont, à bien des égards, généralement intéressantes. Vous avez su que la petite vérole du roi se déclara entre onze heures et minuit, le vendredi 30. Les premiers jours, il eut beaucoup d'assoupissement, tous les remèdes ont eu de bons effets, les vésicatoires surtout. Les médecins qui le traitent sont Bordeu, Lorri, le Monnier, Lassonne ; il y en a encore plusieurs autres qui le voient, ainsi que ses chirurgiens, la Martinière et Andouillé. Le mardi au soir 4 de la maladie, il demanda madame du Barry ; il eut avec elle une courte conversation, et le lendemain elle partit à quatre heures pour Ruel, avec la maîtresse de la maison [1], la vicomtesse sa nièce, et mademoiselle du Barry sa belle-sœur. J'allai ce jour-là souper à Versailles ; je rendis une visite à la maréchale (*de Mirepoix*) ; je me trouvai un peu mal après souper, non pour la fatigue du voyage, mais pour avoir bu ou mangé quelque chose qui me fit mal ; ce ne fut rien, je partis à minuit avec l'Idole qui m'avait voiturée ; elle est plus sublime que jamais. Depuis ce jour, la maladie a suivi doucement et lentement son cours. Hier samedi, qui était le 8, il a demandé et reçu les sacrements, à sept heures du matin. Ne sentant pas la force de parler lui-même, il chargea son grand aumônier, qui l'avait administré, de parler pour lui, lequel dit à l'assemblée : « Messieurs, le roi m'ordonne de vous dire (ne pouvant parler lui-même) qu'il se repent de ses péchés, et que, s'il a scandalisé son peuple, il en est bien fâché ; qu'il est dans la ferme résolution de rentrer dans les voies de sa jeunesse, et d'employer tout ce qui lui reste de vie à défendre la religion. »

Voici le dernier bulletin :

[1] La duchesse d'Aiguillon. (A. N.)

Du 8, à huit heures du matin.

« Le redoublement a commencé plus tard hier au soir, et a augmenté par degrés pendant la nuit; sa marche a été modérée, et Sa Majesté a bien dormi jusqu'à cinq heures et demie, auquel temps le pouls s'est fort élevé, la chaleur a augmenté, et il est survenu quelques moments de délire. Ces accidents ont diminué à la suite de quelques efforts pour vomir, et des mouvements d'entrailles; la suppuration ne parait point avoir été ralentie, les vésicatoires vont bien. »

Je ne rendis, le mercredi, à la maréchale, qu'une très-courte visite; je soupai chez M. de Beauvau; je reçois de lui journellement toutes sortes de marques d'amitié et d'attention.

A trois heures et demie.

Je reçois dans ce moment votre lettre du 1er mai; je dirai tantôt à Pont-de-Veyle l'intérêt que vous prenez à lui.

Je vous remercie de nouveau de celui que vous prenez à mon amusement; je n'ai jamais été dans la disposition de me mettre dans un couvent; mais je sens que cette disposition conviendrait fort à mon âge et à mon état, et je suis fâchée que mon goût m'en éloigne.

Je ne comprends pas bien le parti que vous pouvez tirer de ces quatres lunes dont les habitants ont quatre paires d'yeux[1]. Mon imagination n'est pas encore assez exaltée pour s'amuser ni s'occuper des idées extravagantes, subtiles et sublimes; je suis toujours terre à terre, et je n'ai d'esprit que par le sentiment : j'entends par sentiment ce que mes sens me font sentir et connaitre; ma tête, mon âme, mon esprit, ne vont point par-delà.

Je crois ma correspondance avec Voltaire absolument finie; je n'aime point à écrire, et moins j'ai de choses à faire, moins j'ai de pensées, et plus de paresse. On a grand tort de juger des autres par soi-même; il n'y a presque personne qui se res-

---

[1] Ceci a rapport au passage suivant de la lettre de M. Walpole : « L'*Histoire naturelle* de Pline m'amuse beaucoup. Je n'en avais jamais lu que des morceaux, à cause de l'obligation de fouiller un dictionnaire. Il parle de tout, et au moins n'ennuie point. Le traducteur est bien commentateur. Pline m'a suggéré une idée bien folle, dont je veux vous faire part, faute d'autre matière. Vous savez, n'est-ce pas, que Jupiter planète a quatre satellites, ou lunes? Eh bien, je me figure un berger, qui, dans une pastorale, parle de ces quatre lunes-là. Je vais plus loin : je me suis imaginé que dans ce monde-là, tout est dans une proportion quadruple; par conséquent, qu'une belle femme a quatre paires d'yeux, et ainsi du reste. Vous voyez qu'un tel système fournit plus que les pygmées et les géants de Gulliver. » (A. N.)

semble, chacun en naissant a apporté sa façon d'être; les réflexions, l'expérience ne changent point le caractère, elles font qu'on s'afflige de n'en avoir pas reçu un plus heureux; on le combat, on croit même dans quelque occasion l'avoir vaincu, mais on est bientôt détrompé. Je ne croirai jamais, quoi que vous en puissiez dire, que les chimères, les rêveries puissent véritablement amuser. Si c'est votre façon d'être, j'avoue que je n'ai aucun rapport avec vous sur cela; le merveilleux est mon antipode; j'y préférerais le plat. Il y a un livre qui a pour titre le *Maintenoniana* : c'est un recueil de tout ce qu'on a dit de madame de Maintenon; on n'est point fâché de se le rappeler. Cette femme avait beaucoup d'esprit, beaucoup de jugement et de caractère; elle pouvait bien n'être pas aimable, elle avait peu ou point de sensibilité; je m'étonne qu'elle fût sujette à l'ennui.

A huit heures de soir.

Les uns disent que cela va beaucoup mieux, et les autres beaucoup plus mal.

LETTRE 512.

MADAME LA MARQUISE DU DEFFAND A M. HORACE WALPOLE.

Mercredi 11 mai 1774.

Voilà bien des nouvelles. Le roi mourut hier à trois heures après midi. Le roi, son successeur, ses deux frères, et leurs femmes, partirent à six heures pour Choisy; ils occupent le grand château, et les trois Mesdames, qui n'ont point quitté le feu roi, sont établies dans le petit. Tous ceux qui auront à parler au roi s'adresseront à la reine, jusqu'à ce que l'époque soit donnée par le roi qu'on puisse lui parler à lui-même; il est déjà décidé que, pour les ministres, il les verra au bout des neuf jours. M. de Beauvau, qui est de quartier, est à Paris; il a remis son bâton à M. de Tingri, et il le reprendra quand le roi aura signifié le jour qu'il reverra ceux qui entraient dans la chambre de son grand-père. Vous pouvez juger combien de conjectures, de spéculations! Pour moi, je n'en fais point; après avoir pleuré le défunt roi, je ressens tant soit peu de joie de l'espérance (qui ne peut être mal fondée) de revoir incessamment les exilés [1]. J'ai encore un plaisir peut-être plus grand : M. de

[1] Le duc et la duchesse de Choiseul. (A. N.)

Beauvau, l'homme du monde le plus estimable, et le plus digne d'être aimé, immédiatement après la mort du roi, monta chez sa sœur, la maréchale[1], et l'embrassant, lui dit : « Le mur qui nous séparait n'étant plus, nous serons, suivant mes désirs, unis pour jamais. » La pauvre maréchale avait besoin de cette consolation.

J'aurais eu hier au soir à souper les Beauvau, si je n'avais pas été engagée chez les Necker à Saint-Ouen ; je les aurai ce soir. J'ai écrit ce matin à la maréchale pour lui proposer d'y venir ; elle n'a point fait réponse par écrit, et a fait dire verbalement qu'elle y viendrait ; je n'ai pas d'autres sûretés. C'est pour moi une grande joie que cette réconciliation ; hier quand je l'appris, j'en eus une si grande émotion, que les larmes m'en vinrent aux yeux. Cette façon d'être est bien ridicule, c'est un grand travers à quelqu'un de mon âge, mais qu'y puis-je faire ? D'ailleurs tous mes amis me la passent, et ne se scandalisent pas de ma sensibilité.

Je continuerai ma gazette. On dit que le roi sera porté demain à Saint-Denis ; je ne sais pas quelle cérémonie on fera. Je vous manderai tout cela.

On dit que la dame[2] est encore à Ruel, on ne sait où elle ira. Notre bon Schouwaloff l'appelle toujours madame *Barbari*.

Adieu, jusqu'à dimanche.

LETTRE 513.

MADAME LA MARQUISE DU DEFFAND A M. HORACE WALPOLE.

Dimanche 15 mai, à deux heures.

Je n'attends pas le facteur, et je reprends la suite des nouvelles. Mercredi, madame la princesse de Conti alla à Choisy, et demanda au roi le retour de son fils. La réponse du roi, qui était alors avec la reine, fut que, par respect pour la mémoire du feu roi, il ne devait changer précipitamment ce qu'il avait décidé. Sur cela, madame la princesse de Conti répliqua qu'il était d'un bon roi d'examiner les motifs qui avaient décidé son fils au parti auquel il s'était décidé, et sur ce point, le roi répli-

---

[1] La maréchale de Mirepoix, qui s'était trouvée constamment dans la société de madame du Barry, et qui s'était, à ce sujet, brouillée avec son frère et sa belle-sœur, le prince de Beauvau et la princesse. (A. N.)

[2] Madame du Barry. (A. N.)

qua qu'il ne manquerait pas de faire cet examen. Alors, la princesse proposa d'expliquer lesdits motifs ; et comme la reine offrit de se retirer, madame de Conti ajouta qu'elle craindrait d'être importune au roi dans le moment actuel, qu'elle ne voulait point abuser de ses bontés, et s'en alla : et moi j'ajoute qu'elle fit très-bien. Cette conversation éloigne un peu mes espérances ; je crains que le retour de mes amis ne soit pas prochain.

Jeudi, le roi accorda les grandes entrées à ses douze menins, grâce très-singulière ; il n'y avait, sous le feu roi, que celles qu'on avait par ses charges.

L'évêque de Chartres[1] fut nommé grand aumônier de la reine ; c'est le frère du duc de Fleury. L'évêque de Nancy, abbé de Sabran, premier aumônier de la reine ; Lieutaud, premier médecin du roi ; Lassonne en survivance ; M. de Paulmy[2] ; chancelier de la reine. Ordre à tous les du Barry de ne se point présenter à la cour. Lettre de cachet pour enfermer le grand du Barry à Vincennes, et le conduire ensuite à la citadelle de Perpignan ; mais il s'est évadé, et sera peut-être à Londres plus tôt que cette lettre. Je ne me souviens plus si dans ma dernière je vous ai mandé que madame du Barry, le mercredi, avait eu ordre de se rendre au couvent du Pont-aux-Dames, avec défense d'y voir personne ; depuis cela on lui a permis de voir ses belles-sœurs et nièces. Mais voici la plus grande nouvelle de toutes. Jeudi au soir, M. de la Vrillière[3] fut porter à M. de Maurepas[4] cette lettre du roi :

« Dans la juste douleur qui m'accable, et que je partage avec
» tout le royaume, j'ai de grands devoirs à remplir ; je suis roi,
» ce nom renferme bien des obligations ; mais je n'ai que vingt
» ans, et je n'ai pas les connaissances qui me sont nécessaires ;
» je ne puis pas travailler avec les ministres, tous ayant vu le
» roi pendant sa maladie ; la certitude que j'ai de votre probité,
» et de votre profonde connaissance des affaires, m'engage à

---

[1] Neveu du cardinal de Fleury, et oncle du duc de Fleury, qui épousa la fille du comte de Coigny. (A. N.)

[2] Le marquis de Paulmy était fils de M. d'Argenson le ministre, et avait été lui-même, pendant quelque temps, ministre de la guerre durant le dernier règne. (A. N.)

[3] Le duc de la Vrillière, secrétaire d'État pour le département de l'intérieur. (A. N.)

[4] Le comte de Maurepas avait été ministre de la marine durant le dernier règne, et avait été disgracié par les intrigues de madame de Pompadour, alors maîtresse en titre, dont il s'était, en dernier lieu, attiré l'indignation pour

» vous prier de m'aider de vos conseils ; venez donc le plus tôt
» qu'il vous sera possible. »

Le lendemain matin vendredi, M. de Maurepas arriva à Choisy, eut une audience de cinq quarts d'heure, fut très-bien reçu de la reine, et très-fêté de Mesdames ; il revint coucher à Paris ; il est retourné ce matin à Choisy, et madame de Maurepas[1] revint vendredi de Pontchartrain. Si j'apprends quelque chose de plus, je l'ajouterai. Voilà le facteur qui arrive, il m'apporte une lettre ; je l'ouvre avec quelque crainte.

J'ai eu tort d'avoir peur ; votre lettre est très-bien ; vous avez très-bien jugé : le 11 était le jour le plus critique, il a été en effet celui de la mort.

Je doute que le Beaumarchais vous fasse autant de plaisir à voir, qu'il vous en a fait à le lire ; avant ses *Mémoires*, il passait pour un homme de mauvaise compagnie.

Vous trouverez dans la *Rivalité*[2] des endroits fort agréables,

avoir chanté, à un souper, des couplets composés par M. de Pont-de-Veyle, dont il a été parlé souvent dans ces lettres. (A. N.)

Voici ces couplets : (L.)

Une petite bourgeoise,
Elevée à la grivoise,
Mesurant tout à sa toise,
Fait de la cour un taudis.
Le Roi, malgré son scrupule,
Pour elle froidement brûle.
Cette flamme ridicule
Excite dans tout Paris, ris, ris, ris.

Si dans les beautés choisies
Elle était des plus jolies,
On pardonne les folies,
Quand l'objet est un bijou ;
Mais pour si mince figure,
Et si sotte créature,
S'attirer tant de murmure !
Chacun pense le Roi fou, fou, fou, fou.

Cette catin subalterne
Insolemment le gouverne,
Et c'est elle qui décerne
Les honneurs à prix d'argent ;
A ses volontés tout plie ;
Le courtisan s'humilie,
Il subit cette infamie,
Et n'est que plus indigent, gent, gent, gent.

Il est vrai que pour lui plaire
Le beau n'est pas nécessaire ;
Vintimille sut lui faire
Trouver son minois joli ;
Aussi croit-on que d'Estrade,
Si vilaine, si maussade,
Aura bientôt la passade ;
Elle en a l'air tout bouffi, fi, fi, fi.

La contenance éventée,
La peau jaune et truitée,
Et chaque dent tachetée,
Les yeux fades, le cou long,
Sans esprit, sans caractère,
L'âme vile et mercenaire,
Les propos d'une commère,
Tout est bas dans la Poisson, son, son, son.

Les grands seigneurs s'avilissent,
Les financiers s'enrichissent,
Tous les Poisson s'agrandissent ;
C'est le règne des vauriens ;
On épuise la finance,
En bâtimens, en dépense ;
L'État tombe en décadence ;
Le Roi ne met ordre à rien, rien, rien, rien.

[1] Madame de Maurepas était sœur du duc de la Vrillière. (A. N.)
[2] *Histoire de la rivalité de la France et de l'Angleterre*, par M. Gaillard. (A. N.)

fort intéressants, et même assez beaux, mais il y a bien des inutilités ennuyeuses. Les *Voyages* de Montaigne paraissent; le *Discours préliminaire* m'a plu, mais je crois que les *Voyages*, dont je n'ai lu que cinquante pages, n'étaient pas dignes d'être donnés au public [1].

Je crois vous avoir mandé que je devais donner à souper le mercredi à mesdames de Beauvau et de Mirepoix; cela a été fait, et ce souper pourrait faire une scène de comédie de du Fresny, *la Réconciliation normande*, excepté cependant la fausseté : la froideur fut extrême. Le prince va demain au Port-à-l'Anglais dîner chez sa sœur; si je me porte assez bien, je serai de la partie.

Pont-de-Veyle, quoique guéri, ne sort point encore; sa faiblesse est extrême.

J'ai reçu hier des nouvelles de la grand'maman; je ne crois pas que, quand on leur accorderait leur rappel, elle en profitât pour revenir avant cet hiver, ce qui me contrariera beaucoup.

J'oubliais, parmi mes nouvelles, de vous dire que le contrôleur général, ainsi que tous les autres ministres, ira jeudi à Choisy; qu'il portera un mémoire de projet de retranchement pour soixante-sept millions.

On ne doute point que la Bellissima [2] ne se retire incessamment. La comtesse de Gramont, qui était exilée de la cour, a été rappelée; elle exerce actuellement sa charge de dame du palais.

Madame de Luxembourg n'est point encore de retour de Chanteloup, je l'attends avec impatience.

Le roi doit aller à Versailles passer quatre jours, pour recevoir tous les compliments; il habitera dans son logement de dauphin. De là il ira à Compiègne, où il restera trois mois; ensuite il ira à Marly, et puis à Choisy, d'où il partira pour Fontainebleau; on dit qu'il en reviendra vers la fin de novembre.

S'il y a quelque chose de nouveau d'ici à mercredi, je vous le manderai.

---

[1] Peu des lecteurs qui ont quelque connaissance de l'Italie seront du sentiment de madame du Deffand sur ce récit intéressant et détaillé des mœurs et des usages du milieu du seizième siècle, et particulièrement des intrigues et du faste de la cour de Rome, dans ces temps de la grandeur des papes. (A. N.)

[2] Madame de Forcalquier. (A. N.)

LETTRE 514.

MADAME LA MARQUISE DU DEFFAND A M. HORACE WALPOLE.

Paris, 29 mai 1774.

Il serait fort heureux que les lettres fussent ouvertes à la poste comme vous paraissez le croire; votre dernière me procurerait des biens infinis. Mais je ne pense pas que Louis XVI puisse jamais savoir que j'existe, et je n'ai pas l'ambition qu'il l'apprenne. On ne parle point du retour de mes amis, voilà tout ce qui m'intéresse. Je ne cherche point de protecteurs à la cour; il n'y a nulle apparence que M. de Toulouse y ait une place. Madame de Forcalquier n'a point quitté. Le mari de madame du Barry est le frère de celui qu'on appelle le grand du Barry; et il s'appelle Guillaume. Le vicomte est le fils du grand du Barry. Voilà tout ce que vous me paraissez curieux de savoir. Je souhaite que vous ayez beaucoup de plaisir à votre campagne.

Quand vous prendrez la peine de m'écrire, ne vous gênez point à faire une lettre ostensible; elles sont inutiles pour ma fortune et mon bonheur, et elles me font médiocrement de plaisir.

On ne sait point encore le temps du sacre du roi. La reine n'est point encore couronnée; aucune dame n'est admise à cette cérémonie. J'ai un livre qui contient soixante-quatorze estampes de toutes les cérémonies du sacre de Louis XV, avec le nom, et la description des habits de tous ceux qui y représentaient, et qui y avaient des fonctions. Ce livre est extrêmement grand; je doute que milady Marie Coke[1] veuille s'en charger. Si vous avez quelque autre occasion : mandez-le-moi, je vous l'enverrai en avancement d'hoirie.

Le roi ni les princes ne se feront point inoculer; il est des préventions impossibles à détruire.

J'espère que vous n'aurez point la goutte.

Je vous félicite du calme dont vous jouissez. C'est un bel exemple pour qui a vingt ans plus que vous.

---

[1] La plus jeune fille du premier duc John d'Argyle, et veuve du lord Coke, fils aîné du feu comte Leicester. (A. N.)

LETTRE 515.

LA MÊME AU MÊME.

Paris, dimanche 5 juin 1774.

Vous me divertissez par le soin continuel que vous prenez de m'assurer que vous êtes incorrigible; croiriez-vous encore que j'aie le dessein de vous corriger? Oh! non, c'est un projet tout à fait abandonné; vous êtes fort bien comme vous êtes : et j'en suis fort contente.

J'ai déjà trouvé quelque agrément dans la réconciliation des deux belles-sœurs [1], et ce qui me fait le plus de plaisir, c'est la satisfaction qu'en reçoit le prince. Ce prince est véritablement mon ami; ses attentions sont suivies; ce qui me surprend, c'est qu'elles ont l'apparence du goût et de l'amitié; je suis et je serai toute ma vie plus sensible qu'il ne faudrait l'être; c'est peut-être un effet d'amour-propre; mais il faut vous dire des nouvelles.

M. d'Aiguillon donna sa démission jeudi au soir; il n'est point encore remplacé; on a donné, en attendant, à M. Bertin le portefeuille des affaires étrangères. La Bellissima a donné sa démission le même jour que M. d'Aiguillon; elle est remplacée par la duchesse de Quintin. Les trois princesses sont guéries; le roi ne les verra qu'à Compiègne. Il reçoit aujourd'hui, à la Meute, la députation du Parlement, de la Chambre des comptes, de la Cour des monnaies, de l'Académie. Il va demain à Versailles pour faire lever le scellé du feu roi; la reine lui donnera à dîner au petit Trianon qui lui appartient. Les jours suivants, il recevra tout le monde; les femmes seront en grand habit; et le 13, il partira de la Meute pour se rendre à Compiègne, où il restera jusqu'à la fin du mois d'août; j'espère que, pendant ce séjour, il sera question du rappel de mes amis.

LETTRE 516.

M. DE VOLTAIRE A MADAME LA MARQUISE DU DEFFAND.

6 juin 1774.

Je vous dois un quartier, madame, il faut que je me hâte de vous le payer, parce que bientôt je ne vous en payerai plus

---

[1] La princesse de Beauvau et la maréchale de Mirepoix. (A. N.)

jamais. Le petit ouvrage de M. de Chambon m'a paru mériter que je vous l'envoie, non pas à cause de son éloquence, car je le crois un peu trop simple, mais à cause des vérités qui m'y semblent prodiguées assez sagement. Souvenez-vous de moi, madame, en cas qu'on m'honore jamais d'une messe des morts, et soyez bien sûre que les sept ou huit jours que j'ai encore à vivre seront employés à vous aimer, à vous regretter et à souhaiter qu'il y ait au moins dans Paris cinq ou six dames qui vous ressemblent.

LETTRE 517.

MADAME LA MARQUISE DU DEFFAND A M. HORACE WALPOLE.

Lundi 6 juin, à six heures du matin.

Quelque peu curieux que vous soyez de nos nouvelles, j'imagine que vous aimez mieux qu'on vous mande celles du jour que celles qui auraient une semaine d'ancienneté. Je vous dirai donc que le roi nomma hier au soir le chevalier de Muy, secrétaire d'état de la guerre, et M. de Vergennes, ministre des affaires étrangères; vous savez qu'il est notre ambassadeur à Stockholm, et en attendant son retour, M. Bertin a le portefeuille. Voici les réponses du roi et de la reine au parlement :

LE ROI.

Je reçois avec plaisir les respects de mon parlement; qu'il continue de remplir ses fonctions avec zèle et intégrité, il peut compter sur ma protection et ma bienveillance.

LA REINE.

Vous travaillez pour l'autorité du roi et pour la fortune et l'intérêt de ses sujets; vous devez compter sur mes sentiments toujours.

Je crois vous avoir mandé que M. de Beauvau a obtenu pour le prince de Poix, son gendre, la survivance de sa charge de capitaine des gardes; il n'a que vingt et un ans. Votre comparaison des Anglais aux chats est très-juste, excepté que les chats ne se glorifient pas d'être chats; je n'ai pas besoin de M. de Buffon pour connaître leur caractère et savoir qu'ils ont des griffes[1]; je sais la différence qu'il y a d'eux aux petits

---

[1] M. Walpole avait dit : « Je ne sais si on peut faire d'un Français tout ce qu'on veut, mais je sais très-bien qu'on peut arriver à changer le naturel d'un

chiens. Je compte pour toujours m'en tenir à ceux-ci; j'en ai un charmant, et ce n'est point une parabole.

Dimanche 19 juin.

M. de Choiseul vint à Paris dimanche passé, et fut fort bien reçu à la cour, où il fut le lundi à dix heures du matin. Il dîna chez madame du Châtelet, soupa chez madame de Brionne, et repartit le mardi pour Chanteloup. Il n'a pas eu le temps de me voir; son projet est de ne revenir ici qu'au mois de décembre.

Le roi et ses frères sont établis à Marly depuis vendredi. Ils furent tous inoculés hier à neuf heures du matin.

LETTRE 518.

MADAME LA MARQUISE DU DEFFAND A M. DE VOLTAIRE.

Paris, 16 juin 1774[1].

M. de l'Isle m'avait prévenue, monsieur, que sur l'état de votre dépense, vous m'aviez mise à la pension, et que je recevrais bientôt mon premier quartier; je l'ai reçu en effet, mais souffrez qu'en vous remerciant, je vous demande pourquoi cette réduction? Vous n'êtes point ruiné, vous êtes prodigue pour M. de l'Isle; pourquoi n'êtes-vous économe que pour moi? Ne me parlez plus de votre âge; vous aurez beau vous donner quatre-vingts ans, on ne vous croira pas, on s'en rapportera bien plus à votre esprit qu'à votre baptistaire. Ce que vous m'avez envoyé est fort beau. Vous voulez donc jouir de toutes sortes de gloires, même de celle de surpasser M. de Condorcet? Que dites-vous de l'*Ode* de M. Dorat? En retranchant les trois quarts et demi, elle pourrait être bonne. J'aime mieux les vers de la Harpe. Je suis tentée de vous envoyer des vers adressés à un anonyme, vous m'en diriez votre avis.

M. le duc de Choiseul reçut, vendredi 10 de ce mois, la permission de venir faire sa cour; il arriva dimanche 12, à huit heures du soir; il fut le lendemain, lundi, à neuf heures du

---

chat aussi facilement que celui d'un Anglais. Soyez donc sûre que d'un chat vous ne ferez jamais un chien. Demandez à Buffon : il vous dira que si vous contrariez un chat, il s'enfuira, que d'autres vous égratigneront, et c'est la plus mauvaise espèce, quoique peut-être pas la plus incorrigible. » (A. N.)

[1] Ceci est une réponse à une courte lettre de Voltaire, du 6 juin, qui n'a pas été publiée, et qu'on donne ici pour servir à l'intelligence de la lettre de madame du Deffand. (L.)

matin, à la Muette; il y fut très-bien reçu; il revint dîner et souper à Paris, et partit le mardi, à huit heures du matin, pour retourner à Chanteloup, où il était attendu pour souper. Cela n'est-il pas assez leste? Il compte ne revenir ici que dans le mois de décembre; il aura, dit-il, ses semailles à faire, et beaucoup d'autres soins champêtres où sa présence est nécessaire.

Vous savez que le roi et les princes ses frères seront inoculés après-demain, par Richard, à qui on a donné le surnom: *Sans peur*.

Le roi s'établit demain à Marly; il a ordonné à son capitaine des gardes et à son premier gentilhomme de la chambre de ne laisser approcher de Marly aucune personne qui n'aurait point eu la petite vérole.

Portez-vous bien, mon cher Voltaire, ne pensez point à votre âge, persuadez-vous n'avoir que celui qu'a votre esprit: vingt-cinq ou trente ans.

LETTRE 519.

MADAME LA MARQUISE DU DEFFAND A M. HORACE WALPOLE.

Dimanche 26 juin 1774.

Je vais répondre à toutes vos questions; il y en a une dans vos lettres précédentes à laquelle je n'ai pas répondu. Madame de Quintin est la fille du duc de Lorge et femme du fils de la marquise de Durfort, l'amie de la grand'maman. Elle s'appelait la comtesse de Lorge, et on la titra l'année passée, quand elle partit avec madame de Forcalquier pour aller recevoir madame la comtesse d'Artois.

Les inoculés vont fort bien: l'éruption commença hier.

Je vous ai rendu compte du voyage de M. de Choiseul ici, je n'ai pas eu lieu d'en être contente; je le suis infiniment de la grand'maman, ainsi que du grand abbé.

M. d'Aiguillon est encore ici; il partira pour Veret quand l'effet de l'inoculation sera passé; il garde sa charge de capitaine des chevau-légers. Tous les ministres sont établis à Versailles, d'où ils viennent travailler avec le roi; il n'y a que M. de Maurepas qui soit logé à Marly, et cela ne *signifie* rien; il n'y a rien de *signifiant* jusqu'à ce moment-ci, chacun a sa brigue et sa cabale; il n'y a que l'*Almanach de Liége* qui puisse nous dire ce qui arrivera. Avez-vous su la prédiction qu'il y avait dans cet almanach pour le mois d'avril?

M. le prince de Conti n'a point vu le roi : sa réconciliation tient à des affaires générales auxquelles on travaille, et qui ne sont pas faciles à arranger; il se porte bien. L'Idole et sa belle-fille sont établies dans une maison qu'elles ont à Auteuil; madame de Lauzun va s'y faire inoculer, quoiqu'elle l'ait déjà été, mais ç'a été par Gatti, et c'est compté pour rien.

Je vous ai adressé une lettre pour M. de Richmond[1]; celle que j'ai reçue de lui est parfaitement bien, et en vérité dans le goût de celles de Pline, qui est ma lecture du moment : ne m'en avez-vous pas dit, il y a quelque temps, beaucoup de bien[2]? Il y a beaucoup à en dire, j'en suis charmée, c'est dommage qu'il y en ait si peu. Nous avons une feuille périodique, qui a pour titre : *Gazette de littérature;* il y a toujours une petite pièce de vers; toutes les lettres que je vous écris y ressemblent. La petite pièce que vous aurez aujourd'hui est sur un de nos ministres qui tient bon.

> Ministre sans talent ainsi que sans vertu,
> Couvert d'ignominie autant qu'on le peut être,
> Retire-toi donc! Qu'attends-tu?
> Qu'on te jette par la fenêtre[3]?

LETTRE 520.

LA MÊME AU MÊME.

Paris, samedi 9 juillet 1774.

« *Il est bien vrai que je suis difficile; je sais bien mieux ce que je n'aime point que ce qui me plaît.* »

Voilà un trait de votre lettre qui explique tout ce qui se passe entre nous. Vous ne saisissez jamais avec moi que ce que vous appelez des fautes et des torts, et ne daignez pas remarquer l'attention que j'ai à éviter ce que je sais qui peut vous déplaire. Il est vrai que j'ai envoyé Couty savoir comment vous vous portiez; j'avais été quinze jours sans savoir de vos nouvelles; de

---

[1] Le feu duc de Richmond. (A. N.)

[2] M. Walpole dit dans sa réponse : « C'était l'histoire de Pline l'oncle que que je vous ai dit qui m'amusait, mais médiocrement. Pardonnez si je n'aime pas les lettres du neveu; elles me paraissent plates, apprêtées, et ne contiennent ni anecdotes, ni nouvelles, ce qui m'amuse uniquement : n'excusez pas les vôtres, surtout quand elles sont longues. » (A. N.)

[3] Le duc de la Vrillière. Il donna sa démission en 1775, et M. de Malesherbes lui succéda. (A. N.)

plus, il devait venir à Paris, j'étais bien aise qu'il pût vous voir avant. C'est une faute, je l'avoue; ce n'est pas être entièrement corrigée, mais vous conviendrez que je suis en bon train.

Je viens de recevoir une lettre de Baréges, de madame de Gramont, pleine de politesse et d'amitié; elle excuse son frère, sollicite mon pardon de ce qu'il ne m'a point vue dans les vingt-quatre heures qu'il a été à Paris; enfin elle n'oublie rien de ce qui peut satisfaire ma vanité; mais tout cela m'importe fort peu : excepté les premiers mouvements d'amour-propre, on apprécie bientôt toutes ces sortes de choses à leur juste valeur.

Le petit comte de Broglie arriva jeudi dernier [1], il soupa chez moi le soir avec sa femme, sa belle-sœur, mesdames de Mirepoix et de Beauvau, les archevêques de Toulouse et d'Aix. Son retour me fait plaisir; ce n'est pas que je l'aime, mais il est gai, il a de la grâce et m'amuse.

Je ne crois point vous avoir envoyé les vers de la Harpe. Ceux que je vous ai envoyés sont d'un M. Pezay [2], et c'est ce qu'il a fait de plus joli. Ce trait,

> Notre jeune Titus aime qu'on parle en prose
> Il prise plus, dit-on, un épi qu'une rose :
> Tant pis pour nos bosquets, tant mieux pour nos moissons....

ce trait, dis-je, a paru joli à tout le monde; j'ai dû être très-contente des quatre derniers vers; mais apparemment ce qui est agréable dans une nation ne l'est pas dans une autre.

Vous aurez appris la mort de madame de Valentinois [3]; vous ne vous souciez guère de savoir son testament; cependant, comme elle avait plus de quarante mille écus de rente à disposer, il a excité la curiosité de tout le monde. Elle fait la duchesse de Fitz-James sa légataire universelle, et substitue le tout au marquis de Fitz-James et à ses enfants. La marquise de Fitz-James est fille de M. de Thiars, qui était son ancien et meilleur ami; elle laisse à celui-ci un diamant de cent mille francs; sa jolie maison de Passy à M. de Stainville; vingt mille francs à madame de Caumont; autant à madame de Cambis, qui ne l'avait pas vue depuis six ans, mais qui, avant ce temps-

---

[1] De son exil à sa terre de Ruffec, dont il a été déjà parlé dans ces lettres. (A. N.)

[2] Dans une lettre qu'on ne publie pas. (A. N.)

[3] La comtesse de Valentinois, née Saint-Simon, mariée au frère cadet du prince de Monaco. (A. N.)

là, avait été son amie. Le testament est de l'année 1768. Elle laisse dix mille livres de rente viagère à Boudot, procureur; six mille à son notaire. Les legs et les dettes montent à trois cent et tant de mille francs en argent comptant, et vingt-sept ou vingt-huit mille francs de rente viagère.

Dimanche.

J'irai demain à Roissy pour la seconde fois depuis que les Caraman y sont; c'est notre bon ami M. Schouwaloff qui m'y mènera. Je le trouve un peu ennuyeux; il n'a nulle inflexion dans la parole, nul mouvement dans l'âme; ce qu'il dit est une lecture sans ponctuation.

Il faut vous compter une petite histoire qui ne vous déplaira pas. Un jeune homme ayant acheté une charge de conseiller au parlement, y prit sa place un jour qu'on y devait juger une cause. L'usage, à ce qu'on dit, est que le dernier reçu opine le premier. Quand on en vint à prendre les voix, le jeune homme ne disait mot. Le premier président lui dit : Eh bien! monsieur, qu'opinez-vous? *Moi, monsieur, je ne qu'opine point, c'est à ces messieurs à qu'opiner; quand ils auront qu'opiné, je qu'opinerai après eux.*

Vous ne voulez donc pas me répondre sur les estampes du sacre de Louis XV? Le proverbe est : Qui ne dit mot consent; ainsi, si je trouve une occasion de vous les faire tenir, vous les recevrez.

J'ai donné dans un grand panneau, en pensant que c'étaient les lettres de Pline le jeune qui vous plaisaient; j'en étais étonnée : elles ne sont pas absolument de mon goût, mais je croyais avoir tort; j'y ai trouvé plusieurs belles pensées que j'ai même crayonnées; enfin je soumettais mon goût au vôtre, et dans cette idée, je leur ai donné des louanges. Je vois que vous n'en donnez point à l'édit [1] que je vous ai envoyé; pourquoi ne me pas dire naturellement que le style ne vous en plaît pas? Pourquoi me ménager sur ces sortes de choses? Vous me rompez en visière sur tant d'autres! Croyez-moi, ne vous contraignez sur rien, votre vérité est ce qui me plaît le plus en vous, et qui vous distingue le plus de tous les autres hommes.

Il ne paraît plus rien de nouveau que des épigrammes assez drôles, mais qui ne peuvent s'envoyer.

L'ami Pont-de-Veyle se rétablit tout doucement; je n'ai point

---

[1] *Édit du Roi, portant remise du droit de joyeux avénement,* etc. C'est le premier édit de Louis XVI, daté de la Meute, mai 1774. (A. N.)

de meilleur ami ni de plus contrariant; le pauvre homme ne peut consentir à vieillir, il a tous les goûts de la jeunesse. Les spectacles, les grands soupers sont nécessaires à son bonheur, mais ses jambes, sa poitrine et son estomac n'y sont pas d'accord.

La cour partira entre le 29 et le 1er du mois d'août pour Compiègne, où elle séjournera jusqu'au 1er septembre.

M. de Vergennes arrivera le 20 ou le 22 de ce mois. D'ici à dimanche il y aura peut-être plusieurs nouvelles, mais je ne saurais croire qu'elles vous amusent; cependant j'en remplirai mes lettres tant que je pourrai. Je voudrais trouver ces mots dans une des vôtres : *Je suis content de vous.*

LETTRE 521.

MADAME LA MARQUISE DU DEFFAND A M. DE VOLTAIRE.

Paris, 13 juillet 1774.

J'ai tardé à vous répondre, mon cher Voltaire, parce que j'ai envoyé votre lettre à Chanteloup, et que je voulais pouvoir vous mander ce qu'on m'aurait répondu. Voici les propres mots de la grand'maman :

« Je ne sais pas pourquoi M. de Voltaire s'imagine toujours
» être mal avec M. de Choiseul; je ne puis vous dire sur cela
» que ce que je vous ai toujours dit : que M. de Choiseul ne
» cesse de lire ses ouvrages et de les admirer avec tout le plaisir
» que cause une admiration véritable. Vous pouvez assurer
» monsieur de Voltaire que M. de Choiseul a ressenti dans le
» temps, et conservé depuis, la même horreur que lui des
» cruautés exercées sur MM. de la Barre et de Lally. »

Je suis ravie que vous ne m'ayez pas réduite à la pension. Comment pourrais-je me contenter de quatre lettres par an? Je voudrais en recevoir trois cent soixante-cinq. Réellement, mon plus grand malheur (et ce malheur est si grand qu'il me rend malade), c'est de ne savoir absolument ce que je peux lire; tout m'ennuie à la mort, l'histoire, la morale, les romans, les pièces de théâtre. Vous me direz : Lisez-moi. C'est assurément ce que je fais, mais à force de vous lire, je vous sais presque par cœur. Je trouve tout faible ou extravagant; ni gaîté, ni justesse, ni chaleur; des exagérations, des phrases. Peut-être est-ce un effet de la vieillesse; je le croirais, si je ne retrouvais pas encore infiniment de plaisir à lire vos lettres et les petites pièces que vous nous donnez quelquefois. Réellement, mon cher Voltaire, ayez pitié de moi, et transmettez-moi quelques étincelles de tout le feu que vous conservez encore.

Je suis ravie que vous ayez trouvé jolis les petits vers que je vous ai envoyés; ils sont de M. le marquis de Pezay. Il s'était offert de me faire avoir les vers de la Harpe sur l'édit du 31 mai; je le voyais pour la première fois : le lendemain il m'envoya les vers; il y en a un qui nuit à leur perfection, c'est celui-ci :

« Quoique les moissonneurs fassent cas des chansons. »

Si l'on pouvait y en mettre un autre, cela me ferait plaisir. Nous sommes abîmés d'odes, d'éloges, de critiques, d'épigrammes; de ces dernières, il y en a quelques-unes d'assez jolies.

Vous voudriez que je vous mandasse des nouvelles, mais je n'en sais point; les grands événements se savent partout au même instant qu'ils arrivent, et les petits détails sont presque toujours faux; de plus, je n'ai pas le talent des gazettes. Vous avez un correspondant admirable dans M. de l'Isle; persuadez-vous qu'il est mon chancelier, et que c'est à moi à qui vous devez adresser les réponses que vous lui faites.

On reçut avant-hier à l'Académie un autre M. de Lille, le petit abbé. Je le connais un peu, il est fort aimable, mais malgré cela je suis bien persuadée que son discours est fort ennuyeux. Il a lu son *Épitre* sur le luxe, je la connais. On dit que ses vers sont fort au-dessus de sa prose; cela ne fera peut-être pas dire : *Tant mieux pour nos bosquets*, mais on dira : *Tant pis pour nos moissons*.

Je soupçonne, mon cher Voltaire, que cette lettre n'a pas le sens commun, mais elle m'a fait passer un quart d'heure à causer avec vous; je voudrais que ce fût en réalité.

LETTRE 522.

MADAME LA MARQUISE DU DEFFAND A M. HORACE WALPOLE.

Paris, dimanche 17 juillet 1774.

Je suis bien dans la disposition de vous donner encore aujourd'hui un bon exemple. J'ai mal aux entrailles, des inquiétudes dans les jambes, et un petit chien qui me fait enrager; joignez à cela pas un nom propre à vous nommer, à moins que ce ne soit en forme de litanie.

S'il est vrai que mon exemple vous communique mes dispositions, voilà un rapport que j'ai avec vous, malgré votre prétention qu'il n'y en a point entre nous. J'aime les noms propres aussi, je ne puis lire que des faits écrits par ceux à qui ils sont arrivés, ou qui en ont été témoins; je veux encore qu'ils soient racontés sans phrases, sans recherches, sans réflexions; que l'auteur ne soit point occupé de bien dire; enfin, je veux le ton de la conversation, de la vivacité, de la chaleur, et, par-dessus tout, de la facilité, de la simplicité. Où cela se trouve-t-il? Dans quelques livres qu'on sait par cœur, et qu'on n'imite pas assurément dans le temps présent.

Oui, je suis bien aise du retour du petit comte; mais il a tant d'affaires, que je ne jouis point de lui. Il ira le mois prochain à Compiègne, et le mois d'après il retournera à son vilain château, dont il ne reviendra qu'après Noël; alors la grand'-maman sera ici. Cette idée me cause une petite émotion; je crois que j'aurai du plaisir à la revoir. Je boude toujours son mari, contre lequel je ne suis nullement fâchée; je ne l'aime pas assez pour cela, mais pour soutenir une certaine dignité, et malheureusement c'est à quoi je ne m'entends guère.

Je fais des connaissances nouvelles autant que je peux; ce n'est pas en cela que je vous imite; mais figurez-vous que toute lecture m'ennuie, que je ne puis faire d'autre ouvrage que d'effiler, que dans la solitude je ne puis faire que des réflexions; à quoi me serviraient-elles en me séquestrant de la société, mon principal objet étant de m'en assurer une agréable? Les Necker, madame de Marchais, M. d'Esterhazy, sont des gens très-aimables, qui ont l'air de faire cas de moi. Je ne néglige pas pour cela mes anciennes connaissances, mais mille circonstances produisent des séparations qu'il me convient de remplacer.

Bénissez le ciel, applaudissez-vous de vous suffire à vous-même; votre *vous-même* vous satisfait, et le mien m'ennuie.

LETTRE 523.

MADAME LA MARQUISE DU DEFFAND A M. HORACE WALPOLE.

Paris, 25 juillet 1774.

Je suis content. Voilà trois paroles aussi belles que rares; et moi, je suis bien aise, et c'est ce qui ne m'arrive pas souvent. Je ne crois point nos lettres aussi ostensibles que vous vous l'imaginez: ce que vous m'écrivez dans cette idée est, je crois, en pure perte.

Il est certain que nos prémices sont d'heureux présages, mais il faut attendre. On vient de renvoyer M. de Boynes, secrétaire d'état de la marine; sa place est donnée à M. Turgot, que je voyais tous les jours il y a quatorze ou quinze ans, mais avec qui la Lespinasse m'a brouillée, ainsi qu'avec tous les autres encyclopédistes; il est l'ami intime de M. de Maurepas, à qui il n'est pas douteux qu'il ne doive cette place; c'est un honnête homme.

La grande nouvelle du jour est la défense que le roi a faite à M. le duc d'Orléans et à M. le duc de Chartres de venir à la cour, pour le refus qu'ils ont fait d'assister mercredi prochain à Saint-Denis pour le catafalque de Louis XV, où ils n'auraient pu se trouver sans rendre le salut au nouveau parlement, qu'ils ne veulent pas reconnaître. N'inférez pas de cette nouvelle qu'on est décidé à le soutenir. Si je trouve quelque occasion pour vous écrire, j'en profiterai; cela n'est pas conséquent à ce que je viens de vous dire, mais il faut des réserves à de certains égards, et ne pas s'assujettir à des louanges.

Je m'informerai des livres que vous désirez; il est vrai que je vous trouve des goûts un peu baroques, mais je vous porte bien envie. Quel bonheur de trouver son amusement dans de pareilles recherches [1]!

---

[1] Les livres que M. Walpole désirait avoir étaient : *Discours des plus mémorables faits des rois et grands seigneurs d'Angleterre*; de plus, un *Traité de la Guide* (sic), et *Description des principales villes et châteaux d'Angleterre*, par Jean Bernard, imprimé à Paris, l'an 1579; *État de la Maison des ducs de Bourgogne*, imprimé dans les *Mémoires pour servir à l'Histoire de France et de Bourgogne*, t. II. Voy. le premier tome de la nouvelle édition, de la Croix du Maine, p. 506. Walpole s'exprimait ainsi à l'égard de ces ouvrages : « Le premier, probablement, ne se trouvera pas; il excite ma curiosité, par égard à nos anciens châteaux; le second pourrait me fournir des lumières par rapport à Richard III, dont la sœur était duchesse de Bourgogne, et joua un grand

LETTRE 524.

M. DE VOLTAIRE A MADAME LA MARQUISE DU DEFFAND.

28 juillet 1774.

Je n'ai point de thèmes aujourd'hui, madame; j'ai envie de vous écrire, et je n'ai rien à vous dire. Quand je vous aurai souhaité un bon estomac, de la dissipation et de l'amusement, il en résultera seulement que je vous ai ennuyée.

Le conte que vous m'avez fait de ce nouveau conseiller qui n'osait *copiner* avant que ses anciens *copinassent* est un vieux conte que j'ai entendu faire avant que madame de Choiseul fût née.

J'ai un neveu qui est gros comme un muid, et qui est doyen des conseillers-clercs du nouveau parlement; il faut me pardonner de prendre un peu le parti de sa compagnie. L'ancienne n'était guère plus savante, et était certainement plus tracassière. Si vous vous faites lire l'histoire, vous aurez remarqué que, depuis François Ier, le parlement de Paris a cru toujours ressembler au parlement d'Angleterre.

C'est précisément comme si un de nos consuls se croyait consul romain. Le monde a toujours été gouverné par des équivoques. Toutes nos querelles de religion ont eu des équivoques pour principe; c'est ce qui m'a fait souhaiter que la satire de Boileau sur les *Équivoques* fût un peu meilleure.

Il me paraît que vous autres Parisiens vous allez voir une grande et paisible révolution dans votre gouvernement et dans votre musique. Louis XVI et Gluck vont faire de nouveaux Français.

M. de l'Isle va à son régiment, et je n'aurai plus de nouvelles. Il avait une pitié charmante pour ma curiosité. Il me donnait des thèmes toutes les semaines; il égayait le sérieux de ma vie, car je suis très-sérieux; je fais mes moissons, je plante, je bâtis, j'établis une colonie qu'on va peut-être détruire : voilà des occupations graves.

Portez-vous bien, madame; ayez du plaisir si vous pouvez,

rôle dans ces affaires-là. Ne vous donnez point de peine sur ces bagatelles, qui ne touchent que mon amusement, dont il est très-permis de vous moquer. Vous savez que mes études sont très-baroques; je ne les défends pas. Ne suffit-il pas d'être sans grands chagrins, quand on peut s'occuper de telles fariboles? »
(A. N.)

cela est bien plus important et beaucoup plus difficile. Je vous suis attaché depuis bien longtemps, mais à quoi cela sert-il? Je vous suis inutile, je suis vieux, je vais mourir. Adieu, madame, je vous aime comme si j'avais encore vingt ans à vivre gaiement avec vous.

Le vieux malade de Ferney.

LETTRE 525.

MADAME LA MARQUISE DU DEFFAND A M. DE VOLTAIRE.

Paris, 3 août 1774.

Ne louez point nos révolutions, mon cher Voltaire; celles qui sont arrivées, loin d'être admirables, sont déplorables. La musique de M. Gluck confirme ce jugement; elle n'est ni française ni italienne. Je doute que les savants la puissent louer de bonne foi; et pour les ignorants tels que moi, elle n'est qu'un charivari, tantôt bruyant, tantôt plat, et toujours ennuyeux. Iphigénie et Eurydice, comparées à Armide, à Castor, à Issé, au ballet des Sens, etc., etc., font verser des larmes de sang pour la perte du goût; ce que nous admirons aujourd'hui n'aurait pas eu de succès dans le temps des Cotin et des Colletet; et M. de Voltaire applaudit à un tel changement! Qu'est-ce qui vous engage à cela? Vous ne sauriez être de bonne foi; vous, qui devriez être le défenseur du goût, vous soutenez, vous autorisez ceux qui le détruisent; vous faites perdre la seule ressource qui nous reste; vous nous serviriez d'armes, mais vous les faites tomber des mains quand vous donnez des louanges à tout ce qui se fait, dont votre exemple est la critique. Je suis désolée d'être si vieille; non pas assurément que je regrette de ne pouvoir pas être longtemps témoin de tout ce que je blâme, mais parce que je n'ai plus la vivacité et la force qu'il me faudrait pour vous peindre avec énergie toute mon indignation. Tout est Pradon aujourd'hui dans tous les genres; ce sont là vos protégés. Voilà une révolution arrivée en vous bien étrange. Je ne blâme point vos sentiments sur d'autres articles, je ne suis pas si éloignée de penser comme vous.

Ces commencements-ci sont de bon augure: je crois le choix de M. Turgot très-bon, et quoique je ne le voie plus, j'ai conservé beaucoup d'estime pour lui; s'il ne se rend pas esclave de systèmes, et qu'il ait égard aux circonstances, je ne doute pas qu'il ne soit un très-bon ministre.

Vous avez raison de regretter M. de l'Isle; je pourrais peut-être le remplacer dans la conversation, mais pour les lettres, cela est impossible. Il faut que vous vous accommodiez de moi telle que je suis, et que mon amitié supplée au génie que je n'ai point; cependant je ne m'en crois pas totalement dépourvue, tant que je sentirai la distance qu'il y a de vous à tout autre. On vous aura sans doute envoyé l'*Oraison funèbre* de l'abbé de Boismont [1]; il doit être content de son succès.

Avez-vous lu les *Éloges de la Fontaine* par la Harpe et par Champfort? Je voudrais qu'il vous prît fantaisie d'en faire un, non pas pour le prix, mais pour mon plaisir.

Ne dites point, je vous prie, à madame Denis ce que je vous écris sur Gluck, je ne veux point être mal avec elle.

LETTRE 526.

MADAME LA MARQUISE DU DEFFAND A M. HORACE WALPOLE.

Dimanche 14 août, à six heures du matin.

Vous êtes un homme extraordinaire, un grand médecin des âmes à qui on ne peut pas dire : Médecin, guéris-toi toi-même. Vous vous êtes guéri parfaitement, en vous détachant de tout; mais ne vous flattez pas de faire beaucoup de cures [2]; il y a bien des malades qui trouveraient le remède pire que le mal, et qui préféreraient de conserver le bras ou la jambe où ils auraient quelquefois un rhumatisme, à se les faire couper. Vous voilà cependant en course, et dans le dessein de passer quelques jours plus agréablement que vous ne faites dans les compagnies de votre voisinage; c'est cette seconde partie de votre exemple que je prétends imiter.

En conséquence, je partirai demain pour Roissy, où je compte rester jusqu'à vendredi après souper. Je quitte Pont-de-Veyle avec regret; mais c'est, comme vous le voyez, pour

---

[1] De Louis XV.

[2] M. Walpole avait dit : « S'il était possible de donner sa façon de penser, je vous conseillerais de prendre la mienne. Il est difficile de mener une vie plus monotone et insipide; cependant elle me plaît fort. Je fais un plaisir de négatifs. Par exemple, je suis charmé d'être en toute oisiveté ici, pendant que tout le monde trotte par la campagne, briguant les voix pour le nouveau parlement de l'année qui vient. Je suis encore très-heureux d'être déchargé des affaires de mon neveu. Non, je ne trouve pas qu'on peut être malheureux quand on n'a rien à faire. » (A. N.)

peu de temps. Je n'aurai point à craindre les fenêtres ouvertes ; je n'ai qu'à me louer des attentions qu'on veut bien avoir pour mon âge et pour mes infirmités ; et si j'étais douée d'un caractère pareil au vôtre, je serais bien éloignée d'avoir rien à désirer ; mais, comme vous me l'avez souvent répété, nous ne nous ressemblons point.

Vous serez de retour quand vous recevrez cette lettre ; vous aurez trouvé en arrivant un des livres que vous désirez, une oraison funèbre[1], et une *Lettre d'un Théologien*[2], dont vous me direz, je vous prie, votre avis.

Vous me mandez que depuis longtemps vous n'avez passé qu'une nuit à Londres, et que vous vous y êtes désespéré ; vous devez donc comprendre que l'on peut quelquefois se déplaire où l'on est ; mais mal d'autrui n'est que songe. Jusqu'à présent j'ai supporté la solitude de Paris, depuis le voyage de Compiègne ; elle augmentera cette semaine, parce que les gens que je vois le plus souvent vont passer cette semaine à Villers-Cotterets. Madame de Mirepoix et madame de Boisgelin vont demain, ainsi que moi, à Roissy ; je garderai mon carrosse ; et au premier moment que je me trouverai incommodée, je reviendrai chez moi. Si je m'y plais, j'y resterai, comme je vous l'ai dit, jusqu'à vendredi. La Sanadona est toujours à Praslin ; je ne m'aperçois pas beaucoup de son absence ; elle peut la faire durer jusqu'à la fin du mois, sans que cela me fâche. Je continue la lecture de *l'Esprit de la Ligue ;* c'est le meilleur livre que nous ayons eu depuis longtemps. Je lirai après la *Vie de Marie de Médicis ;* c'est l'ouvrage d'une femme, on en dit du bien.

Nous sommes accablés de discours académiques, d'oraisons funèbres, de vers, tout cela plus mauvais l'un que l'autre.

L'évêque d'Arras est à Paris ; je lui ai dit que vous vous souveniez de lui ; il en est tout bouffi de gloire ; c'est un homme très-sage, un très-bon esprit. Nous aurons l'année prochaine l'assemblée du clergé ; l'évêque de Mirepoix en sera, ce qui me fait plaisir.

On se prépare à quelques événements pendant le Compiègne ;

---

[1] De Louis XV, prononcée par l'abbé de Boismont à l'Académie française. Il était homme d'esprit et de talent, mais préférant le plaisir et le repos à la gloire, il travaillait peu. On raconte qu'il jouait très-bien la comédie, et qu'il excellait dans les rôles de *Crispin*. (A. N.)

[2] *Lettre d'un Théologien à l'auteur des Trois siècles de la littérature*, par

quelque changement dans le ministère; il n'y a pas d'apparence que je puisse y prendre quelque intérêt; mes parents et mes amis n'y auront, je crois, nulle part. On donna hier une tragédie nouvelle [1]; il y eut quelques vers fort applaudis, applicables au retour des anciens magistrats, et à M. de Maurepas [2]; sa conduite est très-sage, son étoile en fait pâlir une autre [3], et sa gloire est plus solide, quoiqu'elle soit moins brillante.

LETTRE 527.

LA MÊME AU MÊME.

Mercredi 24 août 1774.

Vous êtes revenu le 18 de chez le Selwyn, et moi le 19, après-souper, de chez les Caraman; vous avez été content, et moi aussi. Roissy est le séjour de la paix, de l'ordre et du bonheur [4]. Un père et une mère, huit enfants qui vivent ensemble avec une union, une amitié parfaite; c'est l'âge d'or. J'aurais eu beaucoup de regret de les quitter, sans la manie que j'ai de désirer toujours de m'éveiller chez moi; je ne me déplais point dans la journée de n'y être pas, mais la nuit et la matinée je regrette ma cellule. Nous avions pour toute compagnie madame de Mirepoix, madame de Boisgelin, le bon Schouwaloff, et un M. de la Salle. Je ne me suis pas promenée un moment; les fenêtres n'ont point été ouvertes; on n'a joué qu'une partie de whist pendant les cinq jours que j'y ai été. L'Idole y a couché une nuit. Il se pourrait que j'y retournasse au mois de septembre; mais je désirerais bien d'en être empêchée.

Je soupai hier chez la maréchale de Luxembourg, en petite compagnie, c'est-à-dire avec douze personnes, deux desquelles

---

Condorcet. (Berlin, 1774.) Cette critique de l'ouvrage de Sabatier de Castres fut, pendant quelque temps, attribuée à Voltaire. (A. N.)

[1] *Adélaïde de Hongrie*, par M. Dorat. (A. N.)

[2] Dans le nombre étaient ceux-ci :

« J'enchaîne la Discorde aux pieds de la Justice,
« Et rends aux tribunaux leur auguste exercice. »   (A. N.)

[3] Celle du duc de Choiseul. (A. N.)

[4] Roissy était une maison de plaisance à cinq lieues de Paris, appartenant au comte de Caraman, qui jouissait d'une grande fortune, étant un des principaux propriétaires du canal du Languedoc, dont son grand-père, M. Riquet, avait conçu et exécuté le plan. Le comte de Caraman épousa la sœur aînée du prince de Chimay. (A. N.)

étaient M. le duc d'Orléans et madame de Montesson; il fut fort question des bottines [1]; le prince et sa dame me traitèrent au mieux. Je donne ce soir à souper aux Fitz-Roy [2], et je souperai avec eux vendredi chez madame de Marchais, dont les empressements et les soins ne font qu'augmenter chaque jour.

Le pauvre Pont-de-Veyle dépérit à vue d'œil; il est actuellement comme était le président les derniers mois de sa vie, mais il ne peut consentir à se conduire selon son état; c'est une belle leçon pour moi. Je vois qu'il est à charge à tout le monde, et il ne s'en aperçoit pas; il compte aller à l'Isle-Adam le mois prochain. La Sanadona vient d'arriver il y a un moment; son séjour à Praslin a été de plus de trois semaines; je ne me suis pas aperçue de son absence, et je suis bien aise de son retour. N'est-ce pas comme cela qu'il faut être ?

A neuf heures du soir.

Le baron de Breteuil va ambassadeur à Vienne; M. d'Usson [3] à Stockholm; celui qui succède à Naples n'est point encore nommé, on croit que ce sera le duc de la Vauguyon.

M. l'abbé Terray est exilé, M. Turgot a les finances, mais cette seconde nouvelle mérite confirmation.

P. S. Ne débitez point ces nouvelles; en finissant de les écrire j'apprends qu'elles ne sont pas certaines.

Choses nouvelles et très-certaines.

M. Terray est exilé à la Motte; M. Turgot a les finances; M. de Sartine la marine; la police n'est point donnée; M. le chancelier est exilé pour trois jours à Bruyères, au bout desquels trois jours il a l'ordre d'aller dans une de ses terres beaucoup plus éloignée. M. de Miroménil, ci-devant premier président de Rouen et garde des sceaux, est vice-chancelier.

---

[1] Bottines dont M. Walpole se servait alors pour la goutte, et qu'il avait envoyées à Paris sur la demande du duc d'Orléans. (A. N.)

[2] Le premier lord Southampton et sa femme, qui se trouvaient alors pour la seconde fois à Paris. (A. N.)

[3] Frère du marquis de Bonnac, qui avait été ambassadeur à la Haye. (A. N.)

LETTRE 528.

MADAME LA MARQUISE DU DEFFAND A M. DE VOLTAIRE.

Paris, 29 août 1774.

Que dites-vous, mon cher Voltaire? Trouvez-vous qu'il y ait assez de remue-ménage? La roue de la fortune tourne-t-elle assez rapidement? Il faut espérer que ces changements répondront à l'attente et à la joie du public. Vous connaissez M. Turgot; je le voyais beaucoup autrefois; c'est un sage qui certainement voudra le bien, non pas à la manière de son prédécesseur, le bien d'autrui. Il a demandé qu'on séparât la surintendance des bâtiments, du contrôle général, et qu'on la donnât à M. d'Angivillers, qui a déjà le jardin du roi. On dit beaucoup de bien de M. de Miroménil; toute la besogne n'est pas finie : celle des parlements n'est pas la plus petite ni la moins embarrassante; enfin c'est un règne nouveau. M. de Maurepas termine bien sa carrière. Il a positivement l'âge qu'avait le cardinal de Fleury quand il vint à la tête des affaires.

Mes amis voient tous ces changements avec beaucoup de tranquillité; ils ne quitteront leur campagne que dans le mois de décembre; j'attends leur retour avec impatience, et c'est le seul avantage que je compte tirer de tout ceci, c'est le seul intérêt que j'y prends. Je regarde les ambitieux comme des fous, et les places qu'ils occupent comme des rôles qu'ils jouent bien ou mal. Je vois tout ce qui se passe du même œil que le verra la postérité; j'y vois Voltaire, le seul bel-esprit de ce siècle, qui aurait dû y servir de modèle, dicter les règles du bon goût, et qui par facilité a protégé ceux qui le détruisent. J'y vois un tas de philosophes qui, parce qu'ils ne croient pas des fables, se persuadent être fort éclairés, et devoir être législateurs, mais dont la vanité, l'orgueil et la suffisance décréditent leur morale. Je pense quelquefois à la croyance qu'on doit donner à l'histoire, et à l'idée qu'elle peut donner des hommes dont elle parle; ils pourraient bien peut-être avoir été semblables à ceux d'aujourd'hui. Enfin, pendant notre vie, nous sommes acteurs ou spectateurs; la toile baissera bientôt pour nous; vous pouvez y avoir du regret. Pour moi, mon cher Voltaire, je n'y en aurai point; j'ai trop vu le derrière des coulisses. Une seule chose pourrait attacher à la vie : ce serait de véritables amis, et c'est ce qui n'existe point. A propos d'amis,

M. de l'Isle est toujours absent : il faut que j'y supplée en vous apprenant les nouvelles; je suis moins informée de ce qui se passe, qu'il ne le serait s'il était ici; peu de mémoire, et encore moins d'intérêt, font que j'écoute mal, et que je ne retiens rien; mais voici ce que je sais.

M. Turgot balaye toutes les ordures : il a chassé MM. de Saint-Priest, le Clerc, Dupuis, Destouches; un nommé M. de Vaines [1] remplace le Clerc.

Marin n'a plus la *Gazette*, elle est donnée à l'abbé Aubert, faiseur de fables. Je me borne à vous dire ce qui est fait, et je me tais sur ce qu'on dit qu'on fera; les conjectures m'ennuient, je ne me prête guère à les écouter. Je suis présentement très-tristement occupée; mon plus ancien ami le pauvre Pont-de-Veyle se meurt. C'était un sage à sa façon; il était heureux. Sa maladie m'a donné occasion de renouer avec d'Argental [2]; vous serez souvent le sujet de nos conversations.

Que dites-vous de la *Lettre du Théologien?* Plusieurs vous l'attribuent. Je ne suis pas de ce nombre.

LETTRE 529.

MADAME LA MARQUISE DU DEFFAND A M. HORACE WALPOLE.

Paris, dimanche 4 septembre 1774.

Je ne m'attendais pas à la lettre que je reçois dans ce moment; elle me tire de l'incertitude où j'étais, si je vous écrirais aujourd'hui, ou mercredi. Il me semblait que je devais vous faire part de mon chagrin, et puis je me demandais pourquoi cette nécessité. Comme je suis content de votre lettre, elle me décide.

J'ai appris ce matin à mon réveil la mort de mon pauvre ami [3] : je l'avais quitté hier à huit heures du soir; je l'avais trouvé très-mal, mais je croyais qu'il durerait encore quelques jours; il y en avait quatre ou cinq qu'il ne pouvait pour ainsi dire plus parler, il avait cependant toute sa tête. Je fais une

---

[1] M. de Vaines avait été employé par M. Turgot pendant qu'il était intendant de Limoges, et devint son premier secrétaire, lorsqu'il fut nommé contrôleur général des finances. C'était un homme d'esprit et de mérite. (A. N.)

[2] M. d'Argental était le frère aîné de M. de Pont-de-Veyle, et lui a survécu jusqu'en 1788. (A. N.)

[3] M. de Pont-de-Veyle. (L.)

très-grande perte; une connaissance de cinquante-cinq ans, qui était devenue une liaison intime, est irréparable. Qu'est-ce que sont celles que l'on forme à mon âge? Mais il est inutile de se plaindre, il faut savoir supporter toutes les situations où l'on se trouve, et se dire que l'on pourrait être encore plus malheureux. J'en ai la preuve par l'espérance que vous me donnez de vous voir l'année prochaine. Vous avez raison de croire que je ne voudrais pas que vous vous exposassiez au plus petit inconvénient pour moi; je ne me suis jamais flattée de vous voir cette année, c'est beaucoup de n'en pas perdre l'espérance pour toujours.

Je vous ai mandé dans ma dernière lettre que j'étais étonnée du silence du petit Craufurd; j'en reçois une lettre très-obligeante, j'y répondrai incessamment; dites-lui, si vous le voyez, que pour aujourd'hui cela ne m'est pas possible; je ne puis parler à d'autres qu'à vous, et je ne puis parler longtemps.

Dimanche 11, à neuf heures du matin.

J'ai pris le parti de prévenir l'arrivée du facteur pour vous écrire, pour plusieurs raisons: d'abord parce que mon instinct m'y a portée, et puis parce que peut-être m'endormirai-je et me réveillerai-je fort tard. Je vais au Port-à-l'Anglais à cinq heures; madame de Mirepoix s'y est établie avec madame de Boufflers, pour la consoler de la perte qu'elle a faite du marquis de Boufflers [1] son fils, qui est mort à Chanteloup, d'une fièvre maligne, le 5 de ce mois. Devant donc partir à cinq heures, et le facteur arrivant quelquefois fort tard, je n'aurais pas eu le temps de vous rien dire.

La mort de M. de Boufflers a causé la plus grande affliction à M. et madame de Choiseul; M. de Choiseul a la fièvre tierce; la maladie de M. de Boufflers avait commencé par là, accompagnée à la vérité d'accidents que n'a point M. de Choiseul; j'en reçois tous les jours des bulletins. On les presse de changer d'air, ce que j'espère qu'ils feront dès qu'ils seront en état de voyager: ils iront vraisemblablement à la maison de campagne de l'évêque d'Orléans, qui est à vingt-six lieues de Chanteloup. Je crains que la grand'maman ne succombe à son inquiétude et à sa douleur, malheur que je ne saurais envisager sans frémir. Ses vertus m'assurent de son amitié; c'en est une que la

---

[1] Frère aîné du chevalier de Boufflers. Il n'était connu que par une minutieuse attention aux petits détails de la discipline militaire. (A. N.)

reconnaissance, et elle sait qu'elle m'en doit. Je m'aperçois bien de la perte de Pont-de-Veyle, et je ne le remplacerai pas. J'envie bien votre bonheur; vous n'êtes jamais mieux que lorsque vous êtes seul avec vous-même. Si vous pouviez me communiquer cette faculté, je n'aurais jamais eu tant d'obligations à personne.

Il n'y a rien de nouveau ici, si ce n'est la joie immodérée que le public a fait paraître du renvoi du chancelier et de l'abbé Terray : on a fait leurs effigies, on les a brûlés, roués, pendus; la police a été forcée d'arrêter les tumultes.

A trois heures.

J'ai reçu aussi une lettre de Voltaire, qui n'est point du tout agréable; mais ce qui l'est encore bien moins, c'est que depuis le moment où j'ai fini ce matin de vous écrire, jusqu'à celui-ci, je n'ai pas eu une demi-minute de sommeil; malgré cela il faut que j'aille au Port-à-l'Anglais. J'ai bien pensé à vous dans mon insomnie, et je me suis dit : M. Walpole en a souvent de pareilles, et de plus il a de grandes douleurs; cela ne m'a pas consolée, tout au contraire.

Cette lettre serait trop triste si je la finissais là : voici de petits vers.

En donnant un éventail à la reine[1].

Au milieu des chaleurs extrêmes,
Heureux d'amuser vos loisirs,
Je saurai près de vous amener les Zéphirs;
Les Amours y viendront d'eux-mêmes.

Autre, sur madame du Barry.

De deux Vénus on parle dans le monde :
De toutes deux gouverner fut le lot;
L'une naquit de l'écume de l'onde,
L'autre naquit de l'écume du pot.

LETTRE 530.

MADAME LA MARQUISE DU DEFFAND A M. HORACE WALPOLE.

Mardi 20 septembre 1774.

Il y a longtemps que je n'espère plus vous revoir. Ayant laissé passer le printemps et l'été, je n'ai pas dû penser que

[1] Ces quatre vers furent attribués à M. le comte de Provence, aujourd'hui Louis XVIII. (A. N.)

vous choisiriez l'automne pour ici. C'est le temps où avec juste raison vous redoutez la goutte; je crains bien son retour, je l'avoue. Vous avez eu bien tort d'appréhender l'importunité de mes empressements, vous n'en avez plus à craindre, et vous m'avez amenée à être aussi raisonnable que vous pouviez le désirer. J'avoue que je suis surprise, quand je trouve dans vos lettres quelque marque de mécontentement; vous n'en pouvez plus avoir d'autres que de la gêne que vous trouvez à écrire trop souvent. C'est un effet de votre complaisance dont je sens tout le prix, et dont je ne veux point abuser; personne, comme vous me le dites, n'aurait une telle condescendance.

Mercredi 24.

On ne parle ici que du nouveau contrôleur général [1]; c'est un nouveau Sully, mais un Sully bien autrement éclairé, qui réparera tous les inconvénients, tous les abus que l'administration de Colbert avait produits. On ne verra plus que d'honnêtes gens employés; tous les coquins sont déjà renvoyés, nous allons être gouvernés par des philosophes. J'ai bien du regret de n'avoir pas su ménager leur protection; pour l'obtenir aujourd'hui, il me faudrait avoir recours à mademoiselle de Lespinasse : me le conseillez-vous? Toutes les circonstances présentes contribuent bien à me faire sentir la perte que j'ai faite de mon ancien ami. Je n'avais que lui qui s'intéressât véritablement à moi, qui pût me conseiller, qui prît part à mes peines; il n'était ni tendre, ni affectueux; mais il était loyal et solide. J'étais ce qu'il aimait le mieux; je n'ai ni l'espérance, ni la pensée de le jamais remplacer; il était sans ambition, sans intrigue, et tous ceux qui m'environnent aujourd'hui y sont livrés entièrement. Que n'ai-je le bonheur de pouvoir me passer de tous! Mais cela n'est pas en mon pouvoir; je suis comme était feu madame la duchesse du Maine : je ne puis me passer, disait-elle, des choses dont je ne me soucie pas. Voilà comme sont les caractères faibles, et voilà celui que la nature m'a donné; et voilà comme je retombe à vous parler de moi.

A deux heures après minuit.

J'oubliais de vous dire que Mariette est mort; je me suis déjà informée (mais sans succès) où l'on pourrait trouver ses héritiers; si je l'apprends, désirez-vous que je fasse demander

---

[1] M. Turgot. (A. N.)

s'ils consentiraient à vendre ce portrait en émail, par Petitot, de madame d'Olonne? En ce cas, il faut me dire quel prix vous y voulez mettre.

J'ai eu ce soir jusqu'à onze heures les milords Stormont et Mansfield; ce dernier me plaît, et l'autre ne me déplaît pas.

Qu'est-ce que cela vous ferait d'apprendre que M. le comte de Muy [1] épouse dans huit jours madame de Blancart, chanoinesse, son ancienne amie, qui a quarante-deux ans, et lui en a soixante-quatre? Milord Stormont a écrit à M. Conway [2] pour l'engager à ne venir ici qu'après Fontainebleau; ce serait vers le 15 de novembre. Je souperai encore demain chez moi avec les deux maréchales; je n'avais aujourd'hui que celle de Luxembourg; elle a extrêmement plu à milord Mansfield : il reviendra demain, mais sans son neveu.

LETTRE 531.

MADAME LA MARQUISE DU DEFFAND A M. HORACE WALPOLE.

Mercredi 12 octobre 1774.

Vos trois dames [3] arrivèrent hier au soir; elles envoyèrent sur-le-champ chez moi. J'étais dans mon lit pour une petite fièvre qui m'a prise du dimanche au lundi, et qui subsiste encore. Si la casse fait l'effet que j'en espère, je compte donner à souper demain à vos dames, et pour compagnie elles auront la maréchale de Mirepoix, madame de Cambis et MM. de Beaune et de Bouzols.

Je serai ravie de faire connaissance avec M. Conway; votre amitié pour lui m'en a fait prendre la meilleure opinion.

J'ai vu milord Shelburn; il soupa chez moi lundi, je ne le vis qu'après souper, j'étais dans mon lit, et l'on n'entra chez moi qu'au sortir de table; il m'a extrêmement fêtée, cajolée; il viendra l'année prochaine ici uniquement pour moi; la confiance que j'ai en cette promesse est à peu près semblable à la pensée de revoir jamais cette fille. Je ne saurais comprendre

---

[1] Alors ministre de la guerre. (A. N.)

[2] Le général Conway était alors dans une tournée de curiosité militaire en Allemagne et en Prusse. (A. N.)

[3] Feu la comtesse douairière d'Ailesbury, madame Damer, sa fille, et lady Harriet Stanhope, troisième fille du feu comte d'Harrington, qui vinrent à Paris au-devant du général Conway, à son retour d'Allemagne. (A. N.)

comment vous n'avez pas vu que c'était une plaisanterie[1]; je ne voudrais pas lui devoir de me sauver de l'échafaud. Je suis pressée de vous ôter de la tête une idée aussi avilissante; je suis contente, comme je vous l'ai dit, de tous mes amis; elle est la seule personne que je pourrais regarder comme mon ennemie; si je ne dédaignais d'y penser : c'est de quoi je ne me cache point.

Je vois avec plaisir que vous n'avez aucun prélude de votre goutte, mais je crains bien qu'elle ne vous manque point.

Je vous manderai dimanche de mes nouvelles.

LETTRE 532.

LA MÊME AU MÊME.

Dimanche 16 octobre 1774, à six heures du matin.

Je vous dirai d'abord que je suis entièrement guérie; que non-seulement je n'ai plus de fièvre, mais que je ne me suis jamais mieux portée, que les vapeurs sont à mille lieues, que je suis gaie, contente, heureuse; ne me demandez point pourquoi, je n'en veux point savoir la raison, et je veux (si je la pénétrais) encore moins vous la dire.

Je reçus hier votre lettre du 10 et du 11; je pense tout comme vous; il serait heureux que vous eussiez un léger accès de goutte qui pût vous mettre en sûreté de n'en pas entendre parler avant deux ans; si ce souhait n'est pas accompli, vous ne vous en croirez point à l'abri. Tous vos projets s'en iront en fumée, et c'est bien à quoi je me prépare.

Venons à vos dames : il n'en est point de plus aimables; elles soupèrent hier chez moi pour la deuxième fois; elles y souperont aujourd'hui pour la troisième; les deux maréchales sont charmées d'elles, et si elles peuvent être dégagées des voyages qu'elles devaient faire, elles se proposent de s'occuper beaucoup d'elles, de leur donner à souper, et de leur procurer tous les amusements et agréments qui dépendront d'elles. J'ai fait lire par Wiart votre lettre à milady Ailesbury; il a glissé sur de certains articles; elle vous écrira aujourd'hui. J'attends M. Conway avec impatience; je compte qu'il passera la soirée

---

[1] La demande qu'elle avait faite, dans sa précédente lettre, à M. Walpole, si elle devait avoir recours à mademoiselle de Lespinasse pour se réconcilier avec les encyclopédistes. (A. N.)

chez moi le jour de son arrivée ; ne le pressez point de retourner à Londres. Les dames seront ravies de rester un peu de temps ici ; je ne saurais vous dire combien madame Ailesbury me plaît ; ne le lui laissez point ignorer.

Ce qui peut déranger les voyages des maréchales, qui devaient aller à Saint-Assise, campagne de madame de Montesson, c'est l'état de madame la princesse de Conti ; elle eut hier une seconde attaque d'apoplexie ; elle est mère et belle-mère de M. le prince de Conti et de M. le duc d'Orléans ; ils ne pourront pas s'éloigner d'elle.

A onze heures du matin.

Je pourrais vous raconter mille bagatelles, mais ce ne sera pas pour aujourd'hui ; ma nuit n'a pas été assez bonne, et n'a point assez réparé mes forces.

Madame de la Vallière a été fort incommodée ; sa santé m'inquiète ; pour sa fille [1], elle se porte comme le pont Neuf ; elle s'est faite encyclopédiste ; elle est la plus intime de la Muse de l'*Encyclopédie* [2]; je crois que sa mère l'ignore. Rappelez-vous l'histoire de Joconde, et vous devinerez celui qui a formé cette liaison.

M. le prince de Conti est arrivé cette nuit à quatre heures du matin ; il a été chez sa mère jusqu'à neuf ; on dit qu'elle est mieux. M. le duc d'Orléans n'est point encore de retour, mais il ne tardera pas. Je prévois avec plaisir que mes deux maréchales resteront ici, celle de Mirepoix toujours, et l'autre jusqu'à la fin de la semaine prochaine, qu'elle doit aller à Chanteloup, où elle passera trois semaines ou un mois. Je suis on ne peut pas plus contente de ces deux dames, et en général de tous les gens de ma connaissance, qui dans cette occasion-ci m'ont marqué beaucoup d'attention.

Voulez-vous que je vous envoie le *Maintenoniana*? Ce sont de petites anecdotes, des fragments de lettres, rien de nouveau, mais un rabâchage qui ne me déplaît pas. Est-ce que vous n'avez point de nouveaux romans? pourquoi n'en faites-vous pas? Vous vous entendez très-bien à peindre des caractères, c'est ce qui me plaît le plus. Pour des aventures, je ne m'en soucie pas.

---

[1] La duchesse de Châtillon. (L.)
[2] Mademoiselle de Lespinasse. (A. N.)

LETTRE 533.

MADAME LA MARQUISE DU DEFFAND A M. HORACE WALPOLE.

Vendredi 28 octobre 1774.

Le général[1] m'avertit qu'il a une occasion; j'en profite, et ce sera pour vous parler de lui. Oh! que votre amitié est bien placée, et que je comprends qu'il doit l'emporter sur tous! Vous m'aviez prévenue de beaucoup d'estime pour lui; mais vous ne m'en aviez pas fait un fidèle portrait. Selon l'idée que vous m'en aviez donnée, je le croyais grave, sévère, froid, imposant; c'est l'homme le plus aimable, le plus facile, le plus doux, le plus obligeant et le plus simple que je connaisse. Il n'a pas ces premiers mouvements de sensibilité qu'on trouve en vous, mais aussi n'a-t-il pas votre humeur. Ne croyez cependant pas que je vous le préfère, quoiqu'il vaille mieux que vous à beaucoup d'égards. Je lui crois autant de vérité qu'à vous; mais plus de justice, moins de préventions, et plus d'indulgence. Il ne se méprendrait pas à ce qu'on pense pour lui, et s'il croyait qu'on eût des sentiments trop vifs, il ne s'en courroucerait pas, et n'y répondrait pas par de la haine et du mépris; cela soit dit en passant. Il vous aime autant que vous l'aimez, et ses attentions pour moi vous en doivent être une preuve. Je juge par sa conduite qu'il croit que vous m'aimez, et qu'il vous oblige dans les soins qu'il me rend. Je n'ai point encore eu de conversation particulière avec lui; c'est moi qui l'ai différée. Il doit aller dimanche à Fontainebleau, je l'ai remis à son retour; ce qu'il y aura vu, ce qu'il aura remarqué, lui donnera plus de questions à me faire, fournira plus de matière à notre conversation. Je ne compte pas l'entretenir de nos différends; je n'ai pas assez peu d'amour-propre pour cela. Je ne trouve plus de plaisir à aucun épanchement; je sais trop à quoi je dois m'en tenir, et je ne cherche plus à me faire illusion; je sais que je dois toujours compter sur vous, et que vous me saurez gré toute votre vie de mon attachement; que vous avez un sentiment très-vif de reconnaissance, et que vous saisirez toutes les occasions de me le prouver. Voilà ce que je juge de vos sentiments, et dont je me contente; s'ils ne me satisfont pas entièrement, ils font cependant que vous êtes le seul ami que j'ai, le

---

[1] Le général Conway. (A. N.)

seul que j'aime, le seul que j'estime, le seul sur qui je compte. Voilà ma déclaration.

Je ne me flatte point de vous revoir l'année prochaine, et le renvoi que vous voulez que je vous fasse de vos lettres est ce qui m'en fait douter. Ne serait-il pas plus naturel, si vous deviez venir, que je vous les rendisse à vous-même? car vous ne pensez pas que je puisse vivre encore un an. L'idée de ravoir vos lettres d'abord est singulière; il n'était pas besoin de Pont-de-Veyle pour que vous fussiez sûr qu'elles vous fussent remises fidèlement; il y a longtemps que Wiart a ses instructions. Mais vous me faites croire, par votre méfiance, que vous avez en vue d'effacer toute trace de votre intelligence avec moi, et c'est ce qui m'a fait vous demander, dans ma dernière lettre, si vous consentiez toujours à être nommé dans mon testament : expliquez-vous sur ce point très-nettement, pour que j'ordonne à Wiart de brûler tout ce qui sera de moi, et pour laisser à quelque autre de mes amis les manuscrits de recueils de différentes bagatelles : que la crainte de me fâcher ne vous arrête point. Je ne veux plus vous parler de moi; vous voilà au fait de ce que je pense. Parlons de vos dames.

Milady Ailesbury est certainement la meilleure des femmes, la plus douce, et la plus tendre; je suis trompée si elle n'aime passionnément son mari, et si elle n'est pas parfaitement heureuse. Son humeur me paraît très-égale, sa politesse noble et aisée, elle a le meilleur ton du monde; exempte de toutes prétentions, elle plaira à tous les gens de goût, et ne déplaira jamais à personne; c'est, de toutes les Anglaises que j'ai vues, celle que je trouve la plus aimable sans nulle exception; il n'y a jamais eu de couple mieux assorti qu'elle et son mari. Les jeunes personnes me paraissent tout au mieux.

Voilà tous les jugements que je porte, vous me direz si j'ai raison.

Nous attendons de grands événements : le retour de l'ancien parlement, un lit de justice, du changement dans le ministère. Vous n'avez que faire des conjectures, il vous suffira d'apprendre les grands événements; il n'en peut arriver aucun qui m'intéresse personnellement, ma fortune est fixée; je n'ai, selon toute apparence, rien à espérer, ni à craindre.

LETTRE 534.

LA MÊME AU MÊME.

Paris, dimanche 6 novembre 1774.

Il se peut qu'il y ait eu dans mes dernières lettres quelques articles qui vous aient déplu, mais il y en avait mille autres qui devaient vous être agréables, et c'est une remarque que j'ai faite il y a longtemps, que ce ne sont jamais celles-là auxquelles vous répondez. Eh bien, je vous promets que quand j'aurai des vapeurs au point d'en mourir, je mourrai sans vous en rien dire.

Ha! ha! je trouble votre gaieté, et vous craignez mes lettres comme un vrai poison! permettez-moi de n'en rien croire, et ne m'ôtez point le peu de plaisir qui me reste, celui de notre correspondance. Il est singulier que vous ne me disiez mot de M. Conway, ni de milady; il m'aurait été agréable d'apprendre que je ne leur déplaisais pas. Je pourrais conclure de votre silence que vous n'avez rien de bon à m'en apprendre, mais je juge que vous avez mieux aimé me gronder. Vous êtes véritablement original.

Nous touchons au moment des grandes nouvelles; tout s'est conduit avec un secret admirable, ce qui donne bonne opinion du succès : c'est mercredi 9 que les membres de l'ancien parlement ont ordre d'être rendus chez eux à Paris. On parle d'un lit de justice, mais on ne dit rien de ce qu'on y déclarera; en attendant, on a exilé le procureur général[1] du nouveau parlement à Maubeuge, et son secrétaire est à la Bastille.

Vos miladys[2] ont été passer deux jours à Fontainebleau, elles vous en rendront compte, je les crois contentes, elles ont parfaitement réussi.

Au nom de Dieu, ne me grondez plus. Puisque vous êtes gai naturellement, ne changez pas de caractère en m'écrivant, et tolérez en moi qui suis née mélancolique, les choses tristes que vous trouvez dans mes lettres; j'observerai d'en mettre le moins qu'il me sera possible. Vous êtes d'une sévérité à faire trembler. Rassurez-vous sur mes indiscrétions, et comptez que mes actions seront toujours conformes à vos désirs.

---

[1] M. de Vergès. (A. N.)
[2] Lady Ailesbury et sa compagnie. (A. N.)

LETTRE 535.

MADAME LA MARQUISE DU DEFFAND A M. DE VOLTAIRE.

Paris, 24 novembre 1774.

Il y a mille ans que je vous ai écrit, mon cher Voltaire; je trouve mes lettres si plates et si ennuyeuses, que je sacrifie à la honte qu'elles me causent le plaisir que me font les vôtres; mais je cesse aujourd'hui d'avoir autant de retenue. Je désire passionnément que vous m'accordiez une grâce. Tout Chanteloup soupera chez moi la veille de Noël, non-seulement les maîtres de la maison, mais plusieurs de leurs amis intimes. Ce même souper se devait faire il y a quatre ans; la lettre de cachet qu'ils reçurent ce jour-là y mit obstacle. Je voudrais leur faire une réception agréable, et qui produisît de l'amusement et de la gaieté; je me suis déjà assurée de Balbâtre, qui jouera sur son forté-piano une longue suite de noëls. Je voudrais quelques jolis couplets sur ces mêmes airs, pour le grand-papa, la grand'maman et madame de Gramont. Si les couplets vous répugnent, suppléez-y par une petite pièce de vers qui passera pour anonyme; vous serez bientôt reconnu au style; mais ne vous en tenez pas là, glissez-y quelque trait qui indique qu'elle est de vous; profitez de cette occasion pour leur dire un mot de vos sentiments pour eux, dont j'ai rempli tant de mes lettres.

Si cette idée vous rit, si vous m'accordez ma demande, hâtez-vous de la satisfaire, ou bien apprenez-moi votre refus; évitez-moi le tourment de l'incertitude. Mais non, vous ne me refuserez pas. Gardez-vous de me renvoyer à vos protégés, ils me détestent; et puis il ne me faut point de philosophie, il me faut du goût, de la grâce, de la gaieté. Je redoute leurs phrases, leurs exagérations, leurs froideurs, leurs tournures, leurs recherches, etc., etc.; enfin, il me faut du Voltaire, ou rien du tout.

Il n'est pas besoin de vous parler de ma reconnaissance, elle sera extrême.

D'Argental vous a-t-il dit que c'est moi qui ai valu à votre protégé[1] la protection de madame d'Enville? Elle arriva chez

---

[1] M. d'Étallonde de Morival, jeune officier. A l'âge de dix-sept ans, il avait été le compagnon et le complice du chevalier de la Barre, âgé de dix-neuf ans, en insultant un crucifix à Amiens, où ils étaient en garnison. Un jugement du présidial d'Amiens, qui fut confirmé par un arrêt du parlement de

moi comme il me parlait de lui; je trouvai que c'était le dieu dans la machine. Il y a eu tant d'affaires importantes tous ces temps-ci, qu'il n'est pas étonnant qu'elle n'ait pas encore pu agir; mais elle agira, j'en suis sûre.

LETTRE 536.

M. DE VOLTAIRE A MADAME LA MARQUISE DU DEFFAND.

24 novembre 1774.

J'ai encore cette fois-ci, madame, un bon thème pour vous écrire. Ce thème n'est ni le parlement, ni le grand conseil, ni la conduite noble et sage du ministère dans cette affaire épineuse; ce thème n'est point *Orphée* ou *Azolan*, et les doubles croches de la musique nouvelle. Ce n'est point *Henri IV* qui va paraître, dit-on, à la Comédie française et à l'italienne, comme sur le pont Neuf, au milieu de son peuple. Je souhaite qu'il y paraisse avec beaucoup d'esprit, car il en avait; il faisait des reparties que la postérité n'oubliera jamais; et sans doute on ne fera point dire à Henri IV des choses communes. Mon thème n'est pas le sacre du roi à Reims, car il est né tout sacré, et il n'a pas besoin d'être oint pour être cher à toute la nation. Mon thème n'est point non plus mon départ pour Paris, pour venir vous voir et vous entendre, attendu que je ne puis sortir de mon lit avec mes quatre-vingt et un ans, douze pieds de neige, et perdant mes yeux et mes oreilles. Je voudrais vous demander si vous serez assez heureuse cet hiver pour jouir de la société de madame la duchesse de Choiseul.

Mais le principal objet de ma lettre est de vous remercier, du fond de mon cœur et de toutes mes forces (si j'ai des forces), de l'humanité et de la bonté avec laquelle vous êtes entrée dans l'affaire dont M. d'Argental vous a parlé. Il me mande que vous voulez bien la solliciter auprès de madame la duchesse d'En-

---

Paris, les condamna à être rompus vifs et brûlés ensuite, après avoir préalablement subi la question ordinaire et extraordinaire. Le chevalier de la Barre subit cette horrible sentence, que M. de Morival évita par la fuite, en restant néanmoins soumis à la même peine par contumace. C'est de ce jugement que Voltaire cherchait à le faire purger, en obtenant pour lui la permission de retourner, sans danger, dans sa patrie.

Il y a plusieurs lettres de Voltaire sur ce sujet, dont quelques-unes adressées à M. de Morival lui-même, qui était alors au service du roi de Prusse. Voyez tome XLII de ses *OEuvres, Correspondance générale*. (A. N.)

ville. Je sais bien qu'elle n'attend pas qu'on la prie, quand il s'agit de faire du bien; c'est l'âme la plus généreuse et la plus noble qui soit au monde. Les éloges que vous donnez à sa belle action, Madame, seront sa récompense; car il en faut pour la vertu.

L'affaire qu'elle protége ne peut être encore sur le tapis. Il y faut bien des préliminaires. Vous savez que dans ce monde-ci le mal arrive toujours à bride abattue; le bien marche à pied, et est boiteux des deux jambes. Ce qu'on demande est assurément de la plus grande justice; mais cela ne suffit pas. Comme justice a besoin d'aide, je n'en connais point de plus puissante que celle de madame la duchesse d'Enville. L'affaire intéresse, ce me semble, toutes les familles. Il n'y a point de père et de mère dont les fils ne puissent être exposés à la même aventure. Ces folies passagères qu'on doit ignorer arrivent tous les ans, dans les régiments, dans toutes les garnisons. Vous savez de quoi il s'agit. Le jeune homme pour qui on s'emploie est entièrement innocent. Il est vrai que je suis un peu récusable, et que je passe pour être bien indulgent sur ses intérêts; mais qui ne l'est pas aujourd'hui? Ce siècle s'est un peu formé, on ne pense plus comme on pensait au douzième siècle, ou plutôt comme on ne pensait pas.

Au reste, vous croyez bien que je ne paraîtrais point dans cette affaire; il ne m'appartient pas de m'en mêler. Je ne vous écris, Madame, que pour vous remercier clandestinement, et pour vous dire que de près ou de loin je vous serai dévoué jusqu'au dernier moment de ma vie, avec l'attachement le plus tendre et le plus respectueux.

LETTRE 537.

M. DE VOLTAIRE A MADAME LA MARQUISE DU DEFFAND.

2 décembre 1774.

Vous me donnez, madame, une rude commission. Tout le monde fait aisément des noëls malins, parce que tout le monde les aime; mais on n'a jamais fait de noëls galants à la louange de personne, pas même à celle de la Sainte Famille, dont tous les chrétiens sont convenus de se moquer à la fin de décembre. Cependant, pour satisfaire à votre étrange empressement, j'ai invoqué l'ombre de l'abbé Pellegrin. Tenez, voilà des couplets qu'elle vous envoie : elle vous recommande de taire l'auteur, non pas, hélas ! *par les yeux de votre tête*, mais par toute l'amitié, par le tendre attachement que le vieux Pellegrin a pour vous.

NOELS POUR UN SOUPER.

Jésus dans sa cabane
Voyant venir Choiseul,
Malgré le bœuf et l'âne,
Lui faisant grand accueil,
Dit : Je fais avec toi
Un pacte de famille ;
Tu sais garder la foi,
  Et moi
Je ne quitterai pas
  Tes pas
Pour chercher une fille.

Quand madame sa femme
Vint baiser le bambin,
Marie au fond de l'âme
Eut un peu de chagrin.
Cette bonne lui dit :
J'ai quelque jalousie.
Lorsque le Saint-Esprit
  Me prit,
Vous n'étiez donc pas là ?
  Là, là ;
Il vous aurait choisie.

L'enfant dans l'écurie,
D'un œil peu satisfait,
Voyait Marthe et Marie
Et sainte Élisabeth,
Et ses parents sans nom,
Et Joseph le beau-père ;
Mais en voyant Gramont,
  Poupon,
Tu criais : Celle-là,
  Papa,
Est ma sœur ou ma mère.

Quand on aura chanté ces trois couplets, on pourra chanter en chœur celui-ci, qui n'est pas moins plat :

Laissez paître vos bêtes,
Vous, messieurs, qui ne l'êtes pas :
A nos petites fêtes
Ne vous ennuyez pas.

Votre château
Est grand et beau;
Mais à Paris
Toujours chéris,
Faut-il ailleurs
Gagner des cœurs?
Laissez paître vos bêtes,
Vous, messieurs, qui ne l'êtes pas, etc.

LETTRE 538.

M. DE VOLTAIRE A MADAME LA MARQUISE DU DEFFAND.

5 décembre 1774.

L'ombre de l'abbé Pellegrin m'est encore apparue cette nuit, et m'a donné les deux couplets suivants, sur l'air: *Or, dites-nous, Marie*:

Trois rois dans la cuisine
Vinrent de l'Orient;
Une étoile divine
Marchait toujours devant.
Cette étoile nouvelle
Les fit très-mal loger.
Joseph et sa pucelle
N'avaient rien à manger.

Hélas! mes pauvres sires,
Pourquoi voyagez-vous?
Restez dans vos empires,
Ou soupez avec nous.
Si la cour vous ennuie,
Voyez-nous quelquefois:
La bonne compagnie
Doit toujours plaire aux Rois.

Mon cher abbé, lui ai-je dit, je reconnais bien à votre style l'auteur de ces fameux noëls.

Lisez la Loi et les Prophètes,
Profitez de ce qu'ils ont dit.
Quand on a perdu Jésus-Christ,
Adieu, panier, vendanges sont faites.

Mais après tout, vos couplets pour le souper de saint Joseph peuvent passer, parce que la bonne compagnie dont vous me parlez, et que vous ne connaissez guère, est indulgente. S'il y a quelque allusion dans les couplets de vos noëls, cette allusion ne peut être qu'agréable pour les intéressés, et ne peut choquer personne, pas même la sainte Vierge et son mari, qui ne se sont jamais piqués d'avoir à Bethléhem le cuisinier du président Hénault; mais surtout ne montrez pas vos noëls à l'ingénieux Fréron, qui a les petites entrées chez madame la marquise du Deffand, et qui ne manquerait pas de dire beaucoup de mal de son cuisinier et de son faiseur de noëls, quoiqu'il ne se connaisse ni en bonne chère, ni en bons vers.

LETTRE 539.

MADAME LA MARQUISE DU DEFFAND A M. DE VOLTAIRE.

Paris, 7 décembre 1774.

Ah! oui, je vous garderai le secret, vous pouvez en être sûr. Jamais faveur n'a été plus promptement accordée, mais plus différente de celle qu'on espérait. Vous n'avez point compris ma demande; il n'était point question de poupon, de bœuf, d'âne, de sainte famille, mais de la joie du retour; et puis je ne me fixais point à des couplets. Une petite épître, ou quelque petite pièce de vers m'aurait satisfaite. Je vois que j'ai eu tort, que j'ai fait une demande indiscrète, que j'ai eu trop de familiarité avec le grand Voltaire, et pour m'apprendre mon devoir, il m'a fait répondre par l'abbé Pellegrin [1].

Vous vous seriez diverti de ma grande joie, et de ma consternation subite. On m'apporte votre lettre: Ouvrez vite; y a-t-il des vers? — Oui, quatre couplets. — Chantez-les. Ah! mon Dieu! mon Dieu! est-il possible! Pourquoi me traitez-vous ainsi, mon cher Voltaire? un refus valait mieux qu'une telle complaisance. Voilà tout le remerciment que vous aurez. Malgré mon dépit, je ne vous en aime pas moins, et je n'en serai pas moins empressée à solliciter madame d'Enville pour qu'elle

---

[1] Auteur inépuisable de pièces de théâtre et de mauvais vers. Il mourut à Paris en 1745. On lui fit cette épitaphe:

Ci-gît le pauvre Pellegrin,
Qui dans le double emploi de poëte et de prêtre,
Éprouva mille fois l'embarras que fit naître
La crainte de mourir de faim.
Le matin catholique, et le soir idolâtre,
Il dînait de l'autel, et soupait du théâtre. (A. N.)

sollicite ceux qu'il faut solliciter; car il y a, comme vous pouvez juger, bien des bricoles.

Je suis toute consternée : vous ne vous êtes point prêté à ce que je désirais, et à ce que j'attendais de votre amitié ; je croyais aussi vous faire plaisir en vous procurant une occasion de marquer votre attachement, en confirmant tout ce que depuis quatre ans vous n'en aviez fait écrire. Vous avez pris de l'humeur mal à propos : le mal n'est pas sans remède ; m'entendez-vous, mon cher contemporain?

LETTRE 540.

M. DE VOLTAIRE A MADAME LA MARQUISE DU DEFFAND.

8 décembre 1774.

NOELS sur l'air : *Or, dites-nous, Marie.*

Il devait venir boire
Un jour à Saint-Joseph ;
Mais au bord de la Loire
Il prit sa route en bref.

Tous les cœurs le suivirent,
Car il les avait tous ;
En soupirant ils dirent :
Nous partons avec vous.

On pleurait en silence
Quand femme et sœur partit ;
Plus de chant, plus de danse,
Et surtout plus d'esprit.

Les voilà qui reviennent ;
Tout change en un moment :
Que tous nos maux obtiennent
Un pareil changement.

AIR : *Joseph et Marie.*

Rions tous en ce séjour,
On ne rit guère à la cour.
Goûtons le bon temps si rare
Que cette cour nous prépare :
On dit qu'il revient ce temps
Où tous les cœurs sont contents.

Aurore des jours heureux,
Répandez de nouveaux feux.

> Le bonheur qui nous enchante
> Se flétrit, s'il ne s'augmente.
> Il faut toujours ajouter
> Aux biens qu'on a pu goûter.

On pourrait chanter ensuite :

> Laissez paître vos bêtes,
> Vous, messieurs, qui ne l'êtes pas;
> A nos petites fêtes
> Ne vous ennuyez pas.
> Votre château, etc.

Quand on commande un pet-en-l'air à sa couturière, on lui dit bien intelligiblement comment on veut qu'il soit fait. Il fallait dire qu'on ne voulait dans des noëls, ni crèche, ni Jésus, ni Marie, quoique tout cela soit essentiel. On doit savoir qu'en chansons : hors de l'Église point de salut. Personne ne pouvait deviner ce qu'on demandait : les femmes sont despotiques; mais elles devraient au moins expliquer leurs volontés. Ces couplets-ci ne valent pas les premiers, il s'en faut bien. Cela ressemble à une fête de Vaux; mais cela est assez bon pour un piano-forté, qui est un instrument de chaudronnier, en comparaison du clavecin. Au reste, il ne faut pas s'imaginer que tous les sujets soient propres pour ces petits airs, ni qu'on puisse deviner à cent lieues l'à-propos du moment, surtout quand on a sur les bras l'affaire la plus cruelle, auprès de laquelle toutes les tracasseries de cour sont des roses.

LETTRE 541.

MADAME LA MARQUISE DU DEFFAND A M. HORACE WALPOLE.

Paris, 4 décembre 1774.

Ah! mon Dieu, mon Dieu! j'y consens, je ne vous parlerai jamais de vous, encore moins de moi; cela établit une drôle de correspondance. Vous n'en viendrez pas plus l'année prochaine, j'en suis sûre; vous trouverez dans mes lettres quelques points ou quelques virgules mal placés, qui feront quelque équivoque, et adieu le voyage. En attendant, celui de la grand'maman s'approche, elle sera ici le 20 au plus tard, elle débarquera chez madame de Gramont; il n'y aura personne d'invité à ce souper que moi : M. de Choiseul l'a ainsi ordonné, en réparation, sans doute, de son procédé dans sa première course, qu'il dînât chez les du Châtelet, qui sont à ma porte, et qu'il ne me vît point; je l'ai boudé pendant plus de deux mois; je ne l'appelais plus *grand'papa*, mais j'ai tout oublié, tout pardonné, je suis en haleine pour le pardon des injures. Pendant que je parle des Choiseul, il faut vous dire la petite fête que je leur prépare pour la veille de Noël, et comme vous aimez les noms propres, voici la liste de mes convives :

M. et madame de Choiseul, madame de Gramont, mesdames de Luxembourg et de Lauzun, M. et madame de Beauvau, MM. de Gontault, de Stainville, de Guignes, l'évêque de Rodez [1], le prince de Beaufremont, les abbés Barthélemy et Belliardi [2], la Sanadona et moi. Balbâtre, fameux joueur de clavecin, y fera apporter son piano-forté; il jouera, pendant le souper, des noëls et des airs choisis dont il a composé la plupart pour Chanteloup. Ce sera une surprise, personne n'est dans la confidence, excepté madame de Luxembourg. J'ai écrit à Voltaire pour qu'il m'envoie des couplets ou une petite pièce de vers; je vous raconterai la réussite que tout cela aura. Vos parents seront encore ici; je ne doute pas qu'ils ne soient fort fêtés par M. et madame de Choiseul; par la grand'maman, j'en suis sûre. Ils doivent être fort contents de tout le monde, et surtout des maréchales; ils sont trouvés fort aimables, et le sont en effet.

J'espérais bien que vous préféreriez le discours de Chamfort à celui de la Harpe [3], c'est le jugement que j'en avais porté; je laisse à votre cousin le soin de vous envoyer tous les discours, les imprimés qui paraissent; vous me ferez plaisir de m'en mander votre avis : je vous trouve un bon critique. M. Dupré de Saint-Maur [4] est mort; ce sera le chevalier de Chastellux qui le remplacera [5].

On joue ici deux *Henri IV*, l'un aux Italiens [6], l'autre aux

---

[1] L'abbé de Cicé, ensuite archevêque d'Aix. (A. N.)

[2] L'abbé Belliardi, d'une famille originaire d'Espagne, avait été employé par le duc de Choiseul dans la négociation dont le Pacte de famille fut le résultat. Il est mort à Paris depuis la révolution. (A. N.)

[3] *Éloge de la Fontaine*, proposé par l'académie de Marseille. Chamfort écrivit à Voltaire, en le lui envoyant : « L'académie de Marseille vient de me décerner une médaille; c'est de Ferney que j'attends un prix. » (A. N.)

[4] Membre de l'Académie et auteur d'une traduction de Milton et d'un *Essai sur les monnaies de France*. (A. N.)

[5] Auteur de l'ouvrage intitulé : *De la félicité publique*. (A. N.)

[6] L'un de Collé, l'autre de Durosoy. (A. N.)

Français; je voudrais que vous les vissiez, ou plutôt entendissiez, et savoir votre jugement. Je trouve ce que vous dites de l'*Éloge* de la Harpe parfaitement bien [1]; on juge à la froideur, à la roideur de son style, qu'il n'a pas la délicatesse de goût et de sentiment qu'il faut pour sentir la naïveté, la grâce, l'agrément et pour ainsi dire le moelleux, ou plutôt la souplesse de l'esprit et du style de la Fontaine. Dites-moi donc ce qu'il faut que je lise; je vais essayer du Nouveau Testament.

Il va y avoir un voyage à Montmorency, il ne sera que de huit ou dix jours, vos parents y seront invités, et ils iront; la maréchale se conduit à merveille avec eux, et elle les trouve fort aimables. Madame de Mirepoix les traite fort bien aussi; enfin je me flatte qu'ils seront contents : et vous, monsieur, ne le serez-vous jamais? Est-ce un miracle que je ne puis espérer de trouver écrit de votre main, *je suis content?*

Je relis votre lettre, elle est ce qu'on appelle énergique; il est singulier de s'exprimer avec tant de clarté et, pour ainsi dire, d'une façon aussi ingénieuse dans une langue étrangère; vous ne dites précisément que ce que vous voulez dire, et n'êtes jamais en deçà ni par delà; je ne connais que Voltaire qui rende ses pensées aussi bien que vous; il est fort difficile d'imaginer un caractère tel que le vôtre; il est unique au monde, j'en suis sûre.

LETTRE 542.

MADAME LA MARQUISE DU DEFFAND A M. DE VOLTAIRE.

9 décembre 1774.

Mon Dieu! quel dommage, que je regrette le temps que vous avez perdu à copier l'abbé Pellegrin, et qu'il ne tenait qu'à vous d'employer bien différemment.

Je vous ai demandé des couplets sur l'air des noëls, parce que tout le monde peut les chanter, il ne faut ni savoir la musique ni avoir de la voix; mais je ne voulais point qu'il fût question ni de l'Ancien et Nouveau Testament. Passe pour

[1] M. Walpole dit : « J'ai lu les deux *Éloges*. Je préfère de beaucoup celui de Chamfort à celui de la Harpe. Le premier est naturel; c'est du français auquel je suis accoutumé. La comparaison, page 27, de la langue ancienne, qui s'enrichissait par de vieux mots, à un antiquaire est charmante. La Harpe est précieux, guindé, peiné. Il est impossible qu'un tel auteur ait goûté la naïveté de la Fontaine. » (A. N.)

l'ancien et nouveau parlement, l'exil, le retour, la joie générale, la mienne en particulier, enfin tout ce qui vous aurait passé par la tête, excepté l'événement dont il y a dix-sept cent soixante-quatorze ans; mais vous n'en sauriez perdre le souvenir, tout vous y ramène. Je ne veux pas plus des trois rois que de la crèche, du bœuf et de l'âne. Je devais donner à souper au grand-papa, à la grand'maman le propre jour qu'ils reçurent leur lettre de cachet; c'est cet anniversaire dont il doit être question. Chanteloup ne doit point rappeler Bethléhem. Voltaire peut être le chantre du premier, il ne doit pas empiéter sur le domaine de l'abbé Pellegrin. Cependant je vous remercie; votre intention a été bonne, et j'ai l'espérance que vous me satisferez; il y a quinze jours d'ici au 24. Indépendamment de la raison qui me fait choisir l'air des noëls, j'en ai une autre; Balbâtre en jouera une suite sur son pianoforté pendant le souper. Mais je vous répète encore que je ne m'étais point fixée à des couplets; une petite pièce de vers, telle que vous l'auriez voulue, m'aurait contentée. Mais si vous ne voulez pas vous prêter à ce que je désire, au moins ne m'insultez pas en supposant que Fréron a chez moi les petites entrées; il n'en a d'aucune sorte, pas même une assez petite pour que ses feuilles puissent s'y glisser; jamais il n'est entré chez moi, et je ne l'ai rencontré de ma vie : mais voilà les préventions que l'on vous donne.

Eh bien, mon cher Voltaire, malgré l'envie et les envieux, vous m'aimerez toujours; et quoique tout le monde vous admire, vous me distinguerez de vos admirateurs, et vous direz : Ma contemporaine n'admire que moi, et quoique je lui aie envoyé des couplets de l'abbé Pellegrin, elle ne m'en révère et estime pas moins.

LETTRE 543.

MADAME LA MARQUISE DU DEFFAND A M. HORACE WALPOLE.

Paris, 17 décembre 1774.

Je n'ai reçu qu'hier votre lettre du 8 de ce mois, et j'avais reçu la précédente, qui était du 25 de l'autre mois, le 1er de celui-ci; ainsi vous voyez que, s'il n'y a pas de conformité dans nos caractères, il y en a du moins dans notre conduite. Mais il n'est pas question de toutes ces petites chicanes; vous êtes mon ami, un ami que je ne veux jamais perdre, de qui j'endurerai toutes les colères, toutes les mauvaises humeurs, et à qui jamais je ne ferai de reproches, surtout quand je saurai qu'il a la goutte. J'ai beaucoup d'inquiétude qu'elle n'augmente. Vous donnerez apparemment de vos nouvelles à votre cousin, et si vous nous écrivez alternativement, vous me tranquilliserez beaucoup. Les miladys et lui sont à Montmorency depuis jeudi, ils en reviennent aujourd'hui. Vous devez être content de leur succès, ils plaisent généralement à tout le monde; ils doivent être contents de l'empressement qu'on leur marque. Je vous trouve infiniment heureux d'avoir pour ami M. Conway; je ne crois pas qu'il y ait un caractère plus parfait, un esprit plus raisonnable, une humeur plus douce, des manières plus aimables; je ne comprends pas comment vous n'êtes pas plus souvent ensemble; vous devriez être toujours les uns chez les autres; c'est votre faute si cela n'est pas; vous avez du sauvage, et lui n'en a point; mais il a une bonne santé, la vôtre est détestable.

J'attends après-demain tous mes parents, je crois vous l'avoir déjà mandé, ainsi que tous les arrangements de soupers; la répétition vous en serait ennuyeuse et à moi aussi. Je ne sais pas quel changement il y aura dans ma vie; je me trouvais assez bien du train que je menais; mais je serai bien aise de revoir la grand'maman, elle n'a point oublié qu'elle m'aime, et moi je sens que je l'aime, ou du moins je le crois. Ah! ne me niez pas que j'aimasse Pont-de-Veyle, il me manque à tout moment, nous nous étions nécessaires réciproquement; son frère d'Argental vient de perdre sa femme; j'ai grand regret que le pauvre Pont-de-Veyle ne lui ait pas survécu, elle lui était insupportable; elle ne le quittait point dans sa maladie, elle avait l'air d'aspirer à sa succession, c'était une femme odieuse. D'Argental n'en a pas été fort affligé; il vient de perdre un ami dont il l'est bien davantage, M. Felino, qui avait été ministre à Parme. Il le voyait tous les jours, il reste presque tout seul; il avait perdu précédemment M. de Chauvelin et un M. de Croismare qui étaient ses intimes amis. Je compte qu'il viendra souvent chez moi quand les premiers jours de son deuil seront passés; c'est un bon homme, il a de l'esprit, de la douceur : nous avons beaucoup vécu ensemble dans notre jeunesse, mais il y avait bien quarante ans que nous ne nous voyions plus; il nous reste cependant quelques réminiscences qui empêchent que ce soit une connaissance nouvelle.

Si vous venez l'année prochaine ici (ce que je n'ose espérer), vous verrez quelques nouveaux visages; le besoin que j'ai de compagnie m'empêche d'être difficile. Je trouve extraordinaire que le Craufurd ne vous dise pas un mot de moi. Je vous ai dit, je crois, que nous avions ici milord Harrington, c'est l'ami de l'ambassadeur; je n'ai point d'attrait pour lui, ni de répugnance; il partira bientôt.

18, à trois heures.

Je me flattais d'avoir une lettre, et je ne me suis point trompée; en voici une dont je serais parfaitement contente, si elle ne vous avait rien coûté. Mon ami, écrire aussi longuement quand on souffre, est un excès de bonté que je ne veux point que vous ayez; vous voulez me rassurer, je le vois bien, je reconnaîtrai cette attention en ne vous parlant pas de mon inquiétude. Si vous voulez m'obliger, vous donnerez de vos nouvelles deux fois la semaine, une à moi, l'autre à votre cousin.

J'ai pensé toute la nuit (car je n'ai pas fermé l'œil) qu'il était triste de ne pas dormir, mais que vous étiez bien plus à plaindre; je ne comprends pas qu'on puisse supporter la douleur et le chagrin; je suis si faible de corps et d'esprit, que je ne pourrais résister ni à l'un ni à l'autre.

Vous êtes bien aise de l'arrivée de mes parents, et moi aussi; je ne sais cependant pas ce qui en résultera, je crains tous les changements; vraisemblablement je verrai très-peu le grand-papa; je vous ai écrit l'arrangement de leurs semaines : ils n'auront que deux jours pour aller chez les autres; apparemment que la grand'maman m'en donnera un; je me trouverais très-déplacée aux soupers de l'hôtel de Choiseul; un Quinze-vingt de mon âge est un objet d'un ridicule bien triste, au milieu de la compagnie qui y sera; il y a deux cent dix personnes sur la liste, qu'on y doit recevoir à toute heure : ce sont ceux qui ont été à Chanteloup. Je ne me permettrai pas non plus d'aller aux soupers qu'on leur donnera d'ici au 2 de janvier qu'ils ouvriront leur maison, à moins que je ne sois sûre qu'il y ait peu de monde, et que ce soient des gens de ma connaissance. Je vous rendrai un compte exact de ma soirée du 24. Je crois que l'abbé Barthélemy arrivera aujourd'hui; il s'est annoncé pour les précéder de vingt-quatre heures, et c'est ce qui me fera abréger cette lettre, parce qu'il débarque ordinairement chez moi; j'aurais cependant de quoi vous entretenir longtemps. J'ai fait une lecture ce matin qui m'a fait plaisir; le titre du livre est *Mémoires sur la vie de mademoiselle de Lenclos*[1]; le commencement est d'une platitude extrême, il ne faut commencer qu'à la page cent soixante-quatre; il y a des lettres d'elle et de Saint-Évremont que je trouve charmantes, et qui m'ont bien confirmée dans la persuasion où je suis, que c'est une opinion bien fausse que celle de me croire bel esprit. Oh! non, je n'en ai point. Ninon en avait beaucoup, et Saint-Évremont plus que je ne croyais. Si vous n'avez pas ce livre, je vous enverrai le mien si vous le voulez; il pourrait bien n'être plus chez les libraires.

J'ai bien envie de vous envoyer aussi la dernière lettre que j'ai reçue du grand abbé, elle est d'une folie extrême.

Mais je bavarde, et j'oublie qu'il faut que je me lève. Adieu donc : de vos nouvelles, de vos nouvelles!

LETTRE 544.

MADAME LA MARQUISE DU DEFFAND A M. DE VOLTAIRE.

19 décembre 1774.

Votre dernière lettre est étonnante, je serais fort tentée de m'en tenir à ma signature et d'adresser sa réponse à l'abbé Pellegrin. Non, jamais mon ancien, mon bon ami Voltaire ne pouvait prendre un tel travers avec moi. Se fâcher de ce que je n'ai pas été contente de recevoir de francs noëls, au lieu de couplets dont M. et madame de Choiseul fussent l'unique objet! Se vanter qu'ils ont été approuvés par une compagnie nombreuse *et du meilleur ton!* me prêcher l'indulgence dont vous n'avez eu ni n'aurez jamais besoin, et dont assurément vous n'avez jamais donné l'exemple; je ne saurais vous reconnaître à de semblables traits.

Cependant si c'est vous, je croirai sans peine que vous voyez très-bonne compagnie, mais que vos correspondances ne sont pas toutes du *bon ton*. Je souligne ces deux mots, parce que vous me paraissez persuadé que j'y attache une grande idée.

Croyez-moi, mon cher Voltaire, vous auriez grand tort de vous brouiller avec moi; personne ne vous considère et ne vous

---

[1] Par Bret, l'auteur des *Commentaires sur Molière*. (A. N.)

aime davantage que la plus ancienne de vos amis, qui n'a pas cru manquer à la considération qu'on vous doit, en vous donnant une occasion de lui faire plaisir, et à vous, celle de donner quelque marque d'attachement aux personnes qu'elle croit que vous aimez.

LETTRE 545.

MADAME LA MARQUISE DU DEFFAND A M. DE VOLTAIRE.

22 décembre 1774.

Faisons la paix, mon cher Voltaire, je suis pénétrée de reconnaissance; vous êtes bon, complaisant, et moi je suis une sotte impertinente. Vous m'avez lavé la tête, je vous le pardonne, je l'avais mérité. Je veux pourtant vous dire mes raisons. Vos couplets, quelque jolis qu'ils soient, ne remplissaient point mon objet. Si vous aviez lu avec attention ma première, et puis ma seconde lettre, vous auriez vu ce que je désirais. Il n'était question de Noël que pour le chant, et non pour aucune allégorie : l'étable et la Sainte Famille n'avaient rien à démêler avec mon souper et ma compagnie; mais n'en parlons plus.

Vos noëls seront chantés samedi, ils seront trouvés très-bons, et je me garderai bien de dire que j'ai osé les critiquer. Mais, dites-moi, monsieur, si c'est tout de bon que vous êtes fâché. Comment mon mécontentement et mes critiques ne vous ont-ils pas fait rire? Ne devaient-ils pas vous prouver combien je vous croyais au-dessus d'en pouvoir être offensé? Croyez-vous que j'en eusse usé de même avec les Marmontel, les Dorat, les Colardeau, etc., etc., etc.? Je m'en serais bien gardée; mais finissons tout cela.

Quelle est donc la cruelle affaire qui vous occupe, vous tourmente? Est-ce celle de ce jeune homme pour qui nous sollicitons? Serait-ce quelque autre chose qui vous fût personnelle? Tirez-moi d'inquiétude tout au plus vite. Je vous aime tendrement, je m'intéresse sensiblement à tout ce qui vous regarde. Mandez-moi aussi s'il est vrai que vous reviendrez ici au mois de mars; ne me laissez point ignorer la chose qui me ferait le plus de plaisir. Adieu, mon cher Voltaire, je voudrais bien que nous pussions nous embrasser encore une fois avant notre entière séparation.

Je viens de lire une brochure de soixante-trois pages; si elle n'est pas de vous, ou si vous ne voulez pas qu'on vous en croie l'auteur, je consentirais bien volontiers qu'on pût me soupçonner de l'être.

LETTRE 546.

MADAME LA MARQUISE DU DEFFAND A M. HORACE WALPOLE.

Vendredi matin, 23 décembre 1774.

Les nouvelles que votre cousin a reçues de vous m'ont un peu tranquillisée; il est persuadé que votre accès sera peu considérable et fort court; je le désire, mais je n'ose l'espérer; j'attends les nouvelles de dimanche, et je compte que le général en recevra le mercredi d'après.

La grand'maman arriva lundi à neuf heures du soir, en très-bonne santé, point fatiguée. Je me rendis chez madame de Gramont à neuf heures et demie; les voyageurs étaient descendus chez eux pour faire leur toilette; ils ne se rendirent chez elle qu'à dix heures : le premier projet avait été qu'il n'y aurait que moi, mais nous fûmes vingt-deux; ce serait une belle occasion de vous plaire, de vous les nommer, mais trouvez bon que je m'en dispense. Il n'y avait de femmes que mesdames de Beauvau, du Châtelet et moi; les hommes étaient les plus féaux amis. Tout se passa à merveille; je reçus beaucoup de marques d'amitié, j'en donnai infiniment; le lendemain, la grand'maman vint me voir, et puis j'eus après la visite du grand-papa, à qui je chantai deux petits bêtes de couplets que je fis en l'attendant; comme j'ai toute honte bue avec vous, les voici.

Souvenez-vous qu'il ne me vit point au voyage qu'il fit au mois de mai.

Air : *A la venue de Noël.*

Si monsieur le duc de Choiseul
De ma porte eût passé le seuil,
Je le verrais de meilleur œil,
Je lui ferais plus grand accueil.

Comme le grand-papa Choiseul
Vient enfin de passer ce seuil,
Je le regarde de bon œil,
De bon cœur je lui fais accueil.

Cette plaisanterie eut beaucoup de succès. Tous les jours ils souperont dehors jusqu'au 2 de janvier; ce fut hier chez madame d'Enville, demain ce sera chez moi, et j'en suis ridiculement occupée; je me moque de moi-même. En cherchant bien la cause de cette occupation, je soupçonne que tous les soins que je prends n'ont guère d'autres motifs que de m'armer contre l'ennui; c'est une maladie en moi qui est incurable; tout ce que je fais, ce sont des palliatifs; n'allez pas vous mettre en colère contre moi, ce n'est pas ma faute; votre cousin pourra vous dire que je fais de mon mieux, et que j'ai toute l'apparence de m'amuser et d'être contente. Je continuerai cette lettre.

Dimanche 25, à sept heures du matin.

Ah! je l'avais bien prévu : les lettres arrivèrent hier; elles m'apprennent que votre goutte est comme celle de il y a deux ans; ne craignez point que je vous parle de mes inquiétudes; vous en pouvez juger, et vous devez comprendre aussi avec quelle impatience et avec quelle crainte j'attends les nouvelles de mercredi. L'horrible malheur d'être séparés par la mer! mais ne parlons pas de cela. Je vous raconterais ma soirée d'hier, si je vous croyais en état de vous en amuser; mais mon récit arriverait peut-être aussi mal à propos que la fête d'hier le fut pour moi; je ne cessais de penser à votre état : il m'en coûta beaucoup pour faire bonne contenance. Quand vous serez quitte de vos souffrances, je vous dirai tout ce qui se passa.

Mon Dieu! que ne suis-je avec vous!

LETTRE 547.

M. DE VOLTAIRE A MADAME LA MARQUISE DU DEFFAND.

31 décembre 1774.

Je passe, madame, des noëls aux jérémiades; c'est le sort de la plupart des hommes, et tel a toujours été le mien.

C'est l'affaire dont vous avez parlé à la duchesse de la Rochefoucauld qui occupe actuellement ma vieille tête et mon jeune cœur. Il est difficile d'en venir à bout quand on est dans son lit au milieu des neiges, à cent lieues des endroits où l'on devrait être.

Je suis déchiré en ayant continuellement sous mes yeux un

jeune homme plein de sagesse et de talents, condamné à une multitude de supplices tels qu'on ne les inflige pas aux parricides ; le tout pour avoir chanté dans son enfance une chanson du pont Neuf.

Quand je songe que cette abominable aventure, pire mille fois que celle de Calas, n'a été que l'effet d'une tracasserie entre madame de B..., abbesse dans Abbeville, et un cuistre de juge subalterne, j'ai assurément raison d'être Jérémie. Il me semble que la retraite rend les passions plus vives et plus profondes. La vie de Paris éparpille toutes les idées : on oublie tout : on s'amuse un moment de tout dans cette grande lanterne magique où toutes les figures passent rapidement comme des ombres ; mais dans la solitude, on s'acharne sur ses sentiments.

Savez-vous bien que Pythagore, qui n'était pas un sot, et qui a mis toute sa philosophie en logogriphes, dit dans un de ses préceptes : *Ne mangez pas votre cœur?* C'est un grand mot. Pour moi, je voudrais manger le cœur des assassins juridiques du chevalier de la Barre ; mais j'adore le cœur de madame la duchesse de la Rochefoucauld. Je ne l'appelle point madame d'Enville. Ce nom de la Rochefoucauld m'est cher depuis qu'un de ses ancêtres fut égorgé à la Saint-Barthélemy, à cette Saint-Barthélemy, madame, après laquelle Catherine de Médicis donna un beau bal à toute la cour.

Je ne sais ce que c'est que la brochure de soixante-trois pages ; sur quoi roule-t-elle ? Il faut qu'elle soit bien bonne, puisque vous dites que vous consentiriez à en être soupçonnée.

Il n'y a pas d'apparence que j'aille à Paris au printemps. Songez-vous bien qu'il y a quatre grands mois d'ici à la fin d'avril ? Je ne compte plus que sur quelques heures. Si vous aviez des yeux, vous ririez bien de ma figure de quatre-vingt et un ans ; elle n'est assurément ni transportable ni montrable.

Je vous aime de tout mon cœur ; mais à quoi cela sert-il ? Prenez, je vous prie, le peu d'âme qui me reste, et quand vous l'aurez mise à vos pieds, ayez la bonté de la mettre aux pieds de l'âme de madame la duchesse de la Rochefoucauld. J'ai eu l'honneur de voir quelquefois son fils ; il m'a paru digne de son nom.

LETTRE 548.

MADAME LA MARQUISE DU DEFFAND A M. HORACE WALPOLE.

Mardi 3 janvier 1775.

C'est une fatalité inévitable; il faut qu'il y ait dans toutes vos lettres une teinture de mécontentement et de menace : vous ne m'écrirez, dites-vous, que dans huit jours. Vous ai-je demandé que vous prissiez plus souvent cette peine? Y a-t-il du mal à avoir pensé que, votre cousin étant ici, je pourrais avoir deux fois la semaine de vos nouvelles? et n'était-il pas assez naturel de le désirer? Une fois pour toutes, faites tout ce qu'il vous plaira; je n'ai ni le droit ni la volonté de rien exiger : mon intention est de me conduire comme vous pouvez le désirer; je me rends assez de justice pour savoir ce que je dois prétendre, et personne ne peut m'apprécier avec aussi peu d'indulgence que j'en ai pour moi.

Je donnerai à votre cousin la *Vie de Ninon;* il a souvent des occasions dont je n'ai point de connaissance. Ce petit ouvrage n'est point nouveau; je l'avais il y a longtemps parmi mes livres : c'est par hasard que je l'ai relu; et comme vous aimez les noms propres et les anecdotes, j'ai imaginé qu'il vous amuserait. Il y a des faits qui ne sont pas rapportés fidèlement. J'ai su par l'abbé Gédoyn lui-même ses amours avec Ninon[1]; je crois vous les avoir racontées : les circonstances en sont différentes, mais le fond est véritable. Vous pouvez vous épargner la lecture des cent soixante-quatre premières pages; elles ne me paraissent pas du même auteur que ce qui les suit.

Je ne sais quand je verrai la grand'maman; sa maison est ouverte d'hier : elle est dans un océan de monde où je ne veux point aller me noyer. Je m'acquitterai de vos ordres dès que je la verrai : elle apprendra avec plaisir que vous vous portez bien; elle était inquiète, et partageait mon inquiétude, ainsi que l'abbé.

Il me semble que votre cousin et les miladys se plaisent ici, et ne pensent point à leur départ; j'en suis fort aise.

Mercredi après-midi.

J'ai passé ma matinée à lire le *Mercure;* je ne puis m'empêcher de vous copier les vers que j'y ai trouvés : l'auteur est

---

[1] Lorsqu'elle avait quatre-vingts ans. (A. N.)

anonyme; mais on reconnaît Voltaire, et d'autant plus qu'ils sont adressés à messieurs de Genève.

> Oui, messieurs, c'est ma fantaisie
> De me voir peint en Apollon;
> Je conçois votre jalousie,
> Mais vous vous plaignez sans raison.
> Si mon peintre, par aventure,
> Tenté d'égayer son pinceau,
> En Silène eût mis ma figure,
> Vous auriez tous place au tableau :
> Messieurs, vous seriez ma monture.

Cette épigramme vaut mieux que les couplets qu'il m'a envoyés.

Votre cousin vous a-t-il envoyé l'épigramme sur Suard, qui a pour titre : *Les trois exclamations?* Savez-vous combien il connaît déjà de personnes dans Paris? Quatre-vingt-dix. Il n'est nullement sauvage. Je voudrais bien qu'il fît connaissance avec la grand'maman; je crains que cela n'arrive pas.

LETTRE 549.

MADAME LA MARQUISE DU DEFFAND A M. DE VOLTAIRE.

Paris, 15 janvier 1775.

J'ai voulu, monsieur, faire voir votre lettre à madame la duchesse d'Enville avant d'y répondre (je ne pouvais jamais aussi bien plaider que vous); elle en a été charmée, et voici sa réponse : « On est très-occupé de son affaire, mais il faut bien
» se garder de parler et d'agir, jusqu'à ce qu'on ait tous les
» papiers nécessaires. »

Je suis très-convaincue qu'elle y apportera toute l'activité et l'intérêt possibles; il faut suivre son conseil, et la laisser faire; elle n'aura pas même besoin qu'on l'en fasse souvenir. Ses dispositions sont semblables aux vôtres, et tous les honnêtes gens ne peuvent que penser de même. Rien n'est si inique, ni si horrible, que la condamnation de ces deux jeunes gens. Vous avez un cœur admirable, et le bien que vous faites rendrait votre réputation immortelle, indépendamment de vos talents; enfin, vous êtes un homme bien rare. Hâtez-vous de vous montrer à une nation qui n'a plus que vous qui l'honore; ce n'est point le langage de la flatterie, c'est une vérité dont je suis intimement persuadée. Vous trouverez bien du changement, mais les applaudissements feront tant de bruit autour de vous, que vous ne pourrez pas distinguer ceux qui méritent le plus les vôtres. Pour moi, mon cher Voltaire, je vous déclare que je prétends que vous me distinguerez de la foule, et que vous reconnaitrez en moi une amie de cinquante ans, dont vous avez formé le goût, et qui ne peut rien louer ni approuver de ce qui ne suit pas vos traces. Vous m'avez reproché que je n'aimais pas la musique de Gluck; venez l'entendre, et ne prononcez ma condamnation qu'après l'avoir entendue. Après tout, il n'en est pas de la musique comme des vers et de la prose, les organes en décident; nos oreilles peuvent être aussi différentes de celles des autres que notre palais; les musiciens sont peut-être les seuls bons juges, mais comme la musique est faite pour plaire aux ignorants comme aux savants, il est permis à chacun d'avoir son goût; mais je crois cependant que ce qui est véritablement beau et bon dans chaque genre, doit être du goût de tout le monde; en fait d'ouvrages d'esprit, cela n'est pas douteux, et vous en servirez de preuve.

Ordonnez à votre ange[1] de m'aimer. Je regrette beaucoup son frère; et je désirerais qu'il me le remplaçât; nous avons des sentiments qui devraient produire notre union, notre même façon de penser pour vous.

LETTRE 550.

M. DE VOLTAIRE A MADAME LA MARQUISE DU DEFFAND.

A Ferney, 25 janvier 1775.

Pardon, madame, pour Gluck ou pour le chevalier Gluck. Je croyais vous avoir mandé qu'une dame qui est assez belle, et qui a une voix approchante de celle de mademoiselle le Maure, m'avait chanté un récitatif mesuré de ce réformateur, et qu'elle m'avait fait un très-grand plaisir, quoique je sois aussi sourd qu'aveugle, quand les neiges viennent blanchir les Alpes et le mont Jura.

Je vous demande pardon d'avoir eu du plaisir, et d'en avoir eu par un Gluck. Il se peut que j'aie eu tort, il se peut aussi que les autres morceaux de ce Gluck ne soient pas de la même beauté. De plus, je sens bien qu'il entre un peu de fantaisie

---

[1] M. d'Argental. (L.)

dans ce qu'on appelle goût. En fait de musique, j'aime encore les beaux morceaux de Lulli, malgré tous les Gluck du monde.

Mais venons, je vous en prie, à l'affaire que vous voulez bien protéger. Je me suis mis aux pieds de madame d'Enville. Je ne compte que sur elle; je n'aurai d'obligation qu'à elle. Nous demandons un sauf conduit, et rien autre chose; mais comme ces sauf conduits se donnent par M. de Vergennes aux affaires étrangères, il a fallu absolument commencer par avoir un congé du roi de Prusse, et en donner part à son ambassadeur, d'autant plus que le roi de Prusse lui-même a vivement recommandé mon jeune homme à ce ministre.

Nous attendons de la protection de madame la duchesse d'Enville que nous obtiendrons en termes honorables ce sauf-conduit si nécessaire; le temps fera le reste. Ce sera peut-être une chose aussi curieuse qu'affreuse de voir comment un petit juge de province, voulant perdre madame de Brou, abbesse de Williancourt, suborna de faux témoins, et nomma, pour juger avec lui, un procureur devenu marchand de bois et de vin, condamné aux consuls pour friponneries. C'est ce cabaretier qui condamna, lui troisième, deux enfants innocents au supplice des parricides. On ne le croirait pas, vous ne le croirez pas vous-même en vous faisant lire ma lettre, cependant rien n'est plus vrai.

Cette étrange sentence fut confirmée au parlement de Paris, à la pluralité des voix; il y avait six mille pages de procédure à lire. Il fallait ce jour-là écrire aux classes et minuter des remontrances; on ne peut pas songer à tout. On se dépêcha de dire que le marchand de bois avait bien jugé, et ces deux mots suffirent pour briser les os de ces deux enfants, pour leur arracher la langue avec des tenailles, pour leur couper la main droite, pour jeter leur corps tout vivant dans un feu composé de deux voies de bois et de deux charrettes de fagots. L'un subit ce martyre en personne; l'autre, en effigie; mais le temps vient où le sang innocent crie vengeance.

Cet exécrable assassinat est plus horrible que celui des Calas; car les juges des Calas s'étaient trompés sur les apparences, et avaient été coupables de bonne foi; mais ceux d'Abbeville ne se trompèrent pas; ils virent leur crime, et ils le commirent. Je crois vous avoir déjà dit, madame, à peu près ce que je vous dis aujourd'hui; mais je suis si plein, que je répète.

Mon grand malheur est que je désespère de vivre assez longtemps pour venir à bout de mon entreprise; mais je l'aurai du moins mise en bon train. Les parties intéressées achèveront ce que j'ai commencé.

Pour écarter l'horreur de ces idées, je vous demande comment je pourrai m'y prendre pour vous faire tenir un chiffon qui vous ennuiera peut-être. Il est dédié à un homme que vous n'aimez point, à ce qu'on dit : c'est M. d'Alembert; mais vous pardonnerez sans doute à un académicien qui dédie un ouvrage à l'Académie, sous le nom de son secrétaire. Si vous ne l'aimez pas, vous l'estimez, et il vous le rend au centuple.

Moi, je vous estime et je vous aime de toutes les forces de ce qu'on appelle mon âme.

LETTRE 551.

MADAME LA MARQUISE DU DEFFAND A M. HORACE WALPOLE.

Samedi 28 janvier 1775.

Je viens de recevoir la caisse : ce qu'elle contenait était mal emballé; il y a deux compotiers de cassés, et le plateau de dessous la jatte[1].

Je fis hier un souper chez moi, avec la grand'maman et le grand abbé; nous dîmes tout d'une voix, qu'il était bien fâcheux que vous n'y fussiez pas pour faire la partie carrée. Je lisais l'autre jour dans les lettres de Pope, qu'un ami absent était un bien dans les fonds publics, qui rapportait quelques revenus, et qu'on pouvait ravoir quand on le voulait. Cela est-il vrai?

Je crains que votre cousin ne puisse pas vous rendre un bon compte de ce qu'il aura vu et entendu. On pourrait souvent dire qu'il écoute sans entendre, et regarde sans voir. Avec un cœur excellent, je doute qu'il s'intéresse vivement à rien. Je suis bien éloignée de penser qu'il soit indifférent; mais il est d'une distraction qui ôte le désir de lui rien raconter; d'ailleurs je ne l'ai presque jamais vu seul, et puis il est sans curiosité; jamais il ne questionne; et vous devez sentir qu'il est bien difficile de parler avec confiance quand on craint d'être écouté avec indifférence; l'indifférence n'est point dans son cœur, mais sa distraction lui en donne l'apparence.

Savez-vous le bruit de Paris? c'est que votre ambassadeur est

[1] Un service de dessert, dont madame du Deffand se proposait de faire un présent à un de ses amis à Paris. (A. N.)

amoureux de la jeune milady [1], et qu'il l'épousera. Vos parents, à qui j'ai demandé ce qui en était, m'ont dit qu'ils ne savaient point ses intentions; mais ils disent qu'il *l'admire* beaucoup. On la trouve ici très-aimable, et tout le monde désire que cette affaire aille à bien : n'en seriez-vous pas bien aise? Madame Damer a beaucoup de succès : on ne lui trouve pas autant de grâces qu'à la milady, mais beaucoup de gens la trouvent aussi jolie : pour moi, celle qui me plaît le plus, c'est milady Ailesbury; elle me marque de l'amitié; elle ressemble en beaucoup de points à son mari; elle est, ainsi que lui, sensible et distraite; je crois qu'ils feraient bien de prolonger leur séjour par rapport à ce que je viens de vous dire. Ce qui donne lieu au bruit qui s'est répandu, c'est une grande assiduité de la part de milord. Il leur donne à dîner aujourd'hui, et de là il ira avec eux à une comédie qu'on donne à la Roquette. Le général et sa famille iront au retour souper chez la maréchale de Luxembourg : je n'irai point; je suis engagée ailleurs.

Je n'ai soupé chez vos parents qu'une seule fois depuis qu'ils sont ici. Avant-hier ils soupèrent chez moi avec M. de Grave : il est ici à demeure, et j'en suis bien aise, parce que si vous persistez dans vos projets, et qu'ils se réalisent, ce sera un complaisant à vos ordres.

Ah! vous avez donc aussi des plumes en Angleterre? Pousse-t-on cette mode chez-vous jusqu'à l'extravagance, comme on fait ici? Il a été en délibération si on changerait l'habillement de la nation, et si l'on prendrait celui de Henri III : la crainte d'occasionner trop de dépenses a fait abandonner cette idée : les bals de la cour sont magnifiques et charmants : ce sont des quadrilles de quatre, de huit, de seize, qui représentent des nations différentes, ou des personnages du temps passé, les habits sont magnifiques; ce sont les plus jolies femmes et les meilleures danseuses qui les composent; il y entre du pantomime; on représente des scènes. On prétend qu'à l'arrivée de l'archiduc, qu'on attend le mois prochain, il y aura un bal sur le grand théâtre, et qu'on exécutera un ballet de trente-deux personnes. La reine, toute la famille royale, y auront leurs rôles. J'exhorte fort vos parents de rester pour voir ce spectacle : ils hésitent à s'y déterminer; mais ils iront du moins de lundi en huit à Versailles pour le bal : il y aura un quadrille de seize qui représentera des Scandinaves.

[1] Lady Harriet Stanhope, fille du feu comte d'Harrington, mariée depuis au lord Foley. (A. N.)

Dimanche.

J'attends machinalement le facteur tous les mercredis et dimanches, ne comptant pas souvent recevoir des lettres; aujourd'hui il n'y en a pour personne, et voilà trois dimanches de suite qu'il retarde d'un jour, et que par conséquent celles qu'on reçoit le lundi, on n'y peut répondre que le jeudi d'après. Toutes ces observations vous font hausser les épaules, vous paraissent bien puériles. Quand on est occupé de grandes affaires, de tout ce qui se passe dans les quatre parties du monde, on méprise bien ceux qui s'occupent de pareilles bagatelles. Mais daignez vous souvenir que je passe mes jours dans un tonneau; il est mon gîte, et la Fontaine dit : *Que faire dans un gîte, à moins que l'on n'y songe?* Et à quoi voulez-vous que je songe? à la cour? aux ministres? aux disputes? aux procès? Je ne puis point éparpiller mon intérêt, et je suis comme cet homme à qui une personne racontait toutes ses affaires : *Savez-vous, monsieur*, lui dit-il, *que je ne m'intéresse qu'à ce qui me regarde?*

Après ce préambule, je vous dirai que madame de Mirepoix est payée; je lui portai l'autre jour six rouleaux, et sept louis dans une petite bourse de cuir que je commençai de lui présenter comme une restitution dont j'étais chargée; les six rouleaux suivirent de près, et la surprirent extrêmement; elle ne se rappela point d'où ils pouvaient venir; alors je lui donnai l'extrait de votre lettre et le décompte du banquier Panchaud; elle me parla beaucoup de sa reconnaissance, et me dit qu'elle vous écrirait incessamment[1]; je n'en réponds pas. Cette maréchale serait plus à plaindre qu'elle n'est, si elle avait un autre caractère; mais les bagatelles l'occupent et l'amusent; de plus, elle a une grande famille, elle donne à souper tous les dimanches, et met de l'affectation à avoir beaucoup de monde; il y a communément dix-huit ou vingt personnes, presque tous neveux et nièces, cousins et cousines. Je suis passablement bien avec elle. Quand on veut bien vivre avec les différents partis, on vit en paix; mais il en résulte un peu d'indifférence; j'excepte de cette règle la grand'maman, avec qui je suis unie plus tendrement que jamais.

Sa belle-sœur a été assez incommodée tous ces jours-ci; elle se porte mieux présentement. Je crois qu'elle vous plairait; elle est extrêmement animée, elle cause à merveille, on est à son

---

[1] C'était une somme due à la maréchale de Mirepoix par M. Taaffe, et que M. Walpole obtint pour elle des exécuteurs testamentaires. (A. N.)

aise avec elle, et, pendant le temps qu'on la voit, on l'aime beaucoup. Ce que je vous dis est si vrai, que la grand'maman pense de même. Voilà déjà un mois complet de leur séjour ici; leur projet est toujours de s'en retourner au mois d'avril.

LETTRE 552.

MADAME LA MARQUISE DU DEFFAND A M. DE VOLTAIRE.

Paris, 8 février 1775.

Plusieurs circonstances, monsieur, m'ont fait différer de vous répondre. Je n'ai pu voir madame d'Enville aussitôt que je l'aurais voulu, et il fallait que je susse par elle à qui vous pourriez adresser ce que vous voulez bien m'envoyer. M. de Maurepas consent que ce soit à lui, avec une seconde adresse à madame d'Enville, et c'est à condition qu'il y aura trois exemplaires, un pour le ministre, un autre pour madame d'Enville, et l'autre pour moi. Il y a déjà beaucoup de personnes qui ont reçu votre ouvrage, indépendamment de la grand'maman, à qui vous l'avez envoyé par la poste. J'ignore par quelle voie les autres l'ont reçu; mais il est singulier que d'Argental et moi ne l'ayons pas encore. Vos anciens amis ne sont pas les mieux traités; mais pour les nouveaux, s'ils ne sont pas contents, ils sont difficiles à satisfaire. Tous ceux à qui vous prodiguez des louanges ont été vraisemblablement à Ferney vous rendre visite; car s'il suffisait de la réputation, vous n'auriez pas oublié de certaines personnes qui méritent autant vos éloges. M. l'archevêque de Toulouse, M. de Beauvau ne pouvaient-ils pas y prétendre?

Je n'ai encore lu que votre *Épître à M. d'Alembert*, et, à cette omission près, j'en suis fort contente.

Madame d'Enville me paraît s'occuper très-sérieusement de votre protégé [1]; je ne doute pas que ce ne soit efficacement.

J'ai été ravie de voir M. Dupuis; je lui ai fait mille questions, qui partaient toutes de ma tendre amitié pour vous. Je vois que nos santés sont assez semblables, ainsi que nos âges. Il me serait bien doux, je ne saurais dire de vous voir, mais de vous entendre. Quel plaisir j'aurais que vous entrassiez dans ma chambre sans que l'on vous annonçât, et que je vous recon-

---

[1] M. d'Étallonde de Morival. (L.)

nusse à votre son de voix! Je serais étonnée si, dans une conversation particulière, je ne vous reconnaissais pas aussi à votre goût et à vos jugements, j'ajoute, à votre vérité.

Lisez-vous tous les *Mémoires* dont nous sommes inondés? Jugez-vous tous les procès? J'attends avec impatience votre *Don Pedro*, et tout ce qui l'accompagne. On loue extrêmement un petit écrit sur la raison; la mienne s'accommode bien de la vôtre. Je voudrais toujours vous lire, et c'est le parti que je serai forcée de prendre; car malgré vos magnifiques éloges, je ne trouve ma félicité particulière que dans ce que vous faites.

LETTRE 553.

MADAME LA MARQUISE DU DEFFAND A M. HORACE WALPOLE.

Vendredi 9 février, à sept heures du matin.

Je ne commettrai pas la même faute qu'au départ des Fitz-Roy; je vous écris par vos parents, qui partiront dans trois ou quatre heures. Cependant je n'ai rien à vous apprendre qu'ils ne puissent vous dire eux-mêmes; ils ont vu et entendu tout ce que je sais. Tout est tranquille ici, on n'aperçoit aucunes intrigues formées; on affiche l'amour du bien public. Le Maurepas possède en paix le premier crédit; la seule personne (*la reine*) qui pourrait le lui disputer et l'enlever est occupée de bals, de coiffures, de plumes, etc. Le Turgot professe la vertu, il veut faire régner la liberté, établir l'égalité, et pratiquer l'humanité. C'est le règne de la philosophie; on fait revivre en faveur des philosophes des charges qu'on avait supprimées; d'Alembert, Condorcet, l'abbé le Bossu, sont, dit-on, directeurs de la navigation de terre, c'est-à-dire des canaux, avec chacun deux mille écus d'appointements; je ne doute pas que la demoiselle de Lespinasse n'ait quelque petite *paraguante*, nous ne voyons encore que des augmentations de dépense, ce qui ne produira pas de diminution d'impôts. Mais on paye bien jusqu'à présent les pensions et les rentes, peu m'importe le reste.

Je vois le départ de vos compatriotes avec le plus grand chagrin; je suis convaincue qu'il n'y a point de plus honnêtes gens, et je n'en connais point de plus aimables. Votre cousin est la vertu et la bonté mêmes, sa milady, la plus douce, la plus obligeante, la plus noble et la plus polie; les deux jeunes dames sont-charmantes. J'étais si contente de leur société, que j'aurai bien de la peine à m'en passer; je vais me croire toute seule, car personne ne les remplacera; et puis, je l'avoue, je trouvais du plaisir d'être avec des gens qui vous aiment et que vous aimez. J'ai cependant eu un grand chagrin à leur occasion : je n'ai pu parvenir à leur faire faire connaissance avec la grand'-maman; elle n'a jamais voulu se relâcher du parti qu'elle, son mari et madame de Gramont ont pris, de ne recevoir aucun étranger. J'étais pourtant parvenue à lui faire consentir, il y a trois ou quatre jours, que je lui amènerais votre cousin et milady; je leur en fis la proposition; ils trouvèrent qu'elle arrivait trop tard, ils ne voulurent pas en profiter : je n'ai pu les en blâmer. Je dis leur refus à la grand'maman, en lui disant que je ne les condamnais pas; je lui fis naître des remords; elle craignit de vous avoir manqué, elle me fit promettre que je l'excuserais le mieux qu'il me serait possible. Tout ce que je puis vous dire pour sa justification, c'est que sa déférence pour son mari est extrême; elle serait au désespoir d'être mal avec vous, et si vous étiez ici, vous seriez certainement excepté de la règle générale; vous seriez de nos petits soupers, et sa porte vous serait toujours ouverte.

Madame de la Vallière n'a point voulu faire connaissance avec vos parents; je les lui avais annoncés avant leur arrivée; elle me dit qu'elle ne voulait plus faire de connaissances nouvelles, qu'elle ne voyait que trop de monde; vous croyez bien que je n'insistai pas. Pour le reste de mes amis, j'en ai été plus contente, tous se sont empressés pour eux. Enfin j'espère qu'ils sont satisfaits de leur séjour.

Je désire qu'ils vous disent du bien de moi, et d'être souvent le sujet de vos conversations.

LETTRE 554.

LA MÊME AU MÊME.

Dimanche 12 février 1775.

Vous auriez longtemps de quoi allumer votre feu, surtout si vous joigniez à ce que j'avais de vous [1] ce que vous avez de moi, et

---

[1] D'après le désir pressant que M. Walpole avait témoigné à madame du Deffand, elle lui avait renvoyé, par le général Conway, toutes les lettres qu'elle avait reçues de lui jusqu'alors. (A. N.)

rien ne serait plus juste ; mais je m'en rapporte à votre prudence, je ne suivrai pas l'exemple de méfiance que vous me donnez.

Il y eut hier un courrier ; c'était le jour de l'échéance ; il ne m'apporta rien : c'est peut-être un effet du hasard, ainsi je ne vous en demande point la raison. Votre cousin et vos dames partirent vendredi à deux heures après midi ; le milord [1] les accompagna ; ils devaient coucher à Compiègne, et je ne doute pas qu'ils n'y aient passé la journée d'hier ; le milord reviendra à Paris, et ils iront coucher à Saint-Quentin. Je leur ai prédit qu'ils ne seraient point à Londres avant samedi ou dimanche. Je les regrette beaucoup, ils sont d'une charmante société ; j'ai à me louer de leurs attentions, et si vous y avez eu part (comme je n'en doute point), vous ne sauriez trop les en remercier. Je n'ai point réussi à faire pour eux tout ce que j'aurais désiré ; j'aurais voulu que le grand-papa et la grand'maman eussent fait connaissance avec eux, et les eussent distingués des autres étrangers ; mais je n'en ai pas eu le pouvoir ; j'aurais cru les commettre si j'avais plus insisté. Il n'y a rien de nouveau ici depuis leur départ, que l'arrivée de l'archiduc [2] ; ce fut mardi dernier. Il coucha à la Meute ; le lendemain il fut à Versailles ; il vint vendredi après souper à Paris chez M. de Mercy [3] ; il y passera toutes les semaines le vendredi, le samedi et le dimanche. Hier il eut un dîner de trente-cinq personnes ; les maréchaux de France y étaient invités, tous les ambassadeurs que nous avons eus à Vienne, et les grandes charges de la cour. Il y aura un semblable dîner aujourd'hui, où sont invités ceux qui ne le furent pas hier. Demain il y aura à la cour un ballet superbe ; je tâcherai de m'instruire des détails pour en remplir ma première lettre.

Voici une petite histoire pour celle-ci.

N'avez-vous jamais entendu parler du marquis de Villette [4] ?

---

[1] Le lord Stormont. (A. N.)

[2] L'archiduc Maximilien, frère de l'empereur Joseph II et de la reine de France, depuis électeur de Cologne. Il est mort en 1801. (A. N.)

[3] Le comte de Mercy d'Argenteau, ambassadeur d'Autriche à Paris. (A. N.)

[4] Il était fils de M. de Launay, trésorier de l'extraordinaire des guerres, et un de ces comtes, marquis, barons, qui sous l'ancien régime, après avoir gagné beaucoup d'argent par le commerce ou par la perception des taxes, avaient acheté des terres avec des titres, dont ils se décoraient dans la société, quoique de pareils titres de noblesse ne leur donnassent ni le rang ni les priviléges qui y sont attachés, qu'autant qu'ils étaient confirmés par le roi. Le marquis de Villette épousa en 1777 mademoiselle de Varicourt, fille d'un gentilhomme des

C'est un marquis, un bel-esprit, un homme de bonne fortune, un personnage de comédie.

Il écrivit l'autre jour un billet à mademoiselle Raucourt; elle le reçut avec empressement, persuadée qu'elle y trouverait des protestations, des offres, etc. Point du tout, ce n'étaient que des injures atroces. Elle, sans s'émouvoir, dit au porteur d'attendre sa réponse; elle rentra dans sa chambre, prit le petit balai d'auprès de sa cheminée, le dépouilla, le réduisit à un simple bâton, et puis l'enveloppa d'un papier, après y avoir écrit ces vers que Voltaire avait faits autrefois pour mettre au bas d'une petite statue de l'Amour :

> Qui que tu sois, voici ton maître;
> Il l'est, le fut, ou le doit être.

On conte une autre histoire; elle n'est ni vraie, ni vraisemblable; ce n'est qu'une méchanceté. On prétend que madame de Saint-Vincent [1], qui a un grand procès avec M. de Richelieu, fut chez le lieutenant criminel, qui la reçut avec les plus

---

environs de Ferney. Voltaire, auprès duquel elle fut élevée par madame Denis, l'appela *belle et bonne*. Le marquis de Villette est mort en 1793, membre de la Convention. (A. N.)

[1] La présidente de Saint-Vincent, née Vence de Villeneuve, était, par naissance, une arrière-petite-fille de madame de Sévigné, et se trouvait alliée à quelques-unes des premières familles de France. Elle était mariée à un président à mortier du parlement d'Aix, dont elle se sépara pour cause d'inconduite, et se retira dans un couvent de la province de Rouergue. Le duc de Richelieu l'en retira, sans le consentement de ses parents, et la conduisit à Paris. — Le honteux procès dont il est question ci-dessus fait croire qu'il y a eu faux d'un ou peut-être même des deux côtés. Le duc de Richelieu accusait madame de Saint-Vincent d'avoir fabriqué et négocié des billets sous son nom pour le montant de deux cent quarante mille francs. Elle répondit qu'il lui avait donné ces billets, quoiqu'il sût bien qu'ils étaient faux, et faits par ses ordres. Elle l'accusa aussi de la plus vile subornation de témoins, et du plus atroce abus de pouvoir arbitraire, en obtenant une lettre de cachet pour la faire renfermer, sans avoir été entendue, à la Bastille, où un tribunal composé d'officiers de police lui faisait éprouver toutes sortes de vexations. On ne saurait se former une idée exacte, non-seulement de la jurisprudence en France, et de la manière dont s'exerçait, dans ce temps, la justice criminelle, mais aussi des conséquences inévitables que cette vicieuse administration avait sur la bonne foi et l'honnêteté de toute la masse du peuple, si l'on n'a pas jeté les yeux sur le grand nombre de causes remarquables qui occupèrent les tribunaux de France pendant les quinze dernières années de leur existence, depuis celle du comte de Morangiès, en 1773, jusqu'à celle du cardinal de Rohan, en 1785. (A. N.) — M. Mary-Lafon a publié sous ce titre : *Le maréchal de Richelieu et madame de Saint-Vincent*, un ouvrage consacré à l'histoire de ce fameux procès. (L.)

grands témoignages d'affection, la priant de ne le point considérer comme son juge, mais de le regarder comme son ami, de lui avouer la vérité, et de lui confier de qui étaient les billets qu'elle disait être de M. de Richelieu. Cette dame parut persuadée, et lui confia qu'ils n'étaient point du maréchal de Richelieu, mais d'un nommé Vignerot [1]. Le magistrat n'eut rien de plus pressé que d'aller apprendre au maréchal cet rétractation; vous jugez le plaisir qu'il en reçut. Votre cousin a peut-être le mémoire de cette grande affaire. Si vous lisez tous ceux qu'il emporte, vous aurez de quoi vous ennuyer longtemps. Mais vous ne pouvez pas vous dispenser de lire ceux de M. de Guines; j'aurai soin de vous en envoyer la suite.

J'oubliais de vous dire que l'archiduc soupe ce soir chez M. le duc de Choiseul avec cinquante ou soixante personnes; il soupa hier chez les du Châtelet; tous les grands personnages lui donneront des festins tour à tour.

Dites mille choses pour moi au général, à milady, à madame Damer, à milady Henriette, et même à la petite nièce [2].

LETTRE 555.

MADAME LA MARQUISE DU DEFFAND A M. HORACE WALPOLE.

Paris, mardi 21 février 1775.

Je préviens la poste; peut-être ne m'apportera-t-elle point de lettres, et ce n'est pas une raison pour moi de ne pas vous écrire. Je vous félicite sur le plaisir que vous aurez eu de revoir vos amis [3]. Savez-vous qu'ils augmentent de beaucoup ma vanité? Je suis fort glorieuse de ce que vous m'avez crue digne d'être leur associée; ils devaient vous rendre plus difficile; je sens tout le prix de votre indulgence; ce ne sera que dimanche que j'apprendrai les détails de votre entrevue; je me flatte qu'il y aura eu quelques minutes pour moi; des questions de votre part, des récits de la leur. Vous aurez connu avec étonnement que j'ai fait quelques progrès dans la prudence. Ils vous auront dit s'ils m'ont trouvée métaphysicienne et romanesque; vous pouvez vous applaudir d'être le seul qui ayez fait cette découverte; mais la crainte de vous y confirmer me gêne terrible-

---

[1] Nom de famille du maréchal de Richelieu. (A. N.)
[2] Mademoiselle Caroline Campbell, fille du feu lord Guillaume Campbell. Elle mourut en 1788. (A. N.)
[3] Le général Conway et sa famille. (A. N.)

ment; je n'ose pas me permettre de vous parler de moi, et c'est pourtant, je l'avoue, la chose qui m'intéresse le plus et que je sais le mieux. J'aimerais à vous dire les remarques que je fais, les jugements que je porte, mes grands chagrins, mes petits contentements, enfin, pouvoir du moins causer avec vous comme je faisais avec mon pauvre ami Pont-de-Veyle. Mais vous êtes épineux, difficile, et, qui pis est, vous vous ennuyez de tout.

Si en effet vous venez ici, il faudra faire un code entre nous, où nous n'omettrons aucune des règles qu'il faudra observer dans notre correspondance. En attendant, je vais vous parler de tout ce qui se passe.

D'abord le mariage de M. de Coigny[1] avec mademoiselle de Conflans[2]; il se fait aujourd'hui. Ah! voilà toutes mes nouvelles finies.

Ma lettre est interrompue par la vôtre; je ne l'attendais que demain, et elle arrive aujourd'hui.

Vous vous êtes fort trompé dans vos calculs sur l'arrivée de vos parents; je leur avais prédit qu'ils ne seraient à Londres que le samedi ou le dimanche; mais par la lettre que le général m'écrivit de Calais le 22, j'ai jugé qu'ils pourraient être à Londres le vendredi 24. Je saurai dimanche si je me suis trompée.

Je vous prie de m'envoyer votre épilogue[3]; l'ambassadeur, que j'ai vu trois fois depuis le départ de vos parents, m'a dit

---

[1] Le marquis de Coigny, fils du duc de Coigny par son premier mariage. (A. N.)

[2] Fille du marquis de Conflans et petite-fille du maréchal d'Armentières. (A. N.)

[3] L'épilogue que M. Walpole avait fait pour la tragédie de *Bragance*, de M. Jephson, et qu'il avait annoncé à madame du Deffand de la manière suivante : « Actuellement je ne suis occupé que d'une tragédie nouvelle qu'on va donner, et à laquelle je m'intéresse beaucoup. Le sujet est tiré de la révolution de Portugal en faveur des Bragance. Elle est supérieurement écrite, le langage beau, la poésie charmante. Cependant j'ai peur; l'événement est connu et heureux, par conséquent moins intéressant. De plus l'auteur me paraît peu fait aux ressorts du théâtre, et s'entend plus aux images de la poésie qu'aux caractères; ce qui fait qu'il y a des longueurs, et que l'intérêt n'est pas soutenu. On m'a persuadé de lui faire un épilogue dont je ne suis nullement content. Vous savez que c'est notre usage immanquable de commencer et finir une pièce par des prologues et des épilogues. Ordinairement ces derniers morceaux sont non-seulement gais, mais gaillards; usage ridicule de faire rire ceux qu'on vient d'attrister, et que je n'ai pas voulu pratiquer; de sorte que mes vers ne sont que maussades. » (A. N.)

qu'il se chargeait de leur envoyer tout ce qui paraîtra de nouveau. Ah! je le crois fort épris; j'en ressens le contre-coup; il a autant d'empressement pour moi actuellement qu'il avait de dédain auparavant. Je suis contente de l'effet, mais encore plus satisfaite de la cause; cette jeune milady est charmante. J'aurais un grand plaisir de la revoir; il en pourra résulter d'autres bons effets, mais c'est de quoi il m'est interdit de parler.

Mercredi 22.

Je viens de lire le *Mémoire* de Tort[1], il est d'une audace qui en impose, mais il me semble qu'il ne prouve rien, quoiqu'il donne de violents soupçons. Je n'aime point toutes ces lettres brûlées. Nous verrons ce que M. de Guines répondra. L'ambassadeur enverra tout au général (*Conway*); ce serait un double emploi de vous les envoyer. Je n'ai pu me résoudre à lire les *Mémoires* de M. de Richelieu, je n'ai point de curiosité pour ce qui ne m'intéresse point; j'aime assez M. de Guines, je lui trouve de la douceur, il a l'air de la franchise, et c'est une vertu rare dans le pays que j'habite.

Je vois rarement la grand'maman; j'y vais tous les lundis; la dernière fois il y avait quarante personnes; je ne me mets point à table, on me sert ce que je veux à une petite table, et j'ai toujours la compagnie de trois ou quatre personnes, tantôt les uns, tantôt les autres; je ne m'y amuse guère, mais ce genre d'ennui m'est plus supportable que la solitude. Cinq jours de la semaine leur maison est ouverte, il y a grande cohue et grande liberté. Dans une pièce on joue au billard, dans d'autres on va causer ou lire, ou jouer au trictrac, et dans la galerie des tables pour différents jeux, le macao, le whist, le tresset, etc. Les vendredis et les samedis, le grand-papa et la grand'maman soupent dehors, souvent ensemble; mais quelquefois la grand'maman soupe chez elle avec le grand abbé, et il y a quelques jours que le grand-papa fit la partie carrée. Il y fut très-aimable, il eut le cœur sur les lèvres; j'étais du dernier bien avec lui,

---

[1] Dans la cause du comte de Guines, dont il a été parlé dans la précédente lettre.

M. Tort avait été secrétaire du comte de Guines pendant sa mission à Londres, et l'accusait de l'avoir chargé de jouer sur les fonds publics d'Angleterre au profit et bénéfice de lui comte de Guines. De son côté, M. de Guines accusait Tort d'avoir distrait de l'argent et des papiers; d'avoir fait la contrebande, et communiqué indiscrètement un Mémoire concernant la marine, ainsi que d'autres de ses dépêches. (A. N.)

il y resta jusqu'à une heure et demie ; sa sœur[1] était malade, je l'y menai et j'y restai avec lui jusqu'à près de trois heures, et je le ramenai chez lui ; cela ne ressemble-t-il pas à la grande intimité? Eh bien, cela ne me prouve rien. Il n'en est pas de même de la grand'maman ; elle *sait* qu'elle m'aime ; vous souvenez-vous que je le lui écrivis il y a longtemps[2]? Toutes ses vertus lui tiennent lieu de sentiment, elle n'a pas un défaut, et à force de s'être corrigée, de s'être domptée, elle s'est faite ce qu'elle est en dépit de la nature, dont elle ne suit plus aucun mouvement. Sa sœur est tout le contraire : l'une est respectée, l'autre est recherchée. Je trouve que la grand'maman a beaucoup plus d'esprit, et l'autre plus d'agrément ; et de tout ce qu'on rencontre, on ne trouve rien à quoi on puisse s'attacher. Ah ! mon Dieu, si je continuais, que je vous ennuierais !

J'espère que nous aurons quelques relations des fêtes, et que je pourrai vous les envoyer ; car pour vous en faire le récit, cela m'est impossible.

Ne me laissez point oublier de votre cousin ni de milady ; je la trouve charmante, et je n'oublierai jamais toutes ses bontés.

LETTRE 556.

M. DE VOLTAIRE A MADAME LA MARQUISE DU DEFFAND.

Lundi 27 février 1775.

J'ai été très-mal, madame, depuis près d'un mois. Je le suis encore, et je ne sais pas trop comment je suis en vie. Je vois qu'il est arrivé la même chose à *Don Pèdre* qu'à moi ; cependant je vous en envoie une seconde édition, parce que j'apprends dans mon lit qu'il n'y a plus d'exemplaires de la première à Genève. Tout est allé, je crois, à Paris. Vous recevrez probablement l'exemplaire de l'édition nouvelle par M. d'Ogny.

Je vous conseille de ne vous jamais faire lire des vers ; car, outre qu'on en est fort las, ils sont trop difficiles à lire. Vous trouverez mieux votre compte avec de la prose. Je vous prie même de lire une note qui se trouve à la fin de la *Tactique*, dans le même recueil. Elle est assez intéressante pour ceux qui n'aiment pas qu'on égorge le genre humain pour de l'argent.

---

[1] La duchesse de Gramont. (A. N.)

[2] Madame du Deffand avait dit à madame de Choiseul : « Vous *savez* que vous m'aimez, mais vous ne le *sentez* pas. » (A. N.)

Le nombre infini de maladies qui nous tuent est assez grand et notre vie est assez courte pour qu'on puisse se passer du fléau de la guerre.

Je finirai bientôt ma carrière au coin de mon feu. Étendez la vôtre, madame, aussi loin que vous le pourrez; jouissez de tous les plaisirs que votre triste état vous permet. Le mot de plaisir est bien fort ; j'aurais dû dire consolations, et même consolations passagères ; car il n'en reste rien, lorsqu'au sortir du grand souper, on se retrouve avec soi-même et qu'on passe la nuit à se rappeler en vain ses premiers beaux jours. Tout est vanité, disait l'autre. Eh! plût à Dieu que tout ne fût que vanité! Mais la plupart du temps tout est souffrance. J'en suis bien fâché, mais rien n'est plus vrai.

Ma lettre est un peu de Jérémie; j'aimerais mieux être Anacréon. Je vous prie de me pardonner mes lamentations et de croire que le bonhomme Jérémie, au milieu de ses montagnes, vous est aussi tendrement attaché que s'il avait le bonheur de vous voir tous les jours.   Le vieux malade de Ferney.

LETTRE 557.

MADAME LA MARQUISE DU DEFFAND A M. HORACE WALPOLE.

Lundi 27 février 1775.

Vos parents ont grand tort : je leur pardonnais leur empressement à vous aller trouver; mais je trouve très-mauvais qu'ils ne vous aient pas donné le temps qu'ils passent loin de vous. Quel plaisir trouvent-ils à visiter la Flandre? Ne valait-il pas mieux rester pour voir nos fêtes? Les bals de Versailles; celui d'avant-hier chez madame de Cossé[1], où la reine est venue avec ses beaux-frères; la fête qu'il y aura aujourd'hui, que Monsieur donne à la reine, à la grande écurie : elle doit être superbe. Je compte qu'on en imprimera la description, ce qui épargnera la peine de la raconter : tout cela méritait leur curiosité.

L'ambassadeur soupa mercredi chez moi : il me dit qu'il regrettait beaucoup de ne les avoir pas suivis jusqu'à Calais. Je ne sais pas ce qu'il pensera de leur course en Flandre. Il vint hier chez moi; il ne me trouva pas : j'étais à la comédie de Beaumarchais, qu'on représentait pour la seconde fois : à la

---

[1] La fille du duc de Nivernais, mariée au duc de Cossé-Brissac, gouverneur de Paris. (A. N.)

première elle fut sifflée; pour hier, elle eut un succès extravagant; elle fut portée aux nues; elle fut applaudie à tout rompre, et rien ne peut être plus ridicule; cette pièce est détestable : vos parents regrettaient beaucoup de n'avoir pu l'entendre; ils peuvent s'en consoler. Comment va le goût en Angleterre? Pour ici, il est entièrement perdu; et, grâce à nos philosophes qui raisonnent sur tout, nous n'avons plus le sens commun; et s'il n'y avait pas les ouvrages du siècle de Louis XIV, plusieurs de ceux de votre pays, et les traductions des anciens, il faudrait renoncer à la lecture. Ce Beaumarchais, dont les *Mémoires* sont si jolis, est déplorable dans sa pièce du *Barbier de Séville*.

Le grand-papa va ce soir à Versailles, à la fête de Monsieur. Il donna hier une fête chez lui à toutes les femmes et valets de chambre de ceux qui ont été à Chanteloup; il y avait plus de quatre cents personnes. L'appartement fut éclairé comme pour les maîtres; le repas splendide, à trois services; des vins de toutes sortes : mes gens m'en firent le récit hier au soir. J'irai souper ce soir avec la grand'maman et sa belle-sœur : nous serons très-petite compagnie. Je dois leur donner un ou deux petits soupers avant leur départ, qui sera le 9 d'avril. Le grand-papa reviendra le 1er de juin : il assistera au sacre, et restera en tout un mois à ce voyage, et ne reviendra qu'à Noël avec la grand'maman, qui restera constamment à Chanteloup jusqu'à ce temps-là.

L'archiduc part jeudi prochain. La visite qu'il a rendue ici paraît l'avoir plus fatigué qu'amusé : elle a produit de grandes tracasseries à la cour. Vous savez qu'il y était incognito : nos princes ont prétendu qu'il leur devait rendre la première visite; la reine ne l'a pas jugé à propos, et leur a marqué son mécontentement, en ne les invitant point à aucune fête. M. le duc d'Orléans est à Sainte-Assise chez madame de Montesson, et le prince de Condé à Chantilly. Voilà ma gazette ainsi que les quatre pages finies.

LETTRE 558.

LA MÊME AU MÊME.

Mercredi 1er mars 1775.

Je suis fort aise de l'arrivée de vos parents et fort satisfaite du bien qu'ils vous ont dit de moi : comme ils vous aiment beaucoup, je juge qu'ils ont cru vous faire plaisir.

Je reçois une lettre de votre cousin[1] en même temps que la vôtre. Il ne me parle point de celle qu'il a dû trouver de moi en arrivant, qui était en réponse à celle qu'il m'avait écrite de Calais : elle était, s'il m'en souvient, de quatre pages, et à l'adresse qu'il a laissée à Wiart en partant : informez-vous, je vous supplie, s'il l'a reçue.

Il est vrai que je vous trouve un homme fort singulier. Vous avez grande raison de dire que nos caractères ne se ressemblent point : le vôtre m'est incompréhensible : je ne puis me faire une idée des plaisirs que vous goûtez dans la solitude, et du charme que vous trouvez dans tous les objets inanimés, de la préférence que vous donnez au grand monde sur la société particulière. Je conviens que la société ne satisfait guère; mais on a toujours l'espérance qu'elle satisfera; et je crois vous avoir déjà dit que je regardais l'amitié comme le grand œuvre : on ne fait jamais de l'or; mais on trouve quelques productions qui ont quelque valeur et qui laissent quelques espérances; vous me serviriez de preuve : je n'ai point trouvé en vous ce que j'aurais désiré; mais j'ai trouvé ce qui vaut encore mieux que tout ce que je connais, et dont les protestations d'indifférence ressemblent plus à l'amitié que les protestations d'attachement de tous ceux qui m'environnent. Je ne serai point surprise du refroidissement de vos parents, auquel vous me préparez; j'ai trouvé en vous un exemple qui ne peut me permettre de m'étonner de rien. Comment avez-vous pu douter que je n'acquiescerais pas à vos volontés? Je suis ravie de vous avoir tranquillisé. Je sais très-bon gré à milady[2] des bons offices qu'elle m'a rendus. Il n'est pas douteux que je ne désire de vous revoir; mais la joie que j'en aurai ne sera pas sans inquiétude. Je prévois que vous vous ennuierez beaucoup; et l'ennui est comme la gelée, qui fait mourir toutes les plantes. J'ai cru remarquer, après chaque voyage, une grande diminution, je n'oserais pas dire dans vos sentiments, mais dans l'opinion que vous aviez de moi. Cependant, je serais fausse avec vous et avec moi-même, si je disais que je ne désire pas infiniment de vous revoir.

Je n'écrirai point aujourd'hui au général : dites-lui, ainsi qu'à milady et à madame Damer, qu'ils m'ont laissé de véri-

---

[1] Le général Conway. (A. N.)
[2] Lady Ailesbury, en engageant M. Walpole à faire une autre visite à Paris. (A. N.)

tables regrets. Vous m'inquiétez sur l'état de madame Damer : n'oubliez pas, en m'écrivant, de me donner de ses nouvelles.

Ne me sachez point mauvais gré de ne vous point faire le récit de nos dernières fêtes; je m'ennuie si fort d'en entendre parler, que je ne puis me résoudre à les raconter.

LETTRE 559.

MADAME LA MARQUISE DU DEFFAND A M. HORACE WALPOLE.

Vendredi 10 mars 1775.

Votre dernière lettre est pleine de raison. Je suis persuadée de l'intérêt que vous prenez à mon bonheur : vous vous faites violence pour y contribuer; mais vous me la faites un peu trop sentir : vos lettres vous coûtent, et votre voyage vous coûtera bien davantage. Je prévois avec beaucoup de chagrin le peu d'amusement que vous trouverez ici; si j'avais plus de générosité, je vous prierais de vous en dispenser, mais j'avoue que je désire de vous voir encore une fois; je veux que vous jugiez par vous-même du changement que je crois qu'il y a en moi, pour nous épargner à tout jamais l'ennui d'en parler. Où prenez-vous que je ne suis occupée que de mes parents, et que je m'afflige d'avoir peu de particulier avec eux? Ah! je voudrais n'avoir que ce chagrin-là. J'ai fait presque toutes les semaines un souper particulier avec la grand'maman et le grand abbé, j'en ferai un ce soir, et croyez, qu'excepté une seule personne, je pourrais dire à tous mes amis : Je *sais* que je vous aime, mais...

Vous avez raison quand vous me dites que l'âge et l'expérience n'ont rien produit en moi, de bien s'entend, car l'âge m'a défigurée, et l'expérience m'a dégoûtée du monde, sans me rendre la société moins nécessaire. Elle me l'est plus que jamais, et vous ne m'empêcherez pas de regretter mon pauvre ami Pont-de-Veyle; il m'écoutait et me répondait; j'étais ce qu'il aimait le mieux; je lui étais nécessaire; et si tout le monde m'avait abandonnée, il me serait resté fidèle. Il avait une certaine connaissance du monde, qui, sans être bien profonde, suffisait dans bien des circonstances : trop de pénétration nuit quelquefois; il y a du danger à trop approfondir; il faut le plus souvent s'en tenir aux surfaces, et se contenter d'y conformer les siennes. Je ne sais pas si j'explique ma pensée; quand je veux raffiner je m'exprime mal, mais vous savez aider à la lettre.

Votre ambassadeur part au plus tard mercredi pour Londres; je le crois fort épris, nous jugerons à son retour si je me trompe : s'il revient seul, tout sera dit. Il vous portera peut-être cette lettre, cela dépendra du jour de son départ. Je vous enverrai sûrement par lui le dernier *Mémoire* de M. de Guines, qui ne paraît pas encore. Si vous étiez curieux de la collection entière de ce procès, je vous en enverrais toutes les pièces; il y en aura pour le moins quatorze ou quinze. Je crois que ce pauvre M. de Guines est le plus malheureux de tous les hommes. Je vous quitte, et je vous reprendrai quand je pourrai.

Samedi, à trois heures après midi.

Le *Mémoire* de M. de Guines ne paraît point encore; on m'avait dit, comme chose certaine, qu'on consentait à faire imprimer ses dépêches : elles prouveraient qu'il n'aurait pas pu perdre s'il avait joué, parce qu'il n'aurait pu parier pour la guerre, sachant la paix; mais on me dit hier que cette grâce ne lui était point encore accordée, et qu'on doutait qu'il l'obtînt.

Je voulais vous envoyer une nouvelle brochure de Voltaire, mais votre ambassadeur dit que l'on reçoit à Londres, par Genève, tous ses ouvrages avant qu'ils arrivent à Paris. Je ne me souviens pas de ce que je vous ai envoyé dont vous me remerciez; je n'ai plus de mémoire, ainsi il faut que vous me pardonniez des rabâchages.

Connaissez-vous les *Lettres* de Bolingbroke sur l'utilité de l'histoire? elles ont paru en 1752. Je les avais sans avoir été tentée de les lire; mandez-moi ce que vous en pensez. Il y a un autre petit volume de lui, qui est une lettre au chevalier Windham, qui contient tout ce qu'il a fait depuis 1710 jusqu'à 1716; cela me rappelle ma jeunesse; il est question de tous gens que j'ai connus. Vous avez raison d'aimer les noms propres, ils mettent de l'intérêt. Je dois entendre mardi, chez les Necker, une tragédie qu'on dit être fort touchante; le sujet est la disgrâce du prince Menzikoff[1] et sa mort en Sibérie; je vous en rendrai compte. Je me méfie des éloges, j'y suis trop souvent attrapée. L'*Iphigénie* et l'*Orphée* de M. Gluck, le *Barbier de Séville* de M. de Beaumarchais, m'avaient été extrême-

---

[1] *Menzikoff*, tragédie de la Harpe. (A. N.)

ment vantés; on m'a forcée à les voir, ils m'ont ennuyée à la mort.

Madame de Mirepoix est très-contente de votre lettre. L'argent que vous lui avez envoyé ne lui en a pas rapporté d'autre; elle l'a joué et perdu. Sa sœur Boufflers, joueuse éternelle, partira le mois prochain pour la Lorraine avec son prince [1]; ils ne reviendront que dans l'automne.

Nous avons cette année l'assemblée du clergé, cela m'assure un peu de compagnie; je reverrai l'évêque de Mirepoix; il prétend vous aimer beaucoup, et il est très-reconnaissant et très-flatté de ce que je lui ai dit de votre part, vous ne vous souvenez peut-être pas de m'en avoir donné la commission.

Dimanche, à cinq heures du soir.

J'eus hier la visite du grand-papa; j'avais du monde chez moi, des Allemands, des évêques; il fut de fort bonne conversation; il rapporta l'affaire de M. de Guines comme aurait pu faire l'avocat général. Le roi a consenti que l'on communiquât aux juges les dépêches qui peuvent prouver en faveur de M. de Guines. Son *Mémoire* ne paraît point encore; il voulait attendre que le second de Tort parût, et celui-ci ne veut point le donner que M. de Guines n'ait donné le sien. Tout le monde s'intéresse à cette affaire, les uns par amitié, et les autres par curiosité.

Le procès de M. de Richelieu fait un effet tout différent; il est si ridicule, qu'on ne s'en occupe que pour s'en moquer. Madame de Saint-Vincent l'attaque pour rapt, séduction et subornation de témoins : elle avait quarante ans quand elle prétend avoir été séduite, et lui soixante-quinze ans quand il l'a séduite! Ses meilleurs amis ne peuvent s'empêcher d'en pleurer et d'en rire.

La grand'maman soupa chez moi avec le grand abbé; en me mettant à table, je trouvai sur mon assiette quantité de choses; je ne savais ce que ce pouvait être; c'étaient six coquetiers d'argent et un d'or, les plus jolis du monde. Ce présent ne m'a point plu; premièrement, parce que c'était un présent, et secondement, parce qu'il n'est bon à rien. Notre soirée se passa fort doucement; la grand'maman est la vertu personnifiée. La vertu a étouffé en elle la nature; je ne sais si elle en est plus heu-

---

[1] Le prince de Beaufremont. (A. N.)

reuse, mais elle en est certainement moins gaie et moins naturelle.

Remarquez, je vous prie, que cette lettre vous sera rendue par l'ambassadeur, et que je ne parlerais pas si librement, si elle était confiée à la poste.

Je ne sais si c'est la vieillesse qui me donne de l'humeur et qui me rend difficile.

Mardi.

J'eus hier le tête-à-tête que je vous avais annoncé[1]; il ne fut pas gai, mais il fut intéressant, et m'aurait appris, si je ne l'avais pas su, qu'il y a des situations plus fâcheuses que la mienne. J'allai ensuite rendre une visite à l'hôtel de Choiseul. Ce n'est point là encore où l'on doit trouver le bonheur. Pour moi, je crois qu'il s'est retiré à Strawberry-Hill. Croyez-vous en effet le quitter pour quelques moments? Je ne saurais me persuader que vous exécutiez le projet que vous faites. Vous avez manqué le temps où il vous aurait été agréable. Milord Stormont est persuadé que vos parents reviendront ici, qu'ils s'y sont beaucoup plu; et pour lui, loin de s'y déplaire, il se flatte d'y rester fort longtemps, et je ne doute pas que cela ne soit, s'il ramène sa milady[2].

Je n'appris hier rien de nouveau. Je suis honteuse de la longueur de cette lettre et de son insipidité.

LETTRE 560.

MADAME LA MARQUISE DU DEFFAND A M. DE VOLTAIRE.

17 mars 1775.

Après avoir attendu bien longtemps, j'ai enfin reçu vos derniers ouvrages. J'espère qu'il n'en sera pas de même à l'avenir, et que vous voudrez bien vous servir de l'adresse que je vous ai indiquée.

Vous vous doutez bien que je suis parfaitement contente de votre prose et de vos vers. Vous êtes, et vous serez toujours le même. Vous dites que votre corps s'affaiblit : votre âme s'en moque, et elle conserve la même force et la même chaleur qu'elle avait à vingt-cinq ans. Je voudrais, en vérité, mettre sur votre tête les années qui me restent, vous en feriez bon

---

1. Avec madame de Jonsac. (A. N.)
2. Lady Harriet Stanhope. (A. N.)

usage, et celui que j'en fais est déplorable. Je sens tout le malheur qu'il y a de n'avoir rien acquis dans sa jeunesse ; on ne vit dans sa vieillesse que sur le bien d'autrui, et l'on en sent d'autant plus la misère. Mais que faire à cela, mon cher Voltaire ? Les chagrins et l'ennui qui tourmentent finiront bientôt ; je sens souvent du regret de n'avoir pas été m'établir à Genève dans le temps que j'étais dans le voisinage ; je me serais trouvée dans le vôtre ; mais il faut chasser toutes ces pensées, et se contenter de brouter le foin au travers duquel on est placé.

Souvenez-vous quelquefois de votre ancienne contemporaine ; consolez-la, aidez-lui à traîner les tristes restes de sa vie !

Je ne vous parle point des nouveautés, des *Mois* de M. Roucher, du *Menzikoff* de M. de la Harpe, vous les aurez sans doute reçus.

Il se trouve quelquefois chez moi des gens qui se piquent de grammaire ; on agita dernièrement cette question : une personne malade qui veut rendre compte de son état peut-elle dire : *J'ai été très-mal, et je le suis encore ?*

On demande s'il y a faute dans cette façon de parler, et en quoi elle consiste ?

LETTRE 561.

M. DE VOLTAIRE A MADAME LA MARQUISE DU DEFFAND.

30 mars 1775.

J'ai pu vous dire, madame, *j'ai été très-mal, je le suis encore*,
1° Parce que la chose est vraie ;
2° Parce que l'expression est très-conforme, autant qu'il m'en souvient, à nos décisions académiques. Ce *le* signifie évidemment, je suis très-mal encore. Ce *le* signifie toujours la chose dont on vient de parler. C'est comme quand on vous dit : Êtes-vous enrhumées, mesdames ? Elles doivent répondre : Nous *le* sommes ou nous ne *le* sommes pas. Il serait ridicule qu'elles répondissent : Nous *les* sommes ou nous ne *les* sommes pas.

Ce *le* est neutre en cette occasion, comme disent les doctes. Il n'en est pas de même quand on vous demande : Êtes-vous les personnes que je vis hier à la comédie du *Barbier de Séville*, dans la première loge ? Vous devez répondre alors : Nous les sommes ; parce que vous devez indiquer ces personnes dont vous parlez.

Êtes-vous chrétienne? Je *le* suis. Êtes-vous la juive qui fut menée hier à l'Inquisition? Je *la* suis. La raison en est évidente. Êtes-vous chrétienne? Je suis cela. Êtes-vous la juive d'hier, etc.? Je suis elle.

Voilà bien du pédantisme, madame; mais vous me l'avez demandé : et vous ferez de moi tout ce que vous voudrez, excépté de me faire venir à Paris. Mon imagination m'y promène quelquefois, parce que vous y êtes; mais la raison me dit que je dois achever ma vie à Ferney.

Il faut se cacher au monde, quand on a perdu la moitié de son corps et de son âme, et laisser la place à la jeunesse. Il y a et il y aura toujours à Paris beaucoup de jeunes gens qui font et qui feront très-joliment des vers; mais ce n'est pas assez de les faire bons, il leur faut un je ne sais quoi qui force à les retenir par cœur ou à les relire, malgré qu'on en ait, sans quoi cent mille bons vers sont de la peine perdue.

Je suis indigné, depuis quelques années, de la prose de Paris, et surtout de la prose des avocats, qui parlent presque tous comme maître Petit-Jean. Les factums contre M. de Guines et contre M. de Richelieu m'ont paru le comble de l'absurdité : celui de M. de Richelieu était un peu ennuyeux, mais au moins il était fort raisonnable.

J'espère que quand mon jeune homme[1] sera obligé d'en faire un, il pourra être assez intéressant; mais probablement cette pièce de théâtre ne se jouera pas si tôt.

Adieu, madame, dissipez-vous, soupez, mais surtout digérez, dormez, vivez avec le monde, dont vous ferez toujours le charme. Daignez me conserver toujours un peu d'amitié, cela console à cent lieues.

LETTRE 562.

MADAME LA MARQUISE DU DEFFAND A M. HORACE WALPOLE.

Mardi 4 avril 1775.

Je courus hier un fort grand danger : entre sept et huit heures du matin le feu prit à la cheminée de mon antichambre avec une telle furie, que les flammes sortirent jusqu'au milieu de la chambre, et montèrent jusqu'aux bras de la cheminée, brûlèrent les cordons des sonnettes; et si la cheminée s'était

---

[1] Le jeune d'Étallonde, à qui Voltaire prenait tant d'intérêt. (L.)

crevée, il est très-vraisemblable que non-seulement mon appartement, mais tout le corps de logis aurait été brûlé. Heureusement la cheminée est de brique, et le prompt secours qu'on apporta fit que le danger dura peu, et n'a même causé aucun dommage; les maçons qui travaillent dans la cour furent d'un grand secours, et les pompiers, qui ne tardèrent pas à arriver, mirent fin à ce terrible accident. Le pauvre Wiart en a un peu souffert, il a eu un bras un peu brûlé, et une partie de sa redingote. Ce fut au moment que je m'éveillai que l'accident arriva; je me levai bien vite et descendis chez mademoiselle Sanadon. Mes gens étaient dans la plus grande terreur; et ce qui vous surprendra, c'est que je ne fus point effrayée : ce ne fut point par courage, mais par insensibilité. Je ne puis pas me rendre raison à moi-même de cette disposition; le danger me paraissait évident, je disais même qu'il fallait mettre en sûreté tout ce qu'on pourrait sauver; je pensais un peu au parti que je prendrais, et dans ce moment-là tout me paraissait égal. Rendez-moi raison de cela, si vous pouvez; pour moi je l'attribue à ce changement que je vous ai annoncé que vous trouveriez en moi, qui est bien plus l'effet de mon âge que de mes réflexions. J'avais été toute la veille dans un grand affaissement.

Les lettres de M. d'Aiguillon, dont le recueil a pour titre : *Correspondance de M. le duc d'Aiguillon, au sujet de l'affaire de M. le comte de Guines et du sieur Tort, et autres intéressés, pendant les années* 1771, 1772, 1773, 1774 *et* 1775, est la plus ennuyeuse chose du monde. J'en ai lu soixante-cinq pages, il y en a deux cent vingt-trois. Jusqu'à cette page on ne peut en rien conclure; je vous enverrai cette brochure avec les autres pièces du procès, mais j'attendrai une occasion. Je trouve le pauvre M. de Guines bien à plaindre.

Je suis bien de votre avis : je ne sais pas comment il se peut trouver des juges, parce qu'il me paraît impossible de s'assurer de la vérité; on ne voit que des masques, on n'entend que des mensonges; il est étonnant qu'on soit attaché à la vie; je doute qu'il y ait aucun individu (si ce n'est mon petit chien) pour qui elle soit heureuse; encore voudrait-il se marier, et on ne lui donne point de femme.

Je vous ai mandé que je perdrais mes parents [1] le lundi de Pâques; cet accident est prévu, et puisque je soutiens avec tant

---

[1] Le duc et la duchesse de Choiseul. (A. N.)

de fermeté ceux qui ne le sont pas, je serai fâchée de celui-ci, sans en être accablée.

Il pleut ici des épigrammes sur nos nouveaux maréchaux : on dit que le roi ne fera pas ses pâques, parce *qu'il a fait les sept péchés capitaux;* ce sont les sept maréchaux. Je ne crois pas en devoir faire l'attribution ou distribution [1] par la poste, et vous ne les connaissez pas assez pour pouvoir la faire.

Mercredi.

J'ai presque lu entièrement la *Correspondance;* je trouve qu'elle n'ajoute rien aux *Mémoires* de M. de Guines, si ce n'est qu'il est bien évident qu'il n'était pas protégé par le ministère. Les lettres de M. de Guines sont du même style que ses *Mémoires*, c'est-à-dire, parfaitement bien écrites.

Le vice-chancelier, père du chancelier [2], mourut hier matin, et le marquis de Pontchartrain est très-mal.

On croit que M. de Muy a la pierre. Je soupai hier à l'hôtel de Choiseul; il y avait cinquante-six personnes. Je ne me mets point à table, je soupe dans une petite pièce séparée avec ceux qui ne soupent point. Je donnerai à souper, samedi, au grand-papa, à la grand'maman, à madame de Gramont, à l'archevêque de Toulouse et à M. de Guines.

LETTRE 563.

LA MÊME AU MÊME.

Samedi 8 avril 1775.

Je crains que vous ne vous portiez pas trop bien; la lettre que je reçois a le ton faible; je crois que vous êtes pâle, un peu triste; cela est-il vrai? Est-ce que la vie que vous menez vous convient? Dîner à six heures du soir est une heure bien indue. Que prenez-vous donc entre votre lever et ce repas?

---

[1] Voici cette distribution : le duc d'Harcourt, *la paresse;* le duc de Noailles, *l'avarice;* le comte de Nicolaï, *la gourmandise;* le duc de Fitz-James, *l'envie;* le comte de Noailles, *l'orgueil;* le comte de Muy, *la colère;* le duc de Duras, *la luxure*. (A. N.)

[2] Maupeou, qui, malgré son exil et sa disgrâce, restait revêtu du titre et de la charge de chancelier, laquelle est inamovible en France, si ce n'est par démission volontaire, à laquelle il ne voulut jamais consentir. Depuis le retour à Paris de l'ancien parlement que Maupeou avait détruit, M. de Miromesnil, garde des sceaux, avait présidé comme chancelier; mais Maupeou en conserva le titre jusqu'à sa mort, qui n'eut lieu qu'en 1791. (A. N.)

Souper à minuit, c'est tout au plus cinq heures après le dîner. Vous coucher à deux heures, c'est un déréglement que cet arrangement-là. Songez donc combien le régime vous est nécessaire, et combien vous êtes faible et délicat. Au nom de Dieu, ne soyez plus malade, je n'ai plus assez de force pour soutenir l'inquiétude!

Qu'est-ce que vous entendez quand vous me dites que j'ai plus d'esprit pour me défendre que pour attaquer? Je ne me souviens jamais, en vous écrivant, de ce que je vous ai écrit, et cela vous est prouvé par mes rabâchages. Ma mémoire s'en va grand train. Ah! c'est une belle chose que de vieillir! Quand vous en serez là, vous vous souviendrez de moi, j'en suis sûre.

Milady Henriette est bien dégoûtée, si elle ne veut point du milord: on dit qu'il a une très-belle figure; il a certainement de l'esprit, de la douceur, de la politesse; il a été très-bon mari; il faut qu'il y ait quelque raison à ce refus; vous ne vous souciez pas de le savoir, ni moi non plus.

Vous avez bien raison en m'associant à l'aversion que vous avez pour les grandeurs; je ne trouve d'état heureux que de n'être ni grand ni petit, mais d'avoir de la fortune, c'est-à-dire un revenu assez considérable pour n'avoir jamais besoin de personne, pour être bien logé, bien servi, pour souper tous les jours chez soi en bonne compagnie, et mener tous les jours la même vie. Je ne me trouve bien que dans mon tonneau, et sans la maudite crainte que j'ai de m'ennuyer, je ne sortirais jamais de chez moi; mais souper seule ou tête à tête avec la Sanadon me parait affreux. Souvent les soupers que je vais faire ailleurs ne valent guère mieux, mais la variété est bonne en toute chose, jusqu'à changer de sorte d'ennui.

Dimanche.

Mon souper s'est très-bien passé[1] : il y a eu de la gaieté, de l'accord, même assez d'amitié; les parents et le grand abbé partirent les premiers; la sœur et M. de Guines restèrent une heure de plus; la sœur me traite à merveille. Le Guines est très-aimable, il a un courage inouï, et il en a grand besoin. Je ne sais comment se terminera son procès, son ennemi est bien dangereux. On attend le dernier *Mémoire* de Tort ces jours-ci; il y répondra, et tout sera dit, et vraisemblablement il sera jugé dans le mois de mai.

[1] Le souper dont il est question à la fin de la précédente lettre. (A. N.)

Je vous demande pardon de ce que je vous mande peu de nouvelles, mais je ne sais pas conter, et puis je ne saurais me persuader que vous puissiez vous intéresser à ce qui se passe ici, c'est-à-dire aux bagatelles.

On disait hier au soir madame de Maurepas très-malade; ce n'est pas une bagatelle que cela, mais une chose très-importante[1]. Adieu.

LETTRE 564.

MADAME LA MARQUISE DU DEFFAND A M. DE VOLTAIRE.

Paris, 12 avril 1775.

Vous me donnez la permission la plus absolue d'avoir en vous toute confiance, et de m'adresser à vous dans tous mes besoins. J'en ai agi ainsi par le passé, en vous demandant des noëls, en vous donnant à résoudre un point grammatical. Aujourd'hui, je vais vous demander une ordonnance médicinale.

Dites-moi, je vous prie, mon cher Voltaire, s'il est vrai que vous prenez tous les jours de la casse, si c'est de la cuite ou de la mondée, quelle en est la dose, et l'heure à laquelle vous la prenez. J'en fais un grand usage, mais je n'ose pas le rendre journalier; c'est la seule drogue que je prenne et qui m'est devenue absolument nécessaire, parce que j'ai un estomac très-paresseux, et qui manque de ressort ainsi que mes entrailles.

Je ne vous crois point dans le même cas; votre esprit, votre mémoire, toutes les facultés de votre âme ne sont point affaiblis; vous êtes le Voltaire d'il y a cinquante ans. Votre goût ne s'est point perverti, et je ne me trompe point à de certains éloges que vous donnez; vous les accordez à la reconnaissance: d'ailleurs, vos exemples en sont le correctif. Qu'on vous lise avec attention, et que l'on juge après si l'on vous imite assez bien pour mériter vos éloges.

Je n'ai lu de tous les Mémoires dont nous sommes inondés, que ceux du procès de M. de Guines; ceux de ses adversaires sont l'ouvrage de diables déchaînés. Mais les siens, qu'en dites-vous? Ne les trouvez-vous pas nobles, modérés, et du style de la vérité?

Pour le procès de M. de Richelieu, je n'ai lu que l'interrogatoire de madame de Saint-Vincent; c'est une pièce rare, et

---

[1] On pensait qu'elle avait une grande influence sur son mari. (A. N.)

qui doit tout d'une voix la faire enfermer à l'Hôpital ou à Sainte-Pélagie.

On nous annonce un grand et nouveau règlement dans l'administration des finances, vos louanges l'ont prévenu.

Dites-moi, je vous prie, si vous avez reçu une visite de M. de Sainte-Aldegonde, et comment cet original vous a paru, et s'il vous a raconté son aventure avec des capucins.

Vous voulez qu'on vous donne des thèmes pour vous engager à répondre, en voilà de fort beaux. Adieu, mon cher Voltaire. Pourquoi articuler que je ne vous verrai jamais? Hélas! hélas! je n'en suis que trop persuadée.

LETTRE 565.

M. DE VOLTAIRE A MADAME LA MARQUISE DU DEFFAND.

19 avril 1775.

Vous me donnez donc, madame, une charge de médecin consultant dans votre maison? J'en suis bien indigne. Je ne suis que le compagnon de vos misères, et compagnon d'ignorance de tous les autres médecins. Si vous aviez un livre difficile à trouver, qui est intitulé *Questions sur l'Encyclopédie*, je vous prierais de vous faire lire l'article *Médecine*, qui est assez drôle, mais qui paraît bien approchant de la vérité.

Je suis de l'avis d'un médecin anglais qui disait à la duchesse de Marlborough: « Madame, ou soyez bien sobre, ou faites » beaucoup d'exercice, ou prenez souvent de petites purges » domestiques, ou vous serez bien malade. »

J'ai suivi les principes de ce médecin, et je ne m'en suis pas mieux porté. Cependant, vous et moi, nous avons vécu assez honnêtement, en prévenant les maladies par un peu de casse. Je fais monder la mienne et la fais un peu cuire. Elle fait beaucoup plus d'effet, lorsqu'elle n'est pas trop cuite et qu'elle est fraîchement mondée. Ma dose est d'ordinaire de deux ou trois cuillerées à café, et on peut en prendre deux fois par semaine sans trop accoutumer son estomac à cette purge domestique.

Quelquefois aussi je fais des infidélités à la casse en faveur de la rhubarbe; car je fais grand cas de tous ces petits remèdes qu'on nomme minoratifs, dont nous sommes redevables aux Arabes, de qui nous tenons notre médecine et nos almanachs. Vous savez peut-être que, pendant plus de cinq cents ans nos souverains n'eurent que des médecins arabes ou juifs ; mais il fallait que le fou du roi fût chrétien.

Je reviens à la purge domestique, tantôt casse et tantôt rhubarbe, et je dis hardiment, que ce sont des fruits dont la terre n'est pas couverte en vain, qu'ils servent à la fois de nourriture et de remèdes, et qu'il faut bénir Dieu de nous avoir donné ces secours dans le plus détestable des mondes possible.

Je vous dis encore que nous ne devons pas tant nous dépiter d'être un peu constipés, que c'est ce qui m'a fait vivre quatre-vingt-un ans, et que c'est ce qui vous fera vivre beaucoup plus longtemps. On souffre un peu quelquefois, je l'avoue ; mais, en général, c'est notre loi de souffrir de manière ou d'autre. Je m'acquitte parfaitement de ce devoir, et tout résigné que je suis, je me donne actuellement au diable dans mon lit, pendant que madame Denis est dans le sien depuis quarante jours, avec la fièvre et une fluxion de poitrine. Je suis prêt d'ailleurs à vous signer tout ce que vous me dites, excepté la trop bonne opinion que vous voulez bien avoir de votre vieux confrère en maladie.

Il y a longtemps que j'ai eu le bonheur de passer quinze jours avec M. Turgot. Je ne sais ce qu'on lui permettra de faire, mais je sais que je fais plus de cas de son esprit que de celui de Jean-Baptiste Colbert et de Maximilien de Rosny. Je ne crains pour lui que deux choses, les financiers et la goutte. Ce sont deux terribles sortes d'ennemis. Il n'y a que les moines qui soient plus dangereux.

Je vous quitte pour aller au chevet du lit de ma malade. Supportez la vie, madame, et conservez-moi vos bontés.

A propos, madame, ou hors de propos, auriez-vous entendu parler d'une lettre en vers, d'un prétendu chevalier de Morton à M. le comte de Tressan, qu'il a eu la faiblesse de faire imprimer avec la réponse, le tout orné de lettres instructives ? Ce Morton dit que les hommes

> . . . . sont d'étranges machines,
> Quand, fiers des feux follets d'un instinct perverti,
> Ils vont persécutant l'écrivain sans parti
> Qui veut de leur raison réparer les ruines.

Ensuite, il dit que M. de Tressan rendait plus piquants les soupers d'Épicure Stanislas, père de la feue reine. Stanislas serait certainement bien étonné de s'entendre nommer Épicure, lui qui ne donna jamais à souper.

Presque tous les vers de cette belle épître sont dans ce goût. Et voilà ce que M. de Tressan, de plusieurs Académies, a cru être de moi; voilà à quoi il a répondu par une épître en vers, voilà ce qu'il dit avoir été extrêmement approuvé par MM. d'A...., C.... et M....

J'ai eu beau lui écrire que le chevalier de Morton était un détestable poëte, il n'en démord point. Il me dit que je suis trop modeste. Il fait courir dans Paris cet imprimé, d'ailleurs très-dangereux, dans lequel on met sur la même ligne Numa et le roi de Prusse, Montaigne et Vanini, Socrate et l'Arétin.

Il y a quelques vers heureux jetés au hasard dans ce mauvais ouvrage fait aux Petites-Maisons, et surtout des vers très-hardis qui passent à la faveur de leur témérité. M. de Tressan distribue à ses amis la demande et la réponse. Que voulez-vous que je dise? La rage d'imprimer ses vers est une étrange chose, mais ce n'est pas à moi de la condamner. J'ai passé ma vie à tomber dans cette faute, et je suis puni par où je suis coupable.

Mais, bon Dieu! que le bon goût est rare!

LETTRE 566.

MADAME LA MARQUISE DU DEFFAND A M. HORACE WALPOLE.

Dimanche 7 mai 1775.

Je ne sais si vous aurez entendu parler de nos troubles: nous avons eu la semaine passée des émeutes, l'une mardi, à Versailles, l'autre mercredi, à Paris; et quoique le pain ne fût pas plus cher que dans les semaines précédentes, le peuple s'est attroupé, a voulu qu'on lui donnât le pain à deux sous; ils ont pillé les boulangers. On a été mécontent de la police, on a trouvé qu'elle avait molli; en conséquence, on a changé les magistrats : on a donné la place de lieutenant de police, qu'avait M. Le Noir, à un nommé Albert, protégé par le contrôleur général; celui-ci prend un grand crédit, et il paraît qu'il sera bientôt le plus puissant. On avait pris de si grandes précautions pour les marchés d'hier, qu'il n'y a eu aucun mouvement. — M. le maréchal de Biron a le commandement des troupes qui sont dans Paris et dans ses environs, M. de Poyanne a le commandement sous lui. Comme il y a eu des émeutes dans plusieurs provinces, on n'est point assuré que la fermentation soit entièrement calmée. Cette aventure ne m'a pas causé la plus petite émotion; vous voyez que je ne crains ni le fer ni le feu; c'est un beau changement que l'apathie dans laquelle je suis tombée : je ne suis plus susceptible de crainte, mais je ne le suis pas davantage d'espérance. Je ne sais pourquoi on a fait une vertu de celle-ci; elle peut en être une dans le pays des chimères. A l'égard de la crainte, elle est, dit-on, le commencement de la sagesse; cela peut être; je sais que l'une et l'autre sont des mouvements de l'âme fort involontaires.

Je pense comme vous sur l'*Éloge de Marc-Aurèle* [1]. L'intérêt que je prends à M. de Guines m'a soutenue contre l'ennui des quinze ou seize mémoires qu'il a fallu lire; il sera jugé incessamment.

Vous avez reçu ou vous ne tarderez pas à recevoir un livre qui est fort bien fait, mais qui demande beaucoup d'application [2]. Je n'ai point entendu parler de la duchesse de Kingston. On m'a dit que milord Holderness devait s'établir à Auteuil, dans la maison de l'Idole.

Je suis très-étonnée de la répugnance de la milady pour le milord; cela n'avait point paru ici, tout au contraire; serait-il vrai ce que j'ai ouï dire, qu'elle a un ancien goût pour l'ancien ami [3] de notre ami? Cela me surprendrait, car il ne m'a pas paru aimable.

LETTRE 567.

MADAME LA MARQUISE DU DEFFAND A M. DE VOLTAIRE.

Paris, 9 mai 1775.

Vous avez si exactement répondu à tous les articles de ma dernière lettre, que cela m'encourage, mon cher Voltaire, à

---

[1] Par M. Thomas. — L'éditeur regrette de ne pouvoir donner l'opinion de M. Walpole sur cet *Éloge*, ou quelques autres extraits de ses lettres. On a vu que madame du Deffand lui avait renvoyé, par le général Conway, toutes celles qu'elle avait reçues jusqu'au mois de février 1775. *Toutes ces lettres existent encore;* mais celles qui sont postérieures à cette date ont été brûlées par madame du Deffand, suivant le désir de M. Walpole; de sorte qu'il ne reste de lui, depuis 1775, d'autres lettres que celles qu'il lui a adressées pendant la dernière année de la vie de madame du Deffand, et qui furent religieusement rendues après sa mort. (A. N.)

[2] L'ouvrage de M. Necker : *Sur la législation et le commerce des grains.* (A. N.)

[3] Le duc de Q....... (A. N.)

vous écrire. On n'aime à parler que quand on est écouté. Vous avez parfaitement satisfait à mes consultations de médecine; je vois que nos principes se ressemblent. Je fais grand cas de la casse; celle dont je prends tous les huit ou dix jours est toujours cuite; ma dose est une demi-once dont je fais deux bols, que j'avale avant souper.

Pour de la rhubarbe, je m'en garde bien; tout ce qui pince les entrailles m'est infiniment contraire. Notre carrière est, en effet, assez longue; mais rien n'est changé sur votre route, vous y trouvez toujours des fleurs et des fruits, et moi des broussailles et des épines. Quand nous serons à notre dernier moment, nous ne sentirons plus cette différence. La mort met les goujats et les empereurs au même rang. Je suis fort peu sensible à la mémoire qu'on laisse de soi. Feu madame de Staal disait qu'elle serait fort aise de pouvoir mettre sa réputation, sa considération à fonds perdus; cela est plus philosophe qu'héroïque.

La nouvelle de nos troubles, de nos émeutes apparemment vous est parvenue[1]; qu'en pensez-vous? ne trouvez-vous pas que la tolérance, la liberté sont bien difficiles à établir? Il a fallu des armées à votre Catherine pour introduire la première en Pologne, et M. Turgot aura bien de la peine à procurer la dernière à ce pays-ci. Ce moment-ci est cependant le temps des révolutions; elles ont commencé par le changement de goût dans la musique. Je dois rendre justice à la pénétration de feu M. d'Argenson; il prévit dès lors qu'il s'en ensuivrait bien d'autres, et il prédit celle dont vous avez tout l'honneur. Mais laissons tout cela; j'ai bien d'autres choses à vous dire. Je suis furieuse contre M. de la Visclède : il envoie les plus jolies choses du monde à des gens qui n'en sont pas si dignes que moi, parce qu'ils n'estiment peut-être pas autant sa mémoire. N'est-il pas mort, ce M. de la Visclède? Quoi qu'il en soit, rien n'est si charmant, si joli, de si excellent goût que ses *Filles de Minée*. Vous êtes son légataire, j'en suis sûre. Faites-moi part de cette partie de votre legs, et incessamment, je vous prie. N'ayez jamais d'humeur avec moi, ni réticences; soyez persuadé que je vous aime plus que personne au monde. Parlez-moi de votre santé et de celle de madame Denis.

[1] Les émeutes que les ennemis de M. Turgot excitèrent à Paris et à Versailles contre ses nouveaux règlements, relatifs au commerce et au transport des grains et de la farine. (A. N.)

LETTRE 568.

M. DE VOLTAIRE A MADAME LA MARQUISE DU DEFFAND.

Ferney, 17 mai 1775.

Vous êtes la plus heureuse femme de votre triste sort, madame, puisque les confitures du roi de Maroc vous font du bien ; car sachez que l'on sert de la casse sur la table du roi de Maroc, comme chez nous de la gelée de pomme ou de groseille. Soyez sûre que les tempéraments chez qui la digestion est un peu lente et l'esprit prompt, et à qui la casse fait un bon effet, durent d'ordinaire plus longtemps que les corps frais et dodus ; cela est si vrai, que je vis encore, après avoir souffert quatre-vingt-un ans presque sans relâche.

Donnez la préférence à la casse, puisque Molière a décidé que « *de bonne casse est bonne;* » mais en la louant comme elle le mérite, permettez-moi de vous dire qu'il ne faut pas absolument mépriser la rhubarbe.

Tous les médecins de la Faculté, mes confrères, s'ils sont un peu philosophes, conviendront que les mêmes principes agissent dans la casse et dans la rhubarbe. Ce sont les parties les plus volatiles et les plus piquantes qui purgent. J'avoue, car il faut être juste, que la casse, outre ses sels volatils, a quelque chose d'onctueux dont la rhubarbe est privée ; et c'est en quoi cette casse mérite la préférence ; mais le sublime de la médecine domestique est, à mon gré, d'avoir un jour dans le mois consacré à la rhubarbe.

Je quitte ma robe de médecin pour vous parler des *Filles de Minée*. Je vous jure que je n'ai envoyé ces trois bavardes à personne. C'est une indiscrétion de Cramer dont je suis très-fâché. J'en essuie bien d'autres ; c'est ma destinée.

J'envoie pour vous cette mauvaise plaisanterie de feu la Visclède, à M. de l'Isle. Elle ne lui coûtera rien. Elle vous coûterait un écu, et elle ne le vaut pas.

Je voudrais savoir si vous avez lu le livre de M. Necker sur les blés. Bien des gens disent qu'il faut une grande application pour l'entendre, et de profondes connaissances pour lui répondre.

Il paraît un écrit sur l'agriculture qui est beaucoup plus court et quelquefois plus plaisant. Il y a même quelques vérités. Je pourrai vous le procurer dans quelques jours. Je tâche de vous amuser de loin, ne pouvant m'approcher de vous. Ma colonie demande continuellement ma présence réelle. C'est un fardeau qu'il faut porter, il est pénible. Ne soyez jamais fondatrice, si vous voulez avoir du temps à vous.

Encore une fois, madame, avalons la lie de nos derniers jours aussi doucement que les premiers verres du tonneau. Il n'y a point pour nous d'autre philosophie. La patience et la casse, voilà donc nos seules ressources! J'en suis fâché.

LETTRE 569.

MADAME LA MARQUISE DU DEFFAND A M. HORACE WALPOLE.

Mercredi 17 mai 1775.

Rien n'est si choquant que vos éternelles excuses sur l'insipidité de vos lettres. Pourquoi seraient-elles insipides? Les lettres d'un ami peuvent-elles l'être? C'est la contrainte, la gêne, la complaisance, qui produisent l'insipidité; d'ailleurs vous écrivez parfaitement bien, et malgré votre mauvais français, personne ne rend mieux ses pensées, et vous pensez beaucoup.

Nous n'avons plus que quinze jours à attendre le jugement du procès de M. de Guines; dans son dernier *Mémoire* (que vous devriez demander à milord Stormont), il fait voir qu'il n'avait pas eu tort de vouloir que la correspondance parût.

Il m'est arrivé deux neveux [1] qui amènent leurs enfants au nombre de trois; ils seront dans une pension près de l'Enfant-Jésus; de plus, je vais avoir chez moi le petit Wiart; voilà bien de la marmaille, et je ne l'aime guère. Je pourrais vous raconter les séances de l'Académie, vous en envoyer les discours, mais qu'est-ce que tout cela vous fait?

Avez-vous lu le livre de M. Necker? Dites-m'en votre avis et celui de votre public; il a fait un grand effet dans le nôtre; excepté la secte économiste, tout le monde en est content. Le second tome de la *Maison de Bourbon* ne paraît point encore. J'essayerai de lire ce *Voyage de Sicile* [2], mais je doute qu'il m'amuse. A qui donnez-vous à dîner? Je suis sûre que vous écrivez beaucoup. Quel ouvrage faites-vous? quel sujet traitez-

---

[1] Les fils de son frère, le comte de Vichy. (A. N.)

[2] Le voyage de Brydone en Sicile et à Malte, traduit par *Démeunier*. (A. N.)

vous? Les Éloges sont ici à la mode; à chaque séance publique d'Académie, d'Alembert en lit un; lundi dernier, jour de la réception du maréchal de Duras, il lut celui de Bossuet, évêque de Meaux; il y a placé celui de M. de Toulouse [1], qui fut si pathétique qu'il tira des larmes du loué vif, et de tous ses adorateurs. La louange est aujourd'hui fort à la mode, les talents présents n'en méritent guère.

Je relis les *Mémoires de Sully*, je les supporte; je lis aussi l'*Ordre du Saint-Esprit*; les anecdotes me plaisent assez, mais elles sont si abondantes, que l'une fait oublier l'autre. On a bien de la peine à passer son temps; les morts et les vivants sont bien insipides.

LETTRE 570.

LA MÊME AU MÊME.

Paris, samedi 20 mai 1775.

Votre poste a fait une grande diligence; la lettre que je reçois est du 16.

Je compte donner cette lettre-ci au colonel Saint-Paul; il la mettra dans le paquet de votre ambassadeur. J'y joindrai des épigrammes, des chansons, dont il faudra vous expliquer le sujet et l'occasion.

Je ne comprends pas bien comment toutes nos nouvelles peuvent vous intéresser. Celles de vos bals ne m'intéresseraient point, et je n'ai nul regret que vous ne puissiez pas m'en parler.

Je fais aujourd'hui un tour de force, le même que je fis il y a huit jours : je vais souper à Versailles avec les deux maréchales et madame de Lauzun. Vous me trouvez bien ridicule, mais j'aime fort M. de Beauvau; il est de quartier, et pour le voir il faut l'aller chercher; d'ailleurs je ne crains ni les veilles ni la voiture, je ne crains au monde que l'ennui, tout ce qui peut l'écarter me convient; je n'ai point le bonheur de me suffire à moi-même; peu de lectures m'amusent, et les réflexions m'attristent infiniment. Je ne suis point un certain Père de la Tour, qui n'était jamais plus heureux, disait-il, que lorsqu'il jouissait de lui-même. Il s'en faut bien que je lui ressemble; il n'y a rien que je ne préfère à une pareille jouissance. Je ne

---

[1] L'archevêque de Toulouse, son neveu. (A. N.)

suis point née gaie; le passé ne me rappelle que des chagrins et des malheurs; l'avenir ne me promet rien d'agréable, et je ne puis supporter le présent qu'en cherchant à me distraire.

J'ai lu quelques chapitres de M. Necker, j'ai trouvé que c'était un casse-tête. Il a produit un grand effet; nos économistes en sont atterrés, et nos ministres, qui sont à la tête de ce parti, sont furieux contre lui; mais il n'a rien à craindre, il a donné son livre avec privilége et approbation : on pouvait le supprimer, on n'en a rien fait, on n'est point en droit de s'en plaindre. Ce M. Necker est un fort honnête homme, il a beaucoup d'esprit, mais il met trop de métaphysique dans tout ce qu'il écrit. Je ne sais s'il vous plairait, je crois que oui, à beaucoup d'égards; dans la société il est fort naturel et fort gai, il a beaucoup de franchise, il parle peu, est souvent distrait; je soupe une fois la semaine à sa campagne, qui est à Saint-Ouen; sa femme a de l'esprit et du mérite; sa société ordinaire sont des gens de lettres, qui, comme vous savez, ne m'aiment point; c'est un peu malgré eux qu'elle s'est liée avec moi; elle et son mari sont fort amis du milord Stormont.

La personne avec qui je vis le plus, de tout ce que vous connaissez, c'est la maréchale de Luxembourg; si je croyais à l'amitié, je dirais qu'elle en a pour moi : il ne se passe guère de jour sans qu'elle me vienne voir. M. de Beauvau en use de même; ils sont l'un et l'autre ce que l'on appelle des amis, et sans l'incrédulité dans laquelle je suis tombée, je compterais sur eux.

Dimanche.

J'ai fait mon voyage, je n'en suis point fatiguée. Vous trouverez ci-joint l'arrêt[1] qui supprime le dernier *Mémoire* de M. de Guines. On dit qu'il ne lui fera nul tort pour le jugement de son procès; j'en doute, ainsi que de son retour en Angleterre.

Je reçois dans le moment une lettre de Voltaire; je recevrai,

---

[1] C'était un arrêt du conseil d'État du roi supprimant le *Mémoire* de M. de Guines, qu'on supposait inculper le duc d'Aiguillon. Le roi fut bientôt engagé, par l'influence de la reine, à révoquer cet édit, ou du moins à en annuler l'effet par une lettre à la cour du Châtelet. La disgrâce et l'exil du duc d'Aiguillon en furent la suite immédiate. Ce seigneur s'était rendu odieux à la reine par sa liaison intime avec madame du Barry et la protection qu'elle lui accordait. On se persuada qu'il avait été dans ses bonnes grâces longtemps avant la mort de Louis XV. (A. N.)

dit-il, incessamment de nouveaux vers; s'ils arrivent avant le départ de cette lettre, je vous les enverrai.

Si vous n'avez pas le *Mémoire* condamné [1], et que vous en soyez curieux, je vous l'enverrai.

FABLE

trouvée dans un vieux recueil, dont on fait l'application au moment présent [2].

Un Limousin, très-grand réformateur,
D'un bon haras fait administrateur,
Imagina, pour enrichir le maître,
Qu'il ne fallait que retrancher le paître
Aux animaux confiés à son soin.
Aux étrangers il ouvre la prairie;
Du râtelier faisant ôter le foin,
   En débarrasse l'écurie.
Le lendemain, les chevaux affamés
Tiraient la langue et dressaient les oreilles.
On court à l'homme, il répond : A merveilles!
Ils y seront bientôt accoutumés;
Laissez-moi faire. On prend donc patience.
Le lendemain, langueur et défaillance,
Et l'économe, en les voyant périr,
Dit : Ils allaient se faire à l'abstinence,
Mais on leur a conseillé de mourir
Exprès pour nuire à mon expérience.

SUR M. LE MARÉCHAL DE BIRON,

chargé du commandement des troupes qu'on a fait venir pour la révolte.

Air de *Joconde*.

Biron, tes glorieux travaux,
   En dépit des cabales,
Te font passer pour un héros
   Sous les piliers des halles;
De rue en rue, au petit trot,
   Tu chasses la famine;
Général, digne de Turgot,
   Tu te fais Jean Farine.

---

[1] Il avait pour titre : *Mémoire sur la nature, l'origine et les progrès de l'affaire pour M. le comte de Guines, ambassadeur du roi, contre le nommé Tort, ci-devant son secrétaire.*

[2] Madame du Deffand a oublié de donner l'explication qu'elle avait promise des épigrammes suivantes. Elles furent toutes faites à l'occasion des désordres causés à Paris et à Versailles par les ennemis des projets patriotiques du sage Turgot, relativement au commerce intérieur et à l'exportation des grains. (A. N.)

SUR M. DE MAUREPAS,

qui fut à l'Opéra le premier jour de la révolte qui arriva à Versailles.

Air : *Réveillez-vous, belle endormie.*

Monsieur le comte, on vous demande,
L'on dit qu'on se révoltera.
« Dites au peuple qu'il attende,
» Il faut que j'aille à l'Opéra. »

LE COMPLOT DÉCOUVERT.

Quel séditieux ou quel fou
Soulève ainsi toute la France?
Est-ce le chancelier Maupeou?
Est-ce l'Église? est-ce finance?
Est-ce Choiseul ou d'Aiguillon?
Est-ce encor l'abbé Terray? Non.
Je vous le dis en confidence,
Le seul auteur de ce complot,
Mes amis, c'est monsieur Turgot.

LETTRE 571.

MADAME LA MARQUISE DU DEFFAND A M. DE VOLTAIRE.

Paris, 22 mai 1775.

Votre lettre me met dans la plus grande impatience. Est-il possible, quand je vous demande avec instance vos *Filles de Minée*, que vous imaginiez de les envoyer à M. de l'Isle? Vous ne savez donc pas la vie qu'il mène? Vos *Filles* auront couru toute l'Allemagne avant qu'elles m'arrivent. Je vous demande en grâce, mon cher Voltaire, de m'envoyer directement tout ce que vous savez qui peut me faire plaisir. Partagez avec moi toutes vos successions. Je désire le petit écrit sur les blés; tout ce qui passe par vos mains me convient infiniment. Pratiquez avec moi l'exportation indéfinie. Vous et la casse m'êtes de première nécessité. Pour la rhubarbe et les discours académiques, trouvez bon que je n'en use pas.

Je suis ravie de voir que vous vous portez à merveille. Mon secrétaire-lecteur prétend que votre dernière lettre est toute de votre main. Rien, non, rien n'est affaibli en vous, j'en suis sûre. Si vous m'avez aimée, vous m'aimez encore. Faites partir sur-le-champ vos trois *Filles* pour m'en apporter l'assurance; joignez-y le petit écrit sur les blés. Dites à madame

Denis combien je suis charmée qu'elle soit hors d'affaire. Adieu, mon cher ami.

LETTRE 572.

MADAME LA MARQUISE DU DEFFAND A M. HORACE WALPOLE.

Dimanche 28 mai 1775.

Vous croyez que mon amitié pour mon chien *est forcée;* pourquoi cela? et qui est-ce qui m'y force? serait-ce pour être votre singe? Oh! non, je n'imite personne; mais je ne vous parlerai plus de mon petit chien.

Madame la princesse de Conti[1] mourut hier à huit heures du matin; on en prend le deuil demain pour onze jours. Le roi part le lendemain de la Pentecôte; il ira coucher à Compiègne, où il passera deux jours; il en partira le 8; il couchera à un endroit qu'on appelle Fimes, et se rendra le 9 à Reims, où il restera jusqu'au 16; il retournera à Compiègne, et sera le 19 à Versailles. Rien n'est si beau que la couronne; il y a pour seize millions de pierreries; tout le monde l'a été voir. Il y aura une terrible cohue à Reims, je ne regrette point de n'y point être; je n'ai point ce genre de curiosité; mon tonneau est mon Strawberry-Hill; je ne me plais autant nulle part, mais je veux qu'il y ait à côté quelques chaises remplies. On me dit hier que milord Stormont ne viendrait point au sacre; on attendait ces jours-ci le Caraccioli, je n'ai point ouï dire qu'il fût arrivé.

Interruption. Lundi matin.

Madame la princesse de Conti laisse tout son bien à partager selon les coutumes[2]; on dit que M. le prince de Conti aura cent mille livres de rente; M. le duc de Chartres aura cinq cent mille francs; et madame la duchesse de Bourbon, sa sœur, en aura autant. La maison de Paris était assurée de son vivant à M. le comte de la Marche, son petit-fils; elle ne fait aucun présent à personne. On dit que M. de Guines sera jugé vendredi ou samedi : depuis l'arrêt qui supprimait son dernier *Mémoire*, le roi lui a fait écrire, par M. de Vergennes, qu'il ne prétendait pas l'empêcher d'en faire usage auprès de ses juges; M. le garde des sceaux a écrit aux juges qu'ils pouvaient

---

[1] Fille du duc d'Orléans. (A. N.)
[2] C'est-à-dire, selon la coutume ordinaire de Paris, en cas de succession. (A. N.)

y avoir égard. Je vous manderai vraisemblablement lundi le jugement de ce procès, qui m'aurait bien ennuyée si je n'y étais pas un peu intéressée.

LETTRE 573.

MADAME LA MARQUISE DU DEFFAND A M. HORACE WALPOLE.

Dimanche 11 juin 1775.

Oui, la reine a été au sacre, avec Madame, Mesdames Clotilde et Élisabeth. C'est aujourd'hui que la cérémonie s'est faite; nous aurons une liste des morts et des mourants, car il est impossible que qui que ce soit n'ait succombé à cette fatigue. Paris est désert dans ce moment-ci; j'aurais dû prendre ce temps pour aller à Roissy. Les Caraman ont marié leur fille aînée à un M. le comte de la Fare dont ils sont extrêmement contents.

Madame de Gramont part mardi pour aller aux eaux de Bourbonne, madame de Tessé[1] l'accompagnera; elles passeront par Cirey, chez les du Châtelet; elles y arriveront jeudi, et M. de Choiseul s'y rendra de Reims, et après y avoir séjourné quelques jours, il en partira avec sa sœur, et passera une quinzaine de jours avec elle à Bourbonne; il retournera ensuite à Chanteloup. La grand'maman y est présentement toute seule; l'abbé est ici, il y restera jusqu'au départ de son neveu pour Vienne, où il va être secrétaire d'ambassade; il l'a été en Suède avec succès[2].

J'attends mon évêque de Mirepoix dans quinze jours; j'aurai dans ce temps-là des évêques à foison, et une partie de mes diplomatiques. Je voudrais que votre ambassadeur fût du nombre, mais M. de Saint-Paul n'a pas l'air de l'attendre sitôt.

Je saurai par votre première lettre des nouvelles de notre ambassadeur[3]. Que dites-vous de la conclusion de son affaire? comment trouvez-vous la sentence[4]? Je vous ai envoyé par lui les brochures que vous demandiez.

---

[1] La marquise de Tessé, fille du maréchal de Noailles. (A. N.)
[2] Le même M. Barthélemy qui fut ensuite plusieurs années secrétaire d'ambassade à Londres, durant la mission du comte de la Luzerne, un des directeurs sous la République, membre du sénat conservateur sous l'Empire, et aujourd'hui pair de France. 1827. (A. N.)
[3] Le comte de Guines, alors retourné en Angleterre. (A. N.)
[4] Cette sentence, qui condamnait Tort « à faire réparation d'honneur audit

Envoyez-moi les vers de M. Fitz-Patrick et ceux de Charles Fox.

LETTRE 574.

LA MÊME AU MÊME.

Paris, dimanche 25 juin 1775.

Vous me confirmez ce que disent les gazettes sur votre Amérique; je ne suis pas politique, vous avez raison, mais je m'intéresse à milord North; je ne sais pas pourquoi, mais je m'imagine que c'est un honnête homme, et je serais fâchée qu'il quittât le ministère. Cette fête sur l'eau doit être fort belle[1]. Le pauvre milord Stormont est donc éconduit[2]? Puisque cela est, renvoyez-le-nous, il sera très-bien reçu ici, et en particulier par moi. L'ambassadeur de Naples est de retour, plus de troupe italienne que jamais. Le grand abbé est encore ici, il ne nous quittera que dans douze ou quinze jours.

L'évêque de Mirepoix est arrivé, dont je suis fort aise; il a l'air de m'aimer un peu. J'ai deux soupers dans la semaine, le mercredi et le jeudi. Le mercredi, j'ai les maréchales, les princesses, les duchesses, marquises, comtesses, les diplomatiques, les évêques, etc. N'allez pas croire que cela fasse quarante personnes, mais quelquefois il y en a quinze ou seize. Les jeudis, cela est différent: c'est le grand abbé, un certain président de Cotte, l'évêque de Mirepoix, quelquefois celui d'Arras, M. Necker, et de temps en temps quelques autres. Mon unique occupation est de m'assurer de la compagnie pour passer la soirée, soit en l'attirant chez moi, soit en l'allant chercher chez les autres; il ne m'arrive presque jamais de la passer seule, mais c'est par les soins que je prends pour l'éviter.

Toutes réflexions faites, je vous l'avouerai, je trouve que je vis trop longtemps.

P. S. J'avais fini là, je me le suis reproché, et je rouvre ma lettre pour vous dire que je ne hais pas tant la vie que j'en ai

---

comte de Guines, en présence de douze personnes au choix dudit comte de Guines, dont sera dressé acte; ledit Tort condamné en outre à 300 livres de dommages-intérêts envers ledit comte de Guines, etc., etc.;" cette sentence était néanmoins si amphibologique dans d'autres points, que les deux parties jugèrent également convenable d'en appeler. (A. N.)

[1] Fête donnée sur la Tamise. (A. N.)

[2] Refusé par lady Harriet Stanhope. (A. N.)

l'air; il y a tels événements et circonstances qui me feraient désirer qu'elle se prolongeât encore quelque temps.

Je fais traduire les vers de Charles Fox par deux personnes. Je serai curieuse de savoir laquelle aura le mieux réussi; je ne vous les nommerai qu'après que vous m'en aurez dit votre avis.

LETTRE 575.
LA MÊME AU MÊME.

Paris, samedi 1er juillet 1775.

Je ne suis point surprise de votre irrésolution, et je le serai infiniment si vous vous déterminez à venir ici. L'espace de quatre ans n'a pas été suffisant pour vous vieillir, mais plus que suffisant pour effacer des traces peu profondes, et dont vos singulières interprétations avaient fort avancé l'ouvrage.

Vous dites qu'il n'y a que moi qui ne vieillis point; vous vous trompez très-fort en me tirant de la classe des décrépites, j'en ai tous les apanages : du dégoût pour tous les amusements et un fond d'ennui contre lequel je ne trouve nulle ressource. Aucun plaisir ne me tente, je ne me plais que dans mon tonneau, mais la compagnie m'est nécessaire, surtout dans la soirée. Toute lecture m'ennuie : l'histoire, parce que je n'ai point de curiosité; la morale, parce qu'on n'y trouve que des idées communes ou peu naturelles; les romans, parce que tout ce qui tient à la galanterie me paraît fade, ou que la peinture des passions m'attriste. Enfin, je vous dirai la vérité quand je vous assurerai que ce qui me fait supporter mon état, c'est la certitude qu'il ne durera pas longtemps. Je tâche par mes réflexions d'adoucir ma situation, mais les réflexions me sont contraires, parce qu'elles me font attribuer à moi-même tous les chagrins que j'éprouve, et dans les mécontentements que j'ai de tout ce qui m'environne, je suis plus mécontente de moi que de qui que ce soit. Voilà la peinture de mon âme; elle est interrompue par une visite.

Dimanche 2.

Je ne désavoue rien de ce que j'ai écrit hier; je me flatte que vous n'en serez point choqué; il est juste qu'il me soit permis de parler quelquefois de moi et de dire la vérité; je n'abuserai point de cette liberté; vous pouvez vous flatter d'avoir réussi à mon éducation, il est fâcheux que vous n'ayez pu l'entreprendre plus tôt.

Je suis parfaitement disposée à vous rendre ma société et ma conversation très-faciles, et je n'aurai nul effort à me faire; je souhaite seulement que vous puissiez prendre quelque intérêt à mille et mille choses que je serai en état de vous raconter, et que je ne puis ni n'ai pu vous écrire. Ce n'est pas votre indifférence particulière qui seule me fait prévoir votre ennui, c'est celle que vous avez pour toutes choses. Cependant, en y réfléchissant, j'ai peine à croire que ce ne soit pas une sorte de plaisir pour vous de sentir celui que j'aurai à vous revoir; d'ailleurs vous trouverez l'évêque de Mirepoix ici, quelque temps que vous puissiez prendre pour y venir; il y restera jusqu'à la fin de novembre. Et puis, ne m'avez-vous pas dit que M. de Richmond devait venir? pourquoi ne vous arrangeriez-vous pas à faire votre voyage avec lui?

Ah! j'allais oublier de vous envoyer la traduction que j'ai fait faire des vers de Charles Fox[1]; ils n'ont pas eu un grand succès, et je trouve que vous les admirez un peu trop; marquez-moi laquelle des deux traductions vous trouvez la meilleure, je vous dirai après de qui elle est.

Par madame la C.

« Quand la plus charmante expression est jointe à des traits
» formés par le pinceau le plus délicat de la nature; quand la
» rougeur naturelle de la pudeur et des souris sans art expri-
» ment la douceur et le sentiment qui résident dans le cœur;
» quand dans les manières enchanteresses on ne trouve pas le
» moindre défaut, et que l'âme tient tout ce que le visage avait
» promis; la philosophie, la raison, l'indifférence même ne doi-
» vent se trouver que des boucliers bien faibles pour nous
» garantir de l'amour.

» Dites-moi donc, enchanteresse mystérieuse, oh! dites-moi par
» quel art étonnant, ou par quel sortilége, mon cœur se trouve
» si bien fortifié, qu'une fois dans ma vie je suis sage, et que,
» sans devenir fou, je contemple les yeux d'Amourette: que
» mes désirs, qui jusqu'à présent n'ont jamais connu de bor-
» nes, sont ici bornés par l'amitié et ne demandent rien de

[1] Les vers adressés à madame Crewe. L'éditeur a pensé ne pas devoir donner ces deux traductions. Celle qu'on insère ici est la plus littérale et la plus élégante. Il est presque impossible de rendre des vers anglais dans de la prose française; cependant il faut convenir, avec madame du Deffand, que les *disjecti membra poetæ* se reconnaissent à peine ici. (A. N.)

» plus. Est-ce la raison? Non : toute ma vie démentirait cela;
» car qui est aussi brouillé que la raison et moi? Est-ce l'ambi-
» tion qui remplit chaque *crevasse* de mon cœur, et ne laisse
» aucune place à un sentiment plus doux? Non, non; car tout
» le monde doit être d'accord de ceci, qu'une seule folie n'a
» jamais été suffisante pour moi. Mon âme est-elle trop forte-
» ment occupée de ses malheurs, ou relâchée par le plaisir, ou
» dégoûtée par les variétés? car en cela seul le plaisir et la dou-
» leur se ressemblent, l'un et l'autre relâchent les ressorts des
» nerfs qu'ils ont efforcés. Avoir senti chaque revers que la for-
» tune peut donner, avoir goûté chaque félicité que le plus
» heureux puisse connaître, a toujours été le destin singulier
» de ma vie, où l'angoisse et la joie ont toujours été en combat.
» Mais, quoique bien versé dans les extrêmes du plaisir et de
» la douleur, je ne suis que trop capable de les ressentir encore.
» Si donc, pour cette seule fois dans ma vie je suis libre, et que
» j'échappe à un piége qui pourrait prendre de plus sages que
» moi, c'est que la beauté seule ne charme qu'imparfaitement,
» car l'éclat peut éblouir, mais c'est la tendresse qui échauffe.
» Comme on peut avec plaisir admirer l'hiver, le soleil, mais
» non sentir sa force quoiqu'on loue sa splendeur, ainsi la
» beauté a de justes droits sur notre admiration; mais l'amour,
» l'amour seul peut enflammer nos cœurs. »

LETTRE 576.

MADAME LA MARQUISE DU DEFFAND A M. HORACE WALPOLE.

Dimanche 9 juillet 1775.

Votre lettre du 3, à laquelle je vais répondre, m'imprime un respect qui glace mes sens, cependant j'en suis contente. Vous me dites que vous êtes sûr que je ne compte sur personne autant que sur vous; j'en conclus que cela doit être, et je n'ai jamais rien désiré par delà.

Nous avons ici des nouvelles qui ne seront pas surprenantes pour vous, mais qui le sont un peu pour nous. M. le duc de la Vrillière donne sa démission; M. de Malesherbes lui succède dans toutes ses places. Voilà notre gouvernement rempli par les philosophes; c'est le règne de la vertu, du désintéressement, de l'amour du bien public et de la liberté. On annonce beaucoup d'économie et d'exactitude à payer ce qui est dû.

Depuis le cardinal de Fleury, il y a eu bien des gouvernements différents ; il faut espérer que celui-ci sera un des meilleurs. Enfin, s'il est vrai que vous veniez ici, vous trouverez bien des changements ; d'abord dans Saint-Joseph, je ne parle que du local ; l'ancien bâtiment, où j'avais un petit logement, a été abattu, et l'on a bâti à la place trois maisons complètes. Les modes ne vous surprendront pas, puisqu'elles ont déjà été portées chez vous : vous devez les avoir trouvées bien surprenantes ; je ne comprends rien au récit qu'on m'en fait. Les spectacles ne se sont pas perfectionnés, à ce que j'en entends dire ; l'extraordinaire et le baroque dominent en tout genre. Je m'embarrasse peu de tous ces changements ; pourvu que vous ne changiez point pour moi, peu m'importe du reste.

Voici l'extrait du compliment que M. Gaillard, directeur de l'Académie française, fit au roi, ces jours passés, à l'occasion de son sacre :

« Les deux plus funestes ennemis de la religion (après l'im-
» piété qui l'outrage) sont l'intolérance qui la ferait haïr, et
» la superstition qui la ferait mépriser.

» Un roi doit à ses peuples la justice, des juges dignes de
» la rendre, et des ministres nommés par la voix publique. »

LETTRE 577.

LA MÊME AU MÊME.

Paris, samedi 5 août 1775.

Vous dispensez donc vos parents de m'écrire en leur disant qu'ils font assez pour moi en vous envoyant ? Quelle présomption ! quelle vanité ! Quoi ! vous croyez que je fais plus de cas de vous que d'une lettre d'eux ! La politesse m'oblige à vous le laisser croire : je souscrirai à tout ce que vous me prescrivez.

Je crois, Dieu me pardonne ! que je m'intéresse plus à votre Amérique que vous. Vous vous imaginez ne vous soucier de rien, et c'est de quoi je doute ; il faudra bien, quand vous serez ici, que vous vous souciiez de quelque chose, car je vous jure que je ne me soucierai de rien pour vous ; c'est-à-dire, de vous faire faire une chose plutôt qu'une autre ; vous serez totalement libre de toutes vos pensées, paroles et actions ; vous ne me verrez pas un souhait, un désir qui puisse contredire vos pensées et vos volontés ; je saurai que M. Walpole est à Paris, il saura que je demeure à Saint-Joseph, il sera maître d'y arriver, d'y rester, de s'en aller, tout comme il lui plaira; et comme je passe de très-mauvaises nuits, que je me lève fort tard, il sera pour moi comme s'il était à Strawberry-Hill jusque sur les quatre heures.

Je pourrai avoir encore une de vos lettres, mais pas en réponse à celle-ci, du moins je l'espère.

Dimanche.

Je soupai hier au soir à Saint-Ouen chez les Necker; j'y menai la maréchale de Luxembourg, l'évêque de Mirepoix et la Sanadona; j'y trouvai l'Idole et sa belle-fille. Tout cela soupera chez moi mercredi prochain; j'aurai peut-être seize ou dix-sept personnes; le lendemain neuf ou dix. J'ai besoin de m'étourdir cette semaine. Je soupe ce soir chez madame de Mirepoix. Elle sera fort aise de vous revoir. Madame de Luxembourg prétend aussi vous aimer beaucoup. Les Necker et la dame de Marchais sont brouillés. Je ne sais si ces nouvelles connaissances vous plairont; le Necker a beaucoup d'esprit, il ne s'éloigne pas de vous ressembler à quelques égards. La dame Marchais vous fera manger de très-bonnes pêches; son ami [1], qui est directeur des bâtiments, lui fournit toutes sortes de fruits en abondance, elle m'en fait une très-grande part. Je me fais un plaisir du jugement que vous porterez de quantité de personnes que vous n'avez jamais vues; je crois que nous serons fort d'accord.

Peut-être ne vous ennuierez-vous pas autant que je le crains.

LETTRE 578.

HORACE WALPOLE A L'HONORABLE H. S. CONWAY [2].

Paris, 8 septembre 1775.

Les retards de la poste m'ont sauvé quelques jours d'inquiétude pour lady Ailesbury, et m'ont empêché de vous dire la part que je prends à son malheureux accident; quoique à cette heure, j'espère, il ne lui en reste plus la moindre suite. Je conçois toute l'horreur que vous avez dû ressentir durant ses souf-

---

[1] Le comte de la Billarderie d'Angivillers, directeur et ordonnateur général des bâtiments, etc. (A. N.)

[2] M. Walpole arriva à Paris le 19 août, et quitta cette ville le 12 octobre. Nous donnons ici, pour ne pas interrompre la série des faits, les deux lettres qu'il adressa pendant son séjour à Paris, à son ami le général Conway. (A. N.)

frances, au milieu de l'obscurité et à la vue de son bras [1]. Personne n'admire plus que moi ses ouvrages à l'aiguille, et cependant je me réjouis de ce que le bras a tout porté. Madame du Deffand, qui, comme vous savez, n'aime jamais à demi ceux qu'elle aime, et dont l'impatience n'attend jamais le temps nécessaire pour s'informer d'une chose, s'est presque mise hors de sens, parce que je ne pouvais lui dire exactement ni où ni comment l'accident est arrivé. Elle voulait écrire directement, quoique l'heure de la poste fût passée ; et dès que j'eus réussi à la calmer un peu sur ce point, elle tomba dans de nouvelles angoisses à propos de ses éventails pour madame de Marchais, prétendant qu'ils avaient dû verser aussi et être tous brisés. Bref, je n'ai vu personne de semblable. Elle m'a engagé jusqu'à lundi en huit ; dans cet engagement sont comprises je ne sais combien de parties de campagne, et comme on ne la quitte jamais sans qu'elle vous engage pour une autre fois, ces parties sont autant de polypes qui en pousseront d'autres à l'infini. Madame de Jonsac, une de mes grandes amies, est arrivée avant-hier, et madame du Deffand l'a piquée sur sa liste pour quatre réunions avec moi chez elle, toutes avant mardi prochain, et sans préjudice à nos autres soupers, dont je ne sors jamais avant deux ou trois heures du matin. Il me faudrait l'activité d'un écureuil jointe aux forces d'un Hercule pour venir à bout de tous mes travaux, sans compter les nombreux *démêlés* que j'ai à *raccommoder*, et les nombreux *mémoires* à présenter à M. Tonton, qui à mesure que sa faveur augmente devient plus grand mangeur de gens. Comme je suis la seule personne qui ose le corriger, j'ai déjà insisté pour qu'on l'enferme à la Bastille tous les jours après cinq heures. Dernièrement il s'est jeté au visage de lady Barrymore, et j'ai cru qu'il allait lui arracher les yeux, mais tout s'est réduit à une morsure au doigt. Madame du Deffand, qui a trop d'esprit pour ne pas voir chaque chose sous son vrai jour, s'apercevant qu'elle n'avait pas battu Tonton à moitié assez, se mit aussitôt à nous raconter l'histoire d'une dame dont le chien avait enlevé un morceau de la jambe à un monsieur, et qui, dans un excès de tendresse et d'alarmes, s'écriait : « Est-ce que cela ne pourrait pas rendre mon chien malade? »

Lady Barrymore a pris une maison. Elle va être obsédée de

---

[1] Lady Ailesbury avait versé dans sa voiture à Park-Place, et s'était démis le poignet. (A. N.)

conquêtes[1]; je n'ai jamais vu aucune femme exciter autant d'admiration. Je crois que sa pauvre petite tête lui en tournera tout à fait.

Madame de Marchais est charmante; c'est l'éloquence et l'attention même. Je ne suis pas si épris des N...., homme et femme[2]. C'est un tambour et un fifre auxquels je n'entends rien; il mâchonne, elle criaille, et aucun n'articule. Je n'ai pas vu M. d'Entragues. En tout, Paris me plaît plus que jamais, et peut-être y resterai-je un peu plus longtemps que je n'avais compté....

Moi qui ai l'habitude de vous faire des querelles pour votre mauvaise écriture, je m'aperçois que j'ai écrit tellement vite et barbouillé ma lettre d'une telle manière que vous aurez peine à la lire. Mais considérez combien peu d'instants j'ai pour moi-même; je suis obligé de me boucher les oreilles avec du coton pour obtenir du sommeil. Malgré cela, mon voyage m'a fait du bien. Je suis rajeuni de quinze ans au moins.

Je vous porterai deux *Éloges du maréchal de Catinat;* non que je les admire, mais je l'admire, lui, parce que je trouve qu'il vous ressemble beaucoup.

LETTRE 579.

HORACE WALPOLE A L'HONORABLE H. S. CONWAY.

Paris, 6 octobre 1775.

Il y a bien un mois que je ne vous ai écrit, mais depuis ce temps j'ai été et je suis encore tout en l'air. Madame du Deffand a été si mal, que le jour où elle s'est mise au lit je croyais qu'elle n'irait pas jusqu'au soir. Sa *faiblesse d'Hercule,* qui n'avait pu résister à des fraises et de la crème après souper, a surmonté tous les *haut* et *bas* qui ont été la suite de cet excès. Mais son impatience d'aller partout et de s'occuper de tout lui a attiré une espèce de rechute, et je ne suis pas encore tout à fait hors d'inquiétude sur elle; on ne lui permet de prendre aucune nourriture pour se refaire, de sorte qu'elle mourra d'inanition, si elle n'en guérit pas. Elle ne peut soulever sa tête de dessus l'oreiller sans *étourdissements,* et malgré cela son

---

[1] Elle fit tout d'abord celle de Lauzun. Voir ses *Mémoires.* (L.)

[2] Walpole emploie ici les mots *coq and hen*, qui veulent dire *coq et poule.* (A. N.)

esprit galope plus vite que celui de qui que ce soit, et de même ses reparties. Elle donne un grand souper ce soir pour le duc de Choiseul, et cela l'a mise hier en si grande colère contre son cuisinier, et Tonton en a pris une telle rage, que nos *dames de Saint-Joseph* croyaient que le diable ou les philosophes allaient emporter leur couvent. Comme je l'ai à peine quittée un moment, je n'ai rien à vous apprendre. Si elle va bien, comme je l'espère, je me mettrai en route le 12; mais je ne puis la laisser tant qu'elle sera dans le moindre danger, quoiqu'il y en ait beaucoup pour moi à rester davantage ici. J'ai eu de si mauvaises heures auprès de cette *malade*, qu'il m'est revenu quelques alarmes de goutte; et le mauvais temps, les mauvaises auberges et un voyage en hiver me conviennent extrêmement peu. Les éventails sont arrivés dans un bon moment; elle les a fait aussitôt ouvrir tous sur son lit, elle a tâté les modèles pour voir s'ils étaient bien de la même forme, et s'est fait décrire les dessins. Elle était tout en joie et en remercîments, et jurait de rendre pleine justice à lady Ailesbury et à mistriss Damer.

Je ne sais rien de ma *chère patrie* que ce que m'en apprend le *London Chronicle*[1]. Il me dit que les habitants des villes commerçantes sollicitent des lettres de noblesse, c'est-à-dire prient à qui mieux mieux le roi de détruire le commerce, afin qu'ils deviennent tous gentilshommes. Ici l'agriculture, l'économie, la philosophie, les réformes sont de bon ton, même à la cour. Il semble que les deux nations ont joué aux barres; mais, comme les gens qui en copient d'autres, ils prennent le mal avec le bien, tout comme le bien avec le mal. Il y a eu avant-hier une grande course de chevaux dans la plaine des Sablons, entre le comte d'Artois, le duc de Chartres, M. de Conflans et le duc de Lauzun. Le dernier a gagné, grâce à l'adresse d'un petit Anglais qui est si fort à la mode que je ne sais si l'Académie ne le proposera pas pour sujet d'un *Éloge*.

Le duc de Choiseul, comme je vous l'ai dit, est ici, et comme c'est la seconde fois que son départ est contremandé, *cela fait beaucoup de bruit*. Je ne serai point du tout surpris s'il reprend les rênes, car (passez-moi le jeu de mots) il a déjà la *reine*. Messieurs Turgot et de Malesherbes certainement branlent au manche. Mais je ne vous en dirai pas davantage jusqu'à ce

---

[1] La *Chronique de Londres*, journal anglais. (A. N.)

que nous nous revoyions, quoique cette lettre doive vous être remise par une occasion particulière......

Madame du Deffand dit que je vous aime plus que rien au monde. Si cela est vrai, j'espère que vous n'aurez pas moins de pénétration qu'elle. Si vous ne l'avez pas, ou si cela n'est pas vrai, à quoi servirait une protestation? Je me tais donc sur ce sujet. Adieu.

7 octobre 1775.

Madame du Deffand était très-bien hier, et à près d'une heure, ce matin, j'ai laissé le duc de Choiseul, la duchesse de Gramont, le prince et la princesse de Beauvau, la princesse de Poix, la maréchale de Luxembourg, la duchesse de Lauzun, les ducs de Gontaut et de Chabot, et Caraccioli autour de sa chaise *longue;* elle-même au milieu de ce cercle n'était pas un personnage muet. Je ne sais pas encore comment elle a dormi, et il faut que je fasse partir ma lettre au moment même, parce que je dois m'habiller pour aller dîner avec M. de Malesherbes chez madame de Villegagnon. J'aurai besoin de prendre un long repos après cette vie dans le monde, et mon intention est de n'y plus retourner que fort peu, d'autant plus que je n'admire guère la façon française de brûler sa chandelle jusqu'au bout en public.....

Mon laquais arrive de Saint-Joseph, et dit que Marie de Vichy[1] a passé une très-bonne nuit et qu'elle est tout à fait bien. — Philippe[2], ayez soin que ma chaise de voyage soit prête pour jeudi.

LETTRE 580.

MADAME LA MARQUISE DU DEFFAND A M. HORACE WALPOLE.

Jeudi, six heures (12 octobre 1775).

Adieu[3], ce mot est bien triste; souvenez-vous que vous laissez ici la personne dont vous êtes le plus aimé, et dont le bonheur et le malheur consistent dans ce que vous pensez pour elle. Donnez-moi de vos nouvelles le plus tôt qu'il sera possible.

Je me porte bien, j'ai un peu dormi, ma nuit n'est pas finie;

---

[1] Nom de fille de madame du Deffand. (A. N.)
[2] Valet de chambre d'Horace Walpole. (A. N.)
[3] Madame du Deffand adressa cette lettre à Horace Walpole le jour de son départ de Paris. (A. N.)

je serai très-exacte au régime, et j'aurai soin de moi, puisque vous vous y intéressez.

LETTRE 581.

LA MÊME AU MÊME.

Lundi 23 octobre 1775.

Quinze heures en mer, une nuit sans vous coucher, voilà ce dont j'ai été l'occasion ; des marques de votre souvenir dans tous les lieux où vous vous êtes arrêté, voilà ce que je ne puis assez reconnaître.

Enfin vous êtes arrivé en bonne santé, vous jouissez du plaisir de revoir vos amis ; ne perdez point le souvenir de ceux que vous avez quittés, ni les espérances que vous leur avez données.

Ma santé se fortifie tous les jours ; je vis du plus grand régime ; je prends tous les jours le petit bouillon en votre mémoire ; je ne suis pas absolument quitte de mes étourdissements, ni de certaines vapeurs noires ; il me semble que tout ce qui s'est passé depuis le 19 d'août soit un rêve dont le souvenir ne peut s'effacer, et qui fait regretter que ce soit un songe. Le Craufurd partira, à ce qu'il dit, dans le cours de cette semaine ; il se porte mieux.

Les Beauvau sont à Fontainebleau ; les maréchales vont au Raincy aujourd'hui. Celle de Luxembourg en reviendra samedi ; nous irons souper à Saint-Ouen. J'y fus avec elle samedi dernier. C'était ma seconde sortie ; j'avais soupé le mardi au Carrousel. Je soupai hier chez madame de la Reynière[1], à qui je dis que vous la trouviez la plus belle femme de France ; en conséquence, elle vous croit l'homme du plus grand mérite ; elle est au désespoir de votre départ, et elle ne doute pas que si vous revenez jamais ici, sa maison ne soit celle qui vous conviendra le mieux ; je l'ai bien laissée dans cette persuasion.

Point de ministre de la guerre ; on reviendra de Fontainebleau le 16. Voilà l'article qui me regarde et celui de mon pays coulés à fond. Adieu.

[1] Madame de la Reynière, née de Jarente, nièce de l'évêque d'Orléans, était d'une famille noble de Provence. Elle épousa M. de la Reynière, l'un des fermiers généraux, et administrateur général des postes. Madame de la Reynière survécut à la Révolution, et occupait, en 1802, le plus haut étage de son bel hôtel sur les Champs-Élysées, dont elle avait loué les principaux appartements. (A. N.)

LETTRE 582.

MADAME LA MARQUISE DU DEFFAND A M. HORACE WALPOLE.

Mercredi 25 octobre 1775.

Il n'y a point de courrier, ce qui me déconcerte. Je comptais apprendre aujourd'hui des détails de ce que vous auriez fait, de ce que vous auriez vu.

Le petit Craufurd doit partir, mais je préfère de vous écrire par la poste. Sa tête est bien mal rangée et ne se rangera jamais; c'est dommage, car il est aimable; mais je suis bien persuadée, ainsi que vous, qu'il ne peut y avoir de liaisons solides qu'entre les gens raisonnables.

Je soupai hier chez l'Idole; le prince de Conti y vint manger sa soupe sans se mettre à table; il alla se coucher tout de suite; il me paraît bien malade.

Le duc d'Orléans se porte mieux.

La nouvelle d'hier était que M. de Saint-Germain était ministre de la guerre; il est Franc-Comtois. Il avait commencé par être lieutenant de milice, était parvenu à être lieutenant général [1];

---

[1] Le comte de Saint-Germain était né en Franche-Comté, dans l'année 1708. Il avait déjà acquis une grande réputation militaire, lorsqu'à l'affaire de Corbach, en 1760, où il commandait le corps de réserve, il sauva véritablement l'armée en soutenant l'arrière-garde, et en facilitant au corps entier sa retraite sur Cassel. Il se crut cependant maltraité par le maréchal de Broglie, qui commandait en chef, et demanda sa retraite du service de France, pour entrer dans celui de Danemark. Il quitta le service de Danemark en 1774, et se retira dans un village en Alsace. Ayant converti en une somme d'argent la pension que lui faisait le roi de Danemark, il eut le malheur de tout perdre par la faillite du banquier de Hambourg à qui il avait confié sa fortune. Les officiers du régiment de Royal-Alsace, autant touchés de son sort que convaincus de son mérite, formèrent sur-le-champ entre eux une souscription pour lui faire une pension. Le comte de Muy, alors ministre de la guerre, en ayant été informé, déclara qu'une telle souscription n'était point admissible, mais que le roi assurait à M. de Saint-Germain une pension de dix mille francs, et le rétablissait dans son ancien grade à son service. C'est dans ces circonstances favorables qu'à la mort du comte de Muy Turgot hasarda de proposer le comte de Saint-Germain pour ministre de la guerre, et Maurepas le fit accepter à Louis XVI. La conduite du comte de Saint-Germain dans sa nouvelle position, les réformes qu'il fit, et la discipline qu'il chercha à introduire dans le service, ont été généralement reconnues pour être d'un officier intelligent et parfaitement instruit dans sa profession. Mais quelques-unes des mesures qu'il voulut prendre essuyèrent de violentes contradictions, et furent justement accusées de sévérité. Obligé de quitter le ministère, il mourut peu de temps après, le 15 janvier 1778. (A. N.)

des dégoûts prétendus ou vrais l'avaient fait quitter notre service; il était entré dans celui de Danemark; des banqueroutes, jointes au changement du ministère, l'en avaient fait sortir et revenir en France, où par des représentations, des sollicitations, il avait obtenu une pension de douze mille francs; je saurai ce soir si la nouvelle est véritable.

Je reçois dans le moment une lettre de M. de Caraman, de Fontainebleau, qui m'apprend la nomination de M. de Saint-Germain. Peut-être vous écrirai-je demain par M. Craufurd; sinon, adieu jusqu'à dimanche.

Je me porte bien.

Jeudi, à six heures du matin.

Je ne sais rien de nouveau de M. de Saint-Germain, sinon qu'il a soixante-cinq ans, qu'il est estimé des troupes; on le dit fort dévot. On croit que M. de Malesherbes a infiniment influé dans ce choix.

Il y a aujourd'hui quinze jours que vous êtes parti, ce sont deux semaines de moins sur ma vie; je consentirais à en retrancher bien d'autres.

Adieu, il faut faire mettre ma lettre à la poste.

LETTRE 583.

LA MÊME AU MÊME.

Paris, dimanche 29 octobre 1775.

Enfin, voilà de vos nouvelles; vous savez actuellement que j'ai reçu tous vos billets, et cette lettre-ci sera le cinquième volume de mon journal. Ce ne sera pas le dégoût que je trouverai à l'écrire qui en empêchera la continuation, mais la disette de faits et une sorte de crainte de vous fatiguer. Notre chose publique ne vous intéresse guère, et la mienne particulière vous déplaît; vous me l'avez dit; mais cependant cela ne m'arrêtera pas, et je vous parlerai de moi avec confiance, quand ce sera de ma santé et de ce que je fais. En supprimant ce que je pense, ce que je sens, et les détails domestiques, vous ne me gronderez point. J'ai reçu depuis votre départ une lettre pleine d'amitié de votre cousin [1]; j'y ai répondu; j'ai fort envie d'apprendre que vous les avez vus.

Je vous ai mandé la nomination de M. de Saint-Germain. Si

---

[1] Le général Conway. (A. N.)

j'était diserte comme madame de Sévigné, je vous ferais de beaux récits. Je vous dirais qu'il arriva jeudi au soir, qu'il débarqua à l'auberge, qu'il soupa, que M. de Maurepas l'y vint voir, que le roi remit au lendemain à le voir, qu'il l'a vu vendredi matin. C'est vous dire tout; mais j'y joindrais des circonstances qui ne vous feraient rien, et que je n'aurais pas le talent de rendre agréables et intéressantes. Je crois que le choix de cet homme ne déplait à personne, excepté à ceux qui étaient ses ennemis particuliers, et que tous les autres, surtout les prétendants à la place, à leur défaut l'auraient nommé; que le maréchal de Contades aime mieux que ce soit lui que MM. de Castries, de Broglie, de Vogué, de Poyanne, du Châtelet, de Breteuil, etc., etc.; et chacun de ceux-là pense de même pour tous les autres. Ce qui est de singulier, c'est que j'ignore encore si l'on a fait quelques changements, et si l'on n'a pas séparé l'artillerie et quelque département de province; quand je le saurai, je vous le manderai.

Je soupai hier à Saint-Ouen; j'y menai la maréchale, parce qu'étant revenue le matin du Raincy[1], elle ne voulut pas faire faire à ses chevaux un second voyage, et moi qui ai beaucoup de considération pour mes petites juments, je ne voulus pas leur faire traîner tant de monde, je pris des chevaux de remise. La compagnie que nous trouvâmes était les Strogonoff, M. d'Albaret, l'abbé Raynal et Marmontel, qu'on engagea après le whist à nous faire la lecture d'une pièce de six cents vers sur l'éloquence; il y a quelques traits assez beaux, mais cependant rien n'est plus ennuyeux.

LETTRE 584.

MADAME LA MARQUISE DU DEFFAND A M. HORACE WALPOLE.

Jeudi 2 novembre 1775.

Je ne comptais point recevoir de lettres hier; j'appris sans chagrin qu'il y avait un courrier et qu'il n'y avait rien pour moi, c'était dans l'ordre; mais le soir je fus fort fâchée, fort inquiète de toutes les nouvelles que l'on débita. On prétendit que M. d'Aranda avait reçu un courrier qui venait d'Angleterre, qui lui apprenait qu'un ancien shérif dont j'ai oublié le nom,

[1] Magnifique lieu de plaisance à deux lieues de Paris: il appartenait au duc d'Orléans. (A. N.)

s'était approché de la personne du roi comme il rentrait au parlement, et qu'il avait dit au premier officier de ses gardes de ne pas songer à s'opposer à l'entreprise que l'on allait exécuter, qui était d'enlever le roi et de l'enfermer dans la tour. Je vous laisse à juger si dans un pays tel que le nôtre cette nouvelle doit paraître absurde; je crois que vous me le trouverez moi-même en daignant la répéter, et en osant vous la raconter; mais quand on s'est permis une sottise, il ne coûte plus rien d'y en ajouter une autre. Je me suis donc rappelé que pendant votre séjour ici, je vous avais raconté que j'avais rêvé qu'il y avait une conjuration en Angleterre; ce rêve m'est revenu dans l'esprit. Moquez-vous de moi, et s'il y a, non pas une conjuration, mais quelque chose qui ait donné occasion à cette prétendue nouvelle, mandez-le-moi[1].

J'aurai ce soir les Grenville[2] et peut-être M. Saint-Paul; c'est ce qui me fait vous écrire dans ce moment, parce qu'ils pourront peut-être me fournir une occasion de vous faire tenir cette lettre.

Notre ministre de la guerre a beaucoup de succès; cela ne vous fait pas grand'chose ni à moi non plus. Je m'étonne quelquefois de l'inutilité de ma vie, et du peu de différence qu'il y a entre moi et Tonton. Je crois qu'il n'y a que M. Gudin qui soit dans l'enchantement de son existence; pour moi, je suis bien éloignée d'y trouver du plaisir, je ne sais qu'en faire; cependant il n'est pas naturel, ou, pour mieux dire, il n'est pas raisonnable de ne pas savoir employer le temps, surtout quand il en reste bien peu. Vous savez en faire usage, vous avez des goûts en abondance qui vous tiennent lieu d'occupations.

Vendredi.

Nous fûmes hier treize à souper. Les Grenville avaient reçu des lettres, et nous avons aujourd'hui notre gazette, qui confirme ce que je ne croyais qu'un faux bruit. J'attends dimanche avec impatience, j'espère que vous m'apprendrez ce que je dois croire et penser de tout ceci.

Samedi.

Je passai hier la soirée avec madame de Marchais. Vous aurez vos graines de lis au retour de Fontainebleau. Ne vou-

---

[1] Il a été impossible à l'éditeur de rien découvrir qui ait pu servir à donner lieu à ce bruit étrange. (A. N.)

[2] M. Henri Grenville, père du feu comte Temple, son épouse, et sa fille, aujourd'hui comtesse Stanhope. 1827. (A. N.)

driez-vous point avoir son portrait, vêtue comme elle était hier, en Polonaise, galonnée d'argent, toute prête à danser sur la corde? Oh! c'est une bonne femme, mais bien ridicule, et l'on en est amoureux; cela est ineffable! Je la mettrais sur un écran comme on y met l'*Afrique* et l'*Amérique*, et au bas de sa figure: *Esquisse du goût du règne de Louis XVI.* Elle continue à me donner les plus belles poires et les plus beaux raisins; mais comme je n'y tâte pas, cela diminue mes scrupules du peu de goût que j'ai pour elle. Mais savez-vous ce que j'aime encore bien moins qu'elle? C'est madame de Scudéry[1]: c'est une femme odieuse; je crois vous avoir déjà écrit qu'elle quêtait l'amitié comme une quêteuse de paroisse. Je me meurs de peur que mes lettres qui vous ont tant choqué ne ressemblent aux siennes; si cela est, brûlez-les toutes et qu'il n'en reste aucun vestige.

LETTRE 585.

MADAME LA MARQUISE DU DEFFAND A M. HORACE WALPOLE.

Vendredi 10 novembre 1775.

Couty[2] arriva hier à neuf heures du soir, et je reçus votre lettre du 28 en sortant de table.

Vous avez donc cru pendant quelques moments que j'avais négligé de vous écrire? Mais après, vous vous êtes bien moqué de vous-même, et vous vous êtes bien dit que vous n'aviez pas telle chose à craindre avec moi, mais bien le contraire.

Notre *Gazette* d'aujourd'hui parle de votre cousin, le général Conway; il parait en grande intelligence avec milord Shelburn; il me semble qu'ils ne se conviennent guère; vous me ferez beaucoup de plaisir de m'informer de votre chose publique et des choses particulières intéressantes pour vous et les vôtres. Notre ministère à nous autres est tout éclopé; le Maurepas est revenu à Paris pour un rhumatisme goutteux. Le Turgot devait y revenir pour une franche goutte; mais on m'a dit ce matin qu'il resterait à Fontainebleau jusqu'au départ du roi; on prétend qu'il a trois grands projets auxquels il veut travailler sans relâche.

[1] Dans une lettre qu'on ne publie point, parce qu'elle ne contient rien d'intéressant d'ailleurs, elle dit: « Ne sachant que lire, j'ai repris les *Lettres de Bussy*. » (A. N.)

[2] Le frère de sa femme de chambre. (A. N.)

Samedi.

Je fus hier toute la journée dans mon lit; je vis peu de monde: milady Henriette[1], qui ne parle point; les Grenville soupèrent chez moi; ce sont de bonnes gens, mais pas fort agréables : le mari est pesant, la femme causeuse. J'avais les deux maréchales, madame de Boisgelin et l'évêque de Mirepoix. Je donnai votre sucre candi, dont on vous remercie, ainsi que l'évêque de son tricot.

Dimanche à deux heures.

Je ne vous questionnerai point, puisque vous me le défendez; mais trouvez le moyen de m'apprendre ce qui vous intéresse. Vous savez que le Maurepas et le Turgot ont la goutte; l'un est parti pour Fontainebleau, l'autre en partira; ce qui fait dire à M. de Bièvre que nos ministres *s'en vont goutte à goutte.*

LETTRE 586.

LA MÊME AU MÊME.

Dimanche 19 novembre 1775.

Faites attention à la date de mes lettres, et vous verrez que je réponds sur-le-champ aux vôtres.

Dans la lettre à laquelle vous avez répondu le 13 et que je reçois aujourd'hui, je vous avais parlé d'un rêve que je n'avais point fait; c'était pour vous faire entendre ce que je ne voulais pas vous dire plus clairement; mais vous avez la tête remplie de trop de choses pour que les unes n'effacent pas les autres.

Vous me faites grand'peur; mais je n'ai ouï dire à personne que nous protégerons l'Amérique; je ne le crois pas, mais je suis bien ignorante, ainsi cela ne prouve rien. Je ne puis vous mander que des nouvelles de société; il est bien vraisemblable qu'à Londres on ne se soucie guère de ce qui se passe à Paris. Qu'est-ce que cela vous fera de savoir que je soupai hier chez madame de Caraman, qui est de retour de Roissy? que j'aurai ce soir madame de Gramont, les Beauvau, des diplomatiques, des évêques, et une comédienne nommée madame Suin[2], que M. de Beauvau veut me faire entendre? que demain je souperai

---

[1] Lady Harriet Stanhope, alors à Paris avec son père, le comte d'Harrington. (A. N.)

[2] Actrice plus que médiocre, qui ne parut jamais sans recueillir les témoignages d'une improbation unanime. Elle était la femme d'un acteur de l'Opéra-Comique, non moins sifflé. (A. N.)

chez madame de Mirepoix, qui doit revenir de Sainte-Assise, que j'y mourrai peut-être de froid?

Le chevalier de Boufflers est ici; je trouve qu'il a pris de l'esprit de province; il fronde et a l'air de mépriser ce qu'il désirerait, auquel il ne parvient pas; il a plus de talent que de discernement, de tour et de finesse que de justesse; en vérité, à l'examen, il y a peu d'esprits dont on soit et dont on puisse être parfaitement content.

Les Necker vont revenir à Paris. Votre ambassadeur me recherche assez; c'est des diplomatiques celui qui me plaît le plus. Le Caraccioli est un braillard; et pour les Allemands ils ne me plaisent guère.

Si j'étais avec vous, je vous conterais mille bagatelles, mais la peine de les écrire et le peu d'attention que vous y apporteriez me les font supprimer.

L'on m'avait dit que votre neveu l'Altesse Royale était hors d'affaire, mais j'attendais votre lettre pour le croire; je vous en fais mon compliment et j'en suis ravie.

Je ne saurais trouver un certain plaisir à vous écrire, parce qu'il me semble que c'est un temps perdu pour vous que celui que vous donnez à me lire; chez vous le dégoût est tout à côté des mouvements de la plus grande sensibilité. On est comme on est, on n'est pas plus maîtres des sentiments qu'on a, des impressions qu'on reçoit, que de tousser, d'éternuer, etc. Ainsi on a tort de rien exiger de personne, on n'en peut obtenir que des *semblants*. Tout ce que je désire, c'est de vous revoir. Adieu.

LETTRE 587.

M. DE VOLTAIRE A MADAME LA MARQUISE DU DEFFAND.

26 novembre 1775.

Puisque vous dites, madame, à M. d'Argental :

Atys, comblé d'honneurs, n'aime plus Sangaride;

je vous dirai :

Églé ne m'aime plus, et n'a rien à me dire;

car j'aime autant Quinault que vous. Je ne suis pas de ces pédants qui le trouvent fade, et qui le condamnent pour avoir parlé d'amour, lorsqu'il en devait parler. Je le regarde comme le second de nos poëtes pour l'élégance, pour la naïveté, la vérité et la précision.

Il est très-vrai que vous n'avez plus rien à me dire puisque vous ne m'écrivez point; mais il n'est pas vrai que je sois comblé d'honneurs. Je ne le suis que de ridicules, et c'est toujours par ses amis qu'on est maltraité.

M. d'Argental s'obstine à me croire tombé dans une espèce d'apoplexie pour avoir été gourmand, et le fait est que mon accident me prit après avoir été un jour sans manger. Il m'appelle aussi commissaire départi par le roi auprès des fermiers généraux, pendant que je suis opprimé départi par ces messieurs.

Voulez-vous, madame, que je vous parle vrai? Mon département est l'abîme du néant éternel, où je vais bientôt entrer.

Je lis tous les ouvrages philosophiques de Cicéron sur ce sujet plus usé qu'aisé, et je ne vous conseille pas de les lire; car quoique ce grand homme soit très-éloquent, il ne vous apprend rien du tout. L'abbé de Chaulieu avait précisément mon âge quand il est mort, et il n'en a pas appris davantage.

Les suites de mon accident m'ont paru si sérieuses, que je n'ai pas voulu faire mon voyage sans prendre la liberté de dire adieu à celle que vous appelez votre grand'maman [1]. Comme il faut se réconcilier dans ces moments-là, j'avais sur le cœur l'injustice de son mari, qui me croyait un petit ingrat. J'étais assurément bien éloigné de l'être; mais je n'ai pas mieux réussi auprès de votre grand'maman qu'auprès de vous. Vous me comblez d'honneurs, et elle me croit plein de ménagements: elle se moque de mes honneurs et de mon apoplexie.

Jugez si dans cet état j'ai eu des choses bien amusantes à vous dire? Je ne savais aucune nouvelle ni de l'Opéra-Comique ni de l'assemblée du clergé.

Mais vous, madame, qui vivez dans le centre des plaisirs et des grandes affaires, comment voulez-vous qu'un pauvre solitaire ose vous écrire du fond de ses déserts et de ses neiges, privé de toute société et de presque tous ses sens, lorsque vous en avez encore quatre excellents? C'est à vous à réveiller les gens qui s'endorment auprès de leur tombeau; mais ce n'est pas à eux de vous importuner de leurs rêveries : il faut qu'ils soient discrets et qu'ils attendent vos ordres. Il n'y a que les vampires de dom Calmet qui viennent lutiner les vivants.

[1] Madame la duchesse de Choiseul. (L.)

Soyez très-sûre que, si j'ai perdu tout ce qui fait vivre, passions, amusements, imagination et toutes les bagatelles de ce monde, je vous reste sérieusement attaché, et que je le serai tant que mes petites apoplexies me le permettront. Je vous regarderai comme la personne de mon siècle qui est le plus selon mon cœur et selon mon goût, supposé que j'aie encore goût et cœur. Je vous demanderai vos bontés, comme la première de mes consolations, et je dirai : C'est auprès d'elle que j'aurais voulu passer ma vie.

LETTRE 588.

MADAME LA MARQUISE DU DEFFAND A M. DE VOLTAIRE.

Paris, 2 décembre 1775.

Je suis ravie que vous aimiez Quinault, et que vous lui accordiez la seconde place. La première dans aucun genre ne peut plus être vacante, vous y avez mis bon ordre.

Vous vous trompez, si vous croyez qu'Églé n'a plus rien à vous dire; elle aurait mille choses à vous raconter si elle pouvait vous parler, mais par lettres on a trop de confidents. Je suis très-persuadée, mon cher Voltaire, que nous serions souvent d'accord. Je n'ai point ajouté foi à vos nouvelles dignités; j'ai fait semblant de les croire pour vous agacer; cela m'a réussi, j'en suis fort aise.

Je ne crois pas non plus à vos apoplexies; j'ai eu en même temps que vous presque la même indisposition, que j'ai regardée comme la suite de plusieurs mauvaises digestions, quoique j'eusse fait diète, ainsi que vous, la veille et la surveille; il me reste des étourdissements qui pourraient bien avoir un faux air de disposition apoplectique; mais qu'importe! Il faut finir, cette manière n'est peut-être pas la pire.

Vous allez avoir encore, dit-on, un archevêque pour confrère. N'êtes-vous pas charmé que votre académie se remplisse de personnages aussi édifiants, de nouveaux Bossuet et Fénélon? Il n'y aura pas de combats entre eux pour de nouvelles hérésies.

Ah! c'est bien moi qui ai des regrets de ne pouvoir espérer de vous revoir; mais c'est peut-être tant mieux. Vous m'auriez trop attachée à la vie. Écrivez-moi souvent; je voudrais avoir de vos lettres tous les jours; elles m'affermissent dans le bon goût, que l'on attaque de toutes parts.

Tout Chanteloup arrivera la semaine prochaine; c'est une grande joie pour moi; je montrerai votre dernière lettre, et je parlerai beaucoup de vous.

LETTRE 589.

MADAME LA MARQUISE DU DEFFAND A M. HORACE WALPOLE.

Mardi 12 décembre, à deux heures.

Je suppose que ce que je vous ai écrit hier[1] doit vous causer quelques inquiétudes sur ma santé, et que vous ne serez point fâché d'apprendre de mes nouvelles. Je n'eus point de fièvre hier, je ne me levai qu'à huit heures du soir; je me trouvai plus de force que les jours précédents; je fis fermer ma porte hier toute la journée, excepté à deux ou trois personnes, vous devinez bien que c'étaient M. de Beauvau et madame de Luxembourg. J'en userai de même aujourd'hui; demain je continuerai ce bulletin.

A cinq heures.

Je le reprends plus tôt que je ne croyais, mais c'est la surprise de ce que je viens de recevoir qui en est cause; j'ai madame d'Olonne[2] entre les mains; vous voilà au comble de la joie; mais modérez-la, en apprenant que ses galants ne la payaient pas plus cher de son vivant que vous ne la payez après sa mort; elle vous coûte trois mille deux cents livres. Est-il possible que vous ayez donné un pouvoir aussi illimité à votre brocanteur? C'est M. le prince de Conti, a-t-il dit, qui a si extravagamment poussé ce bijou. Ce M. Basan s'offrait de vous le faire tenir par un Anglais dont il prétend être sûr, qui partira vendredi; mais je n'ai pas voulu contrevenir en rien à ce que vous avez prescrit. Mandez-moi à qui vous voulez que je le remette; voulez-vous que ce soit au courrier de l'ambassadeur?

Ah! mon ami, je vois que tous les hommes sont fous, et que celui qu'on croit le plus sage a son coin comme les autres.

La poste, qui n'avait rien à m'apporter de vous, arrive dans ce moment, ce qui est un jour plus tôt qu'à l'ordinaire. Je reçois une lettre de Craufurd toute pleine de vous, c'est-à-dire de sa jalousie contre vous; ce badinage remplit toute sa lettre,

---

[1] Cette lettre n'a pas été trouvée. (A. N.)
[2] La belle miniature représentant madame d'Olonne, par Petitot. Elle se trouve aujourd'hui dans la collection de Strawberry-Hill. 1827. (A. N.)

à l'exception de la nouvelle que M. Foley a obtenu le consentement de son père pour épouser milady Henriette Stanhope.

C'est en prenant mon thé que je vous écris; la toux m'interrompt, mon secrétaire est d'écho; toute la maison a la grippe, je ne sais combien cela durera. C'est votre maudite ville de Londres qui nous a envoyé cette peste par ses courriers les brouillards; tout le monde est atteint de ce mal, il n'a encore tué personne [1].

LETTRE 590.

LA MÊME AU MÊME.

Mardi 26 décembre 1775.

J'ai manqué à la règle des huit jours, en voici la raison : votre courrier manqua dimanche, c'était, comme vous savez, la veille de Noël; je devais avoir le soir tout Chanteloup, ce qui faisait un grand fracas dans mon ménage; mes secrétaires étaient occupés, et n'ayant point reçu de lettre, je me dispensai d'en écrire. Je connais votre indulgence, d'ailleurs vous ne deviez plus être en peine de ma santé; vous deviez savoir qu'elle était assez bonne, elle est encore meilleure aujourd'hui; j'ai parfaitement bien dormi cette nuit, et je n'ai d'incommodité que mon baptistaire; celle-là est sans remède, il ne peut y avoir que des palliatifs, et le plus souverain de tous, c'est..... Vous savez quel il est.

Je vous félicite du plus profond de mon cœur de l'espérance que vous avez de revoir votre ami [2], car je persisterai jusqu'à la mort dans l'erreur de croire qu'il n'y a de bonheur dans la vie que d'aimer et d'être avec ce que l'on aime.

Ma soirée de dimanche se passa fort bien; je donnai à madame de Luxembourg ses étrennes, c'était un immense chapelet de parfilage. Le chevalier de Boufflers m'avait fait un couplet; c'est la traduction de l'*Ave, Maria*. Le voici.

Sur l'air : *De tous les capucins du monde.*

Je vous salue, ô mon amie!
De grâce vous êtes remplie!

---

[1] Cette maladie avait aussi généralement régné à Londres, sous le nom d'*influenza*. (A. N.)

[2] Le général Conway, au retour de son gouvernement de Jersey. (A. N.)

> Le dieu du goût est avec vous;
> Ce lieu retentit de louange
> Pour vous et votre enfant [1] si doux.
> Adieu; — je parle comme un ange.

Tout cela réussit fort bien. Le souper était grand et fort bon; nous n'étions que quatorze, nous aurions dû être dix-huit ou dix-neuf, mais la grippe fut l'excuse de plusieurs. Comme vous aimez les noms propres et que vous voulez que je croie que ce que je fais et ce que je vois vous intéresse, voici la liste de ma compagnie :

M. et madame de Choiseul; M. et madame de Beauvau; mesdames de Luxembourg et de Gramont; l'archevêque de Toulouse et son frère M. de Brienne; M. de Stainville; l'évêque de Rhodez; l'abbé Barthélemy; le président de Cotte; mademoiselle Sanadon et moi. Je me couchai à quatre heures, parce que mesdames de Gramont et de Beauvau restèrent jusqu'à trois heures et demie. Ne me grondez point sur le déréglement de ma conduite; il n'y a que deux choses dangereuses pour moi, les indigestions et l'ennui; les veilles ne me font point de mal; je dors si mal dans la nuit, qu'il n'importe à quelle heure je me couche; souvent je ne m'endors qu'à dix ou onze heures du matin; il y a mille ans que je vis comme cela, ce n'est plus la peine de changer.

Les Brienne viennent d'acheter l'hôtel de madame la princesse de Conti cinq cent cinquante mille livres. J'en suis bien aise; mais cependant, comme ils passent huit mois à Brienne, je ne jouirai guère de leur voisinage. C'est assez parler de moi, venons à vous.

Vous ne m'avez point articulé que vous ayez reçu les oignons de lis; cependant je le suppose, puisque vous avez écrit à madame de Marchais, et que vous l'appelez *Flore;* je ne l'ai point vue depuis ce temps-là, je soupçonne quelque refroidissement; il y a plusieurs jours qu'elle cesse d'être Pomone pour moi; je croyais que le jour de mon souper elle m'accablerait de fruits, et elle ne m'envoya rien.

Votre duchesse de Kingston me paraît une impudente; elle ne peut pas être punie, à ce qu'on m'a dit, autrement que par le déshonneur, et ce n'est rien pour elle.

Je confierai à M. Saint-Paul votre madame d'Olonne, il vous la rendra lui-même dans le courant du mois prochain.

---
[1] La duchesse de Lauzun. (A. N.)

L'*Éloge de Richardson*[1], dont vous êtes curieux, ne se trouve que dans les *Variétés littéraires*, qui sont en quatre volumes; si vous ne les avez pas, et que vous en soyez curieux, M. Saint-Paul pourra vous les porter; vous aurez le temps, avant son départ, de m'apprendre ce que vous pouvez désirer.

Mercredi.

La dame Marchais est redevenue Pomone : les poires, les pommes et les raisins sont arrivés en abondance; elle est malade depuis trois semaines et ne vient point à Paris.

On ne parle ici que des nouveaux arrangements dans le militaire; vous en serez instruit par les gazettes, et sans doute M. de Guines reçoit les ordonnances. Les mousquetaires sont détruits; les gendarmes de la garde et les chevau-légers sont réduits à cinquante; on se scandalise de la préférence qu'on leur a accordée, on l'attribue à la déférence du ministre pour M. de Maurepas, dont, comme vous savez, M. d'Aiguillon est le neveu[2]. La reine dit à M. de Saint-Germain : « Vous avez conservé ces deux troupes apparemment pour accompagner le roi aux lits de justice? » — « Non, madame, mais aux *Te Deum*. »

On voulait que ce ministre demandât le gouvernement de Blaye, vacant par la mort du duc de Lorges. Le roi, a-t-il dit, a trop de dédommagements à faire pour qu'il doive penser à accorder des grâces. Enfin, que vous dirai-je? Ce ministre donne très-bonne opinion de lui; c'est dommage qu'il ait faibli sur les chevau-légers; nous verrons bientôt quelle conduite il aura pour la gendarmerie, les carabiniers, les invalides et l'École militaire.

LETTRE 591.

MADAME LA MARQUISE DU DEFFAND A M. HORACE WALPOLE.

Paris, mercredi 3 janvier 1776.

L'évêque[3] prétend qu'il vous avait donné sa commission par écrit; qu'elle consistait en trois habits de tricot, noir, violet et rouge, chacun composé de six pièces, ce qui faisait en tout dix-huit pièces; qu'il les voulait de laine, et il pensait que le

---

[1] Par Diderot. (A. N.)
[2] Le duc d'Aiguillon était capitaine-lieutenant commandant des chevau-légers. (A. N.)
[3] L'évêque de Mirepoix, l'abbé de Cambon. (A. N.)

tout, suivant ceux que l'on reçoit ici, lui coûterait dix louis; qu'au lieu de cela le mémoire du marchand monte à onze cent cinquante-sept livres dix-neuf sous, ce qui fait, par rapport au prix qu'il voulait y mettre, neuf cent dix livres de plus. Au lieu de dix-huit pièces, il y en a trente et une, dont six pour un pantalon auquel l'évêque n'a jamais pensé, et six pour des culottes, séparées des habits. Que faire à cela? Ce serait de faire reprendre au marchand toutes ses fournitures, si cela se pouvait. Si le marchand ne le veut pas, l'évêque en passera par là, il le payera; il serait fâché de vous causer le plus petit embarras. Il part dimanche 7 pour son diocèse, il ne reviendra certainement pas avant la fin du mois de décembre 1776.

Je suis on ne peut pas plus fâchée d'avoir été pour ainsi dire l'occasion des soins que vous vous êtes donnés, et de leur mauvaise réussite. Oh! j'en réitère le serment, je ne me chargerai des commissions de personne, et vous ne recevrez par moi nulle importunité; je n'ai point à me reprocher de m'être mêlée de la commission de l'évêque, elle a été de vous à lui, sans que j'en aie eu la moindre connaissance. En voici bien long sur cet article, qui m'ennuie à la mort.

Le comte de Broglie est de retour de Metz; toutes mes connaissances sont rassemblées, je vois plus de monde et j'ai plus de soupers que je ne veux. Ce n'est point une extrême dissipation qu'il me faut; je voudrais que mes journées fussent remplies, mais par la même société et les mêmes occupations; j'ai souvent la pensée de me mettre dans un couvent; ce serait, je l'avoue, une manière d'être enterrée vive. J'aime Pompon[1] et Tonton; l'ingénuité de l'un, l'excessif amour de l'autre, me satisfont peut-être plus que tout ce que je trouve d'ailleurs.

J'ai lu *Londres*[2]; je l'avais sans le savoir, il m'a assez plu; j'avais lu autrefois Burnet avec plaisir, je l'ai voulu relire, il m'a ennuyée. On se trompe bien en écrivant l'histoire de son temps; un demi-siècle passé après les événements les rend bien peu intéressants, il n'y a guère que les lettres, et quelques mémoires écrits par ceux dont ils contiennent l'histoire, qui puissent m'amuser. Burnet ne jouait pas un assez grand rôle dans les faits qu'il nous raconte; ses portraits me plaisent assez,

---

[1] Pompon était fils de son secrétaire Wiart, âgé de quatre ans, à qui elle avait permis de vivre avec son père dans sa maison. (A. N.)

[2] *Londres.* C'est un tableau de cette ville, en trois vol. in-8º, par M. Grosley, avocat de Troyes en Champagne. (A. N.)

mais les anglicans et les presbytériens sont fastidieux ; il n'a pas le défaut, je l'avoue, de faire étalage du bel esprit, et c'est ce qui domine dans tous les livres que l'on fait actuellement, et c'est ce qui me les rend insupportables.

Savez-vous que ce M. Texier, qui vous charme et qui m'a charmée aussi, n'est pas bien dans ce pays-ci, et qu'on a blâmé M. de Guines de l'avoir reçu chez lui? On ne parle à présent que de M. de Saint-Germain ; il a l'estime publique, quoiqu'il fasse le malheur de beaucoup de particuliers.

Je me refuse à vous raconter toutes les petites nouvelles de société ; il me paraît impossible qu'elles puissent vous intéresser ; elles me semblent si froides, à moi qui y joue un rôle, que je ne saurais croire qu'elles puissent vous amuser.

Je ne vois plus les Grenville, je les ai laissés là ; je ne comprends pas ce qu'ils font à Paris, et qu'est-ce qui a pu les déterminer à quitter Nancy où ils avaient de la société, pour venir dans un lieu où ils ne connaissent personne.

LETTRE 592.

LA MÊME AU MÊME.

Dimanche 25 février 1776.

Vous aurez été étonné, en recevant madame d'Olonne, que je ne l'aie pas accompagnée d'une lettre ; mais j'ai des temps de stérilité ; j'étais dans cet état au départ de M. Saint-Paul ; je crois que mes insomnies y contribuent ; elles attaquent la mémoire. Je m'aperçois sensiblement de l'affaiblissement de ma tête ; mais à quoi bon en parler? on s'en apercevra assez sans que j'en avertisse. Vous avez raison, j'ai tort d'annoncer des projets de retraite, ils ne peuvent rien faire à personne ; c'est vouloir forcer ceux à qui je les communique à les combattre, c'est vouloir occuper de soi. Vous êtes souverainement raisonnable, tous vos conseils sont bons, et partent d'un intérêt véritable et bien entendu ; il est malheureux que l'Océan nous sépare, tout autre genre de distance serait surmontable ; mais à quoi servent les regrets?

Vous voilà donc quitte de la goutte? Puisque vous ne pouvez pas vous en délivrer, je la trouverais mieux placée dans cette saison-ci que dans le mois de septembre ou d'octobre ; ne le pensez-vous pas? Je suis persuadée que vous observez le régime convenable; je suis ravie que vous soyez à Londres; j'estime fort votre Strawberry-Hill, mais l'air n'y est-il pas fort humide, et la retraite ne vous rend-elle pas un peu sauvage?

Le temps s'avance à grands pas où toutes mes connaissances et mes amis abandonneront Paris; les Choiseul pour Chanteloup, les Beauvau le 1er avril pour leur quartier; les Broglie iront à Metz, les Caraman à Roissy; il ne me restera que madame de la Vallière. D'où vient suis-je sujette à l'ennui? D'où vient ne trouvé-je aucune lecture qui m'amuse, et un si petit nombre de gens qui me plaisent? C'est peut-être parce que je manque de raison et de bon sens; mais dépend-il de moi d'en avoir davantage? Je vois très-clairement que c'est une sottise de se plaindre, parce que cela ne remédie à rien. Quand je pense à la retraite, je sens bien que l'ennui m'y suivrait et deviendrait peut-être plus grand; mais il y aurait de moins une certaine honte et humiliation qu'on éprouve au milieu du monde, et que l'on n'éprouve pas quand on est environné de gens qui ne sont pas plus heureux que nous. Enfin on n'est point maître de ses pensées et de ses sentiments; on l'est jusqu'à un certain point de sa conduite et de ses actions; on peut l'être de ses paroles, mais il est fâcheux de ne pouvoir pas dire ce qu'on pense et de n'oser ouvrir son âme à personne; et je conviens que cela est nécessaire, parce que, tout bien examiné, on doit être persuadé qu'on n'a point d'amis, *vous excepté*, et ce n'est point un compliment. Mais de quelle ressource pouvez-vous m'être? Ne vaudrait-il pas autant être dévote? cela vaudrait mieux. Mais voilà encore ce qui ne dépend pas de soi.

Je suis véritablement fâchée de ne vous avoir pas écrit par M. Saint-Paul; ce qui m'en console, c'est que ce que je vous aurais mandé ne vous aurait pas beaucoup intéressé; je ne suis point comme était madame de Sévigné, qui parlait de tout avec chaleur parce qu'elle s'intéressait à tout; si j'ai quelque vivacité dans la conversation, dans les disputes, elle est passagère, et je retombe promptement dans la froideur et l'indifférence. Cette façon d'être tient aux organes, ils sont en moi très-faibles.

Nous attendons, mardi ou mercredi, M. de Guines[1]; son arrivée produira des sujets de conversation. Nous n'en manquons pas présentement; MM. de Saint-Germain et Turgot en

---

[1] Revenant d'Angleterre. (A. N.)

fournissent d'amples matières; il y a des subdivisions à l'infini dans chaque parti; les encyclopédistes, les économistes forment des religions avec différentes sectes. C'est ici pour le moins comme chez vous, et je suis certainement beaucoup plus neutre que vous ne sauriez l'être. M. le prince de Conti ne manque aucune séance au parlement, et il se porte beaucoup mieux; cette occupation lui était nécessaire.

Je vous mandais, dans ma dernière lettre, combien j'étais contente de madame la maréchale de Luxembourg, je n'en dirais pas autant aujourd'hui.; les jours avec elle se succèdent, mais ne se ressemblent pas; peut-être demain cela ira-t-il bien. Je soupe ce soir tête à tête avec la maréchale de Mirepoix, c'est un petit réchauffé qui ne sera pas suivi de beaucoup de chaleur. La grand'maman est tout ce que je connais de plus parfait, son départ me sera fort sensible. Je suis fort contente de son mari; s'ils n'allaient qu'à vingt lieues de Paris, ce serait un grand bonheur pour moi, mais soixante et tant rendent le voyage impossible.

Avez-vous lu les *Anecdotes sur la vie de madame du Barry?* presque tous les faits sont vrais.

Parlez de moi à M. Conway, je parle beaucoup de lui avec milord Stormont. Je ne vois point la milady Barrymore[1]. Je sais qu'elle ne parle point encore de son départ, j'ignore avec qui elle vit.

Je voudrais bien vivre avec vous.

LETTRE 593.

MADAME LA MARQUISE DU DEFFAND A M. HORACE WALPOLE.

Dimanche 3 mars 1776, à deux heures après midi.

Je préviens l'arrivée du facteur; s'il m'apporte une lettre j'y répondrai, et s'il ne m'en apporte pas, je ne prétends pas me dispenser de vous écrire.

M. de Guines arriva avant-hier à minuit, il avait essuyé un passage affreux: sa voiture cassa, versa et roua un de ses gens; il fut hier matin à Versailles; nous verrons ce qui arrivera. Il n'a point encore de successeur. Ce temps-ci est curieux; on peut parier presque sur tout, le pour ou le contre. On fait des

---

[1] Lady Émilie Stanhope, fille du comte d'Harrington, et mère du comte de Barrymore. (A. N.)

édits, on en refuse l'enregistrement; on fait des remontrances, qu'en résultera-t-il? retirera-t-on les édits? y aura-t-il un lit de justice? Les paris sont ouverts.

Il y eut jeudi à l'Académie la réception de l'archevêque d'Aix[1], pour remplacer l'abbé de Voisenon[2]. Hier M. Colardeau[3] fut élu à la place de M. de Saint-Aignan[4]. Je crois que vous êtes peu curieux de toutes les belles harangues qui s'ensuivront. Voici une épigramme que je leur préfère.

> Quelqu'un, dit-on, a peint Voltaire,
> Entre la Beaumelle et Fréron;
> Cela ferait un vrai Calvaire,
> S'il n'y manquait un bon larron.

Ce temps-ci produit une infinité de bons mots, je me reproche de ne les pas retenir pour vous les mander, mais je perds la mémoire; les insomnies en sont cause; de plus, depuis quatre jours j'ai un rhume de cerveau qui m'offusque la tête; je suis comme la chanson de M. Chauvelin, *j'écoute sans entendre, je regarde sans voir*. Ah! je ne regarde pas!

Êtes-vous parfaitement guéri de votre goutte? Je commence à craindre de n'avoir pas de vos nouvelles aujourd'hui. Vous aurez dû recevoir, mardi ou mercredi, votre madame d'Olonne; je ne le saurai que dans huit jours. Je commence à être embarrassée quand je vous écris; que puis-je vous mander qui vous intéresse? Rien, ce me semble. Je pensais l'autre jour que j'étais un jardin dont vous étiez le jardinier; que, voyant l'hiver arriver, vous aviez arraché toutes les fleurs que vous jugiez n'être pas de la saison, quoiqu'il y en eût encore qui n'étaient pas entièrement fanées, comme de petites violettes, de petites margue-

---

[1] L'abbé Boisgelin de Cicé. (A. N.)

[2] Un abbé plus connu par son talent à composer des opéras-comiques que par des sermons. Voici son épitaphe faite par Voltaire :

> Ici gît, ou plutôt frétille,
> Voisenon, frère de Chaulieu :
> A la Muse vive et gentille
> Je ne prétends pas dire adieu ;
> Car je m'en vais au même lieu,
> Comme cadet de la famille.   (A. N.)

[3] Auteur de *Caliste*, d'*Astarbé*, tragédies, et de quelques beaux morceaux de poésie. Il mourut, fort regretté, peu de semaines après la date de cette lettre, et avant d'être reçu à l'Académie française. (A. N.)

[4] Le duc de Saint-Aignan, qui était parvenu à l'âge de quatre-vingt-douze ans. (A. N.)

rites, etc., et que vous n'aviez laissé qu'une certaine fleur (qu'on ne connait peut-être pas chez vous), qui n'a ni odeur ni couleur, que l'on nomme *immortelle*, parce qu'elle ne se fane jamais. Ceci est l'emblème de mon âme, dont il résulte une grande privation de pensées et d'imagination, mais où il reste une grande constance d'estime et d'attachement.

On disait ces jours passés qu'il paraissait un nouveau volume des *Lettres de madame de Sévigné;* vous croyez bien que j'étais bien pressée de l'avoir; mais c'était une nouvelle édition du neuvième tome, qui commence par des lettres du cardinal de Retz, de M. de la Rochefoucauld, et où il y en a plusieurs de madame de la Fayette, quelques-unes de madame de Grignan, d'autres de madame de Sévigné, et beaucoup de madame de Coulanges, dont l'esprit ne me plait point du tout. On y découvre de la vanité, des airs, nul sentiment, enfin tous les défauts que l'on rencontre dans le grand nombre des gens avec lesquels on vit. Relisez ce volume. Madame de la Fayette avait des vapeurs; je me trouve beaucoup de conformité avec elle. Le style de M. de la Rochefoucauld me plait. Pour celui de madame de Sévigné, il est unique et d'un agrément qui ne ressemble à rien.

Je vous envoie de nouveaux vers de Voltaire [1], ils ont ici de grands succès; je les trouve bien, mais je n'en suis pas charmée.

Mais à propos, je le suis de votre lettre à madame de la Vallière, elle est très-jolie; elle la montre à tout le monde. J'ai un tonneau établi chez elle, que la grand'maman a fait venir de Chanteloup; c'est un indice que je n'y retournerai pas; mais je m'afflige de ce que leur départ s'avance à grands pas; je ne sais pas si ces gens-là m'aiment, mais ils me sont bénévoles: on ne peut guère rien espérer de mieux.

Le facteur n'arrive point, l'heure se passe, il est vraisemblable que je n'aurai rien à ajouter.

A quatre heures.

Voilà le facteur. Votre lettre n'exige pas beaucoup de réponse. J'ai tort de vous avoir annoncé que j'écrirais par M. Saint-Paul; quand je veux parler nouvelles, ma plume me tombe des mains; premièrement, parce que je ne sais pas raconter, et puis que ce que je raconterais ne m'intéresse point; et ce qui est encore bien plus certain, c'est l'assurance où je suis que ce que je pourrais vous mander ne vous intéresserait

---

[1] Ces vers, intitulés *le Temps présent,* sont imprimés dans ses *OEuvres.* (A. N.)

point du tout: tout ce qui s'est passé devant vos yeux pendant vos séjours ici ne vous a pas fait plus d'impression que la lanterne magique. Les choses qui pourraient peut-être vous intéresser sont celles dont je suis le moins instruite, et qui exigeraient le plus de connaissance et de vérité; dans ce temps-ci, le faux et le vrai se débitent également, et ce que je crains le plus, c'est de dire des faussetés. Je comprends que les détails de société doivent devenir, en l'absence, comme étaien tpour vous mes détails domestiques, c'est-à-dire ennuyeux. Que faut-il donc faire, ne pouvant parler ni des autres ni de soi? Faire des gazettes? Je n'en ai plus le talent. Ce qui me fâche, c'est que votre goutte ne soit pas entièrement dissipée. Vous avez bien tort, si vous croyez que je ne vous plains pas et que je fasse comparaison de l'insomnie aux douleurs; ah! mon Dieu, non, j'en sens la différence.

LETTRE 594.

MADAME LA MARQUISE DU DEFFAND A M. HORACE WALPOLE.

Lundi 4 mars 1776.

Je veux réparer le tort que j'ai eu de ne vous pas écrire par M. de Saint-Paul. Il partira jeudi un certain baron suédois, envoyé du roi de Suède, qui vous rendra cette lettre; je n'ai pu retenir son nom[1], mais il n'importe. Je vous ai mandé l'arrivée de M. de Guines, vendredi à minuit; le lendemain, samedi, il fut à Versailles; il vit le roi, et lui remit une lettre; le roi rougit, ne lui fit pas mauvaise mine et ne lui parla pas; il était dans la foule des courtisans; on n'infère rien de cette première entrevue. La cour était nombreuse, il y avait les députés du parlement qui venaient demander au roi quel jour il assignerait pour répondre aux remontrances[2] qu'ils lui apportaient; le roi, avec un visage sévère, leur dit qu'il voulait la grande députation et qu'il leur assignerait le jour.

Tout le monde est persuadé qu'il y aura un lit de justice; le comte de Broglie a parié contre moi qu'il n'y en aurait point.

L'on m'apporte dans le moment les harangues de l'Académie; comme elles ne vous coûteront point de port, je vous les enverrai.

---

[1] Le baron de Nolken. (A. N.)
[2] Les remontrances du parlement de Paris contre les réformes de M. Turgot. (A. N.)

L'épigramme que je vous ai envoyée, que je croyais nouvelle, est ancienne.

Je ne vous ai point dit que ce fut chez l'Idole que M. de Guines débarqua en arrivant; elle avait un grand souper où étaient son prince (*de Conti*), M. et madame de Beauvau, M. le duc de Choiseul, madame de Gramont, madame de Luxembourg, madame de Lauzun, madame d'Usson, le marquis de Laval, l'archevêque de Toulouse et plusieurs autres; ce dernier ne se porte point bien, sa poitrine, son ambition ne sont pas en bon état; il est ami du Turgot, du moins en apparence, mais peut-il y avoir de l'amitié entre les ambitieux? On ne sait ce que tout ceci deviendra : il paraît impossible que le Turgot ne succombe, il ne sait ce qu'il fait. Le Maurepas est la faiblesse même. Le Saint-Germain, dont on avait bonne opinion, indépendamment qu'il est assez malade, ne soutient pas l'idée qu'on avait de lui; le choix qu'on a fait de M. de Montbarrey pour être en quelque sorte son adjoint, marque peu de discernement; c'est un homme très-borné, d'une naissance très-médiocre, et sans aucun mérite distingué; nous n'avons personne qui ait le sens commun.

Mardi 5.

J'ai envoyé chercher toutes les ordonnances de M. de Saint-Germain, moins pour vous, à qui elles ne feront rien, que pour M. Conway, qui ne sera peut-être pas fâché de les voir.

Je n'ai rien appris de nouveau hier. J'ai lu les harangues: c'est bien abuser de la parole.

Je donne à souper ce soir à madame de Roncherolles[1] et à M. Francés, lesquels sont très-*turgotins*, c'est ainsi qu'on les appelle; car *turgotistes* les rendrait trop fameux, cela leur donnerait l'air d'une secte; à eux n'appartient pas tant d'honneur. Adieu jusqu'à demain.

Mercredi 6.

Il y a eu hier bien des *on dit*, qui sont sans vérité, et même sans vraisemblance. On dit qu'on propose au chancelier Maupeou, pour qu'il donne sa démission, un million, et de faire son fils aîné duc et pair; la place de chancelier serait pour M. de Malesherbes; cela est absurde.

On dit qu'on veut supprimer deux places de gentilshommes de la chambre, et deux de capitaines des gardes; autre absurdité. Le roi n'a point encore dit quel jour il signifierait sa vo-

[1] La fille de M. Amelot, ministre de l'intérieur. (A. N.)

lonté, et les paris subsistent. Je commence à croire que je pourrais bien perdre et que le parlement cédera; ce qui est de certain, c'est que le Turgot ne cédera pas; il n'y a pas d'homme plus entreprenant, plus entêté, plus présomptueux; son associé Malesherbes va comme on le pousse. On dit de nos trois ministres : le Turgot ne doute de rien, le Malesherbes doute de tout, et le Maurepas se moque de tout; et chacun pense qu'un tel gouvernement ne peut subsister. Venons aux faits vrais.

Il y a eu avant-hier un duel entre le prince de Salm[1] et un M. de Lanjamet[2], officier dans le régiment du roi. L'affaire se conte différemment; mais comme il y a un grand nombre de témoins, on ne tardera pas à en savoir la vérité. La querelle fut occasionnée par le jeu : Lanjamet était le débiteur; il était convenu de payer à un terme qui n'était point expiré; il sut que le prince tenait de fort mauvais propos; il chercha de l'argent et s'acquitta, et rencontrant le prince dans les Tuileries, il le traita très-mal. Ils sortirent pour s'aller battre sur le rempart où il y avait beaucoup de monde. M. de Salm fut suivi de deux hommes, dont l'un, dit-on, était son valet de chambre, et l'autre, un maître en fait d'armes. Lanjamet lui demanda pourquoi ces gens-là le suivaient; le prince, sans lui répondre, tira son épée; on prétend que celui-ci avait un gros manchon devant lui. Lanjamet lui proposa de se déshabiller; l'autre, sans répondre, alla sur lui; on prétend que la pointe de l'épée de Lanjamet trouva de la résistance; ce qui est de sûr, c'est que Lanjamet tomba, et que le prince l'aurait tué par terre si Lanjamet ne s'était saisi de son épée et ne l'eût cassée; on prétend que le maître en fait d'armes, quand il vit Lanjamet par terre, criait au prince : Plongez votre épée. Lanjamet se relevant fut sur le prince qui n'avait plus d'épée et le poursuivit; il était comme un enragé; le prince a eu quelques légères blessures. Une madame de Créqui, amie de la princesse de Salm, fut lui rendre visite, ne sachant rien de l'aventure de son fils; sa mère lui dit qu'il était incommodé; elle demanda à le voir; on lui fit quelques difficultés, elle insista, le prince était dans son lit. Elle lui demanda pourquoi on avait fait difficulté de la laisser entrer : C'est, dit-il, qu'il y a des tableaux fort obscènes dans ma chambre : « Bon, dit-elle, qu'est-ce que cela fait, je suis si vieille!

---

[1] Le prince Frédéric de Salm. (A. N.)
[2] M. de Lanjamet était le fils cadet d'une bonne famille de Bretagne. (A. N.) Ce duel est raconté dans les *Mémoires de M. de Ségur*. (L.)

Je sais que ce sont les impuissants qui aiment les peintures malhonnêtes, et que ce sont les poltrons qui veulent toujours se battre. » Elle ne savait rien de l'aventure, ce qui a rendu ce propos plaisant.

J'ai fait copier hier des vers que j'ai trouvés jolis et que je vous envoie; c'est une invitation à dîner que fit Voltaire à Destouches après la représentation de sa pièce du *Glorieux*.

INVITATION DE DINER.

Auteur solide, ingénieux,
Qui du théâtre êtes le maître,
Vous qui fîtes *le Glorieux*,
Il ne tiendrait qu'à vous de l'être;
Je le serai, j'en suis tenté,
Si demain ma table s'honore
D'un convive tant souhaité;
Mais je sentirai plus encore
De plaisir que de vanité.

M. le prince de Conti se porte beaucoup mieux; il se distingue dans l'affaire du parlement, et le mouvement qu'elle donne à son sang lui a fait plus de bien que le régime et les remèdes.

Sachez-moi gré de cette lettre; plus elle est détestable, plus vous me devez de reconnaissance.

LETTRE 595.

MADAME LA MARQUISE DU DEFFAND A M. HORACE WALPOLE.

Paris, dimanche 17 mars 1776.

J'ai chez moi mes neveux [1]; ils sont dans mon antichambre, j'ai la plus grande impatience de m'en débarrasser, et comme Wiart les mènera promener, je veux prévenir l'arrivée du facteur pour n'avoir qu'un mot à ajouter à la réponse que j'aurai à vous faire, et qu'on les emmène; j'espère recevoir de vos nouvelles; votre santé n'était pas assez raffermie pour que je sois entièrement exempte d'inquiétude.

Il parut hier cinq édits et six ordonnances. Lundi nous aurons la relation du lit de justice [2]; si vous en êtes curieux, mandez-

---

[1] Les petits-fils de son frère, le comte de Vichy. (L.)

[2] Ce lit de justice est celui qui fut tenu à Versailles, le 12 mars 1776, à l'occasion des édits portant suppression de la corvée dans la construction et l'entretien des grandes routes, etc. Les réclamations des parlements furent si fortes que le roi se vit contraint de retirer les édits. Nous citerons à ce sujet

le-moi, je vous enverrai tous ces fatras par la première occasion.

M. et madame Necker se préparent à un voyage en Angleterre; ils partiront la semaine de Pâques, et ils assurent qu'ils seront ici de retour à la fin de mai; si vous voulez faire venir quelque chose d'ici, mandez-le-moi.

une lettre de Walpole adressée au docteur Gem*, et on y verra en même temps qu'il ne pensait pas comme son amie madame du Deffand sur les deux ministres Malesherbes et Turgot.

« ..... Nous avons eu presque toujours les mêmes sentiments politiques, et je crains bien que vous ne mouriez avec vos opinions; pour moi, je dois vous avouer que j'en ai entièrement changé : loin d'être partisan zélé de la liberté, je n'admire plus que le despotisme. Vous me demanderez naturellement quelle place j'ai obtenue, ou quel cadeau j'ai reçu : ce sont, en Angleterre, les secrets des conversions politiques; mais comme la mienne est d'origine étrangère, elle ne me rendra pas plus riche; en un mot, c'est *la relation du lit de justice* qui a opéré ce miracle. Quand on trouve deux ministres** assez humains, assez vertueux, assez excellents pour ne s'occuper que du bien-être et du soulagement du peuple, quand un roi prête l'oreille aux avis de deux hommes aussi précieux, et qu'un parlement s'oppose, par les motifs les plus ignobles et les plus intéressés, au bien qu'on veut faire, ne dois-je pas changer d'opinion et admirer le pouvoir absolu? Ou bien, puis-je, en conservant les mêmes sentiments, ne pas en changer l'objet?

» Oui, monsieur, je suis indigné de la conduite du parlement. On serait tenté de le croire anglais. Je suis scandalisé des discours de *l'avocat général****, qui défend les intérêts odieux de la noblesse et du clergé contre les cris et les plaintes des pauvres, et qui emploie sa criminelle éloquence à pervertir la bonté d'un jeune prince par des vues personnelles, et à lui faire sacrifier la masse de ses sujets aux priviléges de quelques-uns. Mais qu'ai-je appelé éloquence? Les fumées de l'intérêt ont tellement obscurci sa rhétorique, qu'il tombe dans le galimatias le mieux conditionné. Il dit au roi que la taxe proposée sur les propriétaires des terres atteindra les pauvres comme les riches. Je voudrais bien savoir quelles sont les propriétés des pauvres. Les pauvres ont-ils des terres? ceux qui ont des terres sont-ils les pauvres? sont-ce les pauvres qui souffriront de la taxe, sont-ce les malheureux laboureurs enlevés à leurs familles affamées pour aller travailler sur les routes? — Mais il n'y a qu'une éloquence criminelle qui puisse trouver et donner une raison pour prolonger de tels abus. — L'avocat général dit au roi qu'ils sont « *presque consacrés par l'ancienneté.* » — C'est tout ce qu'on peut dire en faveur de la noblesse, *elle est consacrée par l'ancienneté* : ainsi la longue généalogie des abus les rend dignes de respect.

» Ses arguments ne sont pas moins pitoyables, quand il cherche à éblouir le

---

* Médecin anglais qui a longtemps habité Paris, et non moins estimé pour ses vastes connaissances que pour son humanité envers les pauvres qui avaient recours à lui. (A. N.)

** MM. Malesherbes et Turgot. (A. N.)

*** M. de Séguier. (A. N.)

Peut-être votre ambassadeur ira-t-il aussi faire un tour à Londres; il en a grande envie. J'ai eu la visite de milady Dunmore[1], elle m'a rappelé qu'elle m'avait vue plusieurs fois pendant le séjour que fit ici M. le duc de Richmond; je ne m'en souvenais guère. M. Colardeau a été élu à l'Académie pour remplacer M. de Saint-Aignan; on dit qu'il mourra avant sa réception. Fréron est mort; on a donné le privilége de sa feuille à sa veuve. Nous aurons incessamment un roman, commencé par madame de Tencin et fini par madame Élie de Beau-

roi par les grands noms de Henri IV et de Sully, de Louis XIV et de Colbert, qu'une bouche vénale a pu seule comparer entre eux. Mais fussent-ils tous quatre également vénérables, cela ne prouverait rien. Les bons rois et les bons ministres, s'il en fut jamais de tels, peuvent s'être trompés et avoir fait le mieux qu'ils ont pu. Ils n'eussent pas été bons, s'ils avaient voulu que leurs erreurs fussent respectées, même après avoir été reconnues.

» Enfin, monsieur, je pense que cette résistance du Parlement à l'admirable réforme préparée par MM. Turgot et Malesherbes est plus scandaleuse que le plus féroce caprice du despotisme. J'oublie ce qu'était une nation qui refusa la liberté lorsqu'elle lui fut offerte. Cette opposition à une si noble mesure est plus condamnable. Tout un peuple peut bien refuser le bonheur, mais ces magistrats prévaricateurs s'opposent au bonheur des autres, au bonheur de plusieurs millions d'hommes et de la postérité! — N'ont-ils pas à moitié absous le chancelier Maupeou de les avoir opprimés? Pour vous, monsieur, blâmerez-vous encore mon apostasie? ne suis-je pas justifié à vos yeux? Je ne vois pas l'ombre d'une idée juste dans les discours de M. Séguier, hormis lorsqu'il propose d'employer les soldats à réparer les routes et de faire contribuer les voyageurs aux frais de leur entretien, quoique en France, où le luxe est moins extravagant qu'en Angleterre, je pense que les voyageurs ne suffiraient pas aux dépenses des routes. Ainsi ce moyen est comme un autre que l'avocat général présente au roi, en lui avouant modestement qu'il le croit impraticable.

Pardonnez-moi, monsieur, de vous causer un aussi long dérangement; mais je ne pouvais respirer, tant j'étais blessé de voir une telle abjuration de principes dans la conduite d'un parlement dont le rétablissement m'a fait plaisir. Pauvre espèce humaine! élèvera-t-elle toujours des serpents dans son sein? Dans un pays elle choisit ses représentants qui se vendent avec elle. — Dans les autres, elle honore les despotes. — Dans celui-ci, elle résiste au despote lorsqu'il consulte le bien de ses sujets. Peut-on s'étonner que le genre humain soit malheureux, quand les hommes sont ainsi faits? Les parlements montrent un patriotisme fanatique lorsqu'il s'agit de l'esclavage ou de la ruine de l'Amérique; ils se soulèvent quand on va affranchir leur pays; je ne m'étonne plus de cette opinion, que le diable s'attache toujours à nos pas. Sans doute ceux qui l'ont imaginée ne pouvaient comprendre comment, sans l'intervention d'une furie, les hommes pourraient se montrer aussi *cruels* les uns envers les autres. Ne pensez-vous pas que si cette idée n'eût pas été trouvée, elle serait venue à l'occasion du partage récent de la Pologne? Adieu. (A. N.)

[1] La comtesse douairière de Dunmore. (A. N.)

mont¹ ; elle me vint voir l'autre jour, et elle m'a promis le premier exemplaire ; s'il paraît avant le départ de M. Necker, il vous le portera.

M. de Guines, depuis son arrivée ici, n'a point quitté Versailles ; il n'a pas encore pu obtenir d'audience ; cela n'est pas un trop bon signe.

Nous sommes en plein jubilé, je ne m'en aperçois pas beaucoup.

Je fus jeudi dernier à la comédie chez madame de Montesson ; la pièce était de sa composition, elle a pour titre : *la Femme sincère*. Ce n'est pourtant pas une pièce de caractère, c'est une femme qui fait un aveu à son mari dans le genre de la princesse de Clèves. Ce spectacle n'a pas réveillé en moi le goût de cet amusement. Je ne lis plus que des romans ; je viens de lire les *Malheurs de l'amour*, par madame de Tencin, qui est bien écrit, mais qui n'inspire que de la tristesse, et un autre qu'on appelle *Ernestine*, par mademoiselle Riccoboni, qui m'a fait beaucoup de plaisir ; lisez-le, je vous en prie ; si vous ne l'avez pas, je vous l'enverrai. Je n'ai pas de quoi vous entretenir jusqu'à l'arrivée du facteur, je vais l'attendre.

Le voilà arrivé ; vous n'êtes point quitte de votre goutte ; ces retours m'inquiètent, et je n'aime point du tout qu'elle grimpe si haut.

Vous me donnez des louanges dont je suis bien indigne, vous me jugez mal sur tous les points. Je ne suis point difficile, je m'accommoderais de l'esprit de tout le monde, si tout le monde n'était pas ridicule. Je pense comme Despréaux :

Chacun, pris en son air, est agréable en soi.

Il n'y a que l'affectation, la prétention et le ridicule qui me choquent, et l'on ne trouve que cela. Je m'aperçois très-sensiblement que je perds petit à petit toutes les facultés de l'esprit ; la mémoire, l'application, la facilité de l'expression, tout cela me manque au besoin. Je ne désire point d'être aimée, je sais qu'on n'aime point, et je le sais par moi-même ; je n'exige point des autres qu'ils aient pour moi les sentiments que je n'ai point pour eux ; ce qui s'oppose à mon bonheur, c'est un ennui qui ressemble au ver-solitaire et qui consomme tout ce qui pour-

---

[1] *Les Anecdotes de la cour et du règne d'Édouard II, roi d'Angleterre*. Madame de Tencin n'en ayant fait que les deux premières parties, madame Élie de Beaumont fournit la troisième. (A. N.)

rait me rendre heureuse. Cette comparaison exigerait une explication, mais je ne puis pas débrouiller cette pensée.

Il paraît des *Lettres sur les Chinois*, à la suite desquelles on a mis les lettres du chevalier de Boufflers avec une *épître* à Voltaire, et la réponse qu'on a déjà vue; j'ai relu la réponse avec plaisir. On demandait l'autre jour à quelqu'un s'il avait lu les seize volumes de l'abbé de Condillac sur l'éducation. Ah! mon Dieu non, dit-il, *je m'en tiens au dix-septième*. Vous comprenez quel il est; c'est le prince [1].

Ne dites point de mal de votre lettre à madame de la Vallière; je l'ai lue une seconde fois, et je vous assure qu'elle est très-jolie.

Si votre édition du neuvième tome de madame de Sévigné n'est pas plus ancienne que 1731, c'est la même que la mienne. Mes lettres ne méritent aucune espèce de louanges, je n'ai point de style; mais si l'on voulait absolument m'en supposer, il aurait plus de rapport à celui de madame de la Fayette qu'à celui de madame de Sévigné.

LETTRE 596.

MADAME LA MARQUISE DU DEFFAND A M. HORACE WALPOLE.

Jeudi 21 mars 1776.

Je vous plains de l'envie qui me prend de vous écrire. Je me suis fait relire votre dernière lettre; si ce n'est pas un chef-d'œuvre de bon français, c'en est un d'un excellent anglais. Aux louanges près que vous m'y donnez, tout le reste est très-vrai, très-approfondi, et d'un esprit très-éclairé; mais quel profit en puis-je faire? Avons-nous du pouvoir sur nous-mêmes? Si cela était, tous les gens d'esprit seraient heureux. Je commence par vous, et je vous demande si vous êtes heureux? J'ai peine à le croire. Cependant il ne faut pas toujours juger des autres par soi-même. Moi, par exemple, quand mon âme est sans sentiment, je suis sans idées, sans goût, sans pensées, je tombe dans le néant que j'appelle ennui. S'il suffisait du raisonnement et de la réflexion pour se rendre heureux, on verrait tout le contraire de ce qu'on voit, car tous les jours, en examinant le monde, je vois que ce sont les sots qui sont les plus

---

[1] Le duc de Parme, de qui l'abbé de Condillac avait été le précepteur. (A. N.)

contents des autres et d'eux-mêmes, et qui savent le mieux se suffire. Vous vous êtes tant moqué de moi sur le cas que je faisais de l'amitié, qu'à la fin vous m'avez persuadée; mais en détruisant mes illusions, je ne sais rien mettre à la place; c'est, je crois, un bonheur de prendre pour or les feuilles de chêne. J'ai ri de la récapitulation que vous me faites de tous mes bonheurs; celui d'une longue vie, par exemple; vous saurez peut-être un jour ce qu'il en faut penser. A l'égard de la considération dont je jouis, de l'estime qu'on a pour moi, des empressements qu'on me marque, je dis comme Aman dans *Esther* :

> De cet amas d'honneurs la douceur passagère
> Fait sur mon cœur à peine une atteinte légère;
> Mais Mardochée, etc.

En fait de connaissances, de liaisons et d'amis, ce n'est pas le nombre qui satisfait. Voilà ce qu'il m'a pris envie de vous dire aujourd'hui; vous voilà quitte de moi pour ce moment.

Je vais faire copier une lettre de Voltaire qu'il a envoyée à M. de Malesherbes [1], où vous verrez qu'il soutient bien son caractère; c'est à propos d'un arrêt du parlement qui a condamné au feu un livre intitulé : *Contre les droits féodaux* [2].

Samedi 23.

Il paraît deux volumes de votre Shakspeare, on dit qu'il en aura seize : le premier contient une *Épître* à notre roi, l'institution et la description du jubilé en l'honneur de Shakspeare, et l'histoire de sa vie écrite très-longuement et très-ennuyeusement; je n'ai encore rien lu de la traduction de ses pièces. La

---

[1] Cette lettre était adressée à M. de Boncerf, auteur du livre intitulé : *Les inconvénients des droits féodaux*. Elle est imprimée dans l'édition des OEuvres de Voltaire, de Beaumarchais, tome LXIII, p. 200. M. de Boncerf était premier commis de M. Turgot. (A. N.)

[2] C'est la brochure dont il a été parlé plus haut. Elle était destinée à disposer les esprits de la classe moyenne du peuple pour une partie des projets libéraux et patriotiques de M. Turgot; elle fut condamnée d'une commune voix, par le parlement de Paris, comme « injurieuse aux lois et coutumes de la France, aux droits sacrés et inaliénables de la couronne, et au droit des propriétés des particuliers; comme tendant à ébranler toute la constitution de la monarchie, en soulevant tous les vassaux contre leurs seigneurs et contre le roi même, en leur présentant tous les droits féodaux et domaniaux comme autant d'usurpations, de vexations et de violences, également odieuses et ridicules, et en leur suggérant les prétendus moyens de les abolir, qui sont aussi contraires au respect dû au roi et à ses ministres, qu'à la tranquillité du royaume. » (A. N.)

première est *Othello*, dont l'abbé Barthélemy est très-content ; mais tous les jours je me confirme à ne m'en rapporter au jugement de personne ; non pas que je croie avoir plus de goût, mais du moins je ne juge que d'après moi, que par l'impression que je reçois, et jamais par des règles que je ne sais point.

J'imagine que votre ambassadeur accompagnera les Necker dans leur petit voyage ; j'aurai quelque regret de leur absence ; je soupe avec eux deux fois la semaine, le lundi chez eux, le jeudi chez moi. Je trouve de l'esprit à votre ambassadeur, beaucoup de politesse et de noblesse ; c'est de nos diplomatiques celui qui vaut le mieux sans nulle comparaison ; vous vous connaissez peu l'un et l'autre ; mais ce qui doit vous prévenir en sa faveur, c'est l'amitié qu'il a pour votre cousin. Je crois que le Caraccioli crèvera bientôt ; il a une abondance de flegmes, de paroles, qui le suffoquent. On n'est point fâché de le connaître, de le rencontrer, de l'avoir chez soi, mais cependant il fatigue, il assomme. Il a d'abord été fort épris de madame de Beauvau, et elle de lui, mais cela est fort refroidi. L'objet de sa vénération, c'est d'Alembert et mademoiselle de Lespinasse ; mais cela ne l'empêche pas d'avoir une sorte de considération pour moi.

Le départ des Choiseul avance à grands pas, ce sera le mardi de Pâques ; je les verrai jusqu'à ce jour-là le plus souvent qu'il me sera possible ; quand toutes mes connaissances seront dispersées, je me dévouerai à la solitude et au tête-à-tête de ma compagnie, qui, tout au plus, est tant soit peu au-dessus du rien ; il m'arrive même quelquefois de la croire au-dessous.

Jouissez du bonheur de vous savoir passer de tout, contemplez votre madame d'Olonne, ou faites..... je ne sais pas quoi, car je ne saurais avoir aucune idée de vos sentiments ; depuis que je suis aveugle je n'en connais qu'un genre, et c'est la société ; quand elle est bonne, c'est tant mieux ; mais je préfère la médiocre et même la mauvaise à être réduite à moi-même.

A propos, ne croyez pas que si vous étiez Français, ou moi Anglaise, je serais plus ou moins contente de vous ; ce n'est pas la différence des nations qui nuit à notre bonne intelligence ; les mœurs et les usages n'y font rien. Bonjour, à demain.

Dimanche à midi.

J'ai commencé *Othello*, j'en suis enchantée. L'abbé m'a chargée de vous dire qu'il trouve Shakspeare supérieur à tout, et qu'il vous prie de n'écouter que le Dieu et de ne faire aucune attention à l'homme; il trouve, ainsi que moi, que tout ce que les traducteurs, car ils sont trois [1], disent de leur chef est du dernier plat. Je ne sais si leur traduction est fidèle, mais il me semble que Shakspeare n'a pu mieux dire. Il est étonnant que ces trois traducteurs n'aient pas mieux écrit tout ce qui précède leur traduction. J'ai impatience de savoir si vous serez content; je prévois que je le serai infiniment; mais en vieillissant je m'aperçois que je redoute d'être remuée par des choses trop tragiques.

On dit que le procès de M. de Richelieu et de madame de Saint-Vincent sera jugé jeudi prochain.

M. de Guines est toujours à Versailles sans qu'on pense à s'expliquer avec lui; cet homme est complétement malheureux.

LETTRE 597.

MADAME LA MARQUISE DU DEFFAND A M. HORACE WALPOLE.

Dimanche 31 mars 1776.

Votre lettre du 26 arriva hier, un jour plus tôt qu'à l'ordinaire; c'est une bonne fortune, mais c'est une bien mauvaise nouvelle que la lenteur de votre rétablissement; ne peut-on pas l'attribuer au retour du froid? Après quelques jours assez beaux, la gelée est revenue; depuis six ou sept jours, il a fallu rallumer le feu, s'habiller plus chaudement; les rhumes sont revenus, ce peut fort bien être ce qui retarde votre parfaite guérison. Vous irez donc incessamment sur le bord de la mer; vous ressouvenez-vous d'un vers de Despréaux, dans son *Ode à Louis XIV*, sur le passage du Rhin?

Se plaint de sa grandeur qui l'attache au rivage.

N'en pourrais-je pas faire une application? Mais non, toute plainte est bannie.

Votre lettre est très-bonne, elle m'a fait plaisir.

Les Necker partiront la semaine de Pâques; ils vous rendront une visite à Strawberry-Hill, et puis vous en serez quitte; leur projet est de ne voir personne. Je ne saurais bien dire quel est l'objet de leur voyage, de leur curiosité; ne pourrait-ce point

[1] Le comte de Catuelan, M. le Tourneur et M. S...... (A. N.)

être quelques affaires? Ils ne verront point Newmarket. Le procès de la duchesse de Kingston, vos spectacles, Garrick surtout, sont leurs principaux objets; ils le disent; j'espère bien qu'ils seront de retour à la fin de mai. Votre ambassadeur partira plus tôt qu'eux, il partira l'instant d'après le retour de M. de Saint-Paul; s'il veut se charger des pastilles, d'un roman nouveau et de quelques ordonnances pour M. Conway, vous les recevrez bientôt, sinon vous les recevrez par les Necker.

Avant-hier vendredi, les princes, les pairs et le parlement s'assemblèrent au palais à dix heures du matin; ils ne se séparèrent qu'à deux heures après minuit : c'était pour l'affaire de M. de Richelieu et de madame de Saint-Vincent; ils ont arrêté qu'on nommerait de nouveaux experts pour la vérification des billets, qu'on entendrait de nouveaux témoins, et la conclusion fut à un plus amplement informé, et le jugement remis après la Saint-Martin, qui est la rentrée du parlement; on a relâché tous les prisonniers; j'attendis le retour de M. de Choiseul, qui, dans toute la journée, n'avait mangé que deux petits pâtés. La grand'maman, qui ce jour-là avait soupé au Palais-Royal, revint chez elle à une heure pour lui faire préparer un morceau à manger; j'avais soupé avec l'abbé chez la Petite Sainte[1]; nous vînmes à l'hôtel de Choiseul; mesdames de Gramont et de Beauvau vinrent de leur côté attendre le grand-papa; je ne rentrai qu'à quatre heures. Cette conduite vous effraye, mais elle ne me fait point de mal.

Je fis hier une connaissance nouvelle de madame de Genlis du Palais-Royal; c'est elle qui a désiré de me voir, et ce sont les la Reynière qui s'en sont mêlés; elle a beaucoup de talent, est grande musicienne, a une assez belle voix, chante fort bien et joue de la harpe divinement; je crois qu'elle sera bientôt dame d'honneur de madame la duchesse de Chartres; elle est actuellement dame de compagnie; madame de Blot[2] s'est retirée, et une petite madame de Polignac[3] qui la remplace n'est qu'intermédiaire.

J'ai peine à croire que ces nouvelles vous intéressent.

Je viens de lire le roman de madame de Tencin[4] : si c'était

---

[1] La comtesse de Choiseul, née l'Allemand-Betz. (A. N.)
[2] La sœur du comte d'Hennery. (A. N.)
[3] Madame de Polignac, née du Rumain. (A. N.)
[4] *Les Malheurs de l'Amour.* C'est un des romans qu'on a attribués depuis à son neveu, M. de Pont-de-Veyle, et surtout à M. d'Argental. (A. N.)

son histoire véritable, on ne s'étonnerait pas qu'on l'eût écrit; mais pour un ouvrage d'imagination, ce n'était pas en vérité la peine.

M. le duc de Chartres n'ira point à Newmarket; il part pour Toulon, et madame la duchesse de Chartres avec lui.

LETTRE 598.

MADAME LA MARQUISE DU DEFFAND A M. HORACE WALPOLE.

Lundi 8 avril 1776.

Le colonel de Saint-Paul arriva avant-hier au soir; il vint hier chez moi un moment après que j'en étais sortie pour aller chez madame de la Vallière. Il me laissa votre lettre; je ne me la suis fait lire que ce matin. Je commence à y répondre, quoique dans l'intention d'attendre, s'il le faut, le départ de M. Nécker : je m'informerai cependant s'il n'y aura pas d'occasion plus prochaine.

Si je n'en trouve point, j'aurai le temps de répondre à tout ce que contient la vôtre. Je ne veux cependant pas tarder de vous dire que, si je n'avais pour être heureuse qu'à combattre des visions, la besogne serait bien avancée : je crois être sûre de n'en avoir jamais eu; mais aujourd'hui il ne reste pas d'apparence où l'on puisse se méprendre.

Vous vous trompez fort si vous croyez que je ne sois pas persuadée et fort touchée du mauvais état de votre santé. Dans les moments où je souffrais de ma chute, je pensais sans cesse que vos douleurs étaient cent fois plus insupportables que celles que j'éprouvais. Je comprends l'effet qu'elles produisent dans votre âme, et je prévois, sans murmurer et sans m'en plaindre, tout ce qui en doit résulter. Ne me croyez point ni folle ni injuste; mais plaignez-moi d'avoir reçu de la nature un caractère contraire au bonheur, parce qu'il me rend dépendante de tout.

Mardi 9.

Nous n'avons de Shakspeare qu'*Othello*, *la Tempête* et *Jules César*. J'aime infiniment mieux *Othello* que les deux autres. Il y a de beaux endroits dans *Jules César*, mais aussi de plus mauvais, ce me semble. Pour *la Tempête*, je ne suis point touchée de ce genre. Les deux premiers volumes seront *le Roi Lear*, *Coriolan*, *Timon*; je ne sais plus quel autre. Il vous sera facile d'avoir la traduction, si vous en êtes curieux; il y a déjà du temps qu'elle est à Londres.

Vous avez eu raison en pensant du bien de Malesherbes; tout annonçait en lui de la bonhomie : les mémoires, les représentations qu'on avait eus de lui tandis qu'il était premier président de la cour des aides, ne laissaient point douter de son esprit; on le croyait sans ambition. La première faute qu'il a faite, c'est d'accepter le ministère, pour lequel il n'a nul talent; mais ce qui lui fait un tort irréparable, c'est la bassesse qu'il a eue de se charger d'une commission qui n'était point de son département, en se chargeant de parler à la reine contre M. de Guines, pour lui faire perdre la protection qu'elle lui accorde : c'était l'affaire de M. de Vergennes, ou bien de M. de Maurepas; mais ils lui ont voulu faire attacher le grelot; il a eu la bassesse d'avoir cette complaisance pour eux : il a perdu l'estime publique, n'a point réussi auprès de la reine, et l'on ne doute pas qu'il ne se retire incessamment[1].

N'ayez nulle inquiétude sur ma conduite : si vous doutez de ma prudence, soyez convaincu de mon indifférence; je suis très-simple et très-froide spectatrice; je ne m'intéresse à personne, et mon plus grand mal est ma profonde indifférence.

Les Choiseul doivent être partis ce matin; la grand'maman ne reviendra qu'au mois de décembre, le grand-papa reviendra pour la Pentecôte : je ne crois pas qu'il ait aucun projet ambitieux; il lui faudrait tout ou rien. Il serait difficile de prévoir ce qui arrivera : ceci ne paraît pas avoir pris une consistance solide; mais qu'est-ce qu'on y substituera? La retraite ou la mort de Maurepas pourrait donner beau jeu à mon neveu (*l'archevêque de Toulouse*) : il est toujours ami ou soi-disant ami du Turgot; peut-être celui-ci se l'associerait-il pour se fortifier par ses lumières, dont il sentira tôt ou tard qu'il manque. Le Saint-Germain est entièrement soumis au Maurepas, qui a bien contrarié sa besogne; tous les changements qu'il a faits, quoique considérables, l'auraient été bien davantage s'il avait eu plein pouvoir : il a une sorte de considération dans le public; mais ce n'est pas un homme à prendre un cer-

[1] Il avait insisté à demander sa retraite après la démission de son ami Turgot. Un jour que, dans une audience particulière du roi, il renouvelait ses instances à cet égard, le malheureux monarque, convaincu de sa propre faiblesse et de son incapacité, dit en soupirant : « Que vous êtes heureux! que ne puis-je aussi quitter ma place! » (A. N.)

tain ascendant et à devenir le premier : d'ailleurs il a soixante-neuf ans et une très-mauvaise santé. Voilà l'exposé tant bien que mal de toutes mes connaissances sur notre ministère ; vous pourrez comprendre par la suite ce que je voudrai vous faire entendre par la poste.

Je ne vous parlerai plus de mes vapeurs, de mes ennuis ; je vois que vous croyez que ce sont des insinuations que je vous fais. Oh! non, je ne prétends point vous en faire ; toutes illusions sont cessées ; je compte sur votre amitié, je prétends à votre estime, je la mérite à plusieurs égards, et mon plus grand désir est d'être assez raisonnable pour supporter ma situation.

Mercredi.

Le bruit continue que M. de Malesherbes se retire : on dit que M. de Sartine aura sa place, c'est-à-dire le département de la cour et des provinces ; que M. Turgot aura celui de la ville de Paris : M. Albert, qui en est lieutenant de police, placé par M. Turgot, et absolument de sa faciende, ne pourrait pas s'accorder avec M. de Sartine. On donnera la marine à M. de Clugny, intendant de Bordeaux. Voilà ce qui se dit, et dont peut-être il ne sera rien. Ce qui est certain, c'est que M. de Malesherbes a fait de grands pas de clerc.

Enfin, je vis hier M. de Saint-Paul : il m'a rendu un très-bon compte de votre état ; il ne vous trouve point changé comme vous le dites. Je comprends qu'après avoir infiniment souffert, il suffit, pour être parfaitement heureux, de ne plus souffrir. J'ai passé par cette épreuve ; j'ai eu jadis des douleurs si grandes, qu'en trois jours de temps je devenais un squelette vert de pré, comme si l'on m'avait exhumée ; passant de cet état à une grande faiblesse, le repos, la tranquillité me paraissaient le vrai bonheur ; je n'avais nul désir, nul besoin d'occupation ; mon âme était sans activité : qu'on me rende cet état, et je serai contente ; mais malheureusement mon âme ne vieillit point comme mon corps ; il lui faudrait de l'occupation, et aujourd'hui rien ne m'occupe ni ne m'intéresse. Il y a une sorte de honte à l'état que j'éprouve ; mais il y a bien de la sottise et de l'absurdité à vous en rendre compte, étant aussi persuadée que je le suis qu'aucune personne au monde ne puisse écouter sans ennui les détails des dispositions, des peines et des plaisirs d'un autre.

J'aurai, je crois, beaucoup de monde à souper ce soir, entre autres l'ambassadrice de Sardaigne et son mari[1]; je devais avoir madame de Mirepoix, mais elle me traite avec beaucoup de froideur et de dédain, c'est de cette sorte qu'elle reconnaît l'attachement constant que je lui ai marqué. Vous avez beau dire, c'est un grand malheur de ne pouvoir estimer ni aimer personne; je ne puis m'empêcher de me moquer de ceux qui me croient beaucoup d'amis; si j'en ai, le nombre est bien petit; mais je suis encore plus fâchée de ne pouvoir plus aimer, que je ne le suis de ne pouvoir pas l'être; mais brisons là. Je vous demande pardon de vous avoir tant parlé de moi.

Jeudi.

Les Necker ne partent que samedi, ainsi me revoilà encore; mais n'ayez pas peur, je ne vous dirai plus rien de moi, c'est-à-dire de mes pensées; pour de mes actions, cela est différent.

J'eus hier au soir vingt-deux personnes, je ne m'y attendais pas; madame de Mirepoix devait aller à la campagne ainsi que madame de Boisgelin et cinq ou six hommes; la partie manqua, on revint chez moi; j'avais prié d'autres personnes pour les remplacer, et quelques autres m'envoyèrent demander à souper, ce qui fit ce nombre, mais il n'y en eut que douze qui se mirent à table.

Les bruits publics sont toujours les mêmes. Il faut que je vous dise un trait de la grand'maman. Le samedi saint, qu'elle soupait chez moi avec son mari, sa belle-sœur, il y avait M. de Guines et le marquis de Laval; vous connaissez le premier; le second est le meilleur homme du monde, de la plus grande simplicité; quelqu'un dit : « Voilà deux hommes bien différents. — Oui, dit la grand'maman, l'un est agréable par les formes qu'il a, et l'autre par celles qu'il n'a pas. »

J'aurai ce soir belle compagnie, mais moins nombreuse que celle d'hier; comme vous aimez les noms propres, les voici. Madame de Gramont, M. et madame de Beauvau, mesdames de Luxembourg et de Lauzun, madame de Cambis; le comte de Broglie, M. Necker, l'abbé Barthélemy, mademoiselle Sanadon, et peut-être M. de Guines.

Vendredi.

Je n'eus point hier mesdames de Beauvau et de Cambis, ni M. de Guines; à leur place j'eus les ambassadeurs d'Espagne

---

[1] Le comte et la comtesse de Viry. (A. N.)

et de Naples, Saint-Lambert et le président de Cotte[1]. Madame de Beauvau soupait chez le roi.

Plusieurs personnes parient pour des changements dans notre ministère avant la Pentecôte; je ne pense rien sur cela.

J'ai bien envie d'apprendre que vous êtes parfaitement rétabli. Je suis fort contente de vos analyses sur les pièces de Shakspeare. Adieu. Vous voilà quitte de moi, il en est temps.

LETTRE 599.

MADAME LA MARQUISE DU DEFFAND A M. HORACE WALPOLE.

Dimanche 5 mai 1776.

Permettez-moi de vous dire que votre critique ne vaut rien. La *tâche* est une expression cent fois plus énergique que le mot *occupation*, qui ne serait convenable que dans les choses de peu d'importance et point du tout dans celles dont Othello vient de parler, et dont il est fortement occupé. *Tâche* en général veut dire occupation, mais forcée et pénible, et cette expression convient à la situation de l'âme d'Othello[2].

Je n'ai pas trouvé l'endroit de *pas du tout*[3], mais je ne sais point ce qu'on aurait pu y suppléer. Tout ce que je puis vous dire, c'est que cette pièce me charme, et que les choses de mauvais goût qui peuvent y être ne me refroidissent *pas du tout, pas du tout*.

La façon des Necker ne me surprend point; ils ne savaient pas pourquoi ils faisaient ce voyage; leur séjour sera court; je vous suis très-obligée de vos attentions pour eux, ce sont d'honnêtes gens; le mari a beaucoup d'esprit et de vérité; la femme est roide et froide, pleine d'amour-propre, mais honnête personne; j'ai plus de goût pour eux que pour la Pomone[4], dont l'esprit et le caractère me paraissent un fantôme, mais

---

[1] Président de la cour des monnaies, remarquable par sa grande chevelure blanche, toujours arrangée avec beaucoup de soin. Il était fort riche, très-recherché dans les sociétés de Paris, et généralement estimé. (A. N.)

[2] Dans la traduction française de l'*Othello* de Shakspeare, les mots *Othello's occupation's o'er* sont traduits par : *la tâche d'Othello est finie*. (A. N.)

[3] Ni l'éditeur non plus. (A. N.)

[4] Madame de Marchais, née Laborde, épousa un valet de chambre du roi. Madame du Deffand lui donne les noms de *Pomone* et de *la Flore-Pomone*, parce qu'étant liée avec M. d'Angivillers, directeur des bâtiments et jardins du roi, elle pouvait, en tout temps, se procurer les meilleurs fruits et les plus belles fleurs, qu'elle répandait avec profusion parmi ses amis. (A. N.)

qui n'est point effrayant, qui n'a que les formes de bonté, de générosité, mais qui, quoique sans fausseté, n'est qu'apparence. Cette définition vous paraîtra un galimatias, mais je ne puis avoir aucune idée d'elle qui ait quelque réalité; nous sommes très-bien ensemble, mais elle ne vient presque point ici; elle est par ses liaisons entraînée dans l'intrigue et la politique. Il se prépare de grands changements, on nous les annonce prochains; je vous en parlerai quand il sera temps, c'est-à-dire quand ils seront arrivés; ils m'intéressent on ne peut pas moins, quoiqu'il soit question d'une place considérable pour un de mes parents dont vous ne m'avez jamais entendu parler.

Je soupai hier chez l'ambassadrice de Sardaigne, qui me comble de caresses; elle a de l'esprit, je la trouve aimable; il y avait la maréchale de Mirepoix, l'Idole, les Cambis, Boisgelin, Lauzun; la maréchale de Luxembourg ne sort point encore, quoiqu'elle soit guérie. Tous mes diplomatiques y étaient. Je vais ce soir chez madame d'Enville.

L'évêque de Mirepoix me recommande de vous parler de lui, il prétend vous aimer beaucoup. Le bon M. Dutens a traduit votre lettre à l'ambassadrice de Sardaigne pour me la faire voir, elle est très-jolie. Vous écrivez parfaitement bien; malgré vos fautes de langage, vous rendez parfaitement vos pensées; et quand vous êtes de bonne humeur, vous avez beaucoup d'esprit. Je suis désolée de votre mauvaise santé, et de ce qu'elle vous persuade que vous êtes un vieillard.

Je viens de relire cette lettre, je n'en suis point contente, parce que je sens que vous ne le serez point; je n'ai pas bien rendu ma pensée sur le mot *tâche*, mais c'en serait une trop difficile pour moi, si je cherchais à me mieux expliquer.

On dit que votre dame de Kingston[1] a été deux jours à Paris. Un Anglais a dit l'avoir vue; on prétend qu'elle aura soixante-dix mille livres de rente, indépendamment de deux ou trois millions qu'elle a fait passer à Rome.

LETTRE 600.

LA MÊME AU MÊME.

Paris, dimanche 12 mai 1776.

Je vous avais annoncé, dans ma dernière lettre, que je pourrais vous apprendre quelques événements dans celle qui la

[1] La duchesse de Kingston. (A. N.)

suivrait; je ne m'attendais pas qu'ils fussent aussi considérables; ceux que je prévoyais ne sont pas encore arrivés, mais vraisemblablement le seront dans peu de jours. Celui dont il s'agit aujourd'hui est le renvoi de M. Turgot; son successeur est nommé, c'est M. de Clugny¹, qui avait été employé précédemment dans la marine sous M. de Praslin. Je ne sais aucune circonstance; mercredi vraisemblablement je pourrai en savoir; ce que je sais très-clairement, c'est le triomphe de M. de Guines, et j'espère que je pourrai vous envoyer la lettre que le roi lui a écrite avant-hier matin, dans laquelle il lui apprend qu'il le fait duc à brevet en récompense de ses services dont il est très-content; M. le marquis de Noailles² est nommé ambassadeur chez vous.

Je suis tout étonnée, toute bouleversée, je ne sais de quel côté vient le vent; vient-il de Touraine ou de Champagne³? je n'en sais rien. J'apprends dans l'instant que M. Amelot⁴ a la place de M. de Malesherbes, qui a donné sa démission, et que M. de Sénac⁵ est intendant de la guerre. Faites-moi le plaisir de dire ou de faire savoir de ma part tout ce que je vous mande à M. et à madame Necker.

Je vous remercie des éclaircissements que vous me donnez sur madame de Bristol⁶; vous me marquez que milord Bristol boira sa honte chez nous; sera-ce à Paris ou dans quelque autre province?

---

¹ M. de Clugny avait d'abord été conseiller au parlement de Dijon; ensuite il fut successivement intendant à Saint-Domingue, intendant de la marine, durant le ministère du duc de Praslin, et intendant de Bordeaux; places dans lesquelles il s'est fait plus remarquer par ses débauches que par ses talents et ses services. (A. N.)

² Le marquis de Noailles est le second fils du maréchal duc de Noailles, et frère du duc d'Ayen. Il a été résident de France à Hambourg, ensuite ambassadeur en Angleterre, où il demeura jusqu'à la remise du rescrit, en février 1778, annonçant le traité conclu entre la France et le congrès des États-Unis d'Amérique. (A. N.)

³ Elle veut dire qu'elle ignore si c'est le duc de Choiseul ou l'archevêque de Toulouse qui doit être mis à la tête des affaires. (A. N.)

⁴ M. Amelot était maître des requêtes et avait été intendant de Bourgogne. (A. N.)

⁵ M. Sénac de Meilhan, né à Paris en 1736, fils du premier médecin du roi Louis XV. Il mourut dans l'émigration à Vienne en 1803. Voir sur cet homme célèbre, un des esprits les plus distingués de la fin du dix-huitième siècle, notre *Notice* en tête de ses *OEuvres choisies*. Paris, Poulet-Malassis, 1862. (L.)

⁶ La duchesse de Kingston. (A. N.)

Mais voici un événement peu considérable, mais bien singulier. Il y a un mois que madame Wiart trouva, sous le coussin d'une de mes bergères, une boîte toute neuve; le prix de sa valeur, soixante-douze livres, était dans le couvercle; il n'y a eu aucune personne de ma connaissance que je n'aie interrogée pour découvrir à qui elle appartenait; personne ne la réclama; je ne voulais cependant pas en disposer; enfin, il y a quatre jours qu'étant à ma toilette, je me souvins tout d'un coup qu'elle devait être à vous, et que c'était la boîte que vous avez perdue; j'y fus confirmée par Wiart, qui me dit qu'il se ressouvenait de la description que vous en aviez faite; c'est certainement une restitution qu'on a voulu faire, parce que la veille du jour qu'on l'a trouvée, on avait battu tous les coussins de mes fauteuils et qu'on ne l'avait pas trouvée; je vous l'enverrai par la première occasion.

Qu'est devenu le voyage du duc de Richmond? il n'est point encore arrivé ici: aurait-il commencé par aller à Aubigny? J'ai la tête si occupée, si troublée de toutes les nouvelles du jour, et de toutes les réponses que je suis obligée de faire aux billets que je reçois, que je ne puis vous rien dire de plus. J'ajoute cependant que votre amour-propre est singulier, et certainement du bon genre; il détruit en vous toute vanité, et ne produit qu'une grande modestie.

Je viens de recevoir une lettre de milord Stormont en réponse au compliment que je lui ai fait; il m'écrit du jour de son mariage[1], qui a été le 5.

Je suis parfaitement avec madame de Marchais; c'est la Pomone la plus fertile et la plus généreuse, la meilleure et la plus ridicule de toutes les femmes.

LETTRE 601.

MADAME LA MARQUISE DU DEFFAND A M. HORACE WALPOLE.

Mercredi 15 mai.

Il y a aujourd'hui quatre ans que je partis pour Chanteloup; vous fûtes bien en colère, avouez que vous le seriez bien moins aujourd'hui. Que n'en est-il de l'âme comme du corps, ou plutôt du corps comme de l'âme? Pourquoi votre goutte ne s'affai-

[1] Avec mademoiselle Louise Cathcart, sœur du lord Cathcart actuel, et mère du comte de Mansfield. 1827. (A. N.)

blit-elle pas, ainsi que les sentiments? Je dirai comme Voltaire a dit, à l'occasion de ce que dans la nature la moitié des individus mange l'autre :

« Ainsi Dieu le voulut, et c'est pour notre bien. »

M. de Saint-Paul m'offrit hier de mettre ma lettre dans son paquet, si je voulais vous écrire, et il m'assura qu'elle ne courait aucun risque d'être ouverte dans aucun bureau. Je puis donc vous parler en toute liberté. Ressouvenez-vous de la guerre des Sabins contre les Romains, l'histoire s'en renouvelle aujourd'hui. Il ne reste plus, à mon avis, sur le champ de bataille, que deux champions, une Sabine et un Romain[1]; « s'il » se peut pour être Romain n'avoir rien d'humain. » Ceci est un peu énigmatique, mais je passe ma vie à deviner des énigmes, des charades, des logogriphes; je suis bien aise de vous exercer à votre tour. J'étais assez tentée de vous envoyer la copie d'une lettre que j'ai écrite au Toulouse; j'en étais contente, mais ç'aurait été une petite vanité, et vous ne l'aimez pas : vous avez raison, je trouve qu'elle fane, pour ainsi dire, tout ce qu'elle approche. Eh bien, vanité à part, je vais vous faire transcrire la lettre que je reçois du duc de Guines; vous vous conformerez à sa volonté en ne donnant point de copie de celle qu'il a reçue du roi. Montrez-la à M. Necker, mais sans la lui donner.

Le 14 mai.

« Vous m'avez accoutumé à votre intérêt, madame la mar-
» quise, dans tous les événements heureux ou malheureux de
» ma vie : il en est arrivé que ceux-ci me l'ont paru moins, et
» les autres davantage.

» Je n'ai donné aucune copie de la lettre du roi; je l'ai
» transcrite dans quelques-unes que j'ai écrites dans le premier
» moment, à mes parents les plus proches, ou à mes amis les plus
» intimes, en les priant de n'en point abuser. Je vous dois trop
» de confiance, madame la marquise, pour n'en pas user de
» même et aux mêmes conditions. »

Versailles, 10 mai 1776.

Lorsque je vous ai fait dire, monsieur, que le temps que j'avais réglé pour votre ambassade était fini, je vous ai fait marquer en même temps que je me réservais de vous accorder les grâces dont vous étiez susceptible. Je rends justice à votre

---

[1] Elle veut dire la reine et M. de Maurepas. (A. N.)

conduite, et je vous accorde les honneurs du Louvre, avec la permission de porter le titre de duc. Je ne doute pas, monsieur, que ces grâces ne servent à redoubler, s'il est possible, le zèle que je vous connais pour mon service.

Vous pouvez montrer cette lettre. LOUIS.

« Je ne me flatte pas, madame, de vous faire ma cour ven-
» dredi, parce que je n'ai point fait mes remerciments au roi;
» le changement de ministère en a différé le moment; ce sera
» vraisemblablement à la fin de cette semaine. »

En lisant à M. Necker la lettre du roi, recommandez-lui de ne dire à personne que je vous l'ai envoyée. Mandez-moi ce que vous saurez de ses projets pour son retour.

On dit que la Sabine a traité très-mal le Romain, qui lui demandait le retour de son neveu[1], en se faisant valoir d'avoir concouru aux grâces accordées à M. de Guines. On doute que M. de Clugny accepte les finances. L'ambassadeur de Naples est hors de lui; il adore le Turgot. Il disait, l'autre jour, que dans trois mois on dirait la rage de son successeur. Je lui dis : « Trois mois! cela est bien long, on n'a pas tant tardé pour M. Turgot. »

Considérez ce que c'est que tout ceci. Que deviennent ce lit de justice, tous ces édits, tous ces beaux préambules? il faut de nécessité qu'il arrive de plus grands changements. Je ne déses-

---

[1] Le duc d'Aiguillon était le neveu de M. de Maurepas. Ce fut cependant par l'intervention de la reine, que madame du Deffand désigne ici par le nom de *la Sabine*, que le duc d'Aiguillon fut, peu de temps après, rappelé de son exil. Madame du Deffand donne de cet événement les détails ci-après, dans une lettre du 20 mai, que nous n'imprimons point, parce qu'elle ne contient d'ailleurs rien d'intéressant.

« La nouvelle d'hier est la permission envoyée à M. d'Aiguillon d'aller partout où il voudrait, excepté à la cour. Voici comme la grâce a été accordée. Madame de Chabrillant était allée trouver son père (le duc d'Aiguillon); en arrivant, elle tomba malade d'une fièvre putride et mourut. La reine apprenant cet événement, fut sur-le-champ chez le roi, et le pria d'accorder à M. d'Aiguillon la liberté d'aller partout où il voudrait, excepté à la cour; elle lui demanda de réitérer la défense d'y paraître jamais, sous quelque prétexte que ce pût être. Le roi y consentit; elle ajouta qu'elle souhaitait qu'il lui fût permis, en annonçant à M. de Maurepas le retour de son neveu et en l'apprenant à tout le monde, de déclarer la défense expresse qui lui était faite de jamais paraître à la cour. Cet événement a surpris; il doit prouver la bonne intelligence de la reine avec le ministre. » (A. N.)

père pas que mes parents vrais et adoptifs ne paraissent tôt ou tard sur la scène, et que le Romain[1], avant six mois, ne retourne à sa charrue.

Nous attendons le grand-papa le 20 ou le 21; il reviendra pour la cérémonie de l'ordre (*du Saint-Esprit*), on verra quelle sera sa réception. Le vrai parent (*l'archevêque de Toulouse*) est à sa campagne, ne se portant pas trop bien, prenant du lait; il fera un petit voyage ici fort court, à la fin du mois prochain ou au milieu.

Je joins à cette lettre un petit billet cacheté, que vous n'ouvrirez qu'après avoir tâché de deviner de qui est le portrait que je vais vous transcrire et quel en est l'auteur.

Portrait de Mme*.***, par une de ses amies à qui elle avait demandé son portrait.*

« Non, non, madame, je ne ferai point votre portrait; vous
» avez une manière d'être si noble, si fine, si piquante, si déli-
» cate, si séduisante; votre gentillesse et vos grâces changent si
» souvent pour n'en être que plus aimables, que l'on ne peut
» saisir aucun de vos traits ni au physique ni au moral. »

Vous connaissez beaucoup ces deux personnes; faites quelques efforts pour les deviner, et puis, et puis, adieu.

Le portrait est de madame de Cambis. L'auteur est madame de la Vallière. N'en êtes-vous pas étonné, et ne le trouvez-vous pas fort joli?

LETTRE 602.

MADAME LA MARQUISE DU DEFFAND A M. HORACE WALPOLE.

22 mai 1776.

J'ai envie de vous écrire; il me semble que je vous dois rendre compte de tout ce qui m'intéresse; je ne sais pas trop pourquoi.

Mademoiselle de Lespinasse est morte cette nuit, à deux heures après minuit; c'aurait été pour moi autrefois un événement, aujourd'hui ce n'est rien du tout.

24 mai.

J'ai été interrompue, je reprends aujourd'hui.

Le duc de Richmond arriva hier à midi, il vint chez moi à

---

[1] M. de Maurepas. (A. N.)

six heures ; il m'apporta votre joli présent et une charmante petite boîte à thé de madame la duchesse de Richmond. Recevez mes remercîments, et chargez-vous auprès d'elle de ceux que je lui dois. J'ai été ravie de voir le duc. Vous avez raison, on se plaît avec lui, et c'est parce qu'il est sensible ; il n'y a que ces gens-là avec qui l'on se plaît véritablement ; il soupera demain chez moi, et lundi avec moi chez la duchesse du Carrousel (*de la Vallière*) ; sa fille (*la duchesse de Châtillon*), je crois, n'y sera pas ; elle est dans une violente douleur, ainsi que le vilain bossu (*M. d'Anlezy*)[1]. Il y a un nombre considérable d'affligés qui concourent d'intelligence à mettre le comble à la célébrité de cette défunte[2] ; il ne reste plus rien d'elle ni des siens dans mon voisinage ; je n'entendrai plus parler d'eux, et bientôt en effet on n'en parlera plus.

Je reçus hier une très-aimable lettre de M. Necker, il me parle beaucoup de vous ; je ne sais si vous avoueriez tout ce qu'il m'en dit ; il y a un article que je ne crois pas, mais qui est fait pour plaire, n'eût-il que le son.

J'attends dimanche pour continuer, votre lettre m'en fournira le moyen.

Dimanche.

Cette lettre arriva hier. Je vous passe vos préventions sur les deux renvoyés (*MM. Turgot et Malesherbes*) ; ce sont d'honnêtes gens, je le crois ; mais lisez la fable dixième du huitième livre de la Fontaine[3]. Vos prédictions pourront arriver, mais il faudra qu'elles soient précédées d'un nouvel événement. Je ne m'intéresse pas plus que vous à la politique ; mes souhaits se bornent à bien digérer, à bien dormir, et à ne point m'ennuyer.

Je suis fort aise du retour des Necker ; ils débarqueront à Saint-Ouen ; ils m'ont fait dire que ce serait samedi ou dimanche. Ils ne vous plaisent pas beaucoup, je le vois bien ; tous les deux ont de l'esprit, mais surtout l'homme ; je conviens qu'il lui manque cependant une des qualités qui rend le plus agréable, une certaine facilité qui donne, pour ainsi dire, de l'esprit à ceux avec qui l'on cause ; il n'aide point à développer ce que l'on

---

[1] Le marquis d'Anlezy, de la famille de Damas. (A. N.)
[2] Mademoiselle de Lespinasse. (A. N.)
[3] *L'Ours et l'Amateur des jardins*, dont voici la morale :

« Rien n'est si dangereux qu'un ignorant ami ;
» Mieux vaudrait un sage ennemi. »   (A. N.)

pense, et l'on est plus bête avec lui que l'on ne l'est tout seul, ou avec d'autres.

Vous avez dû être surpris de l'auteur du portrait; elle en a fait un de notre Pomone qui est une vraie enseigne à bière; je n'en ai pas pris copie; c'est tous les lieux communs de louanges, qui ressemblent à tous les brimborions dont la Pomone se pare.

C'est certainement votre boîte, et c'est une restitution occasionnée par le jubilé, ou les pâques; ce n'a été qu'au bout de plus d'un mois que j'ai deviné qu'elle pouvait être celle que vous aviez perdue; j'avais interrogé tout ce que j'avais vu, enfin je me souviens que ce pouvait être à vous; je vous la renverrai.

M. de Richmond, la duchesse de Leinster et M. Ogilby soupèrent hier chez moi; aujourd'hui et demain, je souperai avec le duc chez madame de la Vallière; ce duc me plaît beaucoup, sa sœur me parait aussi très-aimable. Je m'occuperai beaucoup d'eux tout le temps qu'ils seront ici.

J'eus avant-hier, vendredi, le grand-papa, sa sœur, les Beauvau, la maréchale (*de Luxembourg*) et sa petite-fille (*madame de Lauzun*) et plusieurs autres; j'aurai même compagnie jeudi prochain; et samedi, 1er juin, le grand-papa partira pour Chanteloup, sa sœur (*madame de Gramont*) pour Brienne [1]; elle y restera cinq ou six jours; de là elle ira à Plombières, et ne reviendra à Paris qu'à la fin du mois d'août. Il n'y a point cette année de Compiègne [2], ce qui fera que je ne serai point entièrement isolée.

Si j'étais plus en train d'écrire, je pourrais vous dire mille petits riens; mais je n'ai ni le goût ni le talent de madame de Sévigné: elle trouverait aujourd'hui matière à huit pages.

LETTRE 603.

MADAME LA MARQUISE DU DEFFAND A M. HORACE WALPOLE.

Paris, mercredi 5 juin 1776.

Je commence mon journal, que je continuerai jusqu'au départ du duc (*de Richmond*). Je lui ai lu vos réprimandes dont il a

---

[1] La terre de M. de Brienne de Loménie, frère de l'archevêque de Toulouse, près de Troyes en Champagne. (A. N.)

[2] C'est-à-dire, de voyage à Compiègne. (A. N.)

bien ri. Je ne doute pas qu'il ne me trouve une grande douceur; c'est une qualité qui ne m'est pas trop naturelle, mais que vous m'avez rendue nécessaire. Je vous promets de ne vous plus jamais demander raison de ce que feront vos amis; je fais serment de ne plus vous parler de votre ambassadeur; s'il y a encore quelque article que je doive bannir, apprenez-le-moi promptement, pour que je puisse avoir, au moins une fois en ma vie, la satisfaction de vous écrire une lettre où vous n'avez rien trouvé qui vous choque ou vous déplaise.

M'est-il permis de vous dire ce que je pense de nos ministres renvoyés? Le Malesherbes est un sot, bon homme, sans talent, mais modeste, qui n'avait accepté sa place que par sa faiblesse; par lui-même il n'aurait fait ni bien ni mal; il eût voulu le bien, mais il ne savait comment s'y prendre; il aurait fait le mal qu'on lui aurait fait faire, faute de lumière et par sa déférence pour ses amis; la preuve qu'il en a donnée a été de se charger de parler à la reine contre M. de Guines, ce qui n'aurait point été de son devoir, quand il aurait été persuadé que cet ambassadeur était coupable; c'était l'affaire de M. de Vergennes, qui fut bien aise de ne pas se compromettre, et le Turgot se servit de son ascendant sur ce pauvre homme pour lui faire faire cette sotte démarche; il ne s'en repent pas, parce qu'il ne lui en coûte que sa place, dont il est ravi d'être débarrassé.

Pour le Turgot, il n'en est pas de même. Il s'afflige, dit-il, non de sa disgrâce, mais de ce qu'il n'est plus en son pouvoir de rendre la France aussi heureuse qu'elle l'aurait été si ses beaux projets avaient réussi, et la vérité est qu'il aurait tout bouleversé. Sa première opération qui fut sur les blés, pensa à les faire manquer dans Paris, y causa une révolte; depuis il a attaqué toutes les propriétés; il aurait ruiné le commerce, nommément celui de Lyon. Le fait est que tout est renchéri depuis son administration; aucune de ses entreprises n'a eu l'apparence de devoir réussir; il avait les plus beaux systèmes du monde sans prévoir aucun moyen. Enfin, excepté les économistes et les encyclopédistes, tout le monde [1] convient que

---

[1] « C'est-à-dire, tout ce peuple d'hommes de tout état, de tout rang, qui a pris la funeste habitude de subsister aux dépens de la nation sans la servir, qui vit d'une foule d'abus particuliers, et les regarde comme autant de droits; tous ces hommes, effrayés, alarmés, formaient une ligue puissante par leur nombre et par l'éclat de leurs clameurs. » — Voyez la *Vie de M. Turgot*, par M. de Condorcet, p. 134. (A. N.)

c'est un fou, et aussi extravagant et présomptueux qu'il est possible de l'être; on est trop heureux d'en être défait. Qui est-ce qui lui succédera? Je l'ignore, mais on ne peut pas avoir pis qu'un homme qui n'a pas le sens commun; et mieux vaut pour le gouvernement un habile homme avec moins de probité, c'est-à-dire avec moins de bonnes intentions, qu'un homme qui, ne voyant pas plus loin que son nez, croit tout voir, tout comprendre, qui entreprend tout sans jamais prévoir comment il réussira; voilà comme est celui dont vous faites votre héros; de plus, il est d'un orgueil et d'un dédain à faire rire; si vous le connaissiez, il vous serait insupportable. Je l'ai beaucoup vu autrefois, et je puis vous assurer qu'il est tel que je vous le dépeins; un tel personnage est très-dangereux dans un État comme le nôtre; il pourrait brouiller tout au point qu'on n'y trouvât que difficilement du remède. Il ne suffit pas, pour être un bon ministre, d'être désintéressé, ni de vouloir faire le bien; il faut le connaître. En voilà assez sur ce sot animal. Bien des gens croient que ce seront mes parents adoptifs et réels (*le duc de Choiseul et l'archevêque de Toulouse*) qui pourront succéder; si cela arrive, je n'en serai ni bien aise ni fâchée. J'ai tort; j'en serai fâchée, si cela nous procure la guerre; voilà le seul côté par où j'envisage notre chose publique, et c'est peut-être encore un intérêt de trop; car, qu'est-ce que je puis avoir à y perdre ou à y gagner? Vous vous moqueriez de moi, de ce que je penserais que cela me dût faire quelque chose.

Lundi 24.

Vous voyez quelle interruption! Je me trouve assez embarrassée pour reprendre le fil de l'histoire. Je suis assez disposée à croire qu'il y a bien peu de choses qui intéressent, et que vous êtes peut-être l'homme du monde le plus indifférent, du moins vous voulez qu'on le pense; cependant je vais vous rendre compte de tout ce qui s'est passé ici.

On a fait une division des troupes; vingt-deux lieutenants généraux ont dans diverses provinces un nombre d'escadrons et de bataillons sous leur commandement, chaque lieutenant général a sous lui deux maréchaux de camp. La province d'Alsace, par exemple, est divisée en trois commandements; Strasbourg est la première division. M. de Beauvau a la troisième, qui est à Schelestadt; M. de Maillebois a été nommé pour la province de Picardie; il en avait eu précédemment le commandement, on lui en donnait les appointements; mais on lui avait interdit toute autorité dans son emploi; M. de Saint-Germain et M. de Maurepas, qui le protégent extrêmement, ont obtenu qu'il exercerait aujourd'hui son emploi comme tous les autres lieutenants généraux. Les maréchaux de France qui composent dans ce moment-ci le tribunal sont au nombre de onze; six ont fait des représentations pour que ledit Maillebois ne fût point employé, alléguant qu'il était déshonoré et devait être exclu de tout pouvoir et de tout honneur militaire. Ces six sont: MM. de Richelieu, de Biron, de Broglie, de Fitz-James, de Brissac et de Clermont-Tonnerre. Ceux qui sont pour lui, MM. de Noailles, d'Harcourt, de Soubise, Nicolaï et Duras. Le roi a ordonné qu'il voulait qu'il eût le commandement, et en conséquence il partira mercredi pour en prendre possession. Lieutenants généraux, maréchaux de camp, aucuns ne seront à Paris le 1er juillet; ce qui fera près de soixante-dix officiers généraux de moins dans Paris. J'eus la visite, hier, de madame la marquise de Polignac, je ne sais si vous la connaissez; c'est la sœur de madame de Monconseil [1]; c'est une femme d'une vivacité singulière, et qui depuis trente ans a l'amitié la plus passionnée pour M. de Maillebois; il a bien exercé sa sensibilité, elle a été prête à mourir vingt fois de douleur de toutes ses aventures; hier elle était triomphante.

Le crédit de M. de Maurepas non-seulement se maintient, mais il se fortifie; il en jouira toute sa vie, mais comme il est fort vieux, il y a de la marge dans l'avenir; mes parents, ou le cardinal de Bernis, sont dans la coulisse prêts à remplacer; ce sont les seuls pour le moment présent. La reine paraît fort tranquille et fort indifférente, et ce qu'elle a fait pour M. d'Aiguillon marque beaucoup d'égards pour M. de Maurepas. En voilà assez pour aujourd'hui.

Mardi 25.

Je viens de recevoir une lettre de Plombières de madame de Gramont, la plus cordiale, la plus familière, la plus confiante; elle en a dû recevoir une de moi le même jour, nos lettres se sont croisées. J'en reçois souvent de Chanteloup, remplies de la plus tendre amitié; on m'invite à y faire un second voyage; bien des raisons me détournent d'y penser, dont la moindre est la fatigue du chemin, qu'il me serait difficile de supporter; mais s'il y avait un lieu sur terre où je pusse me séparer de

[1] Née Curzay, mère de la princesse d'Hénin. (A. N.)

moi-même, c'est-à-dire me délivrer de toutes les idées tristes et vaporeuses qui offusquent ma tête, je ne balancerais pas à m'y acheminer, fût-ce au bout du monde; mais comme je me retrouverais partout, je reste dans mon tonneau; j'écarte autant que je le puis toutes les idées qui me tourmentent; et, convaincue de l'impossibilité d'être heureuse, je tâche de ne point penser et de me détacher de tout : mais j'éprouve que cet état, qui ressemble si fort au néant, est le pire de tous.

Je croyais que M. de Richmond partirait dimanche, mais les affaires qui l'ont amené ici, et qui ont quelque apparence de réussite, le retiendront peut-être plus longtemps. Je fais la réflexion que ce n'était pas la peine de vous dire cela, puisque ce sera par lui que vous recevrez cette lettre et que ce sera un article de celle que je vous écrirai dimanche.

Il y eut jeudi dernier une réception à l'Académie française [1] : vous recevrez les discours avec les *Mannequins* [2]; vous serez étonné du genre de l'éloquence d'aujourd'hui. Je lisais *Cicéron* en même temps que ces beaux ouvrages, vous pouvez juger de ce que j'en puis penser.

Madame de Luxembourg partit hier pour l'Isle-Adam avec sa petite-fille, l'Idole, et sa belle-fille; le prince est, dit-on, mourant. Le comte de Broglie partit hier pour Metz. M. de Beauvau partira lundi pour Schelestadt, qui est le lieu de sa division. Je vois partir tout le monde sans m'en affliger beaucoup. Je ne sais d'où vient je vous rends compte de moi et de ce qui m'environne; vous me dites dans votre dernière lettre : *J'ai des amis parce que ce sont des personnes que j'estime, mais je ne me soucie pas de tout ce qu'ils font dans l'absence.* J'ai donc tort, oui, et très-grand tort; mais ayez un peu d'indulgence, et soyez persuadé que je ne vous parle de moi que parce que je n'en puis parler à personne, et que ce m'est un petit soulagement qui m'aide à prendre patience. Ne pensez

---

[1] Celle de la Harpe. Le récit suivant se trouvait dans la *Gazette* de ce jour : « 21 juin. M. de la Harpe a été reçu hier à l'Académie française, avec un concours de monde prodigieux. Son discours fut fort long, fort égoïste, fort emphatique, fort ridicule; il a été suivi d'une réplique de M. Marmontel, dans le même genre, non moins bavarde, et non moins impertinente..... M. d'Alembert a terminé par l'éloge de M. de Sacy, dans lequel il a fait venir celui de l'héroïne qu'il vient de perdre, mademoiselle de Lespinasse, qu'il n'a eu garde de nommer, mais dont tout le monde a senti l'allusion. » (A. N.)

[2] Brochure satirique contre M. Turgot et ses projets. On n'a pas su de quelle main était parti ce pamphlet. (A. N.)

jamais que j'aie aucun dessein qui puisse vous regarder, je vous manderais les mêmes choses si vous étiez à Rome.

Je suis actuellement occupée des petites emplettes pour chez vous; je vois que je n'ai nul goût, et je crains votre critique.

Lundi, 1er juillet.

Comme M. de Richmond partira peut-être demain matin, je compte lui remettre ce soir qu'il doit souper chez moi, et cette lettre, et celle pour M. de Conway, que je mets sous votre enveloppe.

Il n'y a rien ici de nouveau : les crédits subsistent tels qu'ils étaient, celui de la reine pour les grâces de la cour, celui du Maurepas pour l'administration. Plusieurs prétendent que le Saint-Germain sera chassé, je n'en crois rien. Les spéculatifs prévoient la guerre, je ne le veux pas croire. Dites à M. de Richmond tout le bien que je vous ai dit de lui, le chagrin que j'ai de son départ, et mon impatience pour son retour.

Adieu; avouez que je vous ai bien ennuyé.

Je ne vous ai point parlé de M. de Clugny, successeur du Turgot, mais c'est que je n'en entends rien dire.

LETTRE 604.

MADAME LA MARQUISE DU DEFFAND A M. HORACE WALPOLE.

Dimanche 9 juin 1776.

Quelles sont donc les réflexions dont je vous accable et que je préfère aux *riens* que vous regrettez tant? Il me semble que toutes mes lettres ne sont remplies que de *riens*, et que je ne vous entretiens guère de mes pensées et de mes réflexions : mais il faut que vous me grondiez toujours, et avec le ton de l'ironie et de la moquerie. Ce qui est de singulier, c'est que cela ne me déplaît pas, et que je vous en aime davantage; vous devez être fort content de l'éducation que vous avez faite de moi; si elle n'est pas parfaite, il ne s'en manque guère.

Nous savions ici toute l'histoire de la maison du prince de Galles, j'ai donné votre lettre à lire au duc de Richmond. Je comprends parfaitement votre amitié pour lui; je le trouve infiniment aimable; mais ce que je ne concevrai jamais, c'est la façon dont les Anglais s'aiment, en ne se voyant point, en ne se donnant point de leurs nouvelles; il faut qu'ils aient quelques génies qui leur viennent communiquer leurs pensées, leurs sentiments et leur épargnent la peine de se parler et de s'écrire; effectivement, une Française telle que moi doit leur paraître une espèce bien étrange. J'ai beaucoup de penchant pour le duc; mais je me garde bien de l'aimer, c'est assez d'un Anglais tel que vous.

Vous jugez très-bien mes amis[1] : la femme a de l'esprit, mais il est d'une sphère trop élevée pour que l'on puisse communiquer avec elle. Son mari, qui en a plus qu'elle, et qui est peut-être celui qui, aujourd'hui, en a le plus dans notre nation, vaut bien mieux qu'elle. Il est bien persuadé de sa supériorité, mais elle ne le rend ni suffisant ni pédant; le défaut que je lui trouve, c'est qu'il n'est point de facile conversation : on ne se trouve point d'esprit avec lui. Il a cependant de la franchise, de la bonne humeur, de la douceur et de la bonté; mais il est distrait, et par conséquent stérile. Il dit qu'il vous aime beaucoup, et moi je lui dis que je n'en crois rien; il se fâche, et je lui soutiens qu'il est trop distrait pour avoir pu démêler ce que vous valez. Eh bien, je crois vous voir hausser les épaules et vous impatienter; vous me direz : Pourquoi, le croyant, m'écrire ces fadaises? Ah! monsieur, c'est qu'elles me viennent au bout de ma plume, et qu'il me plaît de vous dire tout ce que je pense.

J'espère que votre duc réussira à son affaire; il vit hier tous ceux de qui elle dépend; il en fut fort content. Je lui conseille d'en hâter la conclusion, parce qu'on ne sait pas ce qui pourrait arriver; j'ai commencé une lettre du 5 de ce mois dont je le ferai porteur; je vous y parlerai la bouche ouverte; je ne sais pas ce que je vous dirai, mais ce sera tout ce que je saurai, tout ce que je penserai.

Je comprends, à l'énumération que vous me faites de vos occupations, que vous devez regretter le temps que vous perdez à m'écrire; vos journées sont bien remplies; je dois vous savoir beaucoup de gré des moments que vous me donnez, et d'autant plus que je sais par expérience ce qu'il en coûte pour écrire, car rien n'est si vrai que vous êtes le seul pour qui cela ne me coûte rien.

Je vous remercie d'avance de vos éventails; ma reconnaissance s'étend sur ce que vous faites pour mes amis, et je suis fort aise que vous traitiez bien madame de la Vallière; sa conduite avec moi est d'une égalité et d'une facilité charmantes. Sa

[1] M. et madame Necker. (A. N.)

fille, la duchesse de Châtillon, est dans la plus grande affliction de la demoiselle Lespinasse, laquelle a fait un testament olographe des plus parfaitement ridicules. Mon neveu [1] qui est ici, a voulu le voir, il prétend qu'il était en droit de l'exiger, il fallait bien que cela fût puisqu'on le lui a montré. Elle lui a laissé un perroquet en le qualifiant de son neveu de Vichy ; elle charge son exécuteur testamentaire d'Alembert du soin de faire vendre tous ses effets, d'en employer le produit à payer ses dettes ; et s'il ne suffit pas, elle compte assez sur l'amitié et la générosité de son neveu de Vichy pour le prier d'ajouter le surplus. A l'égard des d'Albon, elle n'en veut point parler, dit-elle, parce que, non-seulement quoique légitime, elle n'a reçu d'eux aucun bienfait, mais qu'ils lui ont volé une somme que sa mère avait mise en dépôt pour elle ; elle a signé ledit testament : JULIE D'ALBON.

Voilà de ces riens que je vous ai épargnés dans d'autres lettres, et que, pour punition de vos réprimandes, j'insère dans celle-ci.

LETTRE 605.

MADAME LA MARQUISE DU DEFFAND A M. HORACE WALPOLE.

Mardi 18 juin 1776.

Je n'eus point de lettres samedi ni dimanche, et votre lettre du 10 ne m'a été rendue qu'hier en rentrant chez moi.

J'ai vu M. et madame Bingham [2] ; je les trouve aimables, la femme me paraît gaie et franche : quand nous nous connaîtrons, nous saurons si nous nous convenons. Elle m'a remis les éventails ; je vous remercie du mien, que je trouve joli et d'invention nouvelle et commode. Madame de la Vallière m'a chargée de tous ses remerciments, elle est fort sensible aux marques de votre souvenir ; c'est en vérité une très-bonne femme, et douée d'un caractère qui la rend très-sociable et très-heureuse ; elle a mille attentions pour les Richmond, je crois qu'ils doivent être contents d'elle, de madame de Mirepoix et de madame de Cambis ; je pourrais y ajouter madame de Luxembourg ; mais comme depuis dix jours elle est à Sainte-Assise, chez madame de Montesson, elle n'a pas pu continuer ses attentions.

---

[1] Le fils du comte de Vichy. (A. N.)
[2] Le feu comte et la comtesse douairière de Lucan. (A. N.)

Lettre d'Horace Walpole au comte Schouvaloff.

De Strawberry hill
ce 23. Juin 1776.

Je me flatte, M. le Comte, que vous aurez reçû avant cette lettre une petite caisse de Medalions, que j'ai adressée à notre bonne Amie de St Joseph. J'ai depensé tout vôtre argent, mais la quantité n'est pas inconsiderable, & cependant il m'en reste encore deux à vous envoyer, que le Marchand avoit oublié, & qu'il ne m'a remis, qu'apres la Caisse partie. Parmi celles que vous avez, il y a une tete en profile de Mylord Chatham, que vous reconnoitrez tres facilement. Si vous etes content de mes soins, n'oserai-je pas me flatter que vous voulez bien me faire l'honneur d'être vôtre Commissionaire! Il me sera bien sensible d'avoir occasion de vous faire souvenir de moi. Ce n'est point assurement que vous ne m'aïez bien trop distingué par la place que vous m'avez destiné dans certain portrait precieux que je n'ai pas la hardiesse de montrer. Mon estampe sera encore trop glorieuse si vous lui faites l'honneur de la garder dans vôtre chambre; mais jamais je n'aurai le front de me faire encadrer avec Vous. Vous me privez de l'honneur de me vanter d'avoir votre portrait, & je vous supplie de ne pas attribuer à la fausse modestie ma repugnance à occuper une place aussi honorable, & qui n'est pas faite pour un petit homme comme moi, qui n'ai jamais rien fait de meritoire. Votre Portrait seroit depreçié à cause de l'accessoire. Si vous me fachez, je vous ferai tenir à la main le Cardinal de Richelieu, aussi indigne d'être votre Associé que ne l'est

Monsr le Comte
votre tres devoué Serviteur
Horace Walpole

De Strawberry hill
ce 23 Juin 1776.

J'ai cédé la semaine passée mon mercredi à madame de Mirepoix qui voulait leur donner à souper. La duchesse de Leinster nous invita pour le lundi d'après, qui était hier; mais en arrivant, nous apprîmes qu'elle était malade; je viens d'envoyer chez elle, elle a eu de la fièvre toute la nuit, et il lui est sorti une ébullition, c'est peut-être la rougeole. Le souper ne fut point à l'hôtel de Luynes où elle loge, mais à l'hôtel de Modène, chez son fils milord Charles Fitz-Gerald. Le duc de Richmond, M. Ogilby, son fils et sa fille, en firent les honneurs; nous étions seize : les Bingham, l'ambassadrice de Sardaigne, mesdames de Mirepoix, de Cambis, de Boisgelin; MM. de Monaco, de Beaune, mademoiselle Sanadon et moi, les quatre de la maison; il en manque deux, je ne les retrouve pas. J'y arrivai morte de fatigue; j'étais sortie de bonne heure pour aller voir la Petite Sainte[1] qui partait aujourd'hui pour Chanteloup; je fis encore deux visites, je ne pouvais plus me soutenir. Je m'affaiblis terriblement; si ce n'était que les jambes, je prendrais patience; mais la tête, la tête! cela est bien triste. Les idées de retraite me reviennent souvent; je voudrais un état fixe, que le jour, la veille et le lendemain fussent semblables. Il vaudrait mieux, dans la vieillesse, être sourde qu'aveugle, la surdité est contraire à la société; mais quand on n'y est plus propre, ce serait un petit inconvénient que d'être forcé à s'en passer, et d'avoir à la place des yeux pour pouvoir s'occuper dans la retraite. Mais à quoi servent ces réflexions? A vous ennuyer, à vous déplaire; je vous en demande pardon.

Le grand abbé part demain ou après-demain pour Chanteloup; je viens d'écrire à la grand'maman une assez plate lettre et qui m'a coûté. Je ne sais pas si tous les gens qui vieillissent sentent autant que moi la diminution de leurs forces corporelles et l'anéantissement de leurs âmes. Croyez, mon ami, que l'opinion qu'on a de moi ne subsiste plus que sur une réputation d'esprit très-mal fondée, que quelques personnes (dont vous êtes peut-être du nombre) ont imaginé de me donner; elle tombera bientôt avec justice.

Ma lecture présente est la *Vie de Cicéron*, par Middleton[2], très-bien traduite par l'abbé Prévost; je l'entremêle des *Lettres*

---

[1] Madame de Choiseul-Betz. (A. N.)

[2] Excellent ouvrage. L'abbé Prévost ne s'est pas astreint au simple rôle de traducteur; il a modifié la forme de l'ouvrage de Middleton, et y a supprimé ce qui lui paraissait inutile. (A. N.)

de Cicéron à Atticus, en suivant les époques. Je trouve que l'esprit de Cicéron doit servir de mesure pour tous les autres, son style m'enchante. Je lui pardonne sa vanité en faveur de sa sincérité, et sa faiblesse, parce que, je puis vous l'avouer, en ce seul point je trouve que je lui ressemble.

LETTRE 606.

MADAME LA MARQUISE DU DEFFAND A M. HORACE WALPOLE.

Dimanche 30 juin 1776.

J'ai reçu votre thé; vous aurez dans vos mains de quoi le payer. Si vous voulez que ce soit un présent, vous êtes le maître; les remercîments vont sans dire.

A qui vous plaignez-vous de votre peu d'imagination? A quelqu'un de stupide : non-seulement j'en suis dépourvue, mais la perte de mémoire me jette dans une timidité qui fait que je n'ose hasarder de parler; les expressions, les mots, tout me manque; j'en suis humiliée, surtout devant les nouvelles connaissances à qui on a bien voulu donner bonne opinion de moi. Vous prendrez cette honte pour de la vanité; cela peut être, mais sûrement je n'ai pas celle qui cherche à en imposer et à se donner pour meilleur qu'on n'est. Je n'ai pas de peine à vous croire, en vous jugeant par moi, que vous êtes quelquefois dénué de pensée; c'est mon état habituel : quand j'ai été long-temps seule ou avec des sots ou de nouvelles connaissances, je crois que je ne penserai de ma vie, et c'est cet état que je nomme ennui, et qui m'est insupportable.

Vous recevrez un volume par M. de Richmond; il partira mercredi. Ce duc ne se porte pas trop bien; sa tête est plus remplie que la vôtre, mais je ne sais pas si toutes ses idées sont justes et bien arrangées; je crois son cœur excellent, il est plus sensible que votre cousin, mais j'aime bien mieux ce dernier, et j'avoue que je serais charmée de le revoir. Je voudrais bien qu'il vînt avec le duc, qui doit revenir au mois d'août, et ne s'en retourner que deux ou trois mois après.

Bonjour, mon ami. Je suis encore à décider si c'est un bonheur ou un malheur pour moi de vous connaître. Mandez-moi toujours toutes vos nouvelles; elles ne me font rien, il est vrai, mais les nôtres ne vous font point davantage. Je donne à souper mercredi aux Bingham et aux Saint-Paul; jeudi aux Stormont, aux Necker et à plusieurs diplomatiques.

J'allais oublier de vous apprendre que le petit marquis de Coigny, que vous avez vu, a une forte petite vérole. Il l'a prise de sa femme, qu'il a gardée dans son inoculation; il avait été inoculé par Gatti; on croit que son frère le vicomte l'aura aussi.

LETTRE 607.

LA MÊME AU MÊME.

Dimanche 7 juillet 1776.

Vos raisonnements sont excellents, ils interdisent toute réplique. *On n'est point malheureux quand on a le loisir de s'ennuyer.*

Vous attendez M. de Richmond pour savoir à quoi vous en tenir sur l'affaiblissement de ma tête; je vous préviens qu'il n'y a pas pris garde. Je ne doute pas qu'il ne m'ait trouvé autant de santé et de bon sens qu'il lui fallait. Il n'est parti que jeudi 4, il ne passera point par Londres; il m'a dit que vous recevriez ma lettre dans cette semaine-ci.

Je soupai hier chez les Necker avec une madame Montagu [1]; la connaissez-vous? C'est un bel esprit, dit-on; cela est-il vrai? Est-elle des vrais Montagu? M. Necker m'a priée de vous faire mille compliments, il me paraît qu'il vous aime. L'ambassadrice, lady Stormont, est jolie; elle se tient mal, elle n'a pas bonne grâce, sa physionomie est spirituelle.

Je ne suis pas en train de vous faire une longue lettre; vous serez assez ennuyé de celle que vous recevrez par M. de Richmond, et ce sera en même temps que celle-ci.

Je ne défendrai point Cicéron, mais après César, c'est l'homme que j'aime le mieux; sa sincérité me fait lui pardonner tous ses défauts.

Je vous crois sans vanité, mais je vous prie de me nommer avec vérité et simplicité les personnes à qui vous croyez plus d'esprit qu'à vous; j'en excepte les beaux esprits et les femmes; ne vous comparez qu'avec les gens du monde et de votre société. Quand vous m'aurez fait cet aveu, je vous en ferai un pareil, exceptant les beaux esprits et les hommes; j'entends par beaux esprits les auteurs et les savants.

[1] Feu Élisabeth Montagu, célèbre auteur de l'*Essai sur le génie et les écrits de Shakespeare.* (A. N.)

LETTRE 608.

MADAME LA MARQUISE DU DEFFAND A M. HORACE WALPOLE.

Samedi 20 juillet 1776, à quatre heures après midi.

Je suis fort aise que vous soyez content de la boite de M. Gibbon, et je vous remercie de la peine que vous avez prise de m'écrire une longue lettre. Je trouve vos conseils excellents, et j'ai le désir d'en profiter.

Je suis absolument de même avis que vous sur le jugement que vous portez des discours de l'Académie, mais non sur M. Turgot. Je trouve aussi que vous avez toute raison de condamner qu'on s'occupe trop de soi-même, et surtout d'exiger des autres qu'ils s'occupent de nous. Ceux qui ont de la bonté supportent nos plaintes, et ceux qui n'en ont pas s'en moquent. Je ne prévois pas que j'aie aucune commission dont je puisse vous importuner, ainsi vous me ferez payer par votre banquier si vous le voulez.

Mon intention est de vous rendre mes lettres moins ennuyeuses, le plus sûr expédient est de les rendre très-courtes.

Dimanche.

Je relis votre lettre, et je peux sans scrupule ajouter à la mienne sans craindre de la rendre trop longue.

M. de Saint-Aignan avait quatre-vingt-douze ans, il était frère de M. le duc de Beauvilliers, gouverneur du Dauphin fils de Louis XIV. Son père l'avait eu d'un second mariage à l'âge de quatre-vingts ans. Il avait été ambassadeur en Espagne et à Rome; c'était un homme très-médiocre, fort dévot; il avait épousé, il y a vingt ans, la sœur de M. Turgot, qui est une grande janséniste; il n'en avait point eu d'enfants. Conservez votre bonne opinion pour son frère, j'y consens, mais n'exigez pas que je sois persuadée que les bonnes intentions suffisent pour faire un bon ministre, quand étant dénué de lumières, il est présomptueux et entreprenant, et s'embarque à faire des établissements sans prévoir leur impossibilité, et qu'au lieu de procurer le bien qu'il désire, il n'en résulterait que du désordre, et de plus grands inconvénients que ceux qu'on chercherait à détruire.

J'ai autant d'horreur que vous pour le cardinal de Richelieu, mais je crois qu'il avait un peu plus de talent que M. Turgot pour le ministère. Jamais Henri IV n'aurait pris M. Turgot pour ministre, soyez-en sûr; il l'aurait peut-être fait gouverneur de ses pages ou intendant de quelque petite province comme il était avant.

Je soupai hier chez les Necker avec mesdames de Luxembourg, de Cambis et d'Houdetot. Je dis au Necker ce que vous m'écriviez d'obligeant pour lui; c'est lui qui est véritablement un bon homme! De la capacité sans présomption, de la générosité sans faste, de la prudence sans mystère; ce serait un bon choix que d'employer un tel homme, mais sa religion est un obstacle invincible. Je ne mangeai qu'un potage et un œuf à l'eau, et je n'ai pas dormi de la nuit; mais comme je n'ai pas de vapeurs, je prends patience. Je ne vous parlerai plus jamais de mes chagrins; pour m'en consoler, vous me démontrez qu'ils ne sont que l'effet de mon caractère, et que si je n'étais pas la plus vaine et la plus exigeante de toutes les créatures, je devrais être la plus contente, et que je ne me plains que parce que je suis orgueilleuse et injuste. J'aurais cru pouvoir me flatter d'être mieux connue de vous, et que vous ne m'auriez pas accusée d'exiger que l'on fît pour moi plus que je ne fais pour les autres. Mais n'en parlons plus; il y a dix ans que je vous suis à charge de toutes les manières et que j'ai poussé votre patience à bout; je vous en demande pardon, mais comme vous avez dû remarquer que toutes vos leçons ne m'ont pas été inutiles, et qu'il y a bien des articles sur lesquels je suis très-corrigée, pourquoi ne puis-je pas me corriger sur le reste? Si vous avez le courage d'en faire l'épreuve, je vous en serai obligée.

LETTRE 609.

LA MÊME AU MÊME.

Paris, dimanche 4 août 1776.

Je voudrais être bien sûre que vous soyez plus tranquille; mais je connais votre sensibilité, mon ami; cependant je crois que c'est à tort que vous vous alarmez[1]; je juge par le détail que vous me faites que la cause du mal m'est étrangère et n'a point d'existence réelle. Je vous prie instamment de continuer à me donner des nouvelles. Votre amitié pour votre cousin n'est pas le seul motif de l'intérêt que j'y prends; j'ai tant d'es-

---

[1] Au sujet d'une maladie du général Conway. (A. N.)

time pour lui et milady, qu'il y a bien peu de personnes que j'aime autant qu'eux.

Vous avez l'air de me croire mécontente de M. de Richmond, mais c'est tout au contraire ; je n'ai que des sujets de me louer de lui, et je l'ai trouvé encore plus aimable dans son dernier voyage que dans le précédent. Je suis très-touchée du service qu'il a essayé de me rendre en voulant vous déterminer à venir ici. Je ne saurais me plaindre de ce qu'il n'y a pas réussi. J'ai peu d'espérance de vous jamais revoir, et c'est là où je dois faire usage de ma raison.

M. le prince de Conti mourut avant-hier après dîner ; il avait reçu la visite de l'archevêque et des exhortations de M. de la Borde; *c'est tout ce qu'il a reçu*[1]. Son fils[2] s'est très-bien conduit ; les d'Orléans et les Condé ne lui ont donné aucune marque d'attention.

L'Idole est dans la plus grande douleur, elle s'est retirée à Auteuil. La maréchale de Luxembourg l'y a suivie, elle vient de me mander tout à l'heure que j'y serai reçue, c'est une très-grande faveur, j'irai cette après-dînée.

On m'apporte dans le moment une lettre de l'abbé Barthélemy ; elle est si originale que j'en vais faire faire une copie pour vous l'envoyer[3] ; j'y joindrai celle d'une lettre de Voltaire[4] que je vous prie de montrer à peu de personnes, car je ne veux pas qu'on dise que c'est par moi qu'elle est devenue publique en Angleterre. Je me suis souvenue que je ne vous avais point dit quel était le Montazet dont il était question dans les discours de l'Académie, c'est de l'archevêque de Lyon.

Nous avons ici M. et madame Hamilton, votre ministre de

---

[1] Elle entend par là qu'il n'avait pas reçu les sacrements. Dans les *Nouvelles du jour*, on parle ainsi de cet événement : « Tout le monde s'accorde à convenir d'une conversation, à peu près telle qu'on l'a rapportée, entre le malade et l'archevêque de Paris ; elle a eu lieu le jour de la première visite du prélat ; depuis il a été refusé deux fois par le suisse à la porte de la rue, sans être descendu de carrosse, et en présence d'un peuple immense. Les gens du métier reprochent à M. de Beaumont (l'archevêque) de n'avoir pas sauvé ce scandale, en mettant un peu d'astuce, en descendant, en entrant dans la cour, et se tenant en quelque endroit, pour en imposer au moins aux spectateurs, et qu'on crût qu'il avait été admis auprès de Son Altesse. » (A. N.)

[2] Son fils unique, le comte de la Marche, qui, à la mort de son père, devint prince de Conti. (A. N.)

[3] Cette lettre n'a pas été trouvée. (A. N.)

[4] Au comte d'Argental. Voyez le tome LXIII, page 261, de l'édition des *OEuvres de Voltaire*, par Beaumarchais. (A. N.)

Naples[1] ; je ne les ai point encore vus. La dame de Montagu ne me déplaît point, sa conversation est pénible parce qu'elle parle difficilement notre langue ; elle est très-polie, et elle n'a point été trop pédante avec moi ; je lui ai fait voir la lettre de Voltaire, elle me dit, sur *les perles et le fumier*, que *ce fumier n'avait pas servi à fertiliser sa terre*.

J'attends votre première lettre avec impatience ; je suis aussi inquiète que vous, car mon inquiétude est double ; ne négligez aucun détail.

Lundi 5.

J'ai vu l'Idole, elle observe très-bien le costume, il n'y a rien à dire ; et moi, mon ami, j'observai très-bien hier celui d'une Française ; on m'annonça le duc de Richmond, je sautai de mon tonneau à son cou, je l'embrassai de tout mon cœur, je me flattais qu'il vous aurait vu, qu'il me dirait comment il vous avait trouvé, qu'il me rendrait compte de l'état de votre cousin, point du tout, il n'avait vu ni l'un ni l'autre ; j'en fus un peu refroidie, je vous l'avoue ; je le quittai pour aller à Auteuil, mais je passai la soirée avec lui au Carrousel. La duchesse de la Vallière m'inquiète ; elle a un rhume très-obstiné, elle ne dort point, elle est triste et changée, je serais très-fâchée qu'elle partît avant moi. Mon Dieu ! que j'attends samedi ou dimanche avec impatience ! et je ne puis pas soutenir l'inquiétude. Mettez la main sur la conscience, et avouez que vous avez beau être Anglais, votre amitié est un peu française ; vous n'attendriez pas patiemment des nouvelles de vos amis, si vous étiez inquiet de leur état.

LETTRE 610.

MADAME LA MARQUISE DU DEFFAND A M. HORACE WALPOLE.

Dimanche 18 août 1776.

Je suis fort aise du bon état de monsieur votre cousin. On m'a conté un semblable accident[2] avec toutes les mêmes circonstances, arrivé à quelqu'un il y a plus de trente ans, et qui se porte encore aujourd'hui fort bien. Je suis ravie que vous n'ayez plus ce sujet d'inquiétude, je la partageais véritablement.

---

[1] Feu sir William Hamilton, et sa première femme, mademoiselle Barlow. (A. N.)
[2] Une attaque de paralysie. (A. N.)

Il vous reste l'Amérique, mais cela est bien différent. Vous me ferez plaisir de me mander toutes les nouvelles qu'on en recevra.

Vous m'avez dit quelquefois que vous apprendriez volontiers celles de ma société ; j'ai peine à le croire ; vous ferez bien, si cela est vrai, de me le répéter. Au bout d'un certain temps et dans l'éloignement, les objets s'effacent, et il est très-naturel qu'ils cessent d'intéresser. Cependant je vous dirai aujourd'hui que madame de la Vallière ne voit encore personne ; j'envoie tous les matins savoir de ses nouvelles : elle a un peu dormi cette nuit, et si en effet elle n'a d'autre incommodité que l'insomnie, je n'en dois pas être fort inquiète : j'ai l'expérience qu'on se passe de sommeil.

L'abbé Barthélemy est arrivé de Chanteloup, madame de Gramont de Plombières, et madame de Luxembourg est revenue coucher à Paris, après quinze jours de séjour qu'elle a fait à Auteuil auprès de la divine comtesse. Ma société en est plus ranimée, mais ce sera pour peu de temps. Dans quinze jours, les comtesses de Boufflers doivent, dit-on, aller à Arles, parce que M. Pomme, qui traite la belle-fille et qui était venu ici pour elle, s'y en retourne. L'abbé en fera autant pour Chanteloup, et madame de Luxembourg a différents voyages à faire dans le courant du mois prochain.

Le jeune duc[1], comme vous l'appelez, ira à Aubigny aussitôt la vacance de notre parlement ; je voudrais bien que son affaire réussît, mais je crains plus que je n'espère.

On vous a dit la vérité : la reine a très-bien traité milady Lucan[2] ; elle la rencontra au Moulin-Joli, chez Vatelet ; la milady y avait dîné ; la reine vint s'y promener et s'informa qui elle était ; elle lui fit dire de s'approcher d'elle, lui parla de son talent, voulut voir ses miniatures, et la pria de lui en donner. La milady lui en laissa le choix, la reine en prit deux, qui étaient le portrait de son fils et de sa fille ; elle lui dit de venir à Versailles, elle y a été, et la reine l'a très-bien traitée.

Je vois quelquefois madame Montagu ; je ne la trouve pas trop pédante, mais elle fait tant d'efforts pour bien parler notre langue, que sa conversation est pénible. J'aime bien mieux milady Lucan, qui ne s'embarrasse point du mot propre, et qui se fait fort bien entendre.

[1] Le feu duc de Richmond. (A. N.)
[2] La comtesse douairière de Lucan. (A. N.)

J'ai vu le chevalier Hamilton et madame sa femme, ce n'est pas assez pour les connaître. Je ne vois pas d'autre Anglais.

J'allais oublier de vous raconter ce que me dit l'autre jour l'ambassadeur de Naples[1]. M. de Richmond m'avait bien recommandé de ne pas vous le laisser ignorer.

Il prétend qu'il a vu M. Conway, dans le temps qu'il était ministre, se promener au Ranelagh étant extrêmement ivre, et que lui, ainsi que tous les Anglais du plus grand monde et de la meilleure compagnie, s'enivrent tous les soirs. Je lui demandai s'il vous avait vu, ou s'il avait su que vous vous fussiez enivré quelquefois; il me dit que non : mais pour votre cousin, il en était sûr. Je crois que ce pauvre ambassadeur ne vivra pas longtemps; il est jaune comme un coing, il a les jambes enflées, il a une toux continuelle, il crache à faire horreur. Je prétends qu'il tousse comme une caverne. C'est un étrange homme; il n'en faudrait pas deux semblables pour la société, un seul y est tout au plus supportable.

LETTRE 611.

MADAME LA MARQUISE DU DEFFAND A M. HORACE WALPOLE.

Paris, samedi 7 septembre 1776.

J'ai oublié, dans ma dernière lettre, de vous mander que madame Geoffrin était tombée, pour la troisième fois, en apoplexie. Cette dernière fois-ci elle est restée paralytique d'un côté; elle a presque perdu la connaissance : on croit pourtant qu'elle ne mourra point de cette attaque. Vous voyez que la mort en veut ici aux personnes de mérite singulier; d'abord mademoiselle de Lespinasse, ensuite M. le prince de Conti, et puis madame Geoffrin, qu'on peut regarder comme morte. Ces trois personnes étaient fort célèbres chacune dans leur genre. On regrettera moins M. le prince de Conti, parce qu'il n'avait plus de maison; les désœuvrés se rassemblaient chez les deux autres : jusqu'à temps qu'il survienne quelques personnes assez ridicules pour être dignes de leur succéder, il faudra s'en passer.

Je compte sur ce que vous direz de moi à vos parents : c'est pour me conduire à l'anglaise que je me suis fait l'effort de ne leur pas dire moi-même combien j'ai pris intérêt à cet étrange

---

[1] Le marquis de Caraccioli. (A. N.)

événement[1]. Je ne comprends pas comment vous n'êtes point avec eux, et comment vous vous accommodez de la vie que vous menez : des estampes, des médailles, des breloques, me semblent un froid amusement ; mais il ne faut pas juger des autres par soi-même. Si en effet vous ne vous ennuyez pas, vous êtes heureux ; et il faut bien que cela soit, puisque c'est par choix que vous vivez ainsi.

L'Idole me donna à lire avant-hier une lettre de M. Hume, à l'occasion de la mort du prince : il lui disait adieu, comme n'ayant plus que quelques jours à vivre. Cette lettre m'a paru de la plus grande beauté ; je lui en ai demandé une copie, et je l'aurai[2]. Elle part à la fin de ce mois pour Arles ; sa maison est déjà retenue et meublée. Une certaine bienséance, l'embarras d'un maintien dans cette espèce de veuvage, la confiance que la belle-fille a dans la science de M. Pomme, de qui elle attend sa guérison, et qui habite dans cette ville, l'ont déterminée à s'y établir pour y passer l'hiver : elle ne reviendra qu'au mois de février.

Je vous ai dit que madame de Luxembourg devait faire de petits voyages : elle partit mercredi 4 ; elle ne sera de retour que le 20 ou le 21.

La Sanadona va s'absenter aussi : elle part mardi pour Praslin, où elle ne restera que huit jours, malgré les efforts que tout le *praslinage* fait pour la retenir plus longtemps ; mais elle veut me revenir trouver, jugeant qu'elle m'est fort nécessaire. Elle ne se trompe pas ; elle est pour moi ce qu'est un bâton

---

[1] Un récent malheur de famille. (A. N.)

[2] Cette lettre, qui mérite l'éloge qu'en fait madame du Deffand, était ainsi conçue :

A madame la comtesse de Boufflers.

« Édimbourg, 20 août 1776.

» Quoique je sois certainement à quelques semaines et peut-être à quelques jours de ma propre mort, je ne puis m'empêcher, ma chère madame, d'être frappé de celle du prince de Conti, perte si grande à tous égards. Mes réflexions ont porté à l'instant sur votre situation dans cet événement malheureux. Quelle différence pour le plan entier de votre vie ! — Mandez-moi, je vous prie, quelques détails, mais que ce soit de manière à ne vous point embarrasser dans quelles mains votre lettre peut tomber après ma mort. Ma maladie est une diarrhée, ou mal d'entrailles, qui me mine depuis deux ans, mais qui, depuis six mois, m'entraîne à ma fin avec un progrès visible. Je vois chaque jour la mort s'approcher, sans inquiétude, et sans regret. Je vous dis adieu avec beaucoup d'affection et de respect, pour la dernière fois.

» DAVID HUME. »

Il mourut le 25 août, cinq jours après la date de cette lettre. (A. N.)

pour gens de ma confrérie. Quand vous devriez me croire autant de vanité qu'à Cicéron, je vous avoue que quand je me compare aux autres femmes, j'augmente d'estime pour moi; je me crois plus fidèle, plus sincère qu'aucune autre : mais je suis aussi faible que ce philosophe; j'en conviens à ma honte : c'est à la nature que je m'en prends; je suis restée telle qu'elle m'a faite : je n'ai pas à me louer d'elle; si elle m'a donné un corps assez sain, elle y a joint un esprit fort malade. Elle vous a traité tout au contraire; je voudrais que votre âme fût moins saine, et que votre corps le fût davantage.

LETTRE 612.

MADAME LA MARQUISE DU DEFFAND A M. HORACE WALPOLE.

Paris, dimanche 15 septembre 1776.

Le duc de Richmond est parti ce matin pour Aubigny : on n'a jamais vu personne aussi profondément triste. Il dit qu'il ne se porte pas bien; mais il ne dit pas quel est son mal : il repassera par ici en retournant à Londres.

Vos nouvelles d'Amérique se font attendre bien longtemps : elles sont un objet de grande curiosité pour toute l'Europe; je les attends avec patience; ni vous ni les vôtres n'y êtes point personnellement intéressés.

Les Lucan sont fort aimables; ils me donnèrent l'autre jour chez moi la plus jolie musique du monde, et qui ne me causa pas plus d'embarras que si c'avait été chez un autre : je ne sortis point de mon tonneau; je ne me levai pour personne. Le milord avait fait apporter un piano-forte dans mon antichambre; il avait amené le maître de musique de ses filles, qui est Italien, un autre Italien qu'il a pris ici, qui est bon violon; il avait sa flûte : ses deux filles[1] chantèrent tour à tour, et chacune s'accompagna. Votre ambassadrice[2] chanta et s'accompagna aussi. Il vint assez de monde; mais je ne vis que ceux qui s'approchèrent de mon tonneau. La musique finie, tout décampa, le piano-forte, les musiciens, les enfants, une partie de la compagnie, et nous restâmes douze pour le souper, milord, milady

[1] La comtesse de Spencer d'à présent, et mademoiselle Louise Bingham, qui mourut fort jeune, sans avoir été mariée.
[2] Alors lady Stormont, depuis créée comtesse de Mansfield, de son propre droit. (A. N.)

(*Lucan*), le duc (*de Richmond*), votre ambassadeur et l'ambassadrice, madame de Mirepoix, ses deux nièces (*mesdames de Cambis et de Boisgelin*), et quelques autres.

Le lendemain, vendredi, madame de Montagu nous donna un très-bon souper dans une maison qu'elle a louée à Chaillot. La compagnie était madame de Mirepoix et ses deux nièces, un milord écossais, Eglinton (j'estropie peut-être son nom), le duc de Richmond, la maîtresse de la maison et mademoiselle Grégory[1], madame de Marchais et moi.

Hier je fus à Saint-Ouen avec le vicomte de Beaune ; nous ne trouvâmes que les maîtres de la maison[2] et milord L*** ; on a oublié de l'enterrer, car certainement il n'est pas en vie. On parla d'une brochure qui va paraître, dont le titre sera : *Commentaire sur la vie de Voltaire*. Il y parle, à ce qu'on dit, de toutes les personnes célèbres qu'il a connues. Madame Necker prétendait qu'il fallait que je fusse brouillée avec lui, parce que je n'y étais pas nommée. Je l'assurai, avec vérité, que j'en étais fort aise, et que je préférais d'être dans le nombre des personnes qu'il avait oubliées, qu'à côté de celles qu'il a célébrées : mesdames du Châtelet et Geoffrin y tiennent les premières places. Je serais bien fâchée d'être citée comme un bel esprit ; je n'ai jamais rien fait qui puisse m'attirer ce ridicule.

Madame de Montagu s'est très-bien comportée à l'Académie : elle ne se laisse aller à aucun emportement[3] ; c'est une femme raisonnable, ennuyeuse sans doute, mais bonne femme et très-polie. La Lucán et son mari sont aimables, remplis de talents ; je les vois avec plaisir. Voilà tout ce qui compose ma société anglaise, et un M. Hobbart[4], qui est, dit-on, petit-fils de Crom-

---

[1] Fille du feu docteur Grégory, d'Édimbourg, et mariée depuis à M. Allison, l'un des ministres de l'Église épiscopale de cette ville. Elle était alors intime amie de la famille de madame Montagu, qu'elle accompagna dans son voyage à Paris et à Spa. (A. N.)

[2] M. et madame Necker.

[3] Dans une autre lettre, qu'on ne donne pas ici, parce qu'elle n'offre d'ailleurs rien d'intéressant, elle dit : « Il y a fort longtemps que je n'ai vu madame Montagu ; elle fut à l'Académie le jour de la Saint-Louis ; elle fut bien mécontente ; on y lut un écrit de Voltaire contre Shakspeare ; il doit être imprimé, je vous l'enverrai. » (A. N.)

[4] M. George Hobbart, qui, à la mort de son frère aîné, en 1794, devint comte de Buckingham. L'éditeur ignore d'où a pu venir l'erreur où l'on a été de croire qu'il descendait de Cromwell ; peut-être a-t-on confondu son nom avec celui de quelque autre Anglais qui se trouvait à Paris dans ce temps-là. (A. N.)

well : quel homme est-ce? il me semble avoir du bon sens. Je suis, comme je vous l'ai mandé, séparée de mademoiselle Sanadon; elle est à Praslin, et n'en reviendra que dans le cours de cette semaine : j'attends, à peu près dans le même temps, le retour de madame de Luxembourg; je la reverrai avec grand plaisir : je crois qu'elle est, *pour le présent,* la personne dont je suis le plus aimée.

Je vais ce soir souper, avec madame de Marchais, chez la comtesse de Broglie et l'évêque de Noyon[1]; lequel crache ses poumons, ce qui fait grand'pitié : il est doux et aimable.

Notre reine se porte bien; elle est quitte de sa fièvre tierce, ce qui assure le voyage de Fontainebleau, qui sera le 9 octobre jusqu'au 18 novembre.

Ne cessez point de parler de moi à vos parents, je les estime de toute mon âme et je les aime de tout mon cœur.

LETTRE 613.

MADAME LA MARQUISE DU DEFFAND A M. HORACE WALPOLE.

Paris, 7 octobre 1776.

C'est par M. Elliot que je vous écris; je lui avais déjà remis les *Commentaires de Voltaire,* je les lui laisse, quoique je voie, par votre lettre du 29, que vous les avez déjà lus. Je suis de votre avis sur tout ce que vous dites sur la fureur de la célébrité; la vanité, qui la fait rechercher, n'empêche pas que les ouvrages soient bons, mais diminue bien de l'estime pour l'auteur.

Monsieur donna hier une très-belle fête au roi et à la reine dans son château de Brunoy[2]; je n'en ai point les détails, je les apprendrai aujourd'hui; je sais seulement qu'il n'y avait que la famille royale, dont Mesdames les tantes n'étaient point, les

---

[1] L'évêque de Noyon était le frère du comte et du maréchal de Broglie. (A. N.)

[2] Brunoy, à cinq lieues de Paris, château qui appartenait autrefois à M. Paris de Montmartel, banquier de la cour sous le règne de Louis XV. Après avoir acquis de grands biens, il désira de faire un mariage distingué, et s'allia à l'illustre maison de Béthune, en épousant une sœur du marquis de Béthune, colonel général de la cavalerie. Il en eut un fils appelé le marquis de Brunoy, et connu seulement par son goût pour les processions. Étant mort sans enfants, la terre de Brunoy fut vendue à Monsieur. Depuis la Révolution elle a passé en différentes mains. La princesse de Wagram la possède aujourd'hui. 1827. (A. N.)

seules dames de semaine ont suivi, et les officiers du roi et de la reine. M. le duc de Chartres n'a point été invité, ce qui surprend beaucoup. Il n'y a eu que MM. de Guines, d'Esterhazy [1], le comte et le chevalier de Coigny qui aient été admis.

On parle beaucoup de changements dans notre ministère; les clameurs contre M. de Saint-Germain sont à toute outrance; le contrôleur général [2] est fort malade, et sa considération est des plus minces. Le Maurepas paraît ne pas savoir ce qu'il fait. On ne sait ce que tout ceci deviendra; nous n'avons pas un seul homme qui ait le sens commun. Je m'applaudis bien, je vous assure, de ne m'intéresser à qui que ce soit, pas même à la chose publique. Pourvu que je passe le temps sans un excessif ennui, je m'en contente; mon indifférence pour tout est extrême.

Je suis du dernier bien avec les Lucan; ils m'ont amené deux fois leur petite famille, m'ont donné de jolies musiques; ils furent vendredi à une course de chevaux où était la reine; elle fit monter la milady et sa petite famille dans son pavillon, elle les combla de politesses; ils vous conteront tout cela.

Ce petit Elliot [3] est tout à fait aimable; il a beaucoup d'esprit, il sent encore un peu l'école, mais c'est qu'il est modeste, et qu'il est la contre-partie de Charles Fox; la sorte de timidité qu'il a encore sied bien à son âge, surtout quand elle n'empêche pas qu'on ne démêle le bon sens et l'esprit.

Vous ne me parlez point de MM. de Chimay [4] et de Fitz-James; c'est par votre cousin que j'ai appris que le premier avait été chez vous, et qu'on a pensé qu'il y avait eu quelque affaire entre eux. Nous avons ici tous les jours des nouvelles de votre Amérique, tantôt par Nantes, tantôt par Boulogne; elles se détruisent trois jours après qu'elles ont couru.

Il me paraît que l'idée de la guerre s'accrédite beaucoup; si elle a lieu, comme je commence à le croire, elle sera un obsta-

---

[1] Le chevalier d'Esterhazy était d'une branche de l'illustre famille hongroise d'Esterhazy, établie en France. Son père avait un régiment de hussards au service de France, et avait épousé une dame française de la petite ville de Vigan en Languedoc. Le fils dont on parle ici eut ensuite le régiment de hussards, reçut le cordon bleu, et fut en grande faveur à la cour de France. (A. N.)

[2] M. de Clugny. (A. N.)

[3] Le lord Minto actuel. 1827. (A. N.)

[4] Le prince de Chimay. Il avait épousé une sœur du duc de Fitz-James, dont il est parlé ici. (A. N.)

cle invincible aux visites réciproques ; elle me fera faire l'application d'un passage d'un opéra de Quinault :

> Peut-être souffrirais-je moins
> Si je pouvais haïr une rivale.

Vous avez eu tort de penser que ce que le grand abbé m'avait mandé était une énigme sans mot; il s'est expliqué ; ce n'était point d'Argental qu'il entendait parler, mais d'un homme que je ne vois point, l'abbé Arnauld[1], qui est un des beaux esprits du temps, dans le goût des Jean-Jacques, des Thomas, etc.

Je reconnais et j'avoue que je précipite trop mes jugements : on ne connaît le caractère des gens que bien à la longue ; j'ai encore la duperie des jeunes gens ; les premiers jugements que je porte sont toujours favorables, et par la suite j'en viens au rabais ; je trouve partout fausseté et légèreté, et souvent tous les deux. Il y a un bien petit nombre de gens que j'estime véritablement, et peut-être ne suis-je pas du nombre ; on ne peut s'unir intimement avec personne, et si, comme dit Voltaire de l'amitié,

> Sans toi tout homme est seul,

il faut prendre le parti d'une solitude entière. Encore si les morts valaient mieux que les vivants, ce serait une ressource ; mais il n'y a pas même de livres qui contentent.

LETTRE 614.

MADAME LA MARQUISE DU DEFFAND A M. HORACE WALPOLE.

Dimanche 27 octobre 1776.

Vous m'aviez mandé que vous aviez eu une bouffée de goutte aux genoux, j'en étais inquiète. Votre lettre d'aujourd'hui (quoique étique) me fait beaucoup de plaisir, parce qu'elle me rassure.

Vous recevrez demain ou après-demain, par M. de Richmond, une lettre de moi qui n'aura guère plus d'embonpoint que la vôtre. Quand on ne doit rien dire de soi, ni de la personne à qui on écrit, et qu'on prend fort peu de part à tout le

---

[1] L'abbé François Arnauld, abbé de Grand-Champ, lecteur et bibliothécaire de Monsieur. On a recueilli ses ouvrages en trois volumes. Il s'y trouve plusieurs extraits excellents, tirés de la *Gazette littéraire*, qu'il écrivait avec Suard. (A. N.)

reste, on a peu de chose à dire. Je vous dirai pourtant aujourd'hui que je suis contente de la place qu'on vient de donner à M. Necker[1]; on a lieu d'espérer qu'il s'en acquittera bien. Le public, dans ces premiers instants, paraît approuver ce choix; nos papiers se sont relevés, mais malgré cela, je m'attends que dans quelques jours on dira beaucoup de mal de lui, et je ne mettrais pas à fonds perdus sur la durée de sa faveur. Il y a même dans ce moment quelque sujet d'inquiétude; la goutte a repris à M. de Maurepas : elle s'est d'abord placée sur une épaule, on l'a fait descendre aux pieds; s'y tiendra-t-elle? c'est de quoi on ne peut s'assurer. C'est une vilaine chose que cette goutte, et s'il arrivait malheur à ce ministre, le nouveau directeur du trésor royal pourrait être bientôt déplacé. Je soupai hier chez sa femme, elle a une très-bonne contenance et nullement la tête tournée. Je ne sais ce que la Flore-Pomone (*madame de Marchais*) pense de ceci; elle est depuis mardi à Fontainebleau; je n'ai point entendu parler d'elle. Tout ce que je gagne à ce nouvel établissement, c'est que ma pension sera payée plus promptement, mais d'ailleurs je perdrai de l'amusement; les soupers seront plus rares, au moins pendant quelque temps.

Madame de Luxembourg reviendra demain de Sainte-Assise, où elle a fait un séjour de près de trois semaines; elle restera à Paris cinq ou six jours, et puis y retournera pour autant de temps qu'elle y a été. Sa passion dominante est le jeu, elle fait vingt-cinq ou trente *robbers* par jour. L'autre maréchale (*de Mirepoix*) est dans un grand désœuvrement; elle dissimule son ennui autant qu'elle peut; elle trouverait de la honte à l'avouer.

J'ai reçu de Lyon une lettre de l'Idole; je suis du dernier bien avec elle; je remarque qu'il est facile d'être parfaitement bien avec tous ceux dont on ne se soucie pas.

LETTRE 615.

MADAME LA MARQUISE DU DEFFAND A M. HORACE WALPOLE.

Paris, 3 novembre 1776.

Je ne sais pourquoi vous recevez mes lettres plus tard. Ne serait-ce pas quelque examen des bureaux?

[1] M. Necker fut d'abord nommé conseiller des finances et directeur général du trésor royal, conjointement avec M. Taboureau, qui eut le titre de

Les bruits de guerre sont bien fâcheux, mais je n'en suis point extrêmement troublée, cela aurait été pour moi un bien plus grand événement il y a quelques années; mais je puis dire aujourd'hui :

> Grâce au ciel, mes malheurs ont passé mon attente.

C'est un vers d'un de nos opéras.

Je me réjouis médiocrement du choix de M. Necker; je n'imagine pas que son règne soit de longue durée. J'ai beaucoup d'opinion de sa capacité; mais les brigues, les intrigues, s'en démêlera-t-il? ne s'opposeront-elles pas à ses projets? Le bien que je puis attendre de lui, c'est que ma pension sera payée un mois ou six semaines plus tôt qu'elle ne l'était par les autres. Je lui dirai ce que vous m'écrivez sur lui. Depuis sa nouvelle place, je ne l'ai vu qu'une fois pendant un quart d'heure; il est presque toujours à Fontainebleau; il aura travaillé avec le roi aujourd'hui pour la seconde fois chez M. de Maurepas, qui a la goutte depuis dix-sept ou dix-huit jours. Il ne paraît encore aucune nouvelle opération, et je ne vois pas que l'on imagine aucun de ses projets; tout ce que l'on dit sur cela sont des choses bien vagues.

On a représenté à Fontainebleau, jeudi dernier, une tragédie de Chamfort, *Mustapha et Zéangir;* elle a eu un très-grand succès. La reine lui donna le lendemain une pension de cinquante louis, et M. le prince de Condé une place de secrétaire de ses commandements, de même valeur[1]; quand elle sera imprimée, je vous l'enverrai. Il y a eu à Fontainebleau beaucoup d'autres nouveautés qui n'ont eu aucun succès.

LETTRE 616.

LA MÊME AU MÊME.

9 décembre 1776.

Il y a quelques changements aux jours où je vous écris; vos lettres ne me sont pas toujours rendues le dimanche, je les attends pour y répondre, et cela me mène au mercredi; je le

---

contrôleur général; mais celui-ci se démit bientôt d'une place qu'il n'avait acceptée que par les instances du comte de Maurepas, et dont il lui parut mal imaginé de séparer les fonctions. (A. N.)

[1] La place de secrétaire des commandements de M. le prince de Condé valait 3,000 fr. (A. N.)

préviens aujourd'hui, parce que je me trouve seule et que je ne peux faire un meilleur emploi de mon temps que de causer avec vous; tant pis pour vous, vous vous passeriez bien de remplir les lacunes de ma journée; mais n'êtes-vous pas mon ami? Et quel agrément peut-on trouver dans un ami, si l'on n'y a pas une parfaite confiance, et s'il faut être toujours dans la crainte de l'ennuyer?

Je suis sûre que vous êtes persuadé que je m'amuse beaucoup, et que le retour de Chanteloup me cause des plaisirs ineffables. Il y a beaucoup à en rabattre. *Je suis contente,* comme disait à madame de Montespan la carmélite la Vallière, *mais je ne suis pas bien aise.*

Mes parents (*les Choiseul*) souperont jeudi chez moi pour la troisième et dernière fois; ils ouvriront leur maison dimanche prochain, et c'est où j'irai fort rarement; ils se tiennent dans leur galerie; je ne sais si vous la connaissez, elle est infiniment grande, il faut soixante-dix ou soixante-douze bougies pour l'éclairer; la cheminée est au milieu, il y a toujours un feu énorme et des poêles aux deux bouts; eh bien! malgré cela on y gèle, ou on y brûle si l'on se tient auprès de la cheminée ou des poêles; toutes les autres places dans les intervalles sont des glacières; on trouve un monde infini, toutes les belles et jeunes dames et les grands et petits seigneurs; une grande table au milieu, où l'on joue toutes sortes de jeux, et cela s'appelle une macédoine; des tables de whist, de piquet, de comète; trois ou quatre trictracs qui cassent la tête. Peut-être vos assemblées ressemblent-elles à cela; en ce cas, je crois que vous vous y trouvez rarement : il n'y a que d'être seule que je trouve pis que cette cohue. Cette maison est ouverte depuis le dimanche jusqu'au jeudi inclusivement; le vendredi et le samedi, je suis dévouée à la grand'maman. Je lui fis hier vos compliments, et l'assurai de votre sincère attachement : elle me répéta qu'elle vous aimait beaucoup, et qu'elle était bien fâchée que vous prissiez si mal votre temps pour vos voyages ici, et d'être privée du plaisir de vous voir. Je lui dis qu'à l'avenir elle n'aurait à envier personne. L'abbé prétend vous aimer beaucoup; et sur ce que je lui ai dit de votre part, il pourra prétendre que vous l'aimez beaucoup aussi; et de toutes ces prétentions il en résulte fort peu de propriétés.

Mercredi.

J'étais hier en train de bavarder; je suis aujourd'hui sèche et stérile. Je soupai hier chez M. Necker; je lui dis un mot de M. T***, il ne fut pas reçu favorablement. Il a volé la caisse de la recette et de plus M. Boutin, qui s'était rendu sa caution; en un mot c'est un fripon; j'en suis fâchée, car il a un talent agréable.

Voilà le retour de Montmorency qui s'approche; je serai bien aise de revoir la maréchale (*de Luxembourg*). Tous vos amis et amies sont-ils absents? et M. Conway, que fait-il? Ne pourrais-je pas, par son moyen, avoir les Mémoires de M. Hume? J'ai un très-bon traducteur tout prêt. Je sais que ces Mémoires sont peu de chose; mais ceux de madame de Staal ne sont pas fort importants, et ne laissent pas de faire grand plaisir : enfin je les désire, et si M. Conway veut me les faire avoir, il me fera grand plaisir. Combien M. Conway a-t-il été dans le ministère? J'ai eu sur cela une dispute.

Le Fox[1] a l'air de se plaire ici. Je vis hier un M. Greville, cousin de l'ambassadrice, neveu du chevalier Hamilton : il vous connaît; il a été à Strawberry-Hill : il m'aurait reconnue sur mon portrait.

Je penche à croire que nous n'aurons point la guerre; on parle d'une réforme dans la cavalerie : nos guerriers en murmurent, et s'en prennent un peu à M. Necker.

J'ai reçu d'Arles une lettre de l'Idole, qui y est établie. Elle est très-bien écrite et très-touchante : je m'en laissais attendrir; mais je me suis rappelé sa conduite avec feu la demoiselle (*de Lespinasse*), et mon cœur s'est fermé. Oh! vous avez raison; il faut être de pierre et de glace, et surtout n'estimer assez personne pour y prendre confiance. Tout cela se peut faire sans haine et sans misanthropie. Il me semble que si je revenais à trente ou quarante ans, je me conduirais bien différemment que je n'ai fait. Mais peut-être me trompé-je : on ne vaut pas mieux que les autres; les occasions, les circonstances emportent, et la réflexion ne vient qu'après tout ce qui devait être; je trouve seulement qu'on fait un plat usage de la vie. Voilà ce qui s'appelle bien des lieux communs; je vous en demande pardon.

Si vous voyez madame Cholmondeley, dites-lui que je vous demande de ses nouvelles.

---

[1] M. Charles-Jacques Fox. (A. N.)

Voici une petite chanson à la mode, que tout le monde chante :

>Nos dames doivent leurs attraits
>A tous leurs grands plumets,
>A tous leurs grands plumets;
>Et nos seigneurs tous leurs succès
>A leurs petits jacquets,
>A leurs petits jacquets.

LETTRE 617.

MADAME LA MARQUISE DU DEFFAND A M. HORACE WALPOLE.

18 décembre 1776.

Pour répondre aux questions de votre dernière lettre, il faut que je répète ce que je vous ai dit dans mes lettres précédentes. Tout Chanteloup est ici; les Caraman sont aussi de retour, ainsi que madame de Jonsac, enfin tout le monde. Je ne puis pas me plaindre de la solitude, et si je m'y ennuie, je peux savoir à qui m'en prendre; j'aime mieux, je l'avoue, que ce soit aux autres qu'à moi seule. L'abandon, et tout ce qui en a l'air, m'est insupportable. Jouissez du bonheur de vous suffire à vous-même; je voudrais que la nature m'eût aussi bien traitée, et m'eût donné un caractère semblable au vôtre. Je ne sais pas bien encore comment je trouve le Fox; il a sans doute beaucoup d'esprit, et surtout beaucoup de talent. Je ne sais si sa tête est bien rangée, et si toutes ses idées sont bien justes : il me semble qu'il est toujours dans une sorte d'ivresse; et je crains qu'il ne soit bien malheureux quand cette façon d'être cessera, et qu'il sentira qu'il est le seul auteur de tous ses malheurs. Il serait alors bien à plaindre s'il avait une tête française; mais je ne connais point les têtes anglaises : elles sont si différentes des nôtres, que si j'en voulais juger, ce serait comme si je voulais juger des couleurs.

Je ne sais que penser de la guerre : si elle arrive, ce sera par des malentendus; je suis persuadée que ni vous ni moi ne la voulons. C'est encore un problème pourquoi M. Franklin[1] vient

---

[1] Dans une lettre du 22, qui ne contient d'ailleurs rien d'intéressant, elle dit : « Le Franklin arriva hier à deux heures après midi; il avait couché la veille à Versailles. Il a deux petits-fils avec lui, un de sept ans, et un autre de dix-sept, et un petit-neveu; un M. Penet, son ami, et un gouverneur des enfants; il loge dans la rue de l'Université, dans la même auberge que milady C....... » (A. N.)

ici ; et ce qui est de plus singulier, c'en est un aussi de savoir s'il est à Paris ; depuis trois ou quatre jours, on dit le matin qu'il est arrivé, et le soir qu'il ne l'est pas.

Un certain M. de Pezay a épousé depuis peu de jours une très-belle mademoiselle de Murat, qui n'a pas un sou, presque point de parents : il n'en est point amoureux ; on ignore quel est son motif. Je vous envoie des vers qui sont une inscription qu'il a faite pour sa maison de campagne, avec la parodie qu'on en a faite, et que l'on a mise chez vous dans votre journal. Ce M. de Pezay est celui qui a fait des vers pour moi, assez jolis, et que vous avez dû voir. On l'accable de ridicules ; on lui envie la protection qu'on prétend que le ministre (*M. de Maurepas*) lui a accordée ; on ne cesse de l'accabler d'épigrammes : on fait même des suppositions : on lui fait demander au ministre quel titre il prendra, de comte, de marquis, de baron. Le ministre répond : « Cela m'embarrasse ; si c'est comte, on dira *conte pour rire* ; si c'est marquis, on ajoutera, *saute, marquis* (trait de la comédie du *Joueur* de Regnard) ; si c'est baron, on se souviendra du *baron de la Crasse.* » Voilà de nos plaisanteries ; mais malheur à qui en est l'objet ; ce ne sont pas des blessures légères [1].

Vous vous plaignez de vos lectures, je n'en suis point étonnée ; je suis à la fin du dernier livre de *Cassandre*, il m'a fallu une excessive patience ; vous avez raison, tous les personnages se ressemblent ; les dialogues, les monologues sont abominables,

---

[1] Jacques Masson, marquis de Pezay, était fils d'un employé supérieur au ministère des finances. Il fut au collège d'Harcourt le condisciple de la Harpe, et tâcha de se pousser dans le monde à la faveur des succès littéraires ; mais avec beaucoup d'esprit et d'ardeur, il déplut aux gens d'esprit et aux gens du monde, en voulant réunir les avantages des uns et des autres. Ses vers recherchés, son marquisat emprunté, lui valurent des ridicules [*] qui ternirent un mérite réel. Livré à des études sérieuses, il réussit auprès de M. de Maurepas, et obtint même la faveur d'une correspondance directe avec Louis XVI. Chargé d'une inspection des côtes maritimes, pour le soustraire au ridicule lancé contre lui, il rendit des services et déploya un esprit solide. Lié avec M. Necker, il contribua à son élévation, reçut beaucoup de vers de Voltaire, avec lequel il était en correspondance, et mourut dans une terre qu'il possédait à Blois, en décembre 1777. (A. N.)

[*] On fit sur lui cette épigramme :

> Ce jeune homme a beaucoup acquis,
> Beaucoup acquis, je vous assure ;
> En deux ans, malgré la nature,
> Il s'est fait poëte et marquis.   (A. N.)

mais les intrigues sont quelquefois ingénieuses et donnent de la curiosité; mais enfin je suis bien aise d'en être quitte. Je ne sais plus que lire.

Madame de Luxembourg est d'hier de retour de Montmorency : je soupai hier avec elle chez les Necker : il y avait assez de monde, et comme vous aimez les noms propres, il faut vous les nommer. D'abord elle maréchale, et puis mesdames de Lauzun, de Cambis, moi, le maître et la maîtresse de la maison, les ambassadeurs d'Espagne (*Grimaldi*), de Naples (*Caraccioli*), et de Suède (*Creutz*), madame d'Houdetot, M. de Saint-Lambert, M. Fox, le vicomte de Beaune, Marmontel; si j'oublie quelqu'un, pardonnez-le-moi.

M. Selwyn est-il tout à fait fou, ou bien est-il ensorcelé? Oh! les Anglais, les Anglais sont bien étranges, on ne doit jamais prétendre à les connaître; ils ne ressemblent en rien à tout ce qu'on a vu : chaque individu est un original, il n'y en a pas deux du même modèle. Nous sommes positivement tout le contraire; chez nous, tous ceux du même état se ressemblent; qui voit un courtisan, les voit tous; un magistrat, tous les gens de robe, ainsi que tous les autres; tout est faux air chez nous, prétentions, jusque même aux maladies; tout le monde aujourd'hui a des maux de nerfs; tout le monde admire les lettres du roi de Prusse à d'Alembert : on ne cesse de vanter sa sensibilité; je suis peut-être la seule à n'en être point touchée, à m'en moquer et à trouver qu'il n'est qu'un rhéteur, et même un fat dans ses prétentions de bel esprit et d'homme sensible.

Je dirai à M. de Preslé [1] de vous envoyer les catalogues des cabinets. Il paraît un petit ouvrage qui a pour titre : *Mânes de Louis XV* [2]; je le lis actuellement, je pourrai vous l'envoyer en faveur de tous les noms propres dont il est plein.

N'êtes-vous pas content de cette lettre? n'est-elle pas selon votre goût? n'est-elle pas pleine de choses indifférentes? y est-il

---

[1] M. de Presle était lui-même amateur, et possédait, avant la Révolution, un très-beau cabinet de tableaux. Les catalogues qu'il devait envoyer à M. Walpole étaient ceux des cabinets de MM. Randon de Boisset, de Gagny, et du prince de Conti. (A. N.)

[2] *Aux Mânes de Louis XV et des grands hommes qui ont vécu sous son règne*, ou *Essai sur les progrès des arts et de l'esprit sous le règne de Louis XV*, par M. Gudin de la Brunellerie; Deux-Ponts, 1776, 2 vol. in-8°. L'introduction en France de cet ouvrage fut défendue par la police. M. Gudin a publié depuis un grand nombre d'ouvrages d'histoire, de littérature et de poésie. Il est mort en 1812. (A. N.)

question de vous et de moi? sachez dire au moins quelquefois que vous êtes content.

J'ai oublié dans la liste du souper des Necker, la Sanadona; j'en suis bien aise, parce que cela me donne occasion de vous dire que j'en suis fort contente; je le serais davantage, si elle ne me louait pas tant; mais comme c'est presque toujours tout de travers, ses louanges me font l'effet d'un blâme; elle veut flatter ma vanité, qu'apparemment elle croit excessive.

Vous avez bien à peu près la même idée.

INSCRIPTION

pour la maison de campagne de M. de Pezay.

Guerrier, poëte, amant, jardinier, tour à tour,
C'est ici que je rêve, ou médite, ou soupire;
    J'y fais mes projets pour la cour,
    J'y fais des chansons pour l'Amour;
J'y touche le compas, la serpette et la lyre;
Oublié de la cour, seul ici j'en rirai,
Et si l'Amour me trompe, ici je pleurerai.

PARODIE.

Politique, rimeur, guerrier, fat, tour à tour,
C'est ici qu'au public de moi je donne à rire;
    J'y fais des placets pour la cour,
    J'y chante à faire enfuir l'Amour;
J'y touche la serpette et n'ai point d'autre lyre;
Ignoré de la cour, ici je rimerai;
Et pour faire un cocu, là je me marierai.

LETTRE 618.

MADAME LA MARQUISE DU DEFFAND A M. HORACE WALPOLE.

31 décembre 1776, à six heures du matin.

Le jeune Elliot[1] arriva hier ici, après avoir quitté son père à Avignon, qui allait continuer sa route jusqu'à Marseille, où il compte rester. Ce petit Elliot part dans quatre ou cinq heures pour Londres; il m'a offert de vous porter de mes nouvelles, je ne puis refuser cette occasion. Peut-être ma lettre arrivera-t-elle mal à propos; si vous souffrez, si vous êtes accablé, ne me lisez point, attendez que vous soyez calme et sans douleurs, et d'assez bonne humeur pour que je ne vous sois point importune.

[1] Le lord Minto actuel. (A. N.)

Si vous voyez ce petit Elliot, il vous dira le monde qu'il trouva hier dans ma chambre; et voici comme nous étions rangés : moi dans mon tonneau; M. Franklin à côté avec un bonnet de fourrure sur sa tête, et des lunettes sur son nez, et puis tout de suite, madame de Luxembourg, M. Silas Deane, député de vos colonies [1], le vicomte de Beaune, M. le Roi, le chevalier de Boutteville, M. le duc de Choiseul, l'abbé Barthélemy, M. de Guines qui fermait le cercle. Le petit Elliot apportait des nouvelles d'Amérique du 4 et du 6 novembre, qu'il affirma être véritables et que personne ne voulut croire, parce qu'elles sont très-défavorables aux insurgents, auxquels toute la compagnie est fort dévouée, excepté M. de Guines et moi qui sommes pour la cour. M. Elliot ne débita ces nouvelles qu'après que MM. Franklin et Deane, et M. le Roi qui me les avait amenés, furent sortis. Si le Fox et Fitz-Patrick étaient arrivés, ma chambre aurait pu représenter la salle de Westminster, où, comme vous voyez, le parti royaliste n'aurait pas été le plus fort. D'autres personnes qui survinrent après le départ de la plupart de ceux que je viens de vous nommer, se mirent à politiquer; et moi, qui entendis neuf heures sonner, et qui avais un rendez-vous chez madame de Mirepoix avec qui il s'agissait d'explication, d'éclaircissement, de réconciliation, je passai dans mon cabinet, laissant toute la compagnie auprès du feu; je descendis, je montai dans mon carrosse avec la Sanadona, j'arrivai chez la maréchale; le début fut l'embrassement le plus tendre, qui fut suivi des justifications, des protestations les plus tendres, enfin d'un parfait accommodement : nous n'avions que la Sanadona en tiers; nous nous séparâmes à deux heures, plus intimes amies que jamais; je vins me coucher; j'ai dormi environ une heure et demie, j'ai attendu avec impatience que six heures fussent sonnées pour pouvoir éveiller mon secrétaire; j'ai dicté, il a écrit, tout est dit.

Je vous envoie les règlements qu'a faits M. Necker, c'est la première chose qui ait paru de lui : il me semble que cela est généralement approuvé; reste à savoir s'ils pourront s'exécuter, et s'il sera soutenu, comme il serait à souhaiter, par ses supérieurs. Ah! si j'étais avec vous, nous aurions bien des matières de conversation; j'en aurais bien à vous dire sur le Fox

[1] M. Silas Deane. Il avait été le prédécesseur de M. Franklin à Paris. (A. N.)

et Fitz-Patrick. Je vous écrirai quelque jour ce que je pense d'eux, mais pour ce moment-ci, il faut que je fasse fermer mon paquet pour qu'on le remette à M. Elliot, et puis que je tâche de dormir.

Adieu, mon ami.

LETTRE 619.

MADAME LA MARQUISE DU DEFFAND A M. HORACE WALPOLE.

Paris, lundi 13 janvier 1777.

Je ne comprends plus rien au dérangement de la poste. Voilà encore un ordinaire qui manque; je ne sais si nos lettres éprouvent les mêmes retardements. Dans cette incertitude, je me détermine à vous écrire par M. Fox; il doit partir demain, il me promet de ne point perdre ma lettre, et de vous la rendre à son arrivée. Dieu le veuille! je n'ai pas grande foi à son exactitude.

Si vous êtes en état de voir M. Fox, interrogez-le; je crois cependant que vous n'en tirerez pas grande satisfaction; je l'ai beaucoup vu, mais nous nous sommes toujours contrariés; nos façons de penser sont très-différentes. Il a beaucoup d'esprit, j'en conviens; mais c'est un genre d'esprit dénué de toute espèce de bon sens. Je n'en ai pas assez dans ce moment-ci pour le définir. Quand vous vous porterez bien, quand j'aurai reçu de vos nouvelles, je pourrai causer avec vous; mais avant ce temps-là, je n'ai rien à dire.

Le Fitz-Patrick ne partira que dans trois ou quatre jours, peut-être vous écrirai-je encore par lui; mais mes lettres vous fatiguent peut-être. C'est une situation assez fâcheuse que celle que j'éprouve.

J'ai le livre de M. Gibbon[1], je ne l'ai point encore commencé. Je vous envoie l'édit de notre loterie; j'ai pris quatre billets: elle a été remplie sur-le-champ. On prétend que les billets gagnent cent francs.

Mardi 14.

Je ne l'espérais pas, et voilà que je reçois votre lettre du 5; elle est de votre écriture et trop longue. Je suis bien touchée de

---

[1] La première partie *de la Décadence et de la chute de l'empire romain*. On a prétendu que le premier volume avait été traduit par Louis XVI; le second et le troisième l'ont été par *Le Clerc de Sept-Chênes*. (A. N.)

votre complaisance, et des égards que vous avez de diminuer mes inquiétudes; mais je ne saurais être parfaitement tranquille, tant que ce maudit accès de goutte ne sera pas entièrement passé. Le Fox compte vous voir. Dites-lui que je vous ai écrit beaucoup de bien de lui. En effet, j'en pense à de certains égards; il n'a pas un mauvais cœur, mais il n'a nulle espèce de principes, et il regarde en pitié tous ceux qui en ont; je ne comprends pas quels sont ses projets pour l'avenir, il ne s'embarrasse pas du lendemain. La plus extrême pauvreté, l'impossibilité de payer ses dettes, tout cela ne lui fait rien.

Le Fitz-Patrick paraîtrait plus raisonnable, mais le Fox assure qu'il est encore plus indifférent que lui sur ces deux articles; cette étrange sécurité les élève, à ce qu'ils croient, au-dessus de tous les hommes. Ces deux personnages doivent être bien dangereux pour toute la jeunesse. Ils ont beaucoup joué ici, surtout le Fitz-Patrick; il a beaucoup perdu. Où prennent-ils de l'argent, c'est ce que je ne comprends pas; je ne saurais m'intéresser à eux, ce sont des têtes absolument dérangées, et sans espérance de retour; je n'aurais jamais cru, si je ne l'avais connu par moi-même, qu'il pût y avoir des têtes comme les leurs. J'ai bien quelque inquiétude de confier cette lettre au Fox; s'il avait la curiosité de l'ouvrir, il deviendrait mon ennemi; mais je ne puis me persuader qu'il soit capable de cette infidélité.

Je voudrais vous envoyer quelque chose qui pût vous amuser; mais nous n'avons rien qui en soit digne; une comédie de Dorat que je n'ai point encore lue, ne peut être que très-plate; elle a pour titre : *le Malheureux imaginaire*. Nos journaux sont très-ennuyeux. Il y a des *Lettres* de mademoiselle Riccoboni, qui sont une espèce de petit roman[1]; il n'y a pas de risque à vous les envoyer; si elles vous déplaisent, vous les laisserez là. Je serais bien aise d'être avec vous, mon ami; je vous ennuierais peut-être plus que tout le reste, j'en aurais la crainte, mais vous ne m'ennuieriez pas, et je vous assure, avec vérité, que je vous préférerais à tout ce que je fais, quoiqu'on s'imagine que je m'amuse beaucoup.

[1] *Lettres de milord Rivers.* (A. N.)

LETTRE 620.

MADAME LA MARQUISE DU DEFFAND A M. HORACE WALPOLE.

Mercredi 22 janvier 1777, à trois heures après midi.

La poste a manqué dimanche, ainsi les dernières nouvelles que j'ai de vous sont du 7; vous ne trouveriez pas bon que je vous dise que cela me fâche et m'inquiète; j'attends le facteur; s'il n'arrive point, ou qu'il n'y ait rien pour moi, je ferai partir ce billet et je n'aurai pas le courage d'y rien ajouter.

A cinq heures.

Le facteur arrive et m'apporte une lettre dont la longueur m'a d'abord fait plaisir, et puis après je m'en fâche; je ne prétends point que vous vous fatiguiez, et vous n'avez pu écrire aussi longtemps sans que cela soit: Je ne le serai pas beaucoup à vous donner des nouvelles de l'empereur : on a appris, vendredi, par un courrier que reçut son ambassadeur, que les neiges rendaient son voyage impossible. Vous croirez bien qu'on ne se paye pas de cette raison, et que les spéculatifs ne perdent pas cette occasion d'imaginer, de conjecturer, de prévoir, etc.; plusieurs croient que nous ne désirions point sa visite et que nous avons trouvé le moyen de l'éluder, vous en jugerez ce qu'il vous plaira. Pour moi, à qui cela ne fait rien du tout, je ne prends pas la peine d'y penser.

Je n'ai pas reçu d'autres visites de M. Franklin.

Vous me conseillez de ne point attirer tous vos Anglais chez moi, ils se conseillent de leur côté de n'y point venir; je suis passée de mode pour eux; les Clermont, les Dorset, les Littleton, tout cela n'est point venu chez moi : je ne vois d'étrangers que ceux que vous avez vus, Naples, Danemark, Suède, Prusse, Genève, Russie; c'en est assez, mais je ne dirai pas trop, parce qu'ils ont des attentions qui me sont agréables.

L'évêque de Mirepoix vient d'arriver dans le moment, j'en suis bien aise, c'est encore une apparence d'ami.

J'ai reçu une lettre, en même temps que la vôtre, de milady Lucan; elle m'envoie, dit-elle, un présent par un Anglais qui partait pour Paris; c'est, dit-elle, une petite crémière et deux boîtes de confitures; elle ne nomme point celui qu'elle en a chargé.

Je suis curieuse de savoir si le Fox vous rendra visite, et de savoir ce qu'il vous dira : je lui aurai paru une plate moraliste, et lui, il m'a paru un sublime extravagant. Vos Anglais ont laissé bien de l'argent ici; ils ont animé la fureur du jeu; on commence à ne plus parler que par mille louis; quatre ou cinq cents louis sont des bagatelles qu'on ne daigne pas citer; j'avoue que cela me fait horreur, et réellement je ne saurais estimer les fous de cette espèce; il me paraît impossible qu'ils puissent être parfaitement honnêtes gens. C'est bien dommage de Charles Fox; il joint à beaucoup d'esprit, de la bonté, de la vérité, mais cela n'empêche pas qu'il ne soit détestable, sans principes; je n'ajoute pas sans probité, mais je me fierais plus à lui s'il n'avait pas cette maudite passion.

J'ai commencé M. Gibbon. Le peu que j'ai lu m'a plu; mais je ne lis que faute de pouvoir dormir : ainsi, toute application me fatigue et éloigne le sommeil; cela fait que je préfère des comédies et des Peau-d'âne. Je ne suis plus abonnée pour la *Bibliothèque des Romans;* les auteurs mettent un faste dans cette érudition qui me paraît très-ridicule, et qui par elle-même est assez fastidieuse. De tous les journaux, c'est le journal anglais qui me plaît le plus; je ne sais qui en est le rédacteur. M. le Monnier, dans ce moment, m'apprend que c'est M. Suard.

Si je reçois une lettre de vous dimanche, je vous écrirai lundi.

Adieu, mon ami; conservez-vous, vous êtes le seul bien qui me reste.

LETTRE 621.

LA MÊME AU MÊME.

Mercredi 12 février 1777.

Vous aurez vu, par mon dernier billet, que je ne pouvais pas vous écrire, parce que je m'étais levée fort tard, ce qui m'arrive quand j'ai passé la nuit sans dormir; et puis l'arrivée de madame de Luxembourg, qui fut suivie d'autres visites. Je comptais réparer ces contre-temps le lendemain matin; mais je ne m'éveillai que tard, et il n'y avait pas assez de temps jusqu'à la levée des lettres pour pouvoir en faire une longue.

Je vous ai menacé que la première que vous recevriez le serait infiniment; je ne sais pas si je vous tiendrai parole. Je viens de me faire relire votre lettre, et j'y peux répondre en peu de mots : je n'attire point chez moi ni Anglais ni Anglaises; je n'ai jamais prié M. Craufurd de m'amener aucune famille; je ne sais qui m'amena les Fanshawe[1]; ce fut milord Harcourt qui m'amena les Millar[2]. Je suis bien convaincue que je connais les plus aimables de votre nation, et qu'aucune autre ne leur ressemble. Vos jeunes gens ont beaucoup d'esprit; le Fitz-Patrick est silencieux, mais je crois qu'il a plus de bon sens que le Fox, et que sans ce dernier il serait raisonnable.

Je serai charmée de revoir votre duc (*de Richmond*); je n'ai nulle peine à consentir qu'*il en conte à d'autres*. On n'efface jamais les impressions que vous avez une fois prises; cependant il arrive de grands changements dans les dispositions de l'âme, qui en produisent dans la conduite. Vos leçons, vos réprimandes ont eu plus d'effet que vous n'en espériez; vous m'avez désabusée de bien des chimères, vous avez été parfaitement secondé par la décrépitude; je ne cherche plus l'amitié, je vous jure, je serais injuste d'y prétendre; il ne faut pas vouloir recevoir plus qu'on ne donne, et quand quelque manque d'attentions me blesse, j'examine si c'est mon amour-propre ou mon cœur qui est blessé, et je découvre presque toujours que ce n'est que le premier. Je ne vous parle de moi que parce que vous m'y avez forcée, j'ai voulu rectifier vos idées.

Beaucoup de belles dames s'affligent outrément de la mort de M. d'Hennery[3]; on croit que sa maladie a été causée par le tonnerre, qui tomba, je ne sais plus dans quel mois, entre un nommé M. Traversé et lui; le premier mourut quelques jours après. M. d'Hennery a toujours langui depuis; enfin il est mort; sa place fut donnée hier à M. d'Argout, qui commandait, je crois, à la Martinique.

La mort de M. le maréchal de Conflans, qui était vice-amiral, en a fait nommer deux autres, M. d'Estaing et M. de Listenay[4].

Depuis la loterie de vingt-quatre millions, on fait un emprunt de dix sur l'ordre du Saint-Esprit, à cinq pour cent, ou à sept sur deux têtes en rente viagère.

Le cardinal de la Roche-Aymon ne meurt point; c'est un

---

[1] M. et madame Fanshawe, de Shiplake dans le comté de Berk. (A. N.)

[2] Feu sir John et lady Millar, de Batheason. (A. N.)

[3] Le comte d'Hennery, commandant en chef à Saint-Domingue, où il mourut. (A. N.)

[4] Le frère du prince de Beaufremont. Il commandait une division sous le maréchal de Conflans, en 1747, dans l'action avec l'amiral Hawke, où, ayant pris le signal d'attaque pour un signal de retraite, il alla à pleines voiles gagner la rade de l'île d'Aix. (A. N.)

objet de grande curiosité que la distribution que l'on fera de ses places et de ses bénéfices ; d'abord la feuille (*des bénéfices*), la grande aumônerie, les abbayes de Saint-Germain et de Fécamp ; il y a bien des prétendants pour tout cela ; on croit que la feuille sera pour l'évêque d'Autun, abbé de Marbœuf[1] ; l'abbé de Bourbon aura peut-être l'abbaye de Saint-Germain, mais qui pourra être mise aux économats en attendant qu'il ait un certain âge[2]. La place de grand aumônier pourra être pour le prince Louis[3] ou l'archevêque de Rouen[4] ou celui de Bourges[5].

Je baragouine à vous raconter un petit fait de société, parce que je crois qu'il ne vous amusera guère ; mais cependant comme il y a beaucoup de noms propres, je vais le hasarder.

Madame de Luxembourg, soupant avec M. de Choiseul chez M. de la Borde[6], se plaignit de ce qu'il n'y avait plus de gaieté dans les soupers, qu'on n'y buvait plus de vin de Champagne, qu'on y périssait d'ennui, que les femmes, loin d'apporter de la gaieté, y répandaient du sérieux, et y mettaient de la gêne et de la contrainte. M. de Choiseul proposa de donner un souper où il n'y aurait que des hommes et madame de Luxembourg ; la maréchale approuva le projet, mais elle exigea que ce fût elle qui donnât le souper. On y consentit, le jour fut pris et fixé au premier vendredi de février ; il s'est exécuté. La bonne chère, la gaieté, tout a été parfait, et tel qu'on le désirait ; il n'y avait que madame de Luxembourg de femme et huit convives dont voici les noms : MM. de Choiseul, de Gontaut[7], de Guines[8], de Laval[9], de Bezenval[10], d'Estre-

---

[1] Il fut depuis archevêque de Lyon, et chargé de la *feuille des bénéfices* après la mort du cardinal de la Roche-Aymon. (A. N.)

[2] L'abbé de Bourbon était fils naturel de Louis XV et de mademoiselle de Romans. Il mourut de la petite vérole à l'âge de vingt ans, fort regretté, comme un jeune homme qui promettait beaucoup. (A. N.)

[3] Le prince Louis de Rohan, le héros principal de l'histoire du *Collier*, en 1786. Après la mort du cardinal de la Roche-Aymon, il fut fait grand aumônier, et mourut dans son archevêché de Strasbourg en 1802. (A. N.)

[4] Depuis cardinal de la Rochefoucauld.

[5] L'abbé Phélippeaux. Il était proche parent de M. de Maurepas. (A. N.)

[6] Le banquier de ce nom.

[7] Frère du maréchal duc de Biron, et père du duc de Biron. (A. N.)

[8] Le comte de Guines, qui avait été ambassadeur en Angleterre. (A. N.)

[9] Fils du duc de Laval-Montmorency. (A. N.)

[10] Le baron de Bezenval, du canton de Soleure, était officier supérieur dans les gardes suisses, riche, fort goûté dans la société, et en grande faveur à la

han ¹, de Meun ², et Donezan ³. En se mettant à table, madame de Luxembourg reçut un billet apporté par un décrotteur, qui était une forte satire contre elle et son souper. Aux fruits, on apporta à chaque convive un couplet; j'en dois avoir une copie, vous la recevrez peut-être en même temps que cette lettre. Adieu, je suis lasse à mourir, et je retiens Wiart; je ne doute pas qu'il ne soit fort fâché de n'être pas auprès de Pompon ⁴, qui a la fièvre.

COUPLET

que reçut madame de Luxembourg en se mettant à table, dont elle fit semblant d'être en colère; plusieurs de la compagnie crurent que cette colère était sérieuse et ne furent détrompés qu'à la fin du souper, qu'on apporta un paquet dans lequel il y avait un couplet pour chaque personne.

Air des *Trembleurs.*

Comment, sibylle proscrite,
Depuis cent ans décrépite,
A tant de gens de mérite
Tu veux donner un repas!
Déjà chacun d'eux s'ennuie,
Et toute la compagnie
Trouvera, je le parie,
Tes propos, tes vins, plats, plats.

A M. LE DUC DE CHOISEUL.

Air de *Joconde.*

Un laboureur, bon citoyen
Entre nous se remarque;

cour. Il est mort en 1791, et a laissé deux volumes de *Mémoires*, publiés depuis, et qui, quoique l'ouvrage d'un esprit frivole, contiennent néanmoins des détails curieux sur la cour et la société de Paris, recueillis pendant une longue vie, passée dans ce qu'on appelle la *meilleure compagnie*. (A. N.)

¹ M. d'Estrehan était un vieillard qui avait passé sa vie dans la meilleure compagnie, qu'il était fait pour orner. Ses amis intimes l'appelaient, en général, *le père*, nom sous lequel on lui a adressé un des couplets qui suivent. (A. N.)

² Le comte de Meun Sar-la-Bous, officier général dans les gardes du corps, de la société intime du duc de Choiseul. Il avait épousé la fille de M. Helvétius. (A. N.)

³ M. Donezan, frère du marquis de Bonnac, qui avait été ministre de France à la Haye. Il était recherché pour sa gaieté et ses autres qualités sociales. (A. N.)

⁴ Nom qu'elle avait donné à l'enfant de Wiart, qui demeurait avec son père dans sa maison. (A. N.)

Il conduit également bien
   La charrue et la barque ;
Prompt à jouir de tout plaisir,
   Vert-galant, bon convive,
Le laboureur doit réussir
   Dans tout ce qu'il cultive.

M. DE GUINES

Même air.

Personne, avec notre flûteur,
   Pour la grâce ne lutte ;
Son ton est encor plus flatteur
   Que les tons de sa flûte.
Partout, de plus d'une façon,
   Ce beau flûteur sait plaire,
Voilà, si j'étais Vaucanson,
   Comme j'en voudrais faire.

M. DE BEZENVAL.

Même air.

Notre Suisse devient grison,
   Sans être moins aimable ;
Pour l'amour il n'est pas moins bon,
   Il est meilleur à table :
S'il voit un bon morceau, bientôt
   Il en prend aile ou cuisse ;
Ce n'est pas un sot, il s'en faut
   De l'épaisseur d'un Suisse.

LE MARQUIS DE LAVAL.

Air : *Tirelarigot.*

D'où vient un enfant de trente ans
   Est-il de la partie ?
C'est que Laval est du vieux temps
   L'image rajeunie :
      C'est le même cœur,
      La même vigueur,
   Chacun de nous l'admire ;
      Mangeant comme un loup,
      Buvant plus d'un coup,
   Aimant en vrai satyre.

M. LE DUC DE GONTAUT.

Air : *M. le prévôt des marchands.*

Le frère du duc de Biron
Est un méchant petit Néron ;
Tous ses gens disent qu'il les roue,
Et l'on saura, par mes couplets,

Que sa belle-fille a la joue
Toujours rouge de ses soufflets.

M. D'ESTREHAN.

Même air.

Voyez le père, comme il rit!
Comme il boit! comme il se nourrit!
Comme il fait tout ce qu'il veut faire!
Rendons hommage aux cheveux blancs,
Et convenons qu'auprès du père
Nous ne sommes que des enfants.

SUR M. DE MEUN.

Air : *Ah! ma voisine, es-tu fâchée?*

N'êtes-vous point cet Alexandre
   Du mont Ida,
Qui pour Vénus, en juge tendre,
   Se décida?
En pareil cas vous étiez l'homme
   Fait pour juger,
Et l'on aurait avec la pomme
   Pris le berger.

SUR M. DONEZAN,

qui avait parfaitement joué le rôle du Barbier de Séville.

Air de *Joconde.*

En tout temps on se servira
   Du Barbier de Séville;
Jamais l'âge ne le rendra
   Moins leste et moins habile;
En fait de grâces, de talents,
   De gaîté, de finesse,
Il ferait à quatre-vingts ans
   La barbe à la jeunesse.

Vous ne connaissez qu'une partie de ceux pour qui sont ces couplets, ainsi ils ne vous amuseront guère; je vous en enverrai d'autres la première fois.

LETTRE 622.

MADAME LA MARQUISE DU DEFFAND A M. HORACE WALPOLE.

Dimanche 9 mars 1777.

Ah! mon Dieu, mon Dieu, il faut que mon goût pour vous soit à toute épreuve, pour en conserver après les aveux que vous me faites! Aimer Crébillon, et nommément l'*Écumoire!* Les *Lettres de la marquise*, etc., ne sont qu'abominables ; mais je sais bien pourquoi vous les aimez, parce qu'elles s'accordent à l'opinion qu'en général vous avez des femmes. Pour *Marianne* et le *Paysan parvenu*, je les aime aussi, non que le style en soit bon, mais il est original, et Marivaux, dans une seconde ou troisième classe, y est distingué.

A l'égard de Jean-Jacques, c'est un sophiste, un esprit faux et forcé ; son esprit est un instrument discord, il en joue avec beaucoup d'exécution, mais il déchire les oreilles de ceux qui en ont. Buffon est d'une monotonie insupportable ; il sait bien ce qu'il sait, mais il ne s'occupe que des bêtes ; il faut l'être un peu soi-même pour se dévouer à une telle occupation. Vous me trouverez tranchante, mais c'est un tourment pour moi que de parler sans dire ce que je pense. Je vous approuve sur Marmontel et vos autres jugements.

Je n'aime pas mieux à écrire que vous ; il n'y a que vous au monde à qui j'écrive des lettres aussi longues. Les histoires que je ne vous conte point ne vous amuseraient guère, je les retiens mal, et je ne cherche point des louanges en vous disant que je ne sais pas conter. Rayez-moi sur tous les points dans la peinture que Crébillon fait des femmes ; c'est un faquin qui n'a jamais vécu qu'avec des espèces.

Voici des vers ; ils exigent une petite histoire. M. Schouwaloff a donné cette année pour étrenne à madame de Luxembourg une boîte avec une miniature qui représentait une Charité, non la romaine, mais une femme environnée d'enfants ; ce qui fait allusion à son extrême charité. Elle lui a donné ces jours-ci une sorte de table, ce qu'on appelle *souvenir*. Sur l'un des côtés de la couverture est son chiffre en émail, une S et un C ; de l'autre sont écrits en émail les vers que voici :

> Le souvenir est doux à l'homme heureux et sage
> Qui sut jouir de tout et n'abusa de rien,
> Et qui de la faveur fit un si bon usage,
> Que même ses rivaux n'en ont dit que du bien.

Vos nouvelles d'Amérique confirment celles qui s'étaient répandues.

Votre ambassadrice accoucha vendredi à sept heures du matin, le plus heureusement du monde, d'un garçon.

LETTRE 623.

MADAME LA MARQUISE DU DEFFAND A M. HORACE WALPOLE.

Dimanche 23 mars 1777.

Je t'ai comblé d'ennuis, je t'en veux accabler.

J'entends parler de mes lettres : il n'y a point d'occasions dont je n'aie fait usage pour vous écrire; mais comme il me paraît que je ne vous fatigue pas, je continuerai. C'est une citation de Corneille par où commence celle-ci; j'ai substitué le mot *ennui* à celui de *biens* [1]. Quoique vous m'écriviez souvent, je pourrais vous reprocher votre paresse. Vous me dites que vous êtes presque toujours seul à votre campagne; ne pourriez-vous pas me traduire quelquefois les choses que vous croyez qui me feraient un extrême plaisir? Si dans ce qui paraît de milord Chesterfield il y a plusieurs lettres dans notre langue à madame de Monconseil, pourquoi ne me les pas envoyer? Je demanderai à milord Stormont le volume que vous m'indiquez; rien ne me plaît autant que des lettres. On dit qu'il y en a beaucoup dans les *Mémoires de Noailles* : je n'ai pas encore fini le premier volume; j'ai impatience d'apprendre si vous avez reçu les six que le chevalier Elliot vous porte [2].

Je vous remercie du thé que je recevrai par M. de Poix [3]; il arrivera fort à propos, je suis à la fin de ma dernière boîte.

Aimez donc toujours Crébillon, puisque c'est votre folie. Je n'ai point ses lettres, dont vous êtes si charmé; je les ai lues autrefois, et je me souviens qu'elles m'ont fort déplu. Pour son *Tanzaï*, son *Sopha*, ses *Égarements de l'esprit et du cœur*, ses *Lettres athéniennes*, tout cela m'a paru mauvais. Il a voulu contrefaire Marivaux pour le critiquer; et puis il a cherché à imiter Hamilton, et il est bien au-dessous de tous les deux. Marivaux avait du génie, petit et un peu borné; pour Hamilton, son style est charmant, et Crébillon lui ressemble comme l'âne au petit chien.

---

[1] Je t'ai comblé de biens, je t'en veux accabler. (A. N.)

[2] Le maréchal duc de Noailles, auteur des *Mémoires* dont il est parlé ici, mourut à Paris en 1766, âgé de quatre-vingt-huit ans. Ses *Mémoires*, en forme de journal, furent publiés cette année (1777), par l'abbé Millot, en six volumes. (A. N.)

[3] Le prince de Poix, fils aîné du maréchal de Mouchy. (A. N.)

Madame Martel s'appelait mademoiselle Coulon; c'était une petite demoiselle du Dauphiné, dont, à son arrivée, la beauté fit grand bruit : elle était précieuse, affectée, galante, eut beaucoup d'aventures; elle n'était pas du ton de la bonne compagnie. M. de Cursay, père de madame de Monconseil, était gentilhomme, frère de madame de Pleneuf, laquelle était mère de madame de Prie. Je ne me souviens pas aujourd'hui quel était le nom de madame de Cursay : elle était certainement peu de chose; elle avait de la beauté, beaucoup d'impudence et d'intrigue; elle avait été entretenue par un nommé Auguerre, qu'elle ruina, qui se retira à Saint-Germain, et devint amoureux de la Desmare, comédienne, qui le fit subsister et qu'il épousa. Je prétendais qu'on avait dans sa cuiller le portrait de madame de Cursay et de madame de Monconseil; de la première, en se regardant dans le large, et de la seconde, en la prenant de l'autre sens.

Je ne connais point du tout le marquis de Noailles, et presque point M. de Poix. Je dirai au maréchal le bien que vous me mandez de son fils, et à madame de Poix ce que vous me dites de son mari; à M. de Schouwaloff, l'usage que vous ferez des vers de Marmontel; car ils sont de cet auteur, dont, ainsi que moi, vous ne faites pas grand cas.

Venons à votre Amérique. C'est une grande nouvelle que l'élection d'un protecteur [1] : il faut que Charles Fox devienne son premier ministre. Tout accommodement devient-il donc impossible avec la métropole? Je ne sais d'où vient j'en serais fâchée, puisque cela ne vous fera rien par rapport à nous.

On disait ces jours-ci que Voltaire était tombé en apoplexie; cela n'est pas vrai : il s'est trouvé mal pour avoir souffert du froid, mais il se porte bien présentement. Nous n'avons plus de correspondance : je n'avais rien à lui dire, ni lui à moi; c'était une fatigue que je me suis épargnée.

LETTRE 624.

LA MÊME AU MÊME.

Lundi 31 mars 1777.

Notre courrier n'est arrivé qu'après le départ du vôtre; ainsi je ne reçois qu'aujourd'hui lundi votre lettre du 23, que j'au-

---

Le célèbre Washington. (A. N.)

rais dû recevoir hier 30. Il n'y a pas grand mal; mais ce qui me fâche et m'inquiète, c'est que vous n'ayez pas encore ma lettre et les *Mémoires de Noailles*. Cependant nous faisons le calcul, Wiart et moi, qu'il n'y a rien d'extraordinaire; M. Elliot n'étant parti que le 18, il n'est pas étonnant que vous ne les ayez pas reçus le 23. Mais, sans connaître cette famille, il vous est facile de savoir leur demeure, et d'envoyer demander la lettre et les livres dont je les ai chargés.

Je crois que vous serez content de cette lecture, j'entends celle des *Mémoires*, et qu'elle vous fera aimer Louis XIV. J'ai commencé ce matin le quatrième volume; le troisième m'a fait grand plaisir : c'est un spectacle dont on voit toute la mécanique des machines et des décorations; on est dans les coulisses.

Je suis bien de votre avis sur les livres d'histoire; il n'y a que les *Lettres* et les *Mémoires* que je puisse lire sans ennui. J'ai commencé M. *Gibbon*, dont nous n'avons encore que le premier volume, mais je l'ai laissé là; tout excellent qu'il peut être, il m'ennuie. Je trouve la comparaison de la succession des empereurs aux douze mois de l'année fort bonne et très-plaisante. Je crois que vous vous portez fort bien; vous avez de la gaieté, conservez-la; si vous pouviez m'en envoyer, ainsi que du thé, vous me feriez plaisir. Je fais le projet de quelques changements dans ma vie; je veux m'arranger à souper tous les jours chez moi, c'est-à-dire à n'en plus chercher ailleurs; je crois que je pourrai en soutenir la dépense : je courrai souvent le risque du tête-à-tête avec la Sanadona; cela ne sera pas divertissant, mais je m'y accoutumerai. Votre jugement sur les petits vers me paraît fort bon; je trouve que c'est Jean qui danse mieux que Pierre, et Pierre mieux que Jean. Il y a une *Épître* du prince de Ligne à Voltaire : je l'ai fait copier pour vous; mais il me semble qu'elle ne vaut pas la peine de vous être envoyée; il n'y a qu'un trait qui me plaît : il dit que l'aigle régnait anciennement à Rome, et qu'actuellement c'est une oie.

Le grand-papa, la grand'maman sont partis cette nuit; je n'en ai pas grand regret. Le grand abbé est resté, ainsi que madame de Gramont : leur départ ne sera qu'à la fin de mai ou au commencement de juin; quand ils partiront, je leur dirai bon voyage; rien ne me plaît assez aujourd'hui pour y avoir regret. Il n'est pas besoin de vous dire les exceptions. De tous les départs présents, celui qui est le plus singulier et le plus étonnant, c'est celui de M. de la Fayette, que vous avez pu voir le jour que vous avez diné chez notre ambassadeur. Il n'a pas vingt ans : il est parti ces jours-ci pour l'Amérique; il emmène avec lui huit ou dix de ses amis; il n'avait confié son projet qu'au vicomte de Noailles, sous le plus grand secret; il a acheté un vaisseau, l'a équipé, et s'est embarqué à Bordeaux. Sitôt que ses parents en ont eu la nouvelle, ils ont fait courir après lui pour l'arrêter et le ramener; mais on est arrivé trop tard, il y avait trois heures qu'il était embarqué. Il a, dit-on, fait son traité avec un nommé Hill, qui demeure avec Franklin : il aura le titre ou grade de général-major, sûreté de pouvoir revenir en France en cas que nous ayons la guerre avec qui que ce soit, ou que quelque affaire domestique exige son retour. C'est une folie sans doute, mais qui ne le déshonore point, et qui, au contraire, marque du courage et du désir de la gloire : on le loue plus qu'on ne le blâme, mais sa femme qu'il laisse grosse de quatre mois, son beau-père, sa belle-mère et toute sa famille en sont fort affligés.

Tous les récits que l'on fait ici de votre Amérique se contredisent; j'attends le résultat pour me déterminer à croire.

Votre ambassadeur n'a point les livres de milord Chesterfield : vous devriez bien me les envoyer par M. de Richmond, et me marquer ce qui vaut la peine d'être traduit; j'ai des traducteurs dont je peux disposer.

Mercredi 2 avril.

Il ne s'est passé rien de nouveau hier ni avant-hier.

Je viens de relire votre lettre, vous la finissez par me dire que je ne suis pas tenue à y répondre. Vraiment je le crois bien, cela me serait impossible; elle est d'une solidité et d'une profondeur de raisonnement dont ma tête n'a jamais été capable dans la force de l'âge, et pour aujourd'hui toute application m'est impossible. Vous avez en vérité beaucoup d'esprit et de goût; cependant ce dernier s'égare quelquefois, témoin le jugement que vous portez des *Lettres* de Crébillon; j'ai voulu les relire, croyant que je m'étais trompée; oh! non, je persiste à les trouver insupportables; c'est un petit esprit que cette marquise, qui se donne des airs, qui fait la jolie femme, qui n'a ni sentiment ni passion, et de la tournure des dames de Beauharnais[1], et de toutes nos prétendues spirituelles qui n'ont

---

[1] Cette phrase sur les dames Beauharnais ne se trouve que dans l'édition de Londres. Elle ne s'applique qu'à Fanny, amie de Dorat (L).

pas le sens commun. J'aimerais cent fois mieux être comparée aux héroïnes de Scudéry qu'aux bégueules de Crébillon.

Cette lettre n'arrivera pas assez à temps pour que vous puissiez m'envoyer par M. de Richmond les livres de Chesterfield.

Je serai bien étonnée si les *Mémoires de Noailles* ne vous font pas plaisir; ils m'en font un extrême. Ils me rappellent tous les faits dont j'ai entendu parler dans ma jeunesse, qui sont très-conformes à ce qu'on disait alors; je n'en suis qu'au quatrième volume. Cette lecture a un inconvénient pour moi; mon invalide[1] commence à me lire entre six et sept heures; elle m'empêche de me rendormir. J'ai bien de l'impatience d'apprendre ce que vous en penserez.

Je suis bien fâchée d'être aussi bête; je voudrais avoir la capacité de vous répondre, mais c'est au-dessus de mes forces; je sens et je comprends encore, mais je ne puis plus m'exprimer. Ah! il n'est que trop vrai que je suis extrêmement baissée : on peut me dire que je ne suis pas tombée de bien haut; peut-être ne s'aperçoit-on pas de ma chute, mais je la sens; je ne m'en afflige point, je suis peut-être encore assez bonne pour tout ce qui m'environne, mais je ne le serais pas pour vous.

LETTRE 625.

MADAME LA MARQUISE DU DEFFAND A M. HORACE WALPOLE.

Dimanche 13 avril 1777.

Wiart est dans son lit, avec un rhumatisme dans les reins et une grosse migraine. Il est trois heures, je reçois votre lettre du 8, je ne suis point encore levée, je ne vous répondrai que très-succinctement.

J'aime à la folie les deux, trois et quatrième volumes des *Mémoires de Noailles*, mais le premier et surtout le cinquième et la moitié du sixième, qui est où j'en suis, m'ont fort ennuyée. Mais c'est que je hais les récits de guerre à la mort; ce ne sont que de vieilles gazettes. Ce maréchal qui donnait tant de beaux conseils était un fou. Il me prend envie de vous dire une

---

[1] Madame du Deffand avait un vieux soldat de l'hôtel des Invalides de Paris qui venait tous les matins lui faire la lecture, avant que ses domestiques fussent levés. (A. N.)

chanson de feu madame la duchesse du Maine, sur lui et sur Law. La voici :

> Votre Law est un filou,
> Disait au régent Noailles ;
> Et l'autre, par représailles :
> Votre duc n'est qu'un fou.
> C'est ainsi qu'à toute outrance
> Ils se font la guerre entre eux ;
> Mais le malheur de la France,
> C'est qu'ils disent vrai tous deux.

Je n'affiche point la retraite ; je hais le grand monde parce que j'y suis déplacée, mais je crains encore plus la solitude. J'aime la société, elle m'est nécessaire, et je me crois toujours à la veille d'en manquer. J'ai perdu mes anciens amis, je n'ai même presque plus d'anciennes connaissances ; je ne forme pas de vraies liaisons. Quand je dis que je veux prendre le parti de souper toujours chez moi, c'est que je crois que j'y serai forcée. Il y a quelques maisons ouvertes où je peux aller quand je veux : comme l'hôtel de Choiseul pendant trois ou quatre mois, chez madame de Luxembourg depuis le mois de janvier jusqu'à Pâques, et chez les la Reynière toujours. Je vais quelquefois chez ces derniers, mais très-rarement, et chez les autres jamais. Je ne suis point priée ailleurs, et si je ne donnais pas à souper, je ne verrais personne. Enfin n'ayez pas peur, je ne prétends point à être philosophe. Je ne connais que deux maux dans le monde, les douleurs pour le corps, et l'ennui pour l'âme. Je n'ai de passion d'aucune sorte ; presque plus de goût pour rien, nul talent, nulle curiosité ; presque aucune lecture ne me plaît ni ne m'intéresse. Je ne puis jouer ni travailler ; que faut-il donc que je fasse ? Tâcher de me dissiper, entendre des riens, en dire, et penser que tout cela ne durera plus guère. Personne ne m'aime, je ne m'en plains pas ; je suis trop juste pour cela.

Je serai fort aise de voir M. de Richmond, du moins je le crois.

LETTRE 626.

LA MÊME AU MÊME.

Mercredi 16 avril, à six heures du matin.

Depuis ma dernière lettre, Wiart garde le lit. Je viens de me faire relire la vôtre du 8. Je me reproche d'y avoir répondu d'une manière si succincte, et de ne vous avoir point satisfait sur ce que vous me demandiez. Un peu d'humeur, dont je m'interdis de faire connaître la cause; le changement de secrétaire, tout cela m'a coupé la parole, et m'a fait écrire une courte et sotte petite lettre, en réponse à une des plus agréables, des plus sensées qu'il y ait jamais eu.

Je ne suis pas d'accord de tous les jugements que vous portez. Le feu maréchal (*de Noailles*) était un fou, même au sens le plus littéral. Il y a des extravagances de lui qui en auraient conduit d'autres aux Petites-Maisons. Le cinquième et le sixième volume, où j'en suis, m'ont infiniment ennuyée; vous avez toute raison sur les écrits que Louis XIV lui confia en mourant, ils changent beaucoup la disposition où on était pour lui sur sa correspondance avec le roi et la reine d'Espagne. Cette petite reine était charmante. Je fais peu de cas de madame des Ursins. Je ne vois en elle qu'une femme du grand monde, qui n'aimait que la représentation et le mouvement, ne se plaisait que sur le théâtre, n'était ni bonne ni méchante, ni fausse, ni vraie, et dont toute la conduite était un rôle qu'elle jouait assez bien. Pour madame de Maintenon, je trouve que le portrait qu'en fait l'auteur est extrêmement juste. Elle n'était point aimable, parce qu'elle était triste et indifférente; sa dévotion avait nui à son esprit et gâté son discernement; elle s'était laissé conduire par les circonstances. Elle n'était point hypocrite, sa dévotion était petite et minutieuse. Elle avait le malheur d'être sujette à l'ennui; mais à tout prendre c'était une femme qui avait naturellement l'esprit très-philosophique, et très-éloigné, à ce qu'il me semble, de fausseté et de manége.

Mais n'avez-vous pas été bien fâché de ce que l'intérêt de ces *Mémoires* est coupé tout net à la mort de la reine d'Espagne? qu'il n'est plus question de rien? Pas un mot des disgrâces de madame des Ursins, du cardinal Albéroni, de l'arrivée de la Farnèse, de son gouvernement, etc., etc.? Que dites-vous des lettres de M. le duc de Bourgogne, de celles du feu roi, et d'une de M. le Dauphin, qui répond parfaitement à l'idée que j'avais de son esprit? Si je causais avec vous, j'aurais bien d'autres remarques à faire, mais en voilà assez et peut-être trop pour une lettre.

J'en reçus une hier de votre cousin (*M. Conway*), remplie de bontés et d'amitiés; s'il était vrai qu'il m'aime, il saurait bien quelles preuves m'en donner [1]. Le duc de Richmond s'annonce pour le 20. L'Empereur [2] arrive aujourd'hui ou demain. On murmure certains bruits qui me font plaisir, de conventions, de désarmement; mais ce n'est peut-être que du bruit.

Adieu. Je vais dormir.

A cinq heures après midi.

Je reçois dans le moment une lettre de Versailles, de M. de Beauvau. Voici ce qu'il me mande :

« La nouvelle d'un arrangement pacifique avec l'Angleterre » se confirme tous les jours. »

LETTRE 627.

MADAME LA MARQUISE DU DEFFAND A M. HORACE WALPOLE.

Paris, dimanche 20 avril 1777.

J'ai achevé ce matin les *Mémoires* de Noailles. J'avais interrompu cette lecture à la moitié du sixième volume, pour lire des *pauvretés* (c'est le nom que méritent toutes nos nouveautés). Je ne suis point mécontente de la fin de ce sixième tome, tout au contraire. Je ne vous blâme pas de la grande opinion que vous avez conçue du maréchal; il n'est pas le seul qui gagne à être raconté, et qui perde beaucoup à être pratiqué. Je crois que Fénelon n'était point hypocrite, qu'il a été de bonne foi martyr de ses systèmes, lesquels cependant il n'avait point soutenus contre l'autorité du pape : c'était ce qu'on appelle aujourd'hui un esprit *exalté*. Ce mot est devenu à la mode pour exprimer l'enthousiasme. Je crois que si Fénelon n'avait pas pris le parti de la dévotion, il aurait été très-romanesque. Je n'aime point son genre. Je connais peu Bossuet; je crois qu'il n'était pas fou, mais qu'il était dur, vain, ambitieux, bien plus que dévot. De son temps on n'était point esprit fort : il n'y a que M. de la Rochefoucauld qu'on puisse soupçonner de l'avoir été.

Vous ne voulez donc rien traduire pour moi? A la bonne heure, je ne vous en parlerai plus.

On a rattrapé M. de la Fayette à Saint-Sébastien : on ne l'a

---

[1] Elle veut dire en engageant M. Walpole à faire un autre voyage en France. (A. N.)

[2] L'empereur d'Allemagne, Joseph II. (A. N.)

point ramené à Paris; on l'a conduit ou envoyé à Toulon, attendre le duc d'Ayen, son beau-père, qui va, avec M. et madame de Tessé¹, faire le voyage d'Italie.

L'Empereur arriva avant-hier entre cinq et six heures du soir; il descendit chez son ambassadeur², qui était au lit pour une espèce de coup de sang causé par des hémorroïdes, ce qui le mettra hors d'état de suivre son maître : il logera chez lui. Il fut hier matin à Versailles; il visita tous les princes et tous les ministres : il est d'une familiarité dont on est charmé. Son intention était de loger chez le baigneur; on l'a fait consentir de coucher au château : le maréchal de Duras³ lui a prêté son appartement. On dit qu'il ne recevra personne chez lui, mais qu'il ira visiter tout le monde sous le nom de comte de Falkenstein. Je vous dirai tout ce que j'en apprendrai, parce que vous aimez les détails.

La réconciliation de la maréchale (*de Luxembourg*) et de la duchesse (*de la Vallière*) s'est bornée aux repas de noce⁴, dont on ne pouvait pas se dispenser de la prier, à cause du degré de parenté. Je ferai vos compliments à madame de la Vallière. Je croyais vous avoir mandé qu'on ne soupait plus chez elle; sa porte est toujours fermée à dix heures. Pour madame de Châtillon, je ne lui dirai rien; je ne la vois point depuis la grande liaison qu'elle avait avec la Lespinasse.

Je serai fort aise de faire connaissance avec M. Gibbon; mais je serai pour lui une piètre compagnie : les Necker sont bien mieux son fait. Vous ne voulez pas croire que je baisse beaucoup; cela est pourtant bien vrai : mon âge n'en est pas la seule cause.

Je revois depuis peu plus souvent madame de Jonsac; je passerai la soirée aujourd'hui avec elle : j'ai du goût pour elle, j'aimerais à vivre avec elle; mais nos liaisons et nos allures sont très-différentes. Depuis que j'ai perdu mes amis, il est devenu presque impossible que j'en fasse d'autres; il faut que je me contente d'avoir des connaissances que je n'entretiens et ne

---

¹ Madame de Tessé était fille du maréchal de Noailles, sœur du duc d'Ayen, et par conséquent tante de madame de la Fayette. (A. N.)

² Le comte de Mercy-d'Argenteau. (A. N.)

³ Un des premiers gentilshommes de la chambre du roi. Il y en avait quatre, qui servaient par quartiers. (A. N.)

⁴ Le mariage de sa petite-fille, mademoiselle de Châtillon, avec le fils unique du duc d'Uzès, lequel reçut, à cette occasion, le titre de duc de Crussol. (A. N.)

conserve que pour les deux soupers que je donne dans la semaine. Je me résous à passer les soirées des autres jours tête à tête avec la Sanadona; ce qui n'est, je vous assure, pas divertissant. Je ne fais point de projet de retraite. J'ai trouvé l'autre jour un trait dans une comédie qui m'a plu. Un homme, fatigué du monde, triste, mécontent, dit qu'il veut se retirer dans sa campagne pour y trouver la tranquillité et la paix. *Il faut l'y porter,* lui répond-on, *si vous voulez l'y trouver.* Rien n'est si pénible à supporter que le vide de l'âme; ainsi je conclus que la retraite (qui ne peut que l'augmenter) est de tous les états celui qui me conviendrait le moins : je ne compte faire aucun changement à la vie que je mène; il n'y en a pas de plus oisive, de plus dénuée de tout genre d'occupations et d'intérêts.

Si vous voyez votre cousin (*M. Conway*), dites-lui que sa lettre m'a fait un plaisir extrême, et que j'y répondrai incessamment.

LETTRE 628.

MADAME LA MARQUISE DU DEFFAND A M. HORACE WALPOLE.

Dimanche 11 mai 1777.

Vous aurez vu le baron de Castille [1] quand vous recevrez cette lettre. Il me semble que je n'ai rien à vous mander qui puisse vous intéresser. Vous ne vous souciez guère du procès de M. de Richelieu [2] : on dit qu'il l'a gagné. Comme je n'entends pas les affaires, je croirais, en lisant son arrêt, que lui et sa partie l'ont tous deux perdu. Quand il sera imprimé, je vous l'enverrai si vous voulez.

L'Empereur continue à se faire admirer : il fut hier à l'Académie des sciences; on l'y attendait depuis douze ou quinze jours; tout était préparé pour faire devant lui des expériences de chimie; il y resta une demi-heure; on ne lui fit aucun com-

---

[1] Dans une lettre du 6 mai qu'on ne publie point, elle dit : « Voilà le baron de Castille que je vous présente, vous l'avez vu en dernier lieu sous ce nom chez madame de la Vallière, et plus anciennement sous celui d'Argenvillier. Il va voir M. et madame de Masseran; vous en serez quitte avec lui pour quelque politesse, et vous me ferez plaisir de lui dire que je vous le recommande, et que vous savez que je l'aime beaucoup. En voilà assez, n'en parlons plus. » (A. N.)

[2] Avec la présidente de Saint-Vincent. (A. N.)

pliment, il ne voulut aucune place de distinction. Il y a toute apparence qu'il n'ira à aucune autre académie. Il n'y a point de jour qu'il n'emploie à visiter tous les établissements, les manufactures, etc. Il couche chez son ambassadeur, M. de Mercy : il se lève à huit heures, fait tous ses tours jusqu'à deux heures qu'il rentre à l'hôtel de Tréville, où loge toute sa suite; il y dîne avec MM. Colloredo, Cobentzel, Belgiocoso, ne reçoit qui que ce soit, puis il sort avec eux ou sans eux, va quelquefois aux spectacles, voir des maisons autour de Paris; il observe tout, ne critique rien : je crois qu'il est surpris de l'extrême magnificence de notre cour, mais qu'il n'en est point jaloux. Les beaux esprits doivent être bien étonnés du peu d'empressement qu'il a pour eux; aussi ne paraît-il ni vers ni prose à sa louange. On lui donne mardi une fête à Trianon, et jeudi à Choisy. Il verra dimanche prochain la cérémonie de l'ordre du Saint-Esprit. On croit qu'il partira le lendemain.

Venons à M. de Richmond. Je crains que sa santé ne soit pas bonne; il est d'une singulière tristesse : il soupera chez moi ce soir avec madame de Cambis. Vous en a-t-il parlé? Il fut l'autre jour à Sèvres pour la commission que vous lui avez donnée : il m'a dit vous en avoir écrit.

Si M. Gibbon est parti dimanche dernier, il doit être arrivé, et en ce cas je souperai demain avec lui chez les Necker. J'ai grand besoin de troupes auxiliaires, car tous mes compatriotes se dispersent.

LETTRE 629.

LA MÊME AU MÊME.

Dimanche 18 mai 1777.

Vous êtes bien malheureux par vos parents; je me plaignais de n'en point avoir, j'avais tort.

Qu'est-ce que c'est que cette milady Walpole à qui la vieille duchesse de Devonshire laisse cinq mille pièces[1]? Je n'en ai jamais entendu parler.

Je suis fort contente de M. Gibbon; depuis huit jours qu'il est arrivé, je l'ai vu presque tous les jours : il a la conversation facile, parle très-bien français; j'espère qu'il me sera de grande

[1] Lady Dorothée Cavendish, sa fille, femme du second lord Walpole de Woolterton, et mère du comte actuel d'Orford. 1827. (A. N.)

ressource : le grand-papa a beaucoup de curiosité de le voir; il a lu ce qu'on a traduit de son histoire; il en est charmé; il doit venir demain chez moi : j'ai pris mes mesures pour qu'il y trouve M. Gibbon.

On ne parle ici que de l'Empereur. Le hasard me l'a fait voir. Je soupai lundi passé chez les Necker; j'y arrivai à neuf heures et demie, l'Empereur y était depuis sept heures un quart; il avait été avec M. Necker environ deux heures, après lequel temps il passa chez madame Necker, qui avait chez elle MM. Gibbon, l'abbé de Boismont, Marmontel, le roi de l'Académie des sciences, notre ami Schouwaloff. Quand j'entrai dans la chambre, il vint au-devant de moi, et dit à M. Necker : Présentez-moi. Je fis une profonde révérence; on me conduisit à mon fauteuil : l'Empereur voulant me parler et ne sachant que me dire, et me voyant un sac à nœuds, me dit : Vous faites des nœuds? — Je ne puis faire autre chose. — Cela n'empêche pas de penser. — Non, et surtout aujourd'hui que vous donnez tant à penser. — Il resta jusqu'à dix heures un quart; il sait très-bien notre langue, il parle facilement et bien; il est d'une simplicité charmante; il est surpris qu'on s'en étonne; il dit que l'état naturel n'est pas d'être roi, mais d'être homme. Il n'y a rien qu'il ne veuille voir et connaître; il aura tout vu et connu, excepté la société, pour laquelle le temps lui manque, ayant partagé celui qu'il doit passer ici en deux emplois, de curieux et de courtisan; il avait été le jeudi précédent à l'Académie des sciences, je crois vous en avoir rendu compte. Il fut avant-hier, vendredi, à l'Académie des belles-lettres, et hier à l'Académie française; il n'a point voulu faire de jaloux. On ignore le jour de son départ; je crois que ce sera bientôt. Ses succès ici ont été fort grands; mais comme il n'a distingué personne, ceux qui prétendent à l'être commencent à faiblir sur ses louanges. Il a voulu voir M. Turgot, et dans cette intention il a été chez madame la duchesse d'Enville, et ensuite chez madame Blondel[1], sous le prétexte que M. Blondel avait été ministre plénipotentiaire à Vienne, et qu'il a été chez tous ceux qui y ont été. Il a beaucoup causé avec M. Turgot, qu'il savait devoir trouver chez ces

---

[1] Madame Blondel était la sœur de M. Francès, qui avait été secrétaire d'ambassade de France en Angleterre, à l'époque de la paix de Paris. Madame Blondel était fort admirée et estimée pour les bonnes qualités de son esprit et de son cœur. (A. N.)

deux dames. Vraisemblablement la raison qu'il avait pour vouloir le voir, c'est que ses systèmes d'administration sont suivis à Florence.

Dans sa conversation avec M. Necker, il avait avec lui les personnes de sa suite, MM. de Mercy, de Colloredo, de Cobentzel, de Belgiocoso. Il n'a reçu dans les trois académies aucun compliment, il a resté dans chacune une demi-heure. Depuis l'opéra qu'on lui a donné à Versailles, la reine lui a donné des comédies à Trianon et à Choisy; mais un hasard heureux, qu'il faut que je vous raconte, c'est que l'autre jour, étant allé à la Comédie française où l'on jouait *OEdipe* et où il arriva au second acte, au quatrième, dans la scène de Jocaste et d'OEdipe, Jocaste dit, en parlant de Laïus :

> Ce roi plus grand que sa fortune,
> Dédaignait comme vous une pompe importune :
> On ne voyait jamais marcher devant son char
> D'un bataillon nombreux le fastueux rempart;
> Au milieu des sujets soumis à sa puissance,
> Comme il était sans crainte, il marchait sans défense;
> Par l'amour de son peuple il se croyait gardé.

Le parterre, les loges, tout battit des mains. En voilà, je crois, assez sur l'Empereur.

Parlons de M. de Richmond. Je le vois souvent, il ne se porte point bien, il est extrêmement occupé; je lui donnerai à lire votre lettre. En voilà, je pense, assez pour aujourd'hui; j'ai fait un effort pour vous, que je ne ferai assurément pour personne.

LETTRE 630.

MADAME LA MARQUISE DU DEFFAND A M. HORACE WALPOLE.

Mardi 27 mai 1777.

Je commence cette lettre dans l'intention de ne la finir que dimanche. Mes insomnies sont insupportables; mes meilleures nuits sont de deux ou trois heures de sommeil, et comme j'en passe treize ou quatorze dans le lit, ce temps est cruellement long pour qui ne peut ni lire ni écrire; j'épuise mon invalide, je prends toutes les sortes de lectures en aversion, je me creuse la tête à réfléchir, je m'examine, je m'épluche, et je suis, avec plus de raison que vous, très-peu contente de moi, et j'ai plus de peine en vérité à me supporter que je n'en ai à supporter les autres; ma situation ne me met pas dans le cas de faire de belles actions, où il puisse entrer de la vanité; mon amour-propre a d'autres objets; vous le qualifieriez de jalousie, et je crois que vous auriez tort. Il est vrai que je suis blessée des manques d'égards, des préférences qui me semblent injustes. Ce n'est pas que je m'estime, ni que je fasse aucun cas de moi, mais j'en fais encore moins de tous les sots que je rencontre. Mais tout cela ne serait rien, si je n'avais pas en moi un fonds d'ennui que rien ne peut vaincre, et qui me met au-dessous de rien.

Je suis très-persuadée que vous n'avez nuls reproches à vous faire sur les motifs de votre conduite, tant avec votre neveu qu'avec tout autre.

Dites-moi, je vous prie, laquelle de toutes les passions vous paraît la moins dangereuse, c'est-à-dire la moins contraire aux vertus. Est-ce l'amour, l'ambition, ou l'avarice? Ne les supposez pas dans un degré excessif. Quand vous m'aurez dit votre opinion, je vous dirai la mienne.

Je ne vous ai point répondu sur M. Gibbon, j'ai tort; je lui crois beaucoup d'esprit, sa conversation est facile, et *forte de choses,* comme disait Fontenelle; il me plaît beaucoup, d'autant plus qu'il ne m'embarrasse pas. Je me flatte qu'il est content de moi, c'est-à-dire qu'il me sait gré de la satisfaction que je lui marque de causer avec lui; je ne m'embarrasse nullement de ce qu'il pense de mon esprit, il me suffit qu'il ne me trouve pas le ridicule d'y prétendre.

En voilà assez pour aujourd'hui; demain je vous parlerai de l'Empereur.

Mercredi 28.

Je vous promis hier de vous parler de l'Empereur, je vous tiendrai parole; mais il faut auparavant que je vous parle de mon petit chien. Je l'aime à la folie, il a pour moi une tendresse qui lui a acquis mon cœur et fait que je lui pardonne tous ses défauts, quoiqu'ils soient très-grands: il aboie, il mord. Il a innombrablement d'ennemis; la liste de ses morsures et des manchettes déchirées est très-longue; mais c'est qu'il ne veut pas qu'on m'approche; je le bats, mais il ne se corrige point. Il a quelques amis, un certain chevalier de Beauteville [1], les ambassadeurs de Naples et d'Espagne, madame de Luxem-

---

[1] Frère du marquis de Beauteville et de l'évêque d'Alais. Il avait été longtemps ambassadeur de France près les cantons suisses. (A. N.)

bourg, voilà à peu près tout, et voilà aussi tout ce que je vous en dirai. Venons à l'Empereur. Il a été partout, il a voulu voir *le passé, le présent* et *l'avenir :* on ne pénètre point l'époque qu'il préfère. On croit qu'il partira vendredi ou samedi; il visitera nos provinces, il veut voir les bords de la Loire, ce qui le conduira très-près de Chanteloup; il a promis d'y rendre visite. Son séjour ici a été le double de ce qu'il avait projeté. On s'est peut-être trop accoutumé à le voir; les impressions qu'il a faites se sont usées; la simplicité plaît, mais à la longue paraît peu piquante. Je crois que ses voyages lui seront fort utiles; il écrit tous les soirs tout ce qu'il a vu, entendu et retenu; sa tête sera remplie de beaucoup de connaissances, il en peut résulter des idées. Enfin il y a toute apparence qu'il sera un très-bon souverain, et qu'il ressemblera plus à votre Henri VII, à notre Charles V, qu'à Frédéric II. Ce pronostic est fort hasardé.

Connaissez-vous les *Éléments de l'histoire d'Angleterre*, par l'abbé Millot[1]? J'aime beaucoup sa manière d'écrire. Savez-vous ce que je lis présentement? La *Bible*. Si vous l'avez oubliée, relisez-la.

Jeudi 29.

Je vous plains de l'ennui de cette lettre; je serais tentée de la jeter au feu : c'est n'avoir songé qu'à tuer le temps. Allons, je veux me persuader que je suis avec vous, je vous conterai un petit fait de l'Empereur qui m'a fort amusée; le voici.

Dans un de ses voyages, je ne sais dans quel temps ni dans quel lieu, il rencontra sur le grand chemin une chaise de poste versée, et celui à qui elle appartenait fort embarrassé; il s'arrêta et lui offrit une place dans sa voiture; l'homme l'accepta. Ne se connaissant ni l'un ni l'autre, l'Empereur l'interrogea, lui demanda d'où il venait, où il allait; il se trouva qu'ils faisaient la même route. L'homme à la chaise lui dit qu'il lui donnait à deviner ce qu'il avait mangé à son dîner. — Une fricassée de poulet? dit l'Empereur. — Non. — Un gigot? — Non. — Une omelette? — Non. — Enfin l'Empereur rencontra juste. — Vous l'avez dit, en lui tapant sur la cuisse. — Nous ne nous connaissons point, dit l'Empereur; je veux vous donner à deviner à mon tour. Qui suis-je? — Peut-être un militaire. — Cela peut être,

---

[1] C'est le même écrivain à qui nous devons les *Mémoires du maréchal de Noailles*. (A. N.)

mais on est encore autre chose. — Vous êtes trop jeune pour être officier général; vous êtes colonel? — Non. — Major? — Non. — Commandant? — Non. — Seriez-vous gouverneur? — Non. — Qui êtes-vous? Êtes-vous donc l'Empereur? — Vous l'avez dit, en lui tapant sur la cuisse. Ce pauvre homme resta confondu, s'humilia, voulut descendre. Non, non, lui dit l'Empereur, je savais qui j'étais quand je vous ai pris; j'ignorais qui vous étiez; il n'y a rien de changé, continuons notre route.

On nous dit hier que la Geoffrin lui avait écrit qu'elle mourrait de douleur si elle ne le voyait pas; il a eu la complaisance d'y aller. Il part, dit-on, après-demain.

LETTRE 631.

MADAME LA MARQUISE DU DEFFAND A M. HORACE WALPOLE.

Paris, dimanche 8 juin 1777.

Je me suis bien repentie de vous avoir parlé de fièvre [1], elle n'a eu nulle suite. Je me conduis très-bien présentement, j'observe un grand régime, il m'est devenu très-nécessaire; M. de Richmond vous dira que je me porte bien. Il est réellement le meilleur homme du monde, je me flatte d'être fort bien avec lui. Je ne sais si son affaire réussira [2], il s'en flatte. Moi je crains qu'on ne l'amuse.

Je m'accommode de plus en plus de M. Gibbon; c'est véritablement un homme d'esprit; tous les tons lui sont faciles, il est aussi Français ici que MM. de Choiseul, de Beauvau, etc. Je me flatte qu'il est content de moi; nous soupons presque tous les jours ensemble, le plus souvent chez moi : ce soir ce sera chez madame de Mirepoix. Je voudrais qu'il vous écrivît et qu'il vous dît naturellement comme il me juge et que vous me le fissiez savoir.

J'ai appris que j'avais eu plus de succès auprès de l'Empereur que je n'avais pensé; il dit à madame du Châtelet, étant à Choisy, qu'il ne se souvenait plus du nom d'une femme qu'il avait vue chez M. Necker, qu'il avait trouvée de bonne conversation, et qui avait beaucoup de vivacité; c'est madame de

---

[1] Dans une lettre qu'on ne publie point. (A. N.)

[2] De faire enregistrer son duché-pairie d'Aubigny par le parlement de Paris et par les autres cours souveraines de ustice, ainsi que l'étaient tous les autres duchés-pairies. (A. N.)

Luxembourg qui me l'a écrit, à qui madame du Châtelet l'a dit; elles sont toutes les deux à Chanteloup. M. le comte d'Artois a dû y arriver hier; il y séjourne aujourd'hui, il sera demain à Versailles. Il y aurait beaucoup de récits à faire de tous les amusements que mes parents lui préparent; ils auront trente-cinq ou quarante personnes, tant de la suite du prince que de leur compagnie; je serais bien fâchée d'être là. Tous les jours j'augmente de paresse, et c'est dans l'ordre.

Je crois que ma lettre qui a précédé celle-ci, et qui a été l'ouvrage de sept jours, vous aura bien ennuyé; je me laisse aller toujours à la disposition présente, je ne pense pas assez à l'effet qu'elle produira; c'est la conduite que j'ai toujours tenue avec vous, et qui m'a si souvent et si extrêmement mal réussi; je ne sais pas assez me contraindre et jamais me contrefaire, cela ne vous a pas empêché de m'accuser d'affectation; ce que je n'ai jamais eu avec vous ainsi qu'avec tout autre.

LETTRE 632.

LA MÊME AU MÊME.

Paris, dimanche 22 juin 1777.

La poste ne m'apporte rien aujourd'hui; vous ne voulez pas que j'en sois fâchée, je ne le suis pas; mais je ne puis m'empêcher de craindre que cette maudite goutte ne soit la cause de cette irrégularité.

M. de Richmond eut de vos nouvelles mardi dernier; il m'a même lu de sa lettre l'article qui me regardait; il est plein d'intérêt et de compassion : je connais la bonté de votre cœur, ainsi il ne m'a point surprise, mais il m'a fait prendre la résolution de ne me plus jamais plaindre. Je sais par expérience que la compassion est un sentiment qui attriste l'âme, et qu'on doit éviter de le faire éprouver à ses amis; nous avons des comédies pour lesquelles j'ai beaucoup de répugnance, où l'on représente des personnages qui sont dans l'humiliation, dans l'abandon, des pères dégueunillés; on est touché de leurs malheurs, on en est affligé, mais cependant sans en être attendri; on n'aime point à les voir, on souhaite qu'ils disparaissent.

M. de Presle me doit donner pour vous deux catalogues in-douze fort épais; j'y joindrai ce que j'aurai de feuilles de la *Bibliothèque des Romans*, le duc m'a dit qu'il vous les ferait tenir. Les attentions qu'il a pour moi ne me laissent pas douter du désir qu'il a de vous plaire : je vais vous rapporter les soins qu'il me rend, ils ne m'en sont que plus agréables.

Madame de Luxembourg est revenue mercredi de Chanteloup. J'ai reçu aujourd'hui une grande lettre de madame de Gramont, très-familière, pleine de narrations, enfin telle que vous les aimez.

L'Empereur n'a point été à Chanteloup, quoiqu'il ait été à Tours, de Tours coucher à Poitiers, abandonnant le projet de remonter la Loire, et en conséquence le projet d'aller à Chanteloup. L'Idole et sa belle-fille en arrivent aujourd'hui. Je ne prévois pas en tirer grand parti ; je trouve tous les jours, de plus en plus, que la fable de la Fontaine, de *l'Alouette et ses petits*, est de bien bon sens. J'exécute ce que j'avais projeté ; je soupe presque tous les jours chez moi, hors deux, dont l'un est chez les Necker, l'autre chez la comtesse de Choiseul, qu'on appelle la Petite Sainte. M. Gibbon me convient parfaitement ; je voudrais bien qu'il restât toujours ici ; je le vois presque tous les jours ; sa conversation est très-facile, on est à son aise avec lui ; mais je n'ai pas encore lu son ouvrage, c'est-à-dire la première partie ; les deux autres ne sont point encore traduites.

En voilà assez pour une lettre qui n'est pas une réponse.

LETTRE 633.

MADAME LA MARQUISE DU DEFFAND A M. HORACE WALPOLE.

Mercredi 9 juillet 1777.

Le départ de M. de Richmond devient incertain ; je vous avais écrit une grande lettre, comptant qu'il vous la porterait, je viens de la jeter au feu. Que vous dirai-je dans celle-ci ? que M. Necker est directeur général des finances ; vous le savez, sans doute ; qu'il a refusé les appointements et tous les droits attachés à la place de contrôleur général, dont il ne lui manque que le titre, en ayant toutes les fonctions et l'autorité. Il loge à Paris, ainsi que dans toutes les maisons royales, dans l'hôtel du contrôleur général ; et s'il était catholique, il aurait le titre de contrôleur.

Trouvez bon que je vous envoie les édits, et que je m'épargne la peine de vous transcrire ce qu'ils contiennent : je comptais que ce serait M. de Richmond qui vous les porterait, ainsi que les catalogues et la *Bibliothèque des Romans*.

Je deviens très-paresseuse, c'est-à-dire très-stérile; et si notre correspondance, comme vous me le faites entendre, vous devient trop pénible, je consens que vous la rendiez moins fréquente; il ne faut point qu'elle devienne une gêne.

Nous avons ici milord Dalrymple qui arrive d'Italie; je ne me souviens plus dans quelle ville il a vu le duc et la duchesse de Glocester; il a trouvé le duc dans un état pitoyable pour sa santé, et la duchesse, la plus belle femme qu'il eût jamais vue. Si vous lui écrivez, comme je n'en doute pas, remerciez-la de l'honneur qu'elle m'a fait en chargeant le milord de me faire ses compliments; vous trouverez bon que je croie vous les devoir.

Il y a trois conseillers d'État nommés pour un comité des finances, qui sont : MM. de Beaumont et de Fourqueux, ci-devant intendants des finances, et M. de Villeneuve. Leur emploi sera pour ce qu'on appelle le contentieux : je ne sais pas trop bien en quoi il consiste[1]. Comme M. Necker ne peut pas prêter de serment, il ne peut pas non plus faire de signatures; on dit que ce sera M. de Beaumont qui signera.

LETTRE 634.

LA MÊME AU MÊME.

13 juillet 1777.

La situation de madame votre nièce[2] est affreuse; je n'y puis penser sans frémir.

Ne me laissez rien ignorer de tout ce qui vous intéresse; ce serait pour moi un vrai bonheur, si c'était pour vous une consolation de me confier vos peines. La tendre et sincère amitié devrait produire cet effet; mais c'est de quoi il ne faut point parler; tout, jusqu'au nom, vous en déplait.

Je voudrais, de tout mon cœur, rendre mes lettres amusan-

---

[1] D'arranger quelques points touchant la perception des taxes, sur lesquels les fermiers généraux n'étaient pas d'accord avec les personnes soumises à leur pouvoir. M. de Fourqueux fut depuis nommé contrôleur général, après la disgrâce de M. de Calonne, en 1787. (A. N.)

[2] Feu la duchesse de Glocester. Dans ce temps, le duc était abandonné de ses médecins, en Italie, et l'on s'attendait journellement, en Angleterre, à recevoir la nouvelle de sa mort. (A. N.)

tes; mais, malgré ma bonne volonté, l'instinct m'arrête : je sens que rien de ce que je pourrais vous dire ne peut vous intéresser. Quelle part peut-on prendre à des objets qu'on a vus comme la lanterne magique, qu'on ne doit jamais revoir? Cependant, pour vous obéir, je vous dirai que M. Necker commence fort bien son ministère; ses premières opérations plaisent au public, et sont approuvées par les honnêtes gens; il ne veut point mettre d'impôts, et comme il est important et nécessaire d'égaler la recette à la dépense, cela ne se peut faire qu'en réformant les abus; ceux de la dépense de la cour sont impossibles, ou du moins ne se peuvent faire que petit à petit; il faut cependant un prompt remède. Les abus de la perception sont immenses, et s'il parvient à les réformer, il fera un grand chef-d'œuvre. Il s'y prend bien, mais il faut que le Maurepas le soutienne, et voilà ce qui est bien scabreux. L'entreprise est toujours très-louable et lui fait beaucoup d'honneur. S'il n'est pas soutenu, il n'attendra pas son congé; il se retirera sans être dans le cas de changer rien à son état, puisqu'il n'a pas augmenté sa dépense, et qu'il ne reçoit aucun appointement, ni aucune grâce honorifique; il a jusqu'à présent rétabli le crédit que ses prédécesseurs avaient entièrement détruit.

Je cherche si je sais quelque autre chose à vous mander, je ne trouve rien; mais peut-être avant le départ de M. de Richmond arrivera-t-il quelque événement que je pourrai ajouter à cette lettre.

Je fus hier souper à Auteuil, chez l'Idole; j'y menai M. Gibbon : je suis toujours très-contente de son esprit, mais il est pour les beaux esprits comme était Achille pour les couteaux, quand il était chez je ne sais quel roi; il est allé aujourd'hui au Moulin-Joli[1] avec M. Thomas. Je lui rends justice, on sent moins avec lui qu'avec tout autre qu'il est un auteur.

Lundi.

On murmure de la guerre, on parle d'un comité qu'on dit avoir été tenu avant-hier, de MM. de Saint-Germain, Montbarrey, Sartine, Vergennes et votre ambassadeur. Je le vis hier; je le trouvai plus triste et plus taciturne qu'à l'ordinaire, l'air occupé. Nous aurons la guerre, je le crois; notre correspondance alors ne pourra pas être fort exacte. Voilà comme tout

---

[1] Moulin-Joli était une maison de campagne à peu de distance de Paris, occupée par M. Watelet, homme de lettres, receveur général des finances. (A. N.)

prend fin, et qu'on peut dire des liaisons ce que Voltaire a dit de l'âme : *c'est un feu qu'il faut nourrir, et qui s'éteint s'il ne s'augmente.*

M. de Valentinois, fils de M. de Monaco, épouse demain mademoiselle d'Aumont, fille de la duchesse de Mazarin ; M. de Monaco ne voulait pas que sa femme signât le contrat[1], et M. d'Aumont[2] ne voulait pas le mariage sans sa signature : cela était encore en débat hier l'après-dînée. Je ne sais si ce différend est terminé, mais il n'était pas, dit-on, impossible qu'il en résultât une rupture.

Je suis fort aise que madame Beauclerc[3] soit de retour des eaux, et qu'elle soit à Strawberry-Hill. Tout le monde s'accorde à dire qu'il n'y a point de femme aussi aimable et qui ait autant d'esprit et de talents. Elle doit vous être d'une grande ressource : c'est un singulier bonheur que de rencontrer quelqu'un qui plaise et qui convienne ; il arrive rarement, et pour l'ordinaire ne dure guère.

LETTRE 635.

MADAME LA MARQUISE DU DEFFAND A M. HORACE WALPOLE.

Paris, dimanche 27 juillet 1777.

Je reçois votre lettre du 21, et en même temps deux autres, l'une de M. de Beauvau qui est à Plombières, l'autre de la grand'maman qui revenait de Richelieu (qu'ils avaient eu la curiosité d'aller voir)[4]. Toutes les deux sont longues, remplies d'expressions de la plus tendre amitié. La vôtre a un ton sévère ; eh bien, je n'en crois pas moins être plus aimée de vous que de qui que ce soit, et c'est ce qui s'appelle la foi, mais qui ne me fera pas tenter de transporter les montagnes.

---

[1] Le prince de Monaco avait été séparé judiciairement de la princesse sa femme, par un arrêt du parlement, en 1771. (A. N.)

[2] Le fils aîné du duc d'Aumont avait pris le nom de duc de Mazarin, avant son mariage avec la fille du duc de Duras, qui, par sa mère, était l'héritière du cardinal de Mazarin. Une fille unique fut le fruit de ce mariage ; c'est la dame en question, laquelle, malgré la difficulté dont il s'agit, épousa le duc de Valentinois, fils aîné du prince de Monaco. (A. N.)

[3] Feu lady D. Beauclerc. (A. N.)

[4] Le château de Richelieu, dans la ci-devant province de Touraine, sur la frontière de celle de Poitou. Il avait appartenu longtemps à la famille de Duplessis, de laquelle descendait le cardinal de Richelieu, et ensuite de celle de Vignerot, dont descendait le duc de Richelieu. (A. N.)

J'ai une extrême joie des nouvelles que vous me donnez des Altesses Royales[1]; je serais charmée qu'elles passassent par Paris, certainement je m'y ferais présenter.

J'espère que nous n'aurons point la guerre; l'arrivée de la marquise de Noailles[2] à Londres n'est-elle pas une raison pour le croire?

Vous êtes un drôle d'homme! Quand vous haïssez d'entendre parler de quelque chose, vous vous persuadez qu'on vous en parle toujours. Je vous ai écrit deux ou trois fois sur cette passion du duc (*de Richmond*), et comme elle vous choque, vous vous persuadez que je n'ai cessé de vous en parler; mais moi à qui elle ne fait rien, je suis très-assurée de ne vous en avoir pas entretenu. Il faut à cette occasion que je vous dise une gentillesse de cette vicomtesse (*de Cambis*). Elle a appris l'anglais, elle le sait fort bien; elle a traduit plusieurs portraits de milord Chesterfield, et elle a écrit au chevalier de Boufflers, qui est à son régiment, de m'en faire un envoi au nom de feu milord. Le voici :

> J'obtins autrefois quelque gloire
> Dans les portraits que j'entrepris,
> Et mes flatteurs me faisaient croire
> Que j'avais remporté le prix.
> Aujourd'hui, sans oser me plaindre,
> Au second rang je suis placé,
> Et je sais que dans l'art de peindre,
> Une aveugle m'a surpassé.

Cela n'est-il pas joli? Je n'ai encore vu de la traduction que le portrait de George Ier. J'aurai celui de monsieur votre père et tous les autres.

Je vais être pendant quinze jours ou trois semaines dans une grande solitude; la maréchale de Luxembourg part mercredi 30 pour Villers-Cotterets, d'où elle reviendra le 13. Mesdames de Boufflers partent le même jour pour une de leurs terres en Normandie, dont elles reviendront le 9. Tous les hommes sont éparpillés, il me restera la vicomtesse, qui fera peut-être aussi quelques escapades à Roissy ou à Villers-Cotterets. Ce qui sera sédentaire ce sera M. Gibbon et les Necker; je ne vois ces derniers qu'une fois la semaine, qui est le jeudi. Tout mon amusement consiste

---

[1] Feu le duc et la duchesse de Glocester. (A. N.)

[2] La marquise de Noailles, née Dromenil. Son mari, le fils cadet du duc de Noailles, était alors ambassadeur de France en Angleterre. (A. N.)

en mes correspondances; j'aime beaucoup à recevoir des lettres, mais je n'ai pas le même plaisir à y répondre. Sans oser me comparer à madame de Sévigné à nul égard, une très-grande différence d'elle à moi, c'est qu'elle se plaisait à écrire et qu'elle était vivement affectée de tout ce qu'elle voyait, et qu'elle mettait par conséquent beaucoup de chaleur à ce qu'elle racontait.

Moi, je suis médiocrement affectée; je n'ai point de mémoire, peu de facilité à m'exprimer, souvent des vapeurs qui m'ôtent la faculté de penser, et puis quand c'est à vous que j'écris, la crainte m'offusque, jamais mes lettres ne vous contentent; il faut que j'évite tout ce qui serait susceptible de certaines interprétations, que je me rappelle les choses dont je vous ai déjà parlé, pour ne pas tomber dans des répétitions; enfin, enfin, je ne suis point à mon aise avec vous, je vous crains. Je sais bien que c'est un sentiment qui en accompagne toujours d'autres, mais vous m'en donnez la dose un peu trop forte.

Voudriez-vous que je vous parlasse de nos opérations de finance? J'espère que non, je m'en tirerais fort mal; qu'il vous suffise de savoir que tout ceci prend un air raisonnable et solide, qu'on démêle que c'est un homme de bon sens et d'esprit qui gouverne [1]; il est fort à désirer qu'il n'arrive point de changement. On disait hier, comme une chose certaine, que la feuille des bénéfices serait donnée aujourd'hui à M. de Marbeuf, évêque d'Autun. Le cardinal de la Roche-Aymon ne veut point mourir, on se lasse d'attendre.

Je dirai à madame Necker ce que vous m'ordonnez.

Je soupe ce soir chez madame de la Vallière; si le baron de Castille est arrivé, sans doute que je l'y trouverai, il me dira de vos nouvelles.

M. de Richelieu a appris avec étonnement que tout Chanteloup avait été à Richelieu; avec indignation que le concierge avait fait tirer le canon pour eux; il a dit que s'il l'avait su, il aurait envoyé des boulets [2].

[1] M. Necker. (A. N.)
[2] Le maréchal duc de Richelieu avait toujours été, par politique, l'ennemi du duc de Choiseul. (A. N.)

LETTRE 636.

MADAME LA MARQUISE DU DEFFAND A M. HORACE WALPOLE.

Dimanche 10 août 1777.

Je crois qu'il y a bien peu de gens qui reçoivent de l'agrément de leur famille. Les malheurs de la vôtre vous font souffrir, mais vous pouvez les aimer, parce que la plupart sont aimables; et moi je n'ai pas un parent avec qui je voulusse faire connaissance, s'ils ne m'étaient rien.

J'aimerais bien à jaser avec vous; je crois que nous serions souvent d'accord dans les jugements que nous portons; je vois que vous croyez à la guerre, je ne sais qu'en penser; je conviens que l'arrivée de la marquise de Noailles ne prouve rien, ce peut n'être qu'un semblant; mais je suis persuadée que nous ne la désirons pas : nous ne songeons dans le moment présent, qu'à remédier au dérangement de nos finances, et la guerre serait un grand obstacle à ce dessein. Tout événement me devient indifférent. Depuis quinze jours ou trois semaines ma santé n'est point bonne; je n'ai aucun mal particulier, mais je suis comme une vieille montre qui se détraque, et qu'il faut conduire au doigt et à l'œil pour la mettre à l'heure présente. J'ai encore des moments où je suis en vie, mais ils sont rares; je vois sans grand chagrin mon dépérissement; la faiblesse n'est point un état qui m'effraye, le détachement qui en est une suite naturelle ne me déplaît pas; et tout ce qui éteint le désir et l'activité produit nécessairement la tranquillité et l'indifférence, et c'est là ce qui peut rendre la vieillesse supportable.

J'aurais été bien étonnée que vous n'eussiez pas été content des vers du chevalier de Boufflers, ils sont extrêmement jolis. J'ai lu deux portraits que madame de Cambis a traduits, ceux de George Ier et de monsieur votre père; je n'en ai point été contente; mais je vous dis à l'oreille que je ne le suis point de l'ouvrage de M. Gibbon, il est déclamatoire, oratoire; c'est le ton de nos beaux esprits : il n'y a que des ornements, de la parure, du clinquant, et point de fond; je n'en suis qu'à la moitié du premier volume, qui est le tiers de l'in-quarto, à la mort de Pertinax. Je quitte cette lecture sans peine, et il me faut un petit effort pour la reprendre. Je trouve l'auteur assez aimable, mais il a, si je ne me trompe, une grande ambition de célébrité; il brigue à force ouverte la faveur de tous nos beaux esprits, et il me paraît qu'il se trompe souvent aux jugements qu'il en porte; dans la conversation il veut briller et prendre le ton qu'il croit le nôtre, et il y réussit assez bien; il est doux et poli, et je le crois bonhomme; je serais fort aise d'avoir plusieurs connaissances comme lui, car à tout prendre il est supérieur à presque tous les gens avec qui je vis.

Je soupai hier chez la marquise de Mirepoix avec madame de Boisgelin, madame de Marchais, mademoiselle Sanadon, et une comédienne nommée madame Suin. La tante, la nièce[1] et madame Suin récitèrent le *Tartuffe* parfaitement bien : cela ne m'empêcha pas de dormir pendant un acte; j'y eus du regret, mais j'étais si faible que je ne pus m'en empêcher.

Je devrais aller ce soir à Auteuil[2]; j'y suis engagée; mais je crois que je n'en ferai rien, et que je resterai avec la Sanadona : je m'accommoderais bien plus d'elle, si elle voulait bien s'en tenir à ce qu'elle est; mais, toute médiocre que je suis, je lui donne une émulation de me ressembler qui me la rend quelquefois insupportable : elle fait des définitions; elle porte des jugements qu'elle croit conformes à ce que je pense, et qui n'ont pas le sens commun. Cependant, de toutes les personnes qui m'environnent, c'est celle qui m'est peut-être la plus chère et qu'il me serait le plus fâcheux de perdre.

Adieu, c'est assez bavarder.

Vous savez sans doute la mort de M. de Trudaine[3]. Le président de Cotte a les ponts et chaussées[1].

Je n'irai point à Auteuil; je viens de m'excuser. Je viens de relire votre lettre, pour juger si elle ne me fournirait rien à dire de plus. Non, si ce n'est que personne n'écrit aussi bien que vous, n'a plus d'idées, et ne les fait mieux entendre, malgré vos fautes de langage.

[1] Madame de Mirepoix et madame de Boisgelin. (A. N.)

[2] Où la comtesse de Boufflers et sa belle-fille, la comtesse Amélie, avaient alors une maison. (A. N.)

[3] M. de Trudaine avait été directeur général des ponts et chaussées. C'était un homme d'un esprit supérieur. (A. N.)

LETTRE 637.

MADAME LA MARQUISE DU DEFFAND A M. HORACE WALPOLE.

Samedi 23 août 1777.

Je ne comprends rien à la poste, ou pour mieux dire aux vents. D'où vient ai-je reçu votre lettre aujourd'hui? Le temps n'est point changé, et le procédé ordinaire est de ne recevoir les lettres que le dimanche; mais je ne m'en plains pas, puisqu'en vérité il n'y a plus que par la poste que je puis recevoir quelque plaisir. Je suis d'une humeur enragée; tout me choque, tout me blesse, tout m'ennuie : il faut que je me fasse des efforts incroyables pour ne pas brusquer tout le monde. Je ne sais si cela tient à ma santé, et je crains que cette disposition ne soit une maladie.

Dimanche.

Je ne pus pas continuer hier, et c'est tant mieux pour vous. j'ai bien dormi cette nuit; mon humeur en est radoucie; ce n'est pas que je fasse des réflexions qui soient plus gaies; mais elles me rendent plus courageuse, elles me font prendre la résolution de souffrir sans me plaindre. En effet, à quoi bon les plaintes? A fatiguer ceux qui les écoutent. Je vous quittai donc hier pour aller à la comédie avec mesdames de Luxembourg, de Lauzun et M. Gibbon. C'était la seconde fois que je voyais cette pièce; elle me fit moins de plaisir qu'à la première : la loge était plus mauvaise; j'entendis moins, et j'entends fort peu actuellement. Je ne suis pas encore sourde, mais, selon toute apparence, je ne tarderai pas à le devenir. Le sujet de cette pièce, c'est le roman de madame Sancerre par madame Riccoboni. Après la comédie, nous fûmes, M. Gibbon et moi, rendre visite à M. et madame de Meynières[1], qui demeurent à Chaillot; de là nous continuâmes notre route, et nous fûmes souper à Auteuil. Il n'y avait que les Idoles, madame de Vierville et les ambassadeurs de Naples et de Suède : la jeune Idole chanta et s'accompagna de sa harpe. Les diplomatiques s'extasièrent, le Gibbon joua l'extase, et moi je m'en tins à l'exagération : c'est le parti que je suis forcée de prendre en cette occasion; car pour du plaisir, je n'en suis plus susceptible.

---

[1] Le président et la présidente de Meynières. C'est madame de Meynières qui, sous son premier nom de madame de Belot, a traduit l'*Histoire d'Angleterre*, de Hume. (A. N.)

Je reçus avant-hier, par la petite poste, un *Éloge du chancelier de l'Hôpital* : c'est le sujet du prix de cette année ; mais celui-ci n'a pas été fait pour y concourir. L'auteur aura, je crois, soin de se bien cacher. Il a été envoyé à plusieurs personnes ; je ne soupconne point quel en peut être l'auteur [1]. Je l'ai prêté à M. Gibbon, je vous l'enverrai par la première occasion : vous m'en direz naturellement votre avis.

La comédie dont je vous ai parlé a pour titre *l'Amant bourru* [2].

Madame la duchesse de Chartres accoucha hier de deux filles.

Je souscris à vos éloges sur la *Décadence de l'empire* : je n'en ai lu que la moitié ; il ne m'amuse ni ne m'intéresse : toutes les histoires universelles et les recherches des causes m'ennuient ; j'ai épuisé tous les romans, les contes, les théâtres ; il n'y a plus que les lettres, les vies particulières et les mémoires écrits par ceux qui font leur propre histoire, qui m'amusent et m'inspirent quelque curiosité.

La morale, la métaphysique me causent un ennui mortel. Que vous dirai-je ? J'ai trop vécu.

Mais parlons de ce qui vous regarde. D'où vient vous êtes-vous fait de si vieilles amies ? Il ne vous reste plus que milady Blandford [3] et moi ; et pour moi, vous vous en apercevrez les jours de poste.

L'ambassadeur de Naples nous dit hier qu'il avait des nouvelles sûres que le général Burgoigne avait pris la ville qu'il assiégeait, et dont je ne me souviens pas du nom.

L'ambassadeur de Sardaigne et sa femme [4] ne sont plus ici ; cette dernière en est au désespoir : il y avait longtemps que je n'en entendais plus parler ; je ne m'apercevrai point de son absence : celle des Beauvau est terminée ; ils arrivent aujourd'hui. J'ai reçu mille marques d'attention et d'amitié du mari : si je n'étais pas confirmée dans l'incrédulité, je pourrais croire

---

[1] Cet *Éloge du chancelier de l'Hôpital* est du comte de Guibert, qui s'était déjà fait connaître par sa *Tactique*, et par sa tragédie du *Connétable de Bourbon*. (A. N.)

[2] Comédie de Monvel, très-mal écrite, mais bien conçue. (A. N.)

[3] Marie-Catherine de Jonghe, veuve du marquis de Blandford, fils unique de Henriette, duchesse de Marlborough. Elle avait alors quatre-vingt-trois ans. (A. N.)

[4] Le comte et la comtesse de Viry. (A. N.)

qu'il m'aime; mais loin de moi une telle pensée; il est temps de ne plus tomber dans des méprises.

Madame de Luxembourg part mercredi pour aller à Cressy chez sa belle-fille la princesse de Montmorency, et de là aux haras chez madame de Briges[1]. Tous ses voyages ont pour objet de fuir l'ennui; il n'y a que les sentiments ou les occupations forcées qui, tant qu'ils durent, en mettent à l'abri.

On vient de supprimer les administrateurs des postes; il y en avait dix avec des appointements de cent mille francs; on les met en régie; il n'y aura plus que six commis à vingt-quatre mille francs chacun; mais je joindrai l'édit à cette lettre, si je puis l'avoir. Si M. Necker peut se maintenir, c'est-à-dire, si on le soutient, il y a toute apparence qu'il fera de bonne besogne.

LETTRE 638.

MADAME LA MARQUISE DU DEFFAND A M. HORACE WALPOLE.

Dimanche 21 septembre 1777.

Je ne me repens pas d'avoir toujours aimé votre roi, son dernier procédé[2] doit vous faire oublier ce qui l'a précédé; j'attends avec impatience l'arrivée du duc à Londres, et le récit que vous m'en ferez. La duchesse est très-intéressante; il n'y a point de bonheur que je ne lui souhaite; il y en a un dont elle jouit, et dont elle jouira encore davantage dans quelques semaines, et c'est celui dont je fais le plus de cas; devinez-le, s'il est possible.

Vous êtes si occupé, et de choses si importantes, qu'elles m'imposent silence sur toutes les bagatelles que je pourrais vous mander. Vous m'avez dit souvent, quand je me plaignais de l'ennui, qu'il était le malheur des gens heureux; vous oubliiez dans ce moment que j'étais vieille et aveugle, cela ne m'empêche pas de convenir que vous avez raison; mais en même temps, il n'en est pas moins vrai que l'ennui est le plus grand des maux, j'en excepte la goutte, la pierre, et toute espèce de douleur; la pauvreté, les ennemis, les dégoûts, ne sont des

[1] M. de Briges était écuyer du roi et chef des haras royaux d'Argentan, en Normandie. (A. N.)

[2] Sa réconciliation avec son frère le feu duc de Glocester, avec qui il avait été brouillé depuis la déclaration de son mariage avec la comtesse douairière de Waldegrave. (A. N.)

malheurs que parce qu'ils entraînent nécessairement l'ennui ; il y a des caractères qui n'en sont pas susceptibles ; et ceux qui le tiennent de la nature ont reçu d'elle le plus grand des biens, et qui peut lui seul tenir lieu de tout autre ; j'espère que vous êtes de ce nombre, et je vous en félicite.

L'aventure des Viry [1] est singulière ; leur ennemi, M. d'Aigueblanche, est disgracié en même temps qu'eux. Qu'est-ce que cela veut dire? Il m'importe peu de le savoir.

M. Gibbon a ici le plus grand succès, on se l'arrache ; il se conduit fort bien, et sans avoir, je crois, autant d'esprit que feu M. Hume, il ne tombe pas dans les mêmes ridicules. Je ne sais pas si tous les jugements qu'il porte sont bien justes, mais il se comporte avec tout le monde d'une manière qui ne donne point de prise aux ridicules ; ce qui est fort difficile à éviter dans les sociétés qu'il fréquente.

Les *Éloges de l'Hôpital* vous sont arrivés bien mal à propos ; ce n'est pas que je trouve qu'ils méritassent une grande attention ; le couronné est détestable, l'autre est bon par-ci par-là ; tout le monde le croit de Guibert, l'auteur de la tragédie du *Connétable*.

Il paraît un livre, qui, je crois, m'amusera. Il a pour titre, *Mémoires secrets pour servir à l'histoire de la république des lettres en France, depuis 1762 jusqu'à nos jours, ou Journal d'un observateur contenant les analyses des pièces de théâtre qui ont paru durant cet intervalle ; les relations des assemblées littéraires, les notices des livres nouveaux, clandestins, prohibés ; les pièces fugitives, rares ou manuscrites, en prose et en vers ; les vaudevilles sur la cour ; les anecdotes et bons mots ; les éloges des savants, des artistes, des hommes de lettres morts, etc., par feu M. de Bachaumont ; imprimé à Londres chez John Adamson, 1777.*

Si en effet il est imprimé à Londres, vous me feriez un extrême plaisir de me l'envoyer ; il est en huit volumes in-douze ; on me l'a prêté, mais c'est un livre à avoir à soi ; je ne l'ai commencé qu'hier, j'en ai lu un demi-volume, ce n'est que

---

[1] Le comte de Viry fut rappelé de son ambassade à Paris, et en retournant à Turin, arrêté à Suse, par ordre du roi de Sardaigne, avec injonction de ne point quitter cette ville, et de se présenter deux fois par jour au gouverneur. Madame de Viry avait la liberté d'aller où bon lui semblait. Son mari fut ensuite exilé à sa terre en Savoie. Le sujet de son exil n'a jamais été bien connu. (A. N.)

l'histoire des théâtres en 1762, cela est écrit jour par jour; plus il avancera, plus il deviendra intéressant, on ne pourra point l'avoir ici qu'avec de grandes difficultés.

Je fus hier à la répétition de l'opéra d'*Armide*, par le chevalier Glück; il ne m'a pas fait le même plaisir que celui de Lulli; cela tient sans doute à mes vieux organes.

M. de Choiseul, qui est arrivé à Paris le 6 de ce mois, ira mardi prochain à la première représentation et retournera mercredi à Chanteloup. Je viens de recevoir une lettre de la grand'maman en même temps que la vôtre; elle croit que je ne vous parle jamais d'elle, elle m'en fait des reproches, elle veut que je vous dise qu'elle vous aime, et qu'elle prend beaucoup d'intérêt, par rapport à vous, au duc de Glocester. Toute sa lettre est charmante: je ne crois pas qu'elle sente tout ce qu'elle dit, mais les paroles douces sont toujours agréables, n'eussent-elles que le son.

Je crois que je ferai bien de fermer cette lettre; quand on a une grande occupation dans la tête, tout ce qui en distrait importune.

Je ne puis me refuser de vous exhorter à ne point prendre trop de confiance sur le meilleur état du duc; l'exemple du pauvre petit évêque de Noyon[1] apprend qu'il ne faut pas trop se rassurer; il mourut avant-hier au bout de quinze ans de maladie, après avoir fait tous les remèdes de la médecine.

LETTRE 639.

MADAME LA MARQUISE DU DEFFAND A M. HORACE WALPOLE.

Jeudi 25 septembre 1777, huit heures du matin.

Je vous ai prié de chercher et de m'envoyer un livre dont je n'ai plus que faire, je l'ai trouvé ici[2]; je me hâte de vous le dire: je vous conseille de le lire, il vous amusera.

C'est aujourd'hui le jour de ma naissance; je n'aurais jamais cru voir l'année 1777: j'y suis parvenue. Quel usage ai-je fait de tant d'années? Cela est pitoyable. Qu'ai-je acquis? qu'ai-je conservé? J'avais un vieil ami[3] à qui j'étais nécessaire, c'est le

---

[1] L'abbé de Broglie, frère du maréchal et du comte du même nom. (A. N.)
[2] Les *Mémoires secrets*, etc., dont il est parlé dans la précédente lettre. (A. N.)
[3] M. de Pont-de-Veyle.

seul lien sur lequel l'on puisse compter; je l'ai perdu, sans nul espoir de le remplacer, et jamais personne ne peut avoir autant que moi besoin d'appui et de conseil. J'emploie mes insomnies à réfléchir, à chercher ce que je dois faire; je suis, par mon caractère, indécise, inquiète; mais qu'est-ce que cela vous fait?

La nouvelle d'hier, qu'on dit être sûre, c'est que M. de Saint-Germain se retire. Lui donne-t-on son congé, ou sa retraite est-elle volontaire? Dimanche je pourrai vous le dire. En attendant, bonjour, bonne nuit; bonjour pour vous, bonne nuit pour moi. Je n'ai point encore dormi.

LETTRE 640.

MADAME LA MARQUISE DU DEFFAND A M. HORACE WALPOLE.

Dimanche 26 octobre 1777.

Vous pouvez être sûr que j'aurai pour madame Macaulay [1] toutes les attentions possibles; vous sentez bien qu'il me sera fort aisé de faire connaître ce que je pense pour vous. Comme les temps changent! Autrefois vous me demandiez le contraire.

Non, en vérité, l'ennui que je connais, et dont je vous ai tant parlé, n'est pas celui du petit Craufurd; il ne sait ce qu'il veut ni ce qu'il lui faut, et moi je sais ce que je désire et ce qu'il me faudrait. M. Gibbon et lui partent demain; je les regrette l'un et l'autre, mais par des sentiments différents : j'aime le Craufurd, du moins je l'ai aimé, et quoiqu'il m'impatiente et que sa déraison me fatigue, je suis bien aise quand je suis avec lui. Pour le Gibbon, c'est un homme très-raisonnable, qui a beaucoup de conversation, infiniment de savoir; vous y ajouteriez peut-être infiniment d'esprit, et peut-être auriez-vous raison; je ne suis pas décidée sur cet article : il fait trop de cas de nos agréments, trop de désir de les acquérir, j'ai toujours eu sur le bout de la langue de lui dire : Ne vous tourmentez pas, vous méritez l'honneur d'être Français. En mon particulier, j'ai eu toutes sortes de sujets d'être contente de lui, et il est très-vrai que son départ me fâche beaucoup;

---

[1] Madame Catherine Macaulay, ardente républicaine, auteur d'une *Histoire d'Angleterre* depuis Jacques Ier, et de quelques autres ouvrages politiques. M. Walpole lui avait donné une lettre pour madame du Deffand. (A. N.)

dites-lui bien, quand vous le verrez, que je n'ai cessé de vous parler de lui.

Le Craufurd vous dira que je ne l'aime plus; cela n'est pas vrai, mais je suis devenue comme vous, je ne peux plus aimer… je pourrais en demeurer là, mais j'ajoute : que des gens raisonnables. Il s'est ennuyé ici à la mort, et si l'amitié l'a conduit ici, elle s'en est apparemment retournée l'attendre à Londres, car elle l'avait abandonné à son arrivée. Il vous dira que j'ai un neveu [1] duquel je compte tirer quelque parti, et sur lequel je fonde quelques ressources : ce n'est point un homme amusant ni agréable, mais il est doux, il a assez de bon sens; il dit qu'il m'aime; je le veux croire, et je compte qu'il passera cinq ou six mois tous les ans avec moi.

LETTRE 641.

MADAME LA MARQUISE DU DEFFAND A M. HORACE WALPOLE.

Mercredi 19 novembre 1777.

J'augure bien mal de l'humeur silencieuse de MM. Howe[2]; il y aura vraisemblablement bien plutôt des changements dans votre gouvernement que dans le nôtre; nos ministres et administrateurs ne sont en aucun danger, et c'est apparemment pour en bien persuader le public que M. de Maurepas soupa dimanche avec tous les ministres, secrétaires d'État, diplomatiques, tous les amis et amies de madame de Maurepas, chez M. Necker; il y eut une musique, des proverbes, tous les plaisirs réunis. Je ne conçois pas ce qui a donné lieu aux bruits qui ont couru. Le Necker me paraît plus ferme que jamais. Mon avis est qu'on ne peut employer un homme plus capable, plus ferme, plus éclairé, plus désintéressé. Ce ne sont point mes liaisons avec lui qui me font porter ce jugement; je n'en attends rien, je le vois une fois la semaine, il n'a nulle préférence pour moi; il sait que je l'estime, et comme je ne lui demande rien, il me voit de bon œil, et voilà tout.

Je ne vous mande point de mes nouvelles. En êtes-vous étonné? ne m'avez-vous pas interdit de vous parler de moi?

---

[1] Le marquis d'Aulan, le fils de sa sœur, qui s'était retirée à Avignon, où elle est morte. (A. N.)

[2] Le feu comte et son frère, le vicomte actuel Howe, qui commandait en chef l'armée et la flotte anglaises pendant la guerre de la mère patrie avec les colonies d'Amérique. 1827. (A. N.)

Tous les événements de ma vie se passent dans ma tête : elle seule produit ma joie ou ma tristesse; tout ce qui m'est externe à peine est-il passé, que je ne m'en souviens plus. Mais si vous voulez que je vous en entretienne, je vous dirai que tout le monde, à peu près, est de retour; les maréchales, les Beauvau, les Boufflers, etc., etc. Je soupe presque tous les soirs chez moi. Ces jours-ci j'ai été incommodée d'une extinction de voix; elle dure encore, ce qui me rend l'exercice de dicter un peu pénible. Je hais le monde, et je vois avec plaisir la vérité du proverbe, que : *A brebis tondue, Dieu mesure le vent.* La solitude me fait moins de peur, et je parviendrai, j'espère, à végéter.

J'ai écrit au Gibbon et au Craufurd, et à madame de Montagu. Pour vous mettre au fait de ce qui m'a obligée d'écrire à cette dernière, je vous envoie les copies de sa lettre et de ma réponse.

Je suis fort aise d'avoir en perspective une des vôtres pour dimanche.

Adieu, mon ami; ce nom vous est dû, du moins je m'en flatte.

MADAME DE MONTAGU A MADAME LA MARQUISE DU DEFFAND.

Hill street, 10 mai 1777.

« Madame, un souvenir bien tendre des bontés dont vous m'avez honorée à Paris, m'a souvent excitée à vous assurer de ma reconnaissance; mais toutes les fois que j'ai eu occasion de parler de vous à des amis qui ont le bonheur de vous connaître, je trouve que, même dans notre langue maternelle, les expressions nous manquent, et que nous ne savons rendre justice au sujet ni aux sentiments qu'il inspire. Tout l'esprit de M. Walpole, toute l'éloquence de M. Burke n'y suffisent pas; que ferai-je donc? Il ne me reste qu'une ressource; c'est de vous adresser, comme à une divinité, et vous offrir simplement de l'encens; c'est le culte le plus pur et le moins téméraire. Je vous prie, madame, de me permettre de vous offrir deux cassolettes, où j'ai mis des aromatiques. Les ignorants et les barbares se servent de signes et de symboles au défaut de paroles; l'encens que je vous présente puisse-t-il vous faire entendre tout le respect, l'attachement et la reconnaissance avec lesquels j'ai l'honneur d'être,

» E. MONTAGU. »

RÉPONSE DE MADAME LA MARQUISE DU DEFFAND A MADAME DE MONTAGU.

16 novembre 1777.

« Pourrez-vous croire, madame, que la charmante lettre que vous avez pris la peine de m'écrire, datée du 10 mai, ne m'a été rendue qu'hier 15 novembre? Elle m'a été apportée par M. Boutin, qui s'excusa de ce long retardement par des voyages continuels qu'il a faits depuis son retour d'Angleterre. Je lus votre lettre en sa présence; il fut témoin de mon plaisir et de ma reconnaissance. Rien ne m'a plus surprise que l'annonce d'un présent. Vous en voulez faire un langage; mais quelque charmant qu'il puisse être, on préférera toujours de vous entendre et de vous lire, à tous les hiéroglyphes les plus ingénieux et les plus admirables. Ce n'est pas seulement par ouï-dire, madame, que je vous parle de votre éloquence; votre lettre suffirait pour me la faire connaître, indépendamment de tout ce que j'en avais ouï dire. Je viens de lire vos *Trois dialogues*, que madame de Meynières a traduits, et qu'elle m'a envoyés. J'ai lu aussi votre *Apologie de Shakespeare*. Je ne doute pas que Voltaire ne reste sans réplique. Je vous dirais tout ce que j'en pense, si mon approbation et mes louanges étaient dignes de vous; mais, madame, vous avez dû démêler bien promptement que je n'ai ni talent ni savoir, mais je ne renonce pas à prétendre à avoir quelque goût; je suis trop touchée de votre mérite pour avoir cette fausse modestie.

Quand j'aurai reçu ces cassolettes, qui seront pour moi un monument très-glorieux, vous voudrez bien que j'aie l'honneur de vous renouveler mes remerciments. Elles courent le monde; elles sont à présent à Ostende; il faut qu'elles arrivent à Rouen, et que de là elles remontent la rivière jusqu'à Paris : il se passera peut-être plus d'un mois avant qu'elles y arrivent; je les attends avec l'impatience qu'on doit nécessairement avoir pour jouir des marques de bonté d'une personne aussi illustre que vous.

» Daignez recevoir, madame, les assurances de tous les sentiments avec lesquels je vous suis très-respectueusement attachée. J'ai l'honneur d'être, etc. »

LETTRE 642.

MADAME LA MARQUISE DU DEFFAND A M. HORACE WALPOLE.

Paris, dimanche 14 décembre 1777.

Quelle différence il y a d'une personne qui pense à une qui ne dit que ce qu'on pensa!

Vous êtes original en tout; et, sans nul compliment, je puis vous dire que votre esprit me plaît beaucoup. Vous me débrouillez toutes mes pensées; car je crois toujours avoir pensé tout ce que vous me dites de moi. En vérité, ne vous en fâchez pas, mais il m'est impossible de m'empêcher de vous dire que je donnerais toutes choses au monde pour vous voir encore une fois : n'ayez pas peur, je ne vous en parlerai pas davantage.

Je voudrais vous rendre mes lettres amusantes, les remplir de faits, d'anecdotes; mais je suis si peu affectée de tout ce qui se passe, que les récits que je vous ferais vous ennuieraient à la mort. Madame de Sévigné trouverait bien de quoi vous amuser; mais moi, mon ami, je flétris tout; je n'ai de ressource, pour m'assurer de votre amitié, que votre constance naturelle.

Vos affaires d'Amérique vont bien mal : je ne saurais croire qu'il en résulte aucun bien pour les particuliers de votre nation; mais j'entends si peu la politique, que je ne pourrais en parler sans ridicule.

Madame de Gramont arrive aujourd'hui; les Choiseul, samedi prochain. Madame de Luxembourg, qui est à Montmorency, n'en reviendra que le 24, veille de Noël. On soupera chez moi; j'aurai vingt personnes : je voudrais en être quitte.

Votre Charles Fox n'est pas un homme : il a l'audace de Cromwell.

J'avais chargé le Craufurd d'un brimborion pour milady Lucan. J'imagine qu'il ne le lui aura pas donné; il l'aura peut-être perdu, ou il l'aura donné à une autre.

LETTRE 643.

LA MÊME AU MÊME.

Mardi 6 janvier 1778.

Je vous croyais chez les Ossory[1]; vous m'aviez annoncé

[1] A la terre du comte d'Ossory à Hampt-Hill, dans le comté de Bedford. (A. N.)

ce voyage et vous aviez ajouté que vous seriez quinze jours sans me donner de vos nouvelles; en conséquence, j'avais formé différents desseins : d'abord, de vous écrire en manière de journal, et puis de ne vous point écrire du tout jusqu'à ce que j'eusse appris votre retour à Londres; mais voilà que vos projets sont changés.

Je ne puis me résoudre à vous entretenir de moi et de ce qui m'environne, je crains toujours des hors de propos. Quand vous êtes de bonne humeur, mes doléances vous la feraient perdre; et quand vous êtes triste, tout ce que je vous dirais vous paraîtrait puérilités et misères; cependant, il faut vous raconter ce qui m'a amusée ces jours-ci.

Vous vous souvenez bien que madame de Luxembourg et moi nous nous donnons des étrennes, que rien ne lui est plus agréable que le parfilage. Il m'est venu dans la tête d'habiller Pompon, le fils de Wiart, en capucin, et de faire tout son attirail de fil d'or, calotte, barbe, cordon, discipline, chapelet, sandales, et besace bien remplie. J'avais assemblé grande compagnie; Wiart vint me dire qu'il y avait un moine qui demandait à me parler, je refusai de le voir; la maréchale, curieuse de savoir quelle affaire il pouvait avoir à moi, voulut qu'il entrât; c'était Pompon, le plus joli petit capucin : il chanta des couplets de différents auteurs, et plus plats les uns que les autres, que par conséquent je ne vous envoie pas. Le lendemain matin, j'envoyai le petit capucin faire des visites chez mesdames de Caraman, de la Vallière, de Gramont, de Choiseul; il eut le plus grand succès, vous l'auriez trouvé charmant, j'en suis sûre. Deux jours après cette facétie, la maréchale m'apporta mes étrennes, elle mit sur mes genoux les six derniers in-quarto de Voltaire sur lesquels il y avait un petit sac dans lequel il y avait une très-jolie boîte d'or et le portrait de Tonton; ainsi elle me donnait Voltaire et mon chien, et voici le couplet qui y était joint :

> Vous les trouvez tous deux charmants,
> Nous les trouvons tous deux mordants;
> Voilà la ressemblance :
> L'un ne mord que ses ennemis,
> Et l'autre mord tous vos amis,
> Voilà la différence.

Ce couplet est du chevalier de Boufflers.

On ne parlait ici qu'Amérique, on y joint aujourd'hui la

Bavière[1]. Que résultera-t-il de tout cela? Aucune raison particulière ne m'engage à m'y intéresser; et pour les raisons générales, je m'en dispense : je laisse à d'autres à anticiper sur l'avenir.

Mercredi 7.

Rien n'est plus singulier que j'aie oublié hier, en vous écrivant, la seule nouvelle qui vous pouvait être un peu intéressante, la retraite de madame de Mirepoix dans un couvent. Elle a renvoyé une partie de ses domestiques, elle loue sa maison; elle s'est retirée non pas à Saint-Antoine, mais à l'Assomption, auprès de sa sœur Montrevel, qui y est établie depuis deux ans. Ce qui l'a déterminée à prendre ce parti, c'est pour pouvoir payer ses dettes, qui ne se montent, dit-elle, qu'à soixante-dix mille francs. Elle a cent mille livres de rente. On peut s'attendre, selon toute apparence, à quelques nouveaux changements.

LETTRE 644.

MADAME LA MARQUISE DU DEFFAND A M. HORACE WALPOLE.

Paris, 21 janvier 1778.

Je suis peut-être trop exacte à ne laisser échapper aucune occasion de vous écrire. Votre ambassadeur se charge volontiers de mes petits paquets.

Je soupai hier chez les Necker avec un certain duc de Bragance[2], grand parleur. Il a été dans toutes les cours d'Europe, dans quelques-unes d'Asie et d'Afrique; il est charmé qu'on le questionne. On m'avait proposé de me l'amener; il désirait, me disait-on, faire connaissance avec moi. Je m'y étais refusée, n'aspirant en nulle façon à la célébrité de la Geoffrin; mais il me fit hier tant de politesses, et je le trouvai de si facile conversation, que j'ai accepté très-volontiers l'honneur qu'il me voulait faire; il viendra ce soir chez moi.

---

[1] Déjà avant la mort de l'électeur Maximilien de Bavière, sans lignée, en décembre 1777, l'empereur Joseph II avait formé des prétentions sur la succession de Bavière; les troupes autrichiennes occupèrent une partie de ce pays. Mais il s'était formé une coalition, à la tête de laquelle se trouvait le roi de Prusse Frédéric II; il pénétra en 1778 avec son armée en Bohême. Il n'y eut pas de bataille rangée, toute la guerre se passa en marches et contre-marches. Enfin elle fut terminée en 1779 par la paix de Teschen. (A. N.)

[2] Le duc de Bragance était proche parent du roi de Portugal; il voyageait alors en France, et fut fort fêté dans les premières sociétés de Paris. (A. N.)

Vous ne devineriez pas où j'irai cette après-dînée? A la répétition de *Roland,* tête à tête avec l'ambassadeur de Naples; c'est son protégé Piccini qui en a fait la musique sur les paroles de Quinault ¹. Il y a deux partis fort animés l'un contre l'autre, les picciniens et les gluckistes : le Naples et Marmontel sont à la tête du premier; le public n'a point encore décidé; mais l'*Armide* de Quinault, de la musique de M. Glück, a eu vingt-huit représentations. Nous verrons ce que produira le *Roland;* je n'aimerai vraisemblablement ni l'un ni l'autre ².

Que vous dirai-je sur la guerre? Je la crains très-fort; votre assemblée du 2 février nous apprendra ce qu'il faut en penser.

Avez-vous su la nouvelle qui a couru? Il y a eu des gens assez fous pour la croire : c'est que milord Mansfield avait fait à Paris un petit voyage incognito; c'était de Londres qu'on en avait appris la nouvelle : le baron de Castille me montra une lettre de mademoiselle Wilkes ³, qui le lui mandait.

La tragédie de *Mustapha et Zéangir* ⁴ est imprimée; je n'en ai encore lu que trois ou quatre scènes; je suis persuadée qu'elle ne vaut rien.

L'abbé Millot ⁵ a été reçu à l'Académie; son discours a été très-plat; celui de d'Alembert est, dit-on, charmant : s'il me le paraît, je vous l'enverrai.

J'allais oublier de vous répondre sur M. de Lauzun. Je ne sais pas quelle est la manière de se ruiner *à l'anglaise;* mais je sais quelle est la sienne. Il a perdu tout son bien; il est séparé de biens d'avec sa femme, à qui il ne restera, pendant quelques

---

¹ Retouchées par Marmontel. (A. N.)

² La première représentation de *Roland* fut donnée le 27 janvier 1778, et produisit une vive sensation; les amateurs se divisèrent alors en partisans de Glück et de Piccini. La reine Marie-Antoinette, qui avait choisi Piccini pour son maître de chant, témoigna le désir de voir cesser la division qui avait éclaté entre l'auteur d'*Armide* et celui de *Roland,* ou du moins entre leurs admirateurs. La réconciliation se fit dans un souper; ce qui n'empêcha point les hostilités de recommencer dès le lendemain avec une nouvelle ardeur. Toute la société de Paris prit une part active à cette guerre musicale, Suard et l'abbé Arnaud figurèrent parmi les défenseurs de Glück; Framery, la Harpe et Marmontel prirent le parti de Piccini et de la musique italienne. (A. N.)

³ La fille du célèbre Wilkes. (A. N.)

⁴ Par M. de Chamfort. (A. N.)

⁵ L'abbé Millot a composé plusieurs ouvrages sur l'histoire, et mourut à Paris en 1785. D'Alembert disait, en parlant de lui, que de tous les hommes qu'il avait connus, c'était celui qui avait le moins de préventions et de prétentions. (A. N.)

années, que trois mille cinq cents livres de rente; elle en aura quatorze par la suite. Il ne veut pas qu'elle quitte actuellement la maison qu'elle habite; mais comme il ne paye pas le loyer et qu'elle court à tout moment le risque de voir ses meubles saisis, il sera forcé à consentir qu'elle aille loger avec sa grand'mère (madame de Luxembourg), laquelle ne l'abandonnera pas. Il fait apparemment de nouvelles dettes en Angleterre : ceux qui lui prêtent sont bien dupes; car il ne sera jamais, je crois, en état de s'acquitter[1]. Avec qui vit-il? n'est-ce pas avec Charles Fox? Ils ont tous deux les mêmes principes et la même conduite.

Vous nous avez renvoyé M. Smith[2]; il n'avait gagné que sept cent mille francs, il vient compléter le million. Il a fait faire un habit à son coureur, de trois cents louis; ce coureur demandait à ceux qui en examinaient la magnificence s'ils reconnaissaient leurs rouleaux.

LETTRE 645.

MADAME LA MARQUISE DU DEFFAND A M. HORACE WALPOLE.

Dimanche 1er février 1778.

La poste a été exacte aujourd'hui, aussi recevrez-vous de mes lettres deux courriers de suite.

Je prends à bon augure de ce que vous ne croyez plus à la guerre; mais moi qui fais des *cachots* en Espagne, je crois qu'elle se fera. Un certain M. du Bucq[3] dit que nous ne la voulons pas et que vous la désirez, que vous ne ferez rien pour l'avoir et qu'elle arrivera par nous, parce que, dit-il, nous ne pouvons pas nous dispenser de traiter avec l'Amérique, et que vous ne pouvez ni ne le devez souffrir. Ces raisonnements sont trop sublimes pour moi; je vous laisse à juger s'ils sont vraisemblables. J'espère en nos ministres, je veux croire qu'ils prendront le parti que vous pensez, qui sera de chanter : *Tu as le pied dans le margouillis; tire-t-en, Pierre, si tu peux*[4].

Il vous sied moins qu'à personne de dire que vous êtes bête. Vous avez beaucoup d'idées; il n'y a presque point de vos

---

[1] Les *Mémoires* de Lauzun rétablissent sur ces points délicats la vérité, un peu altérée par les préventions dont madame du Deffand est l'écho. (L.)
[2] Le général John Smith. (A. N.)
[3] Le même dont il est parlé autre part. (A. N.)
[4] Ancien proverbe français. (A. N.)

lettres où il n'y ait quelques pensées, réflexions, maximes ou apophthegmes de la plus grande vérité; vous avez des yeux de lynx pour dénicher tous les défauts de vos amis : quand vous vous mettez à m'examiner et à me peindre, vous me faites sentir de la haine contre moi; je me crois tous les défauts que vous me reprochez, et je reste tout étonnée que les gens qui m'environnent puissent me supporter : vous me les faites soupçonner de fausseté, et puis je m'étonne que vous daigniez entretenir notre correspondance. Il faut que vous ne m'ayez pas toujours vue de même, car vous m'avez marqué estime et amitié, et c'est à vous que je dois l'estime vraie ou fausse que l'on me marque; enfin, quoi qu'il en soit, je me crois bien avec vous, et quoique souvent vous ne voyiez en moi qu'une espèce de monstre, je crois que vous m'aimez un peu, mais pas assez pour que cela vous fasse mettre un pied l'un devant l'autre.

Je ne vois la grand'maman qu'une fois la semaine, le samedi, que je soupe chez elle avec cinq ou six personnes, le grand abbé, M. de Castellane, les évêques de Tours, d'Arras[1], et de Metz[2], de Stainville, de Gontault, le Caraccioli, tantôt les uns ou les autres.

Je soupe deux fois la semaine chez moi, le mercredi et le vendredi. Quand on a des jours marqués, on n'est plus maître de restreindre sa compagnie; j'ai quelquefois dix-huit ou vingt personnes, j'en suis désolée; mais dans l'hiver il n'y a pas moyen d'y apporter remède : le mois de mai arrivé, cela change, on court alors le risque de n'avoir personne. Je compte toujours faire venir mon neveu; il n'est ni piquant ni charmant, mais il est très-supportable; je l'aime assez, et je suis si peu liée avec tout le reste de ma famille, que cela me le rend plus cher.

LETTRE 646.

LA MÊME AU MÊME.

8 février 1778.

J'ai bien de la peine à m'empêcher de vous gronder. Vous avez eu un assez gros rhume pour consentir à vous faire saigner, et vous ne me mandez rien. Je ne puis donc plus avoir

---

[1] MM. de Conzié frères. (A. N.)
[2] L'abbé de Laval-Montmorency. (A. N.)

de sécurité de vous croire en bonne santé, quand vous ne m'en parlez pas. C'est aujourd'hui l'unique reproche que vous recevrez de moi. D'ailleurs je suis assez contente de vous; je crois que, sans me flatter, je puis compter sur votre amitié, et que vous en avez autant pour moi qu'on en peut avoir pour une sempiternelle. Mais vous avez raison de vous étonner qu'à mon âge mon âme ne vieillisse point; elle a les mêmes besoins qu'elle avait à cinquante ans, et même à quarante : elle était dès lors dégagée de ces sortes d'impressions des sens, dont M. de Crébillon a été un si vilain peintre. J'avais alors, et j'aurai jusqu'au dernier moment de ma vie besoin d'aimer et désir de l'être; mais c'est un secret qui vous est réservé, et dont je n'ai pas la moindre envie d'instruire personne.

J'ai eu autrefois des plaisirs indicibles aux opéras de Quinault et de Lully, et au jeu de Thévenart et de la le Maure. Pour aujourd'hui, tout me paraît détestable : acteurs, auteurs, musiciens, beaux esprits, philosophes, tout est de mauvais goût, tout est affreux, affreux. Il n'y a qu'une seule personne ici dont je sois à peu près assez contente, M. de Beauvau. Madame de Luxembourg me marque aussi quelque amitié; mais elle a tant d'humeur et d'inégalité, qu'on ne peut compter sur elle.

Je vois la grand'maman une fois la semaine. Vous souvenez-vous de ce que je lui écrivis : *Qu'elle savait qu'elle m'aimait, mais qu'elle ne le sentait pas?* Elle est de même sur toutes choses : tout est en elle principe, règle ou habitude; la nature ne perce point. Vous, vous vous êtes éteint autant que vous avez pu, et je crois qu'effectivement rien aujourd'hui ne vous est nécessaire.

J'aurais voulu que vous fussiez entré plus en détail sur vos nouvelles politiques; tout votre militaire désire la guerre et y croit, j'espère que notre ministère ne pense pas de même. Je vous confie que, depuis le cardinal de Fleury, nul gouvernement ne m'a paru aussi sensé que celui d'à présent. On avait répandu, il y a quelque temps, de mauvais bruits sur le Necker; ils étaient sans fondement. Je suis intimement persuadée que nous n'avons personne présentement aussi éclairé que lui, aussi désintéressé et aussi intègre.

Les seuls Anglais que je vois aujourd'hui sont votre ambassadeur, le secrétaire de l'ambassade, et M. Blakière, qui l'a été autrefois sous milord Harcourt : il est ici avec sa femme qui vient d'accoucher; je lui crois du bon sens.

Nous attendons au mois de mai le duc de Richmond. J'ai une amie qui aura encore plus de joie que moi de son arrivée. Je suis toujours dans la résolution de faire venir mon neveu. Je suis comme la fourmi, je prévois la disette. Adieu, mon ami.

LETTRE 647.

MADAME LA MARQUISE DU DEFFAND A M. HORACE WALPOLE.

10 février 1778.

Le Kain[1] mourut avant-hier de la gangrène dans les reins, il s'y joignit une apoplexie : le public est très-affligé.

On dit toujours ici que vous nous allez faire la guerre, que vous nous avez déjà pris trois ou quatre vaisseaux, que vous allez envoyer une flotte pour brûler le port de Brest ou quelque autre; nous faisons partir tous nos officiers de terre et de mer pour la Bretagne : si vous savez ce qui en sera, et que vous puissiez le dire, parlez-m'en.

M. Gibbon sait-il que son traducteur se marie? Avez-vous toujours un grand plaisir à lire le livre de M. Gibbon? Je ne peux lire que des Peau-d'âne.

Ayez la bonté, je vous prie, de me dire un mot de votre santé, et que ce mot soit la vérité.

Mercredi 11.

Je ne me permettrai plus les conjectures; je croyais que Voltaire ne viendrait jamais ici; il y arriva hier à quatre heures après midi, avec sa nièce madame Denis, et M. et madame de Villette, chez qui il loge; la maison est la dernière de la rue

---

[1] Ce célèbre acteur tragique était fils d'un orfévre, et destiné à la profession de son père. Un tapissier employé par Voltaire lui fit connaître le Kain, dans lequel, malgré les désavantages de sa personne et de sa voix, Voltaire découvrit de si grandes dispositions pour le théâtre, qu'il le retira de sa boutique de coutelier, et le prit chez lui pour lui donner des leçons et le placer ensuite au Théâtre-Français. Quelques auteurs dramatiques, moins heureux, ont prétendu que ses obligations envers Voltaire l'ont engagé non-seulement à consacrer tous ses talents aux pièces de son protecteur, mais à chercher même à détruire les efforts des autres poëtes de ce genre. Voltaire n'a jamais été témoin du succès de son élève sur la scène française à Paris, où le Kain joua pour la première fois en 1750, peu de jours après le départ de son protecteur pour Berlin : et lorsque Voltaire revint à Paris, après une absence de vingt-sept ans, il trouva le Kain mort la veille de son arrivée. (A. N.)

de Beaune, et qui donne sur le quai. Wiart a été chez lui ce matin : je lui ai écrit un petit billet; il m'a répondu :

« J'arrive mort, et je ne veux ressusciter que pour me jeter » aux genoux de madame la marquise du Deffand. »

Peut-être irai-je le voir tantôt, je n'en sais rien; je crains d'y rencontrer tous les histrions beaux esprits; je veux cependant être bien avec lui; je ne sais ce que je ferai; je vous en rendrai compte dimanche prochain.

Je crains plus la guerre que jamais, sans que cela soit bien fondé. Pour vous, cela ne vous fait rien, et vous vous moquez de moi.

LETTRE 648.

LA MÊME AU MÊME.

Jeudi 12 février 1778.

Votre ambassadeur me dit hier qu'il pourrait avoir une occasion pour envoyer ce que je voudrais. Voilà les deux dernières feuilles[1]; vous êtes au courant.

Wiart vint de chez Voltaire; il vit hier plus de trois cents personnes, je me garderai bien de me jeter dans cette foule. Tout le Parnasse s'y trouve, depuis le bourbier jusqu'au sommet; il ne résistera pas à cette fatigue, il se pourrait bien qu'il mourût avant que je l'aie vu.

Est-il vrai que M. de Richmond ait terminé un de ses discours par rappeler la mort de Charles Ier, en convenant qu'elle avait été juste? Cela n'est-il pas plus que romain[2]?

Ce m'est une grande satisfaction que vous ne vous trouviez pas dans ces *bruyants débats*, pour ne leur pas donner d'autre épithète.

Je n'aime point à penser que je ne vous reverrai plus.

---

[1] De la *Bibliothèque des Romans*, ouvrage qu'on publiait par numéros, à Paris, et que madame du Deffand faisait passer successivement à M. Walpole. (A. N.)

[2] On pense que madame du Deffand veut parler ici du discours du duc de Richmond sur la motion d'ajournement dans la Chambre des pairs, le 11 décembre 1777. (A. N.)

LETTRE 649.

MADAME LA MARQUISE DU DEFFAND A M. HORACE WALPOLE.

Février 1778.

Nous n'eûmes point de courrier dimanche, et votre lettre n'est arrivée que le lundi 16.

Il est certain que si je persévère à vous parler de moi, il faudra que j'aie bon courage, et de plus un dessein formel de vous mettre au désespoir. Il faut que je disparaisse, et pour rendre la correspondance supportable, il ne faut pas que l'on puisse deviner de qui sont les lettres, ou du moins qu'on ne puisse le deviner que par les noms propres dont elles seront remplies, par exemple, celui de Voltaire. Il arriva, comme je vous l'ai mandé, le mardi 10. L'affluence a été grande; l'Académie a fait une députation, M. de Beauvau a voulu s'en charger. Les comédiens ont été en corps le visiter, Belcourt[1] à leur tête; il lui dit que c'était le reste de la Comédie qui lui venait rendre hommage. Ce mot *reste* était en l'honneur de le Kain qu'ils venaient de perdre. Voltaire leur répondit qu'il ne voulait plus vivre que par eux et pour eux. En conséquence, il leur apporte une tragédie à laquelle il ne cesse de retoucher, corriger, changer : il y a passé ses deux premières nuits; il l'avait nommée *Alexis Comnène;* et comme ce nom n'est pas favorable pour la rime, il l'a changé en celui d'*Irène*. Tous les acteurs iront chez lui ces jours-ci en faire la répétition. Il m'y a invitée; mais comme ce sera entre onze heures et midi, et que c'est souvent l'heure où je commence à dormir, il est douteux que je puisse m'y rendre. Il m'a marqué la plus grande amitié et la joie la plus vive de me revoir; elle a été réciproque. Il prétend s'en retourner ce carême, je ne crois pas qu'il le puisse; il a mal à la vessie, il a des hémorroïdes, on disait hier qu'il avait du dévoiement; son extrême vivacité le soutient, mais elle l'use; je ne serais pas étonnée qu'il mourût bientôt. Le *Courrier de l'Europe* nous traduit tous vos discours du Parlement. Il y en a un du duc de Richmond, dont tous les cousins qu'il a ici sont fort scandalisés. Nous sommes comme vous; on croit alternativement la paix ou la guerre; les militaires la désirent, les citoyens la craignent. Une partie du public ne s'occupe que de musique; les Glück et les Piccini partagent la cour et la ville;

[1] Célèbre acteur du Théâtre-Français. (A. N.)

l'ambassadeur de Naples est à la tête du dernier parti; les gens de l'ancien temps n'aiment ni l'un ni l'autre.

La duchesse de Leinster compte passer ici cinq ou six mois; elle est encore grosse, elle accouchera à la fin de mai; elle cherche une maison où elle puisse loger avec son mari et cinq ou six de ses enfants : c'est une femme fort aimable; elle attend sa sœur milady Louise le mois prochain.

En visitant mes manuscrits, je n'ai point trouvé votre fameuse lettre à Jean-Jacques; je vous serai obligée de m'en envoyer une copie.

Mercredi 18 février.

Cette lettre a été commencée lundi 16; il n'est rien arrivé depuis qui puisse vous intéresser.

LETTRE 650.

MADAME LA MARQUISE DU DEFFAND A M. HORACE WALPOLE.

Dimanche 22 février 1778.

Je vous ai raconté ma première visite à Voltaire; elle fut le 14, il était arrivé le 10, et de ses connaissances j'ai été la moins empressée. Je voulais le voir seul, c'est-à-dire avec M. de Beauvau. Je lui fis hier ma seconde visite, encore avec M. de Beauvau; mais elle ne fut pas aussi agréable que la première. D'abord nous passâmes plusieurs pièces dont toutes les fenêtres étaient ouvertes; nous fûmes reçus par la nièce Denis, qui est la meilleure femme du monde, mais certainement la plus gaupe; par le marquis de Villette, plat personnage de comédie, et par sa jeune épouse qu'on dit être aimable; elle est appelée *Belle et bonne* par Voltaire et sa suite. Étant arrivés dans le salon, nous n'y trouvâmes point Voltaire; il était enfermé dans sa chambre avec son secrétaire; on nous pria d'attendre; mais le prince, qui avait affaire, me demanda son congé; je restai donc avec la nièce Denis, le marquis Mascarille et Belle et bonne. Ils me dirent que Voltaire était mort de fatigue, qu'il avait lu dans l'après-dînée sa pièce tout entière aux comédiens, leur avait fait répéter leurs rôles, qu'il était épuisé et hors d'état de pouvoir parler; je voulus m'en aller, on me retint, et pour m'engager à rester, Voltaire m'envoya quatre vers qu'il a faits pour Pigalle, qui va faire sa statue ou son buste en marbre : je viens de les chercher; mais il faut que j'aie laissé tomber hier au soir le petit portefeuille où ils sont, avec plusieurs autres, chez la grand'maman; j'envoie dans ce moment chez elle pour qu'on le cherche. Après avoir attendu un bon quart d'heure, Voltaire arriva, disant qu'il était mort, qu'il ne pouvait pas ouvrir la bouche; je voulus le quitter, il me retint, il me parla de sa comédie; il me proposa de nouveau d'en entendre la répétition générale qui s'en ferait chez lui, qu'il me ferait avertir; il n'a que cet objet dans la tête; c'est ce qui l'a fait venir à Paris, c'est ce qui le tuera, si elle n'a pas un grand succès; mais tout conspire à la faire réussir. Il a encore sans doute d'autres prétentions, celle d'aller à Versailles, de voir le roi, la reine, mais je doute qu'il en obtienne la permission. Il dit ensuite à M. le marquis de me raconter la visite qu'il avait eue d'un prêtre; mais M. le marquis s'y prenant fort mal, il le fit taire, prit la parole, et me dit qu'il avait reçu une lettre d'un abbé [1], qui lui marquait beaucoup de joie de son arrivée à Paris, qu'il ne devait pas douter de l'empressement qu'on avait de connaître un homme tel que lui. Accordez-moi, lui dit-il, la permission de vous venir voir; il y a trente ans que je suis prêtre; j'ai été vingt ans aux Jésuites, je suis estimé et considéré de M. l'archevêque; je rends des services, je prête mon ministère dans diverses cures à Paris; je vous offre mes soins : quelque supériorité que vous ayez sur les autres hommes, vous êtes mortel comme eux; vous avez quatre-vingt-quatre ans, vous pouvez prévoir des moments difficiles à passer; je pourrais vous y être utile, je le suis à M. l'abbé de l'Attaignant [2], il est plus âgé que vous : je vais dîner et boire avec lui aujourd'hui: permettez-moi de vous venir voir. Voltaire y a consenti; il l'a vu, il en est fort content; cela sauvera, dit-il, du scandale ou du ridicule.

LETTRE 651.

MADAME LA MARQUISE DU DEFFAND A M. HORACE WALPOLE.

Dimanche 1er mars 1778.

J'avais terminé ma dernière lettre en vous disant : le reste

[1] L'abbé Gauthier. (A. N.)

[2] L'abbé de l'Attaignant, né à Paris en 1697, était chanoine de la cathédrale de Reims. Il a acquis de la réputation par ses chansons de table et d'autres poésies légères. Il passa sa vie à Paris, fréquentant tour à tour la bonne et la mauvaise société. Sa facilité et sa complaisance à faire des impromptu, des chansons et des madrigaux, le faisaient bien accueillir partout. (A. N.)

au premier courrier. Celui qu'on attendait aujourd'hui n'est point venu : peut-être l'aurons-nous demain; mais en attendant, l'autre partirait, je ne pourrais plus vous écrire que jeudi, ce serait un petit malheur pour vous; mais comme j'ai plusieurs choses à vous mander, vous me saurez gré de ne pas tarder.

Vous devez vous souvenir qu'il y eut hier huit jours que je vis Voltaire pour la seconde fois. Je vous racontai à peu près cette visite; les jours suivants j'envoyai savoir de ses nouvelles; j'appris, mercredi 24, qu'il avait eu un vomissement de sang; depuis ce temps il ne voit personne que son médecin, qui est Tronchin[1]. On dit qu'il n'a point de fièvre; il crache tous les jours des caillots de sang qu'on dit être le reste de l'hémorragie. Pour moi, je crois qu'il mourra; beaucoup croient qu'il se tirera d'affaire; c'est sa tragédie qui le tue. Je vais vous faire copier plusieurs petits vers; je n'ai que le temps de vous dire un mot; il est cinq heures du soir, je ne fais que m'éveiller. Je vous écrirai par le courrier de jeudi.

Je soupçonne que les vers que Voltaire dit avoir reçus par la poste sont de lui-même, et qu'il a pris ce tour pour se moquer de Marmontel qui corrige Quinault, et y ajoute des vers de son cru : quoique j'y sois nommée, je n'y ai de part que celle que la rime m'y a donnée.

Vers envoyés à M. de Voltaire, par la petite poste, le 20 février au soir.

A charmer tout Paris Piccini doit prétendre :
Roland est un chef-d'œuvre, il vous faudra l'entendre,
Disait hier au soir madame du Deffand
Au rival des auteurs du *Cid* et d'*Athalie*.
Marmontel, reprit-il très-vivement, m'en prie,
Mais ainsi que Tronchin Quinault me le défend.

On dit à Voltaire que le roi avait commandé la statue du maréchal de Saxe et la sienne pour mettre dans la galerie du Louvre; cela n'était pas. C'était M. d'Angivillers[2] qui les avait commandées; et les statues ou bustes sont pour M. de Marigny[3].

---

[1] Il était Suisse de naissance, et premier médecin du duc d'Orléans. (A. N.)

[2] Le comte de la Billarderie d'Angivillers, directeur et ordonnateur général des bâtiments, arts, académies et manufactures royales. La personne qui occupait cette place était considérée comme ministre à Versailles, et avait le droit de communiquer avec le roi. (A. N.)

[3] Le marquis de Marigny, frère de madame de Pompadour. Il avait précédemment rempli la place qu'occupait alors M. d'Angivillers. (A. N.)

Voltaire croyant que c'était le roi, fit ces vers pour Pigalle[1] :

> Le roi sait que votre talent
> Dans le petit et dans le grand
> Fait toujours une œuvre parfaite;
> Et, par un contraste nouveau,
> Il veut que votre heureux ciseau
> Du héros descende au trompette.

Vers de je ne sais pas qui.

> Qui peut me consoler du malheur qui m'arrive?
> Disait ces jours passés Melpomène à Caron.
> Lorsque tu fis passer à le Kain l'Achéron,
> Que m'a-t-il déposé ses talents sur la Rive[2] !

Vers d'un quidam à qui M. de Villette avait refusé de faire voir Voltaire.

> Petit Villette, c'est en vain
> Que vous prétendez à la gloire;
> Vous ne serez jamais qu'un main
> Qui montre un géant à la foire.

Lundi matin 2.

J'appris hier par d'Argental, qui voit Voltaire deux fois le jour, que Tronchin le croit guéri; il n'a point de fièvre, il n'est point faible, il crache encore un peu de sang, mais c'est le reste de l'hémorragie : on est persuadé qu'il en reviendra; je le verrai peut-être aujourd'hui. On dit qu'il renonce au projet de retourner à Ferney, et qu'il fait chercher une maison pour sa nièce et lui; il la voudrait dans mon quartier, j'en serais fort aise; il est tant soit peu supérieur à nos beaux esprits.

J'ai reçu enfin le présent de madame de Montagu : ce sont deux cassolettes d'argent que mon orfèvre estime vingt ou vingt-cinq louis; j'en suis désolée, à peine la connaissais-je.

LETTRE 652.

MADAME LA MARQUISE DU DEFFAND A M. HORACE WALPOLE.

4 mars 1778.

La feuille sur la musique est de l'abbé Barthélemy, qui me la donna pour vous l'envoyer; je soupçonnai qu'elle vous serait aussi inintelligible qu'à moi.

---

[1] Célèbre statuaire. (A. N.)

[2] Nom d'un acteur qui a rempli avec succès les rôles de le Kain sur la scène française. (A. N.)

Voltaire se porte mieux; on croit qu'il en reviendra; je ne l'ai point vu depuis son accident. Il a vu ce prêtre dont je vous ai parlé, qui lui a fait signer un écrit par lequel il déclare [1] qu'il mourra dans la religion dans laquelle il est né; qu'il désavoue et condamne tout ce qu'il a fait, dit et écrit, qui a pu causer quelque scandale et nuire à la religion; son neveu l'abbé Mignot, et l'abbé Gauthier son confesseur, ont signé, comme témoins, cet écrit.

LETTRE 653.

LA MÊME AU MÊME.

Paris, dimanche 8 mars 1778.

Ne vous attendez plus à des relations sur Voltaire; il y a quinze jours que je ne l'ai vu, et je compte ne le revoir que quand il viendra chez moi, ou qu'il me fera prier de venir chez lui; il se porte bien; il s'est tiré de son accident comme s'il n'avait que trente ans. Il est uniquement occupé de sa tragédie : on assure qu'on la jouera de demain en huit, qui sera le 16. Si elle n'a pas de succès, il en mourra; mais je suis persuadée que, quelque mauvaise qu'elle puisse être, elle sera applaudie; ce n'est pas de la considération qu'il inspire aujourd'hui, c'est un culte qu'on croit lui devoir; il y a cependant quelques sacriléges. Vous ai-je mandé qu'il a reçu pendant sa maladie un paquet par la petite poste, qui renfermait un libelle imprimé de soixante pages, le plus outrageant, et qui lui causa la plus violente colère? Ses complaisants voulurent le lui faire jeter au feu avant d'en achever la lecture, qu'il fit tout seul; il dit qu'il voulait le montrer à d'Alembert; je n'ai vu personne à qui il l'ait communiqué. Ce qui est extraordinaire,

---

[1] Cette déclaration était conçue de la manière suivante : « Je soussigné
» déclare qu'étant attaqué depuis quatre jours d'un vomissement de sang, à
» l'âge de quatre-vingt-quatre ans, et n'ayant pu me traîner à l'église, M. le
» curé de Saint-Sulpice ayant bien voulu ajouter à ses bonnes œuvres celle de
» m'envoyer M. l'abbé Gauthier, prêtre, je me suis confessé à lui, et que si
» Dieu dispose de moi, je meurs dans la sainte religion catholique où je suis
» né, espérant de la miséricorde divine qu'elle daignera pardonner toutes mes
» fautes, et que si j'avais scandalisé l'Église, j'en demande pardon à Dieu et à
» elle. *Signé*, VOLTAIRE.
» Le 2 mars 1778, dans la maison de M. le marquis de Villette, en pré-
» sence de M. l'abbé Mignot mon neveu, et de M. le marquis de Villevieille
» mon ami. » (A. N.)

41.

c'est que l'auteur ou les auteurs n'en fassent part à personne.

Je ne suis point de votre avis sur la visite qu'il a reçue de l'abbé; il me semble qu'il a bien fait : il l'a appelé dans son accident; il est censé s'être confessé; l'abbé lui a demandé une déclaration conçue à peu près dans ces termes :

Je mourrai dans la religion où je suis né; je respecte l'Église; je désavoue et je me repens du scandale que j'ai pu donner. Le confesseur, son neveu l'abbé Mignot, un autre homme qui était présent, et lui Voltaire, ont signé cette déclaration. Le curé était venu pour le voir; mais comme Tronchin lui avait défendu de parler, il ne le reçut point, mais il lui écrivit une lettre très-honnête, à laquelle le curé a répondu sur le même ton, mais avec une abondance de lieux communs dont Voltaire a été très-fatigué. Voilà la fin de mes relations; je ne les reprendrai qu'en cas de nouvel événement; ce que je hais le plus, c'est de raconter; vous le comprendrez aisément, car vous n'aimez pas non plus à faire des narrations.

Il me semble que l'on croit moins à la guerre ici; elle me paraît à moi indubitable; je serais fâchée si elle dérange votre fortune; elle dérangera notre correspondance, et je crois qu'alors vous en serez quitte pour une ou deux lettres par mois; vous m'indiquerez les mesures qu'il faudra prendre.

Nous avons ici M. et madame Schouwaloff, neveu de celui que vous connaissez; la nièce est indolente et insipide, le neveu une sorte de bel esprit; mais nous avons un duc de Bragance qui ne s'en ira qu'à Pâques, et je n'y aurai nul regret. Il faut en convenir, les gens aimables sont bien rares.

LETTRE 654.

MADAME LA MARQUISE DU DEFFAND A M. HORACE WALPOLE.

Mercredi 18 mars 1778.

J'avais commencé hier à vous écrire, et je me préparais à vous faire le récit de tous nos événements de la veille : la représentation de la tragédie de Voltaire, le combat de M. le comte d'Artois et de M. le duc de Bourbon [1], occasionné par des insultes que le premier fit à la femme du second au bal de l'Opéra, où la princesse commit l'indiscrétion de lever le

---

[1] Fils aîné du prince de Condé, marié avec la fille du duc d'Orléans, sœur du duc de Chartres. (A. N.)

masque du comte, ce qui l'irrita au point de lui froisser son masque sur le visage et de lui donner des coups de poing. Elle en garda le secret pendant deux jours; mais elle n'eut pas la force de garder le silence plus longtemps, et en racontant son aventure à son mari, à son père et à tout le monde, elle traita le comte d'Artois d'insolent, d'impertinent, de brutal, etc., etc. Cela ne pouvait qu'avoir des suites; le roi voulut les prévenir; il commanda aux deux partis de le venir trouver. Les deux princes et la princesse furent à Versailles dimanche dans la matinée; ils entrèrent les premiers chez le roi, le comte quelques minutes après, et au moment que le roi disait à la princesse qu'il voulait que cette aventure fût oubliée, qu'ils avaient fait tous les deux une grande étourderie, mais qu'on s'attirerait son indignation si l'on venait à en reparler. Le comte ne dit pas un mot et ne fit aucune excuse. Le roi voulant se retirer, le duc de Bourbon le suivit pour lui parler; mais le roi se retournant, lui dit : N'avez-vous pas entendu que j'ai déclaré qu'on encourrait mon indignation si l'on en parlait davantage? Et il se retira. On peut juger du désespoir de la princesse; personne ne crut cette affaire finie. Le comte, soupant le soir avec beaucoup de monde, dit et répéta qu'il irait le lendemain matin se promener au bois de Boulogne. Le duc l'ayant su, s'y rendit le lendemain lundi, à huit heures du matin, n'ayant avec lui que M. de Vibraye, son capitaine des gardes. Il attendit environ une heure le comte, qui arriva avec le chevalier de Crussol[1], son capitaine des gardes. Ils allèrent au-devant l'un de l'autre avec grande vivacité; le comte lui dit : Vous me cherchez, me voilà. Le duc lui demanda de consentir qu'il ôtât son habit, parce qu'il en serait gêné; le comte y consentit, et dit qu'il en allait faire de même. Ils se battirent très-bien, le comte avec impétuosité, le duc avec beaucoup de sang-froid; ils se portèrent six bottes sans se blesser, et voulant porter la septième, le chevalier de Crussol se mit entre eux deux et leur dit que c'en était assez. Le comte dit au duc : Êtes-vous content? — Parfaitement, répondit le duc. Si cela est, reprit le comte, embrassons-nous, faisons la paix, et allons dîner ensemble. Le duc s'en excusa sur ce qu'il fallait qu'il allât rassurer sa femme, son père et sa sœur. Ils se séparèrent; le duc retourna chez lui, où, très-peu après être arrivé, on entendit un bruit de chevaux : c'était M. le comte d'Artois, qui

---

[1] Frère du baron de Crussol-Florensac. (A. N.)

entra de la meilleure grâce du monde, baisa la main de madame de Bourbon, lui demanda mille pardons, et l'assura qu'au bal il ne l'avait pas reconnue.

Ainsi s'est terminée cette querelle. Tous ces princes furent l'après-dînée à la tragédie de Voltaire, et reçurent les plus extrêmes applaudissements du parterre et des loges. Le succès de la pièce a été très-médiocre : il y eut cependant beaucoup de claquements de mains, mais c'était plus Voltaire qui en était l'objet que la pièce.

Hier matin les deux princes ont reçu une lettre de cachet, le comte pour aller à Choisy, et le duc à Chantilly. Voilà cette affaire terminée, et qui m'a beaucoup coûté à vous raconter, ayant l'esprit très-préoccupé d'un autre sujet.

Enfin voilà donc la guerre déclarée ! Votre ambassadeur a reçu son rappel ; il partira peut-être demain.

Ne craignez point mes doléances, il est inutile que je vous dise ce que je ne vous apprendrais pas. Rappelez-vous tout ce qui s'est passé entre nous, et je vous laisse juge de ce que je pense. J'espère que vous m'informerez de ce que je devrai faire pour vous donner de mes nouvelles, car je ne veux pas croire que vous ne comptiez plus en recevoir.

Cette lettre accompagnera le livre [1] que madame de Beauvau vous envoie.

Ah ! j'ai une triste destinée, et je semble être faite pour vérifier ce vers de Saint-Lambert :

> Il n'a plus en mourant à perdre que la vie.

Voici une épigramme sur la prétendue confession de Voltaire :

> Voltaire et l'Attaignant, tous deux d'humeur gentille,
> Au même confesseur ont fait le même aveu.
>   En tel cas il importe peu
> Que ce soit à Gauthier, que ce soit à Garguille ;
> Monsieur Gauthier pourtant me semble bien trouvé ;
>   L'honneur de deux cures semblables
>   A bon droit était réservé
>   Au chapelain des Incurables.

Cet abbé Gauthier est en effet chapelain des Incurables [2]. Cette lettre est écrite à huit heures du matin ; j'y pourrai

---

[1] Nouvelle édition des *Maximes de la Rochefoucaud*, imprimée au Louvre. (A. N.)

[2] Hôpital à Paris. (A. N.)

ajouter, si j'apprends quelque chose qui en vaille la peine; elle vous sera vraisemblablement rendue par votre ambassadeur (*lord Stormont*).

A midi.

Je viens de recevoir d'un de mes amis la relation de ce qui s'est passé lundi. Je la lui avais demandée, me méfiant de moi, car je suis bien éloignée de croire savoir raconter; je vous l'envoie, parce qu'elle est beaucoup mieux que la mienne, et que vous pourrez la montrer. Le M. de B. chez qui M. le comte d'Artois alla dîner, est le baron de Bezenval; je ne savais pas la particularité de la lettre du comte d'Artois au roi.

J'ai écrit ce matin un mot à votre ambassadeur; il me mande qu'il me viendra voir demain entre cinq et six heures. Je le regrette, je l'avoue, et je n'ai rien vu en lui qui ne soit honnête et raisonnable.

Jeudi à midi.

Je vis hier la duchesse de Leinster et milady Louise[1] : la première compte rester ici plusieurs mois, l'autre retournera à Londres dans trois semaines.

J'aurai tantôt la visite de milord Stormont; je crois qu'il partira demain; vous recevrez par lui mon paquet.

M. Fullerton partira dimanche, je pourrai vous écrire par lui, s'il arrive quelque chose qui vaille la peine de vous être mandé.

Écrivez-moi un mot de remercîment pour madame de Beauvau, que je puisse lui montrer.

Le comte d'Artois a ordre de ne recevoir à Choisy que sa maison, et trois autres personnes, qui sont MM. d'Esterhazy[2], de Nassau[3] et de Bezenval[4].

M. de Lauzun[5] a fait un marché effroyable avec le prince

---

[1] Lady Louise Conolly, sœur de la duchesse de Leinster, mariée à M. Thomas Conolly, de Castleton, en Irlande. (A. N.)

[2] Le même M. d'Esterhazy dont il a déjà été parlé dans ces lettres, fils d'un descendant de cette illustre famille hongroise, qui s'était marié et fixé en France. (A. N.)

[3] Le même prince de Nassau qui commandait une flottille espagnole de chaloupes canonnières au mémorable bombardement de Gibraltar. (A. N.)

[4] Le baron de Bezenval, lieutenant-colonel des gardes-suisses. Il raconte dans ses *Mémoires* l'histoire de ce duel avec beaucoup de détails. (L.)

[5] Le duc de Lauzun était déjà accablé de dettes avant qu'il recueillit le titre et les biens de sa famille, à la mort de son oncle, le maréchal duc de Biron. Le marché avec le prince de Rohan Guéménée, dont il est parlé ici, peut servir à prouver sa parfaite ignorance ou insouciance, tant des affaires en

de Guémenée : il lui a vendu tout son bien, à la charge de payer toutes ses dettes, de remplir tous ses engagements et de lui faire quatre-vingt-mille livres de rente viagère, qui seront, dit-on, mal payées, parce que M. de Guémenée est lui-même fort dérangé. Madame de Lauzun loge actuellement chez madame de Luxembourg. Elles ont l'une et l'autre une conduite admirable, l'une par sa douceur et sa patience, l'autre par sa générosité, et toutes les deux par leur amitié réciproque.

La pièce de Voltaire fut jouée hier pour la seconde fois; dès qu'elle sera imprimée, je vous l'enverrai. Je crois que d'ici à quelques mois il n'y aura point de changement dans la correspondance de nos nations.

LETTRE 655.

MADAME LA MARQUISE DU DEFFAND A M. HORACE WALPOLE.

Paris, dimanche 22 mars 1778.

Quand vous recevrez cette lettre-ci, vous en aurez reçu une immense par feu votre ambassadeur qui partit hier à six heures du soir.

Depuis cette lettre, M. Franklin a été présenté au roi : il était accompagné d'une vingtaine d'insurgents, dont trois ou quatre avaient l'uniforme. Le Franklin avait un habit de velours mordoré, des bas blancs, ses cheveux étalés, ses lunettes sur le nez et un chapeau blanc sous le bras. Ce chapeau blanc est-il symbole de la liberté? Je ne sais point le discours qu'il fit, mais la réponse du roi fut très-gracieuse, tant pour les Provinces-Unies que pour lui Franklin, leur député; il loua la conduite qu'il avait tenue et celle de tous ses compatriotes. On ne sait point quel titre il va avoir, mais il ira à la cour tous les mardis, ainsi que tous les diplomatiques.

Vous vouliez me consoler, et vous y avez réussi, du moins en quelque sorte. Je ne connais de bonheur que celui d'être aimé de ce qu'on aime, et quoique une absence éternelle soit une horrible souffrance, on la supporte patiemment quand on peut

---

général que des siennes en particulier. Le prince de Guémenée était encore plus ruiné que lui, ainsi qu'il le prouva quelques années après par une banqueroute considérable, qui entraîna la ruine de plusieurs centaines de familles laborieuses, à qui ses agents avaient su persuader de placer leur petite fortune entre ses mains. (A. N.)

compter que l'on n'est point indifférent à ce que l'on aime. Je ne me permets pas d'en dire davantage.

Je suis curieuse de savoir comment milord Stormont sera reçu à votre cour. Lui saura-t-on mauvais gré de n'avoir pas découvert ce qui se passait? Il m'a paru affligé. Vous aviez bien prévu tout ce qui arrive aujourd'hui. Je me souviens très-bien de tout ce que vous m'en avez écrit dès le commencement : vous avez un très-grand et bon esprit, mais cependant qui ne vous garantit pas de quelques méprises dans les jugements que vous portez; je le sais par expérience, et tout à l'heure à l'occasion de Voltaire; vous ne jugez pas bien des motifs de sa conduite; il serait bien fâché qu'on crût qu'il ait changé de façon de penser, et tout ce qu'il a fait a été pour le décorum, et pour qu'on le laissât en repos. Je n'ai pu avoir la lettre qu'il a écrite au curé de Saint-Sulpice; je voulais vous l'envoyer, elle est fort bien. Il se porte beaucoup mieux; il ne crache plus de sang; il sortit hier la première fois, et il me fit dire, par M. d'Argental, qu'il me viendrait voir incessamment. Je l'attendrai, je n'irai point chez lui; sa nièce et M. de Villette sont des personnages que je ne me soucie pas de voir.

Je ferai lire par Wiart à l'abbé (*Barthélemy*) vos remerciments et vos éloges; cet abbé a de l'esprit, mais il est bien provençal. Le Castellane me plaît davantage; il est caustique, mais plus sincère; il est fâcheux de bien démêler le caractère et les défauts de tous ceux qu'on voit, quand on ne peut pas s'en passer. Il est bien malheureux d'être par son caractère sujet à l'ennui; c'est un état que l'on ne peut pas supporter, et qui est cause que pour s'en délivrer on tombe dans tous les inconvénients imaginables.

Je crois qu'en voilà assez pour aujourd'hui; peut-être vous écrirai-je encore, ou par le Fullerton, ou par la poste de jeudi.

Lundi matin.

Ce sera M. Fullerton[1] qui vous rendra cette lettre; il partira demain matin; je n'ai rien à y ajouter, si ce n'est de vous prier de dire mille choses pour moi à M. Conway, à milady Ailesbury, et réitérez-lui mes remerciments sur son dernier présent; voilà M. Fullerton qui arrive, je vais lui donner ma lettre.

---

[1] Feu le colonel Fullerton, de Fullerton en Écosse, était secrétaire d'ambassade avec lord Stormont à Paris. (A. N.)

LETTRE 656.

MADAME LA MARQUISE DU DEFFAND A M. HORACE WALPOLE.

Paris, 12 avril 1778.

Je suis fort contente que vous ayez reçu mes paquets; j'ai beaucoup à vous remercier de votre dernière lettre.

Je voudrais bien pouvoir prendre des espérances pour la paix; mais, comme je n'en attends pas de certains avantages, j'en attends plus tranquillement la décision. Je m'acquitterai de vos remercîments pour madame de Beauvau; si vos louanges ne lui paraissent pas excessives, il faudra que son amour-propre soit un peu fort.

Je puis me tromper sur les sentiments de votre jeune duc (*de Richmond*); je suis comme Agnès, je ne m'aperçois pas quand on se moque. Je crois volontiers ce que vous me dites, que trop de sentiments le partagent pour qu'aucun soit bien fort.

J'eus enfin hier la visite de Voltaire; je le mis à son aise, en ne lui faisant aucun reproche; il resta une heure, et fut infiniment aimable. Je n'avais chez moi que madame de Cambis, la Sanadona, et une de nos habitantes de Saint-Joseph. Il vient d'acheter une maison dans le quartier de Richelieu; il compte y passer huit mois de l'année, et les quatre autres à Ferney; il est aussi animé qu'il ait jamais été. Les honneurs qu'il a reçus ici sont ineffables; il n'y en a d'aucun genre qui lui ait manqué. Il est suivi dans les rues par le peuple, qui l'appelle *l'homme aux Calas*. Il n'y a que la cour qui se refuse à l'enthousiasme; il a quatre-vingt-quatre ans, et en vérité je le crois presque immortel; il jouit de tous ses sens, aucun même n'est affaibli : c'est un être bien singulier, et en vérité fort supérieur. S'il me voit souvent, j'en serai fort aise; s'il me laisse là, je m'en passerai, je ne me permets plus ni désir ni projet. Je suis très-aise de ce que votre roi a fait pour le duc son frère [1], et que l'état de la duchesse soit assuré. Pour monsieur votre neveu [2], je ne le peux pas souffrir. Il faut que ce soit pour vous un devoir indispensable de vous en occuper; si cela n'était pas, vous le laisseriez là, vous n'aimez pas ce qui vous gêne. Cepen-

---

[1] En reconnaissant le mariage du duc de Glocester avec la comtesse douairière de Waldegrave, nièce d'Horace Walpole. (A. N.)

[2] George, comte d'Orford. (A. N.)

dant vous êtes comme tout le monde; on préfère des occupations, même désagréables, au *far niente*,

Je crois que notre roi et ses ministres, excepté le Sartine [1], ne désirent point la guerre; mais le cri de la nation est pour qu'on la fasse. Ce que je pense sur ce qui en arrivera est tantôt oui, tantôt non.

Je ris quand je lis dans vos lettres que vous voudriez avoir le temps de vous ennuyer; vous seriez, je vous assure, de bien mauvaise humeur, si cela vous arrivait.

Vous ne me parlez point de changement dans votre ministère, le bruit courait ici qu'il y en avait; vous craigniez, je crois, que je ne vous cite.

Je vous envoie cette lettre par M. Blaquière, qui part demain.

On disait ces jours-ci que milord Stormont allait revenir, je n'en crois rien.

La jeune duchesse de Mortemart [2] vient de mourir de la petite vérole.

On dit la reine grosse; elle croit l'être, mais cela demande confirmation.

Vous dites que l'on ne s'aperçoit pas de la diminution de mon esprit; oh! je suis bien sûre du contraire.

LETTRE 657.

MADAME LA MARQUISE DU DEFFAND A M. HORACE WALPOLE.

Paris, 31 mai 1778.

Je n'ai point pu répondre plus tôt à votre lettre du 22; j'ai été troublée et occupée tristement par des événements domestiques. Colman fit une chute de quelques marches sur un escalier, si rude et si terrible, qu'il vomit le sang; il n'a point paru avoir de commotion à la tête; on n'a point démêlé dans quelle partie du corps le dépôt se soit formé. Soit que la goutte, à laquelle il était sujet, se soit jointe à cet accident, il souffrait tantôt dans un endroit et tantôt dans un autre; enfin, le neuvième jour de sa chute, qui était hier, il mourut; c'est une perte; il y avait vingt et un ans qu'il me servait, il m'était utile à diverses choses, je le regrette, et puis la mort est un événement si terrible, qu'il est impossible qu'il ne produise de la tristesse.

---

[1] Le ministre de la marine. (A. N.)
[2] Née d'Harcourt. (A. N.)

Dans cette disposition, j'ai cru ne devoir pas vous écrire; je change d'avis aujourd'hui, parce que je ne veux pas interrompre un commerce qui est la plus agréable et peut-être l'unique circonstance de ma vie qui me la rende supportable.

Je vous remercie de toutes les nouvelles que vous m'avez mandées; je ne puis pas vous rendre le change; il me semble que je suis encore moins instruite que les gazettes. Je prends si peu de part à tout ce qui se passe, que mon ignorance peut être l'effet de cette indifférence. Tout ce que je sais, c'est que le maréchal de Broglie a le commandement des troupes de Bretagne et de Normandie, que son frère ne sera point avec lui, mais qu'il commandera à Metz. Tout le monde part, c'est-à-dire tous les gens avec lesquels je vis.

L'abbé Sigorgne est ici, et je compte qu'il y restera jusqu'au mois d'août que mon neveu d'Aulan me viendra trouver. Madame de Luxembourg ne s'établira à aucune campagne, mais elle fera des courses continuelles tout l'été et tout l'automne. J'envie bien votre caractère qui fait que rien ne vous est nécessaire, et que vous vous suffisez à vous-même. Moi, c'est tout au contraire; je n'ai pire compagnie que moi-même, et pour peu qu'on m'aide à la connaissance que j'ai de mes défauts, je me deviens tout à fait insupportable; il me faut de la société, soit des vivants, soit des morts; je n'en puis avoir avec ces derniers, parce que presque aucune lecture ne me plaît. Ah! que ceux qui désirent de vivre longtemps se font une grande illusion!

Vraiment j'oubliais un fait important, c'est que Voltaire est mort; on ne sait ni l'heure, ni le jour; il y en a qui disent que ce fut hier, d'autres avant-hier. L'obscurité qu'il y a sur cet événement vient, à ce qu'on dit, que l'on ne sait ce que l'on fera de son corps; le curé de Saint-Sulpice ne veut point le recevoir. L'enverra-t-on à Ferney? il est excommunié par l'évêque dans le diocèse duquel est Ferney. Il est mort d'un excès d'opium qu'il a pris pour calmer les douleurs de sa strangurie, et j'ajouterais d'un excès de gloire, qui a trop secoué sa faible machine.

LETTRE 658.

MADAME LA MARQUISE DU DEFFAND A M. HORACE WALPOLE.

Paris, dimanche 7 juin 1778.

Votre dernière lettre est du 28; j'aurais dû la recevoir mercredi dernier. Je vous ai écrit plusieurs fois depuis l'arrivée et le départ de M. Selwyn ; mais comme nos lettres ne contiennent rien de bien important, c'est un petit malheur que leur retardement. J'espérais apprendre par celle que je reçois aujourd'hui quelques nouvelles de votre chose publique. Sur le départ de votre flotte, sur les changements dans votre ministère, on débite ici bien des nouvelles qui demandent confirmation, mais qui font conjecturer que la guerre avec vous n'est pas chose certaine, dont je suis fort aise. Il est naturel que je craigne la guerre, aimant ma patrie, et étant fort loin de haïr la vôtre.

Je vous ai appris, dans mes précédentes lettres, la nomination du maréchal de Broglie pour commander nos troupes de Bretagne et de Normandie ; il y a dix lieutenants généraux et vingt maréchaux de camp, sans compter l'état-major et l'artillerie ; le jour du départ n'est point fixé ; il y a des paris qu'ils ne partiront point, et que tout ceci s'accommodera ; Dieu le veuille.

Je ne vous trouve point à plaindre de la vie que vous menez, elle est conforme à vos goûts. Pour moi, je pousse le temps avec l'épaule (passez-moi le dicton), et quoiqu'il me paraisse long, il m'est cependant démontré qu'il ne saurait l'être.

Je crois vous avoir mandé que l'abbé Sigorgne était ici ; c'est cet abbé de Mâcon. J'attends mon neveu dans le mois d'août. Madame de Luxembourg est à Sainte-Assise jusqu'au 16 de ce mois. L'Idole partira le 15 pour Plombières. Pour madame de Mirepoix, je la vois un quart d'heure tous les quinze jours. Je vois souvent la duchesse de Boufflers et la comtesse de Broglie[1], et madame de Cambis. Je soupe une fois la semaine chez les Necker, et une autre fois chez la comtesse de Choiseul, qu'on appelle la Petite Sainte. Mes seules correspondances par la poste sont vous et Chanteloup, je n'en ai point d'autres. Voilà mon histoire.

Je vous ai raconté celle de la fin de Voltaire ; le supplément sera de vous apprendre qu'après l'avoir embaumé, et que la sépulture lui avait été refusée à Saint-Sulpice, son neveu, l'abbé Mignot, l'a conduit à un bénéfice qu'il a auprès de Troyes, et l'a fait enterrer dans l'église des Bernardins[2]. Il a fait par son

---

[1] Elles étaient sœurs. (A. N.)

[2] A l'abbaye de Scellières, dans le diocèse de Troyes, où son monument n'était composé, jusqu'au temps de la Révolution, que d'une simple pierre, sur laquelle on avait gravé : *Ci-gît Voltaire*. On lui éleva ensuite un cénotaphe dans l'église de Sainte-Geneviève à Paris, appelée le *Panthéon*. (A. N.)

testament madame Denis, sa nièce, sa légataire universelle, et a laissé cent mille francs à l'abbé Mignot, et autant à son petit-neveu M. d'Hornoy, conseiller au Parlement.

L'usage est que les Cordeliers célèbrent une messe solennelle des morts à chaque académicien, ils la refusent à Voltaire. L'abbé de Radonvilliers [1] devrait faire la réception de son successeur; il s'en dispensera, et ce sera vraisemblablement d'Alembert qui y suppléera. Voilà, en vérité, tout ce que je sais.

J'apprends dans l'instant que Jean-Jacques s'est enfui en Hollande; il paraît des *Mémoires* de sa vie, qu'il dit lui avoir été volés, et l'on prétend qu'il y a la rage de tout le monde, et surtout des femmes.

LETTRE 659.

MADAME LA MARQUISE DU DEFFAND A M. HORACE WALPOLE.

17 juin 1778.

Je m'attendais à avoir de vos nouvelles aujourd'hui; c'est l'octave de votre dernière lettre. Est-ce quelque accident qui soit la cause que je n'en ai point reçu? est-ce une réforme que vous voulez établir? Si c'est cette dernière raison, je m'y conformerai, mais je ne la veux pas prévenir.

Je suis attentive sur tout ce qu'on dit de la guerre : l'opinion du plus grand nombre est qu'il n'y en aura pas, mais ceux que je crois le mieux instruits croient le contraire. Je voudrais bien que ceux-ci se trompassent, je ne puis pas supporter l'idée de vous compter du nombre de nos ennemis; et quoique je sois sans espérance de vous jamais revoir, je voudrais n'en avoir pas la certitude.

J'eus hier la visite de madame Denis; c'est une bonne grosse femme, sans esprit, mais qui a un gros bon sens, et l'habitude de bien parler, qu'elle a sans doute prise avec feu son oncle. Elle est (comme je crois vous l'avoir déjà mandé) sa légataire universelle; elle aura plus de soixante-dix mille livres de rente, plus de la moitié viagère, un mobilier très-considérable, entre autres une bibliothèque de quinze mille volumes, presque tous remplis de remarques et de notes de la main de Voltaire; c'est un effet bien précieux, et qu'elle vendrait tout ce qu'elle voudrait, mais elle est bien résolue de ne s'en point défaire. Elle

---

[1] Ex-jésuite, qui avait été précepteur du roi Louis XVI. (A. N.)

prétend que Voltaire ne laisse aucun manuscrit; il faisait imprimer à mesure qu'il composait, il n'attendait pas que l'ouvrage fût fini.

Les calottes de nos deux cardinaux sont arrivées; on a donné à l'archevêque de Rouen, cardinal de la Rochefoucauld, l'abbaye de Fécamp, qui vaut cent vingt ou cent quarante mille livres de rente; et au prince Louis, grand aumônier et coadjuteur de Strasbourg, aujourd'hui cardinal de Guémenée[1], quatre-vingt mille livres de rente sur les économats, qui s'éteindront quand il entrera en possession de l'évêché de Strasbourg.

Voilà les nouvelles qui valent la peine de vous être mandées; il y a plusieurs mariages qui ne vous font rien, celui par exemple d'une petite mademoiselle de Verdelin que vous avez pu voir chez le feu président; elle vient d'épouser son petit-neveu le vicomte de Tillières[2]?

J'ai vu depuis madame de Jonsac; j'aimerais assez à la voir plus souvent, quoique nous ayons bien peu de rapports dans nos façons de vivre et de penser.

Il est certain que la ressemblance de caractère n'est pas nécessaire pour former des liaisons; une personne vive peut aimer une indolente, mais il faut quelque conformité dans la façon de voir et de juger. Quelqu'un dénué de goût et de justesse ne peut jamais plaire à quelqu'un qui juge bien de tout.

Dites-moi, si vous le savez, ce que c'est que la comtesse de Carlisle, mère de milord Carlisle[3]? Elle me vient voir quelquefois; je ne sais si c'est une femme fort raisonnable : elle s'est établie à Chaillot, parle beaucoup et bon français; elle n'a rien de choquant ni d'intéressant. Serez-vous privé tout cet été des Conway, des Ossory, etc.? Je vous plaindrais si cela était, car, vous avez beau dire, vous ne haïssez point la société. Je vous prie de parler quelquefois de moi aux miladys Churchill et Cadogan, et quelquefois aussi à milady Lucan.

[1] Il prit le nom de cardinal de Rohan. (A. N.)
[2] D'une ancienne et illustre famille de Normandie, dont le nom était Leveneur. (A. N.)
[3] Isabelle Byron, fille du quatrième lord Byron. Après la mort du comte de Carlisle, elle épousa sir William Musgrave, d'Hayton-Castle, dans le Cumberland. (A. N.)

LETTRE 660.

MADAME LA MARQUISE DU DEFFAND A M. HORACE WALPOLE.

Dimanche 28 juin 1778.

Je ne puis vous dire affirmativement s'il y a une de mes lettres de perdue, je ne le crois pas; mais en cas que cela soit, ce serait la plus petite perte qu'il se pût faire. Il n'en serait pas de même de la vôtre d'aujourd'hui, qui est du 22. Les détails que vous me faites m'ont extrêmement amusée; je connais toutes vos nièces, mais cependant pas aussi bien que je le désirerais. Laure, Marie, Horatie, ne sont-ce pas les filles de la duchesse[1]? Comment s'appellent les filles de l'évêque[2]? quelles sont les petites qu'on doit vous laisser? Faites-moi entendre tout cela. Je trouve les reparties de Marie[3] fort spirituelles; je vois avec beaucoup de plaisir que vous passerez un été très-agréable, et j'espère que la goutte vous laissera en repos.

Je vois que vous ne vous occupez pas plus de la politique que moi; mais malgré le peu d'attention que je fais à tout ce qui se débite, je ne doute pas que nous n'ayons la guerre. Le maréchal de Broglie part le 10 pour visiter les côtes; je ne sais où il formera un camp. M. de Beauvau est un de ceux qui l'accompagnent, ce qui fera une absence de quatre ou cinq mois.

Je crois vous avoir mandé que le maréchal n'avait pu obtenir d'avoir avec lui son frère[4]; il ira à son commandement de Metz : c'est un grand dégoût; il le sent très-vivement.

Une nouvelle sûre, mais qu'on dit encore à l'oreille, c'est que le roi donne à la fille de M. de Guines cent mille écus, et qu'elle épouse M. de Charlus[5], fils unique de M. de Castries : c'est par le crédit de la reine que cette grâce est accordée.

Il n'est plus question de Jean-Jacques ni de ses *Mémoires*;

---

[1] Les filles de feu la duchesse de Glocester, par son premier mariage avec le comte George Waldegrave, qui mourut en 1763. (A. N.)

[2] M. Frédéric Keppel, évêque d'Exeter, qui avait épousé une sœur de la duchesse de Glocester. (A. N.)

[3] Lady Marie Waldegrave, seconde fille du comte de Waldegrave, dont il vient d'être parlé. Elle épousa depuis le comte d'Euston, fils aîné du duc de Grafton, et mourut en 1808. (A. N.)

[4] Le comte de Broglie, comme maréchal des logis général. (A. N.)

[5] Madame de Charlus, née de Guines; elle laissa en mourant un fils unique, M. de Charlus, qui prit ensuite le nom du duc de Castries son père, et fut sur le point d'être massacré par quelques hommes de la populace de Paris, après son duel avec M. Charles Lameth, au commencement de la Révolution. (A. N.)

on ne sait ce que tout cela est devenu. Voltaire est oublié comme s'il n'avait pas apparu; les encyclopédistes auraient désiré qu'il eût vécu au moins quelques mois de plus; il avait des projets d'entreprise qui auraient rendu l'Académie plus utile; c'était un chef pour tous les prétendus beaux esprits, dont le dessein est de devenir un corps tel que la noblesse, le clergé, la robe, etc.

L'Idole et sa belle-fille partiront jeudi pour Plombières; elles y trouveront mon neveu d'Aulan, qui me viendra trouver dès que je l'appellerai; il me marque une soumission, une tendresse qui mériteraient une meilleure succession.

Dites-moi naturellement si vous vous souciez de celle que je vous destine, et si vous ne vous sentez nulle répugnance que votre nom soit écrit dans un manuscrit qui ne pourra être ignoré[1]; j'attends de votre franchise que vous me direz naturellement ce que vous pensez sur cela.

Je ne sais point faire de transition; il faut que j'aie la liberté de passer d'un sujet à un autre, comme cela me vient.

M. de Beauvau m'envoya l'autre jour la relation du combat d'une de nos frégates, nommée *la Belle Poule*, contre une des vôtres (non pas *poule*, mais frégate). En lui répondant, il me souvint d'un vers de la Fontaine; je l'écrivis :

> ...... Une poule survint,
> Et voilà la guerre allumée.

Cette citation a eu beaucoup de succès, d'Alembert a daigné la trouver jolie; il a fait plus : rencontrant Wiart dans les Tuileries, il lui a demandé de mes nouvelles. Voilà ce qu'il y a de plus nouveau à vous apprendre.

Je suis tentée de vous envoyer des vers extrêmement bêtes de Marmontel, pour mettre au bas du portrait de d'Alembert; je crains de vous les avoir déjà écrits.

> Ce sage à l'amitié rend un culte assidu,
> Se dérobe à la gloire et se cache à l'envie;
> Modeste comme le génie,
> Et simple comme la vertu.

Je vais faire dans cet instant l'action la plus folle, je vais souper à Roissy[2]; je vais avec une madame de Schouwaloff et peut-être avec son mari, les plus tristes et ennuyeux person-

---

[1] Elle veut parler du legs qu'elle lui avait fait de tous ses manuscrits. (A. N.)
[2] La maison de campagne de M. de Caraman. (A. N.)

nages; je reviendrai avec eux, j'aurai fait dix lieues et passé quatre heures avec cette agréable compagnie pour aller trouver des personnes assez aimables, mais qui se soucient de moi *cosi cosi*, et dont je ne me soucie pas davantage; cette action et beaucoup d'autres me démontrent bien que je n'ai pas le sens commun; mais je proteste bien affirmativement que ce sera ma dernière sottise dans ce genre. Ces Schouwaloff sont des neveux de notre ami.

LETTRE 661.

MADAME LA MARQUISE DU DEFFAND A M. HORACE WALPOLE.

Paris, dimanche 2 juillet 1778 [1].

Ah! vous n'êtes plus dans le doute; vous n'auriez pas dû l'être il y a longtemps [2] : c'est pour cela que je commençai ma dernière lettre où je répondais à vos questions sur cet article par cette espèce de dicton : *Pourquoi le dire, on le voit bien*. Vous ne comprîtes peut-être pas ce que cela voulait dire; il m'en vint la pensée en relisant ma lettre; mais les quatre pages étaient remplies; il aurait fallu y ajouter une explication ou en recommencer une autre, je n'en eus pas le courage, et vous vous seriez bien passé que je l'aie aujourd'hui. Laissons cet ennuyeux verbiage et parlons du grand événement, du combat naval du 27 juin [3], à onze heures du matin, qui a duré trois heures. On prétend ici que nous avons eu tout l'avantage; mais comme il n'y a pas eu un vaisseau de pris de part et d'autre, cela n'est pas bien démontré; il n'y a que la volonté où nous étions de recommencer et la retraite de votre flotte qui en soient un indice.

M. de Beauvau m'avait promis vendredi au soir qu'il m'enverrait une relation le lendemain; je l'attendais hier : je ne l'ai point reçue; si elle ne m'arrive pas par lui, je tâcherai de l'avoir par d'autres, et de la joindre à cette lettre. Voilà un

---

[1] Il faut qu'il y ait erreur dans la date de cette lettre du 2 juillet, puisque l'action entre l'amiral Keppel et la flotte française n'a eu lieu que le 27 de ce mois, et non de juin. Mais comme l'éditeur n'a pu parvenir à déterminer, avec la certitude qu'il aurait désirée, la véritable date de cette lettre, il l'a laissée telle qu'elle se trouve dans le manuscrit. (A. N.)

[2] Elle veut dire relativement à la paix ou à la guerre entre la France et l'Angleterre. (A. N.)

[3] A Ouessant, entre le comte d'Orvilliers et l'amiral Keppel. (A. N.)

grand événement, mais qui peut-être amènera la paix; je l'espère, non par raisonnement, mais par instinct. Je serais bien affligée que la guerre continuât; je ne prévois pas cependant qu'elle nuise à notre correspondance, et vous savez bien qu'elle ne dérangera rien à nos projets.

Milady Carlisle a reçu de son fils une lettre du 24 juin, datée de Philadelphie; il n'avait pas beaucoup d'espérance de réussir dans sa négociation; elle avait reçu aussi une lettre du Selwyn, il m'y faisait des compliments; je ne sais d'où vient il ne m'a pas écrit : il lui marque aussi qu'il passera par Paris en retournant à Londres. Je ne doute pas que je ne puisse trouver quelques occasions pour vous faire tenir la *Bibliothèque des Romans*, j'en ai quatre ou cinq feuilles que je ne saurais lire. Un de mes plus grands chagrins, c'est de ne trouver aucune lecture qui ne m'ennuie à la mort; je trouve que les vivants et les morts sont presque également ennuyeux. Retomberai-je dans mes anciennes vapeurs? c'est là ma crainte; mais n'ayez pas peur que je vous en entretienne.

Mademoiselle Sanadon part mardi ou mercredi pour Praslin, où elle restera quinze jours. L'habitude me l'a rendue nécessaire; je souffrirai de son absence. Mon neveu arrivera à la fin de cette semaine ou au commencement de l'autre; je ne sais s'il me sera d'une grande ressource. La liberté, qu'on regarde comme le plus grand bonheur, a bien ses inconvénients; être isolé ne me paraît pas un bien. Je serais portée à croire que des devoirs qui ne tiennent pas à la servitude sont nécessaires. Dans les couvents, le coup de cloche est ce qui rend la vie des religieuses supportable; le désœuvrement enfin ne me paraît pas un bien.

Les *Mémoires* de Rousseau ne paraissent point, on en a seulement la *Préface*, je vous l'envoie; je crains de vous l'avoir déjà envoyée.

Je ne fermerai cette lettre que ce soir, pour y pouvoir joindre la relation du combat; si je ne puis l'avoir aujourd'hui, je vous l'enverrai l'ordinaire prochain.

Lundi à sept heures.

Il n'y a point eu hier de relation; il en doit paraître une cette après-midi, je vous l'enverrai jeudi : le temps presse, bonjour.

LETTRE 662.

MADAME LA MARQUISE DU DEFFAND A M. HORACE WALPOLE.

Paris, 22 juillet 1778.

Je ne vous ai point écrit dimanche, parce que je n'eus point de vos lettres. Je me suis prescrit de suivre votre marche ; vous avez mille rapports avec la Divinité, mais particulièrement celui qu'on ne sait avec vous, non plus qu'avec elle, si l'on est digne d'amour ou de haine. Votre lettre du 13 n'est arrivée qu'aujourd'hui 22. La correspondance ne sera point vraisemblablement interrompue ; on ne peut, ce me semble, être plus en guerre que nous ne le sommes : si la paix succède, et que ce soit bientôt, ce ne sera pas, selon toute apparence, M. de Choiseul qui en aura l'honneur. M. de Maurepas se porte à merveille, et son crédit, loin de s'affaiblir, augmente tous les jours.

Notre ministère n'est pas brillant ; mais ne vous paraît-il pas assez raisonnable ? On aura un arrêt dans deux jours, que j'aurais pu vous envoyer aujourd'hui ; les Necker, chez qui je soupai hier, me le devaient donner ; je l'oubliai, mais vous l'aurez incessamment : il s'agit d'un grand changement dans l'administration. Je n'entreprendrai pas de vous dire quel il sera, je m'embrouillerais, et vous vous moqueriez de moi. Je pense quelquefois au genre d'esprit que la nature m'a donné, car l'art n'y a rien ajouté, et le nombre de mes années n'est pas assurément celui de mes connaissances. Je pense quelquefois dans mes insomnies aux différents jugements que l'on porte de moi ; ils sont presque tous faux : vous-même vous vous y trompez. Tout ce que je conclus sur mon sujet, c'est que j'aurai mené une vie bien inutile, bien puérile, et que ce n'était pas la peine de me faire vivre aussi longtemps ; il y a cependant un nombre de gens qui me croient beaucoup d'esprit, et ceux-là en ont si peu, qu'ils loueraient et approuveraient tout ce que je pourrais dire de bête et d'absurde.

Je me fais lire actuellement ma correspondance avec Voltaire ; je ne doute pas qu'on ne fasse un recueil de toutes ses lettres ; mon recueil en pourra fournir plusieurs de très-bonnes. Ce sera à vous à en faire le choix. J'aimerais fort à vous voir encore une fois, non pas par un mouvement de cette passion folle que vous me supposez toujours et que vous croyez incurable, mais parce qu'à beaucoup d'égards je vous trouve du bon sens ; je vous en trouverais peut-être encore davantage, si vous me disiez naturellement tout ce que vous pensez; mais la prévention que vous avez de mon imprudence borne infiniment votre confiance, surtout par lettres.

A propos de cela, j'en ai un si grand amas des vôtres, que je compte les brûler; celles que j'aurais du plaisir à relire, et que j'ai remises entre vos mains, le sont sans doute: celles qui subsistent dans les miennes, dont un grand nombre sont remplies d'esprit et d'idées, ne sont pas propres à satisfaire mon amour-propre ni mes sentiments, si sentiment il y a.

Mais, dites donc, est-ce que vous ne voyez ni n'entendez parler du *jeune duc*[1]? Il a ici une correspondance très-établie, et à laquelle il est très-exact; c'est un homme d'esprit, sans doute, mais en le comparant à un ouvrage, est-il bien fin? N'y aurait-il pas quelques coups de crayon ou de rabot à y donner? Je crois son cœur excellent ainsi que sa morale, mais n'y a-t-il rien à désirer à son entendement? Je m'en rapporte à vous. J'aimerais bien à causer avec vous, et quoique vous détestiez la causerie, à ce que vous dites, vous vous en acquittez fort bien. Il n'y a que vous avec qui je puisse jaser, il n'y a que vous à qui j'écrive sans peine et sans effort; toute autre correspondance me fatigue et m'ennuie; presque personne ne pense, et qui que ce soit ne dit ce qu'il pense; enfin, étant bien persuadée du peu que je vaux, je ne trouve néanmoins personne qui vaille quelque chose.

LETTRE 663.

LA MÊME AU MÊME.

Paris, dimanche 23 août 1778.

Je fis hier un tour de force le plus singulier du monde; presque toutes mes connaissances sont absentes; j'avais la crainte de souper seule; j'écrivis à M. le Roy qu'il me ferait plaisir de me venir tenir compagnie; je ne comptais que sur lui, il vint. Madame de Mirepoix vint en visite; je lui proposai de rester à souper; elle s'excusa sur ce qu'elle avait promis à madame de Tavannes[2] de souper chez elle. — Faites-la venir.

---

[1] Madame du Deffand fait sans doute allusion ici au duc de Lauzun, qui à cette époque se trouvait à Londres. (A. N.)
Je croirais plutôt qu'il s'agit du jeune duc de Richmond. (L.)

[2] Née de Lévis. (A. N.)

— Cela ne se peut, dit-elle, nous devons aller chez Nicolet[1] voir le *Siége d'Orléans*. — Je vous y accompagnerai. — Bon, cela n'est pas possible. — Pardonnez-moi, rien n'est si vrai. Elle envoya son carrosse à madame de Tavannes; nous soupâmes, et je fus avec elles, M. le Roy et mon neveu, chez Nicolet, à ce fameux Siége. Je ne m'y ennuyai point, j'aime la musique militaire, c'est-à-dire le bruit : on ne parle ni ne chante à ce spectacle, il n'est que pantomime; la musique n'est que les vaudevilles les plus anciens; beaucoup de tambours, de timbales, de bruit, de tintamarre. On me disait ce que l'on voyait; cela me fit passer une soirée tout aussi amusante, pour le moins, que celle que j'avais passée la veille à jouer au loto.

J'ai commencé la lecture de votre *Histoire d'Amérique*, mais je ne puis m'intéresser à tous ces événements; les seules lectures qui m'amusent, ce sont les mémoires, les vies particulières, les lettres et les romans : tout ce qui est histoire d'une nation me paraît un recueil de gazettes, que les auteurs arrangent pour autoriser leurs systèmes et faire briller leur esprit. *J'ai relu ces jours-ci le recueil de ma correspondance avec Voltaire : toute personnalité et vanité à part, j'en ai été très-contente; elle pourrait soutenir l'impression; ce ne sera cependant pas certainement de son vivant, mais je la laisserai à la grand'maman*[2]. Il y a plus de quatre-vingts lettres de Voltaire à elle et d'elle à Voltaire.

Vous ne me dites rien de votre santé; est-ce bon signe? n'avez-vous point d'annonce de goutte?

LETTRE 664.

MADAME LA MARQUISE DU DEFFAND A M. HORACE WALPOLE.

Dimanche 6 septembre 1778.

Je suis fort aise que la grande chaleur vous ait été favorable; mais la voilà passée, et le froid qui y a succédé a été plus vif qu'on ne s'y attendait; il a fallu faire du feu. *J'ai tenu parole, et le premier jour que j'en ai allumé, tout a été consumé*[3]; *il ne reste plus aucune trace, si ce n'est un certain portrait dont l'objet et l'auteur sont anonymes et ne seront point reconnus.*

[1] Théâtre des boulevards. (A. N.)

[2] Elle a changé depuis de sentiment; car elle a laissé toutes ces lettres à M. Walpole. (A. N.)

[3] C'étaient toutes les lettres qu'elle n'avait pas renvoyées à M. Walpole. (A. N.)

Depuis dix jours, c'est-à-dire depuis le 25 du mois passé, j'ai été fort incommodée, j'ai gardé la chambre et presque toujours le lit. Je me porte mieux aujourd'hui, j'ai dormi cette nuit, ce qu'il y a longtemps qui ne m'était arrivé.

Je suis fort de votre avis sur tout ce que vous me dites de vos lectures, excepté sur le livre de M. Gibbon; j'ai essayé à plusieurs reprises de le lire, et le livre me tombe des mains. Il paraît deux nouveaux volumes de votre Shakspeare : le premier contient *Coriolan*, qui me semble, sauf votre respect, épouvantable, et qui n'a pas le sens commun. La seconde pièce est *Macbeth*; on la lit avec horreur et effroi, et intérêt. Je lis actuellement *Cymbeline*, qui m'intéresse et me plaît.

Jamais je n'ai tant lu, et jamais je n'ai eu moins de plaisir à lire; jamais je n'ai eu tant besoin de société, et jamais la société ne m'a paru moins agréable. C'est ma faute, me direz-vous; vous me démontrerez que ce sont mes défauts et non ceux des autres qui me rendent malheureuse. Je vous croirai volontiers, et il en résultera que pouvant moins me séparer de moi que de qui que ce soit, je serai encore plus malheureuse. Je n'ai qu'à me corriger, me direz-vous; c'est ce qui est impossible. Si je pouvais devenir dévote, c'est tout ce qu'il y aurait de plus heureux. Ce ne serait certainement pas une fausse honte qui m'en détournerait; car quoique ma sincérité et ma vérité m'aient causé et me causent journellement bien des chagrins et des dégoûts, je ne m'en départirai jamais. Je hais tant les masques, que quelque hideuse que je puisse être, je n'en porterai jamais : j'ai trop de mépris pour ceux qui en font usage. J'ai perdu mon dernier ami en perdant Pont-de-Veyle; il n'était point aimable, j'en conviens; mais je le voyais tous les jours, il était de bon conseil; je lui étais nécessaire, et il me l'était aussi. Aujourd'hui je ne tiens à rien, je n'ai que ma valeur intrinsèque, et c'est être réduite à moins que rien.

Je ne sais si nous aurons la guerre ou la paix; notre ministère a l'air assez sage, mais je ne m'y connais pas.

LETTRE 665.

LA MÊME AU MÊME.

Dimanche 20 septembre 1778.

Ma petite maladie a été assez longue, elle a duré près d'un mois; je la crois finie; elle m'a fait faire le dernier pas à la décrépitude. Je suis maigrie, faible, et mon âme a pris à peu près la même allure que mon corps ; je projette cependant de sortir mardi, et ce sera la première fois depuis un mois. J'ai soupé tous les jours chez moi, et j'ai eu presque tous les jours compagnie ; mon neveu, qui est ici depuis les premiers jours d'août, me paraît déterminé à faire venir sa femme et à ne me plus quitter ; c'est un homme très-doux, sans prétentions, sans affectation ; il n'est ni embarrassé ni empressé ; ce n'est pas un grand génie ; ce n'est pas un grand esprit ; mais il a le sens droit. Ce qu'il y a de fâcheux, c'est qu'il a une fort mauvaise santé ; il est forcé à vivre de régime et à se coucher de très-bonne heure ; il aime beaucoup sa femme ; il est nécessaire qu'elle vienne ici pour qu'il y reste, et comme ils ne sont pas riches, ce sera pour moi une assez grande augmentation de dépense ; mais il m'est nécessaire de tenir à quelque chose et d'être soignée : c'est assez vous parler de moi.

Je pense sur *Don Quichotte* tout comme vous ; il n'y a que le premier volume de supportable, et qui ne fait rire que la première fois. L'article des lectures me désole ; je n'en trouve presque aucune d'intéressante, et c'est pour moi un véritable malheur.

Je viens de recevoir une lettre du camp du maréchal de Broglie [1]. On y fait les plus belles manœuvres ; il restera assemblé tout ce mois-ci : les plus grandes, belles et jolies dames y ont suivi leurs maris. Le maréchal de Broglie y tient un état magnifique ; M. et madame de Beauvau y font la meilleure chère.

Notre cour s'établira à Marly tout le mois d'octobre : il y aura pendant ce temps-là assez de monde à Chanteloup ; il s'y fera le mariage de la fille aînée de M. de Stainville avec le fils unique de M. de Choiseul la Baume [2]. Vers la fin de ce mois d'octobre, tout le monde se rassemblera, toutes les campagnes seront finies, et peut-être alors tout le monde sera d'accord, c'est-à-dire nos deux nations ; je le souhaite fort, et je l'espère.

J'ai reçu, il y a quelques jours, une lettre de Pétersbourg du bon Schouwaloff : il est dans la plus haute faveur ; l'impératrice l'a fait son grand chambellan. Le premier jour qu'elle lui fit prendre du thé avec elle, elle lui dit : « Je veux que vous

---

[1] A Bayeux, en Normandie, où le maréchal de Broglie commandait une armée d'observation. (A. N.)

[2] Qui, en 1785, fut créé duc de Choiseul, après la mort du duc de Choiseul, ministre. (A. N.)

soyez à votre aise avec moi comme vous l'étiez avec madame du Deffand. »

Il m'envoie des peaux de renard bleu pour me faire une pelisse. Nous avons ici son neveu qui est fort riche, fort laid, bel esprit, et point du tout aimable; sa femme est fort polie, fort malade et fort insipide.

LETTRE 666.

MADAME LA MARQUISE DU DEFFAND A M. HORACE WALPOLE.

Samedi 24 octobre 1778.

Ce n'est point notre gouvernement qui nuit à notre correspondance, ce ne sont point les bureaux qui examinent nos lettres, c'est le vent qui nous est contraire; il doit par conséquent vous être favorable. La lettre que je devais recevoir dimanche, je ne l'ai reçue que le mardi.

Je ne sais d'où vient, mais j'imagine que vous craignez le retour de la goutte; vous terminez votre dernière lettre d'une façon plus brusque qu'à l'ordinaire. Si c'est une vision, tant mieux; vous me la pardonnerez ainsi que bien d'autres.

Je ne vous ai point assez parlé de M. de Selwyn; je vous ai mandé son arrivée[1]; mais je ne vous ai point raconté qu'en faisant sa route il a passé par Grignan, qu'il a été reçu dans le château par une sorte d'intendant ou de concierge qui lui a donné une chambre pour passer la nuit, la même où madame de Sévigné est morte; qu'il y a vu son portrait[2], celui de madame de Grignan, et ceux de tous les Grignan dont elle parle dans ses lettres. De plus, il lui a fait présent d'un petit cabinet d'ébène qui lui a appartenu; il doit le recevoir ici incessamment, il me le confiera jusqu'à ce qu'il revienne le chercher dans le mois d'avril, qu'il passera par Paris pour aller recevoir à Lyon sa petite-fille[3], qu'il mettra à Panthémont. Soyez sûr que son principal séjour sera à Paris, jusqu'à ce qu'il puisse emmener

[1] Dans une lettre qu'on ne publie point, parce qu'elle ne contient d'ailleurs rien d'intéressant. (A. N.)

[2] Ce portrait est un admirable original qui a été peint par Mignard, et qui se trouve actuellement à Nice, entre les mains du comte de Châteauneuf, dont le père avait épousé mademoiselle de Vence, l'arrière-petite-fille de madame de Sévigné. 1827. (A. N.)

[3] Mademoiselle Fagniani, qui fut mariée depuis au comte d'Yarmouth, fils unique du marquis d'Hertford. (A. N.)

cet enfant à Londres. C'est bien cette passion qu'on peut traiter d'ineffable.

Dimanche 25.

Voilà le quatrième dimanche qu'il n'arrive point de courrier. Je dirai sur le vent ce que Pauline dit sur Polyeucte :

> . . . . Mon devoir ne dépend pas du sien ;
> Qu'il y manque s'il veut, je veux faire le mien.

Ainsi, contre vent et marée, je composerai une épître pour la poste du lundi, c'est-à-dire tant que vous n'en serez pas fatigué et ennuyé.

Je viens d'écrire au Schouwaloff, pour le remercier d'une fourrure de renard bleu qu'il m'a envoyée; je lui dis qu'il y a souvent un article pour lui dans vos lettres.

J'écris aussi à M. Fullerton, qui m'a fait présent d'une garniture de cheminée de sept vases étrusques, sur lesquels il y a de très-jolies peintures; je crains que cela ne soit fort cher.

Vous ne m'avez point mandé si milord North était à votre fête, et vous n'êtes point entré dans les détails que vous m'aviez promis. J'aime les minuties, parce que j'aime tout ce qui ressemble à la causerie.

Tout Chanteloup reviendra cette année un mois plus tôt que la précédente, et cela à cause des couches de la reine. M. de Maurepas a un accès de goutte assez fort, ce qui inquiète bien les gens, et de bien des façons différentes.

Adieu jusqu'au jour des Morts.

LETTRE 667.

LA MÊME AU MÊME.

Paris, dimanche 8 novembre 1778.

Vous voilà donc pris de votre détestable goutte! je le prévoyais; la nouvelle ne m'a donc pas surprise, mais elle ne m'en a pas moins affligée.

Je crois que le Selwyn partira d'aujourd'hui ou de demain en huit; il sera en état de répondre aux questions qu'il vous plaira de lui faire sur moi, il m'a vue tous les jours. Il se plaît ici parce que sa petite-fille doit y venir l'année prochaine; il n'a d'autre idée, d'autre pensée et d'autres sentiments qu'elle. Qu'on m'explique cela, on me fera plaisir; je ne sais d'où cela vient, à quoi cela tient; où cela va : y a-t-il bien loin de là à l'amour de Dieu, tel que l'entendent les quiétistes?

Je suis fâchée, mon ami, de vous avoir écrit quelques lettres qui vous auront déplu; je ne suis pas maîtresse de mon humeur, je ne puis pas plus la cacher que la réprimer. Mes lettres vous doivent être désagréables, vous voudriez qu'elles ressemblassent à celles de madame de Sévigné. Indépendamment que je n'ai pas son esprit, je n'ai pas l'âme qu'elle mettait à tout, l'intérêt qu'elle prenait à tout ce qu'elle voyait. Moi, je suis d'une indifférence extrême pour tout ce qui arrive, un assez grand mépris pour tout ce que j'entends, nul désir de le répéter; et puis je suis retenue de vous parler des uns et des autres, parce que vous infèreriez de tout ce que j'en dirais, des motifs qui tourneraient à mon désavantage. Vous avez beaucoup de penchant à me croire non-seulement jalouse, mais envieuse; avouez la vérité : vous m'aviez crue meilleure dans les commencements de notre connaissance, que vous ne me trouvez aujourd'hui? La résolution où vous êtes de ne me plus jamais voir, et l'aveu que vous ne voulez pas m'en faire, mais que vous sentez bien que je devine, met une sorte de brouillard dans vos dispositions pour moi, qui vous fait mal interpréter tout ce que je vous dis.

Est-ce là de la métaphysique? j'en ai peur.

Adieu, à demain matin.

LETTRE 668.

MADAME LA MARQUISE DU DEFFAND A M. HORACE WALPOLE.

Paris, mercredi 11 novembre 1778.

Il n'y a point de courrier aujourd'hui, et j'en suis presque aussi fâchée que si j'avais la certitude qu'il m'eût apporté de vos nouvelles. Ah! que huit jours paraissent longs à passer quand on est dans l'inquiétude!

J'aurais du plaisir à vous écrire, si je pouvais me flatter que votre état fût assez bon pour que ma lettre ne vous importunât pas, et pouvoir la remplir de quelque chose qui pût vous amuser. Je ne saurais me persuader que vous puissiez prendre part à tout ce qui se passe ici. Qu'est-ce que cela vous fait, par exemple, que le prince de Lambesc soit tombé de cheval et qu'il se soit cassé un petit os du bras gauche? que la fille de mon voisin, M. de Grave, épouse le frère de M. de Cambis, beau-frère de mon amie? que milady Carlisle parte ces jours-ci pour s'aller établir à Avignon, d'où ma nièce madame d'Aulan reviendra et logera à Saint-Joseph, dans un logement que je loue tout meublé? Elle et son mari seront pour moi ce que sont les haies qu'on place sur les grands chemins bordés de précipices; elles ne garantissent pas du danger, mais elles en diminuent la frayeur. J'attends cette nièce au printemps, je m'accommode assez bien de son mari. — Je m'occupe actuellement à empaqueter les brochures que je vous envoie.

Si vous m'aimez un peu, et c'est ce dont je ne doute pas, prouvez-le-moi en me donnant de vos nouvelles le plus souvent que vous pourrez, et dans quelque langue que ce puisse être; je vois des gens de toutes nations, et le vrai moyen de me les rendre agréables, c'est de les rendre vos traducteurs.

Voici deux petits quatrains à l'occasion de l'élection d'un successeur à l'Académie pour la place de Voltaire :

QUATRAINS.

Pour faire un nouveau choix, ne vous tourmentez plus;
Sans scrupule, messieurs, restez à votre nombre.
Vous ne blesserez point vos antiques statuts;
Quel serait le vivant qui pût valoir son ombre?

Qui de lui succéder pourrait avoir l'orgueil?
    Tout choix serait un choix impie.
Pour successeur nommez-lui son fauteuil,
Comme à Turenne on a nommé *la Pie*.

LETTRE 669.

MADAME LA MARQUISE DU DEFFAND A M. HORACE WALPOLE.

Mardi 8 décembre 1778.

Madame Damer part demain; ne serait-il pas ridicule qu'elle ne vous portât rien de moi? Vous pourriez vous passer d'une lettre; je vous en accable depuis un mois, et depuis un mois je n'en reçois pas de vous; c'est-à-dire du moins bien peu, et ce peu vous a beaucoup coûté.

Je ne voulais pas vous envoyer la lettre de la czarine à madame Denis, par la raison que je vous ai dit qu'elle est dans notre *Mercure*, et qu'elle ne vaut pas le port qu'elle vous aurait coûté; mais comme vous n'avez peut-être pas ce *Mercure*, je vous l'envoie par madame Damer avec une feuille des *Romans*.

J'ai bien de l'impatience de recevoir une lettre de Selwyn; s'il me tient parole, il ne me laissera rien ignorer, il satisfera ma curiosité sur tous les points. Vous vous doutez bien de celui qui m'intéresse le plus, et tout bien pesé et examiné, il pouvait bien être le seul; c'est de vous, de votre santé, de votre nouvelle maison [1], des questions que vous lui aurez faites, de tout ce que vous lui aurez dit. Dites-lui que vous approuvez son projet de m'écrire souvent, et que je lui marquerai ma reconnaissance par les attentions que j'aurai pour sa petite-fille.

Voulez-vous que je vous dise nos nouvelles? je vous préviens qu'elles ne vous feront rien. Ne vous ai-je pas déjà mandé le mariage du duc d'Elbeuf [2], second fils de madame de Brionne, avec mademoiselle de Montmorency, fille unique du prince de Montmorency et de mademoiselle de Wassenaar? Elle a quarante mille écus de rente aujourd'hui, et en aura peut-être le double après la mort de M. de Wassenaar [3] son oncle; sa mère a fait un mariage de garnison. Elle est actuellement dans un couvent à Bruxelles (c'est de la fille dont je parle); elle arrivera le mois prochain à Paris, se mariera le lendemain de son arrivée; madame de Brionne la logera et la nourrira.

Le fils du comte de Talleyrand [4] épouse mademoiselle de Vierville, héritière de Sénozan [5], qui a des richesses immenses.

Il y a une tragédie nouvelle dont le titre est *OEdipe chez Admète*. Tout le monde y fond en larmes; quand elle sera imprimée, je vous l'enverrai.

La reine n'accouche point, ce qui me déplaît beaucoup.

Adieu. Il n'est pas impossible que, si j'ai demain une lettre de vous, vous en ayez encore bientôt une de moi.

---

[1] M. Walpole venait de se transporter de son hôtel d'Arlington street, à celui de Berkeley square, où il continua à demeurer jusqu'à sa mort. (A. N.)

[2] En se mariant il prit le titre de prince de Vaudemont. (A. N.)

[3] D'une ancienne et riche famille des ci-devant Provinces-Unies. (A. N.)

[4] Le comte Archambaud de Périgord. (A. N.)

[5] Fille unique de M. de Vierville. Elle avait perdu son père et sa mère lorsqu'elle hérita de toute la fortune de son grand'père, M. de Sénozan, qui avait été receveur général du clergé. (A. N.)

Lettre de l'impératrice de Russie à madame Denis. De Pétersbourg, le 15 octobre 1778. Sur l'enveloppe pour adresse, qui est de la propre main de Sa Majesté Impériale, comme le reste de la lettre, il est écrit :

« *Pour madame Denis, nièce d'un grand homme qui m'aimait beaucoup.* »

« Je viens d'apprendre, madame, que vous consentez à
» remettre entre mes mains ce dépôt précieux que monsieur
» votre oncle vous a laissé, cette bibliothèque que les âmes
» sensibles ne verront jamais sans se souvenir que ce grand
» homme sut inspirer aux humains cette bienveillance univer-
» selle que tous ses écrits, même ceux de pur agrément, respi-
» rent, parce que son âme en était profondément pénétrée.
» Personne avant lui n'écrivit comme lui ; à la race future il
» servira d'exemple et d'écueil. Il faudrait unir le génie et la
» philosophie aux connaissances et à l'agrément, en un mot être
» M. de Voltaire pour l'égaler. Si j'ai partagé avec toute l'Eu-
» rope vos regrets, madame, sur la perte de cet homme incom-
» parable, vous vous êtes mise en droit de participer à la
» reconnaissance que je dois à ses écrits. Je suis sans doute
» très-sensible à l'estime et à la confiance que vous me marquez ;
» il m'est bien flatteur de voir qu'elles sont héréditaires dans
» votre famille. La noblesse de vos procédés vous est caution de
» mes sentiments à votre égard. J'ai chargé M. Grimm de vous
» en remettre quelques faibles témoignages, dont je vous prie
» de faire usage. « *Signé :* CATHERINE. »

LETTRE 670.

MADAME LA MARQUISE DU DEFFAND A M. HORACE WALPOLE.

Dimanche 20 décembre 1778, à cinq heures après midi.

Je suis bien contente de vous, parce que vous m'assurez que vous êtes content de moi ; vous auriez toujours dû l'être. Ce qui me fait encore plus de plaisir, c'est le meilleur état de votre santé. Si je dois vous en croire, vous êtes presque entièrement guéri. Je suis fâchée que vous ayez fatigué votre pauvre main à m'écrire une aussi longue lettre.

Parlons présentement de mes oreilles. Je voudrais bien que ce fût une vision ; le mal est encore supportable ; mais il en arrivera comme de mes yeux, et par la même cause à laquelle on ne peut apporter de remède. Tous mes sens périront avant moi; nous verrons ce que deviendra mon âme, qui selon moi doit être l'accord parfait de nos cinq sens. Jusqu'à présent je n'y trouve pas de grands changements, du moins je ne m'en aperçois pas; mais je répète souvent ces vers de Saint-Lambert, qu'avec raison vous trouvez fort tristes :

> Malheur à qui le ciel accorde de longs jours! etc.

Je prends des arrangements autant qu'il m'est possible pour apporter quelque remède aux malheurs que je prévois; j'ai déjà fait venir mon neveu à Paris; je vais louer pour lui l'appartement au-dessus de mademoiselle de Courson; sa femme y viendra après Pâques; elle sera presque toujours à Montrouge, chez mon frère; son mari ira et viendra, je pourrai y aller souper tant que je voudrai; le mari et la femme seront contents de n'être point séparés, et seront compagnie l'un pour l'autre, et ils le seront pour moi tous les deux, où l'un et l'autre séparément, quand et comment il me conviendra; je prends mes précautions comme madame Pimbêche, qui ne veut pas être liée; enfin, mon ami, ayant eu le malheur de naître, et ayant présentement celui d'une extrême vieillesse, je m'arrange le mieux qu'il m'est possible pour supporter ces tristes et ennuyeuses dernières destinées.

De ce moment-ci ma vie est assez agréable; le retour des Choiseul, toutes mes autres connaissances rassemblées, me fournissent de la dissipation; mais de telles ressources ne sont, en comparaison de celles dont vous me seriez, que ce que sont, dit-on, les péchés véniels en comparaison d'un péché mortel. Cette comparaison ne s'éloigne pas de vos idées, qui certainement ont été bien folles et bien injustes.

Reprise à neuf heures du soir.

J'ai été interrompue par des visites successives les plus sottes et les plus ennuyeuses du monde, et qui m'ont abasourdie; je n'ai plus d'idées ni de papier : adieu.

J'oubliais de vous mander l'accouchement de la reine : ce fut hier samedi 19 que les douleurs lui prirent à trois heures du matin; elle accoucha à onze heures et demie. Soit qu'elle n'eût pas été saignée dans son travail, soit que, par la quantité de monde qu'il y avait dans sa chambre, l'excessive chaleur portât son sang à la tête, elle perdit connaissance, perdit beaucoup de sang par la bouche; il fallut la saigner du pied sur-le-champ : c'était absolument nécessaire, n'ayant pu être délivrée. Elle le fut après parfaitement, mais il y eut quelque intervalle entre l'accouchement et le délivre; elle fut tranquille jusqu'à sept ou huit heures du soir qu'elle se trouva encore un peu mal, et qu'on délibéra si on ne la saignerait pas encore une fois; elle ne le fut point; elle a dormi huit heures cette nuit, et elle se porte parfaitement bien. Voilà un détail dont vous vous seriez bien passé; en le relisant, je vois que j'oublie de vous dire que c'est d'une fille[1] qu'elle est accouchée. La consternation en aurait été grande, si celle qu'a causée son accident n'avait pas prévalu.

Est-il vrai que M. le duc de Richmond a fait un parallèle de milord North et de M. Necker? Pourquoi cela? Comment se porte-t-il actuellement? Si vous en trouvez l'occasion, parlez-lui de moi.

LETTRE 671.

MADAME LA MARQUISE DU DEFFAND A M. HORACE WALPOLE.

Paris, 8 janvier 1779.

Enfin votre lettre du 27, que j'aurais dû recevoir dimanche dernier, ne m'est parvenue qu'aujourd'hui vendredi 8. J'en étais, je vous assure, bien inquiète. Je vois que vous ne vous portez pas encore fort bien, et que vous faites des projets de retraite, c'est-à-dire de vous réduire à voir peu de monde; vous ne l'exécuterez pas : on se laisse entraîner, et il ne faut pas conclure de ce qu'on voit faire, que l'on fasse toujours ce qui est le plus agréable. J'en fais l'expérience : je voudrais n'avoir jamais chez moi à mes soupers des mercredis et vendredis que douze personnes, ou au plus quinze; j'en ai très-souvent plus de vingt : jugez comme cela va à mon logement. C'est un inconvénient qu'il est impossible d'éviter quand on a des jours marqués où plusieurs personnes ont droit de venir sans être priées. Comme vous aimez les noms propres, je vais vous faire la liste de ceux qui ont le privilége de venir chez moi. Mesdames de Luxembourg, de Lauzun, duchesse de Boufflers, comtesses (*de Boufflers*), belle-mère et fille, M. et madame de Broglie, M. et madame de Beauvau, mesdames de Cambis, de Mirepoix, de

---

[1] Qui fut appelée *Madame*, aujourd'hui madame la duchesse d'Angoulême. 1827. (A. N.)

Boisgelin, d'Ossonville [1], de Vierville, de Barbantane. Voilà à peu près les femmes, sans compter les extraordinaires que l'on est quelquefois obligé de prier. Les hommes sont quatre ou cinq diplomatiques, autant d'évêques. A propos d'eux, M. de Mirepoix (*l'évêque*) est à Paris; il m'a demandé de vos nouvelles.

Janvier 9.

Je ne continuerai pas la litanie, mais je vous parlerai de M. Colonna [2], je l'eus hier au soir; il fit le whist de madame de Luxembourg : on lui trouve une figure agréable, l'air et les façons nobles; il parle bien notre langue, mais il a de l'accent, quoique je vous aie dit qu'il n'en eût pas; il ne vous connait presque pas, il est fort attaché au duc (*de Glocester*).

Il paraît un recueil des *Éloges,* que d'Alembert a lus à l'Académie, des académiciens qui ont eu quelque célébrité. Rien n'est plus fastidieux, je vous assure; le style est froid, gêné; il veut être fin et épigrammatique, et il n'est que plat, commun et recherché; enfin, on ne sait que lire, et j'ai le malheur de ne point aimer l'histoire, la morale et la poésie.

Vous dites que vous apprenez que je mène une vie agréable, et qu'il est fâcheux pour vous que je prenne les moments où je m'ennuie pour vous écrire. Faut-il que je vous rappelle quelle est ma situation, mon âge, la perte de la vue, la crainte de perdre l'ouïe? D'autres malheurs dont je m'interdis de vous parler, mais qui m'occupent plus vivement quand je me mets à vous écrire : Paris, Londres, l'Océan entre eux, la guerre! Si j'ai des moments de distraction, ils sont courts; et puis n'est-il pas triste de se contraindre et de s'interdire de parler de ce qui affecte le plus? Votre caractère vous dégage de tout, la gaieté peut vous être naturelle; moi je suis mélancolique, nos caractères ne se ressemblent point; vous avez raison de le dire, je n'ai pas eu le choix; mais quand j'aurais mieux choisi, combien cela aurait-il à durer?

---

[1] La comtesse d'Ossonville, fille du comte de Guerchy, qui avait été ambassadeur de France en Angleterre. (A. N.)

[2] Un fils cadet de l'illustre maison de Colonna à Rome, à qui M. Walpole avait donné, à la demande de S. A. R. la duchesse de Glocester, des lettres d'introduction auprès de madame du Deffand. (A. N.)

LETTRE 672.

MADAME LA MARQUISE DU DEFFAND A M. HORACE WALPOLE.

Mercredi 17 février 1779.

Vous me faites un sensible plaisir de m'apprendre toutes vos nouvelles. Je partage la joie qui règne dans Londres [1]; on s'est intéressé ici à l'amiral Keppel autant qu'aucun bon Anglais; mais Palliser et ses consorts ne seront-ils point punis? On débitait hier ici que milord Sandwich avait donné sa démission, et qu'on allait couper la cuisse à Palliser. Je crus que c'était par sentence des juges : on me dit que c'était par celle des chirurgiens, que la blessure qu'il avait à la cuisse s'était rouverte, qu'il y avait la gangrène, et qu'on la lui allait couper. Personne ne le plaindra; mais qui commandera vos flottes? On dit ici l'amiral Howe : vous me ferez un vrai plaisir si vous voulez bien m'informer de tout ce qu'il y aura à savoir; je prends autant intérêt à votre pays qu'au mien propre; tirez-en la conséquence.

J'ai été assez heureuse de rendre au Selwyn un assez grand service; j'en reçois une lettre de remerciments, pleine de lieux communs de reconnaissance : pas un mot de détails sur ce qui se passe à Londres, si ce n'est en gros, qu'on n'est point en sûreté dans les rues [2], qu'il déteste ce tumulte et cet esprit de révolte : il donne toute préférence à notre gouvernement.

Si tout ceci pouvait amener la paix, j'aurais une grande joie, quoique j'eusse bien peu à y gagner. Je crois vous voir dans les rues de Londres avec toute l'activité que je vous connais.

Faites mes compliments au jeune duc, c'est pour lui un jour de triomphe. Votre parlement va devenir curieux.

Je ne saurais trop m'inquiéter de ce qui se passe à Édimbourg [3]; cela n'est peut-être pas d'une bonne catholique, mais

---

[1] La joie occasionnée par la décharge honorable de l'amiral Keppel, des griefs portés contre lui par sir Hugh Palliser, qui commandait en second dans l'engagement d'Ouessant avec la flotte française sous les ordres du comte d'Orvilliers. (A. N.)

[2] Il paraît que M. Selwyn avait donné un récit exagéré de l'attroupement des matelots qui, après la décharge de l'amiral Keppel, avaient voulu forcer les maisons et avaient contraint tout le monde à paraître dans la rue, pour partager leur tumultueuse joie. (A. N.)

[3] Des émeutes plus sérieuses eurent lieu à Édimbourg, où l'on incendia une chapelle catholique nouvellement bâtie, et où l'on maltraita tous ceux qu'on

nous autres catholiques, nous ne sommes pas en droit de reprocher aux autres leur intolérance.

Vous savez sans doute le retour de M. de la Fayette (*d'Amérique*). Il arriva jeudi 11, à deux heures après minuit, et débarqua à Versailles chez le prince de Poix, qui donnait un bal; il fut se coucher, et le lendemain vendredi il eut un entretien de deux heures avec M. de Maurepas. Il revint l'après-dînée à Paris; il n'a point vu le roi, et il a ordre de ne voir personne que ses parents; mais il en a tant, que c'est à peu près toute la cour : il est neveu, à la mode de Bretagne, de l'Idole; en conséquence, il soupa chez elle dimanche avec une apparence de secret; elle était *visiblement cachée* (c'est une expression de Pont-de-Veyle dans le *Fat puni*).

Ne me dites jamais de bien de mes lettres, surtout en les comparant aux vôtres; je n'ai d'esprit qu'en épiderme, cela n'est que trop vrai : ni énergie, ni jugement, ni raison; enfin je suis lasse et dégoûtée de moi autant qu'on peut l'être. N'est-ce pas en effet un grand manque d'esprit, de craindre autant l'ennui, n'être occupée que de ce qui peut m'en garantir, d'imaginer des ressources qui sont assez semblables à celles de Gribouille? Je ne saurais me suffire à moi-même; enfin, si je ne suis pas tout à fait bête, je suis complétement sotte. Il faut que vous soyez aussi indulgent que notre bon Sauveur l'était avec la Madeleine; et, par la même raison, vous seul soutenez mon peu de courage, et tant que vous ne dédaignerez pas ma correspondance, je tâcherai de me supporter.

Je ne saurais écrire à Lindor; ses lettres sont très-ennuyeuses; il promet de dire bien des choses et ne dit jamais rien; il ne fait que rabâcher. Il prétend que vous vouliez me rapporter quelques-uns de ses bons mots, mais que vous étiez embarrassé pour les traduire.

J'ai trouvé vos jugements sur l'article de madame de Sévigné parfaitement justes. Mon Dieu, mon Dieu, amitié à part, je donnerais toutes choses au monde pour causer avec vous. Croyez-moi, rien n'est si vrai, il n'y a personne ici, je dis personne à qui on puisse parler. Vous voudriez peut-être qu'il y en eût une qui ne pût pas écrire, et que cette personne fût moi. Vous me promettez une lettre pour dimanche, je l'attends avec impatience.

supposa vouloir favoriser le bill déposé au Parlement pour demander la révocation de quelques lois pénales contre les catholiques romains. (A. N.)

LETTRE 673.

MADAME LA MARQUISE DU DEFFAND A M. HORACE WALPOLE.

Lundi 8 mars 1779.

Je viens de recevoir votre lettre. Vous condamnez mes arrangements avec mon neveu; vous dites que deux mille écus, c'est acheter bien cher une mauvaise compagnie; vous croyez peut-être que cet argent de plus dans ma dépense m'en procurerait une meilleure; en cela vous vous trompez. Quand j'aurais un souper tous les jours de la semaine, je n'éviterais pas la solitude; je puis compter sur plusieurs personnes deux ou trois jours par semaine; mais comme je n'ai point de complaisants, ni de connaissance qui n'en ait infiniment d'autres, je suis presque assurée d'être réduite à être seule les autres jours. Vous n'avez pas tort de dire que je vois tout en noir, et qu'en cela vous êtes bien différent de moi. Vous n'êtes point octogénaire, ni sourd, ni aveugle; vous avez une famille nombreuse; vous avez des talents, des goûts que vous pouvez satisfaire, je n'ai rien de tout cela. Je serais trop heureuse, malgré ma situation, si je pouvais me conduire par vos conseils et être gouvernée par vous; cela ne se peut pas. Je me reproche de vous ennuyer en vous racontant mes peines et mes embarras; mais je me laisse entraîner par le besoin que j'ai de m'épancher; j'imagine que cela me soulage, j'éprouve souvent que cela produit l'effet contraire, que je vous dégoûte de ma correspondance qui vous attriste et vous ennuie; mais ayant commencé à vous raconter ma situation présente, souffrez que je continue.

Mes arrangements avec mon neveu ne sont point indissolubles; sa femme viendra passer l'été ici, je connaîtrai l'effet qu'elle fera dans ma vie, je serai la maîtresse de la garder, si elle me convient, et elle retournera à Avignon dans le mois d'octobre ou de novembre; s'il en arrive autrement enfin, je ne suis point liée, ils auront un appartement à Saint-Joseph, que je loue pour eux pour l'espace de deux ans : s'ils s'en retournent cet automne, ils pourront revenir dans le printemps de l'année suivante; enfin ce n'est pas par ma volonté ni mes désirs que je suis parvenue à une si grande vieillesse, je la supporte, ou plutôt je la traîne le moins mal qu'il m'est possible. Ceux qui, comme vous, n'ont pas le malheur de savoir tout ce que je pense, et qui ne voient que l'extérieur de la vie que je mène, me croient heureuse; on loue quelquefois ma gaieté. D'où vient, me direz-vous, ai-je en vous une confiance qui vous est à charge? Ah! mon ami, j'ai tort.

Le Selwyn me mande qu'il partira cette semaine; s'il n'est point encore parti et que vous le puissiez voir, dites-lui que je crois avoir trouvé une maison qui lui conviendra.

LETTRE 674.

MADAME LA MARQUISE DU DEFFAND A M. HORACE WALPOLE.

Samedi 13 mars 1779.

Je vous écris aujourd'hui, parce que je me trouve seule. Il est vrai qu'en attendant à demain j'aurai vraisemblablement une de vos lettres, et par conséquent plus de matière pour remplir celle-ci. Mais aussi je pourrais bien n'en pas recevoir, vu l'irrégularité des courriers. Enfin me voilà à vous écrire, je pourrais vous dire, et *je finis n'ayant rien à vous dire*. C'est une citation d'une petite fille qui écrivait à son frère : Je vous écris parce que je ne sais que faire, et je finis, etc.

Votre M. Colonna plaît assez à ceux qui le voient chez moi; sa figure est bien, son son de voix est désagréable; il sait assez bien notre langue; il est extrêmement poli; son maintien et ses manières sont nobles; il joue au whist; fait la partie de madame de Luxembourg chez moi tous les vendredis; il va souper chez elle pour le moins une fois la semaine; voilà où se borne ce que je fais pour lui.

J'ai un grand chagrin, j'ai perdu vos petits ciseaux; je ne les ai prêtés à personne; il faut qu'en les mettant dans ma poche ils soient tombés par terre sans que je m'en sois aperçue; ce n'est pas chez moi, parce qu'on les aurait retrouvés. Je les aimais d'autant plus qu'ils donnaient le démenti à la superstition, qu'il fallait se garder de recevoir des ciseaux de ses amis, parce qu'ils coupaient l'amitié.

Dimanche 14.

Le courrier manque, je ne comprends rien à ces irrégularités; elles rendent notre correspondance beaucoup moins agréable. N'ayant point de lettres nouvelles, je vais relire votre dernière. Elle est lue, et à cette seconde lecture je la trouve encore meilleure que je ne l'ai trouvée à la première. Ah! oui; je vous trouve très-philosophe; toutes vos réflexions sont justes et sages; mais êtes-vous heureux? Ce doit être le but de la philosophie et la preuve qu'on la possède. Pour moi, j'en suis bien loin, mon caractère y est un obstacle invincible; toutes mes réflexions sont semblables aux vôtres, mais mon caractère s'oppose à les suivre, et je m'aperçois avec grande honte et chagrin, que je suis plus imparfaite que jamais; j'ai continuellement besoin de me rappeler mon âge et ces vers de Voltaire, qui dit :

> Qui n'a pas l'esprit de son âge,
> De son âge a tout le malheur.

Il existe une personne dont je connais tous les défauts, contre laquelle je suis sans cesse irritée, que je trouve vaine, légère, imprudente, insociable, laquelle cependant est ma plus intime amie; cette personne, c'est moi. Il serait fort convenable de me retirer du monde, c'est-à-dire de la société des personnes du grand monde, mais cette société est pour moi ce que la Rochefoucauld dit de la cour : *Elle ne rend point heureux, mais empêche de l'être ailleurs.* Je prends donc le parti de ne rien changer à la vie que je mène ; je fais des fautes, je m'en repens, je les répare, et j'y retombe. J'ai quelques espérances que les mesures que j'ai prises en faisant venir mes parents me seront de quelque utilité; je m'accoutume à mon neveu, son caractère me paraît bon; il est très-complaisant sans être flatteur; il a l'apparence de l'amitié : eh! qui est-ce qui en a le sentiment? l'a-t-on soi-même? et en s'examinant sévèrement, ne trouve-t-on pas que tout ce que l'on fait n'est que pour soi? Mais parlons d'autre chose.

J'ai absolument pensé comme vous sur le *Voyage pittoresque*; cette description de la fête de Délos [1] est déplacée; c'est une suite du peu de goût qui règne, et qui pourrait donner un air de fable à un ouvrage qui n'est point fait pour être agréable, mais pour être simplement instructif.

M. de Tressan, qui est actuellement le seul éditeur de la *Bibliothèque des Romans*, m'a envoyé les *Amadis* [2] en deux volumes fort épais, avec une lettre chargée de louanges à faire

---

[1] Description d'une ancienne fête de Délos, écrite par feu M. l'abbé Barthélemy, et insérée dans le *Voyage pittoresque de la Grèce*, de M. de Choiseul-Gouffier. (A. N.)

[2] Le roman d'*Amadis des Gaules*, dont M. de Tressan a publié une édition dans un style moderne. (A. N.)

vomir : voulez-vous que je vous envoie cet ouvrage avec les feuilles de la *Bibliothèque?*

Je vous enverrai les discours de l'Académie; si vous vivez dans la retraite que vous dites, vous aurez le loisir de les lire. Vous me ferez beaucoup de plaisir si vous me dites naturellement ce que vous en pensez.

Madame de Mirepoix passa hier la soirée chez moi avec mesdames de Caraman, de Boisgelin et huit ou neuf autres personnes. Nous jouâmes au loto; après le jeu, la conversation se tourna à raconter de petites anecdotes. Madame de Boisgelin dit qu'une dame était venue faire sa cour à Bellevue aux dames de France [1]; elle s'occupa à lui faire les honneurs du dîner, en lui offrant et lui nommant tous les plats; elle la refusa en lui disant *qu'elle avait fait son affaire dans le premier plat.*

Madame la princesse de Conti voulant faire une politesse à une dame qui avait soupé chez elle, lui demanda ce qu'elle avait fait au jeu : *Ah!* dit-elle, *je m'en suis flanqué pour cinquante francs.*

Une autre dame racontait au chevalier de Chastelux qu'elle avait causé avec une femme extrêmement précieuse et bel esprit, qui l'avait si fort ennuyée, qu'elle aurait voulu avoir *cent coups de pied au cul* et en être quitte; enfin qu'elle l'avait rendue *triste comme un rat.*

Toutes ces choses nous firent extrêmement rire, et ne vous en donneront peut-être pas la moindre envie.

LETTRE 675.

MADAME LA MARQUISE DU DEFFAND A M. HORACE WALPOLE.

Paris, 21 mars 1779.

Point encore de courrier aujourd'hui, rien n'est plus insupportable; quelle en peut être la cause? Si c'est la curiosité des bureaux, ils ne tirent pas grandes lumières de nos lettres; j'en recevrai vraisemblablement demain; je pourrais remettre à mercredi à vous écrire; mais je répugne au plus petit dérangement : cependant je ne sais trop que vous dire. Je pourrais vous parler de ma santé; je me porte bien aujourd'hui, mais j'ai été assez incommodée toute la semaine passée de l'insomnie et de fortes vapeurs. Après la goutte, que je crois le plus grand des maux, je placerais les vapeurs.

[1] Les filles de Louis XV. (A. N.)

On a tous les malheurs, ou on se persuade les avoir; celui qui m'effraye le plus, et qu'il me paraît impossible qu'il ne m'arrive pas, c'est l'abandon, et voilà ce qui fait venir neveu et nièce d'Avignon. Vous jugez que je n'en tirerai pas grand parti, cela pourrait bien être : vous me conseillez de les prendre à l'essai; mais toute entreprise peut-elle être pour moi plus longue que ne serait un essai pour d'autres?

Enfin cette compagnie, quelle qu'elle puisse être, me rassure l'imagination contre la crainte de l'abandon; rien ne me paraît plus triste que de ne tenir à rien : mon âge, l'aveuglement et la surdité rendent la solitude un état insoutenable. Mais changeons de conversation.

M. de Lauzun, avec deux vaisseaux et un très-petit nombre de troupes, a pris votre Sénégal qui était votre traite des nègres; M. de Choiseul contait hier que M. de Sartine, en lisant au roi le détail de cette expédition, hésitait un peu à en dire toutes les circonstances; M. de Maurepas l'obligea de n'en omettre aucune; il apprit donc au roi que la garnison anglaise consistait en quatre hommes, dont il y en avait trois malades, et M. de Choiseul nous dit que celui qui restait s'était apparemment rendu de bonne grâce, et qu'il ne doutait pas qu'on ne lui eût accordé les honneurs de la guerre[1]. Si dans cet exploit M. de Lauzun avait trouvé quelques mines d'or, cela vaudrait bien autant que la gloire qui lui en reviendra.

M. de Choiseul (*Gouffier*) promet le troisième cahier de son *Voyage* dans douze ou quinze jours; je voudrais que nous pussions l'avoir quand M. de Colonna partira pour Londres.

Adieu, mon ami, je ne trouve rien à vous dire de plus.

Je vous prie de dire à M. Selwyn que j'ai fait demander son passe-port, et que le premier commis des affaires étrangères a répondu que les Anglais n'en avaient pas besoin pour venir en France, et qu'il leur était libre d'y venir quand ils voudraient, mais qu'il leur en fallait un pour retourner de France en Angleterre.

---

[1] M. de Choiseul n'aimait pas M. de Lauzun; les *Mémoires* de ce dernier en donnent la raison. (L.)

LETTRE 676.

MADAME LA MARQUISE DU DEFFAND A M. HORACE WALPOLE.

Mercredi saint 22 mars 1779.

Vous n'êtes pas plus gai que moi, mon ami; ce goût pour la retraite, cette aversion pour la société, par l'ennui que vous cause la conversation, me prouve la vérité d'un vers très-beau et très-harmonieux que je fis il y a cinquante-quatre ans, étant à Courbépine avec madame de Prie[1], qui y était exilée. Le voici : mais il faut vous dire la chanson entière et ce qui l'amena. Nous nous envoyions tous les matins un couplet l'une contre l'autre; j'en avais reçu un sur un air dont le refrain était : *Tout va cahin caha;* elle l'appliquait à mon goût : je lui fis ce couplet, qui est absolument du genre des vers de Chapelain, auteur de la *Pucelle,* sur l'air : *Quand Moïse fit défense,* etc.

> Quand mon goût au tien contraire,
> De Prie, te semble mauvais,
> De l'écrevisse et sa mère
> Tu rappelles le procès.
> Pour citer gens plus habiles,
> Nous lisons dans l'Évangile :
> *Que paille en l'œil du voisin*
> *Choque plus que poutre au sien.*

L'application est que vous me grondez, me condamnez; vous trouvez que c'est par un défaut de mon caractère que je m'ennuie; et vous, dont je serais la mère, qui avez des talents, des goûts, et les moyens de les satisfaire, des yeux dont vous voyez, des oreilles dont vous entendez, une famille aimable, d'anciens amis éprouvés et constants, vous êtes étonné, vous ennuyant au milieu de tout cela, que je puisse m'ennuyer dans la totale privation de toutes ces choses! Mais laissons cet article, qui ne peut servir à nous rendre plus gais ni l'un ni l'autre.

C'est votre cousin[2] qui vous rendra cette lettre; je le vois

---

[1] Madame de Prie était la maîtresse de M. le Duc, premier ministre après la mort du Régent. Duclos, dans ses *Mémoires,* t. II, la juge très-sévèrement : « Avec autant de grâces dans l'esprit que dans la figure, dit-il, elle cachait sous un voile de naïveté la fausseté la plus dangereuse, sans la moindre idée de la vertu, qui était à son égard un mot vide de sens; elle était simple dans le vice, violente sous un air de douceur, libertine par tempérament. » (A. N.)

[2] Feu M. Thomas Walpole, second fils d'Horace, le premier lord Walpole de Woolterton. (A. N.)

partir avec chagrin; il ne s'était pas formé une grande liaison entre lui et moi, et je m'imagine qu'il n'en a jamais eu avec personne avec qui il ne fût pas uni par le sang ou par des intérêts communs; il a une gaieté naturelle qui lui fait tourner toute chose en comique : moi, je lui trouve beaucoup d'esprit, de sagacité; je lui crois une bonne tête, beaucoup d'honneur et de probité, s'intéressant beaucoup à ce qui le regarde, et beaucoup d'indifférence pour tout le reste.

Vous ne prendrez point le parti de vous confiner dans votre campagne, vous êtes accoutumé au monde; vos estampes, vos médailles, vos fabliaux finiraient bientôt par vous ennuyer, toutes ces choses ne sont bonnes que parce qu'elles font variété.

Ne serez-vous pas tenté de devenir le troisième mari de la nouvelle veuve[1]? votre goût pour elle est-il aussi vif qu'il a été? cette question n'est point captieuse, elle ne doit ni vous scandaliser ni vous embarrasser; je mérite, à toutes sortes d'égards, votre parfaite confiance.

Nous avons des mariages ici bien singuliers; celui du maréchal de Richelieu, approuvé de tout le monde, et qui, selon toute apparence, doit rendre la fin de sa vie aussi tranquille et heureuse que le commencement a été bruyant et brillant[2].

Un autre mariage trouvé excessivement ridicule est celui de M. le maréchal de Mailly d'Haucourt, âgé de soixante-dix ou quatre-vingts ans, avec la fille de la vicomtesse de Narbonne, âgée de seize ou dix-sept ans; elle sera sa troisième femme. La première était fille de M. de Torcy[3], sœur de mesdames d'Ancezune et Duplessis-Châtillon. De la seconde, je crois n'avoir jamais su le nom; il n'a eu d'enfants que de la première, un fils à qui on a donné un brevet de duc et dont la femme est dame d'atour de la reine, et une fille qui est la femme de M. de Voyer[4]; il fait

---

[1] Feu lady D. Beauclerc. Son mari, Topham Beauclerc, venait de mourir. (A. N.)

[2] Le maréchal duc de Richelieu, âgé de quatre-vingt-quatre ans, épousa en 1780 madame de Rothe, la veuve de M. de Rothe, qui avait été directeur de la Compagnie française des Indes orientales. Ce mariage eut tous les bons effets que madame du Deffand en présageait. Le maréchal duc de Richelieu s'était marié trois fois sous trois règnes différents. (A. N.)

[3] Neveu de Colbert, et ministre des affaires étrangères sous Louis XIV. (A. N.)

[4] M. de Voyer était fils du comte d'Argenson, qui avait été ministre de la guerre. C'était un fort habile homme, singulier dans sa façon de penser, et infatigable dans ses recherches. (A. N.)

de grands avantages à mademoiselle de Narbonne aux dépens des enfants de sa première femme. Ces mariages, ainsi que presque toutes les sottises que l'on fait, ont pour unique source l'ennui : c'est l'ennui qui gouverne le monde, parce que tout ce que l'on fait n'est que pour l'éviter; on s'égare, on se trompe presque toujours dans les moyens où on a recours.

Toutes mes remarques, toutes mes réflexions me font conclure par mon refrain que le plus grand malheur (et l'unique (puisqu'il produit tous les autres) est celui d'être né.

Voilà donc milord North sur le bord du précipice? Y gagnera-t-on quelque chose? J'en doute; mais je raisonnerais sur cela comme je peux faire sur les couleurs.

J'ai lu la traduction du discours de M. Burke; je le trouve verbeux, diffus, obscur, plein d'affectation; et excepté l'analyse qu'il fait de l'administration de M. Necker, il m'a fort ennuyée. La tâche que tous les auteurs se donnent de faire briller leur esprit, me fait perdre le peu que j'en ai; la sotte vanité des auteurs me choque encore plus que celle de ceux avec qui l'on vit. Rien n'est plus rare que des gens modestes, et ce qui est introuvable, ce sont des gens simples; car la modestie, quoique aimable, s'occupe du soin de l'être, et toute prétention est déplaisante; je crois en avoir été exempte en dictant tout ce fatras; vous m'en direz votre avis et vous le mettrez à sa juste valeur.

Portez-vous bien, mon ami; grondez-moi tant que vous voudrez, abandonnez-vous au courant de la plume, laissez-moi voir tous vos sentiments, soit d'estime ou de pitié; dans le fond de l'âme on se connaît, on ne croit point valoir plus qu'on ne vaut; ainsi vous ne me direz jamais plus de mal de moi que je n'en pense.

LETTRE 677.

MADAME LA MARQUISE DU DEFFAND A M. HORACE WALPOLE.

Paris, lundi 12 avril 1779.

La duchesse de Leinster veut bien se charger de mon paquet; il contient trois *Bibliothèques des Romans* et l'*Amadis* de M. de Tressan. J'aurais voulu avoir votre consentement avant de vous l'envoyer; mais, toutes réflexions faites, s'il ne vous plaît pas, il plaira à quelqu'une de vos nièces. J'ai beaucoup de regret du départ de la duchesse; c'est une femme charmante, vraie, naturelle, douce, sensible, très-raisonnable, et dont j'ai reçu mille marques de bonté; son mari, M. Ogilvy, est très-honnête homme.

La reine s'établit aujourd'hui à Trianon pour achever le terme qu'on prescrit après la rougeole pour ne voir personne; elle ne voit que son service, et quatre courtisans qu'elle a choisis pour lui tenir compagnie, le duc de Coigny, le duc de Guines, le baron de Bezenval et M. d'Esterhazy. Le roi ne lui marque pas un grand empressement; notre ministère ne redoute pas son crédit : ce ministère n'a pas grande considération; on l'affuble de pointes, de rébus, de calembours. On dit : Pourquoi le roi a-t-il une chasse du vol? pourquoi des faucons? ne serait-il pas mieux d'avoir des aigles, de les placer dans son conseil? Oh! non, dit-on, il a préféré des grues. Et puis, on annonce un changement dans le ministère, un M. de Bièvre, diseur de pointes et de bons mots, à la place de Maurepas; Linguet, à celle de garde des sceaux; Beaumarchais, à la marine; mademoiselle d'Éon, aux affaires étrangères. Vous voyez que nous ne disons pas comme chez vous des injures à nos ministres; nous nous contentons de les tourner en ridicule, et le choix de leurs successeurs n'est pas mal assimilé à leurs caractères. On laisse M. Amelot[1], comme n'ayant rien à changer pour qu'il soit assorti à ces nouveaux venus.

Vous voyez que je profite de l'occasion : cette lettre ne sera pas ouverte. On parle très-sérieusement de la déclaration de l'Espagne; pour moi je vous avoue que tout cela m'est indifférent. Je désire la paix, et tout ce qui la pourra procurer (quand ce serait à notre confusion) me sera agréable.

Jouissez du charme de votre indifférence, applaudissez-vous de ne rien aimer, et livrez-vous à l'espoir de faire des prosélytes. Ne me parlez plus de votre vieillesse; nous avons un proverbe, fort trivial, à la vérité, qui dit *qu'il ne faut point parler de corde dans la maison d'un pendu.*

Vous avez peut-être raison de me croire l'esprit peu délicat et peu fin, mais je n'ai cependant pas besoin que, pour se faire entendre, on articule les mots et les paroles.

Je ne m'attends pas que Lindor me cause beaucoup de satisfaction; il sera plus content de moi que je ne le serai de lui;

---

[1] M. Amelot, secrétaire d'État pour l'intérieur, était fils de M. Amelot, ministre des affaires étrangères sous Louis XV. (A. N.)

j'aurai la complaisance d'écouter ses folies, et je ne l'entretiendrai pas des miennes, c'est-à-dire de mes vapeurs.

On parle d'une nouvelle édition de Voltaire qui sera de cent vingt et tant de volumes in-octavo; le recueil de ses lettres sera de vingt-deux. Je ne veux point donner celles que j'ai de lui, je ne veux donner aucune occasion de parler de moi; je doute que ce recueil de lettres ait un grand succès : on les recherchera avec fureur; mais il sera dans quelques années peu lu et peu considéré. Pour dans ce moment-ci, c'est un fanatisme outré que l'adoration qu'on a pour tout ce qui vient de lui.

Voilà une fort longue lettre : quand je l'ai commencée, j'étais en peine de quoi je la remplirais.

Vous avez cru me mettre à mon aise en me disant que vous ne craigniez plus que nous parlassions d'amitié; je ne sais d'où vient ce consentement m'en a ôté le pouvoir; je suis accoutumée à votre sévérité, votre indulgence me surprend et me déconcerte; c'est ne vous rien cacher de tout ce que je pense et de tout ce que je sens.

LETTRE 678.

MADAME LA MARQUISE DU DEFFAND A M. HORACE WALPOLE.

Dimanche 18 avril 1779.

Le Selwyn arriva mercredi au soir, 14 du mois; j'avais infiniment de monde; il vint jusqu'à la porte de la salle à manger, et comme il était en frac, il n'entra pas. Le lendemain jeudi, il vint à midi; il m'apporta votre livre, du thé et des petits ciseaux dont je lui avais donné la commission. Je l'attendais le soir à souper; il me fit dire qu'il n'avait pas dormi la nuit précédente et qu'il allait se coucher. Le vendredi, il vint souper, m'apporta des rasoirs pour mon neveu, et des éventails de douze sous la pièce; il joua au loto, resta à causer entre madame de Beauvau, madame de Cambis et moi, nous raconta tous ses projets, ses craintes, ses espérances sur le parti qu'il faudrait qu'il prît pour posséder sa Mimie[1], et dont le père, qu'il attend tout à la fin du mois, doit décider.

Hier, samedi, il soupa encore chez moi avec l'abbé Barthélemy, le prince de Beaufremont, M. et madame d'An-

---

[1] Mademoiselle Fagniani, depuis comtesse d'Yarmouth. (A. N.)

gosse.¹ „ habitants de Saint-Joseph, mademoiselle Sanadon et
mon neveu; nous fîmes un loto ainsi que la veille, c'est l'amusement de tous les soirs.

Aujourd'hui il soupera avec moi chez la comtesse de Choiseul, Petite Sainte; demain chez les Caraman, mardi chez les
Necker : nous avons des arrangements pour dix ou douze
jours.

Le *Courrier de l'Europe* nous avait appris la tragique aventure de la maîtresse du Sandwich; personne ici n'a imaginé
que la politique pût y avoir quelque part ². Je crois que si on
refusait à Lindor sa Mimie, il pourrait bien aussi se tuer; c'est
une folie dont il n'y a point d'exemple.

Voici l'article du Selwyn fini. Venons à celui qui m'intéresse
bien davantage. Ma nièce d'Avignon ³ est arrivée ce matin; elle
est descendue à Montrouge chez mon frère ⁴, a envoyé dire à
son mari qu'elle l'attendait; il a été la prendre, ils sont actuellement ici dans leur appartement; je leur ai fait donner à dîner,
et quand j'aurai fermé cette lettre, je les enverrai chercher. Je
prévois bien, ainsi que vous, que cette société ne sera pas sans
inconvénients; mais je crois avoir pris de justes mesures pour
éviter presque tous ceux dont vous me parlez; je ne la présenterai à personne, si ce n'est de la nommer à ceux et à celles
avec qui elle soupera chez moi, qui ne sera pas exactement
toutes les fois que j'aurai grand monde. Mon frère s'établit à
Montrouge jeudi prochain; elle partagera son temps entre lui
et moi : je suis déjà convenue avec son mari de ce que je vous
viens de dire. Vous avez peut-être toute raison en prévoyant
que ce sera moins un agrément qu'un embarras dans ma vie.
Mais, mon ami, vous ne savez pas à quel point mon caractère
est faible, et l'abattement où je tombe quand je crains de passer
mes soirées seule; la sorte d'humiliation qui tient à l'abandon
m'est absolument insupportable; j'aimerais mieux le sacristain
des Minimes pour compagnie, que de passer mes soirées toute
seule : c'est un point fixe que j'ai dans la tête, une espèce de

---

¹ M. d'Angosse était de la ci-devant province de Béarn; il avait épousé une
fille du marquis de Bonnac, qui avait été ambassadeur de France en Hollande. (A. N.)

² Mademoiselle Ray, qui fut tuée, en sortant du théâtre de Covent-Garden,
par un ecclésiastique nommé Hackman, qu'un désespoir amoureux porta à
commettre ce crime. (A. N.)

³ Madame d'Aulan. (A. N.)

⁴ L'abbé de Chamrond. (A. N.)

folie qui me fit aller il y a vingt-cinq ans en province, où je passai une année entière. Enfin, que vous dirai-je? il m'est nécessaire de n'être pas abandonnée à mes réflexions; si je ne craignais que vous ne traitassiez ce que j'ai à vous dire de métaphysique, je vous dirais tout ce qui se passe en moi; mais à quoi cela servirait-il? à vous attrister peut-être, ou au moins vous ennuyer.

Tout ce que je me permets de vous dire, c'est que mon âme a autant d'activité que si je n'avais que trente ans, qu'elle ne peut en faire nul usage, et que je suis peut-être moins malheureuse par le peu d'amitié que je vois qu'on a pour moi, que par l'indifférence que j'ai pour toute chose. En voilà assez. Je vais envoyer chercher ce népotisme.

Vous savez la paix d'Allemagne[1]; je ne saurais perdre l'espérance que la nôtre avec vous n'arrive : nous la désirons trop de part et d'autre, et elle nous est trop nécessaire; mais du moins qu'elle règne toujours entre vous et moi : traitez-moi avec douceur, bannissez la crainte d'un attachement trop vif, ne cherchez point à le détruire. Qu'avez-vous à m'apprendre qui puisse vous être utile? Je sais que je ne vous reverrai jamais; malgré cela, je ne puis me passer de votre amitié.

La duchesse de Leinster vous aura remis les *Amadis*, ils m'ont fait vraiment plaisir. Un de mes malheurs, c'est de ne savoir que lire, les grandes histoires me paraissent de vieilles gazettes rédigées par des fats qui ne cherchent qu'à faire montre de leur savoir et de leur bel esprit.

Parlez-moi donc de vos nièces, de vos lectures, de vos amusements.

Lundi 19, sept heures du matin.

Bien des nouvelles! Lindor reçut hier des lettres d'Italie qui le font partir ce matin avec les deux femmes qu'il a avec lui, pour aller à Lyon chercher la petite fille qu'il trouvera, ou qu'il attendra, conduite par son père, sa mère et sa grand'mère; le père et la petite fille partiront tout de suite pour venir à Paris; Lindor alors saura sa destinée, si on lui permettra d'emmener tout de suite la petite fille en Angleterre, ou si on voudra qu'elle reste à Paris. La tête de ce pauvre homme est renversée, son économie cède à la passion qu'il a pour cette marmotte; mais cela n'est pas sans douleur.

[1] La paix de Teschen, qui termina la guerre pour la succession de la Bavière. (A. N.)

J'ai vu ma nièce, j'en suis contente; ses projets sont conformes à mes intentions; j'ai tout lieu d'espérer qu'elle ne me causera aucun embarras : elle n'a, dit-elle, pour objet que moi; elle ne se soucie de faire connaissance avec personne, ne me verra qu'aux heures qui me conviendront, s'en retournera à Avignon, si j'y consens, dans le courant d'octobre. Ne me demandez plus à quoi elle me sera bonne, je n'en sais rien; mais je pense qu'elle me sera ce qu'est un garde-fou, qui n'est nécessaire que pour rassurer l'imagination.

Nous avons ici un procès assez curieux pour un enfant sourd et muet qui fut trouvé presque nu auprès de Péronne; il est actuellement chez l'abbé de l'Épée, qui prétend que cet enfant est fils d'un comte de Solar; que sa mère étant devenue veuve et amoureuse d'un petit bourgeois, nommé Cazeau, lui avait confié cet enfant pour le mener à Bagnères, et avait comploté avec lui de publier sa mort et de faire enterrer un autre enfant sous le nom du petit comte de Solar[1] : la dame de Solar est morte; le Cazeau, son amant, qu'elle voulait épouser, a été arrêté, et il est depuis quelques mois dans les prisons du Châtelet: M. Élie de Beaumont plaide pour lui; on lui a dit apparemment que j'avais été contente de son premier *Mémoire*, il m'a écrit pour m'en remercier, et m'en a envoyé un second que j'ai commencé hier et que je vais finir. Êtes-vous curieux de cette affaire? Elle est curieuse et intéressante, je pourrais vous envoyer par M. de Colonna tout ce qui sera écrit pour et contre.

LETTRE 679.

MADAME LA MARQUISE DU DEFFAND A M. HORACE WALPOLE.

Lundi 3 mai 1779.

Je dois pour le moins deux réponses à deux de vos lettres. Je n'ai reçu celle du 17 que le 29. Celle d'aujourd'hui est du 25; je commencerai par celle-ci.

Je suis confondue, accablée, humiliée, écrasée de votre critique d'*Amadis*. Oui, j'avouerai, à ma honte, que je l'ai trouvé très-agréable, le style naïf, facile; à la vérité, les événements et les personnages se ressemblent, les mœurs sont un peu négli-

[1] Cette histoire connue a donné occasion à un drame intéressant sur le théâtre français et à un autre sur le théâtre anglais. (A. N.)

gées, mais il y a de la bonne foi, une grande générosité; on n'était point métaphysicien dans ce temps-là, on croyait tout et l'on ne craignait rien; mais je ne prétends pas défendre mon goût; je ne le crois pas bon, puisqu'il n'est pas conforme au vôtre. Venons à Lindor.

Je crois que je vous mandai son arrivée ici. Il comptait y attendre sa Mimie; son père lui avait mandé qu'il la conduirait jusqu'à Paris; mais il reçut, quatre jours après qu'il y fut arrivé, une lettre qui lui mandait que la petite fille serait conduite par ses parents à Lyon, et qu'elle y serait tel jour, je ne me souviens plus des dates, et pour vous épargner un détail ennuyeux, le pauvre Lindor partit le lendemain de cette lettre pour aller avec la gouvernante et la femme de chambre, qu'il a amenées d'Angleterre, chercher cette infante. Ils en sont revenus jeudi dernier 29. Il me l'a amenée le lendemain; il est ivre de plaisir, mais son ivresse est fort triste. Le père est resté à Lyon pour une fluxion qu'il a sur les yeux; il doit, dit-il, venir à Paris quand elle sera passée. Lindor l'attend pour savoir ses volontés; je ne doute pas qu'il ne lui permette de l'emmener en Angleterre avec lui; je le verrais partir sans grand regret. Vous souvenez-vous de la définition que vous avez faite de lui : *une bête inspirée?* Eh bien, les inspirations lui manquent, je crois qu'il s'ennuie à la mort; je le plains, car c'est un grand mal. Mais laissons tout cela et venons à vous, c'est-à-dire à votre lettre du 17, où vous me parlez de votre état. J'en suis infiniment touchée; ce que vous avez souffert, votre faiblesse actuelle, l'attente et presque la certitude de grandes douleurs dans l'avenir, m'afflige extrêmement. Je conviens que rien n'est plus fâcheux ni difficile à supporter; la vieillesse, l'aveuglement, la surdité sont bien tristes, mais elles ne sont que cela, elles ne mettent pas au désespoir; elles abattent, elles découragent : savez-vous le dernier effet qu'elles ont produit en moi? Souvenez-vous du songe d'Athalie, relisez-le si vous l'avez oublié, vous y trouverez ceci :

> Dans le temple des Juifs un instinct m'a poussée,
> Et d'apaiser leur Dieu j'ai conçu la pensée.

J'ai donc cherché à satisfaire cette inspiration ou cette fantaisie, j'ai voulu voir, et j'ai vu un ex-jésuite, bon prédicateur; je lui ai trouvé beaucoup d'esprit, de raison et de douceur, il ne m'a rien dit de nouveau, mais sa conversation m'a plu; je le crois de bonne foi, je compte le voir de temps en temps. Que sait-on ce qui arrivera? Si en effet il y a une grâce, je l'obtiendrai peut-être ; à son défaut, si je peux me faire illusion, ce sera toujours quelque chose. Je ne me repens pas jusqu'à présent d'avoir ici mes parents, c'est toujours un bien d'être le principal objet de quelqu'un; rien n'est pis que l'indifférence active et passive, c'est-à-dire celle qui est en nous et celle qu'on trouve dans les autres.

Le *Voyage pittoresque de la Grèce* ne paraît point encore, on le promet dans quatre ou cinq jours.

Je suis fâchée que vous n'ayez point encore vu madame de Leinster, c'est une aimable femme; il me semble que je m'accommoderais fort de sa société. Rien ne me plairait autant que d'avoir tous les soirs chez moi six ou sept personnes de bonne compagnie, et non pas deux fois la semaine vingt ou vingt-cinq personnes, comme cela arrive, qui ne se soucient non plus de moi, et dont je ne me soucie pas davantage que de ceux qu'on rencontre dans les églises et dans les spectacles. Aujourd'hui, par exemple, cela sera différent : j'aurai une compagnie moins nombreuse, mais plus choisie; nous serons neuf ou dix, et comme vous aimez les noms propres, je vais vous les nommer : M. et madame d'Aulan, madame de Cambis, MM. de Beaune [1], de Beauffremont, l'abbé Barthélemy, le président de Cotte, mademoiselle Sanadon, si elle n'a pas peur de M. de Beaune, dont le frère a la petite vérole, et Lindor, si les vapeurs qu'il prétend avoir lui permettent de sortir.

Je réserve le reste du papier pour ajouter demain ce que je trouverai qui en vaudra la peine.

Mardi après midi.

Ce que je ramassai hier de nouvelles et de conjectures donne beaucoup d'espérances et rend vraisemblable ce qu'on soupçonne chez vous, que nous y avons peut-être un agent. Dieu le veuille! Dieu le veuille! La paix est mon plus grand désir, quoique sans espérance qu'il puisse en résulter pour moi ce qui me rendrait parfaitement heureuse; mais elle me procurerait quelques autres avantages qu'à la vérité j'ai bien moins à cœur, mais qui contribueraient à rendre ma vieillesse moins triste et moins fâcheuse : elle nous garantirait des impôts; ce qui me laisserait les moyens d'avoir tous les jours un petit souper. Il y

---

[1] M. de Beaune était le frère aîné du marquis de Bouzolles; leur mère était une fille du maréchal de Berwick. (A. N.)

a longtemps que j'ai prétendu que le souper était une des quatre fins de l'homme, je ne me souviens pas quelle est celle dont je lui fais prendre la place : la mort, le paradis et l'enfer, voilà les trois dont je me souviens ; il faut que le purgatoire soit la quatrième, à laquelle je substitue le souper.

Le Caraccioli, qui disait, il y a moins d'un mois, la paix impossible, articula hier, avec affirmation, qu'il la croyait très-probable, et s'il fallait parier, il se déciderait en sa faveur, pour être conclue avant la fin de l'année. Le pauvre M. Necker en aura bien de la joie, car il est bien peiné de la nécessité où il serait de mettre des impôts si elle ne se fait pas.

Je n'eus point hier toute la compagnie que je comptais avoir ; l'abbé Barthélemy et le président de Cotte ne vinrent point ; nous n'étions que six : nous fîmes un loto. Il y a deux jours que je n'ai vu le Selwyn ; je ne sais si son amour pour la Mimie lui tient lieu de tout, ou bien s'il ne l'empêche pas de s'ennuyer : la dernière fois que je l'ai vu, qui était samedi, il était triste, distrait, mal à son aise ; il avait l'air mécontent, et n'était pas fort aimable.

Il arrive tous les jours ici quelque nouveau suicide. Un clerc de notaire, marié depuis six mois, et depuis deux séparé de sa femme, la trouvant au Luxembourg, entre son oncle et son frère à lui, fut à elle, et lui demanda si elle voulait revivre avec lui ; elle lui ayant dit non, il lui tira un coup de pistolet, dont elle ne fut point tuée, mais légèrement blessée au sein : il prit la fuite ; on courut après : étant rattrapé, il se donna huit à dix coups de couteau, et mourut sur la place.

Voilà une mode que l'on prétend que nous tenons de vous : celle-là et vos voitures me paraissent détestables : ces dernières sont la cause de mille accidents, elles versent bien plus aisément que les nôtres. Madame de Vauban[1] vient de l'éprouver, et en a un os du bras démis.

Nous avons ici une famille désolée, qui a l'appartement qu'avait madame de Saint-Chamans ; ils ont perdu, en trois mois de temps, la femme, son père, M. de Bonnac, un fils qui avait un an, et aujourd'hui sa fille qui en avait neuf, que son père et surtout sa mère aimaient à la folie : celle-ci n'attend que le moment pour accoucher. Aussitôt après qu'elle sera relevée, elle partira avec son mari pour retourner dans ses terres, qui

---

[1] La comtesse de Vauban, née Barbantane. Son mari accompagna le comte d'Artois à Saint-Pétersbourg, et fit la guerre dans la Vendée. (A. N.)

sont dans le fond du Béarn. Je ne sache rien de plus malheureux qu'elle. Leur nom est d'Angosse, tous les deux assez aimables, et qui étaient pour moi une ressource. Jusqu'à présent je trouve que j'ai très-bien fait de faire venir mon neveu et ma nièce. Bientôt je ne serai plus en état de sortir; ma surdité fait de grands progrès; je me trouve déplacée partout ailleurs que chez moi, et même chez moi je ne suis pas à mon aise quand j'ai beaucoup de monde. Mais en vérité j'abuse de votre patience, je me laisse aller à une bavarderie très-propre à vous ennuyer : je ne sais d'où vient je me livre à une si grande confiance.

Mercredi.

Je soupai hier chez les Necker comme je vous l'avais dit. Mes espérances de paix sont fort diminuées; tant pis, cent fois tant pis, et pour vous et pour nous.

Je n'ai point vu Lindor depuis samedi dernier; il y a, comme vous voyez, quatre jours; il doit me voir aujourd'hui et me conter les raisons de cette absence, causée par des vapeurs qui sont causées par des causes dont le récit me causera sans doute tant soit peu d'ennui. Suspendez votre curiosité, que je soupçonne n'être pas bien grande.

Je termine comme le *Courrier de l'Europe : la suite au courrier prochain.*

LETTRE 680.

MADAME LA MARQUISE DU DEFFAND A M. HORACE WALPOLE.

Paris, mercredi 9 juin 1779.

Votre lettre, datée du 31, que j'aurais dû recevoir dimanche, n'est arrivée qu'hier.

Vous avez trouvé ma dernière un peu boudeuse; je ne sais pourquoi, je ne me souviens pas d'avoir été depuis bien longtemps dans cette disposition pour vous, et je puis, je crois, pouvoir vous assurer que je n'y serai jamais. J'admire votre exactitude, et par conséquent votre caractère dont elle est une conséquence; oh! oui, on peut compter sur vous; vous êtes un ami fidèle, mais non pas aveugle : aucun défaut dans vos amis ne vous échappe; vous les jugez avec justesse, justice et sévérité, mais vous ne changez point.

Je crains bien que les correspondances ne souffrent quelque

changement : voilà, dit-on, l'Espagne déclarée, nos troupes prêtes à s'embarquer; on a la liste du commandant, des officiers généraux, de tous les colonels; enfin, tout paraît en activité. Je n'ose vous envoyer la liste, il n'y aurait cependant pas grand inconvénient; mais quand la prudence n'est pas une qualité qui soit naturelle, on la pousse plus loin qu'il ne serait nécessaire. Je suis, je vous assure, fort triste de ce redoublement de séparation.

La situation de Lindor est difficile à soutenir; il ne peut se soumettre à se séparer de sa Mimie, il n'a pas le consentement de sa mère pour l'emmener avec lui, je ne sais ce qu'il deviendra; il ne dort ni ne mange, il tombera malade, il deviendra tout à fait fou : ce n'est pas une manière de parler, c'est au pied de la lettre que je le pense; j'ai pour lui la plus grande compassion. Ce n'est pas volontairement ni par affectation qu'il est possédé de cette extravagante passion; je ne serai point étonnée s'il se détermine à rester ici; je lui conseillerai de n'en rien faire, mais de laisser cette petite dans le couvent; je lui offrirai de lui rendre des soins et de lui donner de ses nouvelles, ce que je ferais, en effet, en envoyant à Panthémont, tantôt Wiart et tantôt mon neveu pour la voir; mais je ne m'avancerai pas à lui promettre d'y aller moi-même, je n'aime point les enfants. Ne parlez point de ce que je vous dis sur Lindor, il est inquiet sur ce que je peux vous mander de lui. Il faut le plaindre, je le trouve très-digne de compassion.

M. Colonna vous a dit que je n'étais point sourde; il est certain que je ne le suis pas comme l'est madame de la Vallière, mais je le suis assez pour être déplacée quand je suis à table ou dans un cercle; je ne puis entrer dans aucune conversation. Je serais bien fâchée que cela vous affligeât; je ne désire point d'inspirer la pitié, j'y sens même une grande répugnance, et c'est ce qui me retiendra de parler de moi.

Adieu, mon ami, portez-vous bien, n'oubliez jamais que je suis et serai toute ma vie la personne dont vous êtes le plus aimé.

LETTRE 681.

MADAME LA MARQUISE DU DEFFAND A M. HORACE WALPOLE.

Mardi 15 juin 1779.

Oh! pour le coup, je crois que cette lettre vous fera plaisir; vous serez surpris de la voie par où elle vous parviendra. Pas plus tard qu'avant-hier je vous avais fait perdre l'espérance de revoir Lindor de très-longtemps, et ce soir il couche à Chantilly, samedi à Calais et lundi à Londres. Je le regrette beaucoup, il nous quitte assez content de moi; j'ai réussi à lui rendre tous les services dont il a eu besoin. Si on nommait lui et moi plénipotentiaires pour traiter de la paix, elle serait bientôt faite.

Je confierai à cette lettre, qui ne sera pas ouverte aux bureaux, que je désavoue tous nos projets, que je ne puis désirer qu'ils réussissent, et que je déteste vos ministres et les nôtres qui nous ont précipités dans cet abîme, dont nous nous tirerons les uns et les autres bien plus mal que nous n'étions devant, quel qu'en soit le succès.

Je vous envoie la liste de nos officiers, de nos troupes; elle parut il y a cinq ou six jours, et j'ai reçu ce matin une liste de l'augmentation qui monte à huit mille hommes. On disait hier, mais cela demande confirmation, qu'on envoyait aussi huit mille hommes dans le Roussillon, sous le commandement de MM. de Stainville et d'Egmont.

Votre lettre, que je devais recevoir dimanche, je la reçus hier.

Ne dites rien à Lindor sur tout ce que je vous ai écrit sur lui; mais est-il besoin de vous rien recommander? N'êtes-vous pas la prudence même?

Adieu l'Angleterre, adieu les Anglais, adieu Lindor, et pour dire tout ce que je regrette, adieu mon ami!

LETTRE 682.

MADAME LA MARQUISE DU DEFFAND A M. HORACE WALPOLE.

Dimanche 20 juin 1779.

Je reçois votre lettre du 13 et du 14 : vous en recevrez une de moi des mêmes dates, demain au plus tard, par le Selwyn. Il reçut, lundi 14, une lettre de M. Fagniani, qui lui donnait puissance plénière sur sa Mimie. Sans perdre un instant, il accourut chez moi pour que je lui fisse avoir un passe-port; il l'eut le mardi matin, et il fut coucher le même jour à Chantilly. Suivant le calcul de ses arrangements, il doit être arrivé aujourd'hui à Londres.

Je n'ai point encore reçu vos crayons; je vous fais d'avance tous les remercîments de la grand'maman. Les remercîments et toutes les choses que l'on dit dans de semblables circonstances, sont pour ainsi dire notés. On pourrait se dispenser de les écrire, et ceux qui les reçoivent, de les lire; je hais plus que jamais les phrases et les lieux communs, ils dénotent une disette de sentiments et de pensées. Je ne hasarde rien en vous faisant cet aveu, vous êtes bien éloigné des lieux communs : quand vous n'avez rien à dire, vous ne dites rien; et vos lettres, quand elles ne sont pas agréables, ne sont pas du moins ennuyeuses, et elles ont toujours l'empreinte de la vérité : toutes vérités, dit-on, ne sont pas bonnes à dire; mais moi je les trouve toutes bonnes à entendre.

Vous n'avez donc nulle peur de nous? Nos vingt-cinq ou trente mille hommes ne vous font rien, non plus que les vaisseaux espagnols? N'est-ce point une bravade? Je conviens en effet qu'il se peut bien que les Espagnols ne devraient pas protéger les Américains; ils sont pour leurs colonies d'assez mauvais exemples; mais de quoi est-ce que je me mêle? Je n'entends rien à la politique.

La nouvelle du jour est que le fils aîné de la comtesse de Gramont [1] a obtenu la charge de capitaine des gardes du corps, en survivance de M. le duc de Villeroy; en conséquence, il épouse la fille de la comtesse Jules de Polignac, qui n'a que onze ans. Le mariage se fera l'année prochaine; vous n'ignorez pas sans doute que la reine a beaucoup d'amitié pour cette comtesse [2].

M. le duc d'Orléans, madame de Montesson, et M. l'archevêque de Toulouse en tiers, sont à Chanteloup depuis mercredi; ils y doivent rester jusqu'à la fin du mois : la compagnie est choisie, mais peu nombreuse.

L'Idole est établie à Auteuil depuis hier; elle y restera jusqu'au 1er août. L'objet de son voyage est très-louable et intéressant : c'est pour que madame la maréchale de Luxembourg s'établisse chez elle, et n'aille point dans des campagnes éloi-

---

[1] A l'occasion de ce mariage, il reçut le titre de duc de Guiche et devint ensuite duc de Gramont. (A. N.)

[2] La comtesse Jules de Polignac, née de Polastron. Lors de sa faveur auprès de la reine, son mari fut créé duc de Polignac, et à la retraite de la princesse de Rohan-Guéménée, la duchesse de Polignac fut nommée gouvernante des enfants de France. La duchesse de Polignac mourut à Vienne en 1795. Madame de Gramont, sa fille, du mariage de laquelle il est question ici, mourut à Édimbourg en 1803, en laissant après elle trois fils et une fille, laquelle épousa depuis le lord Ossulston, fils aîné du comte de Tankerville. (A. N.)

gnées où elle manquerait de secours si elle tombait sérieusement malade. Son état inquiète beaucoup ses amis, et moi plus que personne; elle a des maux de tête continuels, des élancements, des battements depuis plus d'un mois; elle a fait à sa tête des remèdes qui lui ont été contraires. Comme depuis quelques jours elle a des douleurs à une main, on soupçonne que c'est une humeur de goutte, mais accompagnée de vapeurs bien tristes; elle croit qu'elle va mourir : ses amis sont occupés à la distraire. L'Idole aura le jeudi et le samedi grande compagnie; le mercredi et le vendredi elles souperont chez moi. Depuis longtemps j'ai toujours quinze ou vingt personnes : le mardi, nous soupons chez les Necker; le lundi, le souper est chez M. de Creutz, où je ne vais point; j'ai ce jour-là de libre; le plus souvent je reste chez moi en petite compagnie. Le dimanche, la maréchale va chez madame de la Reynière, et moi je vais chez la comtesse de Choiseul, qu'on appelle la *Petite Sainte*. Voilà mon itinéraire et celui de la maréchale, qui en vérité est ma meilleure amie. Si ses défauts ont offusqué par le passé ses bonnes qualités, actuellement ils ne font plus le même effet; personne n'a un meilleur cœur, n'est plus constante, plus discrète, plus charitable; il serait cruel qu'ayant dix ans plus qu'elle, j'eusse le malheur d'avoir à la regretter [1]. Je vous parlerai d'elle dans toutes mes lettres; c'est certainement ce qui présentement m'intéresse le plus.

Je ne sais quel compte Lindor vous rendra de moi; il m'a dit maintes belles paroles, m'a fait mille protestations d'amitié, tout cela était à la glace. Sa petite fille et sa fortune, c'est-à-dire sa fortune, non des projets ambitieux, mais le désir d'augmenter sa finance, voilà ce qui l'occupe. Il a de l'esprit sans doute; mais il n'est ni étendu, ni profond, ni même agréable, si ce n'est par des éclairs; il ne m'était pas d'une grande ressource. Ah! mon ami, que les gens aimables sont rares! c'est un soin inutile que d'en chercher, il faut apprendre à s'en passer.

Si je m'en croyais, cette lettre serait bien longue; je me sens disposée à vous dire tout ce que je pense; mais vous ne le seriez peut-être pas à m'écouter, ainsi je finis.

---

[1] Cela n'a pas eu lieu. La maréchale de Luxembourg a survécu à madame du Deffand, et mourut en 1786. (A. N.)

LETTRE 683.

MADAME LA MARQUISE DU DEFFAND A M. HORACE WALPOLE.

Dimanche 11 juillet 1779.

La lettre que j'attendais le dimanche 4 est arrivée le mercredi 7. Vous avez fermé votre correspondance de Douvres à Calais : je ne sais si la différence sera grande; on assure que non. Depuis mercredi jusqu'aujourd'hui, je vous ai écrit presque tous les jours; je viens de lire ma lettre; je l'ai trouvée si bête, que je l'ai déchirée.

Les Lucan sont ici depuis dix ou douze jours. Je fus les voir l'après-dînée; ils partent lundi : je vous écris par eux, je puis par conséquent parler à cœur ouvert, sans crainte des bureaux; mais je crois qu'on a jeté un embargo sur mes pensées; ma tête n'en produit aucune. Je ne me porte pas bien depuis plusieurs jours; il s'est joint à mes insomnies une fluxion qui m'a fait souffrir.

Les lettres à l'avenir passeront par Ostende : celle que je reçus mercredi arrivait par cette route; j'en attends une seconde pour juger de la différence.

Ah! ce n'est pas une bravade que nous vous faisons; nos projets sont terribles. J'espère que nous ne réussirons pas, et que nous ne pourrons exécuter ce que nous entreprenons. Tout ce qui me console, c'est que votre situation vous met à l'abri des grands dangers. Je vous conjure de me donner de vos nouvelles avec la même exactitude que par le passé; soyez bien persuadé que si ma naissance me rend Française, je n'adopte pas les sentiments de ma nation. J'espère que vos prophéties s'accompliront, et que nous aurons bientôt la paix.

Je vous envoie une lettre de M. de Caraman, ne la montrez à personne; mais je prends une précaution qui n'est pas nécessaire, on peut s'en rapporter à votre prudence.

M. le comte de Caraman à madame la marquise du Deffand.

« Saint-Malo, 5 juillet 1779.

« N'êtes-vous pas un peu touchée, madame, de savoir vos
» bons amis les Anglais dans une crise aussi violente? Leur
» flotte, au plus de trente-cinq vaisseaux, menacée par celle
» des deux couronnes, de cinquante effectifs; quarante mille

» hommes, en trois corps, prêts à passer sur quatre cents vais-
» seaux pour se jeter en Angleterre lorsque leur barrière navale
» sera forcée; M. d'Estaing, supérieur aux Indes Occidentales,
» les insurgents, quoique un peu tristes sur leur continent, pou-
» vant agir offensivement; la flotte des Indes en danger; la
» seconde de la Jamaïque pouvant être coupée par M. d'Orvil-
» liers : nul ami, nul allié; une dette énorme prête à faire
» tomber leur crédit, un médiocre amiral en mer, point de bon
» général de terre; une armée composée de milices. Il faut
» convenir que ce tableau, qui n'est pas exagéré, ne fait pas
» honneur à leur ministère, et en fait beaucoup au nôtre. Mais
» c'est dans ces terribles situations qu'une nation déploie toute
» son énergie, c'est alors que les partis disparaissent, et que les
» ennemis se réconcilient, quitte à reprendre la querelle après
» l'orage. Aussi, si j'étais ministre français, je doublerais mes
» moyens autant qu'il dépendrait de moi, pour résister aux
» efforts du désespoir. Voici ce qu'ils peuvent faire. Hardy [1]
» peut éviter le combat, et se faire joindre par tout ce que l'on
» pourra armer, bons et mauvais, dans les ports, saisir les occa-
» sions où le vent les favorisera pour faire entrer les flottes
» marchandes, gagner du temps par des manœuvres bien enten-
» dues qu'il se fera conseiller, s'il n'est pas capable de les
» imaginer. Pendant ce temps-là arriveront les Hanovriens,
» peut-être les Hollandais, un bon général, qui ranimera la
» nation effrayée, quelques retards dans nos expéditions, occa-
» sionnés par les vents, pourront leur être favorables; et si la
» belle saison se passe, ils pourront encore faire cet hiver une
» paix raisonnable. Voilà, madame, le pour et le contre. Il
» s'agit donc de savoir quel sera le plus heureux; jusqu'à pré-
» sent nous avons bien joué, et nous avons beau jeu.

» L'armée anglaise, qui s'était avancée dans le golfe de Gas-
» cogne, est revenue à l'entrée de la Manche, ce qui nous
» annonce l'arrivée de M. d'Orvilliers; tous nos préparatifs ici
» vont parfaitement bien. Recevez, madame la marquise, l'hom-
» mage de mon respect et de mon attachement. »

[1] Sir Charles Hardy, qui commandait la flotte anglaise en 1779. Il suivit l'avis dont il est question dans cette lettre, et évita le combat en entrant dans un port, et laissant les flottes combinées maîtresses de la Manche. (A. N.)

LETTRE 684.

MADAME LA MARQUISE DU DEFFAND A M. HORACE WALPOLE.

Paris, 6 août 1779.

Je ne suis point mécontente de la route d'Ostende, il y a bien peu de différence à celle de Calais; vos lettres n'ont d'ancienneté que huit jours, et celles de Calais en avaient six. Si j'étais inquiète de votre santé, cette différence me paraîtrait considérable; heureusement vous vous portez bien, et vous êtes pour moi dans des dispositions favorables.

Dites-moi d'où vient ce changement est arrivé en vous? Est-ce l'impossibilité de me jamais revoir qui vous fait proférer ce mot amitié, parce qu'il devient sans conséquence? Ah! il est bien sûr que je ne vous reverrai jamais; cette certitude, jointe à d'autres circonstances, me fait supporter ce malheur avec plus de courage que je n'avais espéré : ces circonstances sont la vieillesse avec ses dépendances, la perte de deux sens, et de plusieurs facultés de l'âme. J'aurais honte que vous me vissiez dans un état si déplorable; on aime à intéresser, mais non pas à faire pitié. Les humiliations, de quelque genre qu'elles soient, ne sont pas supportables. Pour m'y soustraire, j'ai souvent la pensée de me séparer du monde; et comme je ne pourrais pas vivre seule à la campagne, j'ai l'idée du couvent. Ce qui m'empêche de la mettre en exécution, ce serait la nécessité où je serais de changer de domestiques; et puis quand j'examine mon caractère, je conclus que je ne puis trouver la paix ni le bonheur nulle part. Cet aveu n'est pas à ma louange. S'il était aussi facile de me corriger qu'il me l'est de me connaître, cela serait heureux, mais il s'en faut bien que j'en aie le pouvoir. Je ne sais pas pourquoi j'ai été destinée à vieillir; c'est apparemment pour qu'il y eût un individu qui eût connu tous les malheurs de chaque âge; je sais bien ce qu'il aurait fallu pour me les rendre tous agréables, mais c'est ce que je n'ai jamais trouvé.

Nous avons ici un étrange procès du comte de Broglie, contre un certain abbé qui l'a calomnié, et dont il demande justice; il faudrait vous dire de quoi il s'agit[1], mais ce serait une entreprise au-dessus de mes forces; il sera jugé d'aujourd'hui en huit. Si vous étiez curieux des factums, je trouverais

[1] Voyez la lettre suivante. (A. N.)

peut-être le moyen de vous les envoyer. Je vous offre aussi un volume qui contient sept comédies de madame de Genlis, qu'elle a faites pour l'éducation de ses enfants[1], et qu'elle leur a fait jouer. Il y en a trois ou quatre que je trouve extrêmement jolies, d'un très-bon style, facile, simple, naturel; c'est ce qui m'a fait le plus de plaisir de tout ce que nous avons eu de nouveau depuis plusieurs années. Cette madame de Genlis est nommée gouvernante des princesses d'Orléans; on ne saurait douter qu'elle n'entende très-bien l'éducation et qu'elle n'ait beaucoup d'esprit. Mais à propos, ne vous ai-je pas bien scandalisé en critiquant le *Roi Lear*, de votre Shakspeare? Me le pardonnerez-vous[2]?

Je suis aussi peu contente de mes lectures que je le suis de mes compagnies. L'Idole est toujours à sa campagne, j'y vais souper une ou deux fois la semaine; il y a souvent beaucoup de monde; je me fais alors honte à moi-même, je me trouve déplacée; est-ce qu'à mon âge je devrais jamais sortir de chez moi? Mais l'ennui a été et sera toujours cause de toutes mes fautes.

LETTRE 685.

MADAME LA MARQUISE DU DEFFAND A M. HORACE WALPOLE.

Paris, 17 août 1779.

Depuis le vendredi 6 de ce mois, que je reçus votre lettre du 29 juillet, je n'ai point entendu parler de vous. Je croyais la correspondance par Ostende interdite, et j'allais m'informer des mesures qu'il fallait prendre pour faire passer nos lettres par la Hollande; mais le facteur qui est venu aujourd'hui chez moi, a dit avoir porté des lettres arrivées par Ostende. D'où vient n'en ai-je pas reçu? Seriez-vous malade? Dois-je ignorer ce qui vous regarde? Devez-vous m'oublier? Ne connaissez-vous pas ce que je pense pour vous? Ajoutez à cette connaissance celle que vous avez de mon caractère, qui est de m'inquiéter, de me tourmenter souvent sans raison; jugez de ce que je dois

---

[1] Publiées depuis en deux volumes, sous le titre de *Théâtre d'éducation*. (A. N.)

[2] Madame du Deffand avait dit dans une lettre, qui d'ailleurs n'offre rien d'intéressant : « Je viens de lire le *Roi Lear* de votre Shakspeare; ah! mon » Dieu, quelle pièce! réellement la trouvez-vous belle? elle me noircit l'âme » à un point que je ne puis exprimer; c'est un amas de toutes les horreurs » infernales. » (A. N.)

être quand j'en ai l'occasion; il vous sera pénible de m'écrire, j'en suis persuadée; on confie ses lettres aux ailes des vents, on ne sait ce qu'elles deviendront; le moindre accident, c'est d'être lues et examinées par les bureaux (pourvu qu'elles ne soient point augmentées, c'est-à-dire que les bureaux ne profitent pas du pouvoir qu'ils ont de faire dire ce qu'ils veulent dans les extraits qu'ils communiquent au ministère); cet inconvénient ne sera pas bien fâcheux.

Nous ne savons ici aucunes nouvelles positives; ce sont des *on dit*, presque tous sans fondement, et qui sont démentis presque au même moment où on les assure. Cependant nous voici arrivés dans un instant bien critique. Ma seule consolation est de penser que vous ne courrez aucun danger; mais ceci est pour moi la tragédie de *Judith :* le sujet doit être nos triomphes; mais je dis tout bas, ainsi que le spectateur qui entendait la *Judith* de Boyer [1] : *Je pleure ce pauvre Holopherne,* etc. C'est une épigramme de Racine.

Je viens de recevoir une assez grande lettre, la plus flatteuse et la plus remplie de louanges qu'il est possible, de la duchesse de Leinster; ce qui m'en plaît le plus, c'est qu'elle m'assure que vous m'aimez beaucoup; il est vrai qu'elle en dit autant de son frère : elle a cru m'en devoir parler, cela n'affaiblit point ce qu'elle me dit de vous.

Nous avons été occupés tous ces jours-ci d'un procès du comte de Broglie contre un certain abbé [2], qu'il prétendait avoir montré au ministre deux lettres supposées qu'il écrivait à son frère le maréchal, où il l'exhortait à se faire valoir, de refuser le service, que c'était un moyen sûr de culbuter le ministère et d'en établir un qui leur serait favorable. L'abbé a nié; cette affaire, qui ne devait être qu'une tracasserie, a été traitée avec toute l'importance possible. On a plaidé, le petit comte a perdu tout d'une voix, condamné aux dépens, et l'abbé

---

[1] L'abbé Claude Boyer, qui composa vingt-deux pièces de théâtre, les unes plus mauvaises que les autres. Sa tragédie de *Judith* eut un moment de succès; ce qui fit dire à Racine :

> Je pleure, hélas! sur ce pauvre Holopherne
> Si méchamment mis à mort par Judith.

[2] L'abbé Georget, ex-jésuite. Le prince Louis de Rohan se l'attacha; il devint successivement secrétaire d'ambassade, chargé d'affaires de France à la cour de Vienne, grand vicaire de l'évêché de Strasbourg, et en dernier lieu de celui de Nancy, où il est mort en 1813. Ses *Mémoires* ont été publiés, en 1818, en six volumes. (A. N.)

justifié. Je ne lui aurais jamais conseillé d'entreprendre cette affaire; je suis véritablement fâchée des chagrins qu'elle lui occasionne.

Je voudrais pouvoir vous envoyer un livre qui paraît; il faudrait une occasion, et je n'en prévois pas.

Je mène toujours le même train de vie; toutes les semaines deux soupers chez moi, et deux à Auteuil chez madame de Boufflers; cela durera jusqu'au 1er septembre. Mon népotisme tourne mieux que je ne l'avais espéré; ce sont de très-bonnes gens qui me marquent beaucoup d'amitié, et qui évitent de me gêner et de m'ennuyer. Adieu.

LETTRE 686.

MADAME LA MARQUISE DU DEFFAND A M. HORACE WALPOLE.

Vendredi 20 août 1779.

Enfin me voilà contente, voilà une lettre! Elle a été quinze jours en route, et la précédente n'y avait été que sept. Vous vous portez bien, vous vous amusez, et ce qui vaut encore mieux, vous vous occupez. Rien n'est plus vrai, je ne pensais nullement à votre maison, je vous y croyais établi depuis longtemps, et point du tout, vous ne faites que terminer cette acquisition. Eh bien, pour vous punir de ne m'en avoir point parlé, vous prendrez la peine, je vous prie, de m'en faire la description; de combien de pièces est votre appartement? Est-il au rez-de-chaussée ou au premier? Avez-vous un jardin, une cour? L'escalier est-il honnête? Enfin tâchez de me donner une idée du logement. Avez-vous de quoi recevoir un ami ou amie? moi, par exemple? Comment vous meublerez-vous? J'aime les détails, j'ai le goût et l'esprit minutieux.

Je ne répondrai point à l'article de Shakspeare; vous voyez la nature dans le *Roi Lear*, mais c'est apparemment en tant qu'elle produit quelquefois des monstres.

Vous êtes donc très-satisfait de votre position[1]; cela est-il vrai en effet? Et n'est-ce point pour les bureaux que vous paraissez si content? Bien des gens pensent que tout ce pompeux appareil n'aura pas de grandes suites; je dirais tant mieux, si cela ne rejetait pas à l'année prochaine; je voudrais une affaire décisive qui nous donnât la paix; vous ajoutez tout bas: *Et me*

---

[1] Elle veut parler de la situation politique de l'Angleterre. (A. N.)

voir arriver en France. Ah! oui, sans doute, je le voudrais, mais je ne l'espère pas. C'est toujours beaucoup que vous en ayez le désir; n'est-ce pas l'impossibilité qui vous persuade de l'avoir? Voilà ce qui ne s'éclaircira peut-être jamais.

Auteuil va finir, il n'y a plus que la semaine prochaine; l'état qu'y tient l'Idole est superbe : trois fois la semaine un grand souper, tous les jours un dîner de six ou sept personnes et autant d'habitants; elle est très-aimable chez elle. Moi je vais toujours mon petit train, j'ai toujours mes soupers les mercredis et vendredis, où j'ai quelquefois beaucoup trop de monde, et puis d'autres jours dans la semaine; le hasard en décide ainsi que de la compagnie; je suis quelquefois d'assez bonne humeur, je m'égaye : souvent ennuyée et quelquefois fort triste, voilà mon histoire; racontez-moi la vôtre.

Ne voyez-vous plus jamais le Craufurd? Et le Selwyn est-il toujours à sa campagne?

Je reçus l'autre jour une lettre de l'évêque de Mirepoix; il me prie de vous dire qu'il vous aime beaucoup, et qu'il serait charmé de vous revoir. La main sur la conscience, croyez-vous que cela puisse arriver? Oh! non, vous ne le pensez pas.

LETTRE 687.

MADAME LA MARQUISE DU DEFFAND A M. HORACE WALPOLE.

18 septembre 1779.

Je n'ai point eu de lettres hier; on ne sait sur quoi compter, et si en effet vous m'aimez (comme je le veux croire), vous devez être bien aise d'apprendre que je suis encore en vie. Oui, je le suis, et peut-être ridiculement pour mon âge; il faut que je me le rappelle pour éviter d'être ridicule : non que je mène la vie d'une jeune personne; je suis très-sédentaire; je ne fais aucune visite; je ne sors que pour souper, et je ne soupe que chez mes plus anciennes ou familières connaissances, je ne vais jamais aux spectacles; je fais des essais pour parvenir à croire ce qui ne se peut comprendre; je ne fais pas, je l'avoue, de grands progrès, enfin je fais de mon mieux pour être la moins malheureuse possible; je sais bien ce qui me serait le plus nécessaire, et ce que je désire uniquement, ce serait de vous revoir; cependant je me dis souvent que j'ai tort de le désirer. Eh! quel est l'agrément que j'en puis attendre? Vous ne pourriez partager le plaisir que j'aurais. Mais il est inutile de raisonner sur cela; il faudrait la paix, et je la crois bien éloignée; elle ne peut, dit-on, arriver qu'après les plus grands malheurs que je ne saurais souhaiter.

Nous avons chanté ici un *Te Deum*[1]. On est fort content de M. d'Estaing; il me semble qu'on pense qu'il n'y aura pas cette année de grands événements.

Il paraît tous les jours de nouveaux *Éloges* de Voltaire : le comte de Schouwaloff, qui est ici depuis le départ de son oncle, en a fait deux : il n'y a pas de poëte crotté qui ne cherche à s'illustrer en en composant; ce qui me fit dire l'autre jour que Voltaire subissait le sort des mortels, d'être après leur mort *la pâture des vers*.

Rien n'est si plat que toutes ces productions.

Je ne doute pas que votre amie, milady Blandford[2], ne soit morte; je prends part à votre peine; on doit beaucoup regretter ses anciennes connaissances. L'habitude est un grand agrément. Quand j'aurai de vos nouvelles, je vous écrirai plus longuement.

LETTRE 688.

MADAME LA MARQUISE DU DEFFAND A M. HORACE WALPOLE.

Paris, 1er octobre 1779.

L'aventure des Spencer[3] me paraît horrible : comment ne sont-ils pas tous morts de peur? Comment ont-ils pu gagner Londres, puisque les nôtres ont pris votre frégate? N'ont-ils pas pris aussi tous les effets des milords et des miladys?

Je serais charmée de connaître votre milord Macartney[4]; mais on ne lui permet pas de venir à Paris : il doit rester à Limoges. Le comte de Broglie l'a vu à sa campagne : ce qu'il

---

[1] Pour la prise de l'île de Saint-Vincent et de celle de la Grenade par le comte d'Estaing. (A. N.)

[2] Marie-Catherine de Jonghe, dame hollandaise, la veuve du marquis de Blandford, fils unique de Henriette, duchesse de Marlborough; elle est morte à l'âge de quatre-vingt-cinq ans.

[3] Lord et lady Spencer et leur fille, feu la duchesse de Devonshire, s'étaient, en revenant de Spa, embarqués à Ostende, à bord du *Fly*, chaloupe de guerre, laquelle fut attaquée par deux cutters français, auxquels elle n'échappa qu'avec peine. (A. N.)

[4] Feu le comte Macartney. Il était gouverneur de l'île de la Grenade lorsqu'elle fut prise par les Français. (A. N.)

m'en a écrit m'avait déjà fait regretter de ce qu'il ne viendrait pas à Paris ; ce que vous m'en dites l'augmente.

Je vous prie de me faire un état de votre famille ; j'ai brouillé toutes vos nièces. N'en avez-vous pas trois par monsieur votre frère : l'Altesse, la femme de l'évêque dont je ne sais pas le nom ; madame Keppel n'en est-elle pas une ? Et puis vous en avez deux par madame Churchill, dont l'aînée est milady Cadogan, qui a une sœur qui est peut-être mariée. Il faut m'éclaircir tout cela.

Vous êtes un homme fort rare par vos soins et vos attentions ; soyez sûr que j'en connais bien tout le prix : vous êtes bon et compatissant ; ce que les autres font par goût et par devoir, vous le faites par bonté : il faut en avoir beaucoup pour vouloir conserver une correspondance avec quelqu'un qu'on ne doit jamais revoir, et de qui on ne peut rien apprendre d'intéressant et d'agréable.

Je ne lirai donc point le *Voyage de Cook*, et j'en suis bien aise : c'était une entreprise à laquelle je répugnais ; mais que lirai-je ? Je ne suis pas aussi heureuse que vous ; je n'ai nul objet de curiosité.

J'ai le projet de lire alternativement Corneille, Racine et Voltaire, et de me laisser aller à l'impression que j'en recevrai. J'ai déjà commencé ; j'ai lu d'abord *Iphigénie*, ensuite *le Cid*, et puis *Zaïre*.

Je continuerai ainsi. On m'a lu ce matin *les Horaces*.

2 octobre.

Voilà où j'ai été interrompue ; je reviens à milord Macartney. On est ici fort prévenu contre lui : il a tenu des propos dans le vaisseau qui l'a amené en France, qui ont extrêmement choqué, et qui effectivement sont très-imprudents. J'en suis fort fâchée ; j'aurais été charmée de le connaître. J'ai grand besoin d'être réveillée ; il n'y a personne ici qui puisse produire cet effet : je ne vois que des gens qui ne pensent point, ou qui pensent de travers ; ils pourraient bien porter le même jugement de moi, et peut-être n'auraient-ils pas tort.

Il n'y aura point de Fontainebleau ; il y aura à la place des Choisy et des Marly ; Auteuil est fini : il me faisait un ou deux soupers par semaine ; c'était une dissipation. Madame de Luxembourg en était habitante ; c'est actuellement ma meilleure amie, c'est-à-dire celle qui a le plus d'attentions suivies pour moi; c'était elle que j'allais chercher; et quoiqu'il y eût beaucoup de monde, comme on voyait bien que c'était mon objet principal, cela sauvait le ridicule. Elle ne se mettait point à table; c'est ce qu'elle pratique aussi chez moi; nous soupons sur la table du loto, avec ceux qui ne veulent manger qu'un morceau. Les Caraman, chez qui je vais une fois la semaine, sont depuis le mois de mai à Roissy : ils pourront bien y passer l'hiver; car je crois qu'ils n'en reviendront qu'après le retour de M. de Caraman, qui ne sera vraisemblablement qu'après qu'on aura abandonné ou après avoir exécuté le projet d'une descente. Vous aurez appris par les gazettes les changements faits dans notre flotte : ce n'est plus M. d'Orvilliers qui la commande; il est extrêmement regretté de toute la marine : c'est M. du Chaffaut qui le remplace. Il y a eu depuis un conseil de guerre; M. de Rochechouart[1], qui commandait une escadre, a été condamné à être démonté, pour avoir désobéi à M. d'Orvilliers, qui voulait qu'il attaquât un de vos vaisseaux, *le Marlborough*, qu'il aurait, dit-on, vraisemblablement pris; il a appelé de ce jugement à la cour. Plusieurs capitaines de vaisseau demandent leur retraite. Voilà des nouvelles publiques; je crois qu'il n'y a point d'indiscrétion à les écrire.

La comtesse de Noailles, à présent maréchale de Mouchy, se cassa le bras il y a quelques jours; c'est une femme d'un grand mérite et fort importante[2]; son mari commande à Bordeaux; on imprimait des bulletins sur son état, ce qui a produit celui que je vous envoie; le voici :

> Tandis que d'Estaing et sa troupe
> Étrillent le pauvre Byron,
> Tandis que le grand Washington
> Tient tous les Anglais sous sa coupe,
> Et qu'au bruit de notre canon
> Hardy s'enfuit, le vent en poupe,
> Madame de Mouchy, dit-on,
> Tous les matins mange sa soupe,
> Et tous les soirs prend son bouillon.

[1] M. de Rochechouart était le frère du comte de Rochechouart, nommé le *Sourdaut*, à cause de sa surdité, et du cardinal de Rochechouart, évêque de Laon. (A. N.)

[2] Elle périt avec son mari pendant la Révolution. (A. N.)

LETTRE 689.

MADAME LA MARQUISE DU DEFFAND A M. HORACE WALPOLE.

Paris, 8 octobre 1779.

J'ai reçu le *stoughton*[1], j'ai vu la personne qui me l'a apporté[2], et j'en ai été fort aise; sa visite fut fort courte; nous souperons ce soir ensemble, mais avec beaucoup de monde. Je suis persuadée que vous voudriez être dans le cas de m'envoyer encore du stoughton; je n'en prends que dix gouttes par jour, cela me mènerait, comme vous voyez, à le pouvoir disputer à tous les patriarches. Je ne suis pas d'avis que *ce n'est que le bonheur qui produit l'ennui;* mais c'est l'ennui qui détruit tout bonheur, c'est le désœuvrement qui en est la véritable source. On ne peut disconvenir que la goutte et la colique ne soient bien plus fâcheuses que l'ennui. L'ennui est un avant-goût du néant, mais le néant lui est préférable; il est des caractères qui n'en sont pas susceptibles; j'ai quelque peine à croire que vous soyez du nombre, vous avez trop d'activité pour que vous ayez toujours matière à la satisfaire. Enfin, quoi qu'il en soit, j'éprouve à mon grand détriment que je n'ai pas l'honneur de vous ressembler.

Je crois vous avoir mandé que je lis actuellement les *Théâtres* de Corneille, Racine et Voltaire; je trouve ce dernier bien inférieur, nullement digne d'être comparé aux deux autres; tous ses personnages ne sont que lui-même; autant il est charmant dans ses *Épîtres* et dans plusieurs morceaux de sa *Henriade*, autant il est froid et médiocre dans ses tragédies. Je m'étais flattée que vous seriez content de mon jeu de mots[3]. De tous ces éloges, il n'y en a pas un seul qui ne soit fastidieux; Palissot est le moins plat.

Je viens de recevoir dans le moment le billet de part de mariage de la fille du prince de Montbarey avec le prince héréditaire de Nassau-Saarbruck; la princesse fille a vingt-deux ans, et le prince n'en a pas encore onze.

On commence à revenir des campagnes. Cependant le beau temps y retient encore bien du monde, et puis notre flotte en retient beaucoup.

[1] La teinture de stoughton, dont madame du Deffand faisait un usage habituel. (A. N.)
[2] M. Thomas Walpole. (A. N.)
[3] Que Voltaire, après sa mort, était devenu la *pâture des vers.* (A. N.)

Ce pauvre Lindor me fait grand'pitié; cependant il aime, et quoique ce ne soit qu'une poupée, cela vaut mieux que d'avoir l'âme vide.

Je me flatte que vous serez content de cette lettre-ci; il me semble qu'elle ne contient que les choses qui vous plaisent, c'est-à-dire les plus vagues et les plus indifférentes. Il y en a cependant une qui m'intéresse et dont il faut que je vous parle, c'est de votre établissement dans votre nouvelle maison; est-ce votre meuble d'Aubusson que vous y avez placé? Je trouve que c'est une chose agréable que d'être bien meublé, et surtout que les siéges soient bien commodes. Si j'allais à Londres, auriez-vous de quoi me loger? Il serait plaisant que cette question vous causât de la douleur, et cela peut être, quoiqu'il n'y ait aucun genre de distance, de différence, de dissemblance, etc., etc., qui ne nous sépare. Les Champs-Élysées jadis étaient une espérance, une ressource : mais à propos de ces temps-là, je viens de relire l'*Iliade*, je relirai l'*Odyssée*. Je trouve que votre Shakspeare a quelque ressemblance à Homère. Vous trouverez que cela n'a pas le sens commun, mais il y a une certaine hardiesse et une certaine force dans le style qui brave tout ménagement et bienséance; j'aime dans Homère que les dieux aient tous les défauts et tous les vices des hommes, comme dans Shakspeare les rois et tous les grands seigneurs ont le ton et les manières grossières du peuple [1].

LETTRE 690.

MADAME LA MARQUISE DU DEFFAND A M. HORACE WALPOLE.

Paris, 30 octobre 1779.

Je vous ai dit combien je trouvais milord Macartney aimable; c'est par lui que vous l'aurez appris, il était porteur de son éloge. Je ne sais si on lui a limité le temps qu'il peut rester chez vous, informez-vous s'il nous reviendra? Il n'a vu personne ici, et il ne vint personne chez moi tout le temps de sa visite; il n'y avait que la Sanadona, M. de Creutz, et Wiart me dit M. de Toulouse; je ne m'en souvenais plus, il n'est pas question de mémoire, elle est perdue. Je pourrais faire des observations

---

[1] On peut, d'après cette observation, se représenter l'idée que madame du Deffand s'était formée de Shakspeare, par la traduction de ses pièces de théâtre. (A. N.)

sur l'état de la vieillesse, les dédier aux sexagénaires ; elles leur feraient perdre l'envie de devenir octogénaires. Oh! oui, quand on est parvenu à ce point-là, on a tout perdu, jusqu'aux désirs dont on était le plus affecté. Croiriez-vous que j'ai presque perdu le désir de vous revoir? Je sens une sorte de répugnance à vous rendre témoin de l'extrême dépérissement que vous trouveriez, la perte de deux sens, de presque toutes les facultés de l'âme ; il ne m'en reste qu'une qui ne sert qu'à me rendre malheureuse, qui me rendrait ridicule, si je ne m'occupais continuellement à la vaincre ou à la cacher.

Je retombe toujours à vous parler de moi, cela est bien plat, bien fastidieux, je vous en demande pardon. Comment le général Burgoyne se croit-il dégagé des conditions de sa capitulation [1]? Il me semble que toute sa conduite est bien baroque.

J'avais un rendez-vous aujourd'hui avec votre cousin, pour pouvoir causer avec lui ; car les soirées qu'il passe chez moi sont en pure perte pour la conversation ; mais l'heure se passe, sans doute qu'il ne viendra pas ; je lui trouve bien de l'esprit, mais d'un certain genre ; il y en a plusieurs pour lesquels il n'a ni ouverture ni goût ; mais il a des saillies, du discernement, et s'il riait moins, on entendrait plus aisément ses plaisanteries et ses bons mots ; mais son rire, qui est presque continuel, fait perdre presque tout ce qu'il dit : il me paraît content d'être bien avec vous, et très-charmé de ce que son fils vous plaît. Je ne sais pas où en sont ses affaires, je comptais l'apprendre aujourd'hui ; son séjour ici dépend du temps qu'elles dureront.

Je suis fort charmée d'être au fait de votre famille ; elle est bien nombreuse, mais c'est à prendre ou à laisser, vous ne leur devez rien, je vous suis plus à charge que tout votre népotisme ; cette sujétion de toutes les semaines est un peu gênante, il n'y a que l'amitié qui puisse la rendre facile.

LETTRE 691.

MADAME LA MARQUISE DU DEFFAND A M. HORACE WALPOLE.

3 décembre 1779.

Point de lettres aujourd'hui, quoique ce soit le jour d'en recevoir ; mais je m'y attendais. J'ai toujours haï le vent, mais je le hais actuellement plus que jamais.

[1] A Saratoga. (A. N.)

C'est bien moi qui n'ai point de matière pour remplir une lettre; que puis-je vous dire qui vous intéresse, ne prenant moi-même aucun intérêt à tout ce qui se passe autour de moi? Jamais l'existence n'a été aussi difficile à supporter pour personne que ne m'est la mienne, et cette gaieté que vous me supposez est positivement le contraire de mon état. Tout le monde arrive, et cela ne me fait presque rien. Ma santé est assez bonne, aux vapeurs près.

Je n'ai point reçu de lettres de Lindor, c'est un être singulier; il n'y a que vous et votre jeune duc (*de Richmond*) qui ayez les procédés de l'amitié; tout autre Anglais en dédaigne même l'apparence.

On fait un emprunt en rente viagère de cinq millions de rente, sur une tête, à dix pour cent; sur deux, à neuf; sur trois, à huit et demi; sur quatre, à huit; toutes chargées du dixième; le crédit de M. Necker est tel, qu'il s'en faut peu que les fonds ne soient déjà fournis; j'y place une somme pour quatre cents livres de rente sur la tête de mon invalide et sur la mienne; cela me semble juste, parce qu'il y a six ans qu'il use sa poitrine à me lire trois ou quatre heures tous les matins. Il me lit actuellement *Cassandre*, roman de la Calprenède, qui a fait aussi *Cléopâtre;* je ne sais si vous connaissez cet auteur, je suis bien sûre que vous n'aurez pas achevé aucun de ses romans; c'est le plus détestable style. Pourquoi le lire, me direz-vous? Parce que je ne sais que lire. L'histoire, les voyages ne m'intéressent point, la morale m'ennuie; il n'y a que les mémoires et les lettres qui m'amusent, je les sais par cœur. Quand il y a quelque chose de nouveau, j'y cours, et j'en suis presque toujours mécontente.

On vient de donner une nouvelle tragédie dont le titre est *Pierre le Grand*. Un de mes amis a dit qu'il fallait la nommer *Pierre le Long;* elle est de M. Dorat. Ce pauvre homme ne peut parvenir à avoir une place à l'Académie, il en serait cependant bien digne, il serait bien assorti à presque tous ceux qui la composent : nous allons avoir aussi quelques petits événements dans notre ministère : M. Bertin se retirera, dit-on, le mois prochain, et son département doit être partagé entre ceux qui restent. Voilà tout ce que je sais; toutes ces choses ne vous font rien, ni à moi non plus.

LETTRE 692.

MADAME LA MARQUISE DU DEFFAND A M. HORACE WALPOLE.

23 décembre 1779.

Enfin le charme est rompu, je reçois, aujourd'hui 23, votre lettre du 10. Votre griffonnage, ce qu'il me dit, ce que M. Conway me confirme, devrait dissiper ou du moins calmer mes inquiétudes, mais je ne suis pas maîtresse de mes sentiments; il me reste beaucoup d'alarmes, vos accès ne sont point aussi courts. D'où vient le Selwyn tient-il si mal ses promesses? Quelle preuve peut-il me donner de son amitié et de sa reconnaissance, si ce n'est en me donnant de vos nouvelles? Mais que peut-on attendre d'un homme à qui la tête a tourné pour un enfant?

M. Conway me dédommage bien de ses torts; je crois devoir lui marquer ma reconnaissance dans cette lettre : je me prive du plaisir et de l'honneur de lui adresser à lui-même tous mes remercîments; je connais sa politesse, et de plus ses bontés pour moi; il voudrait me répondre, et il n'a pas besoin de cette occupation, elle mettrait le comble à tous ses soins, ses fatigues et ses ennuis. Chargez-vous, mon ami, de lui dire tout ce que je pense, combien je l'estime, combien je vous trouve heureux d'avoir un tel ami, combien j'aurais de satisfaction de me trouver en tiers avec vous et lui; mais il faut se détourner de telles pensées, elles ne peuvent qu'irriter le chagrin de l'absence.

Vendredi 24.

Rien ne m'a tant surprise que la lettre que je reçois du 15, 16 et 17. J'avais bien prévu que vous n'en seriez pas quitte à si bon marché. Mais, mon ami, quelle peine, quelle fatigue vous vous êtes données en m'écrivant de votre propre main, vous prenez votre courage pour des forces, vous achevez de vous épuiser. Quelque plaisir que j'aie à apprendre tout ce que vous faites, je consens à en être privée jusqu'à votre parfait rétablissement; je me contenterai de bulletins.

Nous sommes ici accablés de nouvelles, de duels, de démissions de places, des impertinences de Beaumarchais, des lettres de nos ex-ministres pour réfuter ces imputations; l'arrivée de M. d'Estaing qui ne marche qu'avec des béquilles; enfin quelques-uns de ces jours, je vous écrirai sur tout cela, en détail;

pour aujourd'hui cela m'est impossible, je sors d'une indigestion ; et je m'en suis encore donné une hier au soir ; j'ai un corps de cent ans et une tête qui n'en a pas vingt ; je me hais, je me méprise ; il n'y a que votre amitié pour moi qui me soutienne contre moi-même ; vous ne m'aimeriez pas autant que vous faites, si vous me trouviez aussi misérable. Si je pouvais espérer de vous revoir, je chérirais encore la vie, mais vous savez ce qui en est et ce qui en sera.

On disait hier que M. de Maurepas avait la goutte, je désire sa conservation.

LETTRE 693.

MADAME LA MARQUISE DU DEFFAND A M. HORACE WALPOLE.

Paris, jeudi 3 février 1780.

Il n'y a point de maux que cette saison ne produise, rhumes, rhumatismes, courbatures, fièvres, morts subites, etc., etc., et pour ceux qui évitent tous ces maux, le retardement des courriers qui y supplée. Aujourd'hui 3 février, je reçois votre lettre du 20 janvier.

Je ne sais quand vous reverrez votre cousin ; ses affaires cheminent lentement, j'espère qu'elles se termineront heureusement[1]. Je doute qu'il résulte de vos associations de grands avantages ; mais ce n'est pas à moi à raisonner sur ces sortes de choses, je ne dirais que des absurdités, et puis vous ne répondriez pas à mes objections, et à la seconde ou troisième lettre je me trouverais parlant toute seule. Tout ce que je puis vous dire, c'est que je ne désire rien que la paix, et tous les événements qui l'éloignent me paraissent également fâcheux ; perte, gain, victoire, défaite, il ne m'importe ; tout ce qui arrivera à la rendre nécessaire de côté et d'autre me paraîtra bon.

Vous voulez donc les *Fabliaux*[2] ? Vous les aurez. Une des

---

[1] M. Thomas Walpole avait une hypothèque sur un bien dans l'île de la Grenade, appartenant à MM. Alexandre, négociants, qui avaient fait faillite. Cette hypothèque formait la principale sûreté d'une forte somme d'argent que M. Walpole avait prêtée à MM. Alexandre. L'île de la Grenade se trouvant alors au pouvoir de la France, M. Walpole vint à Paris pour obtenir du gouvernement français quelques facilités pour le recouvrement de ses fonds. (A. N.)

[2] « *Fabliaux ou Contes du douzième et du treizième siècle*, traduits ou extraits d'après divers manuscrits du temps, avec des notes historiques et cri-

plus grandes différences qu'il y ait entre nous deux, c'est notre goût pour le genre de lecture. J'examinais l'autre jour ce que je trouvais de plus parfait de tout ce qui avait été écrit, non pas dans chaque genre, mais de ce que je choisirais avoir fait, y compris tous les genres quelconques. Vous croirez peut-être que ce seraient les découvertes de Newton : oh! non, la chanson de M. de Sainte-Aulaire me paraît trop bonne. Les livres de morale ne sont bons à rien, il n'y a que celle qu'on fait soi-même. L'histoire est nécessaire, mais ennuyeuse; la poésie exige le talent, l'esprit seul ne suffit pas; mais c'est pourtant dans ce genre que je choisirais l'ouvrage que je voudrais avoir fait, s'il avait fallu n'en faire qu'un seul, parce qu'il me paraît à tous égards avoir atteint la perfection. Vous ne le devinez pas, et vous ne penserez peut-être pas de même, c'est *Athalie*. Mes insomnies, qui sont, comme vous savez, longues et fréquentes, me font repasser tout ce que je sais par cœur, *Esther*, *Athalie*, sept ou huit cents vers de Voltaire et quelques autres brimborions de différents auteurs : voilà malheureusement à quoi est bornée toute mon érudition; et cette pièce d'*Athalie* me charme et m'enlève, et ne laisse rien à désirer ni à reprendre.

L'abbé Barthélemy a fait votre commission dans la plus grande perfection [1], il s'en est fait un grand plaisir; cela mériterait un mot de remerciment de votre main, ou du moins un mot dans une de vos lettres que je pourrais lui montrer.

Vous aurez aussi la suite de la *Bibliothèque des Romans*; le cinquième cahier du *Voyage pittoresque*, et puis l'historique et les couplets des étrennes de madame de Luxembourg; peut-être ne recevrez-vous tout cela que par votre cousin; il m'a cependant promis de chercher quelque occasion pour vous en faire tenir une partie avant son départ.

Nous avons aussi pour nouveauté quatre volumes de comédies de madame de Genlis, qui ne sont pas, à tout prendre, de vraies comédies, mais que je trouve agréables, d'un style excellent, remplies d'une morale très-utile, et qui prouvent qu'elle a du

---

tiques, et les imitations qui ont été faites de ces contes depuis leur origine jusqu'à nos jours. » M. Méon a donné en 1808 une nouvelle édition des *Fabliaux et Contes*, 4 vol. in-8°. (A. N.)

[1] Cette commission consistait à obtenir une copie d'une miniature qui se trouve à la Bibliothèque royale; ce fut celle qui est à la tête d'un manuscrit appelé *la Cité des Dames*, par Christine, fille de Thomas de Pisan. Voyez l'*Appendix to royal and noble authors*, dans les Œuvres du lord Orford, et *Mémoires de l'Académie des inscriptions et belles-lettres*, t. II, p. 704. (A. N.)

mérite. Il y a des peintures de toutes sortes d'états, qui sont de la plus parfaite ressemblance; ses scènes sont trop longues, et il y a peut-être un peu de monotonie dans tout son ouvrage; mais elle donne d'elle l'idée d'une femme de beaucoup d'esprit et d'un très-bon caractère. Il y a une sorte de parenté entre elle et moi, son mari est du même nom qu'avait feu ma mère [1]; je lui ai écrit quatre lignes pour lui marquer combien j'étais contente de son ouvrage : sa réponse est parfaitement écrite; peut-être la joindrai-je à tout ce que je vous enverrai.

LETTRE 694.

MADAME LA MARQUISE DU DEFFAND A M. HORACE WALPOLE.

Paris, 4 avril 1780.

J'aurais dû vous répondre plus tôt; votre dernière lettre est du 25 mars, je l'ai reçue le 31, cet intervalle était assez long pour ne devoir pas l'étendre davantage; mais, mon ami, l'histoire de mes nuits fait que je ne puis rien faire le jour; cela demande explication, la voici. Je me couche à une heure ou deux, je ne dors point, j'attends les sept heures avec impatience; mon invalide arrive, je veux dormir, et il me lit quelquefois quatre heures avant que le sommeil arrive, et sans que je perde l'espérance qu'il arrivera; cependant je vous écris quelquefois dans ces moments-là, mais rarement; quand je m'endors à onze heures ou midi, ou souvent encore plus tard, je ne me lève qu'à cinq ou six heures, il me faut le temps de ma toilette et de certains soins qu'exige ma santé; tout cela n'est fini que vers les sept heures; les visites arrivent, puis le souper, puis le loto, voilà la journée passée dont il ne reste rien que le regret d'employer si mal son temps, surtout quand on réfléchit sur le peu qu'il en reste.

J'ai fait voir aux Caraman l'article qui regarde leur gendre, ils ont, comme de raison, trouvé qu'il n'y avait rien de plus poli et de plus obligeant : il doit vous avoir écrit et à M. Selwyn.

---

[1] Brulart. Il y avait deux branches de cette famille; celle de Brulart de Sillery, à la tête de laquelle était M. de Puysieux, qui a été ministre d'État sous Louis XV, et celle de Brulart de Genlis, fixée en Picardie. Le marquis de Genlis, le chef de cette branche, étant mort sans enfants, eut pour successeur le comte de Genlis, qui, avant sa mort, recueillit également l'héritage de l'autre branche de sa famille. (A. N.)

Si vous voyez M. de Sourches[1], vous serez bien déterminé à n'agir avec lui que par l'intérêt qu'y prennent les Caraman; il n'est pas sans quelque esprit, mais il est si dénué de grâces, il est si gauche, il est, dit-on, si laid, qu'on a du mérite à lui rendre des soins. Il n'en est pas de même de milord Macartney, il n'est pas votre ami particulier, il m'a paru digne de l'être; c'est cependant pour moi un petit embarras d'avoir à lui répondre, et c'est ce que je vais faire quand j'aurai fermé cette lettre.

Vous avez dû voir votre cousin il y a déjà quelques jours, il vous aura remis les différentes choses dont je l'avais chargé; je le regrette, je passais avec lui une partie des mercredis et des vendredis, et il me venait voir quelquefois les après-dînées, mais rarement; je crois à son fils[2] beaucoup de mérite, je ne puis juger que de sa retenue et de sa politesse; il ne parle point, parce qu'il prétend ne pas savoir assez bien le français.

L'histoire du Fullerton[3] m'a intéressée; c'est un joli garçon, il a de la vivacité, de la sincérité et ne manque point d'esprit; il me marquait du désir de me plaire, et il y avait réussi; il me voyait souvent; il a plu généralement à tous ceux qui l'ont connu.

J'avais toujours oublié de parler à l'Idole de la maladie de Beauclerc, et la première fois que je lui en ai parlé fut vendredi dernier, que je lui appris sa mort; elle en a été peu touchée, quoiqu'elle ait eu pour lui une petite flamme; elle a parfaitement oublié l'Altesse (*prince de Conti*), pour qui elle voulait qu'on crût qu'elle avait une grande passion; celle qu'il avait eue pour elle était tellement passée, qu'on prétend qu'il ne la pouvait plus souffrir; heureusement il n'avait pas attendu à ses derniers moments pour lui faire du bien; elle a, dit-on, quatre-vingt ou cent mille livres de rente; elle en a fait bon usage. L'année dernière elle passa trois mois à Auteuil dans une très-

---

[1] M. de Sourches, qui avait épousé la seconde fille du comte de Caraman, était, dans ce temps-là, prisonnier de guerre en Angleterre, où M. Walpole et M. Selwyn lui firent accueil. (A. N.)

[2] M. Thomas Walpole, qui fut depuis ministre d'Angleterre à la cour de Munich. (A. N.)

[3] Son duel avec le feu marquis de Lansdowne, alors comte de Shelburne, le 22 mars 1780, par suite des expressions dont le lord Shelburne s'était servi dans un débat de la chambre haute, le 6 du même mois, relativement au colonel Fullerton, qui venait d'être placé à la tête d'un régiment nouvellement levé. (A. N.)

jolie maison qui lui appartient; madame de Luxembourg s'y était établie avec elle et partageait la dépense d'un fort bon état qu'elle y tenait; je ne sais si cette année elle fera de même, je le voudrais, j'y allais passer la soirée pour le moins une fois la semaine. Elle est fort aimable chez elle, et beaucoup plus que partout ailleurs; ses ridicules ne sont point contraires à la société; sa vanité, quoique extrême, est tolérante, elle ne choque pas celle des autres; enfin, à tout prendre, elle est aimable; sa petite belle-fille a de l'esprit, mais elle est bizarre, folle, et je la trouve insupportable : sa belle-mère est son esclave et paraît l'aimer avec passion.

Je suivrais votre conseil de former une liaison avec madame de Genlis, mais cela ne se peut pas; elle s'est dévouée à l'éducation des filles de M. le duc de Chartres, qui a fait bâtir une maison dans un terrain contigu et appartenant à Belle-Chasse; vous savez que c'est presque à ma porte, mais elle se retire tous les jours à dix heures; ainsi il ne peut être question des soirées, et c'est le seul temps où je peux jouir de la société. De plus, M. le duc de Chartres a loué une maison à Bercy, où elle ira s'établir avec les petites princesses le premier de mai, et n'en reviendra qu'au mois de septembre. Je ne connais point son caractère, elle a beaucoup d'esprit, et je lui ai donné une très-bonne idée du vôtre, en lui disant que vous aviez lu son *Théâtre* et que vous m'en aviez fait beaucoup d'éloges. J'assistai l'autre jour à une lecture d'une comédie qu'il y a cinq ans qu'elle a faite, qui a pour titre *l'Ingénue*. Le sujet a de la ressemblance à celui de *la Pupille* faite par Fagan, mais l'intrigue et les caractères sont différents, il y a des scènes très-agréables; avec des corrections qui sont nécessaires, je crois qu'elle réussirait sur le théâtre.

LETTRE 695.

MADAME LA MARQUISE DU DEFFAND A M. HORACE WALPOLE.

Paris, 20 avril 1780.

J'ai trois réponses à faire; l'une à votre cousin, l'autre à madame Greville et puis à la grand'maman; je comptais que ce serait mon occupation de l'après-dînée, voilà qu'il m'arrive une lettre de vous, et vous n'êtes pas fort surpris que je vous préfère. Nos querelles ne sont jamais venues par la défiance que vous ayez eue de mes sentiments; vous ne vous êtes mépris qu'à leur genre, bien ridiculement et pour l'un et pour l'autre.

Votre cousin m'a écrit une fort aimable lettre; il me dit du bien de votre santé, et il m'avait promis la vérité sur tout ce qui vous regarde; il me répond de votre amitié, et je n'ai pas de peine à le croire; il me prie de faire souvenir de lui toutes les personnes qu'il a vues chez moi, il ne me les nomme pas, mais il me les désigne de façon qu'il m'est facile de les reconnaître; il aurait assez de penchant à devenir le rival de votre *jeune duc* [1]. Le Gibbon était aussi un peu épris; elle fait plus de conquêtes à présent qu'elle n'en a fait dans sa première jeunesse; sa coquetterie est sèche, froide et piquante; c'est un nouveau genre qui a sa séduction; j'ai moi-même beaucoup de penchant à l'aimer, elle a assez d'esprit et plusieurs qualités excellentes, surtout de la vérité, qui est celle dont je fais le plus de cas.

Que penserez-vous de moi, si je vous avoue que je suis bien aise que le Ruban bleu [2] se soutienne? Je suis obligée de convenir que je n'ai pas de raison pour cela, je ne le connais pas, et presque tous mes amis lui sont contraires: mais son courage, sa tranquillité, sa patience, le pouvoir qu'il a sur lui-même, me le font plaindre et estimer. Le bruit de ma chambre (je ne peux pas dire du monde, n'y allant pas) est que nous aurons la paix cet hiver; ce bruit, n'eût-il que le son, me fait plaisir; si vous me demandez pourquoi, je ne pourrais pas vous le dire; car assurément ce n'est pas par l'espérance d'événements agréables; je ne me permets pas d'y penser.

Vous me parlez de la dernière lettre que vous avez reçue de moi, comme en ayant été content; jugez de moi par vous, et suivez mon exemple, en vous abandonnant à me dire tout ce qui vous passe par la tête, sans examen, sans choix, sans méfiance, et ne vous écartant jamais de la plus stricte vérité.

LETTRE 696.

MADAME LA MARQUISE DU DEFFAND A M. HORACE WALPOLE.

Paris, vendredi 28 avril 1780.

Je reçus hier votre lettre du 21, où vous m'annonciez l'arrivée de M. de Sourches. Il est en effet arrivé le 24, comblé de tous

---

[1] Auprès de madame de Cambis. (A. N.)
[2] Lord North. (A. N.)

les procédés qu'on a eus pour lui, et très-affligé, m'a-t-il dit, de ne vous avoir point vu. Je vous remercie des mesures que vous aviez prises pour le voir; et je n'ai nul regret qu'elles n'aient pas réussi. Je n'ai point laissé ignorer à madame de Cambis l'empressement que vous aviez eu pour son neveu, je suis chargée de vous en marquer toute sa reconnaissance.

Vous n'aviez point de mes lettres, me dites-vous, je ne le comprends pas; il me semble que je vous ai écrit souvent, et de vrais volumes qui doivent vous donner matière à répondre; mais il ne vous déplaît pas de vous renfermer dans votre prétendue stérilité, dont le nom propre est paresse ou froideur; depuis quelque temps je tombe dans l'inconvénient contraire, je bavarde avec excès, j'emplis mes lettres de noms propres, elles devraient exciter votre causerie, mais vous n'aimez point à écrire, cela est sûr, quoique vous en ayez parfaitement le talent; rien ne dépare votre style; il est vif, animé, souvent plein de chaleur; vous rendez vos pensées avec facilité et clarté, et vos fautes contre la langue me nuisent point.

J'ai pris ces jours-ci votre édition des *Mémoires* de Gramont; J'ai relu l'épître dédicatoire, elle m'a fait monter la superbe à la tête, et elle m'a rappelé un temps que je regrette, et qui malheureusement est bien passé et effacé.

On me dit hier qu'il paraissait un libelle effroyable contre M. Necker et où madame Necker n'est pas oubliée; on prétend qu'il y en a six mille exemplaires et qu'on en a envoyé à tous nos princes une certaine quantité; je m'intrigue pour en avoir un, ou du moins en faire la lecture. Vous pouvez être sûr qu'il a un furieux nombre d'ennemis; d'abord tous ceux qui perdent par ses réformes, et puis ceux que produisent la jalousie et l'envie. Je doute qu'on lui laisse exécuter tous ses projets, dont je ne doute pas qu'il ne résultât un grand bien. Si on les veut morceler comme on a fait de ceux de M. de Saint-Germain, il ne l'endurera pas; il quittera, tout s'écroulera, le crédit sera perdu, on tombera dans le chaos, ses ennemis triompheront, ils pêcheront en eau trouble, et publieront que ses systèmes, ses opérations, n'étaient que visions chimériques; voilà ce que moi et bien d'autres prévoient; c'est le plus grand malheur qui puisse arriver à ce pays-ci.

Madame de Luxembourg se porte bien. Mon neveu et ma nièce s'en retourneront dans le mois de juin; vous les aimez autant à Avignon qu'ici. J'ai un autre neveu à Paris, qui est le fils de M. de Vichy, mon frère aîné; il loge chez mon frère le trésorier, je ne le vois presque pas; il a de l'esprit, mais d'une sorte qui n'est pas fort agréable. Ah! mon ami, qu'il est rare de trouver des gens aimables! la liste en est bien courte, et si courte que je n'en compterais pas quatre. En compteriez-vous beaucoup davantage? Je ne le crois pas.

LETTRE 697.

MADAME LA MARQUISE DU DEFFAND A M. HORACE WALPOLE.

27 mai 1780.

Vous n'êtes pas gai, je le crois; mais vous êtes animé, et c'est ce que je ne suis plus.

Ce que je vous mande sur la paix n'est pas certainement que j'en aie aucune connaissance; personne n'est plus ignorant de tout ce qui regarde la politique, je n'entends rien à toutes les nouvelles de mer, je me méprends sans cesse aux noms des nôtres, et de nos ennemis. Puisque vous trouvez que les nouvelles sont nécessaires pour rendre les lettres intéressantes, je devrais m'abstenir d'écrire.

On dit que le roi de Suède doit cet été aller à Spa. L'Idole ira l'y trouver; il y a entre elle et lui la plus tendre amitié. Cela dérange son séjour à Auteuil; j'y ai quelque regret, c'était une occasion de dissipation. Je soupai mardi dernier chez M. Necker avec M. et madame de Richelieu; le maréchal, deux jours après, m'a rendu visite. Il me doit amener sa femme; elle n'est ni belle, ni laide, ni jeune, ni vieille, ni sotte, ni spirituelle; on ne peut être dans l'ordre le plus commun, et c'est peut-être ce qui convient le mieux pour soigner un vieillard. Le maréchal est sourd comme moi, mais il a de bien meilleures jambes, et n'étant point aveugle, il n'a pas besoin qu'on le conduise.

Nous avons cette année l'assemblée du clergé, et comme M. de Toulouse en doit être, cela m'assure la ressource de la maison Brienne, qui vaut mieux que rien. Mes parents s'en retournent dans trois semaines. Voilà des nouvelles bien intéressantes; hélas! je n'en sais point d'autres.

LETTRE 698.

MADAME LA MARQUISE DU DEFFAND A M. HORACE WALPOLE.

Dimanche 18 juin 1780.

On ne sait plus sur quoi compter sur l'arrivée des courriers. La lettre que je reçois aujourd'hui est du 9, elle a été neuf jours en route, et la précédente en avait été treize. L'empressement de recevoir des nouvelles augmente beaucoup dans la circonstance présente. Rien n'est plus affreux que tout ce qui arrive chez vous [1]; de tout temps j'ai haï le peuple, aujourd'hui je le déteste. Votre liberté ne me séduit point; cette liberté tant vantée me paraît bien plus onéreuse que notre esclavage; mais il ne m'appartient pas de traiter de telles matières. Permettez-moi de blâmer votre indiscrétion, de vous aller promener dans les rues pendant ce vacarme. Je plains votre roi, il ne reçoit que des outrages; j'admire sa patience, je ne voudrais pas de la royauté au prix de tout ce qu'il endure.

La perte que vient de faire milord Mansfield me paraît bien considérable [2]. J'attends de vos nouvelles avec impatience; je ne puis prévoir quand elles arriveront; l'irrégularité de mettre vos lettres à la poste est souvent la cause du retardement de leur arrivée : le même jour que je reçus votre lettre du 1er, plusieurs personnes en reçurent du 6. Je me suis plainte que vous ne sauriez que me dire quand vous n'aviez point de nouvelles à m'apprendre; mais il n'en faut pas conclure que je n'aime pas à apprendre ce qui se passe chez vous. Quoique vous ne soyez pas acteur dans les événements, vous ne pouvez pas n'y point prendre beaucoup de part, et par conséquent il n'est pas possible que je ne m'y intéresse beaucoup. Engagez donc Lindor à m'écrire, faites-lui honte de sa paresse, dites-lui que je n'en ai point eu quand j'ai pu lui être utile.

---

[1] Les malheureux désordres qui eurent lieu à Londres, du 2 au 8 juin 1780, à l'occasion d'une pétition présentée au Parlement par lord George Gordon, et tendante à faire révoquer le bill qui avait été rendu pour l'adoucissement des lois pénales contre les catholiques romains. Voyez l'article *Gordon* dans la *Biographie universelle*, et l'*Annual register for the year* 1780, *appendix to the Chronicle*, p. 254, où l'on trouve un récit exact et impartial de l'origine, des progrès et des suites de ces troubles. (A. N.)

[2] Son hôtel, ses meubles et sa précieuse bibliothèque de jurisprudence et de manuscrits, furent brûlés par la populace. (A. N.)

LETTRE 699.

MADAME LA MARQUISE DU DEFFAND A M. HORACE WALPOLE.

7 juillet 1780.

Si j'étais âpre après les nouvelles, je me plaindrais de l'ancienneté de vos dates : celle que je reçois aujourd'hui est du 28, celles que reçoit tout le monde sont du 1er ou du 2; mais cela m'est égal, quand je ne suis pas inquiète de votre santé. Je serais assez curieuse de savoir quels sont vos sentiments sur tout ce qui se passe chez vous : j'ai peine à croire que vous approuviez de certaines choses que je condamne; mais je conviens qu'il ne m'appartient pas de me mêler de la politique. Il est un homme chez vous que j'ai en grande estime; son caractère me plaît fort; devinez-le : c'est un homme que je n'ai jamais vu et que je ne verrai jamais [1]. Son courage, sa fermeté et sa douceur me paraissent au même degré; je pourrais ajouter sa patience : elle vient, dit-on, à bout de tout, et il nous le prouvera. Je vous demande pardon d'avoir poussé la vôtre à bout en vous ayant demandé de faire l'extrait d'une de mes lettres. Les louanges que vous lui donnez me semblent une marque de votre prévention, et par conséquent de votre amitié. Je conviens que mon français vaut mieux que le vôtre; mais vos pensées valent mille fois mieux que les miennes, et vous les rendez souvent avec tant de vérité, qu'elles me font sentir qu'en comparaison de vous je ne suis qu'une caillette, une diseuse de lieux communs.

Je consens à vous laisser croire que mon esprit ne s'affaiblit point; je n'ai point d'intérêt à me laisser voir telle que je me vois moi-même; que gagnerais-je à vous détromper et à vous paraître aussi maussade que je me trouve? quelque peu de goût que j'aie pour l'illusion, je ne veux pas détruire celle qui vous fait juger favorablement de moi.

J'aurai ce soir beaucoup de monde; la Harpe me viendra lire une tragédie qui est le *Philoctète* de Sophocle, qu'il a traduit très-littéralement, et qu'il voudrait faire représenter : il en a retranché les chœurs. Je vous manderai comment je l'aurai trouvée. Je n'aime pas trop les lectures faites par l'auteur; il faut louer outre mesure, et ce n'est pas mon talent; je n'ai pas aujourd'hui celui d'écrire, et je finis, pour ne vous pas ennuyer.

[1] Lord North. (A. N.)

Je crois avoir reçu toutes vos lettres; mais vous devez en juger par mes réponses.

LETTRE 700.

MADAME LA MARQUISE DU DEFFAND A M. HORACE WALPOLE.

Paris, juillet 1780.

Je ne crois pas qu'on ouvre nos lettres, parce que, comme vous dites, s'ils en ont eu la curiosité, ils doivent l'avoir perdue; rien de plus indifférent en effet; il n'y a point de gazettes, il n'y a point de journaux qui soient aussi réservés que notre correspondance. Pour ma part, je n'y ai pas grand mérite, car je suis à mille lieues de la politique et de l'intérêt qui fait que l'on s'en occupe : d'ailleurs vous savez que je suis l'ennemie des factions, et si votre ministère sait que j'existe, il doit savoir que je n'ai nulle prévention contre lui; j'ai la meilleure opinion de l'homme au Ruban bleu [1]; j'étais fort bien ici avec l'homme au Ruban vert [2]; ainsi je ne dois point être suspecte; l'on doit connaître votre prudence; et si par le passé on a ouvert nos lettres, on doit en avoir conclu que votre confiance en moi n'était pas sans bornes, et qu'ainsi vos lettres n'apprendraient rien.

On débite tous les jours des nouvelles qui se trouvent fausses le lendemain. Je n'aime que les résultats; ce qui fait que je ne peux pas m'amuser de la lecture de l'histoire, dont les récits des sièges et des batailles m'ennuient extrêmement; mais ce que je déteste le plus actuellement, ce sont les livres de morale, et surtout quand, pour la rendre agréable, on emploie les allégories. Je viens de tenter la lecture de *Gulliver* que j'avais déjà lu, et que même le traducteur, l'abbé Desfontaines, m'avait dédié. Je ne crois pas qu'il y ait rien de plus désagréable. La conversation avec les chevaux est l'invention la plus forcée, la plus froide, la plus fastidieuse qu'on ait pu imaginer. Je hais toute insinuation, toute recherche, toute affectation. Mais une chose qui me surprend moi-même, et dont je crois pourtant avoir trouvé la raison, c'est que haïssant les détails de guerre qu'on trouve dans l'histoire, j'ai lu ce matin la correspondance de tous les généraux d'armée avec M. de Louvois sous

[1] Lord North.
[2] Lord Stormont, qui avait été ambassadeur à Paris, et qui remplissait la place de secrétaire d'État pour le département de l'intérieur. (A. N.)

Louis XIV, et que cela m'a fait plaisir; c'est parce que ce ne sont point des récits; c'est M. de Turenne, c'est M. le Prince qui disent ce qu'ils font, ce qu'ils veulent faire : il n'y a point là d'auteurs à qui cela fasse naître des réflexions, et qui en tirent de la morale; cette morale, je la hais à la mort. Jamais je n'ai tant lu qu'actuellement; j'ai quatre lecteurs, l'invalide et trois laquais; le dernier lit à merveille. Si avec cela j'avais des livres agréables, je prendrais patience, et l'ennui que je crains tant ne me tourmenterait pas.

Ne vous occupez point de ma santé, je n'éprouve aucune douleur, c'est beaucoup; je voudrais bien qu'il en fût de même de vous, et que cette maudite goutte ne revînt plus; si cela pouvait être et que je pusse dormir, je serais contente.

LETTRE 701.

MADAME LA MARQUISE DU DEFFAND, A M. HORACE WALPOLE.

Dimanche 23 juillet 1780.

J'attendais vendredi la lettre que je ne reçois qu'aujourd'hui; à moins que je n'aie quelque chose à vous dire, il me faut de vos nouvelles pour m'engager à vous donner des miennes; ainsi, je n'ai point de jours marqués pour vous écrire : je mène une vie si indifférente, je suis environnée d'objets qui m'inspirent si peu d'intérêt, que je perds presque la faculté de penser.

Voilà donc vos troubles apaisés! j'imagine que votre George Gordon se tirera d'affaire.

Il y a eu ici des mariages très-brillants qui ont été l'occasion de beaucoup de fêtes, dont le récit pourrait être fort beau, mais ce serait entreprendre au delà de mes talents, et dont vous n'avez pas la curiosité.

M. Morris[1] est parti ce matin pour les eaux d'Aix-la-Chapelle. Le roi de Suède a dû arriver samedi 22 à Spa. Les comtesses de Boufflers et mesdames de la Marck et d'Usson l'y attendaient depuis quinze jours; on ignore combien il y séjournera, apparemment huit ou dix jours.

M. et madame de Beauvau sont établis au Val dans une maison qui leur appartient, et qui est auprès de Saint-Germain. L'absence de M. de Beauvau me fait beaucoup de peine, sur-

[1] Feu M. Humphrey Morris. (A. N.)

tout jointe à l'inquiétude que j'ai pour sa santé, qui, quoique un peu meilleure, laisse encore beaucoup de craintes.

Il y a actuellement une place vacante à l'Académie française par la mort de l'abbé le Batteux; les prétendants pour le remplacer sont M. de Tressan, et un nommé Lemierre, auteur d'une pièce qui a eu trente et une ou trente-deux représentations; elle a pour titre : *la Veuve du Malabar*. Un mauvais plaisant dit qu'il croyait que ce serait Lemierre qui l'aurait, et que ce serait le *denier de la veuve*.

Je finis, parce que je ne trouve plus rien à dire.

LETTRE 702.

MADAME LA MARQUISE DU DEFFAND A M. HORACE WALPOLE.

22 août 1780.

Je reçois votre lettre du 13 et 14. Je vous mandai, dans ma dernière, que je ne me portais pas bien, c'est encore pis aujourd'hui. Je n'ai point de fièvre, du moins on le juge ainsi, mais je suis d'une faiblesse et d'un abattement excessifs; ma voix est éteinte, je ne puis me soutenir sur mes jambes, je ne puis me donner aucun mouvement, j'ai le cœur enveloppé ; j'ai de la peine à croire que cet état ne m'annonce une fin prochaine. Je n'ai pas la force d'en être effrayée, et ne vous devant revoir de ma vie, je n'ai rien à regretter. Les circonstances présentes font que je suis très-isolée, toutes mes connaissances sont dispersées. Votre cousin est abîmé dans son procès, il y a huit jours que je ne l'ai vu.

Pouvez-vous penser qu'il sache comment je me porte? Oh! il est bien simple qu'il ne s'en occupe pas, et je suis bien loin de lui en savoir mauvais gré; il s'agit aujourd'hui de toute sa fortune et de celle de son fils qu'il adore[1].

Divertissez-vous, mon ami, le plus que vous pourrez; ne vous affligez point de mon état; nous étions presque perdus l'un pour l'autre; nous ne nous devions jamais revoir; vous me regretterez, parce qu'on est bien aise de se savoir aimé.

Peut-être que par la suite Wiart vous mandera de mes nouvelles; c'est une fatigue pour moi de dicter.

P. S. — Wiart ne voulait point qu'une lettre aussi triste fût

---

[1] Relativement à l'affaire dont il est parlé dans la lettre du 3 février de cette année. (A. N.)

envoyée ; mais il n'a pu rien gagner : il convient, sans doute, que madame est fort faible, mais pas aussi malade qu'elle se croit; il s'y mêle beaucoup de vapeurs, et elle voit tout en noir. M. Bouvard vient de lui ordonner deux onces de casse, elle en a pris ce soir la moitié, et elle prendra l'autre moitié demain matin ; elle vient de manger une bonne assiette de potage et un petit biscuit, elle est plus forte que tantôt ; elle était dans une mauvaise disposition quand elle a écrit.

Wiart aura soin de mettre un bulletin à chaque jour de poste, jusqu'à ce que la santé soit rétablie dans son état ordinaire.

Lettre de Wiart à M. Walpole.

Paris, 22 octobre 1780.

Vous me demandez, monsieur, des détails de la maladie et de la mort de votre digne amie. Si vous avez encore la dernière lettre qu'elle vous a écrite, relisez-la, vous y verrez qu'elle vous fait un éternel adieu, et cette lettre est, je crois, datée du 22 août : elle n'avait point encore de fièvre alors, mais on voit qu'elle sentait sa fin approcher, puisqu'elle vous dit que vous n'auriez plus de ses nouvelles que par moi. Je ne puis vous dire la peine que j'éprouvais en écrivant cette lettre sous sa dictée ; je ne pus jamais achever de la lui relire après l'avoir écrite, j'avais la parole entrecoupée de sanglots. Elle me dit : *Vous m'aimez donc?* Cette scène fut plus triste pour moi qu'une vraie tragédie, parce que dans celle-ci on sait que c'est une fiction ; et dans l'autre je ne voyais que trop qu'elle disait la vérité, et cette vérité me perçait l'âme. Sa mort est dans le cours de la nature ; elle n'a point eu de maladie, ou du moins elle n'a point eu de souffrances : quand je l'entendais se plaindre, je lui demandais si elle souffrait de quelque part, elle m'a toujours répondu non. Les huit derniers jours de sa vie ont été une léthargie totale ; elle n'avait plus de sensibilité ; elle a eu la mort la plus douce, quoique la maladie ait été longue.

Il s'en faut beaucoup, monsieur, qu'elle ait désiré des honneurs après sa mort ; elle a ordonné par son testament l'enterrement le plus simple. Ses ordres ont été exécutés ; elle a aussi demandé à être enterrée dans l'église de Saint-Sulpice, sa paroisse, et c'est où elle repose. On ne souffrirait pas dans la paroisse qu'elle fût décorée après sa mort de quelques marques de distinction; ces messieurs n'ont pas été parfaitement contents. Cependant son curé l'a vue tous les jours, et avait commencé sa confession; mais il n'a pas pu achever, parce que la tête s'est perdue, et qu'elle n'a pu recevoir les sacrements; mais M. le curé s'est conduit à merveille, il a cru que sa fin n'était pas si prochaine. Je garderai Tonton (*chien de madame du Deffand*) jusqu'au départ de M. Thomas Walpole; j'en ai le plus grand soin; il est très-doux, il ne mord personne; il n'était méchant qu'auprès de sa maîtresse. Je me souviens très-bien, monsieur, qu'elle vous a prié de vous en charger après elle.

FIN DE LA CORRESPONDANCE DE MADAME DU DEFFAND.

APPENDICE.

NOTES ET PIÈCES JUSTIFICATIVES.

I

LES CHANSONS DE MADAME DU DEFFAND.
LA PARODIE D'INÈS DE CASTRO.

Madame du Deffand, qui eut de bonne heure de la facilité et de la malignité, fit maint couplet dans sa jeunesse, car on ne peut donner le nom de chansons à ces courtes épigrammes dont la musique ne servait qu'à rendre, pour ainsi dire, l'aile plus légère et la piqûre plus acérée en ajoutant l'ironie à la douleur. La guêpe qu'elle adressait ainsi à ses ennemis était complète : elle avait l'aiguillon et le malin bourdonnement. Elle cite, dans sa correspondance avec Walpole, plus d'un de ces petits paquets piquants, de ces petits fagots de prose rimée avec ou sans refrain, avec ou sans grelot. Elle fait surtout parade de ce petit talent dans sa correspondance avec Chanteloup et les Choiseul, plus indulgents que Walpole, et plus disposés à bien accueillir ces pétards tirés en l'honneur de la disgrâce, et qui étaient les bonnes fortunes et l'innocente vengeance du salon hospitalier de l'exil.

C'est là surtout qu'il faut glaner ces petites malignités de circonstance, égarées comme des herbes épineuses ou de piquants chardons, parmi cette belle et riche moisson d'esprit et de bon sens, dont le pur froment répand une si agréable odeur de bon ton et de bonne compagnie. Les recueils manuscrits de la bibliothèque Mazarine, de l'Arsenal et de la Bibliothèque impériale ; le volumineux recueil Maurepas, vaste fumier de médisance et de scandale où poussent à peine quelques fleurs délicates, et dont la fange croupissante roule çà et là quelques perles souillées, sont absolument vides de couplets attribués à madame du Deffand ou faits contre elle. Nous avons expliqué dans notre *Introduction* les motifs de cette sorte d'inviolabilité.

Quant à ceux que nous connaissons et qui sont imprimés, la plupart lui sont contestés.

« On lui a souvent, dit la *Préface* du *Recueil* de 1809, attribué des pièces de vers. Je n'en connais aucune dont elle soit vraiment l'auteur. Elle s'adressait, comme on l'a précédemment vu, à la muse de M. de Formont; elle eut recours ensuite à la complaisance de MM. Marmontel, Saint-Lambert, la Harpe, etc. [1]. Ce sont eux qui faisaient les vers qu'elle envoyait sous son nom.

» Ils accompagnaient ordinairement les étrennes qu'elle était dans l'habitude d'offrir au jour de l'an à quelques-unes de ses amies. Par exemple, on a cité souvent comme étant d'elle les couplets suivants, adressés à madame la maréchale de Luxembourg, en lui envoyant un petit capucin dont la robe était un tissu d'or destiné à être parfilé. »

Sur l'air : *De tous les capucins du monde.*

Je quitte pour vous la sandale,
Le cordon, le capuchon sale,
La toilette des capucins;
Je m'ennuyais dans mon repaire.
Nous apprenons l'art d'être saints,
Je viens apprendre l'art de plaire.

Banquet divin, gloire infinie,
Une auréole, une autre vie,
Voilà les biens qu'on m'a promis.
Sur d'autres mon espoir se fonde :
Près de vous est le paradis;
Je veux en jouir dans ce monde.

Du ciel vous eûtes en partage
Un esprit doux, brillant et sage,
Un cœur sensible et généreux.
C'était peu pour vous d'être aimable;
Si vous charmez les gens heureux,
Vous consolez le misérable.

» Ces jolis couplets sont de M. de Saint-Lambert; elle avait certainement assez d'esprit pour en faire; elle aimait mieux les commander à ses poëtes. »

Horace Walpole, dans une lettre du 21 novembre 1766 à lady Hervey, lui envoie « un très-joli logogriphe fait par madame du Deffand ».

Quoique que je forme un corps, je ne suis qu'une idée :
Plus ma beauté vieillit, plus elle est décidée.
Il faut pour me trouver ignorer d'où je viens,
Je tiens tout de celui qui réduit tout à rien.

---

[1] Surtout le chevalier de Boufflers, que l'auteur de la *Préface* a tort d'oublier.

Le mot du logogriphe est *Noblesse*.

« Cette madame du Deffand, ajoute Walpole, fait de jolies chansons [1], des épigrammes charmantes, et se rappelle toutes celles qui ont été faites depuis quatre-vingts ans. »

On pourrait citer d'elle d'autres essais assez ingénieux ou gracieux :

>Il est un âge heureux, mais qu'on perd sans retour,
>Où la folle jeunesse entraîne sur ses traces
>   Le plaisir vif avec l'amour
>   Et les désirs avec les grâces.
>Il est un âge affreux, sombre et froide saison,
>Où l'homme encor s'égare et prend dans sa tristesse
>   Son impuissance pour sagesse
>   Et ses craintes pour sa raison.

En voici d'autres, toujours d'une forme négligée, mais où ne manque pas une certaine éloquence d'ennui et de terreur.

>Le ver à soie est, à mes yeux,
>L'être dont le sort vaut le mieux.
>Il travaille dans sa jeunesse ;
>Il dort dans sa maturité ;
>Il meurt enfin dans sa vieillesse
>Au comble de la volupté.
>
>Notre sort est bien différent,
>Il va toujours en empirant :
>Quelques plaisirs dans la jeunesse,
>Des soins dans la maturité,
>Tous les malheurs dans la vieillesse,
>Puis la peur de l'éternité !

On trouve d'autres couplets de madame du Deffand dans la *Correspondance inédite* avec les Choiseul, publiée par M. de Sainte-Aulaire, 1859, t. I, p. 358. Le t. II, p. 1, nous offre une chanson sur le parfilage, trouvée dans les papiers de madame du Deffand et dictée par elle à Wiart (1772).

>Sur l'air : *Attendez-moi sous l'orme.*
>
>Vive le parfilage !
>Plus de plaisir sans lui !
>Cet important ouvrage
>Chasse partout l'ennui.
>Tandis que l'on déchire
>Et galons et rubans,
>L'on peut encor médire
>Et déchirer les gens.

---

[1] Le président Hénault, *Mémoires*, p. 116, lui rend le même témoignage.

> Autrefois dans la vie
> On n'avait qu'un amant;
> Maintenant la folie
> Est d'en changer souvent.
> On défile et partage
> L'amour comme un ruban;
> Et même au parfilage
> On met le sentiment.
>
> Tel qui lit une page
> Peut paraître un savant
> S'il a du parfilage
> Le secret imposant.
> La plus petite idée
> Qu'on attrape en passant,
> Étant bien parfilée
> Tiendra lieu de talent.

Il faut lire sur cette mode, cette manie, cette fureur du parfilage, dont la grande société fut affolée vers ce temps-là, quelques pages curieuses de madame de Genlis, t. III, p. 173-176. Je ne sais même pas si à quelque endroit madame de Genlis ne donne pas comme étant d'elle la chanson ci-dessus citée. Elle appartient en tout cas authentiquement à madame du Deffand. (V. la *Correspondance inédite*, 1859, t. II, p. 10.)

Ce même tome II nous offre, p. 43, 54, 56, 57, 233, 261, 360, d'autres couplets d'elle. Mais l'œuvre capitale, j'allais dire la faute capitale de madame du Deffand en ce genre du badinage rimé, c'est sa fameuse parodie d'*Inès de Castro*, qu'on trouve dans le *Chosier* de la Place, *Pièces intéressantes et peu connues pour servir à l'histoire*, en 8 vol. in-12, t. II, p. 453, avec une sorte d'argument explicatif, et aussi dans le *Recueil* manuscrit Maurepas.

Nous avions d'abord et nous avons annoncé l'intention de citer tout entier ce péché de jeunesse. Nous y renonçons pour trois motifs :

Le premier, c'est qu'il faudrait citer aussi, en bonne justice et en bonne logique, pour permettre au lecteur d'apprécier la valeur de cette longue épigramme, la tragédie qu'elle parodie, extrémité devant laquelle on comprend que nous ayons reculé.

Le second, c'est que tout le comique de la pièce résidant surtout dans les circonstances, l'à-propos, la surprise du sexe de l'auteur, le contraste piquant de sa qualité avec cette poésie de gaudriole qui jette son bonnet par-dessus les moulins, tous ces attraits ont disparu pour nous. Nous n'avons que la carcasse du feu d'artifice, noircie par le temps, et si le premier couplet fait rire, on peut affirmer qu'on rit moins au second, et qu'avant le dixième on est furieux ou endormi par ce refrain monotone dont l'agaçante répétition finit par produire, comme le son d'une cloche fêlée, une impression désagréable ou narcotique.

Le troisième motif est un scrupule, non de pudeur ou plutôt de pudibonderie, mais un juste sentiment de respect pour la vieillesse si éloquente et si glorieuse qui a succédé à cette jeunesse brillante et galante. Ces vers jurent par trop avec le sentiment qu'inspire la sublime douairière qui a écrit les lettres à Walpole. Nous citerons toutefois, pour tenir jusqu'à un certain point notre promesse, le premier acte de la parodie, après quoi nous baisserons la toile sur cette débauche de raillerie, sur cette ivresse d'esprit d'une femme qui a honoré l'esprit après l'avoir si étrangement compromis.

ACTE I. — SCÈNE Ire.

LE ROI, LA REINE.

LE ROI.

Reine, je tiens ma promesse,
Et mon fils doit en ce jour,
En épousant la princesse,
Lui donner tout son amour,
Et son mirliton, mirliton, mirlitaine,
Et son mirliton, don, don.

LA REINE.

Seigneur, j'ai sujet de craindre
Pour vous mille déplaisirs,
Le prince a beau se contraindre,
Je connais trop les désirs
De son mirliton, etc.

LE ROI.

Quelle funeste nouvelle,
Et pour moi quelle douleur !
Mais mon fils n'est point rebelle ;
Je connais trop son bon cœur,
Et son mirliton, etc.

SCÈNE II.

LE ROI, L'INFANTE.

LE ROI.

De mon fils daignez, princesse,
Faire aujourd'hui le bonheur ;
Donnez-lui votre tendresse
Et répondez à l'ardeur
De son mirliton, etc.

L'INFANTE.

Seigneur, souffrez qu'on diffère
Cet hymen pour quelque temps;
Si le prince m'a su plaire,
Je n'en ai pas fait autant.
A son mirliton, etc.

LE ROI.

Ciel, que je serais à plaindre
Et quel serait mon destin!
Car je ne puis vous le feindre,
Ne comptez pour rien sa main
Sans son mirliton, etc.

SCÈNE III.

LE ROI, DON PEDRO.

LE ROI.

Mon royaume et la Castille
Vont être unis pour jamais.
Constance deviendra ma fille,
Et nous devrons cette paix
A son mirliton, etc.

DON PEDRO.

Je ne puis trahir, mon père,
Les sentiments de mon cœur.
Constance ne peut me plaire,
Et j'ai conçu de l'horreur
Pour son mirliton, etc.

LE ROI.

Eh quoi! jeune téméraire,
Que deviendra le traité?
Crois-tu comme le vulgaire
Disposer à volonté
De ton mirliton? etc.

DON PEDRO.

Daignez ne me pas contraindre.

LE ROI.

. . . .

DON PEDRO.

Avec vous je ne puis feindre.
Hélas! seigneur, je ne puis,
Ni mon mirliton, etc.

SCÈNE VI.

LE ROI, LA REINE, DON PEDRO, INÈS.

LE ROI.

Ah! que je suis en colère,
Madame, contre l'Infant,

Ce refus qu'il vient de faire
Fait voir qu'il a sûrement
Mauvais mirliton, etc.

LA REINE.

Seigneur, je sais le contraire,
Car à l'objet que voilà
Tous les soirs sur la gouttière
Il lui porte sans éclat
Son beau mirliton, etc.

INÈS, *au roi.*

Seigneur, pouvez-vous le croire?

LE ROI.

Oh! ne désavouez rien.

INÈS.

De l'aimer je fais ma gloire,
Et ne connais d'autre bien
Que son mirliton, etc.

LE ROI.

Reine, je vous la confie.

LA REINE.

Je vous en réponds, seigneur.

DON PEDRO.

Ah! que je crains pour sa vie!
Ciel, préservez de malheur
Son beau mirliton, etc.

FIN DU PREMIER ACTE.

Certes, je ne suis pas un séide de la Motte, et mon admiration pour cet ennemi d'Homère, pour ce poëte en prose, n'a rien de bien farouche. Mais j'avoue que dès le premier acte de cette *scie,* comme on dit aujourd'hui en termes d'atelier, je suis prêt à crier : Qu'on me ramène à *Inès de Castro!* du ton dont on disait autrefois : « Qu'on me ramène aux carrières! »

II

GALERIE DES PORTRAITS DE MADAME DU DEFFAND ET DE SES AMIS.

Voici, parmi les *OEuvres* de madame du Deffand, une série d'essais d'une autre valeur littéraire et morale. Il s'agit de cette *Galerie de portraits intimes* d'elle et des principaux personnages de sa société habituelle, et dus à divers pinceaux, dont le meilleur est, à coup sûr, le sien. Cette galerie est le complément indispensable de toute édition des lettres de madame du Deffand, et fidèle à l'exemple de l'éditeur du recueil de 1809, et de l'éditeur de Londres, 1810, et de Paris, 1812, 1824, 1827, des *Lettres* à Walpole et à Voltaire, nous la donnons à notre tour avec quelques avantages de correction et de commentaire, ayant soigneusement revu chaque portrait sur les meilleurs textes, les ayant approximativement datés, et ayant donné quelques détails nécessaires sur les peintres ou les modèles.

Nous avons déjà cité l'opinion tranchante, étourdie et jalouse de madame de Genlis sur le mérite des portraits dus à madame du Deffand. Nous préférons de beaucoup, sur la valeur de ces compositions, dont plusieurs sont des chefs-d'œuvre du genre, l'avis, que nous avons aussi reproduit, de madame de Staal[1] et du président Hénault, et surtout celui d'Horace Walpole, qui a écrit cette note dans le volume manuscrit qui les contenait :

« Quelques-uns des portraits peints par madame du Deffand dans ce volume sont des chefs-d'œuvre, notamment ceux de la duchesse douairière d'Aiguillon, de la princesse de Talmont et de madame du Châtelet. Ils sont écrits avec toute la grâce, toute la facilité et toute l'élégance du meilleur temps de Louis XIV ; ils font preuve d'une profonde pénétration, et dénotent une grande solidité de jugement. »

Et l'auteur de la *Préface* de l'édition des lettres de 1812, auquel nous empruntons ce détail, ajoute, d'après l'éditeur anglais qu'il traduit :

« Ces portraits descriptifs étaient l'occupation favorite des beaux esprits des deux sexes durant la jeunesse de madame du Deffand ; c'était une espèce de composition propre au genre d'esprit et aux habitudes de ceux qui s'y livraient ; c'était une manière ingénieuse de faire un compliment, de jeter un vernis sur de grands vices, et d'attaquer en termes honnêtes, mais expressifs, de petits défauts. L'air de franchise et de vérité qu'on affectait était nécessaire pour faire paraître plus agréables les louanges prodiguées aux qualités qui accompagnaient les défauts. En un mot, c'étaient les éloges académiques de ceux qui n'étaient d'aucune académie. »

Walpole avait fait de madame du Deffand un *Portrait* en vers auquel elle fait allusion dans sa *Correspondance*[2]. Il n'en existe pas d'autre de celui qui a le mieux connu madame du Deffand, et qui était le plus capable de la peindre. S'est-il défié de son talent ou de

---

[1] Madame de Staal a fait elle-même son *Portrait* qu'on trouvera dans ses Œuvres et dans les *Mémoires du président Hénault*, p. 119. — On le trouvera aussi dans notre *Galerie*, où son absence eût laissé un vide.
[2] Voir notre t. Ier, p. 400.

sa sincérité? ou plutôt n'a-t-il pas pensé, avec une perspicacité qui fait honneur à son goût, que le meilleur portrait de madame du Deffand est dans ces lettres immortelles qui la reflètent comme un miroir?

I

PORTRAIT DE M. D'ALEMBERT PAR MADAME LA MARQUISE DU DEFFAND [1].

D'Alembert est né sans parents, sans appui, sans fortune; il n'a eu que l'éducation commune qu'on donne à tous les enfants; personne ne s'occupa, dans sa jeunesse, à cultiver son esprit, ni à former son caractère. La première chose qu'il apprit en commençant à penser, fut qu'il ne tenait à rien. Il se consola de cet abandon par l'indépendance qui en était la suite; mais à mesure que ses lumières augmentèrent, il connut les inconvénients de sa situation : il chercha en lui-même des ressources contre son malheur. Il se dit qu'il était l'enfant de la nature, qu'il ne devait consulter qu'elle et n'obéir qu'à elle (principe auquel il est resté fidèle); que son rang, ses titres dans l'univers étaient d'être homme; que rien n'était au-dessus ni au-dessous de lui; qu'il n'y a que la vertu et le vice, les talents et la sottise, qui méritent le respect ou le mépris; que la liberté était la vraie fortune du sage; qu'on était toujours maître de l'acquérir et d'en jouir, en évitant les passions et toutes les occasions qui peuvent les faire naître.

Le plus sûr préservatif qu'il crut pouvoir leur opposer fut l'étude; et l'activité de son esprit ne put se borner à un seul genre : toutes sortes de sciences, toutes sortes de connaissances l'occupèrent alternativement; il se forma le goût par la lecture des anciens, et il se trouva bientôt en état de les imiter. Enfin, son génie se développa, et ce fut en qualité de prodige qu'il parut dans le monde. La simplicité de ses manières, la pureté de ses mœurs, l'air de jeunesse, la franchise de son caractère, joints à tous ses talents, étonnèrent d'abord ceux qui le virent; mais il ne fut pas également bien jugé par tout le monde : plusieurs n'aperçurent en lui qu'un jeune homme sans usage du monde. Sa simplicité et sa franchise leur parurent une ingénuité grossière. Le seul mérite qu'ils lui trouvèrent fut le talent singulier qu'il a de contrefaire tout ce qu'il voit; ils s'en amusèrent, mais ils ne le jugèrent pas digne d'une plus grande considération.

Un pareil début dans le monde était bien capable de l'en dégoûter, aussi prit-il promptement le parti de la retraite : il se livra plus que jamais à l'étude et à la philosophie. Ce fut alors qu'il donna son *Essai sur les gens de lettres, les Mécènes*, etc. Cet ouvrage n'eut pas le succès qu'il en devait attendre; les grands seigneurs crurent que c'était leur enlever leurs titres, que de conseiller de ne point rechercher leur protection. Les gens de lettres ne trouvèrent pas bon qu'on leur donnât des conseils si contraires à leurs vues intéressées; et les protecteurs et les protégés devinrent également ses ennemis. On ne parla plus de lui

---

[1] Voir, pour la date présumée de ce *Portrait* (1755), notre *Introduction*, p. CXXXIV.

que comme d'un homme plein d'orgueil. Tout ce qu'il avait dit en faveur de la liberté parut favoriser la licence. On interpréta aussi mal son amour pour la vérité ; mais son désintéressement, le mépris qu'il eut pour de telles critiques, le silence qu'il observa, la sagesse de sa conduite, enfin le vrai mérite qui triomphe tôt ou tard de l'envie, ont forcé ses ennemis à lui rendre justice, ou du moins à se taire ; ils n'osent plus s'élever contre la voix publique.

D'Alembert jouit de la réputation due aux talents les plus éminents et à la pratique constante et exacte des plus grandes vertus. Le désintéressement, la vérité, forment son caractère ; généreux, compatissant, il a toutes les qualités essentielles, mais il n'a pas toutes celles de la société ; il manque d'une certaine douceur et aménité qui en fait l'agrément ; son cœur ne paraît pas fort tendre, et l'on est porté à croire qu'il y a plus de vertu en lui que de sentiment. On n'a point le plaisir d'éprouver avec lui qu'on lui est nécessaire : il n'exige rien de ses amis ; il aime mieux leur rendre des soins que d'en recevoir d'eux. La reconnaissance ressemble trop aux devoirs, elle gênerait sa liberté. Toute gêne, toute contrainte, de quelque espèce qu'elle puisse être, lui est insupportable, et on l'a parfaitement défini en disant qu'il était esclave de la liberté.

II

PORTRAIT DE MADAME LA MARQUISE DU CHATEL ADRESSÉ A ELLE-MÊME PAR MADAME LA MARQUISE DU DEFFAND [1].

C'est vous, madame, que j'entreprends de peindre : je sais que rien n'échappe à votre pénétration ; mais je crois cependant que vous ne vous connaissez pas vous-même. Apprenez donc que vous avez beaucoup d'esprit, que vous l'avez étendu et pénétrant, que vous jugez sainement de tout, que vous avez de la gaieté dans l'humeur, les façons nobles, la plaisanterie fine ; en un mot, qu'il ne vous manque rien pour plaire. Le seul défaut que je vous connaisse, c'est votre timidité : tout le monde la prend pour un excès de modestie, et moi je serais tentée de la croire l'effet d'un amour-propre mal entendu. Je vais tâcher de vous expliquer ma pensée.

L'amour-propre, dans presque tous les hommes, se confond avec leur vanité : ils s'estiment à proportion de ce qu'ils s'aiment, et l'estime qu'ils ont d'eux-mêmes diminue aussi à proportion de l'opinion qu'ils ont des autres.

Vous êtes une exception presque unique à la règle générale : plus vous vous aimez, moins vous vous trouvez aimable ; vous vous laissez aller à une méfiance de vous-même qui, en vous faisant perdre l'espérance de plaire, vous en fait perdre aussi le désir ; cet effet de l'amour-propre est si rare qu'il donne à votre caractère quelque chose de singulier, et peut-être d'un peu sauvage.

Vous êtes vraiment frappée des agréments des autres : vous faites la

---

[1] Date présumée de ce *Portrait*, 1740.

comparaison de vous à eux, et vous vous imaginez manquer de toutes les qualités et de tous les talents que vous leur trouvez. Alors le dégoût de vous-même s'empare de vous, le découragement vous prend, et vous ne désirez plus que la retraite et la solitude.

Empêchez votre amour-propre, madame, de s'effaroucher si précipitamment : les autres ne paraissant si bien à vos yeux que parce qu'ils ont une sorte d'assurance qui leur laisse toute la liberté de leur esprit et de leur imagination, démêlez le fond de leurs discours d'avec la facilité qui les accompagne, et vous verrez qu'il ne tient qu'à vous de les surpasser et de les laisser bien loin en arrière. Je sais que si le mérite des autres vous éblouit, il ne vous inspire aucune jalousie, que vous le louez avec sincérité et plaisir, et que le chagrin qu'il porte dans votre âme n'est que contre vous.

Il vous était réservé, madame, de nous faire connaître qu'un peu de vanité n'est pas un défaut, ou, pour parler plus juste, vous nous apprenez que la méfiance en est un bien plus fâcheux. C'est votre méfiance qui vous donne des malheurs imaginaires au milieu de tous les biens réels; c'est elle qui arrête les mouvements de votre âme, et qui vous rend peut-être peu accessible à l'amitié; c'est elle qui vous inspire de la crainte, de la réserve, et vous prive de la plus grande douceur de la vie : de donner, d'ouvrir son cœur et de se croire aimé.

Elle fait plus encore, madame : l'amertume qu'elle répand dans votre âme change quelquefois votre humeur, éteint votre gaieté et donne quelque atteinte aux lumières de votre esprit; vos réflexions en deviennent moins justes, vous vous faites, pour ainsi dire, une idée de la perfection et du bonheur plus grande que nature, vous perdez l'espérance d'atteindre à l'un et à l'autre, et vous ne jouissez plus qu'imparfaitement de tous les avantages que vous avez reçus de la nature et de la fortune.

Ouvrez les yeux, madame, sur votre propre mérite; voyez-vous comme les autres vous voient, et vous vous apercevrez promptement de l'estime et du goût que vous inspirez. On vous aime, on vous désire. Répondez à ces sentiments par un peu plus de confiance, et personne ne sera aussi parfaite ni aussi aimable que vous.

III

PORTRAIT DE MADAME LA PRINCESSE DE TALMONT [1].

Madame de Talmont a de la beauté et de l'esprit; elle a une intelligence vive, et ce tour de plaisanterie qui est le partage de notre nation paraît lui être naturel. Elle conçoit si promptement les idées des autres,

[1] Voir sur cette originale, généreuse et spirituelle maîtresse du prince Edouard, à qui la pitié pour les malheurs du dernier Stuart inspira un amour si héroïque, les *Mémoires de d'Argenson* et le *Journal de Barbier*, t. IV, p. 326. Voir aussi et surtout les *Lettres de madame du Deffand à Walpole* et la *Note* curieuse ajoutée par Walpole au *Portrait* de madame de Talmont, que nous avons reproduite, d'après l'édition de 1812 (t. III, p. 51), à notre t. II, p. 383, 384. Voir aussi *la Femme au dix-huitième siècle*, par MM. E. et J. de Goncourt, et l'*Histoire de Charles-Edouard*, par M. Amédée Pichot.

que l'on y est souvent attrapé, et qu'on lui fait l'honneur de croire qu'elle a produit ce qu'elle n'a fait qu'entendre. Son imagination n'a nulle fécondité, et ce qu'elle a d'esprit ne peut s'exercer que sur les choses agréables et frivoles : elle n'a ni la suite ni la justesse nécessaire pour les choses de raisonnement. Sa conversation est facile et a tout l'agrément et toute la légèreté française. Sa figure même n'est point étrangère : elle est distinguée sans être singulière. Un seul point la sépare des mœurs, des usages et du caractère de notre nation : c'est sa vanité. On ne peut s'y méprendre : la nôtre est plus sociable ; en nous donnant le désir de plaire, elle nous apprend les moyens d'y parvenir : la sienne, vraiment sarmate, est sans art, sans industrie ; elle ne saurait se résoudre à flatter ceux dont elle veut être admirée. Les hommages, les louanges, les préférences lui paraissent un droit naturel qu'elle doit avoir sur tout ce qui l'environne. Elle se croit parfaite : elle le dit, et elle veut qu'on la croie. Ce n'est qu'à ce prix qu'on peut jouir de l'apparence de son amitié : je dis apparence, car elle n'a aucuns sentiments qui puissent s'épancher sur les autres : ils sont tous renfermés en elle-même. Elle voudrait cependant être aimée ; mais sa vanité seule l'exige, son cœur ne demande rien.

La jalousie est en elle à un aussi haut degré que sa vanité : il faut qu'elle soit l'unique objet de l'attention et des éloges de ceux avec qui elle se trouve. Si on s'avise de parler avantageusement de quelqu'un, l'humeur s'empare d'elle, elle se récrie contre le jugement qu'on vient de porter, et elle se loue alors elle-même avec si peu de mesure et de modestie, qu'on ne peut s'empêcher, malgré l'indignation que son orgueil inspire, de rire du peu d'art et de l'ingénuité de son amour-propre.

Son humeur est si excessive, qu'elle la rend la personne du monde la plus malheureuse et souvent la plus ridicule : elle ne sait jamais ce qu'elle désire, ce qu'elle craint, ce qu'elle hait, ce qu'elle aime.

Sa contenance n'a rien d'aisé ni de naturel, elle porte le menton haut, les coudes en arrière. Son regard est étudié : il est successivement tendre et dédaigneux, fier et distrait ; on voit qu'il n'est point l'expression d'aucuns mouvements qui se passent en elle, mais une affectation pour être plus touchante, plus imposante, etc.

L'heure de sa toilette, de ses repas, de ses visites, tout est marqué au coin de la bizarrerie et du caprice, sans déférence pour ceux qui lui sont supérieurs, sans égard ni politesse pour ses égaux, sans douceur et sans humanité pour ses domestiques. Elle est crainte et haïe de tous ceux qui sont forcés de vivre avec elle. Il n'en est pas de même de ceux qui ne la voient qu'en passant, et surtout des hommes. L'agrément de sa figure, la coquetterie qu'elle a dans les manières, la noblesse et le tour de ses expressions séduisent beaucoup de gens ; mais les impressions qu'elle fait ne sont pas durables : son humeur avertit promptement du danger qu'il y aurait de s'attacher sérieusement à elle.

Cependant parmi tant de défauts elle a de grandes qualités : beaucoup de vérité, de la hauteur et de la noblesse d'âme, du courage dans l'esprit, de la probité ; enfin c'est un mélange de tant de bien et de tant de mal, que l'on ne saurait avoir pour elle aucun sentiment bien décidé : elle plaît, elle choque, on l'aime, on la hait, on la cherche, on l'évite. On dirait qu'elle communique aux autres la bizarrerie de son caractère.

IV

PORTRAIT DE M. LE CHEVALIER D'AYDIE PAR MADAME LA MARQUISE DU DEFFAND [1].

M. le chevalier d'Aydie a l'esprit chaud, ferme et vigoureux, tout en lui a la force et la vérité du sentiment. On a dit de M. de Fontenelle qu'à la place du cœur il avait un second cerveau : on définirait le chevalier d'Aydie en disant de lui le contraire [2].

Jamais ses idées ne sont subtilisées [3] ni refroidies par une vaine métaphysique ; tout est premier mouvement en lui. Il se laisse aller à l'impression que lui font les objets [4] ; ses expressions sont fortes et énergiques ; quelquefois il est embarrassé au choix du mot le plus propre à rendre sa pensée, et l'effort qu'il fait alors donne plus de ressort et de chaleur à ses paroles ; il ne prend les idées, ni les opinions, ni les manières de personne ; ce qu'il pense, ce qu'il dit est toujours original et naturel ; enfin le chevalier d'Aydie nous démontre que le langage de la passion est la sublime et véritable éloquence [5].

Mais le cœur n'a pas toujours la faculté de sentir [6] ; il a des moments [7] de repos et d'inaction. Alors [8] le chevalier n'est plus le même homme : toutes ses lumières s'éteignent ; enveloppé de ténèbres [9], s'il parle, ce n'est plus avec la même éloquence : ses idées n'ont plus la même justesse, ni ses expressions la même énergie, elles ne sont qu'exagérées ; on voit qu'il se recherche sans se trouver : l'original a disparu, il ne reste plus que la copie.

---

[1] Voir pour la date présumée de ce *Portrait* notre *Introduction*, p. cxxv.

[2] On trouve dans l'excellente édition des *Lettres d'Aïssé*, de M. Ravenel, et dans la *Notice* exquise de M. Sainte-Beuve, qui la précède, le même *Portrait* du chevalier d'Aydie avec quelques variantes. A cet endroit, par exemple, le *Portrait* ajoute : « On pourrait croire que la tête du chevalier contient un second cœur. Il prouve la vérité de ce que dit Rousseau, que c'est dans notre cœur que notre esprit réside. »

[3] *Variante :* « Affaiblies. »

[4] *Var.* « Qu'il traite. »

[5] *Var.* « Souvent il en devient plus affecté à mesure qu'il parle ; souvent il est embarrassé au choix du mot le plus propre à rendre sa pensée, et l'effort qu'il fait alors donne plus de ressort et d'énergie à ses paroles. Il n'emprunte les idées ni les expressions de personne ; ce qu'il voit, ce qu'il dit, il le voit et le dit pour la première fois. Ses définitions, ses images sont justes, fortes et vives ; enfin le chevalier nous démontre que le langage du sentiment et de la passion est la sublime et véritable éloquence. »

Le chevalier n'était jamais mieux inspiré que lorsque madame du Deffand le tirait en quelque sorte du silence, par l'art qu'elle avait de le faire parler. Grand chasseur, il la comparait à un chien de race « qui fait lever beaucoup de gibier ».

[6] *Var.* « La faculté de toujours sentir. »

[7] *Var.* « Des temps. »

[8] *Var.* « Paraît ne plus exister. »

[9] *Var* « Ce n'est plus le même homme et l'on croirait que gouverné par un génie, le génie le reprend et l'abandonne suivant son caprice. »

Quoique le chevalier d'Aydic soit plein de passion[1], ce n'est[2] pas néanmoins l'homme du monde le plus[3] tendre ni le plus capable d'attachement; il est affecté par trop de différents objets, pour l'être[4] constamment par aucun en particulier; il est accessible à toutes sortes d'impressions; le mérite, de quelque genre qu'il soit, excite en lui des mouvements de sensibilité : l'on jouit avec lui du plaisir d'apprendre ce qu'on vaut, par l'enjouement qu'il marque, et cette sorte d'approbation est bien plus flatteuse que celle que l'esprit seul accorde, et où le cœur ne prend point de part[5].

Le chevalier ne saurait rester tranquille spectateur des sottises du genre humain; tout ce qui blesse la probité devient sa querelle particulière; sans miséricorde pour les vices et sans indulgence pour les ridicules, il est la terreur des méchants et des sots. Ceux-ci l'attaquent à leur tour sur la sécurité et l'ostentation de sa morale : ils disent que les gens véritablement vertueux sont plus indulgents, plus faciles et plus simples[6].

Le chevalier est trop[7] susceptible d'émotions passagères pour que son humeur soit fort égale; mais ses inégalités sont plutôt agréables que fâcheuses : chagrin sans être triste, misanthrope sans être sauvage, toujours vrai et original dans ses divers changements. Il plaît par ses propres défauts, et l'on serait bien fâché qu'il devînt plus parfait.

V

PORTRAIT DE M. LE COMTE DE CÉRESTE PAR MADAME LA MARQUISE DU DEFFAND[8].

M. le comte de Céreste a le regard doux, sensible et spirituel : son air simple et naturel lui concilie tous ceux qui le voient.

[1] *Var.* « Pense et agisse par sentiment. »
[2] *Var.* « Peut-être pas. »
[3] *Var.* « Le plus passionné ni le plus... »
[4] *Var.* « Pour pouvoir l'être fortement. »
[5] *Var.* « Sa sensibilité est, pour ainsi dire, distribuée à toutes les différentes facultés de son âme, et cette diversion pouvait bien défendre son cœur et lui assurer une liberté d'autant plus douce et d'autant plus solide qu'elle est également éloignée de l'indifférence et de la tendresse. Cependant il croit aimer; mais ne s'abuse-t-il point? Il se passionne pour les vertus qui se trouvent en ses amis; il s'échauffe en parlant de ce qu'il leur doit, mais il se sépare d'eux sans peine, et l'on serait tenté de croire que personne n'est absolument nécessaire à son bonheur. En un mot, le chevalier paraît plus sensible que tendre.

» Plus une âme est libre, plus elle est aisée à remuer. Ainsi quiconque a du mérite peut attendre du chevalier quelques moments de sensibilité. L'on jouit avec lui du plaisir d'apprendre ce qu'on vaut par les sentiments qu'il vous marque, et cette sorte d'approbation, etc. »

[6] *Var.* « Le discernement du chevalier est éclairé et fin, son goût très-juste; il ne peut rester simple spectateur des sottises et des fautes du genre humain. Tout ce qui blesse la probité et la vérité devient sa querelle particulière. . . .
. . . Ils croient (les sots) se venger de lui en l'accusant de sévérités outrées et de vertus romanesques; mais l'estime et l'amour des gens d'esprit et de mérite le défendent bien de pareils ennemis. »

[7] *Var.* « Trop souvent affecté et remué. »
[8] Voir pour la date présumée de ce *Portrait* notre *Introduction*, p. LXVI.

Il réunit en lui tous les différents attributs de l'esprit : justesse, raison, discernement, pénétration. Son mérite est accessible à tout le monde : il doit plaire aux uns par la supériorité de son esprit, aux autres par l'excellence de son caractère, et à tous par sa facilité et ses agréments.

Personne n'a obtenu du public une justice aussi complète; il est le seul homme qui ait su désarmer l'envie; sa simplicité et sa modération font que chacun consent à le regarder comme son modèle, et que personne ne s'avise de le craindre comme son rival; d'ailleurs, toutes ses qualités gardent entre elles un équilibre si parfait, qu'elles ne réveillent point la jalousie de ceux qui prétendent se distinguer par un seul genre.

Le même équilibre met dans sa conduite une égalité que rien ne dérange, et rend son commerce doux et agréable. Sa conversation s'en ressent aussi : aucun genre n'y domine; elle est toujours à la portée et selon le goût des gens avec qui il se trouve.

Il ne faut point conclure de tout ceci que M. de Céreste n'ait pas un caractère marqué et très-distinctif. Celui d'un homme d'un sens exquis lui doit être universellement accordé : personne ne pénètre, ne compare, ne juge et ne décide avec plus de promptitude et de justesse; c'est un talent éminent en lui, qui le rend capable des plus grands emplois et des affaires les plus difficiles; mais il cherche d'autant moins à le faire valoir, qu'il craindrait peut-être qu'on n'en voulût faire trop d'usage.

Exempt de toutes les fortes passions, son âme n'a que le degré de chaleur qu'il faut pour donner la vie à toutes ses qualités; les vertus sont en lui comme les sentiments et les penchants dans les autres : elles n'ont point l'air d'être acquises ni soutenues par effort.

Il ne reste plus qu'à juger M. de Céreste par sa conduite et par les partis qu'il a pris. Sa naissance, l'étendue de son esprit, ses talents, son génie, semblaient l'inviter à choisir dans la classe des grands hommes la place qu'il y voudrait occuper. Parmi tant d'avantages son cœur a choisi la modération : il ne dépendait que de lui d'être illustre, il a préféré d'être sage; il a craint de s'abandonner à la conduite des passions qui mènent aux grandeurs, et la médiocrité lui a paru l'asile du bonheur et de la raison.

VI

PORTRAIT DE MADAME LA DUCHESSE D'AIGUILLON PAR MADAME LA MARQUISE DU DEFFAND [1].

Madame la duchesse d'Aiguillon a la bouche enfoncée, le nez de travers, le regard fol et hardi, et malgré cela elle est belle. L'éclat de son teint l'emporte sur l'irrégularité de ses traits.

Sa taille est grossière, sa gorge, ses bras sont énormes; cependant elle n'a point l'air pesant ni épais : la force supplée en elle à la légèreté.

Son esprit a beaucoup de rapport à sa figure : il est pour ainsi dire aussi mal dessiné que son visage, et aussi éclatant : l'abondance, l'acti-

---

[1] Voir sur la duchesse d'Aiguillon, son caractère, sa mort, les *Lettres de madame du Deffand à Walpole* (consultez notre *Table*), les *Mémoires de d'Argenson* et la *Correspondance inédite*, publiée par M. de Sainte-Aulaire, 1859.

vité, l'impétuosité en sont les qualités dominantes. Sans goût, sans grâce et sans justesse, elle étonne, elle surprend, mais elle ne plaît ni n'intéresse.

Sa physionomie n'a nulle expression; tout ce qu'elle dit part d'une imagination déréglée.

C'est quelquefois un prophète qu'un démon agite, qui ne prévoit ni n'a le choix de ce qu'il va dire : ce sont plusieurs instruments bruyants dont il ne résulte aucune harmonie. C'est un spectacle chargé de machines et de décorations, où il se trouve quelques traits merveilleux sans suite et sans ordre, que le parterre admire, mais qui est sifflé des loges.

On pourrait comparer madame la duchesse d'Aiguillon à ces statues faites pour le cintre et qui paraissent monstrueuses étant dans le parvis. Sa figure ni son esprit ne veulent point être vus ni examinés de trop près ; une certaine distance est nécessaire à sa beauté : des juges peu éclairés et peu délicats sont les seuls qui puissent être favorables à son esprit.

Semblable à la trompette du jugement, elle est faite pour ressusciter les morts : ce sont les impuissants qui doivent l'aimer, ce sont les sourds qui doivent l'entendre.

VII

PORTRAIT DE M. L'ABBÉ DE VAUBRUN PAR MADAME LA MARQUISE DU DEFFAND [1].

M. l'abbé de Vaubrun a trois coudées de hauteur du côté droit et deux et demie du côté gauche, ce qui rend sa démarche irrégulière; il porte la tête haute et montre avec confiance une figure qui d'abord surprend, mais qui ne choque cependant pas autant que la bizarrerie de ses traits semble l'exiger. Ses yeux sont tout le contraire de son esprit : ils ont plus de profondeur que de surface; son rire marque pour l'ordinaire le contentement qu'il a des productions de son imagination. Il ne perd point son temps à l'étude ni à la recherche des choses solides, qui ne font honneur que parmi le petit nombre de gens d'esprit et de mérite; il s'occupe sérieusement de toutes les bagatelles. Il sait le premier la nouvelle du jour. C'est de lui que l'on reçoit toujours le premier compliment sur les événements agréables. Personne ne tourne avec plus de galanterie une fadeur, personne ne connaît mieux le prix de la considération qui est attachée à vivre avec les gens en place ou illustres par leur naissance. Il est très-empressé pour ses amis, il ne manque à aucun devoir envers eux; on le voit assister à leur agonie avec le même plaisir qu'il avait assisté à leurs noces. Il n'a point une délicatesse gênante dans l'amitié : il se contente de l'apparence, et il est plus flatté des marques publiques de considération, que de l'estime véritable. Madame la duchesse du Maine l'a parfaitement défini en disant de lui qu'il était le sublime du frivole.

---

[1] Voir sur cet abbé de Vaubrun, candidat perpétuel à l'épiscopat, frère de la duchesse d'Estrées, les *Mémoires du président Hénault*, p. 118.

VIII

PORTRAIT DE MADAME LA DUCHESSE DE LUYNES PAR MADAME LA MARQUISE DU DEFFAND [1].

Madame la duchesse de Luynes est née aussi raisonnable que les autres tâchent de le devenir : elle aime les plaisirs et la dissipation, mais sans emportement et sans ardeur : elle se plaît à la cour sans y être trop fortement attachée : elle se contente d'y avoir un rang considérable; la représentation et l'amusement sont tout ce qu'elle y cherche.

Son imagination est agréable, elle entend promptement, ses reparties sont vives, son jugement est solide. Tous les partis qu'elle prend sont sensés : elle n'est entraînée par aucun goût trop vif; elle ne connaît guère l'enjouement ni les répugnances; son esprit démêlerait aisément le bon d'avec le mauvais, l'excellent d'avec le médiocre : mais son sentiment ne l'avertit point, et le peu d'intérêt qu'elle prend à tous les objets qui l'environnent fait qu'elle se soumet peut-être trop aveuglément à la prévention générale.

Son goût pour la liberté, qu'on avait cru excessif, a paru se démentir au bout de vingt-cinq ans. Sitôt que la mort de madame sa mère l'eut rendue maîtresse absolue de ses actions, elle ne songea qu'à se former (en se remariant) de plus fortes chaînes que celles dont elle venait d'être débarrassée; mais madame de Luynes n'a jamais véritablement aimé la liberté : c'est même de tous les états celui qui lui convient le moins. Les devoirs lui sont nécessaires; ils fixent ses idées et satisfont sa vanité en donnant une sorte d'éclat à sa vie et à ses occupations.

La liberté n'est pas un bien pour tout le monde, il y a moins de gens qu'on ne pense qui en sachent faire usage, et qui, pour ainsi dire, en puissent soutenir le vide et l'obscurité.

L'humeur de madame de Luynes est d'une égalité charmante, son cœur est généreux et compatissant. Occupée de ses devoirs, remplie de soins et d'attentions dans l'amitié, tout est heureux avec elle, père, enfants, mari, amis, domestiques; si quelque chose trouble la douceur des sentiments qu'elle inspire, c'est qu'on croit démêler qu'elle suit plutôt les conseils de sa raison que les mouvements de son cœur. Peut-être ce reproche est-il injuste; mais il paraît qu'on n'est point nécessaire à son bonheur, comme elle le devient au bonheur de ceux qui, ayant vécu avec elle, ne peuvent plus se passer d'y vivre.

IX

PORTRAIT DE M. LE PRÉSIDENT HÉNAULT PAR MADAME LA MARQUISE DU DEFFAND (1730)[2].

Toutes les qualités de M. le président Hénault, et même tous ses défauts, sont à l'avantage de la société; sa vanité lui donne un extrême désir de plaire; sa facilité lui concilie tous les différents caractères, et sa

---

[1] Voir sur la date présumée de ce *Portrait* notre *Introduction*, p. LXXVI.
[2] Voir notre *Introduction*, p. XXXV.

faiblesse semble n'ôter à ses vertus que ce qu'elles ont de rude et de sauvage dans les autres.

Ses sentiments sont fins et délicats, mais son esprit vient trop souvent à leur secours pour les expliquer et les démêler; et comme rarement le cœur a besoin d'interprète, on serait tenté quelquefois de croire qu'il ne fait que penser ce qu'il imagine sentir; il paraît démentir M. de la Rochefoucauld, et il lui ferait peut-être dire aujourd'hui que le cœur est souvent la dupe de l'esprit.

Tout concourt à le rendre l'homme du monde le plus aimable; il plaît aux uns par ses bonnes qualités, et à beaucoup d'autres par ses défauts.

Il est impétueux dans toutes ses actions, dans ses disputes, dans ses approbations; il paraît vivement affecté des objets qu'il voit et des sujets qu'il traite; mais il passe si subitement de la plus grande véhémence à la plus grande indifférence, qu'il est aisé de démêler que si son âme s'émeut aisément, elle est bien rarement affectée : cette impétuosité, qui serait un défaut en tout autre, est presque une bonne qualité en lui; elle donne à toutes ses actions un air de sentiment et de passion qui plaît infiniment au commun du monde; chacun croit lui inspirer un intérêt fort vif, et il a acquis autant d'amis par cette qualité que par celles qui sont vraiment aimables et estimables en lui. On peut lui reprocher d'être trop sensible à cette sorte de succès; on voudrait que son empressement pour plaire fût moins général et plus soumis à son discernement.

Il est exempt des passions qui troublent le plus la paix de l'âme; l'ambition, l'intérêt lui sont inconnus; ce sont des passions plus douces qui l'agitent; son humeur est naturellement gaie et égale, et si elle souffre quelque altération, c'est par des causes étrangères, et dont le principe n'est pas en lui.

Il joint à beaucoup d'esprit toute la grâce, la facilité et la finesse imaginables; il est de la meilleure compagnie du monde; sa plaisanterie est vive et douce; sa conversation est remplie de traits ingénieux et agréables, qui jamais ne dégénèrent en jeux de mots ni en épigrammes qui puissent embarrasser personne. Il se plaît à démêler dans toute sorte de genres les beautés et les finesses qui échappent au commun du monde; la chaleur avec laquelle il les fait valoir fait quelquefois penser qu'il les préfère à ce qui est universellement trouvé beau, mais ce ne sont point des préférences qu'il accorde, ce sont des découvertes qu'il fait, qui flattent la délicatesse de son goût et qui exercent la finesse de son esprit.

Il ne manque d'aucun talent; il traite également bien toute sorte de sujets; le sérieux, l'agréable, tout est de son ressort. Enfin M. le président Hénault est un des hommes du monde qui réunit le plus de différentes parties, et dont l'agrément et l'esprit sont le plus généralement reconnus.

X

PORTRAIT DE M. LE COMTE DE FORCALQUIER PAR MADAME LA MARQUISE DU DEFFAND [1].

La figure de M. de Forcalquier, sans être fort régulière, est assez agréable; sa physionomie, sa contenance, jusqu'à la négligence de son

[1] Voir notre *Introduction*, p. LXVII.

maintien, tout est noble en lui; ses yeux sont ouverts, riants, spirituels; il a l'assurance que donnent l'esprit, la naissance et le grand usage du monde.

Son imagination est d'une vivacité, d'une chaleur, d'une fécondité admirables; elle domine toutes les autres qualités de son esprit; mais il se laisse trop aller au désir de briller; sa conversation n'est que traits, épigrammes et bons mots; loin de chercher à la rendre facile et à la portée de tout le monde, il en fait une sorte d'escrime, où il prend trop d'avantage; on le quitte mécontent de soi et de lui, et ceux dont il a blessé la vanité s'en vengent en lui donnant la réputation de méchanceté, et en lui refusant les qualités solides du cœur et de l'esprit : il est la terreur des sots et un problème pour les gens d'esprit; ceux-ci n'osent s'élever contre les jugements désavantageux qu'on porte de lui; ils trouvent en effet peu de ménagement dans ses plaisanteries, peu de solidité et de justesse dans ses décisions et dans ses sentiments : ainsi M. de Forcalquier, au milieu du grand monde et avec le plus grand désir de s'y distinguer, trouve le secret, pour ainsi dire, d'y être inconnu. En voici la raison : elle paraîtra sans doute un paradoxe; mais elle n'en est pas moins véritable.

La vanité de M. de Forcalquier n'est pas soutenue d'assez de présomption; s'il pensait et jugeait d'après lui, on ne pourrait s'empêcher, en le condamnant quelquefois, de l'estimer et de l'approuver souvent; mais par une défiance inexplicable de lui-même, il ne consulte son goût et ses lumières sur rien; il adopte les lumières et les sentiments de ceux qu'il croit le plus à la mode et les plus confirmés dans le bel air : cette conduite le dégrade, non-seulement auprès des autres, mais souvent à ses propres yeux. Enfin, martyr de la fatuité sans pouvoir devenir fat, il devrait comprendre que ce n'est pas sa vocation; celle d'honnête homme lui conviendrait mieux : il trouverait en lui autant de disposition pour ce dernier parti qu'il en a peu pour l'autre.

XI

PORTRAIT DE MADAME LA DUCHESSE DE CHAULNES PAR MADAME LA MARQUISE DU DEFFAND [1].

L'esprit de madame la duchesse de Chaulnes est si singulier, qu'il est impossible de le définir : il ne peut être comparé qu'à l'espace; il en a pour ainsi dire toutes les dimensions, la profondeur, l'étendue et le néant; il prend toute sorte de formes et n'en conserve aucune; c'est une abondance d'idées toutes indépendantes l'une de l'autre, qui se détruisent et se régénèrent perpétuellement. Il ne lui manque aucun attribut de l'esprit, et l'on ne peut dire cependant qu'elle en possède aucun, raison, jugement, habileté, etc. On aperçoit toutes ces qualités en

---

[1] Il est impossible de ne pas remarquer combien le portrait que Sénac de Meilhan (V. ses *OEuvres choisies*, publiées par nous chez Poulet-Malassis, 1862, p. 458) a tracé sous le nom de *Lasthénie* de madame de Chaulnes, semble copié sur celui-ci, dont il reproduit identiquement les traits les plus caractéristiques.

elle, mais c'est à la manière de la lanterne magique; elles disparaissent à mesure qu'elles se produisent : tout l'or du Pérou passe par ses mains sans qu'elle en soit plus riche. Dénué de sentiment et de passion, son esprit n'est qu'une flamme sans feu et sans chaleur, mais qui ne laisse pas de répandre une grande lumière.

Tous les objets la frappent, aucun ne l'attache ni ne la fixe; les impressions qu'elle reçoit sont passagères. L'extrême activité de son imagination fait qu'elle s'abandonne sans examen et sans ressource à tous ses premiers mouvements. Elle s'engagera dans une galanterie, et s'en dégagera avec tant de précipitation, qu'elle pourra bien oublier jusqu'au nom, jusqu'à la figure de son amant. Si elle entre dans quelques projets, dans quelques intrigues où il soit nécessaire d'agir, l'ardeur, l'intelligence, l'habileté, rien ne lui manquera, et elle pourra contribuer au succès; mais si les circonstances exigent de la patience, de l'inaction, elle abandonnera bientôt l'entreprise.

Jamais elle ne sera occupée ni intéressée que par les choses qui demandent une sorte d'effort; les sciences les plus abstraites sont les seules pour lesquelles elle ait de l'attrait, non parce qu'elles éclairent son esprit, mais parce qu'elles l'exercent. Ce n'est point à sa jeunesse qu'on peut attribuer ses défauts; ils ne sont point l'effet de ses passions : son âme est insensible, ses sens sont rarement affectés, rien, à ce qu'il semble, ne devrait s'opposer en elle à la réflexion; mais c'est une opération de l'esprit trop lente : il y entre du souvenir et de la prévoyance, et elle ne voit jamais que l'instant présent.

On conclura aisément qu'il n'y a rien à dire de son caractère : il est et sera toujours suivant que son imagination en ordonnera.

Madame la duchesse de Ch... est un être qui n'a rien de commun avec les autres êtres que la forme extérieure : elle a l'usage et l'apparence de tout, et elle n'a la propriété ni la réalité de rien.

XII

PORTRAIT DE M. LE COMTE D'ARGENSON PAR MADAME LA MARQUISE DU DEFFAND[1].

M. d'Argenson n'a aucun des défauts des âmes faibles; il n'est susceptible que de passions fortes, et ne peut être remué que par de grands objets. Né haut et ambitieux, il ignore les petitesses de la vanité et les manéges de l'intrigue: ses talents sont le seul moyen dont il se sert pour s'élever à la fortune, parce qu'il sent que ce moyen lui suffit.

Ce n'est point par comparaison ni par réflexion qu'il a bonne opinion de lui-même; c'est, pour ainsi dire, par un certain instinct qu'il a de ce qu'il vaut.

Il se croit capable de tout savoir; mais il ne croit savoir que ce qu'il sait.

Peu curieux de se faire des partisans fanatiques, il ne met aucune charlatanerie dans toutes ses actions.

[1] Comparer avec celui qu'en trace le président Hénault, *Mémoires*, p. 246.

Son esprit a plus de force que d'activité; malgré son ambition, son penchant le porte à la paresse.

Ce contraste de passions est peut-être ce qui contribue le plus à faire un grand homme; il sert à régler les mouvements sans en affaiblir les ressorts.

Son courage est, comme ses autres qualités, d'un genre supérieur et de l'espèce qui convient à sa place; ce n'est point cette témérité qui aveugle sur le danger, c'est un sang-froid qui le fait prévoir et prévenir; c'est une fermeté d'âme qui le fait surmonter lorsqu'il arrive. Tout le porte à la fortune.

Son âme est peu sensible, son cœur n'est pas fort tendre, l'amitié le flatte plus qu'elle ne le touche; elle est un témoignage non équivoque de ce qu'il vaut.

Il est peut-être le seul homme qui puisse se passer de confident : il n'est point entraîné à la confiance ni par le plaisir d'épancher son cœur, ni par le besoin de conseil, ni par la difficulté de renfermer ses secrets.

Personne n'est plus prudent, n'a l'air moins mystérieux et n'est plus exempt de fausseté.

Sa figure est belle, sa physionomie noble, ses manières simples; son imagination est plus vive qu'abondante. Il parle peu; mais ce qu'il dit est toujours plein de force et de justesse : ce sont, pour l'ordinaire, des traits et des bons mots qui se font applaudir, mais qui souvent embarrassent, nuisent à la conversation, font qu'on le quitte mécontent de soi et qu'on s'accoutume difficilement à lui. Son humeur cependant est douce et égale, ses procédés sont francs et généreux : on peut commencer avec lui par le craindre; mais il faut finir par l'aimer.

L'élévation de ses sentiments, les lumières de son esprit répondent assez de sa droiture et de sa probité, indépendamment de tout autre principe.

La nature l'a fait un grand homme, c'est à la fortune à le rendre illustre.

XIII

PORTRAIT DE M. LE CHEVALIER DE VILS PAR M. DU CHATEL [1].

Il a paru dans le cours des trente-cinq premières années du dix-huitième siècle un phénomène inconnu, un homme nouveau, un être unique, et qui n'aura peut-être jamais son pareil sur la terre. Ce personnage si rare était le chevalier de Vils.

Son caractère et sa figure désassemblés et peu corrects ne paraissent d'abord qu'une esquisse de la nature faite à la hâte; mais c'était la première pensée d'un chef-d'œuvre qu'elle préméditait d'exécuter. On ne croyait voir qu'une ébauche; mais c'était une ébauche tracée par une main sûre et divine, où l'art n'avait osé toucher, et que l'art craint encore aujourd'hui de représenter.

Tous ceux qui ont connu le chevalier de Vils disaient : Il n'y a jamais rien eu de plus singulier que cet homme-là; voyez comme il est naturel; son sens commun est original. Quel genre d'éducation lui a-t-on donné?

---

[1] Son ami. Voir les *Mémoires du président Hénault*; p. 237.

Quelles sont ses mœurs? On n'en sait rien; il n'a ni accents ni préjugés.

L'étonnement était fondé, son esprit s'appropriait tout ce qui l'éclairait; les idées les plus vulgaires reprenaient dans sa bouche une nouvelle vie : il leur rendait la gaieté, la grâce, l'enfance de la première créature : il ne cherchait jamais la vérité, la vérité le saisissait. Le secours de la mémoire lui était encore inutile; il imaginait, il produisait ce qu'il ignorait; son goût était si sûr, si vif, si lumineux, si prompt, qu'on ne pouvait se persuader que le sentiment et le discernement fussent en lui deux qualités distinctes; ses décisions, quoique jamais réfléchies, quoique toujours précipitées, rendaient autant d'oracles sans obscurité et sans nuages.

Son cœur, aussi nouveau que son esprit, était impétueux et doux; amoureux des plaisirs sans entêtement ni préférence, plus capable de désir que de passion, de répugnance que de haine, il avait de la malice sans méchanceté, de la raillerie sans satire.

Ces traits donnèrent au chevalier de Vils un caractère varié, amusant, plein de légèreté, fait pour le monde, qui ne savait trop comment le prendre, et qui se trouvait toujours agité par la crainte et le plaisir que sa présence inspirait. Il allait à la cour et à la ville comme on va au spectacle; les ridicules surtout le divertissaient; il en riait en face des gens, de même qu'un enfant qu'on voit, à la comédie, éclater sans modération d'une scène plaisante; aussi lui reprochait-on un peu de propension à siffler les acteurs : il n'était pas cependant l'ennemi des hommes; leurs défauts paraissaient à ses yeux semblables à ces taches légères qu'on est tenté d'effacer avec une chiquenaude, et c'était à ses meilleurs amis que sa charité les distribuait le plus libéralement.

Le soupçon de libertinage ne paraissait pas mieux fondé; il regardait les plaisirs des sens comme des faveurs de la nature dont il voulait avoir sa part; familier avec les passions, il y cédait sans s'y livrer, il s'en amusait sans s'y soumettre. Son esprit vif et pénétrant approfondissait tout sans étude; son âme, forte et courageuse, exécutait tout sans effort; il donnait dans tout, il allait à tout, il ne trouvait rien qui lui fût supérieur; peut-être n'a-t-il manqué au chevalier de Vils que la maturité de l'âge, pour que le monde passât en sa faveur de l'étonnement à l'admiration.

XIV

PORTRAIT DE M. DU CHATEL, FAIT PAR LUI-MÊME[1].

M. du Châtel est vilain et petit; sans avoir l'air ignoble, sa physionomie est obscure; sa timidité extrême est cachée sous des traits rudes et immobiles : ce qui lui donne un air sauvage, que ceux qui ne le connaissent pas prennent mal à propos pour du dédain; ainsi il a le malheur d'indisposer les autres par ce qui devrait attirer leur indulgence; il est certain qu'il est modeste jusqu'à l'humilité; on serait tenté de croire que M. du Châtel n'est qu'une ébauche de la nature; il paraît qu'il ne lui doit ni ses goûts, ni ses idées, ni ses sentiments, et qu'il se les est tous donnés à force de culture et de travail; son cœur et son esprit semblent

---

[1] Voir notre *Introduction*, p. LXXII.

des hôtes étrangers domiciliés chez lui, et qu'il y a retirés afin d'achever et de perfectionner son être; il a appris à penser comme les autres apprennent à jouer des instruments et à danser : c'est proprement l'homme de l'art.

La douceur de M. du Châtel ne serait-elle pas une exception à ce qu'on vient d'avancer? serait-elle son caractère propre? Elle ne l'est pas encore. Il ne la doit qu'à l'absence de ses désirs, ce n'est qu'une impossibilité de vouloir fortement. Il est doux, parce qu'intérieurement il n'est jamais vivement sollicité par rien, et par conséquent jamais irrité par la contradiction des autres.

On ne peut pas dire néanmoins que cet état de son cœur soit proprement faiblesse; on sent très-bien qu'il se porte de choix aux choses qui conviennent aux autres, et qu'il n'y est pas entraîné; la complaisance est un des principes qu'il s'est donnés, et qui lui coûte le moins à pratiquer : il s'est fait des principes sur tout, et il les suit avec une constance qui serait de l'opiniâtreté, si elle était accompagnée de chaleur et d'emportement. Cependant comme M. du Châtel s'est moulé sur d'excellents modèles, tous ses sentiments sont honnêtes, et la plupart de ses idées sont saines et assez justes : rien ne le saurait écarter des règles qu'il s'est imposées, parce qu'il ne rencontre pas en lui, comme on vient de le dire, des passions qui aient intérêt de le contrarier, mais aussi il n'en a point qui puissent le porter au grand. S'il avait pu se donner de la vanité et de l'ambition, il se serait peut-être fait un grand homme : on ne lui peut reprocher aucun vice, pas même certains défauts; on croit démêler en lui l'éclat de presque toutes les vertus; cependant, si l'on y prend bien garde, cet éclat n'est qu'emprunté; cette lumière n'est point originale et directe, elle n'est que réfléchie.

Voilà ce qui rend M. du Châtel indéfinissable aux regards de ses amis; il n'a point de traits essentiels qui frappent et qu'on puisse saisir; on sent partout, en l'examinant, la langueur de la copie, on cherche en lui le modèle original et parfait qu'il fait regretter.

Il faut conclure que M. du Châtel n'est qu'un homme factice : on ne le doit priser que comme un ouvrage sorti des mains de l'art, dont les chefs-d'œuvre même ne sont que des singeries de la belle nature; elle seule est véritablement riche et sublime dans ses créations; malheureusement elle est inimitable.

XV

PORTRAIT DE MADAME LA MARQUISE DU DEFFAND PAR M. DU CHATEL.

Justesse et abondance, précision et agrément, qualités bien rares, et qui caractérisent l'esprit de madame du Deffand; son imagination, vive et brillante, n'est jamais maniérée ni outrée; la vérité conduit son pinceau, cette même vérité lui sert de modèle. Ne voir que ce qui est, et ne juger que de ce qu'elle voit, c'est sa règle, que Descartes ne lui a point apprise, elle est philosophe par la grâce de la nature, comme les fils des rois sont princes par la grâce de Dieu.

Elle démêle si vite qu'on croit qu'elle ne fait que sentir : on se trompe; examiner, comparer et juger, c'est une opération aussi prompte en elle que l'action du sentiment dans les autres; la raison, si rigide et si scrupuleuse, s'est dépouillée en sa faveur de tous préjugés serviles, pour ne s'occuper que du soin de l'amuser et de lui plaire; c'est sa complaisante en titre d'office, et son indulgente amie : elles vivent ensemble dans la plus grande familiarité, sans contrainte, sans discussions, sans systèmes; elle apprécie les choses par leur valeur essentielle et non par l'opinion. Enfin l'esprit de madame du Deffand est un bel esprit, amateur du vrai, du noble, du simple, ennemi de la prétention, de l'affectation et de tout ce qui a l'air de contrainte et de grimace, ou de vouloir briller aux dépens de la justesse et du naturel.

Avec ces qualités singulières, madame du Deffand n'est pas exempte de défauts; son sexe semble contrarier son génie : on soupçonnerait volontiers la nature de s'être méprise, en plaçant par mégarde un esprit mâle et nerveux dans un corps féminin et débile; on ne sait si le spectacle de la plus aimable femme du monde console assez de la perte de l'homme excellent et supérieur.

Le sens de son entendement est ferme et solide, les sens de sa machine sont mous et délicats. Malgré l'appui de ses idées, il n'y a aucune tenue, aucune consistance dans ses sentiments, parce que sa raison ne les adopte guère, et qu'elle n'a pas proprement l'âme de ses affections corporelles. On la voit susceptible d'enjouement et de dégoût; il paraît qu'elle s'entête bien ou mal des objets nouveaux qui la frappent; mais cela ne passe pas l'épiderme; sa personne seule est sujette à des inégalités et à des espèces de contradictions qu'on ne trouve point dans le fond de son caractère.

Elle a des moments de ténèbres : on voit s'éclipser tout à coup les lumières de son esprit.

Quelquefois madame du Deffand semble interdite; son âme a des temps où elle est, pour ainsi dire, toute délaissée dans son corps; elle s'y trouve comme dans une maison déserte, démeublée et abandonnée, où il ne revient que des fantômes qui l'épouvantent et la remplissent d'amertume et de tristesse : elle se plaint, elle se sent dans un état de misère et de découragement d'autant plus pénible, qu'il lui reste le souvenir de la force et des ressources de son esprit, dont néanmoins elle croit ne pouvoir plus faire d'usage. Voilà encore de ces mauvais tours que lui joue la faiblesse de ses organes.

Ses sentiments me paraissent suivre l'allure de ses impressions sensibles. Ils en ont la précipitation et la légèreté; son cœur n'aime peut-être jamais, ni assez vivement, ni assez de suite, pour que son âme s'habitue à ces impressions passagères et qu'elle sent renaître; elle est plus à ses amis par choix que par goût : elle les préfère, elle ne s'y unit pas; ce plus ou moins de chaleur qu'on trouve dans son amitié n'est que machinal, ses sens en décident.

Madame du Deffand croit cependant être capable d'attachement, et ce n'est point une vaine prétention de sa part : personne n'est plus digne d'avoir des amis, de s'en faire de nouveaux et de conserver ceux qu'elle s'est une fois acquis; c'est précisément parce qu'elle n'est point susceptible de passion en amitié, qu'elle l'est davantage de constance. Son goût n'est point de ces maladies du cœur qui ont leurs périodes; c'est un besoin continuel de son âme, qui prouve sa force, et qui a besoin de cet exercice pour entretenir sa vie et son activité : aussi il ne faut pas appréhender aucun inconvénient de sa part, ni qu'elle manque jamais à ses engagements.

Son esprit conserve inviolablement la même dose d'estime et d'affection que sa raison vous a une fois accordée; mais c'est une place fixe dont il est malaisé de passer à une plus élevée, à moins que vous ne lui laissiez apercevoir quelque degré de mérite qui lui soit échappé. C'est ce que vous ne sauriez guère espérer : vous avez été d'abord trop sûrement, trop parfaitement jugé.

XVI

PORTRAIT DE MADAME LA MARQUISE DU DEFFAND PAR M. DE FORCALQUIER.

Madame la marquise du Deffand a la physionomie vive et spirituelle, le rire agréable, les yeux charmants; tous les mouvements de son âme se peignent sur son visage; le plaisir, l'ennui, l'esprit, jusqu'au degré même de tous ses sentiments. Chacun y pourrait lire son arrêt avant que de l'entendre; ce qui ne tarde cependant pas, par l'extrême franchise qui fait le charme et peut-être le défaut de son caractère.

Il est impossible d'avoir plus d'esprit qu'elle; il est si difficile d'en avoir autant, que je la mettrais au-dessus de tout ce que je connais, si elle ne devait jamais voir ce portrait.

Elle a l'âme sensible, tendre; l'amitié profite aujourd'hui de tous les frais que la nature avait faits pour l'amour. Elle a quarante ans; c'est le point de vue de toutes ses qualités : sa passion c'est la raison, son péché c'est la paresse : elle a pris la raison comme les femmes, d'ordinaire, prennent la dévotion. Madame de Flamarens est le directeur le plus fameux et le plus couru dans cette secte extraordinaire : c'est à ses pieds que madame du Deffand abjure les erreurs de l'imagination; sa haine pour le faux est telle, qu'il n'y a point de défaut qu'elle ne pardonne, plutôt qu'un ridicule; l'esprit le plus borné, pourvu qu'il fût simple, obtiendrait d'elle la préférence sur les lumières les plus étendues et les plus éblouissantes dont presque tous les gens d'esprit sont aveuglés.

Personne n'est aussi sévère et aussi indulgent qu'elle; le moindre défaut est traité à la dernière rigueur par son esprit; le plus léger agrément trouve grâce auprès de son imagination; elle est la complaisante de son cœur, complaisante aimable, qui surprend ses goûts dans leur naissance, pour les embellir, les flatter et les soustraire à la sévérité de ses jugements; les erreurs où elle l'entraîne font peut-être le mérite, et à coup sûr le délice de ses amis.

Par un esprit juste et réglé, par la connaissance des plaisirs solides de l'amitié, de la tranquillité de l'âme, d'une sage économie, du retranchement de toutes les passions ruineuses de l'orgueil, elle a su séparer le bonheur de la fortune, et fixer le sien pour jamais.

Elle ne s'est pas contentée d'avoir des vertus, son cœur a su les choisir; la candeur, la simplicité, la fidélité, la modération, la noblesse, voilà celles qu'une belle âme et qu'un esprit excellent savent préférer aux éclatantes amorces des vertus de faste.

Voici tous les défauts de madame du Deffand : une franchise outrée sur tout ce qui se présente à son jugement, soit les hommes, soit leurs ouvrages ; une vérité trop scrupuleuse qui la met en garde contre l'empressement et la louange, monnaie dont se payent les hommes, et qu'il faut leur accorder ; une raison trop sûre, trop opposée à l'illusion qui apprécie trop le sentiment ; une trop grande véhémence dans la dispute qui décrédite ses raisons, en donnant envie de se dérober à leurs lumières ; trop d'inflexibilité dans ses décisions. J'en dirais bien d'autres, si je les savais ; je les saurais, s'ils y étaient : elle me les aurait bien montrés ; mais je ne puis m'empêcher de voir qu'elle n'en a point qui ne viennent de quelques vertus, et qu'ainsi ses défauts sont au siècle, et non pas à elle.

XVII

PORTRAIT DE MADAME LA MARQUISE DU DEFFAND
PAR M. LE PRÉSIDENT HÉNAULT.

Madame du Deffand vivait à Sceaux, où elle passait presque toute l'année, et elle n'en sortit qu'après la mort de M. et madame du Maine ; l'hiver, elle le passait dans une petite maison dans la rue de Beaune, avec peu de compagnie. Dès qu'elle fut à elle-même, elle eut bientôt fait des connaissances ; le nombre s'en augmenta, et de proche en proche, à force d'être connue, sa maison n'y put suffire : on y soupait tous les soirs, et elle vint loger au couvent de Saint-Joseph. Sa fortune était augmentée par la mort de son mari ; elle pouvait jouir, dans les derniers temps, d'environ vingt mille livres de rente. Jamais femme n'a eu plus d'amis ni n'en a tant mérité. L'amitié était en elle une passion qui faisait qu'on lui pardonnait d'y mettre trop de délicatesse ; la médiocrité de sa fortune dans les commencements ne rendait pas sa maison solitaire : bientôt il s'y rassembla la meilleure compagnie et la plus brillante, et tout s'y assujettissait à elle. Le cœur droit, noble et généreux, occupée sans cesse d'être utile et en imaginant les moyens : combien de personnes, et de personnes considérables, pourraient le dire ! L'esprit juste, une imagination agréable, une gaieté qui la rajeunissait (je parle des derniers temps, car elle avait été d'une figure charmante) ; l'esprit orné, et ne faisant trophée de rien de tout cela dans l'âge où elle ne songeait qu'à se divertir. Il serait bien à souhaiter que ce qu'elle a écrit ne fût pas perdu : madame de Sévigné ne serait pas la seule à citer. Mais, qui pourrait le croire ? je parle d'une personne aveugle ! Ce malheur ne changeait rien à sa conversation ni à son humeur, on eût dit que la vue était pour elle un sens de trop, le son de la voix lui peignait les objets, et elle était aussi *à propos* qu'avec les meilleurs yeux. Cependant, pour ne pas marquer trop de prévention et obtenir plus de croyance, j'ajouterai que l'âge, sans lui ôter ses talents, l'avait rendue jalouse et méfiante, cédant à ses premiers mouvements, maladroite pour conduire les hommes dont elle disposait naturellement ; enfin de l'humeur, inégale, injuste, ne cessant d'être aimable qu'aux yeux des personnes auxquelles il lui importait de plaire, et, pour finir, la personne par laquelle j'ai été le plus heureux et le plus malheureux, parce qu'elle est ce que j'ai le plus aimé.

XVIII

PORTRAIT DE MADAME DE STAAL PAR ELLE-MÊME.

Madame de Staal est de moyenne taille, assez bien faite, maigre, sèche et désagréable; son caractère et son esprit sont comme sa figure, il n'y a rien de travers, mais aucun agrément; sa mauvaise fortune a beaucoup contribué à la faire valoir : la prévention où l'on est que les gens dépourvus de naissance et de bien ont manqué d'éducation, fait qu'on leur sait gré du peu qu'ils valent.

Elle en a pourtant eu une excellente, et c'est d'où elle a tiré tout ce qu'elle peut avoir de bon : comme les principes de vertu, les sentiments nobles et les règles de conduite que l'habitude à les suivre lui ont rendus comme naturels, sa folie a toujours été de vouloir être raisonnable, et, comme les femmes qui se sentent serrées dans leur corps s'imaginent être de belle taille, sa raison l'ayant incommodée, elle a cru en avoir beaucoup. Cependant elle n'a jamais pu surmonter la vivacité de son humeur, ni l'assujettir du moins à quelque apparence d'égalité; ce qui souvent l'a rendue désagréable à ses maîtres, à charge dans la société, et tout à fait insupportable aux gens qui ont dépendu d'elle : heureusement la fortune ne l'a pas mise en état d'en envelopper plusieurs dans cette disgrâce.

Avec tous ces défauts, elle n'a pas laissé d'acquérir une espèce de réputation, qu'elle doit uniquement à deux occasions fortuites, dont l'une a fait connaître au public ce qu'elle pouvait avoir d'esprit, et l'autre a fait remarquer en elle de la discrétion et quelque fermeté. Ces événements ayant été fort connus, l'ont fait connaître elle-même, malgré l'obscurité où sa condition l'avait placée, et lui ont attiré une sorte de considération au-dessus de son état; elle a tâché de n'en être pas plus vaine, mais la satisfaction qu'elle a de se croire exempte de vanité en est une.

Elle a rempli sa vie d'occupations sérieuses, plutôt pour fortifier sa raison que pour orner son esprit, dont elle fait peu de cas; aucune opinion ne se présente à elle avec assez de clarté pour qu'elle s'y affectionne, et ne soit aussi prête à la rejeter qu'à la recevoir; ce qui fait qu'elle ne dispute guère, si ce n'est par humeur; elle a beaucoup lu, et ne sait pourtant qu'autant qu'il faut pour entendre ce qu'on dit sur quelque matière que ce soit, et ne rien dire de mal à propos.

Elle a recherché avec soin la connaissance de ses devoirs, les a respectés aux dépens de ses goûts, et s'est autorisée du peu de complaisance qu'elle a pour elle-même, à n'en avoir pour personne; en quoi elle suit son naturel inflexible, que sa situation a plié sans lui faire perdre son ressort.

L'amour de la liberté est sa passion dominante, passion très-malheureuse en elle, qui a passé sa vie dans la servitude : aussi son état lui a-t-il été difficile à soutenir, malgré les agréments inespérés qu'elle a pu y trouver.

XIX

PORTRAIT DE MADAME LA DUCHESSE DE SAINT-PIERRE PAR M. LE PRÉSIDENT HÉNAULT [1].

Madame la duchesse de Saint-Pierre n'est plus jeune, mais la nature, qui n'a pas voulu perdre ce qu'elle avait fait pour sa beauté, semble s'être appliquée à la lui conserver tout entière. Ce ne sont point des agréments passagers, et quand on la trouve belle, ce n'est pas que l'on juge seulement qu'elle l'a été : tout est noble en elle, sa contenance, ses goûts, le son de sa voix, le style de ses lettres, ses discours, ses politesses; ses mots sont choisis sans être apprêtés ; sa conversation est agréable et intéressante; elle n'a rien oublié et elle a beaucoup vu; mais ce n'est jamais que sur les plaisirs des autres qu'elle règle l'étendue de ses récits; sans rien omettre des circonstances, elle laisse le regret que les faits soient si courts. Si les livres étaient faits comme elle parle, l'amour de la lecture serait une vertu de tout le monde.

Elle a un discernement admirable sur le choix de ses amis, et son amitié est courageuse et inattaquable : mais comme les vertus tiennent assez ordinairement aux défauts, la sensibilité de son cœur l'empêche quelquefois de voir les objets tels qu'ils sont, et sa délicatesse fait qu'en ne leur rendant pas toute la justice qui leur est due, elle ne se la rend pas à elle-même. Née sans aucune présomption, elle laisse aux autres le soin de la connaître et de la juger : la manière dont elle écoute flatte ceux qu'elle entend parler, et ne leur laisse pas douter d'être bien entendus; personne n'est plus prévenant ni plus attentif : plût à Dieu que son exemple pût corriger les femmes d'aujourd'hui! Elle est d'autant plus faite pour leur servir de modèle, que la douceur de son caractère attire naturellement la confiance. Enfin c'est une personne née pour le grand monde, et qui nous laisse l'idée de ce que nous entendons dire de la vraie politesse de la cour.

XX

PORTRAIT DE M. D'USSÉ PAR M. LE PRÉSIDENT HÉNAULT [2].

Monsieur d'Ussé n'a pas plus d'ostentation dans le cœur que dans l'esprit; il se contente d'aimer comme il se contente de penser; c'est l'affaire des autres de lui accorder de la reconnaissance et de l'admiration, mais il faut l'aller chercher et s'aviser de ses sentiments comme de ses talents.

Sa distraction est perpétuelle ; les lettres qu'il écrit sont pleines de ratures, comme ses conversations le sont de parenthèses; il est la preuve que les idées nettes ne produisent pas toujours la netteté du style ni celle du discours; mais quand il est à lui-même, on lui découvre une

---

[1] Thérèse Colbert de Croissy, duchesse de Saint-Pierre, mariée le 5 janvier 1704, morte en 1769.

[2] Voir notre *Introduction*. M. d'Ussé mourut en octobre 1773.

profondeur d'idées, une étendue de réflexions, une justesse de raisonnement, qui ne laissent jamais rien à suppléer aux matières qu'il a examinées. A des qualités si rares dans l'esprit, il joint une douceur charmante dans l'humeur, que la nature a pris soin d'animer par le goût signalé qu'elle lui a donné pour la dispute.

Il a quelque chose de mieux que de la modestie, c'est de la simplicité; la modestie, tout estimable qu'elle est, va quelquefois un peu trop loin; elle ne prouve pas toujours que l'on ne s'estime pas au delà de ce que l'on devrait, et souvent elle fait que l'on se déprise trop. La simplicité, au contraire, se voit telle qu'elle est, et se juge comme elle jugerait les autres; elle suppose plus de justesse dans l'esprit, et moins de prétentions.

Ami de la société et du bien public, les bonnes qualités de M. d'Ussé sont comme un fonds où tout le monde n'a qu'à aller puiser; c'est une fontaine d'eau vive et pure, qui coule pour l'utilité du citoyen. Sa philosophie n'est point sauvage, parce qu'elle ne vient point en lui de l'exemption des passions, mais il en a connu les inconvénients, et elles ne lui ont presque jamais servi qu'à lui faire excuser celles des autres.

Rempli de courage et de talents pour le métier de la guerre, il a, si j'ose m'exprimer ainsi, pris la fortune à force; mais ce n'a été qu'une passade : elle a bien prouvé qu'elle n'est qu'une courtisane, et qu'elle n'est pas faite pour se livrer de bonne foi à la vertu. Tout le monde aime M. d'Ussé, les uns par goût, les autres par air. Heureux l'homme né assez vertueux pour l'aimer par sentiment!

XXI

PORTRAIT DE MADAME LA MARQUISE DE FLAMARENS
PAR M. LE PRÉSIDENT HÉNAULT.

Madame de Flamarens a le visage le plus touchant et le plus modeste qui fut jamais; c'est un genre de beauté que la nature n'a attrapé qu'une fois : il y a dans ses traits quelque chose de rare et de mystérieux, qui aurait fait dire, dans les temps fabuleux, qu'une immortelle, sous cette forme, ne s'était pas assez déguisée.

Je ne parlerai pas des impressions que sa beauté a pu faire, ni de la résistance tranquille de son cœur, qui semblait ignorer qu'elle résistât, ni de la justice exacte qu'elle a reçue du public à cet égard : je me contenterai de peindre madame de Flamarens, autant que l'on peut représenter une âme telle que la sienne.

Tout ce qu'elle approche, tout ce qu'elle habite, se ressent de l'honnêteté de ses mœurs; rien de sauvage ne les accompagne; sa douceur fait qu'on lui pardonne sa sagesse, et le principe d'où elle part fait que cette même sagesse n'humilie point les autres. On croit qu'elle est l'effet du système suivi de bonne et saine philosophie qui lui a fait connaître les écueils des passions; et comme cette même sagesse vient du raisonnement, elle blesse moins que si elle s'en paraissait sous les dehors de ce qu'on appelle vertu; aussi sa grande attention a-t-elle toujours été de se laisser ignorer, et sa crainte, qu'on ne parlât d'elle, même en bien. Sa modestie, qu'elle tient du fond de son caractère, s'est accrue par la réflexion; cette vertu semble demander grâce aux autres femmes des avantages que l'on a sur elles, et elle l'obtient presque toujours. L'envie ne se désarme guère par la force; il est plus sûr de lui faire tomber les armes des mains, et c'est l'ouvrage de la modestie. Cette vertu adroite, quoique simple, donne le temps aux qualités que l'on possède de s'accréditer dans l'esprit des autres sans qu'ils s'en méfient, et son empire se trouve à la fin tout établi, sans que personne ait songé à s'en défendre; mais pour que cette vertu fasse tout son effet, il faut qu'elle n'ait point l'air de prétention, et voilà à quoi sert la timidité de madame de Flamarens; elle fait voir que la modestie lui est naturelle, et que si c'était un défaut, elle aurait bien de la peine à s'en corriger.

Il ne faut pourtant pas croire qu'elle soit redevable à sa seule modestie de ce que les autres femmes lui pardonnent le don infaillible qu'elle a de plaire : la sûreté où elles sont qu'elle n'en fera jamais d'usage contraire à leurs intérêts est en grande partie cause de leur indulgence.

Son esprit étonne toujours à la manière dont il se produit. Souvent elle a l'air d'être seule dans le grand monde; on pourrait même dire que quelquefois elle y a l'air étranger : mais pour suivre la même figure, sitôt qu'elle y rencontre quelqu'un qui parle sa langue, elle reprend ses esprits, sa vivacité renaît, et elle se dédommage de l'ennui où l'avait jetée la solitude d'un monde indifférent; car la conversation est ce qu'elle aime le mieux, mais ce n'est point pour y dominer. La timidité de son caractère accompagne ses paroles : il est vrai que c'est sans rien prendre sur la netteté de ses idées, sur la force de son jugement ni sur la sûreté de ses décisions.

Son goût est sûr; mais ceux qui ne la connaissent que superficiellement le croient encore plus fondé sur la justesse de son esprit que sur la sensibilité avec laquelle elle est affectée des objets. Elle a plutôt l'air d'apercevoir que de sentir; et ce qui pourrait le faire croire, c'est qu'elle ne se livre point à cet enthousiasme du moment, aussi désirable à voir dans les choses de goût qui ont besoin de durer pour être justifiées. Disons plus, et peut-être en cela je serai de l'avis des autres, elle n'est point assez séduite par les choses qui lui plaisent réellement, elle conserve trop de sang-froid, pour ne pas apercevoir en elle la plus petite tache, et cette rigueur de jugement pourrait bien prendre sur son plaisir; le sentiment vif court tant que l'on veut les risques de l'illusion, et s'il se trompe quelquefois, il a aussi senti en récompense, et exprimé pour ainsi dire de l'objet qui lui est présenté tout ce qu'il pouvait avoir de touchant. Cette exactitude dans les jugements qu'elle porte s'étend sur tout le reste de sa vie. Elle est aussi vraie qu'elle juge sûrement; jamais il ne lui est arrivé de louer ce qui ne lui aura pas plu, ni de témoigner un sentiment qu'elle n'aura pas ressenti; cependant, comme elle connaît les lois de la société mieux que personne, son esprit vient toujours au secours de sa rigidité, et il l'a tirée à tout moment de l'embarras dans lequel elle se trouve ou de trahir la vérité, ou d'offenser la personne à qui cette même vérité ne serait pas favorable.

Comme cependant il est un tribut de sensibilité dont nulle âme bien née ne peut se défendre, l'amitié a profité auprès d'elle de tout ce que la raison a pris sur les autres passions. Ce qu'il y a de singulier, c'est que cette personne si raisonnable commence ordinairement par se livrer aux agréments, sauf à examiner après si la solidité dont ils sont soutenus lui permet d'aller plus loin; et comme son sentiment est aussi juste que son esprit, il est rare qu'elle se soit repentie de ses goûts, ni qu'elle se soit méprise aux personnes qui lui ont plu.

L'amitié est donc sa passion, car il en faut aux hommes, et quand une fois elle s'y est livrée, on dirait qu'elle a changé de caractère : cet enjouement prodigue qui ne se réserve rien, qui donne tous ses sentiments à la fois, et qui a tant d'inconvénients dans les autres passions; cet enthousiasme impétueux qu'elle semblait ignorer, et que l'on pourrait lui nier, tout cela ne lui fait plus tant de peur : elle croit ne pouvoir trop payer le plaisir qu'elle ressent d'oser aimer. Mais pourtant les mêmes sentiments prennent en elle la teinture de ses vertus, et ils animent pour ainsi dire sa sagesse sans la déranger.

Ce portrait aurait bien l'air d'une fiction. Quoi! point de défauts? Voyons si nous ne pourrions point trouver dans madame de Flamarens quelques traits qui fussent l'objet raisonnable d'une juste critique.

Toute vraie qu'est madame de Flamarens, on objectera qu'elle est trop réservée, et qu'elle ne dit que ce qu'elle veut. Je suis obligé de l'avouer; mais est-ce bien là un défaut? et ne serait-ce pas au contraire ce que l'on appelle prudence? On en conviendra, mais en même temps on pensera que cette prudence ne laisse pas de mettre une sorte de gêne dans son commerce, qui diminue ce qu'il aurait de délicieux. On ne voit point assez, dira-t-on, son âme tout entière, il ne lui échappe rien; elle n'a jamais dit son dernier mot; l'amitié aime à se commettre, c'est sa grande dépense, et c'est ce qui n'est jamais arrivé à madame de Flamarens.

On pourrait répondre à cela qu'il y a bien de la présomption à lui faire un pareil reproche, et que pour savoir s'il est fondé, il faudrait connaître jusqu'à quel point elle daigne aimer ceux qui s'en plaignent.

XXII

PORTRAIT DE M. LE MARQUIS DE GONTAULT
PAR MADAME LA MARQUISE DE C*** [1].

Damon aurait de l'esprit, si ses idées produisaient en lui des pensées; mais il n'en a que le sentiment, il ne s'aperçoit presque pas des jugements qu'il porte : et il serait philosophe, s'il connaissait aussi bien les hommes qu'il paraît le savoir.

Damon a un cœur compatissant et généreux, et Damon n'est pas sensible : Damon s'attendrit par pitié et même par reconnaissance; mais l'amour ne sait pas toucher Damon. C'est que Damon a un bon cœur, sans l'avoir tendre : il ne peut être indifférent pour le mérite, le malheur ou les services qu'on lui a rendus; mais il n'est pas capable de les payer de tendresse. Cependant, en général, il aime et il paraît aimer ses amis; mais il ne saurait pas aimer un ami.

[1] Voir sur le marquis de Gontault, ami de madame du Deffand, les *Mémoires de Lauzun* et la *Correspondance inédite de madame du Deffand*, publiée par M. de Sainte-Aulaire.

Le cœur de Damon étant si tranquille, son humeur doit être égale : aussi il est gai, non parce qu'il a l'esprit plaisant ni parce qu'il a l'humeur enjouée, mais parce qu'il n'est affecté vivement de rien, qu'il a du courage et toujours la tête libre. Il ne cherche point à plaire; mais il évite avec soin de déplaire. La politesse lui est naturelle aussi bien que son esprit, son caractère et son humeur, qu'il n'a jamais cherché à corriger, à perfectionner, ni même à parer. Il n'a aucune méfiance, parce qu'il n'y pense pas; car personne n'est plus éloigné que lui d'avoir de l'orgueil pour son mérite : il dédaigne même d'avoir de l'esprit et de le montrer.

Il est raisonnable et a une espèce de philosophie qui ne tient pas à son esprit : c'est elle qui lui apprend à avoir du courage pour se mettre au-dessus des événements; malgré son ambition, elle lui apprendrait à se consoler de la perte de ses espérances, et à pouvoir être heureux sans les voir accomplies.

La dissipation lui est nécessaire, et non pas les plaisirs. Le mouvement est son occupation la plus agréable; quand il est tranquille il s'ennuie.

XXIII

PORTRAIT DE MADAME LA DUCHESSE DE LA VALLIÈRE
PAR MADAME LA MARQUISE DE G***.

Une femme belle et aimable, galante sans coquetterie, vertueuse sans sagesse, simple avec dignité, douce par humeur et polie par bonté, sans défaut dans l'esprit ni dans le caractère, et enfin qui serait parfaite si elle avait autant d'éloignement pour le vice qu'elle paraît avoir de penchant pour la vertu.

Elle plaît à tout le monde, et tout le monde se plaît avec elle; vous l'aimez, non parce qu'elle a l'art de vous flatter ni parce qu'elle vous amuse, mais parce que sa façon d'être est agréable. Votre amour-propre n'entre pour rien dans le jugement que vous portez d'elle; car vous voyez bien qu'elle n'a pas le dessein d'être aimable à cause de vous : elle vous le paraît parce qu'elle l'est, et elle l'est parce qu'elle suit naturellement tous ses mouvements.

Cependant, quelque aimable et quelque charmante qu'elle paraisse être, elle ne peut jamais que plaire, elle ne peut inspirer ni tendresse ni amour : c'est qu'il ne paraît pas qu'elle-même sache aimer. Elle a des goûts, des préférences; mais toujours fondées sur des raisons; son cœur ne la décide jamais, il ne se mêle de rien, pas même de ses amants : elle les prend par convenance, les garde sans attachement et les perd sans regret. C'est un amant qu'elle aime, et non pas la personne de son amant : aussi quand il la quitte, elle ne s'aperçoit pas qu'elle ait rien perdu, parce qu'aussitôt il est remplacé par un autre; cependant son indifférence la rendrait constante, si avec les hommes on pouvait l'être.

Elle a le caractère raisonnable, le sens droit et le jugement bon : elle voit bien ce qu'elle voit et ce qu'on lui fait apercevoir; mais elle ne produit rien : elle aurait cependant de l'esprit si elle avait de l'imagination et du sentiment.

Mais quoiqu'elle ne soit vivement affectée de rien, son indifférence ne la rend pas froide; elle s'intéresse et s'occupe assez de tout ce qu'elle voit et de tout ce qu'elle pense : elle aime les plaisirs, elle s'en amuse; mais ils ne lui sont pas nécessaires; les occupations sérieuses lui conviendraient autant et peut-être mieux, car son caractère d'esprit est de réfléchir. Elle est prudente sans avoir l'air réservé, elle pense souvent, voit bien et raisonne juste, et serait capable de se mieux conduire que personne, si le hasard, la faiblesse ou l'habitude ne décidaient pas de la plupart de ses actions.

Son visage répond à son caractère : il est agréable et noble; mais ses yeux, quoique beaux, n'expriment rien.

XXIV

PORTRAIT DE MADAME DE MIREPOIX PAR M. LE PRÉSIDENT DE MONTESQUIEU [1].

>La beauté que je chante ignore ses appas.
>Mortels qui la voyez, dites-lui qu'elle est belle :
>Naïve, simple, naturelle,
>Et timide sans embarras.
>Telle est la Jacinthe nouvelle :
>Sa tête ne s'élève pas
>Sur les fleurs qui sont autour d'elle;
>Sans se montrer, sans se cacher,
>Elle se plaît dans la prairie;
>Elle y pourrait finir sa vie
>Si l'œil ne venait la chercher.
>Mirepoix reçut en partage
>La candeur, la douceur, la paix,
>Et ce sont parmi tant d'attraits
>Ceux dont elle sait faire usage.
>Le fier dédain n'osa jamais,
>Pour tenter de gâter ses traits,
>Se faire voir sur son visage.
>Son esprit a cette chaleur
>Du soleil qui commence à naître.
>L'hymen peut parler de son cœur,
>L'amour pourrait le méconnaître.

XXV

PORTRAIT DE MADAME LA MARQUISE DE MIREPOIX PAR MADAME LA MARQUISE DU DEFFAND.

Madame de Mirepoix est si modeste, son amour-propre se fait si peu sentir, elle est si peu occupée d'elle-même, qu'il est difficile de faire son portrait.

---

[1] On trouve dans les *Mémoires secrets de M. d'Allonville*, t. Ier, p. 365, d'autres vers inspirés par madame de Mirepoix à madame d'Houdetot.

La vanité est ce qui décèle le plus promptement le caractère; les hommes, en voulant se parer des qualités qu'ils n'ont pas, découvrent presque toujours les défauts qu'ils ont, et que sans cela on ne démêlerait peut-être jamais.

Cette ressource manque avec madame de Mirepoix; jamais elle ne parle d'elle, jamais elle ne décide, rarement elle dispute, il suffit de la voir pour la trouver intéressante et aimable; mais il faut vivre avec elle pour savoir tout ce qu'elle vaut. Il n'y a que les occasions qui font connaître combien elle a d'esprit, de jugement et de goût : une simplicité noble, qui fait le fond de son caractère, bannit en elle toute ostentation et toute prétention et la tient pour ainsi dire quelque temps cachée.

Elle est timide, mais sans avoir l'air embarrassé, sans jamais perdre la présence d'esprit, ni ce qu'on appelle l'*à-propos*. Sa figure est charmante, son teint est éblouissant; ses traits, sans être parfaits, sont si bien assortis, que personne n'a l'air plus jeune et n'est plus jolie.

Le désir qu'elle a de plaire ressemble plus à la politesse qu'à la coquetterie; aussi les femmes la voient sans jalousie, et les hommes n'osent en devenir amoureux; son maintien est si sage, il y a quelque chose de si paisible et de si réglé dans toute sa personne, qu'elle imprime une sorte de respect et interdit toute espérance, bien plus qu'elle ne pourrait faire par un air sévère et imposant.

Sa conversation est aisée et naturelle, elle ne cherche point à briller, elle laisse prendre aux autres tout l'avantage qu'ils veulent, sans empressement, sans dédain, sans véhémence, sans froideur; sa contenance, ses expressions se ressentent de la justesse de son esprit et de la noblesse de ses sentiments.

Elle est si douce, si facile, si complaisante dans la société, qu'on croirait qu'elle n'a de goût et de penchant que ceux qu'on lui inspire. Personne ne jugerait, à la voir, que ses passions fussent fort vives; cependant cette douceur, cette facilité si ressemblante à l'indifférence, est ce qui prouve peut-être le plus qu'elle est capable d'un véritable attachement. C'est parce que madame de Mirepoix est entièrement occupée de ce qu'elle aime, qu'elle est si indifférente pour tout ce qui n'y a point de rapport. L'amour qui remplit et satisfait son cœur, répand sur toute sa personne et communique à toutes ses actions une paix, une vie, une tranquillité, une chaleur qui la rendent très-aimable et d'une façon distinguée.

Joignez à ceci toutes les qualités et toutes les vertus, dans le degré où elles deviennent aussi aimables que les agréments mêmes de la noblesse sans hauteur.

XXVI

PORTRAIT DE MADAME LA DUCHESSE DE BOUFFLERS, DEPUIS MADAME LA MARÉCHALE DE LUXEMBOURG, PAR MADAME LA MARQUISE DU DEFFAND[1].

Madame la duchesse de Boufflers est belle sans avoir l'air de s'en douter; sa physionomie est vive et piquante, son regard exprime tous les

---

[1] Voir notre *Introduction*, p. CXLII.

mouvements de son âme; il n'est pas besoin qu'elle dise ce qu'elle pense, on le devine aisément, pour peu qu'on l'observe.

Ses gestes ont tant de grâce, ils sont si naturels et si parfaitement d'accord avec ce qu'elle dit, qu'il est difficile de n'être pas entraîné à penser et à sentir comme elle.

Elle domine partout où elle se trouve, et elle fait toujours la sorte d'impression qu'elle veut faire; elle use de ces avantages presque à la manière de Dieu, et elle nous laisse croire que nous avons notre libre arbitre, tandis qu'elle nous détermine et qu'elle fait ainsi que lui des élus et des réprouvés du haut de sa toute-puissance; aussi, ceux qu'elle punit de ne la point aimer pourraient lui dire : Vous l'auriez été si vous aviez voulu l'être.

Elle est pénétrante à faire trembler; la plus petite prétention, la plus légère affectation, un ton, un geste qui ne seront pas exactement naturels, sont sentis et jugés par elle à la dernière rigueur; la finesse de son esprit, la délicatesse de son goût ne lui laissent rien échapper; ces qualités qui sont si rares et qui devraient être si agréables, sont cependant bien dangereuses quand elles ne sont pas accompagnées d'un peu d'indulgence ou de beaucoup de prudence.

Les hommes ne nous aiment point par le mérite qu'ils trouvent en nous, mais par celui que nous leur trouvons.

Madame de Boufflers, en général, est plus crainte qu'aimée; elle le sait et elle ne daigne pas désarmer ses ennemis par des ménagements qui seraient trop contraires à la vérité et à l'impétuosité de son caractère.

Elle se console par la justice que lui rendent ceux qui la connaissent plus particulièrement et par les sentiments qu'elle leur inspire.

Elle a beaucoup d'esprit et de gaieté; elle est constante dans ses engagements, fidèle à ses amis, vraie, discrète, serviable, généreuse; enfin, si elle était moins clairvoyante ou si les hommes étaient moins ridicules, ils la trouveraient parfaite.

XXVII

PORTRAIT DE LA REINE MARIE LECZINSKA PAR MADAME DU DEFFAND [1].

Thémire a beaucoup d'esprit, le cœur sensible, l'humeur douce, la figure intéressante.

Son éducation lui a imprimé dans l'âme une piété si véritable, qu'elle est devenue un sentiment en elle et qu'elle lui sert à régler tous les autres.

Thémire aime Dieu, et immédiatement après, tout ce qui est aimable; elle sait accorder les choses agréables et les choses solides, elle s'en occupe successivement et les fait quelquefois aller ensemble.

Ses vertus ont pour ainsi dire le germe et la pointe des passions.

Elle joint à une pureté de mœurs admirable une sensibilité extrême, à la plus grande modestie un désir de plaire qui suffirait seul pour y réussir.

Son discernement lui fait démêler tous les travers et sentir tous les

---

[1] Voir notre *Introduction*, p. LXXIX.

ridicules; sa bonté, sa charité les lui font supporter sans impatience et lui permettent rarement d'en rire.

Les agréments ont tant de pouvoir sur Thémire, qu'ils lui font souvent tolérer les plus grands défauts : elle accorde son estime aux personnes vertueuses, son penchant l'entraîne vers celles qui sont aimables; cette faiblesse, si c'en est une, est peut-être ce qui rend Thémire charmante.

Quand on a le bonheur de connaître Thémire, on quitterait tout pour elle, l'espérance de lui plaire ne paraît point une chimère.

Le respect qu'elle inspire tient plus à ses vertus qu'à sa dignité, il n'interdit ni ne refroidit point l'âme et les sens; on a toute la liberté de son esprit avec elle, on le doit à la pénétration et à la délicatesse du sien, elle entend si promptement et si finement, qu'il est facile de lui communiquer toutes les idées qu'on veut, sans s'écarter de la circonspection que son rang exige.

On oublie, en voyant Thémire, qu'il puisse y avoir d'autre grandeur, d'autre élévation que celle des sentiments. On se laisserait presque aller à l'illusion de croire qu'il n'y a d'intervalle d'elle à nous que la supériorité de son mérite; mais un fatal réveil nous apprendrait que cette Thémire si parfaite, si aimable, c'est[1]...

XXVIII

PORTRAIT DE MADAME LA MARQUISE DU CHATELET PAR MADAME DU DEFFAND[2].

Représentez-vous une femme grande et sèche[3], le teint échauffé, le visage aigu, le nez pointu, voilà la figure de la belle Émilie; figure dont elle est si contente, qu'elle n'épargne rien pour la faire valoir : frisure, pompons, pierreries, verreries, tout est à profusion; mais comme elle veut être belle en dépit de la nature et qu'elle veut être magnifique en dépit de la fortune, elle est[4] obligée, pour se donner le superflu, de se passer du nécessaire, comme[5] chemises et autres bagatelles.

Elle est née avec assez d'esprit; le désir de paraître en avoir davantage lui a fait préférer l'étude des sciences les plus abstraites aux connaissances agréables : elle croit par cette singularité parvenir à une plus grande réputation, et à une supériorité décidée sur toutes les femmes.

---

[1] La reine.
[2] On trouve ce portrait corrigé et augmenté au t. IX, p. 321 de la *Correspondance* de Grimm et dans les *Mélanges de M. de Bois-Jourdain*. Quand il fut divulgué et courut les ruelles où il eut beaucoup de succès : « Madame du Deffand, dit Thomas, me rappelle cette naïveté d'un médecin de ma connaissance : « *Mon ami tomba malade, je le traitai; il mourut, je le disséquai.* » Ceci semble établir que la date de la divulgation est postérieure à la mort de madame du Châtelet.
[3] *Var.* « Sans hanches, la poitrine étroite, de gros bras, de grosses jambes, des pieds énormes, une très-petite tête, le visage maigre, le nez pointu, deux petits yeux vert de mer, le teint noir, rouge, échauffé, la bouche plate, les dents clair-semées et extrèmement gâtées... Voilà... »
[4] *Var.* « Souvent. »
[5] *Var.* « Obligée de se passer de bas, de chemises, de mouchoirs et autres bagatelles. »

Elle ne s'est pas bornée à cette ambition, elle a voulu être princesse, elle l'est devenue non par la grâce de Dieu ni par celle du roi, mais par la sienne [1]. Ce ridicule lui a passé comme les autres, on s'est accoutumé à la regarder comme une princesse de théâtre, et on a presque oublié qu'elle est femme de condition.

Madame travaille avec tant de soin à paraître ce qu'elle n'est pas, qu'on ne sait plus ce qu'elle est en effet; ses défauts mêmes ne lui sont peut-être pas naturels, ils pourraient tenir à ses prétentions; son peu d'égard à l'état de princesse, sa sécheresse à celui de savante, et son étourderie à celui de jolie femme [2].

Quelque célèbre que soit madame du Châtelet, elle ne serait pas satisfaite si elle n'était pas célébrée, et c'est encore à quoi elle est parvenue, en devenant l'amie déclarée de M. de Voltaire; c'est lui qui donne de l'éclat à sa vie, et c'est à lui à qui elle devra l'immortalité [3].

XXIX

PORTRAIT DE M. L'ARCHEVÊQUE DE TOULOUSE PAR MADAME DU DEFFAND [4].

Je vous ai promis votre horoscope. Je ne vous demande point l'heure de votre naissance, je n'ai pas besoin de consulter les astres, il me suffit d'observer votre caractère pour vous prédire affirmativement une grande fortune.

Vous avez beaucoup d'esprit et surtout une sagacité étonnante qui vous fait tout pénétrer, tout savoir, sans avoir, pour ainsi dire, besoin d'aucune application ni d'aucune étude. Vous avez le goût et le talent des affaires, une si grande activité et tant de facilité pour le travail, que, quelque

[1] *Var.* « Née sans talent, sans mémoire, sans imagination, elle s'est faite géomètre pour paraître au-dessus des autres femmes, ne doutant pas que la singularité ne donne la supériorité. Le trop d'ardeur pour la représentation lui a cependant un peu nui. Certain ouvrage donné au public sous son nom et revendiqué par un cuistre, a semé quelques soupçons; on en est venu à dire qu'elle étudiait la géométrie pour parvenir à entendre son livre. Sa science est un problème difficile à résoudre; elle n'en parle que comme Sganarelle parlait latin devant ceux qui ne le savaient pas. Belle magnifique savante, il ne lui manquait plus que de devenir princesse. Elle l'est devenue non par la grâce de Dieu ni par celle du roi, mais par la science. »

[2] *Var.* « On dirait que l'existence de la divine Émilie n'est qu'un prestige... Elle a tant travaillé à paraître ce qu'elle n'est pas, qu'elle ne sait plus ce qu'elle est en effet. Ses défauts mêmes ne lui sont peut-être pas naturels. Ils pourraient tenir à ses prétentions; son impolitesse et son inconsidération à l'état de princesse; sa sécheresse et ses distractions à celui de savante; son rire glapissant, ses grimaces et ses contorsions, à celui de jolie femme. »

[3] *Var.* « Tant de prétentions satisfaites n'auraient cependant pas suffi pour la rendre aussi fameuse qu'elle voulait l'être; il faut, pour être célèbre, être célébrée. C'est à quoi elle est parvenue en devenant maîtresse déclarée de M. de Voltaire. C'est lui qui la rend l'objet de l'attention du public et le sujet des conversations particulières; c'est à lui qu'elle devra de vivre dans les siècles à venir. En attendant, elle lui doit ce qui fait vivre dans le siècle présent... »

[4] Voir un autre *Portrait* du même par Sénac de Meilhan, p. 241 de notre édition. (1862.)

surchargé que vous puissiez être, on dirait que vous avez toujours du temps de reste.

Vous avez beaucoup de vivacité jointe à beaucoup de sang-froid, jamais vous n'êtes troublé, jamais vous ne faites un pas en avant que vous n'ayez pensé où il pourra vous conduire. Si par un hasard très-rare vous êtes forcé de reculer, votre dextérité, qui est extrême, vous fera trouver le moyen de réparer ce petit inconvénient.

Vous êtes hardi sans être téméraire, franc sans être imprudent; jamais vous ne faites ni ne dites rien d'inutile, vos paroles ne sont jamais vagues, votre conversation jamais ennuyeuse, quelquefois elle est sèche. Votre esprit est trop occupé pour que vous ne soyez pas souvent distrait.

L'ambition est le seul sentiment qui remplisse votre âme; je dis sentiment, car je ne crois pas que l'ambition soit en vous une passion. L'ambition est née avec vous; c'est pour ainsi dire un penchant que vous avez reçu de la nature; rien ne vous en détourne, vous suivez le chemin que vous croyez le plus sûr, vous cédez aux obstacles, vous ne cherchez point à les surmonter par la violence, mais rien ne vous rebute; votre âme n'est sujette à aucune secousse, votre humeur à aucune inégalité, votre discernement ne s'exerce que sur ce qui a rapport à vous, vous ne cherchez à connaître que ce qui peut être utile à votre fortune ou à votre plaisir, vous savez très-bien les allier tous les deux et apprécier les circonstances qui doivent faire donner la préférence à l'une sur l'autre.

Je ne vous crois pas incapable d'amitié, mais elle sera toujours subordonnée à l'ambition et aux plaisirs. Vous cherchez la considération, vous l'avez obtenue, mais votre état, assez contraire à vos goûts, vous en a rendu les moyens difficiles, et c'est en quoi votre dextérité vous est encore fort utile.

Voilà ce que je pense de vous, et qui rend indubitable la fortune que je vous prédis.

XXX

PORTRAIT M. DE WALPOLE PAR MADAME DU DEFFAND
FAIT AU MOIS DE NOVEMBRE 1766.

Non, non, je ne peux pas faire votre portrait, personne ne vous connaît moins que moi; vous me paraissez tantôt tel que je voudrais que vous fussiez, tel que je crains que vous ne soyez, et peut-être jamais tel que vous êtes.

Je sais bien que vous avez beaucoup d'esprit; vous en avez de tous les genres, de toutes les sortes, tout le monde sait cela aussi bien que moi, et vous devez le savoir mieux que personne.

C'est votre caractère qu'il faudrait peindre, et voilà pourquoi je ne peux pas être bon juge; il faudrait de l'indifférence, ou du moins de l'impartialité; cependant je peux vous dire que vous êtes un fort honnête homme, que vous avez des principes, que vous êtes courageux, que vous vous piquez de fermeté, que lorsque vous avez pris un parti, bon ou mauvais, rien ne vous le fait changer, ce qui fait que votre fermeté ressemble à l'opiniâtreté. Votre cœur est bon, et votre amitié solide, mais elle n'est ni tendre ni facile; la peur d'être faible vous rend dur, vous êtes en garde contre toute sensibilité; vous ne pouvez pas vous refuser à rendre à vos amis des faveurs essentielles, vous leur sacrifiez vos propres intérêts, mais vous leur refusez les plus petites complaisances; bon et humain pour tout ce qui vous environne, pour tout ce qui vous est indifférent, vous vous mettez peu en peine de plaire à vos amis en les satisfaisant sur des bagatelles.

Votre humeur est très-agréable, quoiqu'elle ne soit pas fort égale. Toutes vos manières sont nobles, aisées et naturelles; votre désir de plaire ne vous porte à aucune affectation; la connaissance que vous avez du monde et votre expérience vous ont donné un grand mépris pour tous les hommes, et vous ont appris à vivre avec eux; vous savez que toutes leurs démonstrations ne sont que faussetés, vous leur donnez en échange des égards et de la politesse en tout; ceux qui ne se soucient point d'être aimés sont contents de vous.

Je ne sais pas si vous avez beaucoup de sentiments; si vous en avez, vous les combattez; ils vous paraissent une faiblesse, vous ne vous permettez que ceux qui ont l'air de la vertu; vous êtes philosophe; vous n'avez point de vanité, quoique vous ayez beaucoup d'amour-propre; mais votre amour-propre ne vous aveugle point, il vous exagère vos défauts plutôt que de vous les cacher; vous ne faites cas de vous que parce que, pour ainsi dire, vous y êtes forcé, quand vous vous comparez aux autres hommes. Vous avez du discernement, le tact très-fin, le goût très-juste, le ton excellent; vous auriez été de la meilleure compagnie du monde dans les siècles passés; vous l'êtes dans celui-ci, et vous le seriez dans ceux à venir. Votre caractère tient beaucoup de votre nation, mais pour vos manières, elles conviennent à tout pays également.

Vous avez une faiblesse qui n'est pas pardonnable, vous y sacrifiez vos sentiments, vous y soumettez votre conduite, c'est la crainte du ridicule: elle vous rend dépendant de l'opinion des sots, et vos amis ne sont point à l'abri des impressions que les sots veulent vous donner contre eux. Votre tête se trouble aisément, c'est un inconvénient que vous connaissez, et auquel vous remédiez par la fermeté avec laquelle vous suivez vos résolutions; votre résistance à ne vous en jamais écarter est quelquefois poussée trop loin, et sur des choses qui n'en valent pas la peine.

Vos sentiments sont nobles et généreux, vous faites le bien pour le plaisir de le faire, sans ostentation, sans prétendre à la reconnaissance; enfin votre âme est belle et bonne.

XXXI

PORTRAIT DE MADAME LA DUCHESSE DE CHOISEUL PAR MADAME LA MARQUISE DU DEFFAND, FAIT AU MOIS DE NOVEMBRE 1766 [1].

Vous me demandez votre portrait, vous n'en connaissez pas la difficulté; tout le monde le prendra pour le portrait d'un être imaginaire. Les hommes ne sont point accoutumés à croire aux mérites qu'ils n'ont pas, mais il faut vous obéir; le voici :

---

[1] Madame de Choiseul est morte le 3 décembre 1801.

Il n'y a pas un habitant du ciel qui vous ait surpassée en vertus, mais ils vous ont surpassée par leurs intentions et leurs motifs.

Vous êtes aussi pure, aussi juste, aussi charitable, aussi humble qu'ils ont pu l'être; si vous devenez aussi bonne chrétienne, vous deviendrez tout de suite une aussi grande sainte; en attendant, contentez-vous d'être ici-bas l'exemple et le modèle des femmes.

Vous avez infiniment d'esprit, surtout de la pénétration, de la profondeur et de la justesse; vous observez tous les mouvements de votre âme.

Vous voulez en connaître tous les replis; cette idée n'apporte aucune contrainte à vos manières, et ne vous rend que plus facile et plus indulgente pour les autres.

La nature vous a fait naître avec tant de chaleur et de passion, qu'on juge que si elle ne vous avait pas aussi donné infiniment de raison, et que vous ne l'eussiez pas fortifiée par de continuelles et solides réflexions, vous auriez eu bien de la peine à devenir aussi parfaite, et c'est peut-être ce qui fait qu'on vous pardonne de l'être. L'habitude où vous êtes de réfléchir vous a rendue maîtresse de vous-même; vous tenez pour ainsi dire tous les ressorts de votre âme dans vos mains, et sans rien perdre de l'agrément du naturel, vous résistez et vous surmontez toutes les impressions qui pourraient nuire à la sagesse et à l'égalité de votre conduite.

Vous avez de la force et du courage sans avoir l'air de faire jamais aucun effort. Vous êtes parvenue, suivant toute apparence, à être heureuse : ce n'est point votre élévation ni votre éclat qui fait votre bonheur, c'est la paix de la bonne conscience, c'est de n'avoir point à vous reprocher d'avoir offensé ni désobligé personne; vous recueillez le fruit de vos bonnes qualités par l'approbation et l'estime générale; vous avez désarmé l'envie, personne n'oserait dire et même penser qu'il mérite autant que vous la réputation et la fortune dont vous jouissez.

Il n'est pas besoin de parler de la bonté de votre cœur, on doit conclure par tout ce qui précède combien il est rempli de sentiments.

Tant de vertus et tant d'excellentes qualités inspirent du respect et de l'admiration; mais ce n'est pas ce que vous voulez; votre modestie, qui est extrême, vous fait désirer de n'être jamais distinguée, et vous faites tout ce qui dépend de vous pour que chacun se croie votre égal.

Comment se peut-il qu'avec tant de vertus et de charmantes qualités, vous n'excitiez pas un empressement général? C'est qu'on se voit arrêté par une sorte de crainte et d'embarras; vous êtes, pour ainsi dire, la pierre de touche qui fait connaître aux autres leur juste valeur, par la différence qu'ils ne peuvent s'empêcher de trouver qu'il y a de vous à eux.

XXXII

PORTRAIT DE MADAME LA MARQUISE DU DEFFAND FAIT PAR ELLE-MÊME EN 1728.

Madame la marquise du Deffand paraît difficile à définir. Le grand naturel qui fait le fond de son caractère la laisse voir si différente d'elle-même d'un jour à l'autre, que quand on croit l'avoir attrapée telle qu'elle est, on la trouve l'instant d'après sous une forme différente. Tous les hommes ne seraient-ils pas de même s'ils se montraient tels qu'ils sont? Mais pour acquérir de la considération, ils entreprennent, pour ainsi dire, de jouer de certains rôles auxquels ils sacrifient souvent leurs plaisirs, leurs opinions, et qu'ils soutiennent toujours au-dessus de la vérité.

Madame la marquise du Deffand est ennemie de toute fausseté et affectation; ses discours et son visage sont toujours les interprètes fidèles des sentiments de son âme; sa figure n'est ni bien ni mal, sa contenance est simple et unie, elle a de l'esprit; il aurait eu plus d'étendue et plus de solidité si elle se fût trouvée avec des gens capables de la former et de l'instruire; elle est raisonnable, elle a le goût juste, et si quelquefois la vivacité l'égare, bientôt la vérité la ramène; son imagination est vive, mais elle a besoin d'être réveillée. Souvent elle tombe dans un ennui qui éteint toutes les lumières de son esprit! Cet état lui est si insupportable, et la rend si malheureuse, qu'elle embrasse aveuglément tout ce qui se présente sans délibérer; de là vient la légèreté dans ses discours et l'imprudence dans sa conduite, que l'on a peine à concilier avec l'idée qu'elle donne de son jugement quand elle est dans une situation plus douce. Son cœur est généreux, tendre et compatissant; elle est d'une sincérité qui passe les bornes de la prudence; une faute lui coûte plus à faire qu'à avouer. Elle est très-éclairée sur ses propres défauts, et découvre très-promptement ceux des autres, et la sévérité avec laquelle elle se juge lui laisse peu d'indulgence pour les ridicules qu'elle aperçoit; de là vient la réputation qu'elle a d'être méchante; vice dont elle est très-éloignée, n'ayant nulle malignité ni jalousie, ni aucun des sentiments bas que produit ce défaut.

XXXIII

PORTRAIT DE MADAME LA MARQUISE DU DEFFAND FAIT PAR ELLE-MÊME, 1774.

On croit plus d'esprit à madame du Deffand qu'elle n'en a : on la loue, on la craint, elle ne mérite ni l'un ni l'autre; elle est, en fait d'esprit, ce qu'elle a été en fait de figure et ce qu'elle est en fait de naissance et de fortune, rien d'extraordinaire, rien de distingué; elle n'a, pour ainsi dire, point eu d'éducation, et n'a rien acquis que par l'expérience : cette expérience a été tardive, et a été le fruit de bien des malheurs.

Ce que je dirai de son caractère, c'est que la justice et la vérité, qui lui sont naturelles, sont les vertus dont elle fait le plus de cas.

Elle est d'une complexion faible, toutes ses qualités en reçoivent l'empreinte.

Née sans talent, incapable d'une forte application, elle est très-susceptible d'ennui, et ne trouvant point de ressources en elle-même, elle en cherche dans ce qui l'environne, et cette recherche est souvent sans succès; cette même faiblesse fait que les impressions qu'elle reçoit, quoique très-vives, sont rarement profondes; celles qu'elle fait y sont assez semblables; elle peut plaire, mais elle inspire peu de sentiments.

C'est à tort qu'on la soupçonne d'être jalouse, elle ne l'est jamais du mérite et des préférences qu'on donne à ceux qui en sont dignes, mais elle supporte impatiemment que le charlatanisme et les prétentions injustes en imposent; elle est toujours tentée d'arracher les masques qu'elle rencontre, et c'est, comme je l'ai dit, ce qui la fait craindre des uns et louer des autres.

XXXIV

ESQUISSE DU PORTRAIT DE M. DE PONT-DE-VEYLE PAR MADAME LA MARQUISE DU DEFFAND, 1774.

L'esprit et les talents de M. de Pont-de-Veyle méritaient toutes les distinctions qui font l'ambition des gens de lettres; mais sa modestie et son amour pour l'indépendance lui firent préférer les agréments de la société aux honneurs et à la célébrité. Il évitait tout ce qui pouvait exciter l'ennui.

Ce fut malgré lui qu'on découvrit qu'il était l'auteur de trois comédies qui eurent un grand succès. La crainte de déplaire le rendait fort circonspect dans la conversation.

Ceux qui ne le connaissaient pas pouvaient penser qu'il n'était pas frappé des ridicules, et il les démêlait plus finement que personne. On pouvait penser aussi qu'il n'était pas bon juge des ouvrages de goût et d'esprit; il avait l'air de tout approuver, il ne se permettait aucune critique, et personne n'était plus en état que lui d'en faire de bonnes, puisque tous les ouvrages qu'on a de lui sont du meilleur ton et du meilleur goût.

Son extérieur était froid, ses manières peu empressées : on aurait pu le soupçonner d'une grande indifférence, et l'on se serait bien trompé; il était capable de l'attachement le plus sincère et le plus constant. Jamais aucun de ses amis n'a eu le moindre sujet de se plaindre de lui. Aucune raison, aucun prétexte ne le refroidissait pour eux. Il connaissait leurs défauts, il cherchait à les en corriger en leur en faisant sentir les inconvénients; il n'acquiesçait jamais au mal qu'on pouvait dire d'eux. Enfin, l'on peut dire de M. de Pont-de-Veyle, qu'il était estimable par son esprit, par ses talents, par ses vertus et par l'extrême bonté de son cœur.

XXXV

PORTRAIT DE MADAME LA COMTESSE DE ROCHEFORT PAR M. LE PRÉSIDENT HÉNAULT.

Madame la comtesse de Rochefort est jeune et dans l'âge où le goût ne se déclare encore que par les premiers mouvements, où l'âme n'a que de l'instinct, où enfin on sent, en attendant que l'on réfléchisse; cet âge est à la vie ce que le printemps est à la nature; les fleurs font le seul ornement de cette saison, tout n'y est que pour les plaisirs, tout le respire, tout l'annonce.

Pour commencer par la figure de madame la comtesse de Rochefort, elle n'a rien de frappant ni qui surprenne; mais elle acquiert à être regardée; c'est l'image du matin, où le soleil ne se lève point encore, et où l'on aperçoit confusément mille objets agréables. Quand elle parle, son visage s'éclaire; quand elle s'anime, sa physionomie se déclare; quand elle rit, tout devient vivant en elle, et on finit par aimer à la regarder, comme on se plaît à parcourir un paysage où rien n'attache séparément, mais dont la composition entière est le charme des yeux.

On ne comprend pas comment, en arrivant dans le monde, madame la comtesse de Rochefort a pu connaître sitôt et ses usages et les hommes qui l'habitent; tout a l'air en elle de la réminiscence; elle n'apprend point, elle se souvient, et tout ce qui la rend, malgré cela, si agréable aux autres, c'est que sa jeunesse est toujours à côté de sa raison; elle n'a l'air sensé que par ce qu'elle dit, et jamais par le ton qu'elle y donne; elle juge comme une autre personne de son âge danse ou chante; elle ne met pas plus de façon à raisonner qu'à se coiffer; aussi est-elle aussi naturelle dans ses expressions que dans sa parure; la coquetterie est un défaut qu'elle n'aura pas de mérite à vaincre, elle ne la connaît pas plus que la recherche des pensées et le tour maniéré des expressions.

Quelque indiscrétion qu'il y ait à oser prononcer sur le caractère des jeunes femmes, on peut quasi promettre à madame la comtesse de Rochefort de n'être jamais malheureuse par les passions folles et inconsidérées. Si jamais un homme parvenait à lui plaire, j'ose l'assurer qu'il n'aura à craindre ni orages ni écueils; son âme est aussi constante que décidée.

Ce qui doit le plus surprendre en elle, c'est la fermeté de son caractère; ses résolutions sont promptes et justes; l'expérience, en fait d'esprit, c'est ordinairement la comparaison qui prépare et qui assure nos jugements; elle a su se passer de tous ces secours présentés aux âmes ordinaires; elle jugera sûrement du premier ouvrage, tout comme elle a pris des partis sensés dans des affaires où, toute jeune qu'elle est, elle s'est trouvée obligée de se décider par son seul conseil.

Si jamais elle jetait les yeux sur ce portrait, je lui apprendrais des nouvelles d'elle-même, car elle ignore tout ce qu'elle vaut, et c'est ce qui la fait si bien sentir aux autres. Je ne dirai plus qu'un mot, c'est que son cœur est sensible à l'amitié comme si elle n'avait que cela à faire; la vivacité dont elle aime ses amis n'a rien de ces saillies impétueuses qui font craindre que les sentiments ne soient pas durables; les siens ont un air posé sans en être moins vifs, qui, joint aux charmes de la jeunesse, donne à ce que l'on sent pour elle un degré de chaleur, que l'on peut appeler comme on voudra.

III

ÉTAT CIVIL DE MADAME DU DEFFAND.

Extrait du registre des convois de la paroisse de Saint-Sulpice pour 1780.

Le 24 septembre 1780, a été fait le convoi et enterrement, dans l'église, de très-haute et très-puissante dame Marie de Vichy de Chamrond, veuve de très-haut et très-puissant seigneur M. Jean-Baptiste-Jacques de la Lande, marquis du Deffand, brigadier des armées du Roi, lieutenant général de l'Orléanais; décédée hier, rue Saint-Dominique, dans le couvent des Dames de Saint-Joseph, âgée de 84 ans. Témoins : M. Nicolas de Vichy-Chamron, conseiller du Roy en tous ses conseils, trésorier de la Sainte-Chapelle de Paris, frère; M. Abel-Claude-Marie-Goric-Cécile, comte de Vichy-Chamron; M. Gaspard-Félix, vicomte de Vichy-Chamron, petits-neveux; M. Roch-Étienne de Vichy, diacre du diocèse de Saint-Flour, parent, et M. François-Abraham-Marie Mouchard, écuyer, conseiller secrétaire du Roy, maison couronne de France, et de ses finances, receveur général des finances, l'un des exécuteurs testamentaires de la défunte; qui ont signé :

L'abbé DE CHAMRON.

VICHY Cᵉ.   VICHY Vᵗᵉ.

L'abbé DE VICHY.   MOUCHARD.

REPS, vicaire.

---

[1] Nous avons fait les plus grands efforts pour reconstituer l'état civil de madame du Deffand, c'est-à-dire découvrir son acte de baptême, son contrat de mariage, son testament et son acte mortuaire. Jusqu'ici nos découvertes se bornent à la dernière de ces pièces seulement, dont nous devons la communication à l'obligeance de M. Ch. Read, notre savant confrère.

TABLE ANALYTIQUE

DES MATIÈRES.

I.

INTRODUCTION. *Madame du Deffand, sa vie, son salon, ses amis, ses lettres*, t. I, p. 1 à ccxix.

DEFFAND[1] (madame du). Pénurie de détails sur la première partie de la vie de madame du Deffand, vii. — Incertitude de la date et du lieu de sa naissance : son père, sa mère, viii. — Sa grand'mère, Anne Brulart, viii. — Elevée au couvent de la Madeleine du Tresnel, viii. — Coup d'œil sur l'histoire intime et profane des couvents au dix-huitième siècle, ix à xi. — Chronique du couvent de la Madeleine du Tresnel, xii. — Education de madame du Deffand. — Son incrédulité précoce. On envoie Massillon pour la convertir, xiii. — Allusions faites par madame du Deffand à cet épisode de sa jeunesse, xiv. — Ses efforts tardifs pour devenir dévote, xiv. — Madame du Deffand se marie en pleine Régence, xv. — Digression sur les mœurs de ce temps, xvi. — Détails généalogiques et anecdotiques sur la famille de madame du Deffand et celle de son mari, xvii. — La madame du Deffand dont parle mademoiselle de Montpensier, xviii. — Le mari de madame du Deffand, xix. — Madame du Deffand devient la maîtresse du Régent, xxi. — Courte durée de cette liaison, xxii. — Madame du Deffand amie de madame d'Averne, xxii. — La fête de Saint-Cloud, xxiii. — Voltaire courtisan, xxiii. — Madame du Deffand obtient

---

[1] Une *table* doit être utile sans être ennuyeuse, elle doit répondre à toute question essentielle, satisfaire tout besoin d'étude ou de critique, et se tenir aussi loin d'une stérile et frivole minutie que d'une sécheresse aride et rebutante. Pour obéir, autant qu'il est en nous, à cette double règle, nous avons pris le parti, en ce qui concerne l'*Introduction : Madame du Deffand, sa vie, son salon, ses amis, ses lettres*, qui occupe un tiers du premier volume, d'en résumer les renseignements dans une nomenclature unique, aussi substantielle que le permettent les limites inexorables de cet humble travail. Mais nous nous sommes interdit toute répétition, toute reproduction, sous des noms différents, du même fait. Nous avons, en un mot, fait tourner autour de madame du Deffand, centre légitime et naturel de cette histoire intime de sa vie et de son salon, toute notre analyse, et après avoir soigneusement extrait à ce point de vue la moelle, le suc historique de chaque page, nous nous sommes abstenu de la multiplication fastidieuse et onéreuse du même détail, sous chacun des noms cités dans la page analysée. A quoi eût servi, par exemple, de faire deux articles distincts, l'un au nom de *madame du Deffand*, l'autre au nom de *mademoiselle Aïssé*, pour répéter textuellement sous chacune de ces deux rubriques le même fait? Comme on trouvera à l'article de *madame du Deffand*, à leur date, tout ce qui concerne ses relations avec *mademoiselle Aïssé*, nous avons jugé oiseux de faire un article *Aïssé*. Ce système a simplifié notre tâche sans diminuer l'utilité de la *Table*. — Il ne s'agit ici que de l'*Introduction*. — Pour la table des *Lettres* elle-même, nous avons été plus large, et avons rejeté les faits *essentiels* à l'article de chacun des personnages qui y sont mêlés à la fois.

six mille livres de rente viagère sur la Ville, xxiv. — Madame du Deffand quitte son mari, xxv. — Galanteries de madame du Deffand. M. Delrieu du Fargis, xxv. — Liaison de madame du Deffand avec Voltaire et madame de Prie, xxvi. — Sa parodie d'*Inès de Castro*, xxvii. — Madame du Deffand et madame de Prie à Courbépine, xxviii. — Elles font des couplets l'une contre l'autre pour passer le temps, xxix. — Lettre de madame du Deffand à Walpole à ce sujet, xxix. — Madame du Deffand chez madame de Bernières. Premières traces de son intimité avec Voltaire, xxx. — Madame du Deffand amie de mademoiselle Aïssé. Courte réconciliation et rupture définitive et scandaleuse de madame du Deffand avec son mari, xxxi. — Lettre indignée de mademoiselle Aïssé à ce sujet, xxxii. — Efforts de madame du Deffand pour obtenir son pardon. — Mort d'Aïssé. — C'est madame du Deffand et madame de Parabère qui lui procurent un confesseur, xxxiii. — Liaison de madame du Deffand avec le président Hénault, xxxiv. — Elle devient l'hôtesse assidue de Sceaux et l'amie de prédilection de la duchesse du Maine, xxxv. — Portrait physique et moral du président Hénault, xxxvi. — Ses bonnes fortunes. La maréchale d'Estrées, xxxvii. — Il se range, xxxvii. — Son portrait par le duc de Luynes, — par le marquis d'Argenson, xxxviii. — Il perd sa femme et sa sœur, xxxix. — Amitié platonique de quarante ans avec madame de Castelmoron, xl. — Portrait de madame du Deffand par le président Hénault, du président Hénault par madame du Deffand, xli. — Revue des amis intimes de madame du Deffand de 1730 à 1764. Utilité de ce travail, xliii. —Sceaux, la vie de Sceaux, les habitués de Sceaux, de 1725 à 1750. — Galerie d'originaux, xliv. — Les divertissements de Sceaux dans sa seconde phase, xlv. — Détails par le président Hénault, par madame de Staal, xlv. — Importance du recueil de correspondances de 1809, xlvi. — Liaison et correspondance de madame de Vintimille avec madame du Deffand. — Portrait et caractère de madame de Vintimille, xlvii. — Madame du Deffand va aux eaux de Forges en juillet 1742. — Elle a pour compagne madame de Pecquigny, plus tard duchesse de Chaulnes, xlvii. — Correspondance de madame du Deffand et du président Hénault pendant le voyage de Forges. — Son caractère. Utilité de son analyse, xlviii. — Première lettre du président à madame du Deffand. Elle respire la joie d'être libre, xlix. — Madame du Deffand croit reconnaître son mari à Forges, xlix. — Elle y attend Formont, l. — Extraits et appréciation de la correspondance, li et suiv. — Madame du Deffand avoue *n'avoir ni tempérament ni roman*, liv. — Effet sur le président de cet aveu brutal. — Lumières qu'il jette sur le caractère de madame du Deffand, lv. — Liaison de madame du Deffand avec M. de Pont-de-Veyle. — Détails sur la vie et le caractère de M. de Pont-de-Veyle, lvi, lvii. — Son portrait par mademoiselle Aïssé, — par le président Hénault, lvii. — M. de Formont complète le triumvirat. Esquisse de sa vie, de son caractère d'après Voltaire, madame du Deffand, et le chevalier d'Aydie, lviii. — Les *amies* de madame du Deffand. — Madame de Rochefort, lix. — Sa rupture avec madame du Deffand, lx. — Lettre de madame du Deffand à Walpole à ce sujet. — Portrait de madame de Rochefort par le président Hénault, lx. — Ses bons mots. — Son portrait par Horace Walpole, lxi. — Madame de Flamarens, lxi. — Détails sur son caractère et son portrait par le président Hénault, lxii. — Madame de Pecquigny, plus tard duchesse de Chaulnes. — Détails sur cette femme originale et spirituelle. Extraits de la correspondance de Forges en ce qui la concerne, lxii. — Son portrait par madame du Deffand, un de ses chefs-d'œuvre, lxiii. — Son portrait par Sénac de Meilhan, lxiv. — Galanteries de madame de Chaulnes. Lutte à propos d'une élection à l'Académie, entre madame de Chaulnes et madame du Deffand en 1754, lxv. — Madame du Deffand l'emporte. — Bons mots de madame de Chaulnes. Son second mariage. Sa mort, LXVI. — M. de Céreste, LXVI. — M. et madame de Forcalquier, LXVII. — Un mot de madame de Forcalquier, LXVII. — M. et madame de Mirepoix. — Leurs portraits par le président Hénault. — Extrait de ses *Mémoires*, LXIX. — Portrait de madame de Mirepoix par madame du Deffand, LXIX. — Par le duc de Lévis. — Vers du président de Montesquieu à madame de Mirepoix, LXX. — Portrait de madame de Mirepoix par Horace Walpole, LXXI. — Le comte d'Argenson. M. d'Ussé, LXXI. — M. et madame du Châtel. — Portrait de M. du Châtel par le président Hénault, LXXII. — La société de madame du Deffand joue la comédie. — Théâtre d'amateurs. — Scission entre les deux troupes. — Madame de Luxembourg, LXXIII. — Madame du Deffand mauvaise actrice, excepté au coin du feu, LXXIV. Madame de la Vallière. — Son portrait par madame de Gontaut, LXXV. — Par madame de Genlis. — Vers de madame d'Houdetot sur madame de la Vallière, LXXV. — Le duc et la duchesse de la Vallière, d'après Chamfort, LXXVI. — Madame la duchesse de Luynes. Détails sur sa vie et son caractère par le président Hénault, LXXVII. — Son portrait par le même, LXXVIII. — Madame de Luynes est la conseillère et la protectrice de madame du Deffand, LXXVIII. — Elle lui procure, ainsi qu'à madame de Brienne, l'honneur de dîner avec la reine, LXXIX. — Détails sur la famille de Brienne, LXXIX. — Madame de Luynes fait donner à madame du Deffand, par la reine, une pension de six mille livres, LXXX. — La maréchale de Noailles et la maréchale de Villars, d'après le président Hénault, LXXX. — Derniers voyages à Sceaux de madame du Deffand. — Elle prépare son émancipation et réunit les éléments de son futur salon, LXXXI. — Relations et correspondance de madame du Deffand avec Voltaire. Ils se rencontrent à Sceaux, où elle cherche à le fixer par une place dans la maison de madame la duchesse du Maine, LXXXII et LXXXIII. — Extraits de la correspondance de Voltaire avec madame du Deffand, de 1725 à 1749. LXXXIII à LXXXVIII. — Voltaire annonce à madame du Deffand la mort de madame du Châtelet, LXXXVIII. — Appréciation de la correspondance de Voltaire avec madame du Deffand. — Relations de madame du Deffand avec madame du Châtelet, LXXXIX. — Madame du Deffand déteste madame du Châtelet, XC. — Invraisemblance d'une prétendue orgie célébrée par madame du Deffand et madame du Châtelet à la *Maison-Rouge*, à Chaillot, XCI. — Discussion du récit anonyme. — Portrait de madame du Châtelet, le chef-d'œuvre de madame du Deffand, XCII. — Madame de Staal partage l'antipathie de madame du Deffand pour madame du Châtelet, XCIII. — Relations de madame du Deffand avec madame de Staal, XCIII. — Extraits de leur *Correspondance*, XCIV. — Le couvent de Saint-Joseph. — Jadis et aujourd'hui, XCV. — Madame du Deffand se lie avec la duchesse de Modène, Jalousie ombrageuse de la duchesse du Maine, XCV. — Philosophie égoïste et amère de madame de Staal, XCVI. — Mort du marquis du Deffand. — Sa femme le revoit au lit d'agonie. Influence de cette mort sur sa fortune, XCVII. — Budget de madame du Deffand, XCVII. — Mort de madame de Staal. — Le président Hénault surintendant de la maison de la reine, XCIX. — Etat physique et moral de madame du Deffand en 1749. — Le souper, *une des quatre fins de l'homme*, XCIX. — Madame du Deffand se retire. Elle ne quitte ni le rouge ni le président, C. — Le salon de Saint-Joseph dans sa première phase, CI. — Galerie des nouveaux amis de madame du Deffand. Le comte des Alleurs, CI. — Lettres de Voltaire au comte des Alleurs. — Son caractère et sa mort d'après le duc de Luynes, CII. — Correspondance de M. des Alleurs avec madame du Deffand, CIII. — Esquisse du portrait du chevalier d'Aydie, CIV. — M. de Bernstorff, CIV. — M. de Bernstorff inconsolable d'être ministre, CV. — Le baron Scheffer. — Détails sur son compte, tirés des *Mémoires* du duc de Luynes,

CVI. — Correspondance de M. Scheffer avec madame du Deffand, CVII et CVIII. — M. Saladin, CIX. — Sa correspondance avec madame du Deffand, CX. — M. de Montesquieu, CXI. — Sa correspondance avec madame du Deffand, CXI et CXII. — Le chevalier d'Aydie, CXII. — Autres habitués principaux du salon de Saint-Joseph en 1750, CXIII. — Relations de madame du Deffand avec d'Alembert, CXIII. — Madame du Deffand fuit l'ennui et la cécité en province à Chamrond, CXIV. — Lettres de d'Alembert à madame du Deffand, CXV. — Lettre du président Hénault, CXVI. — Madame du Deffand revient à Paris en août 1753, CXVII. — Elle retrouve d'Alembert au Boulay, chez M. d'Héricourt, CXVII. — Les dîners de madame du Deffand, CXVIII. — Son secrétaire Wiart, CXVIII. — Madame du Deffand devient aveugle, CXIX. — Madame du Deffand fait la connaissance de mademoiselle de Lespinasse à Lyon, CXIX. — Négociations de madame du Deffand pour arriver à l'avoir pour compagne, CXX. — Sa lettre à la duchesse de Luynes, CXXI. — Madame du Deffand, définitivement aveugle, supporte son mal avec patience, CXXII. — Etat de son salon en 1754, CXXII. — Les amis de madame du Deffand redoublent d'union et de dévouement pour la mieux consoler, CXXIII. — Lettre du chevalier d'Aydie. — Sa vie, son caractère, son portrait par Voltaire et par madame du Deffand, CXXIV et CXXV. — Extraits de sa correspondance originale et spirituelle avec madame du Deffand, CXXVI et CXXVII. — Voltaire se joint au groupe des consolateurs de madame du Deffand, CXXVII. — Il fait l'oraison funèbre des beaux yeux de madame du Deffand, CXXVIII. — Sa lettre adorable du 3 mars 1754, CXXVIII. — Mort de M. de Formont, CXXIX. — Lettres de madame du Deffand à Voltaire et de Voltaire à madame du Deffand à ce sujet, CXXX. — Lettres et vers de Voltaire relatifs à M. de Formont, CXXXI. — Décadence de la liaison de madame du Deffand avec d'Alembert, CXXXIII. — Madame du Deffand commence à rompre avec les philosophes et les encyclopédistes ; elle maltraite « *la livrée* » de Voltaire, CXXXV. — Dernière lettre de d'Alembert à madame du Deffand, CXXXV. Le schisme éclate. Rupture de madame du Deffand avec mademoiselle de Lespinasse, CXXXVI. — Version suspecte des encyclopédistes. Récit de Marmontel, CXXXVII. — Discussion du témoignage hostile de la *Préface* du *Recueil de Lettres* de 1809, CXXXIX. — Mademoiselle de Lespinasse s'est-elle empoisonnée? Elle sollicite son pardon de madame du Deffand, qui le lui refuse inexorablement, CXL. — Attitude réciproque des trois principaux personnages de la tragi-comédie de 1764. Conduite mutuelle de madame du Deffand, de d'Alembert et de mademoiselle de Lespinasse, CXLI. — Madame du Deffand et madame Geoffrin, CXLII. — La duchesse de Boufflers, plus tard duchesse de Luxembourg, CXLIII. — Vie et caractère de madame de Luxembourg, CXLIII. — Médisances de Besenval, CXLIV. — Comment elle fonde son influence et son salon, CXLV. — Portrait de la maréchale de Luxembourg par le duc de Lévis, CXLV ; — par madame de Genlis, par madame du Deffand, CXLVI ; par J.-J. Rousseau, CXLVII. — Terrible boutade de J.-J. Rousseau contre madame du Deffand, CXLVII. — Coup de théâtre. Premières lettres de madame du Deffand à Horace Walpole, CXLVIII. — Lettre de madame du Deffand du 19 avril 1766, CXLIX. — Walpole la rabroue, CL. — Étonnements et colères douloureuses de madame du Deffand, CLI. — Coups de boutoir de Walpole, CLII. — Résignation progressive, CLIII. — Admirable lettre de madame du Deffand à Walpole, du 30 septembre 1766, CLIV à CLVI. — Ce que peut faire la peur panique du ridicule. Qu'était-ce qu'Horace Walpole? CLVII. — Double courant biographique sur son compte. Ni satire ni apologie, CLVIII. — Enfance, jeunesse, éducation d'Horace Walpole. Influence de cette éducation, CLIX. — Premier voyage en France en 1739. Voyage en Italie. Conflits avec Gray, CLX. — Horace Walpole se brouille avec Gray.

Leur réconciliation postérieure. La correspondance de quarante-cinq ans avec Horace Mann, CLXI. — Horace Walpole membre silencieux de la chambre des communes, CLXI. — Sans ambition, mais non sans dévouement, ibid. — Son séjour à Houghton. Les *Ædes Walpolianæ*. Ses paradoxes artistiques, CLXII. — Mort de Robert Walpole. — Situation matérielle d'Horace. *La grande vie*, CLXIII. — Horace n'est parfait que dans le genre épistolaire, CLXIV. — Ses contradictions. Portrait satirique par Macaulay, CLXV. — Sa défense par lord Byron, CLXVI. — Par Walter Scott, ibid. — Acquisition de Strawberry-Hill. Description de ce castel gothique et fameux, CLXVII. — Vie qu'y mène Walpole, CLXIX. — Son imprimerie particulière. Ses ouvrages, CLXX. — Voyage à Paris en 1765. Va chez madame Geoffrin. Fait connaissance avec madame du Deffand, CLXXI. — Impression qu'il produit sur elle, CLXXII. — Portrait qu'il en fait, CLXXIII. — Ses lettres françaises à madame du Deffand, ibid. — Madame du Deffand est plus à plaindre que Walpole n'est à blâmer, CLXXIV. — Extraits caractéristiques des lettres de madame du Deffand à Walpole, CLXXV. — Détails sur les deux voyages de Walpole à Paris en 1767 et 1769, CLXXVII à CLXXIX. — Rasserénement progressif de la liaison d'abord orageuse, ibid. — Extraits des lettres de Walpole à G. Montagu, CLXXIX à CLXXX. — Coup d'œil d'ensemble sur le salon de madame du Deffand, de 1760 à 1770, CLXXX. — Les amis de la deuxième heure, CLXXXI. — Les Beauvau. Le chevalier de Lorency. Attitude de madame du Deffand vis-à-vis des gens de lettres, ibid. — Elle n'aime, parmi eux, que Voltaire, qui fait le tour de force de la consoler et de l'amuser, ibid. — L'invasion de l'Angleterre illustre, CLXXXII. — Goût de madame du Deffand pour l'esprit et le caractère anglais, ibid. — Le comte de Broglie, ibid. — Les Choiseul, CLXXXIII. — Philosophie de madame de Choiseul, ibid. — Le mal de madame du Deffand, CLXXXIV. — Walpole Messie du cœur, ibid. —

Première mention de Walpole, CLXXXV. — Madame du Deffand trouve dans son court bonheur le respect de la foi qu'elle ne peut avoir, ibid. — Lettre satirique de Walpole à J.-J. Rousseau, CLXXXVI. — Physionomie du salon de Saint-Joseph à partir de 1766. Transformation fâcheuse, CLXXXVI. — Rapports nouveaux de madame du Deffand avec sa société, CLXXXVII. — Galerie des femmes, ibid. — Galerie des hommes, CLXXXVIII. — Les *diplomatiques*, ibid. — Madame du Deffand dort le jour et veille la nuit, ibid. — Le salon de madame du Deffand peint par elle-même, CLXXXIX à CXCII. — Sa confession psychologique et morale à Voltaire, CXCIII. — Mort du président Hénault, CXCIV. — Griefs de madame du Deffand contre le président Hénault, CXCV. — Madame de Castelmoron, CXCVI. — Testament du président, CXCVI. — Voltaire chante la palinodie. Madame du Deffand défend son défunt ami, CXCVII. — Disgrâce du duc de Choiseul, CXCVII. — Madame du Deffand fait son testament, CXCVIII. — Madame du Deffand perd trois mille livres de rente, CXCVIII. Offres généreuses de Walpole, CXCIX. — Refus et reconnaissance de madame du Deffand, CXCIX. — Sa fortune en 1771, CC. — *La queue de l'orage*, CCI. — Troisième voyage de Walpole à Paris, CCII. — Mort de Pont-de-Veyle. Sa décadence. Regrets profonds et sincères de madame du Deffand, CCII à CCIV. — Historiettes de la Harpe, CCIV. — Dernier voyage de Walpole à Paris, CCV. — Adieux attendris de madame du Deffand. Mort de Voltaire, CCV. — Charivari de dévotes, CCV. — Tableaux divers du salon de madame du Deffand, CCVI. — La coterie encyclopédique, CCVI. — Chamfort. Madame de Genlis, CCVI. — Portrait de madame du Deffand et tableau de son salon et de sa société, par madame de Genlis, CCVII à CCX. — Histoire comique de la présentation de Gibbon, CCX. — Visite à madame du Deffand racontée par le duc de Lévis, CCX. — Walpole abandonne son siège aux communes. La mort tragique de Chatterton le dégoûte de la littérature, ccxi. — Drame de la *Mère mystérieuse.* Ses manuscrits, ccxii. — Sa palinodie en présence des excès de la révolution française. Sa lettre sur les motifs de son revirement, ccxii. — Portrait de Walpole par M. de Rémusat, ccxiii.—Décadence physique et morale de madame du Deffand, ccxiii. —Elle appelle ses neveux auprès d'elle, ccxiv. — Elle essaye de devenir dévote. L'abbé Lenfant, ccxiv. — Dernière lettre à Walpole. Récit des derniers moments de madame du Deffand, par Wiart, ccxv. — *Vous m'aimez donc?* C'est le mot de toute l'âme et de toute la vie de madame du Deffand, ccxvi. — Historiettes hostiles et suspectes de la Harpe, citées par l'auteur de la *Préface* du Recueil de 1809, ccxvii. — Le chien de l'aveugle. Mort de Walpole, ccxvii. — *Notice critique et biographique sur les diverses éditions et les divers éditeurs de la Correspondance de madame du Deffand, sur les suppressions de 1812 et sur ses manuscrits,* ccxviii. — Profession de foi, ccxix. —La postérité ne fait que commencer pour madame du Deffand, qu'on ne connaît que depuis 1809. Le Recueil de 1809. Boutade de madame de Rémusat, ccxix. — Motifs de son peu de succès, ccxx. — Influences politiques qui font les succès littéraires, ccxx. — Il y a des perles dans le fatras dédaigné de nos grand'mères, ccxx. — D'où provenaient les lettres du Recueil de 1809. C'est Horace Walpole qui a éveillé le génie de madame du Deffand, ccxx. — La *Préface* du Recueil de 1809. Ses lacunes, ses défauts. Son mérite, ccxxi. — Le Recueil de Londres de 1810.

Son immense succès, ccxxi. — Souvenirs à ce sujet de M. de Rémusat, ccxxii. — Motifs de ce succès, ccxxiii. — Il est l'œuvre de tout le monde. Réaction dans les sphères du pouvoir, ccxxiv. — Les tyrans-libéraux. Napoléon et la censure. Contrastes piquants entre sa conduite et ses principes, ccxxiv. — Lettre de Napoléon sur les suppressions de la première édition des *Lettres* de madame du Deffand, ccxxvi.—Ces suppressions sont peu nombreuses et insignifiantes, ccxxvi. — Les Notes de M. Artaud de Montor, *ibid.*—L'*Avis* des éditeurs de 1812. Travail d'épuration et de redressement de la présente édition, ccxxvi, ccxxvii. — La *Notice* de M. A. Thiers, ccxxviii.— Détails sur le testament et les manuscrits de madame du Deffand, ccxxviii-ccxxx.—Madame du Deffand renvoie à Walpole les lettres qu'elle a reçues de lui, ccxxxi.—Brûle celles qui lui restent de Walpole, ccxxxi.— M. Berry et les miss Berry. Leur liaison avec Walpole, ccxxxii. — Détails donnés à ce sujet par M. de Rémusat, ccxxxii. — Mort de Walpole. Ses dernières dispositions, ccxxxiii.—Que sont devenues les lettres françaises de Walpole à madame du Deffand? ccxxxiv. — Où sont les papiers de madame du Deffand légués à Walpole? La vente de Strawberry-Hill, ccxxxv. — La publication des *Lettres inédites* (1859) par M. de Sainte-Aulaire, ccxxxv. — Appréciations diverses de cette *Correspondance inédite,* ccxxxv. — Opinion de madame de Choiseul, ccxxxvi. — L'édition Didot-Barrière, ccxxxvii. — Notre plan, notre système, notre travail, ccxxxviii.

II.

LA CORRESPONDANCE[1].

A

AIGUILLON (la duchesse d'), t. Ier, 13, 233, 344, 360, 378, 379, 382, 385. — Traduit la *Lettre d'Héloïse*, de Pope, I, 393, 411, 414, 414, 431, 434, 442, 473, 480, 505, 535, 545, 569, 574; II, 22, 29, 76, 93, 94, 106, 121, 128, 137, 140, 146, 147, 165, 175, 190, 194, 198, 199, 215, 221, 222, 225, 238, 253. — Sa mort, II, 265, 266.

ALEMBERT (d'), I, 117, 123, 134, 137, 144, 145. — Lettre de lui au marquis d'Argens, I, 145. — Lettre du marquis d'Argens à d'Alembert, I, 151; — de d'Alembert au marquis, I, 152; — de d'Alembert à madame du Deffand, I, 153. — Autre lettre, à la même, 156. — S'excuse de ne pouvoir louer le président Hénault comme elle le désirerait. — Détails sur sa nouvelle manière de vivre, I, 158. — Autre lettre à madame du Deffand, I, 162. — Autre lettre à la même, 163, 165; I, 167. — Lettre à la marquise du Deffand, I, 167. — Lettre de madame du Deffand à d'Alembert, I, 169. — Lettre de d'Alembert à madame du Deffand, I, 171, 177, 178, 181, 182, 183, 184. — Lettre de Montesquieu à d'Alembert, I, 187, 189, 190, 193. — Compliments de Formont sur sa pension du roi de Prusse, I, 218, 219. — Lettre du chevalier d'Aydie à madame du Deffand, où il est question de son voyage à Wesel, 219. — Lettre de M. de Formont à madame du Deffand, sur l'élection à l'Académie de d'Alembert, 224, 225. — Lettre de M. de Formont à d'Alembert à ce sujet, 225. — Lettre de Montesquieu à d'Alembert à ce même sujet, 1, 226. — Lettre de Formont à madame du Deffand, sur le discours de réception de d'Alembert, 226, 227. — M. de Beauvau demande à madame du Deffand des nouvelles de son voyage en Prusse, 228. — Nouvelles de son voyage en Prusse données par madame du Deffand au chevalier d'Aydie, 229. — Lettre du chevalier, où il est question de ce voyage et de son succès, 231. — Lettre du marquis d'Argens à M. d'Alembert, 235. — Réponse de d'Alembert, 237. — Refus des offres brillantes du roi de Prusse, 272, 273. — Dénonce à Voltaire la tiédeur philosophique de madame du Deffand, I, 274. — Lettre à madame du Deffand, de Sans-Souci, I, 275-280, 281, 358, 368, 383, 384, 408, 561, 571; II, 145, 226, 227, 269, 270, 305, 342, 347, 350, 362, 363; II, 461, 465, 560, 582, 657, 673.

AYDIE (le chevalier d'), I, 117, 123, 136, 137. — Ses lettres à madame du Deffand, 188, 193, 196. — Lettre à madame du Deffand sur madame de Mirepoix, le président Hénault, Formont, d'Alembert, I, 220, 221. — Lettre de madame du Deffand au chevalier d'Aydie, 228. — Compliments sur sa lettre. — Nouvelles de mesdames de Mirepoix, du Châtel, de d'Alembert, 229, 230. — Lettre du chevalier d'Aydie à madame du Deffand, 231. — Lettre de madame du Deffand au chevalier d'Aydie, 233.

B

BARRY (madame du), I, 517, 530, 534, 535, 536, 570, 573, 586; II,

---

[1] Une table analytique complète de deux volumes de seize cents pages, contenant, en comptant les répétitions, plus de *dix mille noms*, exigerait un volume. Nous avons dû, pour contenir notre travail dans les limites du *nécessaire* et du *possible*, nous borner aux noms *principaux, essentiels*, à ceux qui forment comme l'élite de cette multitude, les têtes de colonne de cette innombrable armée.

5, 9, 12, 21, 24, 39, 40, 41, 44, 45, 85, 86, 140, 151, 155, 158, 167, 187, 188, 207, 233, 286, 291, 310, 367, 403, 406, 407, 410.

BERNSTORFF (M. de), envoyé de Danemark à Paris, I, 124, 125, 167, 498, 499, 509, 510; II, 249.

BEAUVAU (le prince de), I, 198. — Lettre de lui à madame du Deffand, I, 221. — Autre lettre, 227, 268, 278, 315, 316, 404, 403, 412. — Son portrait, 413-434, 448, 449, 541, 557, 569; II, 5, 10, 22, 23, 24, 67, 137, 142, 143, 145, 153, 154, 156, 158, 159, 162, 163, 171, 182, 185, 186, 192, 198, 199, 200, 202, 205, 210, 215, 248, 264, 272, 279, 282, 284, 291, 300, 316, 319, 338, 357, 393, 397, 405, 405, 406, 409, 412, 447, 464, 493, 494, 509, 515, 521, 525, 540, 544, 553, 555, 557, 602, 616, 621, 627, 635, 638, 639, 656, 657, 658, 664, 723.

BEAUVAU (la princesse de), I, 315, 316, 346, 357, 404, 404, 410, 412. — Son portrait, 413-434, 441, 448, 449, 536, 540, 541, 557, 569; II, 10, 24, 40, 71, 93, 117, 137, 142, 182, 185, 186, 190, 198, 199, 200, 205, 210, 215, 229, 253, 264, 279, 282, 291, 296, 309, 326, 357, 375, 393, 406, 410, 416, 447, 454, 463, 509, 515, 519, 521, 525, 544, 545, 553, 621, 627, 664, 672, 723.

BOUFFLERS (la comtesse de), née Saujon, maitresse du prince de Conti, I, 327, 356. — Son portrait, par Walpole, 356, 358, 368, 407, 410, 412, 431, 434, 438, 449, 460, 475, 480, 505, 521, 544, 545, 578; II, 3, 6, 13, 19. — Tricherie au jeu, 45-70, 79, 106, 156, 157, 168, 186, 187, 191, 196, 198, 199, 200, 202; II, 222, 242, 243, 253, 324, 327, 330, 373, 397, 401, 403, 415, 426, 430, 478, 489, 510, 530, 546, 557, 566, 567, 568, 570, 576, 579, 612, 614, 616, 619, 620, 627, 653, 672, 693, 700, 702, 703, 715, 719.

BOUFFLERS (le chevalier de), I, 441, II, 3, 6, 45, 147, 319, 363, 386, 516, 520, 618.

C

CHOISEUL (le duc de), I, 352, 316, 317, 323, 325, 364, 398, 402, 410, 416, 436, 446, 447, 448, 464, 469, 479, 482, 486, 504, 509, 524, 531, 541, 542, 544, 545, 549, 551, 553, 558, 580; II, 4, 5, 8, 9, 10, 12, 18, 22, 23, 24, 25, 26, 27, 32, 36, 37, 40, 41, 43, 44, 45, 48, 66, 67, 71, 72, 74, 81, 83, 84, 85, 87, 88, 90, 93, 99, 101, 113. — Sa disgrâce, II, 114, 115, 126, 127, 130, 133, 141, 150, 151, 156, 161, 162, 163, 170, 193, 203, 204, 206, 207, 208, 209, 210, 220, 223. — Vend ses tableaux, II, 238, 254, 255, 259, 264, 292, 307, 308, 309, 311, 331, 343, 351, 372, 409, 413, 414, 418, 430, 442, 446, 447, 448, 449, 451, 452, 454, 467, 469, 471, 473, 474, 478, 482, 483, 484, 498, 507, 508, 521, 525, 530, 538, 541, 542, 544, 551, 553, 555, 578, 584, 590, 591, 597, 610, 624, 629, 671, 680, 719.

CHOISEUL (la duchesse de), I, 192, 315. — Lettre de la duchesse de Choiseul à madame du Deffand, 320. — Réponse de madame du Deffand, 322. — Autre lettre de madame de Choiseul à la même, 324, 344. — Son portrait, par Walpole, 345, 363. — Son portrait, par madame du Deffand, 395-407, 411, 420, 431, 434, 441, 447, 452, 455, 456, 463, 469, 471, 473, 478, 479, 482, 483, 484, 486, 489, 492, 493, 497, 504, 507, 511, 512, 513, 523, 525, 528, 531, 533, 535, 536, 540, 543, 545, 549, 551, 553, 554, 555, 556, 557, 558, 561. — Vers de Voltaire sur la duchesse de Choiseul, 562, 566, 568, 568, 569, 572, 574, 578, 580. — Envoie son soulier à Voltaire, I, 582; II, 2, 4, 5, 10, 12, 14, 16, 17, 26, 27, 38, 44, 48, 50, 52, 53. — Vers de Voltaire à madame de Choiseul, 57, 58, 59-61, 64, 65, 66, 72, 73, 75, 81, 83, 84, 85, 87, 88, 90, 93, 101, 105, 109, 114, 115, 123, 126, 127, 132, 133, 134, 139, 141, 149, 150, 151, 156, 170, 176, 181, 190, 192, 193, 198, 204, 209, 210, 237, 244, 247, 254, 255, 259, 263, 264, 270, 281,

292, 297, 299, 309, 311, 318, 328, 329, 331, 338, 343, 354, 390, 401, 409, 420, 422, 430, 439, 440, 442, 446, 447, 448, 449, 451, 452, 454, 467, 471, 473, 474, 476, 478, 482, 483, 484, 498, 508, 517, 521, 525, 528, 538, 541, 542, 544, 556, 561, 597, 616, 629, 634, 635, 663, 671, 719.

D

Du Deffand (la marquise). Du classement de sa correspondance, *Avant-propos*, I, 1 à 4. — Témoignages d'admiration et de dévouement enthousiaste de madame du Vintimille pour madame du Deffand, 5, 6. — Elle l'informe des nouvelles de la cour, 7. — Madame du Deffand écrit à madame de Vintimille à l'occasion de la mort de son père, 8. — Sa meilleure amie est alors, croit-on, madame de Rochefort, 8. — Madame du Deffand fait donner à madame de Vintimille un *Mémoire* pour ses affaires, 9. — Madame de Vintimille va souper dans sa petite maison, 9. — Madame du Deffand lui communique une *Épître* de Voltaire, 10. — Madame de Vintimille s'occupe toujours de son affaire avec M. le premier écuyer, c'est-à-dire de la maison qu'elle désire, 10. — Va prendre les eaux de Forges avec madame de Pecquigny, 11. — Le président Hénault lui a écrit à toutes les postes et la tient au courant de ce qui se passe à Paris, 11, 12, 13, 14, 15, 16. — Lettres de madame du Deffand au président Hénault. — Curieux portrait de madame de Pecquigny. — Il y a à Forges un M. de Sommery et un inconnu qui pourrait bien être M. du Deffand. — Cela serait plaisant. — A des insomnies, 17. — Régime bizarre de madame de Pecquigny, 18. — Sa compagnie à Forges, 18. — Elle a reçu deux lettres qui lui font regretter l'absence de Formont, qui les aurait lues avec elle, 19. — Elle lui demande des nouvelles de Mertrud, que l'on a dit assassiné, 19. — Pallu seul pourrait faire un tableau plaisant de ses compagnies à Forges, 19. — Ne pas dire à la duchesse de Luynes combien la Pecquigny lui dé-

plait, I, 20. — A lu les *Lettres de Bayle*. — Ne se console pas d'avoir lu *Paméla*, qui ne lui est plus de ressource, 20. — Reproches sur certaine phrase commencée et abandonnée tout de suite dans sa première lettre, 21. — Elle n'est point jalouse, 21. — Tous ses sentiments pour elle sont d'autant plus beaux qu'il n'y en a pas un qui ne soit naturel. — Elle n'a pas de nouvelles de Formont, qui lui est cependant bien nécessaire, 23. — Qu'il se divertisse bien. — Elle a renoncé à exiger de lui la moindre contrainte, 24. — La compagnie de la fontaine, 30. — Elle a donné à dîner à six convives, 31. — Madame de Pecquigny amazone enragée. — Croquis de ses hôtes, 31. — Reçoit un mot de Formont, 32. — Les lettres du président Hénault lui font un plaisir infini, I, 36. — Détails sur madame de Pecquigny, I, 37. — A reçu une lettre de madame du Châtelet, 42. — Arrivée de madame Harenc et de M. de Lauzillières, 43. — S'excuse de sa méfiance, qui n'empêche pas ses sentiments pour le président Hénault, I, 55. — Ses lectures à Forges, 56. — Se raille de son clair de lune, 56. — N'a ni tempérament ni roman, 56. — S'ennuie à Forges, I, 61. — Attend M. de Formont avec impatience, I, 61. — La lettre attribuée à Voltaire lui paraît bien de lui, 62. — Compliments au président Hénault, 64. — Quand elle trouve dans le président Hénault un grain de sentiment vrai, il fait le miracle du grain de moutarde de l'Évangile, I, 65. — Elle n'enlaidit plus, 66. — La Pecquigny a ses grandes vapeurs, 71. — Elle fait des fleurs de chenilles, 72. — Formont est un homme délicieux, 72. — Il faut laisser les Mirepoix élever leur théâtre sans avoir l'air de s'en soucier, I, 73. — Son opinion sur les derniers discours académiques, 73. — Que le président ne se corrige sur rien, même sur ses sentimentalités, I, 75. — Ce qui lui déplaît dans ses lettres, ce ne sont pas les sentiments, mais les contradictions, I, 75. — Qu'il n'aille pas lui faire infidélité pour madame d'Étiolles, 76. — Elle croit qu'il prend plaisir à lui écrire, I, 76. — Sa vénération pour madame de Rochefort la divertit, I, 76. — La mort du petit d'Argenson est affreuse. — Ne me boudez pas, 77. — Lettre du marquis du Châtel à madame du Deffand; elle n'est bonne actrice qu'au coin du feu, I, 81. — Lettre de la duchesse du Maine à madame du Deffand, I, 82. — Lettres de madame de Staal à madame du Deffand, I, 83, 85, 88, 90, 93, 95, 96, 98, 99, 100, 101, 103, 104, 105, 106, 109, 110, 112, 113. — Madame la duchesse du Maine est jalouse de sa liaison avec la duchesse de Modène, 113. — Lettres du comte des Alleurs, ambassadeur à Constantinople, à madame du Deffand, I, 114, 117. — Est quitte de son vilain temps critique, I, 118. — Est contente de son logement de Saint-Joseph, 118. — Voit plus rarement d'Alembert, dont elle est éloignée, I, 123. — Lettres du comte de Bernstorff à madame du Deffand, I, 125, 128. — Lettre de lord Bath à madame du Deffand; il se rappelle avec admiration les soupers et les conversations du salon de madame du Deffand, I, 126. — Lettres du président de Montesquieu à madame du Deffand, I, 130, 132. — Il lui conseille de préférer le séjour de Paris à celui de Chamrond, 133. — Lettre du baron Scheffer à madame du Deffand, I, 134, 135. — Lettre de M. de Montesquieu à madame du Deffand, 136. — Du baron Scheffer, 137. — De M. Saladin, 138, 140. — De M. de Montesquieu, 143, 144. — De M. Scheffer, I, 150. — Lettres de M. d'Alembert à madame du Deffand, I, 153. — Détails sur ses ouvrages; conseils et reproches sur son ennui, 154. — Autre lettre, 156. — Lettre du baron Scheffer, I, 161. — Autres lettres de d'Alembert, I, 162, 163, 165. — Lettre du baron Scheffer, I, 166. — Lettre de d'Alembert, 167. — Lettre à d'Alembert, I, 169. — Elle commence à devenir aveugle, I, 170. — Lettre du président Hénault à madame du Deffand, I, 170. — Lettre de d'Alembert à madame du Deffand, I, 171. — Lettre de M. de Bulkeley à madame du Deffand, I, 173. — Lettres de M. Scheffer à madame du Deffand, I, 174, 175. — Lettres de d'Alembert, I, 177, 178. — Lettre de M. Duché à madame du Deffand, I, 180. — Lettres de d'Alembert, I, 181, 182, 183, 184. — De M. Scheffer, I, 185. — La félicité du parti qu'elle a pris de dîner, 185. — Montesquieu l'appelle *sa marquise*, I, 187. — Lettre du chevalier d'Aydie à madame du Deffand, I, 188. — Lettre de M. Scheffer, I, 190. — La félicité de son courage devant la cécité, I, 191. — Lettre du chevalier d'Aydie; il lui rapporte ce que Montesquieu lui a dit d'elle, I, 192. Lettre de madame du Deffand à mademoiselle de Lespinasse, I, 194. — Lettre du chevalier d'Aydie, I, 196. — De M. Scheffer, I, 197. — Lettre à mademoiselle de Lespinasse, I, 199, 200. — Lettre à madame de Luynes, où elle lui raconte l'histoire de mademoiselle de Lespinasse et la consulte sur ses intentions, 201. — Réponse de madame de Luynes, I, 206. — Lettre de madame du Deffand à madame de Luynes, I, 207. — Lettre à mademoiselle de Lespinasse, 208. — Derniers conseils à mademoiselle de Lespinasse; arrangements définitifs avec elle, I, 209. — Lettre de M. Scheffer à madame du Deffand, 209. — Lettre de M. de Formont à la même, 211. — Il lui adresse des vers, 212, 213. — Il cherche à la consoler et à la réconforter; exposé de sa philosophie pratique, 214. — Lettre de mademoiselle de Lespinasse à madame du Deffand à Montmorency, 215. — Autres lettres; nouvelles, 216, 217. — Lettre de M. de Formont sur la pension que d'Alembert a reçue du roi de Prusse, I, 218. — Lettre du chevalier d'Aydie à madame du Deffand, I, 219. Appréciation de ses rapports avec madame de Mirepoix, le président Hénault, d'Alembert; lettre du prince de Beauvau à madame du Deffand, 220. — Lettre de M. Scheffer à madame du Deffand, 222. — Lettre de M. de Formont à madame du Deffand sur l'élection de d'Alembert à l'Académie, 224. — Détails sur madame de Chaulnes et l'abbé de Boismont, 224. — Lettre de M. de Formont à madame du Deffand sur le discours de réception de d'Alembert, I, 226. — Lettre de M. de Beauvau à madame du Deffand, I, 227. — Lettre de madame du Deffand au chevalier d'Aydie, 228. — Lettre du chevalier d'Aydie à madame du Deffand, I, 231. — Lettre de madame du Deffand au chevalier d'Aydie, 233. — Lettre de madame du Deffand à madame de Nauthia, 234. — Lettre de madame du Deffand à Voltaire sur la mort de Formont, 239. — Réponse de Voltaire, 240. — Lettre de madame du Deffand à Voltaire, 242. — Lui demande conseil sur ses lectures ; a des vapeurs affreuses; aime les romans anglais ; nouvelles du président Hénault; il n'y a plus de goût, il n'y a plus de grâces, 243. — Lettre de Voltaire à madame du Deffand en réponse; lui conseille de lire l'*Ancien Testament*, 244. — Et l'Arioste, 245. — Et Rabelais; goût du Régent pour Rabelais, 245. — Et Swift; et Lucrèce, 247. — Lettre de madame du Deffand à Voltaire, 248. — Aime assez Montaigne, 249. — Méprise Rabelais; préfère l'Arioste au Tasse, 249. — N'aime pas Milton, 249. — Aime Richardson, 250. — Lettre de Voltaire à madame du Deffand, 250. — Lettre de madame du Deffand à Voltaire, I, 253. — Lettre de Voltaire à madame du Deffand, I, 255. — Lettre de madame du Deffand à Voltaire, 257. — Lui demande des articles de son *Dictionnaire*, 258. — Lettre de Voltaire à madame du Deffand, I, 258. — Sur la *Clarisse* de Richardson, I, 259. — Sur Rabelais, 260. — Lettre de madame du Deffand à Voltaire, 260. — La même au même, 261. — Plaintes sur son état, 263. — Lettre de Voltaire à madame du Deffand, 263. — Lettre de madame du Deffand à Voltaire; repousse son reproche d'être hostile aux philosophes et de lire Fréron, 265, 266. — Lettre du marquis de Paulmy à madame du Deffand; madame du Deffand à M. de Voltaire, I, 269. — Réponse de Voltaire, I, 270. — Lettre de madame du Deffand à Voltaire, 271. — M. de Voltaire à madame du Deffand, 272. — Madame du Deffand à M. de Voltaire, 273. — Son opinion impartiale sur les encyclopédistes, 274. — Lettre de d'Alembert à madame du Deffand, de *Sans-Souci*, I, 275. — Lettre de Voltaire à madame du Deffand, I, 277. — Réponse de madame du Deffand, I, 278. — Lettre de Voltaire à madame du Deffand, I, 279. — Réponse de madame du Deffand, 280. — Lettre de Voltaire à madame du Deffand; galanteries rimées sur sa cécité, 282. — Lettre de madame du Deffand à M. de Voltaire, 283. — M. de Voltaire à madame du Deffand, 284. — Madame du Deffand à M. de Voltaire, 285. — Anecdote du lion de Chantilly, 286. — Lettre de Voltaire à madame du Deffand, I, 287. — Lui demande de dicter ce qu'elle pense quand elle est seule, et de le lui envoyer, I, 288. — Lettre de madame du Deffand à M. de Voltaire, I, 289. — Lettre de mademoiselle de Lespinasse à madame du Deffand pour lui demander à la revoir, I, 290. — Refus froid et digne de madame du Deffand, 290. — Lettre de Voltaire à madame du Deffand, I, 291. — Réponse de madame du Deffand, I, 293. — M. de Voltaire à madame du Deffand, I, 295. — Réponse de madame du Deffand, I, 297. — Plaintes sur son état, 298. — Lettre de M. de Voltaire à madame du Deffand, 299. — Réponse de madame du Deffand, 301. — Lettre de Voltaire à madame du Deffand, 303. — Madame du Deffand à M. de Voltaire, 304. — M. de Voltaire à madame du Deffand, 306. — Le même à la même, 307. — Il préfère Racine à Corneille, 309, 310. — Réponse de madame du Deffand; elle y prend la défense de Corneille, 311. — M. de Voltaire à madame du Deffand; il veut avoir des détails sur la mort de M. d'Argenson, 312. — Réponse de madame du Deffand, 313. — Lettre du comte de Broglie à madame du Deffand, 313. — Réponse de madame du Deffand, 314. — Autre lettre du comte de Broglie à madame du Deffand, 317. — Autre lettre du même à la même, 319. — Lettre de la duchesse de Choiseul à madame du Deffand, 320. — Réponse de madame du Deffand, 322. — Madame la duchesse de Choiseul à madame du Deffand, I, 324. — Lettre de Voltaire à madame du Deffand, I, 325. — Réponse de madame du Deffand, I, 327. — Lettre du chevalier Mac-Donald à madame du Deffand, 329. — Madame du Deffand à M. de Voltaire, 332. — Elle lui raconte la visite que lui fit Massillon autrefois, 332. — Lettre de madame du Deffand au même, scandalisé d'un sermon du président Hénault; le président veut voir *par ses lunettes*, I, 336, 337. — Lettre de Voltaire à madame du Deffand, I, 337. — Madame du Deffand à M. de Voltaire, 339. — Première lettre de madame du Deffand à Walpole, I, 340. — Ses ennuis; n'a que son effilage et son chien, 355. — Sur Lally, qu'elle ne plaint pas, 358. — S'indigne d'être comparée à madame de la Suze, et d'entendre ses lettres traitées de *Lettres portugaises*; verse avec madame de Forcalquier; récit de cet accident, 361, 362, 363. — Envoie à Walpole en surprise un portrait de madame de Sévigné, 363. — Fait apprendre l'anglais à Wiart, 370. — Lettre de Voltaire à madame du Deffand, 371. — Lettre de Wiart à Walpole au nom de madame du Deffand, inquiète de sa santé, I, 373. — S'humilie et se résigne devant les rebuffades de Walpole, I, 376, 377. — Combat les craintes de Walpole sur le ridicule, I, 379. — Défend Montaigne contre Walpole, 381. — Tableau de sa société, 382. — Jugements sur Montaigne, 385. — Menace en plaisantant Walpole d'envoyer Wiart à Londres, 386. — Se défend d'aimer Walpole d'amour, 389. — Lettre à Voltaire, I, 391. — Demande à Walpole de faire son portrait, I, 393. — Fait le portrait de madame de Choiseul, I, 395. — Envoie à Walpole la copie des lettres de madame de Sévigné sur Fouquet, 397. — Walpole fait son portrait en vers, 400. — Défend Montaigne; traite Walpole de Scythe; défend Montaigne, 405. — Organise une cabale en faveur du *Château d'Otrante*, de Walpole, 415. Sa critique des *Scythes*, de Voltaire; de la *Guerre de Genève*, du même, 417. — S'étonne du projet de Walpole de réhabiliter Richard III, 419.

— La *Partie de chasse de Henri IV*, de Collé, l'amuse et l'attendrit, I, 420. — Critique *Bajazet*, 421. — Lettre de Voltaire à madame du Deffand, 423. — Repousse l'espoir de vivre jusqu'à quatre-vingt-dix ans, 424. — Lettre à Voltaire; le raille de son engouement pour Catherine II, 427. — Demande son buste à Voltaire, I, 428. — Approuve l'opinion de Walpole sur la vie future, I, 432. — Son mot sur saint Denis, I, 433. — Rend compte à Walpole de la société qu'il trouvera à Paris, I, 434. — Aime mieux César qu'Alexandre, 438. — Regrette que Walpole ne soit pas son fils, 439. — Jugement léger sur le prince de Ligne, I, 441. — Lettre de bienvenue à Walpole à son voyage de 1767, I, 442, 443. — Son état après le départ de Walpole, I, 444. — Anecdote du *Cotignac*, I, 447. — Sa société lui semble toute sotte, I, 451. — Donne un logement à mademoiselle Sanadon, I, 457. — Lit *le Monde*, journal où écrit Walpole, I, 457. — Méprise les romans de Crébillon, I, 459. — S'occupe de faire traduire le *Richard III*, 459. — Lettre de Voltaire à madame du Deffand, I, 460. — Regrette le mauvais emploi de sa jeunesse et les lacunes de son éducation, I, 461. — Couplet sur son insensibilité, I, 462. — Envoie à Walpole son portrait et celui de madame de Choiseul peints par Carmontelle, I, 463. — S'amuse aux *Mémoires de Gourville*, I, 464. — Lit les lettres de madame de Maintenon à madame des Ursins, manuscrites, I, 464. — Jugements sur ces lettres, I, 466. — Cite un mot cyniquement égoïste de madame de Staal, I, 467. — Dissuade Voltaire de visiter Catherine II, 468. — Lettre à M. de Voltaire, I, 469. — Lettre de Voltaire à madame du Deffand, I, 470. — Lettre à M. de Voltaire, I, 477. — Demande des détails sur sa confession et sa communion, I, 477. — Tableau désabusé de sa société intime, I, 480. — Son jugement sur la *Nouvelle Héloïse* de J. J. Rousseau, I, 483. — Lettre à Voltaire, 484. — Voltaire à madame du Deffand; ses motifs pour s'être confessé et avoir communié, I, 485. — Madame du Deffand donne à Walpole son avis sur une lettre à Voltaire qu'il lui a communiquée, 487. — Lettre à Voltaire sur sa lettre à Walpole, 496. — Son jugement sur M. de Bernstorff, 499. — Son opinion sur le petit conflit avec Voltaire, 500. — Sa critique d'*Alzire*, 504. — Son manége avec le président Hénault, 507, 511. — Voltaire se disculpe, 513. — Lettre de madame du Deffand à Voltaire, 514. — Lettre de Voltaire, 517. — Madame du Deffand à Voltaire, 519. — Toujours l'incident du président Hénault, I, 519. — Admire Shakspeare, I, 520. — Jugement sur l'*A, B, C* de Voltaire, 522, 523. — Toujours l'incident Hénault, I, 524. — Lettre de madame du Deffand à Voltaire, I, 527. — Lettre de Voltaire, 528. — Sur la présentation de madame du Barry (madame du Deffand à Walpole), 530. — Lettre de madame du Deffand à Voltaire ; s'excuse de l'avoir soupçonné, I, 532. — Lui sacrifie Montesquieu, I, 532, 533. — Lettre de Voltaire à madame du Deffand, I, 533. — Sur la présentation de madame du Barry, 534, 535, 536. — Lettre de Voltaire à madame du Deffand, I, 537. — Lettre de madame du Deffand à Voltaire, 538. — Ne hait pas la philosophie, mais la métaphysique, et les philosophes, 539. — Lettre de Voltaire à madame du Deffand, 546. — Autre lettre du même, 550. — Est du dernier bien avec Voltaire, 552. — Admire huit vers de Saint-Lambert, 552. — Son mot favori *ineffable*, I, 552. — Lettre de Voltaire à madame du Deffand, I, 553. Physionomie de ses soupers, 555. — Se moque des athées, 555. — Est persuadée que ce que nous ne pouvons comprendre ne nous est pas nécessaire à savoir, 556. — Lit madame de Sévigné, Hamilton, la Bruyère, la Rochefoucauld, les *Mémoires de Mademoiselle*, I, 556. — Sa confession psychologique et morale à Walpole, I, 559. — Lettre de Voltaire à madame du Deffand, I, 560. — Madame du Deffand demande à Voltaire des détails sur sa communion, I, 563. — Tableau de ses petits comités, 563. —

Vers de Voltaire sur madame de Choiseul et madame du Deffand, 566. — Lettre de Voltaire à madame du Deffand, I, 575. — Lettre de madame du Deffand à Voltaire, 576. — Sur ses *Guèbres*, 576. — Hume lui a déplu, I, 578. — Lettre de Voltaire, I, 578. — Eloge de la casse, 579. — Demande à Voltaire un *Eloge* de Molière, I, 580. — Réponse de Voltaire, I, 581. — Madame du Deffand peinte par Walpole pendant son séjour à Paris en 1769, I, 584, 585. — Madame du Deffand à M. de Voltaire, II, 1. — Sur les concours de l'Académie ; sa *livrée* ; ses *Guèbres*, 1. — Echange de couplets avec madame de Forcalquier, 6. — Envoie à Walpole un groupe de *Henri IV et Sully*, II, 13. — Lettre de Voltaire à madame du Deffand, II, 15. — Voit M. Robertson, II, 17. — Lettre de Voltaire à madame du Deffand, II, 28. — Perd un tiers de sa pension, 30. — *Mémoire* à ce sujet, II, 31. — Lettre de madame du Deffand à Voltaire, II, 34. — Lettre de Voltaire à madame du Deffand, II, 35. — Refuse les offres généreuses de Walpole, II, 36. — Cite pour la deuxième fois un mot du Régent, II, 42. — A trente-cinq mille livres de rente, II, 43. — Sa querelle avec madame de Forcalquier, 46. — Voltaire à madame du Deffand, II, 49. — Elle demande la paix à Walpole, II, 50. — Lettre à Voltaire, 52. — Lettres de Voltaire, 55, 56, 58. — Lettres de madame du Deffand à Voltaire, II, 64. — M. de Voltaire à madame du Deffand, II, 65. — Lettre de madame du Deffand à Voltaire, 73. — Lettre de Voltaire à madame du Deffand ; autre lettre de Voltaire à madame du Deffand, II, 89. — Lettre de madame du Deffand à Voltaire, II, 89. — Ne se tourmente pas à connaître ce qu'il est impossible de concevoir, 91. — Lettre de Voltaire à madame du Deffand, II, 91. — Madame du Deffand au chevalier de l'Isle (*inédite*), II, 97. — Madame du Deffand à Voltaire ; l'amitié est la seule passion que l'âge n'amortit pas, II, 98. — Lit avec plaisir l'*Histoire de Louis XIII*, de Levassor ; les *Mémoires de Mademoiselle* ; l'*Histoire de*

Malte, de l'abbé de Vertot; les *Mémoires* manuscrits de Saint-Simon, II, 100. — Riposte à une malice de Voltaire, 101. — Est peu amusable, II, 102. — Sur la mort du président Hénault, II, 103. — Sur Levassor, 106. — Sur les *Mémoires* de Saint-Simon, 107. — Sur la mort du président Hénault (à Voltaire), II, 108. — Demande des vers à Voltaire pour les étrennes de madame de Luxembourg, II, 110. — Le chevalier d'Eon est une femme, 111. — Annonce à Voltaire la disgrâce du duc de Choiseul, II, 114. — Défend le président Hénault contre Voltaire, II, 115. — Fait part à Walpole de son intention de lui léguer ses manuscrits, II, 117. — Touchante expression de ses sentiments pour Walpole, II, 120. — Sur l'*Histoire des chevaliers de Malte*, de l'abbé de Vertot, II, 122. — Sur les *Mémoires* de Saint-Simon, II, 123. — Son sophisme misanthropique, II, 125. — Lettre de Voltaire à madame du Deffand, II, 126. — Compte rendu de la vie qu'elle mène, II, 128. — Hait *Don Quichotte*; aime les Mémoires et les biographies, II, 131. — Fait son testament, II, 138. — Lettre à Voltaire, 138. — Lettre à Voltaire, II, 142. — Dîne avec le roi de Suède, 147. — Lettre de Voltaire, 149. — Livres que lit madame du Deffand, 153. — Relit *Gil Blas*, 153. — Lettre de Voltaire à madame du Deffand, II, 162. — *Id.*, II, 166. — Madame du Deffand à Voltaire, II, 169. — Lettre de Voltaire, II, 170. — Sur les *Mémoires* de Saint-Simon, II, 171. — Lettre de madame du Deffand à Voltaire, II, 172. — Sur les *Mémoires* de Saint-Simon, II, 174. — Lettre de Voltaire, II, 176. — Madame du Deffand à Voltaire, II, 177. — N'aime pas la métaphysique, II, 178. — Lettre de Voltaire, II, 179. — Sur les *Mémoires* de Saint-Simon, II, 189. — Jugement sur les *Lettres* de Bussy-Rabutin, II, 213, 214, 217. — Bussy couchait avec sa fille, II, 218. — Sur les *Mémoires* de Bussy, II, 219. — Jugement sur Thomas, II, 227. — Relit *Clarisse* et s'y ennuie, II, 229. — Questions à Voltaire sur la destinée humaine, II, 232. — Lit Homère, II, 232, 236. — Corrige la *Préface* et la *Dédicace* des *Mémoires de Gramont*, édités par Walpole, II, 237, 238, 239. — Fait son *mea culpa* d'une lettre du 15 avril 1772, II, 240. — Se compare à Madeleine, II, 241. — A Voltaire : il y a cinquante ans qu'elle l'aime (1772), II, 244. — Son voyage à Chanteloup, II, 250. — Tableau de Chanteloup et de ses maîtres, 262, 264. — A Voltaire sur son voyage de Chanteloup, I, 268. — Se fâche contre Walpole, II, 271. — Lui fait les avances, II, 275. — Voudrait être dévote, II, 284. — Sur les *Lettres* de madame de Maintenon et de madame des Ursins, II, 285. — Sur les *Mémoires* de Saint-Simon, II, 285. — Préfère l'effilage au parfilage, 286. — Le Kain vient lire chez elle les *Lois de Minos*, tragédie de Voltaire, II, 287. — Les *Malheurs de l'inconstance*, de Dorat, II, 296. — Sur les *Lettres* de madame de Maintenon et de madame des Ursins, II, 305. — Jugement sur les *Eloges* de Thomas, II, 322. — Sur *Tom Jones*, 330. — Relit le recueil de sa correspondance avec Voltaire, II, 331. — Va chez M. et madame Necker, II, 334. — Sur Linguet, 336. — Sa méthode d'appréciation, 337. — Sur le drame et les romans anglais, II, 337. — Sur Racine et Corneille, 338. — Sur Richardson, II, 339. — Aime Quinault, II, 339. — Sur l'*Eloge de Colbert*, par Necker, II, 344, 347, 349, 352. — Admire huit vers de Saint-Lambert, II, 353. — Demande à Voltaire son avis sur l'*Eloge de Colbert*, 354. — Lit *Cléopâtre, Cassandre*, II, 374. — Fait copier pour Walpole les *Lettres* de madame des Ursins à madame de Maintenon, II, 376. — Lègue son chien à Walpole, II, 385. — Sur les *Mémoires* de Beaumarchais, II, 389. — Vers de Voltaire prétendument adressés à madame du Deffand; elle s'indigne de cette attribution, II, 392, 393, 396. — Sur les *Lettres* de lord Chesterfield, II, 400. — Sa prédilection pour Corneille, II, 401. — Sur madame de Maintenon, II, 405. — Sur les *Voyages* de Montaigne, II, 409. — Sur les *Lettres* de Pline le Jeune, II, 417. — Perd Pont-de-Veyle, II, 429, 430, 431. — Sur le *Maintenoniana*, II, 435. — Sur le général Conway, II, 436. — Walpole redemande ses lettres à madame du Deffand ; elle lui demande s'il a de la répugnance à être nommé dans son testament, II, 437. — Demande des noëls à Voltaire, II, 442. — Les reçoit et les critique, 443, 444, 445. — Petite querelle à cet égard, II, 452. — Madame du Deffand fait la paix et le câline, II, 453. — Que n'est-elle avec Walpole! II, 455. — A su par l'abbé Gédoyn ses amours avec Ninon, 457. — La lettre de Bolingbroke au chevalier Wyndham lui rappelle sa jeunesse, II, 477. — Accident qui lui arrive ; son indifférence, II, 481, 482. — S'engoue de Necker, II, 494. — Dernier voyage de Walpole à Paris, 504. — Ses lettres à Conway, 504, 505. — Son portrait de madame du Deffand à ce moment, II, 505. — Son chien, 505, 507. — Elle est malade, II, 508. — Adieu de madame du Deffand à Walpole, II, 509. — Envoie à Walpole le portrait de madame d'Olonne, 521. — Lit *Londres*, de Grosley, 523. — A des temps de stérilité, II, 524. — Se trouve de la conformité avec madame de la Fayette, II, 528. — Reçoit la visite de ses neveux, II, 532. — Va à la comédie chez madame de Montesson, II, 535. — Sur les *Malheurs de l'amour*, de madame de Tencin, II, 535. — Constate sa décadence physique et morale, 535. — Sur ses lettres ; son style a du rapport avec celui de mesdames de Sévigné et de la Fayette, II, 536. — Loue les lettres de Walpole, II, 536. — Sur *Othello*, 538, 539. — Sur Shakspeare, II, 541. — Voit madame de Genlis, *ibid*. — Son âme ne vieillit pas comme son corps, II, 543. — Sur *Othello*, 545. — Lettre de M. de Guines à madame du Deffand, 549. — Est intime avec les Necker, II, 552. — Son opinion sévère et même injuste sur Malesherbes et Turgot, II, 554. — Approuve le jugement de Walpole sur les Necker, II, 559. — S'affaiblit terriblement, 561. — Cicéron l'enchante dans ses lettres, 562. — Après César, c'est l'homme qu'elle aime le mieux, 563. — Voit lady Élisabeth Montagu, 563. — N'est pas de l'avis de Walpole sur Turgot, II, 564. — Sur Necker, 565. — Portrait de Caraccioli, 569. — Belle lettre de Hume, 570. — Son estime pour elle augmente, quand elle se compare aux autres femmes, 571. — Les *Commentaires sur la vie de Voltaire*, II, 572. — Précipite trop ses jugements, de son propre aveu, 575. — Sur l'avénement de M. Necker au ministère, II, 577. — Sur Fox, 580. — Sur *Cassandre*, 581. — Son salon ressemble à la salle de Westminster, 584. — Sur Fox, 585, 586, 587. — Étrangers qu'elle voit, 587. — Lit Gibbon, II, 588. — Sur Rousseau, sur Buffon, 594. — Sur Crébillon fils, 594, 595. — Sur Marivaux, sur Hamilton, 595. — Lit les *Mémoires de Noailles*, 595. — Sur madame Martel, 596. — N'a plus de correspondance avec Voltaire, 596. — Sur le prince de Ligne, 597. — Sur Gibbon, 597. — Sur les lettres de Crébillon, 598. — Départ de la Fayette, 598. — Se plaît aux *Mémoires de Noailles*, 599. — Est fâchée d'être aussi bête, 599. — Sur les *Mémoires de Noailles*; leurs lacunes, 601. — Sur Fénelon, sur Bossuet, 602. — Trait d'une comédie qui lui plait, 604. — Est fort contente de M. Gibbon, 606. — Soupe chez les Necker avec l'empereur Joseph II, 606. — Ses insomnies, 607. — Sur Gibbon, 608. — Sur son chien, 608. — Sur l'empereur Joseph II, 609. — Anecdote, 610. — Sur Gibbon, 610. — Sur le ministère de Necker, 614. — Sur Gibbon, 614. — Différence entre elle et madame de Sévigné, 617. — Trouve l'ouvrage de Gibbon déclamatoire, 618. — Sur Gibbon, 620. — Devient quinteuse, 620. — La métaphysique et la morale l'ennuient mortellement, 621. — N'aime pas les histoires universelles ni philosophiques, 621. — Sur Gibbon, 625. — Les *Mémoires de Bachaumont*, 623. — Préfère Lulli à Gluck, 624. — Anniversaire de sa naissance, 624. — Sur Gibbon, 625. — Admire Necker, 626. — Lettre de madame Montagu à madame du Deffand, 627. — Réponse de madame du Deffand, 628. — Pompon, le fils de Wiart, II, 630. — N'aspire nullement à la célébrité de la Geoffrin, 631. — Soupe deux fois la semaine chez elle, 634. — Son âme ne vieillit point; dès quarante ans elle était dégagée des impressions des sens, 635. — A aimé autrefois Quinault et Lulli, 635. — Ne peut lire que des *Peau d'Ane*, 636. — Retour de Voltaire à Paris. Son billet. Réponse de madame du Deffand, 637. — Visite à Voltaire, 638. — Demande à Walpole copie de sa lettre à Jean-Jacques, 639. — Seconde visite à Voltaire, 639, 640, 641. — Présent de madame de Montagu, 642. — Détails sur Voltaire, 643, 644. — Duel du comte d'Artois et du duc de Bourbon, 645. — Ressouvenir des vers de Saint-Lambert sur la vieillesse, II, 646. — Audience de Franklin, 648. — Sur Voltaire et sa conversion, 649. — Visite de Voltaire à madame du Deffand, 650. — Mort du valet de chambre de madame du Deffand, 652. — Annonce indifférente de la mort de Voltaire, 652. — Appelle auprès d'elle M. d'Aulan son neveu, 652. — Détails sur l'inhumation de Voltaire, 653. — Reçoit la visite de madame Denis, 654. — D'Alembert demande de ses nouvelles, 657. — Son neveu, M. d'Aulan, 657. — Ses vues sur lui, 659. — Les *Confessions* de Jean-Jacques, 659. — Se fait relire le recueil de sa correspondance avec Voltaire. Ce sera à lui de choisir les bonnes, 660. — Elle brûlera les lettres de Walpole. Ses motifs, 661. — Laissera à madame de Choiseul sa correspondance avec Voltaire, 663. — Brûle les lettres de Walpole, 662. — Ne peut lire le livre de Gibbon, 663. — Sur *Macbeth*, sur *Cymbeline* de Shakspeare, 663. — Regrette Pont-de-Veyle, 663. — Sur son neveu, M. d'Aulan, 664. — Sur *Don Quichotte*, 664. — Mot de Catherine à M. Schouvaloff sur madame du Deffand, II, 665. — Pèlerinage de M. Selwyn à Grignan, 665. — Sur madame de Sévigné, 667. — Son neveu et sa nièce lui sont comme des haies sur le bord de l'abime, 668, 671. — Critique les *Éloges* de d'Alembert, 673. — Approuve le jugement de Walpole sur madame de Sévigné, 675. — Ses arrangements avec son neveu, 676. — Le mot de M. de la Rochefoucauld sur la société, 678. — Son neveu et sa nièce, 680. — Sa guerre de couplets avec madame de Prie, 681. — Sur un discours de M. Burke, 683. — Ne veut pas donner au public ses lettres de Voltaire, 685. — Sa nièce arrive auprès d'elle, 686. — Espèce de folie qui la fit aller, il y a vingt-cinq ans, en province, 687. — Lit avec plaisir les *Amadis*, 687. — Sa nièce, 688. — Voit le P. Lenfant, 689. — Son portrait, 690. — Les quatre fins de l'homme, 691. — L'idolâtrie de M. Selwyn pour sa petite-fille lui semble ridicule. N'aime pas les enfants, 693. — Lettre de M. de Caraman à madame du Deffand, 697. — Plaintes et regrets, 699. — Sur les comédies de madame de Genlis, 700. — Critique le *Roi Lear*, 700, 702. — Est ridiculement en vie pour son âge, 703. — Son mot sur les *Éloges de Voltaire*, 704. — Fait le projet de se faire lire alternativement Corneille, Racine et Voltaire, pour les juger par l'impression, 705. — Trouve Voltaire bien inférieur aux deux autres, 707. — L'*Éloge de Voltaire* par Palissot est le moins plat, 707. — Relit l'*Iliade* et l'*Odyssée*. Trouve à Shakspeare de la ressemblance avec Homère, 708. — Se fait relire *Cassandre* et *Cléopâtre*, 710. — Admire *Athalie*. Vers qu'elle sait par cœur, 713. — Sur les comédies de madame de Genlis, 714. — Relit l'*Épître dédicatoire* de l'édition des *Mémoires* de Gramont, par Walpole, 719. — La Harpe lit chez elle son *Philoctète*, II, 721. — L'abbé Desfontaines lui a dédié sa traduction de *Gulliver*. N'aime pas cette fiction et cet esprit, 722. — Se plait à lire la correspondance des généraux d'armée avec Louvois, 723. — Mot sur le Mierre et la *Veuve de Malabar*, 724. — Dernière lettre de madame du Deffand à Walpole, 724. — Lettre touchante de Wiart à Walpole pour lui rendre compte de ses derniers moments, 725.

F

FAYETTE (madame de la), I, 506; II, 89, 528, 536.

FORCALQUIER (madame de), I, 11, 28, 50, 58, 59, 63, 341, 344, 357, 361, 362, 363, 380, 382, 398, 407, 418, 431, 435, 442, 449, 480, 481, 483, 505, 535, 542, 545, 569, 570, 574; II, 3, 6, 7, 10, 12, 22, 26, 27, 29, 45, 46, 51, 222, 305, 313, 317, 324, 357, 362, 364, 386, 409, 410, 411, 414, 427.

FORMONT (M. de). — Madame du Deffand le désire à Forges, 1, 11, 19, 23, 32, 37, 44, 49, 56, 61, 66, 68, 72, 76, 104, 117, 119, 124, 162, 164, 168, 169, 171, 191. — Son éloge par le chevalier d'Aydie, 192. — Lettre de M. de Formont à madame du Deffand, I, 211. — Vers de M. de Formont à elle adressés, sur la décadence du goût et des mœurs, 212, 213. — Consolation de l'épicurisme ; exposé de sa philosophie pratique, 214. — Lettre à madame du Deffand et à d'Alembert. Compliments sur sa pension du roi de Prusse, 218. — Le chevalier d'Aydie regrette de ne pas passer un été avec lui, 220. — Son éloge par M. de Beauvau, 221. — Lettre à madame du Deffand sur l'élection de d'Alembert à l'Académie, 224. — Lettre à d'Alembert sur son élection à l'Académie, 225. — Lettre à madame du Deffand sur le discours de réception de d'Alembert, 226. — Madame du Deffand voudrait être avec lui auprès du chevalier d'Aydie, 235. — Lettre de madame du Deffand à Voltaire sur sa mort, 239. — Réponse de Voltaire, 240, 334, 346, 355, 416, 468, 550; II, 173, 231, 246.

G

GEOFFRIN (madame), II, 569, 572, 634.

H

HÉNAULT (le président), — Lettres à madame du Deffand. Il vient d'écrire à Formont, I, 14. — Il a soupé à Meudon avec d'Ussé et grande compagnie, 11. — Détails sur le tabouret de madame de Forcalquier et le brevet de duc de son mari. — Madame de Brancas, madame de Mailly, 12. — La fête des chapeaux, 12. — Grandes confidences avec madame de Rochefort. — L'abbé de Sade porte ombrage à d'Ussé, 12. — Triste souper, 13. — Madame de la Vallière lui fait amitié. — La harangue de M. de Richelieu, 13. — Depuis dix jours on n'a ni vent ni voie de Mertrud. On le croit assassiné, 14. — Copie d'un billet que le roi de Prusse a, dit-on, écrit à M. de Belle-Isle, 15. — Le roi de Prusse n'a fait aucune mention de ses alliés dans son traité, 15. — Mertrud est retrouvé, 21. — Nouvel arrangement probable des finances, 21. — M. de Belle-Isle est perdu, mais l'État l'est avec lui, 22. — M. de Broglie a l'avantage. — L'ode de Voltaire s'est multipliée à l'infini. Il ouvre une lettre du frère de madame du Deffand, 22. — L'idée de la liberté lui est plus chère que la liberté même, 23. — Impatience d'avoir des nouvelles de madame du Deffand, 24. — Est allé à Athis. Violent orage, 25. — M. de Belle-Isle reste à l'armée, 25. — Mertrud a vu le contrôleur général. Insuccès général de nos armes. Madame de Luynes n'ose point demander le congé du frère de madame du Deffand, 26. — Le prince Cantimir va donner une belle fête, 27. — D'Argenson l'aîné a donné assignation à la duchesse d'Orléans de la part de son fils, 27. — Lit à M. de Céreste ce qui, dans sa lettre, concerne madame de Flamarens, 27. — Qu'elle prenne garde d'être allée à Forges pour une grosseur et d'en rapporter deux, I, 28. — Madame de Mirepoix voudrait venir à Forges, I, 28. — Il a eu à souper tous les Maurepas, 28. — M. de Céreste a bien ri à l'article de M. du Deffand, 28. — La présentation de la petite Forcalquier est différée de trois mois, 28. — Lui envoie deux lettres, une de son frère, une de madame de Saint-Pierre, 29. — Nouvelles de sa santé, 29. — La maréchale de Villars a demandé de ses

50.

nouvelles, 29. — Le contrôleur général va plus mal. — Va souper chez le président Chauvelin, I, 33. — Le prince Cantimir donne une grande fête, I, 34. — Envoie à madame du Deffand l'Éloge du cardinal de Polignac par Mairan, 34. — Retrouve dans ses papiers un Recueil de poésies de M. de Nevers, 34. — La relation d'un voyage à Limoges de M. de Sainte-Aulaire, en 1663, l'a diverti, 35. — Mertrud, son succès et ses ridicules, I, 39, 40. — Va à l'Opéra, 41. — L'abbé Desfontaines dit merveilles de *Paméla*. Se défend d'un faible pour madame Martel et madame d'O, I, 42. — Va à *Brutus*, 44. — Voltaire désavoue une lettre au roi de Prusse, qui court sous son nom, 45. — Fait de la morale galante à madame de Rochefort, 52. — Reproche à madame du Deffand son égoïsme, 25. — Son portrait de la duchesse de Pecquigny est inimitable, 53. — La gourmande de sa méfiance, 54. — Détails sur un souper à Meudon, 58. — Portrait de madame de Mirepoix, 58. — De M. de Rieux, 58. — Grands projets de comédie pour cet hiver. La *Zoïde* de M. du Châtel, 58. — Toujours la lettre du roi de Prusse attribuée à Voltaire, 59. — Portrait de M. de Mirepoix, I, 67. — Fait l'éloge du *Brutus* de Voltaire, I, 67. — Regrette madame du Deffand, quoi qu'elle en dise, 68. — Lui raconte un souper avec Jélyotte et madame d'Étiolles, I, 68. — Se défend contre le reproche de fréquenter ses amis, I, 69. — Lui reproche sa phrase : *Je n'ai ni tempérament ni roman*, 69. — Va à l'Opéra, 70. — Nouveaux détails sur son dîner avec Jélyotte et madame d'Etiolles, 70. — Passe la journée avec M. d'Argenson, qui vient de perdre son fils, I, 77, 104, 110. — M. des Alleurs se rappelle à son souvenir, I, 117, 119, 128, 129. — Son éloge par Montesquieu, I, 130 ; — par le baron Scheffer, I, 136. — Clabaude contre d'Alembert, I, 165, 168. — Lettre à madame du Deffand de 1753, I, 170, 176, 181, 186, 188. — Est malade, 188, 193, 199. — Lettre du chevalier d'Aydie où il est question de lui et de son caractère, I, 220. — Opinion du chevalier d'Aydie sur son compte, I, 232. — Console madame du Deffand dans ses ennuis, 240. — Madame du Deffand donne de ses nouvelles à Voltaire, 243. — Va aux Ormes chez M. d'Argenson, 261. — Son éloge par Voltaire, 264. — Conseille à Voltaire de donner à la fois les deux tomes de son *Histoire du Czar*, 271. — Voltaire en discussion avec lui au sujet de son *François II*, 277, 279, 280, 283, 289. — Voltaire se flatte qu'il est philosophe et mourra en philosophe, I, 293. — Lettre de lord Holderness au président Hénault, 311, 326, 331. — Lettre du président à M. de Voltaire, 334. — Pieuses exhortations, 336. — Madame du Deffand prend sa défense contre Voltaire au nom de la liberté de penser, 336. — Voltaire cale doux, 338, 340, 371, 372, 395, 423, 428, 443, 446, 449. — Décadence de sa santé et de sa tête, 455, 471, 476, 481, 483, 484, 501, 507, 513, 514, 515, 517, 519, 520, 523, 525, 531, 532, 534, 538, 540, 541, 547, 549, 550, 554, 562, 563 ; II, 3, 8, 16, 25, 71, 73, 84. — Sa mort, II, 103, 104, 108, 109, 118, 162, 355, 398, 444.

I

Isle (le chevalier de l'), I, 569, 590, 594 ; II, 13, 15, 97, 104, 128, 189, 192, 193, 289, 332, 351, 352, 354, 359, 364, 370, 371, 388, 394, 397, 399, 413, 419, 422, 424, 499, 421.

L

Lespinasse (mademoiselle de). — Lettre de madame du Deffand à —, I, 194. — Elle lui propose de la prendre auprès d'elle et lui fait l'analyse de son caractère, de ses relations, etc., I, 194, 195. — Ses deux amis intimes sont alors Formont et d'Alembert, I, 195. — Lettres de madame du Deffand à —, I, 199, 200. — Son histoire racontée à madame de Luynes par madame du Deffand, I, 201, 202, 203, 204, 205, 206, 207. — Lettre de madame du Deffand à —, 208. — Lettre à madame du Deffand en

1754. Compte rendu de ses faits et gestes à sa maitresse absente, I, 215. — Autre lettre. Nouvelles, 216, 217. — Madame du Deffand donne de ses nouvelles au chevalier d'Aydie, 230. — Compliments du chevalier d'Aydie à madame du Deffand sur mademoiselle de Lespinasse, 231, 232, 276. — Lettre de mademoiselle de Lespinasse à madame du Deffand pour lui demander de la revoir. Refus de madame du Deffand en réponse, I, 290, 453; II, 115, 351, 355, 421, 432, 465. — Sa mort, 551, 552, 560, 569, 579.

Luxembourg (la maréchale de), I, 46, 50, 59, 276, 299, 300, 302, 307, 327, 334, 355. — Son portrait par Walpole, 356, 372, 383, 391, 407, 412, 434, 444, 467, 496, 505, 521, 529, 568; II, 84, 85. — Son mot à madame du Barry, II, 86, 109, 128, 137, 156, 157, 168, 187, 194, 196, 202, 210, 212, 222, 242, 243, 245, 248, 252, 253, 254, 255, 256, 289, 293, 304, 310, 319, 326, 329, 347, 357, 363, 373, 386, 390, 394, 397, 409, 426, 435, 447, 462, 494, 509, 512, 519, 526, 544, 546, 553, 556, 560, 565, 566, 568, 570, 573, 576, 579, 582, 590, 591, 594, 600, 603, 612, 616, 624, 627, 629, 630, 633, 635, 653, 672, 691, 695, 705, 716, 718.

M

Maine (la duchesse du), I, 70, 82, 84, 88, 89, 94, 96, 97, 996, 100, 102, 105, 107, 108, 112, 113, 125, 128, 164, 328; II, 113, 432.

Mirepoix (la duchesse-maréchale de), I, 28, 50, 57, 58, 59, 60, 62, 66, 67, 68, 70, 71, 73, 76, 143, 144, 145, 190, 193, 229, 232, 233, 235, 252, 254, 292, 294, 315, 316, 341, 357, 360, 363, 385, 398, 401, 402, 412, 434, 441, 455, 505, 523, 536, 540, 568, 573; II, 5, 10, 21, 44, 45, 85, 93, 106, 121, 128, 137, 140, 151, 152, 156, 158, 162, 165, 167, 174, 175, 185, 188, 191, 194, 211, 215, 223, 241, 242, 251, 264, 267, 271, 291, 301, 319, 323, 345, 357, 380, 393, 401, 403, 406, 409, 410, 416, 425, 426, 433, 435, 448, 463, 509, 512, 527, 544, 546, 560, 561, 572, 576, 618, 627, 631, 653, 661, 672, 679.

Montesquieu (le président de), I, 67, 128, 130, 136, 143, 144, 158, 187, 192, 226, 233, 524.

P

Pont-de-Veyle (M. de), I, 22, 25, 41, 45, 49, 60, 68, 70, 163, 170, 171, 186, 233, 346, 407, 410, 412, 413, 415, 438, 439, 442, 476; II, 29, 62, 121, 128, 137. — Son portrait, 138, 157, 174, 175, 183, 191, 198, 199, 200, 213, 214, 215, 216, 223, 237, 242, 252, 264, 266, 267, 282, 284, 293, 294, 302, 318, 326, 328, 330, 347, 355, 367, 387, 393, 400, 405, 409, 417, 424, 427, 429. — Sa mort, II, 429, 430, 431, 436, 450, 470, 476, 663, 675.

R

Rousseau (J. J.), I, 302, 305, 306, 307, 308, 333, 339, 344, 348, 368, 369, 372, 382, 391, 392, 394, 416, 426, 429, 436, 483, 488, 529; II, 79, 89.

S

Scheffer (le baron, puis comte, envoyé de Suède à Paris). Ses lettres à madame du Deffand, I, 134, 135, 137, 150. — Envoie à madame du Deffand une lettre de Voltaire, 150. — Autre lettre à madame du Deffand, I, 161. Id. 166. — Lettre à madame du Deffand, I, 174, 175. Id., 185, 190, 197. — Lettre à madame du Deffand sur la perte de sa vue, I, 209. — Doléances sur Voltaire, 210. — Lettre à madame du Deffand, 222. — Il a perdu sa mère, voyage de M. d'Alembert en Prusse, 223; II, 136, 139, 144, 145, 147, 148.

Sévigné (madame de), I, 342, 365, 367, 375, 397, 454, 463, 473, 481, 506, 556, 571, 584; II, 60, 209, 213, 226, 227, 269, 270, 305, 342, 347, 350, 362, 363, 512, 528, 536, 617, 629, 665, 667, 675.

STAAL (madame de), I, 83, 85, 88, 90, 93, 95, 96, 98, 99, 100, 101, 103, 104, 105, 106, 109, 110, 112, 113, 164, 235, 467; II, 398.

V

VALLIÈRE (la duchesse de Vaujour, puis de la), I, 13, 43, 60, 62, 67, 68, 70, 74, 382, 418, 431, 435, 442, 455, 479, 510; II, 29, 188, 203, 224, 241, 247, 248, 252, 264, 322, 323, 326, 328, 353, 360, 366, 369, 372, 435, 466, 528. — Son portrait de madame de Cambis, II, 550, 551, 553, 559, 560, 567, 568, 603, 617, 630, 693.

VINTIMILLE (madame de). Lettre à madame du Deffand.—Protestation d'admiration et de dévouement, I, 56, — Notice sur madame de Vintimille, 6.—Ses lettres à madame du Deffand, 5, 6, 7, 8, 9, 10. *Voir* DU DEFFAND.

VOLTAIRE (M. de), I. — Lettre de lui au roi de Prusse qui court à Paris (1742), I, 45. — Voltaire la désavoue, 45. — Sa lettre au roi de Prusse continue à faire du bruit, 51. — Ses incartades désolent madame du Châtelet, 59. — Expédient du président Hénault pour justifier Voltaire, I, 60. — Madame du Deffand trouve que la lettre qui lui est attribuée est bien de lui, 62, 64. — Éloge de son *Brutus*, par le président Hénault, I, 67. — Il n'arrivera rien à Voltaire, 71. — Madame du Châtelet affligée de l'aventure de Voltaire, 75. — Ses vers sur la bataille de Lauffeld, I, 87. — Son arrivée à Anet avec madame du Châtelet, II, 90. — Fait répéter le *Comte de Boursoufle*, 91. — Sa vie à Anet, 92. — Fait des vers galants pour la duchesse du Maine, 94, 95, 96. — Égare sa pièce du *Comte de Boursoufle*, 97. — Soupçons de madame du Deffand sur le *Prologue* de cette comédie, 161. — Son caractère dégoûtera toujours de ses talents, 120, 121, 143. — Lettre de lui à madame du Deffand envoyée par le baron Scheffer, 150. — Détails sur sa position à Berlin, 150. — Engage d'Alembert à venir à Berlin, 155. — Fait l'*Apologie* de Bolingbroke, I, 156. — Pour-

quoi d'Alembert l'a loué dans son *Discours préliminaire de l'Encyclopédie*, I, 159. — Son *Apologie* de Bolingbroke; son *Tombeau de la Fortune*, I, 159. — Jugement porté par M. Scheffer sur sa lettre de Berlin à madame du Deffand, I, 161. — Détails donnés par d'Alembert sur sa querelle avec Maupertuis et sa disgrâce, 162. — On le dit raccommodé avec le roi de Prusse, I, 166. — Les dernières aventures de Voltaire sont pitoyables, I, 167. — Détails donnés par M. Scheffer sur sa querelle avec le roi de Prusse, I, 176. — M. Scheffer demande de ses nouvelles, on le dit mort, I, 199. — Doléances du baron Scheffer sur sa situation à Berlin, I, 210. — Lettre à madame du Deffand, où le baron Scheffer espère que d'Alembert, à Berlin, n'imitera pas Voltaire, 223. — Cité par le chevalier d'Aydie sur l'amitié, 231. — Le marquis d'Argens demande à d'Alembert ce qu'il est devenu, 236. — Lettre de madame du Deffand à Voltaire, sur la mort de Formont, 239. — Réponse de Voltaire, 240. — Souhait de Voltaire sur sa santé, 241. — Lettre de madame du Deffand à Voltaire; lui demande conseil sur ses lectures; a des vapeurs affreuses; aime les romans anglais; nouvelles du président Hénault; il n'y a plus de goût, il n'y a plus de grâces, 243. — Réponse de Voltaire, 244. — Lui conseille la lecture de l'*Ancien Testament*, 244. — Et l'*Arioste*, 245. — Et Rabelais. Goût du Régent pour Rabelais, 247. — Et Swift et Lucrèce, 247. — Lettre de madame du Deffand à Voltaire, 248. — Aime assez Montaigne, 249. — Méprise Rabelais; préfère l'Arioste au Tasse, 249. — N'aime pas Milton, 249. — Aime Richardson, 250. — Lettre de Voltaire à madame du Deffand, 250. — Lettre de madame du Deffand à Voltaire, I, 254. — Lettre de Voltaire à madame du Deffand, I, 255. — Lettre de madame du Deffand à Voltaire, 257. — Lui demande des articles de son *Dictionnaire*, 258. — Lettre de Voltaire à madame du Deffand, I, 258. — Sur la *Clarisse* de Richardson, 259. — Sur Rabelais,

260. — Lettre de madame du Deffand à Voltaire, 260. — La même au même, 261. — Plaintes sur son état, I, 263. — Lettre de Voltaire à madame du Deffand, 264. — Lettre de madame du Deffand à Voltaire, 265. — Repousse ses reproches de lire Fréron et d'être hostile aux philosophes, 266. — Madame du Deffand à M. de Voltaire, 269. — Réponse de Voltaire, 270. — Lettre de madame du Deffand à Voltaire, 271. — Réponse de Voltaire, 272. — Madame du Deffand à M. de Voltaire, 273. — Son opinion impartiale sur les encyclopédistes, 274. — Lettre de Voltaire à madame du Deffand, 277. — Réponse de madame du Deffand, 278. — Lettre de M. de Voltaire à madame du Deffand, I, 279. — Réponse de madame du Deffand, 280. — Lettre de Voltaire à madame du Deffand; galanteries rimées sur sa cécité, 282. — Lettre de madame du Deffand à M. de Voltaire, 283. — M. de Voltaire à madame du Deffand, 284. — Madame du Deffand à M. de Voltaire, 285. — Lettre de Voltaire à madame du Deffand, I, 287. — Lui demande de dicter ses pensées, quand elle est seule, et de les lui envoyer, 288. — Lettre de madame du Deffand à M. de Voltaire, I, 289. — Lettre de Voltaire à madame du Deffand, 291. — Réponse de madame du Deffand, 293. — M. de Voltaire à madame du Deffand, 295. — Réponse de madame du Deffand, 297. — Plainte sur son état, 298. — Lettre de Voltaire à madame du Deffand, 299. — Réponse de madame du Deffand, 301. — Lettre de Voltaire à madame du Deffand, 303. — Madame du Deffand à M. de Voltaire, 304. — M. de Voltaire à madame du Deffand, 306. — Le même à la même, 307. — Préfère Racine à Corneille, 309, 310. — Lettre de madame du Deffand à Voltaire, 340. — Elle y prend la défense de Corneille, 311. — Voltaire demande à madame du Deffand des détails sur la mort de M. d'Argenson, 312. — Réponse de madame du Deffand, 313. — Lettre de Voltaire à la même, 325. — Réponse de madame du Deffand, I, 327. — Récit de sa visite à Voltaire, par le chevalier Mac-Donald à madame du Deffand, 329. — Réponse de cette dernière, 331. — Lettre du président Hénault à M. de Voltaire; pieuses exhortations. Lettre de madame du Deffand à Voltaire scandalisé de ce sermon. Le président veut *voir par ses lunettes*, 336, 337. — Lettre de Voltaire à madame du Deffand, I, 337. — Lettre de madame du Deffand à M. de Voltaire, 339. — Lettre de Voltaire à madame du Deffand sur l'affaire Sirven, I, 371. — Lettre de madame du Deffand à Voltaire, I, 391. — Lettre de Voltaire à madame du Deffand, I, 393, 415. — Lettre de Voltaire à madame du Deffand, I, 423. — Lettre de madame du Deffand à Voltaire, I, 427. — Lettre de Voltaire à madame du Deffand (1768), I, 460. — Madame du Deffand le dissuade d'aller voir l'impératrice Catherine, I, 468. — Lettre à madame du Deffand. Se plaint d'être l'aubergiste de l'Europe, I, 470. — Madame du Deffand à Voltaire, I, 484. — Lettre de Voltaire à madame du Deffand; ses motifs pour s'être confessé et avoir communié, I, 485. — Sa réponse à une lettre d'Horace Walpole sur Shakespeare, I, 492. — Lettre de madame du Deffand sur sa lettre à Walpole, I, 496. — Brochures de lui et note sur ces brochures, I, 500 à 504. — Son manége avec le président Hénault, I, 507. — Voltaire se disculpe, 513, 515, 516, 517, 518. — Madame du Deffand l'accuse de rabaisser Montesquieu, I, 524. — Epigramme de Voltaire contre Dorat et réponse, I, 524, 525. — Lettre à madame du Deffand, 528. — Autres lettres, 533, 537. — Fait l'éloge de son séjour à la campagne, I, 550. — Son paquet est fait depuis longtemps, I, 554. — Approuve madame du Deffand de son mot, que ce qui est incompréhensible n'est pas nécessaire, 560. — Sur *Clélie*, I, 565. — Sur l'Arioste, 565. — Lettre à madame du Deffand, I, 575. — Eloge de la casse, I, 579. — Le meilleur éloge de Molière, c'est le *Tartuffe*, I, 581. — Lettre à madame du Deffand, II, 7. — Voltaire capucin, II, 52. — Sa statue, 59. *Id.*, 81. — Traite

Rousseau de *polisson*, II, 89. — Ses vers à madame de Choiseul, II, 90. — Sur la mort du président Hénault, II, 107. — Son oraison funèbre satirique du défunt, II, 115. — Eloge de l'Angleterre, II, 133. — Dit un petit mot de Walpole, II, 179. — Hostile aux parlements. Fait des vers pour le chevalier Maupeou, II, 223. — Vers sur sa statue par A. Pigalle, II, 320. — Sur son caractère versatile et courtisanesque, par madame du Deffand, II, 352. — Son avis sur l'*Éloge de Colbert*, II, 359. — Envoie des noëls à madame du Deffand, II, 442, 443. — Ses vers sur l'amour, II, 468. — Est en 1775 le Voltaire d'il y a cinquante ans, toujours le même, II, 485. — Sa théorie de la purge domestique, 487, 488. — Fait grand cas de la casse, 490. — A une espèce d'attaque d'apoplexie, II, 517. — Retour de Voltaire à Paris; son billet à madame du Deffand; visites de madame du Deffand, 636 à 640. — L'abbé Gauthier, 640. — Vers de lui sur sa statue, 641. — Sa profession de foi catholique, 643. — Reçoit un libelle contre lui, 643. — Epigramme sur l'abbé Gauthier, 646. — Visite de Voltaire à madame du Deffand, 650. — Sa popularité; l'homme aux Calas, 650. — Mort de Voltaire, 652. — Son testament, 654. — Quatrain sur l'élection d'un successeur de Voltaire à l'Académie, 668. — Lettre de l'impératrice de Russie à madame Denis, sur la mort de Voltaire, 670.

W

WALPOLE (Horace), I, 331. — Sa lettre à J. J. Rousseau, 333. — Première lettre de madame du Deffand à Walpole, I, 340. — Walpole est indigné de la condamnation de Lally, 359. — Rabroue madame du Deffand sur ses sentimentalités, 359. — N'aime pas Montaigne, 381. — Son portrait en vers de madame du Deffand, I, 400. — Son *Château d'Otrante*, I, 415. — Annonce à madame du Deffand son projet de réhabiliter Richard III, 419. — Raconte une scène plaisante avec une Irlandaise, I, 430. — Son opinion sur la vie future, I, 432. — Son plaidoyer pour la jeunesse, I, 438. — Son premier voyage à Paris, 442. — Envoie la gravure de son portrait à madame du Deffand, I, 454. — Madame de Choiseul lui envoie une lettre autographe de madame de Sévigné, 456. — Estime les romans de Crébillon, I, 458. — Son jugement sur madame de Maintenon et madame des Ursins, I, 476. — Imprime la *Cornélie* du président Hénault, 481. — Sa tragédie de la *Mère mystérieuse*, I, 484. — Communique à madame du Deffand une lettre de Voltaire et sa réponse, et lui demande son avis, 487. — Détails sur ce petit conflit littéraire, I, 492, 493, 494, 495, 496. — Son portrait malicieux de Christian VII, 498. — Son jugement sur Saint-Lambert, 557. — Son plan de poésie épico-comique, 558. — Sa profession de foi religieuse, 559. — Fête à Strawberry-Hill, I, 569, 570. — Son château de Strawberry-Hill, I, 571. — Voyage de Walpole à Paris, I, 574. — Ses lettres à G. Montagu de Paris, 1769, I, 583. — Portraits de madame du Barry, du Dauphin, du comte d'Artois, 586. — Va à Saint-Cyr, 587. — Ses offres généreuses à madame du Deffand, II, 37. — Rabroue madame du Deffand, II, 48. — Donne une fête à la princesse Amélie, II, 80. — Sur Saint-Simon, II, 107. — Aime l'*Histoire de Malte* de l'abbé de Vertot, II, 122. — Rabroue madame du Deffand, II, 135. — Accepte le legs de madame du Deffand de ses manuscrits, II, 138. — Son troisième voyage à Paris, II, 182. — Achète l'armure de François Ier, II, 189. — Désapprouve le voyage de madame du Deffand à Chanteloup, II, 209. — N'aime pas Bussy-Rabutin dans ses lettres, II, 217. — Conseille à madame du Deffand d'écrire des *Mémoires*, II, 225. — S'étonne de son goût pour une lettre de Bussy, II, 228. — Donne à corriger à madame du Deffand la *Préface* des *Mémoires de Gramont*, sortis de ses presses: lui en offre la dédicace, II, 237. — Cadeaux à madame du Deffand, 241. — Désapprouve rudement son voyage de Chanteloup, II, 260. — Fait chercher par madame du Deffand une bâtarde de Jacques II, 307, 311. — Rabroue madame du Deffand, II, 315. — Critique *Zaïre* et *Mithridate*, II, 336. — Trouve Racine faible, 337. — Sur l'*Éloge de Colbert* de Necker, II, 343. — Sur l'*Éloge de Colbert*, par Necker, 350. — Ses aveux sur lui-même, 360. — Achète un émail de Petitot représentant la duchesse d'Olonne, II, 433. — Réclame ses lettres à madame du Deffand, II, 437. — Admire un peu trop des vers de Ch.

Fox, 500. — Son dernier voyage à Paris, II, 504. — Lettres de Walpole à Conway pendant son séjour, II, 504, 505, 506. — Admire médiocrement les Necker, 506. — Est indigné de la conduite du parlement, hostile aux réformes de Turgot et Necker, II, 533. — S'alarme d'une maladie de Conway, 565. — Son goût pour Crébillon, II, 594. — Sa critique d'*Amadis*, 688. — Sa définition de l'esprit de M. Selwyn, 689.

III.

APPENDICE. — PIÈCES JUSTIFICATIVES.

I. *Les Chansons de madame du Deffand. Parodie* d'Inès de Castro, II, 727 à 733.

II. *Galerie des portraits de madame du Deffand et de ses amis*, II, 733 à 769.

I. Portrait de M. d'Alembert, par madame du Deffand, 735.

II. Portrait de madame la marquise du Châtel adressée à elle-même par madame la marquise du Deffand, 736.

III. Portrait de madame la princesse de Talmont, par madame la marquise du Deffand, 737.

IV. Portrait de M. le chevalier d'Aydie, par madame la marquise du Deffand, 739.

V. Portrait de M. le comte de Céreste, par la même, 740.

VI. Portrait de madame la duchesse d'Aiguillon, par la même, 741.

VII. Portrait de M. l'abbé de Vaubrun, par la même, 742.

VIII. Portrait de madame la duchesse de Luynes, par la même, 743.

IX. Portrait de M. le président Hénault, par la même, 743.

X. Portrait de M. le comte de Forcalquier, par la même, 744.

XI. Portrait de madame la duchesse de Chaulnes, par la même, 745.

XII. Portrait de M. le comte d'Argenson, par la même, 746.

XIII. Portrait de M. le chevalier de Vils, par M. du Châtel, 747.

XIV. Portrait de M. du Châtel, par lui-même, 748.

XV. Portrait de madame la marquise du Deffand, par M. du Châtel, 749.

XVI. Portrait de madame la marquise du Deffand, par M. de Forcalquier, 751.

XVII. Portrait de madame la marquise du Deffand, par M. le président Hénault, 752.

XVIII. Portrait de madame de Staal, par elle-même, 753.

XIX. Portrait de madame la duchesse de Saint-Pierre, par M. le président Hénault, 754.

XX. Portrait de M. d'Ussé, par le même, 754.

XXI. Portrait de madame la marquise de Flamarens, par le même, 755.

XXII. Portrait de M. le marquis de Gontault, par madame la marquise de G***, 757.

XXIII. Portrait de madame la duchesse de la Vallière, par madame la marquise de G***, 758.

XXIV. Portrait de madame de Mirepoix, par M. le président de Montesquieu, 759.

xxv. Portrait de madame de Mirepoix, par madame du Deffand, 760.

xxvi. Portrait de madame la duchesse de Boufflers, depuis maréchale de Luxembourg, par la même, 760.

xxvii. Portrait de la reine Marie Leczinska, par la même, 761.

xxviii. Portrait de madame la marquise du Châtelet, par la même, 762.

xxix. Portrait de M. l'archevêque de Toulouse, par la même, 763.

xxx. Portrait de M. Horace Walpole, par la même (novembre 1766), 764.

xxxi. Portrait de madame la duchesse de Choiseul (novembre 1766), par la même, 765.

xxxii. Portrait de madame du Deffand par elle-même (1728), 766.

xxxiii. Portrait de madame du Deffand par elle-même, 767.

xxxiv. Esquisse du portrait de M. de Pont-de-Veyle, par la même, 768.

xxxv. Portrait de madame la comtesse de Rochefort, par le président Hénault, 768.

III. *Acte de décès de madame du Deffand*, II, 770.

FIN DU TOME DEUXIÈME.

ERRATA ET RECTIFICATIONS.

T. Ier, p. 41. « Là, le Maure », lisez « La le Maure ».

T. Ier, p. 71. Lettre 30. Doit être datée du 18 et non du 10 juillet.

T. Ier, p. 77. Note 3. Il ne s'agit pas, dans la lettre, de M. Le Normand, célèbre avocat, mais de M. Le Normand, fermier général.

T. Ier, p. 150. Note. « Cette lettre de Voltaire n'a pas été publiée ». C'est une erreur, elle est au t. Ier, p. 98 du Recueil de 1809, et elle fait partie de toutes les éditions de Voltaire.

T. Ier, p. 177. Lettre 93. *Du même à la même*. Erreur. Lisez « De M. d'Alembert à madame la marquise du Deffand ».

T. Ier, p. 181. Ajouter à la note sur l'abbé Sigorgne : Voir, les *Mémoires du marquis d'Argenson*, t. V, p. 402, et t. VI, p. 15.

T. Ier, p. 184. Ligne 16. « M. de Saint-Marc », lisez « M. de Saint-Maur ».

T. Ier, p. 198. Il s'agit (*note* 2) de madame de Clermont, future princesse de Beauvau.

T. Ier, p. 211. La lettre 114 doit être attribuée à l'année 1754, et non 1752. De même de la lettre 115.

T. Ier, p. 216. La lettre 118 doit être adressée « à Montmorency », et non datée « de Montmorency ».

T. Ier, p. 269. La lettre 149 de madame la marquise du Deffand est adressée à Voltaire et non au marquis de Paulmy. Fausse indication du Recueil de 1809, reproduite par erreur.

T. Ier, p. 275. Ligne 10. La citation en vers doit être imprimée comme prose.

T. Ier, p. 287. La lettre 163 doit être datée de 1764 et non de 1754. Faute d'impression non corrigée.

T. Ier, p. 340. Note 2. Madame de Jonsac était la *nièce* et non la *sœur* du président Hénault.

T. Ier, p. 357. Même erreur à rectifier note 3.

T. Ier, p. 372. Ligne 8. « Chiant-Pot-la-Perruque », lisez « Chic-en-pot la Perruque ».
Ligne 13. « L'abbesse de Vignancourt », lisez « de Willancourt ».

T. Ier, p. 405. Note 2. « *La Princesse de Lamballe* », Giraud, 1864; lisez « Henri Plon, 1864 ».

T. II, p. 45.   Lignes 11, 14. « Les dames B....., et C...., M. de B..... » lisez « Les dames de *Boufflers* et de *Cambis*, et M. de Boufflers ».

T. II, p. 85.   « La maréchale de Boufflers », *lisez* « La marquise de Boufflers ».

T. II, p. 136. Note 1. « Feu lady Mary Churchill, *belle-sœur* de M. Walpole », *lisez* « *sa sœur naturelle*. »

T. II, p. 181. Lettre 395. « Envoyez-moi des *pâtés* d'abricots de Genève », *lisez* « Des *pâtes*... »

T. II, p. 310. Ligne 29. « Ce Thiriot », *lisez* « ce Thiériot ».

PARIS. — TYPOGRAPHIE DE HENRI PLON, IMPRIMEUR DE L'EMPEREUR,
Rue Garancière, 8.

www.ingramcontent.com/pod-product-compliance
Lightning Source LLC
Chambersburg PA
CBHW061731300426
44115CB00009B/1171